Im Oktober 1990

Franz Inder
zum 65. Geburtstag
mit den besten Wünschen
für seine Pensionierung!

Nelly + Norbert

Das große Freizeit- und Erlebnisbuch
Schweizer Städte

Das große Freizeit- und Erlebnisbuch
Schweizer Städte

Etienne Membrez
Direktor Touring Club der Schweiz

© 1990 Kümmerly + Frey,
 Geographischer Verlag, Bern
© 1990 Touring Club der Schweiz, Genf

Idee:
Kümmerly + Frey, Bern, und TCS, Genf
Konzept und Redaktion:
Robert Schnieper, Niklaus Regli und Reto Gamma (Scriptum)
Autoren:
Niklaus Regli unter Mitarbeit von Pascale Gmür,
Claudia Schnieper, Gerardo Zanetti und Ambros Zgraggen
Gesamtherstellung:
Kümmerly + Frey, Bern
ISBN 3-259-01570-1

Zum Geleit

Liebe Mitglieder des Touring Club der Schweiz,

nach dem «Großen Autoreise- und Freizeitbuch Schweiz-Europa» sowie nach dem «Großen Freizeit- und Ferienbuch Schweiz» folgt nun der dritte Band: «Das große Freizeit- und Erlebnisbuch Schweizer Städte».

Damit sind diese sowohl vom Umfang wie von der Fülle der Informationen her wahrhaftig großen Bücher bereits zu einer Reihe herangewachsen, auf die wir – meiner Meinung nach zu Recht – ein bißchen stolz sind. Stolz sind wir beim vorliegenden neuesten Band auf eine ganze Reihe von Leistungen, besonders aber auf ein Novum: Kernstück dieses Buches sind nämlich 95 exklusiv aufgenommene **Senkrecht-Flugfotos**, dank denen Sie unsere Städte – wenn Sie nicht gerade Flieger oder Ballonfahrer sind – aus einer völlig ungewohnten Perspektive kennenlernen können.

Der Städteführer: Die Luftbilder sind in einen großzügig bebilderten Führer durch die schönsten Schweizer Städte integriert, dank dem sich der Reichtum ihrer bekannten und verborgenen Sehenswürdigkeiten offenbart: prachtvolle Kirchen, stolze Paläste, alte Brunnen, schöne Bürgerhäuser, weite Plätze und enge Gassen, Einkaufsstraßen und Vergnügungsviertel. Damit wird «Das große Freizeit- und Erlebnisbuch Schweizer Städte» zur idealen Vorbereitung auf einen Tages- oder Wochenend-Stadtbesuch, zum unentbehrlichen Begleiter, wenn Sie im Auto in unserem Land unterwegs sind, aber auch zum wertvollen Nachschlagewerk: Denn Stadtgeschichte ist immer auch Schweizer Geschichte. In der Entwicklung unserer Städte spiegelt sich ein Großteil der kulturellen Vielfalt der Eidgenossenschaft bis zum heutigen Tag.

Doch nun zu den anderen Pluspunkten dieses Buches:

Die Rundgänge: Bei 40 Stadtporträts finden Sie detaillierte Rundgänge zu den wichtigsten Sehenswürdigkeiten, mit einem numerierten Übersichtsplan als Orientierungshilfe und ausführlichen Beschreibungen der einzelnen Baudenkmäler.

Die Panoramabilder: Exklusiv für dieses Buch hat der Illustrator Winfried Kettler als optische Ergänzung zu den Flugaufnahmen 18 vierfarbige Panoramabilder historischer Stadtkerne und -silhouetten gemalt.

Die Ausflugsideen: Bei jedem Stadtporträt schlagen wir Ihnen ein Ausflugsziel in der näheren Umgebung vor, damit Sie bei Lust und Laune und gutem Wetter die zugehörige Landschaft kennenlernen können. Und falls das Wetter nicht mitspielt: Bei größeren Städten bieten wir Ihnen eine Schlechtwetter-Alternative.

Der Serviceteil: Im Serviceteil finden Sie eine Liste der wichtigsten Museen und anderer Sehenswürdigkeiten mit den Öffnungszeiten, aber auch die Adressen und Telefonnummern von Freizeitanlagen jeder Art, vom Hallen- oder Freibad über den Campingplatz bis zum Zoo.

Die Kantone: Damit neben den 95 touristisch bekanntesten auch die anderen Schweizer Städte zum Zug kommen, sind auf 26 illustrierten Kantonsdoppelseiten weitere 190 sehenswerte Kleinstädte und Ortschaften in Kurzbeschreibungen vorgestellt.

Autoreisekarte und Stadtpläne: Die praktischen Farbbalken der einzelnen Kapitel sorgen für schnellen Zugriff auf das Gesuchte: zum Beispiel die aktuellste Schweizer Karte im Maßstab 1:301 000 oder die Stadtpläne der 35 größten Schweizer Städte, versehen mit nützlichen Hinweisen für Autofahrer und Fußgänger sowie mit einem umfassenden Straßenregister.

Ich bin überzeugt: Ob Sie nun eine Schweizer Großstadt oder ein verträumtes Landstädtchen besuchen… mit diesem Buch haben Sie viel, viel mehr davon.

Ihr Etienne Membrez,

Direktor Touring Club der Schweiz

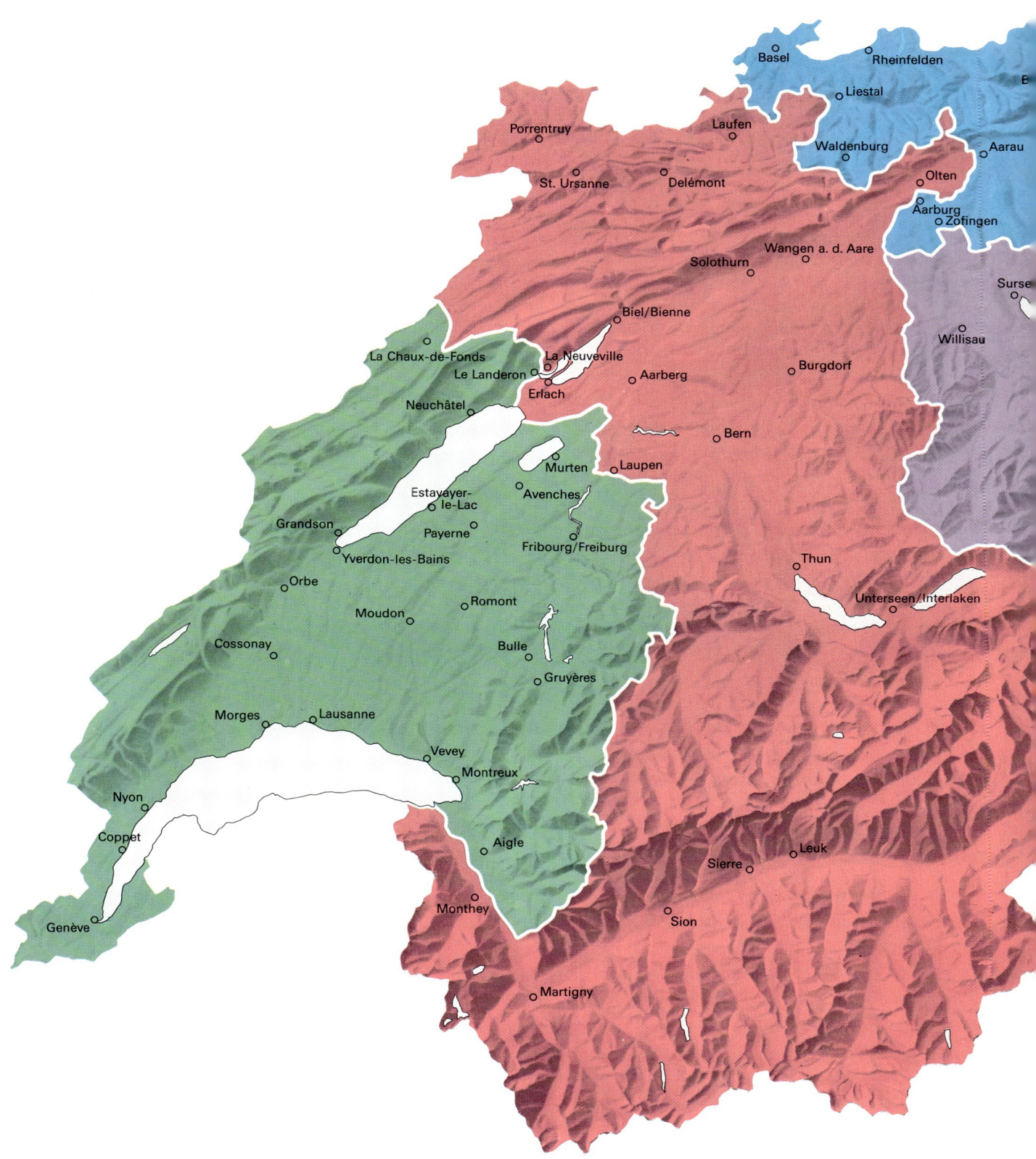

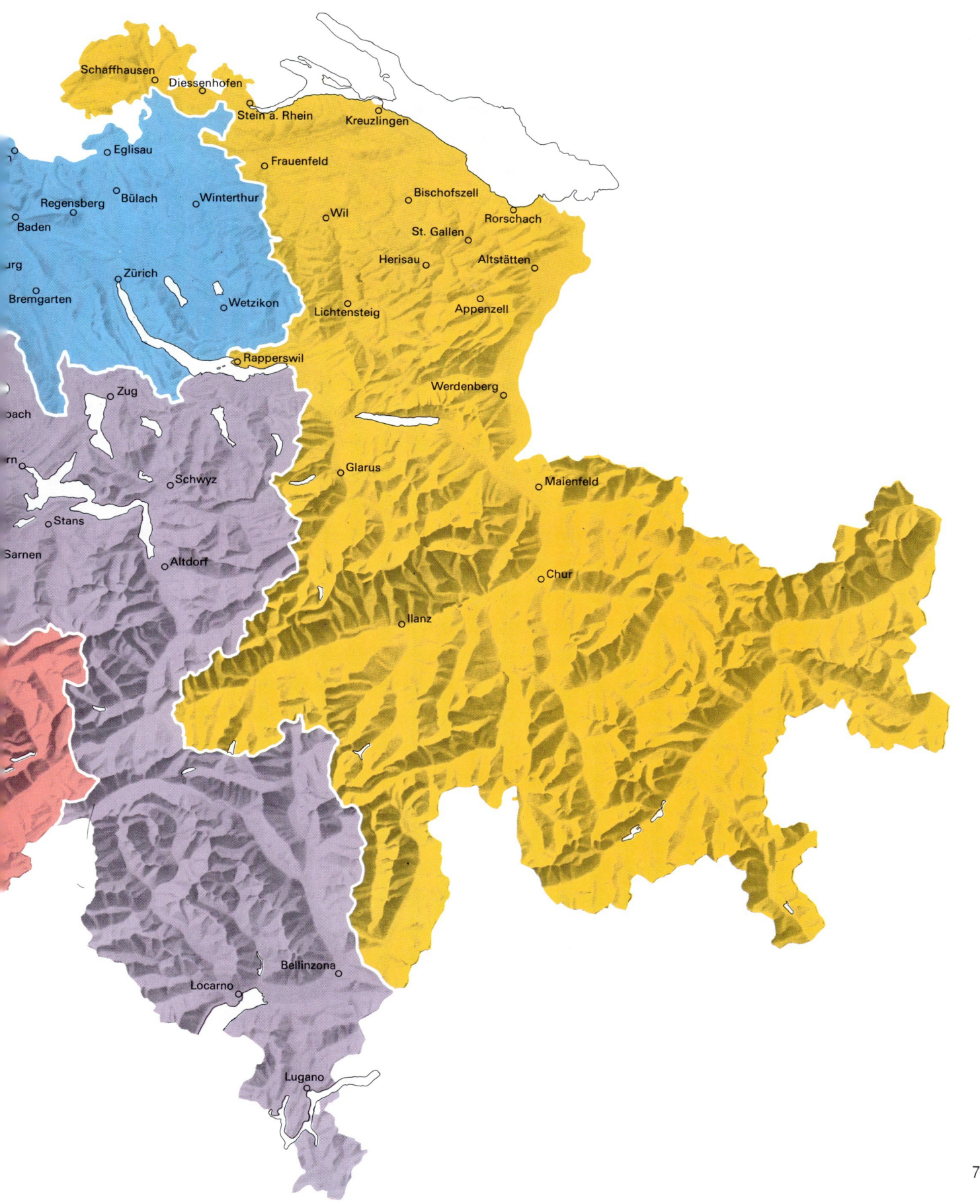

Inhalt nach Regionen

Straßenkarte Schweiz 15

Stadtgeschichte

Die mittelalterliche Stadt	40
Eine Flut von Städten	42
Schutz auf dem Hügel	46
Die Stadt und ihre Bauten	50
Die moderne Stadt	52
Das verstädterte Land	56

Region 1

FR, GE, NE, VD

Aigle	62
Aubonne	105
Avenches	64
Boudry	124
Broc	80
Bulle	66
Carouge	88
Châtel-St-Denis	80
Coppet	68
Cossonay	70
Dardagny	89
Echallens	105
Estavayer-le-Lac	72
Freiburg	74
Genève	82
Grandson	90
Grandvillard	81
Gruyères	92
Hauterive	80
Hermance	89
La Chaux-de-Fonds	94
La Tour-de-Trême	81
La Valsainte	81
Lancy	88
Lausanne	98
Le Landeron	106
Le Lignon	89
Le Locle	125
Les Brenets	125
Lucens	105
Lutry	104
Meyrin	88
Montreux	108
Morges	110
Môtiers	124
Moudon	112
Murten	114
Neuchâtel	118
Nyon	126
Onex	88
Orbe	128
Payerne	130
Posieux	80
Prilly	104
Pully	104
Renens	104
Rolle	104
Romont	132
St-Prex	104
Valangin	124
Vernier	89
Versoix	89
Vevey	134
Villeneuve	105
Yverdon-les-Bains	136

Region 2

BE, JU, SO, VS

Aarberg	140
Balsthal	204
Bern	142
Biel	150
Bolligen	148
Boncourt	164
Bourg-St-Pierre	197
Brig	196
Büren a. d. Aare	149
Burgdorf	156
Courfaivre	164
Delémont	160
Erlach	166
Ernen	196
Glovelier	164
Grenchen	204
Köniz	148
La Neuveville	168
Langenthal	148
Laufen	170
Laupen	172
Le Noirmont	165
Le Rosselet	165
Les Breuleux	165
Leuk	174
Lyss	148
Mariastein	205
Martigny	176
Monthey	180
Moutier	148
Muri bei Bern	148
Olten	182
Ostermundigen	149
Porrentruy	184
St-Maurice	197
St-Ursanne	206
Saignelégier	164
Saillon	197
Schönenwerd	205
Sierre/Siders	188
Sion	190
Solothurn	198
Spiez	149
Steffisburg	148
Thun	208
Untersen/Interlaken	212
Visp	196
Wangen a. d. Aare	214
Wiedlisbach	149
Worb	149
Zermatt	197

Region 3

AG, BL, BS, ZH

Aarau	218
Aarburg	224
Adliswil	278
Allschwil	252
Arlesheim	253
Baden	226
Basel	230
Binningen	252
Birsfelden	252
Bremgarten	238
Brugg	240
Bülach	242
Dietikon	278
Dübendorf	281
Eglisau	244
Elgg	280
Greifensee	281
Grüningen	279
Horgen	280
Illnau-Effretikon	279
Kaiserstuhl	222
Klingnau	222
Küsnacht	279
Laufenburg	222
Lenzburg	246
Liestal	248
Meilen	279
Mellingen	222
Münchenstein	253
Muri	222
Muttenz	252
Opfikon	280
Pratteln	253
Regensberg	254
Reinach	253
Rheinfelden	256
Riehen	236
Rüti	280
Schlieren	280
Stäfa	278
Thalwil	280
Uster	279
Volketswil	281
Wädenswil	281
Waldenburg	258
Wallisellen	278
Wettingen	222

Erklärung:

geradestehend: detailliert beschriebene Stadt (z.B. Grandson)

kursiv: im Kantonsteil erwähnte Stadt oder Ortschaft (z.B. *Langenthal*)

Wetzikon	260	*Schwende*	292	Luzern	390		
Winterthur	262	*Soglio*	302	*Mendrisio*	379		
Wohlen	222	Speicher	323	*Menzingen*	429		
Zofingen	268	*Steckborn*	310	*Oberägeri*	428		
Zollikon	278	*Stein*	322	*Sachseln*	402		
Zürich	272	Stein am Rhein	352	*Sarnen*	398		
Zurzach	282	*Teufen*	322	*Schüpfheim*	397		
		Thayngen	342	Schwyz	404		
		Thusis	303	*Seedorf*	368		

Region 4

AI, AR, GL, GR, SG, SH, TG

Altstätten	286	*Trogen*	323	Sempach	410
Appenzell	288	*Urnäsch*	322	*Silenen*	369
Arbon	310	*Uzwil*	351	Stans	412
Beringen	343	*Walenstadt*	350	*Stansstad*	416
Bischofszell	294	*Weesen*	350	Sursee	418
Braunwald	316	*Weinfelden*	311	*Unterägeri*	428
Buchs	351	Werdenberg	356	*Vitznau*	396
Chur	296	Wil	358	*Walchwil*	429
Davos	302	*Wilchingen*	343	Willisau	420
Diessenhofen	304	*Zuoz*	303	*Wolfenschiessen*	416
Disentis	303			Zug	422

Region 5

LU, NW, OW, SZ, TI, UR, ZG

Stadtpläne

Elm	316					
Frauenfeld	306	*Airolo*	376	Aarau	434
Gais	323	*Alpnach*	403	Ascona	469
Glarus	312	Altdorf	364	Baden	440
Gonten	292	*Andermatt*	368	Basel	436
Gossau	351	*Ascona*	377	Bellinzona	442
Gottlieben	311	*Baar*	428	Bern	444
Hallau	343	*Beckenried*	416	Biel/Bienne	450
Heiden	323	Bellinzona	370	Burgdorf	441
Herisau	318	*Beromünster*	397	Chur	452
Hundwil	322	*Biasca*	376	Frauenfeld	455
Ilanz	324	*Buochs*	416	Freiburg/Fribourg	456
Jona	350	*Bürglen*	369	Genève	458
Kerenzerberg	317	*Cevio*	377	Grenchen	462
Kreuzlingen	326	*Cham*	428	Herisau	463
Lichtensteig	328	*Chiasso*	378	Kreuzlingen	464
Linthal	316	*Ebikon*	397	La Chaux-de-Fonds	454
Maienfeld	330	Einsiedeln	408	Lausanne	466
Müstair	303	*Emmen*	397	Liestal	465
Näfels	317	*Emmetten*	417	Locarno	468
Neuhausen a. Rheinfall	342	*Engelberg*	402	Lugano	470
Neunkirch	343	*Flüelen*	368	Luzern	472
Oberegg	293	*Freienbach*	408	Mendrisio	471
Poschiavo	302	*Gersau*	408	Montreux	476
Ramsen	342	*Giornico*	378	Neuchâtel	474
Rapperswil	332	*Giswil*	403	Olten	477
Romanshorn	310	*Hergiswil*	417	Rorschach	478
Rorschach	334	*Horw*	396	St. Gallen	484
Rüte	293	*Kerns*	402	Schaffhausen	480
St. Gallen	344	*Kriens*	396	Sitten/Sion	479
St. Moritz	302	*Küssnacht*	409	Solothurn	482
Sargans	351	*Lachen*	409	Thun	486
Schaffhausen	336	*Littau*	397	Vevey	488
Schlatt-Haslen	292	Locarno	380	Winterthur	490
Schleitheim	343	Lugano	386	Zug	500
Schwanden	316	*Lungern*	403	Zürich	492

Inhalt nach Ortschaften

A

Aarau	218
Aarberg	140
Aarburg	224
Adliswil	278
Aigle	62
Airolo	376
Allschwil	252
Alpnach	403
Altdorf	364
Altstätten	286
Andermatt	368
Appenzell	288
Arbon	310
Arlesheim	253
Ascona	377
Aubonne	105
Avenches	64

B

Baar	428
Baden	226
Balsthal	204
Basel	230
Beckenried	416
Bellinzona	370
Beringen	343
Bern	142
Beromünster	397
Biasca	376
Biel	150
Binningen	252
Birsfelden	252
Bischofszell	294
Bolligen	148
Boncourt	164
Boudry	124
Bourg-St-Pierre	197
Braunwald	316
Bremgarten	238
Brig	196
Broc	80
Brugg	240
Buchs	351
Bülach	242
Bulle	66
Buochs	416
Büren a. d. Aare	149
Burgdorf	156
Bürglen	369

C

Carouge	88
Cevio	377
Cham	428
Châtel-St-Denis	80
Chiasso	378
Chur	296
Coppet	68
Cossonay	70
Courfaivre	164

D

Dardagny	89
Davos	302
Delémont	160
Diessenhofen	304
Dietikon	278
Disentis	303
Dübendorf	281

E

Ebikon	397
Echallens	105
Eglisau	244
Einsiedeln	408
Elgg	280
Elm	316
Emmen	397
Emmetten	417
Engelberg	402
Erlach	166
Ernen	196
Estavayer-le-Lac	72

F

Flüelen	368
Frauenfeld	306
Freiburg/Fribourg	74
Freienbach	408

G

Gais	323
Genève	82
Gersau	408
Giornico	378
Giswil	403
Glarus	312
Glovelier	164
Gonten	292
Gossau	351
Gottlieben	311
Grandson	90
Grandvillard	81
Greifensee	281
Grenchen	204
Grüningen	279
Gruyères	92

H

Hallau	343
Hauterive	80
Heiden	323
Hergiswil	417
Herisau	318
Hermance	89
Horgen	280
Horw	396
Hundwil	322

I

Ilanz	324
Illnau-Effretikon	279

J

Jona	350

K

Kaiserstuhl	222
Kerenzerberg	317
Kerns	402
Klingnau	222
Köniz	148
Kreuzlingen	326
Kriens	396
Küsnacht	279
Küssnacht	409

L

La Chaux-de-Fonds	94
La Neuveville	168
La Tour-de-Trême	81
La Valsainte	81
Lachen	409
Lancy	88
Langenthal	148
Laufen	170
Laufenburg	222
Laupen	172
Lausanne	98
Le Landeron	106
Le Lignon	89
Le Locle	125
Le Noirmont	165
Le Rosselet	165
Lenzburg	246
Les Brenets	125
Les Breuleux	165
Leuk	174
Lichtensteig	328
Liestal	248
Linthal	316
Littau	397
Locarno	380
Lucens	105
Lugano	386
Lungern	403
Lutry	104
Luzern	390
Lyss	148

M

Maienfeld	330
Mariastein	205
Martigny	176
Meilen	279
Mellingen	222
Mendrisio	379
Menzingen	429
Meyrin	88
Monthey	180
Montreux	108
Morges	110
Môtiers	124
Moudon	112
Moutier	148
Münchenstein	253
Muri	222
Muri bei Bern	148
Murten	114
Müstair	303
Muttenz	252

N

Näfels	317
Neuchâtel	118
Neuhausen am Rheinfall	342
Neunkirch	343
Nyon	126

O

Oberägeri	428
Oberegg	293
Olten	182
Onex	88
Opfikon	280
Orbe	128
Ostermundigen	149

P

Payerne	130
Porrentruy	184
Poschiavo	302
Posieux	80
Pratteln	253
Prilly	104
Pully	104

R

Ramsen	342
Rapperswil	332
Regensberg	254
Reinach	253
Renens	104
Rheinfelden	256
Riehen	236
Rolle	104
Romanshorn	310
Romont	132
Rorschach	334
Rüte	293
Rüti	280

S

St-Maurice	197
St-Prex	104
St-Ursanne	206
St. Gallen	344
St. Moritz	302
Sachseln	402
Saignelégier	164
Saillon	197
Sargans	351
Sarnen	398
Schaffhausen	336
Schlatt-Haslen	292
Schleitheim	343
Schlieren	280
Schönenwerd	205
Schüpfheim	397
Schwanden	316
Schwende	292
Schwyz	404
Seedorf	368
Sempach	410
Sierre/Siders	188
Silenen	369
Sion/Sitten	190
Soglio	302
Solothurn	198
Speicher	323
Spiez	149
Stäfa	278
Stans	412
Stansstad	416
Steckborn	310
Steffisburg	148
Stein	322
Stein am Rhein	352
Sursee	418

T

Teufen	322
Thalwil	280
Thayngen	342
Thun	208
Thusis	303
Trogen	323

U

Unterägeri	428
Unterseen/Interlaken	212
Urnäsch	322
Uster	279
Uzwil	351

V

Valangin	124
Vernier	89
Versoix	89
Vevey	134
Villeneuve	105
Visp	196
Vitznau	396
Volketswil	281

W

Wädenswil	281
Walchwil	429
Waldenburg	258
Walenstadt	350
Wallisellen	278
Wangen a. d. Aare	214
Weesen	350
Weinfelden	311
Werdenberg	356
Wettingen	222
Wetzikon	260
Wiedlisbach	149
Wil	358
Wilchingen	343
Willisau	420
Winterthur	262
Wohlen	222
Wolfenschiessen	416
Worb	149

Y

Yverdon-les-Bains	136

Z

Zermatt	197
Zofingen	268
Zollikon	278
Zug	422
Zuoz	303
Zürich	272
Zurzach	282

Bildnachweis

Flugbilder:

ASCOP AG, Luftbildvermessungen, Glattbrugg / ZH
Am Bildrand ist das Aufnahmedatum jedes Flugbildes angegeben.

Illustrationen:

Panoramen der Städte
Winfried Kettler, Meiringen
Grafische Bearbeitung der Stadtrundgänge
Sabine Houtermans, Bern
Reinzeichnungen Städtewappen
Sabine Houtermans, Bern, und Françoise Bommer, Kirchlindach
Umschlagentwurf
Beat Schenk, Bern

Die **Kupferstiche** auf den Seiten 40 und 41 stammen von Matthäus Merian d. Ä., publiziert im Band «Flugbild der Schweizer Stadt» von Kümmerly + Frey

Die **Kartenbilder** der Seiten 43 (unten) sowie 48 und 49 (oben) stammen aus dem Topografischen Atlas der Schweiz (Siegfried-Karte) von 1870–1880

Fotos:

Die Ziffern bezeichnen die Seitenzahlen
(u: Bild unten; r: Bild rechts):

Bally AG, Schönenwerd: 204u; Foto Bärtsch AG, Liestal: 251r; Photo Basler, Aarau: 247; Paul Berg, Littau: 409; Christof Blum, Schliern: 56, 171; Burrus SA, Boncourt: 164; ETA SA, Grenchen: 204; Brauerei Feldschlösschen, Rheinfelden: 257; Foto Fetzer, Bad Ragaz: 331; Gilbert Fleury, Villars-sur-Glâne: 67, 81; Photo Gyger, Adelboden: 211, 213; Urs Heer, Glarus: 315r; Kant. Denkmalpflege, Zürich: 261; W. Loosli, Amt für Luftverkehr, Zürich: 281; Buchdruck Offset Mengis, Visp: 175; Rolf Neeser, Biel: 155; Gemeinde Neuenegg: 173; Office du tourisme de Genève: 88, 88u; Office du tourisme de La Chaux-de-Fonds: 97; Office du tourisme du Canton de Vaud: 113; Office du tourisme, Monthey: 181; Office jurassien du tourisme: 164u, 165; Thierry Palaz, Echallens: 54, 71, 109; Pezo-Color, Nidau: 169; J.-B. Pont, Sierre: 189; Heinz Preisig, Sion: 179; Pro Jura, Moutier: 148u; Punktum AG, Zürich: 80, 107, 111, 124u, 215, 278, 280, 303, 341r, 343, 367, 367u, 368, 376u, 378, 416u; Josef Reinhard, Sachseln: 403, 417; Rhyner Sport, Elm: 316; Hans R. Schläpfer, Reussbühl: 79, 79r, 131, 195, 196u, 203r, 245, 389r, 401, 408; Foto Albert Sigg, Aarau: 221r; Sinus, Markus Hässig, Aarau: 321r, 322u, 428u; Société de développement d'Avenches: 65; Christof Sonderegger, Reineck: 14, 38, 41, 42, 43r, 45, 46, 52, 53, 54u, 55, 55u, 58, 137, 292, 292u, 301, 321, 350, 350u, 361, 407, 430; Peter Stähli-Bossert, Gsteigwiler: 395, 402; Rolf A. Stähli, Winterthur:, 43, 50, 51, 53r, 129, 236, 243, 252u, 259, 271, 271r, 277, 278u, 280u, 283, 287, 291, 305, 309r, 310, 310u, 311, 311u, 322, 323, 327, 333, 342, 342u, 349, 349r, 351, 355, 361r, 385r, 397, 419, 427, 427r; Schweizerische Verkehrszentrale, SVZ, Zürich: 44, 73, 80u, 87, 93, 103, 104, 117, 117r, 125, 133, 141, 148, 155r, 159r, 167, 183, 187, 196, 205, 207, 221, 241, 255, 267r, 279, 293, 302, 302u, 309, 316u, 325, 335, 341, 369, 378u, 396, 408u, 421; Toggenburger Museum, Lichtensteig: 329; Hôtel Trois Couronnes, Vevey: 135; Cédric Troutot, Corcelles: 124, 125u; Viscosuisse, Emmen: 396u; Foto Weber-Odermatt, Stans: 415; Eduard Widmer, Zürich: 44u, 63, 69, 89, 91, 104u, 105, 123, 127, 147, 149, 159, 163, 179r, 197, 203, 211r, 222, 222u, 223, 225, 229, 235, 236u, 237, 239, 251, 252, 253, 267, 291r, 295, 315, 317, 355u, 357, 368u, 376, 401, 402u, 407r, 411, 415r, 416, 429; R. Wiederkehr, San Pietro: 375, 375r, 377, 379, 385, 389, 428.

TCS-Adressen

Zentralsitz

Rue Pierre-Fatio 9
1211 Genève 3   022/ 737 12 12

Technischer Informationsdienst

Buholzstraße 40
6032 Emmen   041/ 50 55 22

«Touring»

Redaktion und Pressedienst,
Maulbeerstraße 10
3001 Bern   031/ 26 16 26

Geschäftsstellen

5001	Aarau, Rathausgasse 2	064/ 22 39 33
6460	Altdorf, Bahnhofstraße 1	044/ 2 47 41
5400	Baden, Mellingerstraße 6	056/ 20 13 71
4010	Basel, Steinentorstraße 13	061/ 23 19 55
6500	Bellinzona, Vialo Stazione 18c	092/ 26 11 55
3006	Bern, Thunstraße 63	031/ 44 22 22
2501	Biel-Bienne, Aarbergstraße 95	032/ 23 31 11
2300	La Chaux-de-Fonds, Av. Léopold-Robert 38	039/ 23 11 22
6830	Chiasso, Serfontana, 6834 Morbio Inferiore	091/ 43 66 62
7002	Chur, Bahnhofstraße 14	081/ 22 30 61
2800	Delémont, Route de Bâle 2	066/ 22 66 86
1701	Fribourg, Rue de l'Hôpital 21	037/ 22 49 02
1211	Genève 3, Rue Pierre-Fatio 9	022/ 737 12 12
8750	Glarus, Kirchweg 18a	058/ 61 67 07
8280	Kreuzlingen, Hauptstraße 39	072/ 72 59 59
1001	Lausanne, Av. Juste-Olivier 10-12	021/ 20 20 11
6600	Locarno, Via della Posta 1	093/ 31 75 72
6901	Lugano, Via S. Balestra 3	091/ 22 84 25
6002	Luzern, Burgerstraße 22	041/ 23 78 33
2000	Neuchâtel, 1, rue Pourtalès, Av. 1er Mars	038/ 24 15 31
4600	Olten, Dornacherstraße 10	062/ 32 82 32
8640	Rapperswil, Seestraße 6	055/ 27 55 95
9000	St. Gallen, Poststraße 18	071/ 20 00 80
8200	Schaffhausen, Vordergasse 34	053/ 25 46 19
6430	Schwyz, Bahnhofstraße 3	043/ 21 34 44
1950	Sion, Rue des Cèdres 3	027/ 23 13 21
4500	Solothurn, Westbahnhofstraße 12	065/ 22 13 56
8407	Winterthur, Wartstraße 50	052/ 25 03 23
6300	Zug, Im Erlenhof, Baarerstraße 21	042/ 21 23 30
8027	Zürich, Alfred-Escher-Straße 38	01/ 201 25 36

Zweigstellen

4410	Liestal: Basellandschaftliche Kantonalbank, Rheinstraße 7	061/ 925 91 11
4153	Reinach: Basellandschaftliche Kantonalbank, Hauptstraße 3	061/ 76 66 00
4460	Gelterkinden: Basellandschaftliche Kantonalbank, Poststraße 2	061/ 99 11 07
3601	Thun: Advokaturbüro H.P. Schüpbach, Freienhofgasse 5	033/ 23 11 44
4900	Langenthal: St. Urbanstraße 3, Postfach 39	063/ 23 12 30
2735	Malleray: Grand Rue 58	032/ 92 28 40
1400	Yverdon: Le Coultre voyages, Rue du Casino 7	024/ 21 75 13
9100	Herisau: Schläpfer & Co. AG, Sandbühl	071/ 51 52 20
3900	Brig: ADIMAG Immobilien, A. Imboden, Sonnenstraße 2	028/ 24 23 00
1920	Martigny: Caisse d'Epargne du Valais, Av. de la Gare 8	026/ 22 20 92
1870	Monthey 2: Office du tourisme, Place Centrale 4	025/ 71 55 17
4226	Breitenbach: Bezirkskasse Laufen, Filiale Breitenbach	061/ 80 22 42
2540	Grenchen: Busbetriebe Grenchen (BGU), Centralstraße 12	065/ 52 52 21

Technische Zentren

3608	Allmendingen-Thun: Zelglistraße 8	033/ 23 11 44
2500	Biel-Bienne: Lengnaustraße 7	032/ 41 41 76
5005	Brunegg: Sektion Aargau	056/ 94 76 72
1304	Cossonay-Ville	021/ 861 24 77
6032	Emmen: Buholzstraße 40, Sektion Waldstätte	041/ 23 78 33
2046	Fontaines	038/ 53 36 49
1763	Granges-Paccot: Rte d'Englisberg 2	037/ 26 35 26
4414	Füllinsdorf: Ergolzstraße 81	061/ 901 66 61
3063	Ittigen: Ey 15, Sektion Bern	031/ 43 32 32
1217	Meyrin-Genève: 212, Route de Meyrin	022/ 782 77 95
6911	Noranco	091/ 54 27 87
4702	Oensingen: Nordringstraße	062/ 76 16 50
9015	St. Gallen-Winkeln: Zürcher Straße 462	071/ 31 31 66

Straßenkarte Schweiz

1 : 301 000 mit allen beschriebenen Städten

Kartenübersicht und Zeichenerklärung

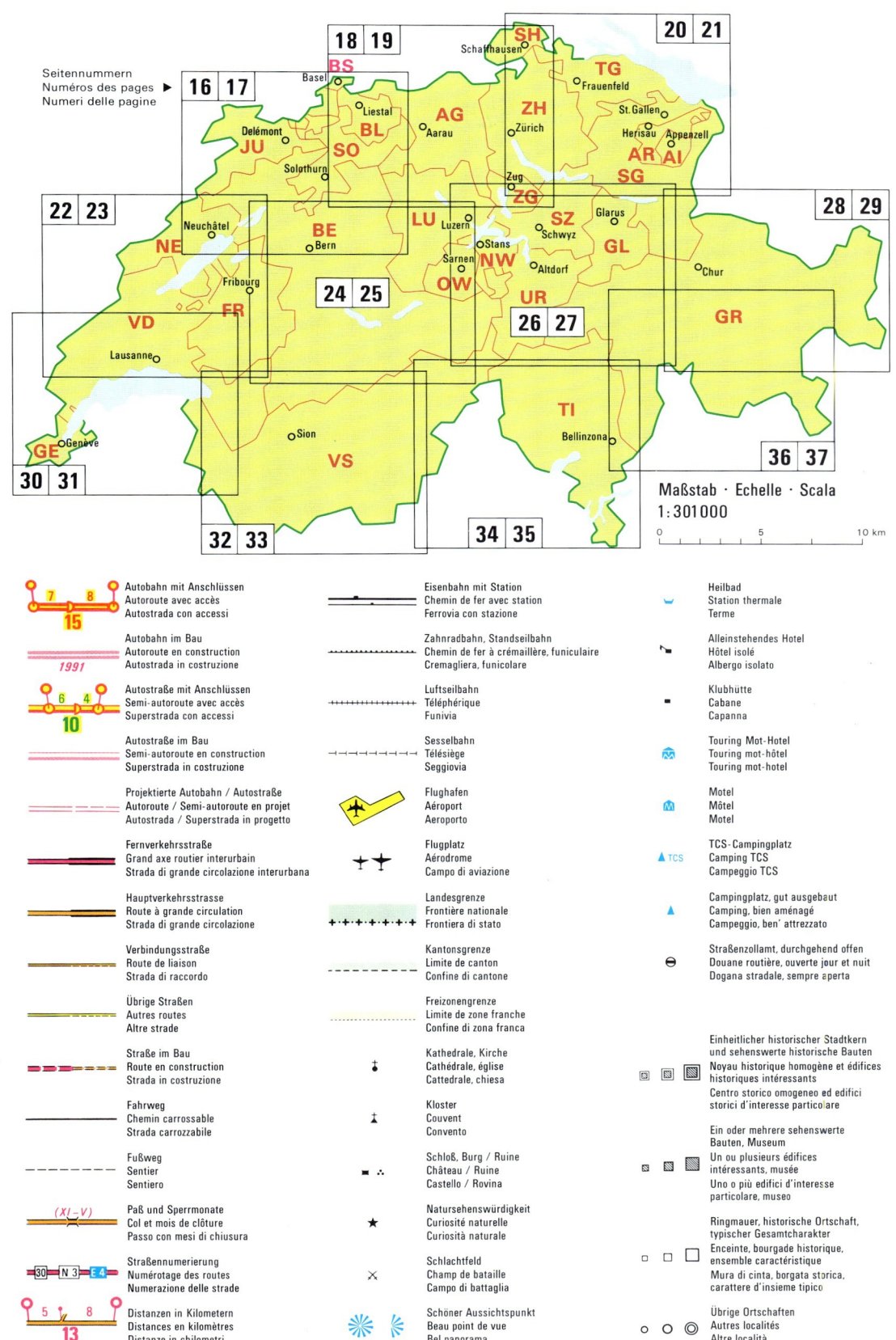

Porrentruy `184`
Das in der Ajoie gelegene Pruntrut ist nicht nur in architektonischer Hinsicht ein kleines Juwel.

St-Ursanne `206`
Der Ort stellt mit seinen Stadttoren, Mauern, Häusern und Brunnen eine in sich geschlossene städtebauliche Einheit dar.

Delémont `160`
Delsberg ist Regierungs- und Verwaltungssitz des jüngsten Schweizer Kantons.

Biel `150`
Biel ist eine moderne, weltoffene Stadt, die sich durch ihre echte Zweisprachigkeit auszeichnet.

La Chaux-de-Fonds `94`
Die Stadt fasziniert aufgrund des rasterförmig angelegten Stadtbildes.

La Neuveville `168`
Neuenstadt wird dank seinem günstigen Seeklima das «Montreux des Juras» genannt.

Le Landeron `106`
Das Landstädtchen hat sein mittelalterliches Ortsbild zu erhalten vermocht.

Aarberg `140`
Das Städtchen ist Kreuzpunkt uralter Verkehrslinien von Basel zum Genfersee und von Bern gegen die Jurapässe.

Erlach `166`
Das am steil abfallenden Ausläufer des Jolimont errichtete Erlach ist eine typische Bergspornsiedlung.

Neuenburg `118`
Zu Füßen von Schloß und Kirche liegt die malerische Altstadt.

Murten `114`
Kaum eine andere Stadt hat ihre mittelalterlichen Befestigungen so gut erhalten.

Basel `230`
Basel ist eine Handels- und Messestadt und Zentrum der Schweizer Chemieindustrie.

Rheinfelden `256`
International bekannt ist die älteste Zähringerstadt der Schweiz dank ihrer Solbäder, die 1846 eröffnet wurden.

Liestal `248`
Hinter der neuen Industrie- und Verwaltungsstadt versteckt sich eine historische Altstadt.

Laufen `170`
Dem Marktstädtchen steht der Wechsel zum Kanton Basel-Land bevor.

Waldenburg `258`
Das winzige Städtchen Waldenburg ist eine der besterhaltenen Talriegelsiedlungen der Schweiz.

Olten `182`
Olten, die «Eisenbahn-Drehscheibe der Schweiz», hat eine kleine, intakte Altstadt.

Aarburg `224`
Die durch die Flußbiegung bedingte Aarebucht läßt noch erahnen, daß hier einst ein Zentrum für den Schiffsverkehr lag.

Zofingen `268`
Die alte Marktsiedlung ist ein reger Bezirkshauptort mit einem der schönsten Ortsbilder der Schweiz.

Wangen a. d. Aare `214`
Das 1218 gegründete Städtchen hat seinen quadratisch angelegten Kern vollständig erhalten.

Solothurn `198`
Die hervorragend erhaltene Altstadt zeigt eines der repräsentativsten Stadtbilder der Schweiz.

Willisau `420`
(siehe Seite 18)

Burgdorf `156`
Der alte Marktort gilt als Tor zum Emmental.

Bern `142`
Die pittoreske Altstadt der Bundeshauptstadt thront hoch über einer Aareschleife.

Basel — 230
Basel, das «Tor zur Schweiz», ist eine bedeutende Handels- und Messestadt und Zentrum der Schweizer Chemieindustrie.

Rheinfelden — 256
International bekannt ist die älteste Zähringerstadt der Schweiz dank ihrer Solbäder, die 1846 eröffnet wurden.

Liestal — 248
Hinter der neuen Industrie- und Verwaltungsstadt versteckt sich eine historische Altstadt.

Aarau — 218
In den Gassen des historischen Kerns hat sich der Reiz der kyburgischen Gründungsstadt bewahrt.

Lenzburg — 246
Lenzburg besitzt neben einer reizvollen Altstadt auch eine der markantesten Burgen der Schweiz.

Waldenburg — 258
Das winzige Städtchen Waldenburg ist eine der besterhaltenen Talriegelsiedlungen der Schweiz.

Olten — 182
Olten, die «Eisenbahn-Drehscheibe der Schweiz», hat eine kleine, intakte Altstadt.

Aarburg — 224
(Siehe Seite 17)

Zofingen — 268
(Siehe Seite 17)

Wangen a. d. Aare — 214
(Siehe Seite 17)

Sursee — 418
Die guterhaltene Kleinstadt mit ihren Gassen, dem Rathaus und den schönen Wirtshausschildern war einst ein Zentrum der Schweizer Goldschmiedekunst.

Willisau — 420
Das mittelalterliche Landstädtchen, Zentrum des Luzerner Hinterlandes, hat seinen malerischen Charakter bewahrt.

Schaffhausen 336
(Siehe Seite 20)

Diessenhofen 304
(Siehe Seite 20)

Zurzach 282
Das Grab der hl. Verena machte Zurzach bereits im Frühmittelalter zu einem bedeutenden Wallfahrtsort.

Eglisau 244
Eglisau gehört mit seinem mittelalterlichen Gepräge zu den schönsten Kleinstädten am Rhein.

Bülach 242
In der Altstadt erinnern viele Riegelbauten an den Wohlstand der Zürcher Unterländer Bauernsame.

Winterthur 262
Das Zentrum der schweizerischen Maschinenindustrie besitzt eine guterhaltene Altstadt, schönen Parks und viele Museen.

Regensberg 254
Das malerische Ministädtchen auf einem Ausläufer der Lägern ist ein beliebtes Ausflugsziel.

Brugg 240
Die Brückenstadt verbirgt hinter ihren neuen Überbauungen eine überraschend gut erhaltene Altstadt.

Baden 226
Badens Thermalquellen gelten seit Jahrhunderten als «Oase, Jungbrunnen und Heilstätte».

Zürich 272
Das Wirtschafts- und Kulturzentrum der Schweiz hat trotz aller Geschäftigkeit viele schöne Ecken bewahrt.

Bremgarten 238
Zahlreiche Baudenkmäler in der Ober- und Unterstadt machen den Besuch zu einem Erlebnis.

Wetzikon 260
(Siehe Seite 26)

Zug 422
(Siehe Seite 26)

Sempach 410
(Siehe Seite 26)

Schaffhausen 336
Die Erkerstadt mit dem Munot und den Zunfthäusern gehört zu den am besten erhaltenen Gründungen des Mittelalters.

Diessenhofen 304
Das Brückenstädtchen am Rhein sowie das benachbarte Kloster St. Katharinental sind einen Besuch wert.

Stein am Rhein 352
Stein gehört zu den am meisten besuchten mittelalterlichen Städtchen der Schweiz.

Eglisau 244
Eglisau gehört mit seinem mittelalterlichen Gepräge zu den schönsten Kleinstädten am Rhein.

Frauenfeld 306
Der Thurgauer Kantonshauptort ist eine typische Schweizer Kleinstadt.

Bülach 242
In der Altstadt erinnern viele Riegelbauten an den Wohlstand der Zürcher Unterländer Bauernsame.

Winterthur 262
Das Zentrum der schweizerischen Maschinenindustrie besitzt eine guterhaltene Altstadt, Parks und viele Museen.

Wil 358
Wil ist die ehemalige Sommerresidenz der Fürstäbte von St. Gallen.

Zürich 272
Das Wirtschafts- und Kulturzentrum der Schweiz hat trotz aller Geschäftigkeit viele schöne Ecken bewahrt.

Wetzikon 260
Wetzikon, der Hauptort des Zürcher Oberlandes, liegt in einer der am frühesten industrialisierten Gegenden der Schweiz.

Rapperswil 332
Selbst wenn hier an der Promenade Hochbetrieb herrscht, finden sich nur wenige Schritte entfernt ruhige Altstadtgassen.

Zug 422
(Siehe Seite 26)

20

Kreuzlingen — 326
Die Grenzstadt zwischen Boden- und Untersee ist eines der beliebtesten Ausflugsziele am Schwäbischen Meer.

Bischofszell — 294
Bischofszell mit seinen vornehmen Bürgerhäusern hat seinen Charakter aus dem 18. Jh. vorbildlich bewahrt.

Rorschach — 334
Rorschach ist eine alte St. Galler Hafen- und Industriestadt am Bodensee.

St. Gallen — 344
Der wirtschaftliche Mittelpunkt der Ostschweiz ist wegen seiner Stiftskirche und des malerischen Stadtkerns eine Reise wert.

Herisau — 318
Der Hauptort von Appenzell Außerrhoden mit seinen Gäßchen und Giebelhäusern ist ein großes Dorf geblieben.

Altstätten — 286
Die Kleinstadt am Rand des St. Galler Rheintals ist ein alter Marktflecken mit malerischen Gassen.

Lichtensteig — 328
Am alten Städtchen Lichtensteig im Herzen des Toggenburgs ging die Zeit beinahe spurlos vorbei.

Appenzell — 288
Markante Giebelhäuser verleihen dem Innerrhoder Kantonshauptort das ländliche Gepräge.

Werdenberg — 356
Werdenberg ist ein «Städtlizwerg» mit nur 34 Häusern und einem stolzen Schloß, hoch über dem romantischen Weiher.

Grandson 90
Das imposante Schloß im Waadtländer Seestädtchen zeugt von den bewegten Zeiten, in denen Karl der Kühne hier sein Gut verlor.

Yverdon-les-Bains 136
Die von den Römern gegründete Bäderstadt war im Mittelalter eine blühende Handelssiedlung.

Orbe 128
Das Landstädtchen ist für seine malerische, auf einem Hügel thronende Altstadt bekannt.

Cossonay 70
Das alte Landstädtchen ist eines der wenigen Beispiele einer konzentrisch angelegten Stadt in der Schweiz.

Morges 110
Die Landstadt ist ein altes Weinbauzentrum mit einem charaktervollen Ortsbild.

Lausanne 98
Die Waadtländer Hauptstadt besitzt die größte Kathedrale der Schweiz.

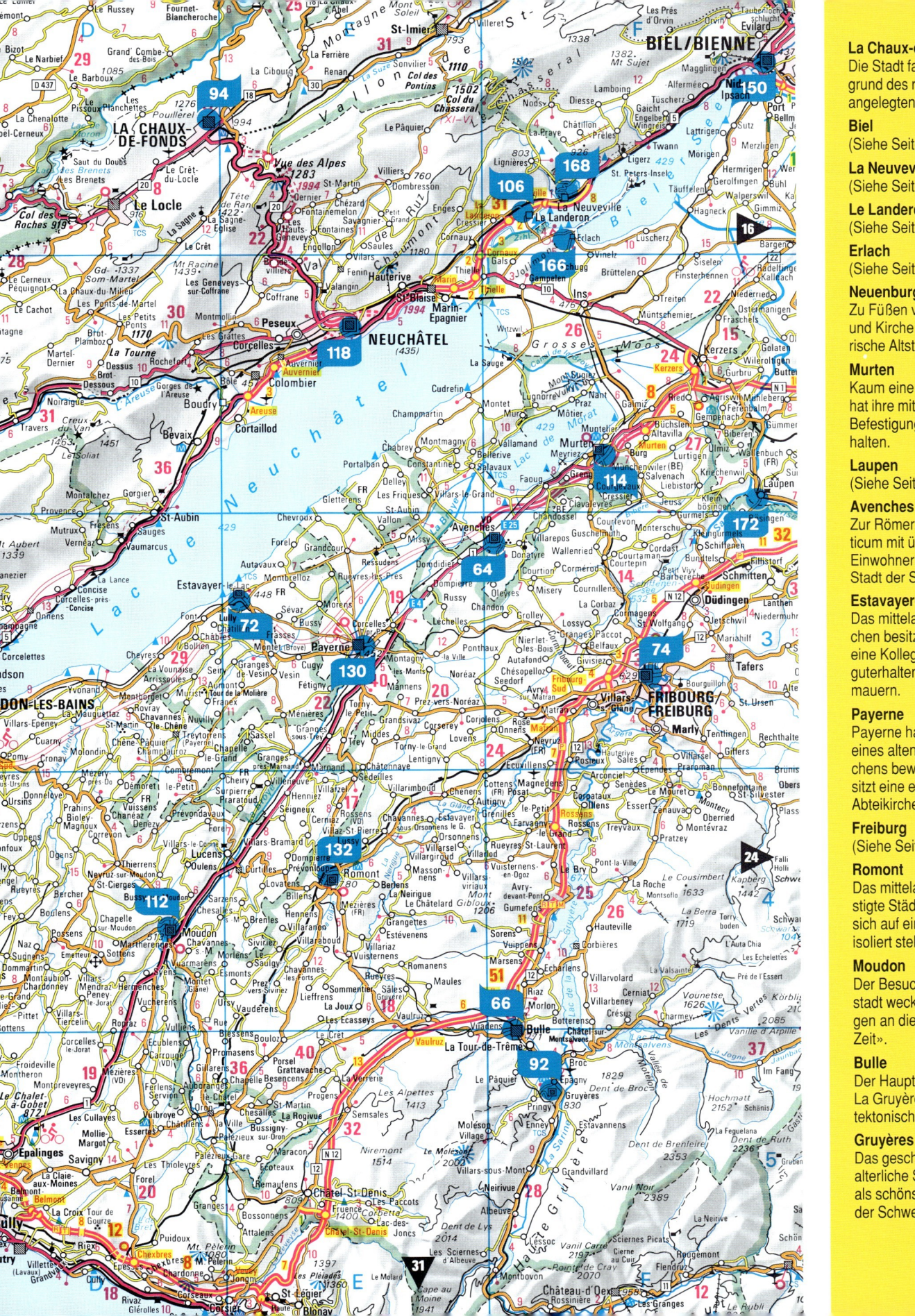

La Chaux-de-Fonds `94`
Die Stadt fasziniert aufgrund des rasterförmig angelegten Stadtbildes.

Biel `150`
(Siehe Seite 16)

La Neuveville `168`
(Siehe Seite 16)

Le Landeron `106`
(Siehe Seite 16)

Erlach `166`
(Siehe Seite 16)

Neuenburg `118`
Zu Füßen von Schloß und Kirche liegt die malerische Altstadt.

Murten `114`
Kaum eine andere Stadt hat ihre mittelalterlichen Befestigungen so gut erhalten.

Laupen `172`
(Siehe Seite 24)

Avenches `64`
Zur Römerzeit war Aventicum mit über 20 000 Einwohnern die größte Stadt der Schweiz.

Estavayer-le-Lac `72`
Das mittelalterliche Städtchen besitzt ein Schloß, eine Kollegiatskirche und guterhaltene Stadtmauern.

Payerne `130`
Payerne hat den Charme eines alten Landstädtchens bewahrt und besitzt eine eindrückliche Abteikirche.

Freiburg `74`
(Siehe Seite 24)

Romont `132`
Das mittelalterlich befestigte Städtchen erhebt sich auf einem hohen, isoliert stehenden Hügel.

Moudon `112`
Der Besuch dieser Kleinstadt weckt Erinnerungen an die «gute alte Zeit».

Bulle `66`
Der Hauptort des Bezirks La Gruyère ist ein architektonisches Kleinod.

Gruyères `92`
Das geschlossene mittelalterliche Städtchen gilt als schönste Kleinstadt der Schweiz.

Aarberg 140
Das Städtchen ist Kreuzpunkt uralter Verkehrslinien von Basel zum Genfersee und von Bern gegen die Jurapässe.

Burgdorf 156
Der alte Marktort gilt als Tor zum Emmental.

Bern 142
Die pittoreske Altstadt der Bundeshauptstadt thront hoch über einer Aareschleife.

Laupen 172
In Laupen fügten die Berner 1339 dem Westschweizer Adel eine entscheidende Schlappe zu.

Freiburg 74
Die alte Zähringerstadt liegt an der Sprach- und Kulturgrenze zwischen Deutsch- und Westschweiz.

Thun 208
Thun besitzt eine gut erhaltene Altstadt und trägt unverkennbar den Stempel der Zähringer.

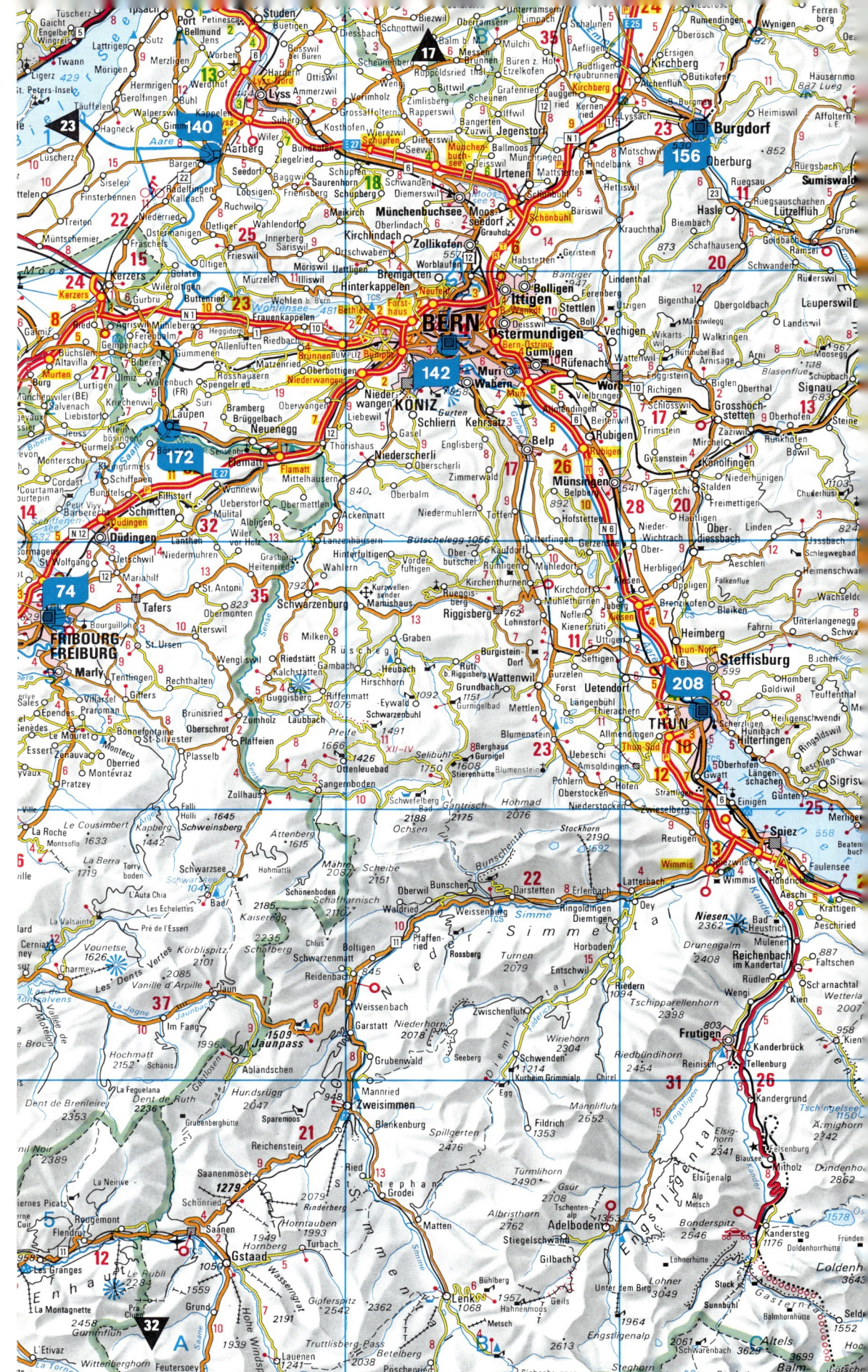

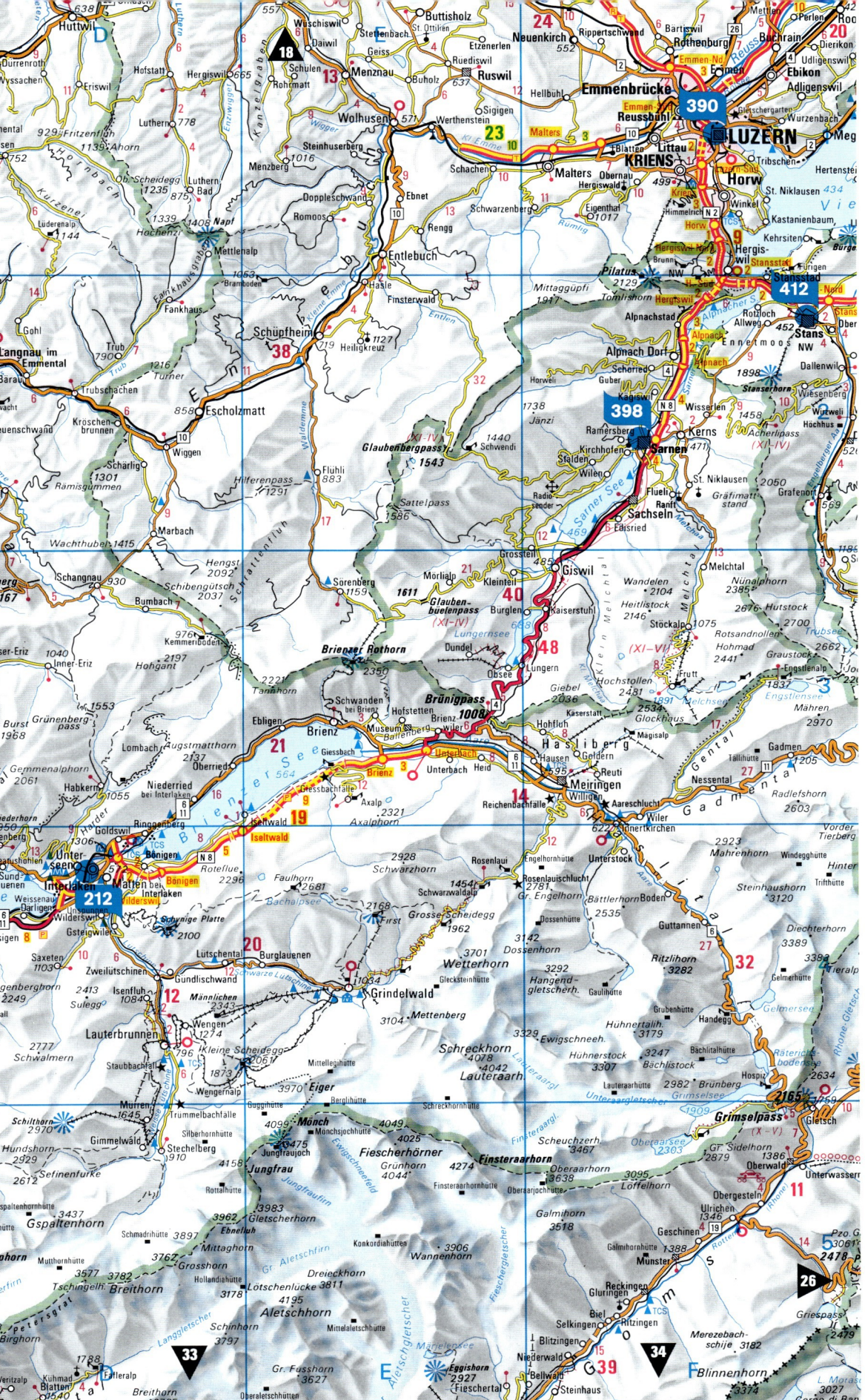

Luzern — 390
Dank der einzigartigen Lage am Ende des Vierwaldstättersees ist Luzern seit mehr als hundert Jahren ein Magnet für den internationalen Tourismus.

Stans — 412
Der alte Flecken besitzt einen der schönsten Dorfplätze und hat sein Ortsbild aus dem 18. Jh. erhalten können.

Sarnen — 398
In Sarnen ist die Gründungsgeschichte der Eidgenossenschaft auf Schritt und Tritt spürbar.

Interlaken — 212
Interlaken hieß ursprünglich das gesamte Schwemmland zwischen Thuner- und Brienzersee.

Zug 422
Zug ist nicht nur Finanzplatz, sondern auch eine viel zuwenig bekannte Kyburgergründung mit einer malerischen Altstadt.

Sempach 410
Den meisten Schweizern ist Sempach vor allem als Stätte einer blutigen Schlacht und als Sitz der Schweizerischen Vogelwarte bekannt.

Luzern 390
Dank der einzigartigen Lage am Ende des Vierwaldstättersees ist Luzern seit mehr als hundert Jahren ein Magnet für den internationalen Tourismus.

Schwyz 404
Ein großartiger Dorfplatz und viele Patrizierhäuser zeugen von der bedeutenden Vergangenheit des Ortes.

Stans 412
Der alte Flecken besitzt einen der schönsten Dorfplätze und hat sein Ortsbild aus dem 18. Jh. erhalten können.

Sarnen 398
In Sarnen ist die Gründungsgeschichte der Eidgenossenschaft auf Schritt und Tritt spürbar.

Altdorf 364
Wie zu Tells Zeiten sieht Altdorf nicht mehr aus, doch einen Hauch von «Italianità» hat der Ort bewahrt.

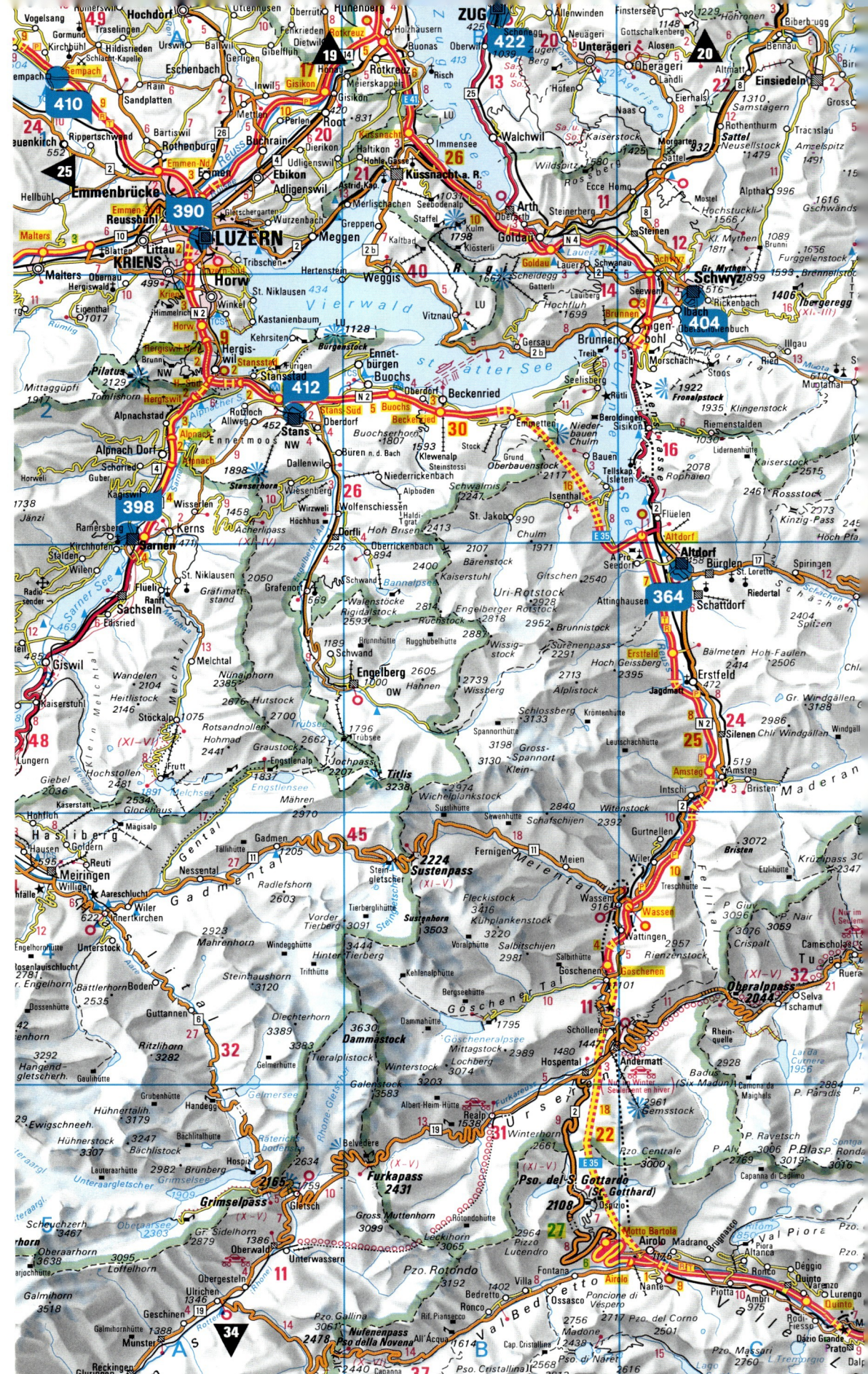

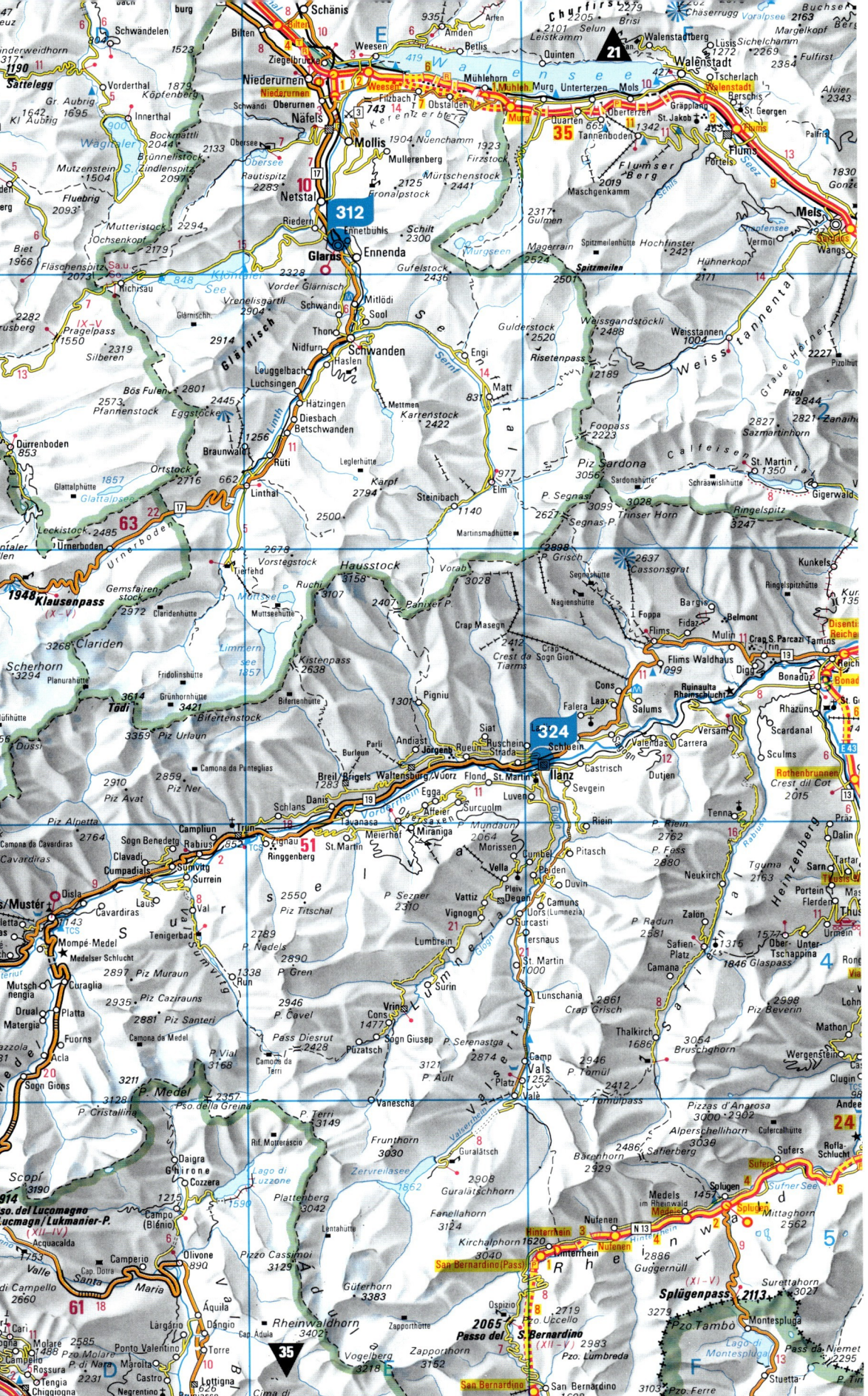

Glarus 312
Glarus ist kein mittelalterlicher Flecken, sondern eine nach dem Brand von 1861 auf dem Reißbrett geplante Kleinstadt.

Ilanz 324
Ilanz, die «erste Stadt am Rhein», ist das alte Zentrum des Vorderrheintals.

Maienfeld 330
Am Schauplatz der Heidi-Geschichte sind auch die prachtvollen Herrensitze der alten Bündner Geschlechter sehenswert.

Chur 296
Chur ist mit 5000 Jahren Siedlungsgeschichte die älteste Stadt der Schweiz.

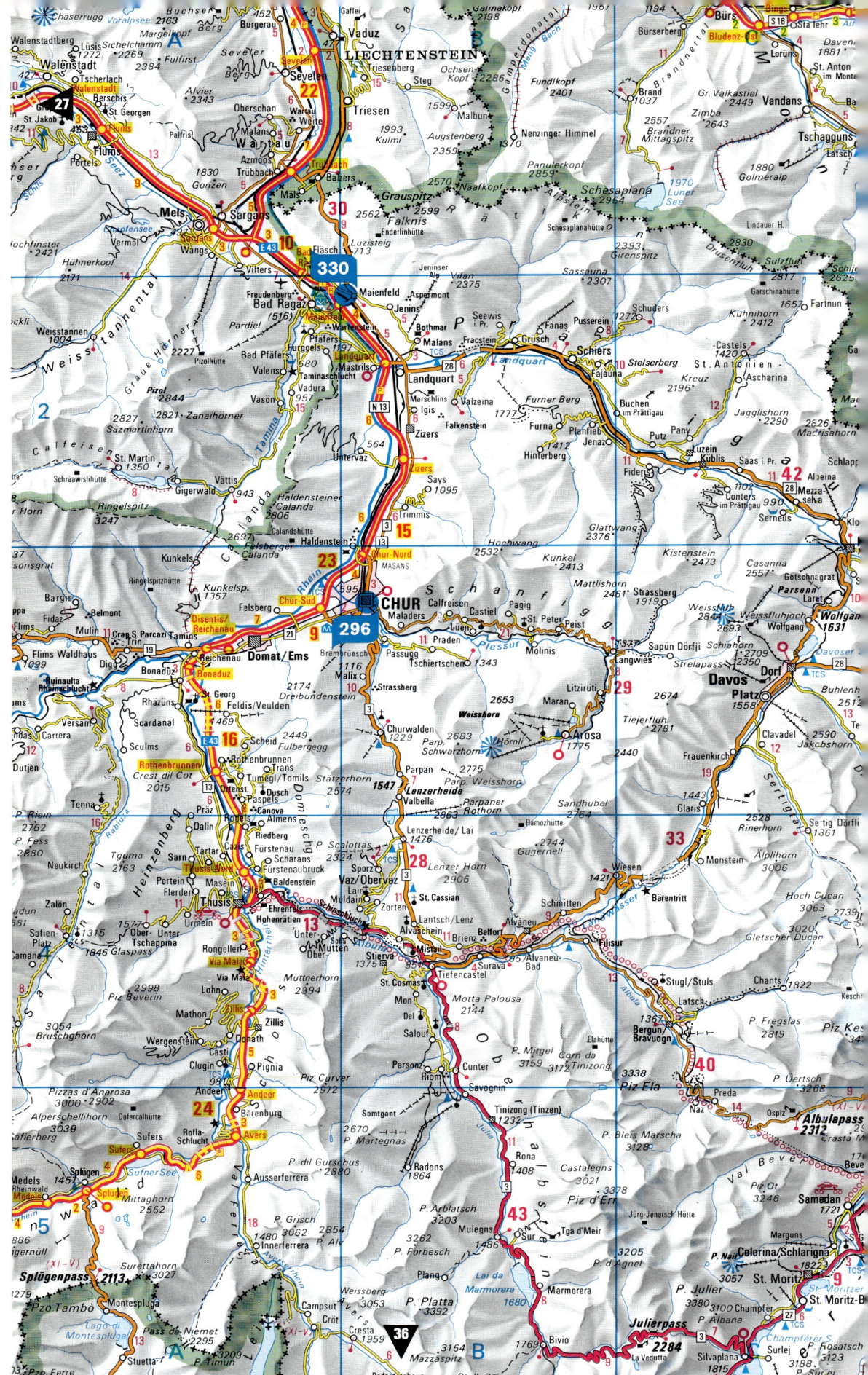

Cossonay 70
Das alte Landstädtchen ist eines der wenigen Beispiele einer konzentrisch angelegten Stadt in der Schweiz.

Morges 110
Die Landstadt ist ein altes Weinbauzentrum mit einem charaktervollen Ortsbild.

Nyon 126
Die ehemals römische Siedlung ist heute eine charmante Kleinstadt mit mittelalterlichem Gepräge.

Coppet 68
Prunkstück des Miniaturstädtchens ist das berühmte Schloß.

Genf 82
Die kosmopolitische Metropole wurde wie keine andere Schweizer Stadt von der Reformation geprägt.

Romont 132
Das mittelalterlich befestigte Städtchen erhebt sich auf einem hohen, isoliert stehenden Hügel.

Moudon 112
Der Besuch dieser Kleinstadt weckt Erinnerungen an die «gute alte Zeit».

Bulle 66
Der Hauptort des Bezirks La Gruyère ist ein architektonisches Kleinod.

Gruyères 92
Das geschlossene mittelalterliche Städtchen gilt als schönste Kleinstadt der Schweiz.

Lausanne 98
Die Waadtländer Hauptstadt besitzt die größte Kathedrale der Schweiz.

Vevey 134
Das Zentrum der Waadtländer Riviera ist einer der ältesten Ferienorte der Schweiz.

Montreux 108
Die Perle der Waadtländer Riviera gehört zu den weltweit bekanntesten Fremdenverkehrsorten.

Aigle 62
Bekannt ist Aigle vor allem wegen seines mitten in Rebbergen thronenden Schlosses.

Monthey 180
Monthey ist heute ein lebhaftes Industriezentrum, das einige Zeugen seiner Vergangenheit bewahrt hat.

Martigny 176
Martigny besteht aus dem mittelalterlichen Bourg, dem vom 19. Jh. geprägten Ville und La Bâtiaz.

Montreux 108
Die Perle der Waadtländer Riviera gehört zu den weltweit bekanntesten Fremdenverkehrsorten.

Aigle 62
Bekannt ist Aigle vor allem wegen seines mitten in Rebbergen thronenden Schlosses.

Monthey 180
Monthey ist heute ein lebhaftes Industriezentrum, das einige Zeugen seiner Vergangenheit bewahrt hat.

Sion 190
Sitten mit seinen beiden Burghügeln und seinem milden Klima ist eine der eigenwilligsten Alpenstädte.

Martigny 176
Martigny besteht aus dem mittelalterlichen Bourg, dem vom 19. Jh. geprägten Ville und La Bâtiaz.

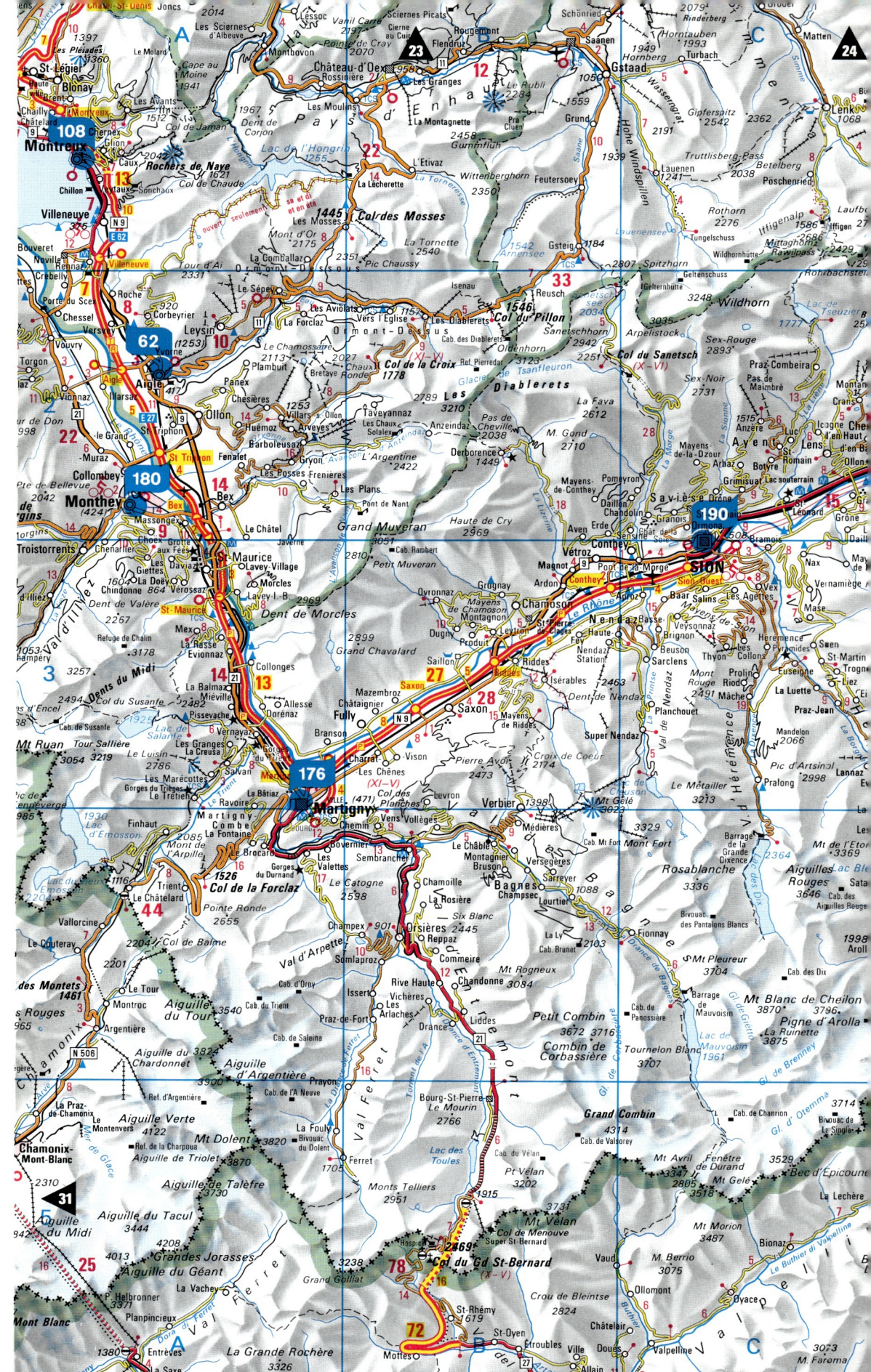

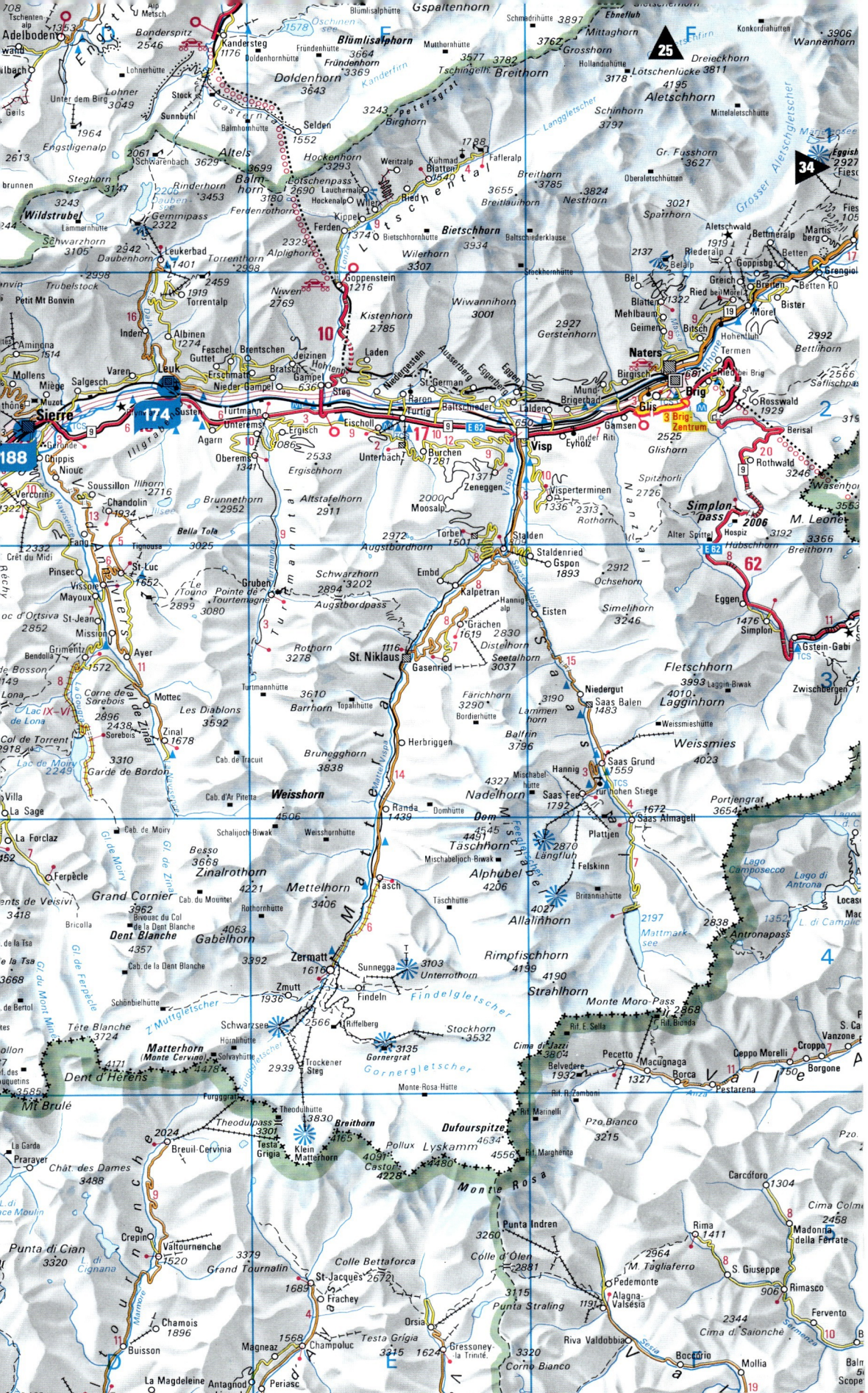

Sierre 188
Siders hat Spuren einer stolzen Vergangenheit, die sich im Stadtkern und auf den Hügeln entdecken lassen.

Leuk 174
In Leuk verbinden sich Bauernhäuser und herrschaftliche Gebäude zu einem beeindruckenden Ortsbild.

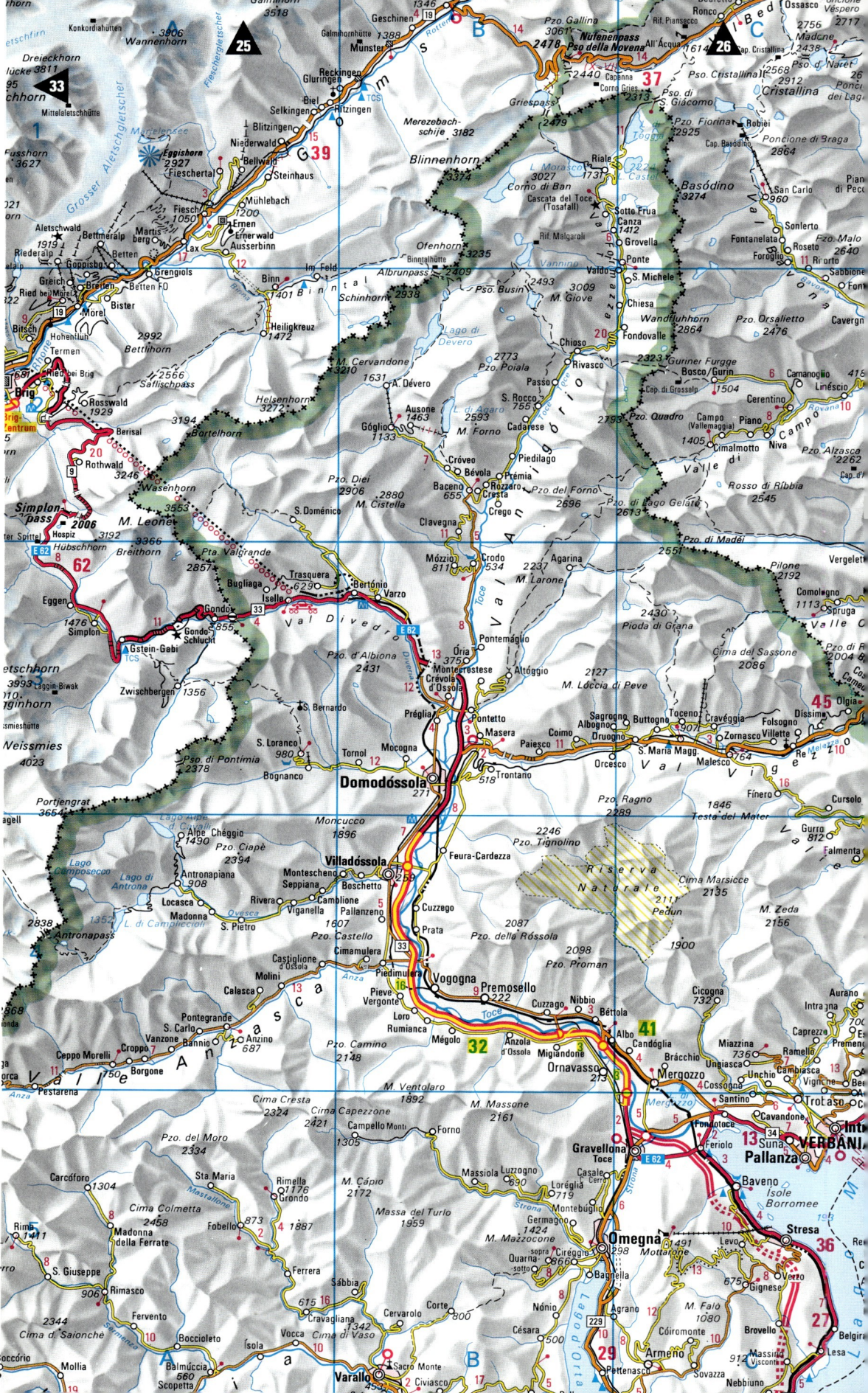

Bellinzona — 370
Die Hauptstadt des Tessins liegt dort, wo die strenge Alpenwelt aufhört und sich die Landschaft dem milden Süden öffnet. Drei mächtige Burgen beherrschen das Stadtbild.

Locarno — 380
Locarno ist die Tessiner Fremdenstadt par excellence. Mit der malerischen Altstadt, der Piazza Grande, dem See und der üppigen Vegetation hat sie alle Voraussetzungen, um die «Sehnsucht nach dem Süden» zu stillen.

Lugano — 386
Flankiert von den Hausbergen Monte Brè und Monte San Salvatore, zieht sich die Stadt dem Seeufer entlang von Paradiso bis nach Castagnola hin. Eigentliches Schmuckstück ist die Altstadt.

Ilanz 324
Ilanz, die «erste Stadt am Rhein», ist das alte Zentrum des Vorderrheintals.

Bellinzona 370
Die Hauptstadt des Tessins liegt dort, wo die strenge Alpenwelt aufhört und sich die Landschaft dem milden Süden öffnet. Drei mächtige Burgen beherrschen das Stadtbild.

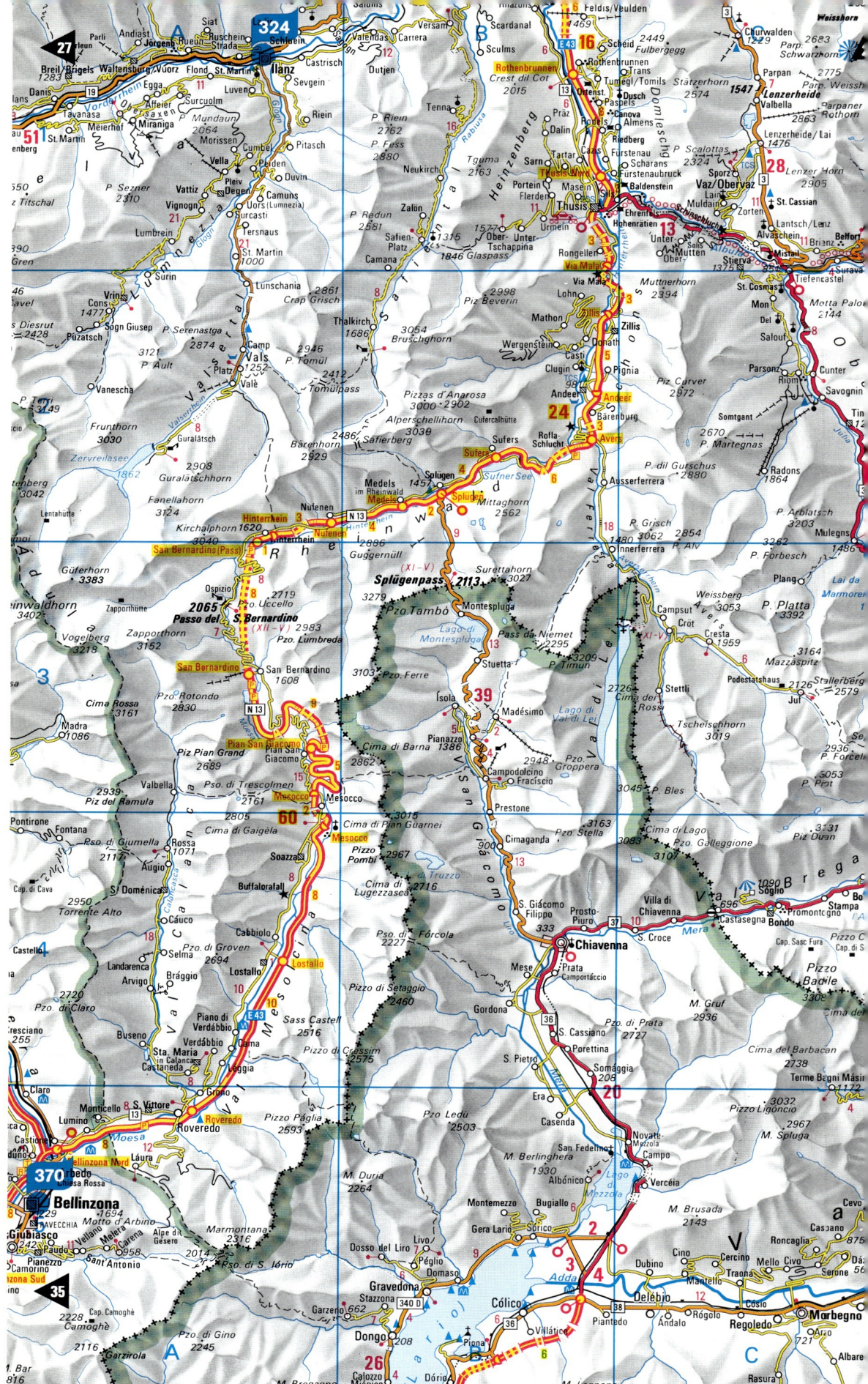

Die Schweizer Stadt: vom Mittelalter zur Neuzeit

Einführung

Seit 6000 Jahren sind Städte Voraussetzung zur Entstehung von Hochkulturen und bilden das Experimentierfeld, auf dem die Zivilisation wächst. Die Stadt ist die engste und produktivste Form menschlichen Zusammenlebens – auch in der Schweiz.

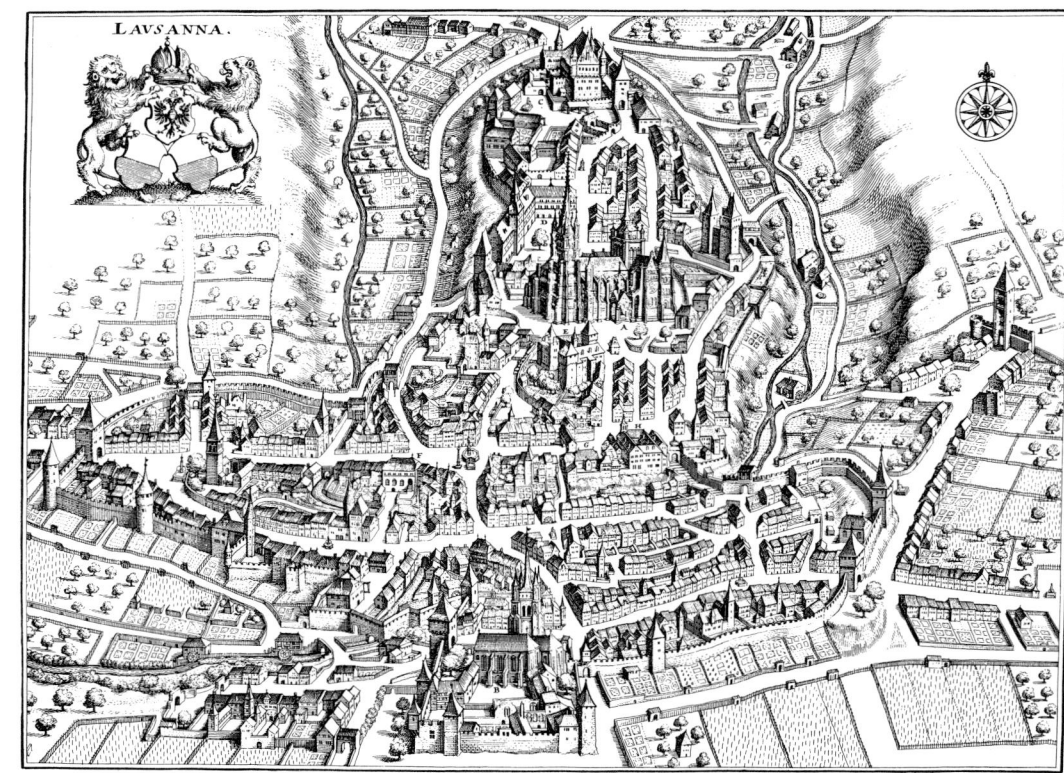

Matthäus Merians Ansicht von Lausanne zeigt die einst klare Trennung von Stadt und Land

Die mittelalterliche Stadt

Die mittelalterliche Stadt war von zinnenbewehrten Mauern umgeben und von meist runden Türmen flankiert. Ein Hohlweg führte zum schmalen, Tag und Nacht bewachten Stadttor. Rechts stand ein Kreuz, gegenüber auf einem kleinem Hügel der Galgen, an dem die Leichname Gehenkter langsam verwesten. Hinter dem Stadttor öffnete sich eine ungepflasterte Gasse mit einem stinkenden Abwasserkanal in der Mitte, in den auch Jauche aus den Misthaufen neben den Häusern floß. Hier arbeiteten die Handwerker zum Teil im Freien, Fuhrwerke suchten sich ihren Weg, und es herrschte ein Durcheinander von Kindern, Hühnern, Hunden und Schweinen, die sich auf der Straße herumtrieben.

Fast jede Familie hatte ein eigenes Haus und bestellte wie auf dem Land hinter dem Haus einen Gemüsegarten. Die Holzhäuser hatten einen Speicher, und mit einem Flaschenzug wurden Stroh, Getreide und Brennholz zur Dachluke hinaufgezogen, um im Fall der ständig drohenden Hungersnöte wenigstens über einen bescheidenen Vorrat zu verfügen. Wenn man in der Küche mit ihrem Fußboden aus gestampftem Lehm um das einzige Herdfeuer saß, war es warm. In den ungeheizten Zimmern mit den Pergamentfenstern erstarrte man dagegen im Winter vor Kälte, wenn nicht gerade die ganze Familie ohne alle Hemmungen in riesigen Betten zusammenschlief. Auf den Tisch kamen Brot, Grütze oder Hirsebrei; Fleisch und Geflügel gab es nur an Festen. Die mageren Tage waren zahlreich, auch außerhalb der kirchlich verordneten Zeiten des Fastens und der Enthaltsamkeit.

Die praktisch fehlenden sanitären Anlagen – die Abwässer flossen durch offene Gäßchen – und die himmelschreienden hygienischen Bedingungen – Bäder waren kaum bekannt – forderten schweren Tribut: Periodisch raffte die Pest die halbe Stadtbevölkerung dahin. Eines von zwei Kindern starb, und man konnte sich glücklich schätzen, wenn man das dreißigste Jahr erlebte und nicht einem der vielen Stadtbrände zum Opfer fiel. Im Grunde war in der Stadt fast alles wie auf dem Land, weil das Leben in der Stadt ein kaum verändertes Landleben war. Dennoch zogen vom 11. Jh. an immer mehr Menschen in die Stadt und wurden auf dem Gebiet der heutigen Schweiz fast 200 Städte gegründet.

Chur, eine der ältesten Städte der Schweiz, entstand um den Bischofssitz

Seit der Jahrtausendwende kam es zunächst langsam und dann immer rascher zu einem wirtschaftlichen Aufschwung. Verschiedene voneinander abhängige Faktoren lösten ihn aus: Das Klima besserte sich, in der Landwirtschaft kamen neue Techniken wie der Eisenpflug zum Einsatz, und dank der sich ausbreitenden Dreifelderwirtschaft stieg der Bodenertrag stark.

Parallel zum wirtschaftlichen Aufschwung wuchs die Bevölkerungszahl; zusätzliches Land wurde gerodet und urbar gemacht. Im 12. und 13. Jh. bot diese «innere Kolonisation» auf dem Gebiet der heutigen Schweiz Grundherren wie etwa den Zähringern, Kyburgern und Froburgern eine Möglichkeit zur Erweiterung ihres Herrschaftsgebiets, das sie nicht mehr wie früher allein durch den Bau von Burgen, sondern auch durch die Anlage von Städten schützten.

Es waren allerdings nur in den wenigsten Fällen vollständige Neugründungen in der Art der Zähringer Städte Freiburg und Bern. Meistens verlieh der Grundherr das Stadtrecht einem bereits bestehenden Ort, den er aus wirtschaftlichen, strategischen oder auch nur aus Prestigegründen fördern wollte. Mit dem Stadtrecht wurden die Bewohner im Gegensatz zur Landbevölkerung aus der Abhängigkeit vom Grundherrn entlassen, erhielten eine eigene Rechtsstellung und neben dem wichtigen Marktrecht eine Reihe anderer wirtschaftlicher Privilegien – sie wurden Bürger.

Zuzüger in diese Städte gab es genug: Zusammen mit den größeren landwirtschaftlichen Erträgen ermöglichte oder erzwang es der demographische Schub zum erstenmal, daß ein Teil der Bevölkerung den Bauernstand verließ und sich Gewerbe und Handel zuwandte. Zwischen städtischer und ländlicher Wirtschaft entwickelte sich nicht zuletzt dank dem erneut einsetzenden Münzumlauf eine Arbeitsteilung, der lokale und internationale Handel belebte sich wieder. Von der Austauschwirtschaft profitierten vor allem die Handwerker, Krämer und Händler. Dank ihnen blühten die Städte rasch auf und entwickelten zusätzliche Anziehungskraft. Noch mehr Bauern entflohen den drückenden Abhängigkeitsverhältnissen, die sie an die Scholle banden, und hofften, in der Stadt «nach Jahr und Tag» zum freien Bürger zu werden und bescheidenen Verdienst zu erlangen.

Mit der Zeit begannen die Bürger Verantwortungsgefühl für die Gemeinschaft zu entwickeln, in der sie lebten. Neben Bauern, Adel und Geistlichkeit bildete das Bürgertum nun eine neue, selbstbewußte Gesellschaftsschicht. Es war nicht mehr bereit, den selbsterarbeiteten Reichtum mit dem adligen Stadtgründer zu teilen. Die Städte, von den Feudalherren anfänglich stark gefördert, wurden zu ihren schärfsten Konkurrenten und ihren mächtigsten politischen Gegnern.

Zwar verteidigten einige weltliche und geistliche Herren wie etwa die Herzöge von Savoyen oder die Fürstäbte von St. Gallen bis ins 15. Jh. ihre Herrschaft; meist aber ließ die Entmachtung der Stadtherren nicht lange auf sich warten. Schon im 13. Jh. wurde ihre Herrschaft an vielen Orten stark eingeschränkt und ein Ratsregime errichtet. Gleichzeitig kam es auch innerhalb des Bürgertums zu einer neuen Gewichtsverteilung: Die Handwerker und Händler entmachteten den alten Stadtadel und gewannen die Oberhand im Rat. Mit dieser «Zunftbewegung» wurde das städtische Regime aber keineswegs demokratisiert. Es war vielmehr eine neue, begüterte Oberschicht innerhalb der Zünfte, welche in die führenden Positionen aufrückte.

Bald begannen die Städte selbst auf die Landschaft auszugreifen. Sie kauften verarmten Adligen Herrschaften ab und übernahmen Schirmvogteien. Die Expansion aufs Land erfolgte zur Kontrolle der Handelsstraßen, diente der Sicherung von Kornkammern und Absatzmärkten und band neue Adelsdynastien wie die Habsburger und Savoyer zurück. Diese Entwicklung begann am frühesten in Bern, erfaßte im 14. Jh. aber auch Zürich, Luzern und Solothurn und noch etwas später Basel, Freiburg, Schaffhausen und St. Gallen. Es bildeten sich eigentliche Stadtstaaten heraus, von denen Bern, der größte Stadtstaat nördlich der Alpen, das bekannteste Beispiel ist. Aus bescheidenen lokalen Zentren waren die Städte in drei Jahrhunderten zu wichtigen Machtfaktoren geworden, die das wirtschaftliche und politische Gesicht der Eidgenossenschaft völlig verändert hatten.

Was ist eine Stadt?

Kein Schweizer wird wohl daran zweifeln, daß Schaffhausen, Freiburg und Neuenburg Städte sind. Aber Köniz? Und doch übertrifft diese Berner Vorortsgemeinde und zehntgrößte Schweizer Stadt die drei historisch gewachsenen Städte an Bevölkerungszahl. Der offizielle Begriff der Stadt – als solche gilt in der Schweiz jede Gemeinde mit über 10 000 Einwohnern – mag zwar ein verbindlicher statistischer Maßstab sein. Das komplexe Phänomen dessen, was eine städtische Gemeinschaft ausmacht, kann er jedoch nicht erklären. Warum soll eine Gemeinde mit 9999 Einwohnern ein Dorf, mit 10 001 aber eine Stadt sein? Noch sagt im Toggenburg: «Ich geh ins Städtli», wer sich nach Lichtensteig mit seinen knapp 2000 Einwohnern begibt. Und wo beginnt im «Millionen-Zürich» die Stadt und endet die Agglomeration? Unabhängig von der willkürlichen Grenze der Einwohnerzahl ist unser Verständnis der Stadt immer auch vom historisch-geographischen und kulturellen Stadtbegriff geprägt, vom Bild der Siedlung, in der die Häuser hinter Mauern eng zusammenstehen und wo eine Marktgasse vom Warenumschlag zeugt.

Um das Jahr 1100 gab es in der Schweiz knapp ein Dutzend Städte. Wie Inseln in einer durch und durch bäuerlichen Welt waren neben Bischofssitzen und Klöstern kleine Siedlungen entstanden, in denen Markt gehalten wurde und die zum Teil ummauert waren. 200 Jahre später sah das Bild ganz anders aus: In mehreren Wellen waren die vielen Städte und Kleinstädte entstanden, welche das Schweizer Mittelland zwischen Boden- und Genfersee bis in die neueste Zeit prägten.

Bern, die bekannteste Zähringergründung, besitzt die schönste Altstadt der Schweiz

Eine Flut von Städten

In den Bischofssitzen Genf, Lausanne, Sitten, Basel und Chur mag eine Art Stadtkultur selbst in den Stürmen der Völkerwanderung nie ganz verschwunden sein. Langsam waren hier neben der Bischofsburg oder der Kathedrale Marktorte entstanden, die – obwohl von kommunaler Selbstverwaltung noch weit entfernt – zu den ältesten städtischen Siedlungen gehören. Genf, seit dem 5. Jh. Bischofssitz und burgundische Residenz, entwickelte sich wohl im 10. und 11. Jh. zur Stadt; auch Lausanne, das um 600 n. Chr. Avenches als Bischofssitz abgelöst hatte und wo erstmals 896 ein Markt erwähnt ist, wird um 1100 erstmals Stadt genannt.

Doch auch in abgelegenen und nur schwach besiedelten Alpentälern entwickelten sich um geistliche Zentren Marktsiedlungen: In Sitten, das im 6. Jh. Martigny als Bischofssitz gefolgt war, mußten die Bürger der kleinen Siedlung allerdings bis 1267 auf die ersten kommunalen Organe warten; in Chur, als Bischofssitz so alt wie Genf, entwickelte sich im 9. Jh. ein Markt, der spätestens 1270 von einer Mauer umschlossen war. Fast 200 Jahre früher, in der Zeit zwischen 1080 und 1090, wurde dagegen Basel ummauert, die damals volksreichste Siedlung auf dem Gebiet der heutigen Schweiz.

Anzeichen selbständigen städtischen Lebens treten wie bei den Bischofsstädten auch in den von Klöstern oder Stiften gegründeten oder von ihnen ausgebauten Siedlungen erst im 12. und 13. Jh. auf. Die Orte selbst reichen allerdings weiter zurück: Zürich war schon im 11. Jh. unter der Äbtissin des Fraumünsters eine der blühendsten Städte Oberschwabens (des südlichen Teils des Herzogtums Schwaben). Die Marktsiedlung beim Kloster St-Maurice wird bereits 1003 erwähnt; das dem Kloster Allerheiligen geschenkte Schaffhausen erhielt spätestens 1080 das Marktrecht; und noch etwas früher, bereits 1024, ist für die nahe Siedlung Stein am Rhein des Klosters St. Georgen das Markt- und Münzrecht belegt.

Sehr früh ummauert war St. Gallen, obwohl es erst 1170 Stadt genannt wird: Nach dem Ungarneinfall von 926 ließ Abt Anno in den Jahren 953/54 Kloster und Marktsiedlung mit einer dreizehntürmigen Mauer umgeben, der ersten Stadtmauer in unserem

Diessenhofen am Rhein, die erste Stadtgründung der Grafen von Kyburg

Die Saane vor der Freiburger Altstadt

Land seit römischer Zeit. An Umfang für die wenigen Einwohner viel zu groß, diente der Ort wahrscheinlich über längere Zeit als Fluchtburg für die Bevölkerung der umliegenden Gegend.

Innerhalb eines untergegangenen römischen Kastells entstand beim karolingischen Kloster St. Urs das frühmittelalterliche Solothurn als kaiserliche Pfalz und Stadt mit Zoll- und Marktrecht im 10. und 11. Jh.

Zu den ältesten städtischen Siedlungen der Schweiz gehören schließlich noch einige Marktsiedlungen an der großen Handelsstraße von Burgund über den Großen St. Bernhard ins Piemont: Vevey, Orbe, Payerne, Moudon und Martigny. Sie lagen aber alle wie Inseln in einer völlig bäuerlich geprägten Welt.

Neue Städte

Um 1300 sah das Bild ganz anders aus: In mehreren Wellen waren in nur zweihundert Jahren die vielen Städte und Kleinstädte entstanden, welche für das Schweizer Mittelland zwischen Boden- und Genfersee heute so typisch sind. Fast hundertachtzig Städte hatten geistliche und weltliche Herren in dieser kurzen Zeit gegründet und dabei wirtschaftliche und politische Ziele gleichzeitig verfolgt: Die neuen Städte sollten als Marktort einer Region oder als Rastort an einem Verkehrsweg dank dem aufblühenden Handel und der steigenden Produktion mit ihren Steuerabgaben einerseits die Kassen der Fürsten füllen. Andererseits sollten sie in politisch umstrittenen Gebieten den Machtbereich sichern helfen. Wie das übrige Europa wurde die Schweiz von einer eigentlichen Städtegründungswelle überflutet. Während in England zu dieser Zeit etwa 40% und in Frankreich 70% aller Städte entstanden, waren es in der Schweiz sogar 77%; damals wurden 152 der insgesamt 197 bis heute bekannten mittelalterlichen Stadtanlagen gegründet.

Die Herzöge von Zähringen

Zu den frühesten und bekanntesten Städtegründern der Schweiz gehören die Herzöge von Zähringen. Das Geschlecht aus der Gegend von Freiburg i. Br. nördlich von Basel versuchte im 12. Jh. mit einer ganzen Reihe von Stadtgründungen links und rechts des Rheins einen zentraleuropäischen Territorialstaat zu schaffen. Dazu legten die Zähringer auf dem Gebiet der heutigen Schweiz in knapp 100 Jahren sieben Städte an. Vom ersten Brückenkopf Rheinfelden dehnten sie ihren Machtbereich langsam nach Westen bis an die Saane aus: Hier gründete Herzog Berchtold IV. wohl um 1150 Freiburg und vermutlich auch Murten und Burgdorf. In der Ostschweiz erweiterte er Zürich, und den Einfluß der Zähringer Richtung Berner Oberland sicherte schließlich der letzte Herzog, Berchtold V., um 1190 mit der Gründung von Thun und Bern. Mit dem Erlöschen des Geschlechts im frühen 13. Jh. brach zwar der Machtbereich der Zähringer zusammen, ihre Städte aber blieben: Keine verschwand ganz, und ihre großzügig geplanten Anlagen wie die Altstadt von Freiburg oder Bern gehören zu den großartigsten städtebaulichen Leistungen des Mittelalters in ganz Europa.

Die Grafen von Kyburg

Zur zweiten Welle von Stadtgründungen trugen im 13. Jh. in der Deutschschweiz vor allem die Grafen von Kyburg und Froburg bei. Die mit den Zähringern verschwägerten Grafen von Kyburg erteilten 1178 Diessenhofen, einem wichtigen Brückenkopf am Rhein, das Stadtrecht und gründeten damit die erste ihrer insgesamt fünfzehn Städte. Ausgehend von ihrem Verwaltungszentrum Winterthur, weiteten sie nach dem Aussterben der Zähringer mit Hilfe von Stadtgründungen in knapp hundert Jahren ihren Machtbereich ständig aus. Er reichte schließlich vom Bodensee bis zur Saane und vom Jurafuß bis zum Walensee. Um 1230 entstanden Baden, Zug und Richensee (LU). Knapp zehn Jahre später folgten Aarau, Lenzburg, Mellingen, Frauenfeld und Weesen.

Stadtluft macht frei

Um den Ausbau der Städte zu fördern, verliehen die Stadtherren der Stadtbevölkerung neben dem Marktrecht und dem Recht, Mauern zu bauen, oft auch die Zollfreiheit, gewährten ihnen günstige Grundzinsen auf den Hofstätten oder auch die Befreiung vom Gottesurteil und vom Zweikampf, wie sie in der damaligen Rechtsprechung üblich waren. Entscheidend aber war die Befreiung der Stadtbevölkerung aus dem komplizierten Abhängigkeitsverhältnis, in dem die Bauern zu ihrem Grundherrn lebten: Als Unfreie konnten sie die Höfe nicht verlassen und waren auf Gedeih und Verderb ihrem Herrn ausgeliefert, der sie vererben, verkaufen oder auch an Kirchen verschenken konnte.

Die Summe aller Vorrechte führte bald zur Ausbildung des in den einzelnen Städten oft ganz verschiedenen Stadtrechts, welches das Verhalten der Bürger untereinander, ihr Verhältnis zum Stadtherrn sowie die Verwaltungsangelegenheiten regelte. Es vermittelte den Bürgern im Mittelalter das Gefühl «Stadtluft macht frei.»

Das große Städtefieber

Nichts deutet in der idyllischen freiburgischen Basse Gruyère darauf hin, daß am künstlich gestauten Lac de la Gruyère einst die größte Städtedichte der Schweiz herrschte. Wo heute zwischen stillen Bauerndörfern friedlich Kühe grasen, gab es vor fünfhundert Jahren auf nur 200 km² nicht weniger als zehn Städte. Nacheinander versuchten der Bischof von Lausanne mit Bulle, die Grafen von Neuenburg mit Arconciel, die Grafen von Gruyères mit dem Städtchen Greyerz und die Grafen von Savoyen mit Montsalvens die seit je umstrittene Landschaft an der Sprachgrenze mittels Stadtgründungen unter Kontrolle zu bringen. Im 13. Jh. wollten auch noch kleinere Adlige entlang der Saane Einfluß gewinnen. In wenigen Jahrzehnten entstanden nochmals sechs Städtchen: Pont-en-Ogoz, Corbières und Neu-Corbières, Vuippens, Vaulruz und La Tour-de-Trême. Das unsinnige Gründungsfieber verhinderte die wirtschaftliche Entwicklung der einzelnen Städtchen – sie lagen teilweise nur 1 km auseinander. Schon im 14. Jh. waren alle mit Ausnahme von Bulle und Gruyères zu Dörfern geworden oder verschwunden.

Und nochmals zwanzig Jahre später, um 1260, gründeten die Kyburger schließlich die Städtchen Kyburg, Sursee, Laupen, Huttwil und Wangen an der Aare. Gleichzeitig erweiterten sie die ererbten zähringischen Städte Burgdorf, Freiburg und Thun und legten schließlich auch noch den Flecken Beromünster an. Auf der Höhe ihrer Macht starben die Kyburger im Jahre 1264 aus. Ihre Gründungen aber überlebten fast alle und entwickelten sich im Lauf der Zeit zu blühenden Klein- und Mittelstädten. Zwei Städtchen allerdings gingen unter: Das beim luzernischen Hitzkirch gelegene Richensee wurde während der Schlacht bei Sempach 1386 völlig zerstört, Weesen am Walensee nach der Schlacht bei Näfels 1388 dem Erdboden gleichgemacht. Es wurde nur als Dorf neu aufgebaut.

Die Grafen von Froburg

Am Wettstreit der Städtegründer beteiligten sich auch die Grafen von Froburg, die in der ersten Hälfte des 13. Jh. beidseits des Juras acht Städte gründeten. In ihren Stammlanden in der Nordwestschweiz entstanden kurz nacheinander Liestal, Waldenburg, Olten, Aarburg, Zofingen, Fridau, Wiedlisbach und schließlich noch Falkenstein. Die Froburgerstädte lagen hauptsächlich entlang der großen Verkehrsachsen über den Jura und sicherten damit den Grafen politischen Einfluß und finanzielle Einnahmen. Auf ein genügend großes Einzugsgebiet des Marktes legten die Froburger – das Geschlecht ist im Jahre 1367 verarmt ausgestorben – jedoch im Gegensatz zu den Zähringern und Kyburgern nur wenig Gewicht. Ihre Städte sind denn auch bis ins 19. Jh. kaum gewachsen und konnten sich von Naturkatastrophen und Brandschatzungen nur schwer erholen. Als zum Beispiel der französisch-englische Heerhaufen der Gugler 1375 gleich vier Froburgerstädte niederbrannte, wurden nur Wiedlisbach und Waldenburg in bescheidenem Rahmen wiederaufgebaut. Falkenstein und Fridau dagegen wurden aufgegeben.

Olten, ehemals Stützpunkt der Grafen von Froburg in der Nordwestschweiz

Unter den Grafen von Savoyen blühte das freiburgische Romont auf

Die Grafen von Savoyen

Was die Zähringer und Kyburger für die Deutschschweiz, waren die Savoyer für die Westschweiz. Um 1150 stieß das Grafengeschlecht über den Großen St. Bernhard ins Unterwallis und schließlich im Verlauf von hundert Jahren bis an die Aare vor. Erst das langsam erstarkende Bern und die Grafen von Habsburg konnten die Savoyer nach 1250 wieder hinter die Saane zurückdrängen. Nicht weniger als 23 Städte legten die Grafen zur Sicherung ihres Herrschaftsgebiets in kurzer Zeit in der Westschweiz an und sorgten damit hier für eine Städtekonzentration, wie sie die Deutschschweiz nie kannte. Savoyische Gründungen sind die Paßbefestigungen am Großen St. Bernhard wie Orsières und Bourg-St-Pierre so gut wie die vier Unterwalliser Städtchen Saillon, St-Maurice, Monthey und Aigle oder die lange Reihe von Städten am Genfersee von Villeneuve über Morges, Rolle und Coppet bis hin zu Versoix. In der Waadt und im Freiburgischen entstanden Châtel-St-Denis, Romont und Vaulruz, und mit Cudrefin und Yverdon erstreckte sich die Macht der Savoyer bis ans nördliche und südliche Ende des Neuenburgersees. Die meisten Gründungen haben auch nach der Verdrängung des Hau-

Büren an der Aare gehört zu den Gründungen der Grafen von Neuenburg

Die letzte planmäßig gegründete Schweizer Stadt: Carouge bei Genf

Die Grafen von Neuenburg

Für die Häufung von Städten und Städtchen am Jurasüdfuß sorgten neben den Savoyern die Grafen von Neuenburg. Von ihrem Stammsitz, der Stadt Neuenburg, aus legten sie im 13. Jh. in ihrem weitgespannten Herrschaftsgebiet ein Netz von 14 Städten an. Es reichte von Boudry am Nordufer des Neuenburgersees bis Arconciel im Saanetal (das im See ertrunken bzw. verlegt worden ist), überschritt im nachmals bernischen Seeland die Sprachgrenze mit Aarberg, Büren an der Aare und Nidau und erreichte mit dem solothurnischen Altreu den nördlichsten Punkt. Am oberen Bielersee kam es im frühen 14. Jh. schließlich zu einer ausgeprägten Städtekonzentration: Die neuenburgischen Gründungen Le Landeron und Erlach bilden zusammen mit dem vom Bischof von Basel angelegten La Neuveville auf eine Distanz von jeweils 3 km ein in der Schweiz einzigartiges Dreieck von Zwergstädtchen, die sich – da das wirtschaftliche Hinterland fehlte – nie richtig entwickeln konnten.

Die letzten Gründungen

Schon um 1390 ging die Geschichte der Stadtgründungen zu Ende, und auch mit den Stadterweiterungen war es für Jahrhunderte vorbei. Die wenigen Anläufe zu Neugründungen in späterer Zeit gingen ausschließlich von landesfremden Fürsten aus. Sie blieben aber alle nur ein großartiges Projekt wie etwa der Plan des Fürsten von Neuenburg, Henri II. de Longueville: Er wollte 1626 als Gegenpol zu seiner von einer unbotmäßigen Bürgerschaft beherrschten Hauptstadt am Ausfluß der Zihl aus dem Neuenburgersee einen neuen Hafen und dazu die Stadt Henripolis anlegen. Oder die Versuche scheiterten wie der Plan des Herzogs von Choiseul, eines Ministers von Ludwig XV., 1767–1770 als Konkurrenz zu Genf eine neue Hafenstadt – Versoix-la-Ville – zu bauen.

Auch die letzte aller Gründungen, das in der 2. Hälfte des 18. Jh. errichtete Carouge, blieb Stückwerk. Wie Versoix dazu bestimmt, Genf den Rang abzulaufen, blieb die von König Viktor Amadeus von Savoyen am linken Arveufer angelegte Stadt (das Gebiet gehörte damals zum Königreich Sardinien) zu fast drei Vierteln des hochfliegenden Projekts auf dem Papier. Obwohl seit 1816 Genf angegliedert, konnte die Siedlung im Kern ihr städtebaulich eigenständiges, rational geplantes Gesicht bis heute bewahren.

Das schnelle Städtesterben

In der ersten Hälfte des 14. Jh. führten schlechte Ernten in der Schweiz zu schwindelerregenden Preiserhöhungen. Brotgetreide zum Beispiel wurde 150mal teurer, und das Volk litt unter schweren Hungersnöten. Die Situation verschlimmerte sich noch, als die Leute nach 1348 an der aus dem Orient eingeschleppten Beulenpest wie die Fliegen dahinstarben. Besonders in den Kleinstädten ging die Bevölkerungszahl stark zurück, und ihre Wirtschaft geriet in eine Krise. Die Handwerker verloren ihre Arbeit und zogen in größere Städte, wo sie wenigstens noch ein bescheidenes Einkommen fanden. Wenn eine Kleinstadt gleichzeitig noch durch eine Feuersbrunst zerstört oder in Kriegswirren verwickelt wurde, hatte sie kaum eine Überlebenschance. So schnell, wie sie im 12. und 13. Jh. gegründet worden waren, verschwanden denn auch viele Schweizer Kleinstädte im 14. Jh. wieder von der Bildfläche. Von 197 Stadtanlagen ging knapp die Hälfte unter: 20 – wie etwa das zürcherische Glanzenberg – sind ganz verschwunden, 29 – zum Beispiel das solothurnische Altreu – leben als Siedlungen an anderer Stelle weiter, und 46 – wie etwa das thurgauische Bürglen – sind wieder zu Dörfern geworden.

Damit eine Stadt ihre Anfänge überdauern und sich zu einem blühenden Gemeinwesen entwickeln konnte, mußten verschiedene Umstände zusammentreffen: Wenn ein Ort mit einem Markt in günstiger Verkehrslage entstand und sich hier erst noch eine Burg, eine Kirche oder ein Kloster befand, hatte er gute Überlebenschancen. Die Lage der Siedlung in der Landschaft war weniger entscheidend, obwohl gerade bei den gezielten Gründungen durch den Adel strategische Gesichtspunkte häufig den Ausschlag gaben und beweisen, welch wichtige Rolle der natürliche Schutz einst spielte.

Höhenlage versprach seit jeher Schutz: die hervorragend erhaltene Altstadt von Wil

Schutz auf dem Hügel

Seit jeher waren Hügel und Höhenzüge leicht zu verteidigen. Schon die ältesten bewohnten Plätze unseres Landes lagen fast alle auf Bergspornen: Als die Helvetier 58 v. Chr. das Land verließen, um im Süden Frankreichs fruchtbarere Weidegründe zu erobern, verbrannten sie Städte und Dörfer – keiner sollte je zurückkehren. So sind von ihren *oppida* nur noch Spuren vorhanden; sie zeigen, daß fast alle größeren Siedlungen auf Hügelzügen wie etwa auf dem Mont Vully zwischen Murten- und Neuenburgersee lagen.

Die Römer als ungefährdete Herren von Nordafrika bis Großbritannien legten auf den natürlichen Schutz ihrer Siedlungen weit weniger Wert: Aventicum, die Hauptstadt der römischen Schweiz, war zwar von einer Mauer umgeben, lag aber in der offenen Ebene zu Füßen des Hügels, auf dem das mittelalterliche Städtchen Avenches thront. Auch die Lage von Augusta Raurica – dem heutigen Augst – am Rhein war weniger durch die natürliche Schutzfunktion als vom verkehrspolitisch wichtigen Flußübergang bestimmt.

In den unruhigen Zeiten des Mittelalters spielte der natürliche Schutz dagegen wieder eine zentrale Rolle. Das freiburgische Romont zum Beispiel war nicht nur Marktzentrum, sondern auch Fluchtburg für eine ganze Region: Im 15. Jh. waren 46 Gemeinden der Umgebung Romont zinspflichtig; als Gegenleistung durften die Bauern der Dörfer bei Gefahr hinter den Mauern des Städtchens Schutz suchen. Höhenstädtchen wie Orbe, Moudon, Leuk, Regensberg oder Wil waren entweder mit Ringmauern bewehrt, über denen sich an besonders gefährdeten Stellen Türme erhoben, oder ihre Wohnhäuser drängten sich als typisches Zeichen der Verteidigungsbereitschaft über dem Abgrund fugenlos aneinander.

Verdienst an Brücken

Schon im Altertum wurde an Brücken Zoll erhoben, und bereits die Römer legten an leicht begehbaren Flußübergängen Siedlungen an: Zwei ihrer größten Städte und Truppenplätze, Augusta Raurica und Vindo-

Matthäus Merians Ansicht zeigt den typischen Charakter der Talsperrensiedlung Bellinzona

nissa (Windisch) lagen bei wichtigen Brücken. Auch in Solothurn schützte ein *castrum* auf dem Felsen den über die Aare geschlagenen Steg. Der günstige Standort ließ die Siedlung trotz der Zerstörung durch die Alemannen überleben; schon im frühen Mittelalter wurde der Aareübergang wieder fleißig benutzt, und erneut entstand daneben eine Siedlung, der Kern des heutigen Solothurn.

Brückenstädte sind häufig durch ihren Grundriß in Form eines Dreiecks gekennzeichnet, dessen Breitseite dem Fluß folgt. Stein am Rhein, Diessenhofen, Schaffhausen, Eglisau, Kaiseraugst, Laufenburg und Rheinfelden an den Ufern des Rheins hielten gegen das Landesinnere mit einer turmbewehrten Mauer Feinde möglichst weit vom Übergang fern. Aber auch Basel, Olten, Aarau und Brugg – dessen Name und Wappen mit der Brücke deutlich auf die alte Bedeutung des Aareübergangs hinweisen – verdanken ihren Wohlstand größtenteils der Brücke und der Lage am Schnittpunkt von Wasser- und Landstraßen sowie den damit verbundenen Zolleinnahmen.

Wasser als Mauer

Besonders typisch zeigt sich die natürliche Schutzfunktion bei Flußschleifensiedlungen wie den beiden berühmten zähringischen Beispielen Freiburg und Bern oder beim bescheideneren aargauischen Bremgarten. Schutz gewährte aber auch das Seeufer, sei es dank Steilhängen wie etwa bei Estavayer oder Murten, sei es durch eine wasserumspülte Landzunge wie bei Rapperswil oder schließlich dank einem unwegsamen Delta wie bei Locarno.

Zölle im Tal

Bereits die Römer sperrten strategisch wichtige Durchgänge in den Schluchten des Juras und der Alpen; weniger aus Sicherheitsgründen, sondern um durchreisenden Säumern und Kaufleuten einträglichen Zoll abzuknöpfen. Der Vergleich von zwei typischen Talsperrensiedlungen, Waldenburg am Oberen Hauenstein und Bellinzona, zeigt, daß je nach Topographie verschiedene Befestigungen nötig waren. Wo wie bei Waldenburg ein Felsgrat ins enge Tal hinunterstößt, bedurfte es keiner ausgedehnten Mauern; das Städtchen selbst übernahm Sperrfunktion. Wo aber wie bei Bellinzona ein breites Tal zu beherrschen war, zogen sich seitlich der Stadt lange Mauern in die Ebene und den Bergrücken hinauf, die noch zusätzlich durch stolze Burgen verstärkt werden mußten.

Umschlag von Waren

Paßfußsiedlungen entstanden mit dem regelmäßigen Saumverkehr über die Schweizer Pässe im 12. und 13. Jh. Ihr Kern bestand lange aus Gasthäusern samt Stallungen, Werkstätten von Hufschmieden und Sattlern sowie aus den Susten, in denen die Transportgüter zwischengelagert wurden. So erhielt Martigny, das bereits zur Römerzeit wichtigster Zugang zum Großen St. Bernhard gewesen war, um 1260 das Stadtrecht. Auch Ilanz, die erste Stadt am Rhein am Schnittpunkt verschiedener Alpenübergänge, war bereits im 13. Jh. befestigt. Zur wichtigsten Paßfußsiedlung aber entwickelte sich Chur als zentraler Etappenort an den Wegen über die Bündner Alpenpässe. Paßfußsiedlungen gibt es jedoch auch im Jura; so entstanden Porrentruy und Liestal am Kreuzungspunkt wichtiger Übergänge aus der Oberrheinischen Tiefebene gegen die Alpen und Italien.

Im Schatten der Burg

Ursprünglich nur eine bescheidene Ansammlung von Holzbauten im Schutz einer Festung, entwickelten sich die Schweizer Burgstädtchen zu wichtigen Kräften der politischen und wirtschaftlichen Entwicklung. Im frühen Mittelalter standen die Burgen der Grundherren meist in flachem Land mitten im Herrschaftsgebiet. Um den Gutshof siedelten sich mit der Zeit Gewerbetreibende und Händler an, durch deren

Die Städtebilder des Matthäus Merian

Unsere Vorstellung der mittelalterlichen Schweizer Stadt wird stark von den Bildern Matthäus Merians des Älteren geprägt. 1593 in Basel geboren, lernte er in Zürich und auf Wanderschaft durch Frankreich und Deutschland die Kunst des Zeichnens und Kupferstechens. 1624 ließ er sich in Frankfurt am Main nieder, wo er bis zu seinem Tod 1650 den Großbetrieb seines Schwiegervaters, eines Kupferstechers und Verlegers, führte. Merian veröffentlichte hier 16 Bände der «Topographia Germaniae» mit Ansichten von Städten und Schlössern des Deutschen Reiches, zu dem ja damals die Eidgenossenschaft formell noch gehörte. Zur Zeit des Dreißigjährigen Krieges, als viele Siedlungen in Schutt und Asche sanken, schuf Merian ein umfassendes Inventar der europäischen Städte. Zu den schönsten Bänden gehört der 1642 veröffentlichte Band über Merians alte Heimat, die Schweiz. Unter dem Titel «Topographia Helvetiae, Rhaetiae et Valesiae» enthält er 80 Tafeln mit 105 Einzeldarstellungen. In seinen Planveduten, den oft mit Grundrißaufnahmen kombinierten Seitenansichten, zeigt Merian die Stadt in der Harmonie mit der Landschaft, welcher sie mit ihrer Anlage selbst Schönheit verleiht.

Der Markt

Die großen Jahrmärkte, die Kaufleute von weither anzogen – das berühmteste Beispiel ist die Zurzacher Messe –, wurden oft in den von den Römern übernommenen Zentren abgehalten. Auch die regional bedeutenden Jahrmärkte dauerten meist mehrere Wochen, und noch heute deutet der Ausdruck «Kirchweih» darauf hin, daß sie jeweils vom Fest des Stadtheiligen eröffnet wurden. Für die Entwicklung der Städte aber am wichtigsten waren die lokalen Wochenmärkte, die schon im 9. und 10. Jh. bestanden. Nicht alle Marktorte, die aus dem Mittelalter bekannt sind, entwickelten sich zu Städten; es gab aber keine Stadt, die nicht einen Markt besaß. Um Platz für die Verkaufsstände und den Warenumschlag zu schaffen, wurde die Marktgasse als typisches Kennzeichen vieler Schweizer Städte breiter angelegt; von der Bedeutung des Marktes zeugt auch, daß wie zum Beispiel in Liestal oder Orbe die Marktbänke im Erdgeschoß des Rathauses standen.

Zusammschluß häufig Städte entstanden. Am Fuß der im 11. Jh. zunehmend in erhöhter Lage erbauten Burgen entwickelten sich dagegen im geschützten Bereich der Vorburg Siedlungen wie etwa Regensberg, Greyerz, Sierre oder das winzige Kyburg vor der gewaltigen Feste. Während es im 12. und 13. Jh. mit den verarmten Adeligen, die größenteils über ihre Verhältnisse lebten, bergab ging, wurden aus den bescheidenen Orten eigenständige Gemeinwesen mit Mauern und Türmen. Bezeichnend für die Burgensiedlungen ist die Sonderstellung der Kirche, die sich oft, zum Beispiel in Burgdorf, ebenso auffällig emporreckt wie das Schloß. Das ist kein Zeichen besonders religiöser Gesinnung, sondern ein Teil selbstbewußten Bürgerstolzes.

Arbeit dank Klöstern

Die Klöster trugen außer zur Christianisierung als Zentren der landwirtschaftlichen Erschließung entscheidend zur Kultivierung des Landes bei. Bekanntestes Beispiel einer Klostersiedlung ist St. Gallen, wo sich schon früh Bauern, Handwerker und Gastwirte niederließen, die nicht nur von der Arbeit für das Kloster lebten, sondern auch vom Pilgerstrom profitierten. Oft waren es die Klöster selbst, welche die um den geistlichen Bezirk entstandenen Siedlungen mit Mauern umgaben, wie sie noch heute im Städtchen St-Ursanne am Doubs oder im thurgauischen Bischofszell zu erkennen sind.

Im Zentrum der Markt

Mindestens so wichtig für die Anlage einer mittelalterlichen Stadt wie ihre Situation in der Umgebung ist ihre innere Struktur. Im Gegensatz zu den vielen von der Landschaft geprägten Siedlungsformen lassen sich hier nur zwei Grundformen unterscheiden: die axiale Anlage mit einer einzigen oder mehreren Längsgassen und die konzentrische Anlage um einen zentralen, oft vorstädtischen Kern.

Die Hauptgasse, einst Hauptverkehrsader und Markt, durchzieht die rechteckige Stadtanlage von Zofingen

Es war der Markt, der die innere Anlage der Städte und ihre räumliche Entwicklung weitgehend bestimmte. Das ausgedehnte Marktgeschehen, zu dem viele Spezialmärkte wie Fisch- und Fleischmarkt, Korn- und Salzmarkt, Leder-, Pelz- und Tuchmarkt gehörten, brauchte Platz für den Transport, die Lagerung und den Verkauf der Güter, für den Warenumschlag und für die Zollerhebung. So erstreckte sich das Markttreiben oft über mehrere Gassen und setzte entsprechende städtische Strukturen voraus.
In den Zähringerstädten wird der Markt entlang einer Achse – dem Gassenmarkt – geordnet, sei es an einer einzigen breiten Hauptgasse wie in Thun, sei es an Haupt- und paralleler Nebengasse wie in Rheinfelden, Murten oder Burgdorf. Eindrücklichstes Beispiel aber ist die Altstadt von Bern, dessen Hauptgasse sogar durch zwei symmetrische Nebenachsen flankiert wird.
Zusammen mit der Hofstatt als Überbauungseinheit und dem Hofstättensystem mit dem festen Längen- und Breitenverhältnis sind die Zähringerstädte differenzierte planerische Leistungen – nicht nur einzelne Bauten wie Kirchen, Rathäuser und Markthallen, sondern auch die Stadtanlage selbst ist eine kulturelle Schöpfung ersten Ranges.
Erfolg hatte das zähringische Mo-

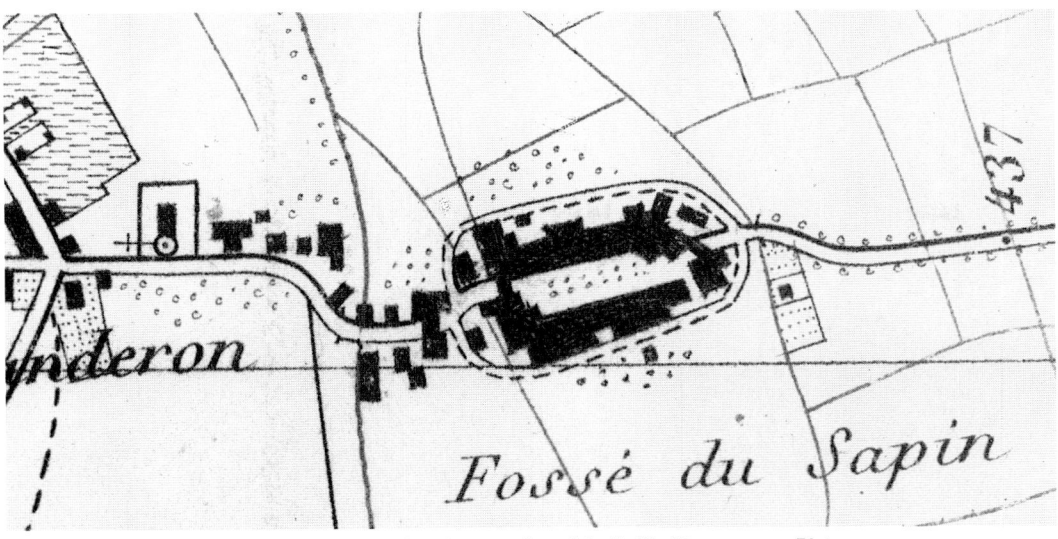

Im neuenburgischen Miniaturstädtchen Le Landeron weitet sich die Marktgasse zum Platz

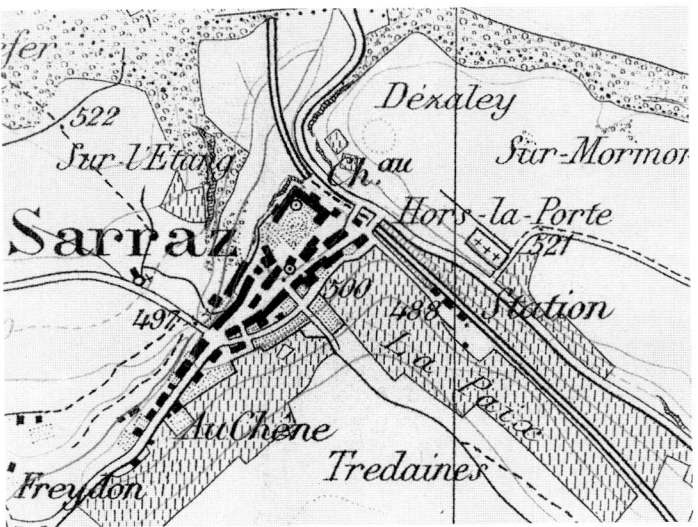

Die Anlage des waadtländischen Städtchens La Sarraz paßt sich dem Hügelland an

dell dank seiner Flexibilität: Es konnte den topographischen Voraussetzungen und vor allem den bereits bestehenden Strukturen älterer Siedlungen angepaßt werden. Überall aber bleibt die großzügige, durchgehende Hauptgasse das Rückgrat der Siedlung. Sie bestimmt auch die im 13. Jh. gegründeten Städte. In den neuenburgischen Siedlungen wird die Gasse zum Längsplatz, am eindrucksvollsten in Aarberg. Zur gleichen Form der «Stadt als Marktkorb» mit zwei Häuserzeilen als Umfassung eines geräumigen Gassenmarkts gehören Burgstädtchen wie Gruyères oder Regensberg und Le Landeron. Auch die ein- oder beidseitig von Nebengassen begleitete Hauptachse findet sich in den Gründungen des 13. und 14. Jh. immer wieder. Sie prägt das vom Lausanner Bischof angelegte Avenches ebenso wie die Savoyer Städte Morges, Romont und Coppet, die kyburgischen Gründungen Frauenfeld, Lenzburg, Sursee und schließlich auch noch die habsburgischen Gründungen Sempach und Willisau.

Viel weniger häufig trifft man in der Schweiz konzentrische Anlagen: Im Zentrum einer ersten Gruppe liegen weder Markt noch Burg, sondern ein alter Kirchbezirk. Um ihn – etwa um die Klöster von St. Gallen und Payerne oder um die Stadtkirche von Winterthur – entstand die Stadt als Geviert, dessen breiteste Gasse die Funktion des Marktes übernahm. Bei der zweiten Gruppe fast quadratischer Anlagen, wie Delsberg oder Unterseen, lag im Kern das Rathaus oder ein Gasthof. Das dritte Schema, eine konzentrische Anlage in einem ganzen oder halben Oval um eine Kirche oder ein Schloß, ist nur in der Westschweiz vertreten: zum Beispiel in Cossonay oder Grandson.

Wer baute die Stadt?

Viele kleinere Städte waren schon wenige Jahre nach der Gründung bewohnt und befestigt. Um bei den damaligen technischen Voraussetzungen eine solch gewaltige Aufgabe zu bewältigen, waren große planerische, organisatorische und bauliche Probleme zu bewältigen.

Mit ziemlicher Sicherheit darf deshalb angenommen werden, daß oft ein Stab spezialisierter Baufachleute beigezogen wurde. Daß solche vorhanden waren, belegen Dokumente wie das Skizzenbuch des französischen Baumeisters Villard de Honnecourt aus der ersten Hälfte des 13. Jh. Es enthält neben Skizzen damals «moderner» Bauten und architektonischen Entwürfen praktische Regeln für Längen- und Höhenmessungen, das Abstecken rechter Winkel, den Transport schwerer Lasten und die konkrete Ausführung schwieriger Bauarbeiten.

Die Namen der Werkmeister, die im Mittelalter Stadtanlagen planten und den Bau leiteten, sind im allgemeinen nicht überliefert, ganz im Gegensatz zu den auftraggebenden Landesherren, die als Städtegründer in die Geschichte eingingen.

Bahnhöfe und Parkhäuser, Verkehrsachsen und Einkaufszentren, Geschäfte und Restaurants, Kinos und Sportanlagen sind heute für Einheimische und Besucher die bekanntesten Merkpunkte einer Stadt. Mit dem rasanten Wandel der Stadtkerne von Wohngebieten zu Dienstleistungszentren wurden die ehemals wichtigsten Bauten der Stadt zu denkmalpflegerisch sorgsam gehüteten Objekten, die ihre frühere Aufgabe als Mittelpunkt urbanen Lebens weitgehend einbüßten. Nur schwer kann man sich z.B. angesichts eines Brunnens mit bunter Statue noch vorstellen, daß er einst nicht nur der Dekoration diente, sondern oft die einzige Trinkwasserversorgung der Stadt war.

Die Höhenfestung Munot in Schaffhausen gehört zu den imposantesten Wehranlagen der Schweiz

Die Stadt und ihre Bauten

Im Mittelalter mußten die Städte den gleichen Sicherheitsansprüchen genügen wie die Burgen. Mit der Gründung der Stadt begann deshalb gleichzeitig der Bau einer Befestigung, die in der Frühzeit oft aus einem Erdwall mit Palisaden bestand. Schon im 12. und 13. Jh. aber wurden fast alle Städte mit einer turmbewehrten Mauer umgeben. Sie diente nicht nur als Schutz, sondern bildete auch eine Rechtsgrenze zwischen zwei Welten: Hier herrschte in einer geordneten Welt das Stadtrecht, dort galt in einer oft als unheimlich empfundenen Welt das Recht des Grundherrn. So wurde auf Münzen und Wappen das Bild der mit Zinnen und Toren bewehrten Mauern schon im Mittelalter zum eigentlichen Symbol städtischer Souveränität.

Im Gegensatz zu den Burgen, die als Wehrbauten im 16. Jh. weitgehend nutzlos wurden, folgte die Stadtbefestigung der Entwicklung der Waffentechnik, und die Ringmauern wurden im ausgehenden Mittelalter dem gestiegenen Wirkungsgrad der Artillerie angepaßt. Bei den Türmen setzte sich die in Italien erprobte Rundform durch, an der die Kanonenkugeln besser abprallten; es entstanden Stadttore mit Rundtürmen wie das Baslertor in Solothurn. Mächtigstes Beispiel einer Befestigungsanlage dieser Zeit ist der Munot in Schaffhausen, der 1564–1585 nach den Grundsätzen der Befestigungslehre Albrecht Dürers errichtet wurde.
Im Dreißigjährigen Krieg (1618–1648) wurden in vielen Städten Pläne zur Verstärkung der Stadtmauern entworfen. Das schon im 16. Jh. bekannte System mit den an den Ecken vorspringenden Bastionen wurde dabei mit den in Frankreich entwickelten Sternschanzen verbunden. Da bloße Mauern zudem der erhöhten Durchschlagskraft der Geschosse nicht mehr standhalten konnten, mußten sie durch gewaltige, mauerummantelte Erdwälle ersetzt werden. Schließlich waren für die Verteidiger breite Schußfelder nötig, die mit Schanzen und niedrigen Wällen versehen waren. Teile einer solch barocken Befestigung erhielten sich bei der St.-Ursen-Schanze in Solothurn; in anderen Städten wie Basel, Bern, Genf und Zürich erinnern nur noch Straßen- und Quartiernamen an den ehemaligen Festungsgürtel.

Das Haus zum Ritter in Schaffhausen, ein besonders repräsentatives Bürgerhaus

Da die Stadt- und Landbewohner nach der Französischen Revolution die gleichen Rechte besaßen und weil die Mauern im beginnenden Industriezeitalter die Entwicklung der Städte behinderten, wurde in vielen größeren Städten die Stadtbefestigung abgebrochen. Während im Ausland an ihre Stelle oft großzügige Ringstraßen traten, erfolgte in der Schweiz meist eine nahtlose Überbauung. In kleineren Orten dagegen scheute man oft die Kosten des Abbruchs; häufig blieb die Befestigung der Schweizer Kleinstädte deshalb bis heute stehen. Ihr Verlauf läßt sich auf dem Flugbild besonders gut verfolgen: Die schönsten Beispiele mittelalterlicher Wehrbauten finden sich im Kanton Freiburg, der im 19. Jh. von der Industrialisierung kaum berührt wurde. Hervorragend erhalten sind hier die Stadtmauern von Estavayer, Gruyères oder Murten, und die mächtigsten Mauern der Schweiz stehen noch heute im Kantonshauptort selbst, in der Stadt Freiburg.

Fast auf allen alten Stadtansichten wird der Blick zuerst vom Turm der Stadtkirche angezogen, dem lange Zeit wichtigsten Gebäude der Stadt. Bald aber erhob sich neben dem Mittelpunkt geistlicher auch das Gebäude weltlicher Macht: Das Bürgertum baute als Zeichen seines Selbstbewußtseins ein Rathaus, das zugleich Ort der städtischen Gerichtsbarkeit war. Zu Beginn oft mit einer Markthalle oder einem Kornspeicher im Erdgeschoß verbunden, entwickelte es sich immer mehr zum ausgesprochenen Repräsentationsbau. Ob in Sursee oder Stein am Rhein, in Bischofszell, Zofingen oder Delsberg, in Lausanne, Luzern, Zürich oder Bern, die Rathäuser der größeren und mittleren Städte gehören wie die mehr ländlichen Gebäude von Bülach, Le Landeron oder La Neuveville oft zu den schönsten Zeugen der Profanarchitektur und des Kunsthandwerks in der Schweiz.

Von großer Bedeutung für die Versorgung der Bürger war das Kornhaus – das schönste Beispiel steht in Rorschach –, in dem Getreidevorräte für die Zeiten der Teuerung und des Krieges gelagert wurden. Zur Stadt gehörten neben dem Kaufhaus mit der Markthalle auch die Mühlen, die vom oft künstlich hergeleiteten Stadtbach angetrieben wurden; er speiste zudem die öffentlichen Brunnen, die der Trinkwasserversorgung dienten. Alte und Kranke wurden in Siechenhäusern und Spitälern gepflegt, die meist von Ordensschwestern geführt wurden. Die Waffen der Stadt bewahrte man im Zeughaus auf; für wichtige Akzente im Bild der größeren Städte sorgten schließlich neben den Zunfthäusern – dem Stolz der einzelnen Handwerkerstände – die Paläste der Patrizier: Die Maison Tavel in Genf, der Rittersche Palast in Luzern, das Hôtel Ratzé in Freiburg und das Haus zum Ritter in Schaffhausen gehören zu den schönsten Bauten, welche die städtische Oberschicht errichten ließ.

Kleinste Einheit des Überbauungsplans einer Gründungsstadt war die Hofstatt, eine genau abgemessene Liegenschaft, die der Grundherr zuerst gegen Zins auf Lebenszeit verlieh und die später erblich und verkäuflich wurde. Nur selten aber – zum Beispiel bei öffentlichen Bauten – wurden die meist fast doppelt so tiefen wie breiten Grundstücke mit einem einzigen Gebäude überbaut. Normalerweise wurden sie mehrfach geteilt, und es entstanden die typischen, oft nur 3 bis 4 m breiten Bürgerhäuser in vielen Schweizer Altstädten.

Die heute dichte Überbauung in den Stadtkernen entspricht nicht den ursprünglichen Verhältnissen. Zwar wurden verschiedene Städte wie etwa Bern oder Aarau kurz nach ihrer Gründung vergrößert, seit dem 15. Jh. aber blieb die Einwohnerzahl meistens bis in die erste Hälfte des 19. Jh. konstant und klein. Lange war deshalb in der Regel die ursprüngliche Stadtanlage groß genug, um die Bevölkerung aufzunehmen. Die mittelalterlichen Städte besaßen wohl geschlossene Häuserfronten entlang der Hauptgassen, aber zwischen den Häuserzeilen und gegen die Mauern hin war immer noch Bauland vorhanden. Murten ist ein eindrückliches Beispiel für eine Stadt, die erst nach dem Zweiten Weltkrieg über ihre Mauern hinauswuchs.

Vom Holz- zum Steinbau

Neben den Handwerkern lebten im Mittelalter in den Städten auch viele Bauern, die außerhalb der Mauern ihre Felder bestellten. So erstaunt es nicht, daß die Häuser der Stadt von Bauweise und Aussehen her noch im 13. und 14. Jh. dem regionalen Bauernhaustyp entsprachen und meist aus Holz errichtet waren. Erst die schweren Stadtbrände – Bern wurde allein zwischen 1300 und 1400 siebenmal vom Feuer verwüstet – veranlaßten die städtischen Behörden, strikte Bauverordnungen zu erlassen und den Steinbau mit Subventionen zu fördern. Waren die Dächer bis dahin mit Schindeln, ja oft sogar mit Stroh gedeckt, so waren von nun an Ziegel vorgeschrieben, zwischen den einzelnen Häusern wurden Brandmauern eingezogen, und schließlich mußten die Häuser ganz aus Stein oder Fachwerk gebaut werden. Das «Übergezimmerte» – mit zunehmender Höhe waren die Stockwerke oft immer mehr vorgesprungen, so daß es in den Gassen düster war – wurde verboten.

Im 15. Jh. begannen so die Schweizer Städte zu «versteinern». Die Nebengassen von Kleinstädten wie Sempach oder Laufen aber bewahren mit ihren hölzernen Scheunen oft bis heute den ehemals bäuerlichen Charakter.

Die Geschichte der Städte im Zeitraum von 1800 bis nach dem Ersten Weltkrieg ist die Geschichte eines raschen Wachstums, das von einer völlig neuen Erscheinung geprägt wurde. Nicht mehr wie seit Jahrhunderten der Markt, sondern der Verkehr begann in einem bisher unbekannten Ausmaß die Entwicklung der Städte zu bestimmen: Eine neue Welt der Geschwindigkeit, ein unbeschränkter Austausch von Waren und eine bisher nie gekannte Mobilität veränderten Struktur und Anlage der Städte grundsätzlich.

Mit der Industrialisierung begann die sprunghafte Entwicklung der Städte: Basel

Die moderne Stadt

Um die Wende vom 18. zum 19. Jh. kam es in der Schweiz zu einem raschen wirtschaftlichen und politischen Wandel. Schon in den letzten Jahrzehnten des Ancien Régime steigerten sich die Erträge der Landwirtschaft dank verbesserten Anbaumethoden beträchtlich; die während Jahrhunderten vorherrschende Dreifelderwirtschaft wurde durch intensiven Landbau abgelöst, die Allmenden aufgeteilt und den Bauern zur privaten Nutzung freigegeben. Gleichzeitig entwickelten sich im Textilgewerbe erste Ansätze der Industrialisierung; Spinnen, Weben und Sticken, ursprünglich nur ein willkommener Nebenerwerb für Kleinbauern und Taglöhner, wurde als Heimarbeit für immer mehr Menschen zur Haupterwerbstätigkeit.

Zwischen 1798 und 1830 brach auch die politische Ordnung der Alten Eidgenossenschaft mit ihren Untertanenverhältnissen zusammen, und langsam bildete sich die liberale Staatsform heraus. Mit der Schaffung des Bundesstaates wurde die Schweiz 1848 zu einem einheitlichen Wirtschaftsgebiet, in dem Stadt und Land gleichberechtigt waren, die Binnenzölle aufgehoben wurden, Gewerbefreiheit herrschte und erstmals das Recht auf freie Wohnsitzwahl für alle gewährleistet war.

Diese tiefgreifenden Veränderungen wirkten sich auf das Landschaftsbild und die Stadtentwicklung allerdings nur allmählich aus. Noch bis weit in die erste Hälfte des 19. Jh. vollzog sich die Industrialisierung auch in jenen Landesteilen, wo sie von großer Bedeutung war – wie im Zürcher Oberland –, zum größten Teil in den Häusern der Heimarbeiter. Doch von etwa 1830 an setzte die mechanisierte Produktion verstärkt ein, und die ersten Fabrikbetriebe entstanden. Ihr Standort hing vom Energiebedarf und damit von der Lage an einem Gewässer ab. So lagen die Fabriken meist an Bächen und Flüssen in ländlichen Gegenden. Da Textilien und Uhren zudem dezentral in kleinen Betrieben hergestellt werden konnten, brauchte es keine großen Produktionseinheiten. Während es im Ausland schon zu gewaltigen Industrieagglomerationen mit schwarzen und rauchenden Fabrikstädten und einer enormen Ballung der Bevölkerung gekommen war, lagen die

Bahnhöfe prägen das Bild der modernen Stadt: St. Gallen   **Grünanlagen in Winterthur**

Fabriken unseres Landes weit verstreut. Und obwohl – wie ein Blick aus dem Flugzeug zeigt – in einigen Städten wie Schaffhausen und Frauenfeld am Wasser gelegene Fabrikzonen entstanden, ging die frühe Industrialisierung an den Schweizer Städten vorbei, ohne sie stark zu beeinflussen.

Die Ergebnisse der ersten eidgenössischen Volkszählung 1850 zeigen denn auch, wie klein die volksreichsten Schweizer Städte damals noch waren: Die größte Stadt war Genf mit rund 31 000 Einwohnern, es folgten Basel und Bern mit 27 000 Einwohnern, während Lausanne und Zürich nur gerade 17 000 Einwohner zählten.

Insgesamt lebten um die Mitte des letzten Jahrhunderts nicht einmal 10% der Schweizer Bevölkerung in Städten.

Mobil dank Dampf

In der zweiten Hälfte des 19. Jh. dagegen setzten eine allgemeine Landflucht und ein jähes Wachstum der Städte ein. Der Transport von Industriegütern und Rohstoffen verlangte neue Verkehrssysteme; der bis heute andauernde Ausbau von Eisenbahnen und Straßen begann. Gut 23 km lang war die erste ganz auf Schweizer Boden erbaute Eisenbahn, die 1847 zwischen Baden und Zürich verkehrte. Nur 15 Jahre später war das Schienennetz nicht weniger als 1400 km lang; parallel dazu wurde das alte Straßennetz stark ausgebaut. Mit der anfänglich dampfbetriebenen Eisenbahn wurde die Bevölkerung mobil, und die Bindung zwischen Arbeitsplatz und Wohnsitz lockerte sich. Dank der Dampfkraft konnten aber auch die Standorte der Fabriken unabhängig von der Wasserkraft gewählt werden; neue Industrie- und Siedlungsschwerpunkte entstanden jetzt an den Verkehrsachsen. Der alte Spruch «Stadtluft macht frei» erhielt einen neuen Sinn: Stadt bedeutete jetzt gegenüber dem Dorf Fortschritt, große Welt, Verdienst und Aufstiegsmöglichkeiten.

Eigentliche Industriestädte entwickelten sich in der Schweiz aber nur an wenigen Orten. Die Vogelperspektive zeigt, daß außer in Winterthur und Baden – wo die im Anschluß an die Textilindustrie entstandene Maschinenindustrie noch am ehesten zusammenhängende Betriebe erforderte – und abgesehen von den Uhrenstädten Biel, La Chaux-de-Fonds und Le Locle das Stadtbild kaum von Industrieanlagen dominiert wird. Bedeutende Industriestandorte waren zwar auch St. Gallen, Schaffhausen und Zug; aufgrund ihrer gleichzeitigen Stellung als Kantonshauptorte mit Verwaltungsapparat und Dienstleistungszentren schmälern die entsprechenden Überbauungen aber das Gewicht der Fabrikanlagen im Stadtbild. Noch deutlicher zeigt sich das in Zürich, Basel, Bern und Genf: Obwohl die absolute Zahl der Industriearbeiter hier am höchsten war, fallen Fabriken im Stadtbild kaum auf; die Anlage dieser Städte ist hauptsächlich von ihren ganz verschiedenen Funktionen als Zentren einer rasch wachsenden Region bestimmt. Dagegen zeigen Luzern, Montreux oder Lugano die typischen Merkmale eines Erwerbszweigs, der in der zweiten Hälfte des letzten Jahrhunderts in der Schweiz eine immer wichtigere Rolle spielte: Mit ihren ausgedehnten Quaianlagen und großen Hotels gehören sie zu den wichtigsten Stationen des Fremdenverkehrs.

Überall aber wurde die geschlossene Form der Stadt überflüssig, die sie vom bäuerlichen Land abgegrenzt hatte. Einst war das Stadttor wichtiger als die beidseits anschließende Straße. Jetzt wurden die Wege und Transportmittel wichtig. Die Stadt wurde zur Verkehrsstation, der Bahnhof zu einem der Zentren der neuen Entwicklung. Die alten Mauern störten die Ausdehnung; zuerst schuf man mit Durchbrüchen Platz für Straße und Schiene, doch schon kurze Zeit später wurden die Befestigungen abgebrochen. In durchgrünten Ringzonen entstanden öffentliche Repräsentationsbauten wie Regierungsgebäude, Museen und Schulen. Um den alten Kern entwickelten sich in rasantem Tempo neue Wohnquartiere wie zum Beispiel in Chur, St. Gallen, Frauenfeld, Winterthur, Aarau, Solothurn, Basel, Genf und vor allem in Zü-

Die Eisenbahn

Die erste Eisenbahnlinie der Schweiz, die Verbindung Basels mit dem französischen Grenzort St-Louis, mußte 1844 noch durch die Befestigung in das Innere der Stadt geführt werden. Schon der Bahnhof von Zürich aber wurde 1847 auf freiem Feld vor der Stadt angelegt. Die Bahnhöfe und -linien spielten in der Folge eine entscheidende Rolle für die weitere Stadtentwicklung. Neue Trassen durchschnitten alte Quartiere, es entstanden wichtige Entwicklungsachsen, und vor allem die Bahnhöfe bestimmten durch ihre Lage neue Schwerpunkte der Stadt. Für die Stadtplanung stellten sich Probleme wie die Verbindung von Bahnhof und historischem Kern und die Überbrückung der ausgedehnten Gleisanlagen bei den Bahnhöfen. Ihren hohen Stellenwert im Stadtbild haben fast alle Schweizer Bahnhöfe auch im Autozeitalter behalten.

Wachsen wie Zürich

Noch 1850 hatte Zürich nur 17 000 Einwohner und wurde an Größe von Basel, Bern und Genf deutlich übertroffen. Erst 1893 verfünffachte sich die Einwohnerzahl auf einen Schlag: Mit der ersten Eingemeindung von 11 Vororten und jetzt rund 121 000 Einwohnern wurde Zürich zur größten Schweizer Stadt. 1900 war die Bevölkerungszahl auf über 150 000 gestiegen, und kurz vor dem Ersten Weltkrieg erreichte sie bereits die 200 000er Grenze. Immer mehr Vorortsgemeinden gerieten in den Sog der Stadt, und nach der zweiten Eingemeindung von 1934 näherte sich die Bevölkerungszahl vor dem Zweiten Weltkrieg der 300 000er Grenze. Von 1950 bis 1970 stieg die Bevölkerung nochmals rasant auf 426 900 Personen. Seither aber ließ die Umstrukturierung der City in ein Dienstleistungszentrum die Agglomeration zwar zum heutigen «Millionen-Zürich» anschwellen, die Stadt selbst aber verlor von 1970 bis 1980 in nur 10 Jahren fast 60 000 Einwohner (1980: 369 522). Der Bevölkerungsrückgang setzt sich wie in den andern Schweizer Großstädten bis heute fort: 1988 hatte Zürich noch 348 141 Einwohner.

rich; wegen der schwierigen topographischen Verhältnisse entstanden dagegen in Bern, Freiburg und Lausanne die neuen Stadtteile eher getrennt von der Altstadt.

Innerstädtische Erschließung

Kernbereich und Industriezonen, Wohnquartiere und die sich ebenfalls rasch entwickelnden Dienstleistungszentren mußten überall besser und zusammenhängend erschlossen werden. Mit dem Ausbau der alten Straßen und dem Bau neuer Brücken sorgte man für die notwendigen innerstädtischen Verbindungen. In Bern zum Beispiel wurden die Quartiere Kirchenfeld, Altenberg und Breitenrain 1880–1890 mit Brücken an die Altstadt angeschlossen; der 1834 eingeweihte Grand-Pont über die Saane schuf in Freiburg die Möglichkeit der Stadterweiterung nach Norden und Osten; in Genf verband seit 1861/62 der Pont du Mont-Blanc die Altstadt mit dem rechtsufrigen Bahnhofquartier; in Lausanne schließlich beeinflußte der 1839–1844 erbaute Grand-Pont die weitere Entwicklung der Stadt. In Zürich, Luzern und Genf entstanden neue Brücken nicht nur für den Verkehr, sondern auch als Teil großzügiger Quaianlagen, die in vielen Schweizer Städten im 19. Jh. angelegt wurden.

Im allgemeinen aber entwickelten sich die Städte mit zwei Ausnahmen ohne Plan: La Chaux-de-Fonds mit seinem rechtwinkligen Straßennetz gilt als die *neue Stadt* des 19. Jh. Wie im ähnlichen, aber bescheidener angelegten Glarus hatten die Planer hier allerdings in Notsituationen nach großen Stadtbränden Befugnisse erhalten, wie sie in anderen Städten nicht üblich waren.

In allen andern Städten fand Stadtplanung noch am ehesten auf Quartierebene statt. Kirchen oder andere öffentliche Gebäude wurden freistehend in die neuen Quartiere gestellt und sollten ihren geistigen und architektonischen Mittelpunkt bilden. Die neuen, teilweise sehr ausgedehnten Quartiere prägen im Ver-

Eine neue innerstädtische Erschließung: Die Mont-Blanc-Brücke in Genf

Die im 19. Jh. angelegte Quaianlage von Zürich ist immer noch ein beliebtes Naherholungsgebiet

gleich zu den jetzt zu Altstädten gewordenen historischen Kernen den Eindruck einer Stadt bei Einheimischen und Besuchern viel weniger, obwohl sie tatsächlich das heutige Stadtbild ebensosehr bestimmen und die Kernrandgebiete heute wieder zu bevorzugten Wohnlagen werden: nicht zuletzt deshalb, weil viele ihrer Häuser großstädtisches Aussehen mit kleinbürgerlicher Behaglichkeit verbinden.

Dagegen gibt es in der Schweiz nur wenige verwirklichte Beispiele großräumiger Stadtgestaltung wie die teilweise realisierten Beispiele der Urania-Achse und der Universität in Zürich. Auch die Schaffung «weltstädtischer» Verhältnisse durch den Ausbau alter Straßen oder die Anlage neuer Achsen gelang nur vereinzelt, etwa bei der seit 1864 angelegten Zürcher Bahnhofstraße.

Von etwa 1860 an versuchte man der überbordenden Bautätigkeit mit Baugesetzen und -ordnungen beizukommen. Damit ihre Paragraphen aber überhaupt angewendet werden konnten, mußten die Liegenschaften genau erfaßt werden, da der Bodenbesitz Voraussetzung jeder Bautätigkeit war. Die Grundstücke wurden zum erstenmal zentimetergenau vermessen – eine Arbeit, die 1907 im Eidgenössischen Grundbuch ihren Niederschlag fand. In Bebauungsplänen wurden zusätzlich der

Historische Kerne wie der Ring in Biel prägen noch heute das Bild der Schweizer Städte

Faszination der Stadt: die Marktgasse in Bern

Verlauf der Straßen, die Anlage von Plätzen sowie Gebäudehöhen und -abstände genau festgelegt. Am Ende des Jahrhunderts war die Verstädterung der Schweiz weit fortgeschritten, und die ersten Großstädte mit über 100 000 Einwohnern wurden registriert. Zürich war seit 1893 dank der Eingemeindung von 11 Vororten mit 121 000 Einwohnern die größte Schweizer Stadt; auch Basel und die Agglomeration Genf überschritten die Hunderttausender-Grenze; Bern erreichte sie während des Ersten Weltkriegs. In den dreißig Jahren von 1870 bis 1900 hatte sich die städtische Bevölkerung auf mehr als 22% verdoppelt. Ein neuer Stadt-Land-Gegensatz entstand; dem «Moloch Großstadt» wurde zum Beispiel bereits 1896 an der Schweizerischen Landesausstellung in Genf mit großem Erfolg die idyllische Ländlichkeit eines Kulissendorfes als treuherzige, «echt schweizerische» Lebensform gegenübergestellt.

Dank besseren Verkehrsverbindungen, für die vor allem das Tram verantwortlich war, entwickelten sich auch die dichtbesiedelten Vororte stark. Mit ihrer wachsenden Größe wurde das Organisationsgefüge von Stadt und Vororten immer komplizierter; Wasser- und Stromversorgung, Gas, Post und Telephon konnten kaum mehr koordiniert werden. Zur organisatorischen und auch zur finanziellen Sanierung der Vorortsgemeinden, die von den Infrastrukturaufgaben finanziell oft überfordert waren, hatte Zürich 1893 zum Mittel der Eingemeindung gegriffen. Ihm waren 1892 Vevey, der damals größte Industrieort der Waadt, und 1893 Basel vorangegangen, und in wenigen Jahrzehnten vervielfachten viele mittlere und größere Städte ihre Einwohnerzahl dank Eingemeindungen: 1900, 1917 und 1920 Biel, 1900 La Chaux-de-Fonds, 1908 Bellinzona, 1913 und 1920 Thun, 1918 St. Gallen, 1919 Bern und Frauenfeld, 1922 Winterthur, 1930 Genf und Neuenburg sowie nochmals Zürich 1934.

Gemeinsam bauen

Schon vor hundert Jahren war das Wohnungswesen ein Feld handfester Spekulation, dem die Arbeiter bald auf genossenschaftlicher Basis entgegenzutreten versuchten. Die Geschichte der Schweizer Arbeitersiedlungen, die in der Frühzeit oft von Fabrikanten aus philanthropischen oder aus Gründen der Bindung an den Betrieb gefördert wurden, beginnt 1854–1857, als in Basel die Siedlung «Breite» erstellt wurde. In Bern entstand 1866 das Arbeiterdorf der Spinnerei Felsenau und im gleichen Jahr eine große Arbeitersiedlung der Maschinenfabrik Rieter in Töss. In Zürich wurde 1861–1864 im damals kaum überbauten Aussersihl die heute abgebrochene Siedlung der «Aktienhäuser» errichtet. Seit der Jahrhundertwende förderten die Städte wie etwa Zürich ab 1907 selbst den kommunalen Wohnungsbau in großem Stil, und Wohnbaugenossenschaften mit oft mehreren tausend Wohnungen entstanden.

Um den häufig als unmenschlich empfundenen Mietskasernen gesunde und «natürliche» Siedlungen entgegenzustellen, wurden in Stadtnähe Gartenstädte errichtet, deren berühmtestes Beispiel die 1919–1924 entstandene Genossenschaftssiedlung «Freihof» in Muttenz ist: In Stadtnähe sollten ihre Bewohner in der Natur leben können.

Wer heute von Zürich nach Bern reist, fährt praktisch durch eine einzige Stadt. Und abends bildet das Lichtermeer von Winterthur bis Romont eine fast geschlossene Milchstraße, die von der «Mittellandstadt» zeugt. Abgesehen von einigen Randregionen in den Alpen und im Jura ufern die Siedlungsränder in der Schweiz immer mehr aus: Fast überall sind in den letzten Jahrzehnten städtische und dörfliche Siedlungen im Verein mit Industriezonen immer weiter in die Landschaft hinausgewachsen; fast überall wurde das einst offene Land überbaut. Die Schweiz verstädtert.

Das verstädterte Land

Noch viel mehr als im 19. und in der ersten Hälfte des 20. Jh. wirken sich seit dem Zweiten Weltkrieg neue Verkehrssysteme auf die Siedlungsstruktur aus. Die gewaltige Zunahme des Individualverkehrs – 1945 gab es in der Schweiz nur 45 000 Motorfahrzeuge – mit seiner Mobilität erwies sich als einflußreichster Stadtplaner aller Zeiten. Heute ist die Schweiz mit dem dichtesten Autobahnnetz der Welt überzogen; Nationalstraßen sind für den Verkehr, was früher die Eisenbahn war: Parkhäuser haben den Bahnhöfen den Rang abgelaufen. Der Ausbau der Verkehrsverbindungen war die Voraussetzung für das Wohnen außerhalb der Stadt auf freiem Feld, für den Bau neuer Siedlungen im näheren und in den letzten Jahren im immer entfernteren Umkreis der Städte. Die Möglichkeit, getrennt vom Arbeitsplatz außerhalb der Stadt zu wohnen, den Wohnort im «Grünen» zu wählen und immer beweglich zu sein, diese Mobilität hat nicht nur zur fortschreitenden Zersiedelung des Landes geführt, sondern auch den alten Begriff der Stadt aufgelöst und ihre Funktion erneut völlig verändert.

Besonders typisch dafür ist die Trennung von Wohn- und Arbeitsbereich. Früher lebte man im gleichen Haus, in dem man arbeitete, oder legte die kurze Strecke vom Wohnhaus zur Arbeit zu Fuß oder mit einem Nahverkehrsmittel zurück. Heute ist Wohnen stark dem Leben im Grünen, Arbeit aber noch immer überwiegend dem städtischem Raum zugeordnet.

Die Stadt hat einen großen Teil ihrer alten Eigenständigkeit verloren, weil auch sie nur noch ein Teil des verstädterten Raumes ist: Die Stadt wurde zur Agglomeration, die heute das Leben weitgehend bestimmt. Mehr als die Hälfte der Schweizer Bevölkerung lebt in Agglomerationen, unter denen jene von Zürich, Basel, Bern und Genf die größten sind.

Ein besonderes Merkmal der Agglomerationen ist der Pendlerverkehr von den Außengemeinden in den Kern. Die Zahl der Pendler nimmt mit besseren Verkehrsverbindungen ständig zu; immer weiter entfernte Orte richten sich auf die Zentren aus. Ein typisches Beispiel für diese Entwicklung ist Zürich. In den Sog der wirtschaftlich mit Abstand mächtigsten Schweizer Stadt gerieten in den letzten Jahren selbst alte Regio-

Die Agglomeration Bern, im Vordergrund Schliern

nalzentren wie Solothurn, Schaffhausen, Luzern und teilweise sogar St. Gallen.

Die gewaltigen Pendlerströme führen in allen betroffenen Regionen zu großen Strukturproblemen: Die einst wirtschaftlich einigermaßen unabhängigen Gemeinwesen der mittleren und kleineren Städte kämpfen oft vergeblich um attraktive Arbeitsplätze; diese entstehen hauptsächlich in den Zentren, in denen anderseits der Strom der Pendler zu schweren Immissionen, zu starker Lärm- und Luftbelastung, führt.

Noch entscheidender aber ist die Veränderung der inneren Stadtstruktur. Im alten, verkehrsmäßig optimal erschlossenen Kerngebiet konzentrieren sich wirtschaftliche, kulturelle und administrative Einrichtungen wie Büros, Banken, Warenhäuser, Boutiquen, Theater, Regierungs- und Verwaltungsbehörden in einem bisher unbekannten Maß – es entwickelt sich zur City. Der beschränkt vorhandene Platz wird zu unerschwinglichen Preisen gehandelt, immer mehr alter Wohnraum umfunktioniert oder verdrängt. In den Kernzonen leben immer weniger Menschen, und auf der Suche nach wirtschaftlich nutzbarem Raum geraten auch schon die Cityrandgebiete unter starken Druck. In den Städten herrscht heute eine katastrophale Wohnungsnot, sie entvölkern sich: Allein die vier größten Agglomerationsstädte Zürich, Basel, Genf und Bern verloren seit 1970 weit über 10% ihrer Einwohner.

Diese allgemein als unbefriedigend eingestuften Entwicklung will man auf eidgenössischer und kantonaler Ebene mit Raumplanungsmaßnahmen steuern, die Städte selbst versuchen die Entmischung mit Wohnanteilsplänen zu stoppen. Bis heute konnte aber die Tendenz nicht umgekehrt werden. Im Gegenteil: Das Gefälle zwischen den Bodenpreisen in der Stadt und in der Landschaft führt dazu, daß das überbaute Gebiet ständig weiter ausgreift und hektische Bautätigkeit immer mehr auch die Kleinstädte sowie einst ländliche Gebiete erfaßt.

Hinzu kommen die größeren individuellen Wohnansprüche sowie das veränderte Freizeit- und Konsumverhalten: Neben neuen Einfamilienhaussiedlungen entstehen neue Infrastrukturanlagen. Seit dem Zweiten Weltkrieg ist in der Schweiz weit mehr gebaut worden als in allen früheren Zeiten zusammen. Ein neue städtische Architektur allerdings ist nicht entstanden: Kennzeichen heutiger Bauten ist ihre Wirtschaftlichkeit und Beliebigkeit, eine neue Formensprache entwickelte sich nicht. Dafür werden die Bauten vergangener Zeiten ausgekernt und mit großem finanziellem Aufwand wenigstens in ihrer äußeren Form erhalten, auch wenn man sie ihrer Aufgabe völlig entfremdet. Die nostalgische Restauration der Zeugen vergangener Stadtkultur ist ein besonders typisches Zeichen dafür, daß in den Agglomerationen städtisches Leben in altem Sinn kaum mehr existiert und daß die Städte heute und in der Zukunft vor einer neuen, großen Aufgabe stehen: Jene Entmischung der einst in ihnen vereinigten Funktionen zu stoppen, welche zur vielbeschworenen Unwirtlichkeit unserer Städte geführt hat.

Die Autobahnen

1955 wurde als erster Teil des schweizerischen Nationalstraßennetzes das Autobahnstück von Luzern nach Hergiswil eingeweiht. Heute sind von den ursprünglich vorgesehenen 1882 Autobahnkilometern gut 1500 km fertiggestellt, und die Nationalstraßen haben die Eisenbahn als wichtigsten Verkehrsträger schon lange abgelöst – das Härkinger Kreuz trat an die Stelle des Bahnknotenpunkts Olten. Die Autobahnen veränderten das Siedlungsverhalten grundsätzlich: Entlang der neuen Achsen entstanden und entstehen neben Industrieanlagen und Einkaufszentren auch neue Siedlungen, und für die Pendler ist ein naher Autobahnanschluß heute wichtiger als eine benachbarte Bahnstation.

Dank den Autobahnen sind die alten Stadtkerne heute von überallher rasch erreichbar und entwickeln sich zu Agglomerationszentren; moderne Städte sind wie nie zuvor von ihrer Mittelpunktfunktion geprägt. Sie zahlen dafür einen hohen Preis: Die in den letzten dreißig Jahren gebauten Stadtautobahnen gehören zu den schwerwiegendsten, meist ohne jede Rücksicht auf die gewachsenen Strukturen erfolgten Eingriffen, unter denen unsere Städte je zu leiden hatten.

Reise in die Schweizer Städte

Region 1: Genf, Waadt, Neuenburg, Freiburg

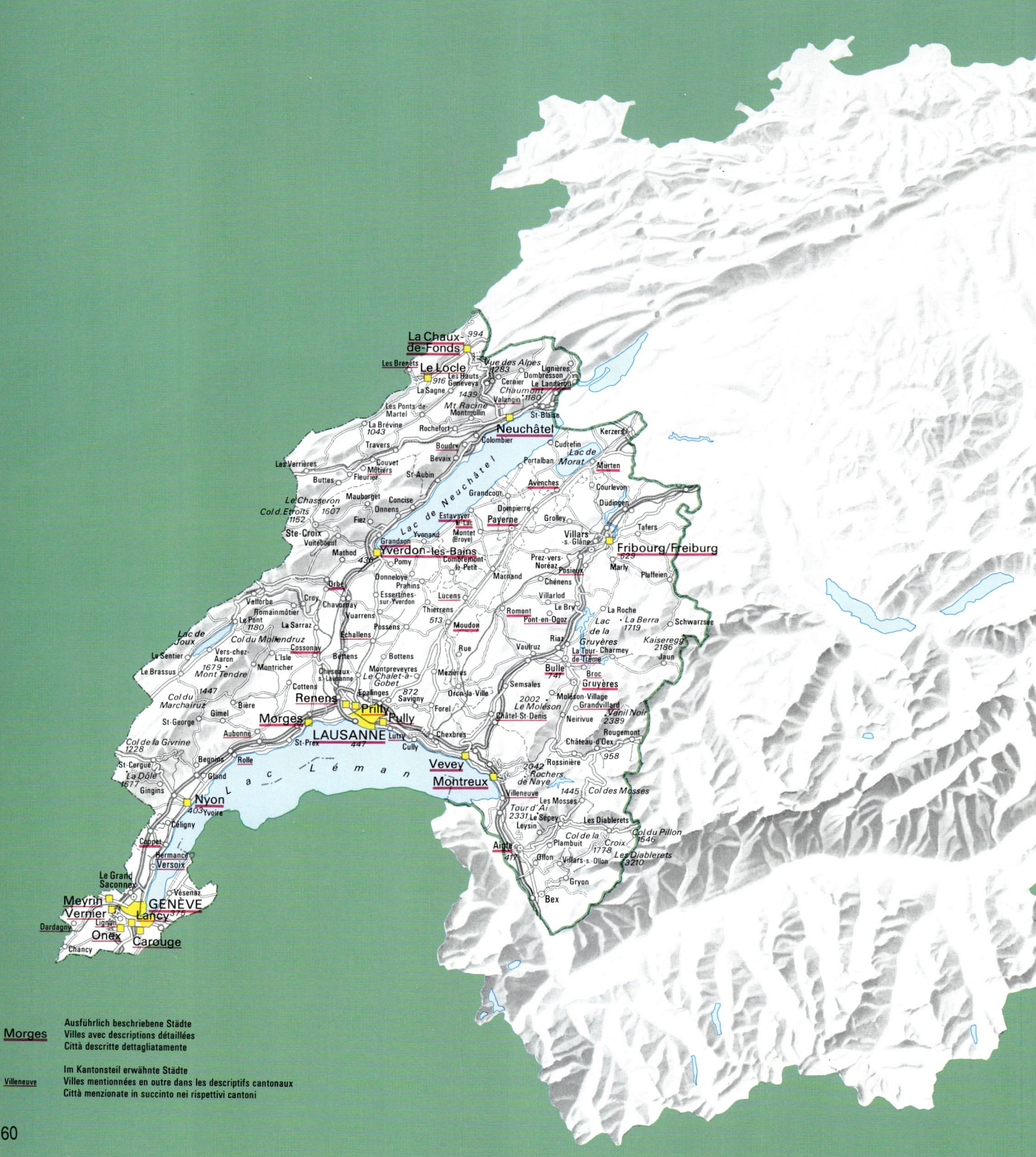

Bekannt ist Aigle vor allem wegen seines mitten in Rebbergen thronenden Schlosses. Das Winzerstädtchen im Chablais ist aber auch ein hervorragender Ausgangspunkt für Ausflüge in die Waadtländer Alpen wie zum Beispiel nach Leysin und Les Diablerets oder in den alten Flecken Bex mit seiner Salzmine.

Office du tourisme
Rue de la Gare 4
1860 Aigle
025/26 12 12

22. 9. 1989

Aigle

Im Chablais, am rechten Ufer der Rhone im unteren Rhonetal, liegen die Rebberge von Yvorne und Aigle. Hier, wo die Geländeterrassen aus Gips- und Kalkgestein heute hauptsächlich mit Chasselasreben bestockt sind, keltert man seit alters Weine, die zu den bekanntesten der Waadt gehören: Auf den 500 ha Rebfläche des Chablais werden jährlich 3,5 Mio. Liter würziger, fruchtiger Weißwein und 500 000 l Rotwein produziert.

Mitten in den Rebbergen der Ebene, wo sich das Ormonttal ins Rhonetal öffnet, liegt am Flüßchen Grande-Eau das Städtchen Aigle, uralter Siedlungsraum und schon früh ein wichtiger Verkehrsknotenpunkt. Wo im Mittelalter Saumpfade über das Les-Diablerets-Massiv führten und das Rhonetal einerseits über den Col des Mosses mit dem waadtländischen Pays d'Enhaut, andererseits über den Col du Pillon mit dem bernischen Saanenland verbunden ist, entstand im 12. Jh. eine «Aleo» genannte Siedlung. Sie gehörte zum Besitz der Grafen von Savoyen, die das ganze untere Rhonetal beherrschten und das Städtchen Aigle von Viztumen verwalten ließen.

Ihrer Herrschaft erwuchs im 15. Jh. ein mächtiger Feind. Die Stadt Bern versuchte die Verbindung zwischen ihren Untertanengebieten im Oberland und am Genfersee unter Kontrolle zu bringen; zur Zeit der Burgunderkriege nutzte sie die Schwäche der Savoyer Grafen, die als Verbündete Karls des Kühnen von Burgund ihr waadtländisches Territorium gegen die Eidgenossen verteidigen mußten: Im August 1475 fielen 1000 Mann von Saanen her in Aigle ein, verjagten den Vogt und zerstörten das Schloß. 60 Jahre früher als der Rest der Waadt war das Chablais damit zum bernischen Untertanengebiet geworden. Im wiederaufgebauten Schloß residierten jetzt bis 1798 die Landvögte der Gnädigen Herren aus Bern.

Der bekannteste in der langen Reihe der «Gubernatoren», wie die Landvögte auch genannt wurden, war von 1761 bis 1763 Albrecht von Haller, der schon seit 1758 als Direktor die Salinen von Aigle verwaltet und wissenschaftlich untersucht hatte. Die Salzbergwerke und -minen in der Umgebung des Städtchens – damals von unschätzbarem Wert – wurden seit dem 15. Jh. ausgebeutet und erst aufgegeben, als sich die industrielle Ausbeutung auf die Salinen von Bex konzentrierte.

1526 predigte Guillaume Farel in Aigle die Reformation, und im 16. Jh. nahm das Städtchen einen bescheidenen Aufschwung. Reformierte Walliser ließen sich hier nieder, und Aigle – es hatte bereits 1314 das Marktrecht erhalten – wurde zum wichtigen Marktort: Noch um 1900 wurden

Kanton:	VD
Meter über Meer:	417
Einwohner 1900:	3897
Einwohner 1980:	6233
Autobahn:	N 9, Aigle

Im Schloß von Aigle zeigt das Musée vaudois de la vigne et du vin auf anschauliche Weise die Bedeutung des Waadtländer Weinbaus: Auf 3400 ha Rebbergen – etwa 1% der Kantonsfläche – wird ein Viertel des Schweizer Weins erzeugt. Die Waadt mit ihren 2900 Winzern ist hinter dem Wallis der zweitgrößte Weinproduzent. In den fünf Anbaugebieten La Côte, Lavaux, Chablais, Bonvillars und Côtes-de-l'Orbe sowie Vully werden hauptsächlich Weißweine, aber auch interessante Rote gekeltert. Die Ausstellung behandelt Themen wie die Kultur des Weins, die Arbeit des Winzers im Jahreslauf, zeigt alte Gläser und Karaffen, aber auch Utensilien der Weinbereitung wie Pressen und riesige Fässer.

Seit jeher wird Aigle von seinem Wahrzeichen beherrscht, dem von Reben umgebenen Schloß. Die ursprünglich savoyische Feste – sie wurde nach der teilweisen Zerstörung von den Bernern auf dem alten Grundriß 1482–1488 wiederaufgebaut – gehört zu den malerischsten Herrschaftssitzen der Schweiz und markiert den Übergang vom wehrhaften Burgentyp zum wohnlicheren und repräsentativeren Schloß. Die ganz von einer Mauer umgebene Anlage mit den drei halbrunden Ecktürmen und dem hohen Bergfried betritt man auf der Westseite durch das von einem Erker mit Pechnasen gekrönte Tor. Mauern teilten den Hof in drei Verteidigungsabschnitte; im ersten steht der Palas mit seinen Treppengiebeln, der ehemalige Sitz der Landvögte. Das Schloß kam 1804 in den Besitz der Gemeinde Aigle und diente bis 1972 als Gefängnis; seither ist hier das Wein- und Weinbaumuseum des Kantons Waadt untergebracht.

Zu Füßen des Schlosses liegt die malerische Häusergruppe des kleinen Stadtteils Cloître, der seinen Namen von einem 1528 aufgehobenen Priorat herleitet. Die reformierte, im 15. Jh. teilweise neu erbaute Pfarrkirche St-Maurice birgt im Innern Grabplatten von Berner Landvogtfamilien.

Altes Zentrum von Aigle mit seinen sieben historischen Siedlungsteilen aber ist der Stadtteil Bourg. Hier steht an der Rue du Midi die spätmittelalterliche, deutschreformierte Kirche St-Jacques mit ihrem kleinen Glockenturm und gegenüber das 1545 errichtete Hôtel du Midi. An der Place du Centre erhebt sich ein Uhrturm, und an der Place du Marché steht das 1649 erbaute Hôtel de Ville ganz im Schatten des verglasten Aluminiumbaus des neuen Gemeindezentrums.

Reizvoll ist der Spaziergang durch die mittelalterliche Rue de Jérusalem, die von malerischen Holzlauben überdeckt wird, oder der kurze Weg über den Pont Napoléon von 1725 in den Ortsteil La Fontaine jenseits des Flüßchens Grande-Eau. Der Name der Promenade Gustave-Doret am Fluß schließlich erinnert an den bekannten, 1866 in Aigle geborenen Waadtländer Komponisten.

im Herbst über 1000 Stück Vieh zum Verkauf angeboten – ein Zeichen dafür, daß die Bauern aus Aigle und Umgebung bis in dieses Jahrhundert hauptsächlich Ackerbau und Viehzucht betrieben und Wein nur für den Eigenbedarf kelterten.

In der zweiten Hälfte des 19. Jh. entwickelte sich Aigle als Station an der Simplonlinie zum Eisenbahnknotenpunkt: Ein Bähnchen führt über Ollon und quer durch die Rhoneebene nach Monthey und weiter bis nach Champéry, ein weiteres zum Höhenkurort Leysin, und schließlich ist Aigle durch eine dritte Linie auch noch mit Le Sépey und den bekannten Wintersportzentrum Les Diablerets verbunden. In Aigle selbst entstand mit metallverarbeitenden Betrieben einige Industrie, deren Bauten in neuester Zeit jenseits der Bahnlinie in die Rhoneebene hinauswachsen.

Albrecht von Haller (1708–1777)

Albrecht von Haller wanderte 1728 durch das Rhonetal und über den Gemmi- sowie den Brünigpaß. In seinem Lehrgedicht «Die Alpen» schilderte er als erster das Hochgebirge nicht als drohende Gefahr, sondern pries seine Natur als Quelle erzieherischer Kraft. Obwohl Haller damit zum «Entdecker der Alpen» wurde und bald den Ruf eines angesehenen deutschen Dichters genoß, fand er in seiner Heimatstadt Bern keine Anstellung. Er wurde Professor für Anatomie, Botanik und Chirurgie in Göttingen und kehrte erst 1753 nach Bern zurück, das ihn endlich in den Staatsdienst aufnahm. 1758–1763 lebte Haller als Direktor der Salzbergwerke und Amtsstatthalter in Aigle. Anschließend leitete er das Berner Gesundheitswesen, beschrieb 1768 als erster 2486 Schweizer Pflanzen und faßte 1769 in seinem Hauptwerk das physiologische Wissen seiner Zeit zusammen. Ungemein belesen, betätigte Haller sich zudem als politischer Schriftsteller und verfaßte mehrere Romane. Als er 1777 starb, galt Albrecht von Haller – sein Kopf ziert die 500-Franken-Note – als der universellste Geist seiner Zeit.

Die Salzminen von Bex

Im Weiler Le Bouillet beim alten Flecken Bex öffnet sich eine unterirdische, aber von Menschenhand geschaffene Welt: das seit 1684 ausgebeutete und noch heute in Betrieb stehende Salzbergwerk von Bex mit einem 50 km langen Labyrinth von Gewölben, Schächten, Treppen und riesigen Sälen. Eine audiovisuelle Schau erläutert die Geschichte und die im Lauf der Jahrhunderte veränderten Abbautechniken, und anschließend fährt eine Minibahn die Besucher mitten ins heutige Abbaugebiet. Ein beeindruckender Rundgang zeigt schließlich, welch harte Arbeit nötig war und ist, um das weiße Gold zu gewinnen.

**Salzmuseum
Le Bouillet
1880 Bex
Geführte Besichtigungen täglich April bis Mitte November
025/63 24 62**

Musée vaudois de la vigne et du vin
Schloß
April bis Oktober, 9–12 und 14–18 Uhr
025/26 21 30

Bahnhof SBB
025/26 20 15

Bahnen nach Leysin, Les Diablerets und Monthey
025/26 16 35

Schwimmbad
025/26 16 20

Camping
Les Glariers
025/26 26 60
April bis September

Markt am Dienstag
Braderie im September

Zur Römerzeit war Aventicum mit über 20 000 Einwohnern die mit Abstand größte und wichtigste Stadt der Schweiz. Doch nicht nur das reiche Erbe der römischen Kultur, auch die mittelalterliche Kleinstadt Avenches ist eine Reise wert: Das Waadtländer Hügelstädtchen hat sein malerisches Ortsbild bemerkenswert gut erhalten und ist idealer Ausgangspunkt für Ausflüge in das reizvolle Broyetal sowie an den Neuenburger- und Murtensee.

Office du tourisme
Place de l'Eglise 3
1580 Avenches
037/75 11 59

13. 8. 1989

Avenches

Die mittelalterliche Kleinstadt Avenches liegt auf einem Hügel im unteren Broyetal nahe dem Murtensee an der uralten Straße vom Genfersee ins Aaretal. Die nähere und weitere Umgebung war während Jahrhunderten das politische und kulturelle Zentrum der Schweiz. Schon die Helvetier hatten ihren Hauptort bis 58 v. Chr. auf dem Mont Vully zwischen Neuenburger- und Murtensee, später wohl auf dem Bois-de-Châtel südlich des heutigen Avenches. Als unter Kaiser Augustus das Mittelland zwischen Genfer- und Bodensee zur römischen Provinz Helvetien wurde, kam das Zentrum von Verwaltung und Kultur wieder nach Avenches zu liegen. In der Ebene nördlich des heutigen Städtchens entstand Aventicum, von 70 bis 260 n. Chr. die Hauptstadt der Provinz Helvetien.

Unter Kaiser Vespasian – er regierte 69–79 n. Chr. und hatte vermutlich seine Jugend als Sohn eines Steuerverwalters in Aventicum verbracht – wurde die Stadt in kurzer Zeit planmäßig erweitert und aus Jurakalkblöcken neu erbaut; das Baumaterial wurde mit dem Schiff vom Westufer des Neuenburgersees über den Murtensee zum Hafen und von hier durch einen Kanal in die Stadt transportiert.

Ausgrabungen, die schon 1786 begannen und noch nicht abgeschlossen sind, zeugen von der Größe der damaligen Stadt, deren rechteckiger Straßenraster heute teilweise mit Industrieanlagen überbaut ist: Sie war mit einer Ausdehnung von etwa 900 auf 700 m zwanzigmal größer als das heutige Avenches und zählte mehr als 20 000 Einwohner. Die Siedlung war von einer gut 6 km

Kanton:	VD
Meter über Meer:	463
Einwohner 1900:	1952
Einwohner 1980:	2177
Autobahn:	N 1, Murten

64

Auch wenn er nie in Aventicum war, **Kaiser Marc Aurel** *– er regierte 161–180 n. Chr. – wurde zum Symbol der Hauptstadt Helvetiens. 1939 fand man im Temple des Cigognier seine in Gold getriebene Büste, eines von zwei aus der Antike erhaltenen goldenen Abbilder eines römischen Kaisers. Im Museum von Avenches befindet sich eine galvanoplastische Kopie des 33,5 cm hohen und fast 1,6 kg schweren Originals, das im Musée cantonal d'archéologie et d'histoire in Lausanne aufbewahrt wird. Die hervorragende Büste mit dem strengen Antlitz ist möglicherweise ein Beleg für den römischen Kaiserkult.*

langen Ringmauer umgeben, in der zur Verstärkung 73 halbkreisförmige Türme standen – von ihnen hat sich nur der Tornallaz erhalten. Alle öffentlichen Bauten waren von Anfang an eingeplant, Bäder über die ganze Stadt verteilt – das Wasser wurde über einen 17 km langen Aquädukt herangeführt –, am Fuß des heutigen Stadthügels ein Gebiet für die Tempelanlagen reserviert. Hier steht das bedeutendste Zeugnis des antiken Aventicum, das ovale Amphitheater. Es faßte etwa 12 000 Zuschauer, und durch die große Toranlage wurden einst die Gladiatoren und wilden Tiere in die Arena geführt. Im mittelalterlichen Turm über dem Tor ist das Römische Museum mit einer bedeutenden Sammlung von Funden aus Aventicum untergebracht.

Während der Völkerwanderung wurde Aventicum zweimal verwüstet und verlor langsam an Bedeutung: Der Bischofssitz wurde wegen der Alemannengefahr gegen Ende des 6. Jh. nach Lausanne verlegt, und im Hochmittelalter zog sich die Bevölkerung auf den besser zu verteidigenden Hügel zurück. Die Bischöfe von Lausanne bauten im 11. Jh. die Stadtbefestigung, und 1536 kam das Landstädtchen – es hieß jetzt Wiflisburg – an Bern. Seine Landvögte residierten bis 1798 im Schloß. Auf dem Gemeindegebiet des seit 1801 zum Kanton Waadt gehörenden Avenches befindet sich das Eidgenössische Pferdegestüt.

Die mittelalterliche Stadt ist ein planmäßig angelegtes Rechteck, das durch die breite Marktgasse der Rue Centrale zweigeteilt wird. Die Häuser mit den Arkaden im westlichen Teil – in ihre Fundamente wurden Quader aus dem als Steinbruch benutzten Aventicum eingebaut – und die vielen schönen Barockfassaden aus dem 18. Jh. geben Avenches heute noch das Aussehen eines behäbigen Berner Landstädtchens. Am Hauptplatz in der Mitte des Marktfleckens steht das 1753 erbaute Hôtel de Ville mit der imposanten siebenachsigen Fassade und dem seltsamen Stadtwappen – einem Mohrenkopf – im Giebelfeld. Beherrscht wird der Platz mit dem Renaissancebrunnen aber von der breiten, reformierten Stadtkirche. Sie reicht in frühromanische Zeit zurück und wurde 1711 mit Ausnahme des nördlichen Seitenschiffs und des Turms weitgehend neu erbaut.

Ein Durchgang führt neben dem Rathaus in eine der beiden parallel zur Rue Centrale verlaufenden Nebengassen. Im einstigen Handwerkerquartier mit den malerischen Winkeln steht mit dem Benneville-Turm noch ein Zeuge der mittelalterlichen Wehranlage. Links erreicht man in der Nordostecke von Avenches das im 16. Jh. unter den Berner Landvögten größtenteils neu errichtete Schloß. Prunkstück der Anlage mit den drei Rundtürmen ist die Fassade des freistehenden Palas. In den ehemaligen Kerkern sind das Ortsmuseum und das Musée de la naissance de l'aviation en Suisse untergebracht. Es erinnert an den in Avenches geborenen Ernest Failloubaz, der 1910 als erster Schweizer ein Pilotenbrevet erwarb.

Eduard Spelterini (1852–1931)

Direkt hatte der weltberühmte Ballonfahrer Eduard Schneider – er legte sich 1921 den «Künstlernamen» Spelterini zu – mit Avenches nichts zu tun. Das Musée de la naissance de l'aviation en Suisse im Schloß aber widmet dem berühmtesten Schweizer Ballonpionier eine eigene Abteilung. Ab 1879 unternahm Spelterini Hunderte von Fahrten mit dem Freiballon, begann 1893 als erster aus dem Korb zu fotografieren und wurde mit Lichtbildvorträgen über seine Abenteuer als «Adler der Lüfte» weiterhum bekannt. Spelterinis berühmteste Fahrt begann am 3. Oktober 1898 um 10.53 Uhr in Sitten, als er mit dem Geologen Albert Heim und zwei weiteren Passagieren im Wasserstoffballon zur ersten Alpenüberquerung startete. Mit der «Wega» überquerte er auf maximal 6900 m Höhe und bei eisiger Kälte das Mont-Blanc-Massiv und landete um 16.30 Uhr in der Nähe von Dijon. Von 1900 bis 1913 unternahm Spelterini neun weitere Alpenflüge – auch eine 22stündige Fahrt mit Zwischenlandung auf einem Gletscher.

Ein Ruinenspaziergang

Neben dem Amphitheater liegt beidseits der Avenue Jomini der ehemalige Tempelbezirk mit den Ruinen des kleinen Tempels «Grange-des-Dîmes» und dem 12 m hohen Eckpfeilerbündel des Cigognier, der seinen Namen nach den einst hier nistenden Störchen trägt. Er gehörte zu einem riesigen quadratischen Tempel mit 105 m Seitenlänge. In südöstlicher Richtung liegt das halbrunde Theater, dessen Sitzstufen rekonstruiert wurden. Der Chemin de la Tornallaz führt zum wiederaufgebauten Osttor mit zwei Türmen, Fußgängerportalen und Durchfahrten. Der benachbarte, 12 m hohe Tornallaz ist als einziger erhaltener Befestigungsturm ein lohnender Aussichtspunkt. Vom Chemin de la Tornallaz zweigt ein Weg zu den Forumthermen ab, der ehemals größten Badeanlage im Marktzentrum von Aventicum.

Musée romain
Turm beim Amphitheater
9–12 und 13–17 Uhr;
Von November bis Februar am Di geschlossen.
037/75 17 30

Musée de la naissance de l'aviation en Suisse
Schloß
April bis Oktober, Mi und So 14–16 Uhr
November bis März, Sa und So 14–16 Uhr
037/75 11 59

Camping
Avenches-Plage
April bis September
037/75 17 50

Freilichtaufführungen im Amphitheater im Sommer

Bulle, der Hauptort des Bezirks La Gruyère, liegt ungefähr auf halbem Weg zwischen Freiburg und Vevey. In der Talebene am Fuß des Moléson gelegen, ist das großzügig angelegte Städtchen ein architektonisches Kleinod. Während die Kantonshauptstadt Freiburg eine Symbiose deutscher und welscher Baustile darstellt, wirkt Bulle mit seiner breiten Hauptstraße und den von Bäumen gesäumten Promenaden rein französisch.

Office du tourisme
Avenue de la Gare 4
1630 Bulle
029/2 80 22

22. 9. 1989

Bulle

Kanton:	FR
Meter über Meer:	750
Einwohner 1900:	3330
Einwohner 1980:	7595
Autobahn:	N 12

Beim Bau der Autobahn Ende der siebziger Jahre kamen verschiedene Spuren frühester Besiedlung zum Vorschein. Daraus läßt sich ableiten, daß im Greyerzerland bereits 12 000 Jahre v. Chr. Menschen gewohnt haben. Bulle, früher noch Butulum, wurde Mitte des 9. Jh. erstmals urkundlich erwähnt. Damals handelte es sich um einen Streit zwischen dem Pfarrer von Bulle und dem von Vuippens. Doch ist die Pfarrei noch bedeutend älter, und vermutlich stand in Bulle die erste Pfarrkirche der Region zwischen Moléson und Gibloux. Bis zum Ende des 12. Jh. teilten sich der Graf von Gruyères und der Bischof von Lausanne die Herrschaft über das Städtchen. Graf Rudolf von Greyerz überließ dann seinen Anteil Bischof Roger von Lausanne, womit Bulle über Jahrhunderte der milden Herrschaft des Bistums Lausanne unterstand. 1536, als Bern die Waadt eroberte, stellte sich Bulle, das fürchtete, den protestantischen Glauben annehmen zu müssen, unter den Schutz der Stadt Freiburg. Aber 1537 wandelte sich das Protektorats- in ein Untertanenverhältnis, und Bulle wurde freiburgische Vogtei. Nach dem Sturz des Ancien Régime 1798 wurde Bulle Hauptort des gleichnamigen Bezirks, und seit 1848 ist es Hauptort des Greyerzerlandes. Als solchem kam ihm eine große Bedeutung zu als Marktort und Handelsplatz für die landwirtschaftlichen Erzeugnisse – Käse, Bauholz, Strohgeflechte – und als Umschlagplatz des Greyerzer Rindviehs. Auch heute noch sind Viehzucht und Milchwirtschaft, zusammen mit der Lebensmittelindustrie und anderen Industrien, wichtige Einnahmequelle. Seit der Eröffnung der N 12 Anfang der achtziger Jahre und dank gezielter Wirtschaftsinvestitionen erlebt Bulle einen großen Aufschwung. Die Bevölkerung hat in den letzten Jahren um mehr als 1000 Personen zugenommen. Das hat neben den positiven Seiten auch einen rapiden Anstieg der Bodenpreise mit sich gebracht. Außerhalb des Stadtkerns weist Bulle beträchtliche Industrie- und Gewerbezonen auf.

Das charaktervolle Ortsbild von Bulle ist vom frühen 19. Jh. geprägt. 1805 zerstörte ein Brand das damalige mittelalterliche Städtchen samt Stadtmauern fast vollständig. Nur einige wenige Gebäude und die Kapuzinerkapelle blieben von den Flammen verschont. Von der Stadtbefestigung zeugt einzig noch die von einem Glockentürmchen mit Turmuhr gekrönte Porte d'Enhaut. Beim Wiederaufbau der Stadt wurde der ursprüngliche Grundriß respektiert: ein Viereck mit zwei breiten, parallelen Hauptstraßen. Eine der vier Altstadthäuserzeilen wurde aber nicht wiederaufgebaut, so daß

Das mittelalterliche Schloß von Bulle war zwischen 1587 und 1798 Sitz des freiburgischen Landvogts. 1781, also 17 Jahre bevor die herrschende Freiburger Oligarchie im Zuge der Französischen Revolution abtreten mußte, kam es zu einem erfolglosen Volksaufstand. Angeführt von Pierre Nicolas Chenaux aus dem nahen La Tour-de-Trême, zogen 2000 Aufständische gegen Freiburg, wurden aber sofort zurückgeschlagen. Chenaux, auf den ein Kopfgeld ausgesetzt war, wurde von einem Mitverschworenen umgebracht. Er gilt aber heute noch als Freiheitsheld und besitzt in Bulle ein Denkmal.

Raum für die weite, von Bäumen gesäumte Promenade entstand. An der Südseite der Stadt, am Ende der Rue de la Promenade, erhebt sich das mächtige Schloß, das heute der Präfektur als Verwaltungsgebäude dient. Es wurde Mitte des 13. Jh. angeblich für den hl. Bonifaz, Bischof von Lausanne, im Stil der savoyischen Militärarchitektur erbaut. Es ist eine der wenigen Burganlagen in der Schweiz, deren ursprüngliche Gesamtform erhalten blieb. An der Südwestecke befindet sich ein 33 m hoher, runder Bergfried, an den übrigen Ecken runde Wehrtürmchen. Neben dem Schloß steht das Kapuzinerkloster von 1665. Die Kapelle Notre-Dame-de-Compassion wurde in den Jahren 1673–1688 anstelle einer Spitalkapelle von 1350 erbaut und war bald ein vielbesuchter Wallfahrtsort. Sie birgt ein prächtiges Hochaltarretabel von Pierre Ardieu von 1692 und im Chor eine sehr schöne Exvotosammlung des 17. und 18. Jh. Zwischen dem Schloß und dem Kapuzinerkloster steht das ehemals von Nonnen geführte Mädcheninstitut Ste-Croix mit einem Treppengiebel. Aus Mangel an Lehrkräften wurde die Schule aber geschlossen.

Am anderen Ende der Rue de la Promenade treffen wir auf die ursprünglich dem hl. Eusebius geweihte Pfarrkirche St-Pierre-aux-Liens. Die 1751 gebaute Kirche wurde beim Stadtbrand teilweise zerstört und nach dem Wiederaufbau 1816 dem hl. Petrus in Ketten geweiht. Im Chor befinden sich Glasfenster von Alexandre Cingria, ein Mosaikkreuzweg von Emilio Beretta und eine prächtige Orgel von Aloys Mooser mit Baujahr 1814.

Gegenüber der Kirche steht die Grenette, das heutige Pfarreiheim. Sie wurde 1805 erbaut, brannte im selben Jahr nieder und wurde vom gleichen Architekten wiedererstellt. Die Grand-Rue, lange Zeit die einzige Durchfahrtsstraße, ist eine noble Hauptstraße französischer Prägung. Dazu tragen die Straßencafés, die mit Platanen gesäumten Trottoirs und die klassizistischen Häuserfassaden aus dem Beginn des letzten Jahrhunderts bei. Sehr großzügig wirkt auch der zentrale Platz der Rue de la Promenade, wo jeweils die Märkte stattfinden. Im Sommer wird jeden Donnerstagvormittag der Markt von Bulle abgehalten. Die Landbevölkerung rund um den Bezirkshauptort macht von dieser Gelegenheit, ihre Einkäufe «in der Stadt» zu tätigen, regen Gebrauch. Zudem finden fast jeden Monat einmal Groß- und Kleinviehmärkte statt. Gleich hinter dem Schloß befindet sich das Musée gruérien mit der heimatkundlichen Sammlung. An der Place Abbé-Bovet steht eine 1956 geschaffene Bronzegruppe von Antoine Claraz, die den berühmten Freiburger Barden Joseph Bovet mit einer Schar Kinder und einem Fohlen darstellt.

Außerhalb des Stadtkerns finden wir die Kapelle St-Joseph, die 1635 erbaut und später zweimal restauriert wurde – sie enthält ein klassizistisches Altärchen mit bekrönender Statue des hl. Joseph mit Kind –, und die Kapelle von Cuquerens mit einem barocken Retabel aus dem späten 17. Jh.

Abbé Joseph Bovet (1879–1951)

In Bulle steht das Denkmal des großen Sängers, Komponisten, Chorleiters und Förderers des Volkslieds Abbé Bovet. Er kam 1879 in Sâles, einige Dörfer von Bulle entfernt, zur Welt. 1905 wurde er in Genf zum Priester geweiht. Nach einigen Jahren kam er nach Freiburg, unterrichtete am Lehrerseminar, wurde Gesangsmeister der Stadt Freiburg und später Kantor und Organist an der Kathedrale St-Nicolas. Er schuf zahlreiche Oratorien, Messen, Festspiele und Volkslieder. Bekannt sind die «Messe du divin Rédempteur», «Le Jeu commémoratif de Morat» sowie die Musik zum Festspiel «Mon Pays». Populär wurde der Abbé aber durch seine Volkslieder. Das bekannteste, «Le Vieux Chalet», steht im Greyerzerland im Range einer Lokalhymne. 1918 gründete Bovet den ersten Trachtenchor der Westschweiz und 1923 in Freiburg einen Knabenchor, «Les Pinsons de l'Abbé Bovet». Als Kulturvermittler hielt er in der ganzen Schweiz Vorträge und saß in zahlreichen Kommissionen, von der Radiogesellschaft bis zur Pro Helvetia.

Musée gruérien

Der Freiburger Gelehrte und Schriftsteller Victor Tissot vermachte Anfang des 20. Jh. sein ganzes Vermögen der Stadt Bulle, unter der Bedingung, daß damit ein Museum und eine Bibliothek geschaffen werde. Dieses Musée gruérien enthält einheimische Möbel, verzierte Gebrauchsgegenstände, religiöse Bilder, Statuen und Poyas, wie die farbenfrohen Greyerzer Bauernmalereien genannt werden. In Schaukästen können die Besucher die Geschichte des Greyerzerlandes bis in die Urzeit zurückverfolgen. Auf einer Fläche von 1500 m^2 sind traditionelle Wohn- und Arbeitsräume des Pays de Gruyère rekonstruiert. Dabei darf natürlich eine Alphütte, in der auf traditionelle Weise Greyerzer Käse hergestellt wird, nicht fehlen. Das Museum besitzt außerdem eine Gemäldesammlung von schweizerischen, italienischen und französischen Malern, darunter Liotard, Courbet und Vallotton.

Musée gruérien
Place du Cabalet
1630 Bulle
Mo–Sa 10–12, 14–17 Uhr
So und Feiertage 14–17 Uhr
029/2 72 60

Schwimmbad
Rue Louis-Bornet 11
029/2 71 42

Veranstaltungen:

Mitte April:
Ausstellung von Milchkühen

2. Sonntag im September:
Bénichon (Chilbi) mit zahlreichen kulinarischen Spezialitäten

Ende November:
«Corrida», Volkswettlauf

Das waadtländische Coppet am Genfersee hat seinen spätmittelalterlichen Charakter hervorragend erhalten können. Prunkstück des Miniaturstädtchens aber ist das berühmte Schloß, das unter Madame de Staël zu Beginn des 19. Jh. ein Zentrum des europäischen Kultur- und Geisteslebens war.

Office du tourisme
Avenue Viollier 7
1260 Nyon
022/61 62 61

22. 9. 1989

Coppet

Zu Beginn des 19. Jh. erwachte das Waadtländer Miniaturstädtchen Coppet für einige Jahre aus seinem verschlafenen Dasein: Napoleon hatte die Schriftstellerin Madame de Staël ins Schloß von Coppet ins Exil getrieben, und die berühmte Schriftstellerin sammelte in ihrer Verbannung illustre Gäste des kulturellen und politischen Lebens um sich. Im «Salon Europas», wie Coppet damals genannt wurde, trafen sich nicht nur berühmte Schriftsteller und Philosophen, um leidenschaftlich zu diskutieren, zu schreiben und Theater zu spielen; Coppet war für einige Zeit auch das Zentrum des politischen Widerstandes gegen die Herrschaft Napoleons. Nach dem Tod von Madame de Staël aber blieben die berühmten Gäste aus, und Coppet wurde wieder, was es seit jeher war und heute noch ist: ein romantisches Landstädtchen am idyllischen Ufer des unteren Genfersees zu Füßen der sanften Hügel des Waadtländer Juras.

Das Ende des 13. Jh. gegründete Städtchen hatte zwischen den beiden mächtigen und viel älteren Rivalinnen im Süden und im Norden – Genf liegt nur 12 km, Nyon sogar nur 9 km entfernt – kaum Entwicklungsmöglichkeiten; immerhin kam der Marktflecken dank seiner günstigen Verkehrslage an der Straße von Lausanne nach Genf zu solcher Bedeutung, daß die Herrschaft Coppet 1484 zur Baronie erhoben wurde. An der bescheidenen Existenz Coppets änderte sich auch nach der Eroberung der Waadt durch die Berner 1536 nichts, und im guterhaltenen Ortsbild hat die Gegenwart – abgesehen von einem Ausbruch am nördlichen Stadtende, der als Parkplatz ge-

Kanton:	VD
Meter über Meer:	380
Einwohner 1900:	561
Einwohner 1980:	1553
Autobahn:	N 1, Coppet

*Durch die prachtvolle Mittelpartie des Ehrenhofs von **Schloß Coppet** führen drei Arkaden ins Vestibül. Unter den intakten Interieurs im Louis-XVI- und Empirestil besonders sehenswert sind im Erdgeschoß die Bibliothek, deren Bücherschränke von Büsten berühmter Dichter gekrönt werden, und der Salon der Madame Récamier mit seinen Chinoiserietapeten. Im sogenannten Schlafzimmer der Madame de Staël steht ein prunkvolles Baldachinbett, und persönliche Besitztümer erinnern an das Leben der berühmtesten Bewohnerin. Eine elegant geschweifte Treppe führt ins Obergeschoß, wo im Salon des Portraits zahlreiche Bildnisse an die Geschichte der Familie Necker erinnern.*

nutzt wird – kaum Wunden geschlagen. In der kleinen Waadtländer Gemeinde südlich der Genfer Exklave Céligny wird Wein- und Obstbau betrieben, außerdem ist sie Sitz einer Mikroelektronik-Firma und in den letzten Jahren beliebter Wohnort von Pendlern nach Genf und Nyon. Lauben charakterisieren an der Bergseite das vornehme Bild der einzigen Hauptstraße, der alten Grand-Rue. Neben der Rathausfassade des 18. Jh. sticht aus den sonst behäbig barocken Bauten nur gerade das spätgotische Haus Michel, heute das Musée régional du Vieux-Coppet, heraus. Es befand sich im 19. Jh. im Besitz von Likörfabrikanten, und das komplett erhaltene Interieur zeigt Leben und Wohnen einer wohlhabenden Waadtländer Bürgerfamilie im 18. und 19. Jh. Markantester Bau im Städtchen aber ist die reformierte Pfarrkirche, die ehemalige Kirche eines 1490 gegründeten und in der Reformation aufgehobenen Dominikanerklosters. Der typisch zurückhaltende Bettelordensbau reiht seine Front bescheiden in die seeseitige Häuserreihe ein. Das um 1500 im gotischen Flamboyantstil erbaute Gotteshaus birgt in seinem schlichten, von Kreuzrippen überspannten Innern ein schönes Chorgestühl. Weiter nördlich steht in der gleichen Häuserzeile das Manoir de la Tour, ein herrschaftliches Landhaus, hinter dessen langgestreckter Fassade sich ein großer Hof mit Treppenturm verbirgt. Am Ufer schließlich hat Coppet als einzige Waadtländer Stadt am Genfersee das frühere Aussehen bewahrt: Statt daß wie in Nyon, Morges, Montreux oder Vevey ausgedehnte Quaianlagen zum Spazieren einladen, reichen hier wie früher Gärten von der rückwärtigen Stadtseite bis an den See.

Beherrscht wird Coppet vom dem auf einem kleinen Hügel liegenden, berühmten Schloß. Eine erste, 1257 von Peter dem Großen von Savoyen errichtete Burg wurde 1536 von den Bernern verbrannt, kurze Zeit später aber wieder aufgebaut. 1657 ließ sich hier der französische Graf de Dohna nieder, unter dem der langsame Umwandlung der wehrhaften Burg in eine offene Residenz begann. 1784 kaufte der Genfer Bankier und umstrittene Finanzminister des französischen Königs Ludwigs XVI., Jacques Necker, das Schloß, in dem er weit entfernt von den Unruhen der Französischen Revolution 1804 starb. Während seiner langen Krankheit wurde er in Coppet von seiner Tochter Germaine, der Madame de Staël, gepflegt. Ihre Enkelin heiratete einen französischen Grafen aus der Familie d'Haussonville, die das Schloß zum Teil heute noch bewohnt. Die architektonisch und künstlerisch bedeutende Dreiflügelanlage gruppiert sich um einen Ehrenhof, den man von Westen her durch ein Portal betritt. Die vierte Seite gegen den französischen Park wird von einem prächtigen schmiedeeisernen Gitter abgeschlossen.

Germaine de Staël (1766–1817)

Die einzige Tochter des Genfer Bankiers Necker heiratete mit 20 Jahren den schwedischen Gesandten Baron von Staël-Holstein. Mit einer für eine Frau damals großen Kühnheit trat sie 1788 mit einer Abhandlung über Rousseau als Schriftstellerin hervor. Von der Französischen Revolution begeistert, wurde Madame de Staël in der Direktorialzeit aus Frankreich ausgewiesen und lebte mit ihrem ebenfalls verbannten Vater in Schloß Coppet; in ihrem Salon versammelte sie Künstler und Philosophen, organisierte den Widerstand gegen Napoleon und begann eine leidenschaftliche Affäre mit dem Waadtländer Politiker Benjamin Constant, die schmerzlich endete. Von Napoleon verfolgt, besuchte sie Deutschland und veröffentlichte ihr sofort verbotenes Buch «De l'Allemagne», in dem sie dem französischen Publikum die deutsche Denk- und Empfindungswelt erschloß und damit den Nährboden für die französische Romantik bereitete. 1816 heiratete sie in Coppet ein Jahr vor ihrem Tod einen jungen Genfer Offizier, mit dem sie schon 4 Jahre vorher einen Sohn hatte – ein für die damalige Zeit unerhörter Skandal.

Schloß Bossey

Ein Spaziergang vom Städtchen Coppet an Schloß und Bahnhof vorbei führt rechts zum Dörfchen Founex und weiter oberhalb der Bahnlinie, bis der Weg die berühmte Eichenallee kreuzt, die das Schlößchen Bossey über eine Länge von 1,5 km mit dem Genfersee verbindet. Im Schatten der riesigen Bäume spazierend, erreicht man links nach etwa 1 km den um 1720 erbauten und 1809 von Madame de Staël für ihren Sohn Auguste gekauften Landsitz. Das zehnachsige barocke Schlößchen mit dem vorgebauten Treppentürmchen ist heute im Besitz des Ökumenischen Rats der Kirchen (Weltkirchenrat). Dem rechten Waldrand und anschließend dem linken Ufer des Bächleins Brassu entlang kommt man auf das Gebiet der Genfer Exklave Céligny. Der schmale Wanderweg überquert den Bach und mündet in den Friedhofweg, der zum Dörfchen führt und nach einer Wanderzeit von rund 2 Stunden bei der Schiffsstation Céligny endet.

Schloß Coppet
März bis Oktober,
Di–So 10–12 und 14–18 Uhr
022/776 10 28

Musée régional du Vieux-Coppet
Grand-Rue 30
März bis Oktober,
Mo–Sa 14.30–17.30 Uhr
022/776 36 88

Das alte Waadtländer Landstädtchen Cossonay im Tal der Venoge ist eines der wenigen Beispiele einer konzentrisch angelegten Schweizer Stadt und hat ein besonders altertümliches Ortsbild bewahrt. Der Ausflug nach Cossonay führt aber auch in eine kaum bekannte Gegend, in der lohnende Ausflugsziele locken wie etwa das benachbarte Städtchen La Sarraz mit dem imposanten Schloß und die Spuren des ehemaligen Canal d'Entreroches.

13. 8. 1989

Cossonay

Cossonay hat einen halbkreisförmigen Grundriß. Das ist mehr als ein Zufall: Das Waadtländer Städtchen liegt auf einem bewaldeten Hügel am rechten Ufer der Venoge, welche das Plateau am Fuß des Waadtländer Juras entwässert und in den Genfersee fließt. Der steile Felsabbruch hinunter zum Flüßchen bot im Osten genügend Schutz. Gegen das offene Gelände im Westen dagegen schließen sich die Häuserreihen ringförmig zusammen.

Siedlungsspuren sind in Cossonay schon aus dem 8. Jh. feststellbar. Ausgrabungen in der Pfarrkirche zeigten, daß damals bereits eine Kirche bestand. Sie wurde wohl gegen Ende des 11. Jh. dem Kloster Romainmôtier unterstellt, das hier ein Benediktinerpriorat einrichtete. Um das Priorat entwickelte sich langsam ein Städtchen, das von den mächtigen Freiherren von Cossonay zum Zentrum ihrer Herrschaft ausgebaut wurde und um 1264 das Stadtrecht erhielt. Das Flugbild zeigt allerdings, daß nicht ihr Schloß – es stand auf einem kleinen Hügel in der Nähe des Klosters –, sondern die Kirche das Zentrum der hochmittelalterlichen Siedlung blieb: Um sie liegen konzentrisch die charakteristischen Häuserringe des ältesten Stadtteils. Im 13. oder 14. Jh. entstand im Westen in einem kleinen, Neustadt genannten Quartier der tangential verlaufende Gassenmarkt der Grand-Rue.

Nach dem Aussterben der Herren von Cossonay ging die Stadt 1421 an die Grafen von Savoyen über, und 1536 unterwarf sich Cossonay freiwillig den Bernern. Das Priorat wurde aufgehoben, das Schloß völlig zerstört und die ursprünglich große Herrschaft von den Bernern zerstückelt. Cossonay blieb ein Landstädtchen, das vor allem dank seinen Märkten für das Kornland im östlich liegenden Gros de Vaud und als Verkehrsknotenpunkt nur 14 km nördlich von Lausanne ein bescheidenes Dasein fristete.

Seit der Mitte des 17. Jh. allerdings war Cossonay auf dem Wasserweg direkt mit der Nordsee verbunden. Hier endete der Canal d'Entreroches – einst der südlichste Punkt der Wasserstraße von den holländischen Häfen über den Rhein, die Aare sowie den Bieler- und Neuenburgersee in den Waadtländer Jura und heute noch eines der faszinierendsten Verkehrsdenkmäler der Schweiz. Der Kanal, der nach den ursprünglichen Plänen über die Nord-Süd-Wasserscheide des Mormont bei La Sarraz den Neuenburger- mit dem Genfersee hätte verbinden sollen, wurde 1638–1648 erbaut. Er folgte zuerst von Yverdon bis Orbe 6 km dem natürlichen Lauf der Zihl und führte dann mit vier Schleusen 11 km weiter durch die Ebene bis zur Klus von Entreroches; hier erinnert das Haus des Hafenwärters

Kanton:	VD
Meter über Meer:	565
Einwohner 1900:	1060
Einwohner 1980:	1553
Autobahn:	N 1, Cossonay

*An der Westseite der Place du Temple stehen die beiden **Rathäuser von Cossonay**. Das heutige Hôtel de Ville, ein dreiachsiger Bau mit hohen Arkaden im Erdgeschoß, stammt aus dem Anfang des 19. Jh. Daneben steht das ehemalige Rathaus, die sogenannte Maison de Banneret. Hinter den drei niedrigen Erdgeschoßarkaden des spätgotischen Baus haben sich Reste einer spätmittelalterlichen Fassade und auf tieferem Niveau gotische Rundpfeiler eines Vorgängerbaus erhalten. Zusammen mit der Kirche und dem typischen Waadtländer Brunnen aus dem Jahr 1779 bilden die Rathäuser ein besonders reizvolles Ensemble des alten Cossonay.*

im noch heute «Les Hollandaises» genannten Ort an die holländischen Ingenieure, die den Kanalbau leiteten, und zeugt vom Hafen, der einst hier lag. Fast 20 m tief ist der Einschnitt, mit dem die Klus von Entreroches bei La Sarraz den Mormont als höchsten Punkt der Wasserstraße auf 452 m durchschneidet; der Kanal ist zwar auch hier verschwunden; auf einer Strecke von 1 km ist jedoch das wuchtige Mauerwerk der gut 5 m breiten Wasserstraße noch gut zu erkennen. Über 8,5 km folgte der Kanal anschließend dem Lauf der Venoge bis Cossonay. Noch vierzig Schleusen hätte es gebraucht, um den Höhenunterschied bis zum 12,5 km entfernten, 375 m hoch liegenden Genfersee zu überwinden. Das Kapital der Kanalgesellschaft aber war aufgebraucht; Cossonay blieb Endstation des insgesamt 25 km langen Wasserwegs, auf dem hauptsächlich Wein und Baumaterial transportiert wurde, bis der Schiffsverkehr 1829 eingestellt wurde.

Im 19. Jh. begann sich dafür im Waadtländer Bezirkshauptort die Industrie zu entwickeln. Neben den großen Mühlen entstanden bei der Station an der 1870 eröffneten Bahnlinie Lausanne–Vallorbe eine Zementfabrik und der mit Abstand wichtigste Arbeitgeber der Region: das heute noch größte Unternehmen der Schweizer Kabelindustrie.

Eine steile Standseilbahn führt von der Bahnstation Cossonay hinauf zum Plateau an den südlichen Rand des Fleckens. Die kleine Altstadt hat ihren mittelalterlichen Charakter außerordentlich gut bewahrt. Erst in neuester Zeit wuchsen Neubauten bedrohlich nahe an das Städtchen heran. Zentrum von Cossonay ist die Place du Temple, wo neben dem alten und dem neuen Rathaus auch die reformierte Pfarrkirche steht. Die ehemalige Prioratskirche St-Pierre-et-St-Paul, eine im 13. Jh. erbaute Basilika, erhebt sich an der Stelle von zwei Vorgängerbauten aus dem 8. und 11. Jh. Das Gotteshaus mit dem stämmigen Turm aus dem Anfang des 15. Jh. und seinen vier polygonalen Ecktürmchen macht einen gedrungenen, altertümlichen Eindruck. Südöstlich der Kirche steht das heute Schloß genannter Baukomplex: bei dem großen, im 18. Jh. umgebauten Rechteckbau und den Nebengebäuden mit ihren Arkaden – sie stammen von 1781 – handelt es sich nicht um die alte Burg der Herren von Cossonay, sondern um die Gebäude des ehemaligen Priorats.

Beim Spaziergang durch die schmalen Gassen um den Hauptplatz entdeckt man viele Fassaden aus dem 18. oder 19. Jh., die kaum verändert wurden. Da und dort, wie etwa an der Rue des Etangs, trifft man auch auf malerische spätgotische Häuser; eines der schönsten ist das Café des Bains mit seiner bemerkenswerten Fassade.

Elie Gouret (1586–1656)

Eine verlorene Liebe gab den Anstoß zum Bau des Canal d'Entreroches. Von ihrem katholischen Gatten, dem Statthalter der spanischen Niederlande, verlassen, zog die protestantische Prinzessin Emilie von Nassau 1626 nach Genf. Organisiert wurde die Reise über Basel und Yverdon von ihrem Haushofmeister Elie Gouret, der dabei die Wasserscheide des Mormont und damit die Möglichkeit eines Kanals zwischen Neuenburger- und Genfersee entdeckte. Dem von Gouret geplanten Kanal stimmte die Berner Regierung vor allem deshalb zu, weil er ausschließlich durch protestantisches Gebiet führte – zur Zeit der heftigen Glaubenskonflikte im 17. Jh. ein wichtiges strategisches Argument. 1637 erteilte Bern die Konzession zum Bau und beteiligte sich neben holländischen Finanziers auch an der Zeichnung des Aktienkapitals. 1638 begannen die Bauarbeiten, und 1648 wurde der Kanal bis Cossonay eröffnet. Die Gesellschaft aber war pleite, und obwohl Gouret seine ausgedehnten Güter in Holland verpfändete, konnte nicht mehr weitergebaut werden. Arm und enttäuscht starb er 1656.

Das Pferdemuseum in La Sarraz

6,5 km nördlich von Cossonay liegt das Waadtländer Landstädtchen La Sarraz, das vom mächtigen, im 11. Jh. gegründeten Schloß überragt wird. In der Schloßscheune ist ein Pferdemuseum eingerichtet, das gut in eine Gegend paßt, in der die Pferdezucht seit jeher von Bedeutung ist. Die modern präsentierte Ausstellung zeigt rund 1000 Gegenstände und Dokumente rund um das Pferd und erläutert die viertausendjährige Geschichte des Pferdes im Dienst des Menschen. Berufe wie Hufschmied und Sattler werden vorgestellt, Kutschen und Kaleschen, Zaumzeug und Steigbügel, Hufeisen und Sporen gezeigt. Gemälde und Stiche sowie Reiterfiguren aus Zinn und Porzellan zeugen von der Darstellung des Pferdes in der Kunst, und mehrere Tonbildschauen erläutern die Rolle des Pferdes in den Armeen und in der Landwirtschaft.

Musée du Cheval
Schloß
1315 La Sarraz
Mai bis September, 10–12
und 14–17.30 Uhr
April und Oktober, Sa und
So 10–12 und 14–17.30 Uhr
021/866 64 23

Tambouren-Umzug am
1. Januar

Estavayer-le-Lac, das charmante mittelalterliche Städtchen mit seinen vielen Zeugen der Vergangenheit – wie dem Schloß, der Kollegiatskirche und den guterhaltenen Stadtmauern – liegt am Südostufer des Neuenburgersees. Seine idyllische Umgebung verlockt zu Ausflügen in die unberührte Natur, seine bekannten Fischgerichte zu einem gemütlichen Aufenthalt.

Office du tourisme
Rue de la Gare
1470 Estavayer-le-Lac
037/63 12 37

13. 8. 1989

Estavayer-le-Lac

Wie bei vielen andern Schweizer Kleinstädten ist auch die Gründungsgeschichte von Estavayer eine Mischung aus Sage und Wirklichkeit. Nach der Legende soll Stavius, der Führer einer Barbarensippe, 512 am Südostufer des Neuenburgersees eine Siedlung gegründet und ihr den Namen Stavaiel gegeben haben. Sicher ist aber nur, daß das Seeufer bereits im Neolithikum besiedelt war; im Hafen gefundene Münzen zeugen zudem davon, daß Estavayer in der Römerzeit ein wichtiger Umschlagplatz war, in dem Waren von der ganz in der Nähe liegenden Hauptstadt Aventicum auf Schiffe verladen und über den See transportiert wurden. Erstmals erwähnt als Siedlung und Handelszentrum der Ebene, die sich von Payerne bis zu den Hügeln von Verdière erstreckt, wird Estavayer allerdings erst 1158. Damals gehörte das Städtchen den Herren von Estavayer, die zuerst wohl Dienstleute der Zähringer und später der Grafen von Savoyen waren. Sie errichteten 1292 vor der Stadtmauer das mächtige Schloß, das die verarmte Adelsfamilie 1349 den Savoyern und nach 1454 dem Spital der Stadt Freiburg verpfänden mußte. Diesem Pfand war es zu verdanken, daß die Festung am 27. Oktober 1475 nicht vollständig zerstört wurde. Im Kampf gegen die mit Karl dem Kühnen verbündeten Grafen von Savoyen hatten die Eidgenossen die Stadt eingenommen, gebrandschatzt und die Schloßbesatzung massakriert, als die Freiburger die beabsichtigte totale Zerstörung des Schlosses verhinderten. Sie wollten ihr kostbares Pfand nicht verlieren, lösten kurze Zeit später die Hypothek ab und brachten damit einen ersten Teil von Estavayer endgültig in ihren Besitz. Nach der Eroberung der Waadt geriet auch das in der Reformation katholisch gebliebene Städtchen 1536 teilweise und 1635 ganz unter freiburgische Herrschaft. Obwohl im Schloß jetzt ein freiburgischer Landvogt saß, waren die Beziehungen zum nur 25 km östlich gelegenen Freiburg so gut, daß Estavayer auch nach dem Sturz der Alten Ordnung 1798 beim Kanton verblieb.

Nach dem Anschluß an die neue Eisenbahnlinie Freiburg–Payerne–Estavayer–Yverdon entwickelte sich im 19. Jh. eine bescheidene Industrie. Neben dem alten Handwerk der Glockengießerei entstanden Tabakfabriken und vor allem holzverarbeitende Betriebe, die neben einer Konservenfabrik noch heute zu den größten Arbeitgebern in Estavayer gehören. Bekannt ist die Stadt aber auch für ihre Mädchen- und Knabeninstitute, in denen Generationen von Deutschschweizer Jugendlichen Französisch lernten.

Kanton:	FR
Meter über Meer:	454
Einwohner 1900:	1636
Einwohner 1980:	3662
Autobahn:	keine

Schloß Chenaux an der Nordostecke der Altstadt wurde 1292 errichtet und folgt in seiner vieltürmigen, viereckigen Anlage savoyischem Vorbild: Neben dem runden, 33,5 m hohen Bergfried mit den 3 m dicken Mauern stehen ein Vorwerk mit Pechnasen und ein quadratischer Torturm; die ehemaligen Wohntrakte – sie werden heute von der Verwaltung genutzt – gruppieren sich um einen Innenhof. Der Zugang von der Stadt her führt durch den Torturm und über eine Holzbrücke am Bergfried vorbei in den Innenhof. Schloß Chenaux wurde von den Bernern und Freiburgern 1475 teilweise eingeäschert, von letzteren aber Ende des 15. Jh. in der heutigen Gestalt wiederaufgebaut.

Einst grenzten Burg- und Stadthügel unmittelbar an den See. Erst nach der Juragewässerkorrektion entstanden das breite Ufer und der große Bootshafen, über denen Estavayer mit seiner fast vollständig erhaltenen, turmbewehrten Stadtmauer aus dem 14. und 15. Jh. heute thront. Wenn man sich der Stadt von Payerne her nähert, betritt man sie durch das Tor der Dominikanerinnen von 1437, hinter dem die Grand-Rue beginnt. Linker Hand stehen Kloster und Kirche der Dominikanerinnen. Das 1316 gegründete Stift wurde samt der Pfeilerbasilika 1687–1696 neu erbaut. Die dreischiffige Kirche mit den Kreuzgratgewölben birgt gegenüber dem Eingang den Altaraufsatz von Estavayer-Blonay von 1527 mit den geschnitzten Figuren.

Gleich gegenüber dem Kloster steht das Haus Demierre von 1642, und am rechts einmündenden Gäßchen befindet sich die spätgotische Maison de la Dîme mit dem Historischen Museum. Berühmter als seine kleine lokalhistorische Sammlung sind die ausgestopften Frösche, die zu satirischen Szenen aus dem Provinzleben gruppiert sind. Wir kehren in die Grand-Rue zurück, wo uns unter den vielen stattlichen Häusern besonders das wuchtige spätgotische Haus Estavayer-Molondin (heute Hôtel du Cerf) mit der Fassade aus dem 16. Jh. und dem ausladenden Vordach auffällt.

Wie viele der anderen Gäßchen, die im Auf und Ab das Städtchen durchziehen und von denen sich immer wieder schöne Blicke in Durchgänge und Hinterhöfe öffnen, führt auch die Grand-Rue zum Mittelpunkt des Ortes, zur etwas erhöht stehenden Kollegiatskirche St. Laurentius. Der massige gotische Bau mit dem Chor von 1379–1391 und dem Schiff von 1456–1502 beherrscht den Platz, der rechts von einer auf Arkaden stehenden Häuserzeile abgeschlossen wird. Ihr dreischiffiges Inneres mit den Kreuzgratgewölben und den Flamboyant-Maßwerkfenstern birgt eine bemerkenswerte Ausstattung. Neben dem prachtvollen Chorgitter von 1505, dem frühbarocken, weißgoldenen Hochaltar von 1640 und einem schönen Kruzifix aus der Zeit um 1500 an der Südwand des Mittelschiffs ist vor allem das 1523/24 geschaffene Chorgestühl mit den vielen Skulpturen erwähnenswert: Es gehört zu den schönsten spätgotischen Gestühlen der Schweiz.

Die geschwungene Grand-Rue führt gegenüber der Kirche abwärts in die Unterstadt zur 1449 gegründeten und 1487 vergrößerten ehemaligen Minimenkapelle von Rivaz mit ihrer reichen Portalplastik und weiter zum Hafen. Links neben der Kirche zweigt ein schmales Gäßchen zu einem Herrschaftshaus aus dem 15. Jh. an der Place de Moudon ab. Von hier aus genießt man eine ebenso schöne Aussicht auf den See und die Jurahöhen wie von der Terrasse aus, die man erreicht, wenn man von der Kirche durch die Rue St-Laurent und die Rue du Château zum Schloß emporsteigt.

Ferdinand Perrier (1812–1882)

Das Leben von Ferdinand Perrier spiegelt die turbulenten politischen Freiburger Verhältnisse im 19. Jh. wider. Perrier stammte aus einem alten Geschlecht von Estavayer, war zuerst Offizier in neapolitanischen Diensten und 1838–1840 Hauptmann bei dem in ägyptischen Diensten stehenden Franzosen Suleiman Pascha, als dessen Adjutant er am Krieg gegen die Türken teilnahm. Seit 1844 als Ingenieur in Freiburg niedergelassen, entwarf er den Befestigungsplan der Stadt, kämpfte im Sonderbund auf seiten der unterlegenen katholischen Stände und wurde 1852 Freiburger Großrat. Als Oberst stand er an der Spitze des konservativen Putsches vom 22. April 1853 gegen das radikale Regiment. Nach dessen Scheitern zu einer Gefängnisstrafe verurteilt und aus dem Kantonsgebiet verbannt, begab sich der Literat, Historiker und Zeitkritiker nach Paris. 1856 durfte Perrier nach Freiburg zurückkehren, wo er neben der Partei Le Bien public auch noch eine gleichnamige Zeitung gründete. Nachdem er schließlich Generalkontrolleur der Eisenbahnen geworden war, starb er 1882 in Freiburg.

Die Camargue der Schweiz

Die Straße von Estavayer nach Yverdon führt am Südostufer des Neuenburgersees entlang durch das größte Riedgebiet der Schweiz, die Grande Cariçaie. Das 14 km^2 große Naturschutzgebiet entstand bei der Juragewässerkorrektion im letzten Jahrhundert, als die Absenkung des Wasserspiegels seichtes Ufer freigab. Das sumpfige Neuland, das heute von Schilf und Auenwäldern bestanden ist, entwickelte sich zum Überwinterungsort für rund 50 000 Vögel, vor allem Tauchenten. Die «Camargue der Schweiz» ist auch eine beliebte Raststation von Zugvögeln. In der Grande Cariçaie jagen die letzten Exemplare freilebender Fischotter. Der starke Bootsverkehr und die Überdüngung erodieren den Schilfgürtel, Rodungen für Zeltplätze machen dem Naturparadies zu schaffen.

Historisches Museum
Rue du Musée
Jan. und Feb. sowie Nov. und Dez., Sa und So 14–17 Uhr; März bis Juni sowie Sept. und Okt., Di–So 9–11 und 14–17 Uhr;
Juli und Aug. täglich 9–11 und 14–17 Uhr
037/63 10 40

Strandbad
Plage communale
037/63 10 44

Camping Nouvelle Plage
März–Oktober
037/63 16 93

So nach dem 20. Januar:
Umzug zu Ehren des hl. Sebastian
1. Mai: Einsingen des Frühlings durch die Kinder von Estavayer
Am So nach dem 10. Aug.:
Umzug der Bruderschaft der Fischer

Markt im Sommer jeden Sa

Freiburg liegt in einer Schleife der Saane/Sarine an der Sprach- und Kulturgrenze zwischen Deutsch und Welsch. Die alte Zähringerstadt mit dem Bourg-Quartier und der auf weite Strecken erhaltenen Befestigungsanlage besitzt die größte geschützte Altstadt Europas. Dank der Universität und anderen Bildungsstätten hat Freiburg internationale Bedeutung erlangt.

Verkehrsbüro
Square des Places 1
1700 Fribourg
037/81 31 75

TCS-Geschäftsstelle
Rue de l'Hôpital 21
1701 Fribourg
037/22 49 02

Freiburg

Freiburg wurde 1157 von Berchtold IV. von Zähringen gegründet, um den aufstrebenden Westschweizer Adel in Schranken zu halten. Die auf drei Seiten von steilen Felsabhängen geschützte Festung in der Oberstadt war leicht zu verteidigen, außerdem bot sich unten in der Au ein günstiger Saaneübergang. Die Stadt war von Anfang an mit großen Freiheiten ausgestattet. Als die Zähringer 1218 ausstarben, erbten die Kyburger das Lehen über die Stadt. 1277 kauften die Habsburger die Stadtrechte. 1452, nach verschiedenen kriegerischen Auseinandersetzungen, gingen diese an das Haus Savoyen über. Seit seiner Gründung stand Freiburg in einem Konkurrenzverhältnis zu Bern, das allerdings von zeitweiligen Bündnissen gemildert wurde. Ein solches Bündnis riß Freiburg 1475 mit hinein in den Kampf gegen Karl den Kühnen. Es sagte sich zusammen mit dem Grafen von Greyerz von seinem savoyischen Lehnsherrn los und beteiligte sich auf der Seite der Eidgenossen an den drei Burgunderkriegen.
Nach der Schlacht von Murten wurde Freiburg freie Reichsstadt und 1481 Mitglied der Eidgnossenschaft.
Auf die Schlacht von Murten 1476 geht die berühmte Murtenlinde in Freiburg zurück: Nach dem Sieg der Eidgenossen über Karl den Kühnen brachte ein Meldeläufer die Erfolgsnachricht nach Hause. Am Ziel angelangt, brach der Läufer tot zusammen. An dieser Stelle, dem heutigen Tilleul (Linde), pflanzten die Freiburger den Lindenzweig ein, den der Läufer am Hut mitgebracht hatte. Daraus wuchs die mächtige Murtenlinde. Nach gut

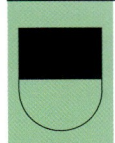

Kanton:	FR
Meter über Meer:	629
Einwohner 1900:	15 794
Einwohner 1980:	37 400
Autobahn:	N 12

500 Jahren starb die Linde 1985 immissions- und altersgeschwächt ab. An ihrer Stelle wurden Ableger des alten Baumes eingepflanzt, und weitere derartige «Klone» gediehen am Ausgangsort der ganzen Geschichte, am Rand der Murtener Altstadt. Zum Gedenken an die tragische Nachrichtenübermittlung findet alljährlich der Lauf Murten–Freiburg statt.

Von der Stadtbefestigung, die zwischen dem 13. und 15. Jh. entstand, sind weite Teile bis heute erhalten geblieben. Vom kühn und einfallsreich in die schluchtartige Landschaft gesetzten Mauerring stehen noch 14 Türme, ein großes Bollwerk und rund 2 km Ringmauern: das bedeutendste Ensemble mittelalterlicher Militärarchitektur in der Schweiz.

Beim Eintritt Freiburgs in die Eidgenossenschaft galt der neue Stand als zweisprachig, offizielle Sprache war aber Deutsch, denn der achtörtige Bund nahm keinen Ort auf, der nicht «tütscher Nation und Sprach» war.

Nach den Burgunderkriegen kam Freiburg dank des florierenden Tuchmachergewerbes zu großem Wohlstand. An den Fassaden der mittelalterlichen Häuser in der Unterstadt ist dieser vergangene Reichtum noch deutlich erkennbar. Im 16. Jh. brach die Tuchindustrie vollständig zusammen. Erst die Nutzung der Wasserkraft Ende des letzten Jahrhunderts brachte wieder Industriebetriebe nach Freiburg.

Durch Käufe und Eroberungen verschaffte sich die Stadtrepublik zwischen dem 14. und 16. Jh. ein weiträumiges Hinterland und rund 25 000 Untertanen. Der regionale Adel bildete zusammen mit reich gewordenen Handwerkern und Kaufleuten eine institutionelle Oligarchie. Diese hielt auch das Hinterland in Schach und ergriff energische Maßnahmen, um die Verbreitung des Protestantismus zu unterbinden. Vom 17. Jh. an residierten die Bischöfe von Lausanne und Genf in Freiburg. Das Patriziat dieser Stadt stellte bis zur Wahl des Waadtländers Marius Besson 1924 praktisch immer den Bi-

Musée d'art et d'histoire
Hôtel Ratzé
Rue de Morat 12
Di, Mi, Fr–Sa 10–17 Uhr
Do 10–17, 20–22 Uhr
037/22 85 71

Musée d'histoire naturelle
Pérolles
täglich 14–18 Uhr
037/82 63 91

Musée suisse de la marionette
Derrière-les-Jardins 2
037/22 85 13

Hallenbad
Du Schönberg
Rue Joseph-Charley
037/28 14 51

Veranstaltungen:

Febr. Fasnacht der «Bolzes»

Mitte Juni–Mitte Juli: Festival Belluard in den Ringmauern

Anfang Oktober: Gedenklauf Murten–Freiburg

Stadtplan: Seite 456/457

Musée de Fribourg im Ratzéhof

Der Ratzéhof wurde 1687 vom Freiburger Chronisten Heinrich Fuchs als das «vornehmste Haus der ganzen Stadt» bezeichnet. Das repräsentative Palais wurde 1581–1585 für Hans Ratzé erbaut, Tuchkaufmann und Offizier in französischen Diensten.
Seit 1920 ist im Ratzéhof das Museum für Kunst und Geschichte des Kantons Freiburg untergebracht. Es zeigt eine repräsentative und gesamtschweizerisch bedeutende Sammlung freiburgischen Kunstschaffens und Kunsthandwerks vom Mittelalter bis zum Ende des Ancien Régime. Auch prähistorische, römische und frühmittelalterliche Funde aus dem Kanton sind hier ausgestellt. Eine Besonderheit unter diesen Gegenständen bilden Gürtelschnallen aus der Burgunderzeit. Neben Sammlungen zur Politik, zum Militärwesen und zur Wirtschaft des Kantons sind außerdem Möbel und Gebrauchsgegenstände vom 15.–19. Jh. zu sehen. Dazu gehören eine Sammlung Zinngeschirr, Fayencen, Porzellan, Goldschmiedearbeiten und Teppiche. In den Museumsräumen finden regelmäßig Wechselausstellungen statt.
Saaneseitig erstreckt sich ein Rosengarten mit Rokokopavillon.

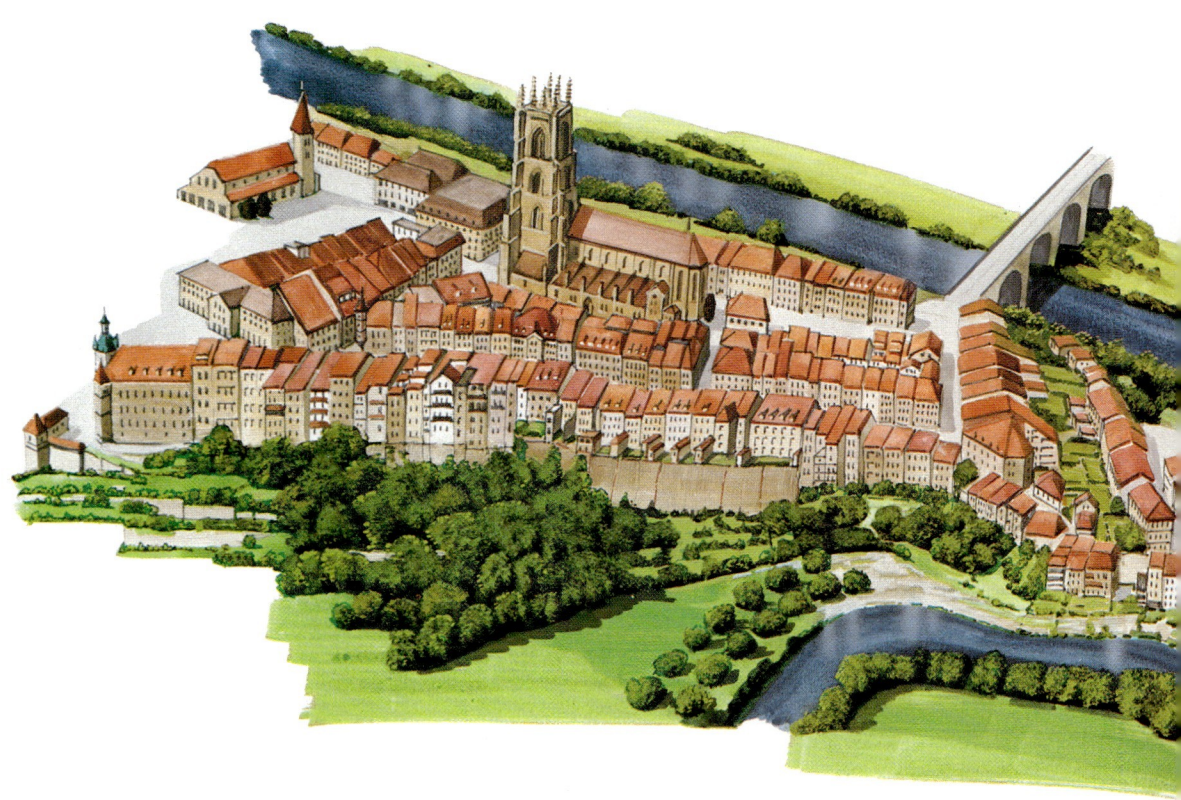

schof. Ein Teil der Oberschicht machte militärische Karriere im benachbarten Ausland. Jahrhundertelang zogen viele junge Freiburger nach Frankreich in den Kriegsdienst. Die Freiburger Oberschicht versuchte sich so lange wie möglich gegen die Umwälzungen der Französischen Revolution zu wehren.
Nach der Restauration von 1814 wurde der Stand Freiburg – umgeben von protestantischem Gebiet – neben Luzern zur Hochburg des Katholizismus. «Freiburg, das Schweizer Rom, Pfaff an Pfaff und Dom an Dom» hatte Gottfried Keller seinerzeit gedichtet. Nach einem kurzen liberalen Zwischenspiel von 1830 an, das theoretisch die politische Gleichberechtigung brachte und in dem das Französische in den Rang der ersten Amtssprache erhoben wurde, gewannen die Katholischkonservativen allmählich wieder die Oberhand und forcierten den Beitritt zum katholischen Sonderbund von 1846. Nach der Kapitulation vor den Truppen Dufours am 14. November 1847 erfolgte erneut ein radikaler Umschwung, der zehn Jahre später mit dem Sieg des gemäßigten konservativen Lagers endete, das bis in die 1960er Jahre über eine komfortable Mehrheit verfügte.
Um ein Gegengewicht zu den traditionsreichen Hochschulen der freisinnig und radikal dominierten Deutsch- und Westschweizer Kantone zu bilden, gründete Staatsrat Georges Python (1856–1927), der bedeutendste Vertreter des konservativen Regimes in Freiburg, 1889 die Universität Freiburg. Sie wurde als katholische, internationale und zweisprachige Institution eröffnet und wandelte sich im Lauf der Jahrzehnte zur offenen Hochschule, die heute rund 5500 Studienplätze bietet. Von den Studenten der theologischen Fakultät kommen viele aus der Dritten Welt, was der Stadt eine internationale Ausstrahlung verschafft. 1938–1941 erstellten Denis Honegger und Fernand Dumas auf dem Gelände des ehemaligen Friedhofs Miséricorde einen Universitäts-Neubau. Dabei diente ihnen Le Corbusiers abgelehntes Projekt für den Völ-

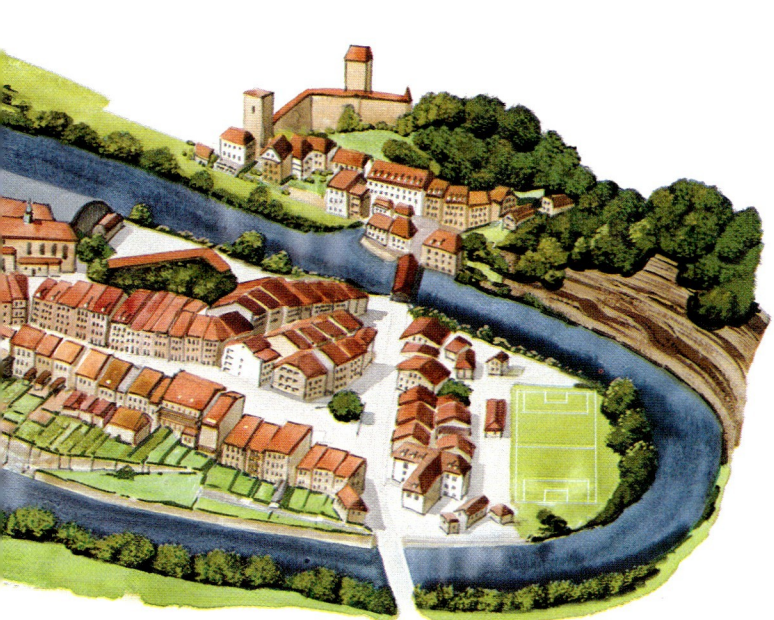

kerbundspalast in Genf als Vorbild. Als einzige zweisprachige Universität Westeuropas hat Freiburg eine Sonderstellung, auch wenn Deutsch und Französisch – außer in der juristischen Fakultät – eher nebeneinander als miteinander existieren.

Freiburg ist eine Stadt der konfessionellen Schulen: 1580 wurden die Jesuiten nach Freiburg gerufen und eröffneten das spätere Collège St-Michel an der Lausannegasse, das eine führende Rolle auf geistigem und kulturellem Gebiet einnahm. 1634 wurde die Mädchenschule der Ursulinerinnen gegründet; die Dominikaner wurden später mit der Führung der theologischen Fakultät beauftragt.

Die Zweisprachigkeit führt in Freiburg gelegentlich zu Reibereien. Rund zwei Drittel der Stadtbevölkerung sind französischer, ein Drittel deutscher Zunge. Während die deutschsprachige Minderheit um die Beherrschung des Französischen praktisch nicht herumkommt, tun sich die Romands mit dem Deutschen schwer. Die seit jeher zweisprachige Stadt gilt amtlich als französischsprachig, was aber viele Deutschsprachige als Skandal empfinden. Auf der anderen Seite fürchtet sich die französischsprachige Bevölkerungsmehrheit angesichts des starken wirtschaftlichen Übergewichts der Deutschschweiz eine allmähliche «Germanisierung».

Dabei neigte der Kanton Freiburg nach dem Beitritt zur Eidgenossenschaft 1481 jahrhundertelang der deutschen Sprache zu. Die französischsprachige Oberschicht ließ denn auch ihre Namen eindeutschen, und in der Stadtkirche durfte nur noch deutsch gepredigt werden. Erst die Siege der französischen Revolutionstruppen und das radikale Zwischenspiel des 19. Jh. brachten die Wende zugunsten des Französischen.

Zumindest in der Altstadt haben die meisten Straßen und Plätze neben den französischen noch alte deutsche Namen. Anfang 1990 beschloß das Gemeindeparlament nach einem jahrzehntelangen Seilziehen, 22 Straßen und Plätze der historischen Altstadt offiziell zweisprachig zu benennen.

Ursprünglich war die Unterstadt deutsch, die Oberstadt französisch. Dabei hat sich in der Unterstadt eine Mischsprache, das «Bolz», herausgebildet, das ein wenig ans Elsässische erinnert. Noch bis vor wenigen Jahren gab es zwischen der Oberstadt mit der Grand-Rue und der Unterstadt, der Basse Ville, eine klare soziale Trennung. Oben bei der Kathedrale wohnten die führenden Familien der Stadt, unten das Proletariat. Die überzähligen Bauernkinder des deutschsprachigen Sensebezirks ließen sich vor allem im Au-Quartier nieder und suchten Arbeit in den Brauereien, der Schokolade- und der Düngerfabrik. Die welsche Arbeiterschaft bewohnte vor allem das Quartier Neuveville, das mit der Oberstadt durch ein wassergetriebenes Standseilbähnchen verbunden ist.

Um die Jahrhundertwende erlebte Freiburg einen beispiellosen Bauboom. Innerhalb einiger Jahrzehnte entstanden die neuen Quartiere in der Pérolles-Ebene, am Gambachhügel, im Beauregard, auf dem Pré d'Alt und um die reformierte Kirche. Davon profitierten vor allem die oberen und mittleren Schichten, während sich die ärmeren Leute in der übervölkerten und ungesunden Altstadt drängten. Eine weitere Ausdehnungsetappe bildete die Überbauung des Schönbergs jenseits der Saane mit modernen Hochhäusern.

Die Kathedrale

Auf einem Felssporn 50 m über dem Ufer der Saane ragt die Kathedrale St-Nicolas aus dem Zentrum der Altstadt. Bereits 1182 wurde an dieser Stelle eine romanische Nikolauskirche erstellt, die 1283 durch ein gotisches Münster ersetzt werden sollte. Seit 1924 ist St-Nicolas Bischofskirche und somit Kathedrale. Über dem Hauptportal prangt ein Relief des Jüngsten Gerichts, umrahmt von Engeln, Propheten und Patriarchen, aus dem Ende des 14. Jh. Auch das Süd- und das Westportal sind reich mit Figuren geschmückt, deren Originale allerdings meist im Museum aufbewahrt werden.
Die wertvolle Ausstattung des Innenraums stammt aus verschiedenen Stilepochen. Unter anderem besitzt die Kathedrale ein bedeutendes Ensemble sakraler Jugendstilfenster. Das Chorgestühl von 1462–1464 wurde nach savoyischem Vorbild angefertigt. Bemerkenswert ist der Taufstein von 1498/99, eine kunstvolle Stab- und Maßwerkarchitektur. Das Heiligengrab in der Grablegungskapelle von 1430 ist die umfangreichste und künstlerisch bedeutendste mittelalterliche Grablegungsgruppe weit über die Landesgrenze hinaus.

Die Loretokapelle

Die Loretokapelle vor der Porte de Bourguillon ist äußerlich eine Nachbildung des Heiligtums im kleinen Wallfahrtsort Loreto bei Ancona. Nach der Überlieferung retteten Engel das Haus der Heiligen Familie vor den Moslems und «transportierten» es von Nazareth erst nach Dalmatien und dann nach Loreto. Die Kapelle in Freiburg gehört zu den bemerkenswertesten frühbarocken Bauten der Schweiz. Sie wurde 1647/48 von Hans-Franz Reyff erstellt und geht auf eine Stiftung des Freiburger Rats zurück. Angeregt hatte den Bau der Stadtprediger und Münchner Jesuit Wilhelm Gumppenberg, der einen «Atlas Marianus», eine Art Enzyklopädie von 1200 Marienwallfahrtsorten, erstellt hatte. Die Holzgitter und die Nische der Wallfahrtsmadonna sind aus der Bauzeit, die Gewandstatue etwas jünger. Zusammen mit der Wallfahrtskapelle Notre-Dame-de-Bourguillon (Unsere Liebe Frau von Bürglen), die etwas weiter oben am selben Weg liegt, gehört Loreto zu den beliebtesten Gotteshäusern der gläubigen Freiburger.
Von der Terrassenanlage aus hat man eine weite Sicht auf Freiburg und die Landschaft der Umgebung.

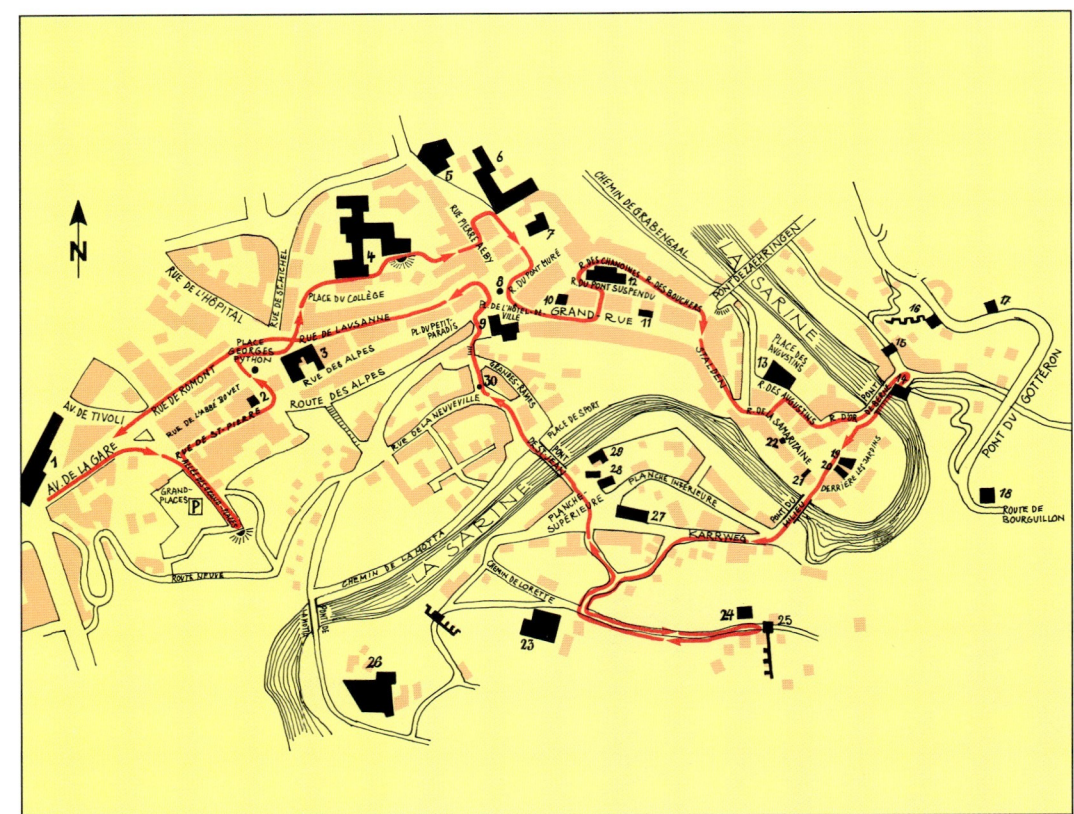

1 Bahnhof
2 Alte Post
3 Ursulerinnenkloster mit Klosterkirche
4 Kollegium und Kirche St. Michael
5 Museum für Kunst und Geschichte im Hôtel Ratzé
6 Franziskanerkirche
7 Liebfrauenkirche
8 Murtenlinde (Tilleul)
9 Rathaus (Hôtel de Ville) mit Georgsbrunnen
10 Les Tornalettes, heute Restaurant Schweizerhalle
11 Präfektur
12 Kathedrale St-Nicolas
13 Augustinerkirche mit ehemaligem Augustinerkloster
14 Haus Mooses
15 Berntor
16 Katzenturm
17 Roter Turm
18 Dürrenbühl-Turm
19 Haus Haimoz
20 Haus Dick
21 Zu den Gerbern (Aux Tanneurs)
22 Brunnen der Samariterin
23 Kapuzinerinnenkloster von Bisemberg/Montorge
24 Loretokapelle, Aussichtspunkt
25 Bourguillon-Tor
26 Kloster der Magerau (Monastère de la Maigrauge)
27 Kaserne, ehemals Speicher
28 St.-Johann-Kirche
29 Ehemalige Johanniterkomturei
30 Brunnen der Stärke

Stadtrundgang Freiburg

Beim Bahnhof (1) präsentiert Freiburg ein modernes Gesicht: Am Eingang des Boulevard de Pérolles mit seinem großstädtischen Charakter baute Mario Botta 1979–1982 die Freiburger Staatsbank. Wir schlagen den Weg in die Rue de St-Pierre ein und gelangen zur Alten Post (2), einem bedeutenden Bau der Jahrhundertwende. Am ausgedehnten Gebäudekomplex des Ursulerinnenklosters mit der Klosterkirche (3) von 1653/54 vorbei steigen wir zum Kollegium und der Kirche St. Michael (4) hinauf. Das ehemalige Jesuitenkollegium ist nach der Kathedrale und der Stadtbefestigung der imposanteste Bau Alt-Freiburgs. Die nachgotische Kirche des frühen 17. Jh. besitzt eine spätbarocke Innenausstattung. Im Mittelbau befindet sich das Sterbezimmer des Schulgründers Petrus Canisius, der 1935 heiliggesprochen wurde.
Im Hôtel Ratzé (5) am Anfang der Rue Morat ist das Museum für Kunst und Geschichte eingerichtet. Zu den schönsten Kirchen Freiburgs gehört die Eglise des Cordeliers (6). Diese erste franziskanische Niederlassung erfolgte noch zu Lebzeiten des hl. Franziskus. 30 Jahre nach dessen Tod, 1256, wurde das Kloster gegründet. Die heutigen Klosterbauten stammen von 1712–1725. Von der 1275 vollendeten Kirche ist nur noch der Chor erhalten. Dazu gehören das frühgotische Chorgestühl aus Eichholz und die Grabplatte Elisabeth von Kyburgs von 1275. Auf dem Hochaltar befindet sich ein großartiges Retabel des Freiburger Nelkenmeisters von 1480.
An der Place Notre-Dame mit dem Simsonbrunnen steht die Liebfrauenkirche (7), die 1785–1790 stark umgebaut wurde. Beim Abstieg zum Rathausplatz, wo samstags der Markt abgehalten wird, kommen wir an der jungen Murtenlinde (Tilleul, 8) vorbei. Das Hôtel de Ville (9), ein spätgotischer Repräsentationsbau in exponierter Lage, besitzt einen Turm mit barocker Kuppel und

Rathaus und Kathedrale beherrschen die Silhouette der Altstadt

Die Natur schützte die Zähringergründung

eine doppelläufige gedeckte Vortreppe von 1663. Der Rathaussaal mit Louis-XVI-Täfer und -Malerei kann besichtigt werden. Von den stattlichen Häusern der Grand-Rue fällt das malerische spätgotische Les Tornalettes (10), heute Restaurant Schweizerhalle, mit dem Treppenturm auf. Nach der Präfektur (11) gehen wir durch die Rue de Zaehringen zur Kathedrale St-Nicolas (12) hinauf. Die hochgotische Basilika, die 1283 begonnen und 1490 vollendet wurde, besitzt eine wertvolle Ausstattung aus verschiedenen Epochen. Der 74 m hohe charaktervolle Turm kann im Sommer bestiegen werden.
Durch den Stalden hinunter gelangen wir ins malerische Au-Quartier mit der Augustinerkirche (13) und dem ehemaligen Augustinerkloster. Die im Stil des Bettelordens gehaltene Kirche aus dem 13. Jh. zeigt eine eindrückliche Schau freiburgischer Bildhauerei von der Spätgotik bis zum Ende des Barocks. Der reichgeschmückte Hochaltar der Gebrüder Spring um 1600 ist ein Manifest des katholischen Freiburgs gegen die Bilderfeindlichkeit Berns.
Durch die spätgotische Rue d'Or über die gedeckte Holzbrücke Pont de Berne gelangen wir zum Haus Mooses (14) mit einer prächtigen Hausteinfassade aus dem 16. Jh. Hier haben wir einen guten Ausblick über Teile der alten Stadtbefestigung: das Berntor aus dem 13. Jh. (15), den Katzenturm (16) aus der 2. Hälfte des 14. Jh., den Roten Turm (17) aus der Mitte des 13. Jh. (ältestes und imposantestes Bollwerk der Stadtmauer) und den fast gleich alten Dürrenbühl-Turm (18). Wir kehren zurück ins Au-Quartier, zu einer der schönsten spätgotischen Gassen Freiburgs, der Rue de la Samaritaine mit der Zunftstube zu den Gerbern (Aux Tanneurs, 21) und dem Brunnen der Samariterin (22).
Das Kapuzinerinnenkloster Montorge (23) wurde 1628 bezogen, die Josephskirche 1635 geweiht. Von hier aus geht es zur Loretokapelle (24) und zum Bourguillon-Tor (25).
In der Saaneschlaufe steht das Zisterzienserinnen-Kloster Magerau (26) aus dem 17. Jh. Die 1262 geweihte Kirche ist ein für die Schweiz einzigartiges Dokument mittelalterlicher mystischer Frömmigkeit. Im Matte-Quartier fällt das ehemalige Kornhaus, heute Kaserne (27), von 1708/09 mit Treppengiebel auf. Hier stehen auch die St.-Johann-Kirche (28) und die ehemalige Johanniterkomturei (29). Am Court-Chemin in der Neustadt steht eine Kopie des Brunnens der Stärke (30) von Hans Gieng aus dem 16. Jh.

Jo Siffert (1936–1971)

Der weltbekannte Formel-1-Rennfahrer Jo Siffert wuchs in ärmlichen Verhältnissen in der Freiburger Unterstadt auf. Seine Mutter kam aus dem Luzernischen, der Vater war Deutschfreiburger, zugezogen vom Land. Sifferts wohnten an der Place Petit-St-Jean und führten dort eine Zeitlang ein Milchgeschäft, das aber in Konkurs ging, weil die meisten Kunden immer anschreiben ließen. 1952 begann Jo Siffert eine Lehre als Karosseriespengler; in seiner Freizeit besserte er alte Autos aus und verkaufte sie weiter. Obwohl er weder einen reichen Vater noch ein Startkapital besaß, schaffte er den ganz großen Durchbruch im Automobilrennsport. Mit dem Ruhm kam auch das Geld; eine Garage in der Nähe des Bahnhofs, eine Frau aus dem Freiburger Bierbrauer-Unternehmertum, Beziehungen zu allen, die in der Stadt einen Namen hatten, von Jean Tinguely bis zu Universitätsprofessoren. Am 24. Oktober 1971 klemmte im Ring von Brands Hatch (England) die Schaltung an Jo Sifferts Rennwagen. Anstatt die «Mike Hawthon»-Kurve zu nehmen, fuhr Siffert geradeaus in den Tod. Immer noch hängt in zahlreichen Freiburger Kneipen sein Poster, und Jean Tinguely errichtete 1984 seinem Freund auf den Grandes-Places einen Gedenkbrunnen.

Eine industrielle Pionieranlage

Ingenieur Guillaume Ritter schuf zwischen 1870 und 1872 das erste Wasserkraftwerk an der Saane. Oberhalb der Magerau wurde die Saane gestaut, so daß ein Wasserfall entstand. Mit Hilfe von 750 m langen Kabeln, die über mehrere gigantische Pfeiler und einen eigens dafür erbauten Tunnel führten, wurde die erzeugte Energie in die Fabriken der Pérolles – insbesondere eine große Sägerei – geleitet. Das Stauwehr der Saane war allerdings bei weitem nicht der ehrgeizigste Plan des Ingenieurs Ritter: Sein Lieblingsprojekt, die Überführung von Trinkwasser des Neuenburgersees nach Paris, blieb allerdings im Planungsstadium stecken. Auch die Industrieanlagen an der Saane wurden ein unternehmerischer Mißerfolg. Schließlich kaufte die Stadt Freiburg das Kraftwerk und gründete die freiburgischen Elektrizitätswerke. Reste der industriellen Pionieranlage können über den Chemin de Ritter, der von Pérolles zur Magerau führt, besichtigt werden. Der Weg führt entlang der gestauten Saane, die hier in ihrer wildromantischen Schlucht zum Lac de Pérolles wird.

Der Röschtigraben-Kanton in Zahlen

Der zweisprachige Kanton Freiburg ist mit 1670 km² der achtgrößte Stand der Schweiz. Er teilt sich in die Bezirke Saane, Sense, Gruyère, See, Glâne, Broye und Veveyse und zählt 268 Gemeinden, davon fünf Exklaven. Sprachlich gesehen unterscheidet man zwischen französisch-, deutsch- und gemischtsprachigen Gebieten. Von den 200 166 Einwohnern sprechen ungefähr zwei Drittel Französisch und ein Drittel Deutsch. Der Sensebezirk gilt amtlich als deutschsprachig, der Seebezirk mit Murten als gemischtsprachig, die andern fünf Bezirke als französischsprachig, auch wenn zum Bezirk Gruyère die deutschsprachige Gemeinde Jaun gehört und der Saanebezirk neben der Kantonshauptstadt Freiburg zahlreiche zweisprachige Gemeinden aufweist. Der katholisch-konservativ geprägte Kanton blieb lange Zeit vorwiegend landwirtschaftlich orientiert, doch in den letzten 20 Jahren wurden Industrie- und Dienstleistungssektor kräftig gefördert. Von den 83 000 Erwerbstätigen sind heute noch rund 12,5% in der Land- und Forstwirtschaft tätig, 39% arbeiten in Industrie und Gewerbe und 48,5% im Dienstleistungssektor.

Posieux

Die südlich der Hauptstadt an der Saane gelegene, knapp 700 Einwohner zählende Gemeinde Posieux ist stark mit der Geschichte des Kantons verbunden. Am 24. Mai 1852 fand hier eine von 18 000 Bürgern besuchte Volksversammlung der Konservativen statt, die gegen die 1848 eingesetzte Regierung protestierte. Im Gedenken an die Landsgemeinde, welche die Rückkehr der konservativen Regierung einleitete, wurde auf dem Hügel Sapex die Sacré-Cœur-Kapelle errichtet. Seit 1974 befindet sich in Grangeneuve-Posieux die Eidgenössische Forschungsanstalt für Viehwirtschaft.

Hauterive

Etwa 1 km außerhalb von Posieux in idyllischer Umgebung am linken Saaneufer liegt die Zisterzienserabtei Notre-Dame de Hauterive (Altenryf). Sie ist ein hervorragendes Beispiel der frühen Zisterzienserarchitektur und veranschaulicht sehr gut die Struktur der frühen Ordensbauten. Die Abtei wurde 1138 als Tochterkloster von Clairvaux gegründet, 1848 aufgehoben und 1939 wieder von den Zisterziensern bezogen. Die Konventgebäude, die mit der Kirche ein geschlossenes Ganzes bilden, stammen aus dem 18. Jh. Die schlichte Kirche von 1150–1160 enthält ein bemerkenswertes spätgotisches Chorgestühl und wertvolle Glasmalereien aus dem 14. Jh. Der Kreuzgang südlich der Kirche stammt aus dem 12. und 14. Jh. und zählt zu schönsten der Schweiz.

Neben dem feierlichen Chorgebet widmen sich die Mönche der Wissenschaft und praktischer Arbeit in den Werkstätten, auf den Feldern und im Geflügelpark. Sie beherbergen auch Gäste aus aller Welt, welche für einige Zeit mit ihnen ihr beschauliches Leben nach den Regeln des hl. Benedikt unter dem Leitspruch «Bete und arbeite» teilen wollen. Im Beherbergungsteil stehen ungefähr 25 Plätze für Männer und 10 für Frauen oder Paare zur Verfügung. Um in den Tagesrhythmus des Klosters nicht zu stören, sollten Kirche, Stallungen und Kloster nur nachmittags besucht werden.

Châtel-St-Denis

Der Hauptort des Veveyse-Bezirks (Vivisbach) mit 3140 Einwohnern wird aus der Sicht der nur 9 km entfernten Anwohner des Genfersees das Tor zu den Bergen genannt. Besonders im nahegelegenen Les Paccots liegt ein beliebtes Wintersportgebiet der Freiburger Voralpen. Die neugotische Kirche St-Denis wurde 1872–1876 errichtet. Neben der Kirche steht das Schloß aus dem 13. Jh., das heute als Amtshaus dient. Vom ursprünglichen Schloß sind allerdings nur noch der Unterbau und der viereckige Bergfried erhalten. Der First des Schloßdaches bildet übrigens die Wasserscheide zwischen Broye (Rhein) und Genfersee (Rhone).

Broc

Der Industrieort Broc beim Einfluß der Trême in den Lac de la Gruyère ist weniger bekannt als der Name der Schokolade, die hier im Werk des größten Schweizer Unternehmens aus der vielgerühmten Greyerzer Milch hergestellt wird. Das Dorf ist 1890 abgebrannt und hat dabei seinen ursprünglichen Charakter verloren. Geblieben sind neben der bevorzugten Lage auf einem kleinen Grat und der Aussicht auf

Das abgelegene Kartäuserkloster Valsainte

Das Miniaturstädtchen Rue (Beschreibung siehe Seite 113)

Gruyères und den Moléson die alte Brücke über die Saane, die Burg der Herren von Broc und der Glockenturm von St-Otmar aus dem 17. Jh. In der näheren Umgebung, am rechten Ufer der Saane, liegt die vielbesuchte Wallfahrtskirche von Les Marches. Diese alte Aussätzigenstation wurde bereits im 12. Jh erwähnt und 1705 neuerbaut. Im Zentrum steht eine Wallfahrtsmadonna aus dem 15. Jh. mit Gewändern des 19. Jh. Daneben beherbergt die Kapelle auch verschiedene Exvotos und Glasgemälde, unter anderem von Alexandre Cingria.

*Wer kommt schon angesichts der **Burgruine von Pont** auf einer Insel im Lac de la Gruyère auf den Gedanken, daß nur wenige Meter entfernt ein Städtchen begraben liegt? Pont-en-Ogoz gehörte zu den zehn winzigen Städtchen, die im 13. Jh. in der Basse Gruyère gegründet wurden und nach einer raschen Blüte wegen der übermächtigen wirtschaftlichen und politischen Konkurrenz von Freiburg und Bulle bereits im 14. Jh. wieder untergingen. Während Jahrhunderten fristeten die paar Häuser von Pont-en-Ogoz zu Füßen der noch sichtbaren Burgmauern mit den beiden Türmen ein kümmerliches Dasein, bis sie schließlich bei der Stauung der Saane in den Fluten versanken.*

La Valsainte

Das abgeschiedene Kartäuserkloster La Valsainte im Javrotal – einem einsamen Nebental des sich zum Greyerzerland öffnenden Jauntals – wurde 1295 gegründet und 1381 und 1732 durch Brände zerstört. 1778 wurde es aufgehoben, beherbergte vorübergehend andere Orden aus Frankreich und wurde 1824 ganz aufgegeben und dem Zerfall überlassen. 1863 kehrten die Kartäuser aus der Abtei La Part-Dieu bei Gruyères – ihre Kartause war im Zuge der radikalen Klosteraufhebungen 1848 geschlossen worden – nach Valsainte zurück und bauten das Kloster wieder auf. Die Anlage, die in ihren Grundzügen auf 1734 zurückgeht, bildet mit den Zellenhäuschen und Gärten ein bemerkenswertes Ensemble. Die Klosterkirche Notre-Dame-de-Compassion von 1868 ist als einziger Bau der Öffentlichkeit zugänglich. Sie enthält moderne Glasfenster und eine steinerne Maria mit Kind aus dem 16. Jh. Die Portalkapelle birgt frühestes Schnitzwerk von Hans Franz Reyff aus dem Jahr 1632.

Grandvillard

Die Greyerzer nennen das Tal der Saane zwischen den Engen von La Tine und Gruyères in ihrem Patois «Intyamont», zwischen den Bergen. Im Zentrum des «Intyamont» liegt das Dorf Grandvillard – zu deutsch: Langwiler. Es zählt zu den interessantesten und besterhaltenen Dorfbildern des Kantons und besitzt wie Greyerz viele schöne, spätgotische Häuser aus der Zeit um 1640. Besonders sticht die Maison du Banneret oberhalb der Siedlung heraus. Sie wurde 1666 für Pierre de la Tinaz, Pannerherr von Montsalven, errichtet. Die zweigeschossige Fassade ist von Fenstern mit Kielbögen durchbrochen; über der Tür sind das Datum und eine Inschrift zu sehen. Die Häuser von Grandvillard sind häufig mit Poya-Tafelbildern aus dem 19. oder 20. Jh. geschmückt, einer spezifisch freiburgischen Art der Bauernmalerei. Die neue Kirche St-Jacques, die 1935–1937 anstelle eines Gebäudes aus dem 16. Jh errichtet wurde, besitzt über dem rechten Seitenaltar eine sehr schöne Marienfigur aus dem 14. Jh. Im Nordosten des Dorfes auf einer kleinen Anhöhe, die La Daudaz genannt wird, steht die sagenumwobene Kapelle Notre-Dame-de-Compassion. Sie wurde 1701 anstelle einer romanischen Kirche erbaut und ist ein typisches Beispiel sakraler Gebirgsarchitektur.

La Tour-de-Trême

Der in unmittelbarer Nähe des Greyerzer Bezirkshauptorts Bulle gelegene, urkundlich erstmals 1271 erwähnte Flecken erhielt seinen Namen von einem viereckigen Verteidigungsturm über der Trême. Während des Kriegs von Everdes (Grüningen) wurde der Turm 1349 von den Bernern und Freiburgern niedergebrannt, durch die Grafen von Greyerz aber wiederaufgebaut. Von der ehemaligen Burg und den Befestigungsmauern, die durch Brände zerstört wurden, blieb der mächtige Turm mit dem Dachreiter isoliert auf einem Felskopf neben der Straße stehen.

In La Tour-de-Trême steht das Geburtshaus des Revolutionärs Pierre Nicolas Chenaux (1740–1781), der nach einem mißglückten Aufstand gegen die Freiburger Vögte ermordet und am Stadttor von Freiburg als abschreckendes Beispiel aufgehängt wurde.

Chilbisenf (moutarde de Bénichon)

2 dl Weißwein
250 g Kandiszucker
1/2 l Wasser
250 g Bienenhonig
1 Zimtstengel
5 Gewürznelken
125 g Mehl
1 gestrichener Eßlöffel Senfpulver

Den Weißwein mit dem Senfpulver verrühren und einen Tag lang stehen lassen. Zucker, Wasser, Zimtstengel und Nelken aufkochen und 15 Minuten ziehen lassen. Die Gewürze entfernen. Den Honig im Wasserbad schmelzen und mit dem gesiebten Wein und Wasser aufkochen. Das Mehl dazurühren und bei kleiner Hitze zu einer geschmeidigen, stichfesten Masse einköcheln lassen. Nicht länger als 2 Wochen lagern.

Dieser leicht pikante Brotaufstrich wird vorwiegend während der Chilbizeit zubereitet und auf Safranbrot, Zopf oder Weggli gestrichen.

Genf, die kosmopolitische Metropole am Ausfluß der Rhone aus dem Léman, wurde wie keine andere Schweizer Stadt von der Reformation geprägt. Eine gewisse Nüchternheit und Strenge haftet dem Stadtbild an, die jedoch von der bezaubernden Umgebung gemildert, ja auf ideale Weise ergänzt wird, während die gischtende Fahne des Genfer Wahrzeichens, des Jet d'eau, vor dem Felsriegel des Mont Salève einen fröhlichen Kringel in den Himmel malt.

Office du tourisme de Genève
Gare Cornavin
1201 Genève
022/738 52 00

TCS-Geschäftsstelle
Rue Pierre-Fatio 9
1211 Genève
022/737 12 12

22. 9. 1989

Genf

Daß Genf sich zu Recht als kosmopolitisch bezeichnet, wird seinen Besuchern angesichts des bunten Völkergemischs schnell augenfällig: An schönen Sonntagen kann man Nordafrikaner in wallenden Burnussen, Inderinnen in kostbaren Saris, Asiaten mit ihren zierlichen Begleiterinnen, schneeweiß gewandete Araber, aber auch Schwarzafrikaner in ihren farbenprächtigen Gewändern und Südamerikaner sowie Vertreter der verschiedensten europäischen Länder an den Quais flanieren sehen, ein friedliches Nebeneinander von Menschen, die den glitzernden See und Genfs Wahrzeichen, die 140 m hochstiebende Wasserfackel des Jet d'eau, bewundern und genießen. Über 30% der Einwohner sind denn auch Ausländer, die zahlreichen Kongreßteilnehmer, Geschäftsleute und Grenzgänger nicht eingerechnet. Rund 200 internationale Organisationen ließen sich in Genf nieder. Die bekanntesten sind – neben der UNO und dem IKRK (Internationales Komitee vom Roten Kreuz) – das Internationale Arbeitsamt (BIT), die Weltgesundheitsorganisation (WHO), die Weltorganisation für geistiges Eigentum (WIPO), das Amt des Hochkommissars für Flüchtlinge, die Europäische Freihandels-Vereinigung (EFTA), das Europäische Atomforschungszentrum (CERN), das Allgemeine Zoll- und Handelsabkommen (GATT), der Ökumenische Rat der Kirchen (ÖRK), die Eurovision und die Europäische Rundfunk-Union (EBU). In keiner andern Stadt außer Brüssel gibt es so viele internationale Beamte wie in Genf. Vom Weltrang Genfs zeugen zudem auch die 68 Konsulate.

Kanton:	GE
Meter über Meer:	378
Einwohner 1900:	59 437
Einwohner 1980:	156 505
Autobahn:	N 1, Genève

Institut et Musée Voltaire
Rue des Délices 25
Mo–Fr 14–17 Uhr
022/44 71 33

Musée d'art et d'histoire
Rue Charles-Galland 2
Di–So 10–17 Uhr
022/29 00 11

Cabinet des estampes
Promenade du Pin 5
Di–So 10–12, 14–18 Uhr
022/20 10 77

Maison Tavel
Rue du Puits-St-Pierre 6
Di–So 10–17 Uhr
022/28 29 00

Musée Ariana
Avenue de la Paix 10
wegen Umbauarbeiten vorübergehend geschlossen
022/734 29 50

Musée de l'horlogerie
Route de Malagnou 15
Mo 10–12, Di–So 10–12, 14–18 Uhr
022/736 74 12

Musée d'histoire des sciences
Rue de Lausanne 128,
Villa Bartholoni
wegen Umbauarbeiten vorübergehend geschlossen
022/731 69 85

Musée Rath
Place Neuve Di–So 10–17,
Mi 10–22 Uhr
022/28 56 16

Musée d'ethnographie
Boulevard Carl-Vogt 65–67
Di–So 10–12, 14–17 Uhr
022/28 12 18

Annexe de Conches
Chemin Calandrini 7
Mi–So 10–12, 14–17 Uhr
022/46 01 25

Musée d'instruments anciens de musique
Rue François-Le-Fort 23
Di 15–18, Do 10–12,
15–18, Fr 20–22 Uhr
022/46 95 65

Muséum d'histoire naturelle
Route de Malagnou 1
Di–So 10–17 Uhr
022/735 91 30

Musée de l'Athénée
Rue de l'Athénée 2
Mo 14–18, Di–Do 10–12,
14–18, Sa 10–12, 14–17,
So 10–12 Uhr
022/29 75 66

Petit-Palais
Musée d'art moderne
Terrasse St-Victor 2 Mo 14–18, Di–So 10–12, 14–18 Uhr
022/46 14 33

Musée international de la Croix-Rouge
Avenue de la Paix
17 Mi–Mo 10–17 Uhr (Di geschlossen) 022/34 52 48

Stadtplan: Seite 458–461

Doch wenden wir uns dem «Genevois» zu, der sich trotz aller Internationalität seiner Heimatstadt äußerst zurückhaltend gibt und es vorzieht, möglichst wenig Aufsehen zu erregen. Nirgendwo sonst in der Schweiz hat die Reformation die Bevölkerung wohl stärker geprägt als in der Calvinstadt. Das hat sich auch auf das Wirtschaftsleben ausgewirkt: Mit dem Zustrom begüterter Flüchtlinge nach der Reformation begann allmählich der Aufbau des Genfer Bankenwesens, und vom 17. Jh. an war Genf der größte Finanzplatz der Schweiz; bedeutend ist er mit rund 100 Niederlassungen bis heute geblieben. Bekanntester und ältester Zweig der Genfer Industrie ist zweifellos die Uhrmacherei, wie die Textilverarbeitung ursprünglich eine Domäne der aus Frankreich vertriebenen Hugenotten. Die Einwanderer brachten es dank ihrer Tüchtigkeit und der hohen Darlehen, welche Ludwig XIV. von ihnen bezog, in kurzer Zeit zu Wohlstand. Sie investierten das Vermögen in Immobilien, residierten in prächtigen Häusern, gewannen sowohl auf politischer wie auf gesellschaftlicher Ebene an Gewicht und bestimmten im 17. Jh. zusammen mit einigen alteingesessenen Familien die Geschicke der Stadt. Die wirtschaftliche Blüte erlaubte es der kleinen Republik, Bern und Zürich im Krieg gegen die Innerschweizer zu unterstützen: 1712 nahmen 300 Genfer Soldaten an der Schlacht bei Villmergen teil.

Die weniger betuchten Genfer sahen sich in der Folge mehr und mehr entrechtet und ins Abseits gedrängt. Doch mit der Zeit wurde der Widerstand gegen die Aristokratie so stark, daß sie sich veranlaßt fühlte, auch im Ausland Verbündete zu suchen, welche die bedrohte Oligarchie wieder festigte; 1782 zogen außer 3000 Bernern 6000 Franzosen und 3000 Soldaten des Königreichs Sardinien vor die Tore Genfs und stellten die alte Ordnung wieder her. Die Anführer des Widerstands wurden verbannt. Doch die Ruhe war trügerisch: Sieben Jahre später ließ die wirtschaftliche Misere das Volk wiederum –

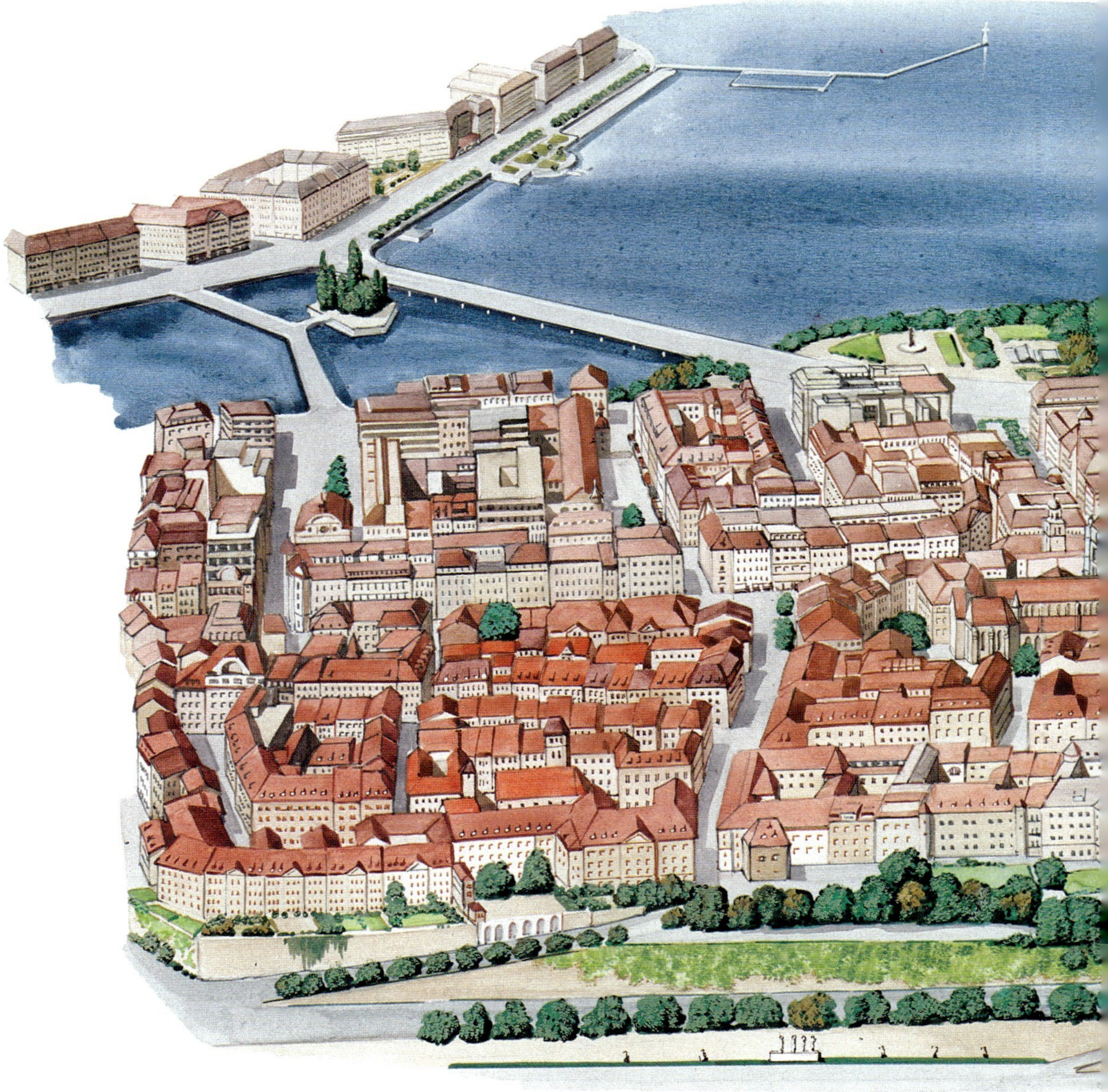

Botanischer Garten
Chemin de l'impératrice 1
Täglich 8–17; Glashäuser 9–11, 14–16.30 Uhr (Fr geschlossen) 022/732 69 69

Freibad Genève-Plage
Port-Noir 1223 Cologny
022/736 24 82

Freibad Bains des Pâquis
Quai du Mont-Blanc
022/732 29 74

Freibad
Carouge/La Fontenette
Route de Veyrier
1227 Carouge
022/43 25 20

Freibad Varembé
Rue de Vermont 33–35
022/733 80 93

Hallenbad und Kunsteisbahn Vernets
Rue Hans-Wilsdorf 4–6
1227 Acacias
022/43 88 50

Camping TCS
Pointe-à-la-Bise
1222 Vésenaz
022/752 12 96

Camping Sylvabelle
Chemin de Conches 10
1231 Conches
022/47 06 03

«Escalade» am 12. Dezember, das große Genfer Volksfest in Erinnerung an den mißlungenen Überfall durch die Savoyer 1602

Internationaler Automobilsalon im März und Internationale Messe für neue Techniken und Erfindungen (September) im Palais des Expositions;
Buchmesse im Frühling

und diesmal erfolgreich – aufbegehren. Die Französische Revolution und der Einmarsch der französischen Truppen in die Schweiz stürzten auch Genf in politische Wirren. Trotz des Vereinigungsvertrags mit Frankreich, der 1798 unter Druck unterzeichnet wurde, war die ökonomische Krise nicht aufzuhalten, und Anfang des 19. Jh. befand sich Genf auf einem wirtschaftlichen Tiefpunkt. Unter der französischen Herrschaft stieg die Zahl der Arbeitslosen rapid, und der Handel kam beinahe zum Erliegen. Erst die Restauration brachte wieder einen geistigen und wirtschaftlichen Aufschwung, der sich unter anderem in der Abtragung der Befestigungsanlagen manifestierte, die Raum für eine rege Bautätigkeit schuf.

Die Nutzung der Wasserkraft und die 1858 eröffnete Bahnlinie Genf–Lyon förderten den Aufbau der Maschinenindustrie in den rechtsufrigen Stadtteilen Les Pâquis und Les Grottes. Angesichts der gewaltig gewachsenen Vorortsgemeinden mag erstaunen, daß immer noch rund die Hälfte der Kantonsfläche landwirtschaftlich genutzt wird: Genf ist der drittgrößte Wein- und viertgrößte Gemüseproduzent der Schweiz.

Bereits die Allobroger – Kelten, die sich im Rhone- und Isèretal angesiedelt hatten – erkannten die strategische Lage am Ausfluß der Rhone als wichtig, befestigten den Hügel und schlugen eine Brücke über den Fluß; sie nannten den Ort «genua». Die militärischen und wirtschaftlichen Vorteile dieses Stützpunkts stachen auch den Römern in die Augen, welche die Allobroger 121 v. Chr. unterwarfen. 58 v. Chr. stand Cäsar an den Gestaden des Léman: Seine Truppen zerstörten die Brücke und befestigten das linke Flußufer. Dadurch hielt er die Helvetier auf, welche in die römische Provinz Gallien einwandern wollten. Die Römer rodeten und bauten, so daß sich «Genava» rasch ausdehnte und an Bedeutung gewann. Nach dem Zerfall des Römischen Reichs kam Genf unter die Herrschaft der Burgunder und Franken, bis es 1032 in den Besitz der deut-

schen Kaiser gelangte. Seit 1124 war die Stadt selbständiges Fürstbistum und entwickelte sich zum Handels- und Messeplatz.

Der kämpferische Reformator Guillaume Farel (1489–1565) stammte aus der Dauphiné und zog im Dezember 1523 nach Basel. Die Begegnung mit Zwingli hatte ihn tief beeindruckt, religiöse Streitigkeiten mit dem Humanisten Erasmus führten jedoch unter anderem dazu, daß er vom Rat ausgewiesen wurde. Mit Unterstützung der Berner wurde Farel 1533 in Genf tätig, wo er sich unermüdlich für die Durchsetzung der Reformation einsetzte. Er war es denn auch, der Jean Calvin (1509–1564) dazu überredete, ihm dabei behilflich zu sein. Doch die Genfer waren noch nicht bereit, die neuen Gebräuche und Sittlichkeitsvorschriften zu akzeptieren, und die beiden Reformatoren verließen drei Jahre später mehr oder weniger freiwillig die Stadt. 1541 wurde Calvin von seinen Freunden, die mittlerweile an die Spitze der Behörden gelangt waren, zurückgerufen. 14 Jahre dauerte sein Kampf, bis die Calvinisten 1555 die Wahlen gewannen und einen bewaffneten Aufstand der Gegner niederschlugen. Genf wurde zur Metropole des Protestantismus, zur Rivalin Roms, die Asylanten mit offenen Armen aufnahm. In seinen letzten Lebensjahren gründete Jean Calvin das Kollegium und die Akademie und verhalf der reformierten Kirche zu großem Einfluß. Das Schicksal Genfs war in der Folge vom Spannungsfeld der regionalen Großmächte Bern und Savoyen bestimmt, in napoleonischer Zeit kam er an Frankreich, und seit 1815 gehört er als 22. Kanton zur Eidgenossenschaft.

Die Genfer Universität, ursprünglich ausschließlich zur Ausbildung von Geistlichen bestimmt, ist für ihre Weltoffenheit berühmt und gehört zu den fortschrittlichsten der Schweiz. Früher galt die Botanik als typisch genferische Wissenschaft, da sich auf diesem Gebiet besonders viele einheimische Forscher hervortaten. Davon zeugt der 1817 geschaffene Jardin botanique, welcher zuerst auf den Bastionen angelegt und 1902 an den heutigen Standort am Seeufer verlegt wurde: Er gehört zu den interessantesten und schönsten botanischen Gärten der Schweiz. Berühmt ist das Herbarium mit über 4 Mio. Typusexemplaren, darunter wahren botanischen Schätzen. Hier befindet sich auch die umfassendste botanische Bibliothek unseres Landes. Eine Spezialität des Jardin botanique sind die Pflanzen des Juras, es sind aber auch Sammlungen aus den Vogesen, Karpaten, Anden, Rocky Mountains usw. zu besichtigen.

Beispielhaft ist auch das Berufsausbildungszentrum für Industrie und Handwerk (Centre d'enseignement professionnel pour l'industrie et l'artisanat), welches die kombinierte Lehrausbildung für nahezu 100 manuelle Berufe anbietet. Die Genfer sind zudem stolz, einen eigenen internationalen Flughafen zu besitzen – der zudem früher als Zürich-Kloten bestanden hat. Unter dem indoktrinären Geist des Calvinismus kamen die bildenden Künste praktisch zum Erliegen. Erst im 18. Jh. erwachte Genf kulturell zu neuem Leben (1712 wurde hier Rousseau geboren!) und wurde zum Treffpunkt bedeutender Literaten, Philosophen, Musiker und Naturwissenschaftler. Die Genfer fühlten sich geistig, wenn auch nicht unbedingt politisch, Frankreich mindestens ebenso eng verbunden wie der übrigen Schweiz – was zwar befruchtend wirkte, von den Eidgenossen aber mißtrauisch beobachtet wurde.

Palast der Vereinten Nationen

Der Palais des Nations oder Völkerbundspalast ist mit 25 000 m² Grundfläche nach Schloß Versailles der zweitgrößte Gebäudekomplex Europas. Am internationalen Wettbewerb von 1927/1928 beteiligte sich unter anderem das Architektenteam Le Corbusier/P. Jeanneret, deren fortschrittliches Projekt zwar den 1. Preis erhielt, jedoch unter skandalösen Umständen ausgeschlossen wurde. Statt dessen entschied man sich für einen pompösen Bau von fünf Architekten verschiedener Nationalität, der 1929–1937 erstellt wurde. Der europäische Sitz der UNO (ursprünglich Sitz des Völkerbundes, daher der ältere Name Völkerbundspalast) steht auf exterritorialem Terrain und besitzt z.B. Steuer- und Zollautonomie. Das Innere ist reich dekoriert und mit zahlreichen Wand- und Deckenmalereien ausgestattet. Besonders erwähnenswert sind die Salle des assemblées (Versammlungssaal) und die Salle des conseils (Ratsaal) mit Fresken von José-Maria Sert. Im Briefmarkenmuseum sind Raritäten der Vereinten Nationen zu besichtigen, und die Bibliothek besitzt eine Sammlung mit Briefen und Manuskripten berühmter Persönlichkeiten. Es finden täglich mehrsprachige Führungen statt: 022/734 60 11, intern 4539.

Das Genfer Rathaus

Das Hôtel de Ville an der Promenade de la Treille war um 1440 ein Privathaus, das im selben Jahrhundert durch einen Turm – die Tour Baudet – gesichert wurde. In drei weiteren Etappen entstand im 16., 17. und 18. Jh. der große, zusammenhängende Gebäudekomplex, in dem heute ein Teil der Stadtverwaltung untergebracht ist. Das 1. Geschoß der Tour Baudet wird die «große Grotte» genannt und wurde als Waffenkammer und Archivraum benutzt. Im 3. Stock befindet sich ein kleiner Ratssaal mit Wandmalereien, die nach 1488 entstanden sind; sie gehören zu den wenigen Malereien in Genf, welche die Reformation überdauert haben. Neben dem Raatssaal liegt die Salle des Pas Perdu, deren Kassettendecke aus dem 15. Jh. stammt. Der offene Rampenturm (1555–1578) besitzt eines der schönsten Renaissanceportale der Schweiz; im Giebel ist das Genfer Wappen eingemeißelt. Die Fassaden des Rathauses sind ein typisches Beispiel der Genfer Renaissance, während im Innenhof die verschiedenen Bauetappen und -stile zu erkennen sind.

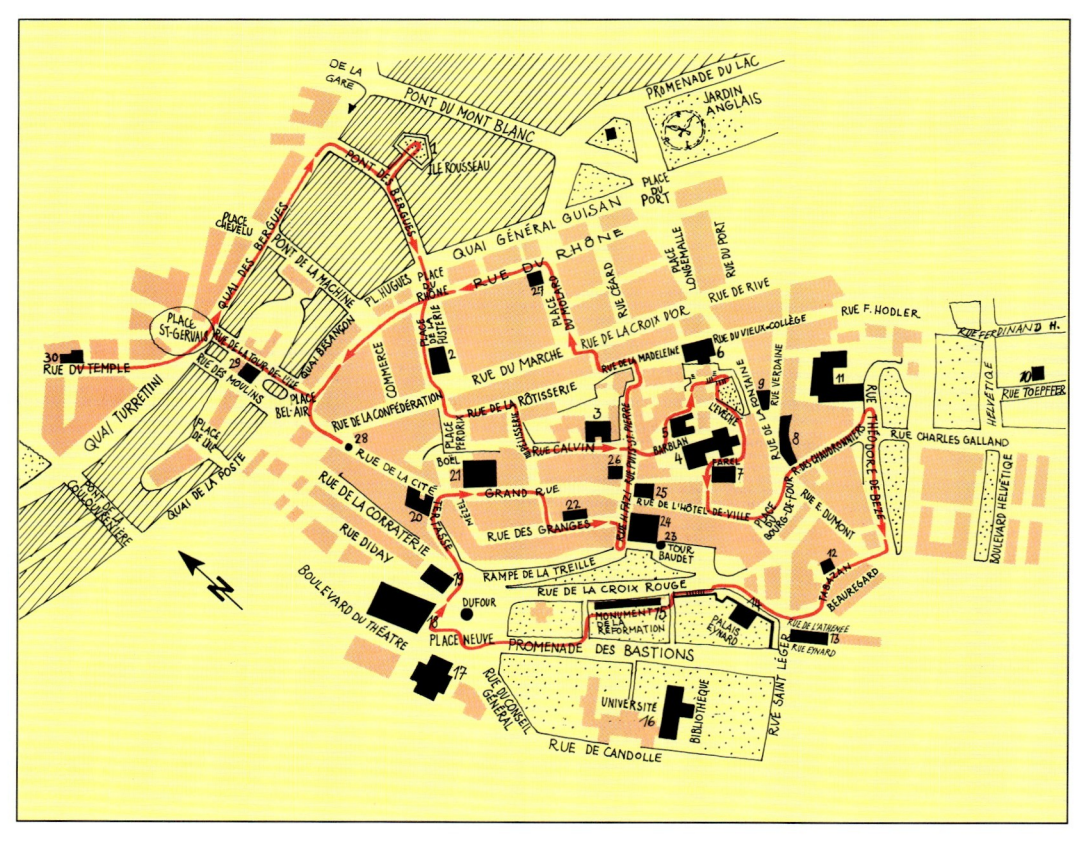

1 Denkmal Jean-Jacques Rousseau und Gartenpavillon
2 Temple de la Fusterie
3 Maison Necker
4 Kathedrale St-Pierre
5 Maison Mallet
6 Temple de la Madeleine
7 Temple de l'Auditoire
8 Palais de Justice
9 Temple Luthérien
10 Russisch-orthodoxe Kirche
11 Collège Calvin
12 Chapelle de l'Oratoire
13 Palais de l'Athénée
14 Palais Eynard
15 Reformationsdenkmal
16 Universität / Bibliothek
17 Konservatorium
18 Grand-Théâtre
19 Musée Rath
20 Maison de Saussure
21 Hôtel du Résident de France
22 Kirche St-Germain
23 Tour Baudet
24 Hôtel de Ville (Rathaus)
25 Ancien arsenal
26 Maison Tavel
27 Tour du Molard
28 Fontaine de l'Escalade
29 Tour de l'Ile
30 Kirche St-Gervais

Stadtrundgang Genf

Der Pont des Bergues ist ein Werk des Ingenieurs und Generals Dufour und verbindet die Rousseau-Insel (1), ein ehemaliges Bollwerk aus dem 16. Jh., mit dem Festland. Dem Philosophen und Schriftsteller Jean-Jacques Rousseau, 1712 in der Genfer Altstadt geboren, wurde hier ein Denkmal gesetzt. Ein großer Teil des linksufrigen Altstadtkerns ist autofrei, so auch die Place de la Fusterie, welche von der gleichnamigen protestantischen Kirche (2) beherrscht wird. Der schlichte Bau von 1713–1715 diente der Heiliggeistkirche in Bern als Vorbild. Calvin lebte mit seiner Familie in der heutigen Rue de Calvin 11; 1706 wurde das bescheidene Haus durch einen repräsentativeren Bau ersetzt. Gleich daneben (Haus Nr. 9) steht die Maison Necker (3), die zu Beginn des 18. Jh. erstellt und später von der Familie Necker erworben wurde; hier wuchs Jacques Necker auf, der spätere französische Finanzminister und Vater von Mme de Staël. Die Maison Necker ist mit einer der schönsten Louis-XVI-Einrichtungen der Schweiz ausgestattet. Die reformierte Kathedrale St-Pierre (4) ist zwar mit ihren knapp 70 m Länge eher klein und seit dem Bau im 12. Jh. mehrfach verändert worden, jedoch außergewöhnlich reich mit romanischen und frühgotischen Bauplastiken ausgeschmückt. Unter der Kathedrale sind die Fundamente früherer Kirchen zu besichtigen, und vom Nordturm mit seinen großen Glocken aus dem 15. Jh. genießt man einen prächtigen Rundblick. Die Maison Mallet (5) von 1721 ist eines der schönsten klassizistischen Stadthäuser Genfs. In der Kirche La Madeleine (6) aus dem 14./15. Jh. begann Guillaume Farel den neuen reformierten Glauben zu verkünden; an ihrer Stelle standen mehrere Vorgängerkirchen. Südlich der Kathedrale erhebt sich der Temple de l'Auditoire (7), in dem die großen Reformatoren Calvin, Knox und de Bèze lehrten und predigten. Nach einem Brand erhielt die ehemali-

Vor dem Mont Salève liegt die Altstadt mit der Kathedrale über der Rhone

ge Pfarrkirche kurz vor 1445 ihre heutige Gestalt. Der Justizpalast (8) an der geschichtsträchtigen Place du Bourg-de-Four – hier befand sich unter anderem das römische Forum – diente während der Republik als Spital und Asyl für Flüchtlinge und Arme. Der prunkvolle Gebäudekomplex wurde 1707–1712 an Stelle eines ehemaligen Klarissenklosters erstellt. Die lutherische Kirche (9) durfte in der Calvinstadt nicht als Gotteshaus erkennbar sein und wurde deshalb Mitte des 18. Jh. nach außen als Wohnhaus gestaltet. Die Russisch-orthodoxe Kirche (10) mit den goldenen Zwiebelkuppeln wurde 1863–1869 für die zahlreichen exilierten Russen gebaut. Westlich davon liegt das von Calvin gegründete und 1558–1562 erbaute Collège (11), das im 19. Jh. verändert und erweitert wurde. An der Chapelle de l'Oratoire (12) vorbei erreichen wir das Palais de l'Athénée (13): Der 1861–1866 erstellte elegante Bau war früher Sitz der Genfer Kunstgesellschaft. Gleich daneben liegt das Palais Eynard (14), welches der Bankier Jean-Gabriel Eynard 1821 im neugriechischen Stil erbaute und später wie auch das Palais de l'Athénée der Stadt vermachte. An der Promenade des Bastions, einst der Botanische Garten, steht die 100 m lange und 10 m hohe Mauer (15) mit den Statuen von zehn Männern, welche eine wichtige Rolle in der Reformation gespielt hatten. Gleich gegenüber, am andern Ende des Parks, die Universität; im Ostflügel des klassizistischen Baus ist die Bibliothek (16) mit wertvollen Manuskripten und bibliophilen Bänden untergebracht. Im Zentrum der Place Neuve erhebt sich das Reiterdenkmal General Dufours; bemerkenswert sind das Konservatorium (17), das neubarocke Grand-Théatre (18) sowie das Musée Rath (19), das 1824/25 als erster Museumsbau Europas erstellt wurde. Beispielhaft für das aufsteigende Bürgertum ist die Maison de Saussure (20) aus dem frühen 18. Jh., deren Haupttrakt von schmalen Seitenflügeln flankiert ist. Auch die ehemalige französische Residenz (21) an der Grand-Rue, von 1743, mit dem monumentalen Eingangstor zeugt vom damaligen Wohlstand Genfs. Bescheidener gibt sich die Kirche St-Germain (22), ein spätmittelalterlicher Bau mit schlankem Turm. Von der Promenade de la Treille aus hat man einen Blick auf den ältesten Teil des Rathauses (24), die Tour Baudet (23) aus dem 15. Jh. Das ehemalige Arsenal (25) aus dem 16. Jh. diente ursprünglich als Kornspeicher, später als Waffendepot und ist heute das Staatsarchiv. Die Maison Tavel (26) ist das älteste Wohnhaus Genfs: 1303 erstmals erwähnt, wurde es 1334 nach einem Brand mit einem Rundturm wieder aufgebaut und seither kaum verändert. Die alten Markthallen an der Westseite der Place du Molard wurden zu Läden und Wohnungen umgebaut, der Turm (27) von 1591 diente zur Verteidigung des am Seeufer gelegenen Stadttors. Bevor wir die Rhone überqueren, machen wir einen kurzen Abstecher zur Fontaine de l'Escalade (28) am Anfang der Rue de la Cité. Auf der Rhone-Insel stehen die Überreste des ehemaligen Bischofsschlosses, die Tour de l'Ile (29) aus dem frühen 13. Jh. Der rechtsufrige historische Stadtkern war einst vorwiegend von Uhrmachern bewohnt. Die Kirche St-Gervais (30) wurde nach einem Brand von 1345 vollständig rekonstruiert; die Wandmalereien im Süden des Chors stammen aus dem Spätmittelalter. Dem Quai des Bergues entlang erreichen wir die Rousseau-Insel.

Guillaume-Henri Dufour (1787–1875)

Der spätere erste General der Schweizer Armee war als Gymnasiast so vielseitig begabt, daß ihm die Berufswahl schwerfiel: Sollte er Maler, Arzt, Botaniker, Physiker oder Sprachwissenschaftler werden? Dufour entschloß sich schließlich für die Pariser Ecole polytechnique, die auf zivile wie militärische Berufe vorbereitete, und trat dann als Offizier in die französische Armee ein. Mit dem Beitritt Genfs zur Eidgenossenschaft erwirbt Dufour das Schweizer Bürgerrecht und wird 1817 in den Stab der eidgenössischen Genietruppen aufgenommen. Damit beginnt eine steile Karriere: 1832 wird ihm die Leitung der Thuner Offiziersschule übertragen, 1833 kommandiert er die 2. Division und unterdrückt die Unruhen in Basel; er reorganisiert die Bundesarmee und befehligt sie als überlegener Taktiker 1847 im Sonderbundskrieg als General. In seiner Heimatstadt Genf wirkte Dufour als Kantonsingenieur und schuf unter anderem mehrere Hängebrücken sowie den Grand Quai. Dufour war Mitbegründer des Roten Kreuzes und tat sich nicht zuletzt als Kartograph hervor: Unter seiner Leitung entstand die vierblättrige «Allgemeine Karte der Schweiz» im Maßstab 1:250 000, die seinen Namen trägt und zwei Jahre vor seinem Tod erschien.

Musée de l'horlogerie et de l'emaillerie

Genf ist eine Uhrenstadt: Außer den exklusiven Bijouterien, der berühmten Blumenuhr im Jardin anglais am Seeufer und der Wasseruhr im Malagnou-Park ist auch das Uhren- und Emailmuseum einen Besuch wert. Es zeigt eine bedeutende Sammlung von Uhren, die vom 17. bis ins 20. Jh. in Genfer Werkstätten entstanden sind, Objekte des 16.–20. Jh. aus ganz Europa sowie zahlreiche nichtmechanische Zeitmesser. Einen Einblick in das alte Handwerk vermitteln die alten Werkzeuge zur Uhren- und Emailherstellung und ein bis ins Detail rekonstruiertes Uhrmacheratelier. Die Kunst des Emaillierens – ein beinahe vergessenes Handwerk – ist an kostbaren Beispielen der Genfer und französischen Schule des 17.–19. Jh. mit Tabaksdosen und Schmuckstücken belegt. Die Villa Malagnou wurde 1835–1840 für Louis-Antoine Stouvenel im klassizistischen Stil erbaut und 1954 von der Stadt erworben.

Der Kanton Genf in Zahlen

Genf ist mit 282 km² vor Zug der zweitkleinste Kanton der Schweiz. Mehr als die Hälfte davon, rund 156 km², werden landwirtschaftlich genutzt, in erster Linie für den Wein-, Obst- und Gemüsebau. Der Jahresertrag der Genfer Weinbauern beträgt im Mittel 10,4 Mio. Liter. So überrascht es denn nicht, daß Satigny mit 444 ha die größte Weinbaugemeinde der Schweiz ist. Der 22. Stand der Eidgenossenschaft ist fast von allen Seiten von französischem Staatsgebiet (Freihandelszonen) umgeben; der äußerste westliche Grenzpunkt der Schweiz bildet die Mündung des Nant de Vesogne in die Rhone. Mit 349 040 Einwohnern ist der Kanton Genf mit seinen 45 politischen Gemeinden vergleichsweise dicht besiedelt. In der Hochburg des Calvinismus überwiegt die katholische Bevölkerung, was natürlich auf den außergewöhnlich hohen Ausländeranteil zurückzuführen ist: rund 107 000 sind Reformierte und 178 000 Katholiken. Bei etwa 65% der Kantonsbevölkerung ist Französisch die Muttersprache, jeweils 9,5% sind deutsch- oder italienischsprachig, und 16,4% besitzen eine andere Muttersprache.

Carouge

Das südöstlich von Genf gelegene Städtchen hat seinen provinziellen Charakter bewahrt, obwohl es mit dem Kantonshauptort jenseits der Arve zusammengewachsen ist. Die Savoyer gründeten Carouge in der 2. Hälfte des 18. Jh., um Genf den Rang als Messe- und Marktplatz streitig zu machen. Das Zentrum der nach Plänen piemontesischer Hofarchitekten angelegten Kleinstadt bildet denn auch die baumbestandene Place du Marché mit der katholischen Kirche Ste-Croix. Der Bau mit der schönen Fassade entstand in drei Etappen vom späten 18. bis Anfang des 20. Jh. Ebenso besticht die Place du Temple mit dem neugotischen Brunnen durch ihre architektonische Einheit; die protestantische Kirche, deren Portikusfassade der Genfer Kathedrale nachempfunden ist, bildet das Gegenstück zur katholischen. Im Gegensatz zu andern klassizistischen Städten hat man die Viertel der Handwerker, Händler und Behörden und die Residenz nicht voneinander getrennt, sondern «demokratisch» durchmischt. Die zweistöckigen Reihenhäuser sind einheitlich gestaltet und mit weißgekalkten Tür- und Fensterrahmen herausgeputzt. Die Stadtanlage wird im Osten durch die Arve, im Westen durch den Kanal und in südlicher Richtung durch die Hügel von Pinchat begrenzt. Bis Carouge zusammen mit weiteren Gemeinden 1816 in Kantonsbesitz kam, blühte der Schmuggel und brachte – zusammen mit den zahlreichen Fabriken – den Bewohnern großen Wohlstand. Das Städtchen zählt 13 000 Einwohner und besitzt ein überregional angesehenes Schauspielhaus, das Théatre de Carouge.

Lancy

Die Gemeinde teilt sich in das alte Grand-Lancy sowie das etwa seit 1900 gewachsene Petit-Lancy auf und zählt 23 527 Einwohner. Die Ortsteile werden vom Flüßchen Aïre getrennt; im Osten bildet der Güterbahnhof La Praille die Grenze zu Carouge. Die Maison de la Tour, einst im Besitz der Herren von Lancy, liegt im einstigen mittelalterlichen Kern des Dorfes, das 1593 beinahe vollständig zerstört wurde. Das Schloß, 1817/18 für den Diplomaten Charles Pictet-de-Rochemont auf einer künstlichen Terrasse gebaut, wurde 1970 im Innern komplett renoviert und ist heute Sitz der Gemeinde. Die Dreifaltigkeitskirche ist ein typisches Beispiel für die ländliche Bauweise des frühen 18. Jh. In Petit-Lancy wurde für die Industriearbeiter die erste Gartenstadt Genfs angelegt; der Ort zog jedoch auch begüterte Stadtbewohner an, die hier Villen und Einfamilienhäuser im Heimatstil bauten.

Meyrin

Die Gemeinde auf der rechten Seite der Rhone (18 808 Einwohner) liegt zwischen dem Flughafen Cointrin und dem Kernforschungszentrum CERN (Conseil Européen pour la Recherche Nucléaire), das grenzübergreifend auf schweizerischem und französischem Boden steht. Die Anlage wird von zwei ringförmigen Teilchenbeschleunigern bestimmt. Der Bau der Satellitenstadt Les Vernes hinter dem Flughafen Cointrin wurde 1963 begonnen und ist ein Werk der Architekten Georges Addor und Henri Juillard. Meyrin wurde mehrmals zerstört, besitzt jedoch noch einige bemerkenswerte Häuser und auch ein Schloß aus dem späten 15. Jh., das im 18. Jh. umgebaut wurde und heute als Altersheim genutzt wird.

Onex

Onex war einst ein kleines Bauerndorf vor den Toren Genfs, das 1754 durch ein Tauschgeschäft an das Königreich Sardinien kam und in der Folge wieder den katholischen Glauben annehmen mußte; seit 1816 gehört die Vorortsgemeinde – heute mit rund 17 000 Einwohnern – zu Genf. Mehrere Landhäuser aus dem 18. und 19. Jh. erinnern an die Zeit, als Onex Sommerfrische für begüterte Genfer war; auch das ehemalige Pfarrhaus von 1727 wurde

Der Marktplatz von Carouge, einer planmäßig angelegten Stadt

Le Lignon in der Gemeinde Aïre, eine Trabantenstadt vor den Toren Genfs

Dardagny ist die westlichste Gemeinde des Kantons Genf rechts der Rhone, an der Grenze zum Pays de Gex südwestlich von Genf. Das Geschlecht der Edeln von Dardagny ist bereits im 13. Jh. beurkundet, und Reste einer alten Burg wurden in der Nähe des traditionellen Winzerdorfs gefunden. Die Schloßanlage – es ist die größte auf Genfer Gebiet – stammt aus dem 17. und 18. Jh. und ist heute in Gemeindebesitz. Der imposante rechteckige Bau mit den vier Ecktürmen besitzt einen großen Festsaal mit Trompe-l'œil-Malereien in italienischer Manier sowie ein schönes Treppenhaus.

in einen Landsitz umgewandelt. Die klassizistische Kirche St-Martin (1724) besitzt wie jene von Cologny eine Uhr mit Holzmechanismus. Ein Beispiel der sogenannten patriotischen Architektur ist das Gemeinde- und Schulhaus, ein Werk Maurice Braillards von 1909.

Vernier

Vernier wurde 1208 erstmals urkundlich erwähnt. Im 14. Jh. war das Dorf im Besitz einer Familie Bourgeois, deren Schloß von den Genfern 1589/90 zerstört und erst 100 Jahre später wiederaufgebaut wurde. An der Stelle der alten Feste, in dominanter Lage über der Rhone, steht das ehemalige Landhaus Gallatin aus dem 18. Jh. In einem anderen prächtigen Landsitz hat sich die Gemeindeverwaltung eingerichtet: Der Besitz der Naville zeichnet sich durch eigenwillige Proportionen und ein repräsentatives Treppenhaus aus. Die Wandmalereien in der katholischen Kirche Sts-Jacques-et-Philippe, ein kreuzförmiger Bau mit Eingangsturm aus dem 19. Jh., stammen von Jérémie Falquet. Die schönen Höfe an der Dorfstraße erinnern an Verniers bäuerliche Vergangenheit, als die meisten Einwohner vom Weinbau lebten; heute zählt die Vorortgemeinde rund 30 000 Einwohner.

Versoix

Der Ort, an dem die Versoix in den Genfersee fließt, war bereits in der Steinzeit und später von den Römern besiedelt; übriggeblieben ist unter anderem ein Aquädukt. 1535, als in Genf die Reformierten an die Macht kamen, besetzte Herzog Karl III. von Savoyen Versoix, um die Verbindung zwischen der Waadt und Genf zu unterbrechen. Dann kam der Flecken unter Berner Herrschaft, bis er 1564 wiederum den Savoyern zugesprochen wurde. Nachdem Ende des 16. Jh. Genfer Truppen das Dorf eingeäschert hatten, wurde es wiederaufgebaut. Hinter dem Projekt des Staatsministers Ludwigs XV., in nördlicher Richtung eine Rivalin zu Genf zu bauen, stand der Philosoph Voltaire. Der Plan scheiterte, so daß von der achteckigen Stadtanlage nur der ummauerte Hafen in Versoix-Ville und einige Straßenzüge verwirklicht wurden. In der kleinen Stadt an der Grenze zum Kanton Waadt (8200 Einwohner) haben sich jedoch zahlreiche Berühmtheiten niedergelassen – unter anderem der 3. Aga Khan – und prunkvolle Villen gebaut. Im Flüßchen Versoix, das durch das Pay de Gex mäandert, siedelte man 1957 wieder Biber an.

Hermance

Am Ostufer des Léman, 14 km von Genf entfernt an der französischen Grenze, liegt das malerische Hermance, eine Gründung des 13. Jh. von Aimon de Faucigny. Der Flecken mit Hafen, Schloß und Kirche wurde befestigt und erhielt das Marktrecht. 1589 wurde Hermance zerstört, die mittelalterliche Anlage blieb jedoch weitgehend intakt. Vom Schloß ist lediglich der dreistöckige Rundturm aus dem 14. Jh. übriggeblieben; in der Kirche St-Georges blieben das Taufbecken aus dem 13. Jh., Teile der Außenmauer sowie ein Weihwasserbecken aus dem 15. Jh. erhalten. In den geschmackvoll renovierten Häusern – Hermance zählt 584 Einwohner – innerhalb der Stadtmauern haben sich Kunstgalerien eingenistet.

Le Lignon

Die Cité de Lignon in der Gemeinde Aïre wurde 1965–1970 von den Architekten Addor, Julliard, Bolliger und Payot erstellt und galt als richtungsweisend. Auf einer Parzelle von rund 28 ha entstand eine Satellitenstadt mit einem hohen Wohnturm und im Zickzack geführten Blöcken mit einheitlichen Fassaden in Leichtmetall und Glas. Die Wohnungen wurden bewußt so angelegt, daß der Kontakt zwischen den Bewohnern möglichst vermieden wird.

Gemüsesuppe «Mère Royaume»

400 g magerer, ungeräucherter Speck aus dem Salz, 500 g Kartoffeln, 4 Lauchstangen, 1 große Zwiebel, 125 g Reis, 50 g Kerbel, 2 l Wasser, Salz, Pfeffer

Den Speck am Stück mit 2 l Wasser aufkochen und abschäumen. Die Kartoffeln schälen und scheibeln, den Lauch in Ringe schneiden, die Zwiebel hakken. Alles zum Speck geben und 1 Stunde zugedeckt köcheln lassen. Den Speck herausnehmen und warmstellen. Den Reis in die Suppe geben und alles nochmals 30 Minuten kochen. Den Speck in feine Scheiben schneiden und entweder in der Suppe oder separat servieren. Zuletzt den Kerbel hacken und über die Suppe streuen.

Die Mère Royaume soll in der Nacht vom 11. auf den 12. Dezember 1602 die an der Stadtmauer hochkletternden Savoyarden mit heißer Suppe übergossen und so in die Flucht geschlagen haben. Diese Gemüsesuppe – ursprünglich enthielt sie allerdings noch keine Kartoffeln – wird während der «Escalade» gelöffelt. Die Genfer Konditoreien verkaufen zudem «Marmites», Suppentöpfe aus Schokolade oder Nougat, die mit Marzipangemüse gefüllt sind.

Das Waadtländer Städtchen Grandson an den lieblichen Abhängen des Neuenburgersees war nicht nur Schauplatz einer blutigen Schlacht zwischen Herzog Karl dem Kühnen von Burgund und den Eidgenossen. Im idyllischen Landstädtchen lassen sich neben dem imposanten Schloß auch malerische Gassen und in der Pfarrkirche St-Jean besonders schöne romanische Kapitelle entdecken.

13. 8. 1989

Grandson

Karl der Kühne verlor
bei Grandson das Gut,
bei Murten den Mut,
bei Nancy das Blut.

Der kleine Reim dürfte für viele Deutschschweizer Primarschüler die erste Begegnung mit dem Waadtländer Städtchen Grandson am Westufer des Neuenburgersees gewesen sein. Er erinnert an die Schlacht, zu der Herzog Karl der Kühne von Burgund von seinem Heerlager auf der heute noch Bois-de-Duc genannten Anhöhe oberhalb des Städtchens aus gegen die Eidgenossen zog. Am 2. März 1476 kam es etwas oberhalb von Concise nördlich von Grandson zu einer blutigen Schlacht, bei der der Herzog eine vernichtende Niederlage erlitt und die Eidgenossen riesige Beute machten.

Grandsons Geschichte reicht aber viel weiter zurück als bis ins 15. Jh. Am Ursprung der Siedlung stand das gewaltige Schloß, welches das Bild des malerischen Städtchens noch heute beherrscht. Es wird 1050 erstmals urkundlich erwähnt und wurde wohl von Adalbert II. von Grandson gegründet. Sein Geschlecht gehörte im Mittelalter zu den mächtigsten Familien im Waadtland. Othon I., der als Kreuzritter und Heerführer in England zu einem riesigen Vermögen kam, ließ die Feste um 1280 ausbauen. Nach dem Tod von Othon III. – der berühmte Troubadour fiel im Zweikampf gegen Gérard von Estavayer – kam das Schloß zu Beginn des 15. Jh. in den Besitz der Grafen von Châlon. Sie erweiterten die Anlage als strategischen Vorposten gegen die Grafen von Neuenburg. In den Burgunderkriegen wurde um die Feste Grandson er-

Kanton:	VD
Meter über Meer:	447
Einwohner 1900:	1771
Einwohner 1980:	1938
Autobahn:	N 5, Yverdon-Ouest oder Corcelles

Verkehrsbüro
Schloß Grandson
1422 Grandson
024/24 29 26

Schloß Grandson, *eine der größten Burgen der Schweiz, stand vor der Juragewässerkorrektion in den 1870er Jahren direkt am See. Am rechteckigen Bau mit den fünf runden oder halbrunden Wehrtürmen nahmen die Landvögte besonders am Palas und im Burghof zahlreiche Umbauten vor, die den Charakter des ursprünglichen «carré savoyard» stark veränderten. Heute sind die Räume mit hinzugekauftem Mobiliar reich ausgestattet; neben einer bedeutenden Waffen- ist hier auch eine Oldtimer-Sammlung untergebracht. Ihr Prunkstück ist ein weißer Rolls-Royce Phantom von 1927, der einst Greta Garbo gehörte.*

bittert gekämpft. Die Eidgenossen belagerten das Burgstädtchen, und im April 1475 kapitulierte die burgundische Besatzung. Im Februar 1476 eroberten die Burgunder das Schloß zurück – am 28. wurde die eidgenössische Besatzung von 400 Mann geköpft, erhängt oder im See ertränkt, was zur Schlacht führte. Nach dem Sieg wurde Grandson gemeinsame Herrschaft von Freiburg und Bern; im Schloß saßen bis 1798 die Landvögte. Nach der Gründung des Kantons Waadt kam die Feste in private Hände, wurde 1960 von einem Genfer Industriellen erworben und ist heute öffentlich zugänglich.

Neben dem Schloß entwickelte sich das Städtchen, dessen Marktrecht erstmals 1328 erwähnt wird. Zwei Straßen erschließen vom Schloßplatz aus die dreieckige Stadtanlage. Die malerische Rue Haute, wo einst Handwerker, Winzer und Bauern wohnten, führt leicht ansteigend in die auf einer kleinen Anhöhe liegende Oberstadt. Die Rückseite ihrer nördlichen Häuserzeile bildete früher einen Teil der Stadtbefestigung, und unter den harmonischen Fassaden fällt besonders das siebenachsige Haus Nr. 11 auf, die Maison du Bailli. Zuoberst steht an einem kleinen Platz das neben dem Schloß wichtigste Baudenkmal von Grandson, die heutige Pfarrkirche und ehemalige Prioratskirche St-Jean. Von einem im 11. Jh. gegründeten und nach der Reformation aufgehobenen Benediktinerpriorat blieb einzig die Kirche erhalten. Das romanische Schiff des eindrücklichen Gotteshauses stammt aus dem 12. Jh., Vierungsturm, Chor und Querschiff wurden im 14. Jh. gotisch umgebaut. Das dunkle Innere birgt einen verborgenen Schatz: Die Säulen und Halbsäulen im Schiff – vermutlich Überreste eines römischen Gebäudes aus Yverdon oder Avenches – tragen dreißig ausdrucksvolle Kapitele. Die menschenverschlingenden Teufelsfratzen, der Dornauszieher, die stehenden Adler und schreitenden Löwen gehören mit den Blattkapitellen zu den schönsten romanischen Kapitellen der Schweiz und dürften Mitte des 12. Jh. geschaffen worden sein.

Ein Gäßchen führt bei der westlichen Häuserzeile links in die Rue Basse, seit je Verbindungsstraße zwischen Neuenburg und Yverdon. Den Abschluß der ursprünglich zweigeteilten Unterstadt bildet Richtung Yverdon neben dem imposanten Rathaus von 1890/91 der stark renovierte Turm einer nach der Reformation aufgegebenen Franziskanerkirche. Als westlicher Abschluß des ältesten Siedlungsteils steht heute in der Mitte der Unterstadt die Tour de Gex, ein mittelalterlicher Wachtturm und letzter Zeuge der verschwundenen Stadtmauern.

Die Fontaine du Bocan erinnert daran, daß die Berner Landvögte früher Traubendiebe in einem drehbaren Pranger so lange «trüllten», bis sie das Gestohlene wieder von sich gaben. Als man einst einen Ziegenbock beim Naschen überraschte und ihn zur gleichen Strafe verurteilte, starb das arme Tier. Die Leute von Grandson, die dem Bock ein Denkmal setzten, werden seither spöttisch «bocans» genannt.

Catherine von Grandson

Zahlreiche Mitglieder des Freiherrengeschlechts von Grandson spielten im Mittelalter eine wichtige Rolle in der europäischen Politik. Othon I. befehligte 1291 als Freund König Eduards I. von England dessen Kreuzritterheer bei der Verteidigung von Akko in Palästina. Sein Bruder Wilhelm wurde Pair von England und gründete die englische Linie des Hauses, die unter dem Namen Grandisson noch heute zum Hochadel zählt. Auch Catherine von Grandson lieferte einen Beitrag zur Kulturgeschichte: Die verwitwete Gräfin Salisbury war die lebenslustige Geliebte von König Eduard III. und verlor auf einem Hofball 1348 ihr Strumpfband, das der galante König mit den Worten aufhob: «Honni soit qui mal y pense.» Der Spruch «Nur ein übler Mensch wird Arges dabei denken» wurde zum Motto des höchsten englischen Ordens, des «Hochedlen Ordens vom Hosenbande». Ihm gehören immer nur 26 geadelte Ritter an, die als Zeichen ihrer Würde bei festlichen Anlässen ein blaues Samtband unter dem Knie tragen.

Aussicht vom Chasseron

In vielen Windungen führt von Grandson aus die Straße durch Rebberge an den Abhängen des Mont Aubert über Fiez oder Champagne und Villars-Burquin auf den «Balkon des Jura» ins Dörfchen Mauborget. Von der Straße Richtung Ste-Croix zweigt 3 km vor Les Rasses rechts ein Sträßchen zum Chasseron ab. Bei der Kreuzung von Les Avattes (von hier führen auch eine Sesselbahn und ein anschließender einstündiger Spaziergang auf den Gipfel) rechts gelangt man zum Hôtel du Chasseron. Vom Parkplatz nach dem Wald sind das Hotel und der Gipfel des Chasseron auf 1607 m Höhe rasch erreicht. Hier bietet sich ein prächtiger Blick auf die Alpen, den Jura sowie auf den Neuenburger- und Genfersee.

Schloß Grandson
1. März bis 31. Oktober,
9–18 Uhr
1. Nov. bis 28. Februar,
So 10–17 Uhr
024/24 29 26

Camping
Le Pécos
Januar bis Dezember
024/24 49 69

Das geschlossene mittelalterliche Städtchen Gruyères – viele sagen, es sei die schönste Kleinstadt der Schweiz – liegt nahe dem Bezirkshauptort Bulle in der Plaine des Marches. Gleich nach Gruyères verengt sich das Tal der Saane und führt durch die Haute Gruyère ins Waadtländer Pays d'Enhaut, von wo man über den Col des Mosses hinunter nach Aigle gelangt. Gruyères selbst liegt auf einem steilen Hügel am Fuß des Moléson.

Office du tourisme
1663 Gruyères
029/6 10 30

13. 8. 1989

Gruyères

Vermutlich ist der Name Gruyères vom französischen «grue», Kranich, abgeleitet. Gruyère oder gruerie wurden die vorzugsweise im Sumpfgelände und am Rand eines Waldes gelegenen Rastplätze dieser Zugvögel genannt. Möglicherweise kommt der Name auch von «la gruère» selbst, der Bezeichnung für eine waldige, sumpfreiche Gegend. Im Wappen jedenfalls führen die Grafen von Greyerz und mit ihnen die Bewohner des Städtchens einen silbernen Kranich auf rotem Grund.
Der Titel eines Grafen von Greyerz erscheint erstmals 1157. Die Grafschaft erstreckte sich von der Saanequelle bis nach Corbières und umfaßte auch das Tal der Jogne (im deutschsprachigen Gebiet: Jaunbach) sowie einen Teil des Simmentals. Im Mittelalter machten die Grafen von Greyerz den Rittertugenden alle Ehre, und als Europa sich zum Kreuzzug nach Palästina aufmachte, waren auch die Greyerzer mit von der Partie. Bei Laupen kämpften die Grafen mit Freiburg gegen Bern, und bei Murten halfen sie den Eidgenossen. Nachdem die Grafschaft unter Franz I. (1433–1475) und Ludwig I. (1475–1492) zum Höhepunkt ihrer Macht aufgestiegen war, begann mit Graf Michael (1539–1554) der Zerfall. Mitte des 16. Jh. ging Graf Michael bankrott, mußte seinen Besitz den Bernern und Freiburgern verpfänden und schließlich verkaufen. Während Bern das ganze Oberland einschließlich des heute waadtländischen Pays d'Enhaut übernahm, verleibte sich Freiburg das Gebiet von Montbovon bis Bulle mitsamt Gruyères ein. Von 1555 bis zum Zusammenbruch der Alten Eidgenossenschaft 1798 residierten auf Schloß Gruyères die Vögte der Stadt Freiburg. Die neuen Machthaber hatten aber kein leichtes Leben im Greyerzerland. Nur mit Mühe konnte der erste Landvogt die jährlichen Abgaben eintreiben. Auch im Bauernkrieg erhoben sich die Greyerzer und wurden mit Gewalt niedergedrückt. 1781 wurde ein weiterer Volksaufstand unter Leitung von Pierre-Nicolas Chenaux von den Freiburger Herren zurückgeschlagen. Als sich 1798 die Waadt erhob und mit Hilfe der Franzosen die Berner Herrschaft abschüttelte, vertrieben auch Bulle, Gruyères und alle übrigen Gemeinden des Bezirks ihre Freiburger Vögte.
Zur Grafenzeit umfaßte die Stadt Gruyères zwei Teile, die Cité und den Bourg, die beide mit Mauern und Türmen umgeben und durch vier Tore mit der Außenwelt verbunden waren. Der Bourg besteht aus der breiten Marktgasse und dem Platz, die Cité umfaßt das Schloß auf dem Hügel mit seinen Nebenbauten. Von der guterhaltenen spätmittelalterlichen Befestigungsanlage war der Turm des Chupya Barba (Brûle-barbe) im

Kanton:	FR
Meter über Meer:	810
Einwohner 1900:	1389
Einwohner 1980:	1295
Autobahn:	N 12

*Die **Hauptgasse** des mittelalterlichen Städtchens, die zum Schloß hinaufführt, ist von zwei geschlossenen Häuserzeilen umgeben. Die Häuser stammen vor allem aus dem 16. Jh. und weisen einen halb bürgerlichen, halb bäuerlichen Charakter auf. Die spätgotischen Fronten sind häufig mit zwei- und dreifach aufgeschwungenen Kielbögen über Türen und Fenstern verziert, sogenannten «Eselsrücken». Dabei halten sich Gotik und Renaissance ungefähr die Waage. Häufig sind auch Wappen, die Initialen des Besitzers oder das Baujahr eingemeißelt.*

Süden wegen seiner strategischen Schlüsselposition von besonderer Bedeutung. Im Turm Chupya Barba befindet sich ein Wachsfigurenkabinett mit Nachbildungen wichtiger schweizerischer Persönlichkeiten. Der Turm, der den Nordzugang verteidigte, Le Belluard, stürzte vor einigen Jahren teilweise ein, wurde aber wieder instand gestellt.

Beim Alten Salzhaus mit einer Kalvariengruppe von 1705 gabelt sich die Hauptgasse; ein Arm führt zum Schloß hinauf, der andere zur Pfarrkirche St-Théodule, die bereits 1224 erwähnt wird. Auf dem Weg zur Kirche, der an einem Hirschgehege vorbeiführt, trifft man auf eine weitere Kalvariengruppe von 1638. St-Théodule de Gruyères setzt mit dem mächtigen barocken Vierungsturm von 1680 den sakralen Gegenakzent zum Grafenschloß. Zum reichhaltigen Kirchenschatz gehört unter anderem das Belle Croix, ein Kreuzreliquiar aus Bergkristall und vergoldetem Kupfer, das angeblich von Raoul de Gruyères aus Jerusalem mitgebracht wurde.

Das wohl markanteste Gebäude der alten Marktgasse ist das Stadt-Palais oder Chalamala-Haus im oberen Teil. Das angebliche Wohnhaus des Hofnarren weist neben der gotischen Haustür je eine Bifore (Doppelfenster) und Trifore (dreiteiliges Fenster) auf, während im ersten Stock ein gotisches Zwillingsfenster und ein kunstvoll gemeißeltes Doppelfenster im Stil der Renaissance prangen. Südlich des Brunnens steht eine steinerne Kornmaße, ein grob behauener Stein mit halbkugelförmigen Mulden verschiedener Größe zum Ausmessen des Getreides. Durch die Porte St-Germain mit dem Festen Haus St-Germain aus dem 15. Jh., heute Bürgerheim, gelangt man zum Schloß hinauf.

Von 1073 bis 1554 wohnten auf dieser malerischen und weitläufigen Burg die Grafen von Greyerz. Die innere Ringmauer und der runde Bergfried gehören zur Burg des 13. Jh., die übrigen Teile wurden 1480 fast vollständig neuerbaut. Das Schloß wurde 1848 vom Maler Daniel Bovy, einem Schüler Ingres', gekauft und restauriert. Er entwarf auch die Wandgemälde im Rittersaal, die wichtige Episoden aus der Geschichte der Gegend darstellen. 1938 kaufte der Kanton Freiburg das Schloß und machte es als Museum der Öffentlichkeit zugänglich.

Außerhalb des engeren Schloßbereichs befindet sich die Schloßkapelle von 1480 mit Fresken des 15. Jh. in der Apsis und an den Wänden und einem Renaissanceretabel aus Ebenholz und Elfenbein. Der Schloßgarten ist à la française angelegt, mit streng abgezirkelten Blumenbeeten und Buchshecken.

Gruyères ist heute vor allem ein Tourismusstädtchen. Auf diese Tatsache weist schon der große Parkplatz außerhalb der Stadtmauern hin, und die zahlreichen Souvenirläden, Cafés und Restaurants bestätigen diesen Eindruck. Ein besonderer Anziehungspunkt für auswärtige Besucher stellt die Schaukäserei im Ortsteil Pringy dar.

Girard Chalamala (gestorben 1349)

Chalamala, der Hofnarr des Grafen Peter III. von Greyerz, des letzten Sprosses der ältesten Linie des Grafengeschlechts, erlangte fast größere Bekanntheit als jeder der zahlreichen Grafen des Hauses Greyerz. Nach Chalamala ist heute immerhin das Stadtpalais benannt, in dem er seinen Lebensabend verbracht haben soll. Weiter gibt es in Bulle eine Schauspielertruppe, die unter dem Namen des begnadeten Spaßmachers auftritt. Das Geburtsjahr Chalamalas ist nicht bekannt, hingegen wird sein vom 25. 5. 1349 datiertes Testament im Archiv der Pfarrkirche von Gruyères aufbewahrt. Chalamala stammte aus einer alten Spaßmacherfamilie und lernte sein Gewerbe beim berühmten Bliers, dem Narren von Aarberg. Sein mundartlicher Künstlername ist vom altfranzösischen Wort «chalemelle», Hirtenflöte, abgeleitet. Auf einer Statuette aus dem 19. Jh. musiziert der mit einer Schellenmütze bekleidete «bouffon» allerdings nicht mit der Flöte, sondern fiedelt auf einer Geige. In Gruyères hat Chalamala nicht nur die ritterliche Gesellschaft auf dem Schloß erheitert, er scheint im Städtchen eine eigentliche Schule der frohen Kunst betrieben zu haben.

Schloßmuseum

Seit 1938 sind die Schloßgemächer als Museum eingerichtet. In einem alten Rundturm des Erdgeschosses mit 5,4 m dicken Mauern sieht man ein Cheminée, auf dessen Feuerstelle ein ganzer Ochse gebraten werden konnte.

Der erste Stock enthält Bilder, die Malerfreunde des Kunstmäzen Jean-François Bovy in der zweiten Hälfte des 19. Jh. gemalt haben. Neben prächtigen Beutestücken aus der Schlacht bei Murten sind auch Historienmalereien aus dem 16. Jh. und im Saal des Grafen flämische Wandteppiche aus dem 16. Jh. sowie Mobiliar der Spätrenaissance und des Barocks ausgestellt.

Der zweite Stock mit seiner Holzgalerie hat einen ganz anderen, rustikalen Charakter.

**Öffnungszeiten:
Jan.–Mai:
täglich 9–12, 13–17 Uhr,
Juni–Sept.:
täglich 9–18 Uhr
Okt.–Dez.:
täglich 9–12, 13–17 Uhr
029/6 21 02**

Camping «La Gruyère»
TCS-Zeltplatz
Anfang Dez.–Ende Okt.
1667 Enney
029/6 22 60

La Chaux-de-Fonds auf 1000 m Höhe im Neuenburger Jura besitzt keine mittelalterliche Altstadt und keine Zeugen jahrhundertealter Vergangenheit, gehört aber trotzdem zu den faszinierendsten Städten der Schweiz. Das im 19. Jh. rasterförmig angelegte Zentrum der Uhrenindustrie ist die einzige streng rational geplante Stadt unseres Landes und auch wegen der unberührten Juralandschaft sowie der bedeutenden Museen die Reise an den Rand der Schweiz wert.

Office du tourisme
Rue Neuve 11
2302 La Chaux-de-Fonds
039/28 13 13

TCS-Geschäftsstelle
Avenue Léopold-Robert 88
2300 La Chaux-de-Fonds
039/23 11 22

30. 9. 1989

La Chaux-de-Fonds

Kanton:	NE
Meter über Meer:	994
Einwohner 1900:	35 968
Einwohner 1980:	37 234
Autobahn:	keine

Als viele Gebiete der heutigen Schweiz schon auf eine bewegte Vergangenheit zurückblicken konnten, war die Gegend von La Chaux-de-Fonds wie die umliegenden Jurahöhen noch von Wäldern bedeckt. Erst gegen Ende des Mittelalters ließen sich Bauern in der Wildnis nieder, in der auch die Grafen von Valangin zu jagen pflegten; im 15. Jh. errichteten sie neben einer der im Jura seltenen Quellen ein Jagdschloß, um das sich als ältester Kern von La Chaux-de-Fonds seit 1450 ein paar Häuser gruppierten.

Das Wort Chaux bezeichnet im Jura ein Längstal und bedeutet Feld oder Bergweide, Fonds leitet sich wahrscheinlich vom lateinischen «fons», Quelle, ab. Noch im 17. Jh. war La Chaux-de-Fonds ein Bauerndorf mit typischen Einzelhöfen, wo die langen Winter viele ungenutzte Stunden mit sich brachten und der magere Verdienst zu zusätzlicher wirtschaftlicher Aktivität zwang. Die Bergbewohner schmiedeten deshalb im Nebenerwerb Nägel und stellten eiserne Ringe und Sicheln her. Am Anfang des 18. Jh. aber entstand mit der Uhrmacherei ein neuer Industriezweig, der dem handwerklichen Geschick der Jurassier entsprach: Immer mehr Bauern begannen zuerst neben- und später hauptberuflich in kleinen Ateliers Pendulen und etwas später auch Taschenuhren herzustellen. La Chaux-de-Fonds entwickelte sich rasch zum Zentrum der Neuenburger Uhrenindustrie; um 1800 zählte das Dorf bereits 5000 Einwohner, von denen mehr als 1300 in der Uhrmacherei beschäftigt waren.

Präzises Handwerk und Erfindergeist förderten das kritische Denken der Bevölkerung: Die Französische Revolution wurde von den selbstbewußten Uhrmachern begeistert begrüßt, und 1792 wurde in La Chaux-de-Fonds der erste Freiheitsbaum aufgerichtet. Zwei Jahre später, in der Nacht vom 4. auf den 5. Mai 1794, fiel das Dorf einer Feuersbrunst zum Opfer, bei der die Kirche und 62 Wohnhäuser niederbrannten. Kurz darauf wurde nach Plänen des Graveurs Moïse Perret-Gentil mit dem Wiederaufbau begonnen; dem rationalen Geist des Ortes entsprechend, wurde von der Place de l'Hôtel-de-Ville aus ein rechteckiger Straßenraster angelegt. Sein heutiges Gesicht aber erhielt La Chaux-de-Fonds weitgehend mit der großen Stadterweiterung von 1835. Nach Plänen des Ingenieurs Charles-Henri Junod wurde der ursprüngliche Straßenraster nach Westen in amerikanischer Manier fortgeschrieben; in der Längsrichtung des Tales entstanden ein Dutzend parallel laufende Straßen, von denen die längste – die Rue Numaz-Droz – schnurgerade über 1800 m verläuft. Längs- und Querachsen wurden nach einheitlichen, hygienisch fortschrittlichen Gesichtspunkten überbaut.

In die erste Hälfte des 19. Jh. fällt auch die Gründung der Uhrmacher-Comptoirs, die aus La Chaux-de-Fonds eine einzige Uhrmacherwerkstatt mit vielen kleinen und mittleren Produktions- und Zulieferbetrieben machte. Anstelle der Ateliers, die ursprünglich in den oberen Stockwerken der Wohnhäuser untergebracht waren, entstanden Fabriken, die sich diskret zwischen die langen Reihen der Arbeiterhäuser einfügten. Um 1850 war La Chaux-de-Fonds die unbestrittene Weltmetropole der Uhrenindustrie und zählte über 13 000 Einwohner. Die Bevölkerung, die es zu Wohlstand gebracht hatte und bei der die demokratische und sozialistische Ideen seit jeher lebendig waren, reagierte auf fremde Herrschaft heftig.

La Chaux-de-Fonds war denn auch das republikanische Zentrum des Fürstentums Neuenburg; am 1. März 1848 versammelten sich die Bürger auf dem Rathausplatz, um nach Neuenburg zu ziehen und die Republik auszurufen. Acht Jahre später, im September 1856, zogen sie nochmals aus und stellten nach dem monarchistischen Staatsstreich die Republik wieder her.

Seit 1859 mit Neuenburg durch die Eisenbahn verbunden und seit 1865 Sitz einer Uhrmacherschule, machte die Stadt zur damaligen Boomzeit ihrem Wappen mit dem Bienenschwarm alle Ehre: 1900 gab es in La Chaux-de-Fonds 2000 Comptoirs, in denen bei einer Bevölkerung von über 35 000 Personen 7518 Uhrmacher arbeiteten und rund 70% der exportierten Schweizer Uhren herstellten. In rund 100 Jahren war aus einem Bauerndorf die siebtgrößte Schweizer Stadt und ein weltoffenes, kulturelles Zentrum geworden, das berühmte Söhne hervorbrachte: Le Corbusier baute hier seine ersten Häuser, Blaise Cendrars ging in die französische Literatur ein, und Louis Chevrolet baute in Amerika einen der größten Automobilkonzerne auf.

Die «Monoindustrie» machte die Stadt allerdings besonders krisenanfällig. In der Rezession der 1970er Jahre stand die Uhrenindustrie vor dem Kollaps, Dutzende Betriebe mußten schließen, und die Arbeitslosigkeit stieg auf Schweizer Rekordhöhe. Heute hat sich La Chaux-de-Fonds wie die gesamte Uhrenindustrie – 1989 wurden wieder 42 Mio. Uhren und rund 30 Mio. Uhrwerke im Wert von mehr als 6 Mrd. Franken exportiert – einigermaßen erholt; La Chaux-de-Fonds, im 19. Jh. als «Zukunftsstadt» angelegt, kann auch dem nächsten Jahrhundert wieder optimistisch entgegenblicken.

Le Corbusier (1887–1965)

Charles-Edouard Jeanneret entstammte einer Graveurfamilie und bildete sich in La Chaux-de-Fonds und Paris zum Architekten aus. Unter dem Namen Le Corbusier setzte er sich in seinen theoretischen Werken mit der Großstadt der Zukunft, ihrer Revolutionierung durch den Verkehr und ihrer Ästhetik auseinander. In Paris baute Le Corbusier Stadthäuser – funktionale Raumkörper in neuen Bautechniken. Daneben plante er große Wohneinheiten und entwarf Idealprojekte für die moderne Großstadt, in denen ihre Funktionen klar getrennt werden. Seit den dreißiger Jahren mit städteplanerischen Beratungen in der ganzen Welt beauftragt, wurde Le Corbusier zum bedeutendsten Architekten und Bautheoretiker des 20. Jh. In der Schweiz ist von seinem Werk – bekannt sind insbesondere die in den fünfziger Jahren geplante indische Gouverneursstadt Chandigarh und die Kirche von Ronchamp – wenig zu sehen: Sein großartiges, 1927 erstprämiertes Projekt für den Völkerbundpalast in Genf galt als zu modern und wurde nicht verwirklicht.

Musée international
d'horlogerie
Rue des Musées 29
Di–So 10–12 und 14–17 Uhr
039/23 62 63

Musée des beaux-arts
Rue des Musées 33
Di–So 10–12 und 14–17 Uhr
039/23 04 44

Musée d'histoire naturelle
Avenue Léopold-Robert 63
Di–Sa 14–17 Uhr, So 10–12
und 14–17 Ulhr
039/23 39 76

Musée d'histoire et médaillier
Rue des Musées 31
Sa und So 10–12 und
14–17 Uhr
039/23 50 10

Musée paysan et artisanal
Les Eplatures-Grises, Rue
L.J.-Chevrolet
Mai bis Oktober, Sa–Do
14–17 Uhr
November bis April, Sa und
So 14–17 Uhr
039/26 77 42

Tierpark im
Bois du Petit-Château
Auskunft
Office du tourisme
039/28 13 13

Compagnie des chemins de
fer des Montagnes
039/23 61 71

Freibad
Piscine des Mélèzes
039/23 49 31

Hallenschwimmbad
Centre sportif des Arêtes
039/28 76 46

Kunsteisbahn
Patinoire des Mélèzes
039/23 49 31

Ski
12 Skilifte in der Region
Auskunft
Office du tourisme
039/28 13 13

Stadtplan: Seite 454

Musée international d'horlogerie

Ein Besuch des internationalen Uhrenmuseums «Der Mensch und die Zeit» lohnt sich nicht nur für Uhrenfreunde und -sammler. Heute, wo die Uhr auch zu einem Wegwerf- und Modeartikel geworden ist, fasziniert die wechselvolle Geschichte der Zeitmessung besonders.

Die hervorragend präsentierte Sammlung des Museums veranschaulicht den Übergang vom Handwerk zur fabrikmäßigen Fertigung und zeigt den Ideenreichtum und Erfindungsgeist der Uhrmacher im Lauf der Jahrhunderte – von der Sanduhr bis hin zur modernsten Elektronik- und Quarztechnik. Schwerpunkte der Ausstellung sind die wohl reichste Sammlung von Uhren vom 16. Jh. bis heute überhaupt, eine Galerie mit astronomischen Instrumenten und eine Abteilung über modernste Zeitmesser. Daneben werden die verschiedenen Arbeitsgänge der Uhrenproduktion zum Teil mit audiovisuellen Vorführungen dokumentiert.

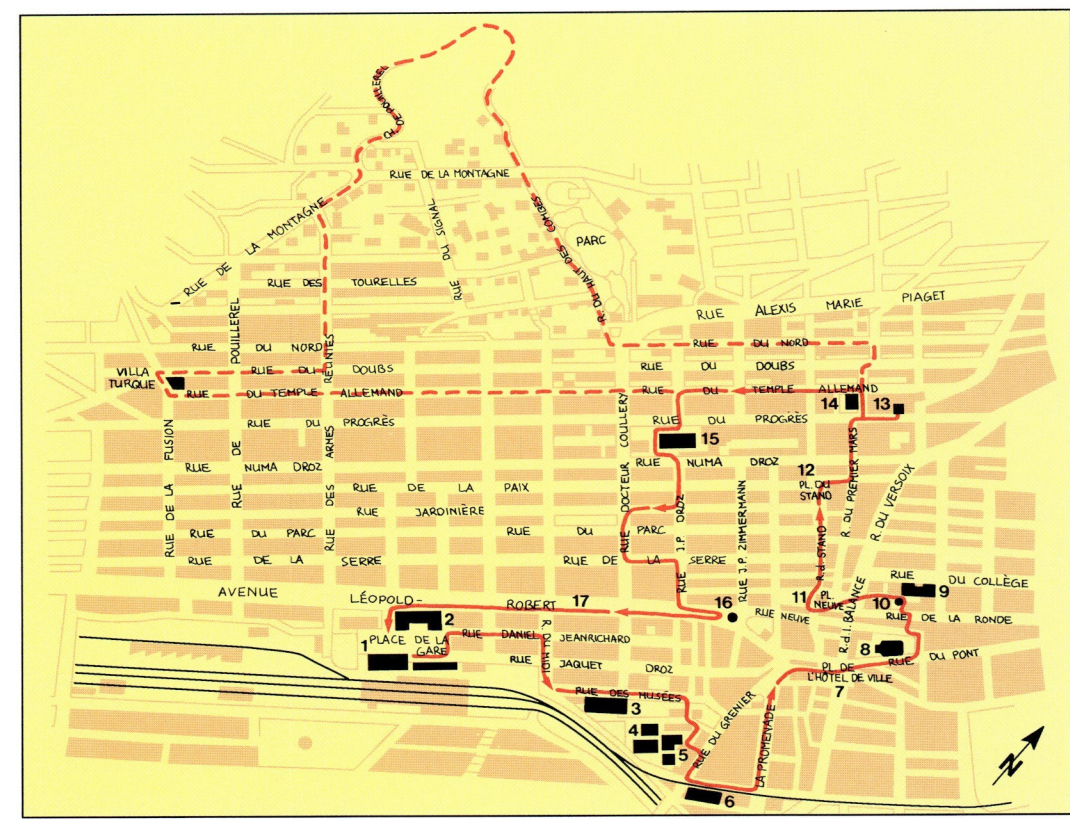

1 Bahnhof
2 Hôtel des Postes und Musée d'histoire naturelle
3 Musée des beaux-arts
4 Musée international d'horlogerie
5 Musée d'histoire et médaillier
6 Le Manège
7 Place de l'Hôtel-de-Ville
8 Grand Temple
9 Collège des Arts et Métiers
10 Fontaine des Six-Pompes
11 Place du Marché
12 Place du Stand
13 Café de Paris
14 Temple allemand (Beginn Le-Corbusier-Spaziergang)
15 Bibliothèque de la Ville
16 Fontaine monumentale
17 Avenue Léopold-Robert

Stadtrundgang La Chaux-de-Fonds

Gegenüber dem 1901–1904 erbauten Bahnhof (1) von La Chaux-de-Fonds steht das Hôtel des Postes. Im gewaltigen, fünf Jahre nach dem Bahnhof errichteten Bau aus weißem und gelbem Jurakalk ist heute das Musée d'histoire naturelle (2) mit einer umfangreichen Sammlung einheimischer und fremdländischer Tiere untergebracht.

Der Weg in östlicher Richtung durch die Rue Daniel-Jeanrichard – ihr Name erinnert an den legendären, 1741 verstorbenen Begründer der Uhrenindustrie im Jura – und rechts durch die Rue du Midi führt zum städtischen Museumsbezirk in einem kleinen Park. Hier befindet sich in einem 1923–1926 errichteten Gebäude im Art-Déco-Stil das Musée des beaux-arts (3); in seiner Sammlung ist die Schweizer Kunst des 19. und 20. Jh. besonders gut vertreten. Neben dem Musée international d'horlogerie (4, Beschreibung s. linke Randspalte) zeigt das Musée d'histoire et médaillier (5) in einem alten Patriziersitz neben einer lokalhistorischen auch eine Münzen- und Medaillensammlung.

Wenn man den Park östlich des Uhrenmuseums verläßt und die Rue du Grenier überquert, gelangt man in die Rue du Manège. Das Le Manège (6) genannte Gebäude Nr. 19–21 entstand um 1850; es liegt um einen zentralen Hof und ist das einzige in La Chaux-de-Fonds erhaltene Beispiel einer «Familistère». Arbeiterfamilien sollten in dieser als «sozialer Palast» erbauten Wohnsiedlung dem Elend der Mietskasernen entfliehen. Die Rue de la Promenade mit ihren stattlichen Häusern – einst baumgesäumter und bevorzugter Spazierweg der Bürger – führt zur Place de l'Hôtel-de-Ville (7). Der alte Marktplatz war lange das Herz der Stadt: Von hier aus begann der planmäßige Wiederaufbau nach dem Brand von 1794, und hier entstand 1803 auch das fünfachsige Rathaus, das zusammen mit anderen Gebäuden aus dem 19. Jh. den Platz säumt. In der Mitte

Die Villa Schwob oder Villa Turque, ein frühes Werk von Le Corbusier

steht das Bronzedenkmal «zu Ehren der Republik», das 1910 von Charles L'Eplattenier, dem Lehrer Le Corbusiers, errichtet wurde. Es erinnert an den Zug der Bürger von La Chaux-de-Fonds, die im März 1848 bewaffnet nach Neuenburg hinunterstiegen und dort die Republik ausriefen.

Auf einer Anhöhe östlich des Rathausplatzes steht der 1794–1796 errichtete Grand Temple (8), der 1919 nach einem Brand neu erbaut wurde. Seine ovale Form, die eine Tradition des reformierten Kirchenbaus aufgreift, macht ihn besonders für Konzerte geeignet. Über die Treppe de la Cure hinunter und quer über die Rue de la Ronde kommt man zum Collège des Arts et Métiers (9), der 1833 erbauten Kunstgewerbeschule der Stadt. Hier entsprang einst eine der wichtigsten Quellen von La Chaux-de-Fonds, an die noch die Fontaine des Six-Pompes (10) erinnert. Durch die schmale Fußgängerpassage und über die Rue de la Balance erreicht man die imposante, rechteckige Place du Marché (11). Sie wurde 1835 anstelle ehemaliger Gemüsegärten parallel zur Place de l'Hôtel-de-Ville angelegt. Von der früheren Bedeutung des alten Geschäftszentrums zeugen noch die Fassaden einiger alter Kaufhäuser, die sich seit dem 19. Jh. fast unverändert erhalten haben. Ansteigend führt die Rue du Stand zur Place du Stand (12), wo die beiden Überbauungspläne von La Chaux-de-Fonds zusammenstoßen. Im Osten stehen die älteren Gebäude des Stadtplans von 1794 noch dicht zusammen; auf den gemäß dem Erweiterungsplan von 1835 überbauten Parzellen im Westen wurden dagegen «moderne» hygienische Vorstellungen verwirklicht: Zwischen den Wohnhäusern am Nordrand und der Straße im Süden liegt eine Grünfläche, die für eine maximale Besonnung der Wohnungen sorgt.

Rechts gelangt man in die Rue Premier-Mars, die zur Rue Numa-Droz hinaufführt. Der eindrückliche Straßenzug mit den geschlossenen Häuserfronten leitet seinen Namen von dem bekannten Politiker her, der 1875 als 31jähriger Bundesrat wurde. In der Rue du Progrès liegt links im Erdgeschoß des Hauses Nr. 4 das besonders reizvolle Café de Paris (13), das mit seinen Marmorverkleidungen und neugotischen Stilelementen den Charakter aus dem 19. Jh. hervorragend bewahrt hat. Der 1853 in neugotischem Stil errichtete Temple allemand (14), die reformierte Pfarrkirche der deutschsprachigen Einwohner, bildet den perspektivisch eindrucksvollen Abschluß der Rue Premier-Mars. Daneben entstand 1877 eine weitere reformierte Kirche, und schließlich bauten 1927 in der Nachbarschaft auch noch die katholischen Einwohner ihre Stadtkirche.

Wenn man sich nicht zum Spaziergang zu den Bauten Le Corbusiers entschließt (siehe Randspalte), erreicht man durch die Rue du Temple die Rue J.-P.-Droz, die zum Stadtzentrum zurückführt. Das gewaltige, 1876 errichtete Gebäude der heutigen Bibliothèque de la Ville (15) war einst das Collège industriel. Wenn man weiter die Rue J.-P.-Droz hinuntergeht und rechts in die Rue Jardinière einbiegt, gelangt man zur kleinen Grünanlage des Parc de l'Ouest, einem ausgesparten, nicht überbauten Grundstück zwischen zwei Längsachsen der Stadt. Die Rue de la Serre führt zur Place Sans-Nom, einem beliebten Treffpunkt der Einwohner von La Chaux-de-Fonds.

Am östlichen Ende der Avenue Léopold-Robert steht die 1888 eingeweihte Fontaine monumentale (16). Ihre krönende Statue symbolisiert das Gelingen eines großen Wasserversorgungsprojekts: Seit 1888 wird das Wasser über 500 m aus dem Areuse-Tal nach La Chaux-de-Fonds heraufgepumpt. Zurück zum Bahnhof führt die Prachtstraße und heutige Hauptverkehrsader Avenue Léopold-Robert (17). Ursprünglich als Verbindung zwischen der Place de l'Hotel-de-Ville und dem Bahnhof angelegt, dehnte sie sich immer weiter nach Westen aus und entwickelte sich zum Geschäftszentrum der Stadt. Die Kronen ihrer Bäume zeigen übrigens, wie hoch La Chaux-de-Fonds liegt: Sie werden auf genau 1000 m Höhe geschnitten.

Auf den Spuren Le Corbusiers

Oberhalb des Temple allemand führt die Rue du Nord in westlicher Richtung zum Tierpark im Bois du Petit-Château. Über die ansteigende Rue du Haut des Combes erreicht man den in die Stadt zurückführenden Chemin de Pouillerel. Die «Maison Blanche» (Nr. 12) wurde von Le Corbusier 1912 für seine Eltern erbaut; auf einem Grundriß von zwei gekreuzten Achsen errichtet, ist sie im Innern durch mobile Wände unterteilt, um einen optimalen Lichteinfall zu erreichen. Vier Jahre früher entstanden die noch stärker von der Tradition der Ecole d'Art von La Chaux-de-Fonds beeinflußte Villa Jaquemet (Nr. 8) und ihr Gegenstück, die Villa Stotzer (Nr. 6). Die Villa Falet von 1906 (Nr. 1) zeigt dagegen noch typische jurassische Stilelemente. Über die Rue des Armes-Réunies gelangt man zur Rue du Doubs und rechts zur berühmten Villa Turque (Nr. 167). Das 1917 für den Uhrenfabrikanten Anatole Schwob errichtete Gebäude zeigt, welche Entwicklung Le Corbusier genommen hat. Mit den beiden Apsiden, dem neugriechischen Kranzgesims und dem Flachdach auf dem Attikageschoß ist die Villa stark vom Orient beeinflußt, den Corbusier bereist hatte. Über die Rue du Temple allemand kommt man zum Ausgangspunkt zurück.

Lausanne, die Hauptstadt des Kantons Waadt, besitzt die größte Kathedrale der Schweiz, ein imposantes Zeugnis der einstigen Macht der Kirche, von der sie bis zur Reformation beherrscht wurde. Dank seiner schönen Altstadt, den zahlreichen kulturellen Institutionen und Veranstaltungen sowie seiner Messe, dem Comptoir suisse, ist Lausanne heute eine der lebendigsten Städte unseres Landes geworden.

Office du tourisme
de Lausanne et des
congrès
Avenue de Rhodanie 2
1007 Lausanne
021/617 73 21 und
617 14 27

TCS-Geschäftsstelle
Avenue Juste-Olivier
10/20
1001 Lausanne
021/27 73 21

13. 8. 1989

Lausanne

Der Hauptort des Kantons Waadt wurde in den letzten Jahren zu einem der kulturell aktivsten Zentren der Schweiz, und seine Kunstausstellungen, Opernfestspiele und Orchester, sein Theater und Ballett genießen internationalen Ruf. Der Musentempel am Ufer des Genfersees wird architektonisch von einem gotischen Kirchenbau beherrscht, der zu den vollkommensten in unserem Land gehört: von der Kathedrale. Obwohl Lausanne seinen Einwohnern und Besuchern wegen der Hanglage ohnehin beinahe bergsteigerische Leistungen abverlangt, sind die 232 Stufen, welche auf ihren Turm führen, die Mühe wert, da der weite Blick auf den See und die Savoyer Alpen schlichtweg großartig ist.
Von hier aus überblickt man zudem die auf mehreren steilen Hügeln angelegte Stadt, deren Ursprünge auf die Kelten zurückgehen. Da bereits die Römer außer dem milden Klima die verkehrsgünstige Lage an der Route von Italien nach Frankreich und Deutschland zu schätzen wußten, bauten sie auf dem Gebiet des heutigen Viertels Vidy den «Vicus Lousanna» Ende des 3. Jh. zu einer befestigten Stadt aus. Reste eines römischen Castrum (= befestigtes Lager) wurden unter dem östlichen Teil der Kathedrale freigelegt, und Funde bezeugen, daß außerhalb der Umfassungsmauern zahlreiche luxuriös ausgestattete Villen standen. Nach dem Wegzug der römischen Besetzer gewann der Ort erst wieder Ende des 6. Jh. an Bedeutung, als der Bischofssitz vom zerstörten Avenches nach Lausanne verlegt wurde. An der Stelle der heutigen Kathedrale wurden mehrere Kirchen gebaut, darunter eine karo-

Kanton:	VD
Meter über Meer:	447
Einwohner 1900:	46 732
Einwohner 1980:	123 349
Autobahn:	N 1

lingische und eine frühromanische Kathedrale, die vielbesuchte Pilgerstätten waren. Die Blütezeit des mittelalterlichen Lausanne fiel jedoch mit dem Neubau des Gotteshauses im 12. und 13. Jh. zusammen. Der Bischof war Landesherr und verfügte über sämtliche Hoheitsrechte, und es gab zwei Stadtrechte: eines für die Bürger der geistlichen Cité und ein anderes für den Marktflecken Bourg.

Die Bürger der Unterstadt lehnten sich gegen diese Benachteiligung auf und erreichten mit Unterstützung von Graf Thomas von Savoyen 1234 die Gleichberechtigung. Doch der Zwist war mit dem Schiedsspruch nicht beigelegt: Erst 1536, als die Berner das Waadtland eroberten, mußte die katholische Kirche ihren Machtanspruch aufgeben. Protestantische Flüchtlinge, vorwiegend aus dem Süden Frankreichs, ließen sich vom 16. bis 18. Jh. in Lausanne nieder und gründeten mehrere Fabriken und Handwerksbetriebe. Das Ausland stellte in dieser Zeit auch den Lehrkörper der Universität, die anfangs ausschließlich von Theologiestudenten und Pfarrern besucht wurde. 1803, als Napoleon eine neue Verfassung diktierte, wurde Lausanne zur Hauptstadt des Kantons Waadt.

Lausanne besitzt eine stolze pädagogische Tradition: Die 1537 gegründete Universität blühte auf, als der Lehrplan vielfältiger wurde und namhafte Geister anzog. Die Alte Akademie in der Cité-Devant, in der heute noch ein Teil der Hochschulinstitute untergebracht ist, gehört zu den größten Gebäuden des 16. Jh. in diesem Stadtteil. Die Berner Regierung setzte sich jedoch auch für die Bildung der unteren Stände ein, indem sie Primarschulen und 1540 das Collège gründete. Eltern aus der Deutschschweiz und dem Ausland schickten bereits im letzten Jahrhundert ihre Sprößlinge in eines der vielen Pensionate, welche für die Stadt eine wichtige Einnahmequelle bildeten. Und die Zahl der Privatschulen, in denen man vor allem Französisch, aber auch sonst beinahe alles lernen kann, hat sich

Musée cantonal des beaux-arts, Palais de Rumine
Place de la Riponne 6
Di und Mi: 11–18, Do 11–20, Fr–So 11–17 Uhr
021/312 83 32 und 312 83 33

Collection de l'art brut
Château de Beaulieu
Avenue des Bergières 11
Di–Fr 10–12, 14–18, Sa–So 14–18 Uhr
021/37 54 35

Musée des arts décoratifs
Avenue de Villamont 4
tägl. 10–12, 14–18, Di auch 20–22 Uhr (im Winter)
021/23 07 56

Musée cantonal d'archéologie et d'histoire
Palais de Rumine
Place de la Riponne 6
wegen Umbauarbeiten vorübergehend geschlossen
021/312 83 34

Musée de l'Elysée
Avenue de l'Elysée
18 Di–Mi und Fr–So 12–18, Do 12–21Uhr
021/617 48 21

Musée historique de l'Ancien-Evêché
Place de la Cathédrale 4
Mitte Sept.–Mitte März: 14–17, Do 14–19 Uhr;
Mitte März–Mitte Sept.: Di, Mi und Fr–So 10–12, 14–18, Do 10–12, 14–20 Uhr;
Juli und August:
Mo 14–18, Di, Mi und Fr–So 10–18, Do 10–20 Uhr
021/312 13 68 und 312 84 54

Musée olympique
Avenue de Ruchonnet 18
Mo, So und Feiertage 14–18, Di–Sa 9–12, 14–18, Do auch 20–22 Uhr
021/20 93 31

Musée romain de Vidy
Chemin du Bois-de-Vaux
vorübergehend geschlossen
021/25 10 84

Fondation de l'Hermitage
Route du Signal 2
Di, Mi, Fr–So 10–13, 14–18, Do 10–13, 14–18, 20–22 Uhr
021/20 50 01

Musée cantonal d'histoire naturelle
Palais de Rumine
Place de la Riponne 6
Täglich 10–12, 14–17 Uhr
021/312 83 36

Musée de la pipe et objets du tabac
Rue de l'Académie 7
Mo–Sa 9–12, 14–18 Uhr
021/23 43 23

Cinémathèque suisse
Casino de Montbenon
Allée Ernest-Ansermet 3
Mo–Sa dreimal tägl. Filmvorführungen, Ausstellungen
021/23 74 06

Stadtplan: Seiten 466/467

Botanischer Garten
Avenue de Cour 14bis
1. März–31. Okt.: tägl. 8–12,
13.30–17.30 Uhr
021/ 26 24 09

Vivarium
Chemin de Boissonnet 82
Mo, Mi–Fr 14–18.30, Sa–So
10–12, 14–18.30 Uhr
021/32 72 94

Strandbad Bellerive
Avenue de Rhodanie 23
021/617 81 31

Freibad Montchoisi
Avenue du Servan 30
021/26 10 62

Öffentliches Strandbad
in Vidy
021/27 80 11

Minigolf Petit-Chêne
Rue du Petit-Chêne 18
021/22 57 10

Minigolf de Bellerive
Avenue G.-Doret
021/26 17 64

Camping de Vidy
Chemin du Camping 3
021/24 20 31 und 24 20 32

Camping la Carillère
Route du Jorat 73
Vers-chez-les-Blanc
021/784 15 05

Camping du Praz-Collet
Vers-chez-les-Blanc
021/784 12 45

Wochenmarkt Mi und Sa
7.30–13.30 im Stadtzentrum, am Boulevard de Grancy Mo und Do 7.30–12.30,
in der Rue du Petit-Chêne
Di und Fr 7.30–12.30,
in Pully Fr 8–12 Uhr.

Handwerkermarkt jeden
1. Fr des Monats
März–Dezember 10–19 Uhr

Saint-Louis-Markt auf der
Promenade Derrière-Bourg
Ende August

100

wohl bis heute nicht verringert. Die Industrie konnte hier nie richtig Fuß fassen; statt dessen sorgten Handel und Tourismus für den Wohlstand der Kantonshauptstadt. Als klimatisch begünstigter Ort an prachtvoller Lage war Lausanne dazu prädestiniert, eine Pionierrolle im Gastgewerbe zu übernehmen. In Ouchy stehen prächtige alte Villen und Landsitze wie das Bellerive oder das Herrenhaus von Beauregard neben Hotelbauten, die zu den bemerkenswertesten der Schweizer Tourismusarchitektur gehören. Das barocke Hôtel d'Angleterre wurde 1775–1779 erstellt (hier schrieb Lord Byron seinen «Gefangenen von Chillon»), das Hauptgebäude des Beau-Rivage an der Place du Port rund achtzig Jahre später. Der Quai wurde 1901 angelegt. Politiker, Schriftsteller, Künstler, Musiker suchten an den Gestaden des blauen Léman außer Gesellschaft und Erholung Inspiration. Richard Strauss, der kurz nach dem Zweiten Weltkrieg in Ouchy weilte, schwärmte: «Vielleicht ist das hier heute der schönste und angenehmste Erdenfleck in dieser traurigen Welt.» In der alten Festung, heute ein Restaurant und Hotel, zwischen dem neuen und dem alten Hafen wurde 1923 der Friedensvertrag zwischen der Türkei und der Entente abgeschlossen. Oberhalb von Ouchy, in nordwestlicher Richtung, liegt der Park Montriond mit dem Botanischen Garten, von dem man eine schöne Aussicht genießt.

Die auf drei steilen Hügeln angelegte Altstadt stellte verkehrstechnische Probleme, die man im vergangenen Jahrhundert zu lösen begann – vorher muß es recht beschwerlich gewesen sein, Lausanne zu erwandern! 1836 beschloß der Große Rat den Bau einer Ringstraße. Um den tiefen Taleinschnitt des Flon zu überwinden, plante der Ingenieur Adrien Pichard den Grand Pont, eine Brücke von 180 m Länge und 9,9 m Breite. Die Métro, die Standseilbahn Flon-Bahnhof–Bahnhof SBB–Ouchy, machte dann im Flontal Aufschüttungen notwendig. Der Tunnel de la Barre, mehrere Brücken, breite Stra-

ßen, die Straßenbahn und zahlreiche Steintreppen machten die Stadt begeh- und für den aufkommenden Autoverkehr befahrbar. Durch die Aufschüttung der Tälchen entstanden mehrere Plätze, zum Beispiel die Place de la Riponne, Place du Pont, Place Centrale, Place du Flon und Place du Tunnel.

Die Stadt dehnte sich aus, die umliegenden Weinberge und Obstgärten wurden in Bauland verwandelt, und die Hafensiedlung Ouchy wuchs mit dem alten Kern zusammen.

Neben der Altstadt mit ihren verwinkelten Gäßchen, originellen Bistros, Cafés und Antiquitätenläden lohnen auch die neueren Quartiere einen Besuch. Im Palais de Beaulieu an der Avenue de Bergières findet alljährlich im Herbst die Foire de Lausanne (Comptoir suisse) statt. Gleich gegenüber steht Schloß Beaulieu mit seinem Park. In dem 1765 begonnenen Bau wohnte einst Mme de Staël; seit 1976 ist hier die Collection de l'art brut untergebracht, welche der französische Maler Jean Dubuffet der Stadt schenkte. Die in ihrer Art einzigartige Sammlung zeigt Werke von Außenseitern und Patienten psychiatrischer Kliniken sowie Bilder, Skulpturen und Objekte, die im Grenzbereich von Kunst und Geisteskrankheit angesiedelt werden. Westlich von Ouchy liegt der archäologische Park von Vidy mit Überresten römischer Bauten des Vicus Lousanna; durch eine Unterführung kommt man zum dazugehörigen Museum.

An der Place de Montbenon westlich der Kirche St-François befindet sich das Mekka der Schweizer Filmfreunde, die Cinémathèque suisse. Das Schweizerische Filmarchiv wurde 1943 – mitten im Weltkrieg – in Basel gegründet. Die Zeit des Zweiten Weltkriegs war der Höhepunkt des Schweizer Spielfilms, in der rund 40 Langspielfilme gedreht wurden. Das Filmarchiv verlegte bald darauf seinen Sitz nach Lausanne. Hier, im Casino de Montbenon, befindet sich eines der bedeutendsten Archive der Welt mit alten und neuen Filmen vor allem von Schweizer Regisseuren. Die Cinémathèque restauriert zudem auch Filme, besitzt eine Bibliothek, eine Galerie mit temporären Ausstellungen und gibt die Zeitschrift «Travelling» heraus, welche sich auf das Schweizer Filmschaffen konzentriert. Finanziert wird das nichtkommerzielle Unternehmen vom Bund und den Kantonen.

Lausanne ist seit 1915 Sitz des Internationalen Olympischen Komitees; im Musée olympique an der Avenue Louis-Ruchonnet 18 werden Fotos, Dokumente und Erinnerungen an die modernen Olympischen Spiele von 1896 bis heute gezeigt. Auch das Schweizerische Bundesgericht, ein neoklassizistisches Gebäude von 1922–1927, kann besichtigt werden: Es befindet sich im Park Mon-Repos, einer Anlage aus dem frühen 19. Jh. mit einem malerischen Ruinenturm, einer Orangerie und Resten des alten Landsitzes Villamont.

Als Ausgangspunkt für kleinere und größere Ausflüge ist die Hauptstadt der Waadt geradezu ideal: Das Wallis, der Jura und Frankreich sind nah. In der näheren Umgebung gilt das nördlich von Lausanne gelegene Signal de Sauvabelin mit Seelein und Hirschpark als klassisches Ausflugsziel. Und immer wieder lockt der Genfersee, nicht nur zum Baden, auch zum Segeln, Surfen oder einfach zum Flanieren, zum Beispiel dem Ufer entlang nach St-Sulpice.

Die Corniche de Lavaux

Die Landschaft östlich von Lausanne ist zutiefst durch den Weinbau geprägt. Die steilen Hänge sind vollständig mit Reben bedeckt, und die Häuser der idyllischen Dörfer stehen auf engstem Raum zusammen, so daß kein Quadratmeter des knappen, wertvollen Bodens verschwendet wird. Die Corniche de Lavaux zwischen Lausanne und Vevey führt mitten durch berühmte Weinbaugemeinden, deren Namen das Herz des Kenners höher schlagen lassen, bietet jedoch auch einen besonders schönen Blick gegen das obere Ende des Genfersees und in die Berge. Wir fahren von Lausanne über die Avenue de Béthusy Richtung La Rosiaz–Belmont–La Croix. In Grandvaux sind die stattlichen Reihenhäuser aus dem 16. Jh. einen Halt wert, und oberhalb von Riex steht das Weingut des Bürgerspitals von Freiburg, ein mächtiger spätmittelalterlicher Bau. Vom Winzerdorf Epesses steigt die Straße zum Aussichtspunkt Signal de Chexbres (655 m) und führt weiter über Chexbres, Chardonne und Corsier nach Vevey. In Corsier liegt Charlie Chaplin (1889–1977) begraben.

Kathedrale Notre-Dame

Ursprünglich war die Kathedrale von Lausanne romanisch konzipiert. Vermutlich war es der Architekt, der gegen 1190 beschloß, den Bau unter anderem nach dem Vorbild der Kathedrale von Lyon im gotischen Stil weiterzuführen und zu vollenden. An der südlichen Langhausseite befindet sich als hervorragendes Beispiel gotischer Bildhauerei die Apostelpforte aus der 1. Hälfte des 13. Jh. Die Figuren – es handelt sich um Kopien – waren einst bunt und golden bemalt, deshalb der Name «Portail peint»; einige Originalplastiken sind im südlichen Querschiff zu besichtigen. Hier findet sich ebenfalls die berühmte Große Rose, eine hervorragende Glasmalerei aus dem 13. Jh. mit Bildern aus der Schöpfungsgeschichte, Tierkreiszeichen, Jahreszeiten usw. Eine weitere Kostbarkeit bilden die Chorgestühle: Das eine, nur noch teilweise erhaltene, stammt aus dem 13. Jh. und ist das älteste der Schweiz, während das reicher geschnitzte 1509 entstanden ist.

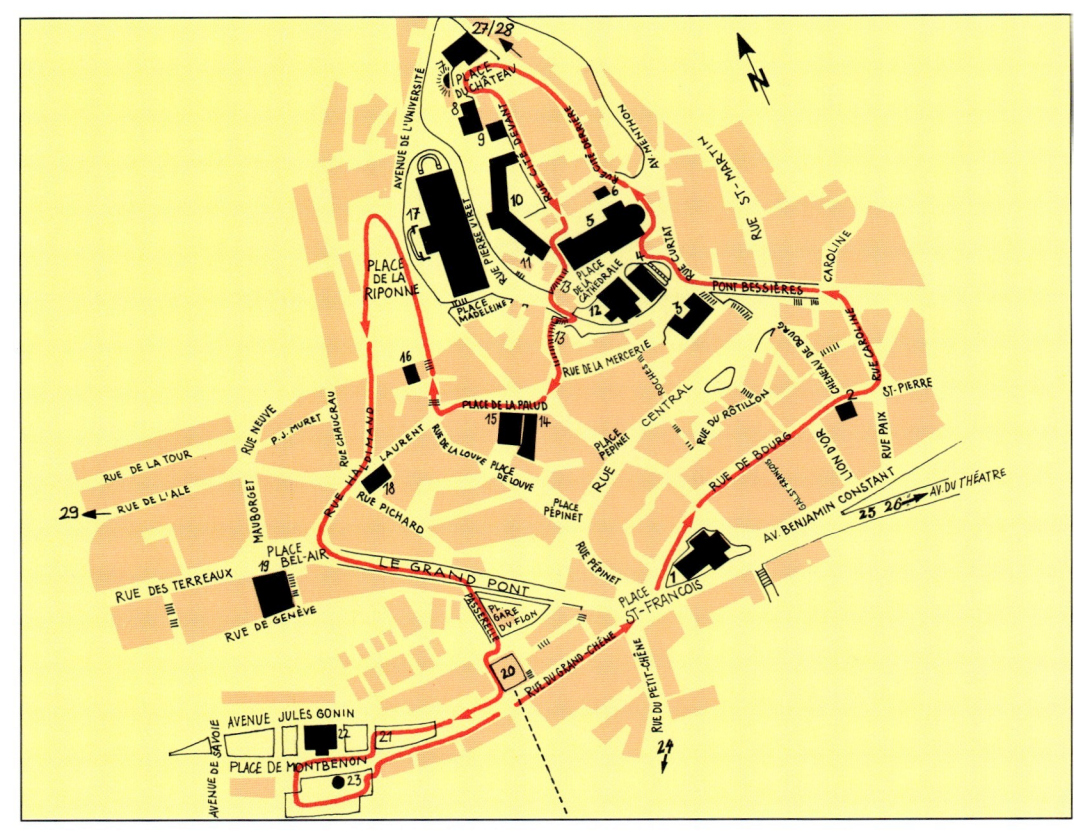

1. Ref. Kirche St-François
2. Ehem. Maison Vullyamoz
3. Altes Spital
4. Ehem. Maison Gaudard, heute Präfektur
5. Kathedrale
6. Kapitelsaal (Salle capitulaire)
7. Schloß St-Maire
8. Großratsgebäude
9. Maison Carbon
10. Alte Akademie
11. Tour des Séminaires
12. Altes Bischöfliches Schloß, heute Historisches Museum
13. Markttreppen
14. Ehem. Maison de Seigneux, heute Teil des Rathauses
15. Rathaus (Hôtel de Ville)
16. Ehem. Musée Arlaud
17. Palais de Rumine
18. Ref. Kirche St-Laurent
19. Tour Bel-Air
20. Métro-Station
21. Denkmal der Gefallenen 1914–1918 (Monument aux morts)
22. Kantonales Gerichtsgebäude (Palais de Justice)
23. Tellendenkmal (Guillaume Tell)
24. Richtung Bahnhof
25. Richtung Stadttheater
26. Richtung Musée des arts décoratifs
27. Richtung Signal de Sauvabelin
28. Richtung Fondation de l'Hermitage (Kunstausstellung)
29. Richtung Palais de Beaulieu und Collection de l'art brut

Stadtrundgang Lausanne

Die Place St-François, wo unser Rundgang beginnt, liegt im Quartier de Bourg oder «Banner» in der Unterstadt. Von der alten Bausubstanz sind nur einige Häuser übriggeblieben, so zum Beispiel der Cercle littéraire (Haus Nr. 7), der Literarische Zirkel, aus dem späten 18. Jh. in der nördlichen Häuserreihe. Die reformierte Kirche St-François (1) gehörte einst zum Franziskanerkloster von Lausanne. Neben der Kathedrale ist es der einzige erhaltene Kirchenbau aus dem Mittelalter. Der Grundstein zum Chor wurde 1270 gelegt, und im Laufe der Jahrhunderte wurde die Kirche etappenweise erstellt, nach einem Brand im 14. Jh. teilweise wiederaufgebaut. In der autofreien Rue de Bourg mit ihren exklusiven Boutiquen fällt die ehem. Maison Vullyamoz (2) aus dem 17. Jh. durch ihre mit «Ohren» geschmückten Fenster auf. Durch die Rue Caroline und über den Pont Bessières erreicht man die Cité, den ältesten Stadtteil Lausannes. Das Alte Spital (3), ein hufeisenförmiger monumentaler Bau von 1766–1771, beherbergt heute das Gymnasium. Gleich gegenüber, an der Place de la Cathédrale, befindet sich die ehemalige Maison Gaudard (4) mit ihrer beeindruckenden Fassade. Über die Kathedrale Notre-Dame (5) sind sich die Fachleute einig: Sie gilt als das bedeutendste Bauwerk der Frühgotik in der Schweiz und gleichzeitig als einziges Gotteshaus in unserem Land, das den Vergleich mit großen Kathedralen Europas standhält. Vermutlich wurde der Bau 1150 begonnen und bis zur Weihe 1275 unter verschiedenen Baumeistern fortgesetzt. Der nördliche Kathedralenplatz ist eine Schöpfung des 19. Jh.; an seiner Stelle befand sich einst ein Kreuzgang. Beim sogenannten Kapitelsaal (6) mit dem Kreuzrippengewölbe handelt es sich in Wirklichkeit um die Sakramentskapelle aus dem 13. Jh. Im Schloß St-Maire (7) aus dem 14. und 15. Jh. residierten früher die Bischöfe, dann die bernischen

Die Stadt entstand zu Füßen des Bischofssitzes

Vögte, und heute ist die einstige Feste Sitz der waadtländischen Kantonsregierung. Von der Schloßterrasse genießt man einen prächtigen Ausblick auf den westlichen Stadtteil. Major Davel, dessen Denkmal sich vor dem Schloß erhebt, starb als Vorkämpfer der waadtländischen Unabhängigkeit. An das Großratsgebäude (8) in der westlichen Häuserreihe schließt sich die ehemalige Maison Carbon (9) an (zwei bemerkenswerte romanische Fenster). Die Alte Akademie (10) war die Wiege der Lausanner Universität und ist gleichzeitig das stattlichste Bauwerk des 16. Jh. in der Cité. Sie wurde mehrmals dem Zeitgeschmack entsprechend umgebaut und 1626/27 um einen Anbau erweitert. Ein Treppenturm mit Uhr und Glockentürmchen teilt den Längstrakt. Die hochmittelalterliche, backsteinverzierte Tour des Séminaires (11) erhebt sich am Südwestende der Häuserzeile. Im Ancien-Evêché (12), dem Wohnsitz der Bischöfe bis Anfang des 15. Jh., sind das Museum der Kathedrale sowie die Sammlung von Alt-Lausanne zu besichtigen. Der Festungsturm reicht ins 13. Jh. zurück, der Bau ist jedoch wahrscheinlich wesentlich älter und wurde stark verändert. Die holzgedeckte, mittelalterliche Markttreppe (13) führt zur Place de la Palud hinunter und damit ins Herz der Stadt. Die Häuserreihen, welche die Verbindung zwischen Cité und Palud säumen, haben ihren altertümlichen Charme bewahrt. Einst bildete der von schönen Häusern gesäumte Platz die Kulisse für Mysterienspiele, heute finden hier Märkte statt. Das Rathaus (15) wurde 1977/78 gründlich renoviert und kann auf Anfrage besichtigt werden; es gilt als wichtigstes Gebäude des Quartiers. In den interessanten Neubau von 1673–1675 sind Teile des alten Rathauses aus dem 15. und 16. Jh. einbezogen worden; als einzigartig gilt die barocke Monumentalmalerei des Glockenturms, eine Allegorie der Gerechtigkeit. Bemerkenswert sind überdies die schönen Öfen aus dem 18. Jh. im 1. Stock, der Hochzeitssaal, der Stadtratssaal mit Glasgemälden aus dem 16. Jh. von Hans Funk, das wappengeschmückte Kommissionszimmer sowie der Gemeinderatssaal. Die klassizistische Maison de Seigneux (14) wurde zum Polizeiposten und gehört zum Hôtel de Ville. Vorbei am ehemaligen Musée Arlaud (16) erreichen wir den Palais de Rumine (17), einen im neutoskanischen Stil 1898–1906 erstellten Mehrzweckbau, der verschiedene Museen beherbergt. Die Kirche St-Laurent (18) aus dem 18. Jh. steht auf den Ruinen einer Vorgängerkirche aus dem Jahre 1000. Vom markanten Turm (19) auf der Place Bel-Air kann eine überwältigende Rundsicht genossen werden. Die Promenade de Montbenon ist mit mehreren Denkmälern bestückt, unter anderen dem Tellendenkmal von 1901 und dem Denkmal der Gefallenen (21, 23). Der mächtige Palais de Justice (22) ist im Innern mit Skulpturen und Gemälden aus der Jahrhundertwende geschmückt.

Catherine de Rumine (1818–1867)

Prinzessin Schahowskoy, ebenso hübsch wie musikalisch, lernte ihren Prinzen in Paris kennen: Basile de Rumine stammte ebenfalls aus Petersburg und besaß in seinem Heimatland riesige Ländereien. Nach der Heirat verkaufte er seine Güter und vergaß dabei nicht, allen Leibeigenen die Freiheit zu schenken. 1840 kamen die Rumines nach Lausanne, da das hiesige Klima der angeschlagenen Gesundheit des Prinzen bekömmlich schien. Mitten in den Weinbergen, am heutigen Chemin Messidor 7, bauten sie die Villa «L'Eglantine». Basile konnte jedoch seinen prächtigen Sitz nicht lange genießen: Er starb 1848 und hinterließ seiner Gattin ein ansehnliches Vermögen. Catherine de Rumines Salon wurde zum Treffpunkt von Wissenschaftlern, Philosophen und Künstlern, sie unterstützte wohltätige Institutionen und war eine großzügige Mäzenin. Sie stiftete Lausanne unter anderem das 1861/62 erstellte Gewerbemuseum, den heutigen Palais de Rumine. Ihr Sohn Gabriel verkraftete den Tod der Mutter nicht und starb vier Jahre später; er vermachte der Stadt die Summe von 1,5 Mio. Franken für wohltätige Zwecke.

Der Literarische Zirkel

Das 18. und 19. Jh. war die hohe Zeit der Salons: In Lausanne wurde der Brauch, sich regelmäßig in ausgewähltem Kreis zu treffen, um über Literatur zu reden, zu philosophieren und ganz allgemein charmant und gescheit zu konversieren, besonders eifrig gepflegt. 1742 gründete Graf von der Lippe die erste literarische Gesellschaft, eine Institution, die in den gebildeten Kreisen wie ein Virus um sich griff, so daß bald über 500 Salons gezählt wurden, die sich der verschiedensten Geistesrichtungen annahmen. Ein Zeuge dieser Zeit ist der Cercle littéraire an der Place St-François, der bei Einheimischen und Ausländern ein besonders hohes Ansehen genoß. Lausanne wurde nicht nur als klimatisch begünstigter Ort und der schönen Landschaft wegen aufgesucht, die Stadt war zu einem Treffpunkt von Berühmtheiten geworden, die damit rechnen konnten, auch intellektuell auf die Kosten zu kommen. Voltaire, Mme de Staël, Lord Byron, Adam Mickiewicz, James Fenimore Cooper, Sainte-Beuve sind nur einige der zahlreichen Schriftsteller, die in Lausanne zu Gast weilten.

Die Waadt in Zahlen

Die Waadt, der an Bevölkerungszahl mit 530 000 Einwohnern hinter Zürich und Bern, an Fläche mit 3219 km² hinter Graubünden und Bern drittgrößte Stand der Schweiz, erstreckt sich über alle drei wichtigen Geländeformationen der Schweiz – den Jura, das Mittelland und die Alpen. Die Waadt ist der einzige Kanton, der einst die «heilige Dreiheit» von Brot, Wein und Salz besaß. Noch heute spielt der Getreideanbau im nördlichen Kantonsteil eine wichtige Rolle, und die Waadt ist auch der zweitgrößte Weinproduzent der Schweiz: Mit 10% Erwerbstätigen in der Land- und Forstwirtschaft liegt sie denn auch weit über dem Schweizer Mittel. Über dem Durchschnitt liegt mit 61% aber auch die Zahl der Beschäftigten im Dienstleistungssektor: Sie leben vor allem in der Region am Genfersee, wo die wichtigsten Industriebetriebe ihren Sitz haben und wo auch die weltberühmten Touristikzentren liegen. 385 Gemeinden in 19 Bezirken zählt die Waadt als Zentrum der Romandie heute; und für eingefleischte Vaudois befindet sich in ihrem Kanton sogar die Mitte der Welt: Bei der Kontinentalwasserscheide von La Sarraz fließt das Wasser aus dem «Milieu du monde» genannten Teich zum Teil in die Rhone und zum Teil in den Rhein.

Rolle

Das Weinbauzentrum der Côte zwischen Nyon und Morges mit heute 3500 Einwohnern ist die jüngste der 23 Savoyerstädte in der Romandie und beeindruckendes Beispiel einer mittelalterlichen Straßensiedlung. Die 1318 gegründete, längsrechteckige Anlage am Genfersee ist verwandt mit dem 100 Jahre älteren Villeneuve. Zu spät entstanden, um in der langen Reihe der Zollstationen am See noch eine bedeutende Rolle zu spielen, füllte die mittelalterliche Siedlung den vom Seeufer ausgehenden Mauerring nie aus; im nicht überbauten Gelände am See steht heute in einer ausgedehnten Grünanlage das eindrucksvolle, im 15. und 16. Jh. umgebaute Schloß mit seinen Rundtürmen. Vor den schönen Quaianlagen von Rolle liegt ein künstlich aufgeschüttetes Inselchen, auf dem ein Obelisk an den Mitbegründer der Waadt, Frédéric-César de la Harpe (1754–1838), erinnert.

St-Prex

Das reizvolle Miniaturstädtchen zwischen Rolle und Morges liegt auf einer Halbinsel im Genfersee und war einst durch Graben und Mauer vom Landesinnern getrennt. Seine planmäßige Dreieckanlage ist dem Gelände angepaßt und wird von einer zentralen Gasse durchzogen, die vom einzigen Tor im Norden zum Hafen führt. An der Seeseite, wo früher Palisaden die Befestigung verstärkten, lädt heute eine Promenade zum Spazieren ein, und die malerischen Gassen mit den eng aneinandergerückten Häusern haben ihren mittelalterlichen Charme gut bewahrt. Vom alten Schloß von St-Prex mit dem Anbau aus dem 18. Jh. steht noch der Bergfried; in ihrer ganzen Schönheit erhalten blieb dagegen die außerhalb des Städtchens gelegene romanische Kirche Ste-Marie aus dem 12. Jh. mit dem imposanten Frontturm.

Renens

war noch bis zur Mitte des 20. Jh. eine Bauerngemeinde vor den westlichen Toren Lausannes, wo

Das malerische Städtchen St-Prex am Genfersee

nur gut 5000 Einwohner lebten. Heute ist Renens eine hektisch gewachsene und mit der Kantonshauptstadt zusammengebaute Agglomerationsgemeinde mit mehr als 17 000 Einwohnern. Große Wohnüberbauungen und viele mittlere und größere Industriebetriebe prägen das Bild des Ortes, in dem vor allem Meßinstrumente und Strickwaren hergestellt werden.

Prilly

Im hochindustrialisierten, nahtlos mit Lausanne zusammengewachsenen Prilly mit mehr als 11 000 Einwohnern befindet sich mit einer Kartonmaschinen-Fabrik der größte Industriebetrieb der Region. Vom Zentrum des alten Dorfes, das vom Verkehr weitgehend zerstört wurde, ist fast nichts erhalten geblieben: An die ländliche Vergangenheit erinnert nur noch das sogenannte Schloß, ein stattliches Herrenhaus aus dem 18. Jh.

Pully

Der östlich von Lausanne gelegene Vorort mit den vielen kleinen und mittleren Industriebetrieben verdoppelte seine Einwohnerzahl von 1950 bis 1970 auf mehr als 14 000. Von der früheren Bedeutung Pullys als Weinbauerndorf zeugen noch einige gut erhaltene Winzerhäuser am Hang und die einstige «Winzerscheune» der Abtei Payerne direkt neben der

Schloß Chillon: weltberühmt und vielbesucht

Pfarrkirche St-Germain; sie entstand im 16. Jh. an der Stelle einer römischen Kultstätte. Auch am Hafen von Pully steht noch eine malerische Gruppe von zusammengebauten Häusern.

Lutry

Im Mittelpunkt des 4 km östlich von Lausanne gelegenen Städtchens steht die ehemalige, bereits 1025 genannte Prioratskirche St-Martin. Das gotische Gotteshaus mit dem Chor aus dem 13. Jh. birgt im Innern dekorative Renaissancemalereien aus dem 16. Jh. Noch heute ist die halbkreisförmige Linie der ehemaligen Stadtmauer von Lutry, mit deren

Abseits der großen Verkehrsadern liegt auf einer Geländeterrasse des Waadtländer Juras zwischen Morges und Rolle **Aubonne***, eines der schönsten und besterhaltenen Waadtländer Landstädtchen. Von der Terrasse des nach 1670 neuerbauten Schlosses mit dem barocken Innenhof und dem Rundturm mit Kuppeldach bietet sich ein schöner Blick auf die Dächer des hervorragend erhaltenen Ortes. Verträumte Straßenzüge mit behäbigen Brunnen und einheitlich gestalteten Häuserfassaden durchziehen das stille Städtchen, in dessen Zentrum die Place du Marché liegt. Hier steht als markantester Bau die Grenette, das ehemalige Korn- und heutige Rathaus, mit ihren Arkaden.*

Bau im 13. Jh. unter den Bischöfen von Lausanne begonnen wurde, in den mittelalterlichen Häuserzeilen gut ablesbar. Westlich des ältesten, dreieckigen Kerns liegt eine kleine Handelsvorstadt; sie war einst ebenfalls von einem Mauerring umgeben. Ihre Gassen haben wie jene der ersten Siedlung ihren mittelalterlichen Charakter bis heute gut bewahrt.

Villeneuve

Die neue Stadt von Chillon – «la ville neuve» – am Ostende des Genfersees war 1214 die erste Gründung der Savoyer Grafen in der Waadt. Bis ins 15. Jh. ein wichtiger Handelsplatz an der Route zum Großen St. Bernhard und Stützpunkt der Savoyer Flotte, sank Villeneuve unter den Bernern zum Provinzstädtchen herab, und im 19. Jh. wurden auch die alten Stadtmauern abgebrochen. Fünf Gassen bestimmen ähnlich wie in Morges das Stadtbild. Die 500 m lange Grand-Rue in der Mitte hat ihr einheitliches Bild mit den meist dreigeschossigen Häusern gut bewahrt. Die reformierte Pfarrkirche aus dem 13. Jh. steht im Osten der zu einem Platz ausgeweiteten Querachse in der Stadtmitte; das Rathaus beim Bahnhof entstand aus einem neugotischen Umbau der alten Spitalkirche Notre-Dame. Heute ist das Städtchen am östlichen Ende des Lavaux mit seinen ausgedehnten Quaianlagen ein kleines Fremdenverkehrszentrum, das ganz im Schatten des benachbarten Montreux steht.

Lucens

In den fünfziger Jahren war Lucens ein Zentrum der Schweizer Atomforschung, bis der im Berg gelegene Versuchsreaktor durchbrannte und versiegelt wurde. Noch heute aber überragt wie seit Jahrhunderten ein imposantes Schloß auf einem Felsen das Städtchen im Broyetal. Seine ältesten Teile mit dem über 40 m hohen, runden Bergfried wurden im 12. und 13. Jh. von den Bischöfen von Lausanne erbaut; das zweistöckige Herrenhaus entstand im 16. Jh., als hier die Berner Landvögte residierten. Bis 1973 befand sich das Schloß im Besitz der Erben des englischen Schriftstellers Conan Doyle, des Erfinders der Sherlock-Holmes-Geschichten; eine kuriose Sammlung pseudooriginaler Gegenstände erinnert an den größten Detektiv aller Zeiten. Das Burgstädtchen zu Füßen des Schlosses hat vor allem an der Hauptgasse, der Rue du Château, sein spätmittelalterliches Gepräge gut bewahrt.

Echallens

Das alte Zentrum des Gros de Vaud an der Straße von Lausanne nach Yverdon wurde um die Mitte des 14. Jh. durch die Verleihung des Marktrechts und den Bau von Ringmauern zur Stadt erhoben. Im Landstädtchen mit den Resten eines mittelalterlichen Schlosses, den beachtenswerten Häusern aus dem 18. Jh. und dem klassizistischen Rathaus steht an der Place de l'Hôtel-de-Ville die Maison du blé et du pain; das Brot- und Getreidemuseum erinnert daran, daß Echallens mitten in der traditionellen Kornkammer der Waadt liegt.

Waadtländer Saucisses aux foie mit Lauch

Zutaten: Nach Belieben Waadtländer Saucisses mit Leber, 2 Zwiebeln, 2 Knoblauchzehen, 20 g Mehl, 50 g Butter, 800 g Lauch, 5 dl Fleischbouillon

Den Lauch in 3 cm lange Stücke schneiden, halbieren und waschen. Die Zwiebeln und den Knoblauch fein hacken, in der Butter andünsten und den Lauch zugeben. Kurz mitdünsten und mit etwas Mehl bestäuben. Die Fleischbouillon beigeben und alles zugedeckt auf schwachem Feuer weich garen lassen. Zur Waadtländer Wurstspezialität serviert man Salzkartoffeln. Neben der mit Leber angereicherten gibt es auch die größere, mit Kabis angereicherte «Saucisse aux choux» sowie die reine Schweinswurst, je nach Form «Saucisson» oder «Boutefas» genannt.

Das ungewöhnlich gut erhaltene Landstädtchen Le Landeron an der deutsch-welschen Sprachgrenze bildet zusammen mit den jeweils rund 2 km entfernt liegenden Orten La Neuveville und Erlach ein für die Schweiz einzig-artiges Städtedreieck. Der Marktflecken in der Zihlebene hat sein Ortsbild hervorragend zu erhalten vermocht, und beim Besuch der Brocante von Le Landeron kann man sich durchaus auf einen Markt des 16. oder 17. Jh. zurückversetzt fühlen.

30. 9. 1989

Le Landeron

Besser als auf dem Flugbild ist die Anlage des neuenburgischen Städtchens Le Landeron am südwestlichen Ende des Bielersees nicht zu erfassen. Der Marktflecken liegt mitten in einer ehemals sumpfigen Ebene, die heute noch «Grand Marais» heißt; sein rechteckiger Grundriß mit der einzigen, 20–25 m breiten Gasse weist darauf hin, daß Le Landeron eine bewußt geplante Siedlung ist. Weder ein Flußübergang noch die Zuflucht eines Hügels, allein strategische Überlegungen führten zu seiner Gründung: 1325 errichtete Graf Rudolf IV. von Neuenburg das Städtchen als Gegengewicht zum dreizehn Jahre vorher erbauten La Neuveville am Bielersee, das sich im Besitz des Fürstbischofs von Basel befand.

Nähert man sich Le Landeron von Norden her, weist zuerst das wuchtige Vorwerk der Tour Nord mit zwei Rundtürmen auf seine ehemals starke Befestigung hin. Durch den Platz zwischen dem Vorwerk und dem Stadttor im Mauerring zog sich einst wie um die ganze Siedlung ein Wassergraben; er konnte bei Gefahr von der nahen Zihl her geflutet werden. Auf dem im 19. Jh. aufgefüllten Wassergraben entstanden die kleinen Anbauten an der Außenseite der Stadt; sie nehmen vor allem den Häusern an der Front gegen den nur 700 m entfernten Bielersee etwas von ihrem ehemals wehrhaften Anblick. Auch wenn man das Städtchen betritt, erinnern die baumbestandene breite Gasse und die beiden malerischen Häuserzeilen mehr an ein französisches Landstädtchen als an einen hart um-

Kanton:	NE
Meter über Meer:	440
Einwohner 1900:	1423
Einwohner 1980:	3287
Autobahn:	N 5, Le Landeron oder La Neuveville

Seit 1806 wachsen auf der platzartigen **Hauptgasse von Le Landeron** *zwei Reihen prächtiger Linden, an deren Ende je ein großer Renaissancebrunnen mit einer Figur aus dem 16. Jh. und einem achteckigen Trog aus dem 18. Jh. steht. Mit einer speziellen Steuer finanzierten die Bürger von Le Landeron die Statuen auf den Brunnenstöcken: den grimmigen, geharnischten Bannerträger auf dem Tapferkeitsbrunnen im Norden und den Stadtpatron auf dem St. Mauritiusbrunnen im Süden. Die beiden bunten Statuen bilden zusammen mit dem Kreuz auf einer reichverzierten Säule in ihrer Mitte den Blickfang des Städtchens.*

kämpften Vorposten im deutschwelschen Grenzgebiet.

Nur wenige Jahre nach seiner Gründung wurde Le Landeron von den Bernern vergeblich belagert, und 1476 wurde beim Zihlübergang ein burgundisches Heer zurückgeschlagen. Im 16. Jh. allerdings büßte das Städtchen seine Grenzstellung ein und blieb seither ein kleiner Marktflecken, dessen Bild sich kaum mehr veränderte. In der mit der Juragewässerkorrektion 1874 fruchtbar gemachten Zihlebene wird heute intensiver Gemüsebau betrieben; auf dem Gemeindegebiet wird zudem Wein gekeltert: Zur Gemeinde Le Landeron gehört auch der Winzerweiler Combes am Berghang mit seiner weithin sichtbaren Kapelle. Viele der Einwohner pendeln aber ins nur 12 km entfernte Neuenburg zur Arbeit, und als größter Industriebetrieb der Umgebung steht im Westen des Städtchens die Raffinerie Cressier.

Die beiden Häuserzeilen Le Landerons enden an den Schmalseiten bei den 160 m voneinander entfernten Stadttoren. Das südliche Tor wurde 1880 abgebrochen, um Platz für den Verkehr zu schaffen; erhalten blieb daneben nur die «Portette», ein von einem Fachwerkbau gekrönter Personendurchgang. Der Uhrturm im Norden wurde 1631 wiedererbaut, das Tor 1659 vergrößert.

In der besonders malerischen Häuserfront auf der Ostseite – die 4–6 m breiten und gut 20 m tiefen Häuser wurden nach dem Stadtbrand von 1761 neu erbaut – steht in der Südostecke der wichtigste Bau des Städtchens, das spätgotische Rathaus mit den zwei Türmchen. Seiner kunstvollen Fassade mit den Staffelfenstern wurde gegen Ende des 17. Jh. ein stark vorspringendes Walmdach aufgesetzt. Die Ratsstube im ersten Stock mit der Balkendecke und der reichen Täferung geht in die Zeit um 1450 zurück. Als Ausnahme in der Schweiz ist im Rathaus von Le Landeron auch noch ein Sakralbau untergebracht: Ins Erdgeschoß eingebaut ist die 1455 geweihte Kapelle der 10 000 Märtyrer, deren kreuzgewölbter Chor das Untergeschoß des Archivturms bildet. Das Rathaus beherbergt zudem das kleine Ortsmuseum mit prähistorischen und römischen Funden sowie Waffen aus der Burgunderbeute. In der Ostecke der nördlichen Häuserzeile stand einst das Schloß; vom ursprünglichen Bau sind einige Teile des Erdgeschosses erhalten.

Das selbst für Schweizer Verhältnisse besonders schmucke Städtchen bietet den richtigen Rahmen für die bekannte Fête de la Brocante, den Antiquitätenmarkt, der alljährlich an einem Wochenende Mitte September stattfindet. Mehr als 100 000 Besucher und Besucherinnen zählt jeweils diese größte Trödel- und Antiquitätenmesse der Schweiz, an der rund 300 Aussteller und Händler aus der deutschen und der französischen Schweiz ihre mehr oder weniger kostbaren Schätze und Trouvaillen feilbieten.

Marie de Nemours (1625–1707)

Um das Jahr 1700 besuchte jeweils an Sonn- und Feiertagen ein hoher Gast die 10 000-Märtyrer-Kapelle in Le Landeron: Marie de Nemours. Die letzte Regentin aus dem Haus Orléans-Neuveville auf dem Thron des Fürstentums Neuenburg konnte es als Katholikin nicht durchsetzen, daß in ihrer reformierten Hauptstadt die Messe gelesen wurde. Sie besuchte deshalb den Gottesdienst in Le Landeron, das im protestantischen Kanton bis heute eine katholische Enklave geblieben ist. Mehr als zwanzig Jahre kämpfte die verwitwete Herzogin von Nemours um die Macht in Neuenburg. 1672 beanspruchte sie die Erbfolge, da ihr Halbbruder, der Abbé von Orléans, dem Wahnsinn verfallen war. Sie ließ Le Landeron besetzen und versuchte vergeblich, in Neuenburg einen Aufstand anzuzetteln. Erst fünf Jahre nach dem Tod des Abts setzte sie 1699 nach langen Intrigen und mehreren Gerichtsurteilen ihren Anspruch gegen den Mitbewerber Fürst von Conti durch und bestieg den Thron mit 74 Jahren.

Aussicht vom Chaumont

Die Straße von Le Landeron nach Cressier und weiter über Enges führt in langen Schlaufen an den Abhängen der Jurakette zwischen Bieler- und Neuenburgersee sowie dem Val-de-Ruz hinauf zum Gipfel des Neuenburger Hausbergs Chaumont (1147 m). Der Chaumont ist in zwölf Minuten Fahrzeit auch mit der Standseilbahn vom Neuenburger Vorort La Coudre aus erreichbar. Vom großen Parkplatz bei der Bergstation der Standseilbahn erreicht man rasch den linker Hand stehenden Aussichtsturm, von dem aus man ein beeindruckendes Panorama auf den Neuenburger-, Bieler- und Murtensee bis hin zu den Berner Alpen und dem Mont-Blanc-Massiv genießt.

Ortsmuseum
Ville 35
Auskunft: Administration communale
038/51 23 54

Fête de la Brocante an einem Wochenende Mitte September

Montreux, die «Perle des Lavaux», gehört zu den weltweit bekanntesten Fremdenverkehrsorten der Schweiz. Dank seiner einmaligen Lage am Genfersee, der gutausgebauten touristischen Infrastruktur und dank Ausflugszielen wie den Rochers de Naye und dem berühmten Schloß Chillon wird Montreux aber auch von Schweizern viel und gern besucht.

Office du tourisme
Rue du Théâtre 5
1820 Montreux
021/963 12 12

24. 10. 1989

Montreux

Kanton:	VD
Meter über Meer:	471
Einwohner 1900:	15 844
Einwohner 1980:	19 685
Autobahn: N 9, Montreux	

Montreux gilt als Ort mit dem mildesten Klima nördlich der Alpen. Diesen Ruf verdankt der weltbekannte Kurort der Lage am sonnigen Südhang einer 2000 m hohen Bergkette, welche die Nordwinde beinahe vollständig abhält, und dem Genfersee: Die riesige Wasserfläche sorgt im Sommer und Winter für einen Wärmeausgleich, der die Temperaturen weder besonders hoch steigen noch besonders tief fallen läßt. Um Montreux wächst denn auch eine üppige Pflanzenwelt; besonders berühmt sind die Felder wilder Narzissen, welche die Abhänge oberhalb der Stadt im Frühling schneeweiß werden lassen.

Obwohl die Gegend schon in der Römerzeit besiedelt war, ist von der frühen Geschichte der Siedlung wenig bekannt. Im Mittelalter bezeichnete der Name Montreux die ganze Region zwischen Clarens und Schloß Chillon, zu der die drei Gemeinden Le Châtelard, Les Planches und Veytaux gehörten und die insgesamt 16 Dörfer und Weiler umfaßte. Das ursprünglich dem Bischof von Sitten gehörende Gebiet gelangte nach 1260 etappenweise an die Grafen von Savoyen und 1536 schließlich an Bern, das auf Schloß Chillon seine Landvögte einsetzte.

Das 3 km östlich des heutigen Zentrums liegende Schloß Chillon – es ist in einem bequemen, einstündigen Spaziergang durch die Parkanlagen entlang dem Seeufer erreichbar – spielte in der Gegend seit jeher eine wichtige Rolle. Römische Befestigungen auf der kleinen Insel – sie ist mit dem Festland durch eine Holzbrücke verbunden – wurden im 4. Jh. zerstört; ein neue Anlage soll im 9. Jh. bestanden haben. Die ältesten Teile der heutigen Burg, die unter den Savoyern im 13. Jh. ihre gegenwärtige Gestalt erhielt, gehen auf das 11. Jh. zurück. Sie beherrschte an einem natürlichen Engpaß zwischen See und Berg den Landweg von Lausanne ins Wallis und über den Großen St. Bernhard nach Italien. Die ganz von Wasser umgebene Burg mit ihrer länglich-ovalen Form, den zwei Mauerringen und dem mächtigen, 26 m hohen Bergfried, welcher den Binnenhof in zwei Wehrabschnitte unterteilt, diente den Savoyern auch als Gefängnis, und als berüchtigter Kerker gelangte Schloß Chillon schließlich zu Weltruhm. Zu Beginn des 19. Jh. schrieb der englische Dichter Lord Byron das Gedicht «Der Gefangene von Chillon», das dem berühmtesten Gefangenen der Festung, dem Genfer Freiheitshelden François Bonivard (1496–1570), gewidmet war. Der zur Reformation übergetretene Geistliche wurde 1536 nach siebenjähriger savoyischer Haft von den Bernern befreit. Die Spuren der romantischen Geschichte sind in Chillon noch

Über 5 km zieht sich die mit Bäumen, exotischen Blumen und gepflegten Parkanlagen geschmückte **Seepromenade** *von Clarens im Nordwesten bis Territet im Südosten von Montreux. Von ihr aus genießt man einen prächtigen Blick auf den Genfersee und die Savoyer Alpen. Etwa in der Mitte der Promenade mit den Hotelpalästen im Rivierastil und den vielen Gaststätten steht am Quai du Casino in einem Park das 1975 nach einem Brand neuerrichtete Casino von Montreux, ein Zentrum des Fremdenverkehrsorts, der heute auch dank den vielen internationalen Festivals weltweit bekannt ist.*

heute zu sehen: In der Pfeilerhalle mit den Kreuzrippengewölben im Untergeschoß kritzelte Byron an der dritten Säule 1816 seinen Namen ein, und an der fünften Säule soll Bonivard vier Jahre lang angekettet gewesen sein.

Mit seinem von Weltschmerz geprägten Gedicht weckte Byron bei der reisefreudigen englischen Oberschicht Interesse: Die geheimnisumwitterte Geschichte, die Insellage und der damals verwitterte bauliche Zustand machten Chillon rasch zu einer der berühmtesten Burgen Europas. Die Engländer besuchten den Kerker Bonivards und entdeckten dabei auch das milde Klima von Montreux und seine einzigartige Lage am Genfersee; der Aufschwung des Ortes als Fremdenverkehrsort begann.

Noch um 1830 war Montreux ein kleines Winzerdörfchen, das gerade zwei bescheidene Herbergen zählte. Im alten, ländlichen Dorfkern sind noch Spuren dieser idyllischen Vergangenheit erhalten. Am Steilhang über dem Delta des Flüßchen Baye de Montreux steht die reformierte, ehemals dem heiligen Vinzenz geweihte Kirche, deren Chor und Schiff 1495–1505 neu erbaut wurden; ihr Frontturm stammt von 1470. Oberhalb von Clarens steht am Rand eines Weinbergs die ehemalige Fluchtburg der Bürger von Montreux, Schloß Châtelard. Der imposante Rechteckturm mit dem kleinen Wohngebäude wurde 1440–1442 errichtet. Sonst sind die Spuren der Vergangenheit von Montreux fast nur noch im Musée de Montreux mit der kleinen lokalhistorischen Sammlung an der Rue de la Gare zu finden.

Das heutige Montreux ist das Resultat einer stürmischen touristischen Entwicklung, die in der zweiten Hälfte des 19. Jh. einsetzte. Seit 1861 an die Eisenbahnstrecke Lausanne–Villeneuve angeschlossen und seit 1902 dank der Montreux-Oberland-Bahn mit den Touristikzentren des Berner Oberlandes verbunden, wurde Montreux zum Klimakurort von Weltrang und zu einem der ältesten Fremdenorte Europas. In knapp 50 Jahren verachtfachte sich die Bevölkerung, und als damals zweitgrößte Stadt der Waadt zählte Montreux um 1900 bereits 75 Hotels mit 5000 Betten.

Künstler und Politiker verbrachten hier ihre Ferien und ihren Lebensabend. An den 1904 in Montreux verstorbenen letzten Präsidenten der Südafrikanischen Republik (des heutigen Transvaal), Ohm Krüger, erinnert zum Beispiel die Villa Krüger, eine der «Villas Dubochet», die im Ortsteil Clarens 1874–1879 nach einheitlichem Überbauungsplan entstanden. Auf dem benachbarten Inselchen Salagnon steht eine 1901 erbaute italienisch inspirierte Villa. Stolze Zeugen der mondänen Vergangenheit sind auch die Fassade des Hotels Montreux-Palace an der Grand-Rue und der Hotelpalast des Mountain House in Caux. Heute ist Montreux eine Großüberbauung, die vom 1969 errichteten spektakulären Autobahnviadukt an den Rebhängen umfahren wird und deren von zwei Hochhäusern dominierte Silhouette zeigt, daß sich der Ort als Waadtländer Regional- und modernes Touristikzentrum explosiv entwickelt.

Kaiserin Elisabeth (1837–1898)

Das romantische und unglückliche Leben der Kaiserin Elisabeth von Österreich und Königin von Ungarn – der schönen Sissi – wurde erfolgreich verfilmt: Die «Kaiserin wider Willen» und Tochter des Herzogs Maximilian in Bayern wurde 1854 aus dynastischen Gründen mit dem österreichischen Kaiser Franz Joseph I. verheiratet. In ihrer Ehe alles andere als glücklich, blieb Sissi wegen ihrer Ablehnung des höfischen Lebens am Wiener Hof eine Außenseiterin. Die exzentrische und zur Schwermut neigende Kaiserin entzog sich dem Hofleben zusehends durch Reisen und stieg mit ihrem Gefolge regelmäßig im Frühjahr und Herbst für einige Wochen im Grand-Hotel von Caux ab. Am 10. September 1898 reiste Sissi von Montreux nach Genf, wo sie auf dem Quai Mont-Blanc von dem italienischen Anarchisten Lucchini erdolcht wurde. An die vom Volk umschwärmte Kaiserin erinnert ein Denkmal aus Carraramarmor, das 1902 in Territet errichtet wurde.

Rochers de Naye

Ein 11 km lange Zahnradbahn führt von Montreux auf die Rochers de Naye. Die Station Caux auf 1024 m Höhe – der Kurort ist als Zentrum der «Moralischen Aufrüstung» bekannt – ist von Montreux aus auch auf der Straße erreichbar (6 km). Vom Gipfel der 2042 m hohen Rochers de Naye bietet sich ein prächtiges Panorama auf die Eisriesen der Berner, Walliser und Savoyer Hochalpen mit dem Mont-Blanc sowie auf den Genfersee. Im Alpengarten «La Rambertia» sind zudem über 1500 Pflanzenarten zu bewundern.

Schloß Chillon
November bis Februar,
10–12 und 13.30–16 Uhr
März und Oktober, 10–12 und 13.30–17 Uhr
April und Mai, 9–12 und 13.30–18 Uhr
Juli und August, 9–18.30 Uhr
September, 9–18 Uhr
021/63 69 11

Musée du Vieux-Montreux
Rue de la Gare 40
Di–So, 9–11 und 15–18 Uhr

Montreux-Oberland-Bahn
021/963 65 31

Schiffahrtsgesellschaft auf dem Genfersee
021/963 46 55

Schwimmbad
1815 Clarens
021/964 57 03

Minigolf Palace
021/963 65 10

Internationales Chortreffen im Frühjahr
Grand Prix «Golcene Rose» der Eurovision im Mai
Internationales Jazzfestival im Juli
Internationales Musikfestival im Herbst

Stadtplan: Seite 476

Die Waadtländer Landstadt Morges, ein altes Weinbauzentrum, hat ihr charaktervolles Ortsbild weitgehend intakt bewahrt. Nur 10 km westlich von Lausanne gelegen, ist Morges mit seinem imposanten Schloß und der schönen Seepromenade auch Ausgangspunkt abwechslungsreicher Ausflüge in die sanften Abhänge der Côte, des größten Waadtländer Rebbaugebiets.

Office du tourisme
Grand-Rue 80
1110 Morges
021/801 32 33

24. 10. 1989

Morges

Von den fünf Weinbaugebieten des Waadtlandes ist die Côte zwischen Morges und Nyon das größte. Seit jeher Zentrum der östlichen Côte ist das Städtchen Morges, das nur 10 km von Lausanne entfernt auf der vom Flüßchen Morges angeschwemmten Ebene in einer kleinen Bucht liegt. Gegründet wurden Schloß und Stadt um 1286 von Ludwig I. von Savoyen als Stützpunkt gegen den Bischof von Lausanne, mit dem er um seine Herrschaftsgebiete im Streit lag. Die typische Straßenstadt war großzügig geplant: Zwei Hauptverkehrsadern, die Grand-Rue und die Petite-Rue (heute Rue Louis-de-Savoie), ziehen sich durch die rechteckige Siedlung, die einst von Mauern bewehrt sowie an der Westseite durch zwei und an der Ostseite durch ein Tor abgeriegelt war.
Nach 1536 saßen statt der Savoyer Kastellane Berner Landvögte im Schloß, und das Städtchen kam unter den neuen Herren zu einiger Bedeutung: Sie bauten 1696 in Morges ihren größten Hafen am Genfersee. Hinter schützenden Mauern waren hier die sieben mit Kanonen bestückten Schiffe der Berner Kriegsflotte stationiert, die den See militärisch beherrschte. Der industrielle Aufschwung aber wurde von den Bernern verhindert: Als emigrierte französische Hugenotten Ende des 17. Jh. in Morges eine Fayencenfabrik errichten wollten, erteilten ihnen die Gnädigen Herren keine Bewilligung. So verpaßte Morges die Chance, Zentrum der Porzellanherstellung zu werden.
Im 18. Jh. entwickelte sich der Hafen zum wichtigen Warenumschlagplatz, und Morges erlebte neben einer wirtschaftlichen auch eine kulturelle Blütezeit. Die

Kanton:	VD
Meter über Meer:	375
Einwohner 1900:	4421
Einwohner 1980:	13 057
Autobahn:	N 1, Morges Est oder Ouest

*Die **Pfarrkirche von Morges** ist neben der Heiliggeistkirche von Bern das bedeutendste Beispiel des reformierten Kirchenbaus in der Schweiz aus dem 18. Jh. Der Barockbau wurde 1769–1776 nach Plänen des Berners Erasmus Ritter und weiterer Architekten erbaut, erhebt sich über dem Grundriß eines griechischen Kreuzes und ist stark mit klassizistischen Elementen durchmischt. Beherrscht wird das Gotteshaus vom Frontturm, der über der klassisch gegliederten Hauptfassade aufragt. Den Innenraum mit Ausnahme des Chors umziehen elegante Galerien, und im Chorscheitel steht eine schöne Barockkanzel.*

Stadt öffnete sich nach Osten, wo die herrschaftliche Rue de Lausanne entstand. Das 1542 gegründete humanistische Collège genoß einen ebenso guten Ruf wie die seit 1768 bestehende Bibliothek; Bürger aus dem geistig regsamen Städtchen spielten denn auch in der Waadtländer Revolution eine wichtige Rolle und gehörten zu den Vorkämpfern für die Unabhängigkeit der Waadt. Im 19. Jh. entwickelte sich der Bezirkshauptort zum beliebten Aufenthaltsort wohlhabender Familien, es entstanden mehrere Pensionate, und die Stadt förderte den Fremdenverkehr mit dem Ausbau des Seequais und 1900 mit der Errichtung eines Casinos. In dem alten Weinbauzentrum, das seit 1850 an das Eisenbahnnetz angeschlossen und dazu noch durch ein Bähnchen mit Bière verbunden war, siedelte sich etwas Industrie an. Heute sind die wichtigsten Betriebe von Morges eine Teigwarenfabrik und ein weltweit führendes Unternehmen des Computerzubehörs.

Im Westen vor der Stadt steht das mächtige Schloß. Zwar sind die ehemaligen Gräben verschwunden; der Bau selbst – mit vier runden Ecktürmen das klassische Beispiel eines «carré savoyard» – hat sich aber weitgehend im Zustand der Gründungszeit erhalten; die 1286–1291 unter Ludwig I. von Savoyen erbaute Feste wurde nur im Innern von den Berner Landvögten umgebaut. Im 19. Jh. diente das Schloß als Zeughaus, und eine Explosion im Munitionsdepot forderte 1871 nicht nur 23 Tote, sondern richtete auch im Städtchen schwere Schäden an. Heute ist hier das Waadtländer Militärmuseum untergebracht, das mit den ausgestellten Uniformen, Waffen und Kanonen einen kompletten Überblick zur Geschichte des Waadtländer Militärwesens gibt und dazu noch 8000 zu 50 Dioramen gruppierte Zinnsoldaten zeigt.

Die wichtigste Straße des Städtchens war seit jeher die Grand-Rue, die sich durch den ganzen historischen Kern vom Schloß bis zur Stadtkirche hinzieht. Hinter den hauptsächlich aus dem 18. und 19. Jh. stammenden Fassaden der meist schmalen Reihenhäuser verstecken sich oft herrschaftliche Binnenhöfe. Beherrschender Bau des Gassenzugs mit den vielen Gasthäusern und Geschäften ist das Rathaus (Nr. 79). Das spätgotische Eckhaus mit den Arkaden im Erdgeschoß wurde 1518–1520 erbaut; sein Treppenturm an der Ostseite besitzt ein schönes Barockportal. Im spätgotischen Häuserkomplex Nr. 54 aus der ersten Hälfte des 16. Jh. mit seinem schönen Arkadenhof befindet sich heute ein kleines Museum, das an den einheimischen Kupferstecher Alexis Forel (1852–1922) erinnert und eine beachtliche Grafiksammlung zeigt.

Von der Pfarrkirche führt der Weg über die Uferpromenade mit ihren Grünanlagen zum Hafen zurück. Von hier bietet sich eine wunderschöne Aussicht auf den See und das Mont-Blanc-Massiv.

Auguste Forel (1848–1931)

Der aus einer alteingesessenen Morger Familie stammende Auguste Forel begann sich schon als Sechsjähriger für das Leben der Ameisen zu interessieren und war bereits vor dem Beginn seines Medizinstudiums in Zürich als Ameisenforscher bekannt. Nach einem Aufenthalt in München wurde Forel Direktor der Psychiatrischen Landesheilanstalt Burghölzli in Zürich und später Professor an der Universität. Er machte sich nicht nur um die moderne Psychiatrie verdient, sondern auch um die Anatomie des Gehirns – Forel entdeckte unter anderem den Hörnerv –, die Lehre vom Hypnotismus und die gerichtliche Psychiatrie. Daneben auch noch stark sozial und politisch engagiert, war Forel ein Vorkämpfer der Abstinenzbewegung, der Volksbildung und -erziehung und setzte sich für den Völkerfrieden ein. Ausgehend von Untersuchungen über die Zurechnungsfähigkeit, bemühte er sich auch noch um die Reform des Strafrechts. Forel, dessen Kopf heute die 1000-Franken-Note ziert, befaßte sich daneben sein ganzes Leben lang mit der Erforschung der Ameisen; er starb 1931 im Waadtländer Weinbauerndorf Yvorne.

Signal-de-Bougy

Die Straße von Morges nach Lully und weiter über Lavigny führt durch die Côte ins abseits gelegene, hervorragend erhaltene Waadtländer Landstädtchen Aubonne (siehe S. 104). Von hier ist es nicht mehr weit zum Signal-de-Bougy, einem bekannten Aussichtspunkt und beliebten Ausflugsziel auf 707 m Höhe über dem Genfersee. Zur weitläufigen Anlage gehören ein Restaurant und mehrere Spielplätze für Kinder und Erwachsene (Tischtennis, Minigolf, Fußball, Pétanque usw.), Picknickplätze, Erholungszonen, ein Tierpark mit Hirschen und ein botanischer Lehrpfad in einem prächtigen Parkgelände.

Musée militaire vaudois
Schloß
Februar bis Mitte Dezember,
Mo–Fr 10–12 und 13.30–17 Uhr, Sa und So 13.30–17 Uhr
021/801 26 16

Maison Alexis-Forel
Grand-Rue 54
Di–So, 14–17 Uhr
021/801 26 47

Bahn Bière–Apples–Morges
021/801 21 15

Schiffahrt auf dem Genfersee
Auskunft: Hauptsitz
Lausanne
021/26 35 35

Schwimmbad
Promenade Général-Guisan
021/801 45 23

Camping
Le Petit Bois
Mitte April bis September
021/801 12 70

Markt Mittwoch- und
Samstagmorgen
Winzerfest im Oktober

Der Besuch der Kleinstadt Moudon im Broyetal, einst ein wichtiges politisches Zentrum der Waadt, weckt Erinnerungen an die «gute alte Zeit». Das durch die Lage am Fluß und auf einem Hügel gekennzeichnete Waadtländer Landstädtchen hat sein malerisches, mittelalterliches Ortsbild hervorragend bewahrt.

Information:
Administration communale
1510 Moudon
021/905 20 12

30. 9. 1989

Moudon

Moudon liegt etwa in der Mitte zwischen Genfer- und Neuenburgersee im oberen Broyetal und ist uraltes Siedlungsgebiet. Seine lateinische Bezeichnung Vicus Minnodunum enthält das keltische Wort «dunum», das auf einen befestigten Platz deutet. Die Keltensiedlung auf dem gut zu verteidigenden, steilen Molassefelsen zwischen den Flüßchen Mérine und Broye wurde zur Römerzeit in die Talsohle verlegt: Minnodunum war Flußübergang und Etappenort an der wichtigen Straße vom Großen St. Bernhard nach der Hauptstadt Helvetiens, Aventicum. In den unruhigen Zeiten des frühen Mittelalters aber wurde Moudon mehrmals geplündert, und die Bevölkerung zog sich wieder auf den Hügel zurück. Erst unter den zielstrebigen Herzögen von Zähringen wurde im 12. Jh. in der Talsohle erneut eine Siedlung gegründet. Das befestigte Moudon war der südwestlichste Vorposten ihres Herrschaftsgebiets: Von der damaligen Wehr erhielten sich an der Rue du Château Reste im Unterteil des Broyeturms. Schon in der zweiten Hälfte des 12. Jh. erhielt Moudon das Stadtrecht – es gehört damit zu den ältesten Städten der Schweiz –, und im 13. Jh. wurde der Ort zum wichtigsten Stützpunkt der Grafen von Savoyen diesseits des Genfersees. Sie umgaben den Marktflecken, der sich jetzt auf beiden Seiten der Broye ausbreitete, 1281 mit einer Ringmauer; regelmäßig trat hier die Ständeversammlung der Waadt zusammen – Moudon war damals politisches Zentrum und eine Art Hauptstadt der Waadt.
Bis ins 15. Jh. zählte Moudon mit Nyon und Morges auch zu den sogenannten «guten Städten» der Waadt, die unter der Oberhoheit der Savoyer besondere Rechte und große Autonomie besaßen. 1476 aber wurde Moudon nach der Schlacht bei Murten durch die Eidgenossen geplündert, und noch verhängnisvoller wirkte sich der Widerstand seiner Bevölkerung bei der Eroberung der Waadt durch die Berner 1536 aus: Moudon weigerte sich, zum neuen Glauben überzutreten, und verjagte den ersten Pfarrer, der die Reformation predigte. Milden, wie die Berner das Städtchen auf deutsch nannten, fiel bei den neuen Herren in Ungnade, und die aufsässigen Bürger wurden schwer besteuert. Viele Handwerker zogen fort; der Markt büßte zudem seine Bedeutung ein, da der bernische Landvogt seinen Sitz im 6 km broyeabwärts liegenden Schloß Lucens nahm und dieser Ort zum neuen Verwaltungs- und Wirtschaftszentrum der Gegend wurde. Auch im 19. Jh. blieb Moudon als Waadtländer Bezirkshauptort und als Zentrum einer stark landwirtschaftlich geprägten Region ein verschlafenes Städtchen. Heute werden hier Papier und Karton

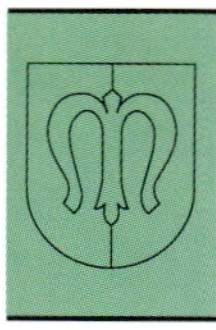

Kanton:	VD
Meter über Meer:	516
Einwohner 1900:	2686
Einwohner 1980:	3805
Autobahn:	keine

*Von der früheren Bedeutung Moudons zeugt das Wahrzeichen des Städtchens, die **Pfarrkirche St-Etienne** in der Unterstadt. Das für eine Kleinstadt riesige Gotteshaus in den strengen Formen der Früh- und Hochgotik und mit dem Glockenturm aus dem 15. Jh. – er steht über einem Tor der alten Stadtbefestigung – reicht ins 13. Jh. zurück. Hinter der aus Sandsteinquadern errichteten Westfassade mit dem schönen Radfenster öffnet sich das dreischiffige Innere, das in kleinem Maßstab nach dem Vorbild französischer Kathedralen gebaut ist. Das zweiteilige Chorgestühl stammt aus der Zeit um 1500 und gehört zu den schönsten der Schweiz.*

hergestellt; Moudon ist außerdem Sitz einer Gießerei.

Die späte und geringe Industrialisierung sowie die Lage Moudons abseits des großen Verkehrs trugen dazu bei, daß die Altstadt hervorragend erhalten blieb. Vom Zentrum der Unterstadt, der Place St-Etienne aus – hier steht neben der Pfarrkirche das 1775 als Kornhaus erbaute barocke Arsenal –, erreicht man die Durchgangsstraße Rue Grenade mit ihren repräsentativen Bauten vom 17. bis ins 19. Jh. Sie führt links über die Broyebrücke in die ehemalige Vorstadt mit vielen beachtlichen spätklassizistischen Häusern; am damals westlichen Stadteingang steht das markante Château de Billens aus dem 17. und 18. Jh. mit seinem Walmdach und dem mächtigen Treppenturm.

Zurück über die Brücke erreicht man das Rathaus: Beim 1835–1842 errichteten, spätklassizistischen Eckbau mit den Arkaden beginnt die malerische Grand-Rue, die sich zwischen den meist im 18. Jh. erbauten Häusern – unter ihnen fällt die besonders reizvolle Maison Bryois (Nr. 8) auf – zur Oberstadt hinaufzieht. Beim barocken Eckhaus La Tour öffnet sich ein kleiner Platz, auf dem ein Gerechtigkeitsbrunnen mit einer Renaissancefigur der Justitia steht.

Hier beginnt die steil ansteigende Rue du Château mit ihren charaktervollen Bauten, die vom 15. bis ins 18. Jh. entstanden. Gegenüber dem Broyeturm steht die Maison des Etats du Pays de Vaud. Im kleinen, um 1500 erbauten Wohnhaus vermutete man wegen des savoyischen Wappenschilds an der Fassade lange zu Unrecht den Versammlungsort der Waadtländer Stände und damit das politische Zentrum der Waadt im Mittelalter. Die Maison d'Arnay auf der anderen Gassenseite, ein wuchtiger Bau mit einem mächtigen Vordach, stammt aus dem 17. Jh.

Auf einer kleinen Geländeterrasse steht hinter dem eleganten Mosesbrunnen aus dem 16. Jh. an der nördlichen Straßenseite das 1595 errichtete Schlößchen Rochefort. In dem wehrhaften Bau mit dem Uhrturm befindet sich die kleine lokalhistorische Sammlung des Musée du Vieux-Moudon. Daneben ist im Haus Grand-Air (Nr. 48) ein Museum für den in Moudon geborenen Maler Eugène Burnand untergebracht.

Oben auf dem Plateau steht Schloß Carrouge. Die spätmittelalterliche Burg – heute ein Taubstummeninstitut – wurde im 18. Jh. als Sitz der Berner Geschlechter Diesbach und Graffenried und im späten 19. Jh. in neugotischem Stil umgebaut. An die alte Feste erinnert der Wehrturm im Westen der teilweise erhaltenen Ringmauer. Im Vieux-Bourg am Westende des Hügels, im ältesten Siedlungsteil, stehen an der mittelalterlichen Gasse harmonisch gestaffelte, aber ärmliche Häuser, unter denen besonders die malerische Gruppe Nr. 2–10 mit den spätgotischen Fenstergruppen hervorsticht. Ihre Rückseiten mit den verschachtelten Holzbalkonen über dem Abgrund lassen noch erahnen, wie Moudon im Mittelalter ausgesehen hat.

Eugène Burnand (1850–1921)

Ein kleines Museum im Haus Grand-Air erinnert an den in Moudon geborenen Eugène Burnand, der auf Wunsch seines Vaters an der ETH in Zürich zuerst Architektur studierte, sich aber bald der Malerei zuwandte und seine Studien in Genf und Paris fortsetzte. Hier schuf Burnand seine ersten Genrebilder, die sich mit dem Leben der bäuerlichen Bevölkerung auseinandersetzten. Wenig später malte er mehrere Ansichten der Alpen, die seinen Namen in der Schweiz rasch bekanntmachten. Abwechslungsweise in Paris, Südfrankreich und in Le Sépey lebend, schuf er neben vielen Zeichnungen, Stichen und Buchillustrationen auch mehrere großformatige Historienbilder – darunter 1895 als wohl bekanntestes die heute im Kunstmuseum Lausanne hängende dramatische «Flucht Karls des Großen». Im Alter wandte sich Brunand vermehrt der religiösen Malerei zu; als er 1921 in Paris starb, hinterließ er ein umfangreiches fromm-gefühlhaftes Werk, mit dem er in fast allen großen Museen der Schweiz vertreten ist.

Die kleinste Schweizer Stadt

6,5 km südlich von Moudon an der Straße nach Oron liegt bereits im Kanton Freiburg auf einem Hügel im Broyetal der mittelalterliche Marktflecken Rue. Das wegen seiner nur 361 Einwohner oft «kleinstes Städtchen der Schweiz» genannte malerische Rue mit dem einzigen, langgestreckten Straßenzug wird beherrscht von der auf einem Hügel thronenden, ehemaligen Burg der Herren von Rue. Die im 13. Jh. von den Grafen von Savoyen neuerbaute Anlage mit der Ringmauer und dem mächtigen Bergfried verbindet eine mittelalterliche Wehranlage mit wohnlichen Renaissancebauten und gehört zu den imposantesten Burgen der Westschweiz.

Musée du Vieux-Moudon
Château de Rochefort
Mitte Mai bis Mitte Oktober,
Sa und So 14–17 Uhr
Auskunft: Administration communale
021/905 20 12

Musée Eugène-Burnand
Grand Air
Mai bis Oktober,
So 14–17 Uhr
Auskunft: Administration communale
021/905 20 12

Schwimmbad
021/905 17 52

Camping
Camping du Grand Pré
021/905 17 52
Mai bis September

Kaum eine andere Schweizer Stadt hat ihre mittelalterlichen Befestigungen und ihre Altstadt so gut erhalten wie Murten. Die Stadt am idyllischen See mit dem nahen Aussichtsberg des Mont Vully gehört zu den beliebtesten Ausflugszielen der Schweiz.

Verkehrsbüro Murten
Schloßgasse 5
3280 Murten
037/71 51 12

Murten

Murten liegt an der alten Römerstraße von Avenches/Aventicum, der Hauptstadt der römischen Civitas Helvetiorum, weiter in die nordöstlichen Provinzen. Trotzdem spielte das Städtchen an der Grenze zweier Sprachen und Kulturen nie eine bedeutende wirtschaftliche und politische Rolle. Nicht Murten, sondern Bern und Freiburg – wie das heutige Murten im 12. Jh. von den Herzögen von Zähringen gegründet – traten die Nachfolge des keltischen Oppidums auf dem Mont Vully jenseits des Sees und Aventicums an. Die beiden Stadtrepubliken drängten Murten mit ihrer Verkehrspolitik ins Abseits: Die alte Achse Genfersee–Broyetal konkurrenzierten sie erfolgreich mit der über Romont–Freiburg–Bern führenden Straße. Im 19. Jh. wurde Murten auch von der Eisenbahn umfahren: Die schweizerische West-Ost-Verbindung wurde nicht, wie ursprünglich geplant, über Yverdon–Murten–Lyss–Solothurn, sondern auf Druck von Bern und Freiburg über Romont–Freiburg–Bern geführt. So blieb Murten eine ländliche Kleinstadt, die immer im Schatten ihrer größeren Rivalinnen stand.

Dabei ist Murten uralter Kulturboden: Am flachen Seeufer wurden Reste von sogenannten Pfahlbauten entdeckt, die zusammen mit römischen Funden im Ortsmuseum ausgestellt sind. Der Name Murten kommt vom keltischen Moriduno, was Festung am Seeufer bedeutet; die Römer nannten die Siedlung Muratum. Im frühen Mittelalter gehörte der befestigte Platz zum Königreich Hochburgund und gelangte im 12. Jh. in den Besitz der Zähringer. Herzog Berchtold IV. legte

Kanton:	FR
Meter über Meer:	450
Einwohner 1900:	2263
Einwohner 1980:	4558
Autobahn:	N 1, Murten

vermutlich zwischen 1189 und 1191 das heutige Städtchen an. Die rechteckige, 225 m lange und 155 m breite Anlage mit dem Gassenmarkt der Hauptgasse gehört zu den besterhaltenen und typischsten Zähringergründungen der Schweiz.

1255 fiel das seit 1238 mit einer Ringmauer befestigte Murten an die Grafen von Savoyen, die kurze Zeit später das erste Schloß bauten und spätestens 1377 die Stadtmauer erhöhten. Als im 15. Jh. der Konflikt zwischen Bern und Burgund und dessen Verbündeten Savoyen ausbrach, ergab sich Murten 1475 kampflos den Bernern. Im Frühjahr 1476 verteidigte eine bernische Besatzung unter Adrian von Bubenberg das Städtchen tapfer gegen ein burgundisches Belagerungsheer, bevor am 22. Juni 25 000 Eidgenossen Herzog Karl dem Kühnen in der Schlacht bei Murten eine vernichtende Niederlage zufügten und 10 000 Burgunder töteten. Nachdem Bern die Waadt erobert hatte, verlor Murten seine Bedeutung als Grenzstadt und blieb bis 1798 unter der Herrschaft von Bern und Freiburg, die das Städtchen gemeinsam verwalteten. Obwohl Murten im 17. und 18. Jh. dank der Produktion von Wein und Korn, dank seinen Märkten und vor allem dank dem Warenverkehr über den See eine wirtschaftliche Blütezeit erlebte, blieb der Ort bis gegen 1900 auf den mittelalterlichen Umfang beschränkt: Nur gerade der äußere und der innere Graben waren im 16. Jh. aufgefüllt worden. Das Stadtbild allerdings hatte sich bereits nach dem großen Stadtbrand von 1486 geändert: Die Häuser wurden in Stein wiederaufgebaut, und im 17. und 18. Jh. erhielten ihre Fassaden das heutige, vorwiegend barocke Gesicht.

1803 kam Murten zum Kanton Freiburg und entwickelte sich zu einer Hochburg der Radikalen (Freisinnigen), die gegen den konservativen Freiburger Zentralismus opponierten. Das liberale Bürgertum ließ 1803–1805 die Tortürme als Zeugen überholter Vergangenheit abreißen und manifestierte sein Selbstbewußtsein in einer Reihe von Bauten und Umbauten wie beim Rathaus, beim Spital und vor allem beim 1836–1839 errichteten großen Primarschulhaus vor dem Bernertor: Es ist eines der frühesten Beispiele für die bildungsfreundliche Haltung des Schweizer Bürgertums in 19. Jh.

Ungeachtet des Anschlusses an die Broyetalbahn in den siebziger Jahren des 19. Jh. wurde Murten aber kaum industrialisiert, und seine Behörden führten einen ständigen Kampf gegen Armut und Unterenwicklung: Alle Projekte zur Stadterweiterung blieben außer im Neuquartier Papier. Am meisten änderte sich das Stadtbild noch an der Ryf, der Uferstraße unter dem Stadthügel: Bei der Juragewässerkorrektion nach 1890 sank der See, der einst bis zu den Häusern gereicht hatte, um 2,5 m. Die heutigen Quaianlagen stammen allerdings erst aus den dreißiger Jahren dieses Jahrhunderts. Nach 1950 setzte dann die Zersiedelung der Umgebung ein, welche heute das ehemals reizvolle Panorama Murtens beeinträchtigt.

An der schlechten Finanzlage Murtens im 19. Jh. scheiterte auch der mehrmals beabsichtigte Abbruch der Stadtmauer. Die Befestigung mit einer Durchschnittshöhe von 8,5 m, dem Wehrgang und dem Dutzend Türme blieb so neben jener von Freiburg die besterhaltene Stadtmauer der Schweiz. Zusammen mit dem hervorragend erhaltenen Ortsbild trug sie entscheidend dazu bei, daß der Ausflugstourismus im freiburgischen Bezirkshauptort, in dem gut 70 % der Einwohner deutscher Zunge sind, zur heute größten Einnahmequelle wurde.

Jeremias Gotthelf (1797–1854)

Als Sohn des Murtener Stadtpfarrers wurde Albert Bitzius am 4. Oktober 1797 im Deutschen Pfarrhaus geboren. Seit 1832 selbst Pfarrer in Lützelflüh, begann er erst im Alter von 40 Jahren unter dem Namen Jeremias Gotthelf zu schreiben. Seine bekannten Romane wie «Ueli der Knecht» und «Ueli der Pächter», «Anne Bäbi Jowäger», «Geld und Geist», «Die Käserei in der Vehfreude», «Zeitgeist und Bernergeist» enthalten massive Zeitkritik aus konservativer Sicht. Gotthelf bekämpfte vor allem den freisinnigen «Fortschrittsglauben» und zeichnet sich gleichzeitig durch eine ungewöhnlich treffsichere und eindrückliche Gestaltung der Menschen, ihrer Schwierigkeiten und inneren Kraft aus. Der wohl volkstümlichste Dichter der Schweiz war auch ein scharfer politischer Satiriker und schuf viele historische Novellen und Sagenerzählungen. In der «Schwarzen Spinne» stehen sich zum Beispiel ein realistischer Rahmen und die düstere Dämonie des mittelalterlichen Pestsymbols gegenüber, während Gotthelf in «Elsi, die seltsame Magd» eine schlichte und tragische Liebesgeschichte erzählt.

Historisches Museum
037/71 31 00
Januar und Februar:
Sa und So 14–17 Uhr
März, April und Oktober bis Dezember:
Di–So 14–17 Uhr
Mai bis September:
Di–So 10–12 und 14–18 Uhr

Schiffahrtsgesellschaft LNM
Murten
037/71 26 03

Schiffahrtsgesellschaft LNM
Neuchâtel
038/25 40 12

Hallen-, Schwimm- und Strandbad
Lausannestraße 2
037/71 22 36

Minigolf
Am Hafen

Camping Löwenberg
3286 Muntelier
037/71 37 30
Ostern bis Oktober

Fasnacht Anfang März

Schlachtjahrzeit im Juni

Winzerfest am Mont Vully
Ende September

Gedenklauf
 Murten–Freiburg
 Anfang Oktober

Aussicht vom Mont Vully

Vom 653 m hohen Mont Vully oder Wistenlacherberg, der Wasserscheide zwischen Murten- und Neuenburgersee, bietet sich ein großartiges Panorama auf die drei umliegenden Seen, auf die Jurahöhen, die Ebene des Seelandes bis hin zu den Alpen vom Pilatus zum Mont-Blanc. Der Aussichtsberg ist mit dem Auto (Straße von Murten Richtung Ins, Abzweigung nach Sugiez) oder auch zu Fuß in einer zweieinhalbstündigen Wanderung erreichbar. Vom Murtener Hafen führt der Seeuferweg durch das Fischerdof Muntelier und den Staatswald Chablais nach Sugiez. Kurz nach der neuen Broyebrücke rechts halten und entlang der neuen Militärstraße zum Gipfel steigen. Der Abstieg führt auf verschiedenen Routen durch die fruchtbaren Südhänge und die typischen Weinbauerndörfer nach Môtier oder Praz, wo nach einer erholsamen Rast in einer der gemütlichen Gaststätten am See das Schiff zur Rückfahrt nach Murten bestiegen werden kann.

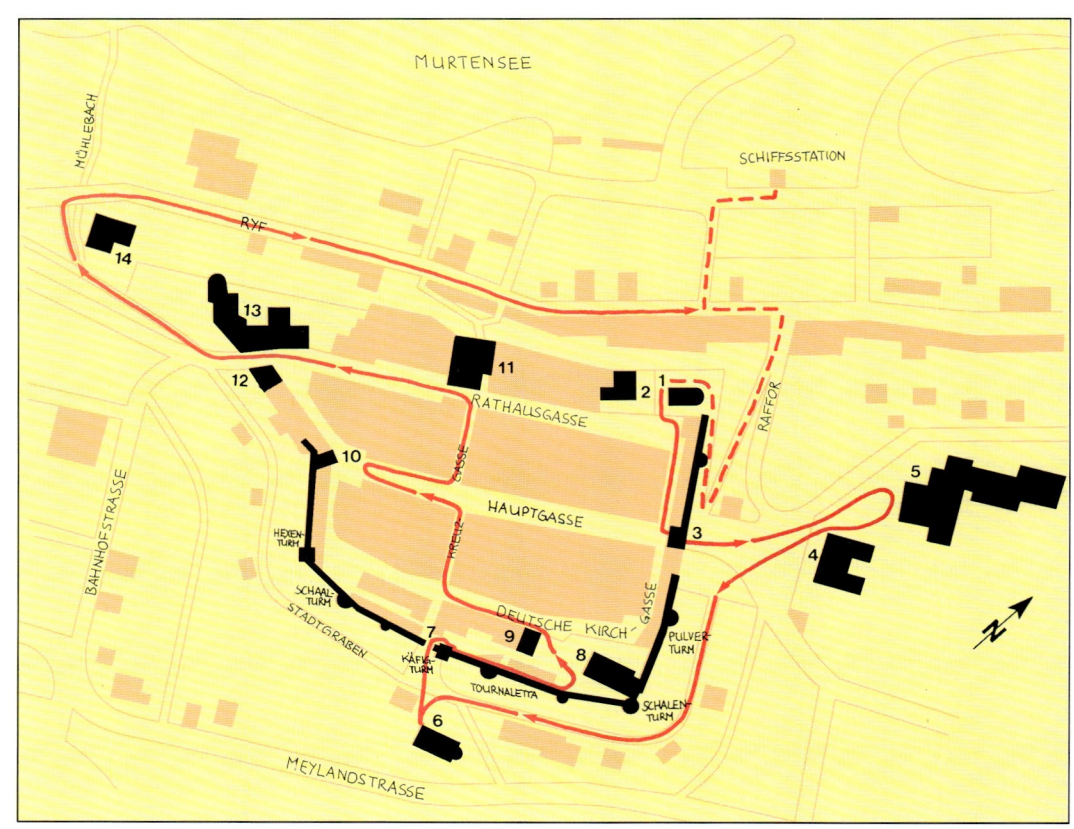

1 Französische Kirche
2 Französisches Pfarrhaus
3 Berntor
4 Primarschulhaus
5 Sekundarschulhaus mit Weltzeitsonnenuhr
6 Römisch-katholische Kirche
7 Ringmauer und Türme
8 Deutsche Kirche
9 Deutsches Pfarrhaus
10 Rübenloch
11 Rathaus
12 Gerichtsgebäude
13 Schloß
14 Stadtmühle und historisches Museum

Stadtrundgang Murten

In der Nordwestecke der Stadt an der Rathausgasse – sie wird nach einem 1866 hier mit einer Kanone erschossenen Zirkuselefanten auch Elefantengasse genannt – steht die reformierte Französische Kirche (1), die ehemalige Katharinenkapelle. Die kleine, 1478–1480 erbaute Saalkirche mit dem gewölbten Chor und spitzen Dachreiter trägt über dem Osteingang eine Gedenktafel für den Reformator von Murten, Wilhelm Farel (1489–1565). Von ihrer seeseitigen Plattform aus öffnet sich eine prächtige Aussicht auf den See, den Mont Vully sowie die Jurarücken Chasseral und Chaumont. Das elegante Französische Pfarrhaus (2) neben der Kirche entstand 1732 im typischen Berner Pfarrhausstil. Das Berntor oder Untere Tor (3) wird bereits 1255 erwähnt und wurde 1777/78 in spätbarockem Stil nach dem Vorbild des Berner Zytgloggenturms neu errichtet. Das Werk der großen Uhr läuft schon seit 1712. Am weiten Platz vor dem Tor steht das Primarschulhaus (4) im Stil der Münchner Neurenaissance. Die U-förmige Anlage mit der neunachsigen Hauptseite wurde 1836–1839 erbaut. Beim benachbarten Sekundarschulhaus befindet sich eine Weltzeitsonnenuhr (5) mit fünf Zifferblättern.

Vorbei am ehemaligen Friedhof und durch den Inneren Stadtgraben vor der Ringmauer führt ein Fußweg zur Römisch-katholischen Kirche (6) im Osten vor der Stadt. Ihr basilikales Langhaus und der polygonale Chor wurden 1885–1887 im Stil der französischen Frühgotik errichtet, der Turm stammt aus den Jahren 1925–1927.

Unmittelbar rechts hinter dem erst im 19. Jh. geöffneten Mauerdurchbruch des Törli führt eine Treppe zur Ringmauer mit ihren Türmen (7) empor. Vom begehbaren Wehrgang aus bietet sich ein Blick auf die Dächer von Murten und auf seine zwölf Türme, von denen der «Tournaletta» bestiegen werden kann: Von hier aus sieht man landeinwärts hin-

Die prächtige Hauptgasse mit dem stolzen Berntor

Der Wehrgang auf der Stadtmauer

über zum Murtener Schlachtfeld. Selbst der Chorturm der Deutschen Kirche (8) in der Nordostecke der Stadt ist als wehrhafter Bau in die Stadtmauer eingebaut. Das Gotteshaus, einst eine Marienkapelle, dient erst seit der Mitte des 18. Jh. als Pfarrkirche. Während der Turm wahrscheinlich aus einem Burgturm des 12. Jh. herauswuchs, wurde das Schiff 1710–1713 neu erbaut. Die spätgotische, aus einem Stamm gehauene Kanzel stammt aus dem Jahr 1484, das eichene Chorgestühl aus dem Ende des 15. Jh. Im 1730 errichteten Deutschen Pfarrhaus (9) wurde Jeremias Gotthelf geboren, dessen Bronzestandbild im Kirchhof steht.

Durch die Deutsche Kirchgasse Richtung Hexenturm erreicht man die einzige Querachse des Städtchens, die Kreuzgasse, und beim mittleren Brunnen schließlich die Hauptgasse. Sie gehört mit ihren Laubengängen, den vorwiegend barocken Fassaden aus ockergelbem Neuenburger Stein und mächtigen Rinden – den halbrunden Holzverschalungen der Giebel – zu den geschlossensten Gassenbildern der Schweiz. Unter den schmucken Häusern fällt das 1722 erbaute Großhaus (Nr. 43) auf, ein besonders gut erhaltenes Herrenhaus. Es ist ein typisches Beispiel jener aufwendigen Murtener Bauten, die in der Regel aus Hauptbau, rückseitiger Treppe, Hof und an den Ehgraben (ehemaliger offener Kanalisationsgraben) zurückgesetzten Ökonomiegebäuden mit Toilettentürmen bestehen. Eine besonders schöne Fassade ziert auch das Haus Nr. 29 aus dem Jahr 1780 mit älteren Teilen von 1611.

In der Oberstadt wird die Hauptgasse vom Rübenloch (10) abgeschlossen. Das 1672 erbaute Haus mit der großen Ründe ist ein typisches Beispiel dafür, daß in Murten auch im 17. Jh. noch gotische Formen lebendig waren. Durch die Kreuzgasse erreicht man das Rathaus (11), das 1424, nach dem Brand von 1416, Verwaltungssitz wurde. Im Gebäude mit der klassizistischen Fassade von 1832 und dem mächtigen Walmdach stecken die Reste zweier spätmittelalterlicher Privathäuser.

Anstelle des abgebrochenen Avenchestores steht am südlichen Ausgang der Rathausgasse seit 1806 das Waisenhaus, in dem heute das Amtsgericht (12) untergebracht ist. Daneben erhebt sich das Murtener Schloß (13). Bis zur Mitte des 18. Jh. war die Burg mit Mauern, Graben und einer Zugbrücke gegen die Stadt gesichert. Zu den ältesten frühsavoyardischen Teilen gehört der Luegisland, ein hoher, ursprünglich freistehender Viereckturm. Die heutige Anlage – ein unregelmäßiges Fünfeck mit zwei Rundtürmen und einem Wohntrakt – geht auf Umbauten zwischen 1476 und 1540 und eine Renovation von 1916–1918 zurück. Zu Füßen des Schlosses steht die Stadtmühle (14), die nach den Burgunderkriegen errichtet und im 17. und 18. Jh. stark umgebaut wurde. Hier ist heute das Historische Museum von Murten untergebracht.

Der Weg zum See und zur Ryf – ihr ursprünglicher Name «ripa» bedeutet Ufer – erinnert daran, daß das Seeufer noch im 19. Jh. viel näher bei der Stadt lag als heute. Vor der hangseitig geschlossenen Häuserzeile lag einst der Hafen von Murten. Die ebenerdigen Lagerkeller mit den breiten Doppeltoren in den barocken Häusern deuten darauf hin, daß sich hier bis zum Untergang der Alten Eidgenossenschaft ein lebhafter Handel vor allem mit Wein aus der Westschweiz nach Bern abwickelte.

Bei Murten den Mut

In einer halbstündigen Tonbildschau zeigt das Historische Museum Murten den Verlauf der Schlacht vom 22. Juni 1476, bei der Karl der Kühne von Burgund nach dem Volksmund den «Mut» einbüßte; kurz vorher bei Grandson verlor er das «Gut» und schließlich wenig später bei Nancy das «Blut» – d.h. bei Murten fiel die militärische Entscheidung, während die Beute bereits in Grandson gemacht wurde. Von der berühmten Burgunderbeute werden allerdings nur Degen, Dolche, Schwerter und Geschütze gezeigt – der Rest der Reichtümer ist heute in alle Winde zerstreut. Den Zeitgenossen erschien es wie ein «Wunder», daß eine Allianz von Bürgern und Bauern eines Alpenlandes den reichsten Herrscher der Zeit besiegen konnte und ihnen ein ganzer reisender Hofstaat – Karls Troß mußte mit Tausenden von Zugpferden transportiert werden – in die Hände fiel. Wie der reiche Johann Jakob Fugger spöttelte, hätten sich die Eidgenossen aber «besser auf Kühe als auf Kleinodien verstanden und die ganzen köstlichen Edelsteine und Perlen um einen Spottpreis» verkauft. Tatsächlich betrachteten die Eidgenossen als offizielle Beute nur die Fahnen und Waffen; Kleinodien, Teppiche, Stoffe und selbst Diamanten wurden nach der Schlacht sofort verteilt.

13. 8. 1989

Neuenburg in seiner schönen Lage an den Abhängen des Chaumont ist ein altes Handels-, Weinbau- und Wissenschaftszentrum. Zu Füßen von Schloß und Kirche liegt die malerische Altstadt, und in den vornehmen Quartieren am See erinnern viele Zeugen an die stolze Vergangenheit Neuenburgs als Kaufmannsstadt.

Office du tourisme
Rue de la Place d'Armes 7
2001 Neuchâtel
038/25 42 42

TCS-Geschäftsstelle
Rue Pourtalès 1/
Avenue du 1er-Mars
2000 Neuchâtel
038/24 15 31

Neuenburg

Im schmalen, aber fruchtbaren Landstrich zwischen dem Westufer des Neuenburgersees und den einst stark bewaldeten Abhängen der Jurakette ließen sich um 4000 v. Chr. wahrscheinlich aus dem Mittelmeergebiet stammende Völker nieder, die um 2000 v. Chr. eine bereits erstaunlich hoch entwickelte Kultur besaßen: Als Ackerbauern und Viehzüchter beherrschten sie die Kunst der Metallverarbeitung und der Töpferei. Ihre «Pfahlbauersiedlungen», etwa jene von Cortaillod oder Auvernier, sind weltberühmt; und nach dem Fundort La Tène am Nordufer des Zihl-Ausflusses ist in der Wissenschaft sogar eine ganze Epoche benannt, die Jüngere Eisenzeit von 500 bis 100 v. Chr.

Neuenburg selbst ist aber viel jünger und wird urkundlich erst 1011 als «novum castellum» und Residenz der Könige von Burgund erwähnt. Ende des 12. Jh. war eine Adelsfamilie aus der Gegend zum Grafengeschlecht von Neuenburg aufgestiegen und baute auf dem Hügel, der im Norden und Osten durch ein schmales Tälchen von den Abhängen des Chaumont getrennt ist, ein erstes Schloß und eine erste Kirche. Gegraben hatte diesen Einschnitt der Wildbach Seyon, und auf seinem Delta entwickelte sich am Fuß des Burghügels langsam eine kleine Stadt. Die Tour des Prisons und die Tour de Diesse, die noch immer am Eingang und Ausgang der Rue du Château stehen, sicherten als Wachttürme den ersten Siedlungskern; er wurde schon vor 1214 – damals erhielt Neuenburg seinen ersten Freiheitsbrief – um die Croix-du-Marché und die auf der rechten Seite zum Seyon parallel laufen-

Kanton:	NE
Meter über Meer:	479
Einwohner 1900:	20 843
Einwohner 1980:	34 428
Autobahn:	N 5

de Rue des Moulins erweitert. Der Bach wurde erst 1843 durch einen Stollen unter dem Schloßhügel hindurch direkt in den See gelenkt; vorher hatte er die Stadt an der Stelle der heutigen Rue du Seyon in zwei Hälften geteilt, die während Jahrhunderten mit fünf Brücken verbunden waren. Um die Mitte des 13. Jh. griff die Stadt erstmals über den Bach hinaus, und um die Rue de Neubourg sowie die Rue de l'Hôpital entstand ein neues Quartier; es war von einer Ringmauer umgeben, deren letztes Tor erst 1867 geschleift wurde. Der Aufschüttung des Deltas folgend, dehnte sich Neuenburg allmählich auch gegen den See hin aus und war um die Mitte des 15. Jh. bis zur Place des Halles gewachsen. Bis um diese Zeit hatten die Grafen von Neuenburg ihr Territorium in zähen Kämpfen mit dem Bischof von Basel im Osten und den Herren von Grandson im Westen langsam ausgedehnt. Zusammen mit den Herren von Valangin aus dem gleichnamigen kleinen Städtchen oberhalb von Neuenburg hatten sie zudem seit dem 13. Jh. mit der systematischen Gründung von Dörfern wie Le Locle und La Chaux-de-Fonds auch die unwirtliche Hochebene des Juraplateaus kolonisiert.

Nach dem Aussterben der Grafen im 14. Jh. fiel das kleine Fürstentum durch Heirat in die Hände verschiedener Fürstendynastien, so 1504 an das Haus Orléans-Longueville. Den neuen Herren erwuchs mit der Bürgerschaft ein starker Gegner, der den Fürsten im Schloß mehr Rechte abzutrotzen suchte und sich dazu nach Bundesgenossen umsah. 1308 schlossen die Bürger mit dem mächtigen Bern ein Burgrecht, das 1406 erneuert wurde, und seither nahm Bern des öftern eine Schiedsrichterrolle in den vielen Auseinandersetzungen zwischen Stadt und Schloß ein.

Unter Guillaume Farel, einem Mitstreiter Calvins, wurde die Stadt nach 1538 reformiert und entwickelte sich zu einer Handelsmetropole sowie zu einem blühenden kulturellen Zentrum. Hier wurde die erste französische Bibelübersetzung gedruckt, und

Musée d'histoire naturelle
Rue des Terreaux 14
038/25 68 72
Di–So 10–17 Uhr

Musée d'art et d'histoire
Quai Léopold-Robert/Rue des Beaux-Arts 2
038/25 17 40
Di–So 10–17 Uhr

Musée d'ethnographie
Rue de Saint-Nicolas 4
038/24 41 20
Di–So 10–17 Uhr

Musée cantonal d'archéologie
Avenue Du Peyrou 7
038/25 03 36
Di–So 14–17 Uhr

Schwimmbad
Piscine du Crêt-du-Chêne
Rue de la Dîme 2
038/33 48 02

Piscine de Serrières
Avenue Jeanrenaud
038/31 65 88

Minigolf des Jeunes Rives
Avenue R.-Comtesse 4
038/24 57 58

Eisbahn
Patinoire du Littoral
Avenue R.-Comtesse 4
038/24 17 19

Schiffahrt auf dem Neuenburger- und Murtensee
Schiffahrtsgesellschaft LNM
Neuchâtel
038/25 40 12

Camping in Colombier
Paradis-Plage
März bis Oktober
2013 Colombier
038/41 24 46

Di, Do und Sa Markt auf der Place des Halles

Winzerfest am letzten Septemberwochenende

Stadtplan: Seite 474/475

Flieg, Schmetterling, flieg

6 km von Neuenburg entfernt ist in Marin neben einem Einkaufszentrum im «Papiliorama» der größte Schmetterlingsgarten der Schweiz zu bewundern. Unter einer Kuppel mit 42 m Durchmesser und 11 m Höhe liegt ein üppiger tropischer Garten mit mehr als 600 Pflanzenarten. Sie liefern den Raupen die Nahrung und den über 1000 Schmetterlingen aus 5 Kontinenten den Nektar, den sie zum Leben brauchen. Um Bäche und Teiche schlängeln sich gewundene Pfade, von denen aus man je nach Jahreszeit sämtliche Entwicklungsstadien von 150 verschiedenen Schmetterlingsarten beobachten kann: vom Ei über die Raupe und die Puppe bis zum farbenfrohen, leider meist nur kurzlebigen Falter. In einem Insektarium sind zudem Insekten sowie große Spinnen und Skorpione zu bestaunen.

Papiliorama Tropical Garden
Marin-Centre
2074 Marin
038/33 43 44
Sommer 9–18.30 Uhr,
Winter 10–17 Uhr

hier entstand eine berühmte Schule der Jurisprudenz. Reiche Kaufleute bauten damals als Korn- und Stoffmarkt auch das weltliche Wahrzeichen der Stadt, die prächtige Maison des Halles.

Daß die Fürsten der einzigen Monarchie, die innerhalb der heutigen Grenzen der Schweiz das Mittelalter überlebte, mitten in einem erzkalvinistischen Land der römisch-katholischen Kirche treu blieben, vergrößerte die Distanz zwischen ihnen und dem Volk noch. Nach dem Tod der Gräfin Marie de Nemours, der letzten Regentin aus dem Hause Orléans, kam es deshalb 1707 zu einem denkwürdigen Schiedsspruch, der die Geschicke Neuenburgs bis zur Mitte des letzten Jahrhunderts bestimmte. Nicht weniger als 15 Adlige erhoben damals Anspruch auf den Thron des Fürstentums, und monatelang wurde in der Stadt mit Intrigen und vor allem mit viel Bestechungsgeld um die Erbfolge gemarktet. Dank dem Einfluß Berns, das die Thronbesteigung eines französischen Adligen verhindern wollte, fiel die Wahl auf den König von Preußen, Friedrich I. Das Neuenburger Patriziat hatte den protestantischen und weit entfernten König allerdings auch noch aus einem andern Grund zum Fürsten gewählt. Die preußischen Könige erhoben nur bescheidene Steuern und mischten sich kaum in die Geschäfte ein; innenpolitisch blieb Neuenburg praktisch autonom, und nicht umsonst hieß es vom König in Berlin: «Il régnait, mais il ne gouvernait pas» (Er herrschte, aber regierte nicht).

Zu Beginn des 18. Jh. entwickelte sich vor allem dank dem von Preußen geförderten Zustrom hugenottischer Flüchtlinge in Neuenburg die erste Industrie. Bis um 1750 dominierten als Erwerbszweige die Herstellung von Indienne (besonders fein bedruckter Baumwollstoff) und die Spitzenklöpplerei; erst ab der zweiten Hälfte des 18. Jh. wurde vor allem auf den Jurahöhen die Uhrenherstellung zur wichtigsten Industrie. In der damaligen wirtschaftlichen Blütezeit bauten Patriziat und reiche Kaufleute im Osten

des heutigen Rathauses, im eleganten Quartier du Faubourg de l'Hôpital, ihre Bürgerhäuser und Palais aus gelbem Jurakalk; am Seeufer entstanden die ersten Promenaden.

In der aristokratisch und konservativ geprägten Stadt lehnte man die Französische Revolution ab, während sie von der seit jeher radikal-demokratisch und revolutionär denkenden Bevölkerung auf den Jurahöhen begeistert begrüßt und mit Freiheitsbäumen in Le Locle und La Chaux-de-Fonds gefeiert wurde. Als preußisches Fürstentum aber blieb Neuenburg 1798 von der Besetzung durch französische Truppen verschont; erst 1805 tauschte Preußen den fernen Besitz zusammen mit dem Herzogtum Kleve gegen Hannover ein. Napoleon schenkte Neuenburg seinem Kriegsminister Alexandre Berthier, genannt «le Prince». Er wurde nach dem Sturz Napoleons entmachtet, und Neuenburg fiel an Preußen zurück. Aus seiner Isolation versuchte sich das Ländchen mit einer Doppelstrategie zu befreien: Als preußisches Fürstentum trat es im Jahr 1814 als Vollmitglied und 21. Kanton der Eidgenossenschaft bei.

Der schizophrene Zustand mußte zu Konflikten führen: Während sich die betuchten Bürger in der Stadt und im Weinbaugebiet am See aus Angst vor einem Umsturz je länger desto royalistischer und preußenfreundlicher gebärdeten, gewannen die republikanischen und prohelvetischen Ideen unter den Uhrenarbeitern auf den Jurahöhen immer mehr an Boden. 1848 wurden die leidenschaftlichen Auseinandersetzungen zwischen «vignoble» und «montagne» mit Waffengewalt entschieden: Truppen aus Le Locle, La Chaux-de-Fonds und dem Val-de-Travers besetzten am 1. März die Hauptstadt, verhafteten den Staatsrat und riefen die Republik aus. Bis heute erinnern die vielen «Cercles» im Kanton an die heftigen Auseinandersetzungen. Hier kamen ursprünglich die Anhänger einer politische Richtung zusammen, und auch wenn heute nicht mehr die ganze Nacht debattiert wird, erhielt sich doch eine auch für Auswärtige erfreuliche Tradition: Die Lokale kennen immer noch keine Polizeistunde.

1856 zettelten royalistische Konterrevolutionäre mit preußischer Unterstützung in der Hauptstadt einen Anschlag auf die junge Republik an, der von jurassischen Milizen nur knapp niedergeschlagen werden konnte. Als die Eidgenossenschaft die Entlassung der Putschisten verweigerte, kam es zu einer schweren außenpolitischen Krise: Der König von Preußen drohte mit Krieg. Die Schweiz mobilisierte unter General Dufour erstmals seit dem Sonderbundskrieg ihre Armee und besetzte die Nordgrenze. Dank der Vermittlung Napoleons III., der mit seinem militärischen Lehrer Dufour befreundet war, konnte dieser «Preußenhandel», der den jungen Bundesstaat schwer bedrohte, auf diplomatischem Weg beigelegt werden. Der Bundesrat erklärte eine Amnestie, und der König von Preußen verzichtete dafür aus seine Herrschaftsansprüche. Den Titel aber behielt er bei: Noch der letzte deutsche Kaiser nannte sich auch «Fürst von Neuenburg und Herr von Valangin».

Trotz der politisch turbulenten Zeiten entwickelte sich Neuenburgs Industrie im letzten Jahrhundert zukunftsgerichtet. 1834 verkehrte das erste Kursdampfschiff auf dem See; 1859 wurde die Stadt durch den am Abhang des Chaumont errichteten Bahnhof an das Eisenbahnnetz angeschlossen; mit dem Bau der Linie nach La Chaux-de-Fonds entwickelte sie sich zum Verkehrsknotenpunkt. Schon um 1850 gehörten Kanton und Stadt zu den am stärksten industrialisierten Gebieten der Schweiz. Im Jura entstanden anstelle der alten Handwerksbetriebe immer größere Uhrenfabriken. Dies führte zu einer extrem konjunkturabhängigen industriellen Monokultur, die noch kurz nach dem Zweiten Weltkrieg mehr als 40 % der Erwerbstätigen beschäftigte. In Neuenburg selbst war die Wirtschaft diversifizierter: Es siedelten sich Papier- und Tabakfabriken an, und neben Neuenburger Pendulen werden hier seit 1826 weltbekannte Schokoladespezialitäten und Süßigkeiten hergestellt.

Trotzdem blieb Neuenburg in erster Linie Handels- und Wissenschaftsstadt. Auf den Aufschüttungen am See entstanden das Collège latin im Quartier der Place d'Armes und eine Reihe öffentlicher Bauten, unter denen die 1896 erbaute riesige Post besonders auffällt. Weiter in nordöstlicher Richtung entwickelte sich dem künstlichen Ufer entlang 1850–1882 das Quartier des Beaux-Arts und später das Universitätsviertel mit verschiedenen höheren Lehranstalten. Von der Mitte des 19. Jh. an kletterten im Norden und Westen die Wohn- und Industriebauten auch in die Weinberge hinauf – im Kern aber ist Neuenburg eine stolze alte Kaufmannsstadt geblieben.

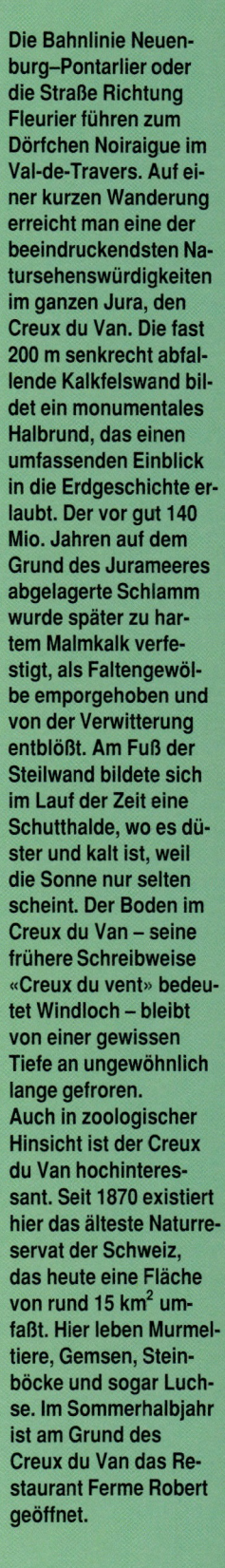

Wo die Winde heulen

Die Bahnlinie Neuenburg–Pontarlier oder die Straße Richtung Fleurier führen zum Dörfchen Noiraigue im Val-de-Travers. Auf einer kurzen Wanderung erreicht man eine der beeindruckendsten Natursehenswürdigkeiten im ganzen Jura, den Creux du Van. Die fast 200 m senkrecht abfallende Kalkfelswand bildet ein monumentales Halbrund, das einen umfassenden Einblick in die Erdgeschichte erlaubt. Der vor gut 140 Mio. Jahren auf dem Grund des Jurameeres abgelagerte Schlamm wurde später zu hartem Malmkalk verfestigt, als Faltengewölbe emporgehoben und von der Verwitterung entblößt. Am Fuß der Steilwand bildete sich im Lauf der Zeit eine Schutthalde, wo es düster und kalt ist, weil die Sonne nur selten scheint. Der Boden im Creux du Van – seine frühere Schreibweise «Creux du vent» bedeutet Windloch – bleibt von einer gewissen Tiefe an ungewöhnlich lange gefroren. Auch in zoologischer Hinsicht ist der Creux du Van hochinteressant. Seit 1870 existiert hier das älteste Naturreservat der Schweiz, das heute eine Fläche von rund 15 km² umfaßt. Hier leben Murmeltiere, Gemsen, Steinböcke und sogar Luchse. Im Sommerhalbjahr ist am Grund des Creux du Van das Restaurant Ferme Robert geöffnet.

Die Automaten von Jaquet-Droz

Die Hauptattraktion des Musée d'art et d'histoire – es zeigt auch eine reiche Sammlung von Waffen und Goldschmiedearbeiten sowie Gemälde und Skulpturen von Neuenburger und Schweizer Künstlern – sind die berühmten Automatenpuppen von Vater und Sohn Jaquet-Droz. Die Uhrmacher aus La Chaux-de-Fonds schufen um 1770 drei mechanische Wunderwerke: Die Orgelspielerin im Rokokogewand kann nicht nur vier Melodien spielen, sondern bewegt auch den Kopf, senkt und hebt die Augen und verneigt sich am Ende jedes Musikstücks graziös. Der Schreiber taucht seinen Gänsekiel ins Tintenfaß und schreibt in altmodischen Lettern «Les automates de Jaquet Droz à Neuchâtel». Der Zeichner schließlich malt vier verschiedene Porträts und bläst am Schluß über das Blatt, um die Zeichnung vom Staub zu befreien. Zu ihrer Entstehungszeit waren die Automaten eine solche Sensation, daß Vater und Sohn Jaquet-Droz sie in den vornehmen Salons der europäischen Hauptstädte vorführten. Heute werden sie an jedem ersten Sonntag im Monat um 14, 15 und 16 Uhr in Betrieb gesetzt.

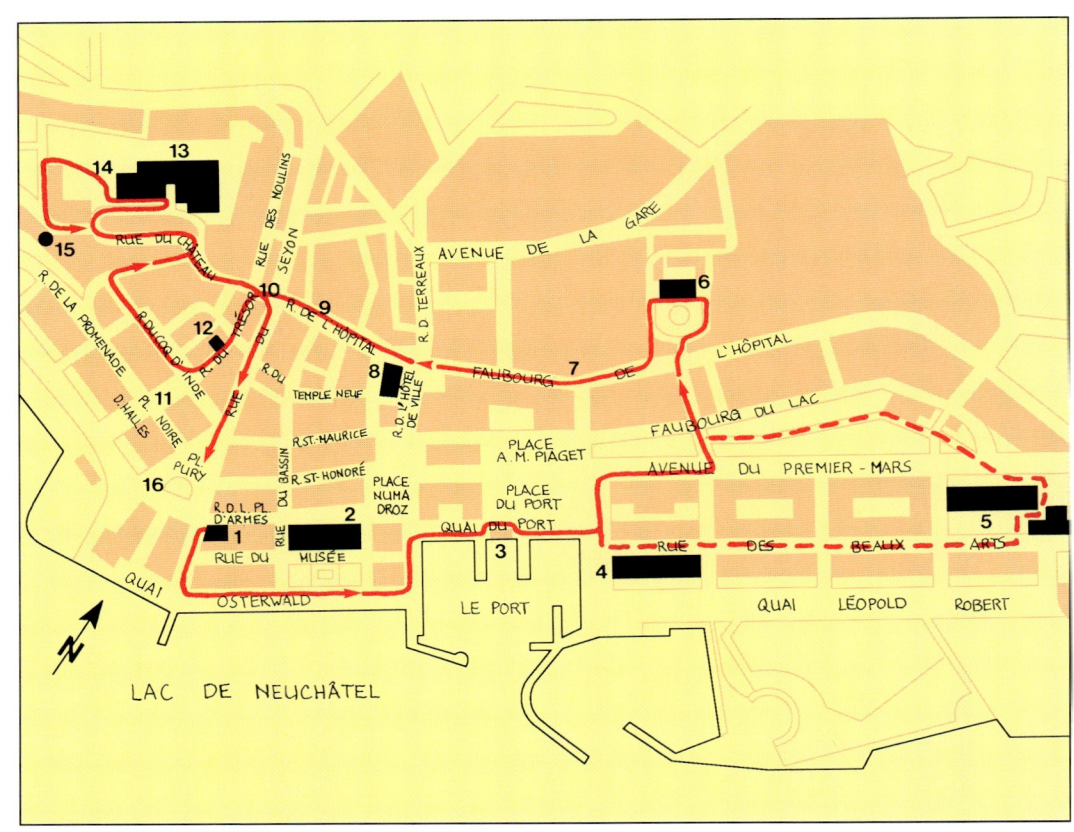

1. Office du tourisme
2. Collège latin
3. Hafen
4. Musée d'art et d'histoire
5. Universität
6. Hôtel Du Peyrou
7. Faubourg de l'Hôpital
8. Hôtel de Ville
9. Rue de l'Hôpital
10. Croix-du-Marché
11. Place des Halles
12. Maison des Halles
13. Château
14. Collégiale
15. Tour des Prisons
16. Place Pury

Stadtrundgang Neuenburg

Vom Office du tourisme (1) in der Rue de la Place d'Armes und an der südöstlichen Ecke der Place Pury sind es nur ein paar Schritt zum Quai Osterwald, der Richtung Hafen an der seeseitigen Fassade des 1828–1835 errichteten Collège latin (2) vorbeiführt. Hier ist heute die Stadtbibliothek untergebracht, die viele Handschriften von Jean-Jacques Rousseau aufbewahrt; der große und heftig umstrittene Philosoph, der von 1762 bis 1765 im nahen Dörfchen Môtiers im Val-de-Travers lebte, machte den Namen Neuenburgs im 18. Jh. in ganz Europa bekannt. Auf der anderen Seite des Hafens (3), wo die Schiffe der Schiffahrtsgesellschaft auf dem Murten- und Neuenburgersee, die auch den Bielersee befährt, anlegen, steht das 1882–1885 erbaute Musée d'art et d'histoire (4, Beschreibung nebenstehend).

Von der Place du Port führen die Avenue du 1er-Mars und die Rue des Beaux-Arts stadtauswärts zur Universität (5), die zusammen mit der Höheren Wirtschaftsschule und der Kantonsschule am Seeufer ein ausgedehntes Schulviertel bildet. Wenn man vor dem Jardin Anglais links in die Orangerie einbiegt, erreicht man das Hôtel Du Peyrou (6). Der prachtvolle Herrensitz mit dem Garten in französischem Stil wurde 1765–1771 für den Plantagenbesitzer Pierre-Alexandre Du Peyrou erbaut. Die kunstvolle, dreigeschossige Fassade kam zur Bauzeit noch besser zur Geltung; das Gebäude lag damals inmitten von Weinbergen, und seine Gärten reichten bis ans Seeufer. Du Peyrou – er gab als Freund Rousseaus 1788 erstmals dessen vollständige Werke heraus – starb kinderlos, und das Palais kam 1858 in den Besitz der Stadt. Ganz in der Nähe ist das Musée cantonal d'archéologie mit einer reichhaltigen Sammlung und vielen Funden aus der Latènezeit eingerichtet.

Zwischen den herrschaftlichen Häuserreihen des 18. Jh. am Faubourg de l'Hôpital (7) erreicht

Vom vergangenen Reichtum des Neuenburger Patriziats zeugt das Hôtel Du Peyrou

man die Place communale mit dem schönen Brunnen und dem Hôtel de Ville (8). Der mächtige Bau im Stil des französischen Klassizismus mit acht Säulen an der Hauptfassade entstand 1784–1786 dank eines großzügigen Legats von David de Pury; seine Monumentalität zeugt von der starken Stellung, welche die Bürgerschaft der Stadt unter dem Ancien Régime besaß.

In der von Lauben gesäumten Rue de l'Hôpital (9), dem bereits in der Fußgängerzone liegenden Geschäftszentrum der Stadt, steht die Fontaine de la Justice von 1547 mit dem großen achteckigen Becken. Zu Füßen der Justitia-Statue symbolisieren die Köpfe des Papstes, eines Schultheißen, des Kaisers und des Sultans die Regierungsformen der damaligen Zeit. Nach dem Überqueren der Rue du Seyon erreicht man in der Altstadt das malerische Croix-du-Marché (10), den früheren Hauptplatz des Marktfleckens. Unter den Häusern aus dem 16. bis 19. Jh. fallen besonders die spätgotische Fassade mit Renaissanceelementen des Hôtel du Banneret und die schmale Empirefassade mit der Vortreppe der Maison du Trésor auf, dem ehemaligen städtischen Speicher und Archiv. Am Platz steht neben dem Pannerherrnbrunnen als östliche Begrenzung der ersten Stadtbefestigung auch der im 17. Jh. zum Uhrturm aufgestockte Tour de Diesse.

Die malerische Rue du Trésor führt ins heutige Herz der Altstadt, auf die Place des Halles (11). Den Marktplatz mit den hauptsächlich aus dem 18. Jh. stammenden Fassaden der Bürger- und Patrizierhäuser beherrscht die 1569–1572 errichtete Maison des Halles (12), das weltliche Wahrzeichen der Kaufmannsstadt. Das prächtige Renaissancegebäude – heute ein Restaurant – mit dem Treppenturm an der Südseite und den Eckturmchen war einst der gedeckte Korn- und Stoffmarkt Neuenburgs.

Zum Schloßhügel führt von der Place des Halles die Rue du Coq d'Inde rechts in die Rue du Pommier, deren geschlossene Gassenfront nach der Feuersbrunst von 1714 entstand. Vorbei an der von Hans Arp geschaffenen Skulptur «Torse chevalier» erreicht man die Rue du Château, die hinauf zur Fontaine de la Collégiale führt. Hier floß früher bei Volksfesten Wein statt Wasser aus den Röhren!

Das Château (13) entstand als Sitz der Grafen von Neuenburg vom 12. bis ins 15. Jh. In der um einen Innenhof angeordneten Baugruppe mit den mächtigen Türmen und dem festungsähnlichen Charakter ist heute die kantonale Verwaltung untergebracht. Ihr ältester Teil, der romanische Flügel in der Mitte der Südfassade, stammt aus der Zeit um 1180; die Westfassade aus gelbem Kalkstein wird durch drei Zwischengesimse gegliedert. Der große Schloßhof mit der asymmetrischen Form und den Treppentürmen erweckt ungeachtet der aus verschiedenen Epochen stammenden Bauteile einen recht geschlossenen Eindruck.

Am westlichen Ende des Platzes vor der Collégiale (14, Beschreibung nebenstehend) führt neben dem Donjon eine Brücke zum Schloßgraben. Zurück Richtung Stadtzentrum erreicht man den Tour des Prisons (15) aus dem 11. Jh. Im Gefängnisturm, der von Ostern bis Ende September geöffnet ist, befinden sich noch zwei Holzkäfige für Gefangene; von seiner Plattform aus genießt man eine schöne Sicht auf die Stadt und den See. Zurück über das Croix-du-Marché und die Geschäftsstraße der Rue du Seyon – hier floß einst der gleichnamige Wildbach mitten durch die Stadt – kommt man zum Ausgangspunkt des Rundgangs, zur Place.

David de Pury (1709–1786)

Ein Denkmal auf dem nach ihm benannten Platz erinnert an David de Pury. Er stammte aus einer der angesehensten Kaufmannsfamilien von Neuenburg, die im Ancien Régime nicht weniger als 20 Bürgermeister stellte. David de Purys Vater war ans Kap der Guten Hoffnung ausgewandert, wo er den Weinbau heimisch machte, und hatte in Südkarolina in den USA eine Schweizer Kolonie und die Stadt Purysbourg gegründet. Der Sohn stand dem Vater, der es auch noch zum Kapitän der englischen Kriegsmarine gebracht hatte, an Unternehmungslust in nichts nach: Als Bankier sowie im Handel mit Diamanten und Holz aus Brasilien kam er in der portugiesischen Hauptstadt zu großem Reichtum. 1755 durch das Erdbeben von Lissabon ruiniert, erwarb er erneut ein riesiges Vermögen, für das er die Stadt Neuenburg in seinem Testament als Universalerbin einsetzte. Dank der Vergabung des 1785 vom König von Preußen zum Baron ernannten Kaufmanns konnten in Neuenburg Rathaus und Spital gebaut werden.

La Collégiale

Neben dem Schloß steht die Neuenburger Stiftskirche aus der Zeit des Übergangs von der Spätromanik zur Frühgotik. In dem um 1180 begonnenen und 1275 eingeweihten Gotteshaus mit den beiden Türmen – der nördliche entstand allerdings erst 1870 – setzte Wilhelm Farel 1530 die Reformation durch, ging anschließend zu Calvin nach Genf, wurde mit diesem aus der Rhonestadt verjagt und wirkte dann von 1538 bis zu seinem Tod 1565 erneut in Neuenburg. Das Innere der dreischiffigen Basilika mit dem Dreiapsidenchor wurde im 19. Jh. stark restauriert und birgt den Kenotaph der Grafen von Neuenburg, ein besonders großes und figurenreiches Grabdenkmal. Das 1373 begonnene Grabmal weist nicht weniger als 15 bemalte Statuen aus dem 14. und 15. Jh. auf. Im Norden der Kirche liegt der 1875 völlig rekonstruierte Kreuzgang, und von der Terrasse im Westen bietet sich ein schöner Blick auf die Dächer der Stadt und über den See bis hin zu den Alpen.

Der Uhrenkanton in Zahlen

Auf dem Höhepunkt der Krise in der Schweizer Uhrenindustrie verlor der Kanton Neuenburg von 1973 bis 1983 in nur einem Jahrzehnt nicht weniger als 14 000 Arbeitsplätze – wo früher die bekanntesten Exportprodukte der Schweiz hergestellt wurden, war die Stimmung gedrückt. Seither hat sich der Kanton mit seinen 62 Gemeinden und fast 160 000 Einwohnern wirtschaftlich langsam wieder erholt. Neben der gesundgeschrumpften Uhren- und der traditionellen Tabakindustrie – im Kanton Neuenburg werden jährlich 10 Milliarden Zigaretten hergestellt – haben sich einige zukunftsträchtige Betriebe der Elektronik und Robotertechnik angesiedelt. Von den heute wieder 67 000 Arbeitsplätzen im Jurakanton gehören noch 5% zur Land- und Forstwirtschaft und zum Rebbau. Das demographische Gewicht im 60 km langen und 40 km breiten Kanton aber hat sich mit der Uhrenkrise verschoben: Die einst dominierende Industrieregion auf den Jurahöhen zählt nur noch 50 000 Einwohner; in der rasch expandierenden Region am See leben dagegen schon mehr als 80 000 Neuchâtelois.

Boudry

Der ehemalige Marktflecken südwestlich von Neuenburg entstand an der Brücke, die hier das Flüßchen Areuse überquert. Im 1311 erstmals erwähnten Neuenburger Landstädtchen mitten in einem ausgedehnten Weinbaugebiet wurde 1743 Jean Paul Marat geboren; der Sprachlehrer, Arzt und Publizist gehörte mit der von ihm herausgegebenen Zeitung «Ami du Peuple» zu den Vorkämpfern der Französischen Revolution und wurde 1793 in Paris, wo er den Jakobinerklub präsidierte, von der royalistisch gesinnten Charlotte Corday in der Badewanne erstochen.

Das im 13. Jh. erbaute Schloß oberhalb des Städtchens war einst ein Brückenkopf der Grafen von Neuenburg. Die winkelförmige Anlage mit dem mächtigen Walmdach und dem 15 m hohen Rundturm in der Südwestecke liegt um einen kleinen Hof und wurde im 16. Jh. spätgotisch umgestaltet. Heute ist hier ein Weinbaumuseum untergebracht. Ein schöner Spaziergang führt zur eindrücklichen Areuseschlucht, durch die sich der Fluß in Jahrtausenden einen Weg durch die Jurafalte zwischen dem Val-de-Travers und dem Neuenburgersee gegraben hat.

Hinter der Porte des Vermondins, dem einzigen erhalten gebliebenen Tor am oberen Stadteingang, öffnet sich die lange, Richtung See abfallende Rue du Collège. An der einzigen Gasse Boudrys stehen die beiden Häuserzeilen des malerischen Städtchens, die von zwei Gebäuden beherrscht werden: vom klassizistischen Hôtel de Ville aus dem 19. Jh. und der schlichten reformierten Pfarrkirche aus dem 17. Jh. Vor der Kirche steht ein schöner, von einer farbig bemalten Statue gekrönter Gerechtigkeitsbrunnen.

Valangin

6 km oberhalb von Neuenburg, an der Straße auf die Vue des Alpes, liegt zu Füßen eines imposanten Schlosses das winzige Städtchen Valangin. Das im 12. Jh. gegründete Schloß am oberen Ende der Seyonschlucht und am Eingang zum Val-de-Ruz war einst der Stammsitz der Herren von Valangin, den im späten Mittelalter neben den Grafen von Neuenburg mächtigsten Grundbesitzern auf den Jurahöhen. Nachdem ihre Herrschaft 1592 an das Fürstenhaus Neuenburg gefallen war, wurde zu Beginn des 18. Jh. ein Teil der überflüssig gewordenen Mauern abgetragen, und um 1770 wurde die Anlage teilweise barockisiert. Noch immer aber hat das Schloß mit dem mächtigen Palas und dem Eckturm an der Südseite mittelalterliches Gepräge.

Ein turmförmiges Tor führt in die enge Altstadt Valangins, wo zwei malerische Reihen schöner Häuser aus dem 16.–18. Jh. stehen; das klassizistische Rathaus mit dem Glockentürmchen dagegen stammt aus dem 19. Jh. Die reformierte Kirche mit dem ungewöhnlichen Grundriß eines griechischen Kreuzes und dem Vierungsturm wurde 1505 geweiht und im 19. Jh. stark umgebaut. Sie steht direkt vor dem Städtchen außerhalb des alten Mauerrings, ist aber auch von Häusern umgeben; unter ihnen fällt besonders die Maison Touchon im Norden auf, ein markantes Eckhaus mit Treppenturm aus dem Übergang von der Gotik zur Renaissance.

Môtiers

Auf der Flucht aus Genf, wo man seine Bücher öffentlich verbrannt hatte, fand Jean-Jacques Rousseau 1762 in Môtiers im Val de Travers Zuflucht. Drei Jahre lebte er in diesem abgelegenen Juratal, oft besucht von Persönlichkeiten aus ganz Europa, die dem berühmten Philosophen ihre Aufwartung machten. 1765 mußte Rousseau von Môtiers – in seiner ehemaligen Wohnung im Rousseau-Haus ist heute ein kleines Museum eingerichtet – auf die Petersinsel im Bielersee weiterziehen, nachdem die vom Pfarrer gegen den «Antichristen» aufgehetzten Dorfbewohner sein Haus mit Steinen beworfen hatten.

Den Dorfplatz von Môtiers beherrscht das Hôtel des Six-Communes, eine ehemalige Markthalle mit einer Arakadenhalle im Erdgeschoß. Neben der stattli-

Das Straßenstädtchen Boudry unweit des Neuenburgersees

Klein, aber gut erhalten: Valangin

*Der idyllische **Lac des Brenets** ist nichts anderes als der Fluß Doubs, der sich zu Füßen des Dörfchens Les Brenets in einer flachen Mulde zu einem langgestreckten See weitet, welcher in seinem unteren Teil von fast 200 m hohen Kalkwänden umschlossen ist. Die bizarren Verwitterungen und überhängenden Felswände lassen heute noch ahnen, wie sich der Doubs einst in das Kalkgestein eingrub und eine Schlucht bildete, bis schließlich die Trümmer eines Bergsturzes den Fluß beim 29 m hohen Wasserfall Saut-du-Doubs stauten und der stille See entstand. Der Wasserspiegel des Lac des Brenets kann bis zu 17 m schwanken; bei niedrigem Wasserstand im Sommer und Winter verkleinert sich der See um die Hälfte seiner Fläche, und nach besonders langer Trockenheit werden auf dem Seeboden die Quellen sichtbar, die neben dem Doubs den See speisen.*

Moderne Bauten im alten Zentrum der Uhrenindustrie: Le Locle

chen Kirche aus dem Ende des 15. Jh. mit dem romanischem Kern steht das ehemalige, im 11. Jh. gegründete Priorat der französischen Abtei La Chaise-Dieu, ein ausgedehnter Gebäudekomplex mit romanischer Kirche und Wohntrakt um einen Hof.

1 km südlich des Dorfes erhebt sich auf einem Felsgrat Schloß Môtiers aus der ersten Hälfte des 14. Jh. In dem von den Grafen von Neuenburg erbauten imposanten Bau mit seinen Umfassungsmauern und dem mächtigen Turm befindet sich heute ein Restaurant.

Le Locle

8 km südlich von La Chaux-de-Fonds liegt auf 925 m Höhe die Schwesterstadt Le Locle, das zweite bedeutende Zentrum der Neuenburger Uhrenindustrie, in dem heute vor allem Produkte der Leicht- und Präzisionsindustrie hergestellt werden. Die moderne Stadt mit ihren 11 000 Einwohnern entwickelte sich im 19. Jh. in rasantem Tempo an der Stelle eines alten Bauerndorfes, an das noch die reformierte Kirche von 1759 mit dem spätgotischen Frontturm erinnert.

Nachdem ein Dorfbrand 1833 das Zentrum zerstört hatte, wurde Le Locle nach Plänen von Ingenieur Charles-Henri Junod, der auch die Anlage von La Chaux-de-Fonds entworfen hatte, wiederaufgebaut. Das Gelände verhinderte allerdings die konsequente Durchführung der rasterartigen Überbauung mit Längsachsen und Querstraßen, die nur in der Kernzone zwischen Kirche und Rathaus, wo meist viergeschossige Häuser stehen, verwirklicht ist. Zu den wichtigsten Repräsentationsbauten gehören das ehemalige Rathaus an der Grand-Rue – der klassizistische Bau von 1840 dient heute als Gerichtsgebäude – und das alte Collège an der Rue Daniel-Jeanrichard; ihr Name erinnert an den 1741 verstorbenen Initianten der Neuenburger Uhrenindustrie. Außerhalb des alten Kerns steht der mächtige Neurenaissancebau des 1914–1919 errichteten Hôtel de Ville.

Am Nordhang über der Stadt erhebt sich das Château des Monts, ein schönes Herrenhaus von 1785–1790. In ihm ist heute das Musée d'horlogerie mit einer vorzüglichen Uhren- und Automatensammlung des 16.–19. Jh. untergebracht.

Les Brenets

Von Le Locle führen eine Schmalspurbahn und eine Straße nach Les Brenets unweit der französischen Grenze. Das 1848 abgebrannte und in Schachbrettmanier an einem steilen Hang neu aufgebaute Dorf war im letzten Jahrhundert ein wichtiges Zentrum der Uhrenindustrie; heute ist für die Bauerngemeinde der Tourismus eine wichtige Einnahmequelle. Besucht wird Les Brenets vor allem wegen der unberührten Landschaft rings um den zum Lac des Brenets gestauten Doubs, der zusammen mit dem Lac de Moron – einem weiter flußabwärts liegenden künstlich gestauten See – ein beliebtes Ausflugsziel ist.

Die Grüne Fee

Zu den bekanntesten Neuenburger Spezialitäten gehört für einmal keine Speise, sondern ein Getränk: «Grüne Fee» oder auch «die Blaue» heißt im Volksmund der bekannte Schnaps, der seit dem 5. Juli 1908 nach dem Willen des Schweizer Volkes verboten ist. Damals wurde mit 241 078 Ja gegen 138 669 Nein eine Volksinitiative angenommen, welche «die Herstellung, den Transport, den Verkauf und das Lagern des sogenannten Absinths auf dem Gebiet der ganzen Eidgenossenschaft verbietet».

Daß Gesetze allein den Konsum des aus Wermutkraut gebrauten Absinths nicht verhindern, zeigte ein Zwischenfall, der in den achtziger Jahren zu einigen diplomatischen und strafrechtlichen Problemen führte: Ausgerechnet im Rahmen einer bundesrätlichen Einladung mit opulentem Essen wurde dem französischen Staatspräsidenten ein wohlschmeckender Absinth zum Kaffee gereicht – sicheres Zeichen dafür, daß die «Grüne Fee» nicht ganz in Vergessenheit geraten ist.

Zwischen Lausanne und Genf, am südwestlichen Ende des waadtländischen La-Côte-Weinbaugebiets, liegt Nyon am Ufer des Genfersees. Malerisch dominiert vom Schloß, strahlt die alte römische Siedlung mit ihren blumengeschmückten Seepromenaden und den am Hang gebauten Häuserreihen noch immer den Charme einer mittelalterlichen Kleinstadt aus.

Office du tourisme
Avenue Viollier 7
1260 Nyon
022/61 62 61

22. 9. 1989

Nyon

Schon die Kelten schätzten vor 2000 Jahren das milde Klima und die günstige strategische Lage des heutigen Nyon auf dem steilen Hügel direkt am Genfersee. Noviodunum, wie sie ihren befestigten Platz nannten, gehörte wahrscheinlich zu jenen zwölf Städten, die 58 v. Chr. von den Helvetiern verlassen wurden, als sie sich zu ihrem großen Auswanderungszug nach Gallien aufmachten. Das siegreiche Heer Cäsars zwang sie zum Rückzug und zum Wiederaufbau der aufgegebenen Wohnstätten. Wenig später – 49 v. Chr. – wurde Nyon römische Garnisonsstadt. Unter dem Namen Colonia Julia Equestris war die Kolonie Kapitale des römischen Helvetien, bis Kaiser Vespasian Aventicum zur Hauptstadt erkor, wo er einen Teil seiner Jugend verbracht hatte. Ein Aquädukt führte vom Flüßchen Divonne her Trinkwasser in die Stadt, die sich etwa auf dem Gebiet der heutigen Altstadt erstreckte. Vom Glanz der römischen Zeiten zeugen drei korinthische Säulen, die 1958 auf der Place des Marronniers vor dem südlichen Stadttor aufgestellt wurden und heute das Wahrzeichen Nyons sind. An der Rue Maupertuis nahe beim Schloß weist eine Cäsarstatue auf das Musée romain hin. Zwischen den Fundamenten einer römischen Basilika aus dem 1. Jh. n. Chr. – das große Gemälde am benachbarten Haus zeigt den ursprünglichen Zustand des Gebäudes – sind hier viele Funde aus der Colonia Julia Equestris ausgestellt: Architektur- und Malereifragmente, Meilensteine, Mosaiken, Amphoren und Glaswaren.

Die römische Kolonie ging zur Zeit des Burgundereinfalls im 5. Jh. unter. Erst im 11. und 12. Jh. unter den Herren von Prangins – in ihrem 2 km nördlich von Nyon gelegenen Schloß Prangins wird gegenwärtig der welsche Sitz des Schweizerischen Landesmuseums eingerichtet – nahm Nyon wieder einen langsamen Aufschwung. 1293 fiel Nyon an Savoyen und wurde unter Ludwig I. neben Moudon Hauptstadt der Waadt. Von 1536 an residierten im Schloß für mehr als zweihundert Jahre die Landvögte der Gnädigen Herren aus Bern. In dieser Zeit war Nyon ein blühendes Handelsstädtchen und Sitz einer Porzellanmanufaktur, deren Erzeugnisse in ganz Europa berühmt waren. 1798 wurden die «Baillis» Berns vertrieben, und Nyon entwickelte sich bald zu einem Zentrum des Tourismus am unteren Léman. Im Sog des nahen Genf ist die Waadtländer Bezirkshauptstadt heute ein rasch wachsendes Dienstleistungszentrum. Der damit verbundene Bauboom hat zwar auch in der Altstadt einige Wunden geschlagen; trotzdem hat Nyon sein Bild weitgehend erhalten können.

Die mittelalterliche, einst mit ei-

Kanton:		VD
Meter über Meer:		401
Einwohner 1900:		4882
Einwohner 1980:		12 842
Autobahn:		N 1, Nyon

Schloß Nyon ist eine der baugeschichtlich interessantesten und künstlerisch beachtenswertesten Burgen der Waadt. Der malerische Bau mit dem rechteckigen Grundriß und den flankierenden Rundtürmen wurde gegen Ende des 13. Jh. von Ludwig I. von Savoyen neu errichtet. Als Landvogteisitz wurde er im 16. Jh. von den hier residierenden Berner Vögten stark umgebaut und dabei im Innern mit schönen Balkendecken und im 17. Jh. auf der Hofgalerie mit Dekorationsmalereien ausgestattet. Das Schloß beherbergt heute das Historische Museum von Nyon sowie das Porzellanmuseum. Von seiner Terrasse aus bietet sich ein herrlicher Blick auf das untere Genferseebecken.

ner Mauer bewehrte Stadt breitet sich fast kreisrund auf einem dreiseitig abfallenden Plateau aus. Ihr eindrücklichster Straßenzug ist die Grand-Rue, die südlich beim Stadttor Ste-Marie aus dem 18. Jh. beginnt. Ein kleiner Abstecher führt zur reformierten Pfarrkirche aus dem 12.–15. Jh. Der Innenraum des über römischen Fundamenten errichteten Baus ist nur spärlich erleuchtet und wurde mehrmals umgebaut. An der Grand-Rue fallen die vielen schönen Fassaden aus dem 18. Jh. auf. Das Haus Nr. 22 mit der spätgotischen Fassade war ehemals das Rathaus der Stadt. Die malerische Place du Marché mit dem klassizistischen Brunnen im Herzen von Nyon säumt das Haus La Grenette, unter dessen Gewölben früher der Getreidemarkt stattfand. Die Grand-Rue mündet im Norden der Altstadt auf die Place du Château, einen der größten Stadtplätze der Schweiz. Der weite Raum wurde allerdings erst 1941 geschaffen, als die mittlere Häuserzeile des ehemaligen Vieux-Théâtre abgebrochen wurde. Hinter der beeindruckenden sechsachsigen Fassade des Rathauses – es wird nach einer im 19. Jh. hier geführten Schule auch Lancasterhaus genannt – verbirgt sich ein spätmittelalterlicher Wohnturm.

Vom Schloß führen die Ruelle de la Tour und die Rue de la Poterne zum Stadtteil am See, ins Quartier de Rive, und zum sogenannten Cäsarturm hinunter. Er dürfte der älteste noch bestehende Bau von Nyon sein und reicht ins 13. Jh. zurück. Hier verlief einst das von Pfählen geschützte Ufer, das von drei Wachttürmen gesichert war. Einer von ihnen – wegen seines Dachs «die Mütze» genannt – steht noch am Quai des Alpes. Das Quartier de Rive mit seinen malerischen Winkeln ist wohl so alt wie die Siedlung auf dem Hügel. An seiner Hauptgasse, der Rue de Rive, steht neben schönen spätbarocken Bürgerhäusern auch der Gasthof Couronne, wo schon im 16. Jh. die Pferde der Reisepostwagen gewechselt wurden. Der imposante Brunnen des «Maître Jacques» wird von der Figur eines Landsknechts aus dem 16. Jh. gekrönt. Sein ehemals allzu ausgeprägtes Geschlecht hatte in der Waadt ein Spottlied entstehen lassen. Im 19. Jh. rückten deshalb die Nyoner der anstößigen Statue mit dem Meißel zu Leibe und korrigierten den Stein des Anstoßes.

Vor dem alten Quartier wurde im 19. Jh. der baumbestandene Quai des Alpes aufgeschüttet, der Richtung Süden zur Promenade Quai Louis-Bonnard, zum Hafen und zum gepflegten Parc du Bourg de Rive führt. Mitten im Park ist in einem ehemaligen, im 13. Jh. gegründeten Franziskanerkloster heute das Musée du Léman eingerichtet. Neben einem Aquarium beherbergt es eine kleine Schau zur Naturgeschichte, zur Schiffahrt und zur Genfersee-Fischerei. Parkanlagen ziehen sich hinter dem Musée du Léman hinauf zur Place des Marronniers, von der die Promenade des Vieilles-Murailles zum Schloß zurückführt.

Jacques Dortu (1749–1829)

Der Ruf Nyons als dem neben Zürich wichtigsten Zentrum der Porzellanherstellung in der Schweiz ist eng mit dem Namen von Jacques Dortu verknüpft. Der ursprünglich aus einer französischen Familie stammende Dortu gründete 1781 in Nyon eine Porzellanmanufaktur. Bald waren ihre Erzeugnisse, die sich durch ein besonders schönes Weiß und häufig durch Schmetterlingsverzierungen auszeichnen, weltberühmt. Trotzdem ging die Gesellschaft schon 1813 in Konkurs, und die Brennöfen wurden für immer gelöscht: Gegen die industrielle Massenproduktion konnten sich die Erzeugnisse aus Nyon nicht durchsetzen. Dortu zog nach Genf, wo er bis zu seinem Tod 1829 eine Fayencenfabrik leitete. Vom kurzlebigen Glanz der Nyoner Porzellanproduktion zeugt die bemerkenswerte Sammlung des Musée de porcelaines im Schloß mit ihrem Prunkstück: einem Geschirr, das einst für die Königin von Neapel angefertigt wurde, aber nie abgeliefert werden konnte.

Auf die Dôle

Über 15 km führt die Straße Richtung Frankreich von Nyon aus in nordwestlicher Richtung nach St-Cergue auf 1043 m Höhe. Im malerisch in einer Mulde des Juras gelegenen Dörfchen – es ist auch mit dem Bähnchen Nyon–St-Cergue erreichbar – beginnt der Aufstieg zum La-Dôle-Gipfel. Vom Weiler L'Archette geht's weiter hinauf nach Barillette auf 1443 m, von wo man in 45 Minuten zum Gipfel auf 1677 m gelangt. Von hier aus bietet sich ein herrlicher Blick auf den Genfersee, den Jura und die Savoyer Alpen bis hin zum Mont-Blanc-Massiv.

Musée historique et de porcelaines
Place du Château 5
022/61 58 88
April bis Oktober:
Di–So 9–12 und 14–18 Uhr
November bis März:
Di–So 14–17 Uhr

Musée romain
Rue Maupertuis 4
022/61 75 91
April bis Oktober:
Di–So
9–12 und 14–18 Uhr
November bis März:
Di–So 14–17 Uhr

Musée du Léman
Quai Louis-Bonnard 8,
beim Hafen; 022/61 09 49
April bis Oktober:
Di–So 9–12 und 14–18 Uhr
November bis März:
Di–So 14–17 Uhr

Strand
Plage des Trois-Jetées
022/61 19 30

Schwimmbad
En Colovray
022/61 67 71

Hallenbad
Du Rocher
022/61 89 87

Camping La Colline
022/61 26 30
April bis Oktober

Rock-Festival im Frühjahr
Porzellan-Triennale im Sommer
Internationales Dokumentarfilm-Festival im Herbst

Das Landstädtchen Orbe in der Nähe von Yverdon liegt abseits der großen Verkehrsachsen am Fuß des Waadtländer Jura. Seine malerische, auf einem Hügel thronende Altstadt und Ausflugsziele in der Umgebung wie das alte Kloster Romainmôtier oder die unberührte Juralandschaft an der Grenze zu Frankreich machen die Fahrt nach Orbe zu einer Reise in ein kaum bekanntes Stück Schweiz.

Office du tourisme
Place de la Gare
1350 Orbe
024/41 31 15

24. 10. 1989

Orbe

Die Orbe, die in einer Quellgrotte am Nordfuß des Mont d'Orzeires entspringt, von den unterirdischen Abflüssen des Lac de Joux und des Lac Brenet gespeist wird und bei Yverdon als Thielle in den Neuenburgersee mündet, gab zwei Orten den Namen: der Grenzstation Vallorbe an der Bahnlinie Lausanne–Pontarlier–Paris und dem Städtchen Orbe.

Kanton:	VD
Meter über Meer:	479
Einwohner 1900:	2080
Einwohner 1980:	3985
Autobahn:	N 1, Chavornay

Dieses thront auf einem Sporn in einer Flußschleife zwischen Orbeebene und Jurakette. Am eindrücklichsten ist die Anfahrt von Osten, quer über die Ebene von Chavornay her. Die Straße und die 3 km lange Schmalspurlinie, die Orbe mit dem Bahnhof von Chavornay an der Linie Lausanne–Neuenburg verbinden, führen zuerst an den Fuß des Städtchens. Hier liegen die Mühlen und Industrieanlagen von Orbe, die von einer großen Kafferösterei der Nestlé AG dominiert werden.

Wenn man die alte, 1421 errichtete Steinbrücke des Pont du Moulinet überquert, kommt man von der Gegenwart in die Vergangenheit der Stadt. Seine Entstehung verdankt Orbe, das zu den ältesten Städten der Schweiz gehört, dem Übergang Col de Jougne an der Römerstraße von Lausanne nach Besançon. Zwar wurden vom damals am Ufer liegenden römischen Ort keine Spuren gefunden; an der Kantonsstraße Richtung Yverdon aber stand im 2 km entfernten Bossaye einst eine römische Villa, von der noch prachtvolle Mosaiken – die größten der Schweiz – erhalten sind.

Das römische Urba war als Raststation auch unter den Burgundern besiedelt; der Schwerpunkt der Siedlung aber verlegte sich auf den Hügel, wo im 11. Jh. eine

Prunkstück des Marktplatzes von Orbe mit dem von einem Bannerträger geschmückten Brunnen ist das **Hôtel de Ville**. *Der klassisch gegliederte Bau aus ockerfarbenem Jurakalkstein in französischem Stil wurde 1786–1789 erbaut. An seiner Stelle stand ehemals eine Markthalle, und auch das heutige Rathaus besitzt im Erdgeschoß noch eine weite Halle mit drei Torbögen; sie diente einst öffentliche Zwecken. Darüber gliedern ionische Pilaster die strenge, dreiachsige Fassade. Sie tragen das Gebälk mit der kleinen Balustrade, in deren Mitte das Stadtwappen von Orbe – zwei senkrecht gestellte Fische – prangt.*

erste Burg entstand. Der mittelalterliche Marktflecken wird erstmals 1126 urkundlich erwähnt und erhielt im 13. Jh. eine Wehrmauer, die teilweise erhalten blieb.

Der wirtschaftliche Aufschwung des Landstädtchens unter den Grafen von Montbéliard und Châlons wurde in den Burgunderkriegen jäh unterbrochen: 1475 eroberten die Eidgenossen das Hauptquartier Karls des Kühnen und zerstörten die Burg. In der Folge war Orbe eine gemeinsame Vogtei von Bern und Freiburg, deren Landvögte sich bis 1798 alle fünf Jahre ablösten. Seit 1554 reformiert, wehrte sich das Patriziat beim Untergang des Ancien Régime gegen die waadtländische Revolution, und 1802 versuchte sogar ein Heer von 2000 Anhängern der Alten Ordnung vergeblich, die bernische Herrschaft wiederherzustellen.

Die steile Rue du Moulinet führt zum fünfachsigen Bau des 1778 erbauten Alten Spitals; anschließend windet sich in der Gegenrichtung die Rue de l'Abbaye zwischen Bürger- und Patrizierhäusern in einer Schlaufe zur Rue du Grand-Pont empor. Links spannt sich der Bogen des 1830 errichteten, steinernen Grand-Pont hoch über den Fluß, rechts führt die Rue du Grand-Pont zum barocken Hôtel des Deux-Poissons mit dem gotischen Mittelturm. Wo bis zur Reformation ein Klarissinnenkloster stand, beginnt die Rue Centrale, die am kleinen Museum vorbei ins Herz des Städtchens, auf die Place du Marché, führt. Die reizvolle Anlage mit ihren vom Repräsentationsbedürfnis des 18. und 19. Jh. zeugenden herrschaftlichen Häusern im Stil des Barocks und Klassizismus wird leider durch den klotzigen Bau einer Versicherungsgesellschaft arg beeinträchtigt.

In westlicher Richtung führt die Rue de la Poste zum alten Casino und weiter hinunter zum Bahnhof; in nördlicher Richtung erreicht man am Beginn der Rue du Château die reformierte Stadtkirche. Das 1404–1407 neuerrichtete und später mehrmals umgebaute und erweiterte gotische Gotteshaus steht am Rand der Wehrmauer. Ihr von vier Erkertürmchen gekrönter Chorturm war ursprünglich ein Teil der Stadtbefestigung. Im Innern überraschen die Gewölbekonsolen mit ihrer skurrilen, phantastischen Figurenwelt. Die drei Sterngewölbe in der Südostecke werden durch besonders reich behauene Hängeschlußsteine von 1525 abgeschlossen.

Auf der Schloßterrasse mit der baumbestandenen Esplanade stehen von der einst mächtigen Stadtburg noch der runde Bergfried aus der Mitte des 13. Jh. und ein Viereckturm, neben dem sich ein weiter Blick über die Ebene zum Jura und zu den Alpen öffnet. Über Treppen erreicht man im Westen die breite Hauptgasse der Grand-Rue, die auf die Place du Marché zurückführt. Malerischer ist der Rückweg aber über die Treppen und durch die Terrassengärten auf der Ostseite des Burghügels, auf dem man zu Füßen des Festungswalls und über die Poterne-Treppe zur Pfarrkirche zurückkommt.

Louis-Jean-Rodolphe Agassiz (1807–1873)

Louis Agassiz entstammte einer alten Pfarrersfamilie aus Orbe, studierte Medizin und wurde Arzt in Concise. Daneben erforschte er die fossilen Fische – seine fünfbändige Untersuchung mit über 400 kolorierten Tafeln gilt heute noch als Standardwerk – und wurde als bereits bekannter Naturforscher Professor am Neuenburger Gymnasium. Hier wandte er sich neben zoologischen auch geologischen Studien zu, erforschte die großen Alpengletscher und begründete die Theorie der eiszeitlichen Vergletscherung. Von 1846 an in den USA lebend, erforschte Agassiz neben den Gletschern Amerikas erstmals auch die Korallenriffe Floridas, veröffentlichte eine große Zahl wissenschaftlicher und mehrere philosophische Bücher und setzte sich engagiert für die Abschaffung der Sklaverei ein. Auf seinen letzten Expeditionen entdeckte er im Amazonasbecken 1400 bisher unbekannte Fischarten und erforschte auch noch die Gletscher Südamerikas. 1873 starb er als Naturforscher und Professor an der Universität Cambridge in den USA.

Romainmôtier

Wenn man Orbe über den Grand-Pont verläßt, erreicht man über Agiez–Bofflens–Croy nach 6 km im verträumten Dörfchen Romainmôtier die älteste und bedeutendste romanische Klosterkirche der Schweiz, das ehemalige Kluniazenserpriorat St-Pierre-et-St-Paul. Um das Jahr 450 vom hl. Romanus in völliger Weltabgeschiedenheit gegründet, erreichte Romainmôtier im 13. Jh. den Höhepunkt seiner Macht. Seit 1447 im Rang einer Abtei, wurde das Jurakloster 1536 von den Bernern aufgehoben. Die heute reformierte Stiftskirche geht ins 11. Jh. zurück und wurde auf den Fundamenten zweier Kirchen aus dem 7. und 8. Jh. erbaut. Die kreuzförmige Basilika ist eines der schönsten Beispiele burgundischer Baukunst in der Schweiz; ihr altertümliches, einst von Mauern umgebenes Äußeres bildet zusammen mit dem Uhrturm und dem ehemaligen Priorenhaus eine besonders romantische Baugruppe. Im eindrücklichen Innern des Gotteshauses steht am Chorbogen ein berühmter Ambo aus dem 8. Jh. mit Flechtdekor.

Musée du Vieil-Orbe 23,
Rue Centrale
Juli und August:
Mi und Sa 14–18 Uhr
Auskunft: Office du tourisme
024/41 31 15

Schwimmbad
Centre de sports et de loisirs
024/41 31 26

Camping
Le Signal
April bis Oktober
024/41 38 57

Payerne im fruchtbaren Broyetal hat in seinem Kern den Charme eines alten Waadtländer Landstädtchens bewahrt. Eine Reise wert ist Payerne aber vor allem wegen der alten Abteikirche – die imposanteste und schönste romanische Kirche der Schweiz.

13. 8. 1989

Payerne

Im südlichen Querschiff der Abteikirche von Payerne ist auf einer Inschrifttafel der Name Graccius Paternus eingemeißelt. Der vornehme Römer lebte im nahen Aventicum, in der Hauptstadt des römischen Helvetien, und besaß in Payerne ein Landgut. Er wählte den Standort für seine Villa geschickt: Die Hügellandschaft im unteren Tal der Broye zählt zu den fruchtbarsten Gegenden der Schweiz.

Aus dem Familiennamen «Paternus» leitet sich die Ortsbezeichnung Payerne ab. 587 weihte hier Bischof Marius, der den Sitz des Bistums von Avenches nach Lausanne verlegt hatte, eine erste Marienkirche. Im 10. Jh. wurde die Abtei gegründet; sie kam dank Schenkungen der in der Kirche begrabenen Königin Bertha von Burgund und ihrer Tochter, der Kaiserin Adelheid, zu großem Grundbesitz, der sich bis nach Colmar im Elsaß erstreckte. Payerne, jetzt eine mächtige Abtei, wurde dem damals größten Benediktinerkloster der Welt, Cluny im Burgund, unterstellt.

Als das burgundische Königshaus ausstarb, fiel Payerne an den deutschen Kaiser Konrad II., der sich in der Abtei 1033 zum Herrscher von Burgund krönen ließ. Im 11. Jh. entstand auch der größte Teil der heutigen Kirche, neben Romainmôtier die bedeutendste romanische Klosterkirche der Schweiz. Die dreischiffige Pfeilerbasilika mit ihren sieben Jochen wird im Osten von fünf halbrunden Apsiden und im Westen von einem zweigeschossigen Querbau abgeschlossen, in dessen oberen Stock eine Michaelskapelle integriert ist. Ein mächtiger Vierungsturm mit Spitzhelm – er wurde im 15. Jh. aufgestockt – und vier Ecktürmchen überragt das Gotteshaus. Der gewaltige Bau aus gebranntem Jurakalk – er stammt aus den römischen Ruinen des benachbarten Avenches – thront wie eine Festung auf dem höchsten Punkt eines kleinen Hügels und erinnert mit seiner großzügigen Anlage an die deutschen Kaiserdome am Rhein; die Abbatiale von Payerne gehört zu den wichtigsten und schönsten Kirchen der Schweiz überhaupt. Kurz: ein Baudenkmal europäischen Rangs.

Um die Abtei entwickelte sich ein kleines, von Mauern und Türmen bewehrtes Städtchen. Zentrum seiner fast quadratischen Anlage ist seit jeher der Bezirk um die Stiftskirche und die benachbarte Pfarrkirche, ein schlichter gotischer Bau aus dem 13. und 14. Jh. An der Nordseite schließt sich der ehemalige Gassenmarkt der Grand-Rue an. Heute noch mit vielen Läden und Bistros das Geschäftszentrum von Payerne, führt sie im Westen zum Flüßchen Broye. Ihre Bürgerhäuser, unter denen ein Gruppe mit Arkaden an die Altstadt von Bern erinnert, stammen zum größten Teil

Kanton:	VD
Meter über Meer:	462
Einwohner 1900:	5224
Einwohner 1980:	6713
Autobahn:	keine

Office du tourisme
Hôtel de Ville
1530 Payerne
037/61 61 61

*Das Innere der romanischen **Abteikirche von Payerne** ist ein überwältigender Raum. Sieben Pfeilerpaare in gelbem und grauem Stein tragen auf überhöhten Rundbögen die Tonne des Mittelschiffs, während in den beiden Seitenschiffen Kreuzgratgewölbe eingespannt sind. Zwar ging beinahe die gesamte Ausstattung des Gotteshauses verloren; schönster Schmuck sind heute die zum Teil figürlichen Blockkapitelle aus dem frühen 11. Jh. im machtvollen Querschiff; trotzdem vermittelt die Kirche einen Eindruck der majestätischen Größe kluniazensischer Architektur, die zu den Meisterleistungen europäischen Kirchenbaus gehört.*

aus dem 17. und 18. Jh. Von der Grand-Rue zweigen rechtwinklig mehrere schmale und zum Teil von steinernen Bögen überwölbte Gäßchen ab, in denen einst die Handwerker und Krämer des Marktfleckens lebten.
Die südlich des Stiftsbezirks liegende Place de la Concorde entstand dank dem Abbruch einer Häuserzeile erst um 1800. Von hier bietet sich ein eindrücklicher Blick auf die Baugruppe von Abtei- und Pfarrkirche, zwischen denen das Gerichtsgebäude und die Maison des Régents stehen. Das Gerichtsgebäude, 1572 im Stil der Renaissance umgebaut, steht östlich des alten Klostergevierts. Die barocke Maison des Régents daneben wurde 1728 errichtet.
Nach der Eroberung der Waadt kam «Peterlingen», wie Payerne deutsch heißt, 1536 als Untertanengebiet an Bern. In der Reformation wurde die ehrwürdige Abtei aufgehoben und ihr Besitz unter Freiburg und Bern geteilt. Die Klostergebäude im Süden der Kirche wurden 1641 zum Schloß der Landvögte umgebaut. Über den Schloßhof, wo einst der Kreuzgang lag, gelangt man zum rechteckigen Kapitelsaal mit den gotischen Rippengewölben; er wurde im 14. Jh. nach einem Brand wiederaufgebaut. Das Obergeschoß birgt ein kleines Museum mit einer Sammlung prähistorischer und frühmittelalterlicher Funde. Der angebliche Sattel der «Guten Königin Bertha» allerdings ist in Wirklichkeit ein Turniersattel aus dem 14. Jh. Die Abteikirche wurde profaniert, diente seit 1686 nacheinander als Scheune, Gefängnis, Spritzenhaus, Turnhalle und Kaserne und stand zu Beginn dieses Jahrhunderts vor dem endgültigen Zerfall. 1926 wurde die «Gesellschaft zur Rettung der Abteikirche» gegründet, und nach jahrzehntelanger Innen- und Außenrenovation erstrahlt das Bauwerk heute wieder im ursprünglichen Glanz.
Unter bernischer Herrschaft blieb Payerne ein verschlafenes Landstädtchen, an dessen Charme noch zwei schöne Brunnen aus dem 16. Jh. – einer steht bei der Pfarrkirche, der andere auf dem Platz vor der Abteikirche – erinnern. Erhalten haben sich auch vier Türme der Stadtbefestigung: An die Tour des Barraux in der Nordwestecke des Städtchens schließt sich ein Rest des ehemaligen Wehrgangs an.
1802 kam Payerne zum Kanton Waadt und liegt heute zwischen freiburgischem Kantonsgebiet im Westen und Osten auf dem schmalen Korridor, mit welchem die Waadt bis ans Ostufer des Neuenburgersees vorstößt. 1876 ans Eisenbahnnetz angeschlossen, entwickelte sich der größte Ort im Broyetal zum kleinen Industriestandort, in dem Tabak aus der Umgebung verarbeitet und Ziegel sowie Eternit hergestellt werden. Seit dem Zweiten Weltkrieg wuchs Payerne – es besitzt einen großen Militärflugplatz – weit über sein ehemaliges Zentrum hinaus, und die Bautätigkeit schlug auch in der Altstadt einige Wunden. Die majestätische Abteikirche aber erhebt sich im Zentrum des Städtchens wie vor fast tausend Jahren.

Königin Bertha

In Lausanne wird das Testament der Königin Bertha von Burgund aufbewahrt, laut dem sie 962 die Abtei Payerne gegründet haben soll. Die Urkunde ist aber eine Fälschung des 12. Jh., mit der die Mönche von Payerne ihr Kloster vor den Übergriffen adliger Vögte schützen wollten. Vom Leben Berthas ist wenig bekannt. Nach dem Tod ihres ersten Mannes, Rudolfs II. von Burgund, heiratete sie König Hugo von Italien, ließ sich bald wieder scheiden und lebte als vom Volk hochverehrte «Gute Königin» in der Westschweiz. Um ihre Gestalt bildeten sich viele Legenden: Dargestellt wird Bertha meist hoch zu Roß und selbst dann noch spinnend, wenn sie über Land ritt, um Gutes zu tun. Obwohl ihre Tochter Adelheid, die mit dem deutschen Kaiser Otto I. verheiratet war, 999 das Grab ihrer Mutter in Payerne besuchte, wurde lange daran gezweifelt, ob Bertha wirklich hier begraben sei. Ihr vermutlicher Sarg wird in der Pfarrkirche von Payerne aufbewahrt, und erst 1958 fand man bei der Restauration der Abteikirche Berthas letzte Ruhestätte.

Im Tal der Broye

Das Tal der Broye, abwechselnd waadtländisches und dann wieder freiburgisches Kantonsgebiet, war vom Altertum bis in die Neuzeit, genauer bis zum Bau des gegenwärtigen Autobahnnetzes, wichtiges Durchgangsland und hat viele kulturelle Zeugen aus alter Zeit bewahrt. 6 km nördlich von Payerne, im Bauerndorf Grandcourt, steht ein barockes Schloß, und nur 1 km weiter östlich hütet die reformierte Pfarrkirche im Weiler Ressudens einen verborgenen Schatz: einen großen Zyklus von Wandmalereien aus der zweiten Hälfte des 14. Jh. Noch einmal 1 km weiter östlich, im freiburgischen Vallon, kamen bei Ausgrabungsarbeiten an einer römischen Villa ab 1986 prächtige Fußbodenmosaike zum Vorschein. Bereits 4 km nach Grandcourt erreicht man am lieblichen Ostufer des Neuenburgersees das Dörfchen Chevroux, bekannt für seinen Badestrand und seine Fischspezialitäten.

Abteikirche
November bis April, Mo–Sa 10–12 und 14–17 Uhr, So 10.30–12 und 14–17 Uhr
Mai bis Oktober, Mo–Sa 9–12 und 14–18 Uhr, So 10.30–12 und 14–18 Uhr

Museum
Öffnungszeiten wie Abteikirche
037/61 15 15

Piscine
037/61 43 22

Camping
Piscine Camping Payerne
April bis September
037/61 43 22

Markt am Donnerstag

Romont mit der malerischen Silhouette eines mittelalterlichen befestigten Städtchens erhebt sich stolz auf einem hohen, isoliert stehenden Hügel im Bezirk Glâne. Es befindet sich etwa in der Mitte der Bahnlinie Lausanne–Fribourg. Der Name stammt vom lateinischen «rotundus mons» (runder Berg), was vermuten läßt, daß bereits die Römer diesen Ort befestigt hatten.

Office du tourisme
Rue de l'Eglise 87
1680 Romont
037/52 31 52

30. 9. 1989

Romont

Kanton:	FR
Meter über Meer:	707
Einwohner 1900:	2110
Einwohner 1980:	3495
Autobahn:	N 1, N 12 Bulle

Auf dem runden Hügel von Romont standen Anfang des 13. Jh. nur ein Turm und eine Burg als Eigentum der Herren von Billens. Um 1240 trat Anselme de Billens die Feste an Peter II. von Savoyen ab, der daraus ein Bollwerk gegen die aufstrebenden Freiburger, Kyburger und Habsburger machte. Unter Peter II., der «Graf von Romont» genannt wird, entstand die Stadt, die zur Baronie Waadt gehörte und von Kastellanen regiert wurde. In den folgenden Jahren waren 46 Gemeinden der Umgebung Romont wehr- und unterhaltspflichtig. Bei jedem Regierungswechsel im Haus Savoyen ließen sich die Bürger von Romont ihre beträchtlichen Freiheiten bestätigen. 1475 und 1476, während der Burgunderkriege, kämpfte Romont auf der Seite Karls des Kühnen. Zur Vergeltung überfielen die siegreichen Berner und Freiburger nach der Schlacht die Stadt und plünderten sie. Bei der Eroberung der Waadt durch die Berner stellte sich Romont 1536 unter den Schutz Freiburgs und gehörte von da an bis 1798 zur freiburgischen Landvogtei Romont.

Die Stadt wurde 1434, 1476, 1577, 1681, 1843/44 und 1863 teilweise oder ganz eingeäschert. Die Bewohner setzten aber immer wieder ihren Ehrgeiz daran, sie nach der Katastrophe womöglich noch schöner als vorher aufzubauen.

Während von den alten Ringmauern nur noch Bruchstücke zu sehen sind, blieben die Türme der Stadtbefestigung größtenteils erhalten. Imposantester Teil des alten Bollwerks ist die im Süden gelegene Tour à Boyer aus dem 13. Jh. Früher hieß sie Tour du Comte Pierre, wurde aber 1801

Die gotische Kollegiatskirche **Notre-Dame-de-l'Assomption** *setzt nicht nur mit ihrem Äußeren einen Markstein ins Stadtbild, sie weist auch in den Details und der Innenausstattung verschiedene Schätze auf: Das Eingangstor schmückt ein Christus in der Gloriole, umgeben von den Symbolen der vier Evangelisten. In der Portalkapelle befindet sich eine steinerne Sitzmadonna aus dem 13. Jh. Erwähnenswert sind auch das spätgotische Chorgestühl und die Sandsteinkanzel von 1520 mit Figuren der Muttergottes und der Kirchenväter.*

dem Bürger Boyer verkauft und nach dem neuen Besitzer benannt. Als dieser jedoch den aus rund 12 500 Steinblöcken zusammengefügten Turm abbrechen wollte, kaufte ihn die Stadt zurück. An der Rue du Château treffen wir auf das ehemalige Pensionat St-Charles mit der Kapelle von 1929, die Glasfenster aus dem Leben Mariens von Alexandre Cingria enthält. Links zieht das Café Suisse mit seiner gotischen Fassade von 1576 die Blicke auf sich. Auf der andern Straßenseite steht das Hôtel de Ville von 1955. Von hier aus bietet sich ein herrlicher Rundblick auf Voralpen und Alpen.

Das Schloß, ein savoyisches Geviert mit großem Innenhof, wurde 1261 von Peter II. vollendet und Anfang des 20. Jh. restauriert. Im runden Bergfried ist das Schweizerische Glasmalereimuseum untergebracht. Der Bergfried, die Befestigungsmauern und die Außenmauern des Nordflügels, das sogenannte Alte Schloß, zeigen noch den savoyischen Stil. Im Schloßhof befindet sich ein mächtiges hölzernes Tretrad, mit dem im Belagerungsfall Wasser aus dem Sodbrunnen gepumpt werden konnte. Als Freiburg die Stadt 1536 in Besitz nahm, errichtete es ein neues Schloß als Sitz der Präfektur. Der Torturm mit Zugbrücke, ein ehemaliger Zeitglockenturm, wurde 1586–1589 erbaut. Über dem Tor sieht man ein nachträglich angebrachtes Wappenrelief des Standes Freiburg, der Städte Freiburg und Romont sowie der Familien Buman und Montenach.

Neben dem Schloß erhebt sich die Kollegiatskirche Notre-Dame-de-l'Assomption (Mariä Himmelfahrt), eine der schönsten gotischen Kirchen der Westschweiz. Ihr Bau wurde 1244 begonnen, nach dem Stadtbrand von 1434 wurde sie mit Ausnahme des südlichen Seitenschiffs, der Vorhalle und eines Teils des Chors neuerbaut. So mischen sich zwei Stile: rechts Rayonnantstil des 13. Jh., links spätgotisches Flamboyant des 15. Jh. Ein weiterer Brand schwärzte sie 1936 vollständig und machte eine Innenrenovation nötig.

Das Prunkstück der Grand-Rue, die zusammen mit der Rue de l'Eglise das Geschäftszentrum bildet, ist das Restaurant du Cerf mit einer Fassade aus dem 15./16. Jh. Von der Spätgotik bis zum Jugendstil – und undefinierbaren neueren Datums – sind an der geschlossenen Hauptstraße alle möglichen Stilrichtungen vertreten. Die Chapelle des Capucins wurde 1746 der Verklärung Christi geweiht und beherbergt drei barocke Holzaltäre.

Ein Rundgang entlang des alten Bollwerks bietet neben dem schönen Panorama weitere Sehenswürdigkeiten: Im Westen erheben sich die Tour du Sauvage aus dem 13. und 17. Jh., die Tour de Billens und der Stumpf der «Tour Carrée», im Norden der sogenannte Kapuzinerturm aus dem 16. Jh.

In den letzten Jahren entstanden am Fuß des Hügels einige moderne Hochbauten, welche den Gesamteindruck etwas beeinträchtigen, die aber darauf hinweisen, daß Romont nicht nur eine Vergangenheit hat, sondern auch Handels- und Industrieort ist.

Alexandre Cingria (1879–1945)

Alexandre Cingria gilt als Pionier und wichtigster Vertreter der modernen Glasmalerei in der Westschweiz. Der in Genf geborene Künstler leitete 1913–1920 die Wiederherstellung der großen Glasgemälde der Kathedrale Notre-Dame in Genf, verließ dann aber die Calvinstadt, um sich in Romont niederzulassen. Er war mit den französischen Schriftstellern Apollinaire und Paul Claudel befreundet und trat wie Claudel für eine Erneuerung der kirchlichen Kunst ein. Neben seiner Malerei wirkte er auch als Schriftsteller und Mitbegründer der Zeitschriften «Les Idées de demain» und «La Voile latine». In Romont gründete er mit gleichgesinnten Künstlern die Société de Saint-Luc. Zahlreiche Landkirchen im Glâne-Bezirk und in der ganzen Westschweiz sind mit Werken Cingrias oder seiner Kollegen und Schüler geschmückt. Das eigentliche Cingria-Museum befindet sich also nicht in Romont, sondern verstreut in verschiedenen Kirchen des Kantons. Zwei riesige Gemälde von Cingria sind jedoch auch im Glasmalerei-Museum von Romont zu sehen.

Museum für Glasmalerei

Seit 1981 beherbergt der älteste Teil des Schlosses das Schweizerische Museum für Glasmalerei. In der Schweiz haben leider nur wenige der gotischen Meisterwerke des 12.–14. Jh. die Zeit und die Reformation schadlos überstanden. Im Erdgeschoß des Museums sind 40 Glasmalereien aus ältester Zeit zu sehen. Neben Fragmenten von gotischen Kirchenfenstern gehören dazu auch Wappen- und Kabinettscheiben der Renaissance und des Barock, die vor allem in der Deutschschweiz verbreitet waren. Ein Ausstellungsraum im Dachstuhl ist der Glasmalerei des 20. Jh. gewidmet. Wichtigste Vertreter sind Alexandre Cingria, Hans Stocker und Ernst Stokker (Coghuf). Das Museum ist mit seinen aktuellen Wechselausstellungen auch ein Ort der Begegnung, des Austausches und der Förderung zeitgenössischen Schaffens.

Musée suisse du Vitrail
Château de Romont
Grand-Rue 14
037/52 10 95
Sa/So 10–12, 14–18 Uhr
während der Ausstellungen
Di–So 10–12, 14–18 Uhr

Am östlichen Rand des Lavaux-Weinbaugebiets liegt Vevey. Das Zentrum der Waadtländer Riviera mit seinen klassizistischen Hotelpalästen und herrschaftlichen Villenvierteln, der bedeutenden Industrie und der malerischen Altstadt am Genfersee ist neben Montreux einer der ältesten Ferienorte der Schweiz und wird wegen seines milden Klimas sowie des vielfältigen kulturellen und touristischen Angebots noch heute gern besucht.

Office du tourisme
Place de la Gare 5
1800 Vevey
021/921 48 25

13. 8. 1989

Vevey

Milchprodukte und Schokolade aus Vevey sind in der Welt wohl bekannter als die Schönheiten der Schweizer Berge und Seen. Wenn man von Lausanne her durch das Weingebiet des Lavaux die westliche Vorstadt von Vevey erreicht, liegt am Genfersee der elegante Hauptsitz des mit Abstand größten Schweizer Konzerns, der Nestlé AG. Vom 1960 von Jean Tschumi erbauten, ypsilonförmigen Bau aus werden weltweit rund 200 000 Beschäftigte dirigiert, 428 Fabriken gelenkt und jährlich fast 50 Milliarden Franken Umsatz erwirtschaftet – eine Summe, die das Budget mancher Kleinstaaten übertrifft. Im Geschäftsviertel von Vevey beginnt der «Chemin fleuri», ein Blumenweg, der Richtung Stadtzentrum und weiter 10 km dem See entlang bis Villeneuve führt. Für Liebhaber moderner Architektur lohnt sich ein kurzer Abstecher in die entgegengesetzte Richtung: An der Route de Lavaux 21 steht die Villa Le Lac, die der bekannte Schweizer Architekt Le Corbusier 1923 für seine Eltern baute.

Das alte Hafenstädtchen Vevey beginnt, wenn man das Flüßchen Veveyse überquert und die Grande-Place erreicht. Auf der Anlage – sie wird an Weite von kaum einem anderen Schweizer Platz übertroffen – geht alle 25 Jahre ein Spektakel über die Bühne, das in seinen Dimensionen ebenfalls seinesgleichen sucht: Zum letzten Mal fand hier 1977 das Winzer- und Musikfest, die Fête des Vignerons, statt. Die folkloristische Monsterveranstaltung stammt aus dem 18. Jh. und bringt jeweils Tausende von Mitwirkenden und Zehntausende von Zuschauern auf die Beine. Von den Straßencafés der Grande-Place aus lassen sich das Casino, das neugotische Château de l'Aile, das Théâtre Municipal oder die «Grenette» bewundern; die toskanischen Säulen unter dem klassischen Giebel des 1808 erbauten Kornhauses bilden den nördlichen Abschluß des Platzes.

Ostwärts führt der Quai Perdonnet zu dem mit Vevey zusammengebauten Burgstädtchen La Tour-de-Peilz. Hinter der Uferpromenade liegt im Mündungsgebiet der Veveyse das historische Vevey mit seinen mittelalterlichen Gassen und den breiten Straßen und Bauten aus dem 19. Jh. An der Rue du Simplon steht hinter einem Schmiedeeisengitter die klassische Fassade der Cour au Chantre aus dem 18. Jh., heute Sitz der Präfektur, gegenüber das ebenfalls im 18. Jh. erbaute Hôtel de Ville, ein elegantes Stadtpalais mit einer siebenachsigen Fassade. Am Eingang zur klassizistischen Rue du Lac mit den Boutiquen und Antiquitätengeschäften in der Fußgängerzone erhebt sich neben einem schönen Brunnen der mittelalterliche Glockenturm St-Jean. Vom Bahnhof aus führt

	Kanton:	VD
	Meter über Meer:	385 m
	Einwohner 1900:	11 781
	Einwohner 1980:	16 139
	Autobahn:	N 9/N 12, Vevey

Der 1842 eröffnete Hotelpalast «Trois Couronnes» an der Uferpromenade von Vevey nimmt sogar unter den vielen glanzvollen Hotelbauten des frühen Schweizer Tourismus eine Sonderstellung ein. Zu den Dauergästen zählten Kaiserin Alexandra von Rußland, der Prinz von Wales und der Schah von Persien – auch gekrönte Häupter konnten aber nicht immer mit einem ehrerbietigen Empfang rechnen: König Ludwig I. von Bayern wurde als unerwünscht betrachtet, da er in Begleitung der Tänzerin Lola Montez absteigen wollte. In dem luxuriösen Haus feierte der Aga Khan Hochzeit mit der Begum, und der amerikanische Dichter Henry James hat in seinem Roman «Daisy Miller» (1879) das Hotel allerersten Ranges in der Weltliteratur verewigt.

der geschwungene Chemin de l'Espérance zum Quartier St-Martin hinauf, wo die gleichnamige Pfarrkirche auf einer Plattform die Altstadt überschaut und sich ein prächtiger Blick über den See öffnet. Wahrscheinlich stand hier bereits im 8. Jh. ein Gotteshaus. Die heutige Kirche geht auf das 13. Jh. zurück, der Innenraum, eine dreischiffige Pfeilerbasilika mit vier Jochen, stammt aus der Spätgotik. An der Westseite erhebt sich der Frontturm aus derselben Epoche. Mit seinen vier spitz bedachten Erker-Wachttürmchen ist er ein Wahrzeichen Veveys. Die Anhöhe war schon in römischer Zeit befestigt. Vibiscum, wie Vevey damals hieß, war ein Etappenort am Alpenübergang über den Großen St. Bernhard, der Aventicum mit Rom verband. Römische Legionäre pflanzten wohl auch die ersten Rebstöcke an die vom Nordwind geschützten Hänge rund um Vevey und begründeten damit die Weinbautradition der Gegend. Auf den künstlich angelegten Geländetreppen des Lavaux rings um Vevey – in einer der schönsten Kulturlandschaften der Schweiz – werden heute auf 800 ha jährlich 6,5 Mio l Weißwein und 0,5 Mio l Rotwein produziert, die so bekannte Herkunftsbezeichnungen wie Epesses, Dézaley oder St-Saphorin tragen.

Im frühen Mittelalter gehörte Vevey dem Domkapitel von Lausanne, Ende des 13. Jh. fiel die Stadt an Savoyen. Schließlich zogen 1536 die Berner Landvögte ins Château an der Rue d'Italie ein. Der stattliche Bau mit dem Walmdach erinnert an einen bernischen Landsitz. Er beherbergt das Museum von Alt-Vevey mit einer lokalhistorischen Sammlung sowie das Winzermuseum.

Hugenotten brachten im 17. Jh. das Gewerbe der Stadt zu neuer Blüte und legten den Grundstein zur modernen Industriestadt Vevey, zu deren wichtigsten Betrieben heute eine Zigarettenfabrik und die Maschinenindustrie der Ateliers Mécaniques zählen. Ein bescheideneres Gewerbe, nämlich ein Strumpfgeschäft, betrieb im 18. Jh. an der Grande-Place 2 Madame de Warens. Sie war eine Freundin von Jean-Jacques Rousseau, der um 1730 in Vevey abstieg, um seiner Gönnerin nahe zu sein. Der eigenbrötlerische Philosoph – er entwarf während seines Aufenthalts den Briefroman «La Nouvelle Héloïse» – blieb nicht der einzige berühmte Gast. Im 19. Jh. entdeckten betuchte Reisende, Künstler und Dichter die herrliche Gegend am Genfersee, und Vevey wurde zusammen mit Montreux zu einem der berühmtesten Ferienorte der Schweiz. Zu seinen Gästen aus aller Herren Ländern zählten auch viele Russen, für die eine eigene Kirche mit vergoldeten Zwiebelkuppen errichtet wurde, unter anderem Gogol, Dostojewski und Tschaikowsky.

Musik hat in Vevey dank den jährlich stattfindenden Musikfestspielen auch heute noch Tradition. Das Museum Jenisch beherbergt eine repräsentative Gemäldesammlung von Westschweizer Künstlern und Werke von Gustave Courbet, Ferdinand Hodler und Oskar Kokoschka.

Charlie Chaplin (1889–1977)

Am Quai Perdonnet erinnert eine kleine Statue an Charlie Chaplin, der die letzten fünfundzwanzig Jahre seines Lebens in einem Landhaus in Corsier oberhalb Vevey verbrachte. Der große Komiker trat in seinen Filmen wie «Goldrausch» oder «Zirkus» stets in der Rolle eines Vagabunden auf, der durch die Tücke des Objekts oder die Bosheit der Menschen unschuldig in Gefahr gerät und auf abenteuerliche Weise gerade noch davonkommt. In seinen späteren Werken wie «Moderne Zeiten» und «Der große Diktator» setzte sich der bekannteste Filmschauspieler aller Zeiten auch mit sozialkritischen Fragen und dem Thema der Diktatur auseinander. Chaplin, der bis zu seinem Tod am Heiligabend 1977 zurückgezogen in Vevey lebte, fand nach seinem Tod weniger Frieden als während seines Lebensabends. Sein Leichnam wurde vom kleinen Friedhof Corsier entführt und erst nach erfolglosen Erpressungsversuchen wieder zurückgegeben.

Aussicht vom Mont-Pèlerin

Von der Hauptstraße Nr. 12 Vevey–Châtel-St-Denis zweigt kurz nach Jongny die Straße ab, auf der man nach 13 km das Feriendörfchen Mont-Pèlerin auf 806 m Höhe erreicht. Noch schöner ist der Weg mit der Standseilbahn, die von Vevey aus mitten durch die Terrassen der Rebberge und am idyllischen Winzerdorf Chardonne vorbei hier hinaufführt. Vom Gipfel (1084 m) aus bietet sich ein großartiges Panorama auf den Genfersee und die Alpen.

Musée Jenisch
Avenue de la Gare 2
021/921 29 50
Mai bis Oktober: Di–So
10–12 und 14–17 Uhr
November bis April: Di–Sa
14–17, So 11–12 und 14–17 Uhr

Musée du Vieux-Vevey
Musée de la Confrérie des Vignerons, Rue d'Italie 43
021/921 07 22
Di–Sa 10–12 und 14–17 Uhr,
So 11–12 und 14–17 Uhr

Alimentarium, Nahrungsmittelmuseum der Fa. Nestlé
Quai Perdonnet
021/924 41 11
Di–So 10–12 und 14–17 Uhr

Musée suisse d'appareils photographiques
Ruelle des Anciens-Fossés
021/921 94 60
März bis Oktober, Di–So
10.30–12 und 14–17.30 Uhr
November bis Februar,
Di–Sa 14–17, So 11–12 und 14–17.30 Uhr

Hallenbad
Vevey-Corseaux Plage
021/921 12 68

Schwimmbad/Strand
Vevey-Corseaux Plage
021/921 12 68

Strand: Les Bains publics
Quai Ernest-Ansermet

Musikfestival Montreux-Vevey im September
Klavierwettbewerb «Clara Haskil»
Festival der Filmkomödien im August
Folklore-Markt im Juli und August jeweils am Samstagmorgen

Stadtplan: Seite 488/489

Yverdon-les-Bains, die von den Römern gegründete Bäderstadt am südwestlichen Ende des Neuenburgersees, war im Mittelalter eine blühende Handelssiedlung und ist heute eine lebhafte Waadtländer Industriestadt. Von der Vergangenheit des ehemals behäbigen Landstädtchens zeugt noch die malerische Altstadt mit dem Wahrzeichen von Yverdon, dem stolzen Schloß.

Office du tourisme
Place Pestalozzi
1400 Yverdon-les-Bains
024/21 01 21

TCS-Zweigstelle
Le Coultre voyages
Rue du Casino 7
1400 Yverdon-les-Bains
024/21 75 13

12. 8. 1989

Yverdon-les-Bains

Seit jeher steigt in Yverdon schwefelhaltiges Wasser aus 500 m Tiefe durch verschiedene geologische Schichten auf und gelangt 29°C warm an die Erdoberfläche; die heilende Kraft dieser Thermalquellen wurde schon von den Römern genutzt. Fundstücke im Museum von Yverdon-les-Bains zeigen allerdings, daß sich noch vor ihnen um 2800 v. Chr. «Pfahlbauer» am südwestlichen Ende des Neuenburgersees niederließen und im 1. oder 2. Jh. v. Chr. die Helvetier hier einen Handelsplatz anlegten.

Erst das römische Eburodunum aber entwickelte sich zum blühenden Verkehrsknotenpunkt an der Rhone-Rhein-Verbindung und an den Straßen nach Vicus Lousanna und Aventicum. Im 3. Jh. wurde die offene Siedlung – ihre Achse befand sich auf der heutigen Rue Jordils im Süden der Altstadt – aufgegeben; noch weiter südlich, beim heutigen Friedhof, entstand ein römisches Kastell, das im 5. oder 6. Jh. durch die Alemannen zerstört wurde.

Erst um 1260 gründete Graf Peter II. von Savoyen eine neue, von Mauern umgebene Stadt. Die damals noch direkt am See liegende Siedlung verdankte den Aufschwung wie schon die alte Römerstadt vor allem der günstigen Verkehrslage. An der Gelenkstelle zum östlichen Faubourg de la Plaine entstand zusammen mit der Stadt das Schloß, das eindrücklichste Beispiel eines «carré savoyard» in der Schweiz.

Der große Platz vor dem Schloß war das Zentrum des Marktfleckens, auf den alle Verkehrsadern mündeten: die schnurgerade Rue de la Plaine aus der Vorstadt und die radial angelegten drei Gassen der westlichen Altstadt, von denen die Rue du Milieu seit jeher die Hauptverkehrsader war. Von ihr durch die Porte de l'Hôpital getrennt, entwickelte sich um 1400 ein weiteres Vorstadtquartier, zu dem auch das heutige Kasernenareal auf der ehemaligen Thielle-Insel gehörte.

In den Burgunderkriegen 1475 von den Eidgenossen gebrandschatzt, wurde Yverdon nach der Eroberung der Waadt 1536 bernisches Untertanengebiet. Bis 1798 residierten Landvögte im Schloß; sie ließen die Festung mehrmals umbauen und im 18. Jh. auch die Wassergräben einebnen. Während des Ancien Régime entwickelte sich Yverdon – es wurde in der Waadt auch «Hauptstadt des Nordens» genannt – kontinuierlich: Die Tuchindustrie blühte auf, und 1728 nahm man die Bäder wieder in Betrieb. Berühmt wurde Yverdon aber hauptsächlich als Zentrum der Buchdruckerkunst, wo 1770–1780 die 58bändige Pariser Enzyklopädie neu herausgegeben wurde. Han-

Kanton:	VD
Meter über Meer:	435
Einwohner 1900:	7985
Einwohner 1980:	20 802
Autobahn:	N 5, Yverdon West oder Süd

Das Schloß von Yverdon, eine typische savoyardische Viereckanlage, wurde um 1260 auf einem Pfahlrost mitten im Schwemmland errichtet. 1475 in den Burgunderkriegen teilweise zerstört, wurde die Festung als Sitz der bernischen Landvögte wiederaufgebaut und 1805–1825, als Heinrich Pestalozzi hier ein Knabeninstitut führte, innen stark verändert. Die vier runden Ecktürme, von denen der Bergfried die andern drei überragt, sind durch vier Gebäudeteile miteinander verbunden. Heute ist hier das Musée d'Yverdon mit einer lokalhistorischen Sammlung und einer kleinen ethnographischen Abteilung untergebracht. Das angeschlossene Kleidungsmuseum bietet einen Überblick über die wechselnde Mode von 1850 bis heute.

del und Verkehr versuchte man mit dem Bau einer gigantischen Wasserstraße zu fördern: Im 17. Jh. wurde der Entreroches-Kanal in Angriff genommen, der über die Mittelmeer-Nordsee-Wasserscheide bei La Sarraz den Neuenburger- mit dem Genfersee hätte verbinden sollen; das Projekt gedieh aber nur bis Cossonay.

Von der Blüte des Landstädtchens zeugen die barocken und klassizistischen Fassaden vieler Altstadthäuser. Während die Rue du Milieu die Straße der Handwerker und Gewerbetreibenden blieb, bauten sich die noblen Herrschaften vor allem an der Rue du Four «Winterhäuser». Die barockisierte Rue de la Plaine wurde zu einer Art «Empfangssalon» der Stadt, und die Rue du Lac entwickelte sich zur Hauptgeschäftsstraße.

Johann Heinrich Pestalozzi (1746–1827)

Vor dem Schloß erinnert ein Denkmal an Johann Heinrich Pestalozzi, der hier 1805 als fast Sechzigjähriger nach einem Leben voller Rückschläge ein Erziehungsinstitut eröffnete und nochmals versuchte, seine pädagogischen Vorstellungen zu verwirklichen. Pestalozzi hatte 1774 auf dem Neuhof im Birrfeld seine erste Armenschule gegründet, 1798 in Stans ein Heim für Kriegswaisen eröffnet und seit 1800 in Burgdorf eine Schule geleitet. Unermüdlich in seinem Engagement für die Unterdrückten und vor allem für die Kinder, versuchte er diese von den Zwängen des damaligen Erziehungssystems zu befreien. In seinen Schulen und vielen Schriften stellte Pestalozzi den Schüler als Menschen in den Mittelpunkt und forderte eine kindgemäße «natürliche Erziehung». 20 Jahre leitete er das Institut in Yverdon, von dem aus sich die Bewegung zu Erneuerung der Erziehung in ganz Europa ausbreitete. Seine Heimat aber brachte dem Schöpfer der modernen Volksschule kein Verständnis entgegen. 1827 starb Pestalozzi in Brugg, wie er die meiste Zeit gelebt hatte: arm, verkannt und verspottet.

1753–1757 wurde als besonders schönes Zeugnis reformierter Kirchenbaukunst auch die Pfarrkirche am Hauptplatz neu erbaut. Die zum Platz gerichtete Schaufront aus gelbem Jurakalkstein mit den drei Achsen und den abgerundeten Ecken steht vor einem als Querkirche entworfenen Innenraum. Über den Arkaden und an den Schmalseiten sind Emporen eingezogen, und das schwere Stuckgebälk trägt ein flaches Tonnengewölbe. Unter der Empore mit der Barockorgel steht ein spätgotisches Chorgestühl. 1763–1767 entstand als zweiter Repräsentativbau das Hôtel de Ville, das seine siebenachsige Fassade mit dem hohen Sockelgeschoß und den Arkaden ebenfalls dem Platz zuwendet. Gleich daneben steht das ehemalige Hôtel de l'Aigle, heute Préfecture, ein Louis-XVI-Bau von 1776.

1803 wurde Yverdon Bezirkshauptort des Kantons Waadt, und im 19. Jh. änderte sich sein Bild stark. Durch die 1855 nördlich um die Stadt geführte Bahnlinie wurde Yverdon erstmals vom See abgeschnitten. Es entstanden große Reparaturwerkstätten der SBB, und die breite Place d'Armes zwischen Bahnhof und Stadt wurde zum Stadtpark. An seiner Ostseite zeugt der 1842 zum Casino umgebaute alte Kornspeicher vom ersten Aufschwung des Fremdenverkehrs. Nach der Juragewässerkorrektion der 1870er Jahre zog sich das Seeufer zurück. Mit den ausgedehnten Quaianlagen ging der einstige Eindruck einer Stadt am Wasser weitgehend verloren.

In der zweiten Hälfte des 19. Jh. setzte die starke Industrialisierung ein, die das Bild Yverdons außerhalb der Altstadt heute prägt: Neben einer Kunsttischlerei entstanden Zigarettenfabriken, und heute werden in Yverdon auch Batterien hergestellt. Auch wenn der ehemals größte Arbeitgeber der Region – der metallverarbeitende Betrieb stellte vor allem Schreibmaschinen her und beschäftigte noch vor 30 Jahren 4000 Angestellte – seine Produktionsstätten schloß, zeigt die hektische Bautätigkeit rund um Yverdon, daß die Stadt immer noch ein bedeutender Industriestandort ist.

Ste-Croix

19 km nordwestlich von Yverdon liegt in einer weiten Mulde am Südhang des Chasseron auf 1080 m Höhe Ste-Croix (Endstation der Bahn Yverdon–Ste-Croix). Der beliebte Ferien- und Wintersportort – eine Sesselbahn nach Les Avattes erschließt den 1607 m hohen Chasseron mit seiner prächtigen Rundsicht – ist auch ein alter Industriestandort, in dem weltbekannte Spieldosen hergestellt wurden und werden.

Office du tourisme
1450 Ste-Croix
024/61 27 02

Musée d'Yverdon und
Musée de l'habit
Schloß
Oktober bis Mai, Di–So
14–17 Uhr
Juni bis September, Di–So
10–12 und 14–17 Uhr
024/21 93 10

Maison d'Ailleurs
Science-fiction-Museum
5, rue du Four
Februar bis November,
Do 9–12 Uhr
024/21 64 38

Bahn Yverdon–Ste-Croix
024/21 62 15

Schiffahrt auf dem
Neuenburgersee
024/21 76 73

Schwimmbad
024/24 10 78

Hallen- und Freibäder
Centre Thermal
Mo–Fr 8–22 Uhr
Sa und So 9–20 Uhr
024/21 44 56

Kunsteisbahn
024/21 31 49

Camping
Les Iris
April bis September
024/21 10 89

Pferderennbahn

Keramik-Biennale
im Juni und Juli

Region 2: Wallis, Bern, Solothurn, Jura

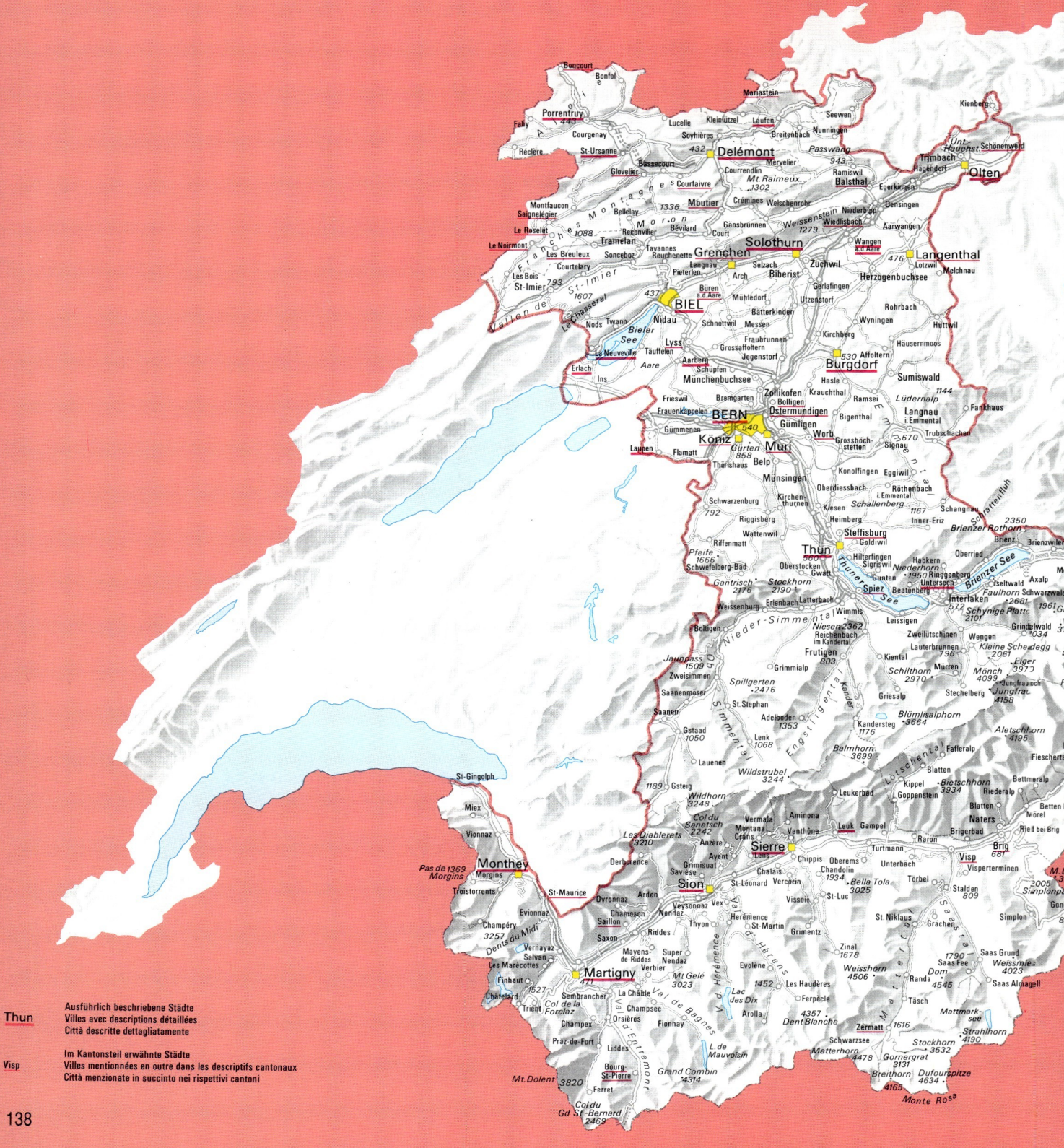

Thun — Ausführlich beschriebene Städte / Villes avec descriptions détaillées / Città descritte dettagliatamente

Visp — Im Kantonsteil erwähnte Städte / Villes mentionnées en outre dans les descriptifs cantonaux / Città menzionate in succinto nei rispettivi cantoni

Das Städtchen Aarberg liegt ungefähr auf halbem Weg zwischen Bern und Biel im Seeland. Das ist der Kreuzpunkt der uralten Verkehrslinien von Basel zum Genfersee und von Bern gegen die Jurapässe. Früher bildete das Städtchen eine Insel in der Aare, doch seit der Juragewässerkorrektion und dem Bau des Hagneck-Kanals führt die Alte Aare nur noch wenig Wasser.

Touristik-Informationen
Amtsersparniskasse
Stadtplatz 48
3270 Aarberg
032/82 31 39

13. 8. 1989

Aarberg

Das Territorium von Aarberg war schon zur Römerzeit besiedelt und als strategisch wichtiger Punkt wohl auch befestigt. Graf Ulrich III. von Neuenburg legte um 1220 den Grundstein für das heutige Städtchen. Damals bestand zwischen Thun und Solothurn noch kein Flußübergang für den Fahrverkehr. Aarberg wurde eine wichtige Zollstation, der beträchtliche Einnahmen durch Schiffs- und Brückenzölle zuflossen. 1339, im Jahr der Schlacht von Laupen, belagerten die Berner die Stadt, konnten sie aber nicht einnehmen. Doch 20 Jahre später verpfändeten die Herren von Aarberg ihre Stadt an Bern. Wiederum acht Jahre später, 1367, verkaufte Graf Peter von Aarberg den Besitz dem Grafen von Nidau. Dieser konnte aber nicht zahlen, so daß wenige Monate später die Stadt Bern als Käuferin zum Zug kam. 472 Jahre lang residierten nun die Landvögte der Stadt Bern im Aarberger Schloß.

Kanton:	BE
Meter über Meer:	458
Einwohner 1900:	1372
Einwohner 1980:	3212
Autobahn: N 5, Lyss-Süd	

Vor dem Bau der Eisenbahnen lag Aarberg an der Handelslinie zwischen Zürich und Bern und der Westschweiz. 1768 gingen hier jede Woche durchschnittlich 20 Frachtwagen durch. Auch durchreisende Personen machten häufig in Aarberg Station. Entsprechend gut ausgebaut waren Wirtschaften und Gasthöfe. Durch die Straßen- und Bahnbauten des 19. Jh. fand eine verkehrsmäßige Achsenverschiebung statt, in deren Folge Aarberg etwas ins Abseits geriet.
Das Städtchen am Fluß blieb nicht von Katastrophen verschont. 1419 und 1477 brannte es vollständig nieder. Immer wiederkehrende Hochwasser rissen verschiedentlich die Brücken weg

*Der leicht geneigte **Marktplatz** gehört zu den schönsten Städtebildern der Schweiz. Regelmäßig finden hier Märkte sowie der zentrale Pferdemarkt des Seelandes statt. Der Marktplatz ist viermal so lang wie breit und wird an den Schmalseiten von kurzen Häuserreihen quer abgeschlossen. Die Fassaden gegen den Platz hin wurden im 18. und 19 Jh. erneuert; auf der Rückseite und in den Höfen finden sich aber noch ältere Elemente. Dominiert wird der Stadtplatz vom Hotel Krone, dem ersten ganz in Stein ausgeführten Wohnhaus der Stadt, das angeblich auf das 11. Jh. zurückgeht. Im 17. und 18. Jh. wurde die «Krone», das ehemalige Säßhaus des Klosters Frienisberg, umgebaut.*

und richteten Schaden an Häusern und Gärten an. Die Erste Juragewässerkorrektion schuf da Abhilfe. 1868 begann man mit den Arbeiten für die Verlegung des Aarelaufes Richtung Bielersee. In der Folge wurde die Alte Aare weitgehend trockengelegt, und die sogenannte Kleine Aare südlich der Stadt verlandete vollständig. Die «Falkenbrücke» im Osten führt nun über einen Fluß ohne Wasser. Früher floß der Verkehr nicht nur über eine, sondern über zwei gedeckte Brücken nach Aarberg. Die östliche Brücke, Falkenbrücke genannt, brach jedoch 1869 wegen einer zu schweren Salzfuhre ein. Sie wurde durch eine Eisenkonstruktion ersetzt. Die 1557 erbaute, 80 m lange westliche Holzbrücke über die Alte Aare ist heute das Prunkstück des Städtchens. Nachdem ein Hochwasser 1556 beide Brücken zerstört hatte, wurden die hölzernen Brückenpfeiler durch die heutigen massiven Steinpfeiler ersetzt. Auf ihren Ecksteinen sind rätselhafte Fratzen eingehauen.

Das Städtchen verlor seine Inselstellung. Das Seeland wurde dadurch entsumpft und Jahre später zu einem wichtigen Gemüseanbaugebiet. Am 17. August 1878 floß die Aare erstmals durch den Hagneck-Kanal in den Bielersee. Fast 100 Jahre später, 1962–1972, fand die Zweite Juragewässerkorrektion statt, die das begonnene Werk vervollständigte.

Ursprünglich bestand die Stadt aus einer einzigen Straße, die heute noch über die Aarebrücke führt. Sie ist so breit, daß sie die Funktion eines Platzes erfüllt. Das Rathaus wurde 1817 neu erbaut und erhielt 1864 das Uhrtürmchen des ehemaligen Waaghauses aufgesetzt, welches damals von der Platzmitte verschwand. In der Südecke der Platzanlage stehen Schloß und Kirche. Das Schloß entstand 1610 als typisch bernischer Renaissancebau und ist heute Sitz der Amtsbezirksverwaltung. Im unteren Gang sind über 100 Wappen aller Landvögte zwischen 1358 und 1798 zu sehen. Die reformierte Kirche ist ein spätgotischer Bau des 16. Jh. und wurde anstelle der abgebrannten Burg errichtet. Der Turm reicht in das Jahr 1526 zurück. Im Innern befindet sich eine barocke Kanzel, vor der ein Landvogtstuhl steht.

Beim Westausgang trifft man auf das eigentliche Wahrzeichen der Stadt, die gedeckte Holzbrücke. Mit ihrer Dachkonstruktion aus Eichenholz gehört sie zu den schönsten Brücken der Schweiz. Am andern Ufer sieht man eine betonierte Laufrinne für das Rübenwaschwasser. 1898 wurde in Aarberg die erste Zuckerfabrik der Schweiz gegründet. Nach dem Ersten Weltkrieg entwickelte sie sich zum Großunternehmen. Sie hatte an der wirtschaftlichen Erschließung des Großen Mooses entscheidenden Anteil. Von Spätherbst bis Weihnachten rollen zahlreiche Güterzüge des «Zuckerfahrplans» nach Aarberg.

Phokion Heinrich Clias (1782–1854)

Der aus Aarberg stammende Clias – ursprünglich hieß die Familie Käsli und wanderte aus Nidwalden zu – wurde 1782 in Amerika geboren. Er wurde Matrose und verpflichtete sich für die holländische Flagge. Mit 21 Jahren geriet der abenteuerlustige Seemann in englische Kriegsgefangenschaft. Nach seiner Freilassung durchstreifte er wieder die Welt und bildete sich auf seiner Wanderschaft zum Turnlehrer aus. 1806 erfand er den beweglichen Triangel, eine Art Trapez (heute nicht mehr in Gebrauch). Er arbeitete in Holland und in Norddeutschland als Turnlehrer, bis er sich 1810 wieder in die Nähe Aarbergs begab. In der Bieler Erziehungsanstalt des Pfarrers Gottlieb Zehnder setzte er sich für die Körperertüchtigung seiner Zöglinge ein, was damals noch keineswegs selbstverständlich war. Später unterrichtete Phokion Clias an den öffentlichen Schulen der Stadt Bern und gründete im Marzili die erste Schwimm- und Badeanstalt. 1821 trieb es ihn wieder in die Fremde: Er wurde Hauptleiter der Gymnastik an den Militär- und Seemannsschulen in England. Doch bald kehrte er nach Bern zurück und wirkte als Kommandant des Bernischen Landjägerkorps. 1854 starb er in Morges.

Durchs Große Moos zum Hagneck-Kanal

In einem ungefähr zweistündigen Spaziergang gelangen wir auf dem Damm des Aare-Hagneck-Kanals zum Dörfchen Hagneck. Über die gedeckte Holzbrücke erreichen wir den Aare-Hagneck-Kanal, der von der neuen Bargenbrücke überquert wird. Der Hochwasserdamm wird von Pappeln und Obstbäumen gesäumt, den Uferstreifen bedecken Weiden, Erlen und Föhren. Gegen Norden überblickt man den Weiler Gimmiz mitten im Großen Moos und das auf einem Moränenzug gelegene Dorf Walperswil. An der Walperswilbrücke gehen wir vorbei. Am Rande des Moränenhügels Beich und dem Planiiwald entlang gelangen wir zur Station Hagneck hinauf. Der Planiiwaldrücken entstand zwischen 1873 und 1884 aus dem Aushub des Hagneck-Kanals.

Schwimmbad
032/82 25 33

Die Bundeshauptstadt Bern liegt in pittoresker Lage an der Aare. Die behäbige Altstadt ist ganz in eine Aareschleife eingebettet. Bewohner von Bern sagen, sie lebten in einer Stadt auf dem Lande. Wegen seiner gut erhaltenen Altstadt und der einmaligen Lage wurde Bern ins Unesco-Verzeichnis der Weltkulturgüter aufgenommen.

Verkehrs- und Kongreßbüro
Bahnhofplatz
3011 Bern
031/22 76 76

TCS-Geschäftsstelle
Thunstraße 63
3006 Bern
031/44 22 22

24. 10. 1989

Bern

In der «Chronica de Berno» steht, daß Berchtold V. Herzog von Zähringen die Stadt auf der Aarehalbinsel 1191 gründete. Der Sage nach wollte Herzog Berchtold der neuen Stadt den Namen des Tieres geben, das er als erstes in der Region erlegen werde. Es war ein Bär... Tatsächlich war das Berner Stadtgebiet aber schon lange vor den Zähringern besiedelt. Helvetier und Römer haben auf der Engehalbinsel Spuren hinterlassen. An der Spitze der Halbinsel stand schon im 11. Jh. eine Burg, die Nydegg. Um die Nydegg gruppierte sich eine erste Siedlung, das «burgum».

Berchtold von Zähringen gründete die Stadt als Feste und Marktort. Auf der Höhe des Zytgloggenturms riegelte er sie gegen Westen durch eine Mauer ab. Um diese schloß sich Mitte des 13. Jh. ein zweiter und wenig später ein dritter Mauerring. Als das Geschlecht der Zähringer ausstarb, kam die Stadt vorübergehend unter savoyisches Protektorat. Es dauerte aber nicht lange, bis Bern die Landesherrschaft selbst übernahm. Mit dem Sieg von Laupen 1339 etablierte es sich als wichtigste Macht in der westlichen Schweiz. Durch Eroberungskriege und Käufe wurde das Territorium laufend erweitert. 1353 tritt Bern dem Bund der Waldstätte bei. Wichtige Neuerwerbungen waren Thun, Burgdorf und 1415 große Teile des habsburgischen Aargaus. 1536 eroberte Bern die Waadt und wuchs zum größten Stadtstaat nördlich der Alpen heran. Im 17./18. Jh. regierten die Berner Patrizier ihren Stand mit paternalistisch-absolutistischer Strenge; das Landvolk hatte zwar einen gewissen Anteil am Wohlstand, aber politisch nichts zu sa-

Kanton:	BE
Meter über Meer:	542
Einwohner 1900:	64 227
Einwohner 1980:	145 254
Autobahn:	N 1, N 2, N 6

gen. Revolten wie den Bauernaufstand schlugen die Gnädigen Herren blutig nieder. Der große Umschwung kam mit der Französischen Revolution, genauer: 1798 mit dem Einzug der siegreichen Franzosen in Bern. Nach dem Wiener Kongreß wurden der Aargau und die Waadt selbständig, dafür erhielt Bern den fürstbischöflichen Teil des Juras.
1848 erhielt die Schweiz eine neue Bundesverfassung. Was dem Staatenbund noch fehlte, war eine Hauptstadt. Ein harter Konkurrenzkampf zwischen Zürich und Bern entbrannte. In einer Abstimmung des eben gewählten Parlaments sprach sich die Mehrheit für Bern als Bundeshauptstadt aus.

Die Französische Revolution hatte nicht nur die Herrschaftsverhältnisse, sondern auch das gesellschaftliche Leben Berns verändert. Auch in Bern entstanden schöngeistige Salons, und ein bisher unbekannter Luxus wurde zur Schau gestellt. Die Patrizierhäuser vor allem der Junkerngasse begannen, sich mit prunkvoller Ausstattung zu überbieten.
Über mehr als 6 km säumen Laubengänge die Gassen der Altstadt. Sie entstanden, als der Rat den Händlern und Handwerkern erlaubte, ihre Arbeitsplätze und Verkaufsstände vor den Häusern zu überbauen. Das hat den Vorteil, daß Einkaufen in Bern heute auch bei schlechtem Wetter attraktiv ist. Die Altstadt in der

Aareschleife wird von vier parallelen Straßenzügen geprägt. Die schönste Berner Straße ist die Marktgasse, deren erste Hälfte seit 1798 den Namen Gerechtigkeitsgasse trägt, während der folgende Abschnitt Kramgasse heißt. Die «Märitgasse» wurde bereits 1218 in der Stadtrechturkunde erwähnt. Der geschlossene Straßenzug ist mit 24 m sehr breit, so breit wie heute eine Autobahn. Nicht von Anfang an wurden in Bern Steinhäuser gebaut. Die erste Siedlung bestand vorwiegend aus Holzbauten, die mit Stroh gedeckt waren. 1405 verbrannte der größte Teil der Stadt. Auf den ursprünglichen Fundamenten wurden nun Häuser aus Sandstein errichtet. Die mei-

Kunstmuseum
Hodlerstraße 8–12
Di 10–21 Uhr,
Mi–So 10–17 Uhr
031/22 09 44

Bernisches Historisches Museum
Helvetiaplatz 5
Di–So 10–17 Uhr
031/43 18 11

Schweizerisches Alpines Museum
Helvetiaplatz 4
Mo 14–17 Uhr
Di–Sa 9–12, 14–17 Uhr
So 10–12, 14–17 Uhr
031/43 04 34

Schweizerisches
PTT-Museum
Helvetiaplatz 4
Mo 14–17 Uhr
Di–Sa 9–12, 14–17 Uhr
So 10–12, 14–17 Uhr
031/44 92 88

Naturhistorisches Museum
Bernastraße 15
Mo–Sa 9–12, 14–17 Uhr
So 10–12, 14–17 Uhr
031/43 18 39

Schweizerisches
Schützenmuseum
Bernastraße 5
Di -Sa Fr 14–16 Uhr
So 10–12, 14–16 Uhr
031/43 01 27

Botanischer Garten
Altenbergrain 21
031/65 49 11

Marzilibad
entlang der Aare

Camping «Eichholz»
3084 Wabern bei Bern
031/54 26 02

März/April
Ostereiermarkt im Casino
Mai
Erlacherhoffest
Pfingstmontag
Schweizer Fußball-Cupfinal
Stadion Wankdorf
Mitte Juni
alle zwei Jahre internationales Folkfestival
Gurten
4. Montag im November
Zibelemärit
Innenstadt

Stadtplan: Seite 444–449

Paul Klee im Kunstmuseum

Aus der bedeutenden Sammlung des Berner Kunstmuseums ragt vor allem das umfangreiche Werk Paul Klees heraus. Klee verbrachte seine Kinder- und Jugendjahre in Bern, hier entstand das Spätwerk des von Krankheit gezeichneten Künstlers, in Bern liegt er auch begraben. Doch als Künstler war er zu Lebzeiten in seiner Heimatstadt nie anerkannt. Als Emigrant aus dem Hitler-Deutschland vertrieben, wollte Paul Klee sich in Bern einbürgern lassen. Doch das Verfahren dauerte länger als sein bereits angeschlagenes Leben. Nach Klees Tod 1940 gingen große Teile seines Nachlasses in die Sammlung des Kunstmuseums über. Mit nahezu 3000 Werken, dem gesamten pädagogischen Nachlaß und einem Teil der Schriften bietet die Klee-Sammlung einen hervorragenden Einblick in Leben und Werk des Künstlers. Das Kunstmuseum beherbergt auch größere Gruppen von Altarwerken aus bernischen Kirchen, unter anderem des Berner Nelkenmeisters. Die Schweizer Kunst ist durch Ferdinand Hodler, Cuno Amiet und Albert Anker sowie Adolf Wölfli und Sophie Taeuber-Arp vertreten.

Kunstmuseum
Hodlerstraße 8–12
Di 10–21 Uhr
Mi–So 10–17 Uhr
031/22 09 44

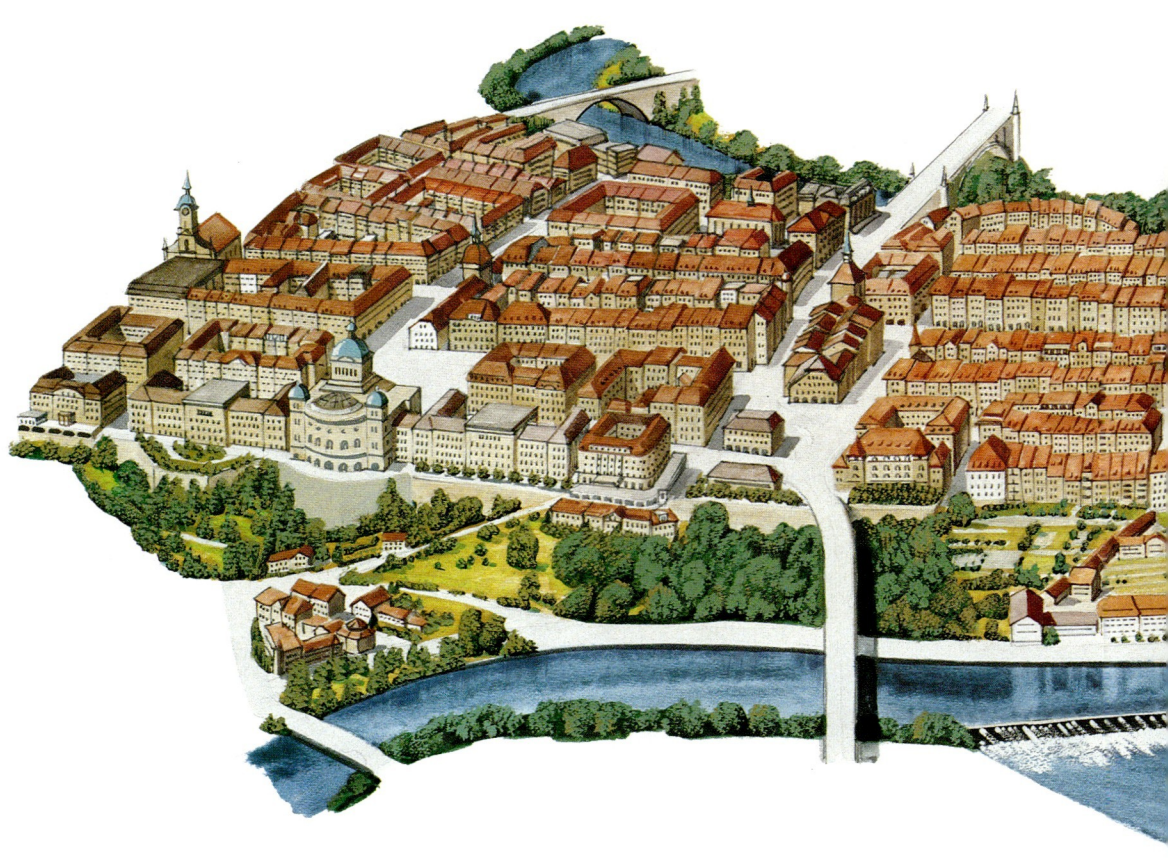

sten dieser Bauten sind aber im 16. und 17. Jh. abgerissen und durch modernere ersetzt wurden.
Im Volksmund werden die Straßenstücke der Spital- und Marktgasse mit ihren Lauben «Rohre» genannt. Die dazugehörige Tätigkeit, «rohren», das heißt, gemächlich durch die Gassen schlendern, erfreut sich in Bern großer Beliebtheit. Jeweils einige Minuten vor dem Stundenschlag versammelt sich vor der astronomischen Uhr am Zytglogge zwischen Markt- und Kramgasse eine Menschenmenge. In der 57. Minute setzt das Glockenspiel mit dem Krähen eines Hahnes ein. Neben dem Hahn treten ein Narr, Trommler und Pfeifer, Ritter, Bären und ein Löwe auf. Beim Stundenschlag erscheint oben bei der Glocke der goldene Hans von Thann.
Auf eindrückliche Figuren stößt man in Berns Altstadt auch bei den zahlreichen Brunnen. Bekannt sind die Figuren des Brunnenkünstlers Hans Gieng, der im 16. Jh. lebte und vermutlich den Gerechtigkeitsbrunnen, den Venner-, den Schützen- und den Kindlifresserbrunnen schuf. Am oberen Ende der Marktgasse steht der Anna-Seiler-Brunnen zum Gedenken an die Frau, die im 14. Jh. an der Zeughausgasse ein «ewiges Spital» mit 13 Krankenbetten stiftete. In dieser Stiftung liegt einer der Anfänge des großen Inselspitals.
Einen speziellen Ruf hat das alte Matte-Quartier unten an der Aare. Vor Jahrhunderten wohnten in der Matte vor allem Schiffsleute. Auch fremde Händler legten dort ihre Kähne an und gingen im Quartier ihren Geschäften nach. So kamen die Mätteler mit allerlei Volk zusammen, das unter anderem ihren Sprachschatz bereicherte. Mit der Zeit bildete sich ein spezieller Jargon heraus, das sogenannte Matteenglisch. Darin vermischt sich deftiges Berndeutsch mit Rotwelsch und einigen für Berner Zungen zurechtgebogenen fremdsprachlichen Brocken.
Im 19. und 20. Jh. wuchs Bern mit geplanten Quartieren weit über den Siedlungskern hinaus. Das änderte aber nichts an dem

siegreich aus Novara heimgekehrten Truppen einen lebenden Bären als Kriegsbeute mit sich. Er wurde beim Stadtgraben auf dem heute noch so benannten Bärenplatz in einer Holzhütte einquartiert. Auch die französischen Besatzungstruppen erkannten die symbolische Bedeutung des Brauntiers, jedenfalls ließen sie nach Berns Niederlage den Bären zusammen mit dem Staatsschatz nach Paris führen. Nur ein Jungbär blieb tot im Bärengraben zurück. Er wurde ausgestopft und ist heute noch als letzter Bär des Alten Bern im Historischen Museum zu besichtigen.

In Bern gibt es 130 akkreditierte Botschaften, 70 davon sind in der Stadt selbst domiziliert. Alljährlich findet im Bundeshaus der traditionelle Neujahrsempfang der Diplomaten statt. Wenn die Botschafter und Gesandten in ihrer jeweiligen Landestracht zusammentreffen, schafft Berns internationale Gemeinschaft eine malerische Note. Neben den diplomatischen Vertretungen haben auch einige internationale Organisationen ihren Sitz in Bern. Die wichtigsten sind der Weltpostverein und das Zentralamt für den internationalen Eisenbahnverkehr.

Das Bundeshaus West wurde 1852–1857 nach den Plänen des Berner Architekten Friedrich Studer erbaut. Der Wiener Hans Auer gewann den Wettbewerb für das 1892 vollendete Bundeshaus Ost; die beiden Bauten wurden 1902 miteinander verbunden. In der zentralen Kuppelhalle zwischen den beiden Ratssälen finden sich zahlreiche symbolische Darstellungen zur Schweizergeschichte. Ein Riesengemälde des Malers Charles Giron, das den Vierwaldstättersee als «Wiege der Eidgenossenschaft» darstellt, schmückt die zentrale Wand des Nationalratssaals. Den Ständeratssaal schmückt eine «Obwaldner Landsgemeinde». Viermal im Jahr treten die eidgenössischen Räte – der Nationalrat mit 200, der Ständerat mit 46 Mitgliedern – zu normalerweise dreiwöchigen Sessionen zusammen; gemeinsam bilden sie die Bundesversammlung.

fast ländlichen, behaglichen Gepräge der Altstadt. Zahlreiche Brücken über die Aare ermöglichten die Ausdehnung in die neuen Quartiere jenseits der Aare. Die Außenbezirke besitzen ebenfalls ihre Anziehungspunkte: Die Pauluskirche im Länggassquartier ist eines der Hauptwerke der kirchlichen Jugendstilarchitektur. Zu erwähnen sind auch die Grünflächen und Parks, vor allem das Dählhölzli mit seinem Tierpark und der Rosengarten hoch über der Stadt. Und natürlich der Berner Hausberg im Süden der Stadt: der Gurten.

Bern ist heute nicht nur Beamtenstadt: 60% der Berner arbeiten in Industrie, Handel und Gewerbe. Bekannt sind die in Bern ansässige Schokoladefabrik und andere Lebensmittelhersteller. Daneben gibt es aber auch Metallindustrie, Maschinen-, Apparate- und Fahrzeugbau.

Doch Bern ist auch Kulturstadt. Es besitzt nicht nur eine renommierte Universität, sondern auch ein reges kulturelles Schaffen. Besonders zahlreich und kreativ sind die kleineren und mittleren Theater, die zum Teil in den Kellern der Altstadt eingerichtet wurden.

Der Berner Bär ist allgegenwärtig in der Stadt: als Wappentier, Maskottchen und leibhaftig im Bärengraben. Bereits im 15. Jh. wurden in der Stadt Bern Bären gehalten. Nicht immer aber im Bärengraben. 1513 führten die

---

Die Aare hinabschwimmen

Ein Sommerausflug ganz besonderer Art läßt sich in Bern dank der Aare verwirklichen. Vom Stadtzentrum schlendern wir dem linken Ufer der Aare entlang flußaufwärts. Ungefähr nach 1 Std. treffen wir auf die Elfenaufähre, wo einige lauschige Gartenbeizlein zum Ausruhen einladen. Doch der aufregende Teil kommt erst: Wir verpacken die Kleider in einen Plastiksack und springen in die Aare. Der Rückweg wird schwimmenderweise zurückgelegt, wobei die Strömung der Aare uns kräftig unterstützt. Als Alternativprogramm wäre es auch möglich, die Fähre zu benützen oder ein geführtes Schlauchboot zu mieten. Schwimmen in der Aare ist unter den Berner ein weitverbreitetes und ungefährliches Vergnügen. Besonders beliebt ist das Strandbad Marzili, das sich am rechten Aareufer zwischen Dalmazi- und Monbijoubrücke erstreckt. Das Marzilibad wurde Anfang des letzten Jahrhunderts vom Abenteurer und Turnlehrer Phokion Clias (vgl. S. 141) gegründet. Einzigartig am Marzili ist nicht nur die Strandbadanlage mitten in der Stadt, sondern auch der Blick aufs Bundeshaus.

Wo die Relativitätstheorie heranreifte

Albert Einstein lebte 1902–1909 in Bern, wo er eine Stelle als «technischer Experte 3. Klasse» am Patentamt hatte. Seine Freizeit galt der Forschung. Kurioserweise erhielt er 1921 den Nobelpreis für Physik nicht für seine grundlegenden Arbeiten über die Relativitätstheorie, die in seiner Berliner Zeit entstanden, sondern für seine Beiträge über die Quantentheorie, insbesondere für seine Deutung des Photoeffekts. 1977 wurde in Bern die Albert-Einstein-Gesellschaft gegründet. Zum 100. Geburtstag des Physikers 1979 gelang es ihr, seine ehemalige Wohnung an der Kramgasse 49 der Öffentlichkeit zugänglich zu machen. Eine schmale Treppe windet sich in den zweiten Stock. Die Wohnung besteht aus drei Räumen: dem Schlafzimmer mit Cheminée und Stehpult, der Wohn- und Arbeitsstube und dem Zimmer für Einsteins ältesten Sohn Hans Albert. An den Wänden hängen Fotografien Einsteins und seiner ersten Frau Mileva Maric sowie verschiedene Dokumente. Darunter ein Inserat im «Berner Stadtanzeiger», wo der arbeitslose Student 1902 Privatstunden für Mathematik und Physik anbot.

Albert-Einstein-Haus
Kramgasse 49
1. Febr.–30. Nov.
Di–Fr 10–17 Uhr
Sa 10–16 Uhr
031/23 66 12

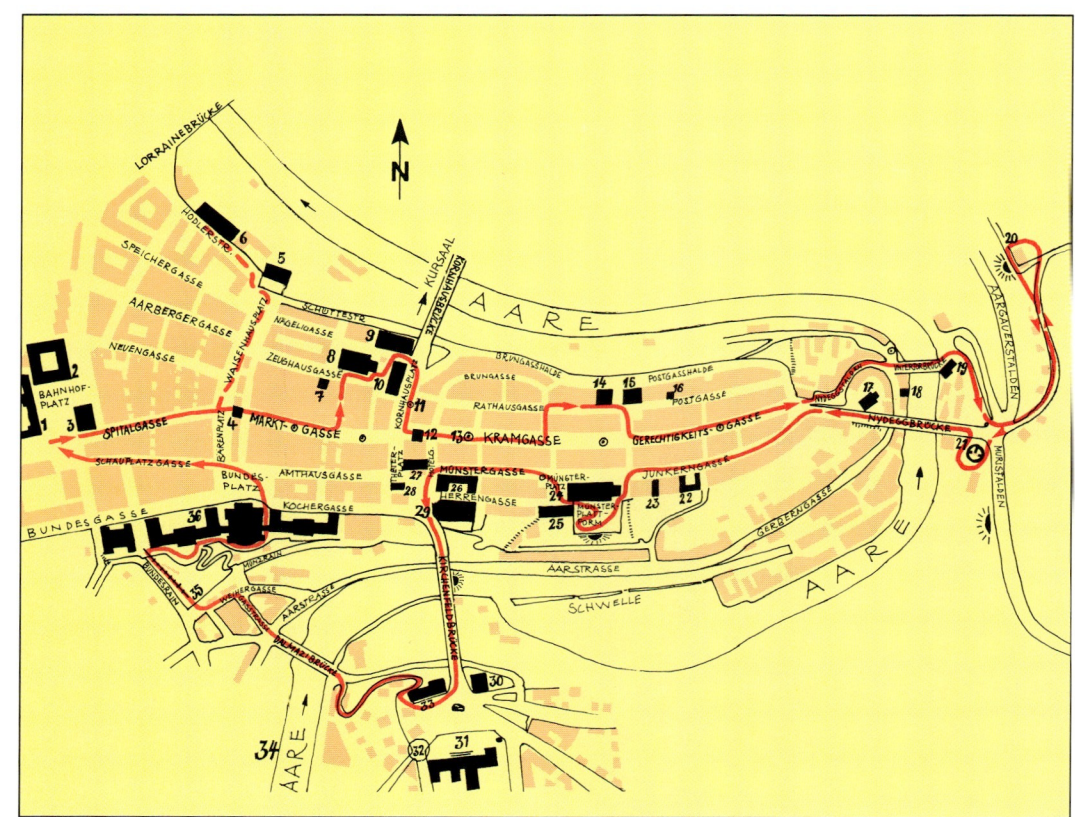

1 Burgerspital
2 Bahnhof mit Verkehrsbüro
3 Heiliggeistkirche
4 Käfigturm
5 Altes Waisenhaus
6 Kunstmuseum
7 Ehemaliges Rathaus des Äußeren Standes
8 Französische Kirche
9 Stadttheater
10 Kornhaus mit Gewerbemuseum
11 Kindlifresserbrunnen
12 Zeitglockenturm
13 Zähringerbrunnen
14 Pfarrkirche St. Peter und Paul
15 Rathaus
16 Antonierhaus
17 Nydeggkirche
18 Ländtetor
19 Felsenburg
20 Rosengarten, Aussichtspunkt
21 Bärengraben
22 Erlacherhof
23 Béatrice-von-Wattenwyl-Haus
24 Münster
25 Stiftsgebäude
26 Stadt- und Universitätsbibliothek
27 Hôtel de Musique
28 Ehemalige Polizeihauptwache
29 Casino
30 Kunsthalle
31 Historisches Museum
32 Naturhistorisches Museum
33 Schweiz. Alpines Museum
34 Marzilibad
35 Standseilbahn Marzili
36 Bundeshaus mit Bundesterrasse

Stadtrundgang Bern

An der Ecke Bahnhofplatz/Bubenbergplatz steht das Burgerspital (1), das heute als Altersheim dient. Der im 18. Jh. entstandene Bau ist die ausgedehnteste und bedeutendste alte Spitalanlage der Schweiz. Der moderne Bahnhof (2) erhielt 1957–1974 seine heutige Gestalt. Die lange Bauzeit ist nicht der sprichwörtlichen Berner Langsamkeit anzulasten, sondern dem Umstand, daß der Bahnbetrieb trotz des Umbaus aufrechterhalten wurde. Am Anfang der Spitalgasse mit ihren großen Kaufhäusern treffen wir auf die Heiliggeistkirche (3), die schönste protestantische Barockkirche der Schweiz. Hier versammelte sich vor 1848 die eidgenössische Tagsatzung, wenn Bern Tagungsort war. Auf dem Bärenplatz-Waisenhausplatz, der beim Käfigturm (4) das Längsgassensystem unterbricht, findet jeden Dienstag und Samstag ein Warenmarkt statt. Am südlichen Platzende gegen die Aare steht das Alte Waisenhaus (5), der heutige Sitz der Stadtpolizei mit dem vorgelagerten Oppenheimbrunnen. Durch die Hodlerstraße gelangen wir zum Kunstmuseum (6). Nach der Rückkehr zum Käfigturm, der das Stadttor der zweiten Befestigungsanlage bildete, biegen wir in die stattliche Marktgasse ein und treffen nach wenigen Schritten auf den Anna-Seiler-Brunnen. Durch die Zeughauspassage am ehemaligen Rathaus des Äußeren Standes (7) – dem Tagsatzungsort des bernischen Verfassungsrates – vorbei gelangen wir zur Französischen Kirche (8). Sie ist die älteste Kirche der Stadt und wurde etwa 1270–1290 durch ein Dominikanerkloster errichtet. Im 18. Jh. wurde sie teilweise barock überformt. Dahinter, gegen die Aare, liegt das Stadttheater (9). Das mächtige barocke Kornhaus (10) wurde 1711–1718 als kommunales Lagerhaus geschaffen. Später wurde es Gewerbemuseum; der «Kornhauskeller» ist ein ebenso großes wie traditionsreiches Restaurant. Der Kindlifresserbrunnen (11) zwischen Kornhaus- und

Aus der Vogelperspektive zeigt sich die planmäßige Anlage der schönsten Schweizer Altstadt besonders gut

Theaterplatz ist wohl für Generationen von Berner Kindern der Inbegriff des «bösen Mannes». Die Figur entstammt der Fasnachtssymbolik der Reformationszeit. Dahinter steht eines der wichtigsten Wahrzeichen der Stadt, der Zeitglockenturm (12) aus dem frühen 13. Jh. Durch dieses Tor der ältesten Stadtbegrenzung kommen wir in die Kramgasse mit dem Zähringerbrunnen (13). Die 1535 geschaffene Brunnenfigur mit dem Bären im Turnierschmuck erinnert an die Stadtgründung durch Berchtold V. An der parallel verlaufenden Rathausgasse steht die christkatholische Pfarrkirche St. Peter und Paul (14), eines der originellsten und bedeutendsten neugotischen Werke der Schweiz. Das Rathaus (15) mit der markanten Freitreppe und der eindrucksvollen Erdgeschoßhalle wurde 1406–1417 erbaut und 1942 erneuert. Durch die Postgasse am Antonierhaus (16) vorbei gelangen wir zur Urzelle der Stadt, zur Nydeggkirche (17), wo früher die Reichsburg Nydegg stand. Von der ersten Kirche des 14. Jh. ist der Chor erhalten. Die restliche Bausubstanz stammt aus dem Ende des 15. Jh. Das Ländtetor (18) ist ein bedeutender Zeitzeuge des früheren Gewerbe- und Handwerkerquartiers Matte. Es wurde gegen Ende des 13. Jh. anstelle eines noch älteren Tores gebaut und bildete den Durchgang zum Landeplatz der Aareschiffahrt. Auf der andern Seite der Untertorbrücke erhebt sich die Felsenburg (19), die 1260–1270 als Brückentor gebaut, später aber vermauert und zum Wohnhaus umgebaut wurde. Von da führt uns der Weg über den Aargauerstalden zum Rosengarten (20) hinauf, dem schönsten Aussichtspunkt der Stadt. Auf dem Rückweg kommen wir am berühmten Bärengraben (21) vorbei und über die Nydeggbrücke zurück in die Altstadt. Hier schlendern wir durch die vornehmste Straße, die Junkerngasse mit dem Erlacherhof (22) und dem Béatrice-von-Wattenwyl-Haus (23). Dieses wohl schönste Patrizierhaus Berns (1705–1707) dient heute dem Bundesrat zu Repräsentationszwecken.

Das Berner Münster (24) ist der bedeutendste spätgotische Sakralbau der Schweiz. 1421, nach der Eroberung des Aargaus, wurde der Bau begonnen, aber erst 1573 beendet. Der besteigbare, 100 m hohe Turm war sogar erst 1893 fertig. Am Hauptportal befindet sich eine figurenreiche Darstellung des Jüngsten Gerichts aus dem Ende des 15. Jh. Von den wertvollen Skulpturen sind allerdings nur Kopien zu sehen, die Originale befinden sich im Historischen Museum. Der Münsterplatz wird vom Mosesbrunnen und vom Stiftsgebäude (25) geprägt. Die Stadt- und Universitätsbibliothek (26) ist in einem ehemaligen Kornhaus untergebracht. Das Hôtel de Musique (27), heute Restaurant du Théâtre, und die ehemalige Polizeihauptwache (28) am Theaterplatz gehören zu den Hauptwerken des bernischen Spätbarocks. Am Helvetiaplatz jenseits der Kirchenbrücke befinden sich die Kunsthalle (30), das Bernische Historische Museum (31) und das Schweizerische Alpine Museum mit dem PTT-Museum (33). Von da führt der Weg zum Naturhistorischen Museum und zum großflächigen Tierpark Dählhölzli. Über die Dalmazibrücke gelangen wir zur Standseilbahn Marzili, die uns den Bundesrain hinauf zum Bundeshaus (36) führt.

Meret Oppenheim (1913–1985)

Die Plastikerin und Malerin Meret Oppenheim wurde 1913 im Berliner Stadtteil Charlottenburg geboren. Einen Teil ihrer Kindheit verbrachte sie bei der Großmutter in Basel. Von 1932 bis 1937 lebte sie in Paris und hatte enge Verbindungen zur Surrealistenszene um Alberto Giacometti und André Breton. Ihre Gemälde, Assemblages und Plastiken haben meist einen spielerischen, ironischen Zug. 1936 schuf sie die berühmte Pelztasse, die im Museum of Modern Art in New York ausgestellt ist. Von 1948 an lebte Meret Oppenheim größtenteils in Bern. Inzwischen hatte sie sich vom Surrealismus abgewandt und arbeitete stärker abstrahierend. 1983 wurde auf dem Berner Waisenhausplatz ein von ihr gestalteter Brunnen eingeweiht. Der Oppenheim-Brunnen besteht aus einer 8 m hohen Betonsäule, von der zwei metallene Spiralen in ein winziges Wasserbecken am Boden führen. Durch die eine Spirale fließt Wasser, in der andern sind grüne Pflanzen. Das Werk ist in Bern höchst umstritten. 1986 sammelte der Verein «Heit Sorg zu Bärn» 11 000 Unterschriften zur Versetzung des Brunnens an einen weniger exponierten Ort. Das mußte die Künstlerin allerdings nicht mehr miterleben; sie starb Ende 1985.

Das Landgut Lohn in Kehrsatz

Der «Lohn» gehört zum Kranz der «Campagnen», die Bern umgeben und für den Wohlstand und die patrizische Lebensart des Alten Bern stehen. Die Berner Campagnen sind in Mauerwerk errichtete Herrenhäuser, die zu großen Bauernhöfen gehören. Der «Lohn» in Kehrsatz ist eines der glanzvollsten Beispiele dieser Bautradition. Der frühklassizistische Bau von 1783 gehört zur letzten Generation dieser Landsitze. Das Gut war von der Familie Tscharner erbaut und um die Jahrhundertwende vom Rechtshistoriker Friedrich Emil Welti übernommen worden. Zusammen mit seiner zweiten Frau Helene richtete Welti das Haus mit zahlreichen Werken von Künstlern seiner Generation – u.a. Albert Anker – ein. In seiner Möblierung präsentiert es sich heute viel mehr als Wohnhaus einer bürgerlichen Familie des 19. Jh. denn als Campagne des Alten Bern. 1942 erbte die Eidgenossenschaft das Gut als Erholungsstätte und als Gästehaus des Bundesrates. Hier weilten unter anderen Winston Churchill, Pandit Nehru, König Juan Carlos von Spanien und Königin Elisabeth II. von England.

Der zweitgrößte Kanton in Zahlen

Der Kanton Bern ist mit 6049,4 km² der zweitgrößte Kanton der Schweiz. Er ist in 27 Amtsbezirke eingeteilt, die je ein Regierungsstatthalteramt besitzen und zusammen aus 412 Gemeinden bestehen. Im übrigen gliedert sich das Kantonsgebiet in die geographisch-historisch bedingten Regionen Berner Oberland, Emmental, Seeland, Berner Jura, Oberaargau und Berner Mittelland (mit der Hauptstadt Bern). Landschaftlich ist da vom Hochgebirgstal bis zum Hügelland, von der topfebenen ehemaligen Sumpflandschaft bis zum typischen Kettenjura alles vorhanden. Möglicherweise wird der Kanton, der 1979, als der heutige Kanton Jura selbständig wurde, 837 km² einbüßte, nächstens nochmals um einen Amtsbezirk schrumpfen. Ende 1989 sprachen sich die Laufentaler für den Übertritt zum Kanton Basel-Landschaft aus. Insgesamt zählt der Kanton Bern 922 900 Einwohner. In dem zu Gotthelfs Zeiten überwiegend bäuerlichen Stand sind nun 42% der Beschäftigten in Industrie und Handwerk tätig, während nur noch 9,3% der Erwerbstätigen ihr Einkommen in der Landwirtschaft finden. Der größte Teil der Arbeitnehmer, nämlich 48,7%, ist im Dienstleistungssektor beschäftigt.

Bolligen

Die Vorortsgemeinde Bolligen – der Stammsitz der Ritter von Bolligen – liegt im Nordosten der Stadt am Fuß des 947 m hohen Aussichtsbergs Bantiger. Mit über 32 000 Einwohnern steht die weitverzweigte Gemeinde an fünfter Stelle im Kanton. Die Ende des 18. Jh. umgebaute Kirche von Bolligen bildet das Zentrum der drei Viertelsgemeinden Bolligen (mit Habstetten, Flugbrunnen, Bantigen, Ferenberg, Geristein), Ittigen (mit Papiermühle und Worblaufen) und Ostermundigen.

Köniz

In der mehr als 33 000 Einwohner zählenden Gemeinde Köniz südwestlich von Bern sind Handel, Gewerbe und Industrie sehr stark vertreten. Die Kirche St. Peter und Paul mit ihren hervorragenden Glasmalereien wurde der Sage nach von Königin Bertha und Rudolf II. von Burgund gestiftet. Die hinter der Kirche liegende ehemalige Deutschordens-Kommende aus dem 11. Jh. wurde 1610 zum Schloß umgebaut. Zur Gemeinde Köniz gehört Wabern; dort befindet sich die Talstation der Gurten-Bahn, die zum Hausberg der Berner führt.

Langenthal

Mit rund 14 000 Einwohnern ist Langenthal die wichtigste Ortschaft im Oberaargau. Berühmt ist Langenthal für sein Porzellan; hier werden aber auch Maschinen, Apparate, Leinen, Bier und Schokolade hergestellt.
Bereits 861 wird Langenthal erstmals urkundlich erwähnt, und zwar im Zusammenhang mit der Abtei St. Urban im Nachbarkanton Luzern. Das Kloster war während sechs Jahrhunderten von großer wirtschaftlicher und kultureller Bedeutung für Langenthal, auch nachdem Bern 1406 die Landgrafschaft übernommen hatte. Der Wandel vom Bauerndorf zum wichtigen Handelsort und Hauptstapelplatz der Leinwandfabrikation vollzog sich in der ersten Hälfte des 18. Jh. Um die Jahrhundertwende kamen die Porzellanmanufaktur und andere Industrien dazu, was die Stellung Langenthals als Gewerbe- und Industrieschwerpunkt im Oberaargau verstärkte. An der Bahnhofstraße Nr. 11 steht das ehemalige Zoll- und Lagerhaus, heute das Heimatmuseum.

Lyss

Dank seiner günstigen Verkehrslage zwischen Biel und Bern hat sich der Industrieort Lyss zur zweitgrößten Agglomeration des Seelands entwickelt. Am Lyssbach ist ein beachtenswerter Teil des alten Dorfkerns erhalten.

Muri bei Bern

Der 3 km südöstlich von Bern gelegene Villenvorort zählt rund 12 000 Einwohner. Auf dem höchsten Punkt des Hügels über der Kirche thront das Schloß, das Bauetappen des 16.–20. Jh. zeigt.

Moutier

Das Grenzstädtchen zum Kanton Jura hat während der Jura-Abstimmungen eine bewegte Zeit erlebt. Fast gleich groß war die Zahl der Anhänger eines Übertritts zum Kanton Jura wie die der Berntreuen, die schließlich obsiegten. Der Eisenbahnknotenpunkt ist ein wichtiges Industriezentrum, insbesondere der Uhrenindustrie. Bereits im 7. Jh. hatte hier ein Kloster – das Monasterium Grandisvallis – gestanden, von dem der Name Moutier abgeleitet ist. Im Südwesten der Stadt befindet sich die Friedhofkapelle Chalières mit bedeutenden Wandmalereien aus der zweiten Hälfte des 11. Jh. Die Kirchenfenster von Manessier in der modernen katholischen Kirche und die von Coghuf (Ernst Stocker) in der renovierten Stiftskirche ziehen viele Kunstfreunde an. An der Rue Centrale 4 befindet sich das Musée jurassien des beaux-arts.

Steffisburg

Die Nachbargemeinde von Thun ist ein expandierender Industrieort. Die Dorfanlage gliedert sich in ein langgezogenes Oberdorf und ein flächiges Unterdorf. Se-

Spiez im Berner Oberland, am Thunersee gelegen

Moutier

*Zwischen Biel und Solothurn liegt das mittelalterliche Landstädtchen **Büren an der Aare**. Es wurde Mitte des 13. Jh. am verkehrspolitisch wichtigen Engpaß zwischen Städtiberg und Aare gegründet. Die einst ganz von Wasser umgebene Anlage weist längs der Aare einen Dreieckgrundriß auf. Das ehemalige Landvogteischloß und heutige Amtshaus von 1620–1625 gehört zu den Hauptwerken bernischer Architektur jener Zeit. Sehenswert sind auch das Rathaus (um 1500) und die Kirche mit dem Chor aus dem 13. Jh. Über die Aare führt eine gedeckte Holzbrücke von 1821. Ihre Vorgängerin war im Franzosenjahr 1798 von bernischen Truppen in Brand gesteckt worden. Ihr selbst ist im April 1989 dasselbe Schicksal widerfahren, allerdings von unbekannter Hand. Bis Herbst 1991 soll sie originalgetreu wiederaufgebaut werden. Das Heimatmuseum im ehemaligen «Spittel» beherbergt eine reichhaltige Sammlung.*

henswert im alten Dorfkern des Unterdorfs sind die beiden «Höchhüser» aus dem 14. und 15. Jh., von denen das kleinere Fassadenmalereien von 1610 aufweist.

Wiedlisbach

Das mittelalterliche Städtchen Wiedlisbach im Oberaargau ist praktisch unversehrt erhalten. Hier führte eine der wichtigsten römischen Heerstraßen durch, und im Mittelalter entwickelte sich Wiedlisbach zu einem bedeutenden Marktflecken. Eine rechteckige Stadtmauer umgibt den Ort, der aus zwei parallelen Längsgassen – der Haupt- und der Hintergasse – sowie drei engen Quergäßchen besteht und rund 2000 Einwohner zählt. Sehenswert an der Hauptgasse ist der Gasthof Bürgerhaus mit der Fassadenuhr und das Haus Vaterlaus mit bemalter Rûnde. Das «Hinterstädtli», über das der wuchtige, an die Ringmauer gelehnte Wehrturm wacht, hat sein bäuerliches Gepräge bewahrt. Sehenswert ist die in die Ringmauer eingebaute Katharinenkapelle mit ihren wertvollen Wandfresken aus dem 15. Jh. Im ehemaligen Kornhaus beim westlichen Stadteingang ist ein Heimatmuseum (Berner Keramik) eingerichtet.

Worb

Die 1898 eröffnete Bern-Muri-Worb-Bahn trug dazu bei, daß das ehemalige Bauern- und Gewerbedorf in den Vorortsbereich von Bern kam. Besonders seit den fünfziger Jahren expandiert der Ort am Fuß des Worbbergs und zählt heute über 11 000 Einwohner. Das wuchtige Schloß in beherrschender Lage war bis 1798 Sitz der Herrschaft von Worb. Der Bau geht auf das Hochmittelalter zurück und wurde im 19. Jh zum Teil spätgotisch-romantisch erneuert.

Spiez

Das gut 10 000 Einwohner zählende Städtchen Spiez ist malerisch in eine Bucht am Südwestufer des Thunersees eingebettet. Auf dem schmalen, die Spiezer Bucht im Norden abschließenden Felssporn stehen das Schloß und die ehemalige Kirche St. Laurentius als prägende Baugruppe. Die hochmittelalterliche Anlage wurde im 16.–18. Jh. großzügig um- und ausgebaut und ist heute als Museum eingerichtet. Sie verfügt über eine wertvolle Ausstattung aus Spätgotik, Renaissance und Frühbarock. Besonders qualitätsvoll sind die Dekorationen und Stuckreliefs des großen Festsaals im 2. Stock. Der Burgraum im Hauptturm weist Graffiti mit ritterlichen Szenen von 1250–1270 auf. Die um die Jahrtausendwende erbaute Schloßkirche ist neben Amsoldingen die bedeutendste romanische Thunerseekirche und enthält Wandmalereien des 12. Jh. Die letzten Überreste des ursprünglichen Städtchens, das im 13. Jh. mit Mauern und Tor versehen wurde, sind um 1600 einem Brand zum Opfer gefallen. Ende des 19. Jh. begann in Spiez dank der Eröffnung der Lötschberg- und der Montreux-Oberland-Bahn sowie der Linie Bern–Interlaken eine rasante touristische Entwicklung. Spiez ist dank seiner geschützten Lage der einzige Ort am südlichen Thunerseeufer, wo Wein gedeiht.

Ostermundigen

Das einstige Bauerndorf entwickelte sich im 20. Jh. zum bevölkerungsstärksten Teil der Gemeinde Bolligen. Die gewaltigen ehemaligen Steinbrüche von Ostermundigen lieferten den meisten Sandstein für den Aufbau der Stadt Bern.

Berner Platte

Zutaten für etwa 8 Personen
1 kleine Rindszunge
1 Berner Zungenwurst
2 Gnagi
3 Schweinsöhrli
300 g Markknochen
400 g Siedfleisch
300 g Magerspeck, leicht geräuchert
500 g Rippli
Lorbeerblatt, Gewürznelken, einige Pfefferkörner, 1 Karotte, 1 Sellerie, 1 Lauchstengel, 1,5 kg Kartoffeln, Bohnen und Sauerkraut nach Belieben

Zunge, Zungenwurst, Gnagi, Schweinsöhrli, Siedfleisch und Markknochen in Salzwasser garen. Suppengemüse dazugeben und knapp auf dem Siedepunkt kochen lassen.
Rippli und Speck kann man zusammen mit den Bohnen oder dem Sauerkraut kochen.
Die Wurst, den Speck und das übrige Fleisch aufschneiden und auf dem Gemüse anrichten. Dazu Salzkartoffeln servieren.

Biel, am Nordostende des Bielersees und am Fuß des Jura-Südhanges gelegen, ist eine moderne, weltoffene Stadt. Sie zeichnet sich durch ihre echte Zweisprachigkeit aus, die in allen Lebensbereichen Geltung hat. Biel gilt als Uhrenmetropole, hat aber in den letzten Jahren seine Industrieproduktion stark diversifiziert. Neben dem modernen Gesicht hat Biel auch eine sehr gut erhaltene Altstadt vorzuzeigen.

Verkehrsbüro Biel
Bahnhofplatz 12 (Verwaltung Silbergasse 6)
2501 Biel
032/22 75 75

TCS-Geschäftsstelle
Aarbergstr. 95
2501 Biel
032/23 31 11

Biel/Bienne

Kanton:	BE
Meter über Meer:	438
Einwohner 1900:	22 016
Einwohner 1980:	53 793
Autobahn:	T 6

Biel besteht aus der sehr alten Oberstadt, die leicht erhöht an den Ausläufern der Jurahänge liegt, und der modernen, mit rechtwinkligen Straßenzügen angelegten Unterstadt in der Ebene der Schüss oder Suze. Ende des letzten Jahrhunderts nahm Biel dank der Uhrenindustrie einen rasanten Aufschwung. Viele französischsprechende Uhrenarbeiter aus den Jura-Hochtälern wanderten in das neue Industriezentrum am Bielersee ab. Dadurch verstärkte sich die Zweisprachigkeit in Biel, wo ursprünglich die deutsche Sprache vorherrschend gewesen war. Allerdings hatten die Behörden bereits im 15. Jh. verlangt, daß der Stadtschreiber beide Sprachen mündlich und schriftlich beherrschen müsse. Trotzdem wurde in Urkunden gerne eingedeutscht: aus Jean Pierre gab es «Tschampirri», aus Marchand «Martschan» usw. Ein Pierre Nicoud, der unter dem Namen Nicco als Söldner angeworben und in der Schlacht von Pavia erstochen worden war, hieß in der nach Hause gesandten Verlustliste Peter Niggu. Als einzige Stadt der Schweiz verfügt Biel heute über durchwegs zweisprachige Beschilderung der Straßen und Gassen. Im Schulwesen werden auf allen Schulstufen französische und deutsche Klassen geführt. Wer genauer hinhört, merkt allerdings, daß das Deutsche heute noch stärker vertreten ist.

Die «Zukunftsstadt», wie sich Biel seit dem ausgehenden 19. Jh. nennt, kann auf eine lange Vergangenheit zurückblicken. Die Absenkung des Seespiegels im Verlauf der Juragewässerkorrektion von 1870–1879 hat sogenannte Pfahlbauten sowie Fundgegenstände aus der Stein-, Bron-

ze- und Eisenzeit zum Vorschein gebracht. Die Hügelzüge südlich der Stadt waren von Kelten besiedelt, und auch aus früher alemannischer Zeit wurden in Biels Umgebung Zeugnisse gefunden. Zahlreich sind insbesondere die Funde aus der Römerzeit. Südöstlich von Biel haben Grabungen ein befestigtes Römerlager und die Überreste der Römerstadt Petinesca zutage gebracht. Aber auch innerhalb des Stadtgebiets (Römerquelle) gemachte Münzfunde weisen auf die Römerzeit hin.

Vor der Jahrtausendwende kam das Gebiet von Biel in den Besitz der Abtei Münster-Graufelden und des Bischofs von Basel. Die eigentliche Stadtgründung erfolgte aber erst in den ersten Jahren des 13. Jh., als der Bischof die Südgrenze seines Besitzes gegen die Grafen von Neuenburg und deren Schloß Nidau jenseits der Zihl sichern wollte. Territorial gehörte Biel damals dem Bischof von Basel, kirchlich war die Stadt aber dem Bistum Lausanne unterstellt. Die Sache wurde noch komplizierter, nachdem sich Biel 1279 mit Bern, 1311 mit Freiburg und 1334 mit Solothurn verbündet hatte. 1367 belagerte der Basler Bischof Jean de Vienne, dem diese Unabhängigkeit zu weit ging, die Stadt und ließ sie niederbrennen. Nach den Burgunderkriegen, an denen sich Biel lebhaft beteiligt hatte, wurde die Stadt 1490 als zugewandter Ort in die Eidgenossenschaft aufgenommen, erhielt aber nicht die angestrebte Vollmitgliedschaft als souveräner Stand. 1525 bekannte sich Biel als eine der ersten Städte zur Reformation und wurde deshalb als «Ketzerstädtchen» verschrien. Gegen den Willen der Bevölkerung, die die Unabhängigkeit anstrebte, schlug der Wiener Kongreß 1815 die Stadt zusammen mit dem größten Teil des Bistums Basel zum Kanton Bern. Die Entwicklung vom alten zum neuen Biel, von der mittelalterlichen Landstadt zur heutigen Industriestadt vollzog sich in der Zeitspanne eines Jahrhunderts. Initiative Bieler legten zwar bereits 1747 den Grundstein für eine Zeugdruckerei oder die Fabri-

Museum Neuhaus
«Biel im 19. Jahrhundert»
Schüsspromenade 26,
2500 Biel
Di–So 14–18 Uhr oder nach Voranmeldung
032/22 55 83

Pflanzen und Tiere
Robert-Museum
Werke der Maler Léo-Paul, Philippe und Paul-André Robert
Schüsspromenade 26,
2500 Biel
Di–So 14–18 Uhr
032/22 86 89

Landsitz Rockhall
Seevorstadt 103, Biel
Besichtigung nach Voranmeldung
032/23 43 23

Museum Schwab
Seevorstadt 50
2502 Biel
Di–So: 10–12, 14–17 Uhr.
032/22 76 03

Strandbad Biel
032/ 22 40 82

Anfang Juli: Bieler Sommerfest mit Blumencorso (Braderie)

Ende August: Altstadtchilbi

Sept./Okt.: Winzerfeste rund um den Bielersee

Ende Oktober: Zwiebelmarkt

Stadtplan: Seite 450/451

151

Museum Schwab

Bei der Juragewässerkorrektion und den damit verbundenen Bauarbeiten kamen zahlreiche Gegenstände aus früh- und vorgeschichtlicher Zeit zutage. Ein Teil dieser Funde ist im Museum Schwab ausgestellt. Als die Pfahlbauerromantik noch blühte, war das Museum Schwab über die Grenzen der Schweiz hinaus als «Pfahlbauermuseum» bekannt. Gleich beim Eingang steht ein Modell eines Pfahlbauerdorfes, das um die Jahrhundertwende von einem Zürcher Lehrer gebastelt wurde. Inzwischen weiß man aber, daß die Pfahlbauer nicht direkt über dem Wasser gewohnt haben, wie das Modell dies darstellt. Die Pfahlbausammlung bildete den Grundstock für das Museum. 1865 ging sie als Schenkung von Friedrich Schwab an die Stadt. Zur archäologischen Sammlung gehören Funde aus der Bieler-, Neuenburger- und Murtensee-Region von der Jungsteinzeit (3000–1800 v. Chr.) über die Bronze- (1800–750 v.Chr.) bis zur Hallstattzeit (750–450 v.Chr.). Eine besondere Kostbarkeit ist das gegossene Bronzerad aus der Ufersiedlung von Cortaillod. Die Römerzeit ist vor allem mit Funden aus der Siedlung Petinesca vertreten.

kation von Indienne (besonders fein bedruckter Baumwollstoff); die wirkliche Industrialisierung brachte aber erst die Uhrenindustrie.

Die Mechanisierung im Uhrmachergewerbe wurde in Biel von Zuzügern vorangetrieben. Die Gemeindebehörden begünstigten die Niederlassung jurassischer Uhrmacherfamilien, indem sie ihnen verschiedene Privilegien einräumten. Der Aufnahme von Flüchtlingen aus Polen, Deutschland und Italien verdankt Biel zudem die Einführung der Tabakindustrie. In einer eingegangenen Baumwollspinnerei wurde Mitte des letzten Jahrhunderts mit der Fabrikation der weltberühmten Omega-Uhr begonnen.

Die wachsende Agglomeration, zu der inzwischen auch eingemeindete Vororte und das nach wie vor selbständige Nidau gehörten, brauchte eine einheitliche Planung. 1918, nach der zweiten Verlegung des Bahnhofs an seinen heutigen Standort, wurde ein Ideenwettbewerb zur Erlangung eines Bebauungsplanes der Stadt Biel und ihrer Vororte ausgeschrieben; wegen leerer Kassen mußte jedoch auf die Verwirklichung der meisten städtebaulichen Projekte verzichtet werden. Immerhin: Das nach 1930 erstellte Bahnhofquartier entstand ganz im Stil des Neuen Bauens; und der Bieler Architekt Eduard Lanz baute zudem verschiedene Wohnkolonien für kinderreiche Familien. Einen städtebaulichen Markstein für das moderne Biel bildet das 1928–1935 ebenfalls von Lanz entworfene Volkshaus. In den sechziger und siebziger Jahren verloren die Arbeiterorganisationen das Interesse am Volkshaus, und es begann zu verlottern. 1983 wurde es von der Stadt übernommen und renoviert. 1986 fand darin die 8. Schweizer Plastikausstellung Biel statt.

Im Boomjahrzehnt 1950–1960 war Biels Bevölkerung nochmals kräftig gewachsen, und zwar von 48 000 auf 59 000. Parallel dazu entstanden neue Wohnquartiere, neue Fabriken, Büro- und Geschäftshäuser: Die Stadt franste nach allen Seiten aus. Die Altstadt und das inzwischen auch

Von 1680 an wurde zwischen Altstadt und See die Schüsspromenade angelegt, die den Bielern das Seeufer erschloß. Eine der wenigen Bauten, die in der Folge vor dem 19. Jh. außerhalb der Altstadt in der Nähe des Sees entstanden, ist der ehemalige Landsitz Rockhall von 1692–1694. Die Standortwahl entspricht auch dem französisch-höfischen Geschmack des 17. Jh. Zu den illustren Bewohnern des streng symmetrischen, zweigeschossigen Frühbarockbaus gehörten Rousseau, Graf Cagliostro und Goethe. Im Rockhall sind heute Verwaltung und Bibliothek der Ingenieurschule Biel untergebracht.

Von der Seevorstadt führt eine Standseilbahn in die auf 875 m gelegene Ortschaft Magglingen/Macolin. Besonders wenn sich in Biel die zum Teil hartnäckigen Winternebel festsetzen, ist die Sonnenterrasse ein beliebtes Ausflugsziel. Landesweit bekannt wurde Magglingen als Standort der Eidgenössischen Turn- und Sportschule. Das Städtchen Nidau mit seinem Schloß – einer ehemaligen Wasserburg, die vermutlich in der 2. Hälfte des 12. Jh. vom Grafen Ulrich III. von Neuenburg erbaut wurde, also vor Biels Gründung, lag früher in einem von Wasserläufen durchzogenen Schwemmgebiet. Erstmals urkundlich erwähnt ist die Burg Nidau 1196; Gründung und Bau der eigentlichen Stadt erfolgten dann unter Graf Rudolf III. von Nidau 1338. Nach dem Aussterben dieses Geschlechts folgten bewegte Jahrzehnte, bis der Besitz 1393 definitiv an Bern kam, dessen Landvogt im Schloß residierte. Der heutige Sitz der Bezirksverwaltung wurde 1626–1636 erneuert. Der seit 1934 öffentliche Schloßpark heißt auf alten Plänen «Burggraben»; von Wassergräben ist allerdings nichts mehr zu sehen. Denn nach der ersten Juragewässerkorrektion von 1870–1873 schrumpfte die Zihl zu einem Restwässerchen zusammen, und der Spiegel des Bielersees lag mehr als 2 m tiefer. Das einstige Weidegebiet zwischen Biel und Nidau wurde überbaut. Heute ist Nidau eine der am dichtesten besiedelten Gemeinden der Schweiz und in die Agglomeration Biel integriert.

schon etwas angejahrte «neue» Bahnhofquartier hingegen blieben von der Baukonjunktur weitgehend verschont. Nach dem Volkshaus erhielt Biel 1966 ein zweites, kompromißlos modernes Wahrzeichen mit dem Kongreßhaus. Dank diesem Bau mit einem der größten Hängedächer der Welt kann Biel seine Aufgabe als Kongreßzentrum – durch Zweisprachigkeit und ausgezeichnete Eisenbahnverbindungen vorgegeben – noch besser wahrnehmen.

Die Uhrenindustrie, in der zeitweise 40% der Bieler und Bielerinnen beschäftigt waren, erlebte immer wieder Krisen und Entlassungswellen. In der Krisenzeit zu Anfang der dreißiger Jahre war die Arbeitslosigkeit in Biel besonders groß. Die Rezession zwischen 1973 und 1976 traf die Uhrenindustrie erneut hart. Dabei wirkte sich verhängnisvoll aus, daß man die Entwicklung im Billig- und Quarzuhrenbereich jahrzehntelang vernachlässigt hatte. Durch rationellere Produktion und den Einsatz moderner Technologie gelang aber sozusagen in letzter Minute ein Neuanfang. Die Uhrenindustrie ist heute wieder ein profitabler Produktionszweig, wobei sich allerdings die Gewichte von der Feinmechanik zur Elektronik verschoben haben: Das Berufsbild des qualifizierten Uhrmachers ist beinahe verschwunden, dafür wird am Bielersee immer mehr Mikroelektronik hergestellt.

Taubenlochschlucht

Im Vorort Bözingen, nordöstlich von Biel, der mit dem Trolleybus erreichbar ist, öffnet sich die Taubenlochschlucht. Diese 2 km lange Juraklus ist ein faszinierendes Naturschauspiel, in dem die Viadukte von Zug und Autobahn Kontraste der Ingenieurkunst setzen. Ein romantischer Fußweg führt durch die tiefeingeschnittene, von der Schüss durchflossene Schlucht. 1889 hatten Mitglieder des SAC Biel diesen aufwendigen Weg gebaut, und seither wird für den Unterhalt ein Eintrittsgeld verlangt. Der Weg führt zunächst rechts der Schüss, geht dann – ganz in den Fels gehauen, aber mit einem soliden Geländer versehen – unter der Bahnbrücke der Linie Biel–Sonceboz hindurch und dringt immer tiefer in den von hohen Felswänden umschlossenen Erosionsriß ein. Weit unten bahnt sich das Wasser schäumend seinen Weg. Vom Schluchtweg aus kann man Höhlen und Strudeltöpfe – auch Riesentöpfe genannt – von gigantischen Ausmaßen bewundern.

Museum Omega

Im Omega-Museum geht es nicht nur um die Geschichte einer weltberühmten Marke, sondern auch um die ganze Uhrmacherbranche. Seit der Firmengründung von 1848 machte die Zeitmessung und mit ihr der Omega-Betrieb eine rasante Entwicklung durch. Alte Werkbänke, Werkzeuge und Fotografien geben Einblick in die Gründerjahre. Aus Abrechnungsbüchern ist beispielsweise ersichtlich, daß 1890 der Fabrikbesitzer wöchentlich 230 und die Arbeiter zwischen 22 und 47 Franken verdienten. Neben den historischen Gegenständen informiert auch eine Tonbildschau über die Geschichte der Omega. Wichtigstes Ausstellungsgut sind aber die rund 1000 verschiedenen Uhren und Zeitmeßanlagen. Darunter befinden sich eine Taschenuhr aus massivem Gold, die 1900 an der Weltausstellung von Paris mit dem Großen Preis ausgezeichnet wurde, oder die offiziellen Zeitmeßanlagen der Olympischen Spiele von Los Angeles von 1932 und 1984. Ein weiteres spektakuläres Stück ist der Chronograph «Speedmaster Professional», der am Handgelenk des Astronauten Gordon mit auf dem Mond war.

Museum Omega
Stämpflistraße 43
(Foyer Omega)
032/ 42 93 04
Täglich, nur nach telefonischer Vereinbarung

1 Museum Schwab
2 Schwanenkolonie mit Voliere
3 Richtung SBB-Bahnhof und Kongreßhaus
4 Zeitglockenturm
5 Rosiustürme
6 Stadtturm
7 Richtung Pavillon Felseck
8 Kantonales Technikum
9 Christkatholische Kirche
10 Talstation der Drahtseilbahn nach Leubringen/Evilard
11 Mutti turm
12 Fürstenspeicher
13 Schutzengelbrunnen
14 Hotel Alte Krone
15 Zunfthaus zum Pfauen
16 Besentüri
17 Rathaus
18 Stadttheater, ehemaliges Zeughaus
19 Gerechtigkeitsbrunnen
20 Zunfthaus Pfistern
21 Stadtkirche St. Benedikt
22 Vennerbrunnen
23 Ehemaliges Zunfthaus zu Waldleuten
24 Typisches Bieler Haus an der Untergasse 22
25 Kunsthauskeller
26 Haus der Äbte von Bellelay

Stadtrundgang Biel

Im spitz zulaufenden Dreieck zwischen der Seevorstadt und der Schüsspromenade liegt das Museum Schwab (1). Nach Genf und Basel ist das 1873 fertiggestellte Gebäude der dritte Museumsbau der Schweiz. Es wurde als freie Kopie eines Eckhauses der Pariser Bibliothèque nationale konzipiert. Das Museum enthält eine bedeutende archäologische Sammlung. An der Schüsspromenade treffen wir auf eine Schwanenkolonie mit Volieren (2). Von der stillen Schüss gelangt man über den Zentralplatz ins Bahnhofquartier, Teil des modernen, geschäftigen Biel. Doch wir schlagen die entgegengesetzte Richtung zur Altstadt ein. An der Jakob-Rosius-Straße sehen wir die Überreste der ehemaligen Burg, den Zeitglockenturm (4) sowie zwei der ursprünglichen Burgtürme, die Rosiustürme (5). Die Burg war bei der Belagerung durch den Landesherrn, den Basler Bischof, zerstört worden; die Ruinen wurden 1405 abgetragen. Mit den Steinen baute man die Stadtmauern und die heute noch sichtbaren Türme wieder auf. An der Römergasse steht der Stadtturm (6). In der Brunnquellgrotte zwischen dem Technikum (8) und der Talstation der Drahtseilbahn nach Leubringen (10) kam 1846 ein römischer Münzschatz zum Vorschein. Seither heißt der Fundort «Römerquelle». Die nordöstliche Ecke der Stadtbefestigung bildet der Rotschetten- oder Muttiturm (11). Der Rundturm erhielt 1847 einen hölzernen Aufbau zum Tabaktrocknen. Am Juraplatz steht der Fürstenspeicher (12), ein ehemaliger Zehntenspeicher, der 1696 für den Fürstbischof errichtet wurde. Die Obergasse ist Kulturgrenze zwischen Deutsch und Welsch: Die spätgotischen Bürgerhäuser der Südseite besitzen Lauben nach Berner Art und einen ebenerdigen Eingang, diejenigen der Nordseite weisen dagegen eine Freitreppe zum erhöht gelegenen Eingang auf und sind von französischen Vorbildern inspiriert. Der Schutzengelbrunnen (13), ein Symbol für die menschliche Seele in Bedrängnis – der Engel hält ein

Der Bahnhof von 1919 ist Teil eines planmäßig erbauten Quartiers

Der Vennerbrunnen am Ring

Lamm in den Armen, um es vor den Angriffen des Teufels zu schützen –, wurde 1563/64 errichtet. Gleich daneben steht die 1578–1582 anstelle des ersten Rathauses als städtischer Gasthof errichtete Alte Krone (14), der beste Profanbau der Altstadt, der heute für Ausstellungen benutzt wird. Das am Ring gelegene Zunfthaus zum Pfauen (15) erhielt seine mit dem Zunftwappen versehene Fassade 1724. An der Obergasse kommen wir am Rieghaus mit dem Besentüri – bielerisch «Bääsedööri» –, einem Tor von 1466 (16), vorbei. Am Burgplatz, wo jeweils der Blumenmarkt stattfindet, stehen das Rathaus (17), das 1589–1591 als Zeughaus erbaute Stadttheater (18) und der Gerechtigkeitsbrunnen (19). Die Justitia auf dem Brunnensockel wurde 1714 vom französischen Flüchtling Johannes Boyer geschaffen. Die reformierte Stadtkirche, ehemals St. Benedikt, aus der Mitte des 15. Jh. gehört zu den bedeutendsten spätgotischen Sakralbauten der Schweiz. Im Kanton selbst wird sie nur noch vom Berner Münster übertroffen. St. Benedikt ist ein schönes Beispiel für die Einpassung eines Monumentalbaus in das Gefüge einer mittelalterlichen Kleinstadt. Die mittleren Chorfenster des dreischiffigen Innern zeigen Glasmalereien von 1457, welche die Passion und die Benediktuslegende darstellen. An den Wänden des Schiffs befinden sich Fresken aus der zweiten Hälfte des 15. Jh. Der Ring, an dem die Kirche steht, ist eine der schönsten mittelalterlichen Platzanlagen der Schweiz. In seiner Mitte steht der Vennerbrunnen (22). Auf dem reichverzierten Brunnstock steht der 1557 von Michael Wumard geschaffene Bannerträger. Hinter dem Brunnen das ehemalige Zunfthaus zu Waldleuten (23). Das im 15. Jh. erbaute Zunfthaus erhielt 1561 die mit dem Zunftwappen versehene Fassade mit dem Erker, welcher 1611 um ein Stockwerk erhöht und mit einem Helm abgeschlossen wurde. An der Untergasse Nr. 22 steht ein typisches Bieler Haus (24) aus dem 16. Jh., welches das Erwerbsleben seiner früheren Bewohner in Handwerk, Weinbau und Landwirtschaft widerspiegelt: Neben der Haustür befindet sich ein separater Kellereingang, darüber die Werkstatt und oben die Wohnräume und der Estrich (Dachboden). Ebenfalls an der Untergasse steht das 1577 erbaute Schaffnerhaus des Klosters Bellelay (26), heute Restaurant St-Gervais. Es belebt das Straßenbild durch seinen Erker von 1620. Etwas zurückversetzt befindet sich der Kunsthauskeller (25). Nachdem wir wieder den Juraplatz erreicht haben, schlendern wir die Gerbergasse hinunter und kommen in die Schmiedengasse, wo zahlreiche wohlhabende Burgerfamilien ihren Wohnsitz hatten.

Marguerite Weidauer-Wallenda (1882–1972)

Die spätere «Madame Achterbahn» war die Tochter des Schaustellerpaares Wallenda und kam als kleines Mädchen nach Biel. Hier begann sie als selbständige Schaustellerin zu arbeiten. Schon um die Jahrhundertwende schaffte sie sich einen Kinematografen an und drehte selber Filme auf den öffentlichen Plätzen Biels. 1908 heiratete sie den Tierbändiger Heinrich Weidauer. Als 1912 der deutsche Kaiser die Schweiz besuchte, hatte sie den offiziellen Auftrag, die «Kaisermanöver» zu filmen. Mit ihrem Wanderkino und anderen Attraktionen zog das Ehepaar Weidauer von Budenplatz zu Budenplatz. Marguerite Weidauer-Wallenda war eine besondere Schaustellerin: Was sie dem Publikum bot, war immer auf dem neuesten Stand der Technik. Als in den zwanziger Jahren das Automobil aufkam, ließ sie in Deutschland eine «Figur-8-Bahn» bauen. Auch die erste «Putschauto»-Anlage (Autoscooter) in der Schweiz gehörte dem Ehepaar Weidauer. Nach dem Tod ihres Gatten führte Marguerite Weidauer das größte Schaustellergeschäft der Schweiz bis 1968 allein weiter.

Das Bieler Strandbad

Das 1932 eröffnete Strandbad neben dem Zihl-Ausfluß ersetzte das kleine Badehaus bei der Schiffländte. Für 800 000 Franken hatten die Stimmbürger von Biel im Jahre 1928 einem Projekt zugestimmt, das einen Uferweg, Betonbrücken über Schüss und Zihl, einen Kleinboothafen und moderne Strandbadanlagen beinhaltete. Diese Investition für das Volksvergnügen war nicht selbstverständlich, da Biel damals schwer unter der Weltwirtschaftskrise litt. Doch wie viele Garten- und Strandbäder wurde es im Rahmen eines Beschäftigungsprogramms, aber auch als Zeichen einer wiederentdeckten Körperkultur verwirklicht. So hieß es in der Bieler Eröffnungsfestschrift von 1932: «Frohes Treiben gesundheitsstrotzender brauner Menschen in farbenbunten Kostümen auf dem in riesigem Schwung hingebreiteten Grünplan und dem warmgetönten Sandboden bestimmen das Bild.» In Biel war das Strandbad nicht nur ein Beitrag zur Volksgesundheit, die Strandbadanlage trug auch dazu bei, daß sich Biel dem See zuwandte.

Dank seiner Lage an der Strecke Bern–Olten–Zürich hat sich die Stadt Burgdorf zu einem bedeutenden Handels- und Industrieort entwickelt. Burgdorf ist aber auch das Tor zum Emmental, wo an Markttagen die Bauern aus Dörfern und Weilern zusammenströmen. Im 12. Jh. war die Stadt von den Zähringern als Sperrfestung am Eingang des Emmentals gegründet worden.

Verkehrsbüro Burgdorf
Poststraße 10
3400 Burgdorf
034/22 24 45

24. 10. 1989

Burgdorf

Das älteste Zeugnis menschlicher Besiedlung, das man in Burgdorf fand, geht auf die Steinzeit zurück: Es sind bearbeitete Höhlenbärenknochen, die beim Schloßfelsen zum Vorschein kamen. Der aussichtsreiche Hügelzug, der den Eingang zum Emmental abschließt, diente also bereits in frühester Zeit als Wohn- und Zufluchtsstätte. Auf der ersten Fluh sind Überreste eines prähistorischen Refugiums heute noch sichtbar.

Mit dem Bau der heutigen Burg begann Herzog Konrad II. von Zähringen wahrscheinlich 1127. Sein Nachfolger Berchtold V., der Gründer Berns, vergrößerte die Burganlage und erweiterte die Siedlung zur Stadt. Dabei vereinigte er den ursprünglichen Kern von Burgdorf, die heutige Oberstadt, mit dem Weiler Holzbrunnen, der heutigen Unterstadt. Aus der Zähringerzeit stammen die charakteristischen Lauben und das Maß der Hausplätze. Diese betragen, wo es das Gelände zuläßt, 100 Fuß (32 m) in der Länge und 60 Fuß (19 m) Straßenfront. Diesem Hofstättemaß entsprechen heute noch die Häuser am Kirchbühl und an der Hohen Laube.

Nachdem das Geschlecht der Zähringer 1218 ausgestorben war, erbten die Kyburger einen Großteil des Besitzes. Auch Rudolf von Habsburg, der spätere deutsche König, residierte eine Zeitlang in Burgdorf. Im 13. Jh. war Burgdorf der stattlichste Fürstensitz weit und breit. Auf dem Gelände zwischen Schloß und Stadt wurden glänzende Ritterturniere abgehalten. 1382 befanden sich die Kyburger in Geldnot und suchten sich durch nächtliche Überfälle auf die Städte Solo-

Kanton:	BE
Meter über Meer:	536
Einwohner 1900:	8 404
Einwohner 1980:	15 379
Autobahn N 1,	Kirchberg

thurn, Aarberg, Bern und Thun neue Mittel zu beschaffen. Aber bereits der Anschlag auf Solothurn mißlang, und die Berner belagerten Burgdorf. Die Kyburger zogen sich 1384 mit dem Verkauf Burgdorfs an Bern aus der Affäre. Einige Jahre später reute sie der Handel, und sie versuchten die Stadt zurückzuerobern. Der Angriff wurde aber von den Burgdorfern und vor allem den Burgdorferinnen zurückgeschlagen. Um sich bei den Frauen zu bedanken, offerierte von da an der Schultheiß den Burgdorferinnen alljährlich die berühmte «Hühnersuppe».

Im Gegensatz zu anderen Vogteien oder Berner Untertanengebieten genossen die Burger von Burgdorf weitgehende Freiheiten. 1475 wurde hier eine der ersten Buchdruckereien der Schweiz eingerichtet. Im 17. und 18. Jh. brachten es einige Bürger der Stadt durch Handel und Warenverkehr auf der Emme zu beachtlichem Wohlstand, wovon die Kaufmannshäuser am Kronenplatz Zeugnis ablegen. Mit dem Zusammenbruch des Alten Bern 1798 verlor Burgdorf nicht nur die Vogtei über 19 Dörfer, sondern auch Zehnten, Bodenzinse und Zolleinnamen. So verwundert es nicht, daß bereits 1804 mit Erfolg versucht wurde, die alte Ordnung wieder einzuführen. Heinrich Pestalozzi, der von 1799 bis 1804 – also in der Zeit des politischen Umbruchs – in Burgdorf wirkte, hat das geistige Klima der Stadt stark geprägt. Im Jahre 1800 installierte er im Schloß eine Waisen- und Erziehungsanstalt. Da die Regierung das Schloß für Verwaltungszwecke brauchte, mußte Pestalozzi seine Schule 1804 nach Münchenbuchsee verlegen. Pestalozzis Gedankengut und seine menschenfreundlichen, freiheitlichen Forderungen wurden später von den Gebrüdern Schnell, von Eduard Bloesch, Jeremias Gotthelf und anderen aufgenommen und führten zur gemäßigten demokratischen Volksbewegung. Diese Liberalen wehrten sich gegen die Restauration und die wieder eingesetzte patrizische Regierung. Neben Pestalozzi wirkte in Burgdorf auch der Jahn-Schüler und Turnvater Adolf Spieß, der in den Schweizer Schulen das Mädchenturnen einführte. Ein weiterer bedeutender Pädagoge, der in Burgdorf unterrichtete, war der Gründer des Kindergartens, Friedrich Fröbel.

Gleichsam als Symbol der neuen Zeit wurden zwischen 1820 und 1830 die Stadtmauern, Türme und Tore geschleift und die obere und untere Stadt durch eine Straße verbunden. Auch verschiedene Brände, einer im Jahre 1794 und ein weiterer 1865, haben das Stadtbild nachhaltig verändert. Als 1857 die Bahn Olten–Bern ihren Betrieb aufnahm, erlebte Burgdorf ein rasches Wachstum über das bisherige Stadtgebiet hinaus. Die Mehrzahl der heutigen Industrie- und Handelsbetriebe Burgdorfs sind in der zweiten Hälfte des 19. Jh. entstanden. Die Branchen entsprechen der ländlichen Umgebung: Käseverarbeitung, Futtermittelproduktion, Möbelherstellung, Fabrikation von landwirtschaftlichen Maschinen. Im 20. Jh. sind mehrere moderne, weniger standortgebundene Fabriken hinzugekommen.

Etwas außerhalb der Stadt, im Sommerhaus-Tälchen, befindet sich das bereits 1316 erwähnte und 1472 neuerbaute Siechenhaus, eines der wenigen, die in der Schweiz erhalten blieben. 1445/46 wurde die Siechen- oder Bartholomäuskapelle errichtet.

Karl Schnell (1786–1844)

Zusammen mit seinem Bruder Hans gehörte der Burgdorfer Jurist in der Zeit der Restauration zu den erbittertsten Kämpfern gegen die alte Ordnung und das Berner Patriziat. Die nach ihren Führern «Schnellen-Partei» oder «Burgdorfer-Partei» genannte liberale, radikal angehauchte Partei vertrat vor allem die ländliche Oberschicht. Karl Schnell war Mitbegründer des «Berner Volksfreunds» und forderte an der Volksversammlung 1831 in Münsingen einen Verfassungsrat. Aufgrund des Drucks, der maßgeblich von Burgdorf ausging, mußte der Berner Große Rat abdanken, wurde ein Verfassungsrat eingesetzt und die Regierung neu gebildet. Karl Schnell war 1832 Tagsatzungsgesandter und gehörte zu den Mitbegründern des liberalen Siebnerkonkordats. 1833 wurde er zusammen mit seinem Bruder in den Regierungsrat gewählt. 1837 übernahm er den Posten des Zentralpolizeidirektors. Es stellte sich aber heraus, daß es den neuen Machthabern nicht nur um Freiheiten, sondern auch um die Herrschaft ihrer Klasse ging. Nach der Louis-Napoléon-Affäre, in deren Zusammenhang die Gebrüder Schnell die Rückweisung von politischen Flüchtlingen anordneten, wuchs der Unmut gegen sie. Nach der Niederlage seiner Politik trat Karl Schnell 1838 von allen Ämtern zurück.

Ethnographische Sammlung
Kirchbühl
Mo–Fr 8–12 Uhr, 14–17 Uhr
So 10–12 Uhr

Stadtbibliothek und Burgerarchiv
Bernstr. 5
034/22 17 01

Kornhaus
Kirchbühl 19
034/21 61 31

Freibad und Hallenbad
Schützenmatt
Tel. 034/22 27 65

Minigolf
Einschlagweg 73
034/22 23 21

Campingplatz
Waldegg
034/22 79 43

Planetenweg
zwischen Burgdorf und Wynigen

Letzter Montag im Juni
Solennität
Jugendfest

Ende August
Kornhausmesse in der
Unterstadt

Stadtplan: Seite 441

Das Schloßmuseum

Seit 1886 dienen große Teile der Schloßanlage dem Rittersaalverein als Museum. Der Wohnturm (Palas) birgt verschiedene geschlossene Sammlungen von einzelnen Gebrauchsgegenständen, beispielsweise eine Sammlung von Militär-Tschakos oder von Stempeln, die zum Bedrucken der Kornsäcke verwendet wurden. Im 2. Stock befinden sich der romanische Rittersaal und die Burgkapelle mit Wandmalereien aus dem 14. Jh. Im 3. Stock des Wohnturms ist alte bernische Keramik ausgestellt. Der 4. Stock ist der Emmentaler Käserei, der Land- und Milchwirtschaft und dem Handwerk gewidmet. Im Nordgebäude sind Erinnerungen an Heinrich Pestalozzi und seine Burgdorfer Zeit, an Gotthelf und die Gebrüder Schnell aufbewahrt. Hier sind auch Photographien und Manuskripte, Rechtsaltertümer und Bilder von Burgdorf zu sehen. Ein anderer Teil des Nordgebäudes befaßt sich mit militärischen Gegenständen. Im Bergfried wird auf die Zeit des Bauernkriegs von 1653 zurückgeblendet; unter anderem sind schauerliche Folterwerkzeuge ausgestellt.

Historisches Museum Schloß
April–Oktober
Mo–Sa 14–17 Uhr
So 9.30–11.30 und 14–17 Uhr

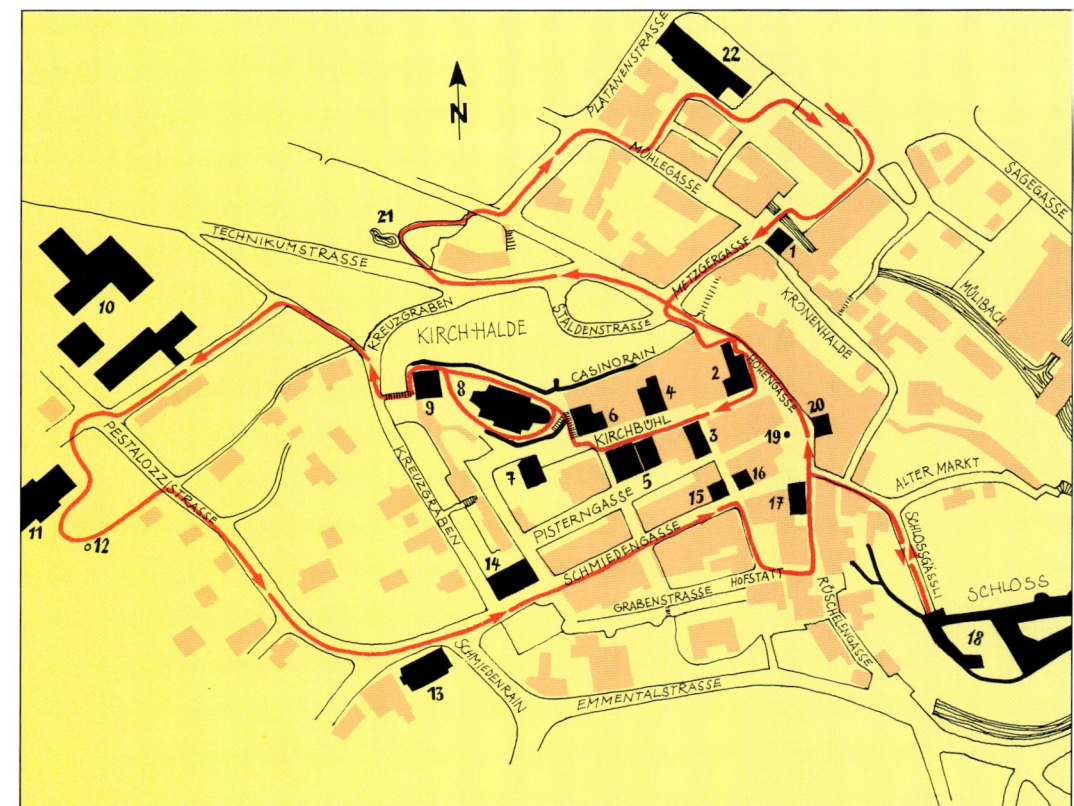

1 Niederes Spital, später Schlachthaus
2 Stadthaus mit Restaurant und Hotel
3 Marktlauben, Völkerkundemuseum
4 Casino
5 Rathaus, ehem. Krankenhaus
6 Ehem. Pfarrhaus, später Zunfthaus zu Schmieden und Zimmerleuten
7 Kirchbühlhaus
8 Stadtkirche
9 Pfarrhaus, ehem. Standort Haus der Johanniter von Münchenbuchsee
10 Kantonale Ingenieurschule
11 Gymnasium und Sternwarte
12 Alpenzeiger
13 Stadtbibliothek
14 Ehem. Waisenhaus, später altes Gymnasium
15 Ehem. Zunfthaus zur Pfistern
16 Zunfthaus zur Metzgern und Schuhmachern
17 Alter Ochsen, ehem. Gasthof
18 Schloß mit Museum
19 Gerechtigkeitsbrunnen
20 Krone mit Teil des alten Hofes
21 Stadtpark mit Ententeich
22 Kornhaus

Stadtrundgang Burgdorf

In der unteren Stadt, wo der Rundgang beginnt, waren die ersten Gewerbebetriebe der Stadt angesiedelt. Eine Mühle nutzte die Wasserkraft der Emme, es gab ein Schlachthaus mit Gereien und Metzgereien. Die 1715 niedergebrannten Quartiere der Unterstadt wurden in einer glücklichen Synthese von Individualität und Einheitlichkeit neu aufgebaut. Das Niedere Spital (1) am Ende der Mühlegasse, von dem noch Überreste der einstigen Katharinenkapelle aus dem 13. Jh. stehen, wurde 1836 in ein Schlachthaus umgewandelt. Es ist ein schönes Beispiel des klassizistischen Zweckbaus.

Bereits zur Oberstadt gehört das markante Stadthaus (2) am Anfang des Kirchbühls. Es wurde 1746–1750 als Rat- und Wirtshaus gebaut und gilt als der wichtigste Profanbau der Stadt. Hier wurden die offiziellen Gäste einquartiert, die sogenannte Hühnersuppe verspeist (s. S. 157), die Zunftversammlungen und Zirkelabende abgehalten. In der Burgerstube befinden sich wertvolle Einrichtungsgegenstände, im ganzen Haus Bilder von Burgdorfer und Berner Künstlern. Bei den Marktlauben (3) ist das Völkerkundemuseum untergebracht. Gegenüber befindet sich das Casino (4) mit dem Stadttheater und einer Gastwirtschaft. Das heutige Rathaus (5) wurde als Spital gebaut. Es birgt eine beachtenswerte Bildersammlung. Das ehemalige Pfarrhaus (6) stammt aus dem 15. Jh. und diente zwischen 1600 und 1840 als Zunfthaus zu Schmieden und Zimmerleuten. Am Treppenturm sieht man die Wappentafeln der beiden Zünfte. Zuoberst steht das Kirchbühlhaus (7) mit dem Gemeindesaal.

Auf einem Hügel und nur wenig niedriger als das Schloß erhebt sich die mächtige Stadtkirche (8). Sie wurde 1471–1490 vom Baumeister des Berner Münsters, Niklaus Birenvogt, anstelle der zähringischen Vorgängerkirche erstellt. Im dreischiffigen Innern befindet sich der kostbarste spätgotische Lettner der Schweiz.

Die zähringische Höhenburg thront hoch über der Emme

Der Gassenmarkt Kirchbühl

Mindestens elf Steinmetzen haben ihn 1511/12 gehauen und auf den schon vorhandenen Fundamenten am Chorbogen aufgerichtet. Der Lettner, der einst Chor und Schiff trennte, wurde 1867 verschoben und dient seitdem als Westempore. Von 1867 stammen auch die Evangelienstatuen. Gegenüber der Kirche steht das Pfarrhaus (9), dessen Halbturm aus der zweiten Hälfte des 13. Jh. eine Vorstellung von den größtenteils verschwundenen Wehrbauten der Stadt gibt.

Vom Kirchhügel gelangen wir über die Kantonale Ingenieurschule (10) hinunter zum Gymnasium (11) mit der Sternwarte. Die kleine Parkanlage bietet einen wundervollen Ausblick auf das Emmental. Die Stadtbibliothek (13), das sogenannte Waisenhaus, enthält rund 35 000 Bände, darunter schöne Ausgaben des 17. und 18. Jh. Das ehemalige Waisenhaus (14), später Gymnasium, heute regionale Musikschule, erhebt sich quer im alten Stadtgraben. Das ehemalige Zunfthaus zur Pfistern (15) steht mit seiner Ostseite auf der Stadtmauer. Hier beginnt die Schmiedgasse, die kleine Einkaufsstraße Burgdorfs, mit schönen Barockfronten. Das Zunfthaus zur Metzgern und Schuhmachern (16) wurde 1846/47 nach italienischen Vorbildern entworfen. An der Fassade trägt es ein originelles Terrakottafries. Das alte Zunftwappen von 1581 ist im Treppenhaus eingemauert. Am Kronenplatz, wo früher der Gasthof zum Ochsen stand (17), ließ der Venner Jakob Trechsel 1627 ein Großkaufmannshaus errichten.

Von der Ecke des Kronenplatzes geht es hinauf zum Schloß (18), dem heutigen Sitz des Regierungsstatthalters und des Historischen Museums. Das um 1200 großzügig ausgebaute Schloß Burgdorf ist die größte und besterhaltene zähringische Schloßanlage der Schweiz. Auf der aussichtsreichen Wallpromenade vor dem Graben steht ein 1760 für den Schultheißen errichtetes Gartenhäuschen, wo Pestalozzi seine Schriften verfaßte. Der Torturm von 1559, der aus gewaltigen Sandsteinquadern zusammengefügt ist, war bis 1825 nur über eine Fallbrücke erreichbar. Innerhalb des Tores steht das Wächterhaus. Daneben führt das «Diebstürli» zum «Armsünderweg», auf dem die Verurteilten zur Richtstätte ob dem Schönenbühli geführt wurden. Vor der Hauptburg befindet sich der 48 m tiefe, ehemals überdachte Sodbrunnen. Nördlich erhebt sich der Bergfried, ein unbewohnbarer, 33 m hoher Wart- und Wehrturm auf der Felsecke, auf einem Sockel aus Findlingen. Der riesige Palas trägt ein außerordentlich hohes und steiles Dach und gibt eindrücklich Kunde von der Macht seiner Erbauer. Durch den engen alten Einlaß gelangt man in den 2. Stock des Palas, wo sich der Rittersaal und die Johanneskapelle befinden. Von der Gerichtslinde im Hof aus bietet sich eine prachtvolle Fernsicht. Zur vorstädtischen Befestigungsanlage auf dem Schloßhügel gehörten auch Teile des Alten Markts. Heute sind noch eine Reihe Häuser zu sehen, die auf der Wehrmauer an der Hangkante fußen. Durch das Schloßgässli gelangen wir wieder zum Kronenplatz hinunter, dem Kern der ersten städtischen Siedlung. Der Gerechtigkeitsbrunnen (19) mit einer Figur von G. Riedel aus Straßburg stammt allerdings aus den ersten Jahren des 20. Jh. Die «Krone» (20) war ehemals ein erstrangiger städtischer Gasthof. Seit dem Umbau der hinteren Hälfte zu einem Kino sind nur noch Teile des Hofes mit hölzernen Lauben sichtbar. Am Stadtpark (21) vorbei gelangen wir wieder in die Unterstadt und zum Kornhaus (22). In dem mächtigen Bau aus dem Jahre 1770 soll Ende August 1991 ein Schweizerisches Museum und Institut für Volksmusik und Musikinstrumente, für Schweizer Trachten und Brauchtum eröffnet werden.

Auf Gotthelfs Spuren

Von Burgdorf aus führt eine reizvolle Wanderung ins etwa 10 km entfernte Gotthelf-Dorf Lützelflüh. Für die Wanderung der linken Flanke des Emmentals entlang müssen ungefähr 2,5 Std. eingeplant werden. Der Weg beginnt bei der Bahnstation Steinhof und führt zur Waldeck hinauf, wo sich ein schöner Blick über die Stadt bietet. An der Strecke zwischen Burgdorf und Lützelflüh kommt man an den Dörfern Oberburg, Oschwand und Hasle vorbei. Lützelflüh wurde vor allem durch Jeremias Gotthelf bekannt. 1832–1854 amtierte dieser als Pfarrer Albert Bitzius im Pfarrhaus. Dort engagierte er sich unermüdlich für die Sache der kleinen Leute. Die Gotthelfstube im Pfarrhausspeicher ist von April bis Oktober geöffnet. Auf dem nahe gelegenen Friedhof ist das Grab des Verfassers von «Ueli der Knecht», «Die schwarze Spinne», «Leiden und Freuden eines Schulmeisters» sowie einer Menge weiterer Erzählungen zu sehen.

Das zwischen Birs und Sorne eingebettete Delémont/Delsberg war schon immer Hauptstadt der separatistischen Bewegung. 1979 wurde Delémont, das den besonderen Reiz einer mittelalterlichen Stadt bis heute bewahrt hat, denn auch Regierungs- und Verwaltungssitz des jüngsten Schweizer Kantons. Und auch heute noch gibt Delémont im Jura wirtschaftlich und politisch den Ton an.

Office jurassien du tourisme
Rue du 23-Juin 1
2800 Delémont
066/22 99 77

TCS-Geschäftsstelle
Route de Bâle 2
2800 Delémont
066/22 66 86

Delémont

Mit sieben Kanonenschüssen wurde am 6. Januar 1989 die 700-Jahr-Feier der Stadt Delsberg eröffnet. «Die Stadt Delémont hat sich immer für die Bestätigung und die Verteidigung der jurassischen Persönlichkeit eingesetzt», erklärte damals der jurassische Regierungspräsident Jean-Pierre Beuret an der offiziellen Eröffnungszeremonie der Festlichkeiten, die das ganze Jahr dauerten. Und Beuret unterstrich auch die Wichtigkeit der Rolle, die Delémont im Kampf für die Autonomie des Juras gespielt hat.
Die fruchtbare schmale Hochebene, in der Delémont liegt, unterstand im 8. Jh. den Herzögen des Elsaß. Delémont selbst wird erstmals 728 erwähnt. Nachdem der Marktflecken im 11.–12. Jh in den Besitz der Grafen von Ferrette gekommen war, erwarb 1271 der Bischof von Basel die ganze Grafschaft Ferrette. 1289 gewährte der Bischof den Bürgerinnen und Bürgern von Delémont die Freiheit. In diesem Freibrief wurde die Stellung von Delémont als Stadt bestätigt, indem sie den Bürgern die gleichen Privilegien einräumte wie den Baslern. Von 1527 bis 1792 war Delsberg Sommerresidenz der Basler Fürstbischöfe.
Nur durch eines der vier Tore – die Porte au Loup im Norden, die Porte des Prés im Osten, die Porte des Moulins im Süden und die Porte de Monsieur le Prince im Westen – konnten die Bürger in die mittelalterliche Stadt eintreten. Der Verlauf der mittelalterlichen Ringmauer ist nach wie vor gut zu erkennen; erhalten sind aber nur noch ein Teil der Befestigungen, zwei Stadttore – die Porte au Loup und die Porte de Porrentruy – sowie der im 13. Jh.

Kanton:	JU
Meter über Meer:	435
Einwohner 1900:	5 053
Einwohner 1980:	11 682
Autobahn:	keine

erbaute Eckturm in der nordöstlichen Ecke der Altstadt.

Auch heute noch stellt die unweit des Zusammenflusses von Birs und Sorne zwischen Berghang und Tal erbaute Stadt für die Kunsthistoriker eine guterhaltene, von den Einflüssen Basels und des Elsaß geprägte und an barocken Bauwerken reiche Stadtanlage dar. Ausschlaggebend für das heutige Gesicht Delémonts waren das 17. und 18. Jh., nachdem Feuersbrünste 1487 und 1661 die alte Stadt heimgesucht hatten. Die geschlossen wirkende Altstadt ist klar gegliedert durch zwei großzügige Längs- und fünf schmale Quergassen. 1724/25 wurden die Gassen erstmals durchgehend gepflastert. Die bedeutendsten Gebäude wurden im 18. Jh. erneuert: die katholische Kirche St-Marcel, das imposante Bischofsschloß sowie das Rathaus. Ein äußerst sehenswertes Charakteristikum Delémonts sind die fünf – ursprünglich acht – monumentalen, zwischen 1576 und 1591 geschaffenen Figurenbrunnen im Stil der späten Renaissance, welche die Straßenkreuze und kleine ausgesparte Plätze markieren.

Im Dreißigjährigen Krieg wurde Delémont von den Schweden stark verwüstet. 1815 wurde die Stadt zusammen mit dem größten Teil des ehemaligen Fürstbistums Basel auf Beschluß des Wiener Kongresses dem Kanton Bern angegliedert. Als Bezirkshauptort des Kantons Bern behielt Delémont lange sein traditionelles Gepräge einer halb ländlichen, halb städtischen Siedlung. Die bis 1850 vorwiegend bürgerliche Bevölkerung lebte von der Landwirtschaft und vom Eisenerzabbau. Die Politik war bestimmt durch Spannungen zwischen Konservativen und Radikalen. Zahlreiche Konflikte traten zwischen dem alten Kantonsteil und dem Jura auf. Erste Unruhen gab es bereits 1839. Der Ausbruch des Kulturkampfes führte zu einer eigentlichen Staatskrise. 1893 verwarfen die Jurassier die neue bernische Staatsverfassung.

In der zweiten Hälfte des 19. Jh. machte auch Delémont eine rasante Entwicklung durch. Der Eisenbahnknotenpunkt – im jurassischen Hauptort kreuzen sich die Linien Mailand–Bern–Belfort–Paris–Calais und Port-Bou–Genf–Basel–Hamburg – wuchs schnell. Lebten 1870 noch 2300 Einwohner in Delémont, so waren es 30 Jahre später bereits mehr als 5000. Nach 1900 vergrößerte sich die Bevölkerung rasch. Die Bürger der Stadt gerieten deutlich in die Minderzahl gegenüber den Neuzuzügern. Delémont wurde zur zweisprachigen Stadt. Das Verhältnis zwischen Französisch- und Deutschsprachigen verschob sich zahlenmäßig auf 3:2. Delsberg wurde romanisiert. Aber auch wirtschaftlich, sozial und politisch veränderte sich Delémont im 20. Jh. stark. Die städtische Agglomeration dehnte sich in alle Richtungen aus. Im Zeichen der Hochkonjunktur verdoppelte sich die Bevölkerungszahl bis in die siebziger Jahre auf mehr als 12 000.

Seit 1979 ist Delémont das politische und administrative Zentrum. Uhrenindustrie und Metallverarbeitung sind weiterhin wichtige Einkommenszweige. Bei Volksabstimmungen zeigen sich die Einwohner von Delémont gern von der progressiven Seite. Es versteht sich denn auch, daß die Delémontiens 1974 für die Gründung eines Kantons Jura optiert hatten. Heute noch ist Delémont das Zentrum der separatistischen Bewegung. Immer wieder zieht das «Fest des jurassischen Volkes» jährlich Zehntausende von Teilnehmern an, die Patriotismus und Kampfgeist demonstrieren: gestern für die Unabhängigkeit des Juras, heute für die Wiedervereinigung mit dem Südjura.

Xavier Stockmar (1797–1864)

Als die durch die Junirevolution von Paris neu geweckte revolutionäre Bewegung 1830 auch in der Schweiz Fuß faßte, trat der 1797 in Porrentruy/Pruntrut geborene Xavier Stockmar an die Spitze der jurassischen Liberalen. Als in Porrentruy Wirren ausbrachen, wurde der Jura militärisch besetzt und auf Stockmars Kopf ein Preis ausgesetzt. Nach dem Sturz der alten Berner Regierung aber wurde er Abgeordneter und eines der einflußreichsten Mitglieder des Berner Verfassungsrats von 1831. Von 1831 bis 1836 war er Regierungsstatthalter von Porrentruy. 1836 wurde er sogar Berner Regierungsrat. Drei Jahre später schloß man ihn aber unter der Beschuldigung aus dem Kollegium aus, er beabsichtige die Abtrennung des Jura vom alten Kanton Bern. 1846 wurde er zum zweiten Mal bernischer Verfassungsrat und im gleichen Jahr auch wieder Regierungsrat. 1847 gründete der Vorsteher des Baudepartements in Delémont die Société jurassienne d'Emulation, die auch heute noch wichtigste kulturelle Vereinigung des Kantons Jura. 17 Jahre später verstarb der jurassische Politiker der ersten Stunde in Bern.

Musée jurassien
Rue du 23-Juin 52
066/22 80 77
So 14–17 Uhr

Schwimmbad
Centre sportif
La Blancherie
Chemin de la Blancherie 4
066/22 96 36

Das Musée jurassien

Das dreigeschossige Haus an der Rue du 23-Juin 52, in dem sich das Musée jurassien befindet, wurde 1710–1730 erbaut. Möglicherweise handelt es sich um eine ehemalige Chorherrenresidenz. Das Musée jurassien enthält eine bedeutende Sammlung über Archäologie, Kunst und Geschichte des ehemaligen Bistums Basel und des Juras. Die verschiedenen Räume des Museums porträtieren jeweils eine Epoche. Prunkstück des Museums ist der einzigartige merowingische Abtstab des hl. Germanus aus dem 7. Jh. Durch die Reformation vertriebene Kanoniker sollen diesen Abtstab aus Moutier-Grandval mitgebracht haben, als sie sich 1534 in Delémont niederließen. Zu ihren Schätzen gehörten auch der Leichnam des Heiligen, dessen Schuhe und Socken und eine karolingische Bibel. Letztere ist heute im Britischen Museum in London zu besichtigen, der Leichnam des Heiligen ruht in der Kirche St-Marcel; die übrigen Reliquien sind im Musée jurassien ausgestellt.

1 Bahnhof
2 Fontaine de la Vierge
3 Hôtel de Ville
4 Rue de l'Eglise
5 Eglise St-Marcel
6 Château
7 Fontaine de St-Maurice
8 Fontaine du Sauvage
9 Porte de Porrentruy
10 Musée jurassien
11 Rue de la Constituante
12 Hospice des Vieillards (ancien couvent des Ursulines)
13 Fontaine du Milieu
14 Rue des Granges
15 Place Neuve
16 Fontaine du Lion
17 Porte au Loup
18 Tribunal et Tour des Archives
19 Rue de la Justice

Stadtrundgang Delémont

Vom 1875 von der Compagnie des chemins de fer du Jura bernois erbauten Gemeinschaftsbahnhof (1) der SBB und der 1944 aus der Fusion von vier verschiedenen Bahnbetrieben entstandenen Chemins de fer du Jura (CJ) gelangt man über die Rue de la Molière und die Rue des Moulins in die Grand-Rue (heute Rue du 23-Juin; Datum der Volksbefragung von 1974) der Altstadt von Delémont mit der Place de la Liberté. In der Mitte des Platzes erhebt sich die Fontaine de la Vierge (2) mit der von dem Basler Künstler Hans Michel 1583 geschaffenen Marienstatue. Die leicht geneigte Place de la Liberté selbst wird vom Hôtel de Ville (3) dominiert. Der elegante Barockbau mit doppelter zweiläufiger Podesttreppe wurde 1742–1745 von dem Italiener Giovanni Gaspare Bagnato erstellt und 1868 um ein Stockwerk erhöht. Über dem korbbogigen Eingang mit dem geschweiften Sprenggiebel weht die Jurafahne; sie verweist in der heraldischen Stilisierung mit dem Bischofsstab auf die Vergangenheit unter den Basler Fürstbischöfen, mit den sieben Balken auf die sieben Bezirke inklusive Laufental. Die Interieurs des 1941 renovierten Gebäudes sind mit Stuckdecken und Boiserien ausgestattet. Mit ihren reichen Deckenstukkaturen ist beispielsweise die Salle du Conseil im ersten Stock ein überaus festlicher Raum.

Durch die Rue de l'Eglise (4) – beachtenswert ist hier insbesondere das 1727 erbaute Haus Nr. 13 mit seinem reichen Louis-XVI-Gitter im Erdgeschoß – kommt man zur katholischen Pfarrkirche St-Marcel (5). Dieses wichtige Denkmal des Übergangs vom Spätbarock zum Frühklassizismus wurde anstelle eines spätgotischen Vorgängerbaus 1762–1767 nach Plänen von Pierre-François Paris erbaut. Die dreischiffige, durch Rundbogenfenster belichtete Basilika enthält eine sparsame weiße Stuckierung; St-Marcel besitzt einen bedeutenden Kirchenschatz.

Das barocke Schloß: einst Sommerresidenz der Fürstbischöfe

Südwestlich der Kirche, nur ein paar Schritte entfernt, liegt das Château (6). Das imposante Barockschloß mit französischen und süddeutschen Einflüssen wurde 1716–1721 von Pierre Racine aus Renan als Sommerresidenz der Basler Fürstbischöfe erbaut. Das zur Beletage führende monumentale Treppenhaus mit achteckigen Pfeilern, bekrönten Postamenten und schmiedeeisernen Geländern setzt sich aus zwei dreiteiligen Steintreppen zusammen. Im Erdgeschoß ist der hufeisenförmige Korridor mit Stukkaturen versehen. Besonders ins Auge fällt der schöne Boden aus dicken, durch das ständige Begehen – das Schloß wird seit 1821 als Schulhaus benützt – speckig glänzenden Kalksteinplatten. Hervorzuheben sind aber auch die teilweise figürlichen Régencestukkaturen in den Räumen. Der von vier Dépendancen flankierte, baumbestandene Ehrenhof (Cour d'honneur) der Hufeisenanlage wird durch ein Louis-XVI-Gitter von 1787 abgeschlossen.

In unmittelbarer Nähe des Schlosses stehen zwei Brunnen. Die Fontaine de St-Maurice (7) mit der vom Basler Künstler Hans Michel 1577 gemeißelten Statue des römischen Kriegers wurde als zweiter Brunnen der Stadt an dominanter Stelle in der Mitte der Rue du 23-Juin vor der Place de l'Eglise plaziert. Direkt beim Schloßportal steht die Fontaine du Sauvage (8). Der 1576 von Laurent Perroud geschaffene Wilde Mann mit dem Stadtwappen stand als erste Brunnenfigur früher vor dem Rathaus.

Hinter der Fontaine du Sauvage erhebt sich – neben der 1756–1759 neu erbauten Porte de Porrentruy (9), die nach der von Pruntrut her eintreffenden Suite des Fürstbischofs auch Porte de Monsieur le Prince genannt wird – das Musée jurassien (10) mit archäologischen und kulturgeschichtlichen Sammlungen (siehe Randspalte, S. 162).

In nordwestlicher Richtung, in der Achse des Schlosses, verläuft die Rue de la Constituante (11). Sie wird von Häusern des 17. Jh. gesäumt, unter anderem von der Maison Wicka, dem Sitz der Constituante jurassienne. Die Rue de la Constituante mündet in die Rue de l'Hôpital, der wir nach rechts folgen. Linker Hand, gleich zu Beginn, liegt das 1696–1700 im barocken Stil erbaute Hospice des Vieillards (12). Ursprünglich als Spital geplant, wurde es aus Angst vor Epidemien am nordwestlichen Ende der Stadt errichtet. Doch dann erschien das Gebäude den Stadtvätern zu nobel für die Kranken. Lieber stellten sie es den Ursulinerinnen als Kloster und Mädchenschule zur Verfügung. Heute ist im dreigeschossigen Walmdachgebäude das Altersheim der Stadt untergebracht.

In der Mitte der Rue de l'Hôpital, dort, wo die Rue de Fer einmündet, plätschert die Fontaine du Milieu (13), die wegen der steinernen Kugel auf der Säule aus dem 17. Jh. auch Fontaine de la Boule genannt wird. Nach einem Abstecher in die Rue des Granges (14) mit ihren spätgotischen Häusern und den steinernen Tennbauten mit Rundbogentoren erreicht man über die Rue de Fer und die Rue du 23-Juin die Place Neuve (15). Nur wenige Schritte davon entfernt endet die Rue de l'Hôpital in einem kleinen Platz mit der Fontaine du Lion (16). Der Löwe ist wie die andern Brunnenfiguren lediglich eine Kopie. Die Originale stehen heute – nachdem sie vorher wiederholt übermalt, restauriert, neu plaziert und neu geschaffen wurden – noch vollständig erhalten im Museum oder als Relikte im Schloßgarten.

Links erhebt sich die 1775 von Henri Parrat neu erbaute Porte au Loup (17). Eine malerische Seitentreppe führt zur Wächterwohnung unter dem Pyramidendach empor. Nicht weit davon entfernt steht das Tribunal (18), die heutige Préfecture. Fürstbischof Johann Conrad von Reinach-Hirtzbach, der Bauherr des Schlosses, ließ den spätgotischen, dreigeschossigen Walmdachbau 1717 zum Vogteisitz umgestalten. Daran angebaut ist die Tour des Archives, deren Grundbestand aus dem 13. Jh stammt. Die kräftige Rundbastion an der Nordostecke der Altstadt ist Teil des ehemaligen Befestigungsrings. Von hier führt die Rue de la Justice (19) wieder zur Rue du 23-Juin.

Zur Burgruine und Wallfahrtskapelle Le Vorbourg

Nordöstlich von Delémont, auf einem gestuften Felsvorsprung hoch über der Birsklus, sind Reste der frühmittelalterlichen Burg Vorbourg zu sehen. Die im 11./12. Jh. erbaute «Obere Burg» wurde nach dem Erdbeben 1356 nicht wiederaufgebaut. Bereits im Hochmittelalter stand an Stelle der heutigen Kapelle Vorbourg ein Schloß («Untere Burg») mit einer kleinen Hauskapelle. Es wurde im Schwabenkrieg 1499 verwüstet. Erhalten ist nur noch der an einen Felszapfen angelehnte quadratische Hauptturm (Tour de Ste-Anne). Östlich schließt sich die 1049 von Papst Leo IX. geweihte, 1586 von Fürstbischof Jakob Christoph Blarer von Wartensee neuerbaute Wallfahrtskapelle Notre-Dame-de-Vorbourg an. Die der Muttergottes geweihte Kirche ist ein populäres jurassisches Pilgerziel.

Der jüngste Kanton in Zahlen

Der Jura ist mit 838 km² flächenmäßig der vierzehnte Stand der Schweiz. Er umfaßt jenes Gebiet, das vor den Toren Basels und an der Grenze zu Frankreich liegt und nach fast acht Jahrhunderten Herrschaft der Basler Fürstbischöfe 1815 nach dem Wiener Kongreß zum Kanton Bern geschlagen wurde. Der nördliche Teil dieses Gebiets mit den 82 Gemeinden in den drei Bezirken Delémont, Porrentruy und Franches-Montagnes bildet seit dem 1. Januar 1979 den Kanton Jura, während sich die drei südlichen Bezirke 1974/75 für den Verbleib bei Bern aussprachen. Insgesamt leben heute 64 650 Menschen im Kanton Jura. Von den 26 885 berufstätigen Jurassiern arbeiten mehr als 50% in Industrie und Gewerbe und 38% im Dienstleistungssektor. Die Zahl der in der Landwirtschaft Beschäftigten liegt mit annähernd 12% aber immer noch fast doppelt so hoch wie im eidgenössischen Durchschnitt.

Boncourt

Die stark industrialisierte Grenzortschaft mit ihren 1470 Einwohnern liegt an der Straße von Porrentruy nach Belfort in der nördlichsten Spitze der Ajoie. Das jüngere Straßendorf liegt rechts der Allaine, linksufrig befindet sich der kleine bäuerliche Dorfkern mit mehreren älteren herrschaftlichen Bauten. Sehenswert ist die unter Erhaltung des gotischen Chors 1920/21 neu erbaute katholische Pfarrkirche St-Pierre-et-Paul. Auch der Turm stammt noch von der Vorgängerkirche, die bis ins 13. Jh. zurückreicht. Die hochbarocke Innenausstattung mit wunderschönen Holzfiguren haben die Brüder Breton, Bildschnitzer und Altarbauer aus Boncourt, im 18. Jh. gefertigt. Südwestlich des Dorfs steht als einziger Überrest der im 12. Jh. gegründeten Burg Milandre ein quadratischer Turm. Ganz in seiner Nähe befindet sich der Eingang zu den 1713 entdeckten Grotten von Milandre. Ein Teil der über 8 km erforschten Höhlengänge kann begangen werden. Bei Milandre hat 1814 die aus dem Elsaß stammende Familie Burrus die wohl berühmteste Schweizer Tabakfabrik gegründet. 1850 richtete die Familie auch im Dorf Boncourt selbst eine Tabakwarenfabrik ein. Die F.J. Burrus SA – größter Steuerzahler und mit etwa 600 Angestellten, 430 davon in Boncourt, zweitgrößter Arbeitgeber im Kanton Jura – ist heute die einzige Zigarettenfabrik in der Schweiz, die nicht zu einem internationalen Konzern gehört.

Courfaivre

Der kleine Industrieort (1260 Einwohner) liegt zwischen Delémont und Bassecourt. 1893 wurde hier die vor allem als Hersteller von Velos, darunter des Schweizer Militärvelos, bekannte Condor SA gegründet. Condor beschäftigt 110 Personen und fabriziert neben Fahrrädern seit einigen Jahren auch mechanische Teile für Flugzeuge sowie Flugzeugausstattung. Daneben beliefert Condor das europäische Ariane-Raketen-Projekt mit eigens in Courfaivre hergestellten Teilen. Die 1701/02 neuerbaute katholische Pfarrkirche St-Germain-d'Auxerre ist eine der wichtigsten mit modernen Kunstwerken ausgestatteten Kirchen des Kantons Jura. Neben Statuen (18. Jh.) der früheren Altäre sind unter anderem das von Fernand Léger 1954 geschaffene Glasgemälde und der Hauptaltar von Remo Rossi (1954) beachtenswert.

Glovelier

Das an der Straße zwischen Bassecourt und Montfaucon gelegene Glovelier (935 Einwohner) hat in seinem südwestlichen Ortsteil einige giebelständige Bauten des 18./19. Jh. bewahren können. Die 1923/24 neu erbaute dreischiffige Pfarrkirche St-Maurice besitzt einen Hauptaltar aus dem frühen 18. Jh. mit einem schönen Tabernakel. Wichtig für das Ortsbild ist im weiteren das spätklassizistische alte Schulhaus mit Dachreiter. Nach Glovelier zweigt auf der Straße nach Courfaivre eine Straße nach rechts ab in die eindrückliche Pichoux-Schlucht.

Saignelégier

Das inmitten schöner Juraweiden gelegene Saignelégier ist ein stattliches Dorf von gut 2000 Einwohnern. Saignelégier ist der Hauptort der Franches-Montagnes. Die Freiberge bilden ein durchschnittlich 1000 m hohes, welliges Hochland zwischen Doubs und Montagne du Droit, ein Gebiet von karger Schönheit mit Weiden, Tannenwäldern, Teichen und Mooren. Der Name Franches-Montagnes geht darauf zurück, daß der Bischof von Basel 1384 in einem Freibrief allen, die in diesem 200 km² umfassenden Gebiet Wald rodeten und den Boden bebauten, die Freiheit garantierte. Berühmt wurden die Freiberge durch die Zucht der rotbraunen Freiberger Pferde, eines besonders kräftigen und gutmütigen Schlages, der vor allem in der Schweizer Armee Verwendung fand und findet. Auch heute noch ist der Hauptort der Freiberge Mittelpunkt der schweizerischen Pferdezucht. Alljährlich am zweiten Wochenende im August steht

Zigarettenindustrie in der Ajoie: Boncourt

Die Glasfenster von Courfaivre schuf 1954 Fernand Léger

Im Weiler **Le Roselet** *zwischen Les Emibois und Les Breuleux befinden sich auf einer kleinen Anhöhe die Stallungen der Stiftung für das Pferd. Die Fondation pour le cheval wurde im Februar 1958 gegründet. Hunderte von betagten Pferden, Ponys und Eseln haben seither in den Ställen des Pferde-Altersheims in Le Roselet und auf Le Jeanbrenin in der Nähe von Tramelan ihren Lebensabend verbringen können. Hunderte von Fohlen sind auf diesen herrlichen Juraweiden zwischen schönen Wäldern und Wiesen in großer Freiheit aufgewachsen. Mehr als hundert Tiere befinden sich zurzeit in der Obhut der Stiftung. Die Stallungen von Le Roselet und Le Jeanbrenin sind tagsüber jederzeit frei zugänglich. Die Tiere dürfen jedoch nicht gefüttert werden.*

beim traditionellen Marché-Concours das Pferd in Saignelégier im Mittelpunkt. Der Marché-Concours war 1897 als Pferdezucht-Ausstellung vom Landwirtschaftsverein der Freiberge gegründet worden. Der Sinn dieser Veranstaltung lag darin, die Vorzüge der Freiberger Pferdezucht gegenüber den Halbblütern zu demonstrieren, denen die Armee den Vorrang gab. In der Zwischenzeit hat sich der Concours zu einer der größten Veranstaltungen im Kanton Jura entwickelt. Heute ist er vor allem ein großes Volksfest, das regelmäßig rund 20 000 Besucher anzieht. Rund 400 der schönsten Exemplare der einheimischen Pferdezucht sind ausgestellt; die besten werden ausgezeichnet. Aber auch Pferderennen finden statt, an denen sich das Publikum mit Wetten beteiligen kann. Das Pferdespektakel des Marché-Concours wird am Sonntagabend mit verschiedenen Wagenrennen abgeschlossen. Neben der dreischiffigen, 1927/28 in neubarocken Formen erbauten katholischen Pfarrkirche Notre-Dame-de-l'Assomption ist in Saignelégier insbesondere die Préfecture sehenswert. Das massive, Ende des 16. Jh. erbaute Waldmdachhaus mit dem angebauten Gefängnisturm diente dem fürstbischöflichen Landvogt als Amtswohnung und Kornhaus. In Les Cerlatez südöstlich von Saignelégier findet man eine Reihe typischer Freiberger Jurahäuser. Wohnräume, Arbeitsräume und Stallungen sind unter einem Dach vereint. Die breit gelagerten Steinbauten – eine der schönsten Hofgruppen des Hochjura – wurden im 17./18. Jh. errichtet. In Murieux, einem kleinen Weiler mit typischen Jurabauernhöfen ganz in der Nähe von Saignelégier, können im 1989 neu eröffneten Automobilmuseum Wagen ganz anderer Art bewundert werden. Hier sind 50 seltene Automobile – vor allem Sportwagen und Coupés – ausgestellt. Namen wie Bugatti, Delage, Citroën, Ferrari, Maserati, Lamborghini, Aston-Martin, Jaguar und Mercedes zeigen Kraft und Eleganz. Nur 7 km östlich von Saignelégier entfernt an der Straße nach Tramelan liegt das Naturschutzgebiet Etang de la Gruère, ein großer Weiher mit einer prächtigen Sumpfflora und -fauna.

Les Breuleux

Das große Dorf liegt in typischer Landschaft der Freiberge an der Bahnlinie Tavannes–Le Noirmont auf halber Strecke zwischen Saignelégier und St-Imier. Die 1265 Einwohner des stattlichen Dorfes gehen vielseitigen Beschäftigungen nach. Uhrenindustrie, Holzverarbeitung und Viehzucht dominieren. Die 1852–1855 neuerbaute katholische Pfarrkirche St-Pierre-et-Paul ist eine der großen dreischiffigen Staffelhallen des Spätklassizismus im Jura. Wie die anderen Dörfer der Freiberge ist Les Breuleux im Sommer ein ausgesprochenes Reit- und Wander-, im Winter ein Langlaufparadies.

Le Noirmont

mit seinen 1500 Einwohnern ist nach Saignelégier der wichtigste Ort in den Freibergen. Le Noirmont liegt nicht weit entfernt vom Einschnitt des Doubs-Tals, das hier die Grenze zu Frankreich bildet. Landwirtschaft, Uhren und Maschinenindustrie prägen das Dorf. Die alte, oben im Dorf stehende Kirche St-Hubert mit dem spätgotischen Chor und barocker Innenausstattung stammt teilweise aus dem 16. Jh. Die neue Kirche aus den sechziger Jahren enthält zum Teil Schmuck aus dem alten Gotteshaus. In diesem Dorf der Freiberge spürt man die charakteristische Atmosphäre dieser Gegend. Le Noirmont ist von ausgedehnten Pferdeweiden umgeben.

Omelette jurassienne

Zutaten:
130 g Mehl, 2 dl Milch, 1 dl Rahm, 1 Prise Salz, 4 Eier, 50 g Speckwürfeli, 3 EL Butter, 1/2 Zwiebel, 200 g Gemüse (Rüebli, Erbsen, Spinat, Blumenkohl), 2 Kartoffeln, 150 g Jurakäse

Mehl, Milch, Rahm, Salz und Eier zu einem Omelettenteig verrühren. Eine Stunde ruhen lassen. Die Speckwürfelchen mit der Butter in der Pfanne anziehen, die geschnittene halbe Zwiebel beifügen und dünsten. Anschließend die vorgekochten, bereits kleingeschnittenen Gemüse und Kartoffeln portionenweise beigeben. Alles gut vermengen. Den kleingewürfelten Jurakäse dazugeben und den Omelettenteig darübergießen. Die Omelette beidseitig ausbacken.

Das Städtchen Erlach am Westende des Bielersees ist eine typische Bergspornsiedlung. Sie wurde am steil abfallenden Ausläufer des Jolimont errichtet – ein Punkt, der sich gut verteidigen läßt. Zusammen mit La Neuveville und Le Landeron bildet Erlach ein Dreieck von Kleinstädtchen, die nur eine halbe Gehstunde voneinander entfernt liegen.

Verkehrsbüro Erlach
Postbüro
3235 Erlach
032/88 16 81

30. 9. 1989

Erlach

Das Städtchen Erlach besitzt zwar einen Hafen, aber keinen Eisenbahnanschluß: Vor der Juragewässerkorrektion konnte das Große Moos nicht traversiert werden; um so bedeutsamer für Verkehr und Zollwirtschaft war die enge Niederung der Zihl mit den Städtchen Erlach, Le Landeron und La Neuveville. Erlach – zumindest die Burg – wurde in der zweiten Hälfte des 11. Jh. vom Grafen und Basler Bischof Burkhart von Fenis gegründet. Im 13. Jh. fiel der Besitz an das Haus Neuenburg-Nidau, das ihn 1265 Savoyen zum Lehen gab. Von 1408 an hatte das burgundische Haus Chalon Erlach zu Lehen. Da die Chalon Parteigänger Karls des Kühnen waren, besetzte Bern 1474 während der Burgunderkriege das Städtchen und verleibte es seinem Herrschaftsgebiet ein. Rudolf von Erlach, der 1474 noch als letzter Vogt im Namen des Hauses Chalon im Schloß von Erlach residierte, wechselte das Lager und wurde erster bernischer Landvogt. Das Geschlecht der Ritter von Erlach ließ es nicht an Berntreue fehlen; in den nächsten Jahrhunderten gab es kaum eine Schlacht der Berner, die nicht von einem Abkömmling dieser Familie angeführt worden wäre. Auch im Bauernkrieg verteidigten die Grafen von Erlach das Berner Ancien Régime mit Nachdruck.

Erlach ist eine der besterhaltenen mittelalterlichen Kleinstädte mit spätgotischem Baubestand. Von der Schiffstation kommend, stößt man am Eingang der Altstadt zuerst auf das Rathaus mit dem Stadttor. Der zweigeschossige Bau mit dem Krüppelwalmdach entstand in mindestens drei Etappen zwischen dem 2. Drittel des

Kanton:	BE
Meter über Meer:	429
Einwohner 1900:	848
Einwohner 1980:	972
Autobahn:	N 5, La Neuveville; N 1, Kerzers

Der Ausläufer des Jolimont über dem Bielersee drängte sich für eine Burggründung geradezu auf. Um 1100 errichteten die Grafen von Fenis **Schloß Erlach,** *um ihre Hausmacht am oberen See zu festigen. Der Unterbau des Südtrakts, in dem der Landvogt wohnte, stammt aus der ersten Bauzeit und besteht aus kleinen Muschelsteinquadern und Tuffen. Vom Schloß aus überblickt man den schilfgesäumten Heidenweg zur halbseitig bewaldeten St. Petersinsel. Am Südosthang der zu Twann gehörenden Insel wächst ein süffiger Wein.*

15. und dem 18. Jh. Die renovierten Ratsstuben und der große Saal mit der spätgotischen Decke werden heute für Tagungen und als Versammlungsräume vermietet. Das Primarschulhaus nahe dem Rathaus wurde 1697–1699 als obrigkeitliches Kornhaus erbaut. Im Erdgeschoß befanden sich vier städtische Läden. 1861–1865 wurde es zum Schulhaus umgebaut, doch bis zum Beginn dieses Jahrhunderts wurden auf dem Schulhausplatz Wochen- und Jahrmärkte abgehalten.

So klein Erlach auch ist, es unterteilt sich doch in eine Altstadt und eine Vorstadt. Von den Erlachern wird die Altstadt «Stadt» und die Vorstadt «Städtchen» («Stettli») genannt. Die einzige Gasse der Altstadt, die Junkerngasse, bietet neben Greyerz eines der schönsten spätgotischen Kleinstadtbilder der westlichen Schweiz. Gepflastert ist sie mit flachen Bollensteinen und «Katzenköpfen». Die Fassaden der Laubenhäuser mit den spätgotischen Reihenfenstern stammt aus der Zeit unmittelbar nach den Burgunderkriegen bis ins 16. Jh.

Die Lauben dienten damals als Werkstätten und Verkaufsräume. Unter dem erhöhten Laubengang befanden sich Kleinviehställe.

Die Urzelle von Erlach ist die Schloßanlage, deren Grundstein etwa um 1100 gelegt wurde. Das Schloß wurde im Lauf der Jahrhunderte verschiedentlich umgebaut, diente als Amtssitz und seit 1874 als staatliches Knaben-Schulheim. Vom Schloßbrunnen bietet sich ein herrlicher Blick auf das Städtchen und die Petersinsel. Am südlichen Ende der Vorstadt steht die ursprünglich dem hl. Ulrich geweihte Kirche mit ihrem romanischen Glockenturm, der um 1210–1230 erbaut wurde. Im Turmchor befinden sich Wandbilder aus der Mitte des 15. Jh. Der heutige reformierte Predigtsaal fällt durch die reich geschnitzte Kanzel von 1678 auf. Zu den vielen kleinen Besonderheiten des Erlacher Stadtbilds gehören die Brunnen, die meist an Straßenkreuzungen plaziert sind.

Auf dem von Schilf und Büschen umsäumten Heidenweg gelangt man von Erlach in einem einstündigen Spaziergang an die nördliche Spitze der St. Petersinsel, die erst bei der Juragewässerkorrektion im 19. Jh. und der damit verbundenen Absenkung des Seespiegels zur Halbinsel geworden ist. Sie steht unter Naturschutz und beherbergt zahlreiche Tierarten, unter anderen Wildkaninchen. Der Eichenwald auf der Insel zählt zu den schönsten der Gegend. Nicht nur dem Philosophen Jean-Jacques Rousseau gefiel die Ruhe und Verträumtheit dieses Fleckchens Erde von poetischer Schönheit, sondern noch vielen anderen Berühmtheiten, die hier Erholung fanden. Als erste aber waren die Kluniazensermönche hier: Das heutige Hotel geht auf ihr 1120 gegründetes Priorat zurück.

Jean-Jacques Rousseau (1712–1778)

Der Philosoph und Schriftsteller Jean-Jacques Rousseau ist einer der geistigen Wegbereiter der Französischen Revolution. In seinem «Gesellschaftsvertrag» nahm er die Forderungen nach Freiheit und Gleichheit aller Bürger bereits vorweg. Seine wichtigste These war, daß der Mensch von Natur aus gut sei und erst durch die Gesellschaft verdorben werde. Deshalb plädierte er für eine Rückbesinnung auf die Natur! Der in Genf geborene Philosoph führte ein rastloses Leben, das ihn an verschiedene Orte in Frankreich, der Schweiz und England führte. Nachdem 1762 sein Roman «Emile» erschienen war, mußte er Frankreich verlassen und suchte in Neuenburg Zuflucht. Doch auch hier konnte er nicht lange bleiben. 1765 lebte Rousseau zwei Monate lang als Emigrant auf der Petersinsel. Im ehemaligen Kluniazenserkloster, das schon damals ein Gasthof war, hatte er ein Zimmer bezogen. Später schrieb er, der Aufenthalt auf der St. Petersinsel sei die glücklichste Zeit seines Lebens gewesen.

Albert-Anker-Haus in Ins

In Ins, dem Nachbardorf von Erlach, liegt der Wohnsitz des Malers Albert Anker. Der Genre- und Historienmaler hat nicht nur unzählige Szenen seiner ländlichen Umgebung auf der Leinwand festgehalten, sondern auch die Erzählungen von Jeremias Gotthelf illustriert. Ankers ehemaliges Wohnhaus an der Müntschemiergasse ist das erste im Dorf, das mit einem Ziegel- statt mit einem Strohdach gedeckt wurde, und steht samt Einrichtung unter Denkmalschutz. Seit Albert Ankers Tod 1910 blieben Wohnhaus und Atelier so erhalten, wie sie zu Lebzeiten des Malers ausgesehen haben. Das kleine private Museum wird in den Sommermonaten zwischen Mai und November nach Anfrage für Besucher geöffnet. Anmeldungen Telefon 032/35 89 05.

Badegelegenheit
Strand am Bielersee

Camping «Monplaisir»
3235 Erlach
032/88 13 58

Winzerfeste an den beiden Sonntagen nach Bettag

La Neuveville oder Neuenstadt liegt am linken Ufer des Bielersees, am Südfuß der dem Chasseral vorgelagerten ersten Jurakette. Auf der anderen Seeseite liegt das Städtchen Erlach, ganz in der Nähe Le Landeron. La Neuveville wird das «Montreux des Juras» genannt, denn wie dieses ist es ein Fremdenverkehrsort mit begünstigtem Seeklima und guten Weinen aus eigenem Anbau.

Office du tourisme du Jura bernois
Avenue de la poste 26
2740 Moutier
032/93 64 66

Bureau régional de renseignements
Grand-Rue 21
038/51 49 49

30. 9. 1989

La Neuveville

Stadt und Amtsbezirk La Neuveville gehören zum Berner Jura. 1974, als sich die Bezirke Delsberg, Freiberge und Pruntrut per Volksabstimmung von Bern lossagten, um den Kanton Jura zu gründen, sprachen sich die restlichen drei Jurabezirke Courtelary, Moutier und La Neuveville für ihren weiteren Verbleib im Kanton Bern aus.

Kanton:	BE
Meter über Meer:	438
Einwohner 1900:	2248
Einwohner 1980:	3519
Autobahn:	N 5
	La Neuveville

Wie der Name schon vermuten läßt, handelt es sich bei La Neuveville nicht um eine nach und nach zum Städtchen herangewachsene Ortschaft, sondern um eine bewußte Stadtgründung. Anfang des 13. Jh. wurden auf kleinstem Raum südlich des Jurafußes im Gebiet des Bielersees und seiner Zu- und Abflüsse Zihl, Aare und Schüss sieben mittelalterliche Städte gegründet: Erlach, Nidau, Biel, Büren, Aarberg, Le Landeron und La Neuveville. All diese Stadtgründungen erfolgten ausschließlich aus strategischen Motiven. Die Grafen von Neuenburg wollten sich auf Kosten des Bistums Basel gegen die Grafen von Savoyen und die Kyburger behaupten. Die Bischöfe von Basel sahen dem Ausbau der Macht Neuenburgs nicht tatenlos zu: Über der Schlucht des Ruisseau de Vaux erbauten sie zwischen 1283 und 1288 bei La Neuveville den wehrhaften Schloßberg. Als die Grafen von Neuenburg mit der Gründung der Stadt Le Landeron antworteten, errichteten sie 1312 am Fuß des Schloßbergs als Querriegel zwischen Jurahang und Bielersee die Stadt La Neuveville. Lange wurde behauptet, La Neuveville sei gegründet worden, um die Bevölkerung des

*In polarer Stellung sind im Städtchen **zwei Figurenbrunnen** aus dem 16. Jh. plaziert, deren Statuen und Säulenschäfte in kräftigen Farben leuchten. Der untere Brunnen steht an der Place de la Liberté, der obere an der Kreuzung Grand-Rue/Rue de la Tour. Die von Bären begleiteten Krieger auf dem Sockel sind so gestellt, daß ihre Blickrichtung die Raumwirkung des Platzes verstärkt. Beim oberen Brunnen besteht die Röhrenhalterung aus einer beachtenswerten Bronzegroteske. Auch der Sockel hat etwas Abschreckend-Heidnisches: Er ist mit Fratzen und Wildleuten bestückt. Am unteren Brunnentrog sind chimärenhafte Fischleute als Wappenschildhalter eingesetzt.*

1301 vom Grafen von Neuenburg zerstörten Städtchens Bonneville aufzunehmen. Diese Theorie erwies sich aber als nicht haltbar. Als Bischof Jean de Vienne 1367 mit Bern Krieg führte, belagerten die Berner La Neuveville, mußten aber unverrichteter Dinge abziehen. Für seine Standhaftigkeit erhielt die Stadt vom Fürstbischof ein eigenes Banner und das Recht auf eine eigene Verwaltung. Trotzdem unterhielt La Neuveville eifrig Verbindungen zu Bern und begleitete die Berner und Eidgenossen auf alle Kriegszüge.

Die Stadt ist als regelmäßiges Viereck angelegt. Sie enthält drei parallele, nach Süden verlaufende Gassen. Die mittlere, die Rue du Marché, wird auf beiden Seiten von einem Tor abgeschlossen: auf der Seeseite von der Porte de Rive, dem Käfigturm mit Sonnenuhr und Stadtwappen, und am anderen Ende von der Tour de l'Horloge oder Tour rouge. Mit den Türmen, der Maison des Vignerons und der Maison aux Dragons, den beiden Figurenbrunnen und dem offenen Stadtbach zählt die Rue du Marché zu den schönsten Gassenbildern der Westschweiz. Der Bauart nach könnte La Neuveville ebensogut ein Berner Städtchen sein wie die nahen Orte Erlach, Aarberg oder Laupen. Behäbige Dachlauben sitzen auf den schmalen Fronten, die alle nach der Gassenseite schauen. Der Altstadtgrundriß hat die Form eines Schlüssels, dessen Griff das am See gelegene Südquartier und dessen Bart die Vorstadt bildet. Die Quartiere im Osten und Westen sind jünger, mit schönen Villen und Gärten mit üppiger Vegetation. Vom Hafenplatz aus genießt man ein schöne Aussicht auf den See, Erlach und die St. Petersinsel. Noch besser ist die Sicht vom ehemaligen Sitz des Basler Fürstbischofs, dem Schloßberg. Lange wurde die Burg dem Zerfall überlassen, 1930 jedoch restauriert. Jetzt ist sie Eigentum der Stadtgemeinde und wird vermietet.

Besonders sehenswert ist die Blanche Eglise im Osten des Städtchens. Das bereits 866 erwähnte Gotteshaus besitzt einen spätgotischen Taufstein aus dem 16. Jh. und eine farbig gefaßte Holzkanzel von 1536. Anfang des 20. Jh. wurden zudem verschiedene, auf das 14. und 15. Jh. zurückgehende Wandmalereien freigelegt. Das Hôtel de Ville an der Grand-Rue wurde 1569 erneuert und besitzt einen gotischen Saal. Im Hôtel de Ville ist das Historische Museum untergebracht. Es zeigt Gegenstände aus der sogenannten Pfahlbauerzeit, Kanonen, die bei der Schlacht von Murten erbeutet wurden, Möbel aus dem 15. Jh. und andere Raritäten. Ans Hôtel de Ville lehnt sich die 1520 erbaute Tour des Cloches oder Tour carrée an. Westlich des ehemaligen Hafen- und heutigen Bahnhofareals steht die Maison de Berne, die im 17. Jh. von den Äbten von Bellelay errichtet und 1804 Sitz des Rebgutes der Stadt Bern wurde.

La Neuveville ist auch bekannt für ihre Institute und Internate, wo Söhne und Töchter aus aller Welt Französisch lernen. Volkswirtschaftliche Bedeutung haben auch die Uhrenindustrie und der Rebbau, wobei besonders der am Hang des Schloßbergs angebaute «Fürstbischof» einen guten Ruf genießt.

Samuel Gottfried Gross (1779–1860)

Die Familie Gross war wegen politischer Verfolgung von Frankreich in den Jura ausgewandert und erhielt in La Neuveville Stadtrecht. Wie schon verschiedene Verwandte machte auch Samuel Gottfried eine militärische Laufbahn im Ausland. Nachdem er im preußischen Dienst 1806 als Oberstleutnant an der Schlacht von Jena teilgenommen hatte, trat er 1810 in den Dienst des Königs Murat von Neapel ein. Er wurde Gouverneur der Provinz Bari und 1839 Oberbefehlshaber der Festung Castellamare in Palermo. Als die Festung von Aufständischen angegriffen wurde, kapitulierte er auf Befehl des Königs und verließ die Festung mit kriegerischen Ehren. Danach wurde er Gouverneur von Gaeta. Im Revolutionsjahr 1848 nahm er den fliehenden Papst Pius IX. bei sich auf. 1849 nahm Gross seinen Abschied und wurde zum Generalbrigadier ernannt. Er zog sich nach Neapel zurück und starb dort 81jährig.

Der Meteoritenkrater bei St-Imier

Vor ungefähr 100 000 Jahren stürzte ein Meteorit, das heißt ein außerirdischer Brocken aus Gestein und Eisen von rund 50 m Durchmesser, in die Flanke des Mont-Soleil und schlug einen halbkreisförmigen Trichter von etwa 400 m Durchmesser in den Abhang. Inzwischen ist die Wunde natürlich vernarbt, doch der Krater bei Les Chenevières ist noch deutlich erkennbar. Mit Champ Meusel wird der Gesteinstrümmerhaufen bezeichnet, der durch den Aufprall aus dem Berg gerissen wurde. Von St-Imier aus führt ein Weg durch den Laubwald zur ehemaligen Katastrophenstelle.

Musée d'histoire
Hôtel de Ville
1. und 3. So 14.30–17 Uhr
oder nach Vereinbarung
038/51 12 36

Rebbaumuseum
Im «Hof», Chavannes
Mai–Oktober Mi und Sa
13.30–17 Uhr
1. und 3. Sonntag
13.30–18 Uhr
032/85 21 32

Strandbad am See

Camping
Plage La Neuveville
038/51 22 19

Winzerfest im Oktober

Das Jurastädtchen Laufen wurde in den letzten Jahren vor allem im Zusammenhang mit dem bevorstehenden Wechsel des heute noch bernischen Laufentals zum Kanton Basel-Landschaft bekannt. Weit weniger bekannt, aber einen Ausflug wert sind die verborgenen Schönheiten des alten Marktfleckens im grünen Tal unweit der Grenze zum Elsaß.

Verkehrsbüro
c/o Terra Travel AG
4242 Laufen
061/89 30 33

30. 9. 1989

Laufen

Wie die Ortsnamen Laufen am Rheinfall oder Laufenburg am Rhein weist auch die Bezeichnung Laufen an der Birs darauf hin, daß hier ein Fluß eine natürliche Schwelle überwinden muß. Tatsächlich stürzt die Birs hier auf ihrem Weg von den Jurahöhen bis zur Mündung in den Rhein bei Birsfelden schäumend 4 m in die Tiefe. Der heute zwischen zwei Brücken eingeklemmte Wasserfall südlich des alten Städtchens war im Mittelalter, als aus den Jurawäldern viele tausend Klafter Holz nach Basel und weiter bis nach Holland geflößt wurden, ein schwer überwindbares Hindernis. Am Wasserfall in der weiten Mulde von Laufen machten wohl einst die Flößer Rast, und mit der Zeit entstand eine kleine Siedlung. Ein «Loufen» wird schon 1146 erwähnt. Die Siedlung im Besitz des Bischofs von Basel lag aber am rechten Ufer der Birs in der Umgebung der alten Talkirche und heutigen Friedhofskapelle St. Martin südöstlich des Bahnhofs.

Zur Gründung des heutigen Städtchens kam es erst zwischen 1268 und 1273, als der Bischof gegen die Habsburger um Einfluß im Laufental stritt und auf dem Schwemmland an der linken Seite des Flusses einen befestigten Ort erbauen ließ. Die trapezförmige Anlage ist im Osten durch den Lauf der Birs begrenzt und vom Achsenkreuz der Hauptstraße und der Wassertorgasse erschlossen. Wesentlich breiter als die drei Längsgassen im Osten der Hauptstraße – die Bauerngasse, Enge und Hintere Gasse – ist der parallele Straßenzug der Viehmarktgasse im Westen: Er deutet darauf hin, daß hier schon zur Gründungszeit ein Markt bestand. Die Vorstadt im Süden entstand nur wenig später als das Städtchen selbst und gehörte einst zum Amt Zwingen. Stadt und Vorstadt standen oft im Gegensatz zueinander, und obwohl die beiden Gemeinden 1852 zusammengelegt wurden, haben sich Stadtburger- und Vorstadtburgergemeinde als selbständige Körperschaften bis heute erhalten.

Trotz des 1295 verliehenen Stadtrechts wurde Laufen nie richtig selbständig. Der Gnädige Herr Bischof setzte die Meier ein, die vom Hof aus die Verwaltung besorgten. So blieb das Schicksal von Laufen eng mit der Geschichte des Bistums Basel verbunden; das Städtchen im Grenzland zum Elsaß hatte vor allem in der Reformation und Gegenreformation, während des Bauernkriegs von 1525 und besonders im Dreißigjährigen Krieg (1618–1648) immer wieder unter Plünderungen zu leiden.

1815 wurde auf dem Wiener Kongreß der Keim für weitere Konflikte gelegt. Das Gebiet des einstigen Bistums Basel und damit auch das Laufental wurde als Ersatz für den Aargau und die

Kanton:	BE
Meter über Meer:	357
Einwohner 1900:	2177
Einwohner 1980:	4444
Autobahn:	keine

*Blickpunkt der Laufener Hauptgasse sind das **Obertor** und das benachbarte Rathaus. Das Ober- oder Delsbergertor mit dem spätgotischen Durchgang – es wird von den Einheimischen wegen der Sonnenuhr aus dem 18. Jh. und den Zifferblättern auch Zeitturm genannt – entstand im Kern im 15. Jh. Auf seinem Zeltdach steht ein kleiner barocker Dachreiter, in dem immer noch das alte Feuerglöckchen hängt. An der Ostseite des Obertors schließt sich die fünfachsige, klassizistische und konvex gebogene Front des alten Rathauses an, das 1822 erbaut wurde.*

Waadt dem Kanton Bern zugeschlagen. Als Exklave Berns richtete sich das deutschsprachige Amt Laufen mit seinen elf Dörfern schon im 19. Jh. wirtschaftlich immer mehr auf sein natürliches Zentrum Basel aus, mit dem es seit 1875 auch durch die Eisenbahn verbunden ist. Im Tal selbst hatten Handziegeleien und Steinbrüche schon immer die Lehm- und Kalkvorkommen genutzt, und jetzt entstanden auch noch eine Tonwaren- und eine große Keramikfabrik sowie ein Betrieb der Aluminiumverarbeitung. Seit 1930 werden in Laufen auch Kräuterbonbons hergestellt – heute über 100 Millionen Packungen pro Jahr.

Das abgelegene Grenztal geriet seit 1970 immer aufs neue in die Schlagzeilen. In der langen Reihe der Jura-Volksbefragungen stimmte das Laufental 1974 gegen den Anschluß an den Jura und wahrte so die Möglichkeit des Beitritts zu einem anderen Kanton. 1980 entschied es sich gegen den Anschluß an Solothurn oder Basel-Stadt, 1983 für den Verbleib bei Bern. 1988 erklärte das Bundesgericht aber diesen Volksentscheid für ungültig, da die Berner Regierung unerlaubt die probernische Propaganda unterstützt hatte, und am 12. November 1989 beschloß das Laufental mit knapper Mehrheit den Anschluß an Basel-Land.

Den nördlichen Zugang zum Städtchen bildet das Untere oder Basler Tor, ein Teil der ursprünglichen Stadtbefestigung, die im Lauf der Zeit bis auf ein 400 m langes Stück an der Viehmarktgasse abgebrochen wurde. Angelehnt an die Westseite des Untertors steht die christkatholische Pfarrkirche St. Katharina, ein 1698–1699 errichteter barocker Bau mit schönen Rokokostukkaturen. Die Katholiken bauten sich ihre neue Pfarrkirche, eine große neugotische Querschiffbasilika, 1912–1914 im Westen der Stadt.

Viele der meist dreigeschossigen Häuser an der Hauptgasse mit den vielen Läden und Gasthäusern wurden in den letzten Jahren oft mit wenig Verständnis für die Bausubstanz «modernisiert». In den Nebengassen dagegen ist der alte bäuerlich-bürgerliche Charakter Laufens noch spürbar. An der Ostseite gegen die Birs steht das Wassertor, in der Nordostekke der Hof, die einstige Residenz des bischöflichen Meiers und der heutige Sitz der Bezirksverwaltung. Das ehemalige Wasserschlößchen im Renaissancestil mit Treppenturm wurde zu Beginn des 16. Jh. errichtet und 1910/11 umgebaut. Damals ist hier die Stadtmauer mit einem Wehrturm samt Graben verschwunden.

Das heutige Stadthaus schließlich steht außerhalb der Mauern am Vorstadtplatz neben dem Obertor. Der sechsachsige Bau wurde um 1672 für den bischöflichen Vogt erbaut und 1870 um das zweite Obergeschoß erhöht. Er birgt im ersten Stock einen schönen Festsaal mit barocken Jagdfresken.

Helias Helye (ca. 1400–1475)

An den berühmtesten Laufener Bürger wird man im Städtchen gleich mehrmals erinnert. Es gibt einen Helyeplatz und einen Helyebrunnen, und im Laufentaler Heimatmuseum ist neben der kleinen regionalen Sammlung sowie prähistorischen und römischen Funden auch noch eine Kopie jener Druckerpresse zu bewundern, auf der Helias Helye 1470 den ältesten datierten Druck der Schweiz herstellte. Der gebürtige Laufener Helye studierte in Heidelberg Theologie und war seit etwa 1419 Chorherr im luzernischen Stift Beromünster. Während der frühhumanistischen Blütezeit des Stifts druckte er hier sechs Bücher, darunter den Mamotrectus, ein Lehrbuch zum Verständnis schwieriger Ausdrücke der Heiligen Schrift und des Breviers. Ein Exemplar des ersten gedruckten Buches der Schweiz befindet sich noch heute in der Bibliothek des Stifts Beromünster.

Schloß Zwingen

Schloß Zwingen ist eine eindrückliche ehemalige Wasserburg auf zwei natürlichen Birsinseln 4 km nördlich von Laufen. Die im Kern im 13. Jh. entstandene Burg war eine Gründung des Bischofs von Basel und bis 1795 Sitz seines Landvogts. Die steinerne Brücke von 1766 über den Hauptarm der Birs ersetzte die einstige Holzbrücke zum zinnenbekrönten Torturm aus dem 15. Jh. Eine noch erhaltene Holzbrücke führt über den heute trockenen inneren Graben auf die Hauptinsel, wo neben der im 18. Jh. entstandenen Schloßkapelle der dreigeschossige Hauptbau mit seinem Rundturm aus dem 13./14. Jh. steht.

Museum Laufental
Helyeplatz 59 beim
Basler Tor
061/89 41 89
1. und 3. So im Monat,
14–16 Uhr

Schwimmbad
061/89 59 59

Planetenweg
Beginn beim Bahnhof

Markt 1. Di im Monat

Laupen liegt auf halbem Weg zwischen Fribourg und Bern, beim Zusammenfluß von Saane und Sense. Früher war das geographisch und strategisch ein wichtiger Punkt. Hier fügten die Berner 1339 dem Westschweizer Adel eine entscheidende Schlappe zu. Inzwischen hat das Städtchen zwar an Macht und Bedeutung verloren, seinen mittelalterlichen Charme aber keineswegs eingebüßt.

Verkehrsverein
Laupen/Sensetal
Sensetalbahn
3177 Laupen
031/94 74 16

13. 8. 1989

Laupen

Die Burg Laupen, um 930 von Rudolf II. von Burgund erstellt, ist wohl eines der ältesten weltlichen Bauwerke im Bernbiet. Doch das Gemeindegebiet von Laupen war schon viel früher bewohnt: Keltische Grabhügel bezeugen die Besiedlung in vorrömischer Zeit, und von Aventicum (Avenches) führte eine Römerstraße über Laupen nach Bern.

An der Stelle, wo die Römer eine Brücke über die Saane bauten, entstand im 7. Jh. die Reisestation Laupen. Etwa um 930 ließ Rudolf II., der Gemahl der sagenumwobenen Königin Bertha von Burgund, die Station durch die Burg, die als Schutzbastion gegen Osten diente, befestigen. Etwa 200 Jahre später ließen die Herzöge von Zähringen die Siedlung am Burgfuß durch eine Ringmauer sichern. Zu den Nachbarstädten Bern, Freiburg und Murten öffnete sich je ein Stadttor. Das verbriefte Stadtrecht samt allen damit verbundenen Privilegien erhielt Laupen 1275 von König Rudolf von Habsburg. In der Stadtrechtsurkunde steht ausdrücklich, daß die Bürger von Laupen die gleichen Rechte und Freiheiten wie die Bürger von Bern genießen. Trotzdem konnte sich das Städtchen nie so richtig entwickeln; zu sehr stand es in der Schußlinie verschiedener kriegerischer Auseinandersetzungen, vor allem zwischen Bern und Freiburg. 1324 kaufte die Stadt Bern die Herrschaft über Laupen und erwarb sich somit die erste Vogtei.

Die größte Kriegshandlung, von der Laupen betroffen wurde, fand im Sommer 1339 statt. Österreicher, Westschweizer Adlige, die Bischöfe von Lausanne und Basel sowie die Stadt Freiburg wollten

Kanton:	BE
Meter über Meer:	489
Einwohner 1900:	957
Einwohner 1980:	2261
Autobahn:	N 12, N 1

*Auf dem Bramberg steht das **Denkmal für die Schlacht bei Laupen**. Zwischen Kachelofen und Oberwil war das Fußvolk der Westschweizer aufgestellt, gegen das Rudolf von Erlach die Berner, Solothurner und Innerschweizer am späten Nachmittag des 21. Juni 1339 führte. Um einen Geländevorteil zu gewinnen, ließ der Ritter die zahlenmäßig überlegenen Westschweizer mit einem Steinhagel überschütten. Das Treffen der Berner endete mit der Flucht der Welschen, doch gegen die Reiterei hatten die Eidgenossen einen schweren Stand. Das Blatt wendete sich, als die Berner zu Hilfe eilten. Bern errichtete am Schlachtort eine Kapelle, die 1530 während der Reformation abgerissen wurde.*

das immer mächtiger werdende Bern in die Schranken weisen und in Laupen ein Exempel statuieren. Doch mit Unterstützung Solothurns und der Waldstätte schlug Bern den Angriff zurück. Nachdem 600 Berner das Städtchen 10 Tage lang verteidigt hatten, kam es am 21. Juni auf dem Bramberg zum Entscheidungskampf, bei dem die Westschweizer unterlagen. Noch heute gedenkt man des «Tages von Laupen».

Als Freiburg 1481 der Eidgenossenschaft beitrat, wurde es friedlicher in Laupen; da es nun nicht mehr Grenzfestung war, verlor das Städtchen aber auch an Wichtigkeit. Noch mehr sank seine Bedeutung, als Bern um 1500 seine Hauptstraße gegen Westen über Gümmenen–Murten zog und die Brücken über Saane und Sense immer seltener frequentiert wurden. 1852, nach einer Häufung von schweren Hochwassern, sahen sich 60 Laupener gezwun-

gen, nach Amerika auszuwandern. Das waren mehr als 10% der damaligen Bevölkerung. Die wirtschaftliche Lage besserte sich erst, als in der Nähe von Laupen einige Industriebetriebe entstanden und 1904 die Sensetalbahn eröffnet wurde.

Das Kleinstadtbild von Laupen ist weitgehend erhalten geblieben. Blickfang vom Fluß her ist das Schloß auf seinem naturgeschaffenen Podest. Vom Berntor aus führt eine gedeckte Treppe zur Schloßterrasse hinauf. Auf dem äußersten Felssporn erhebt sich der fünfeckige Käfigturm. Seine Besatzung konnte Angreifer am Erklettern des Burgfelsens hindern. Im Turm sind noch zwei eichene Gefängniszellen, sogenannte Mörderkästen, zu sehen. Rechts im Schloßhof steht der ältere Teil der Burg, der die Wohnung des Schloßherrn und den Rittersaal beheimatet, links erhebt sich das «neue Schloß» von 1648 mit einer schönen Renaissancetüre. Bei der Schloßbrücke steht eine Blide, eine Wurfgeschoßmaschine, wie sie 1339 bei der Belagerung des Städtchens eingesetzt wurden. In 11 Tagen wurden damals über 1000 schwere Steine über die Stadtmauer ins Innere geschleudert.

Mittelpunkt des Städtchens ist der «Läubliplatz», der ehemalige Marktplatz. Seinen Namen hat er von den Fachwerkhäusern unterhalb der Kirche. Das zweite Haus von links präsentiert mit seinen eichenen Laubensäulen von 1611 eine Hausform, die im ganzen deutschen Sprachgebiet einmalig ist. Früher übten die Läublibewohner auf oder unter ihren Lauben kleinstädtisches Gewerbe aus, im hinteren Hausteil hielten sie Ziegen. Am Marktplatz stehen folgende Gebäude: links der Kirche das Pfarrhaus von 1560, anschließend zwei Barockbauten aus dem 18. Jh., darunter das einstige Rathaus der Stadt. Rechts an den Läublihäusern vorbei gelangt man zum Kreuzplatz mit Bürgerhäusern. Neben dem Gäßchen, das in die Marktgasse führt, steht die ehemalige Wirtschaft «Zum Kreuz» aus dem 16. Jh. Der Freienhof oberhalb des Kreuzplatzes gilt als das älteste Gebäude. Er bestand schon 1324 und diente als Freistatt für Verfolgte.

Johann Jakob Durheim (1607–1655)

In der langen Zeit, da Laupen eine Berner Landvogtei war, residierten insgesamt 92 Vögte im Laupener Schloß. Zu zweifelhafter Berühmtheit brachte es Jakob Durheim, der 1649 Vogt von Laupen wurde. Im Bauernkrieg 1653 spielte er – wenigstens der Überlieferung nach – eine entscheidende Rolle. 20 000 bewaffnete Bauern hatten sich damals unter der Führung Niklaus Leuenbergers auf dem Murifeld bei Bern aufgestellt. Die Berner hielten sie jedoch durch Verhandlungen hin und zogen unterdessen Verstärkungstruppen zusammen. Es soll einer List des Laupener Landvogts Durheim zu verdanken sein, daß das Freiburger Aufgebot ungehindert die bäuerliche Stellung bei der Brücke Gümmenen passieren konnte. Durheim soll nämlich ins Lager der Bauern gegangen sein und voller Verzweiflung ausgerufen haben: «Nun ist alles verloren! Leuenberger hat sich dem Papst unterworfen und wieder den katholischen Glauben angenommen.» Das habe die reformierten Bauern so erschreckt, daß sie nach Hause liefen.

Dampflokfahrt

Seit 1971 verkehren zwischen Flamatt, Laupen und Gümmenen historische Dampfzüge. Der Verein Dampf-Bahn Bern hat 7 Dampflokomotiven sowie 15 Personenwagen – darunter einen Barwagen – wieder fahrtüchtig gemacht und in Betrieb genommen. Immer am ersten Sonntag des Monats zwischen Mai und Oktober fährt nun der kleine Zug, eine lange Dampffahne hinter sich herziehend, von Flamatt über Laupen nach Gümmenen und zurück. Für die wenigen Kilometer braucht das Bähnchen fast eine Stunde.
Station Laupen:
031/94 74 15
Station Flamatt:
031/94 01 34
Station Gümmenen:
031/95 02 60

Badegelegenheiten: Sense und Saane

Schwimmbad Laupen
Gillenauweg 40
031/94 78 80

Veranstaltungen:
um den 10. Nov.: «Herbscht-Märit»

31.12. «Achetringele»
Bei diesem Laupener Silvesterbrauch wird das alte Jahr «hinuntergeschellt» und damit allfälligen bösen Geistern und Dämonen der Garaus gemacht. In Felle gekleidet und hinter Masken versteckt, vollführen die Buben von Laupen mit Kuhschellen und Treicheln einen Heidenlärm. Ursprünglich fand das Achetringele an Weihnachten statt, doch vor 150 Jahren gelang es dem Pfarrer, den lauten Brauch auf Silvester zu verlegen.

Im «starken Leuk», wie die Stadt an der Grenze zwischen Ober- und Unterwallis früher genannt wurde, verbinden sich Bauern- und Winzerhäuser mit herrschaftlichen Gebäuden und Palästen zu einem beeindruckenden Ortsbild, das in der Schweiz seinesgleichen sucht. Das nahe Heilbad Leukerbad ist Ausgangspunkt schöner Wanderungen in die Walliser Bergwelt und eine beliebte Wintersportstation.

22. 9. 1989

Leuk

Das keltische Wort «leug» meint den von weitem sichtbaren Felssporn an der Dalaschlucht, auf dem das Städtchen Leuk seit jeher die Grenze zwischen Ober- und Unterwallis sowie deutschem und französischem Sprachgebiet bildet. Unten im Rhonetal war der als Schlupfwinkel von Räubern lange gefürchtete Pfynwald das einzige natürliche Verkehrshindernis zwischen Martigny und Brig; deshalb konnte Leuk die hier vorbeiführende Straße sowie den einst vielbegangenen Saumpfad über die Gemmi ins Berner Oberland während Jahrhunderten kontrollieren.

Seit 515 im Besitz der Abtei St-Maurice, kam Leuk nach langem Hin und Her zwischen Burgund, Savoyen und dem Bischof von Sitten um 1140 endgültig in dessen Besitz. Bis zum Untergang der Alten Eidgenossenschaft 1798 blieb Leuca fortis, das «starke Leuk», das wichtigste Bollwerk der Bischöfe gegen die aufrührerischen Oberwalliser und Mittelpunkt ihrer Verwaltung im oberen Rhonetal. Die wirtschaftlichen Interessen des geistlichen und weltlichen Walliser Herrn vertrat der Meier im Leuker Schloß. Im benachbarten ehemaligen Turm der Viztume – er dient heute als Rathaus – saß der Vizedominus als höchster bischöflicher Beamter zu Gericht. Meier und Viztume preßten dem Volk so hohe Steuern ab, daß dieses 1415 zu den Waffen griff und Schloß und Turm niederbrannte. Zwar blieb das Amt des Meiers auch weiterhin in den Händen adliger Familien, er wurde jetzt aber von dem im Zenden organisierten Landvolk – Leuk bildete seit alters einen der sieben Walliser Zenden – gewählt. Seit 1613 be-

Kanton:	VS
Höhe über Meer:	753
Einwohner 1900:	1592
Einwohner 1980:	2983
Autobahn:	keine

Nachdem der **Turm der bischöflichen Viztume** *1415 von den Leuker Bürgern teilweise zerstört worden war, ließen sie ihn als Rathaus von einem der damals bekanntesten Baumeister, Ulrich Ruffiner, 1541–1543 umbauen. Ruffiner beließ die dicken Mauern des mittelalterlichen Turms über dem fünfeckigen Grundriß praktisch unverändert mit Ausnahme der Nordseite; die von ihm entworfenen ungleichen Fensterfronten, die Treppengiebel und die vier Hocherker an den Ecken geben dem Wahrzeichen von Leuk das unverwechselbare Gesicht. Im Innern erschließt eine Wendeltreppe den ehemaligen Zendensaal im ersten und den Gerichtssaal im zweiten Stock.*

stellte die Zende auch den Vizedominus und drängte damit den Einfluß des Bischofs noch mehr zurück. Seine Stellung als Tor zum Oberwallis verlor Leuk erst nach dem Bau der Simplonlinie. Die Stadt geriet wirtschaftlich ins Abseits und entvölkerte sich stark. Die in den letzten Jahrzehnten um Leuk entstandenen Überbauungen zeugen davon, daß sich heute Pendler nach Sierre und Visp wieder vermehrt an den sonnigen nördlichen Abhängen des Rhonetals niederlassen. Der historische Stadtkern aber blieb dank der wirtschaftlichen Randlage von größeren Eingriffen weitgehend verschont.

Beherrscht wird das Bild Leuks von den beiden mittelalterlichen Festungen am Südrand der Stadt. Das erstmals 1254 erwähnte und beim Brand von 1415 beschädigte Schloß neben dem Turm der Viztume wurde unter Bischof Walter Supersaxo 1475 wiederaufgebaut. Die Anlage mit dem mittelalterlichen Bergfried samt Zinnenkranz und dem Binnenhof gehört heute der Gemeinde. Vom Weg stadtaufwärts biegt rechts die Kreuzgasse ab zum Herrenhaus de Werra, heute Zen Ruffinen und Loretan. Der in einem Winkel angelegte, beeindruckende Baukomplex mit dem Park besteht aus einer hufeisenförmigen Anlage mit Türmchen aus dem Anfang des 19. Jh. sowie einem Bau aus der Zeit um 1630. Die gewundene Gasse steigt weiter an durch jenen Teil Leuks, der mit seinen hochbeinigen Stadeln mehr an ein Bergbauerndorf als an eine Stadt erinnert.

Städtisch mutet dagegen der annähernd dreieckige Hauptplatz an, wo umgeben von den Häusern der Notabeln die katholische Pfarrkirche St. Stephan steht. Der Ende des 15. und Anfang des 16. Jh. errichtete spätgotische Bau mit dem wehrhaften romanischen Turm aus dem 12. Jh. erinnert an die Kathedrale von Sitten. Im dreischiffigen Innern birgt er eine reichgeschnitzte Barockkanzel, unter dem südlichen Seitenschiff befindet sich eines der größten Beinhäuser der Schweiz mit einem verblaßten Totentanzzyklus. Links ansteigend gelangt man durch den ehemals befestigten Stadtteil Tschablen (Chabloz; der Name deutet an, daß hier bis ins Spätmittelalter Französisch vorherrschte) ins Quartier Galdinen. Das Haus Zen Ruffinen mit dem Treppenturm und anschließend der alte Stammsitz der de Werra zeugen davon, daß sich die Adligen im unruhigen Wallis noch im 16. und 17. Jh. selbst in den Städten in ihren Häusern verschanzten. Auch die einst einflußreichen de Werra umgaben ihren schloßartigen Bau mit einer Mauer. Während die Straße nach Westen zur alten Dalabrücke führt, kommt man über die Varengasse wieder in den Stadtkern zurück. Zum Besuch von Leuk gehört auch der Spaziergang zur Ringakkerkapelle auf einer Geländeterrasse südlich der Stadt. Der prächtige Barockbau von 1690–1694 mit Stukkaturen, einem barocken Hochaltar und der Barockorgel aus dem frühen 18. Jh. steht an der Stelle eines alten Pestfriedhofs.

Anton Stockalper (gest. 1627)

Nicht nur Konflikte zwischen Bischof und Oberwallisern oder Adligen und Bürgern, sondern quer durchs Volk auch zwischen Katholiken und Protestanten prägten die Leuker Geschichte. Die als «adliges Nest» verschrieene Stadt war im 16. und 17. Jh. ein Hort des «protestantischen» Glaubens, wo im Namen der Religion auch um handfeste politische Interessen gekämpft wurde. 1627 fand im bischöflichen Schloß der Prozeß gegen Ritter Anton Stockalper statt, der sich als Parteigänger der Jesuiten den Zorn der «Patrioten» zugezogen hatte. Stockalper, der aus der berühmten Briger Familie stammte, war im Dienst Richelieus reich geworden, zögerte aber als typischer Walliser Politiker seiner Zeit nicht, auch mit dem Erzfeind Frankreichs, mit Spanien, zu paktieren. Als seine Macht zu groß wurde, klagte ihn ein Gericht, in dem nur politische Gegner saßen, des Verrats an und verurteilte ihn nach schwerer Folterung dazu, geköpft und geviertelt zu werden. Am 22. Oktober 1627 wurde Stockalper auf der Burgmatte bei Leuk hingerichtet.

Die heißen Quellen von Leukerbad

Historische Funde aus dem 4. Jh. v. Chr. bis ins 4. Jh. n. Chr. beweisen, daß das Gebiet von Leukerbad zuhinterst im Tal der Dala und am Fuß der Gemmiwand schon in der Antike besiedelt war. Ebenfalls seit alters bekannt sind die Thermalquellen des Ortes, die im Mittelalter erstmals zu einem ausgedehnten Badebetrieb führten. Einen zusätzlichen Aufschwung brachte Anfang dieses Jahrhunderts die Bahn, die Leuk-Stadt mit Leukerbad verband. Anstelle der aufgehobenen Linie verkehrt seit 1968 ein Bus über die kurvenreiche Straße. Das Ortsbild des Dorfes beherrschen 10 Thermal-Hallenbäder und 7 Thermal-Freischwimmbäder, die vor allem von Rheumatikern besucht werden. Das aus einer Tiefe von 2000–2500 m geförderte Wasser enthält neben Kalziumsulfat Zusätze von Magnesium, Eisen und Arsenik und ist mit bis 51°C das heißeste Thermalwasser der Schweiz. Leukerbad ist auch ein Wandergebiet: Zum Gemmipaß verkehrt eine Luftseilbahn. Das 2998 m hohe Torrenthorn, das dank seiner Aussicht «Rigi des Wallis» genannt wird, ist bis Rinderhütte ebenfalls durch eine Luftseilbahn erschlossen.

Heimatmuseum im Bischöflichen Schloß
027/63 12 23

Kur- und Verkehrsverein Leukerbad, 3954 Leukerbad
027/62 11 11

Martigny am Paßfuß des Großen St. Bernhard setzt sich zusammen aus dem mittelalterlichen Stadtteil Bourg, dem vom 19. Jh. geprägten Stadtteil Ville mit der südlich anmutenden Place Centrale und dem Stadtteil La Bâtiaz am Flüßchen Drance. Die lebhafte Stadt am Rhoneknie blickt zudem auf eine große römische Vergangenheit zurück, ist heute bedeutendes Handelszentrum und wichtiger Verkehrsknotenpunkt sowie Ausgangspunkt für Ausflüge in die drei Täler der Drance.

Office régional
du tourisme
Place Centrale 9
1920 Martigny
026/2 10 88

TCS-Zweigstelle
Caisse d'Epargne
du Valais
Avenue de la Gare 8
026/2 20 92

Martigny

Kanton:	VS
Höhe über Meer:	477
Einwohner 1900:	1827
Einwohner 1980:	11 309
Autobahn:	N 9, Martigny

Martigny (der deutsche Name Martinach ist eigentlich nur noch im Oberwallis gebräuchlich) gehört mit mehr als 2000 Jahren Siedlungsgeschichte zu den ältesten Städten der Schweiz. Am Rhoneknie, wo das Flüßchen Drance in die scharf nach Nordwesten abbiegende Rhone einmündet, beginnt nicht nur die Straße zum Forclazpaß, der nach Chamonix hinüberführt; Martigny beherrscht seit jeher auch den Zugang zum Großen St. Bernhard, der das Wallis mit dem Aostatal im Piemont verbindet und der zu den frühesten und wichtigsten Alpenübergängen überhaupt gehört. In der strategisch günstigen Lage auf dem Schwemmgebiet der Drance siedelte bereits das keltische Volk der Veragrer; von ihrem Ausdruck «durus» (Türe) dürfte auch die ursprüngliche Bezeichnung des Fleckens, Vicus Octodurus, abstammen. Er geriet bei der Eroberung des Wallis 15–10 v. Chr. in römischen Besitz und wurde zur Zeit von Kaiser Claudius 41–54 n. Chr. zum «Forum Claudii Vallensium» und zum wichtigen Marktort an der Route über den Großen St. Bernhard, bzw. nach Mailand und Köln.

Damals begann die große Zeit des späteren Martigny. Die reiche römische Siedlung lag zwischen Martigny-Ville und Martigny-Bourg, und Ausgrabungen brachten neben dem Amphitheater für 5000 Zuschauer Reste der schnurgeraden Straßen mit 50 m langen Häuserblöcken, ein 105 m langes Forum mit Verkaufsläden, Tempel und Basilika sowie Kunstwerke ans Tageslicht, die heute zum Teil im Valeria-Museum in Sion ausgestellt sind. Auch nach der Römerzeit sank

1475 endgültig an den Bischof, unter dessen Herrschaft er – ganz von savoyischem Gebiet umschlossen – bis zum Untergang der Alten Ordnung 1798 blieb. Sein Verwalter, der Viztum, residierte in Martigny-Bourg, sein Kastellan, der oberste Gerichtsherr, saß auf der Burg von Martigny-La Bâtiaz. Der heutige Stadtteil Bourg – wie Bâtiaz bis zum Zusammenschluß mit Martigny-Ville 1964 eine selbständige Gemeinde – hatte im Mittelalter als Handels- und Marktplatz größere Bedeutung als der Stadtteil Ville. In Bourg fanden seit 1392 die berühmten Wochen- und Jahrmärkte statt, und hier befand sich das wirtschaftliche und politische Zentrum von Martigny; die Pfarrkirche dagegen stand in Martigny-Ville, dem religiösen Mittelpunkt der Siedlung.

Bourg war auch das Zentrum der Aufstände, in denen die Bürger von Martigny seit 1472, als die Oberwalliser das Unterwallis erobert hatten und zusammen mit dem Bischof immer mehr zum Untertanengebiet herabdrückten, schon im Ancien Régime opponierten. Und noch im 19. Jh. gingen von Martigny-Bourg drei Revolten gegen das Oberwalliser Patriziat und den Bischof aus, die stur an ihren früheren politischen Privilegien festhielten: 1831 stellten hier die Bauern aus der Umgebung einen Freiheitsbaum auf, 1834 konnte ein Aufstand erst von einem Oberwalliser Bataillon unterdrückt werden, und 1848 kam es schließlich zu einem regelrechten Bürgerkrieg, als die liberale Bewegung der «Jungen Schweiz» vergeblich versuchte, die Macht der konservativen Oberwalliser zu brechen.

Treibende Kraft bei diesen Aufständen waren allerdings nicht mehr die Handwerker und Krämer von Martigny-Bourg, sondern die Handelsherren von Martigny-Ville, das im 19. Jh. zum Mittelpunkt des Ortes wurde. Hier wurde Martigny an die Simplonlinie angeschlossen, und hier entwickelte sich um den Hauptplatz – er entstand 1818 nach einer der vielen Überschwemmungen durch die Drance, bei der in Martigny mehr als 80 Häuser zerstört wurden – der Paßtourismus über den Großen St. Bernhard. Heute befindet sich der Walliser Bezirkshauptort in stürmischer Entwicklung. In seiner Umgebung – die Ebene am Rhoneknie wird nicht umsonst «Kalifornien der Schweiz» genannt – werden in großem Maßstab Spargeln, Erdbeeren und Aprikosen angebaut, und Martigny ist eines der Zentren des Walliser Weinhandels. Die Stadt ist aber auch Ausgangspunkt von Ausflügen in die drei Täler der Drance, deren Wasser seit 1958 im Val de Bagnes im Kraftwerk Mauvoisin genutzt wird. Als Tourismusort profitiert Martigny schließlich von der Winterstation Verbier, die sich in den letzten Jahren stark entwickelte.

Gustave Courbet (1819–1877)

Die einst berühmte Auberge de la Grand'Maison an der Straße von der Place Centrale nach Martigny-La Bâtiaz hat viele illustre Gäste gesehen. Hier übernachteten Goethe, Dumas, Stendhal, Balzac, Flaubert und George Sand; außer Lord Byron und Dikkens hatte auch James Fenimore Cooper, der Verfasser des «Lederstrumpf», in der Nobelherberge Station gemacht. Martigny war aber nicht nur beliebter Etappenort, 1874/75 lebte hier auch der berühmte französische Maler Gustave Courbet mehrere Monate im Exil. Courbet, der mit seinen farbenreichen Werken den Realismus als Antwort auf die Romantik entscheidend prägte, hatte sich am sozialrevolutionären Aufstand der Pariser Kommune beteiligt und wurde von der Dritten Französischen Republik wegen seiner Teilnahme am Sturz der Vendôme-Säule 1871 ins Exil im Wallis getrieben. Krank und gebrochen, gedachte damals der Maler der verlorenen Freiheit und schenkte Martigny kurz vor seinem Tod (in La Tour-de-Peilz) die Büste «La Liberté» mit ihrer schwungvollen Mähne. Die imponierende Plastik – von der Stadt später brav zur «Helvetia» umgetauft – steht heute auf einem kleinen Platz südlich der Place Centrale.

die Stadt nicht zur Bedeutungslosigkeit herab. Seit dem Ende des 4. Jh. bis etwa 565–585 residierten hier die Walliser Bischöfe, die erst unter der Bedrohung durch Langobarden und Alemannen ihren Sitz ins zentraler liegende und besser zu verteidigende Sitten verlegten. Martigny jedoch behielt seine strategische Bedeutung als Paßfußsiedlung, und obwohl die Sarazeneneinfälle um 930 schwere Verwüstungen brachten, war die Stadt immer wieder Objekt heftiger Auseinandersetzungen zwischen den Grafen von Savoyen und dem Bischof von Sitten: Wer Martigny besaß, hielt den Schlüssel zum Großen St. Bernhard in Händen. Der mittelalterliche Flecken kam

Fondation Pierre Gianadda
Rue du Forum
mit Gallo-römischem Museum
November bis März:
Di–So 13.30–18 Uhr
April bis Oktober:
10–12 und 13.30–18 Uhr
und Oldtimer-Museum
Öffnungszeiten wie
Gallo-römisches Museum
026/22 39 78

Haus Le Manoir
Wechselausstellungen
Auskunft beim Verkehrsbüro
026/2 10 88

Schwimmbad
026/22 24 87

Kunsteisbahn
026/22 11 36

Zoo und Schwimmbad
Les Marécottes
Juni bis August
1922 Salvan
026/6 17 18 und 026/6 15 62

Wintersport
Office du Tourisme
1936 Verbier
026/31 62 22

Train Martigny–Châtelard–Chamonix
026/2 20 61

Train Martigny–Sembrancher–Orsières/Le Châble
026/22 25 70

Camping
Les Neuvilles
026/22 45 44
El Capio
April bis Oktober
026/22 55 73

Landwirtschaftsmesse
Mitte März
Kunst- und Antiquitätenmesse Mitte April
Walliser Comptoir Anfang Oktober
Kuhringkämpfe (Eringerkühe) Mitte Oktober
Speckmarkt in Martigny-Bourg 1. Mo im Dez.

Fondation Gianadda

An der Rue du Forum in Martigny befindet sich seit 1978 der Betonbau der Fondation Pierre Gianadda, die zwei sehr unterschiedliche Museen beherbergt. Um die im Innern des Gebäudes liegenden Überreste eines gallo-römischen Tempels wurde eine Sammlung mit Funden aus dem römischen Vicus Octodurus aufgebaut: Neben Münzen, Werkzeugen, Töpferwaren und Schmuck sind vor allem die berühmten Monumentalbronzen von Martigny – darunter ein faszinierender Stierkopf – zu sehen, die 1883 gefunden wurden. Das Oldtimer-Museum der Stiftung zeigt eine Sammlung von rund 50 Autos mit Prunkstücken der Marken Rolls-Royce und Hispano-Suiza sowie einen Delaunay-Belleville des russischen Zaren Nikolaus II. Die Fondation Gianadda veranstaltet zudem ständig vielbeachtete Wechselausstellungen mit moderner Kunst.

Auskunft zum Ausstellungsprogramm: 026/22 39 78

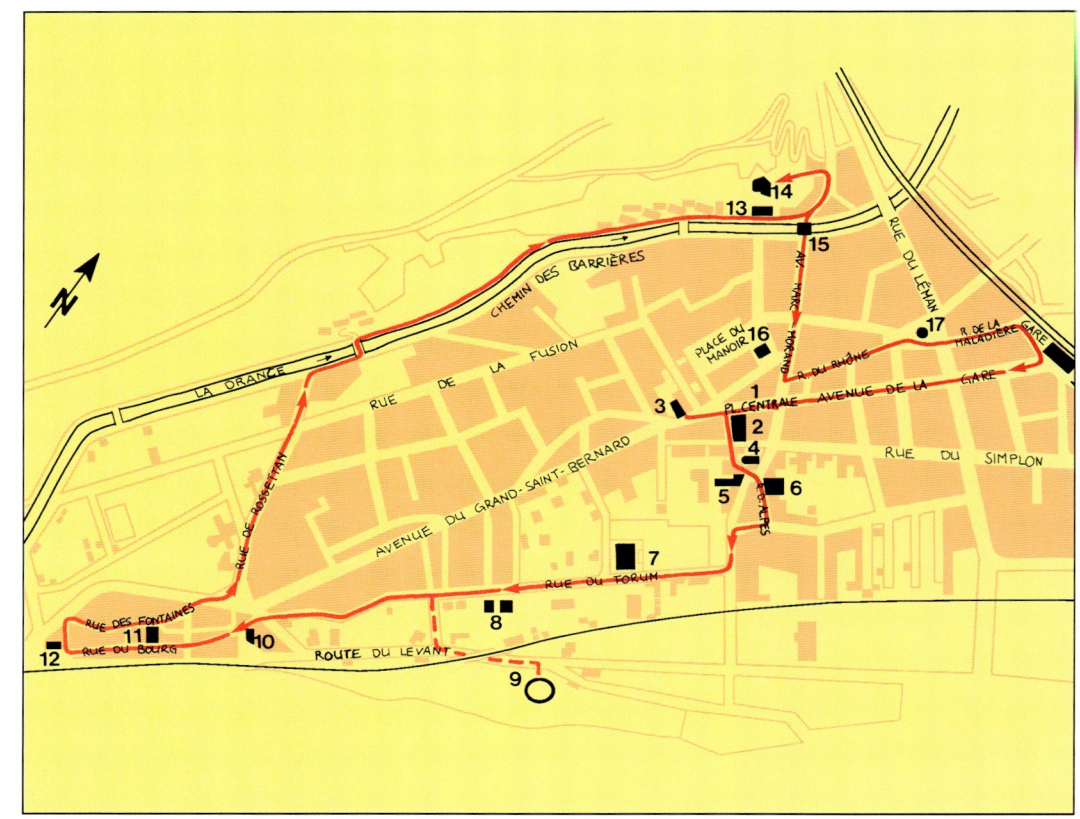

1. Place Centrale
2. Rathaus
3. «La Liberté» von Courbet
4. Kirche Notre-Dame-des-Champs
5. Prévôté/Propstei
6. Haus Supersaxo
7. Römisches Forum
8. Stiftung Pierre Gianadda (Gallo-römisches und Oldtimer-Museum)
9. Römisches Amphitheater
10. Hôtel des Trois-Couronnes
11. Altes Gemeindehaus von Le Bourg
12. Kapelle St-Michel
13. Kapelle Notre-Dame-de-Compassion
14. Burg La Bâtiaz
15. Holzbrücke von La Bâtiaz
16. Haus Le Manoir
17. Kapitolinische Wölfin

Stadtrundgang Martigny

Zentrum von Martigny-Ville ist die im 19. Jh. angelegte Place Centrale (1). An dem schon ganz südländisch anmutenden Platz mit seinen Platanen, Cafés und zahlreichen Geschäften steht auf Pfeilerarkaden das neunachsige Rathaus (2), das Hôtel de Ville, von 1866/67. Sein Treppenhaus schmücken monumentale Glasmalereien von Edmond Bille aus dem Jahr 1949.

Am südlichen Platzausgang führt die Avenue du Grand-St-Bernard zu einem kleinen Platz, auf dem ein Denkmal die Freiheit versinnbildlicht: Der «La Liberté» (3) oder «Helvetia» genannte Frauenkopf wurde der Stadt 1876 vom Künstler Gustave Courbet zur Erinnerung an sein Exil in Martigny geschenkt.

Wendet man sich dagegen von der Place Centrale in die Rue Hôtel-de-Ville, kommt man zur Kirche Notre-Dame-des-Champs (4). Die zwischen 1645 und 1687 neuerbaute Barockkirche steht wahrscheinlich über den Fundamenten der spätantiken Kathedrale – der Walliser Bischofssitz wurde erst um 585 von Martigny nach Sitten verlegt. Eindrücklichster Teil des Gotteshauses ist der 51 m hohe Turm, der erst 1717–1723 im Stil der romanischen Türme errichtet wurde, wie sie für die Paßsiedlungen entlang der Straße über den Großen St. Bernhard typisch sind. Neben der Kirche steht die im 16. Jh. erbaute Prévôté (5) der Chorherren des Großen St. Bernhard. Die Propstei wurde 1753 umgebaut, als Abt und Chorherrenkapitel ihren Sitz von der Paßhöhe nach Martigny hinunter verlegten. An der Rue des Alpes steht das Supersaxo-Haus (6), das zu Beginn des 16. Jh. der berühmte Architekt Ulrich Ruffiner für Georg Supersaxo errichtete. Supersaxo hatte Matthäus Schiner auf den Sittner Bischofsstuhl verholfen, wandte sich aber seit 1510 von seinem Freund ab und wurde zum erbitterten Gegner des großen Kardinals. Von seinem Wohnsitz aus leitete er die sechsmonatige Belagerung der bischöflichen Burg in

Moderne Kunst auf römischen Ruinen: die Fondation Gianadda

La Bâtiaz, einer der drei alten Kerne von Martigny

La Bâtiaz, die mit deren völliger Zerstörung endete.
Auf dem fast 2 km langen Weg zum Stadtteil Martigny-Bourg kommt man auf der Rue du Forum an den Ruinen des römischen Forums (7) mit dem gallo-römischen Tempel und der Stiftung Pierre Gianadda (8, Beschreibung s. Randspalte S. 178) vorbei. Weiter südlich im Ortsteil Le Vivier kennzeichnet ein Geländeoval das ehemalige römische Amphitheater (9). Das 74 mal 61 m messende Theater, von dem einige Mauerreste erhalten sind, bot etwa 5000 Zuschauern Platz.
Beherrschender Bau am Hauptplatz von Martigny-Le Bourg ist das Hôtel des Trois-Couronnes (10). Es war bis 1798 Sitz des Viztums, der als Verwaltungsbeamter des Bischofs von Sitten hier die Steuern einzog. Der Bau mit dem spätmittelalterlichen Rundturm erhielt sein heutiges Aussehen im 18. und 19. Jh. In der östlichen Häuserzeile der Hauptachse des langgestreckten alten Marktfleckens steht auf einer Arkade mit sieben Marmorsäulen das ehemalige Gemeindehaus von Le Bourg (11). Im 1645 errichteten Bau hielten einst Kaufleute ihre Waren feil. Am südlichen Ortsausgang fällt der Glockenturm der Kapelle St-Michel (12) aus dem 17. Jh. auf, in dessen Mauerwerk sich seit einigen Jahrzehnten eine Lärche eingewurzelt hat.

Von der Avenue du Grand-St-Bernard rechts in die Rue des Fontaines einbiegend, erreicht man die Rue de Rossettan, die zur Drance führt. Über eine kleine gedeckte Holzbrücke gelangt man auf den Chemin des Glariers, der zu Füßen der Rebberge nach Martigny-La Bâtiaz führt. Hier steht am südlichen Ortsausgang die Wallfahrtskapelle Notre-Dame-de-Compassion (13), einst ein beliebter Wallfahrtsort, an dem Frauen die Geburt eines Mädchens erflehten. Die 1595 erbaute und um 1748 barockisierte Kapelle birgt im Innern einen zierlichen Rokokoaltar aus der Zeit um 1755 und eine der schönsten Ex-Voto-Sammlungen des Wallis. Im Zentrum von La Bâtiaz führt ein Fußweg auf den kahlen Felsen, auf dem die imposante Ruine der Burg La Bâtiaz (14) steht und von wo aus man eine herrlichen Blick in beide Richtungen des Rhonetals genießt. Die Burg entstand um die Mitte des 13. Jh. als beherrschender Stützpunkt des Sittener Bischofs am Eingang des Drancetals, kam später in den Besitz der Grafen von Savoyen – damals errichtete man den runden, 28,5 m hohen Bergfried – und wurde von den Oberwalliser «Patrioten» 1475 niedergebrannt. 1490 von Bischof Jost von Silenen wiederaufgebaut, wurde sie bereits 1518 von den Anhängern Georg Supersaxos endgültig zerstört.
Seit 1350 quert eine gedeckte Holzbrücke (15) den Fluß, an der bis 1802 der Bischof von Sitten einen Zoll erhob. Über die heutige, 1839 erbaute und 1947/48 verbreiterte Holzbrücke kehrt man nach Martigny-Ville zurück und erreicht rechts am nordwestlichen alten Stadtrand das Haus Le Manoir (16). Das freistehende Herrschaftshaus von 1730 gehörte einst der bedeutenden Patrizierfamilie Ganioz, befindet sich heute im Besitz der Stadt und wird für Wechselausstellungen genutzt. Die Rue du Rhône führt zum Schluß zur Place de Rome, auf der ein Bronzeabguß der Kapitolinischen Wölfin (17) steht. Rom schenkte 1967 sein Stadtsymbol – eine Wölfin, welche die Zwillinge Romulus und Remus säugt – Martigny zur Erinnerung daran, daß es schon um 15 v. Ch. römischer Vicus war.

Die Seitentäler von Martigny

Ein kleiner Ausflug mit der Bahnlinie Martigny–Chamonix oder auf der Straße von Martigny-La Bâtiaz führt ins 8 km entfernte Salvan, einen reizvoll auf einer Terrasse gelegenen Ferienort auf 927 m Höhe. 1 km weiter hinten im Val de Trient liegt Les Marécottes mit seinem kleinen Alpenzoo.

Etwas länger dauert die Fahrt ins Val de Bagnes, das zusammen mit dem Val d'Entremont und dem Val Ferret zu den drei Drancetälern gehört. Wenn man Martigny-Bourg Richtung Großer St. Bernhard verläßt, fährt man zuerst bis Sembrancher der Drance entlang, zu der sich die drei Quellflüsse vereinigt haben. Von Sembrancher aus führt die Straße ins Val de Bagnes nach Le Châble. Der kleine Hauptort des Tales mit dem stolzen gotischen Glockenturm ist von Martigny aus auch mit dem Zug Martigny–Sembrancher–Le Châble erreichbar. Von hier aus erschließen eine kurvenreiche Straße und eine Luftseilbahn das Wanderparadies und Wintersportzentrum Verbier auf 1398 m Höhe. Die Straße durch das enge Tal führt 18 km weiter über Fionnay zum Aussichtspunkt Mauvoisin mit der eleganten, 237 m hohen Betonschranke des Kraftwerks Mauvoisin, der höchsten Spannbogenstaumauer der Welt.

Monthey, die unterste Walliser Stadt in der weiten Rhoneebene nahe beim Genfersee, ist heute ein lebhaftes Industriezentrum. Am Eingang zum romantischen Val d'Illiez birgt der Handelsplatz aber im Kern auch einige Zeugen seiner alten Vergangenheit, die wie das südliche Klima und die reizvolle Umgebung eine Reise wert sind.

Office du tourisme
Place Centrale 4
1870 Monthey 2
025/71 55 17

TCS-Zweigstelle
Office du tourisme
Place Centrale 4
1870 Monthey 2
025/71 55 17

22. 9. 1989

Monthey

Nähert man sich Monthey vom Genfersee, bestimmen Industriebauten wie das 1966 errichtete thermische Kraftwerk Chavalon hoch über Vouvry oder die 1963 in Betrieb genommene Raffinerie von Collombey – sie sind beide an die Pipeline Genua–Bayern angeschlossen – das Landschaftsbild. Auch Monthey selbst mit seinen Fabriken und Hochhäusern macht den Eindruck einer modernen Industriestadt. Die unterste Walliser Stadt – das rechte Ufer der Rhone gehört bereits zum Waadtland, und hinter den Bergen liegt Frankreich – blickt aber auch auf eine alte Vergangenheit zurück.

Monthey entstand auf dem Schwemmkegel der Vièze, die das Val d'Illiez entwässert und sich hier in die Rhone ergießt. Vom südlichen Klima zeugen die einzigen Edelkastanienwälder des Wallis. Urkundlich wird Monthey erst 1025 erwähnt: Seit damals bildete die Stadt mit Collombey und Troistorrents eine kleine Herrschaft, die im 12. Jh. an die Grafen von Savoyen überging. Diese bauten ihrem Meier auf dem Hügel am rechten Ufer der Vièze das Alte Schloß, das im 15. Jh. bei einer der vielen Überschwemmungen des Wildbachs zerstört wurde. Das strategisch wichtige Städtchen am südöstlichen Eingang zum Chablais, das sich um die Burg entwickelte, fiel durch Erbgang oder Heirat an verschiedene europäische Fürstenhäuser; so gehörte es im 14. Jh. den Visconti aus Mailand und zu Beginn des 15. Jh. Franz I. von Luxemburg.

Dem ständigen Besitzerwechsel machten die Oberwalliser ein Ende. Als die Berner 1536 den Savoyern das Waadtland entrissen,

Kanton:	VS
Höhe über Meer:	430
Einwohner 1900:	3392
Einwohner 1980:	11 285
Autobahn:	N 9, St-Triphon, Bex

Wer mit dem Schmalspurbähnchen ins Val d'Illiez fährt, dem fällt mitten auf dem Parkplatz des Spitals oberhalb von Monthey ein riesiger Findling auf, auf dem ein Häuschen steht. Die «Pierre des Marmettes» mit einem Rauminhalt von mehr als 2500 m³ ist der zweitgrößte erratische Block der Schweiz und der letzte Rest eines Moränenwalls von 3 km Länge und 330 m Breite. Der Kampf um den Stein aus Mont-Blanc-Gneis – er war bereits an einen Spekulanten zur Verwertung verkauft – führte zur Empörung weiter Kreise und 1906 zur Gründung der Schweizerischen Naturschutzkommission.

nutzen sie die Schwäche der Grafen und stießen auf der linken Seite der Rhone bis an den Genfersee vor. Sie setzten im Neuen Schloß einen Landvogt ein. Mehrmals erhoben sich die Bürger von Monthey vergeblich gegen die Herrschaft der Oberwalliser. 1790 jedoch wurde der letzte der ungeliebten Landvögte verjagt, und ein Bürgerausschuß übernahm die Macht.

Bis ins 19. Jh. profitierte der alte Marktflecken – ein Stadtrecht wird erstmals 1352 erwähnt – von der günstigen Verkehrslage. Der gesamte Transport vom Großen St. Bernhard an den Genfersee zwängte sich einst am Südeingang der Stadt über die gedeckte Holzbrücke, die 1809 neu erbaut wurde. Im 19. Jh. war Monthey der am stärksten industrialisierte Walliser Bezirk. Im Hauptort – seit 1861 ist er an die Bahnlinie Martigny–St-Gingolph angeschlossen und seit 1907 quer durch die Rhoneebene mit Aigle sowie mit Champéry im Val d'Illiez durch ein Bähnchen verbunden – entstanden neben einer großen Glashütte Tabakfabriken und Metallbauunternehmen; in der Nähe wurden Granitsteinbrüche ausgebeutet. Größter Arbeitgeber im Unterwallis aber wurde die elektrochemische Fabrik der Ciba, in der ab 1911 synthetischer Indigo und später Chlor hergestellt wurde. Der Betrieb nutzte die Wasserkraft der Vièze und das billige Kochsalz, das in einer unterirdischen Pipeline von Bex herangepumpt wurde. Heute ist in Monthey auch der weltweit größte Hersteller von synthetischen Saphiren, Rubinen und Diamanten angesiedelt.

Am Fuß des Burghügels mit den spärlichen Resten des Alten Schlosses steht auf ovalem Grundriß die barocke Kapelle Notre-Dame-du-Pont von 1775. Ihr Vorgängerbau fiel wie das Alte Schloß einem Hochwasser der Vièze zum Opfer, die früher um den Hügel herumfloß. Eine Tafel an der Westwand der Kapelle erinnert an die verheerende Überschwemmung von 1726, nach der das heutige Flußbett geschaffen wurde. Von der geschickt neugestalteten zentralen Kreuzung neben dem von Platanen bestandenen Hauptplatz zweigt ein Gäßchen ab zum Neuen Schloß, das als Sitz der Meier 1437 erstmals erwähnt wird und im 17. Jh. umgestaltet wurde. Die barocke Gebäudegruppe mit dem Schloßhof sowie den Laubengängen und Arkaden beherbergt das kleine lokalhistorische Museum von Monthey. Die katholische Pfarrkirche Notre-Dame-de-l'Immaculée-Conception ist ein nüchterner spätklassizistischer Bau aus dem Jahr 1851; von seiner Vorgängerin blieb nur der 1707–1715 erbaute und mit einer Steinpyramide gekrönte Glockenturm erhalten. Eines der schönsten Häuser von Monthey ist «Le Crochetan» in der Nähe des Bahnhofs: Von der spätmittelalterlichen Wehranlage sind noch die Ringmauern, das Tor und die Ecktürme zu sehen; das Wohngebäude unter dem Walmdach wurde 1734 als Patriziersitz neu erbaut.

Kaspar Jodok Stockalper (1609–1691)

Unweit von Monthey deutet der Name «Port Valais» auf einen Hafen hin. Von hier führte einst der «Canal Stockalper» – heute ein Entwässerungskanal – bis in den Genfersee. Das für damalige Verhältnisse gewaltige Bauwerk wurde 1651–1659 von Kaspar Jodok Stockalper auf eigene Kosten angelegt und zeugt vom Reichtum und wirtschaftlichen Wagemut des bedeutendsten Handelsherrn seiner Zeit. Der «Simplonkönig», wie Stockalper auch genannt wurde, hatte im 17. Jh. nicht nur den ganzen Handel zwischen Lyon und Mailand in seine Hände gebracht; er beutete im Wallis auch eigene Bergwerke aus und kassierte für seine Söldnertruppen in Frankreich so viele Pensionen, daß er ein ungeheures Vermögen zusammenraffte. Der «Fugger der Alpen» baute außer dem Simplonhospiz auch das stolzeste Walliser Schloß, den Stockalperpalast in Brig. Sein Reichtum und seine politische Macht – Stockalper beherrschte während Jahrzehnten die Walliser Politik – führten wie bei Schiner und Supersaxo zum jähen Sturz: Des Landesverrats angeklagt, mußte er 1677 ins Exil und kehrte sechs Jahre später als gebrochener Mann nach Brig zurück.

Die Dents du Midi

Die Straße ins romantische Val d'Illiez führt von Monthey aus ins Dörfchen Troistorrents auf 770 m Höhe (4 km), wo die hochragenden Zähne der Dents du Midi (3257 m) sichtbar werden. Troistorrents ist eine der Streusiedlungen, die im Wallis nur im Val d'Illiez vorkommen. Auch die Häuser sehen anders aus als im übrigen Rhonetal: Auf einem gemauerten Kellersockel steht das hölzerne Gebäude, in dem unter einem ausladenden Schindeldach Wohnräume, Küche und Stall vereinigt sind. Rechts zweigt die Straße ab ins Val de Morgins mit dem Wintersportort Morgins auf 1400 m Höhe; nach 15 km erreicht sie die französische Grenze beim Pas de Morgins. Die Straße durchs Val d'Illiez führt über 8 km nach Champéry. Der beliebte Ferien- und Wintersportort auf 1053 m ist von Monthey aus auch mit dem Bähnchen erreichbar und Ausgangspunkt schöner Wanderungen im oberen Val d'Illiez (Gondelbahn).

Musée du Vieux-Monthey
Château Nouveau
Mo 15–19 Uhr, Mi 9–11 und
15–19 Uhr, Fr 9–11 Uhr
Auskunft: Office du tourisme
025/71 55 17

Aigle-Monthey-Champéry-
Bahn
025/71 22 16

Freibad
025/71 25 39

Kunsteisbahn
025/71 74 71

Markt am Mittwoch

Olten, «Drehscheibe der Schweiz» und wichtiger Eisenbahnknotenpunkt, ist eine moderne Industriestadt und den meisten Reisenden vor allem als Durchgangsort bekannt. Seine kleine, mehr als siebenhundertjährige Altstadt aber hat sich bemerkenswert gut erhalten.

Verkehrsbüro
Hauptgasse 34
4600 Olten
062/32 30 84

TSC-Geschäftsstelle
Dornacherstraße 10
4600 Olten
062/32 82 32

1. 10. 1989

Olten

Bis zur Mitte des 19. Jh. war Olten ein Solothurner Provinzstädtchen, das nur von seiner Bedeutung als Brücken- und Flößerstadt lebte. Entstanden war die kleine Siedlung am Jurafuß anstelle eines spätrömischen Kastells. Sie gehörte ursprünglich wohl den Grafen von Froburg, die um 1200 den alten Kern am nördlichen Aareufer anlegten. In der Verlängerung der Aarebrücke liegt die Hauptgasse, die rechts und links von zwei bogenförmigen Nebengassen flankiert wird. Olten war einst von Wall und Graben umgeben und besaß zwei Stadttore: Das Wassertor brannte 1798 ab, und das Obertor wurde 1837 abgebrochen, als auch der Stadtgraben eingeebnet wurde. Noch heute läßt sich aber der Verlauf der ehemaligen Ringmauer an den glockenförmigen Häuserzeilen der Altstadt erkennen.

Nachdem Olten mehrmals den Besitzer gewechselt hatte, kam es 1404 an die Stadt Basel, deren Bischof das Städtchen 1426 an Solothurn verpfändete; 1532 erwarb Solothurn Olten endgültig. Damals war die kleine Stadtanlage mit nur 150 m Durchmesser schon völlig überbaut, und jenseits der Aare entstand als Brückenkopf die Vorstadt im Winkel. Bis 1798 blieb die «Drei-Tannen-Stadt», die zwischen drei tannenbestandenen Hügeln liegt, Untertanengebiet der patrizischen Herren.

Um die Mitte des letzten Jahrhunderts begann jene Entwicklung, die Olten bis heute prägt. Dank seiner geographischen Lage wurde es zum wichtigsten Knotenpunkt des in raschem Ausbau begriffenen schweizerischen Eisenbahnnetzes. Wo sich die Hauptlinien der Nord-Süd- und der Ost-West-Achse kreuzten, wurde

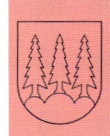

Kanton:	SO
Meter über Meer:	403
Einwohner 1900:	6969
Einwohner 1980:	18 991
Autobahn:	N 1, Oftringen

1852 die Centralbahnwerkstätte errichtet. Und noch heute erinnert auf dem hintersten Perron des Bahnhofs eine Tafel mit der Kilometermarke 0 daran, daß das Schweizer Eisenbahnnetz von Olten aus vermessen wurde.

Olten begann dank der Centralbahnwerkstätte – 1881 arbeiteten bereits 540 Personen für die Bahn – rasch zu wachsen. Die ständige Erweiterung der Bahnanlagen führte auch zu städtebaulichen Veränderungen: Die Gäubahn, welche seit 1876 Olten mit Solothurn und Biel verband, wurde beim Hauptbahnhof über eine neue Aarebrücke und durch das ehemalige Außenquartier «Hammer» geführt, in dem sich immer mehr Industriebetriebe niederließen. Als 1916 auch noch der Hauenstein-Basistunnel eröffnet wurde, entwickelte sich Olten zum bevorzugten Konferenzort. In den Sälen des legendären Bahnhofbuffets tagten seither unzählige Verbandsspitzen und eidgenössische Kommissionen, und im November 1918 war die Stadt Zentrum des größten Streiks in der Schweizer Geschichte: Von

Das zweite Wahrzeichen Oltens ist neben dem Stadtturm die alte Holzbrücke. Ein Aareübergang wird bereits 1295 erstmals erwähnt. 1798 wurde eine aus dem Jahre 1657 stammende Brücke niedergebrannt und 1803 die heutige Brücke von Blasius Baltenschweiler aus Lenzburg errichtet; ein kunstvolles System von Trägern und Streben leitet die Lasten auf die Pfeiler ab. Auch wenn das Wassertor verschwunden ist, das einst zwischen nördlichem Brückenkopf und Altstadt stand, läßt von der Brücke aus die aareseitige Silhouette die einstige Wehrhaftigkeit des Städtchens erahnen.

hier aus koordinierte das aus Sozialdemokraten und Gewerkschaftern zusammengesetzte «Oltener Komitee» den Generalstreik.

Dank des starken Anteils des Dienstleistungssektors und einer ziemlich ausgewogenen Branchenstruktur der Industrie wurde das Wachstum Oltens weder durch die beiden Weltkriege noch durch die Wirtschaftskrise in den dreißiger Jahren wesentlich gebremst; und auch heute noch sind die SBB – ihre Anlagen bedecken 6% von Oltens Fläche – der größte Arbeitgeber der Stadt.

Hinter den Bauten der Neustadt, die sich bis an die Waldränder rings um Olten hinziehen, verbirgt sich die kleine Altstadt: Nach der Holzbrücke öffnet sich rechts die Zielempgasse mit einer für Olten charakteristischen und malerischen Häuserzeile, deren Ausbauten bis zur Aare reichen. Das einstige Wohnquartier der vornehmen Bürger schließt der «Zielemp» ab; die Burg war bis ins 15. Jh. Amts- und Wohnsitz der froburgischen und später der baslerischen Stadtvögte und wurde im letzten Jahrhundert teilweise abgetragen. Durch einen Mauerausbruch neueren Datums erreicht man den bereits außerhalb der alten Stadtbefestigung liegenden weiten Klosterplatz. Hinter den Bäumen liegt das 1648 gestiftete Kapuzinerkloster, eine große, 1931 aufgestockte Anlage. Der Graben führt zur Kreuzung Basler- und Kirchstraße, wo die 1807 erbaute klassizistische Stadtkirche steht, die sich seit 1874 im Besitz der christkatholischen Kirchgemeinde befindet. In der alten Vorstadt stehen an der Kirchgasse eine Reihe stattlicher Chorherrenhäuser (Nr. 1–17); sie wurden 1705 als erste Bauten für die geplante, aber schließlich unterbliebene Verlegung des Stifts Schönenwerd nach Olten angelegt. Die sieben einheitlichen dreigeschossigen Wohnhäuser, die von der Propstei und dem ehemaligen Schultheißenhaus eingefaßt werden, wurden an Private verkauft und sind heute zum Teil Geschäftshäuser.

Im Kern der Altstadt öffnet sich rechts die ehemalige Hintere Gasse, die heutige Marktgasse. Sie führt zwischen Handwerker- und Bürgerhäusern Richtung Hexenturm, einem teilweise abgetragenen Bollwerk der alten Stadtbefestigung. Beherrscht wird der Platz, der sich am Ende der Marktgasse öffnet, vom Wahrzeichen Oltens, dem Stadtturm. Der ehemalige Eingangs- und Glockenturm der Pfarrkirche St. Martin – eine Inschrift erinnert an ihren Abbruch im Jahre 1844 – wurde 1521 errichtet. Das heutige Glockengeschoß mit der Kuppelhaube stammt aus dem 17. Jh. Im selben Jahrhundert wurden auch die meisten Häuser erbaut, welche die Oltener Hauptgasse flankieren. Alte Gasthöfe, wie etwa das markante Hotel Löwen, und eine Reihe schöner Wirtshausschilder erinnern daran, daß Olten schon vor seinem Aufstieg zum bekanntesten Schweizer Eisenbahnknotenpunkt ein wichtiger Warenumschlagplatz war.

Martin Disteli (1802–1844)

Seit jeher war Olten Zentrum des Widerstands gegen die Herrschaft der Gnädigen Herren aus Solothurn, und in der Stadt tagte gegen Ende des Ancien Régime die Neue Helvetische Gesellschaft, deren Mitglieder sich für eine Erneuerung der Schweiz einsetzten. Aus Olten stammte auch der spätere Bundesrat Josef Munzinger, der in der ersten Hälfte des 19. Jh. zu den führenden Köpfen der Liberalen gehörte, welche die wiedererrichtete patrizische Herrschaft stürzten. Und in der «Drei-Tannen-Stadt» wurde schließlich Martin Disteli geboren, einer der einflußreichsten politischen Karikaturisten der Schweiz. Disteli studierte in Jena Naturwissenschaften, kam hier in Kontakt mit deutschen Burschenschaften und wurde wegen revolutionärer Umtriebe von der Universität gejagt. Nach einem Kunststudium lebte er seit 1834 als Zeichenlehrer in Solothurn. Hier gab er seit 1839 in einer Auflage von über 20 000 Exemplaren jährlich den Schweizer- oder Disteli-Kalender heraus: Mit bissigen Karikaturen und in Form von Tierfabeln führte er darin einen Kampf gegen das aristokratisch-klerikale Regiment.

Die Froburg

Die Legende zeichnet ein anschauliches Bild von Macht und Reichtum der Froburger: Als die Untertanen dem letzten Grafen Zinsen und Zehnten abliefern mußten, soll der letzte Wagen des langen Zuges auf der Holzbrücke in Olten unten gestanden haben, während der erste bereits durch das Tor der Burg hoch über der Stadt einfuhr. An den Glanz des mächtigen Adelsgeschlechts erinnern heute nur noch die ausgedehnten Ruinen ihrer Stammburg auf einem steilen Felsplateau über Olten. Einst eine der ausgedehntesten Anlagen der Schweiz, wurde die Burg um 1300 aufgegeben; die letzten bewohnbaren Bauten fielen dem Erdbeben zum Opfer, das 1356 vor allem Basel heimsuchte.

Historisches Museum
Konradstraße 7
Di-Sa 14-17 Uhr, So 10-12 und 14-17 Uhr
062/32 89 89

Kunstmuseum
Kirchgasse 8
Di-Fr 14-17 Uhr, Sa und So 10-12 und 14-17 Uhr
062/32 86 76

Naturmuseum
Kirchgasse 10
Di-Sa 14-17 Uhr, So 10-12 und 14-17 Uhr
062/32 79 19

Schwimmbad
062/32 71 20

Kunsteisbahn
Im Kleinholz
062/32 79 10

Stadtplan: Seite 477

Porrentruy, ehemalige Hauptstadt eines Fürsten des Heiligen Römischen Reiches Deutscher Nation, ist nicht nur in architektonischer Hinsicht ein kleines Juwel. Das im Herzen der zipfelartig weit in französisches Gebiet hineinragenden Ajoie gelegene Städtchen ist auch heute noch das Bildungszentrum des jüngsten Schweizer Kantons.

Syndicat d'initiative d'Ajoie et du Clos-du-Doubs
Grand-Rue 5
2900 Porrentruy
066/66 18 53

4. 10. 1989

Porrentruy

Der Ursprung der Stadt Porrentruy/Pruntrut ist nicht genau bekannt. Eine Siedlung dürfte hier aber schon zur Römerzeit bestanden haben. Zusammen mit der sie umgebenden Ajoie (Elsgau) gehörte die Stadt ursprünglich den elsässischen Herzögen. Mitte des 12. Jh. ging der Dinghof des lokalen Adelsgeschlechts an die Grafen von Montbéliard über, die hier gegen 1200 eine Burg errichteten. Anschließend stritten sich die Herren von Montbéliard und Ferrette immer wieder um die Burg und den Flecken. Anscheinend gab es in Porrentruy im 12. Jh. bereits zwei Kirchen. Im 12. und 13. Jh. sind mehrere Höfe jurassischer Klöster, Stifte und Ministerialadelsfamilien bezeugt.

Im Mittelalter gewann die befestigte Stadt mehr und mehr an Bedeutung. 1271 kam Porrentruy in den Besitz des Fürstbischofs von Basel, der seine weltliche Macht seit längerem auch in die Ajoie ausgedehnt hatte. Tatkräftig unterstützt wurde der Bischof dabei durch Rudolf von Habsburg. 1283 belagerte dieser hier den Grafen von Montbéliard und legte die Stadt in Asche. Im gleichen Jahr erhob Rudolf von Habsburg Porrentruy zur freien Reichsstadt. 1386 wurde die Stadt an die Grafen von Montbéliard veräußert, 1461 aber wieder zurückgekauft. 1520 verwüstete ein großer Stadtbrand den Hauptort der Ajoie.

Zur Zeit der Glaubensspaltung wurde der Fürstbischof von Basel aus seiner Stadt vertrieben. Er verlegte seine Residenz in die äußerste Ecke seines Staates, nach Porrentruy. Während sich im Süden die neue Lehre durchsetzte, konnte sich im Norden der katholische Glaube mit Schwankungen

Kanton:	JU
Meter über Meer:	427
Einwohner 1900:	6959
Einwohner 1980:	7039
Autobahnausfahrt:	keine

behaupten. Tatkräftiger Erneuerer des Bistums und Exponent der katholischen Reform war Bischof Jakob Christoph Blarer von Wartensee. Er versah von 1575 bis 1608 mit starker Hand und diplomatischem Geschick sein Amt. Blarer gelang es, die zerrütteten Finanzen des Bistums zu sanieren. Als erstes ließ er das Schloß – ältester erhaltener Bestandteil ist der heute freistehende Hauptturm aus dem 13. Jh., die sogenannte Tour Réfous, das Wahrzeichen der Stadt – als Residenz und Sitz der Regierung erweitern. Auch heute noch prangt an der Tour de Coq, dem massigen Rundturm an der Nordostecke des Schlosses, Blarers Wappen. Um 1600 berief er die Jesuiten nach Porrentruy. Im 17. Jh. ließen sich auch die Ursulinerinnen und die Kapuziner hier nieder.

Die vom fürstbischöflichen Schloß beherrschte, von hohen Mauern und tiefen Gräben umgebene Altstadt hatte manche Belagerung zu bestehen. Wegen seiner exponierten geographischen Lage war das ganze Gebiet des Kantons Jura häufigen kriegerischen Einfällen aus der Nachbarschaft ausgesetzt. So zur Zeit der Burgunderkriege oder des Schwabenkrieges. Vor allem aber während des Dreißigjährigen Krieges (1618–1648) machte Porrentruy schwere Zeiten durch. 1634/35 wurde die Stadt von den Franzosen und Schweden belagert, erobert und geplündert. Stadt und bischöflicher Palast verfielen allmählich. Erst gegen Ende des 17. Jh. kehrte wieder Ruhe ein. Von 1730 bis 1740 kam es aber zu inneren Unruhen, die aus dem absolutistischen Regime des Fürstbischofs und der Not des Volks erwuchsen und vom Fürstbischof nur mit Hilfe französischer Truppen mit Gewalt erstickt werden konnten.

Von der französischen Nachbarschaft griff die Französische Revolution sehr früh auf den Jura über. Bereits 1792 besetzten die Franzosen Porrentruy und Delémont. Das Gebiet wurde zur «Raurachischen Republik», Porrentruy deren Hauptstadt. 1793 annektierte Frankreich die «Raurachische Republik»; sie bildete von da an das Département Mont-Terrible. 1800 wurde dann das Département Mont-Terrible mit dem Département Haut-Rhin vereinigt, bei dem es bis 1814 blieb. Ein Jahr später wurde die Gegend von Porrentruy bernisches Oberamt, und noch im selben Jahr wurde Porrentruy auf Beschluß des Wiener Kongresses zusammen mit Delémont und dem größten Teil des ehemaligen Fürstbistums Basel dem Kanton Bern angegliedert. Die Bevölkerung des Juras wurde dazu nicht einmal gefragt, und Bern nahm den Gebietszuwachs nur widerwillig an.

In der zweiten Hälfte des 19. Jh. veränderte sich auch Porrentruy. Die Stadt wurde Knotenpunkt der Bahnlinie Delémont–Delle und Ausgangspunkt der Bahnlinie nach Bonfol. Trotzdem hat die mittelalterliche Stadt das Cachet einer kleinen, ländlichen Residenz bewahren können. Obwohl heute das Handels-, Industrie- und Kulturzentrum der Ajoie und Sitz verschiedener Verwaltungszweige des Kantons, ist der Ort an der Allaine ein großes Dorf geblieben. Les Bruntrutains – die Einwohner von Porrentruy – sind keine wirklichen Städter. Man muß nur am Markttag – jeden dritten Montag im Monat – durch das Städtchen flanieren, und man sieht, wie stark die Bewohner mit dem Hinterland verbunden sind. Jeden Morgen wird der Hauptort der Ajoie von den Schülern und Studenten aus den Freibergen überflutet, welche hier die einzige Mittelschule des Kantons Juras besuchen. Mit Recht trägt denn auch Porrentruy nach wie vor stolz den Namen: Athen des Juras.

Jules Thurmann (1804–1855)

Dem im November 1855 in Pruntrut verstorbenen Geologen, Botaniker, Lehrer der Mathematik und Naturwissenschaften Jules Thurmann hat der Jura viel zu verdanken. Unter anderem reorganisierte er 1832 das Collège de Porrentruy und leitete die von der Regierung geschaffenen Kurse zur Lehrerausbildung. Wegen seiner fortschrittlichen Unterrichtsmethoden wurde Thurmann jedoch von den Katholiken scharf angegriffen, besonders als er 1836 zum ersten Direktor des Lehrerseminars ernannt wurde. Vier Jahre später demissionierte er. Der Brief, den er bei dieser Gelegenheit veröffentlichte, wirbelte im ganzen Jura Staub auf. Die Regierung nahm seine Demission erst 1843 an. Thurmann präsidierte 1838 den Kongreß der Société géologique de France, die ihm zu Ehren in Porrentruy tagte. Er publizierte mehr als 30 Arbeiten über Geologie und Botanik. Einer seiner Essais ist auch heute noch Grundlage der Geologie über den Jura. Einige der Prunkstücke im Jurassischen naturwissenschaftlichen Museum in Porrentruy wurden von Jules Thurmann noch selbst gesammelt.

Musée
Ancien Hôpital
Grand-Rue 5
066/65 11 21 (intern 40)
Mi, Fr 15–17
übrige Zeiten nach telefonischer Vereinbarung

Exposition de la bibliothèque du Lycée cantonal
Rue des Annonciades 10
066/66 32 45
Mi 15–18 Uhr

Musée jurassien des sciences naturelles
Route de Fontenais 21
066/66 68 12
Di–So 14–17 Uhr

Musée jurassien des sciences naturelles

Nach langjähriger Vorbereitungszeit ist im April 1989 in Porrentruy das Jurassische naturwissenschaftliche Museum dem Publikum eröffnet worden. Das Museum lädt die Besucher ein auf eine lange Reise in die Vergangenheit. Der erste Saal dokumentiert anhand von Mineralien, Versteinerungen und mit reich illustrierten Tafeln die Evolution des Universums. Die Zeitreise beginnt mit dem «Big Bang», jener außergewöhnlichen Explosion, bei der vielleicht vor 18 Milliarden Jahren die ersten stabilen, die heutige Materie aufbauenden Elementarteilchen entstanden sind, und endet beim Menschen von heute. In einem zweiten Saal kann man unter anderem einen Bären vor seiner Höhle, einen versteinerten Dinosaurier sowie eine außergewöhnliche Sammlung von 800 Pilzen aus dem Jura bewundern. Ein Großteil der Ausstellungsstücke stammt aus den ehemaligen Sammlungen des Gymnasiums von Porrentruy.

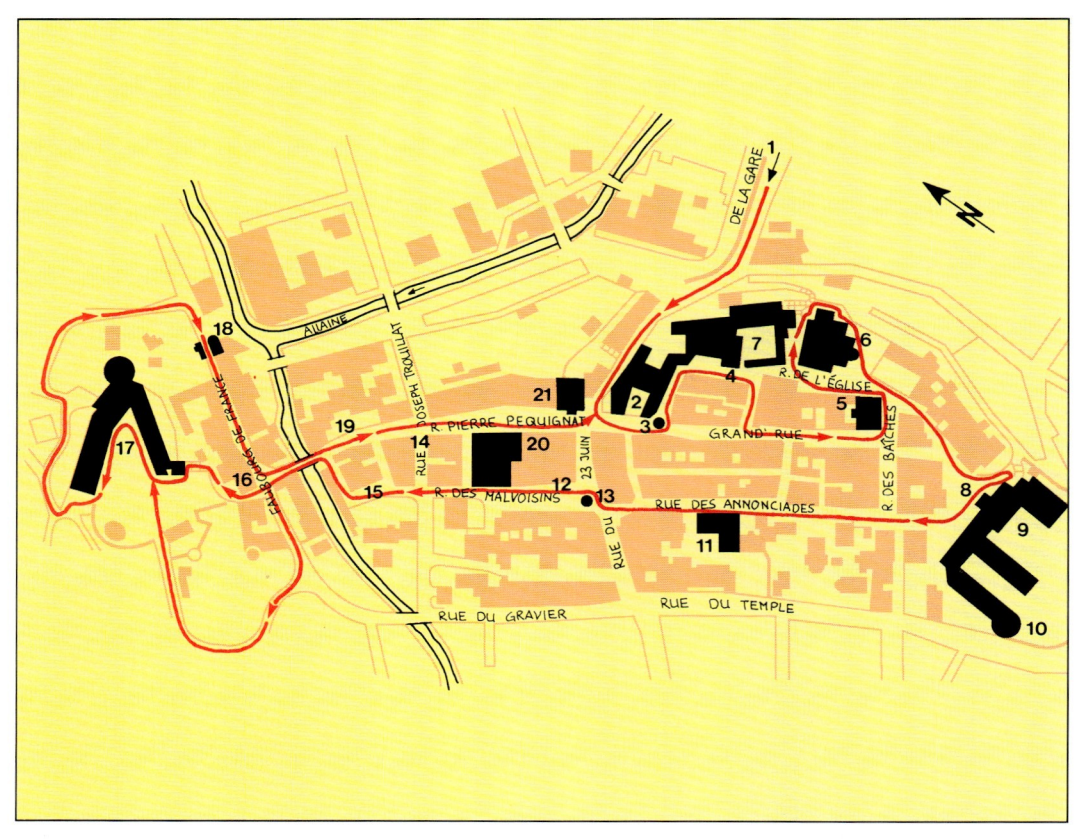

1 Bahnhof
2 Ancien Hôpital oder Hôtel-Dieu
3 Fontaine de la Samaritaine
4 Rue de l'Eglise
5 Ecole Juventuti
6 Eglise St-Pierre
7 Ecole libre des Sœurs Ursulines
8 Place Blarer de Wartensee
9 Collège et église des Jésuites
10 Tour du Séminaire
11 Hôtel de Gléresse
12 Rue des Malvoisins
13 Fontaine du Banneret
14 Rue Joseph-Trouillat
15 Cour aux Moines
16 Faubourg de France
17 Château
18 Porte de France
19 Maison Turberg
20 Hôtel des Halles
21 Hôtel de Ville

Stadtrundgang Porrentruy

Vom Bahnhof (1) gelangt man an der Place des Bennelats vorbei über die Rue du 23-Juin in die von spätgotischen Häusern mit barockisierten Fassaden gesäumte Grand-Rue der Altstadt von Porrentruy. Bei der Abzweigung der Rue de l'Eglise (4) steht die Fontaine de la Samaritaine (3). Sowohl die Skulptur als auch das Achteckbecken sind eine 1964–1966 in hellem Jurakalkstein gemeißelte Kopie. Die von Laurent Perroud 1564 geschaffene Originalskulptur – Christus und die Samariterin am Sodbrunnen, dessen Viereckpfeilerchen eine Deckplatte tragen, darauf der Täuferknabe mit Kreuzstab und Stadtwappenschild – befindet sich in der Halle des Hôtel de Ville.

Hinter der Fontaine de la Samaritaine erhebt sich das Ancien Hôpital oder Hôtel-Dieu (2). Der 1406 gestiftete und 1761–1765 neuerbaute dreigeschossige Gebäudekomplex mit Ehrenhof ist einer der schönsten spätbarocken Stadtspitalbauten der Schweiz. Der Haupthof ist gegen die Straße durch eine prachtvolle Schmiedeeisengitterkulisse mit Flügelportal abgeschlossen. Heute ist im Ancien Hôpital ein Museum mit einer lokalhistorischen und pharmazeutischen Sammlung eingerichtet.

Durch die Rue de l'Eglise und das kleine Gäßchen zwischen den Häusern Nr. 19 und 21 gelangt man wieder in die Grand-Rue. Porrentruys Flanierstraße mündet schließlich in die Rue des Baîches, der wir nach links folgen. Hier befindet sich die ehemalige Mädchenschule Ecole Juventuti (5). Vom 1859 erbauten neuklassizistischen Schulhaus nur ein paar Schritte entfernt liegt die Eglise St-Pierre (6). Die komplexe gotische, dreischiffige Basilika stammt aus der Mitte des 14. Jh. Die reichen Frührokoko-Seitenaltäre schuf 1743 Urs Füeg. Der bedeutende Kirchenschatz enthält spätgotische Goldschmiedearbeiten, unter anderem von Georg Schongauer (1487). Nördlich der Kirche steht die Ecole libre des

Blick vom Schloß über die guterhaltene Altstadt

Sœurs ursulines (7). Die Konventsbauten wurden 1618–1628 erbaut. Die zugehörige Kirche wurde 1626 geweiht und im 17. und 18. Jh. umgebaut.

Von der katholischen Pfarrkirche St-Pierre führt die Rue du Collège zur Place Blarer de Wartensee (8) und zum Collège et église des Jésuites (9). Die 1597–1604 erbaute und 1678–1680 barockisierte ehemalige Jesuitenkirche Circumcisio Domini mit ihren bedeutenden frühbarocken Stukkaturen der Wessobrunner Schule vertritt beispielhaft die Baugepflogenheiten des Jesuitenordens. Die Eglise des Jésuites, die gleichzeitig auch Kirche des bischöflichen Hofes war, ist heute die Aula des Lycée cantonal. Das einzige jurassische Gymnasium selbst ist in den 1597–1607 entstandenen und im 19./20. Jh. mehrmals veränderten ehemaligen Konvents- und Kollegiumsgebäuden untergebracht. Sehenswert ist u. a. im ersten Stock die einzigartige Sonnenuhr von 1814; eine winzige Fassadenöffnung ermöglicht die Sonnenzeitmessung anhand des Liniensystems auf dem Kalkplattenboden und an den Wänden des Nord-Süd-Korridors. An der Südwestecke des ehemaligen Seminars erhebt sich die Tour du Séminaire (10). Die hufeisenförmige Hausteinbastion der Stadtbefestigung wurde 1614 fertiggestellt; im obersten Geschoß befindet sich die 1756 als Kapelle eingerichtete Salle de l'Emulation.

Von der Place Blarer de Wartensee gelangt man in die Rue des Annonciades, die wie die Parallelstraße Grand-Rue einige spätgotische Häuser aufweist. Hier liegt auch das früheste Barockpalais von Porrentruy: das Hôtel de Gléresse (11). Der um 1750 für den Baron von Ligerz erstellte dreigeschossige Winkelbau enthält heute die Archives de l'Ancien Evêché de Bâle sowie die Bibliothèque du Lycée cantonal, die ehemalige Jesuitenbibliothek. An der Einmündung der Rue des Malvoisins (12) mit ihren Barockhäusern aus dem 18. Jh. plätschert die Fontaine du Banneret (13). Der von Laurent Perroud 1558 geschaffene Figurenbrunnen mit Bannerträger und Eber, dem Wappentier Pruntruts, wird auch Fontaine du Suisse (Schweizerbrunnen) genannt. Nachdem man die Rue Joseph-Trouillat (14) überquert hat, kommt man in die Cour aux Moines (15). Dieser lauschige Gassenwinkel wird von spätgotischen Häusern und Bauten des 18. Jh. flankiert. Nach dem Überschreiten der Hausteinbrücke über den Creugenat befindet man sich im Faubourg de France (16), dem am Fuß des Château liegenden alten Stadtteil. Zwischen dem Faubourg de France und dem Château lag auf halber Höhe das 1660–1793 erbaute Kapuzinerkloster. Die Kirche wurde 1804 ganz, das Konventsgebäude im Laufe des 19. Jh. weitgehend abgebrochen.

Entweder über die westliche Zufahrtstraße oder über einen teilweise gedeckten Fußgängerzugang vom Faubourg de France aus gelangt man zum Château (17). In der ehemaligen Bischofsresidenz sind heute kantonale Verwaltungsbüros sowie die jurassische Strafanstalt untergebracht. Der Abstieg in die Altstadt erfolgt nördlich des Schlosses an der Tour de Coq vorbei. Durch die über mittelalterlichen Fundamenten 1563 neuerbaute und 1744 erneuerte Porte de France (18) mit den zwei wuchtigen Rundtürmen tritt man wieder in den Faubourg de France.

Über den Creugenat gelangt man in die Rue Pierre-Péquignat, die nördliche Fortsetzung der Grand-Rue Richtung Château. Das Maison Turberg (19), ein mächtiger Krüppelwalmdachbau mit einem Treppenturm, wurde 1569 erbaut. Nachdem man wieder die Rue Joseph-Trouillat überquert hat, erreicht man das Hôtel des Halles (20). Im 1766–1769 erbauten, französisch ausgerichteten Spätbarockbau befinden sich heute die Post und kantonale Verwaltungsbüros. Nur wenig weiter liegt linker Hand, gleich zu Beginn der Rue Pierre-Péquignat, das von Pierre-François Paris 1761–1764 erbaute Hôtel de Ville (21). Das Äußere gegen die Rue du Marché vereinigt die zurückhaltende Formensprache französischer Architektur mit den beschwingten Zutaten des süddeutschen Barocks. Über die Rue du 23-Juin gelangt man an der Place de Bennelats vorbei wieder zum Bahnhof.

Die Grotten von Réclère

Das Dorf Réclère befindet sich an der Straße von Porrentruy nach Besançon. Beim Dorfausgang führt eine Straße nach dem «Restaurant des Grottes». Hier beginnen die Führungen für die Besichtigung der 1886 entdeckten Tropfsteinhöhlen, die sich in wilder Landschaft unmittelbar an der Grenze zu Frankreich befinden. In mehr als 400 000 Jahren hat die Natur in der Tropfsteinhöhle wunderbare Säulen mit klingenden Namen wie «Der Tanzsaal», «Der Gletscher», «Der Mantel Napoleons», «Der große Leuchter», «Die Orgel» oder «Die Kanzel» geformt. In den Grottes de Réclère befindet sich auch der größte Stalagmit der Schweiz. Der nicht weniger als 13 m hohe Tropfstein wird ehrfurchtsvoll «Le Dôme» genannt. Jährlich mehr als 16 000 Personen wagen den Abstieg von 30 m in die phantastische Höhlenwelt, wo das ganze Jahr über eine Temperatur zwischen 6 und 8 °C herrscht. Unter anderem hat der Schweizer Filmemacher Daniel Schmid in den Grotten einige Szenen für seinen Film «Violenta» gedreht.

22. 9. 1989

Sierre, die deutsch-welsche Grenzstadt in ihrer südlichen Umgebung, ist ein alter Walliser Zendenhauptort mit Spuren einer stolzen Vergangenheit, die sich im Stadtkern und vor allem auf den Hügeln rings um den Ort entdekken lassen. Von Sierre ist es aber auch nicht weit zum Wanderparadies des Pfynwaldes, eines einmaligen Kiefernwaldes mit heideartiger Vegetation in den Lichtungen, oder ins malerische Val d'Anniviers.

Office du tourisme
Avenue Max-Huber 2
3960 Sierre
027/55 85 35

Sierre/Siders

In Sierre fallen im Jahresmittel 25 cm Regen – verglichen mit 95 cm in Bern oder 137 cm in St. Gallen. Kein Wunder, ziert eine goldene Sonne das Wappen der niederschlagsärmsten Stadt der Schweiz und ließen sich schon früh Menschen in der klimatisch begünstigten Gegend nieder. Ihre Spuren sind in der verwirrenden Topographie rings um Sierre nicht einfach zu verfolgen. Am rechten Ufer der Rhone erheben sich hier mehrere Hügel, deren Sonnenseiten von Reben bewachsen sind, während schattenhalb nackte Felsen über zwei kleinen Seen stehen. Die Hügelgruppe geht auf einen gewaltigen prähistorischen Bergsturz zurück – oberhalb von Varens und Salgesch ist die Abbruchstelle noch zu erkennen –, durch den sich die heute zwischen schnurgerade Dämme gezwängte Rhone mehrmals ein neues Bett suchte; die Seelein von Siders sind Reste ehemaliger Flußarme.

Auf der südlichsten Anhöhe, dem Géronde, befand sich das älteste Sierre, das römische Castrum Sirri. 515 kam die Gegend an die Abtei St-Maurice, und im 11. Jh. erwarben die Bischöfe von Sitten die Herrschaft; als Verwalter setzten sie einen «Vizedominus» ein. Dieses Amt lag während Jahrhunderten bei den vornehmsten Geschlechtern der Region, und deshalb spricht man noch heute von der «Noble Contrée», die von Sierre bis hinauf nach Lens und hinunter nach Grone reicht.

Auf dem Géronde-Hügel entstand eine bischöfliche Burg mit einer kleinen Siedlung. Von der Festung – sie wurde 1415 zerstört – haben sich noch Reste der Ringmauer erhalten. Kaum mehr zu erkennen sind auch die Umfassungsmauern des karolingischen Gotteshauses St. Felix aus dem 8.–10. Jh., das einst neben dem Schloß stand.

Als sich der Siedlungsschwerpunkt auf den westlichen Nachbarhügel verlegte, entstand auf dem Géronde ein Kloster, in dessen malerischer Baugruppe mit der kleinen Kirche seit 1233 nacheinander Augustiner Chorherren, Kartäuser, Karmeliter und Jesuiten lebten, bevor das Kloster 1748–1818 als bischöfliches Seminar und 1894–1929 als Taubstummenanstalt diente. Seit 1934 bewohnen Bernhardinerinnen das im Lauf der Zeit mehrmals umgebaute Klostergeviert.

Im 13. Jh. entwickelte sich auf dem gegenüberliegenden westlichen Höhenzug der Marktflecken Vieux-Sierre. Alt-Siders war der Mittelpunkt des Zenden Siders, der die Noble Contrée und das Val d'Anniviers umfaßte. Die Siedlung mit der Kirche und dem bischöflichen Schloß wurde aber schon 1352 von den Oberwalli-

Kanton:	VS
Höhe über Meer:	541
Einwohner 1900:	1833
Einwohner 1980:	13 050
Autobahn:	keine

Das **Hôtel de Ville** *neben dem Viztumschloß wurde als Château de la Cour 1658–1666 für den Großkastlan und Bannerherrn des Zenden Siders Jean-François de Courten aus der berühmtesten Siderser Familie erbaut; 1732 ließ Joseph-Antoine de Courten den Westflügel hinzufügen. 1885 wurde das Schloß in ein Gasthaus, das Hôtel Château-Bellevue, umgewandelt und dient heute als Rathaus. Die drei Flügel des stattlichen Baus mit den Winkeltürmen umschließen einen Ehrenhof mit toskanischen Arkaden. Hier sind neben der Gemeindeverwaltung auch ein Zinnmuseum und im Rilkezimmer eine kleine Sammlung von Briefen und Werken des Dichters untergebracht.*

sern niedergebrannt; erhalten blieben nur Reste der Wehrmauern. Damals entstand auf der Hügelkuppe der «Plantzette» zwischen Alt-Siders und Géronde eine weitere Burg, die in den ständigen Kämpfen zwischen dem Bischof und den Feudalherren das Schicksal von Alt-Siders teilte und zur gleichen Zeit zerstört wurde. Die stürmische Walliser Geschichte überdauert hat dagegen östlich von Sierre auf einem Hügel Schloß Goubing, ein malerisch mitten in Weinbergen liegender Bergfried aus dem 13. Jh. mit einem Treppentürmchen.

Erst zu Beginn des 15. Jh. entstand auf dem «Plan» das heutige Siders. Hier steht seither das Schloß des Viztume (Château des Vidomnes), ein Viereckturm mit Erkern in den Dachwinkeln, heute ein Wohnhaus. Vom Schloß führt die Rue du Bourg – an ihr steht die barocke Maison de Chastonay aus dem 17. Jh. – nach Osten zur barocken Pfarrkirche Ste-Catherine von 1649; ihr Innenraum wurde im 18. Jh. klassizistisch umgestaltet. Noch weiter Richtung Brig stehen das Haus Pancrace de Courten in französischem Landhausstil aus dem 18. Jh. und der Eckbau des spätgotischen Hauses Allet, das im 16. Jh. ebenfalls von den de Courten erbaut wurde.

Die ehemalige Pfarrkirche Notre-Dame-des-Marais – sie ist vom Hôtel Château-Bellevue über die Straße nach Norden erreichbar – wurde 1422 erbaut und 1524 von Ulrich Ruffiner erweitert. Der gotische Rechteckbau trägt unter dem Vordach ein schönes Heiligenfresko aus dem 16. Jh.

Vom Hôtel Château-Bellevue führt die Geschäftsstraße der Avenue Général-Guisan nach Westen in den Ortsteil Villa zu einem kleinen Schloß, in dem heute ein Gasthaus mit einem Weinbaumuseum untergebracht ist. An der Achse der Avenue Général-Guisan, früher Grande Avenue genannt, entwickelte sich Sierre im 19. Jh. Nach dem Anschluß an die Simplonlinie 1868 wurde die Stadt zum Fremdenverkehrszentrum, ein Rang, den ihr heute Montana-Vermala abgelaufen hat. Das weltbekannte Wintersportzentrum auf 1500 m Höhe ist seit 1911 mit einer Schmalspurbahn in 30 Minuten erreichbar.

Wichtiger als der Fremdenverkehr ist in Sierre seit Beginn dieses Jahrhunderts die Industrie. In Chippis auf der andern Rhoneseite siedelte sich 1908 eine Fabrik an, die den Walliser Strom zur Verhüttung von Aluminium nutzte. Die Alusuisse, mit über 2000 Beschäftigten noch heute der mit Abstand größte Arbeitgeber des Oberwallis und mit 7 Milliarden Franken Umsatz im Jahr ein Weltkonzern, hat das Schicksal der Region seither weitgehend bestimmt. Die früher fast ausschließlich bäuerliche Bevölkerung wandelte sich zur Arbeiterschaft, die auf Gedeih und Verderb von der sehr konjunkturbedingten Aluminiumherstellung abhängig war und ist. In den fünfziger Jahren tobte in Sierre zudem der Walliser «Fluorkrieg»: Bauern hatten an ihren Aprikosenbäumen Fluorschäden festgestellt und stritten jahrelang um Entschädigungen und einen reduzierten Schadstoffausstoß.

Rainer Maria Rilke (1875–1926)

An der Straße von Sierre nach Crans zweigt nach Villa in einer Rechtskurve ein Sträßchen zum alten Schloß von Muzot ab. 1921 entdeckte der damals bereits berühmte österreichische Dichter Rainer Maria Rilke bei einem Ferienaufenthalt in Sierre den zerfallenen Wohnturm aus dem 13. Jh. Sein Mäzen Werner Reinhart kaufte den Turm und ließ ihn für Rilke zum Wohnsitz umbauen. Hier fand der 1875 in Prag geborene Dichter jenen Frieden, den er während seines unsteten Lebens lange vergeblich gesucht hatte. Bis zu seinem Tod 1926 vollendete Rilke in Muzot die «Duineser Elegien», schrieb die «Sonette an Orpheus» und kleine Gedichtsammlungen in französischer Sprache wie etwa die «Quatrains Valaisans». In Muzot zog Rilke auch seine geliebten Rosen, die heute auf dem malerischen Friedhof von Raron sein Grab zieren, dessen Inschrift Rilke selbst ersonnen hat: «Rose, oh reiner Widerspruch, Lust / Niemandes Schlaf zu sein unter soviel / Lidern.»

Die «Nomaden» vom Val d'Anniviers

Einst zogen die Familien des Val d'Anniviers im März samt Vieh, Pfarrer und Schule nach Siders hinunter zur Bestellung der Reben. Im April kehrten sie ins Dorf zurück, zogen im Juni auf die Maiensäße und stiegen im August – nach der Juli-Heuernte in der Umgebung des Dorfes – wieder zur Arbeit in den Rebbergen nach Sierre hinunter. Nach der Ernte im Dorf im September kamen die Anniviarden im Oktober zur Weinlese nach Siders; im November zogen sie dann wieder ins Dorf. Im malerischen Val d'Anniviers erreicht man nach 13 km Vissoie. Hier verzweigt sich die Straße nach links zur Sonnenterrasse von St-Luc (1655 m) und nach rechts Richtung Val de Moiry und Grimentz (20 km), dessen Dorfgasse mit den alten Häusern wie ein Freilichtmuseum wirkt.

Fondation Rainer Maria Rilke
Hôtel de Ville
Rue du Bourg 30
Mi und Do 8–12 und 14–17 Uhr;
Fr 8–12 und 14–16.30 Uhr.
027/56 26 46

Piscine de Guillamo
Glarey
027/55 95 59

Kunsteisbahn
Route des Lacs
027/55 04 01

Standseilbahn Sierre–Montana-Vermala
027/41 33 55

Camping
Bois de Finges/Pfynwald
3960 Sierre
April bis Oktober
027/55 02 84

Internationales Comic-Festival im Sommer

22. 9. 1989

Von weitem schon grüßt das Wahrzeichen von Sion, die beiden Burghügel von Valeria und Tourbillon, die Besucher des Wallis. Zu ihren Füßen liegt im milden Klima des Rhonetals eine der eigenwilligsten Alpenstädte. In Sitten, dem wirtschaftlichen, politischen und kulturellen Zentrum des Kantons, lassen sich auf einem Spaziergang malerische Altstadtwinkel, Zeugen einer 2000jährigen Geschichte und das heutige Leben einer teilweise schon mediterran geprägten Stadt entdecken.

Office du tourisme
Place de la Planta
1950 Sion
027/22 85 86

TCS-Geschäftsstelle
Rue des Cèdres 3
1950 Sion
027/23 13 21

Sion

Kanton:	VS
Höhe über Meer:	508
Einwohner 1900:	6048
Einwohner 1980:	22 877
Autobahn:	N 9, Sion Ouest

Bis 1961 nahm man an, daß sich die älteste Siedlung auf dem Gebiet von Sitten in dem Sattel zwischen den beiden Burghügeln Tourbillon und Valeria befunden habe. Damals aber stieß man westlich der Altstadt in der heutigen Rue du Petit-Chasseur auf Spuren noch älterer Besiedlung: Dolmen, Steinkistengräber und figürlich gravierte Platten aus der Jungsteinzeit – sie sind heute im Archäologischen Museum ausgestellt – zeugen davon, daß in Sitten schon vor 5000 Jahren Menschen lebten.

Schon sehr früh dürfte sich aber der Schwerpunkt der Siedlung an den Fuß der Felshügel Tourbillon und Valeria verlagert haben, die bei Gefahr Zuflucht boten. Sitten oder Sedunum – die Bezeichnung leitet sich von Sedo (Sitz) und Dunum (Burg oder Hügel) ab – war das Zentrum des keltischen Stamms der Seduner, als das Wallis 10–8 v. Chr. unter römische Herrschaft geriet. Vom Glück mehr begünstigt als das unter den Römern wichtigere Octodurus oder Martigny, überlebte Sitten den Untergang des Römischen Reiches. Es wurde wieder zum Mittelpunkt des Wallis, als der Bischofssitz in den unsicheren Zeiten der Völkerwanderung um 585 von Martigny hierher verlegt wurde. Wo heute das Theater steht, in der Cité oder Oberstadt, entstand die bischöfliche Residenz mit der ersten Kathedrale; und 999 erhielt der Bischof von Rudolf III. von Burgund auch die weltliche Herrschaft über das Tal zu Lehen.
Im frühen 10. Jh. verlegte das Kapitel seinen Sitz auf Valeria, und auch die Gebeine des legendären ersten Walliser Bischofs Theodul aus dem 4. Jh. – er ist

noch heute der Schutzpatron des Tals und der Winzer – fanden hier bis zur Plünderung durch die Franzosen 1798 ihre Ruhestätte; seither sind sie verschollen. Um 1150 wurde am Standort der heutigen, im 15. Jh. gebauten Kathedrale Notre-Dame-du-Glarier eine Bischofskirche errichtet, und um 1200 nahmen die Bischöfe erstmals jenseits des Flüßchens Sionne Wohnsitz. Damals errichtete man auch die langen Stadtmauern, die bei der Majorie begannen, nach Westen entlang der heutigen Avenue Ritz bis zum noch bestehenden Hexenturm verliefen, hier nach Süden abzweigten und in einem weiten Bogen über die Rue des Remparts und die Place du Midi zum Valeriahügel zurückführten. Tortürme sicherten die Ausfallstraßen nach Leuk, Savièse, Conthey und zur Rhone. Die optimistisch weit gezogenen Mauern wurden von der städtischen Siedlung lange nicht ausgefüllt. Innerhalb des Festungsrings gab es im Quartier Glarey auch Kiesgruben, daneben lag ein Quartier mit Speichern und Weinpressen – die Rebe war unter der römischen Herrschaft im Wallis heimisch geworden –, und auch ausgedehnte Felder und Gärten; sie sicherten im Belagerungsfall die Versorgung der Bewohner. Von der starken landwirtschaftlichen Prägung Sittens zeugten auch viele Misthaufen, über welche Reisende noch im 18. Jh. die Nase rümpften.

Das Leben in der Unterstadt war auch für die Einheimischen alles andere als angenehm: Im Sommer verpesteten die Fieberdünste aus den heute trockengelegten Sümpfen der Umgebung die Luft, und während der größten europäischen Pestepidemie starben 1349 drei Viertel der Bevölkerung an dieser Geißel der Menschheit. Die langsame Entwicklung des Walliser Hauptorts ist aber vor allem auf die ständigen Kriege und Aufstände zurückzuführen. In jahrhundertelangen Kämpfen mußte der Bischof seine Macht gegen die Grafen von Savoyen verteidigen. Bereits im 14. Jh. zog er wieder hinauf in die besser gesicherte Cité und nahm im alten Meierturm der Majorie

Kantonsmuseum Valeria
April bis Oktober:
Di–So 9–12 und 14–18 Uhr
November bis März:
Di–So 9–12 und 14–17 Uhr
027/21 69 22

Kantonales Kunstmuseum
La Majorie,
Rue des Châteaux 19
Mai bis September:
Di–So 10–12 und 14–18 Uhr
Oktober bis März:
Di–So 10–12 und 14–17 Uhr
027/21 69 02

Archäologisches Museum
des Wallis
Rue des Châteaux 12
Di–So 10–12 und 14–18 Uhr
027/21 69 16

Schwimmbad
Rue de la Bourgeoisie 2
027/22 90 33

Hallenbad
Rue de St-Guérin 31
027/22 45 68

Kunsteisbahn
Rue de St-Guérin 31
027/24 12 75

Camping Les Iles
Dezember bis Oktober
027/36 43 47

Camping Sedunum
Mai bis Oktober
027/36 42 68

Internationales Orgelfestival
im August

Stadtplan: Seite 479

Val d'Hérens

Mit 17 Linien, 460 km Streckennetz, 400 Ankünften und Abfahrten pro Tag und 4 Millionen Passagieren pro Jahr ist Sitten die größte Postautostation der Schweiz. Eine der Linien führt südwärts ins Val d'Hérens nach Vex auf 957 m Höhe (9 km). Während rechts der Weg ins Val'Hérémence abzweigt (siehe Spalte S. 193), führt die Straße ins Tal der Borgne weiter nach Euseigne, wo die berühmten Erdpyramiden – bis zu 20 m hohe Kegel aus Moränenschutt mit einem erosionshemmenden Stein auf der Spitze – emporragen. Nach 29 km erreicht man auf 1378 m Evolène, ein charaktervolles Walliser Dorf mit einem besonders malerischen Ortsbild: Neben mächtigen Holzhäusern stehen hier Steinbauten mit zum Teil dekorativen Malereien. Les Haudères (33 km) steht Evolène mit seinem Ortsbild in nichts nach: Noch näher bei den schneebedeckten Berggipfeln, auf 1450 m Höhe, stehen hier die Holzhäuser zusammen, die zum Teil von prächtigem Schnitzwerk geziert sind. Ihre Galerien und die Drahtkäfige unter den Dächern dienen zum Trocknen von Fleisch und Wurstwaren. In Les Haudères zweigt rechts ein Sträßchen nach dem Ferienort Arolla im gleichnamigen Tal auf 2003 m ab (44 km).

Wohnsitz, wo er bis 1788 residierte. Noch 1416 brandschatzte ein savoyisches Heer Sitten, und erst mit dem bischöflichen Sieg von 1475 vor den Toren der Stadt über 10 000 Savoyarden endeten die Auseinandersetzungen. Zu verdanken hatte der Bischof den Sieg vor allem der Hilfe der Oberwalliser Zenden. Die bäuerlich-bürgerlichen Gemeindeorganisationen waren zu seinen wichtigsten Verbündeten geworden; nach 1475 eroberten sie zusammen mit dem Bischof das Unterwallis als gemeinsames Untertanengebiet.

Die Sittener Bürger, über Jahrhunderte gehorsame Untertanen des Kirchenfürsten, erhielten 1339 von ihm einen Freiheitsbrief; vom 15. Jh. an besetzten anstelle des Adels immer mehr aufstrebende Bürgerfamilien die städtischen Ämter. Nicht nur die Schiner und Supersaxo aus dem Goms, sondern auch die Kalbermatten aus Saas Fee, die Ambüel aus Leuk und die de Torrenté aus dem Val d'Anniviers ließen sich in Sitten nieder. Dank ihren Einkünften aus den Solddiensten und aus den Unterwalliser Untertanengebieten bildeten sie mit der Zeit ein städtisches Patriziat, das die Geschicke der Stadt und des Tals bestimmte. Ihre burgartigen Familiensitze und ihre prächtigen Residenzen beherrschten bis ins 18. Jh. das Bild der Unterstadt, während sich der Fürstbischof in seiner Bautätigkeit vorwiegend auf die Oberstadt um die Majorie beschränkte. Das heutige Bild der Altstadt allerdings prägen jene Bauten – hauptsächlich an der Hauptachse, der Rue du Grand-Pont, oder auch an der Rue de Savièse –, die nach dem verheerenden Stadtbrand von 1788 entstanden, nachdem zwei Drittel der Sittener Häuser dem Feuer zum Opfer gefallen waren.

Am 6. Mai 1798 besetzte eine Schar Unterwalliser die Stadt und pflanzte einen Freiheitsbaum auf. Von den eilends herangerückten Oberwallisern zurückgetrieben, kehrten sie schon zehn Tage später zusammen mit einer französischen Armee zurück. Sitten mußte sich ergeben und wurde schwer geplündert. Unter Napoleon wur-

de das Wallis für kurze Zeit zur selbständigen Republik, bevor es 1810–1813 als Département Simplon zu Frankreich gehörte, mit einem Präfekten, der in Sitten residierte.

Nach dem Sturz des Korsen kam das Wallis 1815 als zwanzigster Kanton zur Eidgenossenschaft. An die Stelle der Kriege mit fremden Mächten traten heftige innenpolitische Auseinandersetzungen. Die 300 Jahre lang unterdrückten Unterwalliser bildeten im neuen Kanton eine starke französischsprachige Mehrheit. Die deutschsprechenden und konservativen Oberwalliser bekämpften den Kurs der radikalen Regierung (entspricht der heutigen Freisinnig-Demokratischen Partei): Das politische Leben des Kanton war von parteipolitischen Händeln geprägt, von 1815 bis 1875 folgte eine Verfassungsänderung der andern, und mehrmals wurden die politischen Differenzen mit Waffengewalt ausgetragen. Das zentral liegende Sitten hatte besonders zu leiden: Hier belagerten sich abwechslungsweise Unter- und Oberwalliser, und 1839 riefen letztere sogar Sierre zum Hauptort des oberen Kantonsteils aus. Erst der klare Sieg der Unterwalliser beim Gefecht von St-Léonard machte Sitten 1840 wieder zur Hauptstadt des ganzen Wallis. Schon vier Jahre später aber überrannten die Oberwalliser die Stadt von neuem und vertrieben die radikale Regierung. Unter der konservativen Herrschaft trat das Wallis auf katholischer Seite in den Sonderbundskrieg ein, in dem es sich als letztes Bollwerk der katholischen Stände 1847 schließlich den eidgenössischen Truppen ergeben mußte, die Sitten besetzten.

Die kriegerischen Auseinandersetzungen förderten den wirtschaftlichen Aufschwung nicht. Noch um 1850 – Sitten zählte damals nur gerade knapp 3000 Einwohner – galt das Wallis als eines der rückständigsten Gebiete und als «Kaschmir» der Schweiz. Im abgeschiedenen Rhonetal produzierte die Landwirtschaft ausschließlich für den eigenen Bedarf, Bargeld zirkulierte nur in ganz geringen Mengen, und die meisten der nötigsten Gebrauchsgegenstände wurden von italienischen Hausierern und Schmugglern über die Pässe gebracht.

Die Situation im «Vieux Pays», an dem die erste industrielle Revolution spurlos vorübergegangen war, änderte sich, als Sitten 1860 endlich an das Eisenbahnnetz angeschlossen wurde. Die wenig später nach Brig weitergeführte Linie erhielt ihre Fortsetzung nach Süden allerdings erst mit dem Bau des Simplontunnels 1906. Mit dem Norden verbunden wurde das Wallis sogar erst 1916, als der Lötschbergtunnel eröffnet war. Die Bahn brachte zwar nicht den erhofften industriellen Aufschwung; sie erschloß aber die Walliser Bergwelt für den Fremdenverkehr und legte damit den Grundstein für einen Wirtschaftszweig, der für den Kanton noch heute entscheidende Bedeutung hat. Um die Mitte des 19. Jh. änderte sich auch die Situation in der Landwirtschaft: Die Rhone wurde kanalisiert, und im entsumpften Talboden entstanden vor allem von Sitten an talabwärts fruchtbare Obst- und Gemüsekulturen.

Auch der Hauptort änderte sich: Eine bescheidene Tabakindustrie siedelte sich an, und im politischen und kirchlichen Zentrum des Wallis wurden die Stadtmauern geschleift. Sitten, durch Tourbillon und Valeria im Osten eingeengt, dehnte sich Richtung Bahnhof und an den Verkehrsachsen nach Süden und Westen aus. Als nach 1900 die Elektrizität vermehrt wirtschaftlich genutzt wurde, entstanden im Wallis eine Reihe von Kraftwerken, deren Energie zu einer großen Industrialisierungswelle führte. Zwar siedelten sich in Sitten im Vergleich zu den Chemiefabriken der Lonza in Visp und der Ciba in Monthey sowie der Alusuisse in Chippis nur mittlere und kleinere Fabriken an; der Hauptort profitierte aber vom Wachstum der kantonalen Verwaltung und entwickelte sich zum Zentrum des Weinbaus sowie des Fremdenverkehrs.

Die damalige Blüte nimmt sich allerdings gegenüber der stürmischen Entwicklung, die in Sitten seit den sechziger Jahren einsetzte, bescheiden aus. In der Hauptstadt spiegelt sich der Boom, der den ganzen Kanton erfaßte, besonders konzentriert wider. Im unbestrittenen wirtschaftlichen, politischen und kulturellen Zentrum des Wallis enstanden neben Industriequartieren ausgedehnte Neubausiedlungen, die immer weiter in die Ebene hinausgreifen. Die Besucher aber grüßt noch heute von weitem das Sittener Wahrzeichen des Hügelpaares von Tourbillon und Valeria, das wie vor 2000 Jahren windumweht hoch über der betriebsamen Stadt thront.

Val'Hérémence

Das Val'Hérémence, ein Seitental des Val d'Hérens, beginnt bei Vex, und die Straße führt zuerst ins Dorfzentrum der einzigen Talgemeinde Hérémence (1273 m); talaufwärts folgen die Weiler Prolin, Cerise, Mâche und Pralong. Die Betonkirche von Hérémence (1969) ist eines der umstrittensten modernen Bauwerke des Kantons. Die anschließende Fahrt durch das unberührte Val'Hérémence endet nach 29 km bei einem Wunderwerk moderner Technik, an der Staumauer des Lac des Dix, der das gleichnamige Tal überflutet hat. Ein Fußweg führt auf den Staudamm der Grande-Dixence. Die höchste Staumauer der Alpen hält im September, wenn das maximale Volumen erreicht wird, in einem Becken von 6 km Länge und auf einer Seespiegelhöhe von 2364 m 400 Mio. km^3 Wasser zurück. Die Betonmauer mißt vom Fuß bis zur Krone 285 m, ihre maximale Breite beträgt am Fuß 198 und an der 748 m langen Krone 15 m. 380 Mio. km^3 Wasser werden jedes Jahr mit 40 Wasserfassungen, 4 Pumpwerken und über 100 km Zuleitungsstollen in den 1961 eingeweihten Stausee geleitet und machen ihn zu einer der wichtigsten Energieversorgungszentralen der Schweiz.

Notre-Dame auf Valeria

Die imposante mittelalterliche Kirchenburg Valeria versinnbildlicht zusammen mit der Burgruine auf dem Tourbillon noch aus weiter Entfernung Macht und geschichtliche Größe Sittens. Der Hügel ist seit dem 12. und 13. Jh. von einer Wehrmauer umgeben und bietet einen herrlichen Rundblick.

Die Kirche Notre-Dame (13), ursprünglich eine Kathedrale, ist seit dem 12. Jh. Kapitelkirche und stammt baulich aus dem 12. und 13. Jh. Man betritt das Innere der Kirchenburg durch einen Nebenraum im Westen, der eine noch vorhandene Mühle und die Waffenkammer barg. In der dreischiffigen Anlage mit der Vorhalle trennt ein frühgotischer Lettner Schiff und Chor und bezeichnet zugleich die Grenze zwischen romanischem und gotischem Bau. Der romanische Chor wurde in gotischer Zeit überwölbt und enthält beachtenswerte Kapitelle des 12. Jh. sowie ein schönes Chorgestühl aus dem 17. Jh. Im Schiff befindet sich eine Sammlung orientalischer und byzantinischer Stoffe; an seiner Westwand klebt eine Schwalbennestorgel aus dem Ende des 14. Jh., eine der ältesten noch spielbaren Orgeln der Welt.

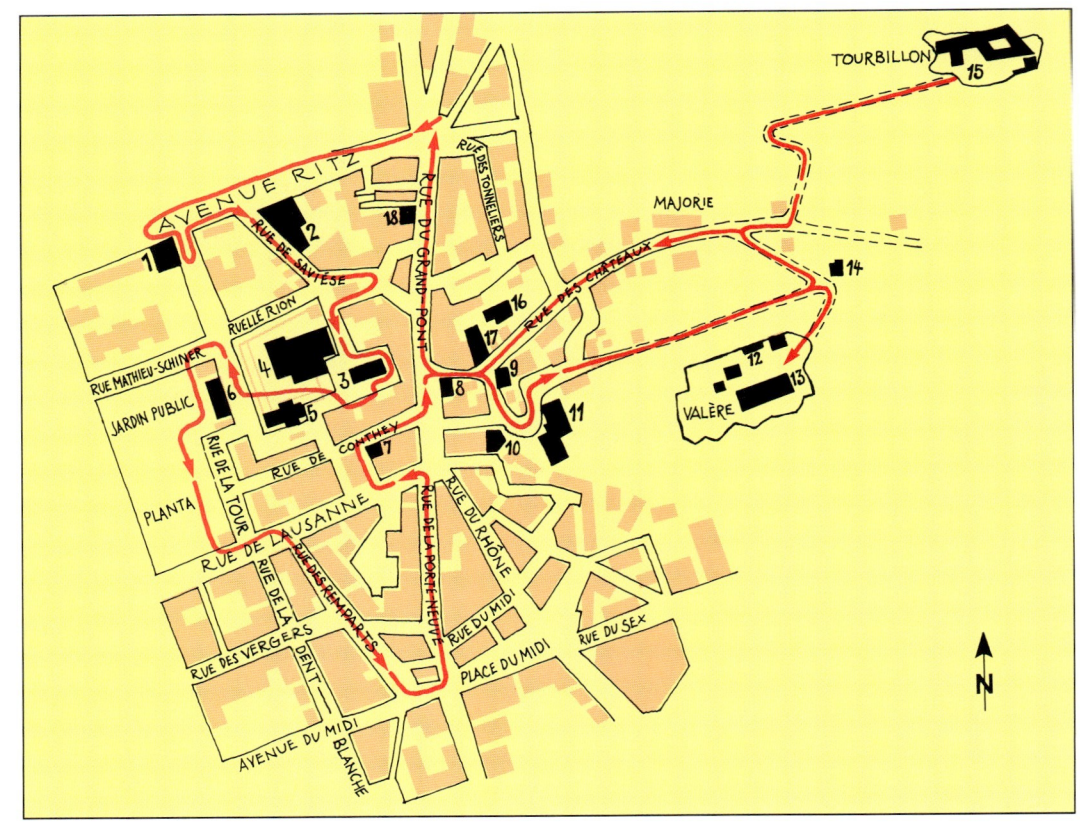

1 Tour des Sorcières
2 Maison de Courten
3 Maison du Chapitre
4 Kathedrale Notre-Dame-du-Glarier
5 Kirche St. Theodul
6 Bischöfliches Palais
7 Haus Supersaxo
8 Hôtel de Ville
9 Maison de la Diète
10 Maison de Platea
11 Kollegien- oder Jesuitenkirche
12 Kantonsmuseum auf Valeria
13 Kirche Notre-Dame
14 Allerheiligenkapelle
15 Tourbillon
16 Majorie/Kunstmuseum
17 Viztumschloß
18 Maison Ambuel

Stadtrundgang Sion

In der nordwestlichen Ecke der Altstadt steht der Hexenturm oder Tour des Sorcières (1), der einzige erhaltene Turm der Stadtmauer aus dem 12. und 13. Jh. Der massige Bau erinnert an den Hexenwahn, der in Sion besonders schrecklich grassierte: Allein 1428 wurden über 200 Frauen als Hexen verbrannt. Die Rue de Savièse mit ihrem spätbarock-klassizistischen Gepräge führt an der 1539 erbauten Maison de Courten mit dem Turm (2) durch die Unterstadt zum Kirchbezirk. Hier treffen wir zuerst auf das Kapitelhaus (Maison du Chapitre; 3): Der dreiflüglige Bau aus dem Anfang des 19. Jh. mit zentralem Turm ist Sitz des Domkapitels. Beherrscht wird die Altstadt von der Kathedrale Notre-Dame-du-Glarier (4), der letzten aus dem Mittelalter stammenden Kathedrale der Schweiz. Ihr romanischer Vorgängerbau wurde in den Rarnerkriegen 1418 mit Ausnahme des mächtigen, fünfgeschossigen Turms zerstört; die heutige Kirche entstand im 15. Jh. in verschiedenen Etappen, der Chor wurde 1947 erweitert. Die spätgotische, dreischiffige Basilika birgt einen spätgotischen Flügelaltar aus der Zeit um 1505 und ein geschnitztes Renaissance-Chorgestühl von 1623.

Neben der Kathedrale steht die Kirche St. Theodul (5), mit deren Bau zu Beginn des 16. Jh. begonnen wurde und an der 1514–15 der bekannte Architekt Ulrich Ruffiner im Auftrag von Matthäus Schiner weiterbaute. Der große Kardinal kam nicht dazu, sich hier das beabsichtigte Denkmal zu setzen: Zwar ziert sein Wappen – drei Schrägstreifen und ein Kreuz – nicht weniger als siebzehnmal die Schlußsteine und Pfeiler; nachdem sich aber 1515 das politische Geschick zugunsten der Supersaxo gewendet hatte, wurden die Bauarbeiten eingestellt. Vollendet wurde die turmlose Saalkirche erst im 17. und 18. Jh. Gegenüber der Kathedrale steht das spätklassizistische Bischöfliche Palais (6) von 1839/40; es ist noch heute Bischofssitz.

Eines der eindrucksvollsten Gotteshäuser der Schweiz: die Kirchenburg Valeria

Durch den Jardin public gelangt man auf den Planta-Platz, auf dem die Stadtbewohner jeweils nach der Bischofswahl ihrem Herrn den Treueeid schworen. Die ehemalige Wiese ist auch das wichtigste Walliser Schlachtfeld: Am 13. November 1475 schlugen hier die Sittener zusammen mit den Oberwallisern ein savoyisches Heer und eroberten anschließend das Unterwallis. Durch die Quartiere des 19. Jh. mit den großen Warenhäusern kommt man über die Place du Midi zur Altstadt zurück. Ein kleiner Umweg nach links führt zum Haus Supersaxo (7) am gleichnamigen Gäßchen. Der 1503–1505 errichtete Bau ist ein würdiges Denkmal der mächtigen, ursprünglich aus Ernen im Oberwallis stammenden Familie, die zum erbittertsten Feind der Schiner wurde, nachdem sie dieses Geschlecht lange gefördert hatte. Im Festsaal des zweiten Stocks zeugt eine besonders schöne spätgotische Schnitzdecke von 1505 vom damaligen Reichtum der Supersaxo.

Gegenüber dem Grand Pont – sein Name erinnert daran, daß hier die heute überdeckte Sionne früher offen durch die Stadt floß – erhebt sich das frühbarocke Hôtel de Ville (8). Das 1657–1665 erbaute Sittener Rathaus mit der roten, asymmetrischen Fassade, der astronomischen Uhr von 1668 und der prachtvoll geschnitzten Türe birgt im Erdgeschoß eine Sammlung römischer Inschriftsteine. Links neben dem Rathaus führt die Rue des Châteaux zur Maison de la Diète (9), die im 18. Jh. den Abgeordneten des Zenden Goms als Logis diente. Über die gekurvte Straße rechts erreicht man die Maison de Platea (10), einen stattlichen, aus zwei mittelalterlichen Bauten zusammengefügten Komplex, und gelangt zu einer Terrasse, auf der sich im Mittelalter die Cité des Bischofs befand. Hier steht die Kollegien- oder Jesuitenkirche (11), ein Bau von 1806–1815. Bei der Treppe vor dem Sittener Theater beginnt der pittoreske Fußweg hinauf zu Valeria und Tourbillon. Auf dem Sattel zwischen den beiden Hügeln steht in herrlicher Lage die romanische, 1325 gegründete Allerheiligenkapelle (14). Hier verzweigt sich der Weg nach rechts zur Valeria mit der Burgkirche Notre-Dame und dem Walliser Kantonsmuseum (13 und 12, Beschreibung nebenstehend) und links zum Tourbillon (15). Die auf einer kahlen Felskuppe errichtete eindrücklichste Burganlage des Wallis, die wohl auf eine Fluchtburg zurückgeht, stammt aus der Mitte des 13. Jh. und diente den Bischöfen als Sommerresidenz, bis die gewaltige Anlage 1788 durch einen Brand total zerstört wurde.

Von der Allerheiligenkapelle führt die Rue des Châteaux hinunter zur Majorie (16). Der bereits im 13. Jh. erwähnte Meierturm diente von 1373 bis 1788 als bischöfliche Wohnung und erhielt sein heutiges Gesicht 1536 bei einem Umbau durch Ulrich Ruffiner. Im burgartigen Baukomplex mit der zinnenbewehrten Mauer ist das Kunstmuseum mit der umfangreichen Sammlung Walliser Kunst untergebracht. Das benachbarte Viztumschloß (17) war einst Sitz der bischöflichen Verwaltung. Nach der Rückkehr in die Rue du Grand-Pont gelangt man rechts am stattlichen barocken Maison Ambuel (18) mit den illusionistischen Fassadenmalereien zum Ausgangspunkt des Rundgangs zurück.

Matthäus Schiner (1465–1522)

Die schillerndste Figur auf dem Walliser Bischofsstuhl war zweifellos der aus Ernen stammende Matthäus Schiner. Dank der Unterstützung seines aus dem gleichen Oberwalliser Dörfchen stammenden Jugendfreundes und Zendenhauptmanns Georg Supersaxo wurde er 1499 zum Bischof von Sitten geweiht. Schiner kämpfte vor allem gegen die französische Expansionspolitik in der Lombardei, durch die er das Wallis in seiner Existenz bedroht sah. Supersaxo, als Anhänger der Franzosen zu seinem erbitterten Feind geworden, trieb er nach Rom ins Exil. Als Schiner auf dem Höhepunkt seiner Macht ein in ganz Europa geachteter Kirchenfürst war, brachte ihn 1515 die Niederlage der Eidgenossen – er hatte zu ihrer Unterstützung Söldner geworben – gegen die Franzosen bei Marignano zu Fall. Supersaxo kehrte zurück, und 1517 mußte Schiner seine Diözese fluchtartig verlassen. Er wurde vom Papst mit dem Kardinalstitel getröstet und fiel 1522 in Rom der Pest zum Opfer, sieben Jahre bevor auch Supersaxo, gegen dessen Macht sich das Volk inzwischen ebenfalls aufgelehnt hatte, im Exil in Vevey starb.

Kantonsmuseum auf Valeria

Außer der alles beherrschenden Kirche stehen auf Valeria auch die ehemaligen Wohngebäude des Domkapitels. In der über dem nördlichen Felsabsturz liegenden Gebäudegruppe ist heute das Kantonsmuseum (12) Valeria mit einer reichhaltigen Sammlung zur Geschichte des Wallis untergebracht. Sie zeigt kirchliche Kunst wie frühchristliche Elfenbeinarbeiten und Stoffe, mittelalterliche Skulpturen und Kultgegenstände wie Retabel, Goldschmiedearbeiten und liturgische Gewänder aus romanischer Zeit. Daneben beherbergt das außerordentlich reichhaltige Museum eine Dokumentation zur bewegten Walliser Geschichte, eine Sammlung von Rüstungen, Waffen und Uniformen und schließlich auch noch eine volkskundliche Sammlung zur Wirtschaft des Kantons und zum Brauchtum der verschiedenen Walliser Talschaften.

Das Wallis in Zahlen

Das Wallis hält viele Schweizer Rekorde: Die 4634 m hohe Dufourspitze ist der höchste Punkt, der Pfynwald bei Sierre der größte Föhrenwald, Bagnes die flächenmäßig größte Gemeinde und der 2478 m hohe Nufenen der höchste befahrbare Paß. Der Kanton produziert auf 14 000 ha Rebland mit jährlich 80 Mio. Litern 40% des Schweizer Weins und deckt als größter Elektrizitätslieferant mit 49 Staumauern fast ein Fünftel des Schweizer Strombedarfs. Der 23,6 km lange Aletschgletscher schließlich ist der größte und längste Gletscher Europas. Im Wallis werden jährlich 100 Mio. Kilo Früchte und Gemüse geerntet, und das Land am Rotten (Rhone) ist auch der Tourismuskanton par excellence: Hier werden im Jahr über 4 Mio. Logiernächte gezählt. So lebt in dem Kanton mit 227 000 Einwohnern und 163 Gemeinden jeder dritte Beschäftigte vom Fremdenverkehr, und immer noch sind 10% der Erwerbstätigen in der Landwirtschaft tätig; neben den 4000 Bauern gibt es 34 000 nebenberufliche Landwirte. Nur 17% der Erwerbstätigen sind dagegen im Vergleich zum Landesmittel von 22% in der Industrie beschäftigt, und deutlich unter dem Landesdurchschnitt liegt auch das Pro-Kopf-Einkommen: Hier steht das Wallis nur im 19. Rang.

Ernen

Seit dem Bau der Gomser Talstraße im Jahre 1820 durch das Goms liegt Ernen südöstlich von Fiesch am Talhang abseits des Durchgangsverkehrs; nicht zuletzt deshalb hat sich das Ortsbild hervorragend erhalten. Beherrscht wird der ehemalige Hauptort des Zenden Goms von der spätgotischen, 1510–1518 erbauten Pfarrkirche St. Georg mit ihrer reichen Innenausstattung. Besonderes Schmuckstück von Ernen aber ist der Platz des Oberen und Unteren Hengert, einer der schönsten Dorfplätze der Schweiz. Hier steht isoliert das steinerne Zendenrathaus von 1750–1762, das im Innern den Gerichtssaal und Verliese birgt. Es folgen im Uhrzeigersinn das zu Beginn des 16. Jh. erbaute Kapuzinerhaus, das ehemalige Burger- und heutige Schulhaus von 1538, das behäbige Am Hengarthaus, die Wirtschaft zur Linde von 1552, der mächtige Holzbau des Hauses am Untern Hengert von 1581, das Schinerhaus, das Gasthaus St. Georg und schließlich das platzbeherrschende Tellenhaus von 1576 mit Bildern aus der Tellensage am gemauerten Sockel (heute Gemeindehaus). Auf einem Geländesporn östlich des Dorfes stehen drei Steinsäulen, die Reste des einzigen in der Schweiz noch stehenden Galgens.

Brig

Noch im Mittelalter stand Brig im Schatten von Naters, und erst im 17. Jh. überflügelte der Handelsplatz dank der günstigen Lage am Fuß des Simplonpasses die Nachbargemeinde. Zwei Epochen prägten das Bild der Stadt, die heute mit Glis im Südwesten und Naters jenseits der Rhone zusammengebaut ist: die Zeit des großen Stockalper, als das Schloß, die Turmhäuser der Altstadt und das Kollegium entstanden, und die des Eisenbahnbaus, als Brig als Verkehrsknotenpunkt an der Simplon- und Lötschberglinie einen neuen Aufschwung nahm.

Die verwinkelte Altstadt mit ihren teilweise turmbewehrten Häusern aus dem 16. und 17. Jh. erstreckt sich vom Sebastiansplatz bergwärts. Beherrscht wird sie vom Stockalperschloß, einem der prächtigsten Barockpaläste der Schweiz. Der etwas tiefer gelegene Alte Palast aus dem 16. Jh. wurde 1640–1660 durch Kaspar Jodok von Stockalper ausgebaut. Ein gedeckter Arkadenaufgang verbindet ihn mit dem Großen Palast, den der Transportunternehmer wenig später 1658–1678 errichten ließ. Glanzstück der riesigen Anlage ist der Arkadenhof mit den drei aus massiven Blöcken gefügten, von Zwiebelkuppeln gekrönten Türmen; sie werden Kaspar, Melchior und Balthasar genannt. Der von zwei- und dreigeschossigen Loggien umschlossene Hof war Lager- und Umschlagplatz an der Simplonroute und diente zu Repräsentationszwecken sowie für Theateraufführungen. Der angegliederte Wohntrakt mit seinen strengen Linien ist noch ganz von der Renaissance geprägt. Verschiedene Säle wie der Gerichts- und Rittersaal mit dem Schloßmuseum können besichtigt werden.

Visp

9 km westlich von Brig liegt an der Einmündung des nach Saas Fee und Zermatt führenden Vispertales das zweite Zentrum des Oberwallis, Visp. Der alte Handels- und Marktflecken zu Füßen des Mischabelmassivs ist heute ein Industrieort, in dem die Düngerfabrikation ein wichtige Rolle spielt. An die einstige Bedeutung des Zendenhauptorts erinnert die charaktervolle Altstadt, die Burgschaft; an ihren steilen, winkligen Gäßchen stehen die stolzen Zeugen der Visper Vergangenheit wie der burgartige Lochmatterturm aus dem 12. und 13. Jh. und das 1699 erbaute Haus Burgener mit den Säulenloggien. Im höheren, Gräfinbiel genannten Teil der Altstadt erhebt sich das Wahrzeichen von Visp, die Kirche Hl. Drei Könige oder Burgerkirche. Das Gotteshaus aus dem 11. und 12. Jh. wurde 1710–1730 unter Beibehaltung des schönen romanischen Glockenturms neuerbaut.

Das stolze Schloß eines großen Unternehmers: Stockalperpalast in Brig

Der alte Zendenhauptort Ernen im Goms

Das malerisch auf einem Hügel am rechten Rand der Rhoneebene zwischen Martigny und Sion liegende Städtchen **Saillon** *wurde 1257 von den Savoyer Grafen neben einer Burg gegründet, von der aus sie die wichtige Straße durch das Rhonetal kontrollierten. Während die Burg 1475 von den Oberwallisern bis auf den mächtigen Bergfried zerstört wurde, blieb der Mauerring von Saillon mit den halbrunden, zinnenbekrönten Türmen weitgehend erhalten. Das reizvolle Städtchen – zu seinen Füßen floß die Rhone, bis sie in der Talmitte kanalisiert wurde – hat mit seinen verwinkelten Gassen und verschlafenen Plätzen sein mittelalterliches Aussehen fast unversehrt bewahrt.*

Zermatt

Zur Stadt wird Zermatt im Winter, der Hauptsaison im Fremdenverkehrsort zuhinterst im Mattertal auf 1616 m Höhe inmitten eines grandiosen Halbrunds von Gletschern und firnbedeckten Gipfeln. Weltbekannt ist der autofreie Ferienort vor allem dank dem 4478 m hohen Matterhorn: 1865 von dem Engländer Edward Whymper erstmals bestiegen – vier bei der tragischen Expedition verunglückte Alpinisten liegen auf dem berühmten Bergsteigerfriedhof begraben –, ist der pyramidenförmige Berg heute ein Magnet für erfahrene und auch weniger geübte Kletterer aus aller Welt. Zusammen mit der hervorragenden touristischen Infrastruktur und den Ausflugszielen in der Umgebung wie etwa dem Gornergrat oder dem Schwarzsee macht er den Reiz von Zermatt aus.

St-Maurice

liegt in einem Engpaß des unteren Rhonetals und war als Agaunum schon zur Römerzeit eine wichtige Zoll- und Militärstation an der Straße zum Großen St. Bernhard. Um 380 wurde an der Stelle, wo der hl. Mauritius und die Soldaten der Thebäischen Legion etwa 100 Jahre früher den Märtyrertod erlitten haben sollen, eine erste Kirche gestiftet. 515 gründete der Burgunderkönig Sigismund die Abtei, die seit 1128 von Augustinerchorherren geführt wird und deren Abt noch heute Titularbischof von Bethlehem ist. Faszinierende archäologische Grabungen im Martelet-Hof zeigen, daß hier vom 5. bis ins 11. Jh. fünf Kirchen errichtet wurden, bevor 1614–1627 die heutige Basilika im rechten Winkel zu den Vorgängerbauten entstand; sie wurde mit den Klostergebäuden Anfang des 18. Jh. nach einem Brand weitgehend neu erbaut und birgt den Eingang zur Schatzkammer. Hier ist der berühmte Kirchenschatz mit wunderbaren Reliquiaren wie etwa dem Theoderich-Schrein, einer Wasserkanne Karls des Großen, dem Kopfreliquiar des hl. Candidus sowie den Schreinen der hl. Mauritius und Sigismund zu bewundern.

Die im 13. Jh. befestigte Stadt – sie war nach 1475 Sitz eines Oberwalliser Vogts – fiel 1693 einem Brand zum Opfer. Die Grand-Rue mit dem Hôtel de Ville aus dem 18. Jh. führt zur alten Brücke und zum Schloß in einer Felsenge nördlich des Städtchens. Die ursprüngliche Burg der Grafen von Savoyen wurde im 15. Jh. neu erbaut: Hier kann im Musée militaire cantonal eine Sammlung zur Walliser Militärgeschichte bestaunt werden – ganz im Gegensatz zu den großen Festungsanlagen der Schweizer Armee in den Bergflanken über St-Maurice, die den Blicken Neugieriger entzogen sind.

Bourg-St-Pierre

Die hinterste Siedlung auf 1632 m Höhe im Val d'Entremont liegt auf einer Geländeterrasse, wo die römische und mittelalterliche Route über den Großen St. Bernhard bei der heutigen Karlsbrücke die Schlucht des Bergbachs Valsorey überwand. Beherrscht wurde der Engpaß von der heute zerfallenen Burg Allinges, die einst in den Mauerring des Städtchens einbezogen war. Den ehemals befestigten Kern von Bourg-St-Pierre, dem die Savoyer wie dem Flecken Sembrancher weiter unten im Tal das Stadtrecht verliehen, bilden die Häuser um die Kirche St-Pierre. Die heutige, aus dem 18. Jh stammende Barockkirche ersetzte ein frühmittelalterliches Gotteshaus, von dem sich der um die Jahrtausendwende errichtete romanische Glockenturm erhalten hat. Ein römischer Meilenstein in der Friedhofmauer zeugt von der Bedeutung des uralten Paßübergangs über den Großen St. Bernhard, den schon die Römer als Verbindung von Piemont nach Helvetien nutzten.

Walliser Raclette

Der Legende nach arbeiteten einst an einem nebligen Herbsttag Walliser Winzer in ihren Rebbergen. Um sich zu wärmen, entfachten sie in der Mittagspause ein kleines Feuer. Einer der Winzer setzte sich zu nahe an die Flammen, und das Stück Bergkäse, das er in Händen hielt, begann zu schmelzen. Das oder die Raclette war «erfunden». Noch bis in unser Jahrhundert war die Leibspeise der Sennen und Bauern im Rhonetal außerhalb des Wallis kaum bekannt. Sie wurde an einem Lärchenholzfeuer zubereitet, der würzige Bergkäse halbiert, auf eine flache Steinplatte nahe ans Feuer gelegt und, sobald er zu schmelzen begann, mit dem Messer auf den Teller geschabt. Seinen Siegeszug durch die Schweiz trat das Raclette erst 1909 an. Bei einer Walliser Landwirtschaftsausstellung bot man es erstmals auswärtigen Journalisten an; es wurde rasch bekannt und kann heute dank modernen Racletteöfen und speziell hergestelltem Raclettekäse problemlos überall zubereitet werden. Wie seit jeher gehören zum Raclette als Zutaten geschwellte Kartoffeln, Cornichons und Perlzwiebeln. Obligates Getränk ist selbstverständlich ein Fendant, doch kann's auch ein anderer Wein oder ein Schwarztee sein.

In Solothurn, französisch Soleure genannt, erinnern noch viele bauliche Zeugen daran, welch wichtige Rolle der französische Botschafter, der hier residierte, und die enge Beziehung zur Grande Nation in der «Ambassadorenstadt» einst spielten. Die barocke, hervorragend erhaltene Altstadt Solothurns zeigt eines der repräsentativsten Stadtbilder der Schweiz.

Verkehrsbüro
Hauptgasse 69
Kronenplatz
4500 Solothurn
065/22 19 24

TCS-Geschäftsstelle
Westbahnhofstraße 12
4500 Solothurn
065/22 13 56

Solothurn

Solothurn verdankt seine Entwicklung dem ersten Engpaß der Aare östlich der Juraseen. Wahrscheinlich bauten hier bereits die Kelten eine erste Brücke und legten daneben eine befestigte Siedlung an, die sie 58 v. Chr. verbrannten, als sie aufbrachen, um im Süden Frankreichs fruchtbares Land zu erobern. Von Julius Cäsar geschlagen, kehrten sie zurück und bauten als römische Untertanen den Ort wieder auf; seit der Zeit von Kaiser Augustus war der Vicus Salodurum ein Heerlager und gleichzeitig ein wichtiger Verkehrsknotenpunkt an den Straßen von Aventicum, der Hauptstadt des römischen Helvetien, nach Augusta Raurica und Vindonissa. Die heute im Lapidarium neben der Jesuitenkirche ausgestellten Steinfunde zeugen von der Blütezeit des römischen Orts, der wohl um die Mitte des 3. Jh. n. Chr. an Bedeutung verlor. An seiner Stelle überdauerte ein befestigtes Kastell die Stürme der Völkerwanderung; es schützte auch die bereits in spätrömischer Zeit entstandene Grabstätte der thebäischen Märtyrer und Stadtheiligen Urs und Viktor.
Im Mittelalter war Solothurn die nordöstliche Grenzstadt des hochburgundischen Reichs, kam 1032 zusammen mit Burgund an das Deutsche Reich und befand sich ab 1127 im Besitz der Herzöge von Zähringen. Sie umschlossen im 12. Jh. die bisher getrennten Siedlungskerne des Kastells nördlich der heutigen Wengibrücke und den Kirchbezirk um das St.-Ursen-Stift mit einer gemeinsamen Mauer und verbanden die beiden Ortsteile durch die breite Marktgasse; diese führte an der frühmittelalterlichen Stadtburg – von ihr hat sich der

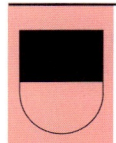

Kanton:	SO
Meter über Meer:	432
Einwohner 1900:	10 025
Einwohner 1980:	15 778
Autobahn:	N 1
	Solothurn

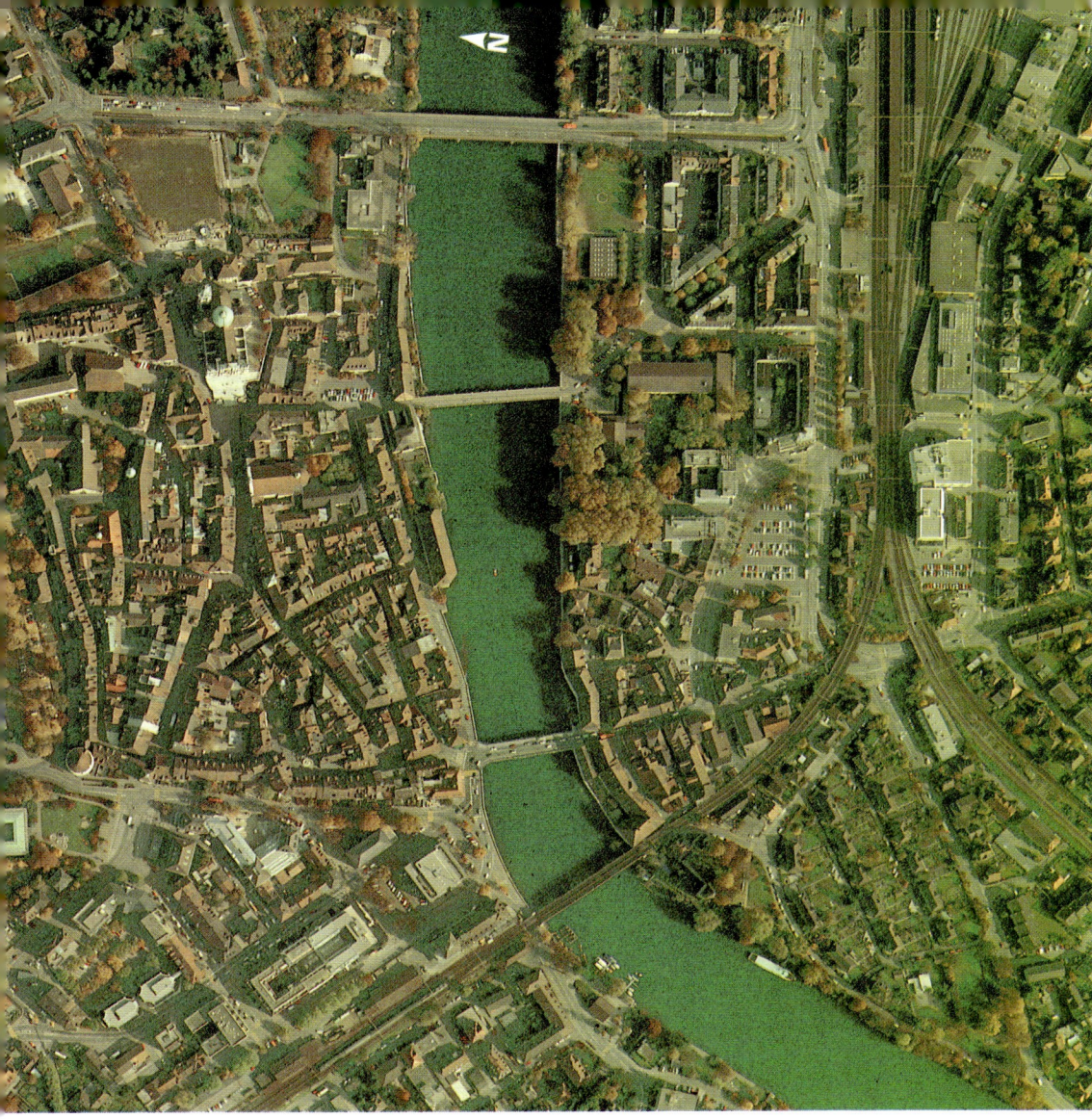

Zeitglockenturm erhalten – vorbei. Dem Verlauf des hochmittelalterlichen Stadtgrabens entspricht die heutige Ringstraße; von der Befestigung haben sich auf der Nordseite der rechteckigen Siedlung ein Teil der Mauer mit drei vorspringenden, halbrunden Türmen und jenseits der Aare im südlichen Brückenkopf der Krumme Turm erhalten.

Nach dem Aussterben der Zähringer 1218 errang die Bürgerschaft allmählich die Selbstverwaltung, und im 14. Jh. bildeten sich elf Zünfte, die fortan die Politik der Stadt bestimmten. Eingeklemmt zwischen dem mächtigen Bern im Süden und dem reichen Basel im Norden, konnte Solothurn im Jura und im Aaretal ein kleines Herrschaftsgebiet aufbauen und suchte Ende des 15. Jh. starke Verbündete: Nach den Burgunderkriegen wurde Solothurn 1481 dank der Vermittlung von Bruder Klaus auf der Stanser Tagsatzung in den Bund der Eidgenossen aufgenommen. Als Grenzstadt verstärkte es nach dem Schwabenkrieg 1499 seine Befestigung in italienischer Renaissancemanier mit dem Baseltor und dem Neubau von vier mächtigen Ecktürmen, von denen sich der Buris- und der Riedholzturm erhalten haben.

1516 schlossen die eidgenössischen Orte mit Frankreich den «Ewigen Frieden», und 1522 ließen sich die französischen Gesandten in Solothurn nieder. Die mächtigen Ambassadoren des Königs wohnten zuerst im Ostteil des Franziskanerklosters und bezogen später als Residenz den Ambassadorenhof, der für Jahrhunderte eines der wichtigsten politischen Zentren der Eidgenossenschaft war. Hier wurden die Soldverträge ausgehandelt und besiegelt sowie die Pensionen ausbezahlt, die für fast alle Orte der Alten Eidgenossenschaft die wichtigste Einnahmequelle waren. Die Gesandten hielten in der «Ambassadorenstadt» glanzvoll hof, und in Solothurn waren ständig Delegationen der Alten Orte zu Gast, die diplomatische und militärische Verhandlungen führten. Als Nahtstelle zwischen französischer Krone und Eidgenos-

Naturmuseum
Klosterplatz 2
Di–Sa 14–17 Uhr,
Do 14–21 Uhr,
So 10–12 und 14–17 Uhr
065/22 70 21

Museum Altes Zeughaus
Zeughausplatz 1
März bis Oktober,
Di–So 10–12 und 14–17 Uhr
November bis Februar,
Di–Fr 14–17, Sa und
So 10–12 und 14–17 Uhr
065/23 35 28

Museum Blumenstein
Wohnkultur des 18. Jh.
Blumensteinweg 12
Di–Sa 14–17 Uhr, So 10–12
und 14–17 Uhr
065/22 54 70

Kunstmuseum
Werkhofstraße 30
Di–So 10–12, 14–17 Uhr
065/22 23 07

Kosciuszko-Museum
Gurzelngasse 12
Sa und So 14–16 Uhr
065/22 83 80

Steinmuseum
Dokumentation über den
Solothurner Stein
Restaurant Kreuzen
Mai bis Oktober, So 14–17
Uhr oder auf Anfrage
065/22 71 45

Domschatz
St.-Ursen-Kathedrale
Besuch auf Anmeldung beim
Domsakristan
065/22 37 53

Aareschiffahrt
065/22 68 81

Schwimmbad
Römerstraße
065/22 14 86

Hallenbad
Obere Sternengasse
065/22 12 28

Solothurner Filmtage
Ende Januar

Solothurner Literaturtage
Ende Mai

Märet-Fest
Anfangs Juli

Jazz am Märet-Fest
Ende August

Fasnacht Mitte/Ende Februar

Stadtplan: Seite 482/483

Schloß Waldegg

In der Umgebung Solothurns gibt es rund drei Dutzend charakteristische Landsitze einheimischer Patrizier – einfachere Landhäuser weniger betuchter Familien oder stolze Anlagen besonders reicher Geschlechter. Zu den letzteren gehört sicher Schloß Waldegg in Feldbrunnen, das von Solothurn aus über die Riedholzstraße erreichbar ist. Der fürstliche Sitz, eine Mischung aus Wohnturm, Türmlihaus und Gartenarchitektur, wurde 1682–1684 für Schultheiß Johann Viktor Besenval erbaut. Der enge Berater des französischen Königs Ludwig XIV. lebte im Sommer in einem langgestreckten Gebäude, aus dem turmartig in der Mitte ein großer und auf den Seiten zwei kleine Pavillons hervortreten. Seitlich schließen sich Galerieflügel mit Eckürmchen an, welche die gegen Süden auf einen schönen Park gerichtete Front zu einer imposanten Kulisse erweitern. Zum Teil haben sich im Innern die repräsentativen Räume des 17. Jh. mit ihren prunkvollen Interieurs erhalten, so etwa der große Saal des Mittelbaus. Schloß Waldegg ist heute Sitz einer Stiftung, die den Besitz verwaltet und sich für die Förderung der Kontakte zwischen den Schweizer Sprachregionen einsetzt.

senschaft wurde das Leben in Solothurn außerordentlich stark von Pariser Einflüssen geprägt. Von der einst dominierenden Rolle französischer Lebensart zeugt nicht nur, daß das Patriziat der Stadt ausschließlich Französisch sprach; die Stadt an der Aare hat auch einen Hauch von Luxus und Vornehmheit bewahrt, der heute noch sicht- und spürbar ist. Im Stadtbild mischen sich französische Stilelemente mit gotischen Elementen, und vor allem zur Zeit des Barock im 17. und 18. Jh. entstanden glanzvolle Gotteshäuser wie die Jesuitenkirche und der Neubau der Kathedrale. Die Hauptgassen wurden gepflastert, stattliche Bürgerhäuser erbaut und viele eindrückliche Brunnen mit farbenfrohen Standbildern errichtet; das Stadtbild nahm eine für Schweizer Verhältnisse ausgesprochen repräsentative Gestalt an.

Von den reichlich sprudelnden französischen Geldern profitierte auch das Solothurner Patriziat: Langsam bildete sich eine kleine, aber mächtige Oberschicht heraus, die alle entscheidenden und einträglichen politischen und militärischen Stellen besetzte und sich ein Leben nach französischer «Manier» leisten konnte; am Stadtrand und in der näheren Umgebung von Solothurn entstand ein ganze Reihe vornehmer Landhäuser mit aufwendigen Treppen- und Flankentürmen in französischem Stil, in denen man den Sommer verbrachte. So lebte zum Beispiel Schultheiß Johann Viktor Besenval in der warmen Jahreszeit in Feldbrunnen im Schloß Waldegg (siehe Randspalte auf dieser Seite); als Wintersitz diente dem mächtigen Politiker dagegen ein beinahe fürstlicher Stadtpalast, das 1701–1706 im Stil der französischen Klassik errichtete Palais Besenval am Nordende der Kreuzackerbrücke mit der imposanten Aarefront. Die reichen Solothurner Familien trieben aber auch im Innern ihrer Wohnsitze einen großen Aufwand: Einen guten Einblick in die herrschaftliche Lebensweise des Patriziats im 18. Jh. gibt das Historische Museum in Schloß Blumenstein; das in einer terras-

sierten Gartenanlage um 1725 errichtete Régencepalais hat seine kostbare Ausstattung im Louis-XIV-Stil fast vollständig bewahrt. Im Auftrag Frankreichs wurde vor allem zum Schutz gegen das protestantische Bern – Solothurn war in der Reformation katholisch geblieben – 1667 beidseits der Aare mit dem Bau von Schanzen nach dem System Vauban begonnen. Geplant waren elf riesige Bastionen, in welche die bereits bestehenden Türme einbezogen werden sollten. Das imposante, aber festungstechnisch überholte Projekt wurde 1772 nach der großen Finanzkrise eingestellt; im letzten Jahrhundert schleifte man mit Ausnahme der St.-Ursen-Schanze beim Riedholzturm sämtliche Anlagen.

Zur Finanzkrise war es 1720 gekommen, weil der französische Staatshaushalt zusammenbrach; Frankreich schränkte die Werbung für seine Söldnerkompanien stark ein; die Einnahmen aus den fremden Diensten gingen massiv zurück. Zur gleichen Zeit ging das Bankhaus La Chapelle bankrott, wodurch viele Adelsfamilien große Teile ihres Vermögens verloren; Solothurn büßte an Bedeutung ein, und 1798 mußte das königstreue Patriziat vor den französischen Revolutionstruppen ruhmlos kapitulieren.

Mit der Restaurationsverfassung von 1815 kam die Gewalt allerdings wieder in patrizische Hände, und die Stadt beherrschte die Landschaft erneut als Untertanengebiet. Ein Teil der alten Geschlechter investierte jetzt in die aufkommende Industrie, und in Solothurn nahmen die Textilbranche und die Eisenindustrie einen ersten Aufschwung; der Bergbau im Jura wurde wieder verstärkt betrieben. Die liberalen Kräfte allerdings wehrten sich gegen die «Alte Ordnung»; unter ihrer Führung wurde 1830 am Volkstag von Balsthal die Volkssouveränität ausgerufen, und die Verfassung von 1831 schaffte die aristokratische Herrschaft ab.

Von der politischen Wende profitierte auch die Wirtschaft, und bis zum Ende des 19. Jh. wandelte sich der frühere Agrarkanton zu einem der industriereichsten Stände der Schweiz mit einer stark diversifizierten Wirtschaft. Der bereits von den Römern benutzte, widerstandsfähige Solothurner Kalkstein wurde wieder vermehrt abgebaut, und im Jura entstanden Zementfabriken. Holz aus den Jurawäldern wurde in Balsthal zu Zellulose und Papier verarbeitet, und im besonders hochindustrialisierten Wasseramt an der Emme südlich von Solothurn entstand eine zweite große Papierfabrik. Hier stand in Gerlafingen auch die Eisenfabrik der heutigen Weltfirma Von Roll; die weltberühmte Schuhfabrik Bally dagegen entstand im unteren Teil des Kantons, in Schönenwerd. In Grenchen und in der Hauptstadt selbst dominierte die Uhrenindustrie: In den sechziger Jahren des letzten Jahrhunderts ließen sich am Fuß des Weissensteins Uhrmacher aus dem Neuenburger und Berner Jura nieder, und in den rasch entstehenden Fabriken wurden hauptsächlich robuste und billige Uhren produziert.

In Konkurrenz mit den beiden anderen, etwa gleich großen Regionalzentren Olten und Grenchen kam Solothurn nicht dazu, wirtschaftlich eine dominierende Rolle zu spielen. Dafür entwickelte sich die Hauptstadt immer mehr zum Verwaltungs-, Schul- und Kulturzentrum des Kantons. Die seit Jahrhunderten stagnierende Bevölkerungszahl wuchs, die Stadtbefestigungen wurden geschleift, und neue Wohn- und Industriequartiere entstanden. Seit dem Zweiten Weltkrieg wurde auch die Umgebung Solothurns im Aaretal stark überbaut. Heute wohnen noch etwa 40% der Berufstätigen in der Stadt, 30% leben in den Agglomerationsgemeinden Zuchwil, Langendorf, Oberdorf, Rüttenen und Bellach, und weitere 30% pendeln aus noch weiterer Entfernung zur Arbeit in die Hauptstadt.

1965 zählte Solothurn beinahe 19 000 Einwohner. Seither sank die Wohnbevölkerung langsam, und das Wachstum verlagerte sich noch mehr in die umliegenden Gemeinden. Um den Bevölkerungsverlust aufzuhalten, wurden die letzten großen Landreserven auf Stadtgebiet, die ehemaligen Allmenden in der Aareebene, für Wohnüberbauungen freigegeben. Hier entstanden in den letzten Jahren jene Hochhäuser, die in starkem Kontrast zur Altstadt stehen. Diese wandelte sich zwar zum Geschäftszentrum der Region; ihr barockes Bild mit den schmucken Gassen und den repräsentativen Kirchen und Palästen aber hat die «Ambassadorenstadt» bis heute bewahrt.

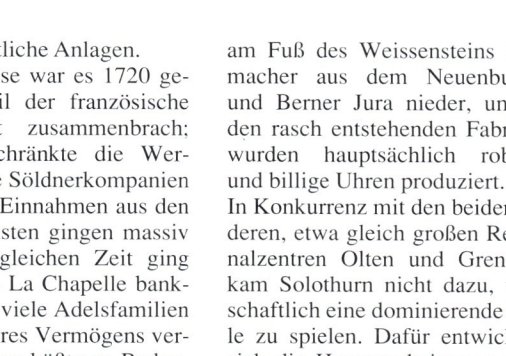

Einsiedelei St. Verena

Wenig westlich von Schloß Waldegg schneidet sich in den Lebernberg eine Schlucht ein. An ihrem nördlichen Ausgang liegt die Einsiedelei St. Verena, wo Natur und Menschenwerk einen faszinierenden Platz geschaffen haben. Der Legende nach kam Verena mit der Thebäischen Legion – zu der auch die Solothurner Stadtheiligen Ursus und Viktor gehörten – aus Ägypten nach Solothurn, um hier zu heilen und zu lehren; bevor sie nach Zurzach weiterzog, habe sie anschließend viele Jahre zurückgezogen in der Schlucht gelebt, wo in ihrer Einsiedelei das Ewige Licht nie erloschen sei.

In der Verenaschlucht stehen heute zwei Kapellen: Das Verena geweihte Gotteshaus wurde als Loggia mit toskanischen Bögen etwas erhöht in einer Felshöhle erbaut und birgt im Innern eine ausdrucksstarke Heiliggrabdarstellung. Die Martinskapelle mit dem Dachreiter und den romanischen Bauteilen steht am Felsen und hat Form und Ausstattung von 1673 bewahrt. An die Felswand schmiegt sich auch noch das «Knusperhäuschen» eines Waldbruders, und schließlich befindet sich in der Einsiedelei zudem eine der hl. Magdalena geweihte Grotte.

Glänzende Harnische

Das 1610–1614 erbaute Alte Zeughaus von Solothurn bildet den imposanten Abschluß des ansteigenden Zeughausplatzes. Der siebenstöckige, frühbarocke Bau mit der siebenachsigen Fassade unter dem großen Satteldach beherbergt heute eine der größten Waffensammlungen der Schweiz. Die auf vier Geschosse verteilte Ausstellung zeigt etwa 40 Geschütze, zahlreiche leichte Waffen, farbenprächtige Uniformen, wertvolle Fahnen und kostbare Teile der Burgunderbeute. Prunkstück der Sammlung sind aber die fast 400 Harnische im zweiten Stock: Sie zählen zu den größten noch erhaltenen Zeughausbeständen der Welt.

Nördlich des Zeughauses liegt der sogenannte Ambassadorenhof. In der hufeisenförmigen, 1717 nach einem Brand neuerbauten Anlage residierten einst die mächtigen französischen Gesandten. Von der prunkvollen Innenausstattung ist allerdings nichts erhalten geblieben; die Gebäude sind heute Sitz der Verwaltung.

1 Bahnhof
2 Prison
3 Bürgergemeindehaus
4 Heiliggeist- oder Spitalkirche
5 Krummer Turm
6 Landhaus
7 Zeitglockenturm
8 Kosciusko-Museum
9 Haus Doktor Reinert
10 Bieltor
11 Gemeindehaus
12 Franziskanerkirche und -kloster
13 Kunstmuseum
14 St.-Ursen-Bastion mit Riedholzturm
15 Baseltor
16 St.-Ursen-Kathedrale
17 Altes Zeughaus und Museum
18 Rathaus
19 Jesuitenkirche
20 Hotel Krone
21 St.-Peters-Kapelle
22 Palais Besenval

Stadtrundgang Solothurn

Von der Solothurner Bahnhofstraße zweigt links die Niklaus-Konrad-Straße ab, die zum Roßmarktplatz führt. Durch die enge Prisongasse erreicht man den wuchtigen Bau des Prison (2), des 1756 erbauten Untersuchungsgefängnisses. In seinem Hof erinnern Reste der mittelalterlichen Stadtmauer daran, daß die Wengibrücke einst der einzige Aareübergang war, der am Südufer durch einen befestigten Brückenkopf gesichert war. Vor der Brücke steht rechts direkt am Fluß das Bürgergemeinde- oder Alte Waisenhaus (3). Es gehört zum eindrücklichen Komplex der Fürsorgebauten in der Vorstadt und wurde 1465 als Spital gestiftet. Ihm gegenüber erhebt sich die Heiliggeist- oder Spitalkirche (4) von 1734–1736 mit ihrer schlichten Régence-Fassade. Aareaufwärts steht der älteste Festungsbau der Stadt, der auf Mauern aus dem 12. Jh. um 1460 neu erbaute Krumme Turm (5); er trägt seinen Namen, weil der Spitzhelm – bedingt durch den Grundriß eines ungleichseitigen Fünfecks – schief erscheint.

Das nördliche Aareufer wird vom behäbigen Bau des Landhauses (6) beherrscht. Der ehemalige Landeplatz für Weintransporte aus dem Welschland wurde 1722 neu erbaut und brannte 1955 völlig aus. Im umgestalteten Innern finden jährlich die Solothurner Film- und Literaturtage statt.

Hinter der Wengibrücke zweigt rechts vom Stalden die leicht gekrümmte Hauptgasse ab, die zum Zeitglockenturm (7) mit dem geschweiften Spitzhelm führt; er wurde im 12. Jh. als Erweiterung der verschwundenen Stadtburg erbaut und im 15. Jh. erhöht. Die berühmte astronomische Uhr stammt aus dem Jahre 1545. Die bemalte Figurengruppe zum Marktplatz zeigt zwischen Ritter und Gerippe einen gnomenhaften König, der sein Kinn beim Stundenschlag lachend bewegt.

Vom Marktplatz aus führt in westlicher Richtung leicht ansteigend die breite Gurzelngasse vorbei am Kosciusko-Museum (8)

Einst Umschlagplatz für Wein, heute Kulturzentrum: das Landhaus

Hauptgasse mit Jesuitenkirche

mit einer kleinen Sammlung zur Erinnerung an den hier verstorbenen polnischen Nationalhelden Tadeusz Kosciusko (1746–1817) sowie am Haus Doktor Reinert (9) mit der eindrücklichen Barockfassade von 1692 zum Bieltor (10), dem alten, um die Mitte des 14. Jh. erbauten und später mehrmals veränderten Westtor der Stadt. Noch vor dem Bieltor biegt rechts die guterhaltene St.-Urban-Gasse ab, die vom Gemeindehaus (11) abgeschlossen wird, einem Gebäudeviereck aus verschiedenen Epochen mit Treppenturm. Die Kirche des ehemaligen Franziskanerklosters (12) entstand im 15. Jh.; ihr Schiff wurde 1640 erneuert.

Durch einen Durchbruch in der alten Stadtmauer erreicht man die Nordringstraße, die anstelle des mittelalterlichen Stadtgrabens verläuft. Sie führt rechts zur St.-Ursen-Bastion (14), der einzigen noch erhaltenen Vollbastion des barocken Verteidigungssystems. Der dazugehörige ältere, 1548 erstellte Riedholzturm mit einem Durchmesser von über 20 m und dem eindrücklichen Kegeldach war einst der nordöstliche Eckpfeiler der Altstadt.

Zur alten Stadtbefestigung gehört auch der meisterhafte Festungsbau des Baseltors (15); seine zwei Rundtürme mit den gewaltigen Buckelquadern wurden 1504–1535 erbaut und flankieren einen fünfstöckigen, schmalen Torturm. Hinter dem Tor erhebt sich das Wahrzeichen Solothurns, die 1762–1773 von den Baumeistern Gaetano und Paolo Pisoni errichtete, dem thebäischen Märtyrer und Stadtheiligen Ursus geweihte St.-Ursen-Kathedrale (16). Zum frühklassizistischen Meisterwerk mit dem hochbarocken Turm an der Nordseite und der großen Vierungskuppel führt eine von Brunnen flankierte Monumentaltreppe. Hinter der streng gegliederten, mit Statuen und Reliefs aufgelockerten Fassade öffnet sich das von mächtigen Pfeilern getragene, mit klassizistischen Stukkaturen ausgeschmückte Innere einer weiten Basilika.

Über den Zeughausplatz mit dem Alten Zeughaus (17, Beschreibung s. Randspalte S. 202) erreicht man das Solothurner Rathaus (18) von 1476. Der Gebäudekomplex mit der manieristischen Hauptfront im Osten und dem kunstvollen Treppenturm wurde im 17., 18. und 20. Jh. mehrmals erweitert. Vom Marktplatz aus öffnet sich Richtung Kathedrale das besonders eindrückliche Bild der Hauptgasse, in deren leicht geschwungene rechte Häuserfront die 1680–1689 errichtete Jesuitenkirche (19) integriert ist. Das Gotteshaus mit der «römischen» Fassade, dem lichten Innenraum und den hervorragenden Stukkaturen zählt zu den schönsten Barockkirchen der Schweiz. Nach dem 1772 neu erbauten, stattlichen Hotel Krone (20) führt der Weg zum Aareufer auf den Klosterplatz. Die St.-Peters-Kapelle (21) aus dem 17. Jh. soll sich an der Begräbnisstätte der Märtyrer der Thebäischen Legion erheben.

Louis von Roll (1771–1839)

Das heutige Gemeindehaus an der St.-Urban-Gasse im Norden der Altstadt war einst Wohnsitz von Ludwig von Roll, dem Gründer der Solothurner Eisenindustrie. Ludwig von Roll stammte aus einem alten Solothurner Patriziergeschlecht, das mehrere Schultheißen hervorgebracht hatte. Gemäß der Familientradition schlug er zuerst die militärische Laufbahn ein, wurde Major und 1796 Mitglied des Helvetischen Verfassungsrats. 1809 trat er in eine Firma ein, die in Gänsbrunnen einen Hochofen betrieb. Schon ein Jahr später machte sich Ludwig von Roll selbständig und gründete einen eigenen Betrieb mit Stammsitz in Solothurn und Fabriken im 8 km entfernten Gerlafingen, wo das Wasser der Emme Hammerschmieden und Walzwerke betrieb. Zusammen mit der wenig später gegründeten Gießerei in der Klus bei Balsthal wurden die Von Roll'schen Werke zu einem Weltkonzern und zum mit Abstand wichtigsten Betrieb der einheimischen Eisenindustrie, die im 19. Jh. neben der Uhrmacherei das industrielle Rückgrat von Solothurn bildete.

Elf mal elf mal elf

Es heißt, die 11 sei die «heilige Zahl» Solothurns. Vielleicht, weil sie in der Geschichte der Ambassadorenstadt eine wichtige Rolle spielte? Weil hier einst die 11. Thebäische Legion stationiert gewesen sein soll? Weil das alte Solothurn 11 Vogteien zählte und 11 Zünfte hatte? Oder weil Solothurn 1481 als 11. Stand zur Eidgenossenschaft kam?

Sicher ist, daß man bei einem Stadtrundgang heute auf Schritt und Tritt auf die 11 stößt. Solothurn zählt 11 Kirchen und Kapellen, 11 figurengeschmückte Brunnen und 11 Türme. Und die St.-Ursen-Kathedrale läßt vermuten, daß die 11 auch für die Erbauer des Gotteshauses, die Tessiner Baumeister Pisoni, eine magische Zahl gewesen sein muß: Im Turm hängen 11 Glokken, und im Innern stehen 11 Altäre. Sie sind alle auf einmal sichtbar, wenn man im Hauptgang beim 11. schwarzen Stein steht. Selbstverständlich sind auch die Betstühle in Elferreihen angeordnet, und die imposante Freitreppe – wen überrascht's? – zählt dreimal 11 Stufen.

Der Kanton Solothurn in Zahlen

Der Kanton Solothurn, der sich über die Landschaftstypen Mittelland, Kettenjura und Tafeljura erstreckt, liegt mit einer Fläche von 791 km² größenmäßig an 16. Stelle der Schweizer Stände. Das kompliziert gegliederte Kantonsgebiet mit den Enklaven an der französischen Grenze hat eine im Verhältnis zur Fläche erstaunlich lange Grenze von 370 km. In seiner ganzen Länge wird Solothurn vom Jura mit seinen zahlreichen Pässen durchzogen. Bewaldet sind denn auch 314 km², und die landwirtschaftliche Nutzfläche umfaßt 332 km². In der zweiten Hälfte des 19. Jh. wurde Solothurn vom Agrar- zum Industriekanton; heute arbeiten 53% der Erwerbstätigen in Industrie und Gewerbe, 43% im Dienstleistungssektor und nur noch 4% in der Land- und Forstwirtschaft. Im Solothurnischen leben 218 000 Menschen in 130 Gemeinden, von denen nicht die Hauptstadt, sondern Olten am meisten Einwohner zählt.

Grenchen

Mit 16 500 Einwohnern ist Grenchen am Fuß des 1402 m hohen Grenchenbergs bevölkerungsmäßig die drittgrößte Solothurner Gemeinde. Der 1131 zum erstenmal als Granechum erwähnte Ort war bis um die Mitte des 19. Jh. ein bescheidenes Bauerndorf. Zwar weist der Name des Stadtquartiers «Schmelzi» auf frühe Versuche der Industrialisierung hin. Dem um 1700 errichteten Hochofen zur Eisengewinnung war aber wenig Erfolg beschieden, und die Entwicklung Grenchens zum Industriestandort begann erst 150 Jahre später: 1851 beschlossen Gemeinde und Kanton, für die verarmte bäuerliche Bevölkerung neue Arbeitsplätze zu schaffen. Man entschied sich für die Ansiedlung der Uhrenindustrie, die im nahen Biel bereits eine starken Aufschwung erlebt hatte. In Grenchen ließ sich eine kleine Kolonie welscher Uhrenarbeiter mit ihren Familien nieder, und das frühe Beispiel geplanter Wirtschaftsförderung hatte rasch Erfolg: Der Wechsel von der Landwirtschaft zur Uhrmacherei brachte Grenchen einen stürmischen Aufschwung, der sein Stadtbild bis heute prägt. Der alte Kern um die frühklassizistische Pfarrkirche weitete sich rasch in alle Richtungen aus; Grenchen wurde bald das bedeutendste Zentrum der Solothurner Uhrenindustrie, in dem vor allem Rohwerke hergestellt wurden, aber auch einige Unternehmen weltberühmter Uhrenmarken ihren Sitz hatten.
Als die Japaner den Weltmarkt mit Billigpreisuhren überschwemmten, geriet die Grenchener Uhrenindustrie in eine katastrophale Krise, die erst Anfang der achtziger Jahre wieder einigermaßen aufgefangen werden konnte. Heute wird in Grenchen in der Firma ETA eine Uhr produziert, die zum Symbol der wiedererstarkten Schweizer Uhrenindustrie geworden ist: die weltweit erfolgreiche Swatch.

Balsthal

Dank seiner Lage am Ausgang des breitesten Solothurner Juratals, das sich zwischen Sonnenberg und Lebern hinzieht, entwickelte sich Balsthal im Mittelalter zum bedeutenden Marktflecken; im 19. Jh. siedelten sich zudem Betriebe der Papier- und Eisenindustrie an, welche die Wasserkraft der Dünnern und des Augstbachs nutzten. Noch heute ist der Ort mit seinen 5500 Einwohnern Ausgangspunkt für den Autoverkehr zu den drei Jurapässen Oberer Hauenstein, Passwang und Scheltenpaß sowie über Moutier in den Berner Jura, und die ehemaligen Pferdewechselstellen an der Hauptstraße, der Herrengasse, wandelten sich zu gutbesuchten Restaurants. Gegenüber dem frühklassizistischen Alten Amtshaus von 1788 auf der linken Straßenseite steht zum Beispiel der stattliche, frühbarocke Gasthof zum Kreuz von 1621. Und neben dem ehemaligen Kornhaus von 1790 erhebt sich das Gasthaus zum Rössli; hier rief 1831 am Balsthaler Volkstag der nachmalige Bundesrat Josef Munzinger die Souveränität des Solothurner Volkes aus und löste damit den Sturz des patrizischen Regiments aus. Die ehemalige katholische Pfarrkirche liegt abseits des Dorfkerns im malerischen Kirchbezirk und wurde im 15. und 16. Jh. auf römischen und frühmittelalterlichen Mauerresten errichtet.
Während von der gewaltigen Burg Neu-Falkenstein, die auf ihrem zerklüfteten Felsen die Straße ins Guldental abriegelte, nur

Moderne Industrie in Grenchen: Hier wird die Swatch hergestellt

Traditionelle Industrie in Schönenwerd: Schuhe für die Welt

Von der gewaltigen **Burg Neu-Falkenstein,** die nordöstlich von Balsthal über St. Wolfgang auf einem zerklüfteten Felsen die Straße ins Guldental abriegelte, zeugen heute nur noch Ruinen. Vermutlich im 12. Jh. von den Herren von Bechburg-Falkenstein gegründet, kam die Feste 1402 an die Stadt Solothurn, diente bis 1798 als Sitz der Landvögte und fiel damals einem Brand zum Opfer. Die imposante Burg war einst zweigeteilt: Das «alte Schloß» aus dem 12. Jh. mit einem Wohnturm lag auf einem Felsen über dem Haupteingang; durch einen breiten Graben davon getrennt erhob sich die zweite Burganlage aus dem 13. Jh. mit dem runden Bergfried auf dem westlichen Felsgrat.

noch Ruinen zeugen – die Anlage fiel 1798 einem Brand zum Opfer –, blieb Burg Alt-Falkenstein am Eingang der Klus von St. Wolfgang erhalten. Auf einem schmalen Felssporn überwacht der ehemalige Stammsitz der Herren von Falkenstein seit dem 13. Jh. die Passwangstraße.

Schönenwerd

Das Dorf Schönenwerd mit seinen 4900 Einwohnern liegt zuunterst im Solothurner Niederamt am rechten Ufer der Aare. Der älteste, heute stark verbaute Kern des Dorfes entstand um den Bergvorsprung «Bühl», auf dem im 7. Jh. Augustinermönche ein Kloster gründeten, das wenig später in ein Chorherrenstift umgewandelt wurde. Die ehemalige Stiftskirche St. Leodegar, eine eindrückliche frühromanische Basilika aus dem 12. Jh., wurde im 15. und 17. Jh. umgebaut und im 18. Jh. barockisiert; sie birgt im Innern als schönstes Ausstattungsstück das kostbare «Heiliggrab» aus dem 15. Jh.

1823 gründete Peter Bally im ehemaligen Bauern- und Fischerdörfchen eine Bandweberei; zur Blüte kam der Industriebetrieb in der Sohle des Aaretals aber erst, als sein Sohn Carl Franz Bally der Elastikfabrik 1851 eine Schuhfabrik angliederte. Nach schwierigen Anfängen war die Firma um 1900 weltbekannt und beschäftigte in den ausgedehnten Fabrikanlagen – erhalten hat sich ein Bau aus dem Jahre 1830 – bereits 2400 Personen, zu denen in den Filialbetrieben der Umgebung nochmals 1000 Arbeiterinnen und Arbeiter kamen.

Heute gehören die Bally-Schuhfabriken AG zum Oerlikon-Bührle-Konzern, produzieren mit über 3000 Angestellten in der Schweiz täglich durchschnittlich 9500 Schuhe und besitzen gegen 500 Verkaufsgeschäfte im In- und Ausland. An den Aufstieg des Konzerns erinnert das Bally-Schuhmuseum hinter dem Restaurant Storchen, das im vornehmen, einst vom Firmengründer C. F. Bally bewohnten Haus zum Felsengarten eingerichtet ist. Gezeigt werden nicht nur Fußbekleidungen von der Antike bis zur Gegenwart, sondern auch die sich verändernde Symbolik der Schuhmode im Lauf der Zeit. Das Museum ist außer im Juli und August am letzten Freitag des Monats von 14–17 Uhr geöffnet.

Mariastein

Das Kloster Mariastein liegt in einer solothurnischen Enklave zwischen Laufental und Frankreich, knapp 20 km von Basel entfernt. Bekannt ist das Juradörfchen dank der Wallfahrtskirche und dem Kloster Mariastein, die am Fuß des Blauenbergs über einer Schlucht thronen. Tief unter der Klosterkirche, durch einen unterirdischen Gang zugänglich, liegt im Fels die Gnadenkapelle; sie erinnert an die Rettung eines Junkers, der hier beim Sturz in die Tiefe von Maria auf wunderbare Weise errettet worden sein soll. Die erstmals 1434 erwähnte Wallfahrtsstätte kam im 17. Jh. an die Benediktiner von Beinwil, die ihr Kloster nach Mariastein verlegten und nach der Klosteraufhebung von 1874 nach fast hundertjährigem Exil 1972 hierher zurückkehrten. Die im 17. Jh. erbaute Kirche – heute einer der beliebtesten Schweizer Wallfahrtsorte – wurde im 19. Jh. vergrößert und im ersten Drittel dieses Jahrhunderts in neubarockem Stil ausgestattet.

Solothurner Funggi

Zutaten: 800 g Kartoffeln, etwas Salz, 500 g saure Äpfel, 1 Teelöffel Zucker, 100 g Butter, 1 dl Rahm, 1 Tasse Weißbrotwürfeli

Die geschälten Kartoffeln in Salzwasser knapp weichkochen. Die Äpfel schälen und vom Kerngehäuse befreien, in Schnitze schneiden und auf die Kartoffeln geben. Nochmals etwas Wasser sowie den Zucker beifügen und zusammen weichkochen. Kartoffeln und Äpfel ohne Flüssigkeit durch das Passevite treiben, mit 50 g Butter und dem Rahm vermischen. Das Gericht in einer tiefen Platte anrichten, die Brotwürfel in der restlichen Butter goldgelb rösten und darüberstreuen.

Diese Solothurner Spezialität wird zu Saucenfleisch wie Ragout, Voressen oder Schmorbraten gegessen.

St-Ursanne ist eine pittoreske Kleinstadt im romantischen, tiefeingeschnittenen Doubs-Tal. Das mittelalterliche Städtchen stellt mit seinen Stadttoren, den Mauern, alten Häusern und Brunnen eine in sich geschlossene städtebauliche Einheit dar und bietet besonders von der altertümlichen Doubs-Brücke aus einen malerischen Anblick.

Office du tourisme
Rue du 23 Juin 104
2882 St-Ursanne
066/55 37 16

4. 10. 1989

St-Ursanne

Das malerische Städtchen im Doubs-Tal verdankt seine Entstehung der klösterlichen Niederlassung, die aus der Einsiedelei des irischen Mönchs Ursicinus erwuchs. Von diesem Kloster, das im 8. Jh. der Abtei Moutier-Grandval unterstand, ist die bedeutende Stiftskirche (Collégiale) – eine spätromanische Pfeilerbasilika mit Skulpturenportal – erhalten. Unter dem Chor des 12. Jh. liegt die Hallenkrypta, wo sich einst die Gebeine des hl. Ursicinus befanden. Trotz der späten Entstehungszeit (13.–14. Jh.) wurden für das Langhaus noch die romanischen Kirchen Burgunds zum Vorbild genommen. Der Frontturm wurde 1442 neuerbaut. Nordöstlich der Kirche befindet sich ein einmalig schöner gotischer Kreuzgang des 14. Jh. Um die über dem Grab des Heiligen errichtete Stiftskirche entwickelte sich nach und nach die heutige Stadt. 1130 erwarb der Bischof von Basel das Städtchen vom letzten der hochburgundischen Könige. 1139 wurde das von einem Abt geleitete Kloster St-Ursanne zu einem weltlichen Chorherrenstift umgewandelt. An dessen Spitze stand von nun an ein Propst. Gegen 1210 ging auch das Stift in Besitz des Bischofs über.
Die Propstei umfaßte das Clos-du-Doubs und den östlichen Teil der Freiberge. Seit dem 15. Jh. war der Propst gleichzeitig Archidiakon der Ajoie.
Seit dem 12. Jh. sind in St-Ursanne Adlige bezeugt. Das auf einem Felsgrat über der Stadt größtenteils im 14. Jh. erbaute ehemalige Schloß war der Wohnsitz der Edlen von St-Ursanne. Gegen Ende des 14. Jh. starb dieser Ortsadel aus. Er wurde in seinen Funktionen durch die bischöflichen Ka-

Kanton:	JU
Meter über Meer:	443
Einwohner 1900:	828
Einwohner 1980:	918
Autobahn:	keine

stellane und Vögte abgelöst. Das Schloß fiel an das Bistum Basel zurück und wurde zum bischöflichen Vogteischloß umfunktioniert. Stadt und Schloß dienten dann vom Ende des 14. Jh. bis Mitte des 15. Jh. den Basler Bischöfen mehrmals als Pfandobjekt. Für 8000 Gulden wurde 1425 das Schloß an Thiébaud VII., den Grafen von Neuchâtel-Blamont, verpfändet. Als dieser sich weigerte, das Schloß gegen Rückzahlung der Pfandsumme wieder zu räumen, ließ Bischof Johannes von Fleckenstein das mittelalterliche Städtchen und das Schloß durch seine vom Grafen von Thierstein geführten Truppen belagern und zurückerobern.
Wie Porrentruy und Delémont wurde St-Ursanne im Dreißigjährigen Krieg in Mitleidenschaft gezogen und 1634–1638 von französisch-schwedischen Truppen besetzt. Von da an bis 1793 blieb dann das mittelalterliche Städtchen als Teil der Vogtei Saignelégier in unangefochtenem Besitz des Fürstbischofs von Basel. Das Schloß wurde zwar noch ab und zu von den Bischöfen als

*Der **Doubs** ist der Hauptfluß im nordwestlichen Abschnitt des Juramassivs. Tief im Tal hat er – in vielen Jahrtausenden – seinen wechselvollen Lauf in das ausgedehnte Juraplateau eingekerbt. Er entspringt am Mont-Risoux im französischen Département Doubs und betritt in Les Brenets am gleichnamigen See die Schweiz. Beim Saut-du-Doubs stürzt er sich über einen 29 m hohen Felsriegel hinab und bildet von hier an für 45 km die Grenze zwischen Frankreich und der Schweiz. Westlich von Soubey wendet sich der forellenreiche Fluß nach Osten und fließt dem Gebirgsstock des Clos-du-Doubs entlang, um bei St-Ursanne in einer Schleife in westlicher Richtung nach Frankreich zurückzukehren.*

Absteigequartier benutzt, sonst aber überließen sie es dem jeweiligen Forstverwalter und dessen Familie als Wohnung. Drei Jahre nachdem die revolutionären Franzosen auch St-Ursanne besetzt hatten, wurde das Schloß 1796 als französisches Nationaleigentum versteigert. Der neue Besitzer aus Belfort ließ das Schloß in der Folge abtragen, so daß heute nur noch geringe Mauerreste erhalten sind. 1815 wurde St-Ursanne wie die anderen jurassischen Städte und Dörfer zum Kanton Bern geschlagen.

Auch wenn die Neuzeit am malerischen Städtchen nicht ganz spurlos vorbeigegangen ist, hat sich St-Ursanne in fast geschlossener Mittelalterlichkeit in unsere Zeit herübergerettet, wenigstens insgesamt betrachtet. Die Anordnung der Häuser zeigt auch heute noch deutlich den Verlauf der einstigen Stadtmauern, ebenso die Trennung zwischen konzentrisch angelegter Kirchenstadt des 12. Jh. und dem geradlinigen Straßennetz der Krämer- und Handwerkerstadt, die nach dem Großbrand von 1403 östlich davon entstand. Die drei Stadttore wurden im 16. und 17. Jh. neuerbaut. Die im Unterbau noch mittelalterliche Porte de St-Pierre am Osteingang des Städtchens, die auch Porte de Delémont oder de Lorette genannt wird, besitzt ein pavillonartiges Dach mit Glockentürmchen. Als Pendant steht im Westen die 1664 gänzlich neuerbaute Porte de St-Paul (auch Porte de Porrentruy). Den südlichen Stadteingang bildet die Porte de St-Jean (auch Porte du Pont, du Doubs oder de Montmelon). Dieses Stadttor steht ebenfalls auf einem spätmittelalterlichen Unterbau und wurde gegen Ende des 17. Jh. neuerbaut. Sehenswert ist aber auch das 1825 neuerbaute Hôtel de Ville. Die Markthalle mit Rundpfeilern und Kreuzrippengewölbe im Erdgeschoß stammt vom gotischen Vorgängerbau. Sehr charakteristisch ist auch die vierjochige Steinbrücke über den Doubs, in deren Mitte eine Statue des hl. Johannes von Nepomuk aus rotem Basler Sandstein steht. Die 1728/29 von dem Maurermeister Brunet gebaute hochgewölbte Brücke weiß, weshalb sie einen Katzenbuckel macht. Denn nach heftigen Regenfällen führt der sonst so friedlich und ruhig dahinfließende Doubs immer wieder Hochwasser, tritt über die Ufer und setzt Häuser und Straßen unter Wasser. Mit seinen engen Straßen und Brücken sowie den Stadttoren ist St-Ursanne für den Autoverkehr nur erschwert zu passieren. Mit einer Umfahrungsstraße soll deshalb das am Knie des Doubs gelegene Städtchen, das ins Inventar schützenswerter Ortsbilder der Schweiz aufgenommen wurde, in Kürze vom Durchgangsverkehr entlastet und der Bestand an Baudenkmälern geschützt werden. Die Umfahrung des Jurastädtchens führt am jenseitigen Doubsufer entlang und verbindet über zwei neue Brücken die künftige Transjurane (N 16) mit der Straße vom jurassischen Boécourt nach Pontarlier/Frankreich. Ermöglicht wird damit auch der Anschluß des Clos-du-Doubs an die N 16.

Der hl. Ursicinus (gest. 620)

Nachdem sich der irische Mönch Ursicinus von seinem Lehrer und Gefährten Sankt Kolumban getrennt hatte, ließ er sich um 612/13 hier am Ufer des Doubs nieder, wo er der Überlieferung nach in der nach ihm benannten Höhle als Einsiedler lebte. Noch immer zeigen die Leute, wenn man heute nach St-Ursanne kommt, mit dem Finger auf die Stelle in den Felswänden über der kleinen Klostersiedlung, wo einst der Eremit gehaust haben soll. Als Ursicinus am 20. Dezember 620 starb, stand er bereits im Ruf der Heiligkeit. Der Pilger und spätere Heilige Wandregisil entdeckte um 635 das Grab des hl. Ursicinus. Über dem Grab in einer ersten Kirche soll er dann eine Mönchsgemeinschaft gegründet haben, die sich in der Folge der Benediktinerregel unterstellte und bis um 1100 geistlich dem Bistum Besançon zugehörte.

Im idyllischen Doubstal

Wanderer, Velofahrer und nicht zuletzt Kanuten – seien sie «angefressene» Wildwasserfahrer oder «nur» Touristen mit offenen Kanadiern – finden im idyllischen Doubstal, was das Herz begehrt. Der Doubs ist ein geradezu idealer Fluß für jeden Einsteiger in den rassigen Kanusport. Die Schönheiten, welche die pittoreske Doubslandschaft dem Wanderer, vor allem aber auch dem Paddler anzubieten hat, sind einmalig. So ist es nicht weiter verwunderlich, daß das Grenzgewässer zwischen Frankreich und der Schweiz besonders im Sommer zum wahren Eldorado der Kajak- und Kanadierfahrer geworden ist. Schmuckstück des Doubstals ist das Brückendorf Soubey. Besonders sehenswert ist hier die 1632 erbaute kleine Dorfkirche mit dem beeindruckenden Glasfenster des Malers Ernst Stocker – besser bekannt unter seinem Künstlernamen Coghuf. Der 1905 in Basel geborene Künstler verbrachte den größten Teil seines Lebens in den Freibergen, wo er auch 1976 starb.

Thun, das Tor zum Berner Oberland, liegt nahe dem nordwestlichen Ende des Thunersees, dort, wo die Aare den See Richtung Bern verläßt. Die gut erhaltene Altstadt wird von zwei Aarearmen durchflossen und trägt unverkennbar den Stempel der Zähringer. Dank der Lage zwischen Hügeln und Wasser, in Greifnähe der Schneeberge, wurde Thun schon vor Jahrhunderten oft bereist. Heute haben sich in Thuns Umgebung auch bedeutende Industrien angesiedelt.

TCS-Auskunftsstelle
Advokaturbüro
H. P. Schüpbach
Freienhofgasse 5
3601 Thun
033/23 11 44

Verkehrsbüro Thun
Bahnhofplatz
3600 Thun
033/22 00 88

Thun

Bereits um 2500 v. Chr., in der Jungsteinzeit, müssen hier am Aareausfluß Menschen gesiedelt haben, wie verschiedene Fundgegenstände im historischen Museum belegen. Der Namen Thun ist vom keltischen «dun», Hügel, Burg, abgeleitet. Die Römer, auf welche die Gegend von Thun – nach den Spuren zu urteilen – offenbar eine große Anziehungskraft ausübte, latinisierten den Namen zu «Dunum». Die ersten nachweisbaren Besitzer Thuns waren die Herren oder die Edlen von Thun. 1152 wurde Herzog Berchtold IV. von Zähringen Herr über Thun. Sein Nachfolger, Herzog Berchtold V., der Gründer Berns, baute die bereits bestehende Burganlage zum Schloß aus, wie es sich heute noch präsentiert. Die Festung überschaut ehrfurchtgebietend das Aaretal und den See. Von hier aus ließ sich jede Bewegung auf dem wichtigen Verkehrsweg über Brünig und Grimsel kontrollieren. Auch heute noch ist Schloß Thun Sitz der kantonalen Amtsverwaltung.

Zu Füßen der Burg erbauten die Zähringer die bis heute in den Grundzügen erhaltene Altstadt. Bereits in ihren Anfängen stand die städtische Anlage auf beiden Seiten der Aare.

1218 starb das Geschlecht der Zähringer aus, und das Erbe fiel den Grafen von Kyburg zu. Auch die Herrschaft der Kyburger sollte nicht lange dauern: Am 31. Oktober 1322 kam es auf Schloß Thun zu einem ruchlosen Brudermord. Graf Eberhard II. von Kyburg erdolchte Bruder Hartmann II., um den Erbzwistigkeiten ein Ende zu setzen und um zu verhindern, daß die Habsburger ihre Hand auf Thun legten. Dafür ver-

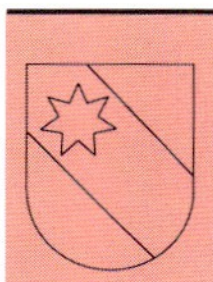

Kanton:	BE
Meter über Meer:	560
Einwohner 1900:	6 030
Einwohner 1980:	36 891
Autobahn:	N 6

24. 10. 1989

Bis Mitte des vergangenen Jahrhunderts war die Aare der wichtigste Verkehrsträger der Schweiz. Die über den Grimselpaß und den Brünig gesäumte Ware wurde bei Brienz auf Schiffe verladen und nach Unterseen gerudert oder gesegelt. Von dort ging's ein Stücklein auf dem Landweg, dann wieder auf dem Wasser nach Thun, wo auf Aareschiffe umgeladen wurde. Bereits 1503 gab es regelmäßige Fahrten von Thun nach Bern. Dreimal wöchentlich wurden in Thun die Schleusen geöffnet, damit die Schiffe genügend Fahrwasser erhielten. Mitte des 19. Jh. fuhren wöchentlich gegen 40 «Aareweidlinge», wie die Flußkähne hießen, von Thun nach Bern. Nach der Aarekorrektion zwischen Thun und Uttigen kam der Schiffsverkehr 1876 völlig zum Erliegen; an Bedeutung verloren hatte er bereits seit der Eröffnung der Eisenbahnlinie Bern–Thun (1859), die gleichzeitig dem Fremdenverkehr neuen Schwung verlieh.

Eine erste Blüte als Fremdenstadt erlebte Thun Anfang des 19. Jh. Namhafte europäische Geister machten hier Zwischenhalt, bevor sie ins Oberland ausschwärmten. Der erste war 1779 Johann Wolfgang von Goethe. Ihm folgten Heinrich von Kleist, die Engländer Lord Byron und William Turner, Alexander von Humboldt sowie – last but not least – in der zweiten Jahrhunderthälfte Johannes Brahms. Humboldt rief angesichts der Stadt aus: «Kein Flekken der Schweiz bietet ein mäßigeres, vollständigeres und schöneres Gesamtbild von Tal, Hügellandschaft, See und Hochgebirge als Thun.» Um die Jahrhundertwende stand Thuns Tourismusgewerbe in Hochblüte. Im Quartier Hofstetten reihte sich eine Nobelherberge an die andere; der «Thunerhof», das «Bellevue» und so weiter mit zusammen 2000 Betten wurden vor allem von Engländern frequentiert. Viele der alten Luxushotels haben allerdings im Gefolge gewandelter Reisegewohnheiten ihren Betrieb eingestellt.

Je mehr der Fremdenverkehr in Thun an Bedeutung verlor, desto wichtiger wurden Militär und Industrie. Thun – die zehntgrößte Stadt der Schweiz – beherbergt den größten Waffenplatz des Landes. Auf der Allmend im Westen der Stadt übte früher die Artillerie, heute sind es die Panzerfahrzeuge. Als Arbeitgeber noch bedeutender sind jedoch die beiden staatlichen Rüstungsbetriebe: die Munitionsfabrik und die Eidgenössische Konstruktionswerkstätte. Rund ein Drittel des regionalen Sozialprodukts wird direkt oder indirekt durch das Militär erbracht.

Dank seiner Lage am Fuß der Alpen ist Thun eine Drehscheibe zwischen Mittel- und Oberland. Auf dem Bälliz, der Insel in der Aare, finden regelmäßig bunte Wochenmärkte statt. Sehr bäuerisch gibt sich Thun Anfang September, während des Zuchtstiermarkts. Bei dieser Gelegenheit präsentieren Viehzüchter aus dem Oberland ihre schönsten Simmentaler-«Muni».

Ulrich Wille (1848–1925)

Bereits 1818 wurde die Thuner Allmend zum eidgenössischen Waffenplatz. Die große Entwicklung des Waffenplatzes setzte allerdings erst nach der Gründung des Bundesstaates 1848 ein, dem Geburtsjahr des Generals im 1. Weltkrieg, Ulrich Wille. Willes Familie stammte aus dem Kanton Neuenburg und hieß ursprünglich Vuille. Der Name wurde dann aber von einem in Deutschland lebenden Vorfahren des Generals in Wille umgedeutet. Geboren auf dem Gut «Mariafeld» bei Zürich, absolvierte Ulrich Wille seine militärische Schulung vor allem im kaiserlichen Deutschland. Danach wandte er das Gelernte während zwölf Jahren als Artillerieinstruktor in Thun an. Für kurze Zeit saß er auch im Thuner Gemeinderat. Willes Schulungsmethoden waren betont preußisch, auch im Privatbereich sprach er immer Hochdeutsch; und wegen seiner Deutschlandfreundlichkeit war er denn auch ziemlich umstritten. Nach Ausbruch des Ersten Weltkriegs wurde der damalige Oberstkorpskommandant trotzdem, gegen den anfänglichen Widerstand der Bundesversammlung, zum General gewählt.

kaufte er die Stadt ein Jahr später den Bernern. Ein von Bern eingesetzter Schultheiß leitete von da an die Verwaltung der Landvogtei und Stadt Thun. Thuner Krieger begleiteten die Berner zu ihren Eroberungsfeldzügen von der Limmat bis zum Genfersee. Nach dem Sieg von Murten wurde den Thunern gestattet, anstelle des bisher schwarzen Sterns einen goldenen Stern im Wappen zu führen. Das Verhältnis Thuns zu Bern war meist freundschaftlich; wenn im Städtchen Not herrschte, erließ Bern gelegentlich seinen Untertanen den aus der Kyburgerzeit stammenden Jahrestribut von 50 Pfund.

Seine Bedeutung verdankt Thun zu einem großen Teil der Aare.

Historisches Museum
Schloß
April/Mai: täglich 10–17 Uhr
Juni–Sept.: 9–18 Uhr
Oktober: 10–17 Uhr
033/23 20 01

Kunstmuseum
Hofstetterstr. 14,
Di 10–12, 14–17 Uhr,
Mi 13–21 Uhr, Do–So
10–12, 14–17 Uhr
033/25 88 11,

Wocher-Panorama
Schadaupark
Mai/Juni Di–So
10–12, 14–17 Uhr
Juli/Aug. Di–So
10–12, 14–18 Uhr
Sept./Okt. Di–So
10–12, 14–17 Uhr

Jakobshübeli
Aussichtspunkt auf 637 m mit Pavillon im äußersten Südosten der Stadt, im Ortsteil Hofstetten, oberhalb des Kursaals

Kursaal Thun
Täglich Mai–Oktober
033/22 20 88

Strandbad Thun
Lachen
Mai–September
033/36 81 91

Aareflußbad Schwäbis
Mai–September
033/22 35 06

Camping «Bettlereiche»
3645 Gwatt-Thun
Mitte April–Mitte Oktober
033/36 40 67

Veranstaltungen:

Mitte März: Ostereiermärit

Juni: Schloßkonzerte

Mitte Juni: Großmärit

Juli und August: jeden Mittwoch Folkloreabend auf dem Rathausplatz, vorgängig Stadtführung

Mitte Juli: Internationales Drehorgelfestival (jedes zweite Jahr)

Anfang August: Innenstadtfest

Anfang September: Oberländische Herbstausstellung (OHA)

Ende September: «Fulehung». Beim «Ausschießet», einem Schützenfest mit Umzügen, tritt der «Fulehung» auf. Die als Teufel maskierte Gestalt wird von den Kindern unter Spottgeschrei durch die Gassen getrieben. Es handelt sich um eine Kopie einer Maske aus der Burgunderbeute, die der Hofnarr Karls des Kühnen getragen haben soll.

Anfang November: Thuner Waffenlauf

Stadtplan: Seite 486/487

Historisches Museum

Im ehemaligen Zähringerschloß und späteren Sitz der Berner Landvögte ist heute eine bedeutende heimatkundliche Sammlung untergebracht. Bereits 1888 machte der Verschönerungsverein Thun diese Sammlung mit der Eröffnung des Historischen Museums dem Publikum zugänglich. Es nimmt heute alle Räume des großen Schloßturms ein. Im Kellerraum ist ländliche Keramik, besonders aus Heimberg, und eine vollständige alte Töpferwerkstatt zu sehen. Im ersten Stock befindet sich eine beachtliche archäologische Sammlung mit Funden aus der Gegend. Waffen, Fahnen, Uniformen, aber auch Möbelstücke, Musikinstrumente und Gebrauchsgegenstände sind im zweiten Stock ausgestellt. Auf die Prunkstücke des Museums trifft man im Rittersaal: Dort sind drei kostbare Wandteppiche aus dem 14. und 15. Jh. zu bewundern. Der «Wappenteppich» wurde bei der Schlacht von Grandson erbeutet, wo ein starkes Aufgebot von Thunern mit Bern gegen Karl den Kühnen kämpfte. Ebenfalls im Rittersaal befindet sich eine Münzen-, Zinn- und Spielzeugsammlung.

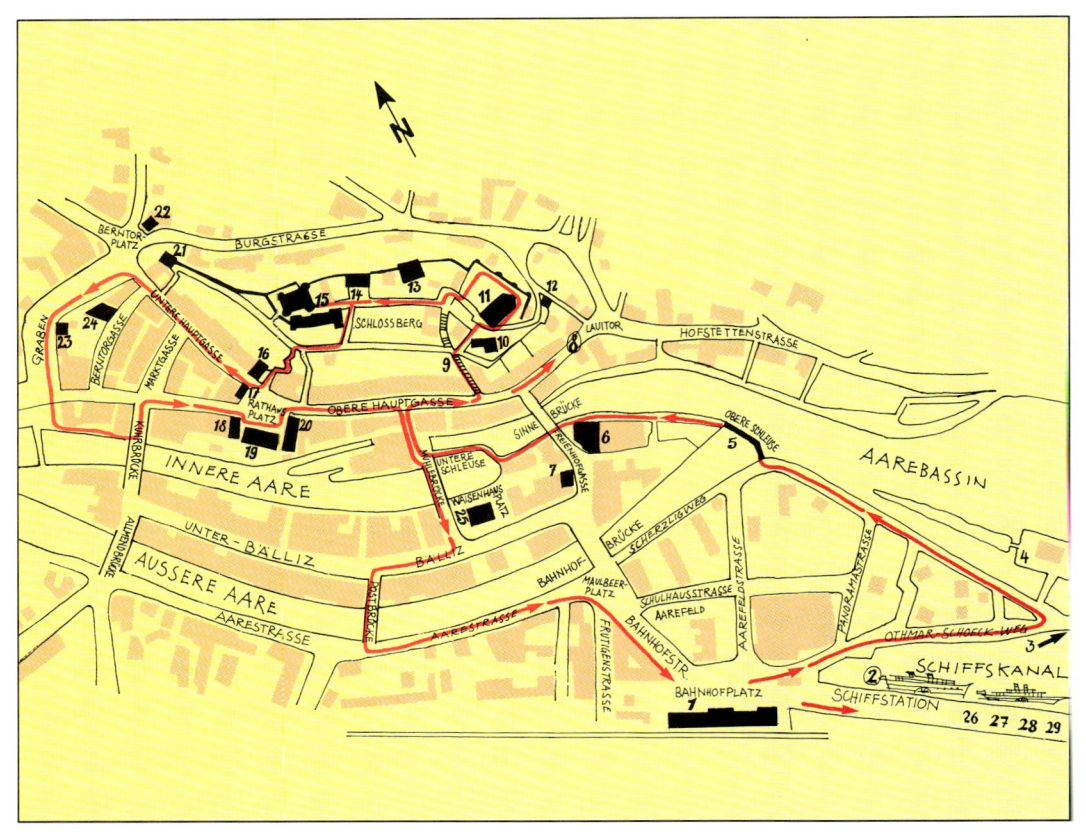

1. Bahnhofplatz
2. Schiffstation
3. Kleist-Insel oder Oberes Inseli (nicht zugänglich)
4. Unteres Inseli (nicht zugänglich)
5. Obere Schleuse
6. Freienhof, heute Hotel
7. Haus zum Rosengarten
8. Richtung Thunerhof mit Kunstmuseum sowie Richtung Kursaal-Casino
9. Gedeckte Kirchentreppe
10. Unteres Pfarrhaus
11. Reformierte Stadtkirche
12. Burgitor
13. Oberes Pfarrhaus
14. Statthalteramt
15. Schloß mit historischem Museum
16. Zunfthaus zu Metzgern (Hotel)
17. Burgerhaus
18. Velschenhaus
19. Rathaus
20. Zunfthaus zu Pfistern, Hotel Krone
21. Chutzenturm
22. Knabenschützenhaus
23. Venner-Zyro-Turm
24. Berntorscheune
25. Altes Waisenhaus
26. Scherzlig-Kirche
27. Schadaupark
28. Schloß Schadau
29. Wocher-Panorama

Stadtrundgang Thun

Vom Bahnhofplatz (1) oder der Schiffstation (2) aus spazieren wir auf dem Othmar-Schoeck-Weg zum Oberen (3) und Unteren Inseli (4). Das Obere Inseli wird auch Kleist-Insel genannt, weil Heinrich von Kleist dort an seinem «Zerbrochenen Krug» schrieb. Heute sind die beiden Inseln nicht mehr zugänglich. Der Scherzligweg, der entlang der Aare mitten in die Stadt führt, ist von besonderer Romantik: Ein paar Minuten vom Zentrum entfernt befinden wir uns hier mitten in der Natur. Auf der andern Seite der Aare sehen wir das Quartier Hofstetten, wo die alten Hotelpaläste mit ihrer etwas verblichenen Pracht stehen. Die Obere Schleuse (5), gleichzeitig eine gedeckte Holzbrücke, stellt die Verbindung zur Aare-Insel her, die der Bälliz einnimmt (s. unten, Nr. 25). Die alten Schleusen regulierten den Wasserstand der Aare, damit die Schiffe genügend Fahrwasser erhielten. Die Regulierwerke wurden nach dem Kanderdurchstich 1714 nötig, in dessen Folge der Bälliz zur Insel wurde. Der klassizistische türmchengekrönte Freienhof (6) wird 1308 erstmals erwähnt und ist damit der älteste Gasthof Thuns. Linker Hand steht das erkergeschmückte Haus zum Rosengarten (7). Über die Untere Schleuse schwenken wir rechts in die Mühlegasse und anschließend in die Obere Hauptgasse ein, die von alten Adels- und Bürgerhäusern gesäumt ist. Einzigartig an der Oberen Hauptgasse sind zu beiden Seiten die Hochtrottoirs, die in der alten Marktgasse eine zweite Ladenreihe schufen. Rechts dem Aarequai entlang (8) gelangt man zum ehemaligen Hotel Thunerhof, das heute ein Kunstmuseum beherbergt, sowie zum Kursaal-Casino. Wir aber steigen links oberhalb der Hauptgasse die zahlreichen Stufen der gedeckten Kirchentreppe (9) zum Kirchplatz hinauf. Von da bietet sich ein außerordentlich schöner Rundblick auf die Stadt, die Aare, den See und die Alpen. Das Untere Pfarrhaus (10) besitzt Treppengiebel und

Typisch für die Altstadt: Hochtrottoirs an der Hauptgasse

Das Schloß hoch über der Stadt

Rundbogenfenster aus dem 14. Jh. Die reformierte Stadtkirche St. Mauritius (11) wurde im 10./11. Jh. erbaut, im 14. und 18. Jh. teilweise abgebrochen und neu erbaut. Der mächtige Frontturm (1330–1340) bildet das kirchliche Gegengewicht zum 42 m hohen Bergfried und den vier Ecktürmen der Zähringerburg. Das Burgitor (12) ist das einzige Stadttor, das von der alten Befestigungsanlage erhalten blieb. Zwischen Kirche und Schloß (15) stehen das Obere Pfarrhaus (13) von 1493, das nach einem Brand 1772 wiederaufgebaut worden war, sowie das Statthalteramt (14), eine ehemalige Schloßscheune. Im Burghof befindet sich der 33 m tiefe Sodbrunnen, und im Durchgang unter dem Schwurgericht ist die Wappenpyramide mit dem Thuner Wappen zu besichtigen. Das dem Schloßturm vorgelagerte sogenannte Neue Schloß dient als Sitz der Behörden und des Gerichts. Der an normannische Donjons erinnernde Turm birgt einen der größten Rittersäle der Schweiz, in dem das Historische Museum mit einer bedeutenden heimatkundlichen Sammlung untergebracht ist. Den nördlichen Abschluß der Schloßanlage bildet das Henkertürmchen aus dem frühen 16. Jh. Der Abstieg vom Schloß Richtung Rathausplatz führt – bevor er in das Häusergewirr der Altstadt eintaucht – über den baumbestandenen Schloßhügel. Vor dem Rathausplatz treffen wir auf das behäbige Zunfthaus zu Metzgern (16). Die Metzgerzunft von Thun wird bereits 1361 urkundlich erwähnt. Zusammen mit den Pfistern, den Bäckern, gehörten die Metzger zum angesehensten Berufsstand. Zur Zeit der Berner Herrschaft war es der Metzger- und der Pfisternzunft vorbehalten, zwei Venner in die Stadtverwaltung zu delegieren. 1866 wurde aus dem Vermögen der Metzger-, Pfister- und Schmiedezunft die Spar- und Leihkasse Thun gegründet.

Der Rathausplatz bildet das Zentrum der Altstadt. Hier stehen das Burgerhaus (17) aus dem 18. Jh., das massive Rathaus (19) von 1514–1530 mit dem Archivturm, das Velschenhaus (18), heute Restaurant Casa Barba, als ältestes Wohngebäude der Stadt und das Zunfthaus zu Pfistern (20), heute Hotel Krone. In der Unteren Hauptgasse mit ihren zahlreichen Gasthäusern haben wir wieder Gelegenheit, die Handwerkskunst vergangener Zeiten zu bestaunen: Verzierte Geländer und Fenstergriffe, kleine Vorplätze, schöne Fassaden, imposante Vordächer zieren die alten Bürgerhäuser. Am Ende der Unteren Hauptgasse stehen der Chutziturm (21) und der Venner-Zyro-Turm (23), beide aus dem 13. Jh.; sie sind Überbleibsel der kyburgischen Befestigungsanlage. Nördlich der Scheune mit dem großen Tor (24) am Berntorplatz steht das Knabenschützenhaus (22), ein Fachwerkgebäude aus dem 16. Jh. Dort übte sich die Thuner Jugend auch noch nach dem Mittelalter in der Schützenkunst mit Pfeil und Armbrust. Über den Rathausplatz und den unteren Teil der Oberen Hauptgasse gelangen wir über die Mühlebrücke und am alten Waisenhaus (25) vorbei zum Bälliz. In der Fußgängerzone finden Wochenmärkte statt, doch auch sonst ist der Bälliz ein beliebter Einkaufsort. Über die Postbrücke erreichen wir wieder Festland.

Idyllisch endet der Stadtrundgang im Ortsteil Scherzligen. Der Aare entlang und an der Scherzlig-Kirche (26) vorbei – der romanische Saalbau enthält bedeutende Wandmalereien des 13.–16. Jh. – führt der Weg zur ausgedehnten Parkanlage des Schadauparks (27). Dort steht Schloß Schadau (28), eine der schönsten Schloßbauten der Romantik (1849–1854). Heute beherbergt der märchenhafte Bau das Schweizerische Gastronomie-Museum. In einem Pavillon südwestlich des Schlosses ist seit 1961 das Wocher-Panorama (29) ausgestellt. Das 39x7,5 m große Wandbild stellt in einer reizvollen Verbindung von Dokumentation und Genreszenen die Stadt Thun um 1810 dar.

In der Höhle des heiligen Beatus

Eine der bedeutendsten kulturhistorischen Stätten des Berner Oberlandes sind die Beatushöhlen am rechten Ufer des Thunersees, 16 km südöstlich von Thun. Den Namen haben die Höhlen vom hl. Beatus, welcher der Überlieferung nach 112 n. Chr. gestorben ist, den die Forschung jedoch dem Kreis der irischen Glaubensboten um Gallus und Kolumban im 6. Jh. zuweist. Der Legende nach hatte der Missionar hier einen Drachen erschlagen und sich dann in dessen Höhle wohnlich niedergelassen. Im Mittelalter wurden die Beatushöhlen zu einem vielbesuchten Wallfahrtsort. Doch nach der Reformation wurde das Heiligtum während 300 Jahren beinahe vergessen – bis es der Fremdenverkehr im 19. Jh. wiederentdeckte. Heute sind die Höhlen auf einer Länge von 1200 m dem Publikum zugänglich; über 8 km sind erforscht. Ein Rundgang führt an Tropfsteinformationen, einem Seelein, Schluchten und Wasserfällen vorbei. Seit 1984 ist im «Waldhaus» auf dem Weg zum Höhleneingang das einzige Höhlenmuseum der Schweiz eingerichtet.

Beatushöhlen und
Höhlenmuseum
Waldhaus,
Sundlauenen
036/41 16 43
oder 036/41 16 04
April–Oktober
10.30–17.30 Uhr

Interlaken, lateinisch inter lacus, hieß ursprünglich das ganze Schwemmland zwischen Thuner- und Brienzersee. Als erste Siedlung wurde im 13. Jh. das Städtchen Unterseen gegründet, während das heutige Interlaken – die Wiege des Fremdenverkehrs im Berner Oberland – lediglich aus dem mächtigen Augustiner-Chorherrenstift bestand. Heute besteht die Agglomeration Interlaken aus den drei selbständigen Gemeinden Unterseen, Interlaken und Matten sowie Bönigen am Südwestufer des Brienzersees mit seinem reichen Bestand an Blockbauten des 16.–19. Jh.

Verkehrsbüro
Interlaken
Höheweg 37
3800 Interlaken
036/ 22 21 21

Unterseen/Interlaken

Das Schwemmland zwischen Thuner- und Brienzersee, das «Bödeli», ist in jahrtausendelanger Arbeit von der Lütschine und dem Lombach angespült worden. Die älteste weltliche Siedlung auf dem «Bödeli» ist das Städtchen Unterseen, das im 13. Jh. nahe dem Thunersee am nordwestlichen Brückenkopf des Aareübergangs als spätmittelalterliches Häusergeviert angelegt und 1279/80 durch Walter von Eschenbach-Oberhofen zur Stadt erhoben und befestigt wurde. Das Schloß liegt der Kirche in der Längsdiagonale gegenüber. Der Grund und Boden des Städtchens hatte der Propstei Interlaken gehört, was über Jahrhunderte hinweg Anlaß zu Streitigkeiten gab zwischen Unterseen und dem Kloster. Ergiebigster Zankapfel war der Fischfang in der Aare. 1397 kam Unterseen unter bernische Hoheit. Die Holzhäuser Unterseens fielen zweimal Großbränden zum Opfer, 1470 und 1855. Gegen Ende des 18. Jh. wurde der Ort mit seinem Hafen Neuhaus Zentrum des beginnenden Fremdenverkehrs. Der erste prominente Gast im Stadthaus von Unterseen war im Jahre 1779 Goethe. Dann kamen Mark Twain, Richard Wagner und viele mehr. Felix Mendelssohn-Bartholdy hat hier das Lied «Wer hat dich, du schöner Wald...» komponiert. Charakteristisch für das Dorfbild von Unterseen ist die Kirche mit dem mächtigen gotischen Turm von 1471. Im Gebiet des ehemaligen Hafens Neuhaus befinden sich heute ausgedehnte Campingplätze und Erholungsflächen.

Kanton:	BE
Meter über Meer:	568
Einwohner 1900:	2607
Einwohner 1980:	12 014
Autobahn:	N 8

22. 9. 1989

Hinter dem Einschnitt des Lütschinentals erhebt sich einer der schönsten Schweizer Berge: die 4158 m hohe **Jungfrau**. *Noch Anfang des 19. Jh. galt es als unmöglich, dieses Gletscherreich zu besteigen, doch bereits 1811 erreichten dann doch die ersten Bergsteiger den Jungfraugipfel, und zwar die beiden Aargauer Rudolf und Hieronymus Meyer. Seit 1912 führt eine Zahnradbahn auf das 3454 m hohe, zwischen Mönch und Jungfraugipfel gelegene Junfraujoch. Von der höchstgelegenen Bahnstation Europas zieht sich 700 m tief der Jungfraufirn bergab. Auf dem Konkordiaplatz, der größten Eisstraßenkreuzung der Alpen, findet er seine optische Fortsetzung im Großen Aletschgletscher.*

Bald nach dem Einsetzen des Tourismus wurde Unterseen von seiner rechtsufrigen Schwestergemeinde Interlaken als Kurzentrum überflügelt. Das Augustiner-Chorherrenstift Interlaken, 1133 zum ersten Mal urkundlich erwähnt, wurde im selben Jahrhundert zum Doppelkloster erweitert, war im Besitz riesiger Ländereien und beherrschte das ganze Berner Oberland. Das führte zu verschiedenen Volksaufständen gegen die Klosterherren. Mit der Reformation nahm die Herrschaft der Gottesleute 1528 ein jähes Ende. Das Kloster wurde aufgehoben und diente den Herren von Bern als Landvogt- beziehungsweise als Amtssitz des gleichnamigen Bezirks. 1747–1751 wurde daneben anstelle des Männerkonvents das Schloß gebaut, eine großzügige Hufeisenanlage, die heute Sitz des Regierungsstatthalteramtes und des Bezirksgefängnisses ist.

Im 19. Jh. wurde verschiedentlich versucht, im Bödeli zwischen den beiden Seen Industrien, insbesondere die Seidenraupenzucht und Seidenverarbeitung, anzusiedeln, wenn auch mit bescheidenem Erfolg. Seit weit über hundert Jahren lebt Interlaken hauptsächlich von seiner einmaligen Lage zwischen den Seen am Fuß der schönsten Schweizer Berge beziehungsweise dem Fremdenverkehr. Mit dem Aufkommen des Alpinismus ging es auch mit Interlaken bergauf. Zu Beginn des 18. Jh. setzte ein richtiger Ansturm auf die Alpen ein. Im Touristikmuseum der Jungfrauregion in Unterseen werden die Etappen dieser Entwicklung nachgezeichnet. International bekannt wurde Interlaken durch die Alphirtenfeste von Unspunnen. 1805 organisierten Freunde alter vaterländischer Sitten und Gebräuche zum ersten Mal diesen Wettbewerb im Singen, Tanzen, Steinstoßen, Alphornblasen, Schießen und was der bodenständigen Vergnügungen mehr waren. 3000 Schaulustige aus aller Welt strömten herbei, viel mehr, als die damaligen Herbergen fassen konnten. Das zweite große Unspunnenfest fand 1808 zusammen mit der 500-Jahr-Feier der Eidgenossenschaft statt – der Rütlischwur wurde für das Jahr 1308 anberaumt. Weitere Aufwertungen erfuhr Interlaken durch den Bau der Grand-Hotels und die zahlreichen Bahnen zu den Aussichtspunkten in der Umgebung. Heute ist Interlaken nicht nur Ferienort, sondern auch ein wichtiges Kongreßzentrum.

Im Zentrum, westlich des Schlosses, befindet sich die rund 14 ha große Höhematte. Von hier aus präsentiert sich die Jungfrau besonders majestätisch. Unterhalb der Höhematte verläuft der 700 m lange Höheweg, die von Alleebäumen gesäumte Promenierstraße Interlakens. Hier stehen der Kursaal mit der berühmten Blumenuhr in der Gartenanlage, das Grandhotel «Victoria-Jungfrau» und das alles überragende «Metropole» mit seinem Turmrestaurant. Am Oberen Höheweg sind die Hotels «Royal», «Beaurivage» und «Interlaken» zu erwähnen; im letzten waren schon Byron und Mendelssohn abgestiegen.

Südlich der Stadt liegt die Burgruine Unspunnen, Austragungsort der Unspunnenfeste, die nun wieder alle sechs Jahre stattfinden. Nächster Termin: 1993.

Elisabeth Vigée-Lebrun (1755–1842)

Die französische Malerin Elisabeth Vigée-Lebrun, eine der bekanntesten Künstlerinnen ihrer Zeit, hat in halb Europa Spuren hinterlassen. Vor der Französischen Revolution traf sich ganz Paris im Salon der Kunstmalerin. Als Hofmalerin von Marie-Antoinette mußte sie beim Ausbruch der Revolution Frankreich verlassen. Sie malte in Italien, an den Höfen von Berlin und Wien und lebte dann fünf Jahre am Zarenhof in Petersburg. Adelige Damen schätzten ihre idealisierenden Porträts – sie hat unter anderem sieben europäische Herrscherinnen verewigt. 1808 besuchte Elisabeth Vigée zusammen mit Madame de Staël das Alphirtenfest von Unspunnen. Die Damen waren hell entzückt vom naturwüchsigen Treiben und verarbeiteten ihre Eindrücke in überschwenglichen Werken ihrer jeweiligen Disziplinen. Diese haben den internationalen Ruf Interlakens entscheidend gefördert.

Lauterbrunnen

Das Lauterbrunnental ist an landschaftlicher Schönheit kaum zu überbieten: Überall stürzen Bergbäche und Wasserfälle von den steilen Hängen, im Hintergrund erheben sich die Schneeberge. Die Ortschaft Lauterbrunnen im Tal der Weißen Lütschine mit ihrem 300 m hohen Staubbachfall erlangte Weltberühmtheit. Goethe hat unter seinem Eindruck den «Gesang der Geister über den Wassern» gedichtet, William Turner aquarellierte die imposante Gischtfahne. Lauterbrunnen ist von Interlaken etwa 12 km entfernt, und es ist Station der Berner-Oberland-Bahn sowie Talstation der Wengernalp-/Jungfrau- und der Mürrenbahn. In der ehemaligen Mühle befindet sich das Heimatmuseum der Talschaft.

Touristik-Museum der
Jungfrauregion
Obere Gasse 26
Unterseen-Interlaken
036/22 98 39 oder
036/22 63 41
Mai–Mitte Oktober
Di–So 14–17 Uhr

Hallenbad
hinter dem Casino
036/22 24 16

Minigolf
Beim Strandbad/Hallenbad
036/22 24 16

Casino-Kursaal
036/22 25 21

Alpenwildpark
Bei der Harder-Bahnstation
Gehege im Wald mit Steinböcken, Gemsen, Murmeltieren

Camping «Sackgut»
3800 Interlaken
Mai–Oktober
036/22 44 34

Tell-Freilichtspiele Interlaken
Juni–September
Tellbüro
036/22 37 22

Zehn Kilometer unterhalb von Solothurn liegt die Brückensiedlung Wangen an der Aare. Das 1218 gegründete Städtchen hat seinen quadratisch angelegten Kern vollständig erhalten. Wie viele Kleinstädte des Mittellandes gibt sich Wangen gegen die Hauptplätze hin herrenhaft bürgerlich, während die Hinterhöfe mit ihren behäbigen Bauernhäuser und Ökonomiegebäuden von der Schollenverbundenheit der Bewohner zeugen.

Verkehrsverband
Oberaargau
Farbgasse 7
4900 Langenthal
063/22 77 21

13. 8. 1989

Wangen a. d. Aare

Verkehrsmäßig ist Wangen an der Aare heute etwas ins Abseits geraten: Der Schnellzug Solothurn–Biel braust vorbei, die N 1 macht einen Bogen um den mittelalterlichen Ort. Die Aare, der das Städtchen seine Gründung verdankt, hat ihre Bedeutung als wichtigste Verkehrsachse schon vor mehr als einem Jahrhundert verloren – und seit dem Bau des Flußkraftwerks Bannwil auch einen Teil ihrer Strömung eingebüßt. Der Brückenkopf Wangen an der Aare war schon im 10. Jh. von Bedeutung. 1218 brachte Anna von Zähringen die Flußsiedlung in die Ehe mit dem Grafen Ulrich III. von Kyburg ein. Von da wechselte Wangen den Besitzer in atemberaubendem Tempo, bis es 1406 käuflich an Bern fiel. Im Bauernkrieg von 1653 diente Wangen dem Armeebefehlshaber Sigmund von Erlach als Hauptquartier. Von hier aus schlug er den Aufstand der rechtlosen Landbevölkerung, besonders im Amt Bipp und in Herzogenbuchsee, blutig nieder. Das Nachbarstädtchen Wiedlisbach am andern Ufer der Aare wurde als «Rebellennest» mit 1200 Mann belegt und nach der Niederlage der Plünderung preisgegeben. Einzig Wangen und seine Bewohner, von denen viele als Funktionäre der Landvögte in der Landschreiberei, den Kornhäusern oder in der Salzfaktorei arbeiteten, waren in dieser Revolte gegen Bern regierungstreu geblieben.
Außerhalb des alten Stadtkerns siedelten sich bereits zu Beginn der Industrialisierung kleine Fabriken an, als erste die Pferdehaarspinnerei Roth, später einige

Kanton:	BE
Meter über Meer:	423
Einwohner 1900:	1440
Einwohner 1980:	1785
Autobahn:	N 1, Wangen

*Die gedeckte **Holzbrücke** über die Aare ist ein Meisterstück alter Zimmermannsarbeit. Laut einer Urkunde hat bereits 1387 an dieser Stelle eine Brücke gestanden. Das tatenfreudige Bern veranlaßte 1408 einen zweiten Brückenbau, mit «Schragen und Jochen wol verbunden», mit einer «uffgenden Brugg», das heißt einer Fallbrücke, einem «guten Wighus», also einem Wehrbau, und alles zusammen «wol getekt». 1480 ereignete sich bei dieser Brücke ein tragisches Unglück: Ein Schiff mit Reisläufern (Söldnern), die von Frankreich zurückkehrten, kenterte an den Brückenpfeilern, wobei 80 Mann ertranken. Im 16. Jh. wurde die Brücke erneuert und später verschiedene Male verstärkt.*

Blusenfabriken. In den fünfziger Jahren unseres Jahrhunderts entwickelten sie sich zu führenden Betrieben der Textilindustrie. Da Wangen an der Aare immer schon strategische Bedeutung hatte, entstand hier ein Truppensammelplatz und 1973 ein Waffenplatz.

Aus der Vogelperspektive präsentiert sich das alte Städtchen beinahe quadratisch, der äußere Mauerring wird von vier Ecktürmen dominiert: Das Schloß mit dem Untertor, die Landschreiberei mit dem anstoßenden Zeitglockenturm, der Eckturm und das Pfarrhaus sind bis heute markante Denkmäler geblieben. Die Lebensader innerhalb des Mauerrings bildet die Hauptgasse, das «Städtli», mit dem schönen Brunnen aus dem 18. Jh. und dem alten Gasthof Krone. Das Südtor heißt Zeitglockenturm, nach dem Vorbild des berühmtesten Turms von Bern. Im Glockenturm bimmelt eine der ältesten Glocken der Schweiz: Sie wurde im 14. Jh gegossen. Als Beweis für Wangens Ergebenheit gegenüber den ehemaligen Berner Landvögten ziert den Zeitglockenturm folgende Inschrift: «Für alt Berns Macht / hielt treu ich Wacht.»

Das frühere Landvogteischloß, heute Sitz der Behörden, fällt durch seinen Treppenturm auf. Die hochmittelalterliche Feste wurde mehrmals um- und ausgebaut. Das Innere ist außerordentlich reich ausgestattet und kann auf Anfrage besichtigt werden. Auf dem Vorplatz des Schlosses tagte jeweils das Landgericht. Bis ins 17. Jh. fanden aufgrund der dort gefaßten Urteilssprüche zahlreiche Hinrichtungen statt. 1573 wurden drei Frauen als Hexen verbrannt, 1591 sieben. Nachdem der Scharfrichter auf dem Galgenrain seines Amtes gewaltet hatte, versammelten sich die rund 40 an der Hinrichtung beteiligten Personen in der «Krone» oder im ehemaligen «Rössli» zum Henkersmahl.

Das Wahrzeichen des Städtchens ist die gedeckte Holzbrücke aus dem 16. Jh., die vom Schloß aus über die Aare führt. An der Aare wurde in großen Lagerhäusern die angeschiffte Ware aufbewahrt. Während das alte Weinlager, das Ländtehaus, sowie das alte Korn- und Salzhaus mehrfach umgebaut wurden und seit 1923 als Kaserne dienen, blieb das imposante neue Salzhaus von 1775 erhalten. Das Salzhaus von Wangen war neben denjenigen von Bern und Burgdorf das größte im Kanton; hier konnten bis zu 50 000 Zentner Salz eingelagert werden. Mit dem Bau der Eisenbahnen endete die Aareschiffahrt und damit auch die Salzfaktorei, die Generationen Arbeit und Verdienst gebracht hatte.

Der dritte noch erhaltene mächtige Eckturm war bis zur Reformation eine Benediktinerpropstei und ist heute das Pfarrhaus. Außerhalb des Stadtgeviers befindet sich die reformierte Kirche von 1825 mit dem erhaltenen gotischen Chor aus dem 13. Jh. Im Innern sind Fresken aus dem 14. und 15. Jh. sowie große Wappenscheiben zu sehen.

Helene Roth (1887–1966)

Die Malerin und Graphikerin Helene Roth stammt aus einer alteingesessenen Wangener Familie, deren Tradition sie sich stets verbunden fühlte. Mit 18 Jahren nahm sie regelmäßig Malstunden bei Cuno Amiet. Nach Studienjahren in Paris und München sowie Reisen nach Italien und Holland lebte sie von 1912 bis 1914 als Schülerin bei Cuno Amiet auf Oschwand. Seit 1937 besaß sie ein eigenes Atelier in Wangen. Ihr Sinn für die Tradition und Geschichte des Oberaargaus kommt in den Themen der Wandmalerei und vereinzelten schriftstellerischen Versuchen zum Ausdruck. Jahrelang hing im Gasthof Krone in Wangen das monumentale Gemälde «Empfang eines Landvogts in Wangen» und im Gasthof zum Schlüssel in Wiedlisbach das Wandbild «Besuch des Kaisers Franz Joseph in Wiedlisbach». Die Ersparniskasse Wangen besitzt die Bilder «Ährenleserin» und «Oberamtmann Effinger». Helene Roth war auch eine besonders begabte Porträtistin. Ein Selbstbildnis von 1914 ist im Kunstmuseum Bern ausgestellt, weitere Selbstbildnisse im Ortsmuseum Wangen im Gemeindehaus.

Das Konkurrenzstädtchen

Knapp 2 km von Wangen entfernt liegt am andern Aareufer das Nachbarstädtchen Wiedlisbach. Nicht minder hübsch und ebenso gut erhalten, geht auch der Stadtkern von Wiedlisbach auf eine strenge, rechteckige Planung zurück. Für seine vorbildliche Ortspflege erhielt das Miniaturstädtchen 1974 den Wakker-Preis des Schweizer Heimatschutzes. Besonders liebenswert ist das «Hinterstettli», eine kleinbäuerliche Siedlung mit plätschernden Brunnen und kunstvoll aufgeschichteten Holzstößen. Im ehemaligen Kornhaus befindet sich das Heimatmuseum mit seiner bedeutenden keramischen Sammlung.

Historisches Museum
Wiedlisbach
Ende April – Ende Oktober
So 14–17 Uhr

Schwimmbad Wangen
Schachenstraße 24
063/71 10 41

Region 3: Basel-Stadt, Basel-Land, Aargau, Zürich

BASEL — Ausführlich beschriebene Städte / Villes avec descriptions détaillées / Città descritte dettagliatamente

Kaiserstuhl — Im Kantonsteil erwähnte Städte / Villes mentionnées en outre dans les descriptifs cantonaux / Città menzionate in succinto nei rispettivi cantoni

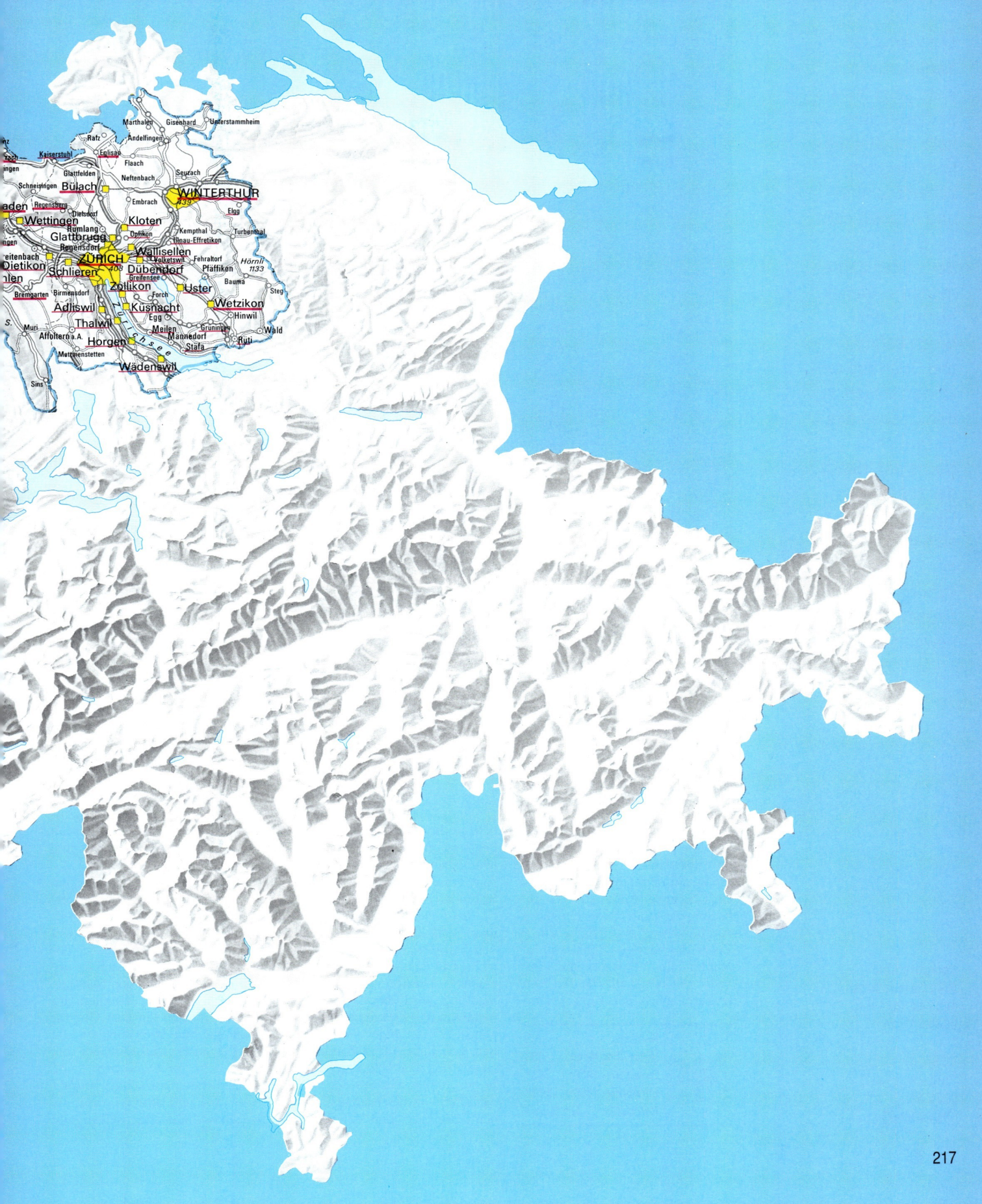

Die Aargauer Kantonshauptstadt zeigt zwei Seiten: Außerhalb der Stadtbefestigung zwischen Bahnhof und Altstadt hat die Bautätigkeit der letzten Jahre moderne, immer noch im Umbruch befindliche Quartiere entstehen lassen. In den Gassen des historischen Kerns der «Stadt der schönen Giebel» hat sich dagegen der Reiz der kyburgischen Gründungsstadt bewahrt.

Verkehrsbüro
Bahnhofstraße 20
5001 Aarau
064/24 76 24

TCS
Rathausgasse 2
5001 Aarau
064/22 39 33

Aarau

Wo sich die Aare einst in mehrere Arme teilte und der Fluß leicht zu überwinden war, bestand schon seit dem frühen Mittelalter ein Übergang. Anfang des 12. Jh. bauten die Grafen von Lenzburg zur Sicherung der Brücke einen Turm, das heutige «Schlössli» im Norden der Altstadt, und um 1240 gründeten die Grafen von Kyburg neben der Burg auf einem in die Aare vorgeschobenen Felskopf ein Städtchen, das seinen Namen nach den Auen an der Aare erhielt: Aarau.
Schon nach drei Jahrzehnten ging das Städtchen an die Habsburger über, und 1283 verlieh Rudolf von Habsburg Aarau das Stadtrecht. Die dem Geländesporn angepaßte, herzförmige Kyburger Siedlung wird durch zwei sich rechtwinklig kreuzende Gassen von je 175 m Länge in vier Quartiere geteilt, um die sich an einem Gassenring eine Häuserzeile legt. In den breiten Gassen der Nordosthälfte – in der Rathaus-, Kronen-, Metzger- und Pelzgasse – fand der Markt statt. In zwei Ästen durchfloß der künstlich von der Aare abgezweigte Stadtbach die breiten Gassen und trieb beim Austritt aus dem Städtchen die alten Aarauer Mühlen an.
Um 1300 wuchs Aarau über den ersten Mauerring hinaus und erhielt 1337 unter den Habsburgern eine zweite Ringmauer mit zwei starken Wehrtürmen und vier Toren; ihr Verlauf läßt sich in der «Halde» unterhalb der Stadtkirche noch deutlich erkennen. Im 14. Jh. entstand vor dem Obertor auch die Südliche Vorstadt, die im Gegensatz zur Altstadt nie ummauert und deshalb von Kriegshandlungen stärker bedroht war: 1388 zum Beispiel wurde sie wegen der fehlenden Befestigung

	Kanton:	AG
	Meter über Meer:	383
	Einwohner 1900:	7831
	Einwohner 1980:	15 788
	Autobahn:	N 1, Aarau

von durchziehenden Berner Truppen in Brand gesteckt.

1415 eroberten die Eidgenossen den Aargau und teilten die habsburgischen Stammlande auf: Luzern behielt Sursee und Beromünster; die «Freien Ämter», die Städtchen Bremgarten und Mellingen sowie die Grafschaft Baden wurden als gemeinsame Herrschaft verwaltet; Bern schlug den Oberaargau dem eigenen Besitz zu und sicherte sich als Untertanengebiet den Unteraargau mit Zofingen, Lenzburg, Brugg und Aarau selbst. Rigoros setzten die Gnädigen Herren im Gegensatz zum Rest des Aargaus in ihrer Herrschaft die Reformation durch und trugen damit noch mehr zur Spaltung des ehemals zusammengehörigen Gaus bei. Aarau blieb während Jahrhunderten ein bescheidenes Untertanenstädtchen, das an Bedeutung beispielsweise von Baden weit übertroffen wurde. Politisches Gewicht erhielt Aarau erst 1798 mit dem Untergang der Alten Eidgenossenschaft. In der «Patriotenstadt» war die Opposition gegen die Fremdherrschaft und der Wunsch nach einer erneuten Einigung des Aargaus seit jeher besonders stark. In der Hochburg der helvetischen Revolutionsideen versammelte sich denn auch am 22. März 1798 die «Helvetische Nationalversammlung», die vier Tage später die Einheitsverfassung annahm. Am 26. März wurde Aarau zur ersten Hauptstadt der Helvetischen Republik ausgerufen, deren gesetzgebende Versammlung im städtischen Rathaus und im Gasthaus zum Löwen, dem heutigen Regierungsgebäude, tagte. Aaraus Einfluß auf die damalige Schweiz war groß: Zeitweise stellte das kleine Städtchen nicht weniger als drei Minister. Doch bereits im September siedelte die helvetische Regierung nach Luzern über. An Aaraus kurzlebige Rolle als Hauptstadt der Schweiz erinnert noch eine Häuserzeile in der Laurenzenvorstadt östlich der Altstadt, wo einst das Regierungsviertel für den Hauptort der Helvetik geplant war.

Was der Schweiz recht gewesen war, war dem neuen, unter der Mediationsverfassung Napoleons geschaffenen Aargau billig: 1803 wurde Aarau Hauptort des Kantons. Dank der günstigen Lage im schweizerischen Eisenbahn- und Straßennetz entwickelte sich das Städtchen von der Mitte des 19. Jh. an zum Handels- und Industriestandort. Zu den seit dem 18. Jh. weiterum bekannten Messerschmieden kamen Hafnereien und Töpfereien, eine Glocken- und Kanonengießerei sowie eine Büchsenmacherei. Es entstand eine berühmte Reißzeugfabrik, und Aarau wurde eidgenössischer Waffenplatz. Hier fanden zudem zwei Feste statt, die für die langsam wachsende Identität der Schweiz wichtig waren: 1824 das erste eidgenössische Schützenfest und 1832 das erste eidgenössische Turnfest.

Heute ist Aarau als Regionalzentrum mit zahlreichen Dienstleistungs- und mittelgroßen Industriebetrieben in den Sog des nur noch 30 Bahnminuten entfernten Zürich geraten. Trotz starker Bevölkerungszunahme – neue Wohnbauten wurden vor allem in der Tellüberbauung geschaffen – machen Zupendler einen hohen Anteil der Aarauer Arbeitnehmer aus; die enge Altstadt hat mit Verkehrsproblemen zu kämpfen, und im Geschäftsviertel an der Bahnhof- und an der Kasinostraße herrscht seit Jahren hektische Bautätigkeit. Demgegenüber hat die kleine Altstadt über der Aare ihren Charme allerdings bewahren können.

Johann Rudolf Meyer (1739–1813)

Als Tuchhändler und Seidenbandfabrikant erwarb Johann Rudolf Meyer ein großes Vermögen, das er – im Volksmund liebevoll «Vater M.» genannt – vor allem für gemeinnützige Zwecke einsetzte. Meyer, ein vielseitig gebildeter Mann, war 1793 Präsident der ersten Helvetischen Gesellschaft, schlug als erster die Korrektion der Linthebene vor, betätigte sich politisch 1798–1800 im helvetischen Senat und machte sich um das Aargauer Schulwesen verdient. Seine besondere Liebe aber galt der Kartographie: Er bezahlte die Geometer, die erstmals die Schweizer Alpen vermaßen, und ließ ein mächtiges Relief der Schweiz schaffen. Es diente als Vorlage für den ersten Atlas, in dem die Schweiz aus der Vogelschau gezeichnet war – den «Meyer'schen Schweizer Atlas in 16 Blättern» –, den er unter Mitwirkung zweier Ingenieure 1797–1813 veröffentlichte. Das Kartenwerk trug nicht nur wesentlich zur Entwicklung der Kartographie bei, sondern weckte auch das Interesse an der bildlichen Darstellung der Schweiz.

Naturmuseum
Bahnhofplatz
064/22 29 48
Di–Sa 10–12 und 14–17 Uhr,
So 10–16 Uhr

Stadtmuseum
Schloßplatz 23
064/21 05 17
Mi, Sa, So 14–17 Uhr

Kunsthaus
Aargauerplatz
064/21 21 30
Di–Sa 10–12 und 14–17 Uhr,
So 10–17 Uhr
Do auch 19.30–21.30 Uhr

Schwimmbad Schachen
064/22 10 05

Hallenbad Telli
064/24 75 65

Kunsteisbahn
Brügglifeld
064/22 72 29

Maienzug
Jugendfest vor den Sommerferien
Bachfischet im September

Stadtplan: Seite 434/435

Schloß Wildegg

Von Aarau aus führt die Kantonsstraße in östlicher Richtung der Aare entlang über Rohr und Rupperswil mit seiner Zuckerfabrik in den Industrieort Wildegg, der etwa in der geographischen Mitte des Kantons liegt. Über dem Dorf thront auf einem Ausläufer des Kestenberges Schloß Wildegg. Um 1200 von den Habsburgern erbaut, kam die Feste 1484 an die Brugger Junkernfamilie Effinger, welche die mittelalterliche Burg barokisierte und zum Patriziersitz umbaute. Die letzte des Geschlechts, Julia von Effinger, vermachte Wildegg 1912 der Eidgenossenschaft. Die prächtige Schloßanlage mit dem Bergfried, dem angebauten Palas, der Toranlage und dem Garten wird seither als Wohnmuseum vom Landesmuseum Zürich verwaltet. Rund 25 prächtig ausgestattete Räume berichten vom Reichtum der Familie Effinger und geben einen faszinierenden Einblick in die Wohnkultur des 16. bis 19. Jh.

Wohnmuseum Schloß Wildegg
März bis November,
Mi–Mo, 9–11.30 und
13.30–17 Uhr
064/53 12 01

1 Bahnhof
2 Obere Mühle
3 Amtshaus, ehemaliges Spital
4 Schlössli mit Stadtmuseum «Alt-Aarau»
5 Rathaus mit Turm Rore
6 Ehemaliges Kloster, heute Altersheim
7 Pulver- oder Storchenturm
8 Reformierte Stadtkirche
9 Haus zum Erker
10 Oberturm
11 Ehemaliges Saxerhaus
12 Regierungsgebäude
13 Rathausgarten
14 Großratsgebäude
15 Kunsthaus und Kantonsbibliothek

Stadtrundgang Aarau

Vom Aarauer Bahnhof (1) führt die Bahnhofstraße mit den vielen Banken und Läden zur südlichen Vorstadt. Ihr Blickpunkt ist die markante spätgotisch-frühbarocke Obere Mühle (2). Das 1608 errichtete Riegelhaus mit den Staffelfenstern steht rechts am Anfang der Hinteren Vorstadt, die zusammen mit der Vorderen Vorstadt ein Quartier bildet, das zwar nie von einer Mauer umgeben war, aber schon am Ende des 14. Jh. ebensoviele Häuser zählte wie die befestigte Altstadt.

Die Vordere Vorstadt führt vom Aargauerplatz zum Aarauer Wahrzeichen, dem Oberturm. Vor ihm biegt rechts der von Bäumen gesäumte Graben ab; hier weideten einst Hirsche, und ihm entlang verlief die Ringmauer. Hinter dem kleinen Park rechter Hand steht an der Kasinostraße das Amtshaus (3). Das streng gegliederte, 15achsige Gebäude wurde 1784–1787 als Spital erbaut und ist ein typisches Beispiel der repräsentativen bernischen Staatsarchitektur.

Die Laurenzenvorstadt selbst, eine Zeile klassizistischer Wohnhäuser aus der Zeit von 1798–1825, ist der einzige verwirklichte Teil eines gewaltigen Projekts: In Aarau, das zur Hauptstadt der Helvetischen Republik bestimmt war, sollte zwischen Tellirain und heutigem Bahnhofplatz ein riesiges Regierungsviertel entstehen.

Der Graben führt direkt zum Schloßplatz, an dessen nördlichem Ende das Schlössli (4) mit dem Stadtmuseum «Alt-Aarau» steht. Die Burg wurde wahrscheinlich schon vor der Stadtgründung zu Beginn des 12. Jh. von den Grafen von Lenzburg erbaut. Der Bergfried neben dem im 13. und 14. Jh. errichteten Palas sicherte ursprünglich den Aareübergang, dem Aarau seine Entstehung verdankt.

Die Laurenzentorgasse mündet in die Kronengasse; sie bildet den östlichen Flügel des Gassenkreuzes, das die Aarauer Altstadt in vier fast gleich große Stücke teilt. Rechts biegt die Metzgergasse ab; sie gehört zu den typischen

Die Kyburgergründung liegt auf einem Felssporn über der Aare

Projekt für eine neue Schweizer Hauptstadt: Laurenzenvorstadt

Aargauer Gassen, in deren geschlossener Front dreigeschossige spätgotische Häuser aus dem 16. und 17. Jh. mit Aufzugsgiebeln und viergeschossige Barockbauten mit gemalten Dachuntersichten abwechseln.

Dem Stadtbach entlang, der hier kurz ans Tageslicht tritt, gelangt man zum Turm Rore mit seinen Zinnengiebeln, dem ältesten Teil des Rathauses (5). Er wurde 1240 als Burg der Dienstmannen von Rore errichtet, um 1520 auf drei Seiten ummantelt und zum Rathaus ausgebaut. Das Rathaus selbst mit dem Giebelrisalit an der Rathausgasse wurde im 18. Jh. barockisiert; die klassizistischen Flügelanbauten entstanden in zwei Etappen im 19. Jh.

Hinter dem Rathaus führt eine Treppe hinunter zum Haldenring, der besterhaltenen Gasse Aaraus mit ihren typischen Bürgerhäusern des 16.–19. Jh. An der ebenfalls gut erhaltenen Golattenmattgasse, die von der Halde an aufsteigt, steht das städtische Altersheim (6). 1270 als Frauenkloster der Schwestern von Schänis gegründet und 1528 in der Reformation aufgehoben, diente der mittelalterliche Winkelbau nacheinander als Schule, Seidenbandfabrik und Spital; seit 1852 ist es Altersasyl. An der Südecke der zum Altersheim gehörenden Terrasse steht der runde Pulver- oder Storchenturm (7) aus dem 16. Jh., dessen oberer Teil 1970 rekonstruiert wurde.

Über die «Lochstäge» erreicht man die Milchgasse, die zur 1471–1478 erbauten Stadtkirche (8) zurückführt. Die dreischiffige Basilika in der Art der Bettelordenskirchen birgt im Innern einen siebenachsigen Lettner. Vom Kirchplatz – der Gerechtigkeitsbrunnen mit der barocken Justitia stand früher beim öffentlichen Pranger an der Stelle des heutigen Restaurants «Laterne» an der Rathausgasse – bietet sich ein schöner Blick auf die Aare.

An der Ecke Kirchgasse/Rathausgasse steht das Haus zum Erker (9), ein Riegelbau von 1664/65 mit einem reichen Barockerker. Die Untersicht der mächtigen Giebelründe ist mit biblischen Motiven ausgemalt; das ist nur einer der rund 70 dekorativ bemalten Dachhimmel, die in der Altstadt anzutreffen sind. Da die Ornamentsmalereien aber unter Wind und Wetter sowie der Luftverschmutzung leiden, sind nur wenige Originale erhalten, und die meisten Bemalungen – ein besonderer Schmuck des Städtchens – stammen aus dem 20. Jh.

Die Rathausgasse führt rechts zum Oberturm (10). Der im Unterbau aus der Zeit um 1270 und im zurückspringenden Aufbau von etwa 1530 stammende Torturm trägt ein steiles Zeltdach mit einem schlanken Glockentürmchen. Hinter dem Turm fällt das ehemalige Saxerhaus (11) an der Ecke Vordere Vorstadt/Rain auf. Der behäbige Kopfbau wurde 1693 anstelle eines 1344 gestifteten Spitals neuerbaut. Als Gegenpol zum Oberturm steht erhöht in der südlichen Vorstadt das Aargauer Regierungsgebäude (12). Sein Mitteltrakt, das spätere Gasthaus zum Löwen, wurde 1739 als Wohnhaus erbaut; das zweigeschossige Louis-XV-Haus wurde 1811–1824 durch den Anbau zweier querstehender Seitenflügel zum Regierungsgebäude erweitert. Dahinter steht im Rathausgarten (13) das schöne klassizistische Großratsgebäude (14) von 1826–1828, an dessen Rückfront der halbrunde Anbau des Parlamentssaals vorspringt.

Neben dem Regierungsgebäude steht das 1957–1959 erbaute Aargauer Kunsthaus (15), in dem eine repräsentative Sammlung schweizerischer Malerei des 19. und 20. Jh. untergebracht ist.

Schloß Hallwil

Von der Kantonsstraße Aarau–Reinach zweigt in Teufenthal links eine Straße ab, die ins 5 km entfernte Hallwil hinüberführt. Ganz in der Nähe des gleichnamigen Sees steht das imposante Schloß Hallwil, eine der wenigen noch erhaltenen Wasserburgen der Schweiz. Seit seiner Gründung im frühen 12. Jh. gehörte das auf zwei Inselchen errichtete Schloß während acht Jahrhunderten ununterbrochen der gleichen Familie, bis 1921 Graf Johann Theodor Walter von Hallwil ohne männliche Nachkommen starb und der Besitz 1925 in eine Familienstiftung überging. Über die gewölbte steinerne Brücke gelangt man durch das Eingangstor in den Schloßhof, wo die jüngeren Bauten aus dem 16. Jh. stehen – das Wohn- und das Kornhaus – sowie der Efeuturm aus dem 13. Jh. Eine hölzerne Zugbrücke führt ins hintere Schloß, das zusammen mit der noch 10 m hohen Ruine des Bergfrieds aus dem 12. Jh. stammt. In Hallwil sind heute ein Schloßmuseum und eine heimatkundliche Sammlung untergebracht.

Schloß Hallwil
April bis Oktober
Di–So, 9.30–11.30 und
13.30–17.30 Uhr
064/54 11 22

Der Kanton Aargau in Zahlen

Der Kanton Aargau – das Land mitten in der Schweiz zwischen Zürich und Bern, Basel und Luzern – ist mit 1404 km² der zehntgrößte Stand der Schweiz. Das zweigeteilte, blau-schwarz-weiße Kantonswappen trägt nicht umsonst ein «Wasserzeichen»: Das Kantonsgebiet gliedern vor allem die vier Flüsse Rhein, Aare, Reuss und Limmat. Die letzten drei vereinigen sich im «Wasserschloß» des Aargaus bei Brugg, um gemeinsam in den Rhein zu fließen, der auf 72 km die Grenze zwischen Aargau und Deutschland bildet. Das nördliche Grenzgebiet der Schweiz mit seinen 453 000 Einwohnern und den 232 Gemeinden ist überdurchschnittlich stark industrialisiert und hat sich im Lauf von etwas mehr als einem Jahrhundert vom Agrar- zum Industriekanton gewandelt. Heute sind nur noch 5% der Erwerbstätigen in der Land- und Forstwirtschaft tätig, 50% arbeiten in Industrie und Gewerbe und 44% im Dienstleistungsbereich.

Wohlen

Wohlen ist mit seinen rund 12 000 Einwohnern ein stark wachsender Industrieort und Mittelpunkt des Freiamts. Im 19. Jh. war das Dorf wichtigstes Industriezentrum des Kantons: Bereits im 17. Jh. hatte man damit begonnen, einfache Hüte – sogenannte Schinhüte – aus dem Stroh des in der Umgebung angebauten Roggens zu flechten, und zur Blütezeit waren in der Strohindustrie mehr als 20 000 Arbeitskräfte beschäftigt. Mit seinen in alle Welt exportierten Produkten prägte Wohlen die Hutmode so stark, daß es noch Anfang dieses Jahrhunderts «Chly Paris» genannt wurde. An die einstige Blüte der Strohindustrie, die heute an Bedeutung stark verloren hat, erinnert das Freiämter Strohmuseum in Wohlen, das die Entwicklung des Flechthandwerks und die Geschichte der Hutmode schildert.

Kaiserstuhl

mit seinen rund 400 Einwohnern ist im doppelten Sinn ein Grenzstädtchen: Es liegt direkt am Rhein und dicht an der Grenze zum Kanton Zürich. Am strategisch einst wichtigen Punkt sicherten die Freiherren von Kaiserstuhl den Flußübergang im 12. oder 13. Jh. mit dem Oberen Turm, neben dem um 1254 die Herren von Regensberg ein Brückenstädtchen gründeten. Seit dem 15. Jh. ein wichtiger politischer und militärischer Stützpunkt der Eidgenossenschaft, gehört Kaiserstuhl heute zu den besterhaltenen mittelalterlichen Kleinstädten der Schweiz. Es ist in einem Dreieck angelegt, das sich vom Rheinufer hangaufwärts erstreckt; die längste Seite verläuft parallel zum Rhein – den nördlichen Brückenkopf bildet am deutschen Ufer Schloß Rötteln –, und die beiden Schenkel treffen sich beim 28 m hohen Oberen Turm, dem Wahrzeichen des Städtchens. Von hier fällt die malerische Hauptgasse – unter ihren schönen Gebäuden fällt besonders der Gasthof zur Krone aus dem 16. Jh. auf – steil zur Kreuzung mit der Rheingasse ab. Bei der Brücke steht links das ehemalige Amtshaus des Klosters St. Blasien, ein spätgotischer Bau von 1564 mit einem doppelten Treppengiebel, rechts das in der zweiten Hälfte des 18. Jh. in französischem Stil erbaute elegante Mayenfisch- oder Marschallhaus. Die Landesgrenze zu Deutschland, die in der Mitte der Brücke verläuft, markiert eine Statue des heiligen Johann von Nepomuk von 1752.

Laufenburg

bestand während 600 Jahren aus einem links- und einen rechtsrheinischen Teil; erst bei der Schaffung des Kantons Aargau wurden die beiden Stadthälften staatsrechtlich getrennt. Entwickelt hat sich das Städtchen an der Brücke zwischen dem Fricktal und Baden-Württemberg, die wiederum an einer Flußschwelle entstanden war: Noch bis ins 20. Jh. bildete der Rhein hier bei niedrigem Wasserstand eine bizarre Felslandschaft, bei hohem einen regelrechten Wasserfall. Wegen der Stromschnellen, der «Loufen», mußten die Lastschiffe entladen und leer hinuntergeseilt oder emporgetreidelt werden. Heute allerdings fließt der Rhein dank dem unterhalb von Laufenburg liegenden Kraftwerk träge dahin, und an das ehemalige Verkehrshindernis erinnert nur noch das Städtchen selbst, das um 1207 von den Habsburgern gegründet worden war. Von der einst mächtigen Burg der Grafen, die wohl an der Stelle eines römischen Wachtturms errichtet wurde, blieb nur der Bergfried aus dem 12. Jh. erhalten. Er beherrscht in seiner Hügellage als Wahrzeichen Laufenburgs nicht nur das Städtchen, sondern auch weithin die Landschaft. Die Unterstadt durchziehen zwei Straßenzüge, die Herrengasse mit dem 1525 erbauten und 1771 barockisierten Gerichtsgebäude sowie die Marktgasse mit dem spätgotischen Rathaus und zahlreichen malerischen Häusern und Brunnen. Innerhalb der teilweise erhaltenen Stadtmauern steht in der Oberstadt die katholische Pfarrkirche aus dem 15. Jh., deren prunkvolles Innere im 18. Jh. barockisiert wurde.

Mellingen, ein malerisches Landstädtchen an der Reuss

Das Brückenstädtchen Kaiserstuhl

Bis zur Industrialisierung im letzten Jahrhundert war **Wettingen** ein kleines Bauern- und Weindorf zwischen der Limmat und den Rebhängen des Juraausläufers Lägern. Der wirtschaftliche Aufschwung Badens machte Wettingen zum Industrievorort, und die Stadt erlebte seit den fünfziger Jahren dieses Jahrhunderts einen solchen Boom, daß Wettingen mit 17 730 Einwohnern zur bevölkerungsreichsten Gemeinde des Kantons Aargau wurde. Altes Zentrum der gesichtslosen Agglomerationsgemeinde ist das 1227 gegründete Zisterzienserkloster, das seine Anlage aus dem 13. Jh. fast vollständig bewahrt hat. Bis zur Aufhebung des Klosters 1841 – heute dient der Bau als Kantonsschule – war fast jeder Wettinger Bürger Pächter von Klosterland. Die Klosterkirche aus dem 13. Jh. wurde im 18. Jh. im Rokokostil umgebaut und birgt ein schönes Chorgestühl von 1601–1604. Im Kreuzgang befindet sich der reichhaltigste Scheibenzyklus der Schweiz, eine Sammlung von farbenprächtigen Glasscheiben aus dem 13., 16. und 17. Jh. Gut erhalten haben sich auch der romanische Kapitelsaal, das ebenfalls romanische Sommerrefektorium und die Renaissancesäulenhalle der Parlatoriums aus der Zeit von 1600.

Mellingen

wurde um 1240 durch die Grafen von Kyburg gegründet und liegt am Unterlauf der Reuss, 8 km vor ihrer Einmündung in die Aare. Gelangt man über die Brücke in den längsovalen Stadtkern, so erreicht man das Reussstor, von dem aus der breite Markt zum Lenzburgertor führt, der das malerische Landstädtchen in der kurzen Achse in zwei Hälften teilt. Neben dem spätgotischen Reusstor steht das Alte Rathaus mit dem kleinen Treppengiebel, das 1536 erneuert wurde. Den westlichen Stadteingang gegenüber sichert das Lenzburgertor, auch Zeitturm genannt, aus dem 16. Jh. mit einem schlanken Nadelhelm; hier ist heute das Ortsmuseum untergebracht. Im Süden des gut erhaltenen Stadtkerns steht die frühbarocke Pfarrkirche St. Johannes Baptist, und daneben erhebt sich Schloß Iberg, ein kleiner, 1633 stark restaurierter gotischer Bau.

Klingnau

ist mit seinen 2600 Einwohnern das unterste Städtchen an der Aare. Schloß und Stadt Klingnau am gleichnamigen Stausee wurden 1239 von den Thurgauer Freiherren von Klingen gegründet und bereits 1269 vom Minnesänger Walther III. von Klingen an den Bischof von Konstanz verkauft, der auch nach der Eroberung des Aargaus durch die Eidgenossen die Hoheit über das Städtchen ausübte und hier oft zu Gast war. Der alte Kern von Klingnau besteht aus zwei Häuserzeilen an der Durchgangsstraße, die sich um die Pfarrkirche platzartig erweitert. Am nordwestlichen Stadtausgang steht das im 13. Jh. als Sitz der Herren von Klingen gegründete Schloß; beherrscht wird das Stadtbild aber von der ehemaligen Propstei des Klosters St. Blasien, einem mächtigen, in der Mitte des 18. Jh. errichteten Bau.

Muri

1027 gründeten die Habsburger die Benediktinerabtei Muri im Freiamt, die rasch zu großer Blüte gelangte und in der um die Mitte des 13. Jh. das älteste Schauspiel in deutscher Sprache – das Osterspiel von Muri – entstand. Nach schweren Verwüstungen im Sempacherkrieg 1386 und im Kappelerkrieg 1531 erlebte das um die Mitte des 16. Jh. wiederaufgebaute Kloster zur Zeit der Gegenreformation gegen Ende des 17. Jh. eine neue Blütezeit. Damals wurde unter Beteiligung des Baumeisters Caspar Mosbrugger über dem Langhaus der romanischen Basilika ein achteckiger, barocker Kuppelbau errichtet. Der lichtdurchflutete Innenraum mit den Stukkaturen, Malereien und der farbenprächtigen Ausstattung sowie dem schönen Chorgitter gilt als eines der Hauptwerke des Barocks in der Schweiz. Seit 1971 dient die Loretokapelle des 1841 aufgehobenen Klosters wieder als Familiengruft der ehemaligen habsburgisch-österreichischen Kaiserfamilie. Der Glasgemäldezyklus von 1554–1558 im Kreuzgang gehört zu den schönsten Werken der schweizerischen Renaissance-Glasmalerei.

Aargauer Helsweggen

Zutaten: 1 kg Mehl, je 1 Teelöffel Salz und Zucker, je 1/2 Teelöffel Pfeffer, Nelkenpulver, Majoran, 1/4 Teelöffel Muskatnußpulver, 30 g Hefe und 4 1/2 dl Milch, 100 g Butter, 1 Teelöffel Öl, 1 Ei, 1 Eigelb

Mehl, Gewürze und Zucker in eine Schüssel sieben. Hefe mit 1 dl lauwarmer Milch auflösen und zum Mehl geben. Milch, Salz, Butter und Öl auf 36°C erhitzen, dann das verquirlte Ei unterrühren. Die Flüssigkeit der Mehlmischung beifügen und alles 10 Minuten lang zu einem Teig verkneten. Den Teig in eine Schüssel legen, mit einem Tuch zudecken und in einem warmen Zimmer während 50–60 Minuten ums Doppelte gehen lassen. Den Teig nochmals durchkneten und zu einem Laib formen. Drei- bis viermal mit einem Messer quer einschneiden. Mit Eigelb bestreichen und auf bebuttertem Blech im nicht vorgeheizten Ofen (damit der Weggen langsam aufgehen kann) 50–60 Minuten bei 175–200°C backen.

«Helsete» war ein Brauch, der noch bis in unser Jahrhundert auf dem Land gepflegt wurde: Zu Neujahr bekamen die Kinder von ihren Paten einen Neujahrsbatzen und Eierzöpfe, Ringe oder Birnbrote. Im Kanton Aargau wurde der Batzen zusammen mit einem «Helsweggen» geschenkt.

Die einstige Bedeutung als Hafenort ist Aarburg nicht mehr anzusehen. Aber die durch die Flußbiegung bedingte Aarebucht zu Füßen von Städtchen und Schloß läßt noch erahnen, daß hier einst ein Zentrum für den Schiffsverkehr lag. Obwohl der Ort zwischen Fluß und Fels nicht mehr zu Wasser erreichbar ist, lohnt sich ein Besuch bestimmt.

Informationen
Gemeindeverwaltung
4663 Aarburg
062/41 30 51

1. 10. 1989

Aarburg

Am imponierendsten wirkt Aarburg von der solothurnischen Aareseite. Bei der «klassischen» Ansicht von Westen her – die einzigartige Lage des von einer Burg beherrschten Städtchens regte immer wieder Künstler zur Darstellung an – kommt hauptsächlich die südliche Vorstadt mit dem alten Hafen zur Geltung, wirtschaftlich lange Zeit der wichtigste Punkt Aarburgs. Kurz vor der Brücke – bis 1837 verkehrte zum solothurnischen Ufer nur eine Fähre – weitet sich die Aare zu einer Bucht, bevor sie rechtwinklig abbiegt und durch einen Engpaß in eine Juraklus fließt. An der seeartigen Erweiterung zu Füßen des Kalksporns entstanden schon früh als bedeutender Warenumschlagplatz für Salz, Getreide und Wein aus dem Welschland ein Flußhafen, die sogenannte «Waage», sowie ein wichtiger Stützpunkt des oberaargauischen Flößereigewerbes: Hier wurden die Baumstämme aus der Umgebung zusammengebunden, bevor sie aare- und rheinabwärts bis in die Niederlande gelenkt wurden.

Seit dem Ende des 11. Jh. wurde der Fluß- und Straßenverkehr von Basel nach Luzern und von West nach Ost auf der Aare von einer Feste aus kontrolliert, vermutlich einer Froburger-Gründung, die bald darauf als Lehen an die Herren von Büren ging. Schon 1251 war sie jedoch wieder im Besitz der Froburger. Zu ihren Füßen entstand zwischen Fels und Fluß langsam das Städtchen, das Graf Volmar von Froburg 1299 den Habsburgern verkaufte und das 1315 erstmals als Stadt erwähnt wird. Ein österreichischer Burgvogt erhob jetzt den einträglichen Zoll, bis die Berner 1415 in den Aargau einmarschierten und auch Aarburg eroberten.

Kanton:	AG
Meter über Meer:	412
Einwohner 1900:	2300
Einwohner 1980:	5354
Autobahn:	N 1, Rothrist

In mehreren Etappen erweiterten sie die Burg zum Schloß und bauten sie nach dem Ersten Villmerger- und den Bauernkriegen ab 1665 zur Festung aus, um ihre aufrührerischen Untertanen besser in Schach zu halten. Beim Untergang der Alten Eidgenossenschaft 1798 wurde die Festung von französischen Truppen besetzt, und 1804–1852 diente sie dem neugegründeten Kanton Aargau als Zeughaus, zeitweise auch als Strafanstalt. Seit 1893 ist im vorderen Teil der Burg eine kantonale Erziehungsanstalt für Jugendliche eingerichtet.

Kern der Burg ist der wahrscheinlich um 1200 errichtete, 22 m hohe Bergfried, der seit 1557 durch ein Zeltdach geschützt wird. Westlich schließt der alte Palas an, östlich liegt der Paradeplatz mit kleinen Kasernenbauten. Hinter dem mittleren Festungsabschnitt mit Kasematten und Munitionsmagazinen wird die fast 300 m lange Feste im Osten von Schanzen und Bastionen abgeschlossen.

Das eigentliche Städtchen Aarburg an der Nordwestseite des

Bevor der Zug auf der Strecke Langenthal–Olten die Aare überquert und in den Tunnel einfährt, ist rechter Hand ein imposanter, schmaler Felsrücken zu sehen, auf dem **Schloß Aarburg** *thront. Beherrscht wird die Ansicht aber ebensosehr von der reformierten Stadtkirche, die mit ihren zwei stolzen achteckigen Türmen vor der Festung aufragt. Das nach dem Stadtbrand von 1840 anstelle der mittelalterlichen Pfarrkirche in neugotischem Stil errichtete Gotteshaus mit dem klassizistischen Inneren ist nicht nur zu Fuß, sondern wesentlich bequemer auch mit einem Lift im Felsinnern (Eingang in der Altstadt) erreichbar.*

Burghügels besteht aus zwei in spitzem Winkel zueinanderlaufenden Häuserzeilen. Sie werden durch die stark befahrene Oltnerstraße und den Platz mit dem achteckigen Stadtbrunnen getrennt. Die eine Häuserreihe mit meist schmalen, an die frühere Stadtmauer gelehnten Häusern liegt am Aareufer. Imponierendstes Gebäude ist das 1750 als Pfarrhaus erbaute Heimatmuseum im Stil des Berner Barocks mit seiner dreiachsigen Hausteinfassade. Rechts daneben steht das schmucklose Rathaus mit der Doppeltreppe von 1828, neben dem sich ein kleiner Hof öffnet. Er wird durch das Haus zum Winkel begrenzt, das früher die nordwestliche Ecke der Stadtbefestigung bildete. Von der Mauer ist gleich daneben noch ein kurzes Verbindungsstück zum «Kurth-Haus» sichtbar.

Beherrschendes Gebäude in der Mitte der burgseitigen Häuserreihe ist das Gasthaus zum Bären. Das stattliche Gebäude mit dem Balkonvorbau und dem von einem Kind gerittenen Bären im Giebelfeld wurde wie die ganze Häuserzeile nach dem Stadtbrand von 1840 – ihm fiel neben dem halben Ort auch die mittelalterliche Pfarrkirche zum Opfer – neu aufgebaut.

Den Engpaß zwischen Alt- und Vorstadt beherrscht am Brückenkopf die «Alte Post» mit ihren Treppengiebeln, das älteste Gebäude Aarburgs. Dahinter führt der 1844 errichtete «Damm» mit den zwei Durchlässen am Ufer der Aare entlang auf den Centralplatz, der an den Bau der Centralbahn 1856 erinnert. Richtung Bern liegt die Hofmatt mit mehreren stattlichen Gebäuden aus dem 17. und 18. Jh., unter denen besonders das Restaurant Hofmatt auffällt, ein 1790 im bernischen Louis-XVI-Stil errichtetes ursprüngliches Doppelwohnhaus. Abgeschlossen wird das Quartier vom imposanten Jugendstilbau des Hofmatt-Schulhauses aus dem Jahre 1904.

Zwischen Hofmatt und Aare liegt das Landhausquartier, in dem einst die «gelandeten» Güter gelagert wurden, die nicht sofort weitertransportiert werden konnten. Die einzigen noch erhaltenen Zeugen des Güterumschlags im Aarburger Hafen sind zwei Keller am Landhausweg von rund 20 m Länge, die noch heute als Weinlager verwendet werden.

Linker Hand des Damms lehnt sich im Süden der zweite historische Stadtteil, die Vorstadt, an den Felssporn. Sie wird seit dem 14. Jh. von dem aus der Wigger abgeleiteten «Mühletych» durchflossen. Vor der Mühle, die 1731 ihre heutige Form mit Satteldach und Ründe erhielt, teilt sich der Tych in zwei Arme, die in die Aare münden. Auf dem dazwischenliegenden Inseli steht die malerische Gruppe der Torgasse-Häuser mit ihren unterschiedlichen Höhen und Dachformen. Die drei mittleren Gebäude haben tief unter dem Straßenniveau liegende Eingänge; sie lagen vor dem Dammbau direkt am Flußufer.

Um die Vorstadt entstanden im 19. Jh. die Aarburger Industriebetriebe und vor allem seit dem Zweiten Weltkrieg auch ausgedehnte Wohnquartiere, die heute weit in die Ebene ausgreifen und die Ortsgrenze zum benachbarten Oftringen verwischen.

Ida Pauline Zimmerli-Bäurlin (1829–1914)

Als 1871 die Rotfärberei ihres Mannes in Aarburg Konkurs ging, nahm Ida Pauline Zimmerli die wirtschaftliche Zukunft der Familie in die Hand. Die ehemalige Arbeitsschullehrerin bestellte in Nordamerika eine neuerfundene Strickmaschine, auf der Strümpfe und Socken angefertigt werden konnten. Dank Erfindergeist und langem Pröbeln entwickelte Ida Pauline Zimmerli die Maschine so weit, daß erstmals maschinell auch schwierigere, vormals nur in Handarbeit mögliche Strickmuster hergestellt werden konnten. Die initiative Unternehmerin begann von 1874 an mit einigen wenigen Arbeiterinnen Strickwaren herzustellen und begründete damit die aargauische Strickereiindustrie. Die Aarburger Strickwaren wurden nach einem großen Erfolg an der Pariser Weltausstellung von 1878 an weltweit auf den Markt gebracht und später von ihrem Sohn in einer großen Strickereifabrik weiterproduziert.

Die doppelte Wartburg

Auf einem bewaldeten Felskegel zwischen Aarburg und Olten auf der rechten Seite der Aare erhob sich auf Aargauer Boden einst die Alte Wartburg. Die Feste entstand im 12. Jh., kam in den Besitz der Ritter von Hallwil und wurde 1415 von den Bernern in Asche gelegt. Übrig blieben ausgedehnte Ruinen, von denen aus man eine prächtige Rundsicht genießt. Gleich gegenüber, aber schon auf Solothurner Boden, erhebt sich die Neue Wartburg. Auch diese 1274 erstmals erwähnte Feste befand sich im Besitz der Ritter von Hallwil, und auch sie wurde von den Bernern 1415 niedergebrannt. Von den Solothurnern als Hochwacht wiederaufgebaut, zerfiel sie erst im 19. Jh. Zu dieser Zeit lag das Amt der Hochwächter, die jeden Feuerausbruch in der Umgebung mit Kanonenschüssen bekanntgaben, noch immer in der Familie Säli. An sie erinnert der Name «Sälischlössli», unter dem die nach 1870 als wildromantisches Spielzeugschlößchen und Gastwirtschaft wiederaufgebaute Neue Wartburg – heute ein beliebtes Ausflugsziel – fast besser bekannt ist.

Heimatmuseum
Städtchen 35
062/41 11 77
2. und letzter So im Monat
10.30–12 Uhr

Camping Ruppoldingen
4663 Aarburg
062/41 40 37
Mitte Mai bis Mitte Sept.

Baden am Limmatknie mit den mineralreichsten Thermalquellen der Schweiz gilt seit Jahrhunderten als «Oase, Jungbrunnen und Heilstätte». Die Aargauer Stadt ist aber nicht nur ein beliebter Kurort, sondern auch Sitz wichtiger Industrie- und Dienstleistungsfirmen.

Verkehrsbüro
Bahnhofstraße 50
5400 Baden
056/22 53 18

TCS-Geschäftsstelle
Mellingerstraße 6
5400 Baden
056/20 13 71

Baden

Wo sich die Limmat zum Knie biegt, liegt der Ursprung der Bäderstadt: Bei den links und rechts des Flusses entspringenden Thermalquellen entstand ab etwa 15 n. Chr. mit Aquae Helveticae die älteste römische Badesiedlung nördlich der Alpen, in der schon vor fast 2000 Jahren die Heilkräfte der 48 °C warmen Schwefelquellen genutzt wurden. Die mittelalterliche Stadt dagegen entwickelte sich aus einer zu Füßen der Burg Stein im 11. Jh. genannten Siedlung, die 1172 durch Erbschaft an die Grafen von Kyburg kam. Sie legten um 1230 zwischen Burg und Kirche einen Markt an. Nach 1264 baute Rudolf von Habsburg Baden zu einem starken Stützpunkt aus und verlieh dem Ort 1298 das Stadtrecht. Die Gründungsstadt des 13. Jh. ist eine unter geschickter Ausnützung des Geländes geplante Dreieckanlage um den Kirchhof karolingischen Ursprungs, in deren erweiterte Mauer um 1360 auch die Rathausgasse und die Halde einbezogen wurden. Die 1242 erwähnte, wichtige Brücke über die Limmat wurde durch eine Burg, das heutige Landvogteischloß, gesichert.

Als die Eidgenossen 1415 den Aargau eroberten, schleiften sie die Burg Stein; Baden wurde zur Gemeinen Herrschaft und für Jahrhunderte zum politischen Zentrum der Eidgenossenschaft: Von 1421 an war die Stadt Tagsatzungsort und wurde damit vor allem im Sommer zum Mittelpunkt des gesellschaftlichen Lebens der Schweiz. Eine Fahrt nach Baden gehörte zum guten Ton für Gesunde und galt als Allheilmittel für alle Krankheiten. Reiseberichte von gekrönten Häuptern, Adligen, Tagsatzungs-

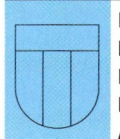

Kanton:	AG
Meter über Meer:	385
Einwohner 1900:	6050
Einwohner 1980:	13 870
Autobahn:	N 1, Baden

abgeordneten, aber auch von unternehmungslustigen Prälaten schildern den Aufenthalt in den luxuriösen Badgasthöfen und die Kur in den Bädern in den Mauergewölben oder unter freiem Himmel. Die weitgereisten und prominenten Gäste verbrachten oft täglich mehrere Stunden im warmen Wasser, in dem allerdings keineswegs nur gekurt wurde: Baden war weiterum berühmt für seine lockeren Sitten – nicht zuletzt deshalb, weil bis etwa 1700 in den öffentlichen und in den privaten Bädern beide Geschlechter gemeinsam badeten. Zum prunkvollen Badebetrieb und zum «Dolce vita» gehörten aber auch Schlemmereien und Trinkgelage, Spiel, Gesang und Tanz. Als gesellschaftliche Höhepunkte besonders berühmt waren die mehrwöchigen Kuren der Zürcher Magistratspersonen, die unter allem erdenklichen Pomp mit dem Schiff auf der Limmat in Baden eintrafen. Ganz Baden lebte von den Gästen, und die Blütezeit spiegelte sich auch im Bild der Stadt, die von stattlichen Bürgerhäusern und Gasthöfen dominiert wurde.

Nach der Niederlage der katholischen Orte im Zweiten Villmerger Krieg 1712 wurde die Tatsatzung nach Frauenfeld verlegt, und das Badeleben ging zurück. Die Stadt, nach dem Untergang der Alten Eidgenossenschaft während der Helvetik für kurze Zeit Hauptort des Kantons Baden, wurde nach der Gründung des Kantons Aargau 1803 Bezirkshauptort. Am 9. August 1847 wurde zwischen Baden und Zürich die erste ganz auf Schweizer Boden liegende, 23 km lange Eisenbahnlinie eingeweiht: die nach einem in Zürich beliebten Badener Gebäck genannte «Spanisch-Brötli-Bahn». Die Eisenbahn brachte Baden in der zweiten Hälfte des 19. Jh. einen gewaltigen Entwicklungsschub: Dank den Thermen, die jetzt gezielt für Heilbäder und Therapien genutzt wurden, erlebte der Kurort einen neuen Aufschwung. Im alten Bäderbezirk «Niederbaden» entstanden prunkvolle Großhotels und öffentliche Badeanstalten, die als Zeugen einer mondänen Vergangenheit das Gesicht des Quartiers bis heute prägen.

Gleichzeitig wurde Baden neben Winterthur zum wichtigsten Zentrum der Schweizer Maschinenindustrie. 1891 gründeten zwei bei der Maschinenfabrik Oerlikon beschäftigte Ingenieure, der Engländer Charles E. L. Brown und der Bayer Walter Boveri, in Baden eine elektrotechnische Fabrik. Sie erlebte dank den hier hergestellten Dampfturbinen und den elektrischen Anlagen für den Wasserkraft- und Eisenbahnbau in kürzester Zeit einen kometenhaften Aufstieg; die Zahl der Beschäftigten stieg von 73 im Gründungsjahr auf über 2000 nach acht Jahren und auf weltweit über 25 000 vor dem Ersten Weltkrieg. In nur zwanzig Jahren verdoppelte sich Badens Einwohnerzahl, und hinter dem Kurpark entstanden die riesigen Fabrikanlagen der BBC – einst Stolz der Schweizer Industrie und heute mit einem schwedischen Konzern zur ABB fusioniert –, die das westliche Stadtbild völlig beherrschen.

Als Regionalzentrum des unteren Limmattals ist Baden in den letzten Jahren immer mehr in den Sog von Zürich geraten, doch blieb neben der Industrie der Fremdenverkehr ein wichtiger wirtschaftlicher Faktor, und die Ostaargauer Metropole ist heute wie einst als Kurort über die Grenzen hinaus bekannt.

Luise Egloff (1802–1824)

Im Kanton Aargau lebten im 19. Jh. mehrere Schriftstellerinnen, Lyrikerinnen und Journalistinnen, die damals auf eine große Leserschaft zählen konnten, heute aber weitgehend vergessen sind. Zu ihnen gehörte auch Luise Egloff aus Baden, die nach einem tragischen Leben schon im Alter von 22 Jahren starb. Als Kind erblindet, lernte sie siebzehnjährig den Dichter Friedrich von Matthisson kennen, von dem sie wie auch vom Musiker Daniel Elster stark gefördert wurde; unter beider Einfluß begann sie schließlich zu schreiben. Kurz vor ihrem Tod wurde 1823 zum ersten Mal ein schmaler Lyrikband mit kleinen Liedern veröffentlicht, der zehn Jahre später von ihrem Schwager Ignaz Edward Dorer, einem bekannten Badener Politiker und Dichter, neu aufgelegt wurde – ein frühes Beispiel schweizerischer Frauenliteratur.

Historisches Museum
Landvogteischloß
056/22 75 74
Di–So, 10–12 und 14–17 Uhr

Villa Langmatt
Impressionisten-Museum
Römerstraße 30
056/22 58 42

Museum Kind und Spielzeug
Haus zum Schwert
056/22 14 44
Mi und Sa, 14–17 Uhr, So
10–17 Uhr

Stadtcasino
Haselstraße 2
056/21 27 33

Schwimmbad
Seminarstraße
056/26 69 81

Thermalbäder
Auskunft: Verkehrsbüro
056/22 53 18

Camping «Aue»
5430 Wettingen
056/26 45 00
April bis Oktober

Stadtplan: Seite 440

Stein über Baden

Der Spaziergang zu den zwei Aussichtspunkten Stein und Baldegg führt zuerst vom Schloßbergplatz zur mittelalterlichen Kapelle St. Nikolaus und dann über eine Treppe hinauf zur Burgruine Stein. Von hier bietet sich ein umfassender Blick über die Stadt zur Lägern, einem langgezogenen Juraausläufer. Die von den Lenzburgern erbaute Burg Stein wurde als habsburgischer Amtssitz 1415 von den Eidgenossen zerstört, im 17. Jh. von den katholischen Ständen als Bollwerk wiederaufgebaut und nach dem Zweiten Villmerger Krieg 1712 von den Zürchern und Bernern endgültig geschleift. Ihre Überreste stehen direkt über dem Portal des neuen Tunnels, in dem die Züge Richtung Zürich verschwinden. Parallel dazu verläuft der Straßentunnel, der auf dem ehemaligen Bahntrassee angelegt wurde. Von Stein führt ein Fußweg am Restaurant Belvédère vorbei zum Ausflugsziel Baldegg 2 km westlich der Stadt auf 568 m Höhe, von dem aus man einen schönen Blick auf die Alpen genießt.

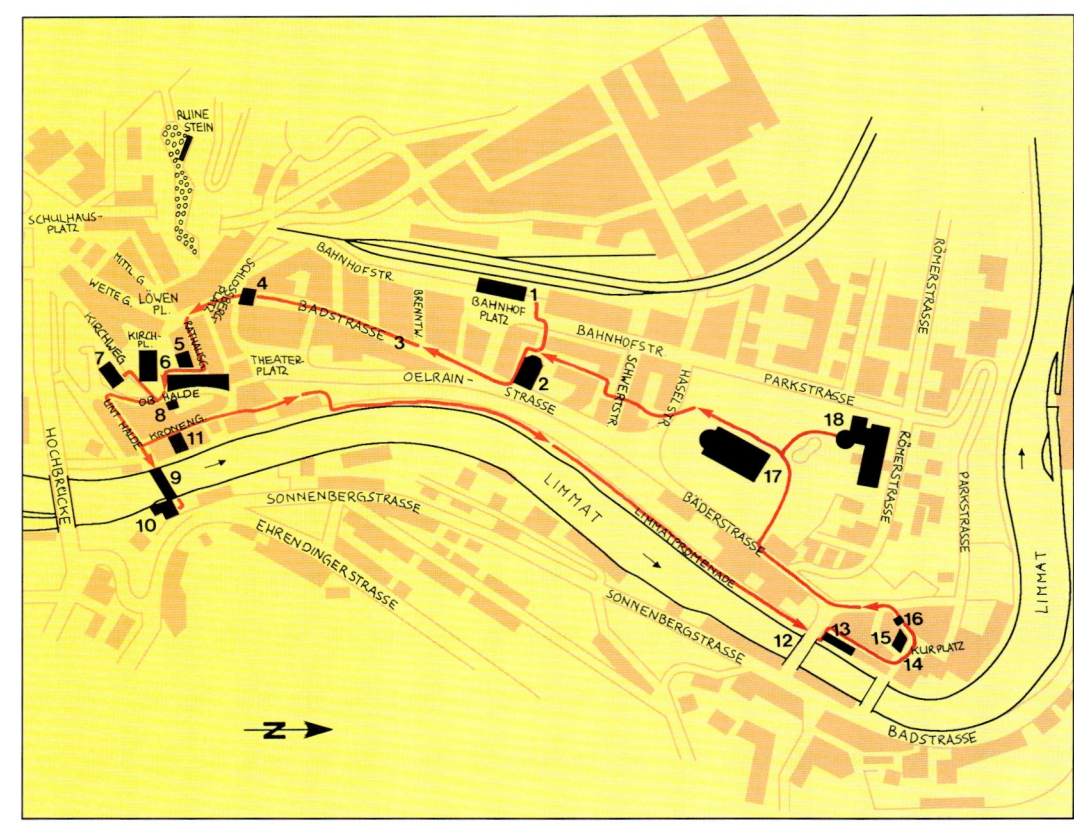

1 Bahnhof
2 Reformierte Kirche
3 Badstraße
4 Stadtturm
5 Stadthaus
6 Katholische Stadtkirche
7 Kapelle St. Sebastian
8 Ehemalige Propstei
9 Gedeckte Holzbrücke
10 Landvogteischloß
11 Ehemaliges Kornhaus
12 Schiefe Brücke
13 Ehemalige Trinklaube
14 Kurplatz
15 Bade- und Kurhotel Blume
16 Torbogen-Durchgang
17 Kursaal und Stadtcasino
18 Theater

Stadtrundgang Baden

Baden besitzt den ältesten noch erhaltenen Bahnhof der Schweiz (1). Fertiggestellt wurde das Stationsgebäude 1847, als von hier aus der erste Zug der Schweiz, die «Spanisch-Brötli-Bahn», nach Zürich fuhr. Zwischen Bahnhof und Altstadt liegt der Bahnhofplatz, an dem die reformierte Kirche (2) steht, ein 1714 entstandenes schlichtes Gotteshaus mit Frontturm. Die verkehrsfreie Badstraße (3) – heute das Einkaufszentrum der Stadt – führt rechts zum Schloßbergplatz. Unter den vielen, oft ohne große Einfühlungsgabe zu Geschäften umgebauten Gebäuden fallen das Haus Nr. 5 von 1837 mit der feingegliederten, spätklassizistischen Fassade und das 1790/91 im Stil eines französischen Landhauses erbaute Gebäude der heutigen Kantonalbankfiliale auf.

Den von der Burgruine Stein überragten Schloßbergplatz beherrscht der spätgotische Stadtturm (4) mit seinen farbig glasierten Dachziegeln. Der mächtige Torturm am Eingang zur Badener Altstadt wurde wahrscheinlich im Alten Zürichkrieg in den vierziger Jahren des 15. Jh. errichtet, 1481–1483 erhöht und mit vier Ecktürmchen sowie einem zierlichen Dachreiter versehen.

In der Weiten Gasse, die sich vom Stadtturm zum Schulhausplatz hinzieht, floß früher der Stadtbach und fanden die Badener Märkte statt. Beim Löwenplatz mit dem klassizistischen Brunnen führt links die Rathausgasse zum Badener Stadthaus (5); der große Gebäudekomplex steht neben dem Schwibbogen, dem ursprünglichen Osttor der Stadt. Im beherrschenden spätgotischen Mittelbau mit dem Treppengiebel und den Staffelfenstern befindet sich im zweiten Obergeschoß der 1497 erneuerte Tagsatzungssaal: Von 1421 bis 1712 fanden hier die meisten Tagsatzungen statt. An der Südseite des Stadthauses sind das ehemalige Zeughaus mit seinem Renaissanceportal und die Stadtkanzlei mit dem abgetreppten Frontgiebel angebaut. Am Nordflügel steht das ehemalige

Kur-, Tagsatzungs- und Industrieort: Baden hat eine stolze Vergangenheit

Baldingerhaus aus dem 18. Jh. Mitten auf dem Kirchplatz steht die katholische Stadtkirche (6) aus der Zeit der Spätgotik. Sie wurde auf den Grundmauern einer spätkarolingischen und einer romanischen Anlage in der zweiten Hälfte des 15. Jh. erbaut, im 17. und 18. Jh. barockisiert und Anfang des 19. Jh. im Innern klassizistisch umgestaltet. Südlich der Kirche erhebt sich die Kapelle St. Sebastian (7), das ehemalige Badener Beinhaus. Die doppelgeschossige, spätgotische Kapelle mit dem kleinen Dachreiter entstand um die Wende vom 15. zum 16. Jh.

Eine Treppe führt in der östlichen Ecke des Kirchplatzes hinunter zur Oberen Halde. An der gut erhaltenen Gasse steht die ehemalige Propstei (8), die von 1624 bis 1875 dem Propst des Badener Chorherrenstifts als Wohnsitz diente. Das im Kern noch gotische Gebäude wird heute nach dem Badener Bildhauer Hans Trudel «Trudelhaus» genannt.

Die Untere Halde führt rechts zur gedeckten Holzbrücke (9) über die Limmat. 1809 errichtet, steht diese an der Stelle mehrerer Vorgängerinnen, von denen die erste wohl schon 1242 die frühere Fähre ersetzte. Die Brücke mündet auf der rechten Limmatseite ins rundbogige Tor des Landvogteischlosses (10). Die 1265 erstmals erwähnte Feste schloß als Brückenkopf die Stadt gegen Osten ab. Kern der malerischen Anlage ist ein mittelalterlicher Bergfried, dem Ende des 15. Jh. steile Treppengiebel aufgesetzt wurden. Heute befindet sich hier das Historische Museum mit einer lokalgeschichtlichen Sammlung.

Nach dem Rückweg über die Brücke führt rechts die Kronengasse zum Limmatufer. Am Straßenzug, der seinen ursprünglichen Charakter gut bewahrt hat, sind im ehemaligen Kornhaus (11), einem stattlichen spätgotischen Bau von 1511, das Badener Jugendhaus und ein Freizeitzentrum samt Kellertheater untergebracht.

Der Spaziergang durch die Grünanlagen am Limmatufer führt zur 1875 errichteten Schiefen Brücke (12), die nach Ennetbaden hinüberführt. Niederbaden, wie das Bäderquartier einst genannt wurde, war bis ins 19. Jh. von einer eigenen Stadtmauer umschlossen und verdankt sein heutiges Ortsbild weitgehend den großen Kur- und Badeanstalten aus dem 19. Jh. Hinter der Schiefen Brücke steht an der Limmat die 1835/36 errichtete ehemalige Trinklaube (13). Das langgestreckte klassizistische Gebäude mit den 13 Achsen diente als städtisches Inhalatorium. Gegenüber steht die ehemalige Armenbadeanstalt von 1837.

Vorbei am glanzvollen «Limmathof» aus dem Jahre 1828/29 erreicht man das Zentrum des Bäderquartiers, den Bäder- oder Kurplatz (14). Er war und ist der Angelpunkt des Badelebens, und hier standen bis fast zur Mitte des 19. Jh. zwei Bäder unter freiem Himmel, in denen arme Badegäste kuren konnten. Heute spielt sich das Badeleben hinter den Fassaden der imposanten Hotels ab, die den Platz umstehen. Der Innenhof des beeindruckenden «Verenahofs» erinnert an ein römisches Atrium. Neben dem modernen «Staadhof» von 1968 steht der 1910 im Heimatstil umgebaute «Schweizerhof»; er wird bereits um 1300 genannt und ist damit die älteste Herberge Badens überhaupt. Das Hotel «Blume» (15) von 1421 bewahrte seine spätmittelalterlich-barocke Schaufassade und birgt einen besonders sehenswerten, glasüberdeckten Innenhof mit umlaufenden Galerien.

Durch den Torbogen-Durchgang (16), einen Teil der einstigen Mauer, gelangt man zum Kurpark mit dem imposanten Kursaal (17), einem im Stil der Neurenaissance erbauten, 1875 eingeweihten Bau, der 1986–1988 vollständig renoviert und zum Badener Stadtcasino umgestaltet wurde. In der Nordwestecke des weitläufigen Kurparks steht schließlich das 1950–1952 erbaute Badener Theater (18).

Ennetbaden

Der Name «Niederbaden» bezeichnete während Jahrhunderten das historische Bäderquartier mit den «Großen» und den «Kleinen» Bädern links und rechts des Limmatknies. 1819 löste sich die rechtsufrige Siedlung der «Kleinen Bäder» mit drei der insgesamt 19 Badener Thermalquellen von der Stadt und wurde zur selbständigen Gemeinde Ennetbaden. Seit dem 14. Jh. bestanden hier am Fuß des Lägernausläufers Geissberg mit seinen Rebbergen fünf Badegasthöfe, von den sich am Limmatufer noch zwei erhalten haben, davon als besonders schönes Beispiel der vergangenen Badekultur der im 19. Jh. etappenweise erstellte mächtige «Schwanen». Wie im linksufrigen Bäderbezirk standen auch in Ennetbaden ursprünglich die meisten Häuser um den Kurplatz, auf dem sich neben dem Schröpf-, dem Frei- und dem Judenbad auch der öffentliche Trinkbrunnen befand. Die Anlage der alten Badesiedlung läßt sich ungeachtet der baulichen Veränderungen der neusten Zeit noch gut erkennen.

Basel ist das «Tor zur Schweiz», die Handels- und Messestadt am Rhein, das Schweizer Zentrum der Chemiemultis und der Ausgangspunkt der Rheinschiffahrt. Die Entdeckung seiner Vielfalt braucht Zeit: Wer Basel nur einen kurzen Besuch abstattet, wird wohl als erstes einen Eindruck von der kulturell reichen Stadt und ihrer gut erhaltenen mittelalterlichen Bausubstanz gewinnen wollen.

Verkehrsbüro
Blumenrain 2
4051 Basel
061/25 50 50

TCS-Geschäftsstelle
Steinentorstraße 13
4014 Basel
061/23 19 55

Basel

Die Geschichte Basels ist seit jeher bestimmt durch die Lage am Rheinknie, wo sich der Verkehr aus der oberrheinischen Tiefebene zu den Jura- und Alpenpässen mit der Straße aus dem Schwarzwald in Richtung Burgund kreuzt. Schon die Kelten siedelten auf dem Münsterhügel über dem linken Rheinufer, und auch die Römer nutzten den strategisch günstigen Platz: Unmittelbar nach der Gründung des 12 km östlich gelegenen Augusta Raurica (Augst) entstand hier 44 v. Chr. ein römischer Stützpunkt. Als Gründer der Siedlung gilt den Baslern seit alters der Feldherr Munatius Plancus, dem sie mit einer Statue im Innenhof des Rathauses auch ein Denkmal setzten. Die erstmals 364 n. Chr. Basilea genannte Siedlung gehörte im Gegensatz zu Augst zu den wenigen Plätzen, welche die Stürme der Völkerwanderung überstanden. Spätestens um 800 war der Bischofssitz endgültig von Augst nach Basel übergegangen, und unter den Bischöfen erlebte die Stadt in karolingischer Zeit eine erste Blüte. 917 wurde Basel beim Ungarneinfall völlig zerstört; 1019 wohnte der deutsche Kaiser Heinrich II. der Einweihung des neu errichteten Münsters bei.

Die Bischöfe als unbestrittene Herren der Stadt erweiterten ihr Territorium unablässig, bis es schließlich weit in den Jura und nach Sélestat (Schlettstadt) im Elsaß reichte. Auch Basel selbst entwickelte sich unter den geistlichen Fürsten rasch. Im hügeligen Gelände auf der linken oder Großbasler Rheinseite wuchsen die einzelnen, frühmittelalterlichen Siedlungskerne zusammen; der Sitz von Bischof und Domka-

Kanton:	BS
Meter über Meer:	277
Einwohner 1900:	109 161
Einwohner 1980:	182 143
Autobahn:	N 2/N 3, Basel

pitel auf dem Münsterhügel, die Siedlung in der Talsohle der Birsig, wo sich an der Schifflände Handwerker und Gewerbetreibende niederließen und wo der Markt entstand, sowie der Höhenzug mit Peters- und Leonhardkirche gegenüber dem Münsterhügel waren 1206 bereits von einer zweiten, halbkreisförmigen Mauer umgeben. Sie reichte vom Seidenhof am Rhein über den Peters- und Leonhardgraben, den Steinenberg und den Albangraben zur Rittergasse.

Innerhalb des Befestigungsrings verengten sich Straßen und Gassen trichterförmig zu der Stelle hin, wo die Birsig in den Rhein mündet. Hier wurde um 1225 an der Stelle der heutigen Mittleren Brücke die erste Holzbrücke errichtet; sie förderte zusammen mit der Rheinschiffahrt die Entwicklung Basels zu einer der wichtigsten Handelsstädte Mitteleuropas entscheidend. Gleichzeitig wurde auch das flachere rechte Rheinufer zum Brückenkopf ausgebaut: Als selbständige und ebenfalls ummauerte Stadt entstand Kleinbasel.

Am 18. Oktober 1356 erlitt Basel durch das große Erdbeben schwerste Schäden. Der Wiederaufbau erfolgte rasch: Basel war für damalige Begriffe dank Handel und Gewerbe eine reiche Stadt, und die wirtschaftlich erfolgreichen und in Zünften zusammengeschlossenen Bürger drängten auch nach politischer Macht. Im 14. Jh. begann der Kampf zwischen ihnen und dem Bischof um die Stadtherrschaft; der Entscheid fiel zugunsten des Bürgertums, das sich mit der Schaffung eines eigenen Territoriums in der linksrheinischen Landschaft und 1392 mit dem Erwerb von Kleinbasel eine eigene Machtbasis schuf. Als 1385 die Wahl des Schultheißen vom Bischof an die Bürger überging, war Basel bereits von einem dritten, nochmals erweiterten Mauerring umgeben. Die weiträumig angelegte Stadt war niedrig gebaut, besaß mit dem Münster- und Petersplatz zwei große Festplätze, mehrere Märkte wie den Fischmarkt, den Kornmarkt auf dem heutigen Marktplatz sowie

Es sind nur die wichtigsten Museen aufgeführt. Zum reichhaltigen Angebot erteilt der Verkehrsverein Basel Auskunft: 061/25 50 50

Historisches Museum
Barfüßerkirche
Di–So 10–17 Uhr
061/22 05 05

Naturhistorisches Museum
Augustinergasse 2
Mai bis Oktober, Di–So 10–17 Uhr, Nov. bis April, Di–So 10–12 und 14–17 Uhr
061/29 55 00

Kirschgartenmuseum
Elisabethenstraße 27/29
Mai bis Oktober, Di–So 10–17 Uhr, Nov. bis April, Di–So 10–12 und 14–17 Uhr
061/22 13 33

Antikenmuseum und
Sammlung Ludwig
St.-Alban-Graben 5
Mai bis Oktober, Di–So 10–17 Uhr, Nov. bis April, Di–So 10–12 und 14–17 Uhr
061/22 22 02

Kunsthalle
Steinenberg 7
Di–So 10–17 Uhr,
Mi 10–21 Uhr
061/23 48 33

Kunstmuseum
St.-Alban-Graben 16
Di–So 10–17 Uhr
061/22 08 28

Museum für Gegenwartskunst
St.-Alban-Rheinweg 58
Di–So 10–17 Uhr
061/23 81 83

Schweizerisches Museum
für Volkskunde
Münsterplatz 20
Di–So 10–17 Uhr
061/29 55 00

Stadt- und Münstermuseum
Unterer Rheinweg 26
Di–Sa 14–17, So 10–17 Uhr
061/681 07 07

Botanischer Garten
Schönbeinstraße 6
061/29 35 19

Hallenbad
Liebrüti
061/691 71 88

Kunsteisbahn
061/35 95 95

Fasnacht im Frühjahr

Mustermesse im Frühjahr

Uhren- und Schmuckmesse im Frühjahr

Internationale Kunstmesse ART im Juni

Herbstwarenmese

Stadtplan: Seiten 436-439

Eine Stadt kauft Picassos

1967 kam es in Basel zu einer denkwürdigen Abstimmung: Das Volk entschied sich für den Ankauf von 4 Gemälden Picassos, die dem Kunstmuseum sonst verlorengegangen wären. Die Basler zeigten damit die gleiche großzügige Haltung wie der Rat der Stadt im 17. Jh., der 1661 das Amerbachsche Kabinett mit mehreren Werken Holbeins erwarb, die sonst ins Ausland verkauft worden wären. Er schuf damit die erste von einer Gemeinde und nicht von einem Fürsten getragene Kunstgalerie der Welt und legte gleichzeitig den Grundstock zum berühmten Kunstmuseum.

Noch immer bilden Werke alter Meister einen wichtigen Teil der Sammlung: Umfangreiche Werkgruppen von Konrad Witz und Hans Holbein d. J. werden ergänzt von Bildern von Martin Schongauer, Hans Baldung Grien, Grünewald und Niklaus Manuel sowie von über 350 Werken flämischer und holländischer Künstler. Daneben stehen Werke von Albert Anker, Arnold Böcklin und Ferdinand Hodler, aber auch Delacroix, Corot, Renoir, Cézanne, Gauguin und van Gogh sind vertreten. Prunkstück des Museums ist jedoch die Sammlung der Kubisten mit Bildern von Braque, Gris und Léger – nicht zu vergessen natürlich die berühmten Picassos.

den Schweinemarkt auf dem heutigen Barfüßerplatz und innerhalb der Mauern auch noch viele Gärten, Rebberge, Äcker und Wiesen.

16 Jahre, von 1431 bis 1447, tagte in Basel das Konzil, das die mit 10 000 Einwohnern damals mit Abstand größte Schweizer Stadt geistig und künstlerisch stark förderte. Besonders Kardinal Enea Silvio Piccolomini lernte während seines Aufenthalts Basel schätzen; 1458 zum Papst Pius II. gekrönt, stiftete er hier 1459/60 die erste Schweizer Universität. Die Hochschule zog rasch einen großen Kreis bekannter Humanisten an. Gelehrte wie Erasmus von Rotterdam (1467–1536) ließen sich aber nicht nur wegen des aufgeklärten geistigen Klimas in Basel nieder; die Stadt war als Zentrum der Buchdruckerkunst in ganz Europa bekannt, und die hervorragenden Publikationsmöglichkeiten zogen neben Literaten auch Künstler wie Hans Holbein d. J. an.

Noch während des Konzils waren 1444 vor den Toren der Stadt bei St. Jakob an der Birs die Eidgenossen im Kampf gegen die Franzosen verblutet. Die Schlacht half mit, die Unabhängigkeit Basels zu sichern, und die alten Beziehungen der Stadt zu den Eidgenossen vertieften sich. Im Schwabenkrieg 1499 löste Basel seine traditionell engen Verbindungen zu den oberelsässischen Städten und dem Reich; 1501 schloß es schließlich den Ewigen Bund mit der Eidgenossenschaft.

Nach der Reformation von 1529 durch Johannes Ökolampad wurden die stadtherrlichen Rechte des Bischofs endgültig aufgehoben, und er verlegte seinen Sitz nach Porrentruy. Die Macht in Basel und über das Untertanengebiet auf der Landschaft gelangte in die Hände eines aristokratischen Regimes, in dem alteingesessene Familien wie die Burckhardt, Iselin, La Roche und Merian eine führende Rolle spielten. Zu ihnen gesellten sich Geschlechter wie die Bernoulli, Milville und Vischer, die während der französischen Glaubenskriege im 16. und 17. Jh. als Flüchtlinge ans Rheinknie gezogen waren.

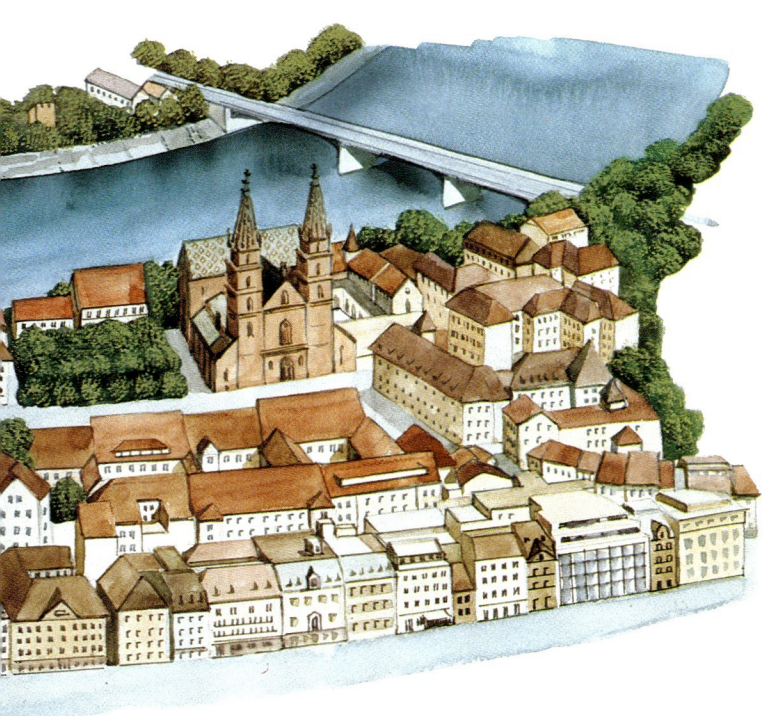

Die protestantischen Großkaufleute und Bankiers machten Basel zum internationalen Textilzentrum, in dem der Seidenhandel, die Färberei und die Seidenbandweberei – sie breitete sich bald als Heimarbeit über die ganze Landschaft aus –, eine entscheidende wirtschaftliche Rolle spielten.

Die Ideen der Französischen Revolution besaßen in der aufgeklärten und kritischen Stadt – die Universität genoß dank den Bernoulli und Leonhard Euler europäischen Ruf als Zentrum der Mathematik – mehr Anhänger als in der übrigen Eidgenossenschaft; ihr Bürgermeister Peter Ochs arbeitete die Helvetische Verfassung aus. Trotzdem erreichte die Landschaft nicht die völlige Gleichberechtigung; in den «Basler Wirren» nach 1830 stritten Landschaft und Stadt in blutigen Gefechten um eine neue Verfassung. Die Auseinandersetzungen endeten mit der Niederlage der Stadt und führten 1833 zur Trennung von Stadt und Land in zwei Halbkantone. Alle Anläufe zur Wiedervereinigung sind seither gescheitert; zum letzten Mal lehnte Basel-Landschaft im Gegensatz zu Basel-Stadt 1969 einen entsprechenden Vorschlag ab. Allerdings steht die Zusammenführung der beiden Halbkantone nach wie vor zur Diskussion. Trotz verlorenem Hinterland wurde Basel im 19. Jh. zum wichtigen Industriestandort. Aus den Färbereien entwickelten sich langsam die chemischen Weltkonzerne, welche die Wirtschaft noch heute entscheidend bestimmen und in denen etwa ein Drittel der Beschäftigten arbeitet. Daneben entstanden Betriebe der Maschinenbau-, Metall-, Textil- und Nahrungsmittelindustrie; Basel – es erhielt 1876 eine eigene Börse – wurde nach Zürich zum zweitgrößten Banken- und Versicherungsplatz des Landes und ist dank der 1917 gegründeten Mustermesse der mit Abstand wichtigste Messeplatz der Schweiz.

1844 wurde vom französischen Grenzort St-Louis nach Basel die erste Eisenbahnstrecke auf Schweizer Boden eröffnet, 1854 der Betrieb der Centralbahn nach Liestal aufgenommen und schließlich 1855 der Badische Bahnhof in Kleinbasel eingeweiht. Die Stadt wurde zum Verkehrsknotenpunkt, zum «Tor zur Schweiz», und die Stadtmauern wurden geschleift. Das Stadtbild veränderte sich: Die ehemals kleinteiligen Häuserfronten wurden zu Häuserblöcken zusammengefaßt, die Straßen verbreitert und vom alten Stadtkern in die rasch wachsenden Vororte hinausgeführt, die meist auf dem Gebiet des Kantons Basel-Land liegen. Parallel zum wirtschaftlichen Aufschwung erlebte Basel in der zweiten Hälfte des 19. Jh. auch eine kulturelle Blüte: Das wohlhabende Bürgertum betrieb ein aufwendiges Mäzenatentum, Arnold Böcklin gehörte zu den bekanntesten Malern seiner Zeit, und vor allem die Universität mit Gelehrten wie Jacob Burckhardt, Friedrich Nietzsche und Johann Jakob Bachofen hatte einen hervorragenden Ruf.

Der Basler Zolli

Der «Zolli», wie die Basler ihren Zoologischen Garten liebevoll nennen, ist vermutlich neben der Fasnacht ihr liebstes Kind. 1874 von der Basler Ornithologischen Gesellschaft als Schau einheimischer Tiere gegründet, erhielt der Basler Zoo Exoten aus aller Welt und wurde in seiner bald hundertzwanzigjährigen Geschichte zu einem international bekannten Tierpark. In 16 Abteilungen – darunter einem großen Vivarium – sind heute in einem Landschaftsgarten von 13 ha Fläche mehr als 4500 Tiere zu bewundern. Berühmt machten den Zolli auch die Zuchterfolge bei einigen ausgewählten Tiergruppen wie den Panzernashörnern, den Wildeseln und vor allem den Gorillas. Der 1977 eröffnete Kinderzoo erlaubt es zudem Kindern, mit verschiedenen Tieren in direkten Kontakt zu kommen.

Zoologischer Garten
Binningerstraße 48
Sommer 8–18 Uhr,
Winter 8–17 Uhr
061/281 00 00

Das Basler Münster

Das auf einem Hügel über dem Rhein thronende, in rötlichem Stein errichtete Basler Münster (19) gehört zu den schönsten Kirchen am Oberrhein. Anstelle mehrerer Vorgängerbauten entstand im 10.–12. Jh. der romanische Kern, der nach dem Erdbeben von 1356 in gotischem Stil zum Teil neu errichtet und umgebaut wurde. In der 1880–1890 außen weitgehend erneuerten Kirche fand 1431 die erste Sitzung des Basler Konzils statt. Die skulpturengeschmückte Westfassade des seit 1597 reformierten Gotteshauses stammt aus dem 11.–14. Jh. und wird von zwei gotischen Türmen von 1430 und 1500 flankiert. An der Nordfassade beeindruckt die Gliederung des Baus unter dem mächtigen Dach mit den vielfarbig glasierten Ziegeln. In der Querhausfassade öffnet sich die berühmte Gallusporte von 1185 mit reichem Figurenschmuck und einem Jüngsten Gericht.

Das majestätische Innere mit den drei Schiffen stammt aus der Übergangszeit von der Spätromanik zur Frühgotik, birgt reiche Kapitellplastik, ein schönes Chorgestühl und einen Lettner aus dem 14. Jh. sowie in den zusätzlichen Kapellenschiffen eine Fülle von Grabmälern wie etwa jenes des Erasmus von Rotterdam.

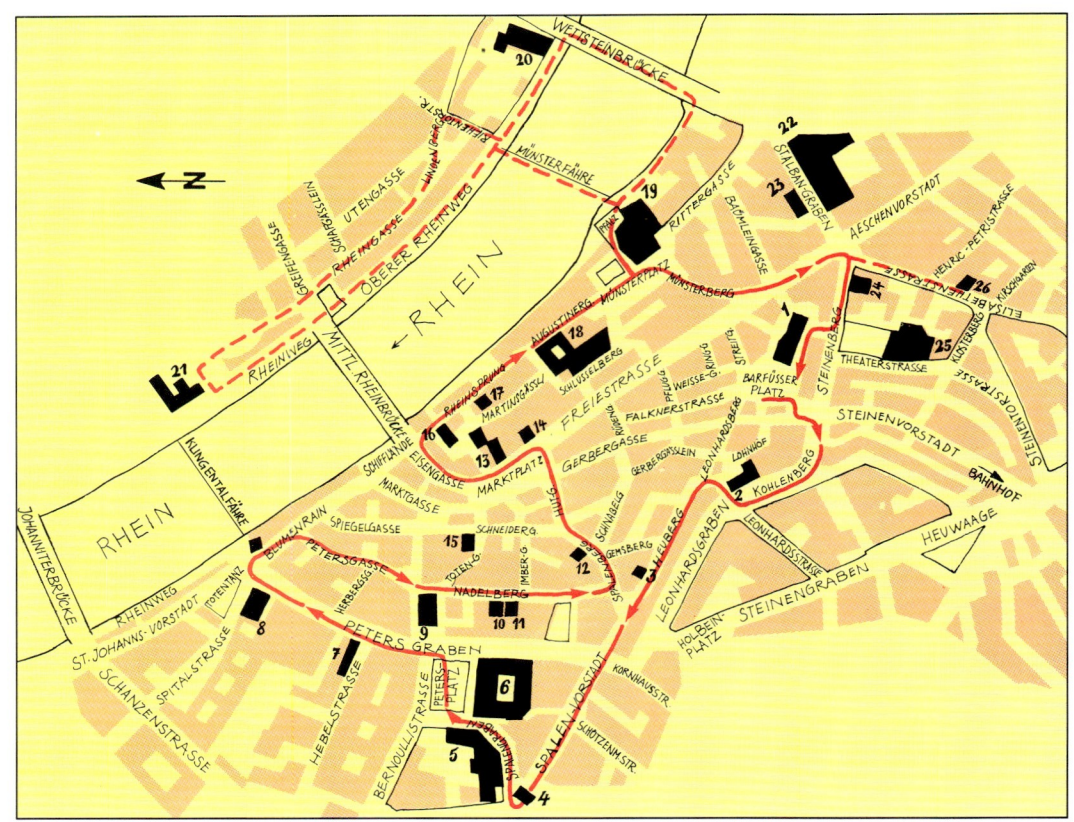

1 Ehemalige Barfüßerkirche mit Historischem Museum
2 Leonhardskirche
3 Spießhof
4 Spalentor
5 Botanisches Institut und Botanischer Garten
6 Universität
7 Markgräflerhof
8 Predigerkirche
9 Peterskirche
10 Schönes Haus
11 Zerkindenhof
12 Spalenhof
13 Rathaus
14 Geltenzunft
15 Stadthaus
16 Martinskirche
17 Weißes und Blaues Haus
18 Naturhistorisches Museum
19 Münster
20 Waisenhaus
21 ehemaliges Kloster Klingental mit Stadt- und Münstermuseum
22 Kunstmuseum
23 Antikenmuseum mit Sammlung Ludwig
24 Kunsthalle
25 Stadttheater
26 Kirschgartenmuseum mit Basler Wohnkultur

Stadtrundgang Basel

Wichtiges kulturelles Zentrum mit dem wohl reichsten Museumsangebot des Landes ist die zweitgrößte Schweizer Stadt bis heute geblieben. Und wenn sich auch die Altstadt nach dem Zweiten Weltkrieg immer mehr zum Einkaufszentrum wandelte, sind hier doch immer noch viele Zeugen der stolzen Basler Vergangenheit zu entdecken; sie bieten den passenden Rahmen für die faszinierende Basler Fasnacht, welche die Stadt am Rheinknie in aller Welt bekannt gemacht hat.

Der Rundgang durch die Altstadt beginnt am Barfüßerplatz, wo sich am rechten Ufer der Birsig nahe der damaligen Stadtmauer 1231 die Franziskaner niederließen. Der Chor der zweiten Barfüßerkirche (1) aus der ersten Hälfte des 14. Jh. – das erste, um die Mitte des 13. Jh. erbaute Gotteshaus fiel 1298 einem Brand zum Opfer – überstand das Erdbeben von 1356. Er übertrifft an Höhe und Lichtfülle alle Bettelordenskirchen am Oberrhein; der Bau birgt heute das Historische Museum. Überragt wird der Barfüßerplatz von der Leonhardskirche (2), einem ehemaligen Chorherrenstift, das 1135 gegründet und von 1480 bis in die zwanziger Jahre des 15. Jh. abgesehen vom Chor neu erbaut wurde; die schlanken Pfeiler der spätgotischen Hallenkirche mit den drei gleich hohen Schiffen tragen ein schönes Sterngewölbe.

Am Heuberg, der parallel zur ehemaligen inneren Stadtmauer verläuft, steht der Spießhof (3): In der vielgliedrigen Anlage mit Zufahrt, Torgebäude, Hof, Haupthaus, Garten und einer Renaissanceschauwand am Hofflügel aus der 2. Hälfte des 16. Jh. soll der 1556 verbrannte Wiedertäufer David Joris – vermutlich der Bauherr des Palais – noch immer herumspuken. Durch die Spalenvorstadt, einen gut erhaltenen Gassenzug mit aneinandergebauten Häusern, erreicht man das neben dem Münster bekannteste Wahrzeichen Basels, das imposante Spalentor (4). Das Haupttor der äußeren Wehrmauer an der einsti-

Das Rathaus zeugt vom Selbstbewußtsein der Bürger

gen Ausfallstraße in den Sundgau besteht aus einem quadratischen Torturm aus dem 14. Jh. mit Spitzhelm, der von zwei zinnenbekrönten und skulpturengeschmückten Rundtürmen flankiert wird.

Der Spalengraben führt zum Botanischen Garten (5) und auf den baumbestandenen Petersplatz, an dem das 1937–1939 erbaute Kollegiengebäude der Universität (6) steht. Links führt der Petersgraben anstelle der ehemaligen inneren Stadtmauer vorbei an der Hebelstraße mit dem fürstlichen, in barockem Stil 1698–1705 errichteten Markgräflerhof (7) Richtung Rhein und zur Predigerkirche (8) am Beginn der St.-Johanns-Vorstadt. Im Norden des nüchternen Bettelordensbaus aus dem 13. Jh. – er dient heute als christkatholische Pfarrkirche – liegt der Friedhof, dessen Mauer einst den wahrscheinlich um 1440 von Konrad Witz geschaffenen Totentanz trug; Reste des berühmten Bilderzyklus sind im Historischen Museum zu sehen.

Durch die Petersgasse gelangt man an der gotischen Peterskirche (9) mit ihren bedeutenden Wandgemälden vorbei zum Nadelberg. Hier liegen einige alte Basler Adelssitze wie das Schöne Haus (10) aus dem 13. Jh. mit der Fassade von 1780 oder der stattliche Zerkindenhof (11) mit einer Schaufront aus dem 18. Jh.

Der Spalenberg mit dem im 13. Jh. erbauten und im 17. Jh. barockisierten Spalenhof (12) führt auf den Marktplatz im Herzen der Altstadt, wo noch heute täglich der Gemüse- und Blumenmarkt stattfindet. Beherrscht wird er vom gewaltigen Rathaus (13), einem in Rot gehaltenen spätgotischen Bau von 1507–1513, der 1608 erweitert wurde und 1898–1904 den neugotischen Turm erhielt. Die Malereien an der Platzfassade wurden wie jene des Innenhofs mehrmals verändert und stammen zum Großteil von Hans Bock (1609–1611). Rechts vom Rathaus steht an der Einmündung der alten Basler Hauptgasse, der Freien Straße, die im Spätrenaissancestil errichtete Geltenzunft (14) und nicht weit von der Nordwestecke des Platzes das im Übergang zum Klassizismus 1771–1775 als Postgebäude erbaute Stadthaus (15).

Über die Eisengasse erreicht man die Mittlere Rheinbrücke; die wichtigste der sechs Basler Brücken wurde 1905 anstelle der mittelalterlichen Holzbrücke errichtet. Rechts thront auf einem Sporn des Münsterhügels die Martinskirche (16) aus dem 14. Jh. mit ihrem schönen Turm von 1287. Am romantischen Rheinsprung-Sträßchen fallen unter den bemerkenswerten Gebäuden vor allem der Wendelstörfer- und der Reichensteinerhof auf; die auch Weißes und Blaues Haus (17) genannten Paläste richten ihre Fassaden auf die Rheinseite, sind 1763–1770 für zwei Gebrüder Sarasin erbaut worden und gehören zu den Höhepunkten des Basler Spätbarocks.

Vorbei am Naturhistorischen Museum (18) erreicht man den Münsterplatz. Das Herzstück der Stadt diente einst als Turnier- und Festplatz und gehört zu den schönsten Platzanlagen. An der Nordflanke der rechteckigen Anlage liegt der kleine Münsterplatz und tritt am Eingang der Augustinergasse der Neurenaissancebau von 1839–1841 des Hauses Zur St. Johanskapelle etwas vor. Drei Fassaden schließen die schmale Südfront; gegenüber dem Münster bilden die ehemaligen Domherrenhäuser ein Rokoko-Fassadenband aus dem 18. Jh.

Über den Münsterberg hinunter erreicht man den St.-Alban-Graben, die Museumsstraße Basels mit dem Kunst- (22) und dem Antikenmuseum mit der Sammlung Ludwig (23). Der Steinenberg mit dem Tinguely-Brunnen von 1974 beim modernen Stadttheater (25) führt zum Barfüßerplatz zurück.

Thomas Platter (1499–1582)

Um die Mitte des 16. Jh. bot sich auf dem Petersplatz in Basel ein seltsames Bild: Berühmte Gelehrte wie Erasmus von Rotterdam diskutierten vor einer Seilerwerkstatt mit einem Handwerksgesellen philosophische Probleme und die Auslegung des Alten Testaments. Gesprächspartner der Humanisten war Thomas Platter, ein Verdingkind und Geißhirt aus dem Walliser Bergdörfchen Grächen; er hatte nach langer Wanderschaft in Basel als Seiler ein bescheidenes Auskommen gefunden. In seiner Freizeit lernte er im Selbststudium die alten Sprachen. Der Ruhm des gelehrten Handwerkers wurde so groß, daß er von seinem Meister eine zusätzliche Stunde frei erhielt, damit er – oft noch im Überkleid – in der Peterskirche den Bürgern Hebräischunterricht erteilen konnte. Später wurde Platter Rektor der berühmten Lateinschule und gab seine Erinnerungen heraus – die faszinierende Beschreibung eines Lebens, das aus ärmlichsten Verhältnissen zum Humanisten geführt hatte.

Kleinbasel

Im Südosten des Münsters (19) gelangt man an zwei gotischen Kreuzgängen vorbei auf die «Pfalz» genannte Terrasse über dem Rhein, die einen schönen Blick auf Kleinbasel bietet. Der Stadtteil am rechten Ufer läßt sich mit der motorlosen Münsterfähre «Leu», die unter der Pfalz anlegt, bequem erreichen. Das 1270 ummauerte Kleinbasel wird rechts vom Waisenhaus (20) begrenzt; es wurde an der Stelle eines 1401 gestifteten Kartäuserklosters errichtet, von dem sich die gotische Kirche aus dem 15. Jh. erhalten hat.

Links führt die Rheingasse durch die rechteckig angelegte, mittelalterliche Siedlung zum 1233 gegründeten ehemaligen Dominikanerinnenkloster Klingental (21), das 1860 einer Kaserne weichen mußte. Im einzigen erhaltenen Rest, dem Kleinen Klingental, ist heute das Stadt- und Münstermuseum mit einer ausführlichen Dokumentation zur Baugeschichte Basels untergebracht. Der Obere Rheinweg führt mit schönem Blick auf die linke Stadtseite und das Münster zur Wettsteinbrücke zurück.

Der kleinste Kanton in Zahlen

Auf 7,2 km durchfließt der Rhein unter 6 Brücken hindurch das Gebiet von Basel-Stadt. Der mit 5424 Einwohnern/km² weitaus am dichtesten besiedelte Halbkanton ist mit einer Fläche von knapp 37 km² mit Abstand der kleinste Stand der Schweiz und gerade so groß wie die Glarner Gemeinde Näfels. In umgekehrtem Verhältnis zur Größe steht das Basler Pro-Kopf-Einkommen: Mit 48 000 Franken liegt es weit über dem Schweizer Mittel von 32 000 Franken. Entscheidenden Anteil an der Wertschöpfung hat die chemische Industrie mit ihren 34 000 Beschäftigten (weltweit über 190 000), die 16% des Schweizer Exports erzeugt.

Bei insgesamt 194 000 Einwohnern – in der Stadt selbst leben gut 173 000 Basler und Baslerinnen – zählt man 134 000 Beschäftigte, davon 36 000 Ausländer, die meisten Grenzgänger. Mit 63% ist der Anteil der Erwerbstätigen im Dienstleistungssektor sehr hoch, in der Land- und Forstwirtschaft arbeiten dagegen noch gerade 0,4% der Bevölkerung – ein Schweizer Minusrekord. Mit 27,4 km Grenzen ist die Stadt heute das Zentrum einer grenzüberschreitenden Region, der Regio Basilensis, in der 750 000 Südbadener, 770 000 Oberelsässer und 580 000 Nordwestschweizer leben.

Der Basler Rheinhafen ist das Schweizer Tor zur Welt

Riehen

Mit gut 20 000 Einwohnern ist Riehen neben Bettingen und der Stadt selbst die dritte Gemeinde des Kantons. 1522 kaufte die Stadt das Dorf dem Bischof ab, und kurz darauf entstanden die ersten Landhäuser reicher Basler Bürger, die heute noch für das Bild des stark überbauten Orts charakteristisch sind. Das bis zu Beginn des 20. Jh. stark ländlich geprägte Riehen liegt 6 km nordöstlich von Basel auf einem kleinen Plateau über dem Flüßchen Wiese, und ist heute ein bevorzugtes Wohngebiet der Basler. Sein Gemeindegebiet ist mit Ausnahme des Südwestens völlig vom deutschen Bundesland Baden-Württemberg umgeben.

Ein stattlicher Basler Landsitz in Riehen: der barocke Wenkenhof

Riehen erreicht man von Basel aus über die Riehenstraße (oder mit dem Tram Nr. 6) vorbei am Badischen Bahnhof und am Tierpark Langen Erlen, dem sich längs der Wiese dicht an der Landesgrenze das gleichnamige Sumpf- und heutige Erholungsgebiet anschließt.

Vor dem alten Dorfzentrum steht an der Äußeren Baselstraße der Bäumlihof, die imposante Gebäudegruppe eines hochbarocken Landsitzes von 1686–1704, dessen ehemals französischer Garten in einen englischen Park umgewandelt wurde. Der vermutlich im frühen 18. Jh. am Beginn des alten Unterdorfs erbaute Glöcklihof (Äußere Baselstr. 1) wurde um 1770 tiefgreifend umgestaltet; ihm vorgelagert steht der schöne Rokokobau des Cagliostro-Pavillons von 1760; hier soll gegen Ende des 18. Jh. der berühmte Alchimist und Abenteurer Graf Cagliostro (1743–1795) eine Freimaurerloge geleitet haben.

Die reformierte Pfarrkirche St. Martin steht auf den Resten einer Kirchenburg aus dem 11. Jh. Der 1693/94 vollendete heutige Bau zeigt noch gotische Formen. Das Gotteshaus ist von alten Gebäuden umgeben: Nordwärts erhebt sich der gotische Meierhof von 1663 mit romanischen Teilen, und an der Baselstraße stehen die Wettsteinhäuser, ein malerischer Fachwerkkomplex aus dem 16. und 17. Jh. Hier lebte seit 1640 der bekannte Basler Bürgermeister Johann Rudolf Wettstein; sein Vater war aus Russikon ZH zugezogen, und Wettstein selbst machte in Basel eine steile Karriere. Als Gesandter der reformierten Stände der Eidgenossenschaft reiste er 1646 – der Dreißigjährige Krieg neigte sich dem Ende (1648) zu – an den Westfälischen Friedenskongreß; hier erwirkte er von den Großmächten die erste schriftliche Garantie für die Unabhängigkeit Basels und der übrigen Eidgenossenschaft vom Deutschen Reich.

In den Wettsteinhäusern befinden sich heute das Spielzeugmuseum mit einer bedeutenden Spielzeugsammlung, das Dorfmuseum sowie der Rebkeller mit einer Sammlung zum Weinbau (geöff-

Über die Bettingerstraße gelangt man von Riehen nach 2 km in die zweite Gemeinde auf dem Gebiet des Kantons, Bettingen. Über dem Dorf thront auf einer 522 m hohen Hügelkuppe des Dinkelbergs die ehemalige **Wallfahrtskirche St. Chrischona.** *Die im 15. und 16. Jh. erbaute Grabkirche der 1504 hier heiliggsprochenen Christiana – eine der 11 000 Jungfrauen, welche die hl. Ursula begleiteten und wie diese den Märtyrertod erlitten – dient heute als Kirche der Pilgermission. Von Chrischona aus bietet sich ein weites Panorama.*

net Mi und Sa 14–17 Uhr, So 10–12 und 14–17 Uhr).
Bei der Kirche führt die Bettingerstraße links zum Wenkenhof. Anstelle eines schon im 8. Jh. erwähnten Dorfs wurde hier im 17. Jh. das Herrenhaus des Alten Wenken errichtet, das 1736 zum siebenachsigen Lusthaus des Neuen Wenken umgebaut wurde. Die barocke Anlage mit dem talwärts gerichteten, ursprünglich französischen und heute englischen Garten wurde 1860 um einen Stock erhöht.

Die Basler Rheinhäfen

Mit dem Schiff erreicht man die Basler Rheinhäfen von der Schiffländen Mittlere Brücke aus, das Tram Nr. 14 fährt in einer knappen halben Stunde vorbei an den großen Werken der chemischen Industrie zum Hafen. Touristisches Wahrzeichen des Hafens ist der Pylon am sogenannten «Dreiländereck» an der schweizerisch-französischen Grenze – die deutsche Grenze liegt nur wenig weiter rheinabwärts. Von der Terrasse des «Dreiländerecks» aus bietet sich ein umfassender Blick auf den lebhaften Betrieb im ausgedehnten Hafengelände, das seit Beginn dieses Jahrhunderts an der Einmündung des Flüßchens Wiese in den Rhein im ehemaligen Fischerdorf Kleinhüningen an der Grenze zum Elsaß – es gehört seit 1640 zu Basel – entstanden ist.

Die Rheinschiffahrt ist zwar jahrhundertealt, zu Bedeutung ist sie aber erst in diesem Jahrhundert gekommen. Zwar spielte seit dem Mittelalter der Holzexport über die Aare und den Rhein an Basel vorbei bis in die Niederlande eine bedeutende Rolle, und bereits 1354 wurde in Basel die Zunft der Schiffer gegründet; der Reise- und Warenverkehr auf dem ungebändigten Strom aber mußte immer wieder eingestellt werden, da die Wasserstraße wegen politischer und kriegerischer Auseinandersetzungen selten auf der ganzen Länge bis zum Meer offengehalten werden konnte. Um die Mitte des 18. Jh. gingen von Basel pro Jahr nur gerade noch sieben Lastschiffe ab, und der Ausbau der Straßen und vor allem der Eisenbahnen brachte den Wasserverkehr im 19. Jh. praktisch zum Erliegen.

Die Ankunft der «Stadt Frankfurt» aus Kehl in Basel 1832 zeigte zwar, daß der Rhein für Dampfschiffe grundsätzlich befahrbar war. Alle Bemühungen, auf dem Strom eine rentable Schiffahrt zu betreiben, scheiterten jedoch, bis am 2. Juni 1904 – von Böllerschüssen begrüßt – ein Schleppzug mit 300 t Kohle aus Duisburg für das städtische Gaswerk in Basel anlegte. Jetzt nahm die Rheinschiffahrt einen raschen Aufschwung: Bereits vor dem Ersten Weltkrieg wurden über 60 000 t im Berg- und 30 000 t im Talverkehr transportiert; 1906–1911 wurde der St.-Johann-Hafen und 1919–1926 der Kleinhüninger Hafen I erbaut. 1936–1940 errichtete man 10 km stromaufwärts die basellandschaftlichen Häfen Birsfelden und Au mit ihren großen Tankanlagen; in ihnen und nicht auf dem Gebiet der Stadt wird heute weit mehr als die Hälfte aller Waren umgeschlagen. 1936–1942 entstand schließlich das Hafenbecken Kleinhüningen II.

Die wirtschaftliche Bedeutung des internationalen Wasserwegs auf dem Rhein für den Transport schwerer Güter wie zum Beispiel flüssige Treib- und Brennstoffe zeigt sich darin, daß 1989 in den Rheinhäfen beider Basel 8,8 Mio. Tonnen umgeschlagen wurden, und zwar in Kleinhüningen und St. Johann 3,6 Mio. Tonnen und in Birsfelden und Au 5,2 Mio. Tonnen. Rund 20% des Schweizer Imports haben die 355 in Basel registrierten Rheinkähne damit bewältigt.

Das Schweizerische Schiffahrtsmuseum im Rheinhafen Kleinhüningen (Endstation Tram Nr. 14) gibt einen guten Überblick über die Entwicklung der Rheinschiffahrt und die Schweizer Schiffahrt auf hoher See. Es ist Di, Sa und So von 10–12 und 14–17 Uhr geöffnet (061/66 33 49).

Vogel Gryff und Lällekönig

Als Vorbote der Basler Fasnacht und des Frühlings erscheint im Januar am großen Fest «Glaibasels» der Vogel Gryff. Der bereits 1520 erwähnte Brauch war ursprünglich ein Aufzug anläßlich militärischer Musterungen und wandelte sich im Lauf der Zeit zum wichtigsten Kleinbasler Fest. Am Tag des Vogel Gryff besteigt der Wilde Mann, ein Symbol der Fruchtbarkeit, begleitet von Bannerherren, Tambouren und Kanonieren, ein Floß zur Rheinfahrt. Während das Boot dahintreibt, tanzt der Wilde Mann unaufhörlich und schwingt ein mitsamt dem Wurzelstock ausgerissenes Tännchen, immer darauf bedacht, Großbasel nie sein Gesicht zuzukehren: Seine Reverenz darf nur Kleinbasel gelten. Unterhalb der Mittleren Brücke empfangen ihn Vogel Gryff und Löwe, die beiden anderen Ehrenzeichen Kleinbasels. Gemeinsam ziehen sie durch die Straßen des rechtsrheinischen Quartiers. Daß der Wilde Mann nur dem einst «minderen» Basel seine Ehrerbietung erweist, ist wohl auch eine Rache für den Lällekönig, der bis 1839 auf der Großbasler Seite an der Mittleren Brücke stand. Die kupferne Maske konnte dank einem Uhrwerk die Zunge nach Kleinbasel herausstrecken und die Augen rollen. Eine steinerne Kopie des Lällekönigs steht heute an der Schiffländen.

Bremgarten liegt eingebettet in eine Reussschlinge in der offenen Landschaft des unteren Freiamts. Seine reizvolle Lage und die zahlreichen Baudenkmäler in der Ober- und Unterstadt sowie die vielen Wandermöglichkeiten in der Umgebung machen den Besuch zum Erlebnis.

Verkehrsbüro
c/o Kantonalbank
Zürcherstraße 9
5620 Bremgarten
057/31 12 13

1. 10. 1989

Bremgarten

Die Aargauer Kleinstadt Bremgarten entstand als Verkehrsknotenpunkt. Schon im frühen Mittelalter kreuzte hier der Weg zwischen Zürich und Bern die vielbefahrene Reuss. Im Schnittpunkt der Süd-Nord-Linie und der Ost-West-Achse entwickelte sich einer der damals wichtigsten Reussübergänge, zu dessen Sicherung die Habsburger etwa um 1200 an der Stelle des heutigen «Schlössli» neben der Reussbrücke einen Wachtturm errichteten. In der geschützten Lage in der Flußschleife entstand bald auch eine Siedlung. Um 1240 begannen die Habsburger auf einem erhöhten Moränenplateau mit dem planmäßigen Bau der durch Mauern und Türme gesicherten Oberstadt, deren Straßensystem mit den drei strahlenförmig vom Spittelturm ausgehenden Längsgassen und den schmalen Quergäßchen noch heute die ursprüngliche Stadtanlage widerspiegelt.

Von der Mitte des 13. Jh. an entstand um die Kirche in lockerer Bauweise auch die Niederstadt, die heutige Unterstadt. Einen zentralen Marktplatz sucht man in Bremgarten vergeblich, obwohl hier heute die größten Warenmärkte der Schweiz abgehalten werden. In der engen Schlinge des Reusslaufs mußte die relativ breite Marktgasse diesem Zweck gerecht werden. Aufgrund des Platzmangels wurden auch die Häuser schmal gehalten: Die Erdgeschosse sind zurückgesetzt, um Raum für die Straßen zu gewinnen, so daß die Obergeschosse erkerartig vorkragen.

1256 verlieh Graf Rudolf von Habsburg – der spätere König – Bremgarten das Stadtrecht, das den Bewohnern eine große Selbständigkeit gewährte. Dank dieser großzügigen Haltung der Habs-

Kanton:	AG
Meter über Meer:	386
Einwohner 1900:	2209
Einwohner 1980:	4815
Autobahn:	N 1, Dietikon

burger kämpfte Bremgarten 1315 in Morgarten und 1386 bei Sempach auf österreichischer Seite. Zwischen den beiden Schlachten mußte allerdings praktisch die ganze Stadt wiederaufgebaut werden, da sie 1382 durch einen Brand zum großen Teil zerstört worden war.

Mit der Eroberung des Aargaus kam Bremgarten 1415 zur Alten Eidgenossenschaft. Im Alten Zürichkrieg von 1443 hielt die Stadt zu Zürich und wurde deshalb von den Eidgenossen belagert. Als die Bremgarter das Angebot ablehnten, als freier Ort in die Eidgenossenschaft einzutreten, wurde die Stadt eingenommen. Bremgarten wurde Teil des Freiamts, das bereits seit 1415 zusammen mit der Grafschaft Baden gemeinsamer Besitz der Acht Alten Orte war. Im 16. Jh. litt Bremgarten stark unter den konfessionellen Spannungen: Unter dem Einfluß von Dekan Heinrich Bullinger, dem Reformator und Nachfolger Zwinglis, war die Stadt 1528 zum

*Die **Reussbrücke von Bremgarten** wird 1281 zum ersten Mal erwähnt. 1434 wurde sie nach einem Brand statt auf Pfahljochen auf vier gemauerten Pfeilern neuerbaut, deren dritter zwei erkerartige Fachwerkkapellchen trägt. 1903 wurde ein Projektwettbewerb für eine Steinbrücke ausgeschrieben. Dieses Vorhaben fiel zwar ins Wasser, dennoch wurde der gedeckte Flußübergang 1953–1957 für den Auto- und Lastwagenverkehr erhöht und verbreitert. Äußerlich hat die Brücke dabei kaum gelitten, der starke Durchgangsverkehr macht ihr und der Bremgartner Altstadt aber doch sehr zu schaffen. Abhilfe wird hier wohl erst die Umfahrungsstraße bringen, die der Aargauer Große Rat ins Straßenbauprogramm aufgenommen hat.*

reformierten Glauben übergetreten. Die Niederlage der Reformierten bei der Schlacht bei Kappel löste in Bremgarten die Gegenreformation aus, und die Stadt kehrte zum «alten» Glauben zurück.

Noch dreimal wurde die Stadt von fremden Truppen belagert: während der beiden Villmerger Kriege 1656 und 1712 und erneut 1798, als die französische Revolutionsarmee sich hier auf die Schlacht bei Zürich von 1799 vorbereitete, in der die Russen aus der Ostschweiz vertrieben wurden. Erst im 19. Jh. kehrte innerhalb der Stadtmauern Ruhe ein. Mit der Gründung des Kantons Aargau 1803 und dem Anschluß ans Eisenbahnnetz (1876) setzte der wirtschaftliche Aufstieg des Städtchens ein. Heute bietet Bremgarten zwar Arbeitsplätze in Handel, Gewerbe und Industrie, ein beträchtlicher Teil der Einwohner arbeitet jedoch im Limmattal oder in Zürich. Die Verkehrsverbindung schaffen die Bremgarten-Dietikon-Bahn, Postautolinien und die Mutschellenstraße.

Bremgarten bewahrte seinen geschlossenen städtebaulichen Charakter, obwohl im 19. Jh. die mittelalterlichen Befestigungsanlagen weitgehend geschleift wurden. Erhalten sind noch vier Stadttürme: der Spittel- und der Katzenturm in der Ober- sowie der Hexen- und Hermansturm in der Unterstadt. Der 1556–1559 erbaute Spittelturm gilt mit seinen 44 m Höhe, dem erkerbesetzten Walmdach über der Turmuhr und dem spitzen Glockentürmchen als Wahrzeichen des Städtchens. Er schützt als Stadttor die zentrale Marktgasse, die den Verkehr in den steil nach Süden abfallenden «Bogen» und zur Reussbrücke leitet. Die Nordostecke der Oberstadt schützt das zweitürmige, 1641 erbaute «Schlössli». Das nachgotisch-frühbarocke Bürgerhaus mit dem gestaffelten Baukörper steht auf den Grundmauern der vorstädtischen Herrschaftsburg der Habsburger, wurde 1967/68 renoviert und ist in Privatbesitz.

Von der gedeckten Holzbrücke aus wird die Häuserfront der Oberstadt durch den ehemaligen Muri-Amtshof bestimmt. Das spätgotische Gebäude aus dem 16. Jh. war einst Verwaltungssitz des Klosters Muri. Die tiefer gelegene, westliche Unterstadt wird eingegrenzt durch einen Teil der erhaltenen Stadtmauer, den runden Hermansturm im Norden und den am Ufer liegenden Hexenturm im Süden. Beherrscht wird der früher geistliche Stadtteil durch die mitten auf dem Kirchhofplatz stehende Stadtkirche St. Nikolaus. Um das spätgotische, erstmals 1252 erwähnte Gotteshaus mit Turm und Spitzhelm stehen die barockisierte Muttergotteskapelle, die St.-Anna-Kapelle sowie die 1625 erbaute und 1687/88 umgestaltete St.-Klara-Kapelle; das Kirchlein mit dem schönen Spätrenaissance-Hochaltar und dem in der Schweiz einzigartigen Baldachinschrein in der Nordostecke gehörte zu einem Tertiarerinnenkloster, das 1798 aufgehoben wurde.

Elisabeth Weissenbach (1833–1884)

Die in Bremgarten geborene Elisabeth Weissenbach ist die Schöpferin der modernen Handarbeitsschule für Mädchen. Durch ihre im Lehrfach tätige Verwandtschaft motiviert, wurde sie Lehrerin und begann sich besonders für die Arbeitsschule, wie die Handarbeitsschule damals genannt wurde, zu interessieren. 1856 wurde sie zur Oberlehrerin des Bezirks Bremgarten und ersten Inspektorin der aargauischen Arbeitsschulen gewählt. Kaum im Amt, stellte Elisabeth Weissenbach die Arbeitsschule, in der zuvor nicht nur Handarbeit gelehrt worden war, sondern die Lehrerinnen gleichzeitig noch mündliche Fächer wie Kopfrechnen oder Sprache unterrichten mußten, auf eine neue Grundlage. Elisabeth Weissenbach beseitigte den Doppelunterricht mit der Begründung, Handarbeit nehme schließlich Kopf und Hand in Anspruch. Ihre Erneuerungen und ihr Lehrmittel «Arbeitsschulkunde», das bis 1924 als obligatorisches aargauisches Lehrmittel verwendet wurde, fanden im In- und Ausland große Beachtung.

Spaziergang am Flachsee

Südlich von Bremgarten liegt der Flachsee, der 1975 durch die Reuss-Stauung bei Bremgarten-Zufikon entstand. An seinen unter Naturschutz stehenden Ufern entwickelten sich Auenwälder und Feuchtbiotope. Der Weg zum Flachsee beginnt beim Bremgartner Stadtschulhaus und führt der Reuss entlang zur Staumauer, wo beim Weiler Geisshof das Naturschutzreservat beginnt. Schon beim Stau der Reuss versuchte man, Bedingungen für die Entstehung einer großen Biotopvielfalt zu schaffen: Man legte künstliche Vogelinseln an und forstete einen Erlensumpfwald auf. Heute ist der Flachsee Brut-, Rast- und Überwinterungsplatz für zahlreiche geschützte Vogelarten, und im ganzen Gebiet wachsen verschiedene seltene Pflanzen. Der Spazierweg führt am Rand des Naturschutzgebiets entlang. Der Rückweg nach Bremgarten verläuft am linken Reussufer vorbei am Rottenschwiler Moos. Das letzte Stück zieht sich ab Hermetschwil der Reuss entlang.

Zieglerhaus
Informationszentrum über die Reusstalsanierung
8919 Rottenschwil
057/34 21 41

Hallenbad und Freibad Isenlauf, Badstraße
057/33 62 77
Jahrmärkte am Oster- und Pfingstmontag
«Umesinge» (Kinder ziehen singend von Haus zu Haus) in der Woche zwischen Weihnacht und Neujahr

Wochenmarkt am Samstagmorgen

Brugg, die Brückenstadt, liegt am Jurasüdfuß in unmittelbarer Nähe des «Wasserschlosses der Schweiz» – bei der Einmündung der Limmat und der Reuss in die Aare. Das Aargauer Städtchen verbirgt hinter seinen neuen Überbauungen und Industriequartieren eine überraschend guterhaltene Altstadt. Brugg liegt zudem in einer abwechslungsreichen Landschaft, deren Wälder und Auen einen ruhigen Kontrast zum städtischen Treiben bilden.

Verkehrsverein
c/o Kantonalbank
5200 Brugg
056/41 68 21

1. 10. 1989

Brugg

Schon der Name weist darauf hin: Eine Brücke stand am Ursprung des Aargauer Städtchens. Die erste Brücke über die Aare schlugen um 15 v. Chr. römische Soldaten, und spätestens im 7. Jh. entstand in der verkehrstechnisch günstigen Lage kurz vor der Einmündung von Reuss und Limmat in die Aare wieder ein kleine Siedlung, die sich langsam zum Marktort entwickelte. 1064 taucht in einer Schenkungsurkunde des Grafen Wernher I. von Habsburg erstmals der Name «Brucca» auf; die Grafen von Habsburg waren es auch, die um 1200 die Siedlung befestigten und ihr 1284 das Stadtrecht verliehen.

Das mittelalterliche Brugg am südlichen Aareufer ist eine glockenförmige Anlage, die von der geschwungenen Hauptgasse zweigeteilt wird. In der westlichen Hälfte standen seit jeher die kirchlichen Gebäude, während sich im östlichen Teil um die Hofstatt die obrigkeitlichen Bauten und Lagerhäuser befanden.

Kanton:	AG
Meter über Meer:	352
Einwohner 1900:	2638
Einwohner 1980:	8911
Autobahn:	N 1, Baden

Zwei bogenförmige Mauerzüge zogen sich einst vom verschwundenen Oberen Turm zur Aare hinunter. Von der Befestigung haben sich der Storchenturm aus dem 16. Jh. am Eisiplatz, der Archivturm bei der Kirche, der Schwarze Turm bei der Brücke sowie in der Vorstadt am nördlichen Aareufer beim ehemaligen Schützenhaus der Farbturm mit einem Stück Wehrmauer erhalten.

Bis zum Beginn des 15. Jh. blieb Brugg eng mit den Habsburgern verbunden, und ihre häufige Anwesenheit bestimmte das wirtschaftliche und gesellschaftliche Leben des Städtchens. Erst die Eroberung des Aargaus durch die Eidgenossen setzte der habsburgischen Zeit 1415 ein Ende;

Der Schwarze Turm ist das Wahrzeichen von Brugg. Zum Schutz des Aareübergangs noch früher als das Städtchen errichtet, stammt sein unterster Teil mit den Bossenquadern aus der zweiten Hälfte des 12. Jh., der Aufbau mit dem Erker und dem Walmdach von 1535/36. Angebaut an den Turm ist das spätgotische Giebelgebäude des ehemaligen Rathauses. Mit einer Kurve führt die Hauptstraße in die Stadt hinauf, während sich der Durchgangsverkehr auf der 1980 eröffneten, östlich liegenden Brücke der Umfahrungsstraße abwickelt.

Brugg wurde zum nordöstlichsten Vorposten des Standes Bern. Im Alten Zürichkrieg erlitt das Städtchen in der «Brugger Mordnacht» einen schweren Rückschlag: König Friedrich III. von Österreich (der spätere Kaiser) hatte Zürich zur Unterstützung arbeitslose Söldner vermittelt. Um ihnen den Weg von Basel her zu öffnen, wurde Brugg am 30. Juli 1444 überfallen: Mehrere Bewohner wurden getötet, die wohlhabendsten Bürger als Geiseln genommen und die Stadt niedergebrannt. Nur langsam erholte sich das Städtchen. Erst vom 16. Jh. an setzte wieder eine rege Bautätigkeit ein, und sogar die Befestigungsanlagen wurden erneuert. Die Lateinschule – sie steht neben der Kirche an der Stadtmauer, setzt sich aus einem spätgotischen und einem barocken Bau von 1638–1640 zusammen und ist mit Fassadenmalereien geschmückt – blühte auf; ihre Absolventen nahmen in der bernischen Staatskirche oft wichtige Ämter ein, und Brugg wurde deshalb auch «Prophetenstadt» genannt.

Nach dem Untergang der Alten Eidgenossenschaft 1798 wurde Brugg 1803 aargauischer Bezirkshauptort, dessen wirtschaftliche Entwicklung im Gegensatz zur Umgebung allerdings stagnierte; den Aufschwung verhinderte vor allem die 1856–1858 erbaute Bahnstrecke von Baden nach Aarau, die Brugg rechts liegen ließ; der Durchgangsverkehr, seit jeher eine der wichtigsten Einnahmequellen, brach zusammen. Erst mit der Eröffnung der Bahnlinien nach Basel und Wohlen änderte sich die Situation. Im neuen Eisenbahnknotenpunkt siedelten sich Fabriken der Chemie- sowie der Kabel- und Maschinenindustrie an; Brugg wurde eidgenössischer Waffenplatz, und der Schweizerische Bauernverband nahm hier seinen Sitz.

Noch vor dem Ersten Weltkrieg entstand zwischen Bahnhof und Altstadt ein Geschäftsquartier. In neuester Zeit brachte die große Überbauung im sogenannten «City-Dreieck» beim Bahnhof den bisher stärksten und umstrittensten Eingriff in das einstige Siedlungsgebiet.

Vom südlichen Stadteingang führt die Hauptgasse mit den behäbigen Gasthöfen und vielen schönen Bürgerhäusern – im Haus Nr. 39 starb 1827 der große Pädagoge Johann Heinrich Pestalozzi – hinunter zur Aarebrücke. Drei von ihr rechts abzweigende Gäßchen führen auf den eindrücklichsten Brugger Platz, die Hofstatt. Im barocken ehemaligen Zeughaus von 1673 ist heute das Heimatmuseum untergebracht. Das alte bernische Salzhaus – der mächtige neunachsige Zweckbau von 1732 steht an der Stelle der habsburgischen Stadtresidenz – richtet seine Schmalfront gegen die zur Aare abfallende Böschung. Das ehemalige Kornhaus von 1701 ist heute Sitz der Stadtverwaltung. Auf der anderen Seite der Hauptgasse steht die reformierte Stadtkirche, die um 1220 von den Habsburgern gegründet wurde. Während sich vom ersten Bau der Turm erhielt, wurde die Kirche im 16. Jh. mehrmals erweitert und 1734–1740 barockisiert. Aus dieser Zeit stammt auch die schöne Innenausstattung.

Albrecht Rengger (1764–1835)

Albrecht Rengger studierte Theologie und Medizin, ließ sich als Arzt in Bern nieder und propagierte als Mitglied der Helvetischen Gesellschaft schon seit 1791 in verschiedenen Schriften den Sturz des Ancien Régime in der Schweiz. 1798 wählten die Brugger den überzeugten Anhänger der Französischen Revolution und Vorkämpfer der Helvetik in den Großen Rat; noch im gleichen Jahr wurde Rengger Präsident des obersten Helvetischen Gerichtshofs und dann Innenminister der Helvetik: Unter ungeheuren Schwierigkeiten und in ständigem Chaos versuchte Rengger den Aufbau eines modernen Einheitsstaats zu verwirklichen. Nach dem föderalistischen Umsturz trat er 1801 als Minister zurück, wurde aber bereits 1803 nach einem erneuten Staatsstreich zum Landammann und damit zum damals höchsten Schweizer gewählt. Nach dem Sturz der Helvetik lebte Rengger bis 1814 als Arzt in Lausanne, arbeitete hier die aargauische Verfassung aus, vertrat die Interessen seines Heimatkantons am Wiener Kongreß 1815 und war von 1815 bis 1820 noch Mitglied der Aargauer Regierung.

Die Fenster von Königsfelden

Von der Verbundenheit mit dem Haus Habsburg zeugt in Windisch, das sich im Osten übergangslos an Brugg anschließt und wo das Amphitheater noch an das römische Vindonissa erinnert, ein eindrucksvolles Denkmal: das ehemalige Kloster Königsfelden. Das Doppelkloster von Franziskanern und Klarissinnen – in ihm ist seit 1804 eine psychiatrische Klinik untergebracht – wurde zum Gedenken an König Albrecht I. errichtet, der 1308 von seinem Neffen ermordet worden war. Berühmt ist die bedeutende, 1310–1330 erbaute Bettelordenskirche im Park der Klinik vor allem wegen ihres großartigen Glasgemäldezyklus im Chor. Die 11 farbenprächtigen Maßwerkfenster entstanden zwischen 1325 und 1330 als einheitliches Werk; sie erzählen vom Leidensweg Christi, stellen Apostel und Heilige und als Höhepunkt die Vogelpredigt des hl. Franziskus dar und gehören zweifellos zu den schönsten Glasmalereien überhaupt.

Klosterkirche Königsfelden
056/41 88 33
November bis März,
10–12 und 14–16 Uhr
April bis Oktober, Di–So
9–12 und 14–17 Uhr

Vindonissa-Museum
Museumstraße 1
056/41 21 84
Di–So 10–12 und 14–17 Uhr

Heimatmuseum
Altes Zeughaus
Untere Hofstatt 23
056/41 57 13
April bis Oktober, 1. So im Monat 10–12 Uhr

Hallen- und Freibad
Kanalstraße
056/41 10 69

Bülach in der weiten Ebene des Glatt-Unterlaufs hat seinen alten bäuerlichen Charakter gut bewahrt. In der Altstadt mit ihren idyllischen Gassen und Gäßchen erinnern noch heute viele prächtige und stilvoll renovierte Riegelbauten an den Reichtum des Zürcher Unterländer Bauernstandes.

4.10.1989

Bülach

Bülach im Zürcher Unterland gehört mit Eglisau, Elgg, Greifensee, Grüningen und Regensberg zu den sechs zürcherischen Landstädtchen mit gut erhaltenem historischem Kern. Der Bezirkshauptort liegt im unteren Glatt-Tal am Fuß des sanft ansteigenden Hügelzugs des Dättenbergs an der alten Landstraße von Zürich nach Eglisau und am Schnittpunkt der Eisenbahnlinien Zürich–Schaffhausen und Winterthur–Basel.

Schon die Römer bewirtschafteten die fruchtbare Gegend und legten um Bülach und im Kern der heutigen Siedlung mehrere große Gutshöfe an. Wie im Fall des Städtchens Pully bei Lausanne geht der Name des 811 erstmals urkundlich erwähnten «Pulacha» möglicherweise auf einen römischen Kolonisten namens Pullius zurück. 1384 erwarb Herzog Leopold III. von Österreich die Siedlung und verlieh ihr das Stadtrecht. Bülach wurde sein Bollwerk gegen die aufstrebende Stadt Zürich, die sich 1351 dem Bund der Eidgenossen angeschlossen hatte. Doch schon 1409 mußte Herzog Friedrich IV. – er trug den bezeichnenden Übernamen «mit der leeren Tasche» – Bülach samt der Herrschaft Regensberg an die Stadt Zürich verpfänden; er löste das Pfand nie ein.

Wahrscheinlich war Bülach schon befestigt, als es in österreichischen Besitz überging. Die Altstadt mit dem ovalen Grundriß wird durch die leicht gekrümmte Marktgasse – die ehemalige Landstraße von Zürich nach Eglisau – in der Nord-Süd-Richtung zweigeteilt. Quer dazu verlaufen die Rathaus- und Brunngasse, die dem bis 1883 offenen Lauf des Stadtbachs folgen. Bülach besitzt keinen Stadtplatz; das Zentrum des Ortes bildet seit jeher die auf einem kleinen Hügel stehende St.-Laurentius-Kirche mit dem benachbarten Rathaus. Die freien Flächen zwischen den verstreut liegenden Gebäuden wurden noch bis ins 19. Jh. landwirtschaftlich genutzt. Rings um die Altstadt zog sich ein zinnenbewehrter Mauerring mit Wall und Graben sowie zwei Tortürmen, der wahrscheinlich nach dem Stadtbrand von 1386 neu erbaut wurde. Schon im 17. Jh. füllte man den Graben auf, um Landwirtschaftsland zu gewinnen, und 1838 wurde das Nord-, zwei Jahre später das Südtor abgebrochen. Fast die Hälfte der einst über 700 m langen Stadtmauer ist heute noch in die Riegelhäuser eingebaut, der Rest wurde um 1900 und in den dreißiger Jahren geschleift.

Ungeachtet der wehrhaften Mauern brandschatzten die Eidgenossen 1444 im Alten Zürichkrieg die zürcherische Obervogtei. Das Landstädtchen, in dem fast alle Einwohner in der Landwirtschaft tätig waren, wurde aber rasch

Kanton:	ZH
Meter über Meer:	428
Einwohner 1900:	2175
Einwohner 1980:	12 292
Autobahn:	N 1, Bülach-Süd, Bülach-West

Das Rathaus von Bülach wurde 1672/73 erbaut. Der prachtvolle Fachwerkbau mit der geschwungenen Rückfront und einem Treppengiebel von 1687 ruht auf einem gemauerten Erdgeschoß, in dessen nördlicher Achse sich eine Arkade nach dem Treppenaufgang zur Kirche öffnet. Symmetrisch dazu wurde 1959 bei der letzten Renovation die südliche Arkade geschaffen und auch das Fachwerk freigelegt, das wie bei vielen andern Bauten Bülachs im 19. Jh. verputzt worden war. Prunkstück des großen, getäferten Ratsaals im ersten Stock ist der 1673 von Meister Hans Heinrich Graf aus Winterthur gebaute achteckige Turmofen, dessen Kacheln biblische Szenen tragen.

wiederaufgebaut und erlebte von 1550 bis 1700 einen wirtschaftlichen Aufschwung. Noch heute prägt die rege Bautätigkeit der damaligen Zeit das Stadtbild: Anstelle der alten, dürftigen Holzbauten entstanden überall Fachwerkhäuser, die von charakteristischen Treppengiebeln gekrönt waren. Typisch für das alte Bülach als Zentrum des Acker- und Weinbaus sind die den Riegelbauten vorangestellten «Kellerhälse», die in tiefe Keller hinunterführen. Beim Untergang der Alten Eidgenossenschaft verlor Bülach 1798 das Stadtrecht, es wurde erst 1831 wieder Zürcher Bezirkshauptort. Bis weit in die zweite Hälfte des 19. Jh. blieb es eine weitgehend vom bäuerlichen Leben geprägte Kleinstadt. Nach dem Anschluß ans Eisenbahnnetz 1865 erhielten die nördliche Vorstadt und die neu angelegte Kasernen- sowie Bahnhofstraße ein einheitliches, klassizistisch-biedermeierliches Gesicht. Die ersten größeren Erweiterungen außerhalb der historischen Alt- und Vorstadt erfolgten aber erst Ende des letzten Jahrhunderts, als mit der Gründung der Bülacher Glashütte die Entwicklung von Industrie und Gewerbe einsetzte. Während sich die Bevölkerung von 1800 bis 1900 nur verdoppelt hatte, versechsfachte sie sich seither; 1963 wurde Bülach mit über 10 000 Einwohnern auch demographisch zur Stadt. Im regionalen Zentrum mit Kantonsschule und Spital sind heute Unternehmen des Stahl- und Apparatebaus sowie eine Maschinen- und eine Werkzeugfabrik angesiedelt.

Der historische Kern von Bülach wird vor allem im Süden und Westen von Neubauquartieren umschlossen. Am nördlichen Eingang zur gut erhaltenen Altstadt – hier erhob sich einst das Obertor – steht der in einen Stadtmauerrest eingebaute Gasthof zum Goldenen Kopf. Der imposante Fachwerkbau mit den graugestrichenen Riegeln wurde nach einem Brand 1965/66 wiederaufgebaut. Sein eigenwilliger Name leitet sich vielleicht vom alten Weinmaß «Kopf» her. Die urkundlich schon 1491 nachgewiesene Taverne wurde 1760 umgebaut, das halbrunde Treppentürmchen mit dem Fachwerk im Obergeschoß stammt von 1593. Das «Goethestübli» zieren ein Deckengemälde aus dem Jahre 1762 mit der Huldigung der Musen an Apoll und an den Wänden 14 Täferbilder mit Landschaften.

Mitten durch das Städtchen führt die breite Marktgasse zum Kirchbezirk. Die schon 811 genannte und 1506 nach einem großen Stadtbrand neuerbaute reformierte Kirche St. Laurentius wurde 1678 verlängert, im 19. Jh. mehrmals umgebaut und 1968-1970 gesamtrenoviert; dabei wurde der Innenraum völlig modernisiert. Auf dem Becken des 1797 in frühklassizistischen Formen errichteten Stadtbrunnens findet sich das Wappen von Bülach – ein Rost, auf dem der Kirchenpatron Laurentius gemartert wird. Um den Brunnen bilden Rathaus, Altes Arzthaus und das Schirmmacherhaus von 1681 mit seinem imposanten Quergiebel die reizvollste Riegelhausgruppe von Bülach.

Hans Haller (1487–1531)

Die Hans-Haller-Gasse südlich der Kirche erinnert an Stadtpfarrer Johannes oder Hans Haller, der während der Reformation in Bülach wirkte. Der Sohn eines Stadtzürcher Kupferschmieds studierte in Erfurt und Wittenberg Theologie und wurde Pfarrhelfer im Berner Oberland. Wegen reformierter Gesinnung mußte Haller 1525 seine letzte Stelle in Amsoldingen aufgeben und nach Zürich zurückkehren. Er wurde Mitstreiter und Helfer Zwinglis am Großmünster und 1528 als Stadtpfarrer nach Bülach berufen, um hier der Reformation zum Durchbruch zu verhelfen. Im Landstädtchen – es war einer der Mittelpunkte der Täuferbewegung – hatte Haller anfänglich einen schweren Stand. Er verbreitete den neuen Glauben vor allem durch seine berühmten, alle 14 Tage stattfindenden Sonntagnachmittagspredigten, dank denen er als Bibelkundiger weiterum bekannt wurde. 1531 zog Haller mit dem Stadtfähnlein von Bülach in die Schlacht bei Kappel und fand hier am 11. Oktober 1531 an der Seite Zwinglis den Tod.

Die römischen Bauern von Seeb

Die Straße von Bülach Richtung Kloten führt nicht nur in die Neuzeit zum Flughafen, sondern auch in die Vergangenheit zum römischen Gutshof Seeb (ausgeschildert). Die ehemals ummauerte Anlage von 210 m Breite und 400 m Länge ist um 20 n. Chr. entstanden und wurde wahrscheinlich um 250 n. Chr. zerstört. 1958–1969 hat man sie freigelegt und zu einem Freilichtmuseum umgestaltet. Vor der erhöht stehenden Villa – einer der ausgegrabenen Flügel des Herrenhauses mit Teilen der Thermen und einem schwarz-weißen Mosaik befindet sich in einem Schutzbau – liegen nördlich am Hangfuß zwei Wohnhäuser, die mit einer inneren Hofmauer verbunden sind. Diese trennt die Villa vom Wirtschafts- und Werkhof, in welchem in der Achse der Villa ein Brunnenhaus und zwei symmetrische, die Anlage abschließende Ökonomiegebäude stehen. In einem kleinen Schulgarten wachsen Pflanzen, die zur Römerzeit kultiviert wurden. Seeb ist einer jener typischen, verstreut liegenden Gutshöfe, die damals das Bild unserer Landschaft prägten.

Freibad
Schwimmbadstraße
01/860 15 80

Hallenbad
Sportanlage Hirslen
01/860 62 22

Kunsteisbahn
Sportanlage Hirslen
01/860 62 22

Minigolf
Sportanlage Hirslen
01/860 62 22

Eglisau im Zürcher Unterland gehört zu den schönsten Kleinstädten am Rhein. Der alte Brückenkopf am nördlichen Rheinufer hat seinen mittelalterlichen Charakter bis heute bewahrt und liegt mitten in einem sonnigen Weinbaugebiet.

Verkehrsverein
8193 Eglisau
01/867 37 04

4. 10. 1989

Eglisau

Eglisau ist eine typische Brückenkopfsiedlung – ohne Brücke! Zum Zürcher Unterländer Städtchen an den Abhängen des nördlichen Rheinufers führt zwar am Westrand der Siedlung eine 1917 bis 1919 errichtete Straßenbrücke; und noch etwas weiter westlich überspannen in 60 m Höhe die zwanzig Bogen des 1895 bis 1897 erbauten Eisenbahnviadukts auf 457 m Länge den Fluß. Die alte gedeckte Holzbrücke aber, die direkt ins Städtchen führte, wurde 1916 abgebrochen.
Schuld daran war das Kraftwerk Rheinfelden, das in den Jahren 1916 bis 1920 4 km unterhalb von Eglisau an der Glattmündung gebaut wurde und dessen Staustufe den Wasserspiegel beim Städtchen um 8,5 m ansteigen ließ. Damals mußten neben der Brücke auch die Gebäude an der alten Rheingasse direkt am Ufer, das imposante Salzhaus und die Schiffsmühle abgebrochen werden. Alte Ansichten zeigen noch die einstige, bewußt geplante Anlage Eglisaus. Entstanden ist es in der großen Zeit der Städtegründungen in der ersten Hälfte des 13. Jh. am strategisch wichtigen Übergang der Straße zwischen dem Klettgau und dem Zürichgau. Hier schlugen die Herren von Tengen um 1250 eine erste Brücke über den Rhein (ihre Stammburg bei Tengen im deutschen Hegau ist heute Ruine). Zum Schutz der Zollstation bauten sie am Südufer, im heutigen Ortsteil Seglingen, eine bereits im 11. Jh. errichtete Feste mit einem fast 40 m hohen Turm zur Burg aus und legten auf der anderen Rheinseite das erstmals 1254 erwähnte Eglisau an; das rechteckige Städtchen mit nur drei Häuserzeilen und zwei Längsgassen war

Kanton:	ZH
Meter über Meer:	360
Einwohner 1900:	1175
Einwohner 1980:	2462
Autobahn:	keine

Die Rheinseite von Eglisau mit den schmucken Fachwerkhäusern wird im Osten von der reformierten Pfarrkirche mit dem festungsähnlichen Schiff und dem Turm mit barocker Haube dominiert. Hier führte einst die alte Rheinbrücke mitten ins Städtchen, und hier stand wohl schon am Anfang des 13. Jh. eine Kirche. 1350 wurde sie durch einen gotischen Bau ersetzt, dessen Schiff und Turm 1716/17 neu erbaut wurden. Erhalten blieb der Chor mit den spätgotischen Fresken aus der Zeit um 1490: Auf zwei Bildstreifen sind das Marienleben und der Stifter Bernhard Gradner – die Grabplatte des 1489 gestorbenen Edelmanns ist im Chor aufgestellt – mit seiner Frau Veronika sowie den Heiligen Katharina und Ursula dargestellt.

ehemals von einem Mauerring umschlossen. Trotz einträglichen Brückenzolls verarmten die Herren von Tengen im 15. Jh., und 1455 kamen Schloß, Städtchen und Herrschaft Eglisau vorläufig, 1496 endgültig an die Stadt Zürich. Das Schloß wurde Landvogteisitz, und während des Dreißigjährigen Krieges wurde Eglisau 1639 samt dem Stadtwall ausgebaut. Bis zum Beginn des 19. Jh. blieb das Städtchen ein wichtiger Umschlagplatz für Korn aus deutschen Landen und war zudem Salzstation: Das aus den Salzbergwerken in Tirol und Bayern stammende weiße Gold wurde in Weidlingen vom Fuß des Rheinfalls nach Eglisau verschifft. Noch 1811 lud man hier für den Weitertransport nach Zürich 12 000 Fässer Salz und 25 000 Säcke Korn auf Wagen um. Damals waren von der Stadtbefestigung das Rhein- und das Wilertor bereits verschwunden; 1858 fiel auch das Obertor dem Ausbau der Straße ins Rafzerfeld zum Opfer. Schon 1847 war auch der größte Teil des Schlosses niedergerissen worden, und vom einstigen Befestigungsring blieben nur die Häuser in der äußersten Gebäudezeile des Städtchens mit ihren gemauerten Untergeschossen erhalten. Nach dem Bahnbau 1876 verlor die Rheinschiffahrt ihre Bedeutung. Im Städtchen entstand 1880 ein Kurhaus, aus dem 1923 die Mineralquelle Eglisau hervorging; sie fördert heute aus 4 Quellen und aus einer Bohrtiefe zwischen 186 und 3000 m bis zu 432 000 l Wasser pro Tag. Zweiter wichtiger Industriebetrieb Eglisaus ist eine Teppichfabrik mit über 300 Mitarbeitern.

Heute erreicht man Eglisau nicht mehr durch den linksufrigen Ortsteil Seglingen, wo einst das Schloß stand. Ein kurzer Abstecher rechts vor der Rheinüberquerung führt zu den Überresten: zur ehemaligen Schloßscheune, einem mächtigen Fachwerkbau von 1640, und zur 1671 erbauten Brücke über den äußeren Burggraben. Daneben steht am Rhein der zierliche Fachwerkbau der alten Lochmühle. Nach der Rheinbrücke gehen rechts vom Platz des abgebrochenen Obertors die beiden Gassen des Städtchens aus. Am Beginn der Untergasse steht das mittelalterliche Haus zum Törli mit dem großen Wandbild eines Nachtwächters. Daneben erhebt sich das Gasthaus zur Krone, eine alte Taverne mit spätgotischer Fassade und einem aufgesetzten barocken Fachwerkgeschoß. Unter den vielen charaktervollen Häusern an der Gasse fällt der schon 1523 erwähnte Gasthof Hirschen auf. Durch das Erdgeschoß des 1573 spätgotisch umgebauten Hauses mit der barocken Bemalung von 1662 zieht sich eine Laube, die zum Teil auf Eichenpfeilern ruht. Ein schmale Treppe führt vor der Kirche zur Obergasse, deren verschieden hohe, spitzgieblige Häuser aus der Spätgotik einst den bergseitigen Wehrwall des Städtchens bildeten. Östlich, etwas außerhalb des Städtchens, befindet sich im Weierbachhus das kleine Ortsmuseum, und ganz im Westen der Obergasse steht die 1682 erbaute Alte Helferei, die einst als Pfarrerswohnung und später als Schulhaus diente.

Salomon Landolt (1741–1818)

Letzter Zürcher Landvogt in Eglisau war Salomon Landolt. Er stammte aus einem alten Zürcher Geschlecht, besuchte nach der Militärschule im französischen Metz die Bauschule in Paris und betrieb nebenher Malstudien. 1768 nach Zürich zurückgekehrt, reorganisierte der umfassend gebildete Landolt das städtische Militärwesen und war 1780 bis 1786 Landvogt von Greifensee. Hier fiel er durch seinen patriarchalischen Umgang mit den Untertanen, durch seine originellen Richtersprüche und seine Vorschläge zur Verbesserung der Landwirtschaft auf. 1795 bis 1798 war Landolt, der auch einiges Talent als Maler besaß, letzter Landvogt von Eglisau. Nach dem Sturz der Alten Ordnung 1798 verlor er fast sein ganzes Vermögen. Gottfried Keller hat dem originellen Kopf in der berühmten Novelle «Der Landvogt von Greifensee» ein literarisches Denkmal gesetzt.

Zu Fuß zur Tössegg

Eine bequeme Wanderung führt von Eglisau zum Rheinknie an der Tössegg und ins Städtchen zurück. Nördlich von Eglisau steigt der Weg durch Rebberge – hier wächst der bekannte «Stadtberger Wein» – zum Galgenbuck und weiter zur östlich liegenden, 506 m hohen Hohenegg hinauf. Nach nochmaligem leichtem Anstieg zur Kuppe von Hurbig öffnet sich ein weiter Blick auf den tiefeingeschnittenen Rhein. Leicht abwärts geht es zur Kirche und zum Dorf Rüdlingen hinunter, das zusammen mit Buchberg eine Exklave des Kantons Schaffhausen bildet. Südwärts durch das Dorf wandern wir zum Rhein und folgen seinem Ufer abwechslungsweise durch Wald und Flußauen bis zum Rheinknie an der Tössegg, wo am äußeren Bogen die Töss einmündet. Links steigt der Weg dem oberen Waldrand entlang bis zu den Rebbergen der Eichhalde etwas an und führt dann wieder abwärts über Oberriet und Burg nach gut 4 Std. Marschzeit nach Eglisau zurück.

Ortsmuseum
Weierbachhus
Weierbachstr. 6
1. So im Monat,
14.30–17.30 Uhr
01/867 35 44

Mineralquelle
Mo bis Fr Mittag, 8–12 und
13.30–17 Uhr

Rheinschiffahrt
01/867 03 67

Ein Besuch in Lenzburg verspricht Abwechslung: Einmal steht hier eine der markantesten Burgen der Schweiz. Dann liegt zu ihren Füßen eine reizvolle Stadt mit zahlreichen unter Denkmalschutz stehenden Bauten, und zudem laden ausgedehnte Wälder in nächster Umgebung zu erholsamen Spaziergängen ein.

Verkehrsbüro
Müli-Märt
Bahnhofstraße 5
5600 Lenzburg
064/51 13 30

1. 10. 1989

Lenzburg

Die Stadt Lenzburg liegt zwischen zwei Hügeln, dem Staufberg im Westen und dem Schloßhügel im Osten. Die Anlage zu Füßen von Schloß Lenzburg verdeutlicht heute noch eindrücklich die mittelalterliche Zusammengehörigkeit von Festung und Siedlung. Die Burg, wesentlich älter als das Städtchen, wurde von den ursprünglich aus der Ostschweiz stammenden Grafen von Lenzburg um die Wende vom 10. zum 11. Jh. erbaut. Nach dem Aussterben des Geschlechts fiel sie 1173 ans Reich und kam im 13. Jh. an die Kyburger, die am Fuß der Burg eine Stadt anlegten. Sie sollte ihr Territorium und die Verkehrswege sichern sowie Handel und Wirtschaft fördern.
Die Gründung der planmäßig angelegten Marktsiedlung fällt in die Zeit um 1240: Zentrale Längsachse der hufeisenförmigen, durch zwei Hauptgassen gegliederten Anlage ist die Rathausgasse. Im Gegensatz zu vielen andern Schweizer Kleinstädten hat sie keinen direkten Ausgang; die Lenzburger Stadttore lagen an der Querachse der Kirchgasse. Mittelpunkt des Städtchens war seit jeher das Rathaus, während die Kirche etwas abseits in der Nordwestecke steht. Das heutige Stadtbild stammt allerdings nicht mehr aus der Gründungszeit: Nach einem verheerenden Brand 1491 wurde Lenzburg neu aufgebaut; sein heutiges Gesicht ist vor allem durch die rege Bautätigkeit im 17. und 18. Jh. geprägt.
Nachdem Stadt und Schloß seit 1173 das regionale Verwaltungszentrum der aufstrebenden Grafen von der benachbarten Habsburg gewesen waren, nahmen die Berner 1415 bei der Eroberung des Aargaus die Stadt Lenzburg ein und brachten 1433 auch das Schloß in ihren Besitz. Unter den Gnädigen Herren von Bern entwickelte sich die bäuerliche Marktsiedlung im 16. Jh. zu einer Handwerkerstadt mit kleinstädtischen Zünften, ohne allerdings die ländliche Prägung zu verlieren. Entscheidenden Anteil an der wirtschaftlichen Entwicklung hatte der Aabach, der vom Hallwilersee her durch das Städtchen in die Aare fließt: An ihm gründete Hans Martin Hünerwadel 1685 die erste Bleiche, und als 40 Jahre später im Berner Untertanengebiet des Aargaus die Baumwollindustrie eingeführt wurde, entwickelte sich Lenzburg zum überregionalen Baumwollverlags- und Speditionszentrum. Die Baumwollverleger ließen die Rohbaumwolle durch Spinner, Spuler und Weber in Heimarbeit verarbeiten und verkauften das fertige Produkt an Großhandelshäuser. Neben dem Baumwollhandel begann auch der Spezerei- und Tabakhandel zu blühen, und 1732 gründete Markus Hünerwadel Lenzburgs erste Fabrik. Vom damaligen wirtschaftlichen Aufschwung zeugen heute noch viele

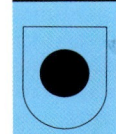

Kanton:	AG
Meter über Meer:	406
Einwohner 1900:	2588
Einwohner 1980:	7585
Autobahn:	N 1, Lenzburg

*Das **Schloß Lenzburg**, eine der imposantesten Burgen der Schweiz, war 1036–1173 das Sitz der Grafen von Lenzburg, 1273–1415 Verwaltungszentrum der Grafen von Habsburg und anschließend bis 1798 Sitz des bernischen Landvogts. Seit 1956 gehört das Schloß dem Kanton Aargau und der Stadt Lenzburg und beherbergt heute das umfangreiche kantonale Historische Museum. Drei Toranlagen aus dem 16. und 17. Jh. führen zum Burghof, der vom nördlichen und südlichen Bergfried aus der Zeit um 1160 beherrscht wird. Markanteste Bauten der Anlage sind aber das Ritter- oder Herrenhaus aus dem 14. Jh. und das Berner- oder Philipp-Albert-Stapfer-Haus aus dem 17. und 18. Jh.*

prächtige Bürgerhäuser außerhalb der ehemaligen Stadtmauern und Außenquartiere wie die Aavorstadt, in der das heutige Berufsschulhaus steht: Es wurde 1760 als Handelshaus erbaut.

1803, nach der Gründung des Kantons Aargau, wurde Lenzburg zwar Bezirkshauptort; mit dem bedeutendsten Wirtschaftszweig – der Baumwollindustrie – ging es jedoch im 19. Jh. bergab: Für den mechanischen Betrieb der Spinnereien war die Wasserkraft des Aabachs zu gering, und die Textilindustrie wanderte ab. Für neue Arbeitsplätze sorgten dafür verschiedene Fabriken, in denen Zucker- und Strohwaren, Parfüm, Seife, Kartonnagen und als bis heute bekanntestes Lenzburger Produkt auch Konserven hergestellt wurden. Die Bevölkerungszahl stieg stetig, und weitere herrschaftliche Landhäuser entstanden. Damals schleifte man auch die Ringmauer; teilweise wandelte man sie in Wohnhäuser um.

Frank Wedekind (1864–1918)

Weil die aus Hannover stammende Familie Wedekind 1872 bis 1892 das Schloß Lenzburg besaß, verbrachte der spätere Dichter und Schauspieler seine Kindheit und Jugend in Lenzburg. Er besuchte die Bezirksschule von Lenzburg und die Kantonsschule in Aarau. Anschließend begann er das Rechtsstudium in Lausanne, kam 1886 als Mitarbeiter der «Neuen Zürcher Zeitung» nach Zürich und leitete später das Werbebüro der Firma Maggi in Kemptthal. 1891 schrieb Wedekind sein erstes Drama, «Frühlings Erwachen», dessen Aufführung für einige Jahre verboten wurde, weil seine Gesellschaftskritik und satirischen Szenen Anstoß erregten. Wedekind, der als Wegbereiter des expressionistischen Dramas gilt, wurde vor allem durch seine Tragödien «Erdgeist» und «Die Büchse der Pandora» berühmt, die noch heute auf dem Spielplan vieler Theater stehen. Obwohl er meist in Deutschland lebte, weilte er auch später häufig in Lenzburg, bis nach dem Tod der Mutter die Beziehung zu dieser Stadt abbrach.

Mitten im historischen Stadtkern steht an der Rathausgasse das Rathaus. Es wurde in zwei Etappen 1677 und 1692 erbaut. Ein schlanker hoher Turm mit verzierten Uhrgiebeln teilt die Barockfassade. An der Gasse – sie wurde 1856 tiefergelegt, weshalb ihre Trottoirs höher sind als üblich – fallen neben dem Rathaus auch der ehemalige Stadtgasthof Löwen (heute Kino Löwen) mit dem weit herausragenden Dachvorsprung, das spätklassizistische ehemalige Amtshaus mit seinen zwei dorischen Säulen und das schmale Haus «Vitrine» mit dem geschweiften Aufzugsgiebel auf. Abseits vom Stadtzentrum, in der Nordwestecke der Altstadt, liegt die schlichte reformierte Stadtkirche, die sich 1565, nachdem die Berner die Reformation eingeführt hatten, von der Mutterkirche Staufen löste. Der heutige Bau stammt aus dem 17. Jh. und ist ein Werk des Architekten Abraham Dünz, der auch als Baumeister am Berner Münster wirkte und als solcher im gesamten bernischen Hoheitsgebiet für Sakralbauten verantwortlich war.

Die Mutterkirche Lenzburgs befindet sich dagegen im südwestlich der Stadt liegenden Staufen auf einem Hügel. Die ehemalige St.-Nikolaus-Kirche – eine der ersten Gründungen der Grafen von Lenzburg – wurde im Mittelalter mehrmals erneuert. Ihr romanisch-gotisches Schiff geht in einen spätgotischen Chor aus der Zeit um 1420 über, der mit schönen Glasmalereien geschmückt ist. Zusammen mit dem spätgotischen Pfarrhaus und dem 1513 als Beinhaus errichteten Sigristenhaus bildet das Staufener Gotteshaus das kirchliche Gegenstück zum Schloß.

Römischer Spaziergang

Bei Lenzburg finden sich noch die Überreste eines römischen Theaters, das einst 5000 Zuschauern Platz bot und von dem noch die vier Sektoren des Zuschauerraumes, die in je zwei Ränge unterteilt waren, konserviert sind. Zum antiken Theater gelangt man auf einem Spaziergang: Er führt von der Schützenmattstraße zum Steinbrüchliweg am Fuß des Schloßhügels und weiter dem Wedekindrain und Lindweg entlang durch das Bollhölzli. An der Schützenmattstraße stehen die drei spätklassizistischen Landhäuser der «Witwen-Vorstadt»: Die Villa Alice, das Rosenhaus und die Villa Malaga wurden um 1840 für drei Witwen gebaut. Auch am Steinbrüchliweg steht eine schmucke Gruppe von Privathäusern (Nr. 1, 2, und 6), unter denen besonders das letzte auffällt: Der sogenannte «Pavillon» ist ein schönes Zeugnis der vielen Bürgerhäuser, die seit dem 18. Jh. außerhalb des Mauerrings von Lenzburg entstanden sind.

Museum Burghalde
Schloßgasse 23
Di–Sa 14–17 Uhr, So 10–12
und 14–17 Uhr
064/51 66 70

Schloß Lenzburg
Historisches Museum
April bis Oktober; Di–So
9.30–12 und 13.30–17 Uhr
064/51 43 92

Schwimmbad Wilmatte
Seonstraße
064/51 42 05

Jugendfest am 2. Freitag
im Juli

Joggeliumzug im Herbst

Chlauschlöpfen im
November/Dezember

Liestal, die Hauptstadt des jüngsten Schweizer Halbkantons im Ergolztal, entwickelte sich erst in den letzten Jahrzehnten zur Industriestadt und zum Verwaltungszentrum. Man darf sich von den vielen modernen Bauten, die heute die Silhouette bestimmen, nicht täuschen lassen: Hinter ihnen versteckt sich eine bemerkenswert gut erhaltene historische Altstadt.

Verkehrsbüro
Rathausstraße 51
4410 Liestal
061/921 07 21

TCS-Zweigstelle
Basellandschaftliche
Kantonalbank
Rheinstraße 7
061/925 91 11

24. 10. 1989

Liestal

Kanton:	BL
Meter über Meer:	326
Einwohner 1900:	5403
Einwohner 1980:	12 158
Autobahn:	N 2, Liestal

Sieben gleich große oder größere Städte werden von Liestal aus regiert. Das Städtchen im Tal der mittleren Ergolz verdankt seine Stellung als Kantonshauptort weder seiner Bevölkerungszahl noch der wirtschaftlichen Bedeutung: Es wurde 1833 zum politischen Zentrum des Kantons Basel-Landschaft, weil hier die Opposition gegen die mächtige Stadt Basel und ihre jahrhundertelange Herrschaft über das Baselbiet seit jeher am stärksten war.

Nichts in der frühen Geschichte von Liestal deutet auf seine heutige Bestimmung hin. Zwar siedelten an der Gabelung der beiden Hauensteinstraßen bereits die Römer, wie etwa die Reste einer Wasserleitung nach Augusta Raurica bezeugen. Zur Stadt wurde der erstmals 1189 erwähnte Ort aber erst im 13. Jh.: Wo sich die Juraübergänge nach dem Gotthard und nach der Westschweiz verzweigen, gründeten die Grafen von Froburg um 1240 einen Markt und eine Zollstation, um von der wachsenden Bedeutung des Fernverkehrs über den Gotthard zu profitieren. Dem strategisch wichtigen Stützpunkt fehlte jedoch in der Nähe der damals größten Stadt im Raum der späteren Schweiz, Basel, die wirtschaftliche Basis. Liestal entwickelte sich nur mühsam und wurde von den verarmten Froburgern 1305 dem Bischof von Basel verkauft, der es bereits 1400 an die Stadt Basel weiterverkaufte. Noch heute erinnert der rote Bischofsstab im Wappen Liestals an seine kurze Herrschaftszeit.

Als Mittelpunkt des Basler Amts Liestal erlebte das Städtchen im 15. und 16. Jh. einen bescheidenen Aufschwung; ein Rathaus ist 1459 erstmals erwähnt. 1593 leb-

248

ten nach mehreren Pestepidemien in Liestal aber nur noch rund 500 Einwohner, und im Bauernkrieg von 1653 verlor es einen Teil seiner städtischen Freiheiten: Basel besetzte das aufständische Nest und nahm der Untertanenstadt im 18. Jh. auch noch die restlichen überkommenen Rechte.

Als Handwerkerstadt stets in Opposition gegen das Basler Zunftregiment, spielte Liestal nach der Französischen Revolution im Kampf der Landschaft gegen die Stadt eine führende Rolle. Hier wurde 1798 einer der ersten Freiheitsbäume der Schweiz errichtet und mit einer unblutigen Revolution die Gleichstellung von Stadt und Land erzwungen. Auch in den Trennungswirren 1831–1833, als die Landschaft sich von dem von Basel stur verteidigten Herrschaftsanspruch befreite, war Liestal Zentrum der Bewegung, weshalb es nach dem erfolgreichen Kampf Hauptort des neuen Halbkantons wurde.

Begünstigt durch die Verkehrslage – 1854 wurde die Centralbahn nach Basel eröffnet – erlebte Liestal im 19. Jh. nach Jahrhunderten der Stagnation einen Aufschwung. Banken und vor allem textilverarbeitende Industrien siedelten sich an. 1874 wurde Liestal eidgenössischer Waffenplatz und Ausbildungszentrum des Schweizer Grenzwachtkorps. Obwohl die Stadt von der stürmischen Entwicklung der Basler Vorortsgemeinden lange verschont blieb, bestimmen heute neue Quartiere zusammen mit den Bauten der kantonalen Verwaltung ihr Bild – ein Zeugnis der starken Bautätigkeit, die nach dem Zweiten Weltkrieg eingesetzt hatte.

Die gotisch geprägte Altstadt liegt auf einem Terrassensporn, und ihre Anlage wird von der Hauptgasse als Verkehrsader und Gassenmarkt sowie zwei Nebengassen bestimmt. In der äußeren Häuserzeile spiegelt sich der Verlauf der alten Befestigung aus dem 13. Jh. Von ihr überdauerten der 1509 erbaute Thomasturm und das Obere Tor, das heutige Wahrzeichen Liestals. Das Untere Tor im Nordwesten der Stadt wurde 1827 abgebrochen, der Pulverturm mußte 1850 der Vergrößerung des Regierungsgebäudes weichen.

Obwohl diese Teile der Stadtbefestigung verschwunden sind – ihre Lücken sind im Flugbild noch gut zu erkennen –, blieben Grundriß und innere Struktur der Altstadt bis heute weitgehend gewahrt. Außer dem Rathaus, dem Olsbergerhof und einigen Gasthöfen entstanden im 17. und 18. Jh. keine größeren Repräsentationsbauten; erst im 19. Jh. verloren die meisten Fassaden an der Rathausstraße ihre ursprüngliche Gestalt, als diese zum Geschäftszentrum des Städtchens wurde. Damals entstanden auch außerhalb der Tore an der Kasernenstraße die ersten Gewerbebauten und an der Rheinstraße ein Villenquartier.

Größter Liestaler Feiertag ist der Banntag am Montag vor Auffahrt. Begleitet von Trommel- und Pfeifenklängen schreitet man die Gemeindegrenze ab – ein Brauch, der schon 1581 erstmals erwähnt wird. Die Liestaler Fasnacht kann natürlich mit jener Basels nicht konkurrieren. Den «Chienbäse-Umzug» gibt es aber nur im «Stedtli», wie die Einheimischen Liestal heute noch nennen: Am Fasnachtssonntag werden gebündelte Föhrenspäne hell lodernd durch die verdunkelten Gassen getragen.

Georg Herwegh (1817–1875)

Nicht viele Schweizer Städte können sich eines Dichtermuseums rühmen. In Liestal aber erinnert eine kleine Sammlung im Rathaus an die im 19. Jh. hier geborenen resp. begrabenen Dichter und Schriftsteller Josef Viktor Widmann (1842–1911) und Hugo Marti (1893–1937) sowie an den bisher einzigen Schweizer Literatur-Nobelpreisträger Carl Spitteler (1845–1924). Den Namen «Poetennest» trug Liestal im 19. Jh. aber vor allem Georg Herwegh ein. Der aus Deutschland ausgewiesene überzeugte Republikaner und gefeierte Dichter ließ sich 1843 in Liestal nieder, wo er zur Zeit des aufbrechenden Liberalismus noch im gleichen Jahr das Bürgerrecht erhielt. Er veröffentlichte hier seine «Einundzwanzig Bogen aus der Schweiz» und nahm 1848 an der deutschen Märzrevolution teil, der bekanntlich der Erfolg versagt blieb. Für die Sympathie, die der junge Kanton damals allen revolutionären Bewegungen entgegenbrachte, spricht, daß Herwegh in Liestal begraben ist und ihm die Stadt auch noch ein Denkmal setzte.

Kantonsmuseum Basel-Land
Zeughausplatz 28
Di–Fr 10–12 und 14–17 Uhr,
Sa und So 10–17 Uhr, Di
auch 19–21 Uhr
061/925 59 86

Dichtermuseum
Rathaus
1. Sa im Monat 10–12 Uhr
061/901 39 78

Waldenburger Bahn
061/921 50 10

Hallen- und Gartenbad
Gitterli
Militärstraße 14
061/921 49 86

Minigolf
Militärstraße 14
061/921 49 86

«Chienbäse-Umzug» am
Fasnachtssonntag
Banntag am Montag
vor Auffahrt
Santichlaus-Ylüte am 6. Dez.

Stadtplan: Seite 465

Kantonsmuseum Basel-Land

Das Kantonsmuseum Basel-Land im alten Zeughaus von Liestal ist ein regionales Allround-Museum, in dem naturkundliche und kulturelle Sammlungen modern präsentiert werden. Das Untergeschoß führt in die Geologie, Fauna und Flora des Kantons ein. Im 2. Obergeschoß zeigt die Abteilung «Spuren von Kulturen» Archäologie als «Wissenschaft vom Abfall»; hier sind auch Objekte zur Kulturgeschichte der Region ausgestellt. Die beiden Dachgeschosse sind der Posamenterei vorbehalten – im 19. Jh. neben der Landwirtschaft der wichtigste Erwerbszweig im Baselbiet. Erklärt werden die einzelnen Arbeitsschritte der Bandweberei von der Raupe über die Seide, die Heim- und Fabrikarbeit bis hin zur Färberei als Vorläuferin der Basler Chemie. Hunderte von Kreationen zeigen die farbliche Vielfalt und die fast unerschöpflichen Muster des Seidenbandes, das im letzten Jahrhundert in alle Welt exportiert wurde.

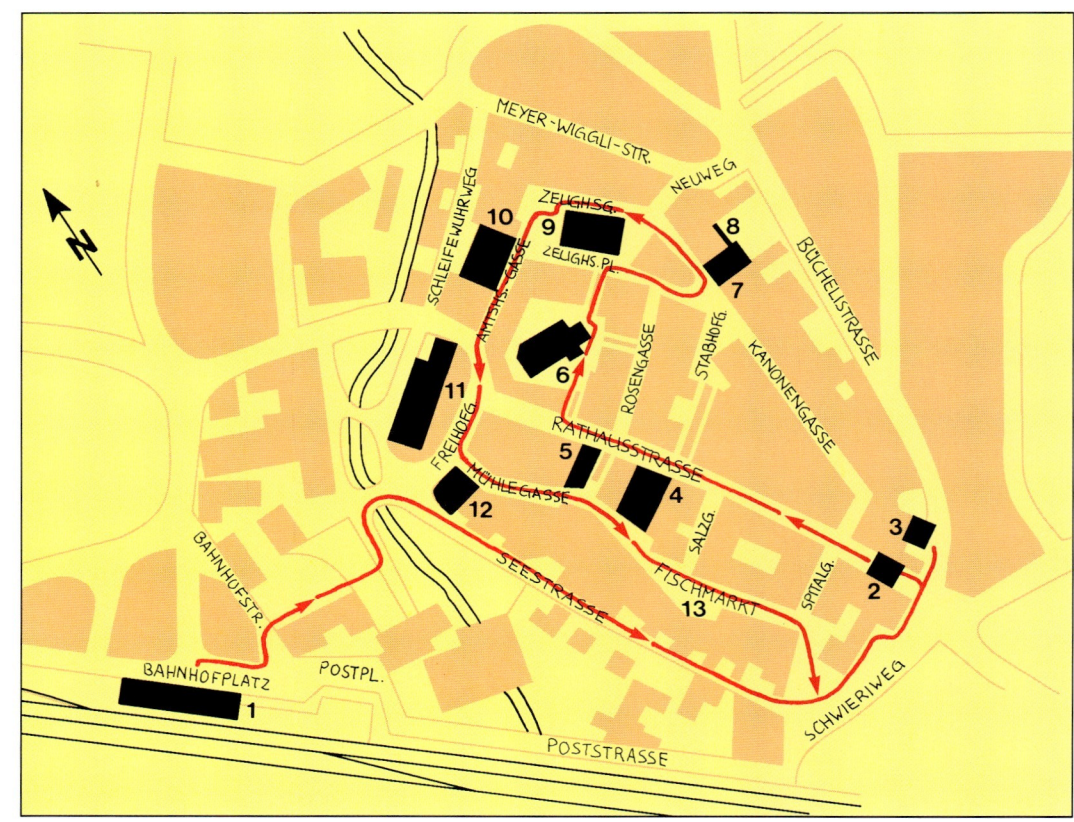

1 Bahnhof
2 Oberes Tor
3 Thomasturm
4 Rathaus
5 Olsbergerhof
6 Reformierte Stadtkirche
7 Pfarrhaus
8 Reste der Stadtmauer
9 ehemaliges Zeughaus/ Kantonsmuseum
10 Amtshaus
11 Regierungsgebäude
12 Stadtmühle
13 Fischmarkt

Stadtrundgang Liestal

Vom Postplatz beim Bahnhof (1) – in der 1892 im Stil der Neurenaissance erbauten Post ist heute das Kulturhaus Palazzo untergebracht – führt ein Fußweg durch eine kleine Anlage mit dem Denkmal für den Dichter Georg Herwegh zur Altstadt; man überquert den Orisbach und erreicht entlang der Seestraße am Oberen Tor (2) den südlichen Eingang zum historischen Kern Liestals. Der Unterbau des schlanken Torturms stammt aus dem 13. Jh., der Oberbau mit Helm und Dachreiter entstand 1554. Seine alten Vorbauten mit Zwinger, Zugbrücke und Wachthaus wurden 1879 abgebrochen. Die Fresken von 1950/51 stammen vom Liestaler Maler Otto Plattner, der in der Stadt noch andere monumentale Wandgemälde schuf. Der benachbarte Thomasturm (3) entstand 1509 als letzter der erneuerten Ringmauer; sein zinnenbekrönter oberer Teil wurde 1910 in neugotischem Stil rekonstruiert.

Hinter dem Oberen Tor öffnet sich die breite Rathausstraße, die in leichtem Bogen zur Stadtkirche führt. In ihrer Mitte steht links das 1568 neuerbaute, spätgotische Rathaus (4), das mit seinem Stufengiebel die benachbarten Bürgerhäuser überragt. Der ursprüngliche Bau wurde 1938 in südlicher Richtung durch die Umgestaltung des Nachbarhauses um zwei Arkaden erweitert. Reiche Malereien zieren die Fassaden zwischen den hohen Fenstergruppen: Fresken aus der Zeit von 1590 – sie wurden 1978 restauriert – erzählen am älteren Bau die Geschichte des Königs Zaleukos von Lokri; am Erweiterungsbau malte Otto Plattner 1939 Szenen aus der Stadt- und Schweizer Geschichte: die Bewirtung der Eidgenossen in Liestal, die Schlacht bei Dornach und die Tagsatzung zu Stans. Das hallenartige Erdgeschoß diente einst als Verkaufsort der Liestaler Metzger: Im Innenhof waren im 18. Jh. nicht weniger als 18 Metzgerbänke aufgestellt! Er wird heute vom ebenfalls von Otto Plattner geschaffenen Wandbild «Auszug

Im Rathaus fand einst auch der Markt statt

Das Obere Tor, Stadtbefestigung

der Baselbieter und Eidgenossen zur Schlacht bei St. Jakob an der Birs» geschmückt. Im ersten Obergeschoß befindet sich der getäferte Ratssaal, und im obersten Geschoß ist das Liestaler Dichtermuseum mit Dokumenten und Handschriften von Carl Spitteler, Joseph Victor Widmann, Georg Herwegh und Hugo Marti untergebracht.

Der benachbarte Olsbergerhof (5), ein spätgotisches Patrizierhaus mit mehrteiligen Reihenfenstern und einem Treppenturm auf der Rückseite, wurde im Jahre 1571 als Sitz des Basler Schultheißen erbaut. Sein Name erinnert wie das benachbarte Nonnengäßlein daran, daß von 1674 bis 1744 die Nonnen aus dem Aargauer Frauenkloster Olsberg hier im Exil lebten.

Umgeben von einem Häuserring und errichtet auf römischen Grundmauern und Vorgängerbauten des 9.–13. Jh., entstand die Stadtkirche (6) als dreischiffige Basilika um die Mitte des 13. Jh. Bei mehreren Umbauten wurden die Seitenschiffe aufgehoben, das Langhaus erhöht, 1506/07 ein neuer polygonaler Chor und 1619/20 im südlichen Winkel zwischen Chor und Schiff der Turm gebaut. Das Äußere der Kirche wird vom Turm mit dem Spitzhelm dominiert, das kahle Schiff von einer Holzdecke und der Chor von einem spätgotischen Netzgewölbe überspannt. Abendmahlstisch und Taufstein stammen aus dem 16. Jh., die reichgeschnitzte Barockkanzel aus dem Jahre 1612.

Im 1743 erbauten barocken Pfarrhaus (7) an der Verengung der Kanonengasse – hier stehen noch einige schmale Altstadthäuser, deren Rückseiten die Stadtmauer ersetzen – wurde der Dichter Joseph Victor Widmann geboren. Bei den beiden benachbarten Scheunen erhielten sich kleine Reste der im 19. Jh. abgebrochenen Stadtmauer (8).

Das ehemalige Zeughaus (9), ein mächtiges freistehendes Gebäude aus dem 17. Jh. am einzigen Platz der Altstadt, war ursprünglich das Kornhaus von Liestal; es diente bis 1975 als Zeughaus und beherbergt heute das Kantonsmuseum Basel-Land. Auf dem Zeughausplatz erinnert ein Brunnen an den Gastwirt Heini Strübin; er brachte 1477 nach der Schlacht bei Nancy die berühmte Burgunderschale als Beute nach Liestal zurück. Das heute im Rathaus aufbewahrte silberne und zum Teil vergoldete Beutestück war ursprünglich eine Konfektschale Karls des Kühnen. Das spätklassizistische Verwaltungsgebäude des Amtshauses (10) wurde 1879–1881 an der Stelle von zwei Kornhäusern als städtebauliches Gegenstück zum Regierungsgebäude erstellt.

Das Regierungsgebäude (11) entstand an der Stelle eines schon vor der Gründung der Stadt bestehenden Freihofs und war als Stadtburg zuerst ein Lehen der Froburger und später des Bischofs von Basel. Es diente ab 1739 als Stadtschreiberei und wurde 1779 neu erbaut. 1850 nach Westen und 1894 nach Osten erweitert, schließt der monumentale, mehrachsige Bau mit den Dachreitern, Balkonen und der Rokokotüre die Rathausstraße im Nordwesten der Altstadt ab.

Auf der Nordseite der Rathausstraße erinnern reichverzierte Wirtshausschilder daran, daß hier einst anstelle der Warenhäuser die großen Gasthöfe zur Sonne, zum Schlüssel und zum Stab standen. Den nördlichen Abschluß des Fischmarkts bildet die bereits im 13. Jh. erwähnte spätgotische Stadtmühle (12). Der Fischmarkt (13), ein platzartiger Gassenraum, läßt mit seinen spätgotischen, barocken und klassizistischen Fassaden noch den Charme von Alt-Liestal erahnen.

Augusta Raurica

Bis heute erreicht keine Stadt im Kanton Basel-Land die Größe der alten Römerstadt Augusta Raurica am Rhein, nur gut 5 km nördlich von Liestal im heutigen Augst gelegen. Als Colonia Raurica 44/43 v. Chr. gegründet, entwickelte sich die Siedlung im 2. Jh. n. Chr. zu einer blühenden Handels- und Gewerbestadt mit gegen 20 000 Einwohnern und zum Zentrum antiker Kultur an der Nordgrenze des Römischen Reiches. Nach der Zerstörung im 3. Jh. durch die Alemannen zerfielen die weitläufigen Anlagen, die seit einigen Jahrzehnten systematisch ausgegraben werden. Zu den eindrucksvollsten Zeugen der stolzen Vergangenheit gehören das große Theater mit rund 8000 Plätzen, der prachtvoll gelegene Schönbühltempel, das Amphitheater und das Forum mit Curia, das ehemalige Zentrum der Stadt. Sämtliche Funde aus Augusta Raurica, über 500 000 Objekte, werden im Römermuseum aufbewahrt, die wichtigsten und schönsten davon in einer Dauerausstellung. Das Römerhaus ist die Rekonstruktion eines Wohn- und Geschäftshauses samt Einrichtung, wie es in Augusta Raurica vor fast 2000 Jahren bestanden haben dürfte.

Öffnungszeiten: Di–So und Mo Nachmittag 10–12 und 13.30–18 Uhr, Nov. bis Feb. nur bis 17 Uhr. 061/83 11 87

Der Kanton Basel-Landschaft in Zahlen

Kein anderer Schweizer Kanton hat seit dem Zweiten Weltkrieg eine solch rasante Steigerung der Bevölkerung und Industrialisierung erlebt wie der Halbkanton Basel-Land. Von 1945 bis 1974 schnellte die Bevölkerung von 99 600 auf 223 000 in die Höhe; das entspricht einer Zunahme von 124% – fast dreimal soviel wie das schweizerische Mittel. Heute steht der zweitjüngste Kanton an 10. Stelle, was die Einwohnerzahl betrifft, und weist das sechsthöchste Volkseinkommen aus. Rund 7,5% der Staatseinnahmen gehen als Abgeltung für die Mitbenutzung der Infrastruktur an die Stadt Basel, welche vom ehemaligen Untertanengebiet an Einwohnerzahl längst überflügelt wurde.

Noch immer aber ist Basel-Land stark auf die Stadt am Rheinknie ausgerichtet: Im Unterbaselbiet wohnen im Bezirk Arlesheim allein 60% der Bevölkerung. Im noch ländlich geprägten Oberbaselbiet an der Ergolz und ihren Seitenflüssen lebt dagegen der Großteil der 3,3% Erwerbstätigen in der Forst- und Landwirtschaft. Sie bestellen die großen Obstkulturen, unter denen die Kirschen mit 69% die mit Abstand wichtigste Rolle spielen – ganz im Gegensatz zur übrigen Schweiz, wo die Äpfel mit 75% an erster Stelle stehen.

Allschwil

Das ehemalige Sundgauer Grenzdorf im Westen der Stadt Basel ist heute mit gut 18 000 Einwohnern die größte Gemeinde des Kantons Basel-Landschaft. Die mit Basel zusammengewachsene und mit einer Tramlinie verbundene Agglomerationsgemeinde besteht hauptsächlich aus ausgedehnten Wohnüberbauungen, die rings um die alten Quartiere Allschwil-Dorf, Mühleweg und Neu-Allschwil entstanden sind. Vom Bauerndorf, das 1004 bis 1798 als Untertanengebiet dem Bischof von Basel gehörte, hat sich der alte Kern erhalten. Hier steht die Ende des 17. Jh. neu erbaute und 1841 klassizistisch umgestaltete Pfarrkirche, von der aus mehrere Straßen die Gemeinde sternförmig erschließen. Einige schöne, in elsässischer Bauart errichtete Fachwerkhäuser aus dem 17.–19. Jh. erinnern noch an das ländliche Allschwil, in dem der Rebbau einst ein wichtige Rolle spielte.

Binningen

Kaum ein Besucher des Basler Zoos ahnt, daß bereits auf der Südseite des benachbarten Dorenbachviadukts Basel-Land beginnt. Wie Allschwil ist auch das von Basel-Stadt kaum merklich getrennte Binningen mit seinen über 13 000 Einwohnern heute ein Basler Vorort. Vom Margretenhübel bietet sich ein schöner Blick auf den Schwarzwald und die Stadt Basel sowie auf die Wohnüberbauungen, die den Charakter der 1956 zur Stadt gewordenen Gemeinde in den letzten Jahrzehnten völlig verändert haben. Auf dem Hügel steht die reformierte, 1673 neu erbaute Pfarrkirche – einer der wenigen erhaltenen Zeugen der Binninger Vergangenheit. Zu ihnen gehört neben dem spägotischen Holeeschlößchen mit seinem Treppenturm noch das alte Schloß: Als Weiherhaus im 13. Jh. errichtet, wurde es im 18. Jh. zum vornehmen Landsitz ausgebaut; damals füllte man auch den Weiher auf. Noch ganz von Wasser umgeben ist dagegen das südlich des Margretenhübels liegende Schloß Bottmingen, eines der besterhaltenen Weiherschlösser der Schweiz aus dem 13. Jh. und ein beliebtes Ausflugsziel.

Das Weiherschloß Bottmingen, ein beliebtes Ausflugsziel (Binningen)

Birsfelden

Gerade 18 Einwohner zählte Birsfelden am alten Birsübergang im Jahre 1832. Das ehemalige Straßendorf verdankt seine Entwicklung der 1833 neu entstandenen Grenze zwischen den beiden Halbkantonen, als die Fuhrleute lieber in den Gasthöfen vor dem Schlagbaum übernachteten als in der teureren Stadt. Im 19. Jh. ließen sich in Birsfelden auch Arbeiter aus dem Basler St.-Jakobs-Quartier nieder, und 1875 trennte sich die vorstädtische Gemeinde vom damals ländlichen Muttenz. Das Gemeindegebiet ist heute weitgehend überbaut, so auch das Sternenfeld, auf dem sich von 1923 bis 1947 der erste Basler Flughafen befand. In Birsfelden liegen außer dem Rheinkraftwerk, einem 1955 gut in die Landschaft eingepaßten Bauwerk, auch Teile der Basler Rheinhafens.

Muttenz

Wie Birsfelden ist auch das im Winkel zwischen Rhein und Birs gelegene Muttenz mit Basel durch ein Tramlinie verbunden. Sein sternförmiger alter Kern gruppiert sich um die reformierte Pfarrkirche St. Arbogast, die einzige erhaltene befestigte Kirchenanlage der Schweiz, eine sogenannte Wehrkirche. Der von einer Mauer umgebene Bau wurde nach dem Basler Erdbeben von 1356 neu errichtet und birgt im Innern bemerkenswerte spätgotische Wandmalereien von 1507. Das 1966–1970 entstandene Gemeindezentrum «Mittenza» erinnert an den alten Namen des Ortes, über dem einst auf dem Wartenberg drei Burgen thronten, von denen nur noch Ruinen stehen. In der Basler Vorortsgemeinde befindet sich einer der größten Rangierbahnhöfe der Schweiz und steht mit der Genossenschaftssiedlung Freidorf eine bedeutende Siedlung der Zwischenkriegszeit: 1919–1921 wurden hier als Synthese von Gartenstadt und Genossenschaftsgedanken nach

Das Gemeindezentrum von Muttenz neben der alten Wehrkirche

Arlesheim war von 1679 bis 1792 die Residenz des Basler Domkapitels. Die 1679–1681 nach einem einheitlichen Plan am Domplatz entstandene Dom- oder Stiftskirche gehört zusammen mit den ehemaligen Domherrenhäusern zu den schönsten frühbarocken Ensembles der Schweiz. Die Kirche wurde im 18. Jh. von F. A. Bagnato im Rokokostil umgestaltet und erhielt damals ihre festliche Dekoration mit den eindrücklichen Stukkaturen sowie Wand- und Deckengemälden. Die von Johann Andreas Silbermann aus Straßburg 1761 erbaute Orgel ist ein Meisterwerk.

Plänen des Architekten Hannes Meyer um das an einem zentralen Platz stehende Genossenschaftsgebäude 150 Häuser mit Pflanzgärten erbaut.

Pratteln

Das Dorf Pratteln liegt am Juranordfuß an einem Seitentälchen zum Rhein. Der alte Dorfkern der wichtigsten Baselbieter Industriegemeinde gruppiert sich um die im 15. Jh. neu erbaute reformierte Pfarrkiche. Sternförmig laufen von ihr die Gassen auseinander, und an der Hauptstraße haben sich einige stattliche Bauernhäuser der ehemals landwirtschaftlich geprägten Gemeinde erhalten, in der vor allem Reben und Getreide angebaut wurden. An der Hauptstraße stehen auch zwei der für Pratteln charakteristischen Sommersitze reicher Basler Geschlechter: der im 18. Jh. erbaute Lilienhof und das barocke Joerin-Gut in einem großen englischen Park. Das malerische Schloß von Pratteln, ein ehemaliges Weiherhaus mit zwei Ecktürmchen, wurde 1470–1476 wiederaufgebaut, im 16. Jh. von der Basler Familie Stehelin zu einem Renaissance-Lustschloß und im 18. Jh. von Johann Bernhart Burckhardt nochmals barock umgebaut.
1836 wurde auf Pratteler Gemeindegebiet, in Schweizerhalle am linken Rheinufer, zum ersten Mal aus einer Tiefe von 130 m Salz gefördert, das vor etwa 200 Mio. Jahren beim Verdampfen kleiner Meeresbecken entstanden ist. Heute erzeugen die Salinen von Schweizerhalle pro Jahr 350 000 t Salz; nur ein Zehntel wird allerdings als Speisesalz verwendet – der weitaus größte Teil wird in der chemischen Industrie, in der Landwirtschaft und als Streusalz verbraucht.

Münchenstein

Über dem ehemaligen Dorf – Münchenstein zählt um 12 000 Einwohner – thronte bis 1798 die 1270 vom Basler Dienstadelsgeschlecht der Münch im 13. Jh. erbaute Burg Münchenstein, die der Gemeinde auch den Namen gab. Welch wichtige Rolle der Weinbau hier einst spielte, zeigt die mächtige Zehntentrotte in der Dorfmitte; vom alten Münchensteiner Handwerk zeugt die Hammerschmiede aus dem 17. Jh. am Teich. Daß Münchenstein nicht erst in neuerer Zeit zum bevorzugten Wohngebiet wurde, beweisen unter anderem das imposante barocke Bruckgut an der Birsbrücke, das frühklassizistische Landgut Ehinger in einem englischen Park und vor allem der Gutsbetrieb Brüglingen: Zu ihm gehört die 1711 erbaute und 1858 in spätklassizistischem Stil umgebaute Merian-Villa in einer reizvollen englischen Gartenanlage, unterhalb der Villa am Teich das malerische Hofgut Unter-Brüglingen mit ehemaliger Mühle, Pächter- und Gärtnerhäuschen, eine um die Mitte des 19. Jh. erbaute Orangerie sowie das ehemalige Hofgut Vorder-Brüglingen; in Brüglingen mit dem botanischen Garten fand die Gartenausstellung «Grün 80» statt.

Reinach

ist eine außerordentlich stark wachsende Gemeinde am Südfuß des Bruderholzes. Das ehemalige Bauern- und Winzerdörfchen mit den bekannten Rebbergen zählte noch 1950 erst 3475 Einwohner; in einem Vierteljahrhundert ist die Einwohnerzahl auf über 16 000 angewachsen. Zwei Drittel der Erwerbstätigen pendeln mit dem Tram oder Auto nach Basel. Die reformierte Pfarrkirche wurde 1961–1963 von Ernst Gysel erbaut; zu den bemerkenswertesten der vielen Überbauungen gehören die in den siebziger Jahren entstandenen Atriumsiedlungen «In den Gartenhöfen» und «Im Pfeiffengarten». Einer der wenigen erhaltenen Zeugen von Reinachs Vergangenheit ist das Kuryhaus an der Hauptstraße, ein herrschaftliches Bauernhaus von 1752.

Lummelibraten

Zutaten: 1 ganzes Rindsfilet (1200 g), 50 g Spickspeck, 3 EL Öl, 1 Zwiebel, 2 Karotten, 1 kleine Sellerieknolle, 1 dl Bouillon, 1,5 dl Bratensauce, 1 dl Rotwein, 1 EL Mehl, Salz und Pfeffer

Das Filet mit Speck spicken, eine große Bratkasserolle erhitzen und das mit Salz und Pfeffer gewürzte Fleisch kurz im Öl anbraten. Die in Würfel geschnittenen Gemüse dazugeben und mitbraten. Unter öfterem Wenden und Begießen mit dem Fond 40–60 Minuten im Ofen je nach Wunsch rosa oder gar durchbraten. Das Filet aus dem Ofen nehmen und warmstellen. Das Mehl in den Bratensaft stäuben und kurz anrösten; mit Rotwein ablöschen, mit der Bouillon und der Bratensauce auffüllen, etwas einkochen und mit Salz und Pfeffer würzen. Das Filet am Tisch aufschneiden und die Sauce darübergeben.

Regensberg, das Ministädtchen auf einem Ausläufer der Lägern, beherrscht die ganze Umgebung. Dank seiner aussichtsreichen Lage und seines malerischen Stadtbilds ist Regensberg ein beliebtes Ausflugsziel, in dem sich der Charme eines mittelalterlichen Zürcher Landstädtchens noch heute auf Schritt und Tritt entdecken läßt. Rosenfreunden ist der Ort vor allem dank der Malerin Lotte Günthart ein Begriff, die Regensberg zum Ruf einer Rosenstadt verholfen hat.

4. 10. 1989

Regensberg

Die Lage des weithin sichtbaren Landstädtchens Regensberg fiel schon 1496 dem Zürcher Stadtarzt Türst auf: «Die statt Zürich begrift ouch in iro herschaft ein bergstettli, gesund von dem luft, dem gelend nach ungewünlich, genant Regensperg.» Tatsächlich gibt es zum Standort von Regensberg – es liegt auf einem östlichen Ausläufer der Lägern am Eingang ins Zürcher Wehntal – in der Deutschschweiz keine Parallelen. Vergleichbare mittelalterliche Stadtanlagen finden sich sonst nur noch im Freiburgischen: Greyerz und Romont.

Auf dem strategisch günstigen, 180 m über das Umgelände aufsteigenden, steilen Felssporn baute der als Städtegründer bekannte Graf Lütold V. von Regensberg 1244–1246 zusammen mit einer Burg ein kleines Städtchen. Auf ovalem Grundriß entstand die 120 m lange und 60 m breite Oberburg, deren zusammengebaute Häuser mit ihren verstärkten Außenwänden eine Ringmauer bilden. Die einzige breite Gasse war einst im Osten durch das Dielsdorfer Tor gesichert; im Südwesten trennte das Untertor die Oberburg von der Unterburg, der Vorstadt, die sich schon früh am Abhang entwickelte.

1302 mußten die inzwischen verarmten Freiherren von Regensberg Schloß und Herrschaft den Habsburgern verkaufen. Nach der Schlacht von Sempach 1386 wurde auch die Macht Österreichs in den «Vorderen Landen» geschwächt, und Herzog Friedrich «mit der leeren Tasche» verpfändete Regensberg und das Nachbarstädtchen Bülach 1409 an das

Kanton:	ZH
Meter über Meer:	617
Einwohner 1900:	379
Einwohner 1980:	639
Autobahn:	keine

Mitten in der Oberburg steht neben dem Stadtbrunnen mit dem zehneckigen Trog und dem ummauerten Feuerwehrweiher der «**Galchbrunnen**». Der Sodbrunnen mit dem halbkugeligen Kupferhut war zur Gründungszeit des Städtchens die einzige Wasserversorgung und wurde bis 1632 benutzt. Sein Name stammt vom galgenähnlichen Holzgestell, über dessen Rolle einst das Seil mit dem Schöpfkessel lief. Der Schacht mit einem Durchmesser von 1,9 m wurde 1960 bis auf die 57,7 m tief unter dem Bodenniveau liegende Sohle ausgeräumt. Im tiefsten Sodbrunnen der Schweiz stand das Wasser üblicherweise 19 m über der Sohle.

aufstrebende Zürich. 1417 ging der Ort endgültig an die Stadt über, die hier eine Landvogtei über 13 umliegende Gemeinden errichtete. 1540 brannte die Oberburg samt der Kirche ab; es heißt, man habe das Feuer im Schloß nur löschen können, weil der Landvogt viel Wein im Keller gelagert hatte. 1674–1689 wurde Regensberg nach französischem Vorbild neu befestigt. Die Eckbastionen aus dieser Zeit – besonders eindrücklich ist die Anlage zwischen Amtshaus und Friedhof – sind zum Teil heute noch erhalten. Die beiden damals neu errichteten Stadttore wurden 1866 geschleift.
Nach dem Sturz der Alten Eidgenossenschaft 1798 wurde Regensberg Hauptort eines Oberamts, dem 34 Gemeinden unterstellt waren. 1871 aber machte man statt des verträumten Landstädtchens – es zählte damals nur gut 200 Einwohner – Dielsdorf zum neuen Bezirkshauptort.
Am Eingang zur Unterburg steht als erstes Haus die alte Taverne zum Löwen mit einem Wirtshausschild aus dem 18. Jh. Der in die Stadtbefestigung eingebaute Schulhausbrunnen neben dem schlichten alten Schulhaus von 1866/67 am Anfang der Chratzgasse trägt unter anderem das Wappen von Regensberg: einen Berg und darüber einen Regenbogen.
Der Durchgang unter dem kurz nach 1540 errichteten und 1832 umgebauten Gasthof zur Krone war wohl das ursprüngliche Stadttor zur Oberburg. Unter ihren zusammengebauten, originellen Kleinstadthäusern fällt vor allem das letzte Haus an der Südseite, das 1665/66 errichtete ehemalige Amtshaus, auf. Das große, 1918/19 umgebaute Giebelhaus besitzt noch die ursprüngliche Ausstattung: In der Amtsstube mit der schönen Kassettendecke ist das kleine Ortsmuseum untergebracht. Am Abhang etwas außerhalb des ehemaligen Dielsdorfer Tores steht das 1805 errichtete «Kanonenhäuschen», in dem sich die Alarmkanone befand, mit der früher Feueralarm für das Wehntal gegeben wurde. Die Kanone aus dem Jahr 1758 steht heute vor dem Schloß. In der nördlichen Häuserzeile erhebt sich der große spätgotische Giebelbau des Engelfriedhauses mit einem halbrunden Befestigungsturm an der Talfront. Die schlichte reformierte Pfarrkirche aus dem 16. Jh. ist in den Mauerring einbezogen.
Vom ursprünglichen, gleichzeitig mit dem Städtchen entstandenen Schloß hat sich nur der Bergfried erhalten, dessen Mauer im Unterteil gut 3 m Dicke aufweist und der eine für die Nordostschweiz ungewöhnliche Rundform zeigt. Der Wohntrakt, ein langgestreckter spätgotischer Bau mit drei Geschossen unter einem Satteldach, wurde auf den alten Fundamenten 1583–1585 neu erbaut. Den Spitzhelm des Turms ersetzte man bereits 1766 durch eine zinnenbekrönte Aussichtsterrasse: Von hier aus bietet sich ein schöner Blick auf das Städtchen und seine Umgebung.

Lütold V. von Regensberg

Als Freiherr Lütold V. von Regensberg das Städtchen gründete, befand sich sein Geschlecht auf dem Höhepunkt der Macht. Von ihrem 1040 erbauten Stammschloß Alt-Regensberg zwischen dem Chatzensee und Regensdorf aus beherrschten die Herren einen großen Teil des Zürichbiets; neben den Städtchen Grüningen und Kaiserstuhl hatten sie auch die Klöster Fahr und Rüti gegründet. Lütold war mit der reichen Gräfin Berta von Neuenburg verheiratet, auf deren Einfluß vielleicht der für die Deutschschweiz ungewöhnliche runde Regensberger Schloßturm nach savoyischem Muster zurückgeht. Der außerordentlich wohlhabende Adlige – er reiste 1256 als Gesandter des Papstes an den böhmischen Königshof nach Prag – gründete nahe bei Regensberg ein zweites Städtchen: Glanzenberg bei Dietikon, unmittelbar an der Limmat, das aber schon im 14. Jh. wieder unterging. Einer seiner Nachkommen war ein Troubadour und trinkfester Gast in den Zürcher Zunftstuben, der das väterliche Erbe rasch verschleuderte. Zur Deckung seiner großen Schulden mußte er schon 1302 Regensberg an die Habsburger verkaufen.

Auf dem Lägerngrat zur Hochwacht

Die Lägern gehört zu den Ausläufern des Kettenjuras. Vor der Jurafaltung breitete sich hier ein Flachmeer aus, dessen Spuren in Form versteinerter Meerestiere – vorwiegend Muscheln und Ammonshörner – noch heute in den Steinbrüchen bei Dielsdorf gefunden werden. Eine bequeme Wanderung führt von Regensberg dem Lägerngrat entlang in westlicher Richtung über knapp 3 km leicht ansteigend zuerst dem Waldrand entlang und dann durch den Wald zu einer alten Hochwacht (856 m). Wo heute eine Radarantenne des Flughafens Kloten und ein Gasthof stehen, befand sich einst eine der zahlreichen, untereinander in Sichtverbindung stehenden Hochwachten. Mit diesem Alarmsystem hielt die Zürcher Regierung im unruhigen 17. Jh. weite Teile ihres Herrschaftsgebiets unter Kontrolle; heute bietet sich hier ein weiter Blick über das Zürcher Unterland.

Ortsmuseum
Auskunft Gemeindekanzlei
Regensberg
01/853 12 00

Galerie «Rote Rose»
von Lotte Günthart
Mo–Sa, 14–18 Uhr
01/853 10 13

International bekannt ist die älteste Zähringerstadt der Schweiz dank ihrer Solbäder, die 1846 eröffnet wurden. Rheinfelden lädt aber nicht nur zur Badekur ein, sondern auch zu Spaziergängen dem Strom entlang, zu einer Schiffahrt Richtung Basel oder einem abwechslungsreichen Stadtrundgang.

1. 10. 1989

Rheinfelden

Die Altstadt Rheinfeldens liegt 15 km stromaufwärts von Basel halbkreisförmig am Rheinufer. Am Ursprung des Städtchens standen zwei Burgen: Schon 930 ließ sich die Familie der späteren Grafen von Rheinfelden hier nieder und baute auf der Felseninsel den «Stein zu Rheinfelden» und die «Alte Burg» auf der Felsterrasse über dem Rhein. Neben den Festungen entstand bald eine erste bescheidene Siedlung. Um 1130 kam Rheinfelden an die Zähringer, die hier ihre erste Stadt links des Rheins gründeten und den Besitz durch eine Brücke mit ihren Stammlanden im Breisgau verbanden (das am deutschen Ufer gelegene Badisch-Rheinfelden nahm eine andere historische Entwicklung).

Im 12. und Anfang des 13. Jh. wurde die Stadt ausgebaut und außer auf der Nordseite am Rhein mit einer turmbewehrten Mauer umgeben. Nach dem Aussterben der Zähringer 1218 wurde Rheinfelden Reichsstadt und konnte die alten Rechte und Freiheiten abgesehen von einer kurzen Unterbrechung erhalten: 1250 verlor das Städtchen die Reichsfreiheit und mußte dem Bischof von Basel Treue schwören. Rudolf von Habsburg gab Rheinfelden 1273 die Reichsfreiheit zurück, und es kam an Österreich, in deren Einflußbereich es als reichsfreie Stadt bis 1798 blieb.

Als Brückenkopf profitierte Rheinfelden nicht nur vom Handel, sondern wurde auch immer wieder in kriegerische Auseinandersetzungen verwickelt. Während des Dreißigjährigen Krieges (1618–1648) wurde die Stadt zum Beispiel von den Schweden belagert; damals brannte das Kapuzinerkloster ab, das 1596 südlich der Stadtmauer errichtet worden war. Nach Kriegsende bauten die Österreicher auf der Muschelkalk-Insel, wo die Burg Stein gethront hatte, ein Artilleriekastell, das aber bereits 1744 von den Franzosen wieder zerstört wurde. Erst als das Fricktal und Rheinfelden von Österreich losgelöst wurden und 1803 zum neugegründeten Kanton Aargau kamen, kehrte Ruhe in der Stadt ein. Die damit verbundene Trennung von den rechtsrheinischen Gebieten aber hatte negative wirtschaftliche Folgen: Der Rhein war jetzt die Grenze, der Verkehr über die Brücke ging zurück, und das ehemalige Absatzgebiet am gegenüberliegenden Ufer war für die Rheinfelder verloren. Erst um die Mitte des 19. Jh. ging es wieder aufwärts: Die Rheinfelder Salzlager wurden entdeckt und in zwei Salinen ausgebeutet. Salzhaltige Quellen oder Solen waren zwar im Fricktal schon gegen Ende des 18. Jh. gefunden worden; ihre Ausbeutung aber unterblieb, weil man der Meinung war, daß das

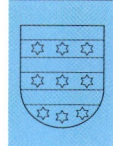	Kanton:	AG
	Meter über Meer:	280
	Einwohner 1900:	3349
	Einwohner 1980:	9456
	Autobahn:	N 3, Rheinfelden

Verkehrsbüro
Marktgasse 61
4310 Rheinfelden
061/87 55 20

256

*Das rot-gelbe riesige Gebäude der **Brauerei «Feldschlößchen»** war bis 1874 eine chemische Fabrik. Damals wurde das «Gifthüttli», wie es die Rheinfelder nannten, vom Landwirt Mathias Wüthrich und vom Bierbrauer Theophil Roniger für 25 000 Franken gekauft und für die Bierproduktion umgebaut. Den Namen «Feldschlößchen» erhielt die ehemalige Anilinfabrik aber nicht wegen ihres burgähnlichen Aussehens mit Türmchen, roten Zinnen und schlitzförmigen Fenstern; er erinnert an die Brauerei Feldschlößchen in Braunschweig, wo Theophil Roniger seine ersten Erfahrungen als Bierbrauer gesammelt hatte.*

Wasser zuwenig salzhaltig sei. Erst als 1842 in Kaiseraugst mit großem Erfolg nach Salz gebohrt wurde, suchte man auch in Rheinfelden nach Solen, die bald auch für den Kurbetrieb genutzt wurden. Viele Gasthäuser – den Anfang machte das Hotel Schützen an der Bahnhofstraße – richteten Solbäder ein: Der Badekurort Rheinfelden entstand.

Zentrum des historischen Städtchens ist kein Platz, sondern die typisch zähringische Marktgasse. Die breite Gasse führt parallel zum Strom von der Rheinbrücke mit dem Grenzübergang zum östlichen Stadtabschluß mit dem mittelalterlichen Storchennest- oder Kupferturm. Hier reihen sich in geschlossener Front zahlreiche Gasthäuser mit schönen Tavernenschildern und die schmalen Häuser, in denen einst die wohlhabenden Rheinfelder Bürger lebten. Gegenüber dem Schelmengäßchen steht das 1531 neuerbaute Rheinfelder Rathaus mit dem mittelalterlichen Turm und der Barockfassade von 1767. In der Ratsstube sind 16 Kabinettscheiben aus der Renaissance zu sehen. Neben dem Rathaus, im Haus zur Sonne, befindet sich das Fricktaler Museum mit einer heimatkundlichen Sammlung. Wo sich die Gasse verbreitert, im Bereich der ersten Stadterweiterung von 1155 bis 1170, findet die Fußgängerzone ihre Fortsetzung in der Brodlaube, die vor dem freistehenden Gebäude der Kantonspolizei nach rechts abzweigt und zum Obertorturm hinaufführt. Der schlanke Rechteckturm von 1260 am südlichen Stadteingang trägt ein barockes Zeltdach und ein Glockentürmchen aus dem 17. Jh.; er ist mit dem Storchennestturm durch ein noch intaktes Stück der mittelalterlichen Ringmauer verbunden. Von der Stadtbefestigung hat sich zudem noch der Messer- oder Diebsturm am Rheinufer erhalten.

Zwischen Obertorturm und Bahnhofstraße erinnern im Gewirr der Gassen und Gäßchen mit ihren Lauben, Gärten und Hinterhöfen Namen wie Rinder- und Futtergasse an die einst in Rheinfelden dominierende Landwirtschaft. Hier steht die christkatholische Stadtkirche St. Martin, eine dreischiffige spätgotische Basilika von 1407. Deren Chor wurde 1669 eingewölbt und das Innere 1769–1771 im Barockstil umgestaltet. In diesem stimmungsvollen Raum steht ein großer Spätrenaissance-Hochaltar von 1607.

An der Bahnhofstraße, die in die Marktgasse einmündet und bis zum Bahnhof leicht ansteigt, steht das ehemalige Wohnhaus der Malerfamilie Bröchin mit einem hochbarocken Madonnenfresko. Das im Haus Rindergasse Nr 6. eingerichtete Burgenmodell-Museum zeigt eine Sammlung von 60 Modellen schweizerischer und ausländischer Burgen. Wer lieber PS-starke Boliden bewundert, besucht an der Baslerstraße Nr. 17 das Oldtimer-Museum, wo neben deutschen, amerikanischen, italienischen und englischen Wagen auch Rennautos, Fahrräder und Mopeds ausgestellt sind. Es lohnt sich aber auch, abseits der Hauptgassen die Stadt zu durchstreifen: An der Fledermausgasse, dem Kirchgässli oder an der Wassergasse öffnen sich versteckte lauschige Plätze, die noch vom Charme des alten Rheinfelden zeugen.

Sebastian Fahrländer (1786–1841)

12 Monate und 10 Tage existierte der «Canton Frickthal», den Sebastian Fahrländer von Rheinfelden aus regierte. Fahrländer doktorierte 1791 in Wien in Philosophie und Medizin und erwarb 1798 das Bürgerrecht des Fricktals, das bis 1792 während 350 Jahren zum Kaiserreich Österreich gehört hatte. In den Kriegswirren nach der Französischen Revolution, als das Fricktal abwechslungsweise von französischen und österreichischen Truppen besetzt war, erhielt Fahrländer vom französischen Gesandten Verninac 1802 den Auftrag, die Verwaltung des «Cantons Frickthal» von Rheinfelden aus zu übernehmen. Bereits nach einem Jahr wurde der Regierungsstatthalter aber wieder gestürzt und des Landes verwiesen, weil ihm unter anderem vorgeworfen wurde, er habe finanziell über die Stränge gehauen. Fahrländer zog nach Aarau, wo er später Mitglied des Großen Rates wurde; das Fricktal aber wurde 1803 von Napoleon endgültig dem Aargau zugeteilt.

Das weiße Gold

Ein Spaziergang dem Rhein entlang führt flußaufwärts zur Saline Riburg in Möhlin. Beim Storchennestturm überqueren wir den Stadtbach Richtung Gottesackerkapelle, vor der der Rheinweg abzweigt. Quer durch den Stadtpark mit den Kinderspielplätzen gelangt man ans Rheinufer, und unterhalb des Kurzentrums führt der Weg vorbei am Oldtimer-Museum, dem Parkhotel und dem Elektrizitätswerk nach 500 m rechts zur Saline. Seit 1844, als die Salinengesellschaft von Kaiseraugst wegen zu geringer Ausbeute ihre Saline nach Riburg verlegte, wird hier das weiße Gold gewonnen. Der Kanton Aargau erhielt für die Konzession von den Salinen jeweils den Salzzehnten und bezog pro Saline jährlich 2000 Zentner Salz. Heute wird die Sole aus 200 m Tiefe geholt und durch eine Pipeline direkt ins Kurzentrum befördert.

Fricktaler Museum
Marktgasse 12
Mai bis Oktober, Mi, Sa, So,
15–17 Uhr; 1. So im Monat,
10–12 und 15–17 Uhr
061/87 14 50

Burgenmodell-Museum
Rindergasse 6
Sa und So 14–16 Uhr,
ferner nach Vereinbarung
mit der Stadtkanzlei,
061/87 50 55

Oldtimer-Museum
Rheinweg
Mi 14–17 Uhr, Sa und So
10–12 und 14–17 Uhr
061/87 20 35

Bohrturm-Museum
ehemaliger Soleförderturm
Roberstenstraße
Mi 14–17 Uhr

Camping Bachtalen
4313 Möhlin
061/88 28 63

Das winzige Städtchen Waldenburg im Kanton Basel-Land ist eine der besterhaltenen Talriegelsiedlungen der Schweiz. Der malerische Ort an Nordfuß des Juras entstand an der schmalsten Stelle des Tals der Vorderen Frenke und liegt in einer prächtigen Umgebung, die zu Spaziergängen auf die bewaldeten Jurahöhen einlädt.

Verkehrsverein
4437 Waldenburg
061/97 88 81

4. 10. 1989

Waldenburg

Wer vom Mittelland her über Balsthal und den Oberen Hauenstein Richtung Liestal oder Basel fährt, kommt durch eine der typischsten Talriegelsiedlungen der Schweiz: das Basellandschäftler Landstädtchen Waldenburg. Eingezwängt zwischen den steilen Kalkfelsen der Jurakette, liegt die alte Siedlung ausgerechnet an der schmalsten Stelle des Tals der Vorderen Frenke – ein sicheres Zeichen dafür, daß Waldenburg als Sperrsiedlung und Zollstation entstand.

Bereits die Römer benutzten den Oberen Hauenstein als bequemen Übergang über den Jura; hier führte die vielbegangene Heer- und Handelsstraße von Solothurn nach Augst und weiter nach Germanien. Waldenburg – seine erste urkundliche Erwähnung fällt ins Jahr 1244 – gehört jedoch zu den Städtegründungen des 13. Jh. Die Grafen von Froburg legten damals in der Nordwestschweiz eine Reihe von Städtchen wie Liestal, Olten, Zofingen, Wiedlisbach oder eben Waldenburg zur Sicherung ihres Herrschaftsgebiets an. Sie befestigten die Siedlung im Talgrund zusätzlich mit einer Burg auf dem Schloßberg, die seit 1798 – als die alte Herrschaft zusammenbrach – allerdings nur noch eine eindrucksvolle Ruine ist.

Nach dem Aussterben der Froburger 1367 kam «Walleburg» – der unter Einheimischen noch heute gebräuchliche Name deutet auf die «Walen» oder «Welschen», das heißt die Römer, hin – an den Bischof von Basel. Er verkaufte das Städtchen bereits 1400 für 22 000 Gulden an die

	Kanton:	BL
	Meter über Meer:	527
	Einwohner 1900:	1055
	Einwohner 1980:	1188
	Autobahn:	keine

*Während das Untere Tor als Verkehrshindernis abgebrochen wurde, entging das **Obertor** am südlichen Stadteingang dem Abbruch nur, weil 1830 die neue Straße über den Hauenstein östlich dem Bach entlang angelegt und beim Gasthof Löwen die Stadtmauer neu durchbrochen wurde. Der untere Teil des gedrungenen Baus stammt aus dem 13. Jh., das vorkragende Obergeschoß mit dem Helm und den schmalen Schießscharten wurde ihm 1593 aufgesetzt. Unmittelbar neben dem Tor finden sich Reste der ehemaligen Stadtmauer, deren einst nur durch Lichtscharten erhellte Häuserfronten erst später mit größeren Fenstern durchbrochen wurden.*

Stadt Basel weiter. Als Paßort mit typischen Gewerben wie Fuhrleuten, Gastwirten, Sattlern und Seilern blieb Waldenburg bis zum Zusammenbruch der Basler Herrschaft 1798 Untertanengebiet und wurde von den im Schloß residierenden Landvögten regiert.

In der ersten Hälfte des 19. Jh. entwickelte sich im Basellandschäftler Bezirkshauptort die für die Gegend typische Posamenterei oder Seidenbandindustrie. Bereits um 1850 aber brach der neue Erwerbszweig wieder zusammen, und auch der Paßverkehr ging nach der Eröffnung der Bahnlinie Olten–Basel stark zurück. Zur Kompensation ließ die Gemeinde 1853 aus Neuenburg Uhrmacher kommen, und Waldenburg wurde rasch zum Zentrum der Basellandschäftler Uhrenindustrie. Heute werden in der ehemaligen Uhrenfabrik vor allem Geräte für Meß- und Regeltechnik produziert, und das kleine Städtchen exportiert Flugzeug-Borduhren in alle Welt. In Waldenburg werden zudem chirurgische Instrumente hergestellt.

Die Fabriken stehen außerhalb des alten Stadtkerns, wo 1880 auch die Endstation der 13 km langen Schmalspurbahn Liestal–Waldenburg gebaut wurde. Das «Waldenburgerli», mit der aus Sparsamkeitsgründen gewählten Spurweite von nur 75 cm das schmalste Bähnchen der Schweiz, wurde 1953 elektrifiziert. Seit einigen Jahren machen regelmäßige Fahrten mit der alten Dampflokomotive aus dem Bähnchen wieder eine Touristenattraktion.

Der knapp 100 m breite Engpaß am Durchbruch der Vorderen Frenke erlaubte nur gerade die Anlage einer Siedlung mit zwei Längsachsen. Eine von einem Wehrgang gekrönte Ringmauer umgab das Städtchen. Sie fehlte auf der Ostseite, wo der steile Schloßberg genügend Sicherheit bot. Zwei Tore – das Untere Tor wurde 1840 abgerissen – riegelten die Durchgangsstraße ab.

An der Nordseite des Städtchens sind noch Reste der alten Befestigung zu sehen. Der spätgotische Gebäudekomplex des Pfarrhauses mit Hof und Torbau an der Nordwestecke der Stadtmauer ist aus einem um 1244 erwähnten «Steinhaus» herausgewachsen; der ehemalige Adelssitz dient seit 1573 als Pfarrhaus. Zu einer eigenen Kirche kamen die Waldenburger allerdings erst viel später: 1834 wurde das ehemalige Kornhaus am nördlichen Stadteingang zur Pfarrkirche umgebaut; ihr Turm stammt aus dem Jahre 1842. Unter den meist bescheidenen Häusern an der Hauptstraße und in den Nebengassen mit den ländlichen Winkeln fällt das spätgotische Haus Adelberg aus dem Jahre 1563 auf, in dessen oberstem Geschoß zwischen den Fenstern ein Basler Wappen sichtbar ist. Im «Schlüssel» mit dem Wirtshausschild von 1760 empfing Napoleon 1797 die offizielle Begrüßungsgesandtschaft des Basler Rats. Nördlich der Stadt steht der ehemalige Landsitz Burgmatt. Der spätbarocke Bau mit der Freitreppe wurde um 1770 für Oberzunftmeister Johann Ryhiner erbaut, 1824–1826 aufgestockt und ist heute Sitz des Bezirksstatthalteramts.

Oskar Bider (1891–1919)

Auf dem Friedhof des Jurapaßortes Langenbruck mit seinen stattlichen Gasthöfen und den Kuranlagen 5 km südlich von Waldenburg liegt der bekannteste Schweizer Flugpionier, Oskar Bider, begraben. Der Landwirt lernte 1912 bei Blériot in Frankreich fliegen und machte ab 1913 in der Schweiz unermüdlich Propaganda für das neue Verkehrsmittel. Bider versuchte zudem, die Armeespitze vom Aufbau einer eigenen Schweizer Flugwaffe zu überzeugen. Die Vorteile des Flugzeugs demonstrierte Bider vor allem mit seinen waghalsigen Alpenflügen Bern–Sion am 13. Mai und Bern–Mailand am 13. Juli 1913 – zwei für die damalige Zeit unerhörte fliegerische Leistungen. Schließlich wurde Bider Fluglehrer auf dem Flugplatz Dübendorf und Chefpilot der Schweizer Fliegertruppe. Sein letztes großes Aviatikabenteuer war der Rundflug um die Schweiz am 21. Juni 1919 Basel–Genf–Lausanne–Bellinzona–Ems–Basel in gut 7 Std. Am 7. Juli 1919 stürzte Bider in Dübendorf bei einer akrobatischen Übung mit einem Jagdflugzeug zu Tode.

Ruine Waldenburg

Vom Bahnhof über die Hauptstraße und beim Restaurant Bahnhof bergwärts gelangt man in 30 Min. zur Ruine der Burg Waldenburg auf dem Schloßberg hoch über dem Städtchen Waldenburg. Ihren Grundstein legten gegen Ende des 12. Jh. die Grafen von Froburg und begründeten damit den Familienzweig Waldenburg-Froburg, der 1367 ausstarb. Ab 1400 bis zu ihrer Zerstörung 1798 war die Waldenburg Sitz der Basler Landvögte. Die imposante Ruine umfaßt Reste des Bergfrieds, der Tore und Ringmauern sowie der Wohn- und Nebengebäude. Der Zugang führt durch das erste Burgtor zum Zwinger und um das Ritterhaus herum weiter zum zweiten Tor und in den mittleren Hof, wo einst ein mächtiges Ritterhaus – das Neue Schloß – stand. Über eine Treppe erreicht man den hinteren Hof mit einem Sodbrunnen und den Resten des Bergfrieds. Daran angebaut ist das Alte Schloß. Vom Bergfried bietet sich ein prächtiger Blick über die Jurahöhen und die bewaldeten Täler um Waldenburg.

Waldenburgerbahn
Dampffahrten Mai bis Oktober
061/97 01 09

Schwimmbad
061/97 06 71

Wetzikon, das Zentrum des Zürcher Oberlandes, hat kaum mittelalterliche Sehenswürdigkeiten zu bieten. Die Stadt, deren Kerndörfer Ober- und Unterwetzikon mittlerweile zusammengewachsen sind, liegt aber in einer der am frühesten industrialisierten Gegenden der Schweiz; von hier aus lassen sich beeindruckende Zeugen der Industriekultur des 19. Jh. bequem entdecken.

15. 8. 1989

Wetzikon

Wetzikon im Zürcher Oberland gehört zu jenen Schweizer Städten, die von der Industrialisierung im letzten Jahrhundert geprägt wurden. Seine Wandlung vom Bauerndorf zur Stadt und zur heutigen Agglomerationsgemeinde läßt sich gut nachvollziehen. Besiedelt ist das Gebiet am südlichen Ende des Pfäffikersees allerdings schon seit ältester Zeit:

Kanton:		ZH
Meter über Meer:		536
Einwohner 1900:		5690
Einwohner 1980:		15 859
Autobahn:		keine

Grabungen im Furtacker in Robenhausen brachten mittelsteinzeitliche Grabhügel aus der Zeit von 8000 bis 3000 v. Chr. ans Tageslicht. Im Robenhauser Riet fand man 1858 Überreste von jungsteinzeitlichen Siedlungen von 2500 bis 2000 v. Chr.; ein Teil der Funde aus den sogenannten Pfahlbauten ist im Ortsmuseum von Wetzikon ausgestellt. Archäologische Spuren im Ortsteil Kempten zeugen schließlich davon, daß auch die Römer in der Gegend siedelten.

Das Dorf Wetzikon wird erstmals 1044 als «Wenzinchofa» erwähnt; spätestens seit 1263 herrschten im Schloß Oberwetzikon die Freiherren von Wetzikon. Ihr Geschlecht starb jedoch bereits 1298 aus, das Schloß ging an die Familie von Breitlandenberg über und gehörte schließlich von 1606 bis 1755 den Zürcher Junkern von Meiss. Die einst von Wassergräben geschützte Anlage mit zwei Türmen – Teile des Burggrabens haben sich erhalten – wurde im 17. Jh. umgebaut; aus dem Westturm entstand ein viergeschossiges Wohnhaus, der Ostturm wurde 1832 abgebrochen.

Zu Beginn des 15. Jh. kaufte die Stadt Zürich von den Habsburgern mit den Herrschaften Greifensee und Grüningen auch Wetzikon, das damals aus acht selbständigen Dorfschaften bestand.

Bei der Kreuzung Zürcherstraße/Usterstraße am nördlichen Stadteingang von Wetzikon steht der **Spinnereikomplex Floos**. *Die Steine zum Bau des ältesten Teils lieferte 1832 der dafür abgebrochene Ostturm des Schlosses Wetzikon – ein deutliches Zeichen, daß die Fabrikherren die Gnädigen Herren als treibende politische Kraft abgelöst hatten. Neben dem eigenwilligen Treppenhaus von 1911 steht das stattliche, dreigeschossige Fabrikantenwohnhaus Vontobel-Braschler. Direkt an der Straße, neben dem Kamin, erhebt sich der 1872 entstandene mächtige Bau Floos 2 mit einem etwas jüngeren Dachreiter – ein typisches Beispiel der mächtigen Industriebauten der 2. Hälfte des 19. Jh.*

Im 17. Jh. entwickelte sich im vormals landwirtschaftlich geprägten Zürcher Oberland die Textilindustrie. Zwar war der Handel mit Tuchprodukten der Stadt Zürich vorbehalten; verarbeitet aber wurde die Baumwolle in Heimarbeit in der Landschaft. Der zusätzliche Verdienst aus der Handspinnerei und -weberei hielt die armen Kleinbauern am Leben. Nicht weniger als ein Drittel der Bevölkerung war im Zürchbiet um 1787 in der Baumwollindustrie beschäftigt: Neben vielen Hilfskräften produzierten mehr als 34 000 Baumwollspinner und gegen 7000 Mousseline- und Indienneweber pro Jahr etwa 12 500 Zentner Tuch für das Inland und den Export. Damals entstanden auch die typischen Zürcher Oberländer Flarzhäuser – einfache, niedrige Reihenhäuser mit schwach geneigtem Dach, die Platz für die Webstühle boten.

Ende des 18. Jh. wurde die Baumwollproduktion in England durch die Erfindung der Spinnmaschine revolutioniert, und das Industriezeitalter begann. Nach 1817 entstanden im Aatal zwischen Wetzikon und Uster immer mehr Fabriken mit Spinnmaschinen, und bald war die Handspinnerei verschwunden. Als von 1830 an auch noch mechanische Webstühle die Handweberei verdrängten, lehnten sich die Heimarbeiter 1832 gegen die Mechanisierung auf: Beim «Brand von Uster» zündeten sie eine der neuen Fabriken an.

Trotzdem war die Entwicklung im damals am höchsten industrialisierten Gebiet der Schweiz nicht aufzuhalten. Die neuen Fabriken florierten dabei nicht zuletzt wegen der miserablen Arbeitsbedingungen: Knapp fünfzehnjährige Jugendliche mußten in zwölfstündigen Schichten von Mittag bis Mitternacht und wieder bis Mittag arbeiten, und bereits sieben- bis neunjährige Kinder wurden an die Maschinen gezwungen: Ihr Tagesverdienst reichte damals etwa für ein Kilo Brot.

Nicht nur das Leben der ehemaligen Bauern, auch die Landschaft änderte sich: An den Bachläufen entstanden große Fabriken, welche die Wasserkraft zuerst über Transmissionsriemen und später zur Stromerzeugung nutzten; Kosthäuser (Arbeiterhäuser) und Fabrikantenvillen wurden gebaut. Nach der Eröffnung der Bahnstrecke nach Uster wurde Wetzikon 1858 zum Verkehrsknotenpunkt, von dem aus heute eingestellte Linien nach Bauma und Meilen führten. Eisenbahnromantik läßt sich nur noch an Sommersonntagen erleben, wenn das Dampfbähnchen von Hinwil nach Bauma tuckert.

Neben dem Kanton Glarus und dem Tösstal das wichtigste Spinnereizentrum der Schweiz und völlig vom Konjunkturverlauf der Textilindustrie abhängig, erlebte Wetzikon nach mehreren Krisen besonders vor dem Ersten Weltkrieg neue Boomjahre: Damals entstanden weitere Industriebetriebe wie eine Lastwagen- und eine Maschinenfabrik. Heute wird in der einstigen Hochburg der Textilindustrie trotz ständigen Beschäftigungsrückgangs mehr Garn produziert als je zuvor. Zu den größeren Arbeitgebern gehören außerdem ein Hersteller von Sicherheitsschlüsseln sowie ein blechverarbeitender Betrieb. Die Stadt mit Kantonsschule und Spital ist Dienstleistungszentrum der Region.

Heinrich Kunz (1793–1853)

Neben dem «Weberkönig» Caspar Honegger aus Rüti und dem «Eisenbahnkönig» Adolf Guyer-Zeller ist der «Spinnerkönig» Heinrich Kunz ein Musterbeispiel für jene Zürcher Oberländer Fabrikanten, die sich im 19. Jh. mit Zähigkeit und Erfindungsreichtum aus ärmlichen Verhältnissen zu Fabrikherren mauserten. Als Sohn eines Tuchverlegers brachte Kunz in seiner Jugend das zu Hause gesponnene Baumwollgarn im Rucksack nach Zürich. Bei seinem Tod war er der größte Spinnereiindustrielle auf dem Kontinent und hinterließ ein Vermögen von mehr als 20 Millionen Franken. Sich selbst gönnte Kunz zeitlebens kaum ein Vergnügen, den 2000 Arbeitern in seinen Fabriken in Ober- und Unterwetzikon, Niederuster, Aathal, Schaffhausen, Kemptthal, Adliswil und Linthal natürlich erst recht nicht.

Von Arbeitern und Fabrikanten

Einer der wenigen Industrielehrpfade der Schweiz führt vom Bahnhof Uster durch das Aatal nach Wetzikon. Der gut beschilderte Weg entlang dem Aabach gibt einen einmaligen Einblick in die industrielle Entwicklung der Schweiz im 19. Jh. Das Wasser des bescheidenen Bachs, das schon früh zum Betreiben von Mühlen genutzt wurde, lieferte die erste Energie für die Baumwollspinnereien. Entlang ausgeklügelter, heute idyllisch wirkender Kanal- und Stausysteme stehen fast zwei Dutzend Spinnereien, Fabrikantenvillen, Arbeitersiedlungen, Kosthäuser, Kinderkrippen und Mädchenheime als architektonisch bemerkenswerte Zeugnisse der frühen Industriekultur. Am meisten fällt die mächtige, von Heinrich Kunz errichtete Spinnerei Unteraathal auf, die mit ihren Nebengebäuden das schmale Tal völlig ausfüllt.

Ortsmuseum und Chronikstube im Haus zur Farb
Farbstraße 1
Auskunft 01/930 02 05

Schwimmbad Meierswiesen
01/930 07 18

Kunsteisbahn
01/932 13 87

Minigolf
01/932 18 22

Strandbad Auslikon am Pfäffikersee
01/950 13 29

Camping
Strandbad
8330 Auslikon
April bis Oktober
01/950 13 29

Dampfbahnfahrten
Hinwil–Bauma
Dampfbahn-Verein
Zürcher Oberland
Postfach, 8340 Hinwil

Winterthur, die Eulachstadt, ist berühmt als Zentrum der schweizerischen Maschinenindustrie und als Sitz weltweiter Handelsfirmen. Zu Unrecht viel weniger bekannt sind die guterhaltene historische Altstadt und die schönen Parks der sechstgrößten Schweizer Stadt, die mit ihren vielen Museen auch ein breites kulturelles Angebot bereithält.

Verkehrsbüro
Bahnhofplatz 12
8401 Winterthur
052/22 00 88

TCS-Geschäftsstelle
Wartstraße 50
8407 Winterthur
052/25 03 23

4. 10. 1989

Winterthur

«Weidenburg» oder Vitudurum hieß die helvetisch-römische Siedlung an der Eulach. Hier legten die Römer 294 n. Chr. unter Kaiser Diokletian an der Straße von Basel zum Bodensee ein Kastell an. Es lag in Oberwinterthur, 2 km nordöstlich der jetzigen Altstadt. Erst im 12. Jh. gründeten die mächtigen Grafen von Kyburg in «Niederwinterthur» die heutige Stadt. Graf Hartmann III. legte um 1170 am Schnittpunkt der Straßen von Basel nach St. Gallen und von Zürich nach Schaffhausen einen Marktort an, der 1180 erstmals urkundlich erwähnt wird: Sie bestätigt die Loslösung der Kapelle in Winterthur von der Mutterkirche in Oberwinterthur und hält fest, daß der stark wachsende Ort bald weitere Äcker und Wiesen mit Wohnhäusern überbauen werde.

Winterthur war die Hauptstadt des großen kyburgischen Herrschaftsgebiets, das von der Saane bis an den Bodensee und vom Jura bis an den Walensee reichte.

Kanton:	ZH
Meter über Meer:	442
Einwohner 1900:	22 335
Einwohner 1980:	86 758
Autobahn:	N 1, Winterthur

Wie die Kyburgerstädte Frauenfeld, Aarau oder Zug liegt es in einer Ebene: Nicht militärische Überlegungen, sondern die günstige Lage als Marktort bestimmten seinen Standort. Typisch für eine kyburgische Siedlung ist auch die Anlage des beinahe quadratischen ältesten Teils: Er mißt 1000 mal 800 Fuß oder 320 mal 250 m und wird von Ost nach West von drei parallelen Gassen durchzogen. Die breite Marktgasse im Norden mit den öffentlichen Gebäuden und vornehmsten Häusern war seit jeher das Zentrum der Stadt. Die mittlere Gasse weitet sich zum Kirchhof, und in der heutigen Steinberggasse im Süden – der saalartige Gassenraum verjüngt sich von der Mitte

Sammlung Oskar Reinhart
«Am Römerholz»
Haldenstraße 95
Di–So 10–17 Uhr
052/23 41 21

Stiftung Oskar Reinhart
Stadthausstraße 6
Di–So 10–17 Uhr
052/84 51 72

Kunstmuseum und
Naturwissenschaftliche
Sammlungen
Museumsstraße 52
Di–So 10–17 Uhr
052/84 51 62

Museum Lindengut
Römerstraße 6
Di–Do und Sa und So 14–17
Uhr, So auch 10–12 Uhr
052/23 47 77

Technorama der Schweiz
Technoramastraße 1
10–17 Uhr
052/87 55 55

Uhrensammlung Konrad
Kellenberger und
Kleinmeistersammlung
Jakob Briner
Rathaus
Di–So 14–17 Uhr
052/84 51 25

Gewerbemuseum
Kirchplatz 14
Di–So 10–17 Uhr
052/84 51 35

Hallenbad und Freibad
Geiselweid
Pflanzschulstraße 6a
052/28 19 28

Freibad Oberwinterthur
Mooswiesenweg 44
052/27 32 31

Freibad Töss
Auwiesen
052/23 78 87

Freibad Wolfensberg
Rütihofstraße 15
052/22 55 92

Freibad Wülflingen
Wässerwiesenstraße 71
052/25 88 00

Kunsteisbahn Zelgli
Eisweiherstraße 121
052/29 82 21

Minigolf
Schützenhaus Rosenberg
Schaffhauserstraße
052/22 07 12

Minigolf Breite
Bruderhausstraße
052/22 46 78

Minigolf Tössrain
Wieshofstraße 109
052/25 19 77

Camping Rosenberg
052/22 52 60

Wochenmarkt Dienstag und
Freitag

Stadtplan: Seite 490/491

zu den Enden – fand wohl früher der Viehmarkt statt. Die einzige Querachse von Norden nach Süden war ursprünglich die Metzggasse; sie trägt ihren Namen von der alten Metzg, die hier bis 1833 stand. Markt- und Metzggasse waren an ihren Enden durch Stadttore gesichert.
Schon 1292 waren auch die beiden Vorstädte ummauert. Ihre Bezeichnung Untertor und Obertor erinnert daran, daß zu den ursprünglich vier Stadttoren nach der Erweiterung vier neue dazukamen. Die jetzt 700 m lange Stadt war von einer 1700 m langen, 8 bis 9 m hohen zinnenbewehrten Mauer – ihr Verlauf läßt sich heute noch in den Häuserfronten ablesen – und einem 15 bis 20 m breiten sowie 5 m tiefen Graben umgeben. Er wurde zu Kriegszeiten mit Wasser gefüllt, sonst weideten hier Hirsche. Die nahe Eulach – sie wurde erst 1912 in einen Tunnel verlegt – trieb sechs Mühlen und versorgte über den «Rettenbach» die Stadt mit Brauch- und Löschwasser. 1243 wird erstmals ein Schultheiß, 1263 ein Rat erwähnt.
Als die Kyburger 1264 auf der Höhe ihrer Macht ausstarben, erbte Rudolf von Habsburg den größten Teil ihres Besitzes; Winterthur wurde zur wichtigsten Stadt seines Geschlechts auf Schweizer Boden und zum Stützpunkt gegen die Eidgenossen. 1415 erlangte die blühende Siedlung die Reichsfreiheit, auf die sie 1442 in den Wirren des Alten Zürichkriegs aber wieder verzichten mußte. 1467 wurde Winterthur von Herzog Sigmund von Österreich an Zürich verpfändet. Die Zugehörigkeit zur Eidgenossenschaft förderte den wirtschaftlichen Aufschwung. Die Stadt wurde zum Zentrum des Salzhandels, der Weberei, der Uhrmacherei und vor allem des Ofenbaus: Öfen aus Winterthur waren in der Schweiz und Süddeutschland sehr begehrt.
Zu Beginn des 18. Jh. aber band die Stadt Zürich die starke wirtschaftliche Konkurrentin zurück: 1717 verboten die Gnädigen Herren an der Limmat zum Schutz ihres Monopols die Ansiedlung der Seidenindustrie in Winter-

Schloß Kyburg

Die Stammburg der Gründer von Winterthur liegt auf einem Felsvorsprung über der Töss 8 km südlich der Stadt und ist über die Hauptstraße 15 zu erreichen (Abzweigung nach 5 km in Sennhof). Die historisch bedeutendste Burg zwischen Limmat und Bodensee hat ihren Baubestand aus der Zeit der Grafen von Kyburg vom 11. bis ins 13. Jh. bewahrt und ist heute als Historisches Museum eingerichtet. Durch das vor der Burg liegende Dorf Kyburg (die ursprüngliche Vorburg heißt seit dem 14. Jh. «Stadt», ohne jemals im Besitz des Stadtrechts gewesen zu sein) erreicht man die mit Gräben gesicherte gewaltige Anlage. Um einen großen Innenhof gruppieren sich der Bergfried aus dem späten 11. Jh., der Palas oder das Grafenhaus – hier residierte bis 1798 der Zürcher Landvogt –, ein Wehrgang, das Ritter- oder Gästehaus sowie die Burgkapelle mit gotischen Wandmalereien aus dem 14. und 15. Jh.

März bis Oktober:
9–12 und 13–17 Uhr
November bis Februar:
Di–So 10–12 und
13–16 Uhr

thur. Mit hohen Geldbußen sorgten sie dafür, daß an der Eulach nur noch Industriezweige entstanden, die in Zürich nicht vorhanden waren; auch der lokale Handel wurde streng reglementiert. Unfreiwillig trug Zürich damit dazu bei, daß sich in Winterthur einige Weltfirmen entwickelten: Salomon Sulzer gründete eine in Zürich noch nicht vorhandene Messinggießerei, und die Winterthurer Handelsherren begannen ihre Geschäfte ins Ausland auszudehnen.

Die helvetische Revolution, die neben der politischen Gleichstellung auch die Gewerbefreiheit brachte, wurde 1798 in Winterthur begeistert begrüßt. Nach dem Untergang der Helvetik war es aber mit der politischen Gleichstellung wieder vorbei, und Winterthur teilte das Schicksal der von neuem unterdrückten Landschaft. Von den 212 Sitzen im Großen Rat erhielt die Stadt 1815 – sie zählte immerhin nur dreimal weniger Einwohner als Zürich – gerade 5 Sitze, während sich Zürich 130 vorbehielt. Winterthur wurde zum Zentrum der liberalen Opposition gegen die konservative Regierung; unter der Führung so bekannter Politiker wie des späteren ersten Bundespräsidenten der Schweiz, Jonas Furrer, errang die Eulachstadt dann 1845 endlich die politische Gleichberechtigung. Die Gewerbefreiheit hingegen war nach 1798 erhalten geblieben, und nachdem die Fesseln der Alten Ordnung gesprengt waren, besonders aber nach dem Anschluß ans Bahnnetz 1855, begann die stürmische Entwicklung der Winterthurer Industrie. Doch schon zuvor, 1802, hatte in Hard bei Wülflingen die erste mechanische Großspinnerei auf dem Kontinent ihren Betrieb aufgenommen, und auf dem weiten Feld westlich der Altstadt gegen den Brühlberg und die Gemeinde Töss standen bald weitere Industriebetriebe. In Niedertöss gründete zum Beispiel 1826 der aus einem Winterthurer Handwerkergeschlecht stammende Heinrich Rieter eine Spinnerei; als England 1820 den Export von Textilmaschinen verbot, um seine Vorherrschaft im Maschi-

des Bahnhofs: Der innere Teil der Wartstraße ist der einzige Straßenzug Winterthurs, der außerhalb der Altstadt geschlossen überbaut ist.

Auch in der zweiten Hälfte des 19. Jh. stand Winterthur in wirtschaftlicher und politischer Opposition gegen Zürich. Die 1862 eröffnete Bank Winterthur – aus ihr ging 1912 die Schweizerische Bankgesellschaft hervor – entstand in Konkurrenz zur Kreditanstalt von Alfred Escher. Gegen dessen beherrschende Rolle in der Zürcher Politik wehrte sich nach 1865 die Demokratische Partei. Sie wollte «die neue Geldaristokratie durch eine ehrliche Volksherrschaft ersetzen». Bei der Revision der Zürcher Verfassung erzwang sie 1869 das Referendums- und Initiativrecht und die direkte Volkswahl der Behörden; die Ideen der «Schule von Winterthur» fanden in anderen Kantonen Aufnahme und gingen 1874 auch in die neue Bundesverfassung ein.

1922 wurden die fünf Vororte Oberwinterthur, Seen, Töss, Veltheim und Wülflingen eingemeindet, was die Einwohnerzahl auf einen Schlag auf 50 000 verdoppelte. Seither kletterte die Bevölkerungszahl auf über 80 000, und Winterthur ist nach Zürich, Basel, Genf, Bern und Lausanne die sechstgrößte Schweizer Stadt. Diese Entwicklung brachte einen weitgehenden Strukturwandel in der Altstadt: Aus der Wohnstadt wurde das Geschäfts- und Dienstleistungszentrum einer modernen Industriestadt. In ihrem Bild dominieren neben den ausgedehnten Fabriken, Grünanlagen und Villensiedlungen Bauten wie das 1963–1966 errichtete Sulzerhochhaus in Neuwiesen, der gleichzeitig errichtete Turm der Frauenklinik oder Wohnüberbauungen wie das 1965–1968 angelegte Grüzefeld.

nenbau zu erhalten, entwickelte Rieter eigene Textilmaschinen und expandierte rasch. Bereits 1833 kaufte er das verlassene Gebäude des Dominikanerinnenklosters Töss, und anstelle von Kreuzgang und Kirche entstand nach und nach die Maschinenfabrik Rieter, neben Sulzer und der Schweizerischen Lokomotiv- und Maschinenfabrik nur eine der weltbekannten Winterthurer Firmen.

Seit der Mitte des 19. Jh. entstanden außerhalb der Altstadt neben Fabriken und Arbeitersiedlungen auch Villen und Gartenvorstädte. Die Stadttore an den Querachsen waren bereits 1837 abgebrochen worden; 1861–1874 mußten auch die Tore an der Längsachse dem Verkehr weichen. Vom Bahnhofplatz aus legte man die lange Stadthausstraße an, die nach 1840 an die Stelle des aufgefüllten nördlichen Stadtgrabens trat. Sie ist nur im untersten Teil beidseitig bebaut, und im Hauptteil lagen einst Pflanzgärten; im Wetteifer mit Zürich wurden sie zum großzügigen Stadtpark mit öffentlichen Monumentalbauten umgewandelt. Die reichen Fabrik- und Handelsherren wollten Zürich auch auf dem Gebiet der Kultur den Rang ablaufen. Sie begründeten jenes Mäzenatentum, dem Winterthur seine hervorragenden Kunstsammlungen verdankt. Der städtische Geist der damaligen Zeit findet sich auch im Quartier Neuwiesen westlich

Die Sammlung Oskar Reinhart «Am Römerholz»

Der Kunstsammler und Mäzen Oskar Reinhart – er stammte aus der Handelsdynastie Volkart und starb 1965 80jährig – trug in seinem vornehmen, 1915/16 am Römerholz erbauten Wohnhaus eine hervorragende Sammlung europäischer Kunst zusammen. Die 1958 dem Bund geschenkte Sammlung umfaßt neben Werken von Rembrandt, Grünewald und Cranach vor allem Werkgruppen der französischen Malerei des 19. Jh., der Reinharts besondere Liebe galt. Die Bilder von Delacroix, Corot, Daumier, Courbet, Manet, Renoir und Cézanne sind weltberühmt und machen die Sammlung am Römerholz zu einem der wichtigsten Kunstmuseen der Schweiz.

Vom Steinbeil zum Computer

In Winterthur, dem Zentrum der Schweizer Maschinenindustrie, steht auch das größte Technikmuseum der Schweiz, das Technorama. Es zeigt die Welt des technischen Fortschritts von der Geschichte der Schweizer Textilindustrie bis zur Entwicklung von Computern. In sieben Sektoren – Physik, Energie, Automatik, Wissenschaft, Werkstoffe, Textiltechnik, Bauwesen sowie Heim und Hobby – sind technische Meisterwerke ausgestellt und wird zukunftsorientierte Forschung mit Experimenten und Vorführungen verständlich gemacht. Im Jugendlabor ermöglichen es zudem über 100 Experimente aus vielen Bereichen der Naturwissenschaften jungen «Forschern», ihren Wissensdurst zu stillen und die Naturgesetze selbst zu entdecken.

1 Bahnhof
2 Altes Stadthaus und Oberes Spital
3 Unteres Spital
4 Stadtkirche
5 Gewerbemuseum
6 Aussichtspunkt Rosengarten
7 Technikum
8 Haus zum Hinteren Waldhorn
9 Alte Kaserne
10 Kulturhaus am Graben
11 Haus zum Adler
12 Lindengut mit Heimatmuseum
13 Rathaus
14 Haus zur Geduld
15 Waaghaus
16 Stiftung Oskar Reinhart (Gemäldegalerie)
17 Haus zum Warteck
18 Stadthaus
19 Kunstmuseum und Stadtbibliothek
20 Richtung Römerholz mit Sammlung Oskar Reinhart, Haldenstraße 95
21 Stadtgarten mit Gartenhäuschen zum Balustergarten

Stadtrundgang Winterthur

Am Bahnhofplatz mit dem 1854 erbauten und 1894/95 um ein Stockwerk und zwei Türme erweiterten Bahnhof (1) beginnt die Fußgängerzone der Altstadt mit der ehemaligen Vorstadt Untertor. Ihre einzige Gasse bildet den Beginn der langen Achse durch den historischen Kern von Winterthur und führt direkt zur Marktgasse, dem einstigen und heutigen Einkaufszentrum der Stadt. An ihr steht rechts das Alte Stadthaus (2) oder Obere Spital. Der Durchgang mit dem Gittertor in der klassizistischen, fünfachsigen Fassade öffnet sich zuerst auf einen Innen- und dann auf den weiten Spitalhof. Der gesamte Spitalkomplex wuchs aus einem 1523 aufgelösten Frauenkloster heraus; 1788/89 entstand das Obere Spital für die reichen Pfründer und 1806–1814 im Osten und Süden der große Biedermeierbau des Unteren Spitals (3) für die Armengenössigen.
Über den Garnmarkt erreicht man die reformierte, ehemals St. Laurentius geweihte Stadtkirche (4). Die um 1180 neu- oder umgebaute Kirche erhielt wahrscheinlich 1313 nach einem Stadtbrand den Chor, 1486–1490 den spätgotischen Südturm mit dem späteren Barockhelm und 1501–1518 ein neues Langhaus. Ihr 55 m hohes Turmpaar ist das Wahrzeichen von Winterthur.
Von der spätgotischen Ausstattung der dreischiffigen Basilika blieb nach der Reformation kaum etwas erhalten; den großen Wandmalereizyklus schuf 1923–1930 Paul Zehnder. An der Ostseite des Kirchplatzes steht das Gewerbemuseum (5).
Über die Steinberggasse gelangt man zur Technikumsstraße, die ihren Namen nach dem 1874/75 im Stil der Neurenaissance errichteten und mehrmals ausgebauten Technikum (7) trägt. Das unscheinbare Haus zum Hinteren Waldhorn (8) ist vom Keller bis zum Dach mit Sgraffiti aus der Zeit um 1490 ausgemalt. Weiter östlich erhebt sich ein Meisterstück barocker Zimmermannskunst: der riesige, 1765 erbaute

Ein Hauptwerk des Historismus: das Winterthurer Stadthaus von Gottfried Semper

Kulturstadt: Sammlung Oskar Reinhart «Am Römerholz»

Riegelbau der Alten Kaserne (9); er lehnt sich rückwärts an die Stadtmauer an.

Über den Graben mit dem Kulturhaus (10) führt der Rundgang zum harmonischen Gassenraum des Obertors – auffallendster Bau ist das 1764 erbaute Rokokohaus zum Adler (11) – und weiter zur Römerstraße; hier erhebt sich links das Hauptgebäude der Versicherungsgesellschaft Winterthur Unfall, eine neuklassizistische Anlage mit markantem Turm aus den Jahren 1929–1931. Gegenüber liegt in einem kleinen Park das Lindengut (12); in dem 1787 erbauten frühklassizistischen Landhaus ist das Winterthurer Heimatmuseum untergebracht.

Die Marktgasse führt zurück in die Altstadt zum Rathaus (13). Der frühklassizistische Bau von 1782–1784 überragt die benachbarten Bürgerhäuser. 1872–1874 wurde im Erdgeschoß eine Passage mit Glasdach und Läden eingerichtet. Neben dem Rathaus steht das prächtige Haus zur Geduld (14) mit dem hübschem Erker und gegenüber, etwas weiter westlich, das spätgotische Waaghaus (15), wo einst die öffentliche Waage stand.

Durch die Kasinostraße gelangt man zur Stadthausstraße und zum Stadtgarten. Hier entstand 1838–1842 das als Knabenschulhaus erbaute und 1941–1950 durch den Einbau der Gemäldegalerie stark veränderte Gebäude der Stiftung Oskar Reinhart (16): Diese zeigt die bedeutendste Sammlung deutscher Romantiker außerhalb Deutschlands sowie schweizerische, deutsche und österreichische Malerei und Plastik des 18.–20. Jh.

Gegenüber dem Haus zur Warteck (17), einem schönen Neurenaissance-Stadtpalazzo von 1857 bis 1861, steht das 1865–1869 erbaute Stadthaus (18) von Gottfried Semper; es wurde 1932–1934 um zwei Achsen verlängert. Der Bau ist von großartiger Einfachheit: Die Flügel sind in den Formen eines Renaissancepalasts mit sieben Achsen, einem Mittelportal und einem hohen Hauptgeschoß profan gestaltet, der Mittelteil dagegen durch eine Tempelfront mit vier korinthischen Säulen und einer Freitreppe monumentalisiert. Im Innern führen beidseitig Treppen zum Gemeindesaal im Mitteltrakt und zu den Büros der Stadtverwaltung. Sempers Werk, ein Markstein des europäischen Historismus, kombiniert Repräsentativität und Zweckmäßigkeit.

Am Stadtgarten (21) mit dem um 1740 erbauten barocken Gartenhäuschen zum Balustergarten liegt auch das Kunstmuseum von 1912–1916 (19) mit einer qualitätvollen Sammlung Zürcher und Winterthurer Malerei.

Johann Jakob Sulzer (1782–1853)

Johann Jakob Sulzers Vater Salomon hatte gegen Ende des 18. Jh. im Stadtgraben vor dem Holdertor die erste Messinggießerei von Winterthur gegründet. Wann genau der Sohn eines Gastwirts hier den Betrieb aufnahm, ist unbekannt; sicher ist aber, daß die Gießerei 1786 «wegen Feuchte des Bodens» verlegt wurde und sich seit 1834 unter Johann Jakob Sulzer an der Zürcherstraße als Eisengießerei vom handwerklichen Kleinbetrieb rasch zur Weltfirma entwickelte. Sulzer und seine Söhne gehörten zu jenen Industriepionieren, die den Ruf der Schweizer Maschinenindustrie begründeten und den Weltmarkt lange dominierten. Um die Jahrhundertwende war das Areal zwischen Straße und Bahn überbaut; neue Fabrikanlagen entstanden im Feld bei Oberwinterthur: Vor allem die hier hergestellen riesigen Schiffsdieselmotoren machten den Namen Sulzer auf allen Meeren bekannt.

Kaffee aus Winterthur

Im Gegensatz zur Industrie und zum lokalen Handel war der Fernhandel im 17. und 18. Jh. nicht von Zürich reglementiert, und Winterthur beherrschte den Salzhandel der ganzen Schweiz. Im 19. Jh. wurde die Stadt zum Hauptmarkt für Rohbaumwolle und führenden Exportstandort von Baumwolltüchern aus dem Zürcher Oberland. Im Handel mit Ostasien und vor allem mit Indien wurde die von den Gebrüdern Volkart 1851 gegründete Handelsfirma stark; sie eröffnete eine Niederlassung in Bombay und erlangte durch die Umgehung des Zwischenhandels über England Weltgeltung. Der Jugendstil-Rundbau beim Winterthurer Hauptbahnhof wurde kürzlich vom Kanton Zürich erworben, und Volkart hat den Firmensitz verlegt. Der Handel mit Kaffee und heute vor allem mit Rohbaumwolle macht das Unternehmen mit einem geschätzten Umsatz von 2,9 Mrd. Franken zu einer der 25 größten Firmen der Schweiz.

Zofingen gehört zu den historischen Aargauer Städten. Die einstige Marktsiedlung ist heute ein wirtschaftlich und kulturell reger Bezirkshauptort, dessen sehr gut erhaltene mittelalterliche Altstadt mit ihren spätgotischen und barocken Bauten zu den schönsten Ortsbildern der Schweiz gehört.

Verkehrsbüro
Sternengasse 3
4800 Zofingen
062/51 65 22

1. 10. 1989

Zofingen

Auf dem Flugbild ist deutlich das unregelmäßige Rechteck zu erkennen, in dem die Grafen von Froburg die Zofinger Altstadt planmäßig anlegten. Im Mittelpunkt der sehr gut erhaltenen hochmittelalterlichen Anlage von rund 470 m Länge und 225 m Breite steht die ehemalige Stiftskirche der Froburger – die heutige Stadtkirche – mit dem östlich gelegenen Stiftsbezirk. In der Oberstadt befinden sich die meisten öffentliche Bauten und der weite Niklaus-Thut-Platz: Hier standen bis ins 18. Jh. mehrere Stiftsbauten; den ursprünglichen Hügel hatten die Habsburger abgetragen, um Platz für Turniere zu schaffen. Durch die Unterstadt mit den engen Gassen zieht sich parallel zur Längsseite der nach 1820 abgebrochenen Stadtmauer – auch sie läßt sich auf dem Flugbild noch gut erahnen – die Vordere Hauptgasse, seit jeher die wichtigste Verkehrsader Zofingens. Schmale Quergassen verbinden sie mit der zweiten Achse, der Hinteren Hauptgasse. Entlang der einstigen Befestigung entstanden im 19. Jh. Gärten und Promenaden.

Obwohl Zofingen weder in einer Flußschleife noch auf einem Hügel und auch nicht an einem See oder in einer Klus liegt und deshalb auf natürlichen Schutz verzichten mußte, ist seine Lage nicht zufällig gewählt, denn in den Jahren vor 1200 sicherten die Grafen von Froburg ihr Territorium südlich und nördlich des Hauensteins mit einer ganzen Reihe von festen Plätzen: Zofingen ist die südlichste und größte geplante Siedlung an der Gotthardroute von Luzern nach Basel, an der die Froburger auch noch die Städtchen Aarburg, Olten und Liestal

Kanton:	AG
Meter über Meer:	432
Einwohner 1900:	4591
Einwohner 1980:	8634
Autobahn:	N 1, Oftringen

gründeten und eine ganze Reihe von Burgen bauten.

Die Stiftskirche entstand zusammen mit der Stadt, die anstelle einer bäuerlichen Siedlung zu liegen kam und sofort ummauert wurde. Der Marktflecken entwickelte sich rasch, nicht zuletzt dank des kleinen Hafens, der am Flüßchen Wigger lag und erst im 15. Jh. aufgehoben wurde. Das nach dem Aussterben der Froburger Ende des 13. Jh. an die Habsburger übergegangene Zofingen erhielt 1363 das Stadtrecht und kam bei der Eroberung des Aargaus 1415 an die Berner. Ihre 400jährige Herrschaft hinterließ im Stadtbild einige Spuren: In der Altstadt und auch außerhalb der ehemaligen Ringmauer finden sich noch heute viele stattliche Bürger- und Landhäuser aus dem 18. Jh., die vom Baustil her auch in der Bundesstadt stehen könnten.

Gegen den Willen seiner Bewohner, die beim Kanton Bern bleiben wollten, kam Zofingen 1803 zum neugegründeten Kanton Aargau und wurde Bezirkshauptort. Zu Beginn des 19. Jh. gründeten meist ortsansässige Familien westlich der Altstadt auch die ersten Industriebetriebe, die den Namen Zofingens bis heute vor allem im graphischen Gewerbe und in der Chemieindustrie, aber auch in der Farben-, Maschinen- und Textilherstellung bekannt machen. Im Norden der Altstadt entstand das biedermeierliche Neuquartier. Als weitausstrahlendes geistiges Zentrum – hier wurden 1806 die Schweizerische Künstlergesellschaft, 1819 die Studentenverbindung «Zofingia» und 1880 die heutige Gesellschaft für Schweizerische Kunstgeschichte gegründet – baute Zofingen eine Reihe bemerkenswerter öffentlicher Bauten wie das alte Schützenhaus, das große Schulhaus und das Städtische Museum. Zerschlagen hat sich allerdings die Hoffnung Zofingens, eidgenössischer Eisenbahnknotenpunkt im Schnittpunkt der West-Ost- und Nord-Süd-Route zu werden. Obwohl die Stadt zusammen mit Lenzburg und Baden 9 Mio. Franken für den Bau einer Verbindung von Lyss zum Bodensee garantierte und die Strecke Winterthur–Lenzburg–Zofingen auch tatsächlich gebaut wurde, machte der Konkurs der Nationalbahngesellschaft alle Eisenbahnträume zunichte. Schweizerischer Eisenbahnknotenpunkt wurde Olten – nur neun Bahnkilometer von Zofingen entfernt.

Dafür liegt Zofingen heute am «Straßenkreuz der Schweiz» und ist von den Zentren Zürich, Basel, Bern und Luzern in je rund 30 Autominuten erreichbar. Die Stadt bietet denn auch in Industrie, Handel und Gewerbe mehr als 10 000 Arbeitsplätze an, die zur Hälfte von Pendlern besetzt werden.

Die Altstadt mit ihren malerischen Gassen, Winkeln und Plätzen sowie den vielen Gasthäusern – heute ein Schutzobjekt von nationaler Bedeutung – entwickelt sich immer mehr zum reinen Geschäftszentrum. An Großeinkaufstagen herrscht hier Hochbetrieb, und wenn man des städtische Treibens überdrüssig ist, lohnt sich zur Abwechslung an solchen Tagen der viertelstündige Aufstieg zum Heiternplatz. Vom hochgelegenen ehemaligen Exerzier- und heutigen Festplatz mit seinen Linden genießt man einen schönen Blick auf die Altstadt und das Siedlungs- und Industriegebiet Zofingens.

Hermann Haller (1880–1950)

Der berühmteste Sohn aus der Zofinger Kunsthandwerker-Familie Haller ist Hermann. Entgegen den Wünschen seines Vaters studierte er nicht Architektur, sondern besuchte in Stuttgart die Kunstschule. Unter dem Einfluß Ferdinand Hodlers widmete er sich vorerst der Malerei, bevor er sich mit 25 Jahren der Bildhauerei zuwandte. Oft im Ausland lebend, verbrachte Haller den Winter häufig in Berlin, wo er bereits vor dem Ausbruch des Ersten Weltkriegs wie auch in Paris erfolgreich ausstellen konnte. In der Schweiz erhielt er eine Reihe von Monumentalaufträgen: Bauplastiken für das Kunsthaus Zürich und das Kunstmuseum Winterthur sowie viele Standbilder; am bekanntesten ist wohl das Denkmal für den Bürgermeister Hans Waldmann in Zürich. 1934 stellte Haller als Vertreter der Schweiz an der Biennale in Venedig aus, und ein Jahr vor seinem Tod erhielt der Künstler den Zürcher Kunstpreis.

Städtisches Museum
General-Guisan-Straße 18
So 10–12 Uhr
062/51 67 63

Römische Mosaikböden
Hotel Römerbad
Luzernerstraße 31
9–17 Uhr

Schweizerisches Zentrum für Umwelterziehung des WWF
Informations- und Dokumentationsstelle
Rebbergstraße
062/51 58 55

Schwimmbad
Besenmattweg
062/51 18 66

Monatsmarkt am zweiten Donnerstag im Monat

Kinderfest am ersten Freitag im Juli

Wo die Römer wohnten

Südlich außerhalb der Altstadt, wo Richtung Luzern das Hotel Römerbad steht, lag um die Mitte des 1. Jh. n. Chr. das Herrenhaus eines römischen Gutshofs, mit über 100 m Länge der größte Bau der bis heute im Kanton Aargau entdeckten rund 200 römischen Gutshöfe. Er dürfte zur Zeit der Alemanneneinfälle um 260 n. Chr. zerfallen sein; von der ausgedehnten Anlage erhielten sich einige Fundamentreste und drei mehrfarbige Mosaikböden. Sie sind wahrscheinlich um die Mitte des 2. Jh. gelegt worden und zeigen Rauten- und Rhombenmuster sowie schwarzweiße Schachbrett-«Teppiche». Das 1826 entdeckte antike Kulturgut wird seit 1830 durch zwei klassizistische Häuschen im Stil griechischer Tempel geschützt.

1 Bahnhof
2 Folter- oder Strecketurm
3 Schulhaus
4 Städtisches Museum
5 Altes Schützenhaus
6 Niklaus-Thut-Brunnen
7 Rathaus
8 Ehemaliges Metzgernzunfthaus
9 Ehemalige Helferei
10 Neuhaus
11 Ehemalige Stiftsschaffnerei
12 Ehemalige Lateinschule, heute Stadtbibliothek
13 Stadtkirche
14 Pulverturm
15 Amtshäuschen
16 Markthalle

Stadtrundgang Zofingen

Wenn man vom Bahnhof (1) Zofingen im Westen betritt, grüßt als erster Zeuge der Altstadt rechts hinter den Gärten auf dem ehemaligen Stadtgraben der halbrunde Folter- oder Strecketurm (2). Der im 14. Jh. errichtete Teil der ehemaligen Ringmauer ist heute in ein Warenhaus integriert. Links führt die Vordere Hauptgasse mit ihren Läden und Wirtshäusern in die Zofinger Unterstadt. Zwischen den recht ländlich geprägten, hauptsächlich aus dem 18. Jh. stammenden Fassaden – rechts führt ein kleiner Abstecher auf den schönen, baumbestandenen Lindenplatz – erreicht man auf der Hauptverkehrsachse den nördlichen Stadteingang. Heute weist nur noch der Name des Gasthauses Tor darauf hin, daß hier einst das Untere Stadttor stand. Die beiden Löwen auf den Steinsockeln erinnern daran, daß 1819 im Hotel Rössli die Schweizer Studentenverbindung «Zofingia» gegründet wurde.

Zurück in die Altstadt und links durch die Bärengasse gelangt man auf die General-Guisan-Straße, die außerhalb zur ehemaligen Ringmauer bis zur großzügigen Grünanlage im Osten der Altstadt führt. Hier ließ die aufstrebende Stadt 1876 nach Plänen des bekannten Architekten Felix Wilhelm Kubly ein besonders monumentales Schulhaus (3) bauen, in das eine Kantonsschule einziehen sollte. Der hufeisenförmige Neurenaissancebau ähnelt der ETH in Zürich und dient heute als Primarschulhaus. Im Norden wird er von dem 1902 ebenfalls im Stil der Neurenaissance errichteten und frei stehenden Städtischen Museum (4) flankiert. Neben einer lokalhistorischen birgt es eine Sammlung der Familie und Firma Ringier sowie Erzeugnisse der Zofinger Zinn- und Glockengießerei. Auf der Südseite des Schulhauses steht das Alte Schützenhaus (5), ein klassizistisches Gesellschaftshaus aus dem Jahre 1813.

Rechts betritt man wieder die Altstadt und kommt sofort auf den weiten Niklaus-Thut-Platz in der

Eine der eindruckvollsten Altstädte der Schweiz (Froburgergründung)

Der Brunnen am Thutplatz

Oberstadt. Wo heute das Alte Wachthaus mit seiner toskanischen Kolonnade steht, befand sich einst vielleicht der Herrenhof der Grafen von Froburg. Die heutige Platzanlage entstand 1799 und bildet mit ihrem vornehmen Rahmen einen der beeindruckendsten Platzräume der Schweiz. Der 1893 errichtete Niklaus-Thut-Brunnen (6) erinnert an den Stadthelden und Schultheißen Niklaus Thut, der in der Schlacht bei Sempach 1386 tödlich verwundet das seidene Zofinger Banner an sich gerissen und in den Mund gesteckt haben soll, um es vor dem Zugriff der Eidgenossen zu retten.

Auffallendstes Gebäude unter den vielen stattlichen Häusern am Platz ist das altrosafarbene Rathaus (7). Das 1792–1795 vom einheimischen Baumeister Niklaus Emanuel Ringier errichtete Gebäude mit seiner elfachsigen Schaufront und der doppelläufigen Freitreppe unter dem Turmaufsatz zeugt vom Stolz und Reichtum der Zofinger Bürger. Es war vor allem im 19. Jh. immer wieder Ort wichtiger kultureller Anlässe: Hier wurde zum Beispiel 1806 die Schweizerische Künstlergesellschaft gegründet. Das benachbarte ehemalige Metzgernzunfthaus (8) ist das letzte der vier Zofinger Zunfthäuser und entstand zu Beginn des 17. Jh. In der südlichen Platzfront steht unter einem gemeinsamen First mit einem Barockbau die Ende des 16. Jh. von Antoni Stab erbaute ehemalige Helferei (9). Schräg gegenüber beherrscht das bedeutendste Zofinger Bürgerhaus den Platz: Das 1770 erbaute «Neuhaus» (10), heute Sitz einer Bank, beeindruckt durch seine streng symmetrische und reich geschmückte Fassade unter dem elegant geschweiften Dach. In der Nordostecke des Platzes verbirgt sich hinter Bäumen die ehemalige Stiftsschaffnerei (11) mit dem von einer Barockhaube gekrönten Treppenturm, das heutige Kirchgemeindehaus.

Bereits zum Stiftsbezirk gehört die ehemalige Lateinschule (12). 1600–1602 von Werkmeister Antoni Stab erbaut – seine spätgotischen Bauten bestimmen noch heute neben den barocken Gebäuden das Bild der Altstadt –, ist hier seit einigen Jahren die bereits 1693 gegründete Zofinger Stadtbibliothek untergebracht. Links um die Ecke erreicht man die reformierte Stadtkirche (13). Im 12. Jh. als Stiftskirche St. Mauritius anstelle von mindestens drei Vorgängerbauten neu errichtet, wurde das Gotteshaus mehrmals erweitert und umgebaut. An das romanische Langhaus aus dem späten 12. Jh. schließt der 1513–1517 errichtete erhöhte gotische Chor an, und erst 1646–1649 wurde der barocke Eingangsturm im Westen erstellt. Das Innere birgt im Chor schöne Glasmalereien aus der Zeit um 1400.

Durch den Bogen beim Hotel Zofingen geht es zurück auf den Niklaus-Thut-Platz, und dann erreicht man durch die Rathaus- und links durch die malerische Gerbergasse den Pulverturm (14). Der heute isoliert stehende Turm aus dem 14. Jh. – ein Wahrzeichen Zofingens – gehörte zur ehemaligen Stadtbefestigung. Außerhalb der Befestigung führt die Obere Promenade zum Südeingang der Oberstadt, wo anstelle des abgebrochenen Obertors 1846 zwei klassizistische Amtshäuschen (15) errichtet wurden. Die Vordere Hauptgasse führt zurück ins Zentrum der Altstadt zur Markthalle (16). In der 1726 errichteten ehemaligen Schaal- und Tuchlaube, einem barocken Bau mit offenen Arkaden im Erdgeschoß, findet heute jeden Dienstag- und Samstagmorgen der Gemüse-, Obst- und Blumenmarkt statt.

Das Kloster St. Urban

13 km westlich von Zofingen, hinter dem Boowald, liegt im nordwestlichsten Zipfel des Kantons Luzern in der Gemeinde Pfaffnau das Zisterzienserkloster St. Urban (Straße von Zofingen über Strengelbach Richtung Langenthal). 1194 wurde hier in abgeschiedener Lage von der Abtei Lützel im Sundgau aus ein Klösterlein gegründet, das im 13. und 14. Jh. eine erste Blütezeit erlebte und in Zofingen, Sursee, Solothurn, Liestal und Willisau Klosterhöfe und Verwaltungssitze besaß. Damals befand sich im Kloster eine berühmte Ziegelmanufaktur, deren kunstvoll geschmückte Produkte weiterum begehrt waren. In der zweiten Blütezeit von St. Urban im 17. und 18. Jh. wurde von 1711 an unter den Vorarlberger Baumeistern Franz und Johann Michael Beer die heutige Kirche errichtet, die zusammen mit dem Kloster zu den schönsten Barockanlagen der Schweiz zählt. 1848 aufgehoben, ist das Kloster seit 1873 die psychiatrische Klinik des Kantons Luzern. Die monumentale Doppelturmfassade steht vor einem prachtvollen Innenraum, der eines der reichsten geschnitzten Kunstwerke der Schweiz birgt: das barocke Chorgestühl von 1701–1707.

Zürich ist das wichtigste Wirtschafts-, Fremdenverkehrs- und Kulturzentrum der Schweiz; und Zürich-Kloten ist mit Abstand größter Flughafen des Landes. Die mondäne Metropole am nördlichen Ende des Zürichsees hat jedoch trotz aller Geschäftigkeit eine nüchterne Anmut und einen provinziellen Charme bewahrt, der sich vor allem bei Spaziergängen durch die Altstadtviertel offenbart.

Offizielles
Verkehrsbüro
Bahnhofplatz 15
Hauptbahnhof
8001 Zürich
01/211 40 00

TCS-Geschäftsstelle
Alfred-Escher-Str. 38
8002 Zürich
01/211 25 36

24. 10. 1989

Zürich

Daß die Zürcher Bahnhofstraße noch vor einem guten Jahrhundert den Fröschen reserviert war, ist heute schwer vorstellbar, obwohl die renommierte Einkaufsstraße sich äußerlich vergleichsweise bescheiden gibt. Der Große Fröschengraben wurde Ende des 19. Jh. aufgefüllt. Noch früher, etwa um 12 000 v. Chr., tummelten sich hier die Fische: Der See reichte bis zum Paradeplatz, und die Limmat floß ungefähr entlang der heutigen Bahnhofstraße aus, wurde jedoch mit der Zeit durch das Geschiebe der wilden Sihl ostwärts in ihr heutiges Bett abgedrängt. Das Ufer des Zürichsees und die umliegenden Hügel waren schon in prähistorischer Zeit dicht besiedelt, wobei verschiedene aufeinanderfolgende Kulturen unterschieden werden können. Der Zürcher Archäologe Ferdinand Keller (1800–1881) gilt als Entdecker der Pfahlbauten und publizierte Mitte des 19. Jh. einen Bericht über die Siedlung in Obermeilen. Der Name Zürich wurzelt vermutlich im Keltischen. Die Helvetier haben auf dem Uetliberg eine Fluchtburg, im Kanton Zürich jedoch kein Oppidum (befestigte Ortschaft) gebaut. Turicum war vermutlich ein helvetischer Flecken, der beim Einmarsch der Römer 58 v. Chr. eingeäschert wurde.

Unter römischer Herrschaft erwachte Turicum zu neuem Leben und entwickelte sich von der kleinen Zollstation an der Route zwischen Oberitalien und Süddeutschland zum befestigten offenen Marktort und Brückenkopf. Eine Militärstraße führte zudem von Baden durchs Limmattal über Zürich nach Chur. Unter Kaiser Valentinian entstand um 370 n. Chr. auf dem Lindenhof

Kanton:	ZH
Meter über Meer:	408
Einwohner 1900:	150 703
Einwohner 1980:	369 522
Autobahn:	N 1, N 3

Schweizerisches
Landesmuseum
Museumstraße 2
Di–So 10–12 und 14–17 (Sa
–16 Uhr); Sonderregelung an
hohen Feiertagen; öffentl.
Führungen jeden Di und Do
18 Uhr
01/221 10 10

Zunfthaus zur Meisen
(Schweizer Porzellan und
Keramik des 18. Jh.)
Münsterhof 20
Di–So 10–12 und 14–17 Uhr
(Sa –16 Uhr)
01/221 28 07

Wohnmuseum Bärengasse
Bärengasse 20/22
Di–So 10–12 und 14–17 Uhr
(Sa –16 Uhr)
01/211 17 16

Kunsthaus Zürich
Heimplatz 1
Di–Fr 10–21, Sa/Sc 10–17,
Mo 14–17 Uhr
01/251 67 55

Museum für Gestaltung/
Kunstgewerbemuseum
Ausstellungsstr. 60
Di, Do, Fr 10–18; Mi 10–12;
Sa, So 10–12 und 14–17 Uhr
01/271 67 03

Museum Rietberg
Gablerstr. 15
Di–So 10–17,
Mi auch 17–21 Uhr
01/202 45 28

Museum Bellerive
(Sammlung d. Museums für
Gestaltung/Kunstgewerbe-
museum)
Höschgasse 3
Di–So 10–12 und 14–17 Uhr
01/383 43 76

Haus zum Kiel
(Wechselausstellungen)
Hirschengraben 20
Di–Fr 14–19, Do auch 19–
21, Sa und So 14–17 Uhr
01/261 96 52

Helmhaus
(Wechselausstellungen)
Limmatquai 31
Di–So 10–18,
Do auch 20–22 Uhr
01/251 61 77

Städtische Galerie zum
Strauhof
(Wechselausstellungen)
Augustinergasse 9
Di–Fr 10–18, Do 10–21, Sa
10–16 Uhr
01/216 31 39

Sammlung E. G. Bührle
Zollikerstr. 172
Di und Fr 14–17 Uhr
01/55 00 86

Graphische Sammlung
der ETH
Rämistraße 101
Künstlergasse
Mo–Sa 10–12 und 14–17 ;
bei Ausstellungen auch So
10–12 Uhr
01/256 40 46

Stadtplan: Seite 492–499

ein zehntürmiges Kastell. Nach dem Abzug der Römer im Jahre 401 kamen die Alemannen und im 7. Jh. die Franken; in diese Zeit werden auch die ersten christlichen Kirchen auf Zürcher Boden datiert. Im Früh- und Hochmittelalter wurde Zürich kaiserliche Residenz: Ludwig der Deutsche errichtete im 9. Jh. über den Trümmern des römischen Castellum auf dem Lindenhof eine karolingische Pfalz, welche im folgenden Jahrhundert durch einen imposanteren romanischen Bau ersetzt wurde. Mit der Gründung des Großmünster- und Fraumünsterstifts setzte das Kaiserhaus ein Zeichen, das die steigende Bedeutung Zürichs als handels- und verkehrspolitische Drehscheibe unterstrich. Kaufleute und Handwerker siedelten sich an; 929 wird Zürich erstmals als Stadt erwähnt.

Unter den Zähringern und Lenzburgern gewinnt die Äbtissin des Fraumünsters an Einfluß und Macht: Seit Anfang des 11. Jh. besaß sie das Münz-, Zoll- und Marktrecht, übte die niederen Gerichtsbarkeiten aus und beherrschte damit praktisch die Stadt. Unter dem wachsenden Druck der Kaufleute und Schultheißen verlor sie jedoch diese Privilegien, und 1220 – nach dem Aussterben der Zähringer 1218 wurde Zürich reichsfrei – bildete sich ein bürgerlicher Rat. Das wachsende Selbstbewußtsein der Bewohner manifestierte sich im Bau von Steinhäusern und Wohntürmen, von denen der Hardturm, der Grimmenturm und der Brunnenturm erhalten sind. Die Stadt wuchs kontinuierlich und wurde durch eine Befestigungsanlage gesichert. Im 13. und 14. Jh. erlebte Zürich dank dem Rittergeschlecht der Manesse eine kulturelle Blüte: Rüdiger II. und sein Sohn förderten die Dichtkunst und zogen Minnesänger aus dem ganzen mittelhochdeutschen Raum an; aus ihrer regen Sammeltätigkeit entstand die berühmte Manessische Handschrift mit 138 Miniaturen, welche sich im Besitz der Heidelberger Universitätsbibliothek befindet. Nach dem Tod König Rudolfs schlossen die Zürcher 1291 mit Uri und

Völkerkundemuseum
Pelikanstr. 40
Di–Fr 10–12 und 14–17, Sa
und So 11–16 Uhr;
allg. Feiertage geschl.
01/221 31 91

Spielzeug-Museum (Stiftung
Franz Carl Weber)
Fortunagasse 15
Mo–Fr 14–17 Uhr
01/211 93 05

Zinnfigurenmuseum Zürich
Obere Zäune 19
Di–Sa 14–17, So 10–12 und
13–16 Uhr
01/262 57 20

Indianer-Museum
Schulhaus Feldstr. 89
Sa 14–17, So 10–12 Uhr
01/241 00 50

Rote Fabrik
(Ausstellungen, Lesungen,
Konzerte usw.)
Seestr. 395
01/482 70 84 und 481 91 43

Zoologisches Museum
Winterthurerstr. 190
Di–Fr 9–17,
Sa und So 10–16 Uhr
01/257 49 13

Städtische Sukkulenten-
sammlung
Mythenquai 88
tägl. 9–11.30 und 13.30–
16.30 Uhr
01/ 201 45 54

Zoologischer Garten Zürich
Zürichbergstr. 221
März–Okt. 8–18, Nov.–Feb.
8–17 Uhr
01/252 71 00

Freibad Enge, Belvoir
01/201 38 89

Strandbad Mythenquai
Mythenquai 95
01/201 00 00

Strandbad Tiefenbrunnen
Bellerivestr. 200
01/55 32 00

Strandbad Utoquai
01/251 61 51

Hallenbad City, Sihlstr. 71
01/211 38 44

Sechseläuten mit Umzug
der Zünfte und Verbrennen
des Bööggs auf dem Belle-
vue, in der Regel am 3. Mo
im April.
Knabenschießen (mit Jahr-
markt) am 2. Wochenende
im September

Wochenmarkt:
Obst- und Gemüsemarkt Di
und Fr 7–11 Uhr auf dem
Bürkliplatz; Sa 7–11 Uhr am
Limmatquai beim Central

Flohmarkt:
Rosenhof und Predigerplatz
April–Dez. Do 9–21; Bürkli-
platz Mai–Okt. Sa 7–16 Uhr

274

Schwyz ein erstes Bündnis, wurden jedoch ein Jahr später bei Winterthur von den Habsburgern geschlagen und zum Friedensschluß gezwungen. 1351 trat Zürich als fünfter Ort dem Bund der Eidgenossen bei.

Mit der wachsenden Seidenindustrie und dem aufblühenden Handel entwickelte sich auch der Handwerkerstand, brachte es zu Wohlstand und wollte sich immer weniger mit seiner fehlenden politischen Mitsprache abfinden. Der gewiegte Taktiker Rudolf Brun nutzte die Situation und katapultierte sich mit Hilfe der Unzufriedenen an die Spitze des Gemeinwesens: Nachdem der Ritter eine neue Verfassung diktiert hatte, welche den Handwerkern erlaubte, sich in Zünften zusammenzuschließen, und die Macht der Ritter und Kaufleute beschnitt, wurde er 1336 zum Bürgermeister auf Lebenszeit gewählt. Rudolf Brun wollte jedoch den Adel, zu dem er ja selber zählte, keineswegs zurückschneiden, sondern sorgte durch ein diktatorisches Regime und ein rotierendes Wahlverfahren dafür, daß die Kaufleute und Handwerker nicht zu stark wurden. Seine Politik führte unter anderem zu mehreren Feldzügen gegen Rapperswil und zur Zürcher Mordnacht am 23. November 1350. Zürichs erster Bürgermeister trieb den Balanceakt so weit, mit den Habsburgern 1356 wieder Freundschaft zu schließen; 1359, ein Jahr vor seinem Tod, ließ er sich zum herzoglichen geheimen Rat ernennen und bezog dafür eine Pension.

Zürich betrieb diese Schaukelpolitik bis in die Mitte des 15. Jh., dann führten seine Expansionsgelüste zum Konflikt mit den Schwyzern und damit zum Alten Zürichkrieg, der 1450 mit der Niederlage der Limmatstadt endete. 1482 wurde Hans Waldmann zum Bürgermeister ernannt, eine der schillerndsten und zugleich umstrittensten historischen Figuren der Schweiz. Sein diplomatisches Geschick trug dem einstigen Schneider und Gerber im Ausland Ruhm und Ehre ein; in der Schweiz wurde er jedoch heftig angefeindet und

1489 in Zürich gefoltert und enthauptet. Noch enger war Huldrych Zwingli mit Zürichs Geschichte verknüpft: Der 1484 in Wildhaus geborene Reformator hatte die Handwerkerzünfte auf seiner Seite, als er gegen die Reisläuferei und die Klöster kämpfte. 1519 wurde Zwingli Leutpriester am Großmünster: Vier Jahre später anerkannten Behörde und Geistlichkeit seine Lehre. Zürich wurde zur «prophetischen Theokratie», vor Genf und gleichzeitig mit Wittenberg eine Hochburg der Reformation. Die Innerschweiz war nicht gewillt, zum neuen Glauben überzutreten, und es kam 1531 zum Zweiten Kappeler Krieg, wo Zwingli fiel.

Doch Zürich blieb ein Zentrum der Reformation und wurde zum Refugium von Glaubensflüchtlingen aus dem Inland und Ausland. Die Locarneser Orelli und Muralt kamen 1555 in die Zwinglistadt; sie verhalfen der brachliegenden Seidenindustrie zu neuem Aufschwung und machten als Politiker, Militärs und Wissenschaftler Karriere. Im 17. Jh. fanden auch zahlreiche Hugenotten Unterschlupf in der Limmatstadt, so daß Zürich zu einer Seidenmetropole wurde. Die Stadt platzte bald aus allen Nähten: 1642–1678 baute man eine neue Befestigungsanlage mit Schanzen und Bollwerken, die auch größere unüberbaute Gebiete umfaßte. Im späten 17. und im 18. Jh. entstanden eine große Zahl repräsentativer Bauten mit schlichtem Äußeren, jedoch reicher Innenausstattung. Ein Beispiel ist das Rathaus von 1694–1698, das sich die Behörden nicht prächtig, aber ansehnlich und reputierlich wünschten.

Die konfessionellen und politischen Spannungen machten Zürich trotz des wachsenden Wohlstands zu schaffen. Das 18. Jh. war jedoch vor allem von Persönlichkeiten geprägt, die der Stadt zu ihrer kulturellen Blüte verhalfen: Bodmer, Breitinger, Lavater, Salomon Geßner und Pestalozzi brachen das durch die Reformation auferlegte Schweigen und machten Zürich zur Literatenstadt von europäischem Ruf, der sich im 19. Jh. durch berühmte Namen wie Gottfried Keller und C. F. Meyer festigte. Die alten politischen Strukturen und Privilegien der Stadt wurden erst 1831 mit der Annahme der neuen Kantonsverfassung aufgehoben, die dazu beitrug, daß Zürich zur Hochburg des Liberalismus wurde.

In der Neuzeit entwickelte Zürich eine Dynamik, die von keiner anderen Schweizer Stadt übertroffen wurde: 1833 Gründung von Universität und Kantonsschule; 1834 Schleifung der Wälle; 1835 erstes Zürichsee-Dampfschiff; 1837 Durchbruch der Rämistraße; 1847 erste schweizerische Eisenbahnlinie, die Spanisch-Brötli-Bahn, zwischen Zürich und Baden; 1855 Einweihung des Eidgenössischen Polytechnikums; 1863/64 Bau der Bahnhofstraße; 1865–1871 Bau des Hauptbahnhofs; 1872–1882 Bau der Gotthardbahn. Hinter Zürichs rascher Entwicklung zum Eisenbahnzentrum der Nordostschweiz steckte der Kaufmann und Politiker Alfred Escher (1819–1882); Escher war auch maßgeblich an der Gründung der Zürcher Hochschulen sowie der Schweizerischen Kreditanstalt beteiligt.

Während des Ersten und Zweiten Weltkriegs konnte Zürich erneut seine Weltoffenheit unter Beweis stellen, indem es Emigranten aufnahm, darunter hervorragende Künstler und Intellektuelle, die ein Klima kreierten, das auch das einheimische Kulturschaffen befruchtete. Der Dadaist Hugo Ball gründete 1916 das «Cabaret Voltaire»; es folgten die «Pfeffermühle» und das «Cornichon» in den dreißiger Jahren. Das Schauspielhaus erlebte dank der exilierten Schauspieler seinen Höhepunkt. Die in der Reformation wurzelnde puritanische Kulturfeindlichkeit war damit definitiv überwunden, und heute gibt es in Zürich wohl mehr Museen, Galerien und Künstler als in jeder anderen Schweizer Stadt.

Zürich ist ein geschäftiger Finanzplatz mit kleinstädtischen Zügen. In der Altstadt links und rechts der Limmat entdeckt der Besucher verwinkelte Gassen, stille Plätze, kleine Gärten, heimelige Beizen, traditionelle Märkte und Handwerksbetriebe. In der Limmatstadt findet man nicht nur die aktuellste Mode, den exklusivsten Schmuck und die feinste Schokolade, sondern auch nostalgische Spezialitätenläden, zahlreiche Buchhandlungen und Antiquitätengeschäfte. Wer sich nächtens amüsieren will, strebt wahrscheinlich auf dem kürzesten Weg ins berühmt-berüchtigte Niederdorf oder in die Langstraße hinter dem Hauptbahnhof. Und wer in Zürich die Natur sucht, findet sie im Zoo auf dem Zürichberg oder auf dem See.

Zürichs Hausberg

«Üetli» oder gar «Üetzgi» nennen die Zürcher zärtlich ihren Hausberg, der im Südwesten der Stadt liegt und 873 m hoch ist. Der Uetliberg bildet das Nordende der Albiskette und erhebt sich zwischen Reppisch- und Sihltal, ein Werk der eiszeitlichen Gletscher, die ihm eine Nagelfluhkappe aufgesetzt haben. Die elektrifizierte Uetlibergbahn – sie ist übrigens die steilste Adhäsionsbahn Europas! – führt ab Station Selnau in einer weiten Schleife zur Bergstation, von der man in 10 Minuten Fußmarsch den Kulm erreicht. Bei klarem Wetter und vor allem bei Föhn genießt man von hier eine herrliche Aussicht über die Stadt und den See, in die Alpen und bis in den Schwarzwald. Neben dem Berghotel wurde ein archäologisches Museum mit Funden vor allem aus der Bronzezeit eingerichtet, in Erinnerung an die Kelten, welche auf dem Uetliberg ein Refugium angelegt hatten. Vor Uto Staffel kommt man auf eine Naturstraße, auf der man in einer guten Stunde zur Felsenegg gelangt; eine Luftseilbahn führt hinunter nach Adliswil und die Sihltalbahn zurück nach Zürich.

Großmünster

Die Ursprünge von Zürichs Wahrzeichen sind von Legenden umrankt. Eine davon ist den Stadtpatronen Felix und Regula gewidmet, die am Limmatufer enthauptet wurden und ihre Köpfe an den Platz des Großmünsters getragen haben sollen; Fragmente des Legendenzyklus vom Ende des 15. Jh. sind in der dreischiffigen Hallenkrypta erhalten. Vermutlich wurde der Bau der heutigen Kirche im späten 11. Jh. begonnen; im 12. Jh. entstanden das Langhaus und die Zwölfbotenkapelle südlich des Chors. In einer späteren Phase, um 1230, wurden das Mittelschiff und der Chor erhöht. Unter Hans Waldmann baute man 1487–1492 die beiden Türme mit Spitzhelmen aus; sie wurden im 18. Jh. nach einem Brand durch die bestehenden eigenwilligen Turmhauben ersetzt. An der Südwand des limmatseitigen Turms befindet sich die Statue Karls des Großen (Original in der Krypta). Im Innern des klar gegliederten Gotteshauses sind bemerkenswert die romanische Kapitelplastik, die Glasfenster von Augusto Giacometti im Chor, der Kreuzgang und die Reste gotischer Wandmalereien.

1 Hauptbahnhof
2 Schweiz. Landesmuseum
3 Paradeplatz
4 Fraumünster
5 Zunfthaus zur Meisen
6 Zunfthaus zur Waag
7 Ref. Pfarrkirche St. Peter
8 Augustinerkirche
9 Lindenhof
10 Schipfe
11 Zentralbibliothek
12 Predigerkirche
13 Königstuhl, Zunfthaus zur Schneidern
14 Zunfthaus zur Schmiden
15 Hauptwache
16 Rathaus
17 Zunfthaus zur Saffran
18 Zunfthaus zum Rüden
19 Zunfthaus zur Zimmerleuten
20 Großmünster
21 Wasserkirche und Helmhaus
22 Haus zum Kiel
23 Kunsthaus
24 Schauspielhaus
25 Haus zum Napf
26 Zunfthaus zur Schuhmachern
27 Zum Kronentor
28 Haus zum Rechberg
29 Stockargut
30 Universität
31 Eidg. Technische Hochschule
32 Städt. Pfrundhaus
33 Standseilbahn (Polybähnli)

Stadtrundgang Zürich

Die mächtige Hallenkonstruktion mit dem vorgesetzten Südportal des Hauptbahnhofs, der 1871 eingeweiht wurde, bildet den würdigen Abschluß der Bahnhofstraße. Gleich hinter dem Bahnhof befindet sich das Schweizerische Landesmuseum (2), eine schloßartige Anlage von 1893–1898 mit einer reichhaltige Sammlung zur Geschichte und Kultur unseres Landes. Das geschlossene Bild der von Linden gesäumte Bahnhofstraße wurde durch zahlreiche Neubauten zerstört. Herzstück der Bahnhofstraße ist der Paradeplatz (3), einst Viehmarkt und Exerzierplatz, dann Tramknotenpunkt und Bankensitz. Die Poststraße führt am Postgebäude vorbei auf den Münsterhof mit dem im 9. Jh. gegründeten ehemaligen Damenstift. Das Fraumünster (4), eine dreischiffige Pfeilerbasilika mit gotischem Langhaus und Querschiff sowie spätromanischem Chor, wurde mehrmals umgebaut. Die Glasgemälde im nördlichen Querhaus stammen von Augusto Giacometti, die Chorfenster von Marc Chagall. Im prächtigen Zunfthaus zur Meisen (5) am Ufer der Limmat trafen sich einst die Weinleute. Der repräsentative, heiter wirkende Barockbau von 1752–1757 wird als Dépendance des Landesmuseums benutzt. Gegenüber erhebt sich das vierstöckige Zunfthaus zur Waag (6) aus dem 17. Jh. Durch die Storchengasse kommen wir auf den alten Weinplatz mit dem schmiedeeisernen Winzerbrunnen. Links führt ein Gäßchen auf die St. Peterhofstatt, einen ruhigen Platz. St. Peter (7) ist die älteste Pfarrkirche Zürichs: Im 9. Jh. erstmals erwähnt, erhielt sie den heutigen Chorturm im frühen 13. Jh. und das dreischiffige Langhaus 1705. Die Turmuhr von St. Peter hat mit einem Durchmesser von 8,7 m die größten Zifferblätter Europas. Auf dem Münzplatz steht die schlichte christkatholische Augustinerkirche (8), die im 13. Jh. von Augustinereremiten errichtet und während der Reformation säkularisiert wurde. Die steile Pfalzgas-

Die Lage an der Limmat prägte die Entwicklung der Altstadt

se führt zum Lindenhof (9), auf dem Reste aus der Römerzeit und der mittelalterlichen Pfalz sichtbar sind. Die Schipfe (10) mit ihren sorgfältig renovierten Häusern wurde 1292 erstmals erwähnt und war Umschlagplatz zwischen See- und Flußschiffahrt. Über die Rudolf-Brun-Brücke geht's auf die rechte Stadtseite, dem Limmatquai entlang und durchs autofreie Niederdorf hinauf zum Zähringerplatz. Die Zentralbibliothek (11) wurde Anfang des 19. Jh. anstelle des abgebrannten Dominikanerklosters erstellt, das zur Predigerkirche (12) gehörte; der Chor aus dem 14. Jh. zählt zu den bedeutendsten der Schweizer Bettelordensarchitektur. An der Nordseite der Stüssihofstatt steht das Wohnhaus Rudolf Stüssis, das stark erneuert wurde und als Zunfthaus zur Schneidern (13) einen alten Erker aufweist. Das hochmittelalterliche Zunfthaus zur Schmiden (14) an der Ecke Rindermarkt/Marktgasse ist heute ein Restaurant und besitzt eine große Zunftstube. Die Marktgasse zieht sich zum Limmatquai mit der Rathausbrücke hinunter; sie wird von der klassizistischen Hauptwache (15) und dem stattlichen Rathaus (16) flankiert. Es wurde 1694–1698, d. h. mitten in der Barockzeit, im Renaissancestil erbaut. Die Zunfthäuser zur Saffran (17), zum Rüden (18) und zur Zimmerleuten (19) zeugen vom Selbstbewußtsein der Handwerkervereinigungen. Auf einer Terrasse über der Limmat erhebt sich das Großmünster (20), das Wahrzeichen Zürichs. Am Bellevueplatz bietet sich das ehemalige Literatencafé Odeon – der vordere Teil wurde zum Geschäftslokal umfunktioniert – zum Zwi-schenhalt an. Von der Quaibrücke aus hat man einen schönen Blick auf die spätgotische Wasserkirche mit dem angebauten Helmhaus (21) von 1791–1794. Durch die steile Kirchgasse gelangen wir zum Zürcher Kulturzentrum mit dem Kunsthaus (23), dem Haus zum Kiel (22) und dem Schauspielhaus (24). Im kostbar ausgestatteten Haus zum Napf (25), das bereits im 14. Jh. erwähnt wurde, wohnten die vornehmsten Familien. Der Neumarkt, eine breite Gasse mit zahlreichen wertvollen historischen Gebäuden, wird vom Grimmenturm abgeschlossen. Im ehemaligen Zunfthaus zur Schuhmachern (26) hat sich heute das Theater am Neumarkt einquartiert; in den Bau von 1742/43 wurde ein mittelalterlicher Wohnturm einbezogen. Am Haus zum Kronentor (27) vorbei gelangt man zum Haus zum Rechberg (28), einem Zürcher Privatpalais des 18. Jh. Das Stockargut (29) aus dem 17. Jh. war einst eine große Anlage, die durch den Bau des Hirschengrabenschulhauses zerschnitten wurde. Neben der Universität (30) liegt die Eidgenössische Technische Hochschule ETH (31); der Komplex wurde 1861–1864 erbaut und gilt als der bedeutendste Bau des Historismus in der Schweiz. Von der Terrasse der ETH fährt das «Polybähnli» (33) hinunter ins Central. Wer zu Fuß geht, kommt am 1840–1842 erbauten, langgestreckten Städtischen Pfrundhaus (32) vorbei.

Gottlieb Duttweiler (1888–1962)

«Am Anfang der Migros stand ja nicht das Geld, sondern der Geist und – wir dürfen es ruhig sagen – das Herz», erinnert sich Gottlieb Duttweiler 1958 im «Brückenbauer». In New York und auf einer brasilianischen Farm zu etwas Vermögen gekommen, gründete er 1925 mit einem Aktienkapital von 100 000 Franken die Migros AG. Die Idee, dank kleinerer Marge und weniger Service günstiger als die Konkurrenz zu sein, fand auch bei den Schweizer Hausfrauen Anklang, und die fahrenden Läden mit dem damals noch kleinen Angebot tauchten bald regelmäßig in den Arbeiterquartieren auf. «Duttis» Herz schlug fürs Volk, das er nicht nur mit Lebensmitteln, sondern auch mit Kultur, Bildung und Ferien versorgen wollte. 1935 stieg er in die Politik ein, zuerst als Nationalrat, dann als Ständerat. Vier Jahre vor Kriegsende wandelte er die Migros in eine Genossenschaft um, und 1946 schenkte er den Park «Im Grüene» in Rüschlikon der Öffentlichkeit.

Das Schweizerische Landesmuseum

Wenn es regnet – das kann auch in Zürich vorkommen –, macht ein Besuch im Landesmuseum sogar Kindern Spaß. Das 1898 eröffnete schloßähnliche Museum, ein Werk des Architekten Gustav Gull, sollte ein Bilderbuch der Schweizergeschichte sein und die beweglichen Kulturgüter seit der Urzeit sammeln und erhalten. Das Museum hinter dem Hauptbahnhof besitzt seit 1958 ein Forschungslaboratorium für Konservierung und veröffentlicht laufend kulturgeschichtliche Arbeiten. Schwerpunkte sind Ur- und Frühgeschichte (bedeutendste Sammlung des Landes), Kunst und Kunstgewerbe des Mittelalters und der Neuzeit, Waffen und Uniformen, Volkskunde, Münzen und Medaillen, Siegel, Grafik. Aus Platzgründen wurde die Keramische Sammlung im Zunfthaus zur Meisen untergebracht; auch das Wohnmuseum Bärengasse in Zürich, Schloß Wildegg (AG) sowie das Schweizer Zollmuseum in Gandria gehören zu den Filialen des Landesmuseums (Öffnungszeiten S. 273).

Der volksreichste Kanton in Zahlen

Zürich ist mit 1729 km² flächenmäßig der 7. Stand der Schweiz. In keinem anderen Kanton prallen die Gegensätze und Entwicklungen so augenfällig aufeinander wie im Kanton Zürich, und in keinem anderen Kanton leben mehr Menschen als in Zürich. Die Stadt ist das unbestrittene Wirtschaftszentrum der Schweiz – ein Fünftel des Schweizer Volkseinkommens wird im Kanton Zürich erwirtschaftet. Jeder fünfte Einwohner der Schweiz wohnt in einer der 171 Zürcher Gemeinden; drei Fünftel aller Zürcherinnen und Zürcher leben außerhalb der beiden Städte Zürich und Winterthur. Ende 1989 zählte der volksreichste Kanton 1 145 300 Einwohner. Von den 562 050 berufstätigen Zürchern arbeiten fast 63% im Dienstleistungssektor und 34,5% in Industrie und Gewerbe. Nicht einmal mehr 3% sind in der Landwirtschaft tätig, obwohl der Stand von der Produktion her zu den bedeutendsten Agrarkantonen gehört.

Adliswil

Das erstmals Mitte des 12. Jh. erwähnte Adliswil (15 520 Einwohner) liegt im Sihltal, am Fuß der Albiskette. Schon 1357 nahm Zürich Adliswiler in sein Bürgerrecht auf. Im Alten Zürichkrieg 1443 wurde das Dorf von den Eidgenossen verbrannt und 1675 größtenteils von einem Dorfbrand zerstört. Anfang des 19. Jh. faßte auch im Sihltal die Textilindustrie Fuß. 1823 wurde im Oberdorf die erste Spinnerei, 1861/62 in der Geroldsrüti die erste Seidenstoffweberei der Schweiz errichtet. Seit 1832 ist Adliswil dem Bezirk Horgen zugeteilt. Die reformierte Kirche wurde 1897/98 in neugotischen Formen erbaut; gleich daneben befindet sich die Abdankungshalle mit einem Wandbild von Helen Dahm.

Dietikon

Die Gemeinde Dietikon liegt im Limmattal, an der Reppisch und an der Kantonsstraße Zürich–Baden. Der alte Dorfkern steht auf den Trümmern eines römischen Gutshofs. Die erstmals 1240 erwähnte Burg Schönenwerd, der einstige Sitz von habsburgischen und kyburgischen Dienstmannen, wurde 1334 und 1371 von den Zürchern zerstört. Bis 1798 stand Dietikon unter dem Regime des Landvogts von Baden. Heute ist Dietikon eine große Industriestadt. Bekannt ist insbesondere die sich seit mehr als 200 Jahren in Familienbesitz befindende Pestalozzi & Co. AG, ein Handelsunternehmen für Stahl- und Kunststoffprodukte. Viele der 20 850 Einwohner pendeln aber täglich in die Wirtschaftsmetropole Zürich.

Wallisellen

Das 820 erstmals erwähnte Industriestädtchen Wallisellen zählt 11 055 Einwohner. Aus dem Bauerndorf vor den Toren der Stadt Zürich hat sich eine Vorortsiedlung entwickelt. Viel Anziehungskraft übt das Einkaufszentrum «Glatt» direkt am N 1-Anschluß Wallisellen aus. Die reformierte Kirche wurde 1907/08 in Jugendstilformen erbaut. In der Vorhalle steht ein barocker Taufstein von 1704 aus der alten, 1931 abgebrochenen Kirche. Das sogenannte Doktorhaus am Kreuzplatz, ein großer barocker Giebelbau, ließ Landrichter David Ziegler 1733/34 erbauen.

Zollikon

11 750 Menschen wohnen heute in der Gemeinde am rechten Zürichseeufer. Die 1223 erstmals erwähnte reformierte Pfarrkirche wurde 1496–1499 neuerbaut. Sehenswert sind das Haus zum Traubenberg – ein typisches Zürcher Landhaus –, das Ortsmuseum sowie die fünf keltischen Grabhügel (um 1000 v. Chr.) auf einem Höhenzug im Wald auf dem Zollikerberg.

Zu Füßen der Burg entwickelte sich die Industriestadt Uster

Am Dorfplatz von Stäfa

Stäfa

Das erstmals 958 erwähnte Stäfa (10 460 Einwohner) mit den Ortsteilen oder Dörfern Oetikon, Uelikon, Kehlhof und Uerikon liegt am rechten Ufer des oberen Zürichsees. Als Teil der Herrschaft Grüningen kam Stäfa 1408 an die Stadt Zürich und wurde von dieser 1450 zu einer eigenen Vogtei gemacht. 1795 stand Stäfa im Mittelpunkt der Volksbewegung gegen die Stadt Zürich (Stäfner Handel). Nach der Mediation wurde der Ort dem Oberamt und heutigen Bezirk Meilen zugeteilt. Seit dem 16. Jh. siedelte sich in Stäfa Industrie an (Färbereien, Seiden- und Baumwollindustrie). Sehenswert sind in der bedeu-

*Das auf einem Hügelrücken gelegene alte Zürcher Landvogteistädtchen **Grüningen** (2500 Einwohner) im oberen Glattal wurde im 13. Jh. von den Freiherren von Regensberg, Vögte des Klosters St. Gallen, gegründet. 1274 verkauften sie das reizvolle Städtchen an Rudolf von Habsburg. 1331 wurde Grüningen an die Herren von Landberg-Greifensee verpfändet und schließlich 1408 von der Stadt Zürich übernommen. Das Schloß, ursprünglich eine der größten Burgen der ganzen Ostschweiz, wurde im wesentlichen vor 1229 für die Freiherren von Regensberg erbaut. Von 1442 bis 1798 war es Sitz der Zürcher Landvögte. Von der ursprünglich dreiseitigen Burganlage sind der 1564 um zwei Stockwerke erhöhte Palas und der Bergfried erhalten.*

tendsten Rebbaugemeinde des Kantons Zürich die 1688/89 neuerbaute reformierte Pfarrkirche, der in der ersten Hälfte des 17. Jh. errichtete Fachwerkbau «zur Farb» mit dem Ortsmuseum und die Ritterhäuser von Uerikon (13.–16. Jh.) am See neben der St.-Johannes-Kapelle.

Uster

Der Bezirkshauptort Uster ist der bedeutendste Industrieort (Maschinen- und Textilindustrie) des Zürcher Oberlandes. Die Gemeinde (24 900 Einwohner) umfaßt heute das Gebiet von elf ehemals selbständigen Zivilgemeinden. Seit 1941 ist Uster Stadt. Der Name Uster wird 775 erstmals erwähnt. 1474 gelangte der Ort in die Hände der Stadt Zürich. Im 18. Jh. entwickelten sich die Heimspinnerei und Heimweberei zur wichtigsten Erwerbsquelle der Bevölkerung der Zürcher-Oberland-Gemeinde. Der «Ustertag» von 1830 brachte der Landschaft die gleichen Rechte wie den Stadtzürchern. 1832 wurde Uster übrigens dem alten Verwaltungssitz Greifensee als Bezirkshauptort vorgezogen und beherbergt seither die Verwaltung des gleichnamigen Bezirks. Die Burg Uster wurde Anfang des 11. Jh. auf einem Drumlinhügel erbaut. Bis 1534 war sie im Besitz der Freiherren von Bonstetten; im 17. Jh. zerfiel sie und wurde unbewohnbar. Trotzdem baute man die Ruine 1853 zum Bezirksgefängnis aus. Seit 1917 ist in der Burg eine Haushaltungsschule untergebracht.

Illnau-Effretikon

Das im mittleren Abschnitt des Kempttals gelegene Illnau-Effretikon (14 340 Einwohner) ist flächenmäßig eine der größten Gemeinden des Kantons Zürich. Illnau-Effretikon ist erstmals 745 bezeugt. 1424 kam der Ort in den Besitz der Stadt Zürich. 1831 wurde Illnau-Effretikon dem Bezirk Pfäffikon zugeteilt. Zwischen 1929 und 1931 wurden die sieben ursprünglich bestehenden Zivilgemeinden aufgelöst. Seit 1973 ist Illnau-Effretikon Stadt. Das Fundament des massigen Chorturms der bis ins 8. Jh. zurückreichenden Illnauer St.-Martins-Kirche besteht aus großen Findlingen. Die um 1254 erbaute Moosburg in Effretikon wurde im Alten Zürichkrieg 1444 von den Eidgenossen zerstört.

Küsnacht

Die wohlhabende rechtsufrige Zürichseegemeinde Küsnacht (12 370 Einwohner) umfaßt auch Goldbach und auf der Höhe gegen die Forch die Weiler Itschnach und Limberg. Von 1384–1798 war das 1086 urkundlich bezeugte Küsnacht eine zürcherische Obervogtei. Seit 1831 gehört die Gemeinde zum Bezirk Meilen. Die reformierte Kirche St. Georg wurde bereits 1188 erwähnt. In Küsnacht steht die älteste Zehntentrotte des Kantons. In der 1358 gegründeten ehemaligen Johanniterkomturei ist heute das kantonale Lehrerseminar eingerichtet. Am Weg auf die Forch liegt im Küsnachter Tobel die Ruine der 1267 von den Zürchern zerstörten Burg Wulp.

Meilen

Die politische Gemeinde Meilen (10 680 Einwohner), zu der die Dorfteile Berg-, Feld- und Obermeilen sowie Toggwil und Dollikon gehören, liegt in weinreicher Gegend am rechten Zürichseeufer. 1384 bildete Zürich aus dem 820 erwähnten Meilen eine Obervogtei, die bis 1798 bestand. 1814 wurde das am Fuß des Pfannenstils gelegene Meilen Hauptort des gleichnamigen Bezirks. Die Pfarrkirche steht über Vorgängerbauten aus der Zeit um 700 und um 1000. Das Landgut Mariafeld ist das Geburtshaus von General Ulrich Wille. Zur Zeit des Ehepaars François (1811–1896) und Eliza Wille kam hier die berühmte «Tafelrunde auf Mariafeld» zusammen, unter anderem mit den Dichtern Gottfried Keller, Conrad Ferdinand Meyer sowie den Komponisten Richard Wagner und Franz Liszt. Das 1767 erbaute Gut Seehof war 1872–1876 Wohnsitz des Schriftstellers C. F. Meyer.

Züri-Gschnätzlets
(nach altem Zunftrezept)

Zutaten:
600 g Kalbsbäggli, 200 g Kalbsniere, 200 g Champignons, 60 g Butter, 1 Zwiebel, 1,5 dl braune Bratensauce, 1,5 dl Rahm, 2 dl Weißwein, Petersilie gehackt, Salz, Pfeffer

Alles Fleisch sowie die Pilze in Streifen schneiden. Die Butter in der Bratpfanne erhitzen und die Kalbsniere kurz anbraten. Anschließend aus der Pfanne nehmen und warm stellen. Dann das Kalbfleisch anbraten und ebenfalls warm stellen. Die Champignons im Fond kurz dämpfen. Butter in der Pfanne zergehen lassen, die feingehackte Zwiebel dazugeben und weichdünsten. Mit Weißwein ablöschen. Die Fleischstücke mit den Pilzen wieder der Sauce beigeben. Die Bratensauce und den halbsteif geschlagenen Rahm beimischen. Mit Salz und Pfeffer würzen, anrichten und mit Petersilie bestreuen.

Das Landvogteischloß Wädenswil

Nach der Übernahme der Herrschaft Wädenswil durch die Stadt Zürich ist 1550 mit dem Bau des neuen Schlosses für den Landvogt auf einem aussichtsreichen Hügel oberhalb des Dorfes begonnen worden. Das von Mauern und Graben umgebene Gebäude war 1557 vollendet. Im Bokkenkrieg wurde es 1804 niedergebrannt, jedoch 1812–1818 in neuklassizistischem Stil als Sitz des Oberamtmanns und des Amtsgerichts wiederaufgebaut. Bis 1814 war dann das Schloß verpachtet und später bis 1890 in Privatbesitz. Jetzt ist das dreigeschossige Schloß mit seinem Walmdach zusammen mit einem 1903 errichteten Neubau der Sitz der Eidgenössischen Versuchsanstalt für Obst-, Wein- und Gartenbau.

Rüti

Die Zürcher-Oberland-Gemeinde Rüti (10 180 Einwohner) liegt auf beiden Ufern der Jona etwa 4,5 km nordöstlich von Rapperswil. Der Grundstein für das bekannte Prämonstratenserkloster wurde 1208 von Graf Lütold IV. von Regensberg gelegt. Im Alten Zürichkrieg 1443 wurde Rüti von den Eidgenossen schwer zerstört. 1525 wurde die Abtei säkularisiert. 1706 brannten die Konventbauten großenteils ab. Im 19. Jh. faßten die Textil- sowie die Maschinenindustrie in Rüti Fuß, und bis heute werden in Rüti Webmaschinen hergestellt, die weltweit einen guten Ruf haben.

Schlieren

Die im Limmattal gelegene Zürcher Agglomerationsgemeinde Schlieren (13 060 Einwohner) wurde 828 erstmals erwähnt. Der Ort stand seit 1415 unter der Hoheit der Landvögte von Baden und kam später zum Kanton Zürich. Schlieren ist heute ein lebhafter Industrieort. Bis Mitte der achtziger Jahre war die Waggonfabrik Schlierens größter Arbeitgeber. Dann wurde die «Wagi» geschlossen. Sehenswert sind unter anderem die 1243 erwähnte reformierte Kirche sowie die in der zweiten Hälfte des 18. Jh. in einfachen klassizistischen Formen erstellten drei Dorfbrunnen.

Horgen

Die Gemeinde Horgen, zu der auch der Weiler Sihlwald gehört, liegt am linken Zürichseeufer am Fuß des Horgenbergs. Der Meierhof und der größte Teil des Grundbesitzes des 952 erstmals urkundlich erwähnten Horgen gehörten dem Fraumünsterstift in Zürich. 1406 bildete die Stadt Zürich aus Horgen und Rüschlikon die innere Vogtei Horgen. Die Siedlung am See, die über die beste Schiffländi am Zürichsee verfügte und an der vielbenutzten Handelsstraße von Zürich nach Zug und über den Gotthard lag, war einer der wichtigsten Umschlagsorte des Mittellands. 1639 wurde Horgen zum Marktflecken erhoben. Neben Landwirtschaft wurden in der Gemeinde schon seit dem 17. Jh. Spinnerei und Weberei betrieben. Der Bezirkshauptort (16 270 Einwohner) hat sich in der Zwischenzeit vom typischen Weinbauerndorf zum bedeutendsten Industriezentrum am Zürichsee entwickelt. In der Rokoko-Landkirche (1780–1782) sind Stukkaturen des Vorarlberger Meisters Andreas Mosbrugger zu sehen. Von Horgen führt eine Autofähre nach Meilen am rechten Ufer.

Elgg, eine der wenigen konzentrischen Stadtanlagen der Schweiz

Elgg

Das auf einer nur wenige Meter über die flache Eulachebene aufsteigenden Kuppe beinahe quadratisch angelegte Habsburger Städtchen östlich von Winterthur hat seinen mittelalterlichen Charakter bis heute bewahrt. Das 760 erstmals urkundlich erwähnte Elgg erhielt 1371 das Stadtrecht und kam 1425 in den Besitz der Stadt Zürich. Die 1508–1518 erbaute reformierte Kirche ist das stattlichste spätgotische Gotteshaus der Zürcher Landschaft. Das mittelalterliche Schloß auf einem Hügel südlich des Städtchens hat die Innenausstattung des 17. und 18. Jh. ganz bewahrt und befindet sich heute in Privatbesitz. Die Gemeinde zählt heute 3280 Einwohner.

Opfikon

Die Gemeinde Opfikon (11 390 Einwohner) liegt am rechten Ufer der Glatt südlich von Kloten und

Die Kirche von Horgen

umfaßt auch Glattbrugg. 1218 kam das 774 erwähnte Opfikon an die Grafen von Kyburg. Seit 1831 gehört der Ort zum Bezirk Bülach. Von der 1370 erbauten Kapelle ist nach der Reformation nur noch der Glockenturm benutzt worden. 1764 wurde dieser Glockenturm zusammen mit der Kapelle bei einem Dorfbrand zerstört und 1822/23 durch einen Neubau ersetzt. Das Ortsmuseum von Opfikon-Glattbrugg befindet sich in einem 1640 erbauten Bauernhaus.

Thalwil

Das am linken Zürichseeufer gelegene Thalwil ist 1124 erstmals bezeugt. Thalwil bildete zunächst

*Der **Flughafen Zürich-Kloten** liegt etwa 11 km nördlich des Zentrums der Stadt Zürich. Der Heimathafen der Swissair zählt mit 580 Starts und Landungen an Spitzentagen zu den zehn bedeutendsten europäischen Drehscheiben des Luftverkehrs. Der Flughafen Zürich ist zurzeit mit 147 Städten in 75 Ländern verbunden. Jahr für Jahr erhöht sich die Zahl der in Kloten ankommenden und abfliegenden Passagiere: 1989 waren es mehr als 12 Mio. Die Gemeinde Kloten selbst zählt heute 15 460 Einwohner.*

eine eigene zürcherische Obervogtei, wurde aber 1437 mit der Vogtei Horgen vereinigt. Seit 1832 gehört Thalwil zum Bezirk Horgen. Durch die Ansiedlung zahlreicher Industrieunternehmungen und die Nähe der Stadt Zürich hat sich Thalwil (15 550 Einwohner) in den letzten Jahrzehnten zu einer der größten Gemeinden am linken Zürichseeufer entwickelt. Thalwils 1846/47 erbaute reformierte Kirche ist ein bedeutender klassizistischer Bau, die Trotte ist ein stattliches Giebelhaus von 1752.

Volketswil

Das Gemeindegebiet von Volketswil (11 870 Einwohner) hat wesentlichen Anteil an der Glattebene, greift aber auch in die hügelige Seitenmoräne des Linthgletschers über, die das Glattal vom Kempttal trennt. Die einzelnen Fraktionen liegen voneinander isoliert. In jüngster Zeit wurde aber vor allem die Ebene zwischen Volketswil und Hegnau systematisch überbaut. Volketswil wird 904 erstmals erwähnt. Zusammen mit der Herrschaft Greifensee kam der Ortsteil Hegnau 1402 an Zürich, die restlichen Gemeindeteile folgten 1424 als Teile der Grafschaft Kyburg. Volketswil gehört seit 1832 zum Bezirk Uster. In allen Ortsteilen wird immer noch viel Landwirtschaft betrieben. Nach 1965 setzte in Hegnau und Volketswil aber eine große Bauentwicklung ein, die nicht spurlos am historischen Bestand der Ortschaften vorübergegangen ist.

Wädenswil

Der ehemalige Freiherren-, Komturei- und Landvogteisitz (19 040 Einwohner) am linken Zürichseeufer ist 1130 erstmals erwähnt. Im 16. Jh. wurde Wädenswil eine zürcherische Landvogtei. Als Sitz des Landvogts erbaute Zürich anstelle der später abgebrochenen Burg oberhalb des Dorfes ein neues Schloß (siehe Randspalte S. 280). Wädenswil war 1815–1831 Zentrum eines Oberamts, das die Gemeinden des linken Zürichseeufers umfaßte, und ging dann in den Bezirk Horgen über. Sehenswert sind unter anderem die barocke reformierte Kirche mit ihrem festlichen Innenraum, das Ortsmuseum in einem schönen Fachwerkhaus sowie die Burgruine Alt-Wädenswil.

Dübendorf

Die Stadt Dübendorf (20 580 Einwohner) liegt im oberen Glatttal. Die Siedlung Dübendorf wird 946 erstmals genannt. 1487 kam Dübendorf in den Besitz von Bürgermeister Hans Waldmann. Nach dessen Sturz und Enthauptung konfiszierte die Stadt Zürich alle Güter und Rechte und faßte sie zu einer neuen Vogtei zusammen. Seit der Neuformierung des Kantons 1832 gehört Dübendorf zum Bezirk Uster. Dübendorf ist seit 1958 Stadt. Auch heute noch ist in der Zürcher Agglomerationsgemeinde die Pionierzeit der Schweizer Luftfahrt lebendig: Im Fliegermuseum am Rand des bedeutendsten Schweizer Militärflugplatzes wird der Werdegang der Luftfahrt in der Schweiz bis zur Gegenwart geschildert. Die romanische Kirche des ehemaligen Lazariterklosters (siehe Randspalte) wurde 1961–1967 nach einer 400jährigen Zweckentfremdung als Bauernhaus wiederhergestellt und ist heute ein beliebtes Hochzeitskirchlein.

Greifensee

Obwohl das 1260 erstmals erwähnte Greifensee (5280 Einwohner) in den Akten immer als Städtchen bezeichnet wird, ist ein offiziell verliehenes Stadtrecht nicht nachweisbar. 1444, während des Alten Zürichkriegs, eroberten die Eidgenossen das zu Zürich gehörende, Anfang des 12. Jh. von den Herren von Rapperswil gegründete Landstädtchen Greifensee. Die Sieger richteten fast alle Gefangenen hin (Mord von Greifensee). Das teilweise zerstörte Schloß wurde um 1520 wiederaufgebaut und diente während zweieinhalb Jahrhunderten als Sitz der Zürcher Landvögte. Den letzten der Landvögte, Salomon Landolt (1741–1818), verewigte Gottfried Keller in seiner Novelle «Der Landvogt von Greifensee». In dem hohen Steinbau mit dem schönen Treppengiebel ist heute das Evangelische Diakonenhaus untergebracht. Zu den Sehenswürdigkeiten des kleinen Landstädtchens gehört unter anderem auch der 8,6 km² große idyllische See mit dem Naturschutzgebiet.

Das Lazariterkloster Gfenn

Niederlassungen des Lazariterordens waren in der Schweiz selten. Es sind nur zwei Klöster bekannt, dasjenige in Gfenn bei Dübendorf und das einige Jahre früher gegründete in Seedorf im Kanton Uri, die zusammen mit dem Kloster Schlatt bei Freiburg im Breisgau die süddeutsche Ordensprovinz bildeten. Der Stifter des Lazariterklosters Gfenn war Vogt Rudolf III. von Rapperswil. Im mittleren 14. Jh. muß der Männerkonvent durch einen Frauenkonvent abgelöst worden sein. Der 1414 von den Klosterfrauen zum Pfleger der Häuser Gfenn und Seedorf erwählte Priester Johannes Schwarber von Bülach reorganisierte die beiden verwahrlosten Häuser und führte sie zu einer kurzen Blüte. Im Alten Zürichkrieg 1444 brannten die Schwyzer Gfenn nieder, und 1525 wurde das Kloster aufgehoben. Die Güter wurden 1527 Landvogt Escher von Greifensee verkauft. Bis 1957 blieben die Bauten in Privatbesitz. Heute gehören die Gebäude der Gemeinde Dübendorf.

Zurzach wurde dank dem Grab der hl. Verena bereits im Frühmittelalter ein bedeutender Wallfahrtsort, und seine Messe, die während Jahrhunderten selbst von Kaufleuten aus Rußland besucht wurde, war in ganz Europa bekannt. Heute wird der aargauische Flecken wenige Kilometer oberhalb der Aaremündung in den Rhein vor allem dank des heilkräftigen Wassers seiner Thermalquellen besucht.

Verkehrsbüro
Quellenstraße 1
8437 Zurzach
056/49 24 00

4. 10. 1989

Zurzach

Die Geschichte des Badekurorts Zurzach beginnt erst um die Mitte des letzten Jahrhunderts, als man im alten Flecken nach Steinkohle bohrte und an deren Stelle zufällig Steinsalz fand, das seit 1912 von den Schweizer Rheinsalinen ausgebeutet wurde. Als man 364 m tief gebohrt hatte, traf man auf einen Bodenschatz, mit dem niemand gerechnet hatte: Plötzlich schoß 38 °C warmes Wasser an die Oberfläche! Zwar zeigte eine wissenschaftliche Analyse die ausgezeichnete Qualität des Thermalwassers; es fehlte aber das Geld für die Erschließung der Quelle, und sie wurde zugeschüttet.

Erst die 1954 gegründete Thermalquellen AG begann wieder nach dem heilkräftigen Wasser zu bohren. Nach ersten Enttäuschungen war es am 5. September 1955 endlich soweit: Der Bohrer schnitt eine Granitplatte an, und in unerwartet großen Mengen sprudelte 40 °C warmes Wasser aus beinahe 300 m Tiefe. Seit dieser «Quellennacht» hat sich Zurzach zum bekannten Kurort entwickelt, in dem 1973 die ersten Patienten in die Rheumaklinik aufgenommen wurden.

Bedeutend war Zurzach aber schon in der Römerzeit. Die damals Forum Tiberii und Tenedo genannte Siedlung war ein wichtiger Grenz- und Brückenort, der sich ab dem 10. Jh. dank der hier bestatteten hl. Verena auch zu einem der bedeutendsten Schweizer Wallfahrtszentren entwickelte. Wo reger Pilgerzustrom herrschte, ließen sich im Mittelalter bald auch Händler nieder. Der 1363 erstmals nachgewiesene Markt von Zurzach entwickelte sich dank der günstigen Lage des Fleckens rasch: Hier kreuzte die

3	Kanton:	AG
	Meter über Meer:	339
	Einwohner 1900:	1285
	Einwohner 1980:	3068
	Autobahn:	keine

Der Appenzeller Fabrikant Jakob Zuberbühler brachte in der zweiten Hälfte des 19. Jh. die Textilindustrie nach Zurzach und machte mit seinen Stickerei- und Schuhfabriken ein so großes Vermögen, daß er sich in einem romantischen Park über dem Rhein eine schloßähnliche Jugendstilvilla bauen lassen konnte. 1978 wurde die **Villa Himmelrych** *mit ihren schönen Glas- sowie Wand- und Deckenmalereien von der Antonie-Deusser-Stiftung gekauft. Heute wird Schloß Bad Zurzach für Kunstausstellungen genutzt, und der Park wurde in ein Freilichtmuseum umgestaltet.*

Wasserstraße auf dem Rhein die Transversalen aus dem Süden und dem Donauraum. Seit dem 16. Jh. war Zurzach der wichtigste Messeort der Eidgenossenschaft.

Zweimal jährlich fanden hier die bedeutendsten Messen zwischen Nürnberg und Mailand statt. Die Stände Freiburg und Bern zum Beispiel besaßen in Zurzach seit 1431 eigene Messehäuser als ständige Verkaufsplätze, und selbst Russen und Polen wickelten hier ihre Geschäfte ab. Gehandelt wurde hauptsächlich Leder, aber auch Wolltuch, Barchent, Leinwand, Samt, Seide, Pelze, Eisenwaren, exotische Gewürze aus Venetien sowie Farbstoffe. Während der Messe ging es in Zurzach hoch her: Es wurde nicht nur gemarktet und gefeilscht, die Händler und Kaufleute verjubelten ihren Gewinn oft auch wieder beim Spiel und beim Wetten, und bei Musik und Tanz wurde manche Nacht durchgezecht. Einen guten Eindruck vom ausgelassenen Treiben gibt die Kopie einer Messedarstellung in der Zurzacher Ratsstube – das Original der Fresken befindet sich im Festsaal des Klosters St. Georgen in Stein am Rhein. 1856 aber wurde der wichtige Ledermarkt nach Zürich verlegt, und mit dem Aufkommen der Eisenbahn verlor die Messe immer mehr an Bedeutung; heute finden in Zurzach nur noch gewöhnliche Jahrmärkte statt.

Das Ortsbild prägen heute noch die Zeugen aus Zurzachs Vergangenheit als Wallfahrts- und Messeort. Wahrzeichen des Fleckens ist die Stiftskirche St. Verena, die zu einem Benediktinerkloster gehörte, das um 800 n. Chr. über dem Grab der Heiligen gegründet worden war und im 13. Jh. in ein Chorherrenstift umgewandelt wurde. Das romanische Langhaus aus dem 10. Jh. wurde 1733/34 von Giovanni Gaspare Bagnato barockisiert und steht in großartigem Gegensatz zu dem im 13. und 14. Jh. errichteten gotischen Turmchor. In der Krypta steht der Sarkophag der hl. Verena.

Rechter Hand der Stiftskirche steht die profanierte Pfarrkirche St. Maria aus dem 16. Jh., daneben die heute als Schulhaus genutzte ehemalige Propstei von 1773. An der Quellenstraße 1 befindet sich das Messe- und Bezirksmuseum Höfli mit zwei Schwerpunkten: den Funden aus dem ehemaligen römischen Kastell und der Geschichte der Zurzacher Messe.

Um die Kirche lag einst ein geistlicher Bezirk mit mehreren Hospizen, welche die Benediktinermönche für die Wallfahrer errichtet hatten. Ihre Funktion übernahmen im Spätmittelalter die vielen Gasthöfe und Messehäuser, die noch heute das Bild der Hauptstraße Zurzachs bestimmen. Besterhaltenes Messehaus ist das 1679 erbaute Gasthaus zur Waag mit Staffelgiebeln und einer schön gegliederten Fassade. Auf seiner Rückseite hat sich ein Messehof erhalten, wie er früher bei den Gasthöfen Zurzachs typisch war: Ein zweigeschossiges Hinterhaus mit Warengewölben und Schlafkammern sowie einer säulengestützten Holzlaube begrenzt den Hof. Erhalten hat sich auch der Messehof beim benachbarten Gasthaus zum Rote Hus.

Die heilige Verena (etwa 281–344 n.Chr.)

In der Umgebung der ägyptischen Stadt Theben schlossen sich im 3. und 4. Jh. Jungfrauen zu Gemeinschaften zusammen, um das Christentum beispielhaft zu leben. Aus ihrem Kreis stammt vermutlich Verena, die als Samariterin die Thebäische Legion begleitete und nur knapp dem Blutbad entging, bei dem diese mit ihrem Anführer, dem hl. Mauritius, um 300 bei St-Maurice im Wallis vernichtet wurde. Verena zog nach Solothurn weiter und von dort die Aare abwärts nach Zurzach, wo sie 20 Jahre Arme, Aussätzige und Kranke pflegte und schließlich als Klausnerin in einer Zelle starb. Bald schon wurde sie als Vorbild für Nächstenliebe verehrt; schon vor der Jahrtausendwende war der Verenakult in Alemannien stark verbreitet, und über ihrem Grab entstand eine bekannte Wallfahrtsstätte. Verena gilt als Patronin der Schiffer, Fischer und Müller, weil sie auf einem Mühlstein von Solothurn nach Koblenz geschwommen sein soll, aber auch als Patronin der Armen und Kranken.

Römisches Doppelkastell

Wohl im 3. Jh. errichteten die Römer auf Kirchlibuck und Schlösslibuck über dem Rheinufer ein Doppelkastell. Die mächtige Grenzfeste, die von der Wichtigkeit des damaligen Rheinübergangs zeugt, stand an der Stelle der keltischen Siedlung Tenedo und wurde in unserem Jahrhundert ausgegraben. Erhalten und konserviert sind größere Reste des Kastells sowie der römischen Zollstätte und Brücke. Mitten im Kastell kamen zudem die Fundamente und Umfassungsmauern einer frühchristlichen Kirche aus dem 5. Jh. zum Vorschein, eine der ältesten bis heute entdeckten Taufkirchen nördlich der Alpen. Der Großteil der Funde von Kirchlibuck ist heute im Bezirksmuseum ausgestellt.

Messe- und Bezirksmuseum Höfli
Mi–Mo, 14–17 Uhr
056/49 24 00

Schloß Bad Zurzach
August-Deusser-Museum
J. Ü. Steiger-Freilichtmuseum
Barzstraße 2
Mo–So 9–12 Uhr und
13.30–18 Uhr
056/49 20 50

Thermalbad Zurzach
056/49 25 21

Regionales Schwimmbad
056/49 24 91

Minigolf
Quellenstraße 7
057/49 30 37

Camping
Oberfeld
April–Oktober
056/49 25 75

Region 4: Schaffhausen, Thurgau, St. Gallen, Appenzell AI + AR, Glarus, Graubünden

Chur — Ausführlich beschriebene Städte / Villes avec descriptions détaillées / Città descritte dettagliatamente

Teufen — Im Kantonsteil erwähnte Städte / Villes mentionnées en outre dans les descriptifs cantonaux / Città menzionate in succinto nei rispettivi cantoni

Altstätten, die Kleinstadt am Rand des St. Galler Rheintals, eingebettet zwischen die Abhänge des Appenzellerlandes und einer kleinen Hügelkette, ist ein alter Marktflecken mit malerischen Gassen und Häuserzeilen. Vom St. Galler Bezirkshauptort aus sind der Bodensee oder das Appenzellerland bequem erreichbar.

Verkehrsbüro
Rathaus, Postplatz
9450 Altstätten
071/75 23 31

15. 8. 1989

Altstätten

Immer an Lichtmeß, am ersten Donnerstag im Februar, feilschen im Saal des Gasthauses «Sonne» in Altstätten Jäger, Kleintierzüchter und Pelzhändler um Hasen-, Fuchs-, Marder- und Katzenfelle. Aber auch in den Gassen der Altstadt herrscht Hochbetrieb: Dutzende von Händlern bieten an ihren Ständen Waren feil, und auf dem Breiteplatz werden Landwirtschaftsmaschinen und -fahrzeuge verkauft.

Lichtmeß ist der erste der zahlreichen Märkte, die den Jahresablauf des Städtchens im Rheintal bestimmen. Auch wenn St. Gallen heute rasch erreichbar ist, sind der Mittfasten-, der Mai- und der Augustjahrmarkt mit der großen Kilbi, der Herbstviehmarkt und der Nikolaus- sowie der Heiligabendmarkt nach wie vor vielbesuchte und beliebte Treffpunkte für die Einwohner von Altstätten und Umgebung.

Das Marktwesen spielt im 853 erstmals urkundlich erwähnten Altstätten seit jeher eine bedeutende Rolle. Vermutlich erhielt die Siedlung, die im 13. Jh. als Stützpunkt des Klosters St. Gallen befestigt wurde und erstmals 1298 Stadt genannt wird, damals auch das Marktrecht. Die Entwicklung des Umschlagplatzes erlitt einen schweren Rückschlag, als Altstätten für seine Sympathien gegenüber den aufständischen Appenzellern büßen mußte. Die Österreicher rächten sich und brannten das Landstädtchen 1410 nieder.

Man baute den Ort wieder auf, aber Altstätten blieb arm; der wirtschaftliche Aufschwung setzte erst im 18. Jh. wieder ein, als die Wochenmärkte mehr Volk anzogen und der Rebbau ausgeweitet wurde. Zudem kamen einige Familien im Leinwandhandel zu Reichtum: Zeugnis ihres Wohlstands ist das heutige Ortsbild der Altstadt, das weitgehend aus dem letzten Jahrhundert des Ancien Régime stammt.

Heute ist der Hauptort des sanktgallischen Bezirks Oberrheintal mit über 10 000 Einwohnern die größte Gemeinde im Rheintal und die achtgrößte des Kantons. Sie ist medizinisches und mit einer Musik- und Berufsschule auch schulisches Zentrum der Region, in dem ungeachtet der zunehmenden Industrialisierung der letzten Jahrzehnte auch die Tradition großgeschrieben wird: Seit bald vierhundert Jahren ziehen am Fasnachtssonntag und -dienstag die bunt kostümierten «Röllelibutzen» durch die Gassen.

Das am Ostfuß der Appenzeller Höhen liegende Landstädtchen ist im Kern eine im Süden und Westen durch den Stadtbach begrenzte, ebene Siedlung, die von der Marktgasse quergeteilt wird. Hochaufragende Häuser mit steilen und teilweise verspielten, geschweiften Giebeln sorgen für einen malerischen Gesamteindruck, der jedoch vom Durchgangsver-

Kanton:		SG
Meter über Meer:		407
Einwohner 1910:		8724
Einwohner 1980:		9260
Autobahn:		N 13, Kriessern

Stolzester Bau an der Altstätter Obergasse ist neben dem Haus zum Raben in der südlichen Häuserzeile das **Haus Prestegg**. *Der 1488 für einen St. Galler Ministerialen erbaute spätmittelalterliche Herrensitz kam 1712 in den Besitz der Familie Custer. Dank dem Neubau eines Südflügels entstand 1788 ein Ehrenhof, in dem ein zierlicher Rokokopavillon steht. Im schön ausgestatteten Innern ist heute das Historische Museum untergebracht. Neben Zeugnissen der Ortsgeschichte und einer Waffensammlung werden auch Trachten aus dem Rheintal gezeigt.*

kehr im östlichen Teil des Ortes stark beeinträchtigt wird. Dem Ausbau der Straße mußte hier 1973 auch das Tram weichen, das bis 1940 zwischen Berneck und Altstätten verkehrte und zuletzt noch für die Verbindung vom Bahnhof zum Rathaus sorgte.

Die Altstadt beginnt am Rathausplatz, der vom klotzigen, 1959/60 neuerbauten Rathaus dominiert wird. Gegenüber steht die barocke, 1772 erbaute Reburg. Das viergeschossige Reihenhaus mit der Sandsteinfassade war das Geburtshaus von Jakob Laurenz Custer (1755–1818), der 1798 entscheidend zur Entlassung der Landvogtei Rheintal aus dem eidgenössischen Untertanenverhältnis beitrug und dank seiner vielen karitativen Stiftungen «Wohltäter der Rheintals» genannt wurde. Am Rathausplatz steht auch die 1303 erstmals erwähnte katholische Pfarrkirche St. Nikolaus, die 1794–1798 im Stil des Spätbarock erbaut und 1909–1910 neubarock umgestaltet wurde. 1903 zogen die Reformierten aus der bis damals paritätischen Kirche in die eigene, neugotische Kirche auf der anderen Straßenseite um.

Die Marktgasse mit dem über dem Straßenniveau liegenden Laubengang hat – abgesehen von der Bausünde eines Kaufhauses im westlichen Teil – weitgehend ihren ursprünglichen Charakter bewahrt. Unter den vielen Fachwerkbauten fallen besonders das 1810 klassizistisch umgebaute Hotel Drei Könige und das Haus zum Stoss auf, das ehemalige reformierte Pfarrhaus: Es steht auf Pfeilerarkaden und hat einen doppelt geschweiften Rokokogiebel. Der in der zweiten Hälfte des 15. Jh. durch die Edlen von Altstätten erbaute Frauenhof – ein gemauertes und stark verändertes Eckhaus – war seit 1723 äbtischer Amtssitz. Gegenüber steht die 1646 vom Kloster St. Gallen gebaute Placiduskapelle. Der kleine, chorlose Barockbau wird von einem Dachreiter gekrönt.

Der kurze Abstecher zum Engelplatz lohnt sich wegen der harmonischen Platzanlage, die von einem Brunnen beherrscht und von hohen Häusern mit verspielten Giebeln eingerahmt wird. Abgeschlossen wird der Platz durch das Untertor. Das letzte der ursprünglich vier Tore der Stadtbefestigung wurde 1823 umgebaut und trägt das Wappen der Stadt, einen schwarzen Bären unter einem roten Stern.

Außerhalb des Ortskerns liegt das Kapuzinerinnenkloster Maria Hilf, das 1616 geweiht und 1733/1734 erweitert wurde. An das barocke Klostergeviert lehnt sich die Kirche an, ein modernisierter Einheitsraum. Noch weiter südlich des Städtchens steht auf einem Hügelzug das Wahrzeichen von Altstätten, die Forstkapelle. Von der spätmittelalterlichen Kapelle aus bietet sich ein Blick auf das weite Rheintal und auf die sanfte Hügellandschaft mit ihren Rebbergen: Um Altstätten werden heute auf 5,8 ha Blauburgunder- und Riesling x Sylvaner-Trauben angepflanzt, aus denen man im Schnitt über 300 hl Altstätter Forstwein keltert.

Wilhelm Mathias Naeff (1802–1881)

Neben so bekannten Politikern wie Jonas Furrer aus Winterthur oder Ulrich Ochsenbein aus Basel wurde 1848 auch ein Bürger des Rheintaler Kleinstädtchens unter die ersten sieben Bundesräte der Schweiz gewählt: Wilhelm Mathias Naeff entstammte einem Geschlecht, das seit dem 16. Jh. in Altstätten eine wichtige Rolle gespielt hatte. Sein Großvater trug 1798 viel zur Befreiung des Rheintals bei, sein Vater war seit 1826 St. Galler Regierungsrat. Wilhelm Naeff selbst war Rechtsanwalt, seit 1828 sanktgallischer Großrat und 1830–1848 Regierungsrat. Daneben amtete er wiederholt als Tagsatzungsabgeordneter, war 1848 Mitglied der eidgenössischen Verfassungskommission und wurde schließlich 1848 Bundesrat und 1853 Bundespräsident. Während seiner langen Amtszeit – damals blieben Bundesräte weitaus länger im Amt als heute – leitete Naeff unter anderem auch das Postdepartement und trug viel zum Aufbau der Bundespost bei. Nach seinem Rücktritt 1875 lebte Naeff in Muri bei Bern, wo er 1881 starb.

Auf den Stoss

Wenn der Nebel das Rheintal einhüllt, bietet sich vom 942 m hohen Stoss meist eine phantastische Aussicht aufs Nebelmeer. Bequem führt die Gaiser Bahn – offiziell heißt das Zahnradbähnchen St. Gallen-Gais-Appenzell-Altstätten-Bahn – von Altstätten hinauf zum geschichtsträchtigen Ort in der herrlichen Appenzeller Voralpenlandschaft. Ein Denkmal und die malerische Schlachtkapelle aus dem Ende des 15. Jh. erinnern an jene denkwürdige Schlacht vom 17. Juni 1405, bei der 400 Appenzeller in ihrem Freiheitskampf die mehr als 1200 Mann des Heeres von Herzog Friedrich von Österreich besiegten.

Historisches Museum Prestegg, Rabengasse
März bis November,
So 14–17 Uhr
071/75 14 25

Freibad und Hallenbad Gemeinde-Erholungs- und Sportanlage GESA
071/75 14 62

Minigolf
Gemeinde-Erholungs- und Sportanlage GESA
071/75 14 62

St. Gallen-Gais-Appenzell-Altstätten-Bahn (SGA)
071/51 10 60

Fasnacht mit Röllelibutzen, Lichtmeßmarkt, Anfang Feb.

Mittfastenmarkt, Do zwischen 3. + 4. Fastensonntag

Maijahrmarkt, 1. Do im Mai

Augustjahrmarkt mit Kilbi, Mo nach Mariä Himmelfahrt

Herbstviehmarkt im Oktober

Niklausjahrmarkt im Dez.

Heiligabend-Markt am Do vor Weihnachten

Wochenmarkt jeden Do

Das auf beiden Seiten der Sitter gelegene Appenzell ist der Hauptort des katholischen Halbkantons Appenzell Innerrhoden, des zweitkleinsten Schweizer Kantons. Markante Giebelhäuser prägen das Dorfbild und verleihen dem ländlichsten der Kantonshauptorte einen heiteren und lebhaften Charakter. Die schmucken Gassen und der Landsgemeindeplatz verlocken zum Flanieren.

Verkehrsbüro
Hauptgasse 19
9050 Appenzell
071/87 41 11

15. 8. 1989

Appenzell

Kanton:	AI
Meter über Meer:	789
Einwohner 1900:	4574
Einwohner 1980:	4781
Autobahn:	N 1, St. Gallen-Winkeln

Die Geschichte des natürlichen und historischen Mittelpunkts Innerrhodens ist weitgehend identisch mit der Geschichte des Landes Appenzell. Bis tief ins Frühmittelalter hinein war das Appenzellerland überwiegend bewaldet. Vom Bodensee bis zu den Kalkfelsen des Alpsteins erstreckte sich der sogenannte Arboner Forst. Erst im 7. Jh. setzte die Besiedlung des Appenzellerlandes ein. 719 kam das Kloster St. Gallen in den Besitz des riesigen Forstes. Das Land wurde von den Äbten beherrscht und in Rhoden (Steuerbezirke und militärische Einheiten) eingeteilt.

Erstmals wird der Flecken Appenzell 1071 als «abbacella» (Zelle des Abtes) erwähnt. Um diesen im 11. Jh. entstandenen namengebenden äbtischen Wirtschaftshof und die Pfarrkirche entwickelte sich das Dorf bald zum religiösen, politischen und kulturellen Zentrum der Region. Der Gegensatz zwischen bäuerlicher Freiheitsbewegung und äbtischer Restaurationspolitik führte schließlich 1378 zum Zusammenschluß der kleinen Gemeinwesen zum Land Appenzell. In den Freiheitsschlachten bei Vögelinsegg (1403) und am Stoss (1405) entledigten sich die Appenzeller der äbtischen Herrschaft. Nachdem sie 1452 den Stand eines zugewandten Ortes erreicht hatten, wurde sie 1513 als 13. Ort in die Alte Eidgenossenschaft aufgenommen. Im Hauptort Appenzell wurde ein Landsgemeindeplatz errichtet und ein Rathaus gebaut. Im Frühling 1560 jedoch wurde das mittelalterliche Dorf durch eine gewaltige Feuersbrunst weitgehend zerstört. 170 Firste, darunter 135 Wohnhäuser, brannten bis auf die Grundmauern ab.

lich 1597 zur Landteilung in das protestantische Außerrhoden und das katholische Innerrhoden.

Für kurze Zeit kamen sich später die beiden Appenzell gezwungenermaßen politisch wieder näher. In der Helvetik, zwischen 1798 und 1803, wurden Außerrhoden und Innerrhoden auf Befehl Napoleons mit dem Kanton St. Gallen zum Kanton Säntis vereint. Durch die Mediationsakte wurde der Kanton Säntis aber 1803 wieder aufgelöst; Appenzell wurde erneut Hauptort des Kantons Appenzell Innerrhoden.

1809 erhielt Appenzell die erste befahrbare Straße nach Gais. Die erste Bahnverbindung, die Appenzeller Bahn von Urnäsch nach Herisau, später bis Gossau, erreichte den innerrhodischen Hauptflecken 1886. Die Verbindung St. Gallen–Gais–Appenzell, die Gaiser Bahn, wurde 1904 eröffnet, die ursprünglich bis auf den Säntisgipfel geplante, aber nur bis Wasserauen geführte Säntis-Bahn 1912.

Wegen der schlechten Verkehrslage kam denn auch eine Ansiedlung von Großindustrie in Appenzell nie in Frage. Zur Handstickerei gesellte sich seit der zweiten Hälfte des 19. Jh. die Maschinenstickerei. Zwischen 1870 und 1876 wurden verschiedene Maschinenstickfabriken erbaut. Neben den Textilbetrieben gab es seit 1810 eine Brauerei auf dem rechten Sitterufer, seit 1886 eine Zündholzfabrik auf den Forren und seit 1916 die Destillerie des «Appenzeller Alpenbitter».

Dank der beiden Schmalspurbahnen setzte auch im Appenzellerland der touristische Aufschwung ein. 1866 wurde der Kurverein Appenzell gegründet. Appenzell wurde Mittelpunkt zwischen den Kurorten Gonten, Gais sowie Weissbad und wuchs vor allem um die Jahrhundertwende kräftig. Im alten Dorfkern wichen Hinterhöfe und Stallungen neuen Wohnbauten. Entlang der neuen Ausfallstraßen wurden Wohn- und Fabrikbauten erstellt, und im Süden des Dorfes entstand das neue Bahnhofquartier. In der Zwischenkriegszeit hielt sich die Bauentwicklung noch in Grenzen, nach 1950 setzte aber ein gewaltiger Bauboom ein, der nicht nur die neuen Quartiere rings ums Dorf schuf, sondern teilweise auch den Dorfkern in seiner historischen Substanz angriff.

Heute ist das in einer sanften Hügellandschaft mit Einzelhöfen und kleinen Waldparzellen eingebettete Appenzell wirtschaftliches und politisches Zentrum des Halbkantons Appenzell Innerrhoden. Das Dorf im Talkessel der Sitter lebt nach wie vor von Kleinbetrieben, Gewerbe und Tourismus. Appenzell ist auch Sitz der Kantonsverwaltung. Jeweils am letzten Sonntag im April finden sich die Männer zur Landsgemeinde auf dem Hauptplatz ein.

Cilla Rusch (1885–1938)

Auf den neuen Schweizer Banknoten, die Mitte der neunziger Jahre in Umlauf kommen, werde mit der Malerin und Dadaistin Sophie Taeuber-Arp (der Ehefrau von Hans Arp) erstmals eine Frau verewigt sein, ließ die Nationalbank im Oktober 1989 verlauten. Doch Sophie Taeuber-Arp ist nicht die erste Frau, die auf einer Schweizer Banknote abgebildet wird: Jahrzehntelang zierte das Porträt einer Appenzellerin die Schweizer 500-Franken-Note. Das Bild der Cilla Schlageter-Rusch aus Appenzell, der «schönsten Innerrhoderin», wurde von Eugène Burnand gemalt und zeigt sie in Appenzeller Tracht. Im Heimatmuseum Appenzell und im Buch «Herkommen und Geschichte der appenzell-innerrhodischen Familie Rusch» belegt eine 1910 ausgegebene 500-Franken-Note der Nationalbank, daß die Appenzellerin Cilla Rusch (1885–1938) die allererste Frau auf einer Schweizer Banknote gewesen ist. Sie war die Schwester des Innerrhoder Landammanns Carl Rusch und die Ehefrau von Joseph Schlageter, der als Direktor und Gymnasialprofessor für Altphilologie an süddeutschen Schulen wirkte.

Auch das Rathaus und die Kirche fielen dem Großbrand zum Opfer. Viele Appenzeller Häuser wurden nach dem verheerenden Brand dank eidgenössischer Geldspenden und privater Anleihen wieder möglichst originaltreu aufgebaut. Aber auch neue Häuser wurden gebaut: unter anderem Pfarrkirche und Rathaus, Schloß, Frauenkloster, Zeughaus und Kapuzinerkloster.

Im ersten Viertel des 16. Jh. trug der St. Galler Bürgermeister und Humanist Vadian die Thesen der Reformation ins Appenzellerland. In den äußern Rhoden stießen sie auf Zustimmung, die innern Rhoden blieben beim alten Glauben. Die Verschärfung der konfessionellen Gegensätze führte schließ-

Heimatmuseum
Rathaus, Hauptgasse
Januar bis April Mi und Sa 14–16 Uhr
Mai Mi und Sa 14–16 Uhr,
So 13.30–17 Uhr
Juni bis Oktober: täglich 13.30–17 Uhr
November So 14–16 Uhr
071/87 15 95

Museum im Blauen Haus
Hermann Fässler Söhne
Weissbadstraße 22
Mo-Sa 9–12 und
13.30–18 Uhr
071/87 12 84

Retonios Musikmuseum
im Retonio-Center beim Bahnhof
Bankgasse 6
November bis Juni: Führung
Di–So 14.30 Uhr
Juli bis Oktober: täglich
Führungen 10.30, 14.30,
15.30 Uhr
071/87 41 22

Schwimmbad
Forren
071/87 14 74

Hallenschwimmbad
Appenzell AG
Sitterstr.15
071/87 35 35

Das Heimatmuseum

Mitten im Zentrum Appenzells gelegen, lädt das im Rathaus untergebrachte Heimatmuseum zu einer historisch-volkskundlichen Begegnung mit der Innerrhoder Kulturgeschichte ein. Im Einführungsraum wird der Besucher mit der Frühgeschichte des Appenzellerlandes bekannt gemacht. Urgeschichtliche Werkzeuge vom Wildkirchli, spätmittelalterliche Burgengrabungsfunde von der Ruine Clanx und Fahnen aus kriegerischen Zeiten erzählen davon. In weiteren Abteilungen folgen einzigartige Zeugnisse kirchlichen Kulturschaffens. Dazu gehört beispielsweise der Flügelaltar aus der ehemaligen Aussätzigenkapelle von 1597. Das Mittelzimmer erhält durch die Schaustücke zum Innerrhoder Trachtenwesen besonderen Glanz. Die kleine, realitätsnah ausgestattete Sennenstube vermittelt einen Einblick in den Sennen-Wohnalltag. In den Südzimmern dokumentieren typisches Festtagsgebäck (Chlausenbickli, Devisli usw.), Gasthaus- und Werkstatt-Tafeln, Handwerksgeschirr und «Appenzeller Cigarren» die gewerbliche Vielfalt des Hauptortes. Das Dachgeschoß gehört ganz der Stickerei. Exotische Kunstwerke aus Indien, Japan und China ergänzen die vielen Zeugnisse einheimischer Handstickereien und Klöppelarbeiten.

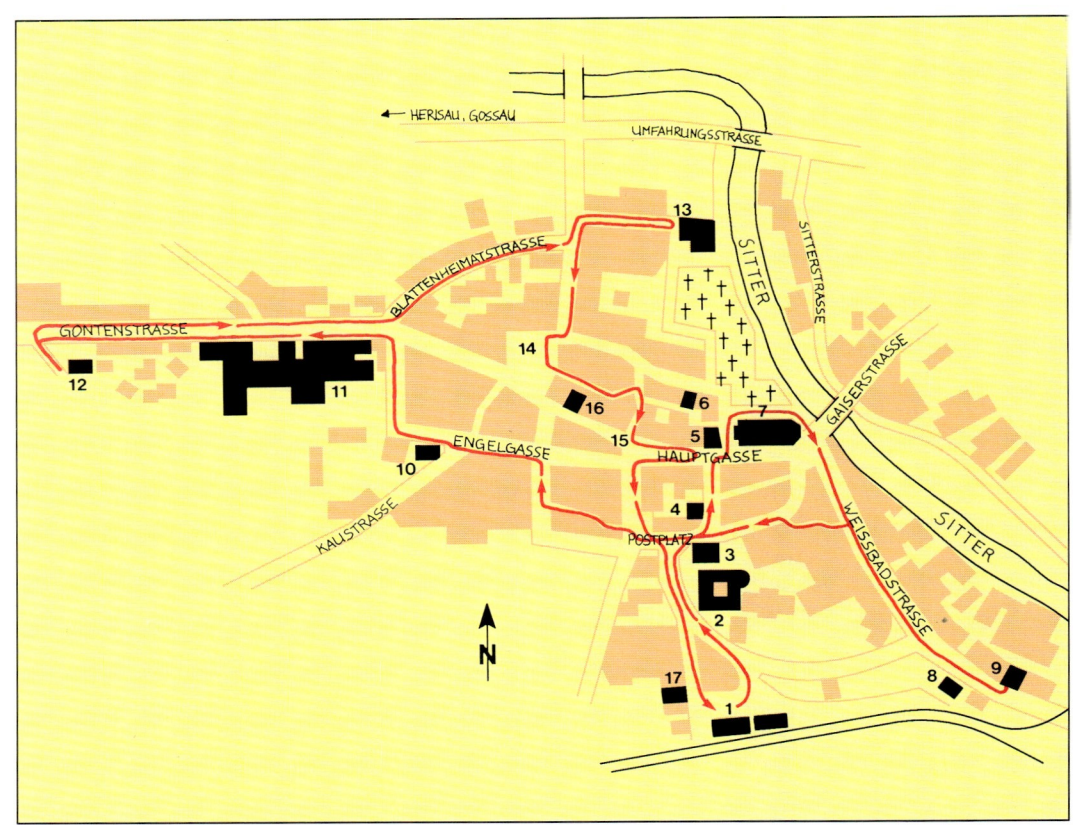

1 Bahnhof
2 Frauenkloster Maria der Engel
3 Schloß Appenzell
4 Haus Bazar Hersche
5 Rathaus mit Appenzeller Heimatmuseum
6 Landeskanzlei
7 Kath. Pfarrkirche St. Mauritius
8 Haus Kupferschmied Brander
9 Museum im Blauen Haus
10 Haus Sattlerli's Hampi's
11 Kapuzinerkloster Mariä Lichtmeß; Gymnasium St. Antonius
12 Kapelle St. Antonius in Rinkenbach
13 Ref. Kirche
14 Landsgemeindeplatz
15 Hauptgasse
16 Kreuzkapelle
17 Retonios Musikmuseum

Stadtrundgang Appenzell

Vom 1886 erbauten Gemeinschaftsbahnhof (1) der Gaiser Bahn und der Appenzeller Bahn gelangt man am 1908/09 erstellten eidgenössischen Post- und Telegraphengebäude und Sitz der Appenzell-Innerrhodischen Kantonalbank vorbei zum Frauenkloster Maria der Engel (2). Die 1966/67 restaurierte Kirche, ein schlichter Spätrenaissancebau mit einem originellen runden Dachreiter, wurde 1618–1622 durch die Misoxer Meister Giovanni «Altern» und Andrea Toscano gebaut. Die spätestgotischen Tür- und Fenstergewände stammen von Caspar Gruber (1619). Die Klostergebäude wurden 1679–1682 von Jost Mosbrugger und Christian Zünd nach einem Modell des Paters Marquard Imfeld errichtet.

Daneben befindet sich das sogenannte Schloß Appenzell (3). Das der Anlage nach spätgotische, im Detail aber der Renaissance verpflichtete Patrizierhaus mit Kreuzgiebel, rundem Treppenturm und toskanischer Säulenhalle wurde 1563–1570 für den Arzt Antoni Löw erbaut.

Am Haus Bazar Hersche (4) vorbei kommt man über den Schmäuslemarkt zum Rathaus (5). Der spätgotische Bau mit durchgehender Bogenlaube, Staffelfenstern, steilem Satteldach und Dachreiter wurde nach dem Dorfbrand 1561–1563 erstellt. An der Fassade hat es ein Denkmal für Uli Rotach, den Helden der Schlacht am Stoss (1405). Die Fassadenfresken, die den Auszug und die Heimkehr der Appenzeller Krieger darstellen, wurde 1928 von August Schmid geschaffen. In den beiden Renaissance-Ratssälen hängen Wandgemälde mit allegorischen und biblischen Darstellungen von Caspar Hagenbuch dem Jüngeren (1567). In den oberen Stockwerken des Rathauses ist das Heimatmuseum Appenzell untergebracht (siehe Randspalte).

Durch die beiden Rundbögen erreicht man die hinter dem Rathaus liegende Landeskanzlei (6). Im 1914 erbauten und 1954 er-

Höhepunkt des politischen Jahres in Appenzell: die Landsgemeinde

Im ländlichsten Kantonshauptort

weiterten Landesarchiv wird unter anderem das älteste Missale der Pfarrkirche (12. Jh.) und ein Taufbuch aus dem Jahr 1570 mit Titelminiaturen von Caspar Hagenbuch d. J. aufbewahrt.

In unmittelbarer Nähe befindet sich die katholische Pfarrkirche St. Mauritius (7). Die steil über dem linken Ufer der Sitter stehende stattliche Landkirche hat vom Vorgängerbau Turm, Chor und Krypta – zweischiffiger spätgotischer Raum mit glatten Achteckpfeilern – bewahrt. Das klassizistische, breite Schiff mit Doppelemporen, reichgeschnitztem manieristischem Hochaltar von 1622, klassizistischer Kanzel und neugotischem Chorgestühl wurde 1823 von Enoch Breitenmoser geschaffen. Der spätgotische Chor hat Wand- und Gewölbemalereien des 16.–18. Jh.

Von der katholischen Pfarrkirche führt die Weissbadstraße am Haus Kupferschmied Brander (8) vorbei zum 1960 neu bemalten Blauen Haus (9). In diesem 1863 in traditioneller Appenzeller Art erbauten Wohnhaus befindet sich das Privatmuseum Hermann Fässler Söhne. Dem Besucher werden die von Vater Hermann Fässler über Jahrzehnte gesammelten Schaustücke aus der Wohnkultur sowie aus Kunst und Kunstgewerbe des Landes Appenzell neben Stickereien und Sennenartikel gezeigt. Aber auch Werke bekannter Bauernmaler sind im Privatmuseum zu sehen. Durch die alte Weissbadstraße gelangt man über den Postplatz und die Engelsgasse am Haus Sattlerli's Hampi's (10) vorbei zum 1587 gegründeten Kapuzinerkloster Mariä Lichtmeß (11) am westlichen Dorfeingang. Die 1688 neuerbaute Kirche enthält frühbarocke Knorpelstilaltäre. Das Bild der Kreuzabnahme am Hochaltar hat der Mailänder Manierist Giulio C. Proccaccini 1605 gemalt. Das Kloster wurde 1925 neuerbaut. Das 1907/08 von August Hardegger erbaute Kollegium St. Antonius mit dem Gymnasium ist auch heute die einzige Mittelschule Innerrhodens.

Ganz in der Nähe, wenn man die Gontenstraße weiter Richtung Herisau, St. Gallen läuft, steht die 1661 erbaute Kapelle St. Antonius in Rinkenbach (12). Der frühbarocke Hochaltar stammt aus dem Jahr 1666, die Kanzel im Knorpelstil wurde 1673 gefertigt.

Vom Kapuzinerkloster Mariä Lichtmeß erreicht man durch die Blattenheimatstraße die 1908/09 von La Roche und Stähelin erbaute reformierte Kirche (13). Durch die Zielstraße gelangt man anschließend zum Landsgemeindeplatz (14), dem ehemaligen Tagungsort des ganzen Landes Appenzell, seit 1597 des Halbkantons Innerrhoden. Auch heute kommen auf der großzügigen Platzanlage mit der alten Gerichtslinde jährlich am letzten Aprilsonntag die stimmberechtigten Bürger zur Behandlung kantonaler Geschäfte zusammen.

Am Landsgemeindeplatz beginnt auch die Hauptgasse (15). Die nach dem Dorfbrand von 1560 wiederaufgebauten malerischen Holzbauten über steinernem Erdgeschoß mit ihren mehrfach geschweiften bzw. gebrochenen Giebeln und bemalten Holzfassaden verleihen der Hauptgasse einen überaus pittoresken Charakter. Am Anfang auf der linken Straßenseite steht die 1561 erbaute Kreuzkapelle (16) mit einem Gemäldezyklus von Ferdinand Gehr aus dem Jahre 1965; es folgen auf der Südseite die Häuser «Kreuz» und «Raben»; an der Nordseite befindet sich ebenfalls eine bemerkenswerte geschlossene Häusergruppe mit lebhafter Bemalung.

Über den Postplatz erreicht man durch die Bankgasse Retonios Musikmuseum (17). Das 1977 vom Bauchredner und Zauberer Retonio Breitenmoser aufgebaute Museum mechanischer Musikinstrumente gibt einen repräsentativen Einblick in die zweihundertjährige Geschichte der Musikautomaten. Die klingenden und farbenfrohen Schaustücke reichen von Großvaters Trichtergrammophon bis zur altertümlichen Vogelserinette; bei letzterer handelt es sich um das älteste mechanische Musikinstrument überhaupt (Vogelorgel – von *serin*: Kanarienvogel): Die vornehmen Herrschaften brachten damit früher ihren gefiederten Lieblingen das Singen bei. Vom Musikmuseum sind es wenige Schritte bis zum Bahnhof.

Zur Burgruine Clanx

Die Clanx, einst eine der größten Burganlagen der Ostschweiz, erhebt sich auf dem Burgstock, einer 1004 m hohen Kuppe des Hügelzugs zwischen Vorder- und Hinterlehn nördlich von Appenzell. Von der Anhöhe hat man eine weite Sicht auf die vom Rheintal aufsteigenden Straßen im Osten bis nach Hundwil im Westen. Der fremdländisch klingende Name wird von der südbündnerischen Burg Calanca hergeleitet. Die Brüder Ulrich und Heinrich Sax, ersterer Abt, letzterer Vogt des Klosters St. Gallen, ließen die Burg zwischen 1208 und 1220 zur Sicherung ihrer Herrschaft und zur Überwachung des Wegs von der Herrschaft Sax nach St. Gallen erbauen. 1289 wurde die herrschaftliche Feste erstmals zerstört, 1298 aber wiederaufgebaut. 1404 ging das Symbol der äbtischen Herrschaft über Appenzell endgültig in Flammen auf. Um 1830 standen noch mannshohe Mauern. Sie verschwanden aber allmählich unter der Rasendecke. Im Auftrag des Historischen Vereins Appenzell wurden 1949 ein Teil der Mauern wieder ausgegraben, die Reste gesichert und das Burgtor rekonstruiert.

Der Sennenkanton in Zahlen

Appenzell Innerrhoden ist mit 172 km² flächenmäßig der zweitkleinste Stand der Schweiz. Die politische Struktur Innerrhodens unterscheidet sich erheblich von jener Außerrhodens. Als einziger Schweizer Kanton kennt Innerrhoden keine Gemeinden. Die fünf Bezirke in und um den breiten Talkessel von Appenzell, die bis in die Gipfel des Alpsteins reichen, bilden das Innere Land. Oberegg – dieser sechste Bezirk wird auch das Äußere Land genannt – liegt abseits als Exklave im außerrhodischen Bezirk Vorderland. Und noch eine Eigenheit ist aufzuführen: Gemeinsam mit Außerrhoden verfügt Innerrhoden über keinen Meter SBB-Linie oder Autobahn. Die Grenze Innerrhodens – mit Ausnahme der Exklave Oberegg – verläuft noch heute ziemlich genau gleich wie vor 700 Jahren: vom Säntis über die Hundwiler Höhi zur Sitter; von dieser den Rotbach aufwärts und über den Hirschberg zum Kamor, dann über den Hohen Kasten zum Altmann und zurück zum Säntis. Insgesamt leben 13 140 Menschen in Appenzell Innerrhoden. In Innerrhoden gilt das Wort vom «Volk der Hirten und Sennen» noch am ehesten: Nicht weniger als 22% der 5170 berufstätigen Innerrhoder arbeiten in der Land- und Forstwirtschaft ... ein Schweizer Rekord.

Gonten

Zwischen der Hundwiler Höhi und dem Kronberg liegt die Hochebene von Gonten, durch welche die Appenzeller Bahn von Urnäsch nach Appenzell fährt. Der Siedlungsstandort ergab den Namen: Das keltische Wort Gonten bedeutet Wasserlache und kennzeichnet die Lage in der Nähe eines Torfmoors. Der um 1200 erstmals erwähnte Name Gonten bezeichnet zunächst eine der Rhoden, dann die Pfarrei und das Dorf, seit dem 19. Jh. die Schulgemeinde und den Bezirk. Um 1800 zählte das Dorf 21 Häuser, darunter nicht weniger als 5 Wirtschaften. Heute ist das Dorf Gonten (1260 Einwohner) ein typisches Straßendorf, das sich allmählich am alten Verkehrsweg nach Urnäsch in der Nachbarschaft der Kirche gebildet hat. 1863–1865 erhielt Gonten die heutige neugotische katholische Kirche St. Verena. Östlich von Gonten liegt Gontenbad mit seinem erstmals 1597 erwähnten Moorbad. Der Weiler Gontenbad an der Steilstrecke der 1865 eröffneten Straße Appenzell–Gonten verdankt seinen Ursprung der Entwicklung des innerrhodischen Fremdenverkehrs. Zur Badhütte, der späteren Kuranstalt, gesellten sich im 19. Jh. eine Dépendance, zwei Wirtschaften und eine Haltestelle der Appenzeller Bahn. In westlicher Richtung geht es abwärts gegen Jakobsbad. Der Weiler am Zusammenfluß von Schwarz- und Wissbach besteht aus dem Kurhaus Jakobsbad, zwei Bauernhöfen, den Stationsgebäuden der Appenzeller Bahn und der Kronbergbahn und dem 1851 gestifteten Kapuzinerinnenkloster Leiden Christi. Vor der Gründung der jüngsten Niederlassung von Kapuzinerinnen im Appenzellerland stand auf dem Sägenweidli ein 1676 erwähnter Bildstock zum Leiden Christi mit der Holzplastik einer Pietà, der vor 1690 vergrößert und im Jahre 1848 zu einer Meßkapelle erweitert wurde.

Schlatt-Haslen

Am rechten Ufer der Sitter, die aus dem Schwendetal fließt und sich dann durch eine wilde Schlucht nach St. Gallen windet, liegt im Nordwestzipfel des Halbkantons auf einem leicht nach Westen abfallenden Hang an der Straße von Appenzell nach Teufen das Bauern- und Kirchdorf Haslen. Seit 1872 gehört Haslen zum Bezirk Schlatt-Haslen (1130 Einwohner). Der Rotbach, der von Gais nach Teufen und dort in die Sitter fließt, bildet die Grenze des Bezirks Schlatt-Haslen gegen Außerrhoden. Zum Dorf mit eigener Orts- und Kirchgemeinde entwickelte sich Haslen erst, als 1647 die Pfarrei gegründet wurde. 1895 wurden Orts- und Kirchgemeinde getrennt. Den Kern des Dorfes bildet der dreieckige Kirch- und Schulhausplatz mit Wiese und Brunnen. Am östlichen Hang des Böhl und im Süden um das neue Schulhaus von 1969 haben sich seit 1950 kleinere Wohnquartiere entwickelt. Von der Haslenstraße führt eine steile Straße nach dem auf sonniger Höhe gelegenen Wallfahrtsort und Kleinstdorf Schlatt. Der Ortsname Schlatt kann Senke oder Abhang bedeuten. Im engeren Sinn bedeutet Schlatt das kleine Dorf, das sich nach der Errichtung einer St.-Josephs-Kapelle, einer Kuratkaplanei (1769) und eines neuen Schulhauses (1876) entwickelte. Lage und Anlage des Paradebeispiels einer dörflichen Kernsiedlung aus Kirche, Pfarr- und Schulhaus sowie zwei Wirtshäusern rechtfertigen die Einstufung in die schützenswerten Ortsbilder von nationaler Bedeutung.

Die Innerrhoder Exklave Oberegg

Gonten in einer weiten Talmulde

Schwende

Das wenige Kilometer südöstlich von Appenzell auf 850 m ü. M. gelegene Dörfchen Schwende (1720 Einwohner) bildet den Wächter am Eingangstor zum Alpstein. Es liegt am Fuß des Ebenalpstocks auf einem flachen Hügelrücken. Die Gegend von Schwende oberhalb des Zusammenflusses der drei Sitterquellbäche wurde im Hochmittelalter besiedelt. Der feudale Mittelpunkt des Schwendetals, die Burg, wurde beim Aufstand der Appenzeller gegen die äbtische Herrschaft zerstört. Seit 1872 ist die vom Säntisgebirge bis an den Dorfrand von Appenzell reichende Rhode Schwendner Rhod als

Die weltberühmten prähistorischen **Wildkirchlihöhlen** *befinden sich 15 Minuten von der Bergstation der Luftseilbahn Wasserauen–Ebenalp entfernt. Hier auf der 1644 m hohen Sonnenterasse entdeckte man zu Füßen der 100 m aufragenden Aescher-Felswand menschliche Werkzeuge aus Stein und Knochen aus der Altsteinzeit. Sie beweisen, daß in dieser Gegend zuhinterst im Schwendetal schon vor mehr als 30 000 Jahren Menschen vorübergehend gelebt haben. Das Wildkirchli ist eine der ältesten bekannten Siedlungsstätten der Schweiz. An die ehemalige, in der sagenumwobenen Höhle gegründete Einsiedelei erinnern heute noch Glockentürmchen und Kapelle. Ganz in der Nähe steht das an die Wand geklebte alte Berggasthaus Aescher.*

politische Einheit durch den Bezirk Schwende ersetzt. Das Dorf Schwende hat sich wie die meisten Innerrhoder Dörfer spät entwickelt. Um die Filialkirche des 18. Jh. und das Schulhaus des 19. Jh. scharten sich allmählich in lockerem Abstand einige Gasthäuser und Läden sowie die Station der Appenzeller Bahn. Die auf dem Burgstock Schwende (angeblich Rachenstein) 1928/29 von Adolf Gaudy errichtete katholische Pfarrkirche St. Martin fügt sich mit ihren neubarocken und jugendstilhaften Formen hervorragend in die Berglandschaft ein.

Rüte

Als einziger Bezirk Innerrhodens kennt Rüte (2225 Einwohner) mit den Ortschaften Steinegg, Eggerstanden und Brülisau kein gleichnamiges Dorf. Das 1350 erstmals erwähnte Brülisau liegt am Fuß des Hohen Kasten am Endpunkt der beiden Straßen von Weissbad und Steinegg über dem rechten Ufer des Brüelbachs. Brülisau hat sich zwar zu einer Pfarrei und Schulgemeinde entwickelt, nie aber zu einer eigenen politischen Gemeinde. Um die 1879 neu erbaute katholische Pfarrkirche St. Sebastian scharen sich in lockerem Abstand das 1869 gebaute Pfarrhaus, zwei Gasthäuser, eine um 1900 erbaute Gemischtwarenhandlung und zwei nach dem Zweiten Weltkrieg entstandene Häuser. In der Nähe der Kirche steht auch die Talstation der Schwebebahn auf den Hohen Kasten. Vom 1795 m ü. M. gelegenen Hohen Kasten – der Rigi der Ostschweiz – hat man einen grandiosen Weitblick ins Rheintal, die Tiroler Alpen, das Mittelland und weit hinaus nach Süddeutschland. In Steinegg wird seit 1872 die Gemeindeversammlung des Bezirks Rüte abgehalten. Es bildet eine eigene Kapell- und Schulgemeinde. Eine dorfähnliche Siedlung ist Steinegg erst seit der Mitte des 20. Jh., als ein Quartier gleichartiger Einzelhäuser, im Volksmund «Berliner Dörfli» genannt, angelegt und die Überbauung des Schönbühls errichtet wurde. Das Dorf Eggerstanden, mit Kirche, Pfarr- und Mesmerhaus, neuem Schulhaus (1936) und Wirts- sowie Bauernhäusern, liegt auf der Paßhöhe des niedrigsten Übergangs von Appenzell ins Rheintal. Die Streusiedlung erstreckt sich über die Südhänge des Hirschbergs und die Nordhänge der Fähnern.

Oberegg

Der Bezirk Oberegg, auch das Äußere Land genannt, hat eine Fläche von 1460 ha und ist die einzige innerrhodische politische Gemeinde im üblichen Sinn. Der aus zwei durch die außerrhodische Gemeinde Reute getrennten Teilen bestehende Bezirk gehört als Exklave zum Kanton Appenzell Innerrhoden und reicht von der Landmarch bis weit hinunter ins Rheintal. Der Bezirk liegt eingebettet zwischen Hirschberg und dem Hügelzug von St. Anton an einem Hang an der Straße, die von Berneck im Rheintal über Reute ins Appenzellerland führt. Der Bezirk Oberegg war ursprünglich ein rein bäuerliches Gebiet mit vorherrschender Viehwirtschaft, wenn auch an den talseitigen Hängen etwas Ackerbau, Obstbau und neuestens wieder aufgenommener Weinbau betrieben wurden. Im 19. Jh. faßte aber auch hier die Maschinenstickerei Fuß. Seit 1950 ließen sich mehrere industrielle Betriebe in Oberegg nieder. Das 887 m über dem Rheintal gelegene Oberegg zählt heute 1730 Einwohner. Der Kirchplatz von Oberegg ist der zweitgrößte Dorfplatz von Innerrhoden. Im Gemeindegebiet von Oberegg liegt das Bruggtobel bei Marbach mit dem tiefstgelegenen Punkt von Appenzell Innerrhoden (548 m ü. M.).

Appenzeller Fondue

Zutaten:
700 g Appenzeller Käse, 1 Knoblauchzehe, 4 dl Weißwein, 1 EL Zitronensaft, 15 g Maisstärke, 8 cl Obstbranntwein, Muskat, Pfeffer

Das Caquelon mit der zerquetschten Knoblauchzehe ausreiben. Den Weißwein darin aufkochen und den geraffelten Appenzeller beigeben. Bei großer Hitze unter starkem Rühren zu einer cremigen Masse verarbeiten. Die im Obstbranntwein aufgelöste Maisstärke beifügen und würzen.

Bischofszell gilt als schönste thurgauische Kleinstadt. Seine Altstadt mit den vornehmen Bürgerhäusern hat ihren Charakter aus dem 18. Jh. vorbildlich bewahrt. Die reizvolle Umgebung des Städtchens lädt zudem zu zahlreichen Spaziergängen und Ausflügen entlang den lieblichen Flußlandschaften von Thur und Sitter ein.

Verkehrsbüro
Mawi Reisen AG
Bahnhofstraße 6
9220 Bischofszell
071/81 27 17

15. 8. 1989

Bischofszell

Noch besser als auf einem Spaziergang läßt sich die Anlage des thurgauischen Bezirkshauptorts Bischofszell auf dem Flugbild erkennen. Die Altstadt thront, den Wald des Bischofsbergs im Rücken, auf einer Molasseterrasse über dem Zusammenfluß von Sitter und Thur. Ihr Grundriß hat die Form einer liegenden Acht. Den älteren, wahrscheinlich im 10. Jh. angelegten Teil der Stadt bildet in der westlichen, größeren Schleife der «Hof» mit Schloß, Kirche und den Stifts- und Chorherrenhäusern. Wie der Name Bischofszell andeutet, wurden Kirche und Stift St. Pelagius vom Konstanzer Bischof Salomo gegründet. Der Verwaltung seiner umliegenden Güter und der Sicherung des eigenen Einflußbereiches gegen das Kloster St. Gallen diente die befestigte Burg. Als der Konstanzer Bischof Eberhard von Waldburg wieder einmal in Händel mit dem Abt von St. Gallen verwickelt war, ließ er den Marktbezirk um den «Hof» mit einer Mauer befestigen; 1248 wurde Bischofszell zur Stadt erhoben.

Rund hundert Jahre später entstand als kleinere Schlaufe der Acht die Vorstadt, die ursprünglich nur am Scheitel durch den Bogenturm mit der Marktsiedlung verbunden war. Die Namen Gerber- und Hafnergasse erinnern daran, daß in diesem Stadtteil – er wurde erst 1437 befestigt – lange nur die lärmigen, feuergefährlichen oder übelriechenden Gewerbe angesiedelt waren.

Nach der Eroberung des Thurgaus durch die Eidgenossen im Jahre 1460 und nach der Reformation wurden die Rechte des Konstanzer Bischofs eingeschränkt. Obwohl seine Herrschaft nominell bis 1798 dauerte, stellten die Eidgenossen ab 1587 den Obervogt. In den folgenden zweihundert Jahren erlebte Bischofszell eine kulturelle und industrielle Blütezeit: Aus dem Umkreis des Stifts gingen immer wieder bedeutende Naturwissenschaftler, Ärzte und Historiker hervor. Gleichzeitig blühte trotz der Konkurrenz von St. Gallen und Konstanz der Tuchhandel auf, und im 18. Jh. wurde Leinwand aus Bischofszell bis nach Preußen und Spanien exportiert. Die reichen Tuchherren konnten es sich nach dem verheerenden Brand von 1743 leisten, die Stadt großzügig neu aufzubauen: Den barocken Überbauungsplan mit den breiten Gassen, der noch heute das Bild des Städtchens prägt, schufen die drei Brüder Ulrich, Jakob und Johannes Grubenmann aus Teufen, die auch die vornehmsten Bürgerhäuser bauten.

1798 kam Bischofszell zum Kanton Thurgau. Im 19. Jh. siedelten sich nicht zuletzt dank der Eisenbahnlinie Sulgen–Bischofszell–Gossau neue Industriebetriebe

Kanton:	TG
Meter über Meer:	510
Einwohner 1900:	2618
Einwohner 1980:	3990
Autobahn:	N 1, Gossau

*Man ist überrascht, in einem kleinen Landstädtchen einen so eleganten Profanbau zu finden wie das **Rathaus von Bischofszell**. Das Prunkstück des Städtchens an der Marktgasse wurde nach dem großen Brand von Gaspare Bagnato 1747–1750 gebaut. Zwischen den respektvoll zurücktretenden Nachbarbauten – dadurch wurde die Brandgefahr herabgemindert und gleichzeitig der Bau repräsentativ hervorgehoben – errichtete Bagnato einen dreigeschossigen Kubus. Seine fünfachsige, in Lachsrot und Weiß gehaltene Fassade wird durch Lisenen gegliedert. Eine großzügige Freitreppe mit verspieltem Geländer führt zum Mittelportal unter dem kleinen Balkon.*

anstelle der zusammenbrechenden Tuchproduktion im Städtchen an: Aus einer Genossenschaftsmosterei wurde einer der größten Fruchtsafthersteller, und nach dem Zweiten Weltkrieg entwickelte sich aus einer Konservenfabrik der wichtigste Arbeitgeber der Region; über 700 Mitarbeiter stellen hier heute im Jahr rund 90 000 Tonnen Fertigprodukte für einen Großverteiler her. Mittelpunkt der Altstadt ist die ehemalige Stiftskirche der Chorherren und heutige Pfarrkirche St. Pelagius. Die dreischiffige Pfeilerkirche aus dem 10. Jh. wurde um 1300 mit gotischen Teilen ergänzt und auch später mehrmals renoviert. Im Innern des mächtigen Baus mit dem auffallenden Zwiebelhelm beeindrucken der prachtvolle, 1640 geschaffene Hochaltar und das Rokoko-Chorgestühl.

Neben der Kirche steht die Michaelskapelle, eine zweigeschossige, ehemalige Beinhauskapelle aus dem 14. und 15. Jh. mit spätgotischen Fresken. Gegenüber der Kirche blieb vom Schloß das Obervogthaus mit dem markanten Giebel erhalten. Seine ältesten Teile gehen ins 13. Jh. zurück. Aus der gleichen Zeit stammt auch der markante Bogen- oder Zeitglockenturm an der Marktgasse: Seit der Ummauerung der Vorstadt steht der ehemalige Teil der Stadtbefestigung mitten im Städtchen.

Unter den vielen stattlichen Profanbauten fällt vor allem das Dutzend der Grubenmann-Häuser auf, die nach dem Stadtbrand von 1743 von den Gebrüdern aus dem Appenzellischen für reiche Tuchhändler an der Marktgasse (Nr. 2, 4, 6, 7, 9, 12, 14) und an der Kirchgasse (Nr. 4, 7, 8, 9) errichtet wurden. Ihre zu Gruppen zusammengefaßten Fenster und die weiten Rundbogenportale zeigen, daß die Handelsherren nicht nur auf Repräsentation, sondern auch auf Bequemlichkeit ihrer Häuser Wert legten: Hell und gut zugänglich mußten sie sein. Die tiefen Bauten werden meist in der Hausmitte durch die um einen Lichtschacht angelegte Treppe erschlossen, Gänge und Zimmer sind phantasievoll mit Stuck dekoriert. Vom reichen kulturellen Leben Bischofszells zur damaligen Zeit – im Städtchen existierte von 1676 bis 1798 ein berühmtes Musikkollegium – zeugen die privaten Fest- und Musiksäle, die sich die Tuchherren in den Dachgeschossen einrichten ließen. Ein Besuch im Ortsmuseum im Grubenmann-Haus an der Marktgasse 4 gibt nicht nur einen Einblick in die Geschichte von Bischofszell; die im Geschmack verschiedener Stilrichtungen eingerichteten Zimmer zeigen auch, wie die Leinwandherren einst wohnten und lebten.

Von den beiden ehemals bedeutenden Brücken Bischofszells wurde die 1811 erstellte Holzbrücke über die Sitter 1958 leider durch eine Betonbrücke ersetzt. Die aus Tuff und Sandsteinquadern errichtete Thurbrücke blieb hingegen erhalten. Dieses eigentümliche Wahrzeichen von Bischofszell wurde 1487 vollendet. Die doppelt abgewinkelten Bogen folgen den im Flußbett stehenden Nagelfluhköpfen.

Friedrich Hölderlin (1770–1843)

Im Südosten von Bischofszell liegt an fünf Teichen – einem Naturschutzgebiet und Paradies für Wasservögel – das Dörfchen Hauptwil mit seinen schmucken Fachwerkhäusern und dem im 17. Jh. für den Leinwandfabrikanten Gonzenbach errichteten Schloß. Bei einem Zweig der Familie, die damals im Mittelpunkt des kulturellen Lebens im Thurgau stand, verdiente der große deutsche Dichter Friedrich Hölderlin 1801 sein Brot als Hauslehrer. Im Urteil des Dichters kommt die Familie Gonzenbach allerdings nicht gerade gut weg: «Gründliche Menschen, die gerade soviel Antheil nehmen an Fremden, als es ihr Herz nicht schwächt.» Nach nur dreimonatiger Tätigkeit verließ Hölderlin seine Stelle und die ihn tief beeindruckende Voralpenlandschaft. Sein Aufenthalt im Thurgau fällt mit dem Höhepunkt seines Schaffens zusammen: Damals entstanden die großen Elegien und Hymnen – vollendete Lyrik, die Hölderlin wenige Jahre vor seiner geistigen Umnachtung schuf.

Weiherburg Hagenwil

Die Straße von Bischofszell über Rotzenwil Richtung Amriswil führt durch die sanfte Thurgauer Hügellandschaft zur Weiherburg Hagenwil, einem der am besten erhaltenen und reizvollsten Wasserschlössern der Schweiz. Die rechteckige Feste steht in einer für ein Wasserschloß ungewöhnlichen Lage an einem leicht ansteigenden Hang. Die Zugbrücke von 1741 führt zum Torhaus. Die Kronen der Ringmauer tragen im Süden und Westen wehrähnliche Fachwerkbauten, in denen schon 1830 eine Gaststätte eingerichtet wurde. Im Zentrum erhebt sich der wuchtige Bergfried, der auf die Burggründung im frühen 13. Jh. zurückgeht. Sein Oberbau wurde in nachmittelalterlicher Zeit abgeändert.

Museum
Marktgasse 4
Februar bis April und November bis Dezember: 2. So im Monat, 10–12 und 14–17 Uhr
Mai bis Oktober: 1. und 3. So im Monat, 10–12 und 14–17 Uhr
071/81 19 19

Schwimmbad
Niederbührerstraße
071/81 21 44

Hallenbad
Stockenbad
Wilen-Gottshaus
071/81 46 77

Camping
Leutwil bei Bischofszell
Mai bis September
071/81 10 14

Markt im Frühjahr und Herbst

Open-Air Ende Mai

Chur ist mit 5000 Jahren Siedlungsgeschichte die älteste Stadt der Schweiz – eine Gebirgsstadt, die Kaiser und Könige, Händler und Heere in ihren Mauern gesehen hat. Die Stadt der Römer, der Fürstbischöfe und des legendären Jürg Jenatsch mit ihren bemerkenswerten Baudenkmälern wie etwa der Kathedrale liegt in idealer Verkehrslage: Davos, Arosa und das Engadin sind in kurzer Zeit erreichbar.

Verkehrsverein der
Stadt Chur
Ottostraße 6/
Bahnhofplatz
7000 Chur
081/22 18 18

TCS-Geschäftsstelle
Bahnhofstraße 14
7002 Chur
081/22 30 61

15. 8. 1989

Chur

Churer Geschichte ist rätische Paßgeschichte. Elf Pässe führen über die Bündner Berge, und nirgends sonst sind in den Alpen so viele gut begehbare Übergänge auf so engem Raum zu finden. Vom Altertum bis in die Neuzeit kämpften europäische Mächte immer wieder um diese Verkehrsadern und um Einfluß in Chur, das den nördlichen Zugang zu ihnen beherrscht. Die Vergangenheit der Stadt ist deshalb eng mit der europäischen Geschichte verbunden.

Die ersten Siedler, die sich in Chur niederließen, hatten mit Handel und Verkehr noch nichts im Sinn. Spuren im Welschdörfli weisen auf jungsteinzeitliche Akkerbauern aus derm Zeit um 3000 v. Chr. hin. Ebenfalls am linken Ufer der Plessur lebten in der Bronzezeit von etwa 1770 bis 800 v. Chr. die Räter, bis in der Eisenzeit von 550 v. Chr. an die Kelten in die Gegend einwanderten. Sie gaben Chur vielleicht den Namen: «Kora» bedeutet auf kel-

Kanton:	GR
Meter über Meer:	585
Einwohner 1900:	11 532
Einwohner 1980:	32 037
Autobahn:	N 13, Chur

tisch Stamm oder Sippe. Chur blickt damit auf mehr als 5000 Jahre Geschichte zurück: Keine andere Schweizer Stadt kann sich so langer Siedlungskontinuität rühmen.

Paßgeschichte beginnt in Rätien unter der mehr als 400 Jahre dauernden römischen Herrschaft. Als Aufmarschgebiet nach Germanien ließ Kaiser Augustus um 15. v. Chr. das Land besetzen, und Chur wurde zum wichtigsten Etappenort im alpinen Verkehr. Auch die römischen Händler und Gewerbetreibenden lebten in Chur, vor allem im Welschdörfli; vermutlich erst im 4. Jh. entstand am rechten Ufer der Plessur auf einer Anhöhe jenes Kastell, aus dem sich später der Hof entwik-

kelte. Unter der langen Besetzung glichen sich die Räter kulturell allmählich den Römern an; aus Latein und rätisch-keltischen Dialekten entstand schließlich das Rätoromanische.

284 wurde Chur Hauptstadt der Provinz Raetia Prima. Von hier aus regierten die Römer ein riesiges Gebiet, zu dem Veltlin, Tessin, Urseren, Glarus, St. Gallen, Thurgau, Vorarlberg, Tirol und auch Südtirol gehörten. Im 4. Jh. entstand in Chur eine neue Macht: Die Bischöfe des ältesten Bistums nördlich der Alpen bauten auf dem Hof die erste Kathedrale und eine Burg. Um ihren Sitz bildete sich der churrätische Kirchenstaat der Viktoriden, bis Karl der Große 806 das Land unter seine Kontrolle brachte. Im 10. Jh. griff König Otto I. nach der Kaiserkrone des Heiligen Römischen Reichs Deutscher Nation und war dazu auf die Kontrolle der Bündner Pässe angewiesen; 958 schenkte er dem Bischof die Stadt sowie das Münz-, Markt- und Zollrecht. Dieser war damit reichster Grundbesitzer und mächtigster Mann Graubündens; seit 1170 führte er den Titel eines Reichsfürsten.

Mit dem zunehmenden Verkehr über die Alpen entwickelte sich auch die Stadt zu Füßen des Hofes. Im 13. Jh. entstand vom Untertor bis zum Pulverturm eine durchgehende Stadtmauer, die auf der Nordseite – bei der heutigen Grabenstraße – zusätzlich durch einen Graben geschützt war. Zentrum der Siedlung war der Martinsplatz, der Hauptverkehr wickelte sich in der Reichsgasse ab, und der jetzt überdeckte Mühlebach trieb in der heutigen Poststraße die Churer Mühlen an. Die Bürger der aufstrebenden Stadt verlangten mehr Freiheit und Selbstverwaltung. Nach 1418 stürmten sie mehrmals den Hof, und 1464 verlor der Bischof seine Rechte: Nach dem großen Stadtbrand erhielt Chur als Entschädigung vom Kaiser das Recht zur Einführung von Zünften. Im gleichen Jahr baute sich die selbstbewußte Bürgerschaft mit dem neuen Rathaus ein Symbol ihrer wachsenden Kraft. Im Ratssaal, wo heute das städtische Parla-

Rätisches Museum
Hofstraße 1
Di–So 10–12 und 14–17 Uhr
081/22 82 77

Bünder Kunstmuseum
Postplatz
Di–So 10–12 und 14–17 Uhr
081/22 17 63

Bündner Naturmuseum
Masanserstraße 31
Di–So 10–12 und 14–17 Uhr
081/22 15 58

Dommuseum
Kathedrale, Hof 18
Mo–Fr 10–12 und 15–17 Uhr
081/22 92 50

Rhätische Bahn
081/22 11 24

Luftseilbahn Chur–
Brambrüesch
081/22 06 68

Freibad Obere Au
081/21 44 11

Hallenbad Obere Au
081/21 44 11

Minigolf
Mothotel Sommerau
Emserstraße 3
081/22 55 45

Minigolf
Restaurant Pavillon
Wiesentalstraße 70
081/27 31 18

Kunsteisbahnen
Obere Au
081/24 34 14

Camping Obere Au
Januar bis Dezember
081/24 22 83

Stadtplan: Seite 452/453

Rätisches Museum

Die historische und kulturgeschichtliche Sammlung des Kantons Graubünden ist im Haus Buol (Rundgang Nr. 12) untergebracht, einem für die Zeit nach den Bündner Wirren typischen Bau. Errichtet wurde der Herrensitz 1675–1680 für Oberst und Landammann Paul Buol, dessen Geschlecht durch die Reisläuferei (Söldnerwesen) und den Transitverkehr zu Geld gekommen war.
Im gewölbten Mittelkorridor des Erdgeschosses bestiegen einst die Reisenden die Postkutsche, die dann auf der Ostseite des Hauses in die Süßwinkelgasse einbog. Beidseits des Korridors lagen die Warenlager. Heute füllen die Zeugnisse der Bündner Geschichte das ganze Haus. Untergeschoß: rätische Urgeschichte und Funde aus der römischen Provinz Raetia Prima; Erdgeschoß: Entwicklung des Verkehrswesens in Graubünden; 1. Obergeschoß: Geschichte Graubündens und Churs im Mittelalter, Wohnkultur, Münzkabinett; 2. Obergeschoß: Geschichte Graubündens, Kunsthandwerk, Textilien, Trachten, ländliche Wohnkultur, Jagd; Dachraum: landwirtschaftliche Geräte.

ment tagt, kamen seither auch die Vertreter des Freistaats «Gemeiner Drei Bünden» zusammen: Im Gotteshausbund, im Grauen Bund und im Zehngerichtebund hatten sich die Bündner gegen Österreich zusammengeschlossen und erstmals mit den Eidgenossen verbündet. Chur wurde neben Ilanz und Davos zu einem der Vororte des Dreibündenstaates, hier residierten die Ambassadoren der Großmächte.

1523 wurde Chur reformiert. Der Bruch zwischen Stadt und Bischof war nun vollständig, der Hof wurde zur katholischen Enklave in der protestantischen Stadt. Ihr aber drohte neue Gefahr. Die Großmächte umkämpften Mailand, und einmal mehr richteten Österreich, Spanien und Frankreich ihr Interesse auf die Bündner Pässe. Sie verteilten an einflußreiche Bürger neben Adelstiteln auch viel Gold und stürzten das Land in Aufruhr und Anarchie. In den «Bündner Wirren» in der ersten Hälfte des 17. Jh. waren zwischen Katholiken und Protestanten Mord und Totschlag an der Tagesordnung, und die Bündner Geschichte wurde von Gestalten wie Jürg Jenatsch geprägt: Er spielte die Großmächte gegeneinander aus und bezahlte seinen Einsatz schließlich mit dem Leben; Alt Fry Rätien aber war noch einmal gerettet.

Im ruhigeren 18. Jh. nahm der Transitverkehr wieder zu, und im kargen Bergland begann der Erwerbszweig der Solddienste eine immer wichtigere Rolle zu spielen. 1743 zum Beispiel stand ein Achtel der Bündner Bevölkerung – gut 10 000 Mann – in fremden Diensten. Während viele Bauernsöhne auf fernen Schlachtfeldern ihr Leben verloren, stiegen die Männer aus den wenigen aristokratischen Geschlechtern oft zu Generälen und Marschällen empor.

Von ihrer Macht und ihrem Reichtum zeugen die repräsentativen Bauten wie etwa das Neue Gebäu im sonst puritanisch-nüchternen Churer Stadtbild. Die Zeit des stolzen Staates Alt Fry Rätien aber ging zu Ende. 1803 diktierte Napoleon den Anschluß Bündens an die Schweiz; 1820 wurde Chur

matverbundenen «Bündner Renaissance», die das Churer Stadtbild zur Zeit des Ersten Weltkriegs prägte.

Nach 1860 konnten die Bündner Pässe nur mit Mühe der Konkurrenz von Gotthard und Brenner standhalten, und nach dem Bau der großen Eisenbahntunnels durch die Alpen wurde die Lage noch schlimmer: Statt des Splügentunnels war der Gotthardtunnel gebaut worden, die von den internationalen Handelsströmen ausgeschlossenen Bündner schienen zur Auswanderung verurteilt. In einem gewaltigen Kraftakt wurden wenigstens die «150 Täler» des Kantons bahntechnisch erschlossen. Von Chur aus entstand das waghalsige, über rund 500 Brücken und durch gut 100 Tunnels und Galerien führende, 400 km lange Schmalspurnetz der Rhätischen Bahn: 1896 wurde Chur mit Landquart und Thusis, 1904 mit St. Moritz, 1912 mit Disentis und 1914 schließlich noch mit Arosa verbunden.

Was als lokale Erschließung gedacht war, erwies sich als internationale Attraktion. Die Bündner Kurorte wurden weltberühmt, und eine neue Industrie entstand: der Tourismus. Auch die Pässe belebten sich wieder, nachdem das von 1900 bis 1925 auf den Bündner Straßen geltende allgemeine Fahrverbot für Automobile abgeschafft war; nach dem Zweiten Weltkrieg wurde Graubünden zur «Ferienecke der Schweiz». Chur erlebte als Dienstleistungszentrum einen gewaltigen Boom: Zwischen 1960 und 1970 wuchs es rascher als alle anderen Schweizer Städte. Vom Aufschwung zeugen nicht nur einige Bausünden in der Altstadt; nördlich des Bahnhofs entstanden in der Ebene auch jene Neubauquartiere, die heute mit ihren Hochhäusern die Silhouette der Stadt bestimmen. Mehr als die Hälfte der Churer Bevölkerung lebt in diesem Teil der Stadt – allein die Großüberbauungen Lacuna 1 und 2 bieten Wohnraum für rund 4700 Bewohner. Altstadt und neue Quartiere lassen sich von der Mittelstation «Känzeli» der Luftseilbahn Chur–Brambrüesch auf 1170 m bequem überblicken.

Hauptstadt des neuen Kantons Graubünden.

Ohne die traditionelle Erwerbsquelle der Solddienste, kaum berührt von der in der Schweiz beginnenden Industrialisierung und wegen der neuen Alpenübergänge als Umschlagplatz ins Abseits geraten, blieb Chur in der ersten Hälfte des 19. Jh. ein verschlafenes Bergstädtchen, das um 1850 nur knapp 6000 Einwohner zählte. In düsteren Farben schildert ein Reiseschriftsteller 1846 den Besuch in der einst stolzen Hauptstadt Rätiens: «Die alten Häuser stehen oft geschwärzt und düster mit blinden kleinen Fenstern, in öden stillen Reihen, wie Mumien, in deren versteintem Antlitz man ängstlich nach Kunde über die Zeit forscht, wo sie jung und lebendig waren.»

Als Chur 1858 mit der Linie Rorschach–Chur an das schweizerische Eisenbahnnetz angeschlossen wurde, machte sich wieder Zukunftsglaube breit, und an der Bahnhofstraße und um den Postplatz entstanden neue Quartiere, die von wirtschaftlichem Optimismus zeugten. Leider fielen fast alle Gebäude zwischen Altstadt und Bahnhof dem Bauboom der sechziger und siebziger Jahre dieses Jahrhunderts zum Opfer; zwischen den banalen Renditebauten überlebte an der Bahnhofstraße nur das 1912 erbaute Verwaltungsgebäude der Rhätischen Bahn: Es ist ein wichtiges Beispiel für die Architektur der hei-

Durch das Schanfigg nach Arosa

31 km südlich von Chur liegt zuhinterst im engen Tal der Plessur Arosa. Neben der RhB-Linie führt auch eine kurvenreiche Straße mit nicht weniger als 275 Serpentinen durch das bewaldete Schanfigg nach Langwies, der ehemaligen Grenze der rätoromanischen Besiedlung. Von hier an talaufwärts ist Siedlungsgebiet der Walser, die das Land erst im 14. Jh. urbar machten. Seither wird hier deutsch gesprochen – auch in der ehemals winzigen Siedlung Arosa, die noch vor 150 Jahren kaum 50 Einwohner zählte. Wenn man am Obersee zur Rechten und dann am tiefer gelegenen Untersee zur Linken vorbei durch die sonnige Bergmulde das Dorf erreicht, versteht man, weshalb sich Arosa neben Davos und St. Moritz zum international berühmtesten Bündner Ferienort entwickelt hat. Eingebettet in eine Landschaft mit kleinen Seen, Wäldern und ringsum aufragenden Hochgebirgsgipfeln, ist das auf 1750 m liegende Arosa nicht nur ein bekannter Höhenkurort, sondern auch ein beliebtes alpines Skizentrum.

Der Hof

An der nordöstlichen Ecke des weiten Platzes steht das im 17. und 18. Jh. im Stil des österreichischen Barocks erbaute bischöfliche Schloß (Rundgang Nr. 15) mit der dreiachsigen Westfassade und den reichverzierten Portalen.

Die spätromanische Kathedrale St. Mariä Himmelfahrt (Rundgang Nr. 14) steht auf den Resten von zwei Vorgängerbauten aus dem 5. und 8. Jh. Der heutige Bau wurde wohl um 1151–1160 begonnen und 1272 eingeweiht. Durch das Hauptportal der schlichten Westfront betritt man die dreischiffige Anlage mit den drei Jochen und dem unregelmäßigem Grundriß. Vor allem die Kapitelle in der hinteren Krypta sowie in Chor und Schiff sind hervorragende Beispiele romanischer Bauplastik; die übrige Ausstattung reicht von karolingischer Zeit bis in den Barock. Unter den sieben Altären fällt besonders der Hochaltar auf, der bedeutendste spätgotische Schnitzaltar der Schweiz, der 1484 von Jakob Russ geschaffen wurde. Das Dommuseum an der Südseite des Chores unter der Sakristei birgt zahlreiche sakrale Kunstgegenstände aus dem 4. bis 18. Jh., darunter das goldene Eucharistiekästchen aus dem 8. Jh.

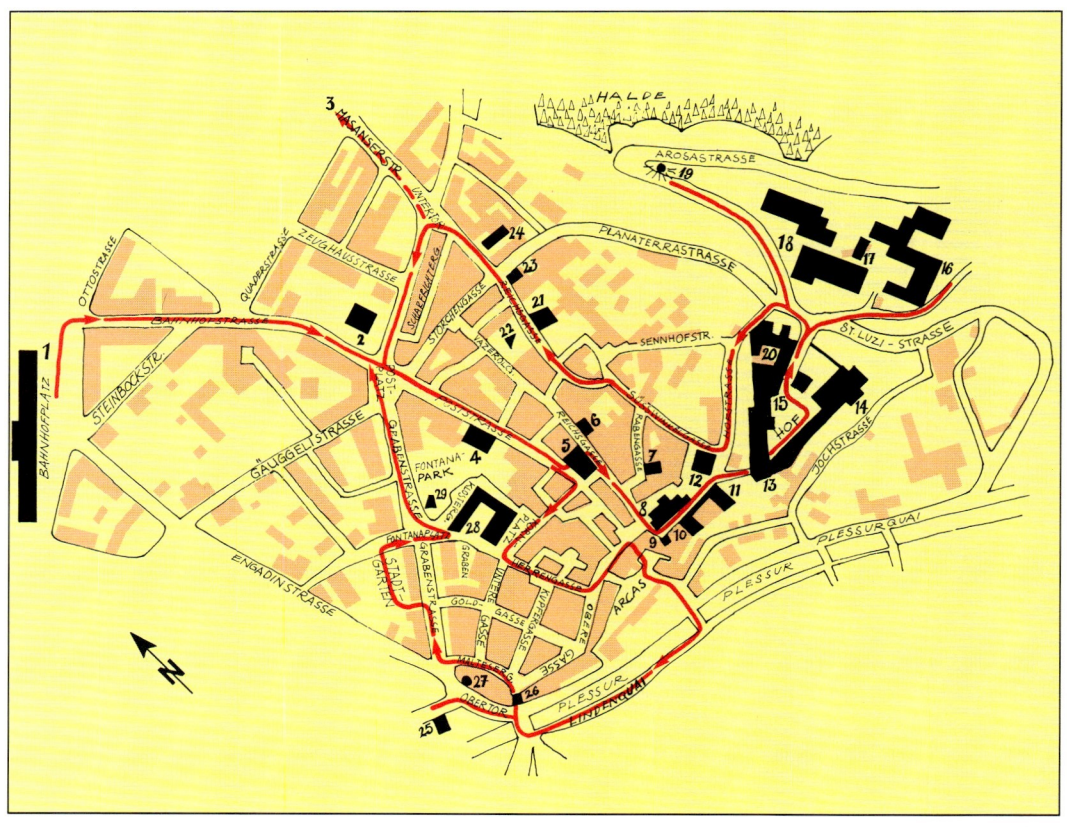

1. Bahnhof
2. Bündner Kunstmuseum
3. Bündner Natur-Museum
4. Altes Gebäu, heute Gerichtsgebäude
5. Rathaus
6. Geburtshaus der Malerin Angelika Kauffmann
7. Haus Pestalozza
8. Kirche St. Martin
9. Häuser Kirchgasse 2–12 mit «Bärenloch»
10. Antistitium (Nr. 12)
11. Oberer Spaniöl
12. Rätisches Museum
13. Torturm zum Hof
14. Kathedrale Mariä Himmelfahrt
15. Bischöfliches Schloß
16. Kirche St. Luzi, Theologische Hochschule
17. Ausgrabung ehemalige Kirche St. Stephan
18. Kantonsschule
19. Aussichtspunkt Haldenpavillon
20. Marsölturm
21. Graues Haus oder Neues Gebäu, Sitz der Regierung
22. Vazerol-Denkmal
23. Haus Planaterra
24. Kirche St. Regula
25. Haus zum Brunnengarten
26. Obertor
27. Malteser- oder Pulverturm
28. ehemaliges Predigerkloster St. Nicolai
29. Fontana-Denkmal

Stadtrundgang Chur

Der Stadtrundgang durch Chur wird einem leicht gemacht: Rote und grüne Fußspuren führen auf zwei verschiedenen Routen entweder zu den wichtigsten Baudenkmälern (rot) oder an die Plessur und in die westliche Altstadt (grün). Vom 1877–1905 erbauten und 1925 erweiterten Bahnhof (1) zieht sich die Bahnhofstraße zum Postplatz hin. Am heutigen Churer Verkehrsknotenpunkt steht das Bündner Kunstmuseum (2). Es zeigt Werke von einheimischen Künstlern aus dem 18. bis 20. Jh. (z.B. Alberto Giacometti, Giovanni Segantini) und des deutschen Expressionisten Ernst Ludwig Kirchner. Das 1977/78 an der Masanserstraße neuerbaute und 1981 eröffnete Bündner Natur-Museum (3; bis dahin war die Sammlung neben dem Kunstmuseum untergebracht) gibt einen umfassenden Überblick über Geographie und Tierarten Graubündens.

Rechts an der breiten Poststraße steht das barocke Alte Gebäu (4), ein vornehmes Herrschaftshaus, das 1727–1730 für den Staatsmann Peter von Salis-Soglio errichtet wurde. Das nach 1464 erbaute Churer Rathaus (5) mit seinem Satteldach ragt hoch über die Dächer der Stadt. In der Ratsstube tagten früher die fünf Oberzunftmeister, im großen Ratssaal kamen die Vertreter der Drei Bünde zusammen und empfing die Freistaat die Gesandten der Großmächte. Durch die gotische Halle im Erdgeschoß – sie diente als Kaufhaus und seit dem 18. Jh. als Sust (Lagerhalle) – erreicht man die malerische Reichsgasse mit dem Geburtshaus (6) von Angelika Kauffmann (1741–1807), einer der berühmtesten Malerinnen ihrer Zeit.

Der kurze Abstecher in die Rabengasse lohnt sich wegen des Hauses Pestalozza (7) vom Ende des 16. Jh. mit den frühbarocken Grisailledekorationen an der Fassade. Im Zentrum der Altstadt steht die reformierte Martinskirche (8). 1464 wurde eine bereits 769 genannte karolingische Saalkirche um ein Joch verlängert und

Chur, das Tor zu den Bündner Pässen, entstand zu Füßen der Kathedrale

ihr Schiff 1491 eingewölbt. Der eindrückliche spätgotische Innenraum – hier verkündete Johannes Comander 1523 die Reformation – birgt drei Glasfenster von Augusto Giacometti (1917–1919). An der malerischen Kirchgasse (9) mit dem Antistitium (10), der Wohnung des reformierten Pfarrers, liegt der romantische Altstadtwinkel des «Bärenlochs»; an Bärenhöhlen erinnernde Stollen verbinden die Höfe der einzelnen Häuser. Der Obere Spaniöl (11), 1635–1640 für Carl von Salis-Grüsch erbaut, ist das erste Churer Herrenhaus, das in freier Lage und mit einer frühbarocken Fassade repräsentative Wirkung sucht. Eine Treppe führt durch den Rundbogen des romanischen Torturms (13) mit der alten Gaststube zum Hof.

Vorbei an der Kathedrale und dem bischöflichen Schloß (14 und 15, Beschreibung s. Randspalte S. 300) erreicht man das Priesterseminar mit der ehemaligen Klosterkirche St. Luzi (16). Die im 8. Jh. erbaute karolingische Saalkirche mit drei Apsiden besitzt neben einer Hallenkrypta aus dem 12. Jh. eine für die Schweiz einzigartige Ringkrypta aus dem 8. Jh. Die Kirche des nach der Reformation aufgehobenen Prämonstratenserklosters wurde 1811 um zwei Stockwerke erhöht und der Turm abgerissen; der heutige Turm entstand 1937. Auf dem oberen Pausenplatz der 1972 von Max Kasper erbauten Kantonsschule (18) sind die Grundmauern der Stephanskirche (17) freigelegt. Die um 500 erbaute und im Spätmittelalter zerfallene Kirche war einst Grabstätte der Churer Bischöfe.

Der Weg führt zurück in die Altstadt, vorbei am Marsölturm (20), einem Teil der alten Hofbefestigung, zum Grauen Haus oder Neuen Gebäu (21). Das Mitte des 18. Jh. für Andreas von Salis-Soglio erbaute Herrschaftshaus ist heute Sitz der Bündner Kantonsregierung. Auf dem Regierungs- oder Vazerolplatz erinnert ein Obelisk (22) aus Splügener Marmor an den Zusammenschluß der Drei Bünde. Weiter nördlich an der Reichsgasse stehen das aus einer ehemaligen Stadtburg entstandene Haus Planaterra oder Haus Capol (23) mit einem Treppenturm und polygonalem Erker und die spätgotische reformierte Pfarrkirche St. Regula (24).

Die grüne Spur führt vom Rathaus (5) über den Kornplatz – hier wurde früher Korn gehandelt – und durch die Herrengasse mit den Zunfthäusern der Pfistern und Schmiede zum neugestalteten Arcas-Platz, heute ein beliebter Treffpunkt der Churer. Über das Trassee der Chur-Arosa-Bahn und eine kleine Brücke gelangt man ans linke Ufer der Plessur, wo der Weg rechts zum Welschdörfli führt. Der Name geht übrigens nicht primär auf die Rätoromanen zurück, sondern wahrscheinlich auf die Öffnung der Straße nach Italien im Mittelalter. An der Oberen Plessurstraße steht das 1848 im Stil einer Palladio-Villa erbaute Haus zum Brunnengarten (25).

Man betritt die Altstadt wieder durch den rundbogigen Durchlaß des Obertors (26), durch den seit dem 13. Jh. Kaiser und Bettler, Krieger und Händler Richtung Bündner Pässe zogen. Der Malteser- oder Pulverturm (27) an der Grabenstraße ist ein Teil der ältesten Stadtbefestigung. Das ehemalige Predigerkloster St. Nicolai (28) am Kornplatz – ein offenes, mehrmals umgebautes Gebäudeviereck – wurde 1280 gegründet, 1658 aufgehoben und diente später als Kornhaus. Das Fontana-Denkmal (29) im benachbarten Barockgarten erinnert an die Schlacht an der Calven, bei der die Bündner zusammen mit den Eidgenossen 1499 ein österreichisches Heer besiegten.

Jürg Jenatsch (1596–1639)

In den «Bünder Wirren» versuchte die schillernde Figur von Jürg Jenatsch mit politischem Ränkespiel und notfalls auch mit Mord das zum Spielball der Großmächte Frankreich und Spanien gewordene Bünden zu retten. Reformierter Pfarrer und erbitterter Gegner der Spanier und Katholiken, entkam Jenatsch 1620 knapp den Veltliner Morden und gab das Priesteramt auf. Nach der Ermordung des Haupts der spanischen Partei, Pompejus Planta, stieg er in venezianischen Diensten zum Oberst auf; Jenatsch wandte sich von den Franzosen ab und wurde 1635 sogar katholisch, um das Vertrauen der Spanier zu gewinnen. Mit ihrer Hilfe und dem geheimen «Kettenbund» vertrieb er die Franzosen, um gleich anschließend mit ihnen wieder gegen die Spanier zu intrigieren. Zwischen alle Fronten geraten, wurde Jürg Jenatsch, dem Conrad Ferdinand Meyer in der gleichnamigen Novelle ein Denkmal setzte, von Parteigängern der Planta 1639 in Chur ermordet.

Überraschende Begegnungen

Ein Mann, der an einer Telefonkabine horcht, eine alte Frau, die ihren Hund spazieren führt, oder ein geigenspielender Straßenmusikant auf einem kleinen Klappstuhl – in der Churer Altstadt begegnen einem fast auf Schritt und Tritt Einheimische, die mehr oder weniger alltäglichen Gepflogenheiten nachgehen. Im Unterschied zu den wirklichen Churern lassen sie sich allerdings weder durch Schneetreiben noch mitten in der Nacht in ihren Tätigkeiten stören: Mit einer ganzen Reihe von lebensgroßen Figuren bemalte Robert Indermauer die Gassen der Bündner Hauptstadt und brachte damit die Kunst auf die Straße und unter die Leute. Seine Figuren sind mitten in jene Umgebung gestellt, der sie entnommen wurden. Während sich die Churer nach anfänglicher Überraschung mit den stummen Mitbürgern arrangierten, sorgen sie bei Touristen immer wieder für Aufsehen.

Das Land der 150 Täler in Zahlen

Graubünden ist mit 7106 km² flächenmäßig der mit Abstand größte Stand der Schweiz. Der den südöstlichen Landesteil bildende Kanton Graubünden (rätoromanisch: Grischun, italienisch: Grigioni) mit seinen 615 Seen wird auch «Land der 150 Täler» genannt. Am 2465 m hohen Piz Lunghin hoch über dem Silsersee im Engadin befindet sich der Knotenpunkt des ganzen Talgewirrs und Flußgeäders: Der Rhein fließt in die Nordsee, der Inn in die Donau und damit ins Schwarze Meer, und die Flüsse aus dem italienisch-bündnerischen Tälern strömen alle in den Po – der Rom aus dem Münstertal auf dem Umweg über die Etsch – und dann ins Adriatische Meer. In Graubünden besitzen die 213 Gemeinden große Autonomie. Sie sind in 39 Kreisen zusammengefaßt, diese wiederum in 14 Bezirke. Von den 167 900 Bündnerinnen und Bündnern sprechen 59,9% Deutsch, 21,9% Rätoromanisch (Surselvisch, Sutselvisch, Surmeirisch, Ladinisch) und 13,5% Italienisch. Fast 60% der 82 200 voll berufstätigen Bündner leben vom Tourismus oder sind im Dienstleistungsbereich tätig. In Industrie und Gewerbe arbeiten 31%. Nur noch etwas mehr als 9% sind in der Land- und Forstwirtschaft beschäftigt.

Davos

Mit 245 km² ist Davos (10 500 Einwohner) flächenmäßig eine der größten Gemeinden der Schweiz. Davos liegt auf 1560 m ü. M. und ist somit die höchstgelegene «Stadt» Europas. Die Siedlung Davos entwickelte sich erst ab etwa 1870 vom Bergdorf zum Kurort. Damals entstanden zahlreiche Hotelbauten und Pensionen. Wegen der klimatisch günstigen Lage wurden um die Jahrhundertwende verschiedene Sanatorien eingerichtet, in denen man den «Volksfeind Nr. 1», die Tuberkulose, bekämpfte. 1948 wurde in einem Davoser Sanatorium, erstmals in Europa, erfolgreich Streptomycin zur Behandlung von Tuberkulose und Hirnhautentzündung angewandt. Der große medizinische Triumph führte fast zum Verschwinden der Tuberkulose. Der Kurbetrieb ging denn auch sehr stark zurück, was den Wandel vom Kurort zu einem Ferien-, Sport- und Kongreßort notwendig machte. Heute genießt Davos einen weltweiten Ruf als alpines Kongreßzentrum. In der Landschaft Davos haben sich zudem zahlreiche wissenschaftliche Institute niedergelassen, so das Forschungsinstitut für Hochgebirgsklima und Tuberkulose oder das Eidgenössische Institut für Schnee- und Lawinenforschung Weissfluhjoch-Davos. Davos bietet neben dem Heimatmuseum und dem Kirchner-Museum viele interessante Gebäude, so die reformierte Pfarrkirche Kirche St. Johann oder das 1559–1564 neuerbaute Rathaus mit der «Großen Stube», die 1634 von Jörg Jenatsch gestiftet wurde.

Soglio

Das auf einer Sonnenterrasse über einem Edelkastanienhain gelegene Soglio (200 Einwohner) im Bergell ist nicht nur wegen seiner Salis-Paläste bekannt. Diese Palazzi (Casa alta, Casa Battista, Casa Max, Casa Antonio und Casa Gubert) aus dem 16.–18. Jh. verkörpern Macht und Reichtum der Patrizierfamilie von Salis. Das überwältigende, von Soglio aus sichtbare Panorama der berühmten Kletterberge des Bondascatals zieht jeden in Bann.

Davos, eine Stadt in den Alpen

St. Moritz

St. Moritz beziehungsweise seine Pfarrkirche wird 1139 erstmals urkundlich erwähnt. Das Heilbad mit der stärksten eisen- und kohlensäurehaltigen Quelle Europas soll aber bereits in der Bronzezeit bekannt gewesen sein. Der Grundstein für das heutige San Murezzan wurde in der zweiten Hälfte des 19. Jh. mit der rasch wachsenden Bedeutung als Wintersport- und Höhenkurort gelegt. Der Ausbau des Schienennetzes der Rhätischen Bahn (RhB) ins Engadin 1898–1904 gab der Region St. Moritz ungeahnte Impulse. Sonderleistungen der RhB wie der Glacier-Expreß und der neuere Bernina-Expreß wurden geradezu weltberühmt und rückten St. Moritz mit in den Vordergrund. Die Olympischen Winterspiele 1928 und 1948 unterstrichen seine Bedeutung als mondäner Winterurlaubsort. Das am Anfang der großartigen Oberengadiner Seenlandschaft gelegene St. Moritz mit seinen 5400 Einwohnern ist heute neben Davos der bedeutendste Sommer- und Wintersportort Graubündens. Bekannt ist St. Moritz aber auch für seinen seit dem 19. Jh. aus dem Lot geratenen schiefen Turm der ehemaligen reformierten Kirche St. Mauritius. Im Segantini-Museum kann man Bekanntschaft mit Werken des berühmten italienischen Malers Giovanni Segantini (1858–1899) machen. Das Engadiner Museum (Museum engiadinais) zeigt eine bedeutende kulturhistorische und volkskundliche Sammlung des Engadins.

Weltberühmt: St. Moritz

Poschiavo

Der Hauptort des Puschlav wird 824 erstmals urkundlich erwähnt. Ursprünglich unter Mailänder Herrschaft, stellten sich die Puschlaver 1408 unter den Schutz des Bistums Chur. Im Gegensatz zum Veltlin blieb das Puschlav der Schweiz nach den Revolutionswirren 1799 erhalten. Die heutige Berninastraße über La Rösa wurde 1847–1865 gebaut. Damit begann auch für die Talgemeinde in Südbünden das Zeitalter der Postkutsche. Nach dem Bau der Berninabahn 1906–1910

Das über dem Talboden thronende **Benediktinerkloster Disentis** *wurde um 750 gegründet. Seine heutige Gestalt geht weitgehend auf den Ausbau in der Zeit von 1683–1695 zurück. Die Klosterkirche St. Martin mit den zwei Kuppeltürmen wurde 1696–1712 erbaut. Die erstmals 1261 erwähnte katholische Pfarrkirche St. Johannes Baptist ist eine der größten Barockkirchen Graubündens. Sie wurde 1643 erbaut und besitzt einen spätgotischen Flügelaltar des Meisters Ivo Strigel von 1489. Für die Gründung und Entwicklung des Ortes Disentis gab das Kloster die grundlegenden Impulse, wurde es doch in einem Gebiet errichtet, das – ohne ein Dorf – als Einöde (lateinisch desertina) bezeichnet wurde. In neuerer Zeit erlangte der Hauptort des Bezirks Vorderrhein mit seinen 2155 Einwohnern auch eine beachtliche Bedeutung als Ferien- und Wintersportort.*

nahm der Tourismus im borgoähnlichen Marktflecken Poschiavo (3250 Einwohner) mit der hübschen Piazza großen Aufschwung. Die Stiftskirche San Vittore besitzt einen romanischen Turm aus dem 13. Jh. In der Casa Mengotti (um 1655) wurde ein Talmuseum (Museo vallerano poschiavino) eingerichtet. Am Südrand von Poschiavo steht das Spaniolenviertel. Die farbenfrohen, mit verschiedenen Stilelementen verzierten Palazzi wurden um 1860 von einer Gruppe nach Spanien emigrierter und wieder heimgekehrte Puschlaver Bürger erbaut. Die südlich von Poschiavo auf einer Anhöhe stehende Kirche Santa Maria Assunta gilt als eine der schönsten Barockkirchen der Schweiz.

Thusis

Tosana, der alte Name von Thusis, wird erstmals 1156 erwähnt. 1473 ließ Graf Georg von Werdenberg die Viamalaschlucht ausbauen. Dadurch wurde diese schmale, wilde Schlucht für Fuhrwerke und Schlitten passierbar. Seit dem Spätmittelalter ist Thusis deutschsprachig; es stellt – mit seiner näheren Umgebung im Domleschg – eine Sprachinsel im rätoromanischen Gebiet dar. Der Ausbau der Splügen- und San-Bernardino-Route in der ersten Hälfte des 19. Jh. vereinfachten den Warentransit mit Italien, Thusis wurde zum wichtigen Umschlagplatz. 1820–1823 wurde eine neue Fahrstraße durch die Viamala gebaut. Zahlreiche Brände verheerten das langgezogene Straßendorf (2570 Einwohner) am Eingang der durch John Knittels Roman weltberühmt gewordenen Viamalaschlucht. Das sogenannte Neudorf entstand nach dem letzten Brand 1845 im rechten Winkel zum alten, hangwärts liegenden Siedlungskern. Nach der Eröffnung der Gotthardbahn 1882 brach der Waren- und Handelsverkehr über die Bündner Pässe fast völlig zusammen. Als die Rhätische Bahn gebaut wurde, war Thusis 1896–1903 Endstation. Die Reisenden mußten übernachten und sich mit Pferdekutschen weitertransportieren lassen, was den Thusnern Arbeit und Verdienst brachte. Thusis besitzt im alten Teil einige prächtige Herrenhäuser. Die 1506 erbaute spätgotische reformierte Kirche von Thusis gilt als eine der schönsten in Graubünden. In der Umgebung gibt es zahlreiche markante Burgen und Burgruinen wie Hohenrätien und Ehrenfels.

Zuoz

Zuoz, behaupten die 1150 Bewohner, ist das schönste Engadiner Dorf, und vielleicht haben sie damit sogar recht. Der zentral gelegene Dorfplatz, die stillen Gassen und die jahrhundertealten Häuser künden vom Stolz der bereits im 8. Jh. erwähnten, historisch bedeutsamen Gemeinde. Besonders sehenswert sind im Hauptort des Oberengadins die alten Planta-Häuser und die 1139 erstmals erwähnte romanisch-gotische reformierte Pfarrkirche mit dem schlanken Turm. Hoch über dem Dorf thront das Lyceum Alpinum, die weltberühmte hochalpine Mittelschule, in der Reiche und Adlige aus aller Welt ihren Nachwuchs ausbilden lassen.

Müstair

Das Grenzdorf zum italienischen Südtirol hat seinen Namen vom uralten Frauenkloster. Der ursprüngliche Männerkonvent des Benediktinerordens war möglicherweise eine Gründung Karls des Großen. Mit der karolingischen Klosterkirche besitzt der Hauptort des Münstertals (780 Einwohner) eines der bedeutendsten Kulturdenkmäler Europas. Wesentliche Teile der einzigartigen Wandmalereien aus ihrer Entstehungszeit um 800 n. Chr. sind intakt geblieben und ziehen sich teppichartig über alle Kirchenwände; die oberste Reihe mit David-Szenen befindet sich im Schweizerischen Landesmuseum in Zürich.

Maluns

Zutaten:
500 g Kartoffeln, 200 g Mehl, 150 g Butter, Salz, Pfeffer

Die Kartoffeln in der Schale kochen und ein bis zwei Tage stehenlassen. Nach dem Schälen die eine Hälfte der Kartoffeln durch die Röstiraffel reiben und die andere in feine Scheiben schneiden. Alles in eine Schüssel geben und mit dem Mehl und Salz vermischen.
Die Butter in einer großen Eisenpfanne erhitzen. Die Mehl-Kartoffel-Masse beigeben und in heißer Butter unter ständigem Rühren und Wenden rösten, bis sich kleine goldbraune Klümpchen bilden, die aber noch weich sein sollten. Zuletzt ein Stükken frische Butter beigeben, mit Pfeffer und Salz abschmecken.
Zum Maluns passen Apfelmus und Alpkäse ausgezeichnet.

Das Brückenstädtchen Diessenhofen hat sein mittelalterliches Ortsbild vielleicht nicht so perfekt zu erhalten vermocht wie das nahe Stein am Rhein. Seine behagliche Atmosphäre steht jener der berühmteren Schwester jedoch in nichts nach. Mit seiner idyllischen Lage am Rhein sowie dem benachbarten Kloster St. Katharinental ist das thurgauische Städtchen auf jeden Fall einen Besuch wert.

4. 10. 1989

Diessenhofen

Am Standort des Städtchens Diessenhofen befand sich ein Weiler, der bereits 757 als «Vilarium Deozincova» urkundlich erwähnt ist: Damals schenkte ein Priester namens Lazarus den Weiler samt Kirche dem Kloster St. Gallen. Man nahm deshalb früher an, Diessenhofen habe sich allmählich aus dieser Siedlung heraus entwickelt. Der Grundriß des Städtchens beweist jedoch, daß von einem langsamen Wachstum keine Rede sein kann: Die 280 m lange und 180 m breite, trapezförmige Anlage wurde von den Kyburger Grafen aus handelspolitischen und strategischen Gründen geplant und gebaut, stieß doch hier ihr Herrschaftsgebiet über den Rhein vor. Zentraler Punkt Diessenhofens, dem 1178 das Stadtrecht verliehen wurde, ist die Brücke über den Rhein, die am deutschen Ufer durch ein Vorwerk und auf Schweizer Seite durch einen imposanten Turm geschützt war – ein deutliches Zeichen dafür, daß die Kyburger einen eigenen, von Stein am Rhein und auch Schaffhausen unabhängigen Flußübergang gründen wollten. Auch die parallelen Straßenzüge zeigen Diessenhofen als bewußt geplante Stadt: Zwei Nebengassen flankieren das Rückgrat der Siedlung, die breite Marktgasse und heutige Hauptstraße. Hier wurde schon im 13. Jh. ein Markt abgehalten.
Nach dem Aussterben der Kyburger kam Diessenhofen 1264 an die Habsburger und wurde als Bollwerk gegen die aufstrebende Eidgenossenschaft zu einem ihrer wichtigsten Stützpunkte in den «Vorderen Landen». 1460 belagerten die Eidgenossen während der Eroberung des Thurgaus denn auch Diessenhofen, und nach zehntägiger Gegenwehr mußte sich das Städtchen ergeben. Die Eidgenossen bestätigten der Stadt die alten Freiheiten, und der mächtige thurgauische Landvogt hatte innerhalb ihrer Mauern nichts zu suchen; er durfte nur alle zwei Jahre die Huldigung Diessenhofens entgegennehmen.
1800 kam Diessenhofen zum Thurgau und ist heute – nur über einen schmalen Landzipfel mit dem restlichen Kantonsgebiet verbunden – Hauptort des gleichnamigen Bezirks. Als kurz nach 1830 die ersten Dampfschiffe auf dem Hochrhein fuhren, schlug für die seit dem Mittelalter betriebene Schiffahrt von Schaffhausen zum Bodensee eine neue Stunde. Der alte Erwerbszweig der «Schälter» – sie schleppten die Lastkähne vom Ufer-Treidelpfad aus mit über die Schulter geworfenen Seilen rheinauf – starb aus. Dafür siedelte sich schon vor der Eröffnung der Eisenbahn Schaffhausen–Kreuzlingen 1890 eine bescheidene Textilindustrie in Diessenhofen an. Seit die 1983

Kanton:	TG
Meter über Meer:	413
Einwohner 1900:	1876
Einwohner 1980:	2535
Autobahn:	keine

*Die Grenze zwischen der Schweiz und Deutschland verläuft in Diessenhofen mitten auf der **Rheinbrücke**. Einst überspannte eine offene Holzbrücke mit acht Pfeilern und zwei Toren an den Enden den Fluß. In der Mitte stand das «Winkhaus»: Von hier lotste man die Kähne unter der Brücke hindurch. Die heutige gedeckte Holzbrücke – im Oktober 1799 hatte die russische Armee General Korsakows ihre Vorgängerin in Brand gesteckt – wurde 1818 eingeweiht. Am 9. November 1944 erlitt sie durch eine irrtümliche Bombardierung der Amerikaner schwere Schäden, konnte jedoch repariert werden. Das schlanke, 85 m lange Bauwerk auf vier Pfeilern verbindet Diessenhofen mit Gailingen.*

gebaute Straße das Städtchen umfährt, hat sich der Verkehr in den engen Gassen merklich beruhigt, und sein alter Kern läßt sich wieder ungestört entdecken.

Zentrum des westlichen Stadtteils ist die bereits 757 erwähnte, dem heiligen Dionysius geweihte, heutige reformierte Pfarrkirche. In die Umfassungsmauern einer romanischen Basilika aus dem 12. Jh. wurden im 15. Jh. gotische Spitzbogen eingezogen und der Innenraum gleichzeitig zu einer Hallenkirche umgestaltet. Mehr als 400 Jahre, von 1533 bis 1968, diente das Gotteshaus paritätisch beiden Konfessionen. Hinter der Kirche steht der Unterhof: Im verwinkelten Gebäude ist die ursprüngliche Burg – Kern der Anlage bildet ein Turm der Truchsessen von Diessenhofen aus dem 12. Jh. – kaum mehr erkennbar. An einem Eckstein der Südwand erinnern die Mindestmaße für den Fischfang an die wichtige Rolle, welche die Fischerei in dieser Gegend einst spielte. An der Kirchgasse steht das prachtvolle, mit barocken Fassadenmalereien geschmückte Klosterhaus, der ehemalige Sitz der Nonnen von St. Katharinental. Unter den vielen schmucken Häusern an Hauptstraße und Hintergasse fallen der imposante Fachwerkbau des «Wilden Mannes», der «Goldene Löwe» mit seinem dreiseitigen Erker und die «Alte Sonne» auf, einst einer der großen Gasthöfe im Städtchen. Diessenhofens Wahrzeichen ist der Siegelturm mit dem kleinen Dachreiter, der die Hauptstraße im Osten abschließt. Der quadratische Turm wurde 1545 errichtet und mehrmals umgebaut. Hier wurden früher die Urkunden und Siegel der Stadt aufbewahrt. Seine astronomische Uhr läuft seit fast 450 Jahren: Sie wurde 1545 vom Zürcher Hans Luther konstruiert. Östlich des Turms liegt die kleine Vorstadt, die bereits im 14. Jh. ummauert war. Reste der Stadtbefestigung haben sich vor allem an der Südfront des Städtchens erhalten. Ganz in der Nähe des Siegelturms steht das 1760–1762 erbaute, schlichte Rathaus. Gleich daneben erhebt sich hinter einer Hofmauer der Oberhof. Der Staffelgiebelbau wurde im 16. Jh. anstelle eines Freihofs errichtet, der ebenfalls den Truchsessen von Diessenhofen gehört hatte.

Unten am Rhein führt neben der Brücke die Schwaderlochgasse mitten durch das Vordere Amtshaus zum Hinteren oder Petershauser Amtshaus. Im viergeschossigen Bau mit dem Giebeldach lagerte früher das Kloster Kreuzlingen die Feldfrüchte, die ihm als Zins zustanden. In den beiden Amtshäusern wurde im 19. Jh. Stoff gefärbt und bedruckt. Von der einstigen Blüte der Textilindustrie zeugt heute nicht nur das im Hinteren Amtshaus eingerichtete kleine Stoffdruckmuseum, sondern auch der seltsam hohe Holzbau in der Nordostecke des Städtchens: der Hänkiturm. Er wurde 1829 über den Grundmauern des ehemaligen Armbrusterturms errichtet und prägt die Silhouette Diessenhofens gegen den Rhein. Hier wurden die langen, eingefärbten Stoffbahnen zum Trocknen aufgehängt.

Großmaul Hans Molli (1397–1434)

Seit dem 12. Jh. residierten im Unterhof die Truchsessen von Diessenhofen, welche die Stadt zuerst im Auftrag der Kyburger und später der Habsburger verwalteten. Nach einer langen Blütezeit ging es mit den Hofbeamten jedoch rapid bergab. Das Stadtbuch von Diessenhofen hält in einer langen Liste die Untaten des letzten Truchsessen Hans Molli fest. Der «Großmaul Hans» genannte Adlige plagte die Bürger, wo er konnte. So prügelte er den Stadtwächter halbtot, weil dieser das Stadttor beizeiten geschlossen hatte und der betrunkene Truchseß auf freiem Feld nächtigen mußte. In einem seiner Wutanfälle zwang Molli die Bürger, die mühsam ausgehobenen Stadtgräben wieder zuzuschütten. Die Diessenhofener freuten sich vergeblich über seinen frühen Tod. Noch über sein Ableben hinaus vermochte der Truchseß den Bürgern zu schaden: Mit einem gefälschten Testament erreichte er, daß das Städtchen, das kurz vorher reichsfrei geworden war, wieder an Österreich fiel.

St. Katharinental

Kurz nach Diessenhofen zweigt von der Hauptstraße Richtung Schaffhausen rechts der Weg zum ehemaligen Dominikanerinnenkloster St. Katharinental ab. Um die Mitte des 13. Jh. gegründet, wurde das am Rhein liegende Kloster 1869 aufgehoben und dient seither als Altersheim. Die heutige Anlage wurde von 1715 bis 1738 errichtet. Baumeister des Klostergevierts war Franz Beer; die Kirche im Stil des vorarlbergischschweizerischen Barocks baute nach dessen Plänen Johann Michael Beer. Die Fassade läßt die Pracht des Innern nicht vermuten: In das hallenartige Schiff mit den zwei Hängekuppeln greift der Altarbezirk mit einer gekurvten Balustrade hinein. Die einheitliche Austattung mit Malereien und Stuck, das Spiel der Farben und des Lichts verleihen dem gleichzeitig Ruhe und Bewegung ausströmendem Raum einen besonders harmonischen Charakter.

Museum im Hinteren Amtshaus, Museumsgasse 11
Okt. bis April, So 14–17 Uhr,
Mai bis September, Sa und
So 14–17 Uhr
053/7 75 89

Badeanlage Rodenbrunnen
Rheinuferweg, 054/37 15 32

Minigolf
Hauptstraße, 8258 Wagenhausen, 054/41 34 29

Camping Läui, April bis
September, 053/7 69 25

Schiffahrt Untersee und
Rhein
Schaffhausen–Stein am
Rhein–Kreuzlingen, April bis
Oktober, 8202 Schaffhausen
053/5 42 82

Marchenumgang im Mai

Altstadtfest Mitte August

Frauenfeld ist eine typische Schweizer Kleinstadt inmitten der grünen Thurgauer Landschaft, die zu beschaulichen Wanderungen einlädt und in der sich versteckte kulturelle Kostbarkeiten wie etwa die Kartause Ittingen oder eines der vielen Thurgauer Schlösser entdecken lassen.

Verkehrsbüro
Rathaus
8500 Frauenfeld
054/21 03 66

15. 8. 1989

Frauenfeld

Die natürliche Hauptstadt des Thurgaus wäre Konstanz – mit dieser Meinung steht der Publizist Fritz René Allemann nicht allein. Aber es klappte nicht. Im Mittelalter und zum letzten Mal 1815 am Wiener Kongreß versuchten die Konstanzer vergeblich, sich der Eidgenossenschaft anzuschließen. Der Stadt am Bodensee wurde der Eintritt in den Bund verwehrt – Hauptort ihres alten Einflußgebiets Thurgau wurde ein Kleinstädtchen in peripherer Lage im Westen des neuen Kantons: Frauenfeld.

Entstanden ist Frauenfeld in einer Zeit, in der das Rittertum im Schweizer Mittelland für eine wirtschaftliche und kulturelle Blütezeit sorgte: An der Spitze des Thurgaus standen im 12. und 13. Jh. die Grafen von Kyburg. Die Kyburger und die von ihnen abhängigen Adligen bauten eine Unzahl von Burgen sowie etliche Frauen- und Männerklöster; außerdem gründeten sie eine Reihe von Städten wie Arbon, Bischofszell, Diessenhofen, Steckborn und Frauenfeld.

Ältester Teil des 1246 erstmals genannten Frauenfeld ist der heutige Schloßturm, den die Kyburger um 1200 auf einem Sandsteinfelsen über der Murg, einem Nebenfluß der Thur, errichteten. Zwischen der Burg im Süden und der St.-Niklaus-Kirche im Norden legten die Grafen das Städtchen an – ein bescheidene Anlage von 200 m Länge und 110 m Breite, die von zwei parallelen Hauptgassen, der heutigen Freie und Zürcher Straße, durchzogen wird. Die befestigte Siedlung mit Stadtmauer und drei Toren ge-

Kanton:	TG
Meter über Meer:	413
Einwohner 1900:	7761
Einwohner 1980:	18 607
Autobahn:	N 7, Frauenfeld

wichtigsten Bauten, die nach den beiden Stadtbränden 1771 und 1788 neu errichtet wurden: Neben dem Rathaus fallen im heutigen Stadtbild vor allem die Logierhäuser der Tagsatzungabgeordneten wie das Luzerner-, Berner- und Zürcherhaus oder die alte Landeskanzlei auf.

Nach dem Sturz der Alten Eidgenossenschaft wurde 1803 nicht Weinfelden, das bei der Befreiung des Thurgaus aus dem Untertanenverhältnis die aktivere Rolle gespielt hatte, sondern Frauenfeld Hauptort des Thurgaus. An die Konkurrenz der beiden Städtchen um die Führungsrolle im neuen Kanton erinnert noch heute, daß das Kantonsparlament abwechslungsweise in Frauenfeld oder Weinfelden zusammentritt.

Die Repräsentationsbauten der neuen Hauptstadt entstanden im 19. Jh. an der Promenadenstraße im Osten der Altstadt, die anstelle des zugeschütteten Stadtgrabens angelegt wurde: Den Auftakt machte 1848 die alte Kantonsschule und heutige Kantonsbibliothek, es folgte 1865 das dazugehörige Konviktgebäude, 1866–1868 das kantonale Regierungsgebäude und 1908–1911 schließlich die neue Kantonschule. Auf der anderen Seite des historischen Kerns, zwischen Altstadt und Murg, entstanden der Bahnhof für die 1855 eröffnete Linie Zürich–Winterthur–Frauenfeld–Romanshorn und 1864 die Kaserne des eidgenössischen Artilleriewaffenplatzes. Quer durch die heutige Stadt – «Groß-Frauenfeld» entstand 1919 aus dem Zusammenschluß der sechs Ortsgemeinden Frauenfeld, Kurzdorf, Langdorf, Huben, Herten und Horgenbach der Munizipalgemeinde Frauenfeld – fährt seit 1887 vom Bahnhof SBB aus die Schmalspurbahn nach Wil, die großenteils dem Straßenverlauf folgt. Vor allem auf der linken Seite der Murg liegen die Fabriken, die im 19. Jh. den Wandel Frauenfelds von der Beamtenstadt zum Industriestandort einleiteten. In der Murgschleife übernahm 1839 der ehemalige Medizinstudent Michele Maggi aus Monza die schon 1403 bezeugte Seklermühle, in der er mit seinen Söhnen jene Nahrungsmittelindustrie gründete, die 1867 nach Kemptthal verlegt wurde. In den Gebäuden der Mühle begann anschließend Friedrich von Martini seine Fabrikantenlaufbahn mit der Herstellung von Stickmaschinen und später auch mit den von ihm entwickelten Martini-Gewehren. Unter seinem Sohn Adolf von Martini wurden von 1897 bis 1917 in Frauenfeld sogar Autos der Marke «Martini» gebaut. Heute werden in der Zukkerfabrik von Frauenfeld die Rüben aus der ganzen Ostschweiz verarbeitet, und in einer Konservenfabrik wird Gemüse und Obst in Büchsen abgefüllt. Aus dem Thurgauer Hauptort kommen außerdem Pfannen sowie Textilien, und Frauenfeld ist schließlich auch Sitz eines weltbekannten Unternehmens der Schmirgel- und Schleifindustrie.

Franz Anton Mesmer (1734–1815)

Im Walzmühlekontor gegenüber dem Frauenfelder Schloß bot sich zu Anfang des letzten Jahrhunderts ein seltsames Bild. In der Arztpraxis von Franz Anton Mesmer saßen rings um einen mit Wasser, Glas und Eisenteilen gefüllten Bottich Patienten, die Hand in Hand eine Kette bildeten. In ihrem Kreis zirkulierte das «magnetische Fluid», das nach der Meinung des Mediziners Franz Anton Mesmer (er hatte auch philosophische und theologische Studien betrieben) alle möglichen Krankheiten heilte. Mesmer, der während seiner Tätigkeit in Frauenfeld von 1809 bis 1813 einen gewaltigem Zulauf von Patienten hatte, praktizierte nach der von ihm entwickelten Magnetotherapie. Sie beruhte auf einer geheimnisvollen Kraft, dem Fluid, das Weltall und Körper durchströmte und durch aufgeladene Gegenstände verstärkt werden konnte. Der in der Wissenschaft als Scharlatan verrufene Arzt kämpfte bis zu seinem Tod um die Anerkennung des «Mesmerismus», in dem die mechanistisch-physikalische Denkweise des 18. Jh. mit magischen Vorstellungen verbunden ist und der großen Einfluß auf die Naturphilosophie der Romantik und die Hypnosetherapie ausübte.

langte samt dem Thurgau nach dem Aussterben der Kyburger an die Grafen von Habsburg. Als treue Diener der späteren Herzöge von Österreich kämpften die Frauenfelder 1386 bei Sempach und 1388 bei Näfels gegen die Eidgenossen, bis diese 1460 den Thurgau eroberten und zur Gemeinen Herrschaft machten: Sitz ihres Landvogts wurde Frauenfeld. Als Untertanengebiet war das bescheidene Landstädtchen in erster Linie Verwaltungszentrum – besonders seit hier von 1713 bis 1798 regelmäßig die eidgenössische Tagsatzung zusammentrat. Daß damals in Frauenfeld weder Handel noch Verkehr, sondern Politik und Beamtentum die größte Rolle spielten, zeigen die

---

Historisches Museum des Kantons Thurgau, Schloß
Di–So 14–17 Uhr
054/21 35 91

Naturmuseum des Kantons Thurgau, Luzernerhaus, Freie Straße 24
Mi, Sa, So 14–17 Uhr
054/24 26 43

Plättlizoo, Freizeitpark
054/21 16 48

Freibad Bleichewiese
054/21 81 66

Hallenbad Bleichewiese
054/21 81 66

Kunsteisbahn Auenstraße 39
054/21 78 73

Minigolf Rüegerholz
054/3 37 96

Camping Aumühle
April bis September
054/21 08 68

Bechtelistag mit Maskentreiben am dritten Mo in Januar

Frühjahrsmarkt Mitte März

Pferderennen im Mai und Juni

Militärwettmarsch im November

Klausmarkt Anfang Dezember

Stadtplan S. 455

Kartause Ittingen

Die ehemalige Kartause Ittingen liegt am Rand der Thurebene, 4 km nordwestlich von Frauenfeld, westlich des Dorfes Warth, am Fuß eines Rebhangs. Eine 1152 hier gegründete Augustinerpropstei wurde 1461 von den Kartäusern übernommen, einem dem ständigen Schweigen und dem Gebet verpflichteten Orden. Eine Stiftung restaurierte von 1978 bis 1982 das 1848 von den Kartäusern verlassene Kloster für über 40 Mio. Franken. Die Anlage mit der 1549–1553 neu erbauten, 1703 um das heutige Altarhaus erweiterten Kirche zählt zu den schönsten Schöpfungen des Schweizer Rokokos. Sehenswert sind auch der kleine Kreuzgang aus der Mitte des 16. Jh. und der große Kreuzgang von 1629 mit den sieben erhaltenen Mönchshäusern an den Außenmauern. Hier sowie in den Kellern nördlich der Kirche und unter dem Westtrakt ist das Kunstmuseum des Kantons Thurgau untergebracht. Das Ittinger Museum im kleinen Kreuzgang ist dem Kartäuserorden gewidmet.

April bis Oktober:
Di–Fr 14–17 Uhr,
Sa und So 10–17 Uhr
November bis März:
Di–Fr 14–17 Uhr,
Sa und So 10–12 und
14–17 Uhr
054/21 90 21

1 Bahnhof
2 Schloß/Historisches Museum
3 Rathaus
4 Walzmühlekontor
5 Zürcherhaus
6 Haus zum Hirschen
7 Alte Landeskanzlei
8 Kirche St. Nikolaus
9 Haus zur Krone
10 Bernerhaus
11 Luzernerhaus/Naturmuseum
12 Reformierte Kirche
13 Haus zum Schwert
14 Haus zum Licht
15 ehemaliges Kapuzinerkloster
16 Obergericht und Kantonsbibliothek
17 Regierungsgebäude

Stadtrundgang Frauenfeld

Vom bescheidenen, 1857–1859 erbauten Frauenfelder Bahnhof (1) führen die Bahnhofstraße und links die schnurgerade Rheinstraße zum Frauenfelder Schloß (2) am Eingang zur Altstadt. Der älteste Teil der Feste ob der Murg, der Wehrturm, wurde von den Grafen von Kyburg vermutlich um das Jahr 1200 erbaut. Das spätere österreichische Verwaltungszentrum wurde im 14. und 15. Jh. um mehrere Wohntrakte erweitert und wurde auch im 16. Jh. als Sitz der eidgenössischen Landvögte – sie residierten hier von 1534 bis 1798 und erledigten in der heutigen Gerichtsstube ihre Geschäfte – ein weiteres Mal umgebaut.

Im Gebäude, das sich seit 1955 im Besitz des Kantons befindet, ist heute das Historische Museum des Kantons Thurgau untergebracht. Es zeigt die Kunst, Geschichte und Kultur des Kantons von der Frühzeit bis ins 19. Jh. Vom Turm bietet sich ein schöner Blick auf die Altstadt und ihre Umgebung.

Das Frauenfelder Rathaus (3) ist ein verschachtelter Komplex aus fünf Gebäuden, dessen ältester Teil an der Murgseite bis in die Gründung der Stadt zurückreicht. Erhalten blieb auch ein Teil des sogenannten Kleinen Rathauses, das die Bürger von Frauenfeld um die Mitte des 17. Jh. erbauten und an das der Architekt Joseph Purtschert 1790–1794 das heutige Rathaus mit der siebenachsigen, klassizistischen Fassade anfügte. Das Hintergebäude mit dem Rathausturm entstand erst 1905/06. Wo heute der Große Rat des Kantons Thurgau und das Stadtparlament von Frauenfeld tagen, kam ab 1742 regelmäßig die eidgenössische Tagsatzung zusammen und hielt bis zum Untergang der Alten Eidgenossenschaft 1798 72 ordentliche Konferenzen ab.

Die Sitzungen der Tagsatzung – einer Art eidgenössischen Parlaments – wurden im Juli abgehalten und dauerten zwei bis vier Wochen. In der Regel schickte jeder Stand zwei Gesandte und jeder zugewandte Ort einen Abge-

Die Zürcherstraße, das Zentrum der Kleinstadt

Schloß mit Historischem Museum

ordneten. Mit ihnen reisten weitere Amtsleute und eine zahlreiche Dienerschaft. Zu Beginn der Tagsatzung zogen die Gesandten in einem feierlichen Zug durch die Stadt; anschließend fand im Tagsatzungssaal der Stunden dauernde «Eidgenössische Gruß» mit endlosen Ansprachen statt, der stets von viel Volk besucht wurde. Dann zogen sich die Gesandten zu den geheimen Beratungen zurück.

An der Zürcherstraße steht am Anfang der Fußgängerzone das Walzmühlekontor (4), ein 1789/90 erbautes klassizistisches Gebäude, in dem einst der Arzt Franz Anton Mesmer wohnte. Das im 18. Jh. in rotem Sandstein erbaute Zürcherhaus (5, Nr. 177) ist das erste der vielen Logierhäuser der Tagsatzungsgesandten, denen man auf dem Bummel durch die Altstadt begegnet. Das 1771 errichtete Haus zum Hirschen (6, Nr. 179) mit dem geschweiftem Giebel war einst das Logis der Glarner, St. Galler und Schaffhauser.

Das dreigeschossige Eckhaus Zürcherstraße/Bankplatz, die frühere Alte Landeskanzlei oder Landschreiberei (7), war 1807–1867 Sitz der Thurgauer Kantonsregierung.

Gegenüber, wo erstmals 1286 ein Gotteshaus genannt ist, erhebt sich heute die katholische Kirche St. Nikolaus (8). Sie wurde samt dem Frontturm 1904–1906 von Albert Rimli in einer Mischung aus Neubarock und Jugendstil erbaut. Am Bankplatz steht das Haus zur Krone (9; schönes Mittelportal mit Rokokokartuschen), das zusammen mit dem Haus zur Palme unter einem gemeinsamen Mansartdach um einen Lichthof angelegt ist. Im ebenfalls am Bankplatz liegenden Bernerhaus (10) oder Haus zur Geduld mit seiner abgewinkelten Fassade stiegen einst die Gesandten des mächtigen Standes Bern ab.

Die schmale Freiestraße führt zurück zum Luzernerhaus (11), einem 1771 errichteten stattlichen Bau mit einem schlichten Rokokoportal. Im ehemaligen Logierhaus der Luzerner Gesandten ist heute das Thurgauer Naturmuseum untergebracht. Es bietet eine Übersicht über die Geschichte der Erde und des Lebens, die Geologie, Fossilien sowie Pflanzen- und Tierwelt des Kantons Thurgau und einen Überblick zur Entwicklungsgeschichte des Menschen.

Das Schiff der reformierten Kirche (12) wurde 1927–1929 neu erbaut und gleichzeitig der schlanke Frontturm von 1664/65 modernisiert. Das viergeschossige Haus zum Schwert (13), ein kurz nach 1730 errichtetes ehemaliges Gasthaus mit Treppengiebeln, beherbergte bis 1790 die Zürcher Tagsatzungsgesandten. Seine Fassade wurde 1912 im sogenannten Heimatschutzstil umgestaltet. Die kunstvoll gegliederte spätgotische Fassade des Hauses zum Licht (14) mit dem Rundportal im Erdgeschoß stammt dagegen wie der ganze Bau aus dem Jahre 1598.

Seit 1840 steht am südlichen Ende der Altstadt anstelle der alten Holzbrücke eine steinerne, einbogige Brücke, die in die Frauenfelder Vorstadt und in die Industriequartiere führt. Vor der Brücke zweigt links die Schloßmühlestraße ab, auf der man der Murg entlang am Hallenbad vorbei zum 1848 aufgehobenen Kapuzinerkloster (15) gelangt. Von der 1595/96 erbauten Anlage erhielt sich die von einem Dachreiter gekrönte schlichte Kirche; im 1643/44 neu erbauten Klostergeviert wohnt heute der Stadtpfarrer.

Über die St.-Galler-Straße erreicht man im Südosten der Altstadt an der baumbestandenen Promenadenstraße das im 19. Jh. als Zeichen neuen kantonalen Selbstbewußtseins entstandene Schul- und Regierungsviertel. Die ehemalige Kantonsschule – heute Obergericht und Kantonsbibliothek (16) – wurde 1848 durch Joachim Brenner, der praktisch alle Gebäude des Viertels entwarf, erbaut und bildet mit dem dahinterliegenden Konviktsgebäude und der Turnhalle einen Hof. Das neue Verwaltungsgebäude von Bruno Haldemann und Ernst Müller entstand in den siebziger Jahren des 20. Jh. Als Querriegel und Gegenstück zum Rathaus im Süden schließt das 1868 ebenfalls von Joachim Brenner errichtete Regierungsgebäude (17) die Altstadt im Norden ab.

Schloß Sonnenberg

Hoch über dem Dorf Stettfurt, 5 km südöstlich von Frauenfeld, erhebt sich in prächtiger Aussichtslage Schloß Sonnenberg, das seit 1242 urkundlich belegt und heute ein Restaurant ist. Es wurde nach einem Brand im Jahre 1595 zum Teil auf den alten Gebäuderesten für Jost Zollikofer aus St. Gallen im Stil von Schloß Altenklingen neu erbaut und ist seit 1678 eine Statthalterei des Klosters Einsiedeln. Im Obergeschoß der imposanten Anlage mit dem Treppengiebelhaus und dem Binnenhof befindet sich neben der kleinen Hauskapelle ein stuckierter und ausgemalter Prunksaal aus dem 18. Jh. Von der Schloßterrasse bietet sich ein prachtvoller Blick über das Dorf Stettfurt und das Lauchtal, den Schauenberg und die Tuttwilerberge zum Hörnli nach Wil und bis zum Säntis und den Churfirsten (Donnerstag geschlossen).

Mostindien in Zahlen

Der Kanton Thurgau ist 1013 km² groß und damit der zwölftgrößte Kanton der Schweiz. Etwas über die Hälfte, 571,5 km², wird landwirtschaftlich genutzt. Die von den Flüssen Thur und Sitter durchzogene Hügellandschaft ist eingebettet zwischen Bodensee und Voralpen. Ende 1988 zählte der Thurgau 201 928 Einwohner. Der Kanton ist in acht Verwaltungsbezirke aufgeteilt und gliedert sich in 38 Munizipal-, 144 Orts- und 35 Einheitsgemeinden. Eine 1987 durchgeführte Umfrage hat ergeben, daß der Thurgau nach wie vor das Bild einer heilen und ländlichen Welt bietet. Gefragt, was ihnen als erstes beim Stichwort «Thurgau» in den Sinn komme, antworteten die meisten mit «Äpfel, Bauern und Mostindien». Die Realität straft diese Klischeevorstellungen Lügen. Die Wirtschaft blüht mindestens so schön wie die Obstbäume. Über 50% der 80 200 berufstätigen Thurgauer arbeiten in Industrie und Gewerbe, das sind 12% mehr als im schweizerischen Mittel. Allerdings liegt auch die Zahl der in der Landwirtschaft Beschäftigten mit fast 12% doppelt so hoch wie im eidgenössischen Durchschnitt.

Arbon

ist die kleine Stadt am Schweizer Ufer des Bodensees mit tausendjähriger Geschichte. Der über 12 000 Einwohner zählende, in landschaftlich reizvoller Umgebung auf einem Landvorsprung gelegene Industrieort führt seinen Ursprung bis in die Römerzeit zurück. Im frühen 4. Jh. bauten die Römer das Kastell «Arbor felix» im heutigen Kirche-Schloß-Bezirk.

Von hier aus ist 614 der irische Glaubensbote und Klostergründer Gallus landeinwärts ins wilde Steinachtal gezogen. Die Stadt selbst wurde durch den städtebaufreudigen Konstanzer Bischof Eberhard von Waldenburg gegründet. 1255 erhielt Arbon das Stadtrecht. Nach einer Kette von Verpfändungen fiel schließlich Arbon 1441 an das Bistum Konstanz zurück. Im 18. Jh. blühte in der Stadt am Bodensee der Leinwandhandel, und im 19. Jh. war Arbon ein Zentrum der Baumwolldruckerei.

Seit 1854 beherrscht die aus der mechanischen Werkstatt Stoffel hervorgegangene Weltfirma Saurer das Erscheinungsbild des Dorfes. Adolph Saurer entwickelte in Zusammenarbeit mit Rudolf Diesel eine Verbesserung von dessen Verbrennungsmotor.

Sehenswert sind in Arbon die St.-Martins-Kirche mit dem spätgotischen Chor, die Galluskapelle mit einer legendenumwobenen Fußspur des heiligen Gallus auf einem Feldstein, die 1424 erbaute Johannes-Kapelle, das Rathaus – ein Fachwerkbau aus dem Jahre 1791 – und in der Stadtmitte am Marktplatz das Schloß, dessen uralter Turm aus Findlingen gemauert wurde. Das vom Konstanzer Bischof Hugo von Hohenlandenberg 1515 umgebaute und kürzlich restaurierte Schloß ist heute das kulturelle Zentrum Arbons. Es beherbergt auch das ortsgeschichtliche Museum.

Romanshorn

fristete lange Zeit ein Mauerblümchendasein. Während Jahrhunderten unter der Herrschaft des Klosters St. Gallen und von dort nicht sonderlich gefördert, erschöpft sich seine historische Bausubstanz im Schloß des äbtisch-sanktgallischen Vogtes aus dem 14. Jh. und in der paritätischen Alten Kirche aus dem 8. Jh. Romanshorn blieb bis ins 19. Jh. ein bescheidenes Fischerdorf am Bodensee.

Nach Dorfbränden, die den alten Dorfkern weitgehend zerstörten, entstand die heutige Ortschaft unter dem Einfluß der Bodenseeschiffahrt. Romanshorn blühte als Eisenbahnknotenpunkt und Heimathafen der Schweizer Bodenseeflotte, insbesondere der Autofähre nach Friedrichshafen in der Bundesrepublik Deutschland, erst in neuerer Zeit auf. Der größte Hafen am Schweizer Ufer des Bodensees mit den beiden Jachthäfen, die prächtig angelegten Quaianlagen mit dem Park und das Schwimmbad direkt am See sind heute der Stolz der über 8000 Einwohner zählenden Thurgauer Seegemeinde.

Steckborn

Das heimelige Fischerstädtchen, mit seinen 3300 Einwohnern die größte Ortschaft am Untersee, hat seinen historischen Charakter bis heute bewahrt. 1313 wurde dem auf einem kleinen Landvorsprung gelegenen Steckborn von Kaiser Heinrich VII. das Stadt- und Marktrecht verliehen. Die Bevölkerung betrieb Handwerk, Fischerei und Weinbau. Steckborns hervorragende Hafner und Ofenmaler sowie die tüchtigen Zinngießer waren in früheren Zeiten

Romanshorn: die Autofähre nach Friedrichshafen

Der Turmhof in Steckborn

weitherum bekannt. Das mittelalterliche Städtchen strahlt auch heute noch eine besondere Anziehung aus. In malerischen Gassen und Straßen sind zahlreiche Riegelhäuser, aber auch Reste der alten Stadtmauer zu entdecken. Das von Werkmeister Schwederle 1667 direkt neben der Schifflände errichtete Rathaus gilt heute als einer der schönsten Fachwerkbauten im Bodenseeraum. Steckborns Wahrzeichen aber ist der am Seeufer 1320 vom Stadtgründer Abt Diethelm von Castell erbaute Turmhof mit seinen zierlichen Ecktürmchen und der kupfernen Zwiebelhelmhaube. Heute beherbergt er ein Heimatmuseum und eine prähistorische Sammlung.

Am Dorfplatz von Gottlieben

*Das **Märchenschloß Altenklingen** mit seinen Erkern, Giebeln und Türmchen, in der Nähe von Weinfelden auf dem Seerücken gelegen, gehört zwar zu den weniger bekannten, dafür aber schönsten Thurgauer Schlössern. Die Burg Altenklingen, die an der Stelle des heutigen Schlosses stand, wurde um 1200 von den Herren von Klingen als Stammsitz errichtet. Nachdem 1395 das bedeutende Ostschweizer Geschlecht, das u.a. die Burg Hohenklingen bei Stein am Rhein, das Städtchen Klingnau und das Kloster Klingental gründete, ausgestorben war, wechselte die Burg mehrmals den Besitzer. 1585 ging sie an Junker Leonhard Zollikofer aus St. Gallen über. Er ließ die mittelalterlichen Gebäude abreißen und durch die beiden heute noch erhaltenen und kürzlich renovierten Staffelgiebelhäuser ersetzen. Die Besucher müssen sich allerdings mit dem idyllischen Anblick des Märchenschlosses begnügen. Schloß Altenklingen ist in Privatbesitz – es gehört der St. Galler Verlegerfamilie Zollikofer – und kann nicht besichtigt werden.*

Gottlieben

Das idyllische Kleinod am Seerhein zwischen Boden- und Untersee ist in den letzten Jahrzehnten dank seiner baulichen Schönheit und den renommierten Hotelbetrieben «Krone» und «Drachenburg und Waaghaus» für viele zur touristischen Visitenkarte des Thurgaus geworden. Die 300 Einwohner zählende Gemeinde, mit nur 237 ha eine der kleinsten Gemeinden der Schweiz, bildet trotz der Nähe zu den beiden Grenzstädten Kreuzlingen und Konstanz eine Welt für sich. Das geschichtsträchtige Gottlieben verfügt mit seiner Wasserburg sowie den stolzen Bürgerhäusern und prächtigen Riegelbauten über ein ungewöhnlich intaktes Dorfbild und besitzt einen der schönsten Dorfplätze der Schweiz. Das bereits im 10. Jh. schriftlich erwähnte Fischerdorf «Gotiliubon» hätte 1251 nach dem Willen von Bischof Eberhard von Waldenburg zum Städtchen und befestigten Brückenkopf eines neuen Rheinüberganges werden sollen. Aber erst im späten 17. Jh. wurde das inzwischen zum Marktflecken erhobene Gottlieben zu einem bedeutenden Handels- und Umschlagplatz. Unter anderem war Gottlieben auch Stapelplatz für das Salz der Saline Hall in Tirol. Historische Bedeutung erlangte Gottlieben 1415, als während des Konstanzer Konzils der böhmische Reformator Johannes Hus und der von der Kirchenversammlung abgesetzte Papst Johannes XXIII. in den Verliesen der Wasserburg darbten. Während der erfolglosen Belagerung von Konstanz im Dreißigjährigen Krieg war die Burg Hauptquartier des schwedischen Feldmarschalls Gustaf Horn. 1836 erwarb Prinz Louis Napoléon, der spätere Kaiser Napoléon III., die Burg und ließ sie in ein neugotisches Schloß umbauen. Aber auch die «Gottlieber Hüppen», ein hier nach überliefertem Rezept hergestelltes, schmackhaftes Spezialgebäck mit Pralinen- oder Nougatfüllung, haben viel zum Bekanntheitsgrad Gottliebens beigetragen.

Weinfelden

Weinfelden, schmucker Marktflecken mit rund 9000 Einwohnern, am Fuß des rebenbewachsenen Ottenbergs gelegen, ist der zweite – der «heimliche» – Hauptort des Kantons Thurgau und im Sommer Tagungsort des thurgauischen Großen Rats. Über dem teils noch guterhaltenen alten Dorfkern thront das Schloß Weinfelden, das bereits 1180 erwähnt wird. Das 1986 restaurierte Rathaus mit seinem bemerkenswerten Großratssaal stammt aus dem Jahr 1832. Es wurde gebaut, nachdem der Große Rat ein Jahr zuvor beschlossen hatte, im Sommer in Weinfelden zu tagen, falls die Gemeinde ein passendes Lokal stelle. Am 18. Juni 1832 trat das Parlament erstmals in dem dreigeschossigen Haus zusammen. Im Weinfelder Dorfzentrum befindet sich zudem das Gasthaus zum Trauben, eine der wichtigsten historischen Stätten des Thurgaus. Von der Treppe dieses Hauses aus wurde der Landsgemeinde 1798 die Befreiung des Thurgaus aus dem Untertanenverhältnis zur Alten Eidgenossenschaft verkündet.

Amriswiler Buuretopf

Zutaten:
300 g Kochspeck, 2 Paar Bauernschüblinge, 300 g Kartoffeln, 6 Dörrbirnen, 60 g gedörrte Apfelschnitze, 4 Zwiebeln, 1 Sellerieknolle, 1 Rüebli, 1 Weißkabis, 1 Gewürznelke, 1 Lorbeerblatt, Salz, Pfeffer, 40 g Mehl, 2 El Öl, 2 dl Apfelwein.

Die Dörrfrüchte über Nacht in kaltem Wasser einweichen. Den Kochspeck in kleine Stücke schneiden und in heißem Öl anbraten. Die Sellerieknolle, die Zwiebeln, das Rüebli und den Weißkabis in mittlere Würfel schneiden. Das Gemüse dem Speck beigeben und mitbraten. Aus der Pfanne nehmen und warm stellen. Anschließend Mehl in der Pfanne braun rösten. Mit wenig Einweichwasser der Dörrfrüchte und mit dem Apfelwein ablöschen. Mit Salz und Pfeffer, der Nelke und dem Lorbeerblatt würzen. Den Speck, die Äpfel, die in Stücke geschnittenen Birnen und das Gemüse dazugeben und 40 Minuten schmoren lassen. Die geschälten Kartoffeln in kleine Würfel schneiden und ebenfalls beigeben. Die Bauernwürste obenauf geben und alles nochmals 25 Minuten schmoren lassen. Sobald die Kartoffeln weich sind, die Würste in Stücke schneiden und vorsichtig unter den Eintopf mischen.

Glarus ist mit den übrigen alten Hauptorten der ländlichen Eidgenossenschaft nicht zu vergleichen. Hier ist kein mittelalterlicher Flecken, sondern eine auf dem Reißbrett geplante Kleinstadt zu bewundern. Nach dem großen Brand von 1861 wurde der Kern von Glarus völlig neu aufgebaut – eine städtebauliche Leistung, die in der Schweiz neben La Chaux-de-Fonds einmalig ist.

Verkehrsbüro
Kirchweg 18
8750 Glarus
058/61 13 47

TCS-Geschäftsstelle
Kirchweg 18a
8750 Glarus
058/61 67 07

Glarus

Im 6. Jh. begannen die Alemannen in den heutigen Kanton Glarus einzuwandern; die romanische Sprache der ansässigen rätisch-keltischen Mischbevölkerung zog sich langsam zurück. Vermutlich gründete der irische Glaubensbote Fridolin im 6. oder 7. Jh. in Säckingen ein Frauenkloster, das kurz vor 741 Hoheitsrechte und Grundbesitz im Glarnerland erhielt. Urkundlich aber liegen die Anfänge der Besiedlung im dunkeln: Faßbar werden Ort und Name Glarus erst 1178. Die Reichsvogtei über das Glarnerland gelangte von den Grafen von Kyburg 1264 an die Habsburger, und das abgelegene Tal geriet immer stärker unter ihre Vogteiherrschaft. Das 1352 in den Auseinandersetzungen zwischen den Waldstätten und Habsburg von Schwyz und Zürich eroberte und in den Bund der Eidgenossen aufgenommene Glarus befreite sich endgültig von der habsburgischen Herrschaft erst, als es 1388 in der Schlacht von Näfels einen österreichischen Einmarsch abwehrte. 1419 wurde Glarus zum Hauptort des Tals. Im Städtchen, das die drei hochragenden Bergmassive Glärnisch im Westen, Wiggis im Nordwesten und Schilt im Nordosten umstehen, bildeten Landwirtschaft und Handwerk lange das Haupteinkommen. Die industrielle Entwicklung begann, als Johann Heinrich Streiff (1709–1780) einen französischen, nach Genf emigrierten Hugenotten nach Glarus holte, der eine vorzügliche blaue Farbe für den Zeug- und Baumwolldruck herzustellen verstand. In rascher Folge entstanden weitere Stoffdruckereien und Bleichereien, und von Mitte des 18. bis gegen Ende des 19. Jh.

Kanton:	GL
Meter über Meer:	481
Einwohner 1900:	4877
Einwohner 1980:	5969
Autobahn:	N 3, Niederurnen

gehörten Hauptort und Tal zu den am stärksten industrialisierten Gebieten der Schweiz. Auf dem Höhepunkt der Textilproduktion um 1865 beschäftigten allein in Glarus sechs Baumwolldruckereien 818 Arbeiter und 935 Arbeiterinnen. Die Stoffe wurden über ein weitverzweigtes Handelsnetz in alle Welt vertrieben. Ihre Herstellung brachte den Fabrikherren Wohlstand, den Arbeitern aber harte Arbeitsbedingungen: Die Glarner Textilarbeiter erkämpften sich denn auch 1864 das erste europäische Fabrikgesetz, das die Arbeitszeit auf höchstens 12 Stunden pro Tag beschränkte.

Bis 1861 glich Glarus anderen alteidgenössischen Flecken wie Altdorf, Schwyz oder Stans. Das änderte sich in der Nacht vom 10. auf den 11. Mai 1861: Während eines Föhnsturms brannten 593 Gebäude ab, darunter die Pfarrkirche, das Rathaus und der ganze Ortskern. Daß bei dieser größten Brandkatastrophe der Schweiz in neuerer Zeit trotz eines Schadens von 8,7 Millionen Franken sofort mit dem Wiederaufbau begonnen werden konnte, ist nicht nur den Geldsammlungen im Inland und Ausland zu verdanken. Glarus profitierte auch von günstigen verkehrstechnischen und wirtschaftlichen Bedingungen: Es war mit der Linie Glarus–Weesen schon seit 1859 an die Eisenbahn angeschlossen, und die Stoffdruckereien produzierten auch nach der Katastrophe in ungebrochenem Zukunftsglauben weiter.

Der Plan zum Wiederaufbau stammte von den beiden Architekten Bernhard Simon und Johann Caspar Wolff. Ihre großzügige Neuanlage paßten sie bruchlos in die unversehrt gebliebenen Ortsteile ein. Im neuen Zentrum entstand ein Netz rechtwinklig sich schneidender Straßen, die sich in Haupt- und Nebenachsen gliedern. Die Hauptstraße – eine breite Geschäftsstraße – verbindet die beiden wichtigsten Plätze, den Spielhofplatz mit dem Gerichtsgebäude und den Rathausplatz mit dem Rathaus. Die beiden parallelen Nebenachsen – Burg- und Sandstraße – wurden als avenueartige Wohnstraßen mit Vorgärten angelegt. Eine zweite Hauptachse, die Kirchstraße, verläuft rechtwinklig zur Hauptstraße und verbindet zwei weitere Plätze, die durch die Stadtkirche und das Wohnhaus Stampf charakterisiert sind. Die einzelnen Felder zwischen den Straßen wurden mit drei- bis vierstöckigen, meist klassizistischen Häusern überbaut. Schon zwei Jahre nach dem Brand standen 288 Häuser mit 518 Wohnungen und 62 Ökonomiegebäude, 1862–1864 wurde das Rathaus, 1864–1866 die Stadtkirche, 1896 die Post und 1903 der neue Bahnhof errichtet. Damit war kurz nach 1900 der Stadtkern annähernd so umbaut wie heute.

Die Anlage von Simon und Wolff ist die letzte wichtige städtebauliche Neuschöpfung der Schweiz und hat ihre Funktionstüchtigkeit bis heute bewahrt.

Als der Aufbau des neuen Glarus fast vollendet war, gerieten die Glarner Stoffdruckereien in eine Krise: Seit 1896 ging vor allem die Nachfrage nach den berühmten türkischroten Stoffen zurück, und die meisten Betriebe mußten schließen. Während der Kanton Glarus seither mit Entwicklungsproblemen kämpft, hat der Hauptort Glarus zunehmende Bedeutung als Sitz der kantonalen Verwaltung, des Kantonsspitals, der Kantonsschule und schließlich in neuester Zeit auch als regionales Geschäftszentrum gewonnen.

Anna Göldi (1734–1782)

Vor gut 200 Jahren erregte ein Glarner Prozeß über die Schweizer Grenze hinaus Aufsehen. Am 18. Juni 1782 wurde in Glarus Anna Göldi als letzte Hexe Europas mit dem Schwert geköpft. Begonnen hatte die Geschichte zwei Jahre früher, als Anna Göldi vom Glarner Arzt Johann Jakob Tschudi als Magd angestellt wurde. Ein Jahr später wurde sie aus dem Haus gejagt, weil sich angeblich in der Milch des neunjährigen Annamiggeli Stecknadeln gefunden hatten. Bald machte in Glarus das Gerücht die Runde, das Töchterchen Tschudis spucke ständig Stecknadeln und Nägel aus – es sei verhext. Gegen Anna Göldi wurde Anklage erhoben, sie wurde im Toggenburg verhaftet und nach Glarus überführt. Daß in ihrer Gegenwart das Kind gesund wurde, galt erst recht als Schuldbeweis. Ein unter der Folter abgepreßtes Geständnis wurde zwar von Anna Göldi widerrufen. Trotzdem wurde sie am 16. Juni zum Tod verurteilt und zwei Tage später hingerichtet – das letzte Opfer eines mörderischen Aberglaubens, der im Mittelalter auch in der Schweiz Tausende von unschuldigen Frauen das Leben kostete.

Kunsthaus
Museumsstraße
Sa und So 10–12 und 14–17 Uhr;
bei Wechselausstellungen
Di–So 10–12 und 14–17 Uhr
058/61 25 35

Naturwissenschaftliche Sammlungen des Kantons Glarus, Museumsstraße, im Kunsthaus
bei Wechselausstellungen im Kunsthaus: Di–So 10–12 und 14–17 Uhr
058/61 25 35

Schwimmbad
Ygruben
058/61 14 74

Kunsteisbahn
Im Buchholz
058/61 14 74

Camping
Im Vorauen
8750 Klöntal
Mai bis September
058/61 48 59

Camping
Güntlenau
8750 Klöntal
Mai bis September
058/61 44 08

Das Klöntal

Das Klöntal erstreckt sich westlich von Glarus am Nordhang des Glärnischmassivs. Durch die nordwestliche Ausfahrt der Stadt über Riedern führt die Straße durch eine zerklüftete Schlucht in das idyllische Hochtal der Löntsch mit dem 850 m hoch liegenden Klöntalersee. Der fjordartig zwischen steile, im unteren Teil bewaldete Bergwände eingebettete See liegt von Mitte Oktober bis Ende Februar völlig im Schatten und war deshalb einst ein idealer Eislieferant für Brauereien. Schon im 19. Jh. trieben Glarner Fabrikbesitzer zudem einen 400 m langen Stollen durch das Bergsturzgebiet des Saggbergs, ließen den Seespiegel im Winter jeweils um 7 m ab und konnten so mit der Wasserkraft der Löntsch ihre Fabriken betreiben. Seit der See 1908 mit einem Damm gestaut wurde, wird sein Wasser zur Elektrizitätsgewinnung genutzt. Dem Nordufer des beliebten Angelgewässers entlang erreicht man über Vorauen nach 15 km im Talabschluß zu Füßen des Glärnischmassivs die Alp Richisau auf 1129 m Höhe. Vom alten Gast- und Kurhaus aus bewunderten schon C. F. Meyer, Carl Spitteler und Richard Wagner das Glarner Hochgebirge. Hier beginnt die Straße, die zum Pragelpaß (1550 m) und weiter ins Muotatal im Kanton Schwyz führt.

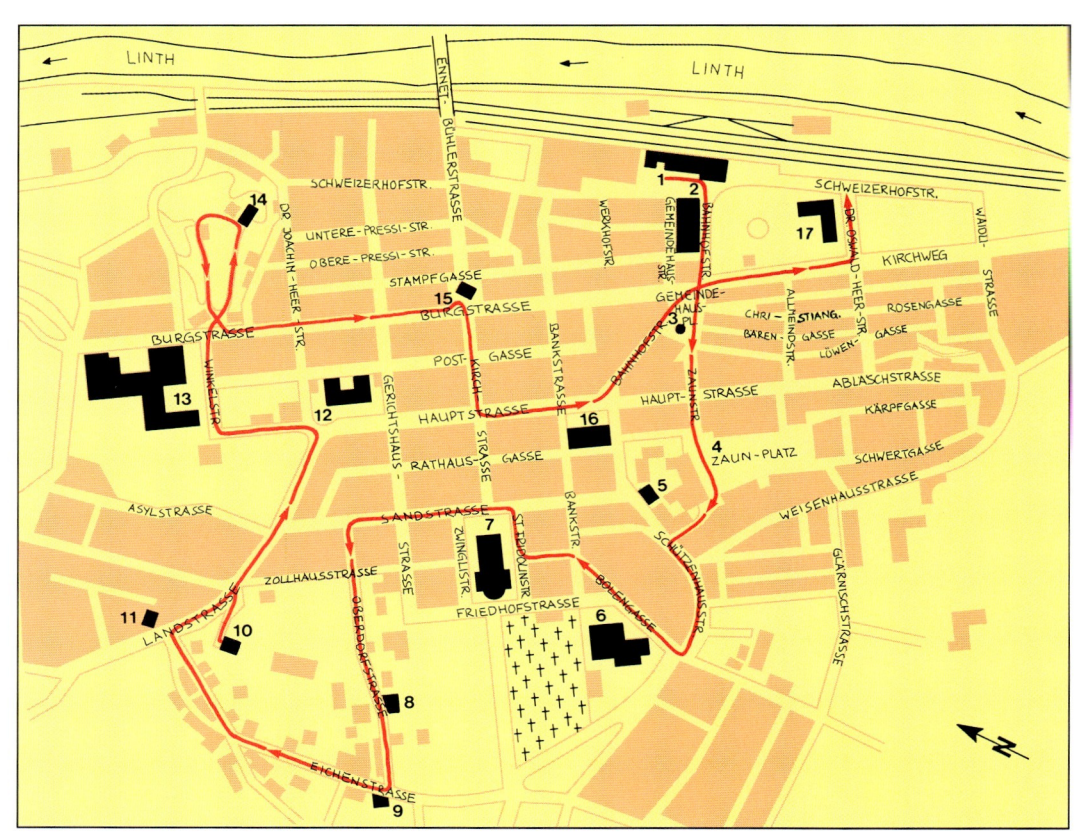

1 Bahnhof
2 Glarnerhof
3 Gemeindehausplatz mit Berggeistbrunnen
4 Zaunplatz
5 Haus Brunner im Sand
6 St.-Fridolins-Kirche
7 Reformierte Stadtkirche
8 Villa Schuler
9 ehem. Druckereigebäude
10 Haus in der Wies
11 Iselihaus
12 Spielhof mit Gerichtsgebäude
13 Kantonsschule
14 Burgkapelle
15 Haus im Stampf
16 Rathaus
17 Kunsthaus

Stadtrundgang Glarus

Der 1903 erbaute Bahnhof Glarus (1) ist für eine SBB-Nebenlinie ein besonders großzügiges Gebäude. Sein festungsähnliches Äußeres mit dem Staffelgiebel und den zwei Türmen dient einem völlig burgfremden Zweck – eine für den Historismus typische Erscheinung. Vorbei am spätklassizistischen Fremdenpalast des Hotels Glarnerhof (2) mit der langgezogenen Fassade führt die Bahnhofstraße zum Gemeindehausplatz (3), in den neun Straßen und Gassen einmünden und auf dem seit 1927 der Berggeistbrunnen steht.

Durch die Zaunstraße erreicht man den Zaun- oder Landsgemeindeplatz, wo die stimmberechtigten Glarnerinnen und Glarner alljährlich Anfang Mai zur Landsgemeinde zusammentreten. Die riesige Anlage entstand zwischen 1797 und 1840 und wird vom Zaunschulhaus an der südlichen Seite dominiert. Der klassizistische Bau von 1834/35 ist ein bemerkenswerter Zeuge des frühen Schulhausbaus. Wenn man den Platz in der nordwestlichen Ecke Richtung Schützenhaus verläßt und rechts abbiegt, kommt man zum Haus Brunner im Sand (5). Das typische Glarner Bürgerhaus mit dem geschweiften Giebel stammt aus der Zeit um 1771. Die St.-Fridolins-Kirche (6) mit der hohen Vorhalle und dem freistehenden Turm entstand 1963/64, als die Katholiken die während Jahrhunderten paritätische Stadtkirche verließen und ein eigenes Gotteshaus bauten.

Die reformierte Stadtkirche (7) dominiert leicht erhöht das Ortsbild, und ihre Doppelturmfassade schließt die Ost-West-Hauptachse der neuen Stadtanlage eindrucksvoll ab. Ihre Vorgängerin, die als einzige Kirche des ganzen Tales schon im 7. Jh. entstanden sein dürfte und an der 1506–1516 der spätere Reformator Huldrych Zwingli als Leutpriester wirkte, stand an der Stelle des Gerichtsgebäudes. Der neuromanische Bau ist ein von Ferdinand Stadler 1864–1866 errichtetes Haupt-

Die Stadtkirche, ein Fixpunkt im rechteckigen Straßenraster

Die planmäßig aufgebaute Stadt

werk des schweizerischen Historismus. Eine Vorhalle führt in das weite dreischiffige Innere der Basilika, das nach einem Großbrand 1940 neugestaltet wurde.

Durch die Sandstraße und links in die Oberdorfstraße einbiegend gelangt man zur Villa Schuler (8), ein in einem Park 1904/05 erbautes, palastartiges Wohnhaus. Geradeaus führt der Weg zum ehemaligen Druckereigebäude (9) von 1783, das im 19. Jh. zur Zeugdruckerei Trümpy gehörte. In diesem charakteristischen Zeugen aus der Frühzeit der Glarner Industrie mit dem Blockbau über dem gemauerten Sockel wurden einst Tücher bedruckt und unter dem Dachvorsprung zum Trocknen aufgehängt. Wo heute das 1928–1930 erbaute mächtige Pfrundhaus steht, befand sich bis 1909 die berühmte Zeugdruckerei Trümpy, und am Oberdorfbach wurde früher das Glarner Tuch gebleicht.

Wendet man sich nach rechts, gelangt man zum Dorfteil Eichen, in den ältesten Teil des Fleckens. Seine bescheidenen Häuser und Scheunen zeigen noch die kleinbäuerliche Siedlungsweise vor dem Brand. Rechts steht das bedeutendste Glarner Bürgerhaus aus der Zeit vor dem Brand, das 1746–1748 für den Gründer der Glarner Zeugdruckerei, Johann Heinrich Streiff, erbaute Haus in der Wies (10). Mit dem eleganten Giebel und dem Ziergarten hinter der hohen Mauer bildet es ein reizvolles hochbarockes Ensemble. An der Hauptstraße beim Eichbrunnen steht das 1560 erbaute und um 1800 aufgestockte markante Iselihaus (11).

Der repräsentative Spielhofplatz wurde als Pendant zum Rathausplatz angelegt. Den architektonisch wohl schönsten Platz des wiederaufgebauten Glarus mit den vornehmen Bürgerhäusern beherrscht das 1864 von Johann Caspar Wolff errichtete, hufeisenförmige Gerichtsgebäude (12) mit zwei zurückversetzten Pavillons und einer fünfachsigen Hauptfassade.

Hinter dem Herrschaftshaus Mercier stehen die 1973–1977 von Roland Leu als mehrgliedriger Bau erbaute Kantonsschule (13) und das mehrmals umgebaute Kantonsspital. Der Weg hinauf zur Burgkapelle (14) führt auf einen Bergsturzhügel, von dem aus sich ein schöner Blick auf die Stadt bietet. Im 1762–1769 auf romanischen Fundamenten barock umgestalteten Gotteshaus findet sich neben drei schönen Rokokoaltären beim Eingang ein Tropfstein mit angeblichen Fingerabdrücken; nach der Legende stammen sie von den Heiligen Felix und Regula, die sich um das Jahr 300 auf ihrer Flucht aus dem Wallis nach Zürich hier aufgehalten haben sollen.

Die Burgstraße, eine breite Wohnstraße mit Vorgärten und Reihenhäusern, führt zum Haus im Stampf (15). Es überstand den Brand und wurde, obwohl es quer zum Straßennetz steht, als einer der Eckpunkte der neuen Stadtanlage belassen. Durch die Kirch- und links durch die als Wohn- und Geschäftsstraße angelegte Hauptstraße erreicht man den rechteckigen Rathausplatz mit dem großen Brunnen. Er wird dominiert vom 1862–1865 von Bernhard Simon in spätklassizistischem Stil erbauten Rathaus (16) mit der neunachsigen Hauptfront und der hohen Säulenloggia im Mittelrisalit.

Im wie ein Schloßpark angelegten Volksgarten mit dem prächtigem Baumbestand steht das Kunsthaus (17). Die zwei schlichten Kuben mit der verglasten Verbindungshalle von Hans Leuzinger aus dem Jahre 1951/52 beherbergen ein für kleinstädtische Verhältnisse vorbildliches Museum (vorher war es im Gerichtsgebäude untergebracht; vgl. Nr. 12) – neben einer Sammlung schweizerischer Malerei vor allem aus dem 19. und 20. Jh. sowie Glarner Malerei ist hier auch die Fauna des Kantons ausgestellt.

Vom alten Glarner Zeug

Im Dachgeschoß des Freulerpalasts in Näfels ist – im Rahmen des Museums des Landes Glarus – das Glarner Textildruckmuseum untergebracht. Seine umfangreiche Sammlung erklärt die Arbeitsvorgänge bei der Herstellung eines bedruckten Tuchs vom Comptoir über das Entwurfsatelier, die Modelstecherei, die Farbküche, die Druckstube bis hin zur Konfektion. Gezeigt wird aber nicht nur der einstige Handmodeldruck, sondern auch die moderne Herstellungstechnik, wie sie heute in den Glarner Textilfabriken zur Anwendung kommt. Der Zeugdruck wurde im Tal der Linth 1740 eingeführt und erlangte vor allem im 19. Jh. legendären Ruf, als die Glarner Zeugdruckereien für alle Welt produzierten. Von seiner damaligen Vielfalt an Formen und Farben zeugen die im Museum ausgestellten Kaschmir-, Schnupf- und Bildertücher, Schals, Türkenkappen, Indigo-, Türkischrot- und Batikartikel. Gezeigt werden auch alte Entwurfszeichnungen sowie Handdruckmodel. Modelle, alte Ansichten und Pläne dokumentieren zudem den Fabrikbau und die charakteristischen Tröckne- oder «Hänggitürme», die einst noch mehr als heute die Glarner Landschaft prägten.
April bis Nov.: Di–So 10–12 und 14–17.30 Uhr
058/34 13 78

Das Glarnerland in Zahlen

Glarus ist mit 685 km² der 17. Stand der Schweiz. Im Norden wird der Kanton vom Walensee, im Süden durch die Eiskuppen des Tödi, im Südosten von den Tschingelhörnern und im Westen durch das Klöntal begrenzt. Der Linthgletscher hat in der Eiszeit ein in Nord-Süd-Richtung verlaufendes Haupttal und die beiden größeren Seitentäler – das Sernftal und das Klöntal – hinterlassen. Heute gliedert sich das Glarnerland mit seinen 29 Ortsgemeinden in drei Teile. Das Unterland, die große Ebene zwischen Walensee und Zürichsee, wurde von der Linth angeschwemmt. Der Hauptort Glarus und die umliegenden Gemeinden bilden das Glarner Mittelland. Von Schwanden an folgt schließlich das Hinterland, das sich bis Linthal erstreckt. Verkehrspolitisch ist das Glarnerland praktisch eine Sackgasse. Nur der Klausenpaß führt im Sommer nach Altdorf, der Pragelpass nach Muotathal (nur PWs, sowie samstags und sonntags gesperrt). Die übrigen sechs Paßübergänge sind höchstens Saumwege. Insgesamt zählt der Kanton Glarus 37 200 Einwohner. 56% der Berufstätigen finden ihr Einkommen in Industrie und Gewerbe, 36% arbeiten im Dienstleistungssektor und nur etwas mehr als 8% in der Land- und Forstwirtschaft.

Linthal

Linthal mit seinen 1400 Einwohnern besteht aus drei Dörfern: Ennetlinth auf der linken Talseite, Linthal-Matt auf dem Schuttkegel des Durnagels und Linthal-Dorf. Die bereits 1289 urkundlich erwähnte hinterste Siedlung des Glarnerlandes am Fuß des Tödi kaufte sich 1376 von der Grundherrschaft Säckingen los. Wie im ganzen Glarnerland schaffte die Textilindustrie auch in Linthal bereits im letzten Jahrhundert wichtige Arbeitsplätze. Im 19. Jh. erlangte Linthal wegen des Schwefelbads Stachelberg Berühmtheit. Napoleon III., General Dufour, aber auch Graf Zeppelin wußten die Heilkraft des stark schwefelhaltigen Wassers zu schätzen. Mehr als ein Dutzend Alpen befinden sich auf dem Boden der flächenmäßig größten Gemeinde des Kantons Glarus. Linthal ist Ausgangspunkt für die Fahrt zum Urnerboden – der größten Schweizer Alp – und über den Klausenpaß. Die kurvenreiche, 21,5 km lange Strecke zwischen Linthal und der Klausenpaßhöhe galt in den zwanziger Jahren als schwierigste Bergrennstrecke der Welt. Angstvolle Tage erlebten die Linthaler im Spätherbst 1930, als starke Felsbewegungen am Chilchenstock das Dorf bedrohten. Die 1283 erbaute alte katholische Kirche am Fuß des Chilchenstocks wurde wegen der Bedrohung durch den Berg aufgegeben. Die Turmruine steht noch. Sehenswert in Linthal sind aber auch die Biedermeierhäuser bei der reformierten Kirche und bei der Talstation der Standseilbahn nach Braunwald.

Braunwald

liegt auf einer Bergterrasse auf 1280 m Höhe über dem hinteren Tal der Linth am Fuß von Ortstock und Eggstöcken. Braunwald (540 Einwohner) ist eine Streusiedlung. Nur oberhalb der Bergstation der Braunwaldbahn bilden einige Häuser mit Geschäften und Hotels einen kleinen, mehr oder weniger geschlossenen Dorfteil. Bis ins 17. Jh. waren die Braunwaldberge nur im Sommer bewohnt. Erst später siedelten sich immer mehr Bauern auf der sanft ansteigenden Bergterrasse dauernd an. Mit dem Bau des auf rund 1200 m gelegenen Lungensanatoriums wurde Braunwald 1897 zum Höhenkurort. Der Fremdenverkehr setzte aber erst 1907 mit der Eröffnung der Standseilbahn Linthal–Braunwald ein. Braunwald kann auch heute noch nur zu Fuß oder mit der Standseilbahn erreicht werden, und es ist der einzige autofreie Kurort der Nordostschweiz. Zusammen mit den Orten Bettmeralp, Mürren, Riederalp, Saas Fee, Stoos, Wengen, Rigi Kaltbad und Zermatt gehört Braunwald zur 1988 gegründeten Gemeinschaft autofreier Schweizer Tourismusorte.

Schwanden

Die Metropole des Glarner Hinterlandes liegt am Zusammenfluß von Linth und Sernf. Von 1623 bis 1837 hielten die Katholiken in Näfels und die Reformierten in Schwanden ihre gesonderten Landsgemeinden ab. 1754 bauten die Reformierten beim Buchenschulhaus den Pulverturm, der heute als kleines Ortsmuseum eingerichtet ist. Das obere Pfarrhaus und die Wirtschaft Zur Sonne sind spätbarocke Bauten, an der Straße nach Schwändi stehen große Häuser aus der Biedermeierzeit und aus der Neurenaissance. Schwanden (2600 Einwohner) hat heute eine breitgefächerte Industrie (elektrische Haushaltapparate, Textil, Stahlbau). Zwischen Linth und Sernf liegt der Freiberg am Kärpf, das älteste Wildschutzgebiet der Schweiz. Die im 100 km² großen Banngebiet von drei Wildhütern gehegten Hirsche, Gemsen, Steinböcke, Murmeltiere und Adler sind vorwiegend in der Dämmerung zu sehen.

Elm

Das erstmals 1289 erwähnte Elm (830 Einwohner) ist das hinterste Dorf im Sernftal. Der nach dem Bergsturz von 1881 neu aufgebaute Ort mit seiner eisenhaltigen Mineralquelle hat sich in den letzten Jahren zu einem Wintersport- und Sommerferienzentrum entwickelt. Dank seines gut erhal-

Zweimal im Jahr scheint die Sonne durchs Martinsloch ob Elm

Linthal, Straßendorf am Klausenpaß

*Der **Freulerpalast in Näfels** ist das wohl bekannteste Gebäude des Glarnerlandes. Der in französischen Kriegsdiensten stehende Gardeoberst Kaspar Freuler ließ sich diesen mit gotischen und barocken Elementen angereicherten Renaissancebau 1642–1647 mitten im Dorf an der Hauptstraße erbauen. Der Palast gehört zu den imposantesten Herrensitzen des 17. Jh. in der Schweiz. Im Innern erinnern prachtvoll ausgestattete Räume mit schönen Stukkaturen, Parkettböden, kostbaren Täfern und reichgeschnitzten Kassettendecken daran, daß die Familie des Erbauers zu den vornehmsten Geschlechtern von Katholisch-Glarus und der Innerschweiz gehörte. 1936 übernahm eine Stiftung das Gebäude samt Hof, Garten und Nebenbauten. Das letztmals 1977–1984 renovierte Baudenkmal von nationaler Bedeutung beherbergt im Hauptflügel seit 1946 das Historische Museum des Landes Glarus. Im April 1988 wurde im obersten Geschoß des Palasts als bleibender Kulturbeitrag des Kantons zur 600-Jahr-Feier der Schlacht bei Näfels das Glarner Textildruckmuseum eröffnet (S. 315).*

tenen Kerns wurde Elm in das Inventar der schützenswerten Dorfbilder aufgenommen und erhielt 1981 den Wakkerpreis, eine Auszeichnung des Schweizer Heimatschutzes.

Sehenswert sind unter anderem das 1799 erbaute Zentnerhaus, das 1586 errichtete Großhaus sowie das Suworowhaus, in dem der russische General am 5. Oktober 1799 nächtigte, bevor er mit seiner Armee den Panixerpaß überquerte. Bekannt ist Elm aber auch für ein Naturphänomen: Am 13. März um 8.53 Uhr und am 1. Oktober um 8.33 Uhr scheint die Sonne durch das 20 m hohe Martinsloch und läßt mit ihren Strahlen die Kirchturmspitze von Elm aufleuchten. Alle 19 Jahre scheint zudem im März nicht nur die Sonne, sondern auch der Vollmond durch das Felsenfenster im Felsmassiv der Tschingelhörner auf den Turm der einzigen gotischen Kirche im Kanton Glarus.

Näfels

Das 1240 erstmals urkundlich erwähnte Dorf am Fuß des Rauti weist historisches Gepräge auf. Mit dem Sieg über das österreichische Heer in der Schlacht bei Näfels sicherte sich das Land Glarus 1388 den Anschluß an die Eidgenossenschaft. Das 1888 erstellte Denkmal und eine Kapelle zu Füßen der 1778–1781 errichteten spätbarocken Pfarrkirche St. Fridolin und Hilarius sowie die jedes Jahr am ersten Donnerstag im April stattfindende «Näfelser Fahrt» erinnern auch heute noch an die Entscheidungsschlacht. In der Gegenreformation war Näfels das Zentrum der katholischen Minderheit von Glarus. Um die Mitte des 17. Jh. entstand der prachtvolle Freulerpalast (s. Bildlegende auf dieser Seite). In der ersten Hälfte des 19. Jh. setzte hier eine stürmische industrielle Entwicklung ein. 1890 erbaute Näfels das erste Wasserkraftwerk des Kantons und erhielt damit auch die erste elektrische Straßenbeleuchtung. Auch heute noch ist der zweitgrößte Ort im Kanton reich an Industrie (Textil, Maschinen). Näfels (3740 Einwohner) besitzt aber auch eine große Zahl stattlicher Herrenhäuser. Auf einem Hügel befindet sich anstelle der 1352 zerstörten Burg der österreichischen Vögte das 1679 eingeweihte Kapuzinerkloster Maria-Burg.

Kerenzerberg

Am höchsten Punkt der 18 km langen Kerenzerbergstraße, die sich von Mollis in Serpentinen auf die Sonnenterasse über dem Walensee windet, liegt Filzbach (440 Einwohner). Ganz in der Nähe befindet sich Obstalden (350 Einwohner). Seit der Durchgangsverkehr die Autobahn am Walensee benützt, haben die beiden Ferienorte auf dem Kerenzerberg an Attraktivität noch gewonnen. In Mühlehorn (470 Einwohner), dem einzigen Glarner Dorf am Walensee, endet die Kerenzerbergstraße. Zu den verschiedenen Sehenswürdigkeiten im Erholungsgebiet Kerenzerberg zählen die Fresken aus dem 14. Jh. in der Kirche von Obstalden, die Mauerreste einer römischen Warte in Filzbach sowie die letzte in Betrieb stehende Hammerschmiede der Schweiz aus dem 18. Jh. in Mühlehorn.

Zigerchnöpfli

Zutaten:
300 g Mehl, 2 dl Wasser, 3 Eier, 1 große Prise Salz, 1 Zigerstöckli

Mehl, Eier, Salz und Wasser zu einem Teig rühren. Den feingeriebenen Ziger darunterziehen und den Teig so lange schlagen, bis er Blasen wirft. Eine Stunde lang zugedeckt ruhen lassen. In einer großen Pfanne gesalzenes Wasser zum Sieden bringen. Den Teig durch ein Knöpflisieb drücken und die Knöpfli so lange kochen lassen, bis sie an die Oberfläche steigen. Gut abtropfen lassen und nach Belieben mit heißer Butter überschmelzen.

Eine lieblich-grüne Hügellandschaft umschmeichelt das zwischen Anhöhen in einer muldenförmigen Senke im Tal der Glatt gelegene Herisau. Der schmukke Hauptort des Kantons Appenzell Außerrhoden mit seinen gepflegten Straßenzügen, verträumten Gäßchen und buntbemalten Giebelhäusern ist in seinem Wesen ein großes Dorf geblieben.

Verkehrsbüro
Oberdorfstr. 29
9100 Herisau
071/51 44 60

TCS-Geschäftsstelle
Schläpfer und Co. AG
Dorfstr. 6a
9100 Herisau
071/51 52 20

15. 8. 1989

Herisau

Freie alemannische Bauern besiedelten im 7./8. Jh. das Gebiet von Herisau. Sie ließen sich unter anderem auf der Terrasse von Schwänberg im Nordwesten von Herisau nieder. Schon früh versuchte auch das Kloster St. Gallen in dieser Gegend Fuß zu fassen. Einige der freien Siedler stellten sich unter seinen Schutz und schenkten dem Abt ihre Güter. Bei einem solchen Gebietsabtausch im Jahr 837 wurde denn auch Herisau als «Herinisauva» (Au eines Heriwini oder Herin) bereits bezeugt.
Kern der Siedlung war die 907 erstmals erwähnte heutige reformierte Kirche. Hier bei der Kirche des Klosters St. Gallen stand wahrscheinlich auch das klösterliche Verwaltungsgebäude. Dazu kamen mit der Zeit die Häuser von Krämern und Handwerkern, die sich schon vor dem Dorfbrand vom 1. April 1559, bei welchem 40 Häuser eingeäschert wurden, um den fast quadratischen Platz westlich der Kirche gruppierten. An den vier alten, vom zentralen Kirchplatz ausgehenden Landstraßen dehnte sich dann der Flecken allmählich aus. Im 9. Jh. war Herisau noch ein Teil der Mark Gossau, die sich bis zum Säntis erstreckte, doch bald nach der Kirchen- und Pfarreigründung wurde deren südlicher Teil als Herisauer Mark verselbständigt. Bis ins 14. Jh. verwalteten die Edlen von Rorschach-Rosenburg im Auftrag der Fürstabtei St. Gallen den Verwaltungsbezirk Herisau. 1396 verkauften die Edlen die Freivogtei dem St. Galler Abt.
Wie im Flecken Appenzell führte diese Machtkonzentration in den Händen des Klosters auch in Herisau zu Spannungen. 1401 trat

Kanton:	AR
Meter über Meer:	778
Einwohner 1900:	13 497
Einwohner 1980:	14 160
Autobahn:	N 1, St. Gallen-Winkeln, Gossau

Herisau dem Bündnis des Landes Appenzell gegen den Abt von St. Gallen bei. Der Sieg im Freiheitskrieg 1403 brachte den Herisauern die politische Selbstbestimmung innerhalb der im Kampf behaupteten Grenzen. Im 16. Jh. wurde die Rhode Herisau von den zwölf Rhoden des ganzen Landes Appenzell zu den sechs äußern Rhoden gerechnet, die 1552 erstmals mit Namen als Urnäsch, obere und untere Rhode Hundwil, Teufen, Trogen und Herisau aufgezählt sind. 1597, bei der Landteilung in die beiden Appenzell, kam Herisau mit den übrigen äußeren, reformierten Rhoden zum Land Appenzell Außerrhoden. Innerrhoden behielt das alte Wappen, Außerrhoden setzte neben den schwarzen Bären im weißen Feld die beiden Buchstaben VR (ußere Rhoden). Nur mit knapper Mehrheit wurde Trogen zum Hauptort bestimmt. Zudem wurde beschlossen, daß die Landsgemeinde abwechslungsweise in Hundwil und in Trogen stattfindet. Die Herisauer fühlten sich dadurch schmählich zurückgesetzt. Schließlich war Herisau ältester Kirchenort des ganzen Landes Appenzell, bevölkerungsreichste Ortschaft und wichtigster Marktflecken.

Am 5. März 1606 fielen wieder 48 Firste – unter anderem die Kirche und das Rathaus – einem Dorfbrand zum Opfer. Diese Häuser wurden rasch wiederaufgebaut. Während der Helvetik war Herisau Distrikthauptort des Kantons Säntis. Seit 1876 ist Herisau gemäß der damals verabschiedeten Kantonsverfassung einziger Tagungsort des Kantonsrats, Sitz der Regierung sowie der wichtigsten Verwaltungszweige und somit faktischer Hauptort, ohne daß dem historischen Hauptort Trogen das Vorrecht jemals durch Landsgemeindebeschluß entzogen worden wäre. Immerhin: Das hohe Gericht tagt auch heute noch in Trogen.

Im 18. Jh. nahm Außerrhoden einen außergewöhnlichen Aufschwung. Bedeutendste Einnahmequelle des neuen Halbkantons war neben der Landwirtschaft das Textilgewerbe. Nach 1780 mußten selbst sanktgallische Kaufleute in Herisau Einkäufe tätigen. Seit 1798 blühte in Herisau die Musselinefabrikation. 1809 zählte Herisau nicht weniger als 191 Fabrikanten und Garnhändler. Zudem machte sich der Flecken im 19. Jh. mit dem 1824 erbauten Heinrichsbad einen Namen als Molkenkurort.

Leinwandhandel, Baumwollfabrikation und später Stickerei führten zu Wohlstand und Bevölkerungszuwachs. Entsprechend entfaltete sich zwischen 1775 und 1795 in Herisau eine rege Bautätigkeit. Die herrschaftlichen Häuser rings um den Kirchplatz stammen praktisch alle aus dieser Zeit. Zwischen 1850 und 1914 erreichte die wirtschaftliche Blüte des Landes Außerrhoden dank der Textilindustrie neue Höhepunkte. In dieser Zeit wurde das Land auch durch die heute noch bestehenden sechs Privatbahnen erschlossen. Am Ende des Ersten Weltkriegs mußten sich dann die zahlreichen Einzelweber der Industrialisierung beugen. 1918 setzte gleichzeitig eine 20 Jahre dauernde Krise in der Textilindustrie ein, von der sie sich nie mehr ganz erholte.

Auch heute noch kämpft Herisau mit Problemen. Nicht nur das Hinterland, auch der Hauptort ist von der Abwanderung in die Ballungszentren Gossau und St. Gallen betroffen. Nach wie vor in Hochblüte steht dafür in Herisau das Gewerbe der Naturärzte. Heute sind im Kanton Außerrhoden über 190 Naturärzte gemeldet. Die seit 1861 erlaubte freie Heiltätigkeit bringt jährlich bis zu 40 Mio. Franken in den Kanton, kommen die Patienten der Naturärzte doch hauptsächlich von außerhalb.

Robert Walser (1878–1956)

23 Jahre seines Lebens hat der 1878 in Biel geborene, oft unter schweren Depressionen leidende Schriftsteller Robert Walser in der kantonalen psychiatrischen Klinik Herisau verbracht. Der leidenschaftliche Spaziergänger starb am Weihnachtstag 1956 auf einer seiner kleinen Wanderungen im Schnee zu Füßen der Burgruine Rosenberg. Carl Seelig, Walsers Mentor, waltete zu Lebzeiten des Dichters als dessen Verbindung zur Außenwelt und zur literarischen Szene. Seelig ist es zu verdanken, daß das Werk des Anstaltsinsassen Walser nicht ganz in Vergessenheit geriet. Robert Walser, dessen Bücher sich zu seinen Lebzeiten nur schlecht verkauften, hat heute seinen Platz in der Weltliteratur. Sein lange Zeit nur in Fachkreisen bekanntes Werk stößt seit einigen Jahrzehnten auf immer größeres Interesse im Inland und Ausland. Walsers wachsende Bekanntheit fand schließlich auch ihren Niederschlag in der Entzifferung seiner in der Anstalt Herisau geschriebenen Mikrogramme.

Museum
Altes Rathaus
Oberdorfstr. 2a
April bis Oktober So 10.30
12 Uhr
071/51 23 73
071/52 40 10

Sportzentrum
Kasernenstr. 71
071/51 51 76

Schwimmbad
Sonnenberg
071/51 61 43

Gidio Hosenstoß am Aschermittwoch

Stadtplan: Seite 463

Das Historische Museum

Das ehemalige Rathaus des Außerrhoder Hauptorts am Kirchplatz eignet sich bestens zur Präsentation der vielgestaltigen Sammlung des 1946 gegründeten Historischen Vereins Herisau und Umgebung. Entsprechend der Tradition Herisaus als Waffenplatz nimmt im ersten Stock Militärgeschichtliches breiten Raum ein. Viele Schaustücke mit Bezug zu Appenzell Außerrhoden dokumentieren den Wandel in der Bewaffnung, bei den Uniformen sowie im Fahnen- und Kadettenwesen. Aber auch Prunkwaffen fremdländischer Herkunft sind zu sehen. Das zweite Obergeschoß ist als Wohnmuseum konzipiert. Es beherbergt in vier Kammern Mobiliar aus dem Appenzeller Hinterland von der Renaissance bis zum Spätklassizismus. Dazu gehören ein Intarsienschrank von 1690, ein reich bemaltes Himmelbett von 1810 sowie eine Kuhschwanzpendeluhr von 1843. Kleine Sonderschauen zur Institution Landsgemeinde, zum Außerrhoder Trachtenwesen und Sennenleben vermitteln weitere heimatgeschichtliche Einblicke. Im dritten Obergeschoß sind Maschinen und Produkte der lokalen Textilindustrie sowie mittelalterliche Funde aus den Herisauer Burgruinen Ramsenburg, Rosenberg und Urstein ausgestellt.

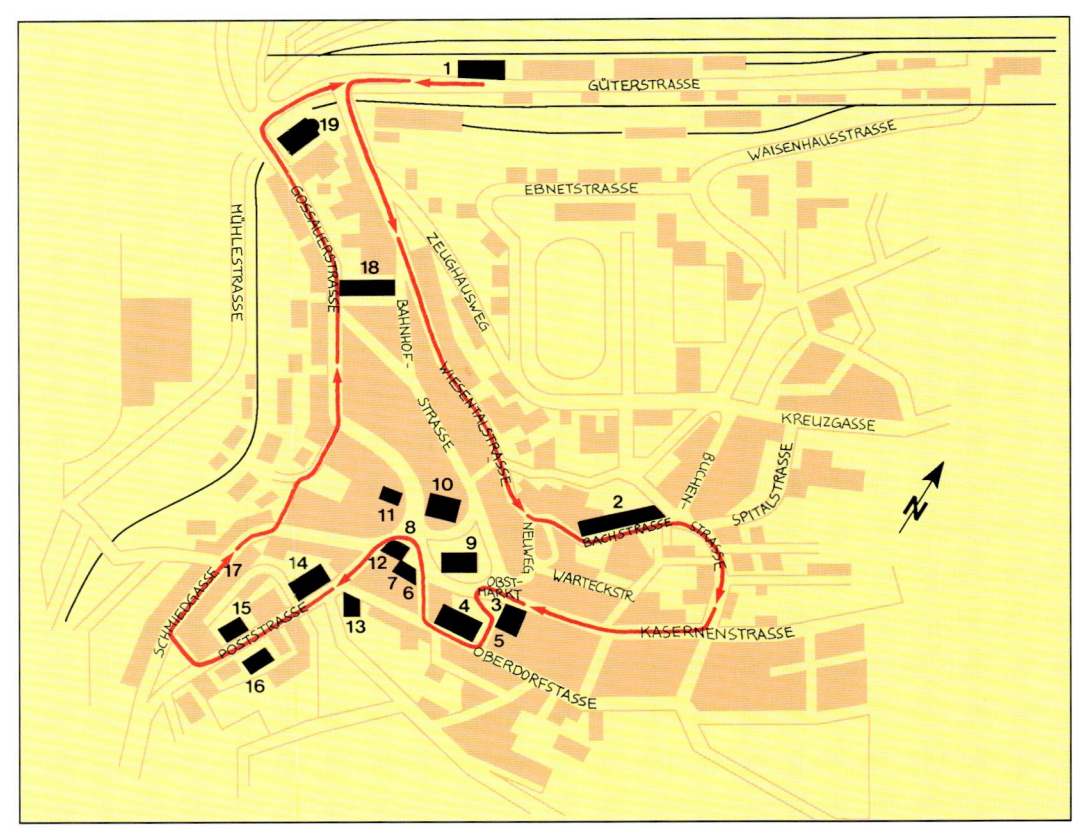

1 Bahnhof
2 Häuser an der Bachstraße
3 Obstmarkt
4 Regierungsgebäude
5 Kantonalbank
6 Altes Pfarrhaus
7 Altes Rathaus
8 Dorfplatz
9 Ref. Kirche St. Laurentius
10 Doppelhaus Walser
11 Haus zur Rose
12 Haus Wetter
13 Haus zum Baumgarten
14 Gemeindehaus
15 Ehemaliges Realschulhaus
16 Kantonales Zeughaus
17 Schmiedgasse
18 Häuser im Spittel
19 Kath. Kirche St. Peter und Paul

Stadtrundgang Herisau

Vom 1910 neu angelegten Gemeinschaftsbahnhof (1) der Appenzeller Bahn und der Bodensee-Toggenburg-Bahn gelangt man über die Bahnhofstraße und die Wiesentalstraße in die obere Bachstraße mit ihren verschiedenartigen Giebelhäusern (2). In den in Strickbauweise im 17./18. Jh. erbauten Häusern ließen sich schon früh Handwerker wie Gerber und Bleicher nieder. An Neujahr 1812 fielen hier 24 Firste einem Großbrand zum Opfer. Sie wurden wiederaufgebaut.
Über die Buchenstraße und durch die Kasernenstraße kommt man zum Obstmarkt (3), dem einzigen wirklich urbanen Platz des Dorfes. Aber erst seit 1914, als das Außerrhoder Regierungsgebäude (4) fertig erstellt war, präsentiert sich der Platz in seiner heutigen Gestalt. Vor 1790 war der Obstmarkt, auf dem jede Woche ein Markt durchgeführt wird, der Friedhof Herisaus. Dieser wurde 1843 abgetragen. Der Obstmarkt soll künftig den Fußgängern vorbehalten sein: Der Herisauer Gemeinderat plant, den Marktplatz autofrei zu gestalten.
Das ehemalige kantonale Bank- und Verwaltungsgebäude wurde 1912–1914 in neubarocken, vom Jugendstil beeinflußten Formen erbaut. Die Dachausformungen erinnern an ein typisches Appenzellerhaus. An der Ostfront krönt ein schwungvoller Giebel einen erkerartigen Ausbau, der die beiden wichtigsten Räume des Staatsgebäudes nach außen kennzeichnet: das Sitzungszimmer des Regierungsrats und darüber der klassizistische Kantonsratssaal. In diesem repräsentativen Saal mit Täferung, Stukkaturen und der einzigartigen Porträtgalerie sämtlicher außerrhodischer Landammänner seit der Landteilung 1597 tagt auch heute noch der Appenzeller Große Rat. Sehenswert ist aber auch das Regierungsrats-Sitzungszimmer mit Täfer und Kassettendecke. Sowohl im Kantonsratssaal als auch im Sitzungszimmer hängen wertvolle Wappenscheiben. Nach der Aussiedlung der Kantonalbank – sie erstellte

Herisau, Industriestädtchen und Hauptort im Tal der Glatt

Die Schmiedgasse

1980–1984 an der Ostseite des Obstmarkts einen imposanten Neubau (5) – wurde das Haus 1984–1987 zum Außerrhoder Regierungsgebäude umgebaut.
An der Rückseite des Regierungsgebäudes vorbei gelangt man am Eingang der Oberdorfstraße zum 1989 renovierten ehemaligen Pfarrhaus (6). Der 1606 nach dem Dorfbrand wiederaufgebaute verputzte Riegelbau mit einem Eckerker und Rokoko-Stukkaturen an der Fassade ist wohl eines der ältesten Häuser Herisaus. Daran angebaut ist das alte Rathaus (7). Das 1827/28 als Ersatz für das baufällige Rathaus aus dem Jahr 1606 erbaute Haus war bis 1877 Tagungsort des kantonalen Großen Rats und des Herisauer Gemeinderats, von 1881 bis 1902 zudem Sitz der Kantonalbank von Appenzell Außerrhoden. Seit 1967 befindet sich im alten Rathaus ein historisch-heimatkundliches Museum (siehe Randspalte S. 320).
Vom Rathaus sind es nur wenige Schritte bis zum nahezu quadratisch angelegten Herisauer Dorfplatz (8). Sowohl der Platz als auch der Obstmarkt werden von der dazwischenliegenden reformierten Kirche St. Laurentius (9) dominiert. Die spätgotische, einschiffige Landkirche mit einem Turmschaft aus dem 14. Jh. wurde 1516–1520 vom Konstanzer Münsterbaumeister Lorenz Reder erbaut. Die heutige Gestalt erhielt der Turm 1741 durch Johannes Grubenmann aus Teufen; hier hängt die schönste und reichste Glocke des Kantons: Die 1756 gegossene und 1807 vom aufgehobenen Zisterzienserkloster Salem (Deutschland) übernommene Glocke wiegt stolze 9120 kg. 1782/83 wurden Schiff und Chor mit Rokokostukkaturen von Andreas Mosbrugger geschmückt. Auch Kanzel und Taufstein stammen vom Voralberger Meister. In der spätgotischen Seitenkapelle, dem sogenannten «Schwätzchörli», an der Nordseite des Schiffes werden heute die Kinder getauft. In der Grünanlage auf der Ostseite der Kirche steht das Französendenkmal. Der 1871 errichtete Obelisk erinnert an die 21 in Herisau verstorbenen internierten Soldaten der Bourbaki-Armee.
Die Häuser rings um den Platz stammen praktisch alle aus dem 18. Jh. Das Walsersche Doppelhaus (10) mit einem Eckerker und den beiden reichverzierten Sandsteinportalen wurde 1779 für den Kaufmann Johannes Walser erbaut. Das stattliche Fabrikantenhaus zur Rose (11) in der westlichen Häuserzeile stammt aus dem Jahre 1732. Im gleichen Jahr wurde auch das 1978 restaurierte Haus Wetter (12) unter der Leitung von Jakob Grubenmann für den Kaufmann Johann Laurenz Wetter errichtet. Der ursprünglich barocke Fassadenbau fiel dem klassizistischen Umbau von 1820–1830 zum Opfer.
Vom Platz führt die Poststraße am ehemaligen Gasthof Löwen vorbei zum Haus zum Baumgarten (13). Das herrschaftliche Bürgerhaus mit der zweigeschossigen klassizistischen Veranda und Rokokostukkaturen von Andreas Mosbrugger wurde um 1780 für den Kaufmann Johann Christoph Fisch erbaut. Das ehemalige Fabrikantenhaus wird heute von der Gemeinde Herisau als Verwaltungsgebäude genutzt. Das gegenüberliegende, 1876–1878 erbaute Gemeindehaus (14) ist ein stattlicher Renaissancebau mit Walmdach. Ganz in der Nähe auf der gleichen Straßenseite befindet sich das ehemalige Realschulhaus (15), ein 1867/68 erstellter spätklassizistischer Bau. Dem Schulhaus gegenüber steht das 1836–1838 im Stil der florentinischen Renaissance erbaute kantonale Zeughaus (16). Um das Wohn- und Geschäftshaus Friedeck herum gelangen wir in die Schmiedgasse (17), in der sich eine malerische Gruppe appenzellischer Holzhäuser befindet.
Anschließend gelangt man durch den Grubweg in die Gossauerstraße. Hier stehen bei der Einmündung der alten Bahnhofstraße die Holzgiebelhäuser im Spittel (18), die neben der Bachstraße das besterhaltene Bild dörflicher Siedlungsweise des 18. Jh. in Herisau darstellen. An der 1877–1879 erbauten Kirche St. Peter und Paul (19) – die neugotische Saalkirche war die erste nach der Reformation in Außerrhoden errichtete katholische Kirche – vorbei erreicht man den Bahnhof.

Zur Ruine Rosenburg

Der Schönwetterausflug führt uns in westlicher Richtung zur Burgruine Rosenburg auf dem steilen Hügel oberhalb des Weilers Ramsen. Die von den beiden nach Degersheim führenden Straßen umgebene Burgruine wird seit dem 19. Jh. auch Ramsenburg genannt. Die Burg wurde Anfang des 12. Jh. durch die Ritter von Rorschach im Auftrag der Fürstabtei St. Gallen erbaut und 1403 in den Appenzeller Freiheitskriegen zerstört. Die Anlage besteht heute aus einem noch gut erhaltenen, fast quadratischen Bergfried sowie einem mauerumfriedeten Hof mit einem weiteren viereckigen Gebäude. Im Innern des Bergfrieds befindet sich ein 9 m tiefer Sodbrunnen. Doppelt so tief ist der Sodbrunnen in der Nordwestecke des Hofs. Bei Ausgrabungen 1936/37 wurde u. a. ein ziselierter Sporn einer Ritterrüstung gefunden. Bis 1869 war die Ruine ganz von Wald umgeben. Nach Rodungen bietet heute die Rosenburg gegen Westen und Norden eine schöne Aussicht.

Der Kanton der Naturärzte in Zahlen

Appenzell Außerrhoden ist mit 243 km² flächenmäßig der 23. Stand der Schweiz. Gemeinsam mit Innerrhoden ist Außerrhoden der einzige eidgenössische Stand, der von einem anderen Kanton (St. Gallen) vollständig umgeben wird. Seit 1749 besteht Außerrhoden aus drei Bezirken und zwanzig Gemeinden mit 19 reformierten Kirchgemeinden. Nur Lutzenberg ist kirchlich mit Thal (SG) verbunden. Außerrhoden umfaßt die dem Alpstein nördlich vorgelagerten Hügelketten, die von Südwesten nach Nordosten verlaufen und meist ziemlich steil abfallen. Die beiden Flüsse Goldach und Sitter gliedern mit ihren den Verlauf der Hügelketten kreuzenden Schluchten den Halbkanton in Vorderland, Mittelland und Hinterland. Appenzell Außerrhoden zählt heute 49 780 Einwohner. Nur noch etwas mehr als 11 % der 17 480 Berufstätigen sind in der Land- und Forstwirtschaft tätig. 42 % finden ihr Einkommen in Industrie und Gewerbe. Fast 47 % der Erwerbstätigen arbeiten bei Banken, im Handel oder Gesundheitswesen. Nach wie vor ein goldener Boden ist Außerrhoden für das Gewerbe der Naturärzte. Die 190 registrierten Heilpraktiker werden vornehmlich von außerkantonalen Patienten aufgesucht.

Urnäsch

Das erstmals 1344 erwähnte Urnäsch lehnt sich in breiter Talmulde auf der linken Seite der Urnäsch an den Südfuß des sanft ansteigenden Tüfenbergs. Die heutige reformierte Kirche wurde nach dem Dorfbrand vom 19. Dezember 1641 wiederaufgebaut. Der schlichte Kirchenbau säumt zusammen mit schmucken, getäferten Strickhäusern des 17./18. Jh. den rechteckigen Platz. Im Haus Nr. 75 am Dorfplatz ist das Museum für Appenzeller Brauchtum untergebracht. Allein schon das hinter dem Gasthaus Taube halb versteckte Haus Nr. 75 ist einen Besuch wert, stammen doch seine ältesten Teile aus der Zeit vor dem großen Dorfbrand. Bekannt ist Urnäsch (2290 Einwohner) aber insbesondere für seine Silvesterkläuse, Männer in schellenbesetzten Appenzeller Trachten, mit phantasievollen Figuren als Kopfschmuck, die jeweils am 31. Dezember sowie am 13. Januar (alter Silvester) von Haus zu Haus und Hof zu Hof ziehen. Ursprung und Bedeutung des uralten Brauchs liegen im dunkeln, vermutlich geht er aber auf einen Dämonenkult zurück.

Hundwil

Das auf einer Terrasse zwischen Hundwiler Höhi und Urnäschschlucht gelegene Hundwil (940 Einwohner) ist nach Herisau das zweitälteste Kirchdorf von Appenzell Außerrhoden. Sein Kern ist bereits 921 bezeugt. Im ehemaligen, 1607/08 erbauten Pfarr- und Rathaus tagte bis 1876 im Zweijahresrhythmus der Große Rat. Heute ist Hundwil Landsgemeindeort der Außerrhoder in ungeraden Jahren. Der Landsgemeindeplatz westlich der 1750 durch Hans Ulrich und Johann Jakob Grubenmann umgestalteten Kirche und die ostwärts gerichteten Holzgiebelhäuser des 17./18. Jh., die seine Westseite säumen, verleihen dem Ortsbild ein besonderes Gepräge.

Stein

Der einzigartige Platz von Gais entstand nach dem Dorfbrand von 1780

mit seinen prächtig blühenden Narzissenfeldern im Frühjahr liegt auf einer Terrasse am Ostabhang des von Sitter und Urnäsch begleiteten, nordwärts verlaufenden Hügelzugs, in nächster Nähe des Alpsteinmassivs. 1749 – das Baujahr der von Jakob und Hans Ulrich Grubenmann entworfenen reformierten Kirche – gilt als Gründungsjahr der Gemeinde. Dank seiner zentralen Lage – Stein (1270 Einwohner) liegt mitten im Dreieck St. Gallen–Herisau–Appenzell – ist die jüngste Gemeinde des Appenzellerlandes zu einem beliebten Ausflugsort geworden. In der im März 1978 eröffneten Appenzeller Schaukäserei können die Besucherinnen und Besucher von einer Galerie aus die Käseherstellung vom Anfang bis zum Schluß verfolgen. 1987 wurde neben der Schaukäserei ein neues Appenzeller Volkskundemuseum eröffnet. Auf über 1000 m² Ausstellungsfläche wird den Besuchern ein breiter Einblick in die sennisch-bäuerliche Welt der Appenzeller im letzten Jahrhundert vermittelt.

Teufen

Der erstmals 1272 erwähnte Ferienort Teufen liegt auf der Sonnenterasse am Südfuß der Eggen, die sich zwischen St. Gallen und dem Goldibachtal hinziehen. Der nahe Hügelzug schirmt Teufen vor rauhen Nordwinden ab. Ein besondere Zierde der stattlichen Gemeinde (4980 Einwohner) sind die malerischen Häusergruppen um die evangelische Kirche, die 1776–1778 errichtet wurde. Der

Stein, ein typisches Appenzeller Dorf

neugestaltete Dorfplatz läßt die typisch appenzellischen Bürgerhäuser in alter Pracht erscheinen. Die Grubenmann-Sammlung am Dorfplatz zeigt in ihrem Museum einen Ausschnitt aus dem Schaffen der berühmten einheimischen Baumeisterfamilie. Johann Ulrich Grubenmann (1709–1783), der Erbauer der Dorfkirche, genoß als Konstrukteur offener und gedeckter Holzbrücken Weltruf. Bei Teufen liegt auch die innerrhodische Enklave des Kapuzinerinnenklosters Mariä Rosengarten Wonnenstein. Der von Josef Mosbrugger und Christian Zünd 1685–1688 erbaute Klosterkomplex zählt zu den besterhaltenen Bauwerken hochbarocker Kapuzinerarchitektur.

Das am Fuß des Gäbris gelegene Trogen hat ein Ortsbild von nationaler Bedeutung. Umrahmt von Palastbauten aus dem 18. Jh. und der 1989/90 renovierten spätbarock-klassizistischen Kirche mit der dreigeschossigen Säulenkulisse, erinnert der Dorfplatz entfernt an eine italienische Piazza. Hier findet in den Jahren mit geraden Jahreszahlen jeweils die Landsgemeinde statt. Und hier konnten die Außerrhoder Frauen am 29. April 1990 erstmals von ihrem längst in der Bundesverfassung niedergeschriebenen Stimmrecht auch auf kantonaler Ebene Gebrauch machen, gemeinsam mit den Männer und «in anständiger Kleidung»! Eine ungewöhnlich große Außerrhoder Landsgemeinde hatte nämlich ein Jahr zuvor in Hundwil die Erweiterung des Frauenstimmrechts auf kantonale Belange beschlossen – als zweitletzter Schweizer Kanton: Die Innerrhöder haben es Ende April 1990 erneut abgelehnt. Über dem Dorf befindet sich das 1946 gegründete weltbekannte Kinderdorf Pestalozzi.

Gais

ist schon seit dem 18. Jh. ein bekannter Kurort und liegt am Rand einer weitläufigen Hochebene am Fuß des Gäbris. Das Dorf dürfte sich wie die übrigen, meist jüngeren Kirchdörfer von Appenzell Außerrhoden im Anschluß an den ersten Kirchenbau inmitten der bäuerlichen Streusiedlungen entwickelt haben. In Gais war dies zwischen 1275 und 1333 der Fall. Der Ortsname Gais ist 1272 erstmals bezeugt, ausdrücklich erwähnt wird das Dorf 1467. Auch heute noch ist Gais (2470 Einwohner) ein vielbesuchter Klimakurort und ein Zentrum für die medizinische Rehabilitation. Der erste Molkenkurort der Schweiz hat bis heute seinen Charakter als Appenzeller Dorf bewahren können. Nach dem großen Dorfbrand im Herbst 1780 wurden unter anderem Kirche, Pfarrhaus und die Privathäuser rasch wiederaufgebaut. Der Gaiser Dorfplatz mit seinen typischen Schweifgiebelhäusern zählt zu den schönsten Dorfplätzen weiterum. 1977 hat das Dorf im Rotbachtal den Wakker-Preis für sorgfältige Ortsbildpflege verliehen bekommen. Zwischen Gais und dem Stoss, wo die im 15. Jh. erbaute Kapelle an die Schlacht von 1405 erinnert, stehen noch viele «Heidenhäuser» mit dem charakteristischen Tätschdach.

Speicher

Das hoch über der Goldachschlucht gelegene, 1309 erstmals bezeugte Dorf Speicher (3680 Einwohner) mit seinen zahlreichen Patrizierhäusern aus der Zeit um die Mitte des 19. Jh. liegt in milder, voralpiner Lage in einer windgeschützten Mulde. Auf einer Nagelfluhkuppe am Nordrand der dörflichen Siedlung erhebt sich die klassizistische, 1808–1810 erbaute Kirche. Wie andernorts wirkte auch hier der Kirchenbau dorfbildend. Gleichwohl entstand bei der Kirche kein geschlossener Dorfplatz wie etwa in Gais, Herisau und Trogen oder ein kompaktes Zentrum wie in den übrigen außerrhoder Dörfern. Auf dem Aussichtspunkt Vögelinsegg steht in einem kleinen Park ein Schlachtdenkmal zur Erinnerung an den Sieg der Appenzeller von 1403 über ein äbtisch-sanktgallisches Heer.

Heiden

liegt in einer flachen Senke an der nördlichen Abdachung des Appenzeller Hügellandes. Im September 1838 brannte das Dorf während eines Föhnsturms fast vollständig nieder. Kurze Zeit später lag bereits ein neuer Dorfplan vor. Der einheitliche Wiederaufbau im Biedermeierstil wurde zukunftsweisend. Rechtwinklig gekreuzte Straßenzüge und Häuserzeilen geben dem Dorf sein unverkennbares Gepräge. Damit ist Heiden – neben Glarus und La Chaux-de-Fonds – eine der drei bedeutensten städtebaulichen Anlagen der Schweiz im 19. Jh. 1848 begann sich Heiden zu einem Kurort zu entwickeln. Bekannt waren vor allem die Molkenkuren. Heute ist das hoch über dem Bodensee gelegene Heiden mit seinen 3690 Einwohnern noch immer der meistbesuchte Klimakurort des Appenzellerlandes. Im Erdgeschoß des ehemaligen Bezirksspitals befindet sich das 1988 neugestalteten Dunant-Museum. In diesem Haus verbrachte der Gründer des Roten Kreuzes als Pensionär von 1887 bis 1910 seine letzten Jahre. Ihm zu Ehren steht auf dem gleichnamigen Platz an der Seeallee das Dunant-Denkmal. Das Postgebäude am biedermeierlichen Kirchplatz beherbergt im 1. Stock die 1988 neugestaltete Sammlung des Historisch-Antiquarischen Vereins. Die Ausstellung dokumentiert die Geschichte des Kurorts Heiden sowie Alltag und Kultur der Textilfabrikanten des Appenzeller Vorderlands. Im 2. Stockwerk ist Heidens naturkundliches Museum untergebracht.

Appenzeller Biberfladen

Zutaten:
320 g Zucker, 1 kg Halbweißmehl, 30 g Backpulver, 30 g Vanillezucker, 400 g Honig, 1/2 dl Milch, 3 Eier, 1 Prise Salz, je 1 EL Zimt-, Muskatnuß-, Kardamom- und Ingwerpulver

Der Zucker, der Honig, die Milch und die Prise Salz werden in eine Pfanne gegeben und langsam erhitzt. Anschließend in eine Schüssel geben und unter öfterem Rühren erkalten lassen. Dann die Gewürze, den Vanillezucker und die Eier unter die noch lauwarme Masse mischen. 750 g des Mehls und das Backpulver sieben und zur Masse mischen. Das restliche Mehl unter diesen Brei arbeiten, bis ein geschmeidiger Teig entsteht. Nach Wunsch kleine oder größere Teigstücke abschneiden und zu runden Fladen auswallen. Die Teigstücke auf ein ausgebuttertes und gemehltes Blech legen, mit Milch bestreichen. Im auf 180°C vorgeheizten Ofen etwa 20 Minuten backen.

Ilanz, die «erste Stadt am Rhein», wie es sich in der Fremdenverkehrswerbung stolz nennt, ist das alte Zentrum des Vorderrheintals und einer der drei ehemaligen Hauptorte von Alt Fry Rätien. Der Ort mit seiner schönen, kleinen Altstadt liegt am östlichen Ausgang in der Surselva, und von hier aus sind das Lugnez, das Valsertal oder die Skiarena von Flims in kurzer Zeit erreichbar.

Verkehrsverein
Poststrasse
7130 Ilanz
086/2 20 70

15. 8. 1989

Ilanz

Ob man sich Ilanz rheinauf- oder rheinabwärts nähert, in beiden Fällen muß zuerst eine Schlucht überwunden werden, bevor sich das Vorderrheintal zu einer breiten Mulde öffnet. Hier liegt «Glion» – so lautet der romanische Name von Ilanz – am Zusammenfluß von Glenner und «Rein Anteriur» (Vorderrhein). In Westen des alten Verkehrsknotenpunkts liegen die Walsersiedlungen von Obersaxen; im Süden weitet sich die Talschaft Lugnez; im Norden entstanden an der Bergflanke des Hausstocks eine Reihe von Dörfern, die alle ebenfalls auf das Zentrum Ilanz ausgerichtet sind. Zehn Postautolinien führen vom Bahnhof der Rhätischen Bahn in alle Richtungen nach Ladir, Siat, Andiast, Obersaxen, Luven, Vrin, Vals, Riein, Falera und Flims. Sie werden nicht nur von Touristen benutzt, sondern bringen auch die Leute aus den Tälern und Dörfern der Umgebung nach Ilanz zum Einkaufen, zum Arzt, zur Schule oder an einen der nicht weniger als sechzehn Märkte, die hier im Lauf des Jahres stattfinden.

Die günstige Verkehrslage von Ilanz wurde schon früh erkannt. Urkundlich wird der Ort bereits 765 erwähnt, und schon 1289 war Ilanz ein befestigter Flecken mit verbrieftem Stadtrecht. In seinen Mauern versammelte sich seit 1424 jedes dritte Jahr die Tagsatzung des Oberen oder Grauen Bundes, in dem sich die Bauern und Feudalherren des Vorderrheintals zusammengeschlossen hatten. 1483 wurde die «erste Stadt am Rhein» durch einen Großbrand beinahe vollständig zerstört. Bereits um 1513 aber waren die Stadtmauern wieder aufgebaut, und seit 1524 tagten die Vertreter des Freistaates der Drei Bünde abwechslungsweise hier, in Chur und Davos. Zwei Jahre später fand in Ilanz das berühmte Religionsgespräch statt, mit dem die Reformation in Bünden ihren Anfang nahm. Auch die Anlage der Altstadt ist auf religiöse Auseinandersetzungen zurückzuführen: 1715–1717 wurde Ilanz als Vorposten der reformierten Stände großzügig befestigt. Noch heute ist sein damaliger Umriß in Form eines unregelmäßigen Fünfecks an den Mauerzügen im Westen und Süden zu erkennen. Von den vier ehemaligen Stadttoren wurden das Schwarze Tor im Süden und das Rheintor in Norden 1842 geschleift. Vom Rheintor aus führte einst die Straße über die 1962 abgebrochene Holzbrücke ins Quartier Sontga Clau oder St. Nikolaus, das am linken Rheinufer an der Straße zum Lukmanier entstanden war. Erhalten blieben von der Stadtbefestigung dagegen das Rote Tor und das Obertor.

Noch immer befindet sich an der Stelle des ehemaligen Rheintors – heute steht hier das alte Schulhaus – der Hauptzugang zum

Kanton:	GR
Meter über Meer:	702
Einwohner 1900:	931
Einwohner 1980:	2120
Autobahn:	keine

Das **Obertor** ist das Wahrzeichen von Ilanz. Sein Erdgeschoß mit dem Rundbogen entstand 1513, 1717 wurde ihm das Obergeschoß mit dem Walmdach und den dekorativen Wappen der Stadt und der Drei Bünde an der Außenseite aufgesetzt. An der Innenseite der Porta sura, wie das Obertor auf Rätoromanisch heißt, dankt eine Inschrift den Zürchern und Bernern dafür, daß sie ihren Bau bezahlten. Das erinnert an die Glaubenskämpfe in der Eidgenossenschaft zu Beginn des 18. Jh.: Die beiden führenden reformierten Stände finanzierten die Stadtbefestigung zum größten Teil, um Ilanz zu einem Stützpunkt gegen die katholischen Stände der Innerschweiz ennet der Oberalp auszubauen.

Städtchen, den man leicht ansteigend vom großen Viehmarktplatz aus erreicht. Gleich rechts biegt die enge Hauptgasse ab zur 1677 erbauten Casa Gronda, die alle anderen Häuser von Ilanz überragt. Der kubische Bau mit dem kuppelbedeckten Treppenturm, dem zweistöckigen Erker, dem reich geschmückten Hauptportal und der barocken Fassadendekoration gehörte der Ilanzer Familie Schmid von Grüneck, die zusammen mit dem Geschlecht derer von Castelberg im Freistaat der Drei Bünden als Staatsmänner und Offiziere eine wichtige Rolle spielte.

Gegenüber steht die heute evangelische, kurz vor der Reformation im Jahre 1500 geweihte Kirche St. Margrethen. Der äußerlich schlichte spätgotische Bau entstand an der Stelle eines bereits 765 erwähnten Gotteshauses und wird im Innern von komplizierten Gewölben gestützt, die mit Rankenmalereien und Todesdarstellungen geschmückt sind. Der Taufstein mit der achteckigen Schale stammt vermutlich aus dem 14. Jh., die prunkvolle Emporenorgel mit dem reich geschnitzten und bemalten Mittelteil kam um 1760 hinzu. Der freistehende Kirchturm mit dem Krüppelwalmdach war einst ein Wohn- und Wehrturm und wurde erst 1438 zum Campanile umfunktioniert.

Unmittelbar neben dem Obertor im Südwesten des Städtchens steht das Haus Schmid. Der an das Tor anstoßende obere Teil mit dem um 1600 angebauten Renaissancevorbau stammt im Kern noch aus der Spätgotik; der schlanke Südflügel wurde erst 1670 errichtet. Entlang der alten Stadtmauer erreicht man einen malerischen Wehrerker aus dem Jahre 1715.

Das Rote Tor mit den geschweiften Giebeln in der Nordwestecke des Städtchens führt zum «Boden», wo das zierliche Gartenhäuschen der Casa Gronda steht. In der Casa Carniec ist seit 1988 das Regionalmuseum der Surselva eingerichtet. Neben landwirtschaftlichen Geräten und der alten Wohnkultur des Vorderrheintals zeigt seine Sammlung vor allem die auch in der Surselva aussterbenden Handwerkszweige der Schmiede, Schlosser und Schuhmacher sowie eine wertvolle Kristallsammlung.

Zum Besuch von Ilanz gehört schließlich ein Spaziergang entlang der Lugnezerstraße hinauf zur ehemaligen Pfarrkirche St. Martin. Eine um 1000 entstandene kreuzförmige Anlage wurde 1448 zum heutigen Bau erweitert. Im spätgotischen Gotteshaus – es dient heute als Friedhofskapelle – erinnern kunstvolle Grabdenkmäler an die berühmten Ilanzer Geschlechter Schmid von Grüneck und von Castelberg.

Der Waltensburger Meister

Von der Kantonsstraße nach Disentis zweigt kurz nach Ilanz rechts das Sträßchen nach Waltensburg oder rätoromanisch Vuorz ab. Seine um 1100 erbaute und 1510–1520 spätgotisch umgestaltete Pfarrkirche ist durch die Malereien eines unbekannten Künstlers berühmt geworden, der als Meister von Waltensburg in die Kunstgeschichte einging. Der Künstler, von dem nicht einmal die Lebensdaten bekannt sind, schuf um 1320 bis etwa 1340 in Bünden mehrere Werke, wie etwa in der Kathedrale von Chur oder in der Kirche St. Georg in Rhäzüns. Seinen Einfluß als Bahnbrecher der gotischen Malerei in Graubünden zeigen am schönsten die Fresken in der Waltensburger Kirche (Schlüssel am Postschalter oder im Usego-Laden): An der Nordwand des Schiffes entstanden um 1340 eine eindrucksvolle Passionsgeschichte und Einzelfiguren, an der Südwand die Heiligen Konrad und Ambrosius, und am Chorbogen finden sich noch die Reste eines Apostelzyklus.

Villa im Lugnez

Ein Ausflug ins Lugnez muß nicht unbedingt bis zuhinterst ins Tal, nach Vrin (21 km), führen. Schon der kürzere Weg zum Hauptort des vom Glenner durchflossenen Tals, nach Villa, führt durch eine besonders reizvolle Landschaft. Von Ilanz steigt die Straße an der Burgruine Castelberg (3 km, links) vorbei nach Cumbels und weiter nach Villa auf 1250 m (9 km). Das Dorf liegt auf einer prächtigen, nach Süden geneigten Terrasse zu Füßen des Piz Mundaun in einer kaum bewaldeten, für die linke Talseite des Lugnez typischen Gegend. Villa besitzt einen schönen Dorfplatz mit den stolzen Gebäuden des Hauses zur Post (1797), des Schlosses Demont (1666) und der kleinen Kapelle St. Sebastian und Rochus.

Regionalmuseum Surselva
Casa Carniec
Di, Do, Sa 14–17 Uhr
086/2 43 23

Rhätische Bahn
086/2 14 60

Schwimmbad
Fontanivas
086/2 25 14

Ski und Langlauf
Verkehrsverein Ilanz
086/2 20 70

Verkehrsverein Flims
7018 Flims-Waldhaus
081/39 10 22

Kreuzlingen, die thurgauische Grenzstadt zwischen Boden- und Untersee, ist dank ihren ausgedehnten Uferpromenaden, dem Kloster St. Ulrich und der benachbarten alten Reichsstadt Konstanz eines der beliebtesten Ausflugsziele am Schwäbischen Meer.

15. 8. 1989

Kreuzlingen

Von Kreuzlingen kann keine Stadtgeschichte geschrieben werden, denn als Stadt existiert der thurgauische Grenzort zwischen Boden- und Untersee erst seit 1946. Kreuzlingen hießen früher nur das Kloster und die wenigen Höfe, die es umgaben. Noch 1837 standen an der Straße vom Kloster zur Landesgrenze nur 13 Wohnhäuser. Erst 1873 wurde Kreuzlingen mit dem damals größeren Dorf Egelshofen vereinigt, und 1927 und 1928 wurden auch die Ortschaften Kurzrickenbach und Emmishofen eingemeindet. Eine Stadt war Kreuzlingen mit 8600 Einwohnern statistisch damals aber immer noch nicht.

Seither allerdings entwickelte sich die Gemeinde stark und ist heute nach Frauenfeld der zweitgrößte Ort des Kantons Thurgau. Den Aufschwung verdankt der Bezirkshauptort seiner günstigen geographischen Lage: In Kreuzlingen treffen SBB und Mittel-Thurgau-Bahn aufeinander, und ein Gleisdreieck verbindet die beiden SBB-Bahnhöfe mit dem Bahnhof Konstanz. Im Hafen legen nicht nur die Schiffe der Bodenseeflotte, sondern auch der Schiffahrtsgesellschaft Untersee-Rhein an. Im Verkehrsknotenpunkt siedelten sich bereits im 19. Jh. mehrere größere Fabriken an, und auch heute spielt die Industrie in Kreuzlingen eine wichtige Rolle: Hier werden Motorwagen, Sportschuhe, chemische Produkte, Kleider und Schokolade hergestellt sowie Aluminium verarbeitet.

Die Vergangenheit Kreuzlingens aber ist die Geschichte seines Klosters St. Ulrich, das noch heute den Stadtkern ersetzt. Bis nach 1730 stand die Klosteranlage allerdings näher bei der deutschen Grenze, etwa dort, wo sich als Zeugnis des Baubooms der siebziger Jahre das größte Kreuzlinger Hochhaus erhebt. Hier ließ Bischof Konrad von Konstanz um 950 ein Siechenhaus bauen, dem er einen Splitter des Kreuzes Christi schenkte – das «Cruzelin», das er von einer Pilgerreise ins Heilige Land mitgebracht hatte. Nachdem das Spital nach Münsterlingen verlegt worden war, gründete Bischof Ulrich I. von Konstanz 1125 an der gleichen Stelle ein Augustiner-Chorherrenstift, das die Reliquie hütete und in kurzer Zeit viele Güter um den Bodensee erwarb. Dank seines Reichtums konnte das Kloster nach einem zweiten Brand, 1248, so großzügig wiederaufgebaut werden, daß es beim Konzil von Konstanz 1414 dem später abgesetzten Papst Johannes XXIII. als Quartier diente.

Im Schwabenkrieg wurde St. Ulrich 1499 erneut zerstört. Die größte Katastrophe brach über das 1509 wiederaufgebaute Kloster jedoch im Dreißigjährigen

Verkehrsbüro
Hauptstraße 1a
8280 Kreuzlingen
072/72 38 40

TCS-Geschäftsstelle
Hauptstraße 39
8280 Kreuzlingen
072/72 59 59

Kanton:	TG
Meter über Meer:	403
Einwohner 1900:	4732
Einwohner 1980:	16 101
Autobahn:	keine

*Die **Klosterkirche St. Ulrich und St. Afra** zeigt sich nach der Rekonstruktion wieder in jenem Zustand, den die 1650–1653 errichtete und 1764 im Stil des Rokoko umgebaute Kirche ursprünglich besaß. Ihr architektonischer Aufbau, die reiche plastische Gliederung, der illusionistische malerische Schmuck und besonders auch das prachtvolle Chorgitter schaffen ein beeindruckendes Gesamtkunstwerk. In der Ölbergkapelle stehen mehr als 250 ungefähr 30 cm hohe Figuren aus Arvenholz, die um 1720–1730 geschnitzt wurden und in einem Labyrinth aus Landschaften und Architekturen ausdrucksvoll Szenen aus der Passion Christi darstellen.*

Krieg herein, als sich schwedische Truppen bei der vergeblichen Belagerung von Konstanz im Stift einquartierten. Nach ihrem Abzug wurde die Anlage 1633 von den Bürgern der Stadt völlig zerstört; nur Archiv und Kreuzsplitter konnten gerettet werden. Nochmals wurde das Kloster – diesmal aber am heutigen Standort – aufgebaut und 1668 eingeweiht. Nach einer letzten Umgestaltung im Stil des Rokoko im 18. Jh. wurde St. Ulrich 1848 säkularisiert, und in seine Räume zog das Thurgauer Lehrerseminar ein.

Das letzte Kapitel der langen Leidensgeschichte des Klosters liegt noch nicht weit zurück: In der Nacht vom 19. auf den 20. Juli 1963 – kurz nach der Renovation der Kirche – brannte die gesamte Anlage völlig ab. Mit großem Aufwand wurden Kirche und Nebengebäude anschließend in vier Jahren weitgehend rekonstruiert. Heute bildet das ehemalige Kloster mit den vom Architektenpaar Esther und Rudolf Guyer entworfenen und 1969–1972 errichteten Erweiterungsbauten des Lehrerseminars wieder den Mittelpunkt der Stadt.

Einen Einblick in die Geschichte Kreuzlingens bietet auch das kleine Ortsmuseum im prächtigen Haus Rosenegg. Dieses schönste Gebäude im Ortsteil Egelshofen – es wird als Schulgebäude genutzt – steht unweit des Klosters: Sein hinterer Teil in Riegelbauweise entstand im 17. Jh., das im Louis-XVI-Stil gehaltene Vorderhaus mit der Freitreppe 1774–1784.

Die heutige Lebensader Kreuzlingens ist die 1850 planmäßig angelegte Hauptstraße, die vom Kloster zum Hauptzoll führt. Unter den vielen Warenhäusern, Geschäften und Banken fällt vor allem das Sallmannsche Haus (Nr. 74) mit dem kleinen Türmchen gegenüber der Parkanlage Dreispitz auf: Es entstand am Anfang des 19. Jh. aus dem Zusammenbau zweier älterer Häuser. Der «Große Stein» vor dem Gebäude der Thurgauer Kantonalbank ist ein Kalksteinfindling aus der Moräne des Rheingletschers, auf der Kreuzlingen liegt. Noch näher beim Zoll stehen westlich der Hauptstraße im Bellevue-Areal einige klassizistische Villen: Hier betrieb die Ärztedynastie Binswanger während mehr als 120 Jahren eine bekannte psychiatrische Klinik.

Das offene Gebiet zwischen den ehemals bäuerlichen Dorfkernen der Gemeinde ist heute mit architektonisch meist reizlosen Überbauungen zersiedelt. Trotzdem ist Kreuzlingen eine Gartenstadt geblieben. In der großzügigen Uferanlage des Seeburg-Parks mit seinem kleinen Tierpark steht das Repräsentationsgebäude der Stadt: die Seeburg. Der 1598 gegründete Herrensitz wurde in den Jahren 1894/95 im historisierenden Villenstil neu gestaltet.

Die engen Beziehungen Kreuzlingens zum benachbarten süddeutschen Raum zeigen sich auch in einem alten Brauch, dem Emmishofer Hemdglonkerumzug. Diesseits und jenseits der Grenze lärmen zur Fasnachtszeit die mit einem langen Nachthemd und weißer Zipfelmütze bekleideten Narren durch die Straßen.

Helen Dahm (1878–1968)

Die Malerin Helen Dahm wuchs in Kreuzlingen im Haus Rosenegg auf, bis ihre Familie nach Zürich übersiedelte. Nach dem Besuch der Kunstgewerbeschule zog Helen Dahm zu einem Studienaufenthalt nach München. Hier kam sie mit der Künstlergruppe «Der blaue Reiter» in Kontakt und lernte Klee und Kandinsky kennen, die ihre erste Schaffensperiode beeinflußten. Zurückgekehrt nach Oetwil am See, wo sie seither lebte, wandte sich Helen Dahm jenen Stilleben und figürlichen Kompositionen mit expressiven, vereinfachten Formen zu, die für ihre Kunst lange charakteristisch blieben. Nach einem Indienaufenthalt folgte in den vierziger Jahren die fruchtbarste und erfolgreichste Zeit ihrer künstlerischen Tätigkeit. Für ihre jetzt stark religiös geprägte Malerei von ikonenhafter Strenge erhielt sie 1954 den Kunstpreis der Stadt Zürich. Fast achtzigjährig gab Helen Dahm, die als Grafikerin auch eindrückliche Linolschnitte schuf, die gegenständliche Malerei auf und malte bis zu ihrem Tod als gefeierte Künstlerin abstrakte Bilder.

Konstanz

An Samstagen passieren oft über 20 000 Personen den Hauptzoll zwischen Kreuzlingen und Konstanz – ein Zeichen der Verbundenheit der beiden direkt aneinandergrenzenden Städte, die einen Bus – den «Roten Arnold» –, die Kunsteisbahn und die Gasversorgung gemeinsam betreiben. Die freie Reichsstadt Konstanz war im Mittelalter ein europäischer Mittelpunkt des religiösen und politischen Lebens. Beim berühmten Konzil von 1414 bis 1418 beherbergten die 6000 Einwohner der Stadt nicht weniger als 50 000 Gäste. Heute ist die Kreisstadt mit ihren 80 000 Einwohnern, dem romanischen Münster und der bekannten Universität das wichtigste wirtschaftliche und kulturelle Zentrum am Bodensee.

Heimatmuseum Roseneggschulhaus, Bärengasse 6, Mai bis Oktober: 1. So im Monat 14–16 Uhr
072/72 49 93

Kleintierpark Seeburg

Schiffahrt Untersee und Rhein; Kreuzlingen–Stein am Rhein–Schaffhausen
April bis Oktober
8202 Schaffhausen
053/25 42 82

Bodenseeschiffahrt
Bahnhof SBB
8590 Romanshorn
071/63 14 23

Schwimmbad und Strandbad Hörnli, 072/75 18 58

Hallenbad Egelsee
072/72 74 97

Camping Fischerhaus
072/75 49 03

Hemdglonkerumzug am Schmutzigen Donnerstag
Seenachtsfest Kreuzlingen-Konstanz mit großem Feuerwerk, Mitte August
Klausenumzug am Klaussonntag

Stadtplan: Seite 464

Am alten Städtchen Lichtensteig im Herzen des Toggenburg ging die Zeit beinahe spurlos vorbei. Bei einem Ausflug in den ehemaligen Verkehrsknotenpunkt und berühmten Marktflecken läßt sich nicht nur der Charme früherer Jahrhunderte, sondern auch die idyllische Landschaft des Toggenburg entdecken.

Verkehrsverein
Weinburg
9620 Lichtensteig
074/7 16 94

15. 8. 1989

Lichtensteig

Noch heute spricht man im Toggenburg vom «Städtli», wenn man Lichtensteig meint. Mit «Licht» hat sein Name allerdings nichts zu tun. Wie die Mundart-Aussprache andeutet, weist er vielmehr auf den «leichten» Anstieg zum Städtchen hin – im Gegensatz zur «langen Steige» zwischen Loreten und Dietfurt weiter unten im Tal der Thur, zu deren Bewältigung die Fuhrleute einst zusätzliche Pferde vorspannen mußten. Schon immer war Lichtensteig die Hauptstadt des Toggenburg – ganz einfach deshalb, weil es im Land der weitverstreuten Hofsiedlungen nie eine zweite Stadt gegeben hat.

Lichtensteig ist eine geplante Siedlung, die um 1200 in strategisch beherrschender Lage auf einem Bergsporn angelegt wurde. Gründer des Marktfleckens waren die Grafen von Toggenburg. Das 1228 erstmals als Stadt erwähnte Lichtensteig lag im Zentrum ihres Machtbereichs, der nicht nur das Tal der Thur, sondern auch das Gaster jenseits des Rickenpasses und eine Zeitlang sogar die Bündner Landschaften Maienfeld und Prättigau sowie Davos und Churwalden umfaßte. Im Gegensatz zu vielen Adelsgeschlechtern, die im ausgehenden Mittelalter verarmten, hatten die Toggenburger Grafen noch um 1400 einen ausgedehnten Besitz in Händen. Ihr Erbe wurde denn auch Anlaß eines blutigen eidgenössischen Händels: Nach dem Tod des letzten Grafen Friedrich VII. 1436 stritten Schwyz und Zürich im Alten Zürichkrieg um seine Besitzungen zwischen Zürich- und Walensee. Erst nach den beiden blutigen Schlachten bei St. Jakob an der Sihl und St. Jakob an der Birs konnte der Konflikt, der die Existenz der jungen Eidgenossenschaft schwer bedrohte, 1450 beigelegt werden. Lichtensteig selbst kam 1436 an die Brüder Hiltbrand und Petermann von Raron, welche es 1468 an den Abt von St. Gallen verkauften, in dessen Besitz es bis 1798 blieb und der auch den Landvogt stellte. Die alten Rechte des Städtchens wurden vom Fürstabt kaum angetastet: Lichtensteig konnte mit den eidgenössischen Orten Glarus und Schwyz einen Beistandsvertrag abschließen, der vom Abt 1469 ausdrücklich anerkannt wurde.

In der Zeit der Reformation, als das «Unteramt» von Lichtensteig thurabwärts katholisch blieb, während sich das «Oberamt» bis nach Wildhaus, dem Geburtsort Huldrych Zwinglis, dem neuen Glauben anschloß, bewiesen die Bürger Lichtensteigs eine für jene Zeit erstaunliche Toleranz: Der Rat des Städtchens diskutierte zum Beispiel darüber, ob die Gerechtigkeit nicht verlange, die städtischen Wohnungen abwech-

Kanton:	SG
Meter über Meer:	640
Einwohner 1900:	1387
Einwohner 1980:	1998
Autobahn:	keine

*Im sehenswerten **Toggenburger Museum** an der Lichtensteiger Hauptgasse wird das einstige Leben der Talleute wieder lebendig: Die umfangreiche Sammlung zur Regionalgeschichte, zur Alpwirtschaft und Hirtenkultur sowie zu ländlichen Wohn- und Volksbräuchen zeugt auch von der musikalischen Ader der Bevölkerung im Tal der Thur. Die Zither als charakteristisches bäuerliches Musikinstrument war einst in fast jedem Haus heimisch, und gar einmalig in der Schweiz war die außerordentlich hohe Zahl von Hausorgeln: Um 1800 arbeiteten allein von Wildhaus bis Lichtensteig fünf Orgelbauer, deren Instrumente von wohlhabenden Bauern in ihren Firstkammern gespielt wurden.*

lungsweise an eine alt- und an eine neugläubige Familie zu vermieten.
Bis zum Anfang des letzten Jahrhunderts war Lichtensteig neben St. Gallen der wichtigste Verkehrsknotenpunkt der Ostschweiz: Damals sollen in den Stallungen an der Hinter- und der Grabengasse gegen 300 Pferde gestanden sowie 14 Gasthäuser die Reisenden verpflegt haben. 1828 zollte das Städtchen dem Warenumschlag und der beginnenden Industrialisierung – wie überall im Toggenburg blühte auch hier die Textilindustrie auf – seinen Tribut: Als eine der ersten Schweizer Orte riß Lichtensteig seine beiden alten Stadttore ab.
Als 1870 die Toggenburger-Bahn und 1910 die Bodensee-Toggenburg-Bahn dem Bezirkshauptort des Neutoggenburg den Verkehr wegnahmen und sich die industrielle Entwicklung nach Wattwil verlagerte, verstummte im Zentrum Lichtensteigs, auf dem «Goldenen Boden», der Lärm der Reisenden und Kaufleute. Am alten, ehemals durch Graben und Mauer geschützten Städtchen, das sich zum Hang hin halbkreisförmig ausdehnt, ging die Zeit seither vorüber, ohne große Wunden zu schlagen.
Mitten durchs Städtchen zieht sich die schnurgerade Hauptgasse, die beidseits von verputzten Fachwerkhäusern mit malerischen Laubengängen gesäumt wird. An ihr steht das Türmchenhaus und «Glocke», ein ursprünglich zusammengehörendes, spätgotisches Herrschaftshaus mit malerischem Treppenaufgang an der Rückseite der «Glocke». Gegenüber dem Toggenburger Museum, das im ehemaligen Wohnhaus eines Fabrikanten untergebracht ist (Haus Nr. 191), erhebt sich das Rathaus. Der Steinbau mit seinen Arkaden wurde gemäß der Jahreszahl über dem Rundbogenportal 1687 erbaut.
Neben dem Rathaus führt eine Gasse zum «Goldenen Boden». Hier steht neben dem ehemaligen «Schäfli», einem schmalen Steinbau mit gotischen Fenstern, und dem spätmittelalterlichen Haus Widmer das frühere Rathaus Lichtensteigs. Der erstmals 1534 erwähnte, im 17. Jh. umgebaute charaktervolle Steinbau dominiert den südlichen Häuserring der Stadt. Für einmal fehlt in der Altstadt die Kirche: Der 1969/70 von Walter M. Förderer gebaute Betonbau der katholischen Kirche St. Gallus erhebt sich anstelle einer neugotischen Kirche aus dem 19. Jh. etwas oberhalb des Städtchens. Talauswärts steht die 1967 von Oskar Bitterli entworfene reformierte Kirche.
Während an der Thur alte Industriebauten an die ehemals florierende Textilindustrie erinnern, wird an den Markttagen die noch ältere Tradition des Städtchens als Umschlagplatz lebendig: In Lichtensteig finden neben sechs großen Warenmärkten, dem Pelzfell-, Blumen- und Martinimarkt, jeden Montagmorgen die traditionellen Kälbermärkte statt. Im Herbst besuchen viele Sammler und Schaulustige den Photoflohmarkt: An fast 200 Ständen werden neben historischen Kameras und Zubehör eine Fülle von Occasionen zum Kauf angeboten.

Jost Bürgi (1552–1632)

Beim Schulhaus erinnert ein Denkmal an den Mathematiker und Uhrmacher Jost Bürgi. Der 1552 in Lichtensteig geborene Bürgi wirkte ab 1579 als Hofuhrmacher beim Landgrafen Wilhelm IV. in Kassel, für den er unter anderem die erste Uhr mit einem Sekundenzeiger und die ersten Geräte zur Darstellung der Planetenbewegung auf heliozentrischer Grundlage baute. Seit 1592 arbeitete Bürgi auch für Kaiser Rudolf II. in Prag, wo er von 1602 an unter dem latinisierten Namen Justus Byrgius lebte. Bürgi, der 1632 in Kassel starb, vereinte als Erfinder – er schuf auch den ersten Proportionalzirkel – handwerkliches Geschick mit einer außerordentlichen mathematischen Begabung. Ab 1605 berechnete er in jahrelanger Arbeit eine Potenz- und Logarithmentafel, die er unter dem Titel «Arithmetische und geometrische Progreß-Tabulen» veröffentlichte. Den Ruhm als Erfinder der Logarithmen muß er allerdings mit dem Schotten John Napier teilen, der unabhängig von ihm gleichzeitig das einfache Rechnen mit großen Zahlen entwickelte.

Vom Wohnen im Toggenburg

Der Ausflug von Lichtensteig über die 843 m hohe Wasserfluh führt mitten in eine intakte Voralpenlandschaft, in der sich noch manch stolzer Zeuge früherer Toggenburger Wohnkultur entdecken läßt. Im kleinen Weiler Furth an der Straße Richtung St. Peterzell stehen zwei der berühmtesten alten Toggenburger Häuser: Das stattliche «Obere Türmlihaus» mit seinem Erkertürmchen an der Südostecke wurde nach der Inschrift im Rundbogenportal 1614 für Jost Grob und Anna Brunner erbaut. Das benachbarte «Untere Türmlihaus» ließ der gleiche Bauherr nur sechs Jahre später errichten, nachdem er das obere Haus seinem Sohn überlassen hatte. Der gestrickte Giebelbau besitzt ebenfalls einen kleinen Erkerturm und gehört zu den besonders schönen Zeugnissen der reichen bäuerlichen Kultur des alten Toggenburg.

Toggenburger Museum
Beim Rathaus, Di-Sa 9–11 und 14–17 Uhr,
4. So im Monat 14–17 Uhr
074/7 35 95

Schwimmbad, Bürgistraße 9
074/7 29 69

Pelzfellmarkt im Februar

Toggenburger Waffenlauf im März

Ostermarkt

Blumenmarkt im Mai

Drehorgeltreffen im Mai

Pfingstmarkt

Toggenburger Landschießen im September und Oktober

Schweizerischer Photoflohmarkt im Oktober

Martinimarkt im November

Klaus- und Weihnachtsmarkt im Dezember

Maienfeld in der idyllischen Gegend der Bündner Herrschaft ist nicht nur als Schauplatz der rührenden Geschichte von Heidi und ihren Freunden einen Besuch wert. Auch das schmucke Ortsbild, die stolzen Herrensitze der alten Bündner Geschlechter und die einmalige Lage inmitten ausgedehnter Rebberge machen das alte Städtchen zum beliebten Ausflugsziel.

Verkehrsverein
7304 Maienfeld
085/9 27 03

15. 8. 1989

Maienfeld

«Vom freundlich gelegenen, alten Städtchen Mayenfeld aus führt ein Fußweg durch grüne, baumreiche Fluren bis zum Fuße der Höhen, die von dieser Seite groß und ernst auf das Tal herniederschauen...» So beginnt die Geschichte, die das Dorf Maienfeld in aller Welt bekannt gemacht hat: «Heidi» von Johanna Spyri. Abseits der wichtigen Verkehrsrouten hat das Städtchen in der Bündner Herrschaft viel vom Charme vergangener Tage bewahrt, und ein Spaziergang durch seinen beschaulichen Kern weckt die Erinnerung an die Waise Heidi, den gutmütigen Almöhi, den Geißenpeter und die kranke Klara aus Frankfurt, die auf der Alp über Maienfeld ihre Gesundheit findet.

Kanton:	GR
Meter über Meer:	518
Einwohner 1900:	1240
Einwohner 1980:	1716
Autobahn:	N 13, Maienfeld

Besiedelt war der Landstrich schon vor zweitausend Jahren. Der gut ausgebaute römische Militär- und Handelsweg von den Bündner Pässen ins schweizerische Mittelland folgte nicht etwa den sumpfigen Niederungen am Rhein, sondern führte vielmehr an der Bergflanke von Landquart zur Brückenstation «Magia» in der Gegend von Maienfeld.
Im römischen Verkehrsknotenpunkt verzweigte sich die Straße: Die Nordroute zog sich zur Feste Luzisteig hinauf und durch das heutige Fürstentum Liechtenstein nach Bregenz. Die westliche Route führte zur Fähre über den Rhein hinunter und auf der anderen Seite des Flusses der Seez und dem Walensee entlang weiter nach Zürich.
An der Stelle des römischen Magia entwickelte sich im 9. Jh. ein kleiner Marktflecken als Zentrum der beiden Herrschaften, die im Mittelalter im Bündner Rheintal entstanden: der Herrschaft Maienfeld mit Maienfeld und Fläsch und der Herrschaft Aspermont mit Jenins und Malans. Nachdem Maienfeld – es wird 1434 erstmals als Stadt erwähnt – mehrmals den Besitzer gewechselt hatte, verkaufte im März 1509 der damalige Eigentümer, einer aus dem Geschlecht der Freiherren von Brandis, «Herrschaft und Burg Maienfeld» für 20 000 Gulden an die Drei Bünde – der Name «Herrschaft» ist dem Landstrich zwischen Fläsch und Malans bis heute geblieben.
Als der Übergang über die Luzisteig an Bedeutung verlor und der Verkehr nach Zürich über die 1529 erbaute Tardis-Brücke geführt wurde, geriet das Städtchen ins Abseits und wirtschaftlich langsam ins Hintertreffen. Dafür ließen sich in der milden Gegend die Bündner Aristokraten nieder. Fast alle großen Geschlechter Graubündens bauten sich hier eine aristokratische Residenz: In Maienfeld lebten die Brandis, die Sprecher, die Salis und die Gugelberg von Moos, in Malans die Salis und Planta, in Jenins wiederum die Sprecher sowie die Guler von Wyneck. All diese Fa-

Der kleine Maienfelder Städtliplatz wird vom gotischen Rathaus mit seinem Treppentürmchen geprägt. Unter dem Wandbild erinnert die Inschrift «Übergabe der Rechtsgewalt an den letzten Landvogt Jak. Ul. Sprecher von Bernegg 1797» an das Ancien Régime, als berühmte Bündner Familien hier die Landvögte stellten. Eine von ihnen, die Sprecher, kaufte nur wenige Jahre später das gegenüberliegende Haus, das den Platz auf zwei Seiten abschließt. Am herrschaftlichen, um die Mitte des 17. Jh. errichteten Bau erinnert eine Tafel an einen prominenten Sohn des alten Geschlechts, Oberst Theophil Sprecher von Bernegg, den Generalstabschef der Schweizer Armee im Ersten Weltkrieg.

milien machten sich in «Alt Fry Rhätien», an den Höfen Europas und in den Armeen des Ancien Régime einen Namen und bekleideten auch nach dem Eintritt Graubündens in die Eidgenossenschaft in Militär, Politik und Diplomatie wichtige Stellen.

Was den Aristokraten einst recht war, ist heute vielen Zuzügern billig: Neue Einfamilienhaussiedlungen um den alten Stadtkern zeugen davon, daß Maienfeld mit seinem sonnigen Klima seit den sechziger Jahren zum begehrten Wohnsitz wurde. Auch die historische Verbindung von Malans über Jenins nach Maienfeld liegt nicht mehr verlassen da: Über den «Kistenpaß» fahren an schönen Wochenenden viele Ausflügler durch die idyllische Gegend mit ihren mehr als 240 ha Rebbergen. Auf dem besonders fruchtbaren Schieferboden wurde früher ausschließlich Weißwein gekeltert. Heute wachsen in der Herrschaft, wo neun Zehntel des Bündner Weins angebaut werden, vor allem Blauburgunder-Trauben. In Maienfeld sind Weinbau und Landwirtschaft die wichtigsten Erwerbszweige geblieben: In dieser größten Rebbaugemeinde des Kantons gibt es noch 25 Bauernbetriebe, und in 17 Kellereien wird «Maienfelder» gekeltert.

Auch das Städtchen mit seiner ovalen Anlage, den Überresten der Stadtmauer und den lauschigen Winkeln ist zum Teil noch bäuerlich geprägt. Zwar sind in mehreren Stadtbränden manche Zeugen vergangener Tage zerstört worden. Bei einem Brand im Jahre 1720 fing sogar die Munition Feuer, die man im Kirchturm gelagert hatte, und der ganze Bau flog in die Luft. An der großen Glocke ist als Erinnerung an die Katastrophe eingraviert: «1720 den 18. October seind wir durch die leidige Fäuersbrunst geschmolzen und durch den Thurm herunder geflozen.»

Die stolzen Herrensitze jedoch blieben erhalten und verleihen Maienfeld neben dem bäuerlichen auch einen bürgerlichen Charakter: Besonders Schloß Salenegg, eines der reizvollsten Herrenhäuser Graubündens, vereinigt das Repräsentationsbedürfnis auf geglückte Weise mit Wohnlichkeit. Der an der Straße nach Luzisteig inmitten von Weinbergen liegende, langgestreckte Patriziersitz wurde 1604 durch die von Salis erbaut. Auch das «Marschallhaus» mit seinem schönen Säulenportal verdankt seinen Namen einem berühmten Sproß des gleichen Geschlechts, dem in französischen Diensten wohlhabend gewordenen Feldmarschall Carl Ulysses von Salis. Eigentliches Wahrzeichen von Maienfeld aber ist Schloß Brandis. Der wuchtige Wohnturm, der im 13. Jh. aus mächtigen Quadern errichtet wurde, ragt weit über die Dächer des Städtchens hinaus. Die Burganlage – hier residierten einst die Landvögte – war ursprünglich von der Siedlung durch Mauern und Graben getrennt. Das Schloß wurde im 18. Jh. dem Verfall überlassen und im 19. Jh. umgebaut. Erhalten hat sich jenseits des ehemaligen Hofes nur das sogenannte «Neue Schloß» aus dem 15. Jh. mit seiner kleinen Kapelle und dem zum Wohnhaus umgebauten Hauptteil.

Johanna Spyri (1827–1901)

Obwohl die Geschichte von Heidi zum größten Teil auf einer Bündner Alp spielt, ist sie das Werk einer Zürcherin. Johanna Spyri wurde als Tochter der Liederdichterin Meta Heusser in Hirzel geboren und zog nach ihrer Heirat mit dem Zürcher Stadtschreiber Johann Spyri an den Zeltweg. Ihr reges Interesse an der Literatur und ihre Kontakte mit Literaten und Dichtern wie etwa Conrad Ferdinand Meyer veranlaßten sie schließlich, selbst zur Feder zu greifen. Johanna Spyri siedelte die Geschichte von Heidi in der Bündner Herrschaft an, weil sie hier oft und gerne in den Ferien weilte. Die meisten ihrer vielen weiteren Romane und Erzählungen sind heute kaum mehr bekannt. «Heidi» dagegen wurde ein Welterfolg und in über sechzig Sprachen übersetzt. Die Geschichte wird selbst im Fernen Osten so gern gelesen, daß das Dorf Maienfeld heute zu den beliebtesten Sightseeing-Plätzen japanischer Europa-Touristen gehört.

Auf Heidis Spuren

Vom Städtliplatz in Maienfeld führen orangefarbene Wegweiser auf den Spuren Heidis durch die Umgebung des Städtchens. Nach rechts haltend erreicht man zuerst in der kleinen Siedlung Oberrofels das «Heidihüsli», in dem Heidi gelebt haben soll. Die Wanderung führt anschließend zur Straße, die von Maienfeld auf die Luzisteig führt. Im Schatten des Waldes steht hier bei einem beliebten Rastplatz der Heidibrunnen. Gleich gegenüber liegt das Wohnhaus eines einst ebenfalls weltbekannten Schriftstellers, der aber im Gegensatz zu Johanna Spyri heute wieder in Vergessenheit geraten ist: John Knittel (1891–1970). Der Schweizer Schriftsteller mit dem englischen Namen wurde in Indien geboren und erreichte mit seinen Afrika-Romanen wie «El Hakim» früher Millionenauflagen. Heute ist von seinem umfangreichen Werk nur noch der große Bündner Roman «Via Mala» bekannt. Vom Heidibrunnen führt der Weg durch die Weinberge in gut zwei Stunden nach Maienfeld zurück.

Camping Giessenpark
7310 Bad Ragaz
April bis Ende Oktober
085/9 37 10

Pferderennen im Oktober

Städtlifest zur Zeit der Weinernte Anfang Oktober

Das benachbarte Bad Ragaz hat ein breites Angebot an Freizeit- und Sportmöglichkeiten. Auskunft:
Verkehrsbüro Bad Ragaz
7310 Bad Ragaz
085/9 10 61

Rapperswil, die Rosenstadt, ist mehr als ein beliebtes Ausflugsziel am oberen Zürichsee. Auch wenn an der Promenade oft Hochbetrieb herrscht – nur wenige Schritte entfernt in der Altstadt sind ruhige Gassen mit malerischen Häusern zu entdecken, die von der stolzen Vergangenheit des Städtchens zeugen.

Verkehrsbüro
8460 Rapperswil
055/27 70 00

TCS-Geschäftsstelle
Seestraße 6
8460 Rapperswil
055/27 55 95

15. 8. 1989

Rapperswil

Wer sich heute Rapperswil über den Seedamm nähert, stellt sich kaum mehr vor, wie abenteuerlich die Seeüberquerung noch vor etwas mehr als hundert Jahren war: Bis 1878 stand hier die längste Brücke der Schweiz, ein einfacher Holzsteg mit lose auf Pfeiler gelegten Brettern und ohne Geländer, um dem Wind möglichst wenig Angriffsfläche zu bieten. Seit jeher hing die Entwicklung von Rapperswil von diesem wackligen Gebilde ab, das für den einzigen Übergang an der schmalsten Stelle des Zürichsees sorgte.

Um 1200 erhielten die Herren von Rapperswil die Landzunge am rechten Seeufer vom Klosters Einsiedeln geschenkt. Sie verlegten ihren Wohnsitz von der Johannesburg ob Altendorf im Kanton Schwyz auf die Landzunge und bauten hier planmäßig ein Schloß samt Städtchen, das erstmals 1229 erwähnt wird. Am Schnittpunkt der Straße von Zürich nach Chur mit dem alten Pilgerweg von Süddeutschland nach Einsiedeln – hier ließen sich die Pilger vor dem Bau der ersten Brücke mit dem Nauen nach Hurden übersetzen – versprach die Siedlung Einkünfte aus Warenumschlag und Zoll.

Nachdem das Geschlecht derer von Rapperswil ausstarb, kam das Städtchen 1283 an die Habsburger. Unter Graf Johann II. an der «Mordnacht in Zürich» beteiligt, zog sich Rapperswil den Zorn von Bürgermeister Rudolf Brun zu, der mit seinem Heer 1350 Schloß und Städtchen zerstörte. Trotzdem hielt Rapperswil den Österreichern weiter die Treue. Herzog Rudolf IV. – er war auch Bauherr des Stephansdoms in Wien – förderte die wirtschaftliche Entwicklung des wiederaufgebauten Städtchens mit einem Meisterwerk mittelalterlicher Ingenieurskunst: 1358 ließ er den ersten Steg über den See schlagen.

Wenig später wurde der Brückenkopf zum Zankapfel zwischen Österreich und den Eidgenossen, die mehrmals vergeblich versuchten, Rapperswil in ihren Besitz zu bringen. Erst 1458 schloß die 1415 reichsfrei gewordene Stadt ein Schirmbündnis mit den Inneren Orten ab. Im 17. Jh. wurde das katholisch gebliebene Rapperswil in die eidgenössischen Religionskriege verwickelt und wehrte 1656 ein Zürcher Belagerungsheer ab. In der Helvetik lösten sich die ehemaligen Höfe von der Stadt und bildeten die neue Gemeinde Jona, die Rapperswil heute größenmäßig weit überflügelt hat. Zum Kanton St. Gallen gehört Rapperswil seit 1803.

Die Altstadt von Rapperswil, die ursprünglich nur zwei Gassen mit drei Häuserzeilen zu Füßen des

Kanton:	SG
Meter über Meer:	412
Einwohner 1900:	3414
Einwohner 1980:	7826
Autobahn:	keine

Hoch überragt **Schloß Rapperswil** *die Stadt. Flankiert vom Uhrturm und einem hohen Bergfried, dem «Gügelerturm», bildet die um 1200 gegründete und 1354 wiederaufgebaute Anlage ein fast gleichschenkliges Dreieck mit Palas, Zwinger und Hof. Zugbrücken sicherten einst den Zugang zum Innenhof. Das im 19. Jh. verwahrloste und 1962/63 restaurierte Schloß birgt in seinen spätgotischen Räumen neben einem Restaurant das Polen-Museum. Es wurde 1875 als Nationalmuseum von polnischen Emigranten eingerichtet und zeigt eine ständige Ausstellung über Polens Beitrag zur europäischen Kultur.*

Schlosses umfaßte, wird vom Hauptplatz in zwei Teile geschieden. Dominiert wird die leicht ansteigende Anlage vom freistehenden, um 1470 neuerbauten und im 19. Jh. stark umgebauten Rathaus mit seinen Stilelementen der Neugotik und Neurenaissance sowie dem viereckigen Archivturm von 1615. Die übrigen farbenprächtigen Bürgerhäuser – unter ihnen fällt gegenüber dem Rathaus das spätgotische Eckhaus des «Pfauen» auf – stammen größtenteils aus dem 16. Jh. Der Platz mit dem spätklassizistischen Brunnen endet oben an der monumentalen Treppenanlage von 1897, die zur Plattform des Schlosses emporsteigt.

Nach Westen führt die malerische Hintergasse mit ihren erhöhten Laubengängen und dem beherrschenden spätgotischen Steinbau des Bleuler-Hauses in den ältesten Teil der Stadt. Am Anfang des 14. Jh. wuchs Rapperswil auch in die Gegenrichtung, und die erste Stadtmauer, die über den heutigen Hauptplatz vom Schloß zum See hinunter verlief, wurde abgerissen. Um die Kluggasse entstand die «Oberstadt», an die schließlich gegen Osten noch der «Hals» angehängt wurde, die Gebäude am heutigen Engel- oder Halsplatz. Hier stehen der 1568 erbaute «Alte Sternen» mit Illusionsmalereien aus dem 18. Jh. und der «Engel» mit der mächtigen spätgotischen Giebelfassade aus der Zeit um 1600. Der ehemalige östliche Abschluß der Stadtbefestigung, das Halstor, wurde 1829 abgebrochen.

Parallel zur Klug- und Halsgasse zieht sich am Schloßhügel der Herrenberg hin. Das Breny-Haus, ein spätgotisches Wohnhaus aus dem 15. Jh., wird von einem hochmittelalterlichen Turm überragt. Hier ist heute das Rapperswiler Heimatmuseum untergebracht. Die bereits 1207 erwähnte Pfarrkirche St. Johannes brannte 1882 mit Ausnahme des spätgotischen Südturms aus dem 15. Jh. vollständig ab. Den neugotischen Innenraum schmücken zwei Renaissancealtäre aus dem 16. Jh.

In der ersten Hälfte des 19. Jh. wurde der imposante Mauerring der Stadt geschleift, um Platz für den neuen Hafen (1834) und den Bahnhof (Eröffnung der Eisenbahnlinie nach Rüti 1859) zu schaffen. Damals begann die Entwicklung Rapperswils zum heutigen Zentrum einer Region mit 25 000 Einwohnern und zum Fremdenverkehrsort. Es entstand die großzügige Promenade, als deren Mittelpunkt sich heute der ehemalige Fischmarkt zum See hin öffnet. Dominiert wird das Plätzchen von der breiten klassizistischen Front des Heiliggeistspitals. Die alte Pilgerherberge aus dem 13. Jh. wurde 1844 von Felix Wilhelm Kubly neu erbaut. Der Quai führt zur Spitze der Landzunge und zum 1603 gegründeten und mehrmals umgebauten Kapuzinerkloster, das gegen die Stadt hin durch eine Mauer und den 1597 errichteten Endingerturm abgeschirmt wird.

Zwei rote Rosen trugen die Grafen von Rapperswil im Wappen, das sich auf das Städtchen vererbte. Dem Stadtsymbol erweist Rapperswil alle Ehre: Von Juni bis Oktober sind in seinen Rosengärten über 180 Sorten und 6000 Stöcke der «Königin der Blumen» zu bewundern.

Friedrich Knie (1784–1866)

Als neunzehnjähriger Medizinstudent gründete Friedrich Knie 1803 die ursprünglich österreichische Zirkusdynastie, die heute wohl allen Schweizern bekannt ist. 1828 baute der berühmte Meister des Turmseils seine Arena zum erstenmal in Zürich auf; im gleichen Jahr erhielt er von Rapperswil jenen Handwerkerbrief ausgestellt, der ihm den Auftritt in Schweizer Städten und Dörfern ermöglichte. 1919 entstand aus der alten Varieté-Arena der Schweizerische National-Circus Knie, der heute von der sechsten Generation der Familie geleitet wird. Damals kauften die Knies in Rapperswil einen Reitschopf mit Stallungen; er dient stark erweitert dem Zirkus noch heute als Winterquartier. Zu einem beliebten Ausflugsziel entwickelte sich Knies Kinderzoo: Hier leben 70 Tierarten und 400 Tiere, die zum Teil auch gestreichelt werden dürfen. Für Spaß und Unterhaltung sorgt neben Elefanten- und Ponyreiten eine große Delphin-Show.

Die Johanniter von Bubikon

An der Straße nach Dürnten liegt 7 km nördlich von Rapperswil in Bubikon eine ehemalige Johanniterkomturei, das einzige guterhaltene Ordenshaus der Johanniter aus dem Mittelalter in der Schweiz. Die 1192 gegründete Komturei wurde 1433 nach der Zerstörung im Alten Zürichkrieg wiederaufgebaut und um 1570 erweitert. Das Alte Bruderhaus, die Kapelle, das Konventshaus, das Neue Bruderhaus und der Rittersaaltrakt sowie die Wirtschaftsgebäude umschließen auf drei Seiten einen Hof. Das Johannitermuseum zeigt eine Sammlung zur Geschichte der Ritterorden (April bis Oktober, Di–So 9–11 und 14–18 Uhr).

Heimatmuseum
Breny-Haus, am Herrenberg
Ostermontag bis Ende Oktober, Sa–Do 14–17 Uhr
055/27 71 64

Polenmuseum im Schloß
14–17 Uhr, Juni bis September auch 10–12 November bis März, nur So 14–17 Uhr
055/27 44 95

Knies Kinderzoo
Mitte März bis Anfang November 9–18 Uhr
Juli und August 9–19 Uhr
055/27 52 22

Hirschpark auf dem Lindenhof

Rosengärten beim Kapuzinerkloster und auf der Schanz (für Blinde)
Mai bis Oktober

Zürichsee-Schiffahrt
Auskunft Verkehrsbüro
März bis Okt. 055/27 70 00

Seebadanstalt
055/27 17 40

Schwimmbad Lido
055/27 14 77

Kinderbrauch «Eis-Zwei-Geißebei» am Fasnachtsdienstag
Wochenmarkt jeden Freitag von März bis Dezember
Sternsingerspiel am letzten Adventssonntag

Die alte St. Galler Hafen- und Industriestadt am Bodensee ist Ausgangspunkt für Ausflüge auf das Schwäbische Meer und touristisches Zentrum der Region dank dem ehemaligen Kloster Mariaberg sowie den bequem erreichbaren Schlössern am Rorschacherberg.

Verkehrsbüro
Neugasse 2
9400 Rorschach
071/41 70 34

12. 8. 1989

Rorschach

Als im Mittelalter der Warenverkehr zwischen Italien und Deutschland entlang dem Bodensee wieder zunahm, verlieh der spätere Kaiser Otto I. (der Große) 947 dem Kloster St. Gallen für das urkundlich erstmals 850 genannte Rorschach das Markt-, Münz- und Zollrecht. Während Jahrhunderten förderten die Äbte die nur 11,5 km nördlich von St. Gallen liegende Siedlung zwischen Bregenz und Arbon. Zum Schutz des Umschlagplatzes errichteten sie in ihren Kämpfen gegen den Bischof von Konstanz am Rorschacherberg die Ministerialburgen Sulzberg, St. Anna und Wartensee und bauten den Hafen zum Mittelpunkt des Fleckens aus. 1487 wollte Fürstabt Ulrich Rösch (siehe Seite 359), der mit der Stadt St. Gallen in Dauerfehde lag, sogar die ganze Fürstabtei nach Rorschach verlegen und legte den Grundstein zu einer großen Klosteranlage am Berghang über der Stadt. Zwei Jahre später aber zerstörten die St. Galler zusammen mit den Appenzellern die neuen Bauten, und erst die Eidgenossen konnten im Kampf zwischen Abt und Aufständischen schlichten. Ab 1491 wurde das Benediktinerkloster unter dem Namen Mariaberg wiederaufgebaut, die Verlegung der St. Galler Fürstabtei aber unterblieb. 1522 gründeten die Äbte in Rorschach die erste Druckerei ihres Herrschaftsgebiets, in der seit 1587 eine der frühesten Zeitungen der Welt erschien.

Auch im 18. Jh. förderten die Fürstäbte den Handelsplatz, der dank dem von Italienern eingeführten Leinwandgewerbe zu zusätzlichem Reichtum gekommen war. Abt Cölestin Gugger ließ 1746–1748 für den damals größten Weizenmarkt der Schweiz das Kornhaus erstellen, und Abt Beda legte 1774–1776 die Fürstenlandstraße von Wil nach Rorschach an. Schließlich wurde kurz vor dem Untergang der äbtischen Herrschaft 1792–1794 auch noch die Hafenanlage erneuert.

Als Bezirkshauptort des Kantons St. Gallen erlebte Rorschach dank Dampfschiff und Eisenbahn eine neue wirtschaftliche Blütezeit: 1824 legte der erste Dampfer aus Friedrichshafen in Rorschach an, und 1856 wurde die Eisenbahnlinie St. Gallen–Rorschach eröffnet. Ihr folgten die Linien nach Chur und Romanshorn und 1875 noch die 5,4 km lange Zahnradbahn nach Heiden.

Am Kreuzungsort von vier Eisenbahnlinien begann in den achtziger Jahren des 19. Jh. mit der Einführung der Stickerei das Industriezeitalter: In der größten Stickereifabrik waren vor dem Ersten Weltkrieg mehr als 2000 Arbeiter beschäftigt, und für Arbeit sorgten neben Stoffdruckereien auch eine Maschinenfabrik und mechanische Werkstätten. Heute ist Rorschach Sitz eines großen Tiefkühlprodukte-Herstel-

Kanton:	SG
Meter über Meer:	404
Einwohner 1910:	9140
Einwohner 1980:	9878
Autobahn:	N 1, Rheineck

*Das **Kornhaus** am Hafen ist das Wahrzeichen von Rorschach und der schönste Getreidespeicher der Schweiz. Das 1746–1748 von Giovanni Gaspare Bagnato erbaute gewaltige Gebäude diente einst der Getreideversorgung des äbtischen Territoriums und gehört seit 1908 der Stadt. Im symmetrischen, zwölfachsigen Barockbau mit dem mächtigen Krüppelwalmdach befindet sich im Erdgeschoß eine dreischiffige, gewölbte Halle. Das Ortsmuseum zeigt urgeschichtliche Funde aus der sogenannten Pfahlbauerzeit am Bodensee, dokumentiert aber auch das Leben in den Bürgerhäusern des 15. bis 18. Jh. und die Welt des europäischen Adels, der oft in der milden Region zu Gast war.*

lers, einer Textilmaschinenfirma, einer Nähfaden-Herstellerin sowie eines Aluminiumwerks und sorgt für Heiterkeit in der ganzen Schweiz: Hier erscheint der «Nebelspalter».
Durch die Industrialisierung und die Eisenbahnlinien wurde das Rorschacher Ortsbild völlig verändert. Neben dem Kornhaus dominieren heute die Gleisanlagen beim Hafenbahnhof aus dem Ende des 19. Jh. das Seeufer. Rorschach besitzt aber auch noch einige beachtliche Patrizierhäuser, die fast alle an der parallel zum See verlaufenden Hauptstraße stehen. So etwa das 1681–1689 erbaute heutige Rathaus und der gleichzeitig entstandene «Falken» mit seinem zweigeschossigen Steinerker oder die Engelapotheke, ein nach 1761 erbauter dreiachsiger Barockbau. Das breite Kettenhaus mit der fünfteiligen Fassadengliederung war von 1824 bis 1833 die erste Bischofsresidenz im neugegründeten Bistum Chur/St. Gallen. Stadtauswärts steht die wahrscheinlich bereits im 9. Jh. gegründete katholische Pfarrkirche St. Kolumban und Konstantius, die 1438 neu erbaut und im 17. Jh. stark verändert wurde. Die einschiffige Anlage mit der geschweiften Fassade, dem spätgotischen Turm und den Dachreitern auf den Querschiffarmen wurde 1782–1886 verlängert und innen umgestaltet. Bergwärts über dem historischen Kern liegt ein schachbrettartiges Straßennetz mit der breiten Achse der Mariabergstraße. Die 1774–1778 unter Abt Beda Angehrn angelegte Verbindung zwischen der Stadt und der Statthalterei Mariaberg wird von mehreren spätbarocken Familiensitzen flankiert (Häuser Nr. 8, 11, 12 und 18). Auffallendster Bau ist das heutige Amtshaus (Nr. 15), ein stattliches Gebäude mit Mansarddach und klassizistischem Rundbogenportal, das 1790 errichtet wurde.

Nach dem Bahnübergang stehen östlich der ansteigenden Straße Gewerbebauten aus dem 18. Jh., und auf der Gegenseite erhebt sich in einem Quartier mit historisierenden Villen die neugotische, 1896/97 erbaute Jugendkirche. Dahinter steht die reformierte Pfarrkirche, ein Zentralbau aus dem Jahre 1902–1904. Unvermittelt öffnet sich eine Geländeterrasse mit einem imposanten Gebäudekomplex: das ehemalige Kloster und heutige Lehrerseminar Mariaberg.

Die riesige spätgotische Klosteranlage von 78 m Länge und 60 m Tiefe hätte zusammen mit der geplanten, aber nie ausgeführten Kirche ein Quadrat gebildet. Hinter dem Barockportal von 1777 mit der geschwungenen Freitreppe führt eine Eingangshalle in den Kreuzgang mit 35 reichen Maßwerkfenstern, komplizierten Rippengewölben und schöner Bauplastik an den Schlußsteinen. Auf der linken Seite des großen Hofs liegt der Kapitelsaal (heute Musiksaal), eine zweischiffige Halle, deren Gewölbefelder 1564–1568 mit prächtigen Renaissancefresken ausgemalt wurden. Im Refektorium (heute Mensa) im Ostflügel stützen vier Rundpfeiler zehn Sternrippengewölbe, die ebenfalls figürliche Schlußsteine tragen.

Herzogin Louise von Bourbon-Parma (1819–1864)

Das prächtige Schloß Wartegg mit seinem schönen Park war im 19. Jh. und bis nach dem Ersten Weltkrieg ein beliebter Zufluchtsort emigrierter europäischer Hochadliger. Die von Caspar Blarer von Wartensee 1557 am Rorschacherberg errichtete Anlage wurde mehrmals umgebaut. Im Hauptbau aus der Gründungszeit mit seinem mächtigen Turm und im Flügel aus dem 17. Jh. suchten nach der Französischen Revolution hohe Minister und Adlige – darunter auch Mitglieder aus dem weitverzweigten Geschlecht der Bourbonen – Zuflucht und arbeiteten von hier aus vergeblich auf den Sturz der neuen Ordnung hin. Familienerinnerungen mögen die 1859 aus Parma vertriebene letzte Herzogin Louise von Bourbon-Parma veranlaßt haben, sich hier 1860 niederzulassen. Ihre Enkelin Zita heiratete den späteren Kaiser Karl I. von Habsburg, der nach dem Sturz der Donaumonarchie als letzter berühmter Adliger nach Wartegg ins Exil ging.

Rorschacher Höhenweg

Die Rorschach-Heiden-Bahn bringt uns vom SBB-Bahnhof Rorschach-Hafen zur Haltestelle Wartensee. Hier beginnt die 6 km lange Wanderung entlang dem Höhenzug des Rorschacherbergs, die eine wundervolle Aussicht auf den Bodensee bietet und zu zwei Schlössern führt. Zuerst zu dem im 19. Jh. im Stil der Neugotik umgebauten Schloß Wartensee – die 1264 erwähnte Burg mit dem mittelalterlichen Turm war ursprünglich ein Dienstmannssitz des Klosters St. Gallen und ist heute eine evangelische Heimstätte. Dann führt der Weg zum St.-Anna-Schloß, das zwischen zwei Bachtobeln liegt. In der hinter Bäumen versteckten ehemaligen Burg mit dem hochmittelalterlichen Bergfried, dem gotischen Wohngebäude und einer Kapelle residierte seit 1449 der Klostervogt. Vorbei am Restaurant «Sulzberg» kommt man nach ungefähr 2 Std. und 15 Min. wieder zum Bahnhof Rorschach-Hafen zurück.

Heimatmuseum
Kornhaus
Mitte April bis Mitte November
Di–Sa 9.30–11.30 und 14–17 Uhr, So 10–12 und 14–17 Uhr
071/41 40 62

Rorschach-Heiden-Bahn
071/91 18 52

Schiffahrtsbetriebe Rorschach
071/41 14 25

Seebadanstalt
071/41 16 84

Strandbad
071/41 22 36

Stadtplan: Seite 478

Die alte Erkerstadt am Rhein mit der trutzigen Höhenfestung Munot, den malerischen Straßen und stattlichen Zunfthäusern gehört zu den städtebaulich interessantesten und am besten erhaltenen Gründungen des Mittelalters. Die Stadt Schaffhausen, die nach den Worten Goethes wie eine Brücke zwischen Deutschland und der Schweiz liegt, ist aber auch der politische, wirtschaftliche und kulturelle Mittelpunkt des Kantons Schaffhausen.

Verkehrsbüro
Vorstadt 12
8201 Schaffhausen
053/25 51 41

TCS-Geschäftsstelle
Vordergasse 34
8200 Schaffhausen
053/25 46 19

Schaffhausen

Viele Städte liegen am Rhein, doch keine andere hat dem Strom Entstehung und Aufstieg zu einer Handwerker-, Handels- und Industriestadt und zum Mittelpunkt eines souveränen Standes der Eidgenossenschaft in einem solchen Ausmaß zu verdanken wie Schaffhausen.

Die beiden Stromschnellen, der obere und der untere Laufen, zwangen die vom Untersee herkommenden Schiffe und Flöße, im kleinen Fischer- und Bauerndorf haltzumachen. Des Rheinfalls wegen mußten alle auf dem Rhein transportierten Handelsgüter – sofern sie nicht auf dem Markt feilgeboten wurden – für den Weitertransport auf Fuhrwerke umgeladen und zum Schlößchen Wörth am Fuß des Katarakts hinuntergeführt werden, wo sie die Schiffsleute wiederum auf Boote verluden.

Schon früh erkannte das begüterte Hochadelsgeschlecht der Nellenburger die einmalige Lage Schaffhausens oberhalb der Stromschnellen. 1045 verlieh der deutsche Kaiser Heinrich III. seinem Vetter Graf Eberhard von Nellenburg das Recht, in «Scafhusun» («scafa» bedeutet auf althochdeutsch Schiff, Haus der Schiffe; eine andere Version, die durch den Widder im Schaffhauser Wappen gestützt wird, ist die Ableitung von Schaf) eigene Münzen zu prägen. Vier Jahre später gründete derselbe Nellenburger am südlichen Rand der jungen Stadt das Benediktinerkloster Allerheiligen. 1080 schenkte der Sohn des Klostergründers die Herrschaftsrechte über die Stadt dem Stift. Adlige

Kanton:	SH
Meter über Meer:	403
Einwohner 1900:	15 257
Einwohner 1980:	34 250
Autobahn:	N 4 ‚Rheinfall oder Schaffhausen-Nord

der Umgebung ließen sich als Lehnsleute des Abtes in der Stadt nieder. Aber auch Bewohner der umliegenden Dörfer zogen im 11. bis 13. Jh. in die Stadt und ermöglichten deren Aufschwung. Lebten um 1100 schätzungsweise 600 Einwohner in der Stadt, so wuchs die städtische Bevölkerung gegen Ende des 13. Jh. auf beachtliche 2000 Personen.
1180 wurde dem aufstrebenden Warenumschlagplatz das Marktrecht verliehen. Die Rheinschiffahrt, die Gaststätten, das Kleingewerbe, aber auch die erfolgreiche Münzstätte sowie das Salzhandelsmonopol machten Schaffhausen zur Markt- und Handelsstadt. Außer Salz aus Bayern, aus Tirol und dem Salzkammergut wurden auf den Lastschiffen hauptsächlich Getreide, Wein, Eisen, Hanf, Wachs und Südfrüchte transportiert, die über die Bündner Pässe von Italien an den Bodensee kamen. Am Ufer oberhalb der Stromschnellen entstanden imposante Lagerhäuser. Zentrum war der mächtige Güter- oder Salzhof bei der Schifflände. Hier wurden die Zölle erhoben. Ohne diese Haupteinnahmequelle hätte die kleine Republik 1218 wohl kaum die Reichsfreiheit erwerben können. Die Stadt Schaffhausen schöpfte ihren Wohlstand buchstäblich aus dem Rhein.
1330 verpfändete der deutsche Kaiser Schaffhausen den Habsburgern. Deshalb stritten in den Schlachten von Sempach (1386) und Näfels (1388) Adel und Bürgerschaft der Stadt auf seiten Österreichs mit, das der aufstrebenden Stadt dafür weitgehende Selbstverwaltung zugestehen mußte. Die im Kampf gegen die städtische Aristokratie siegreiche Bürger- und Handwerkerschaft führte 1411 die Zunftverfassung ein, welche über Jahrhunderte den politischen und kulturellen Charakter Schaffhausens prägte.
Im Streit zwischen König Sigismund und Herzog Friedrich von Österreich gelang es Schaffhausen, 1415 das habsburgische Joch abzustreifen. Zur traditionell engen Zusammenarbeit mit den schwäbischen Städten trat nun die politische Annäherung an die Eidgenossenschaft.

Museum zu Allerheiligen
Klostergasse
Di–So 10–12 und 14–17 Uhr
053/25 43 08 oder
053/25 43 77

Naturhistorisches Museum
Stemmler
Sporrengasse 7
So 10–12 und 14–17 Uhr
werktags nach telefonischer
Vereinbarung für Schulen
und Gruppen zugänglich
Anmeldung: Museum zu
Allerheiligen
053/25 88 46

Hallen für neue Kunst
Baumgartenstraße 23
Mai bis Oktober Di, Mi, Do,
Fr und Sa 15–17 Uhr,
So 11–15 Uhr
November bis April nach telefonischer Vereinbarung
053/25 25 15

Verkehrsbetriebe der Stadt
Schaffhausen
053/33 42 22

Kunsteisbahn und Hallenbad
Breitenaustraße 119
053/24 50 81

Stadtplan: Seite 480/481

Die Klosterinsel Rheinau

Das landschaftlich reizvoll bereits im Kanton Zürich auf einer Rheininsel gelegene, traditionsreiche Kloster Rheinau mit der prachtvollen hochbarocken Stiftskirche ist einen Ausflug von der Erkerstadt Schaffhausen aus wert. Die im 9. Jh. gegründete Benediktinerabtei wurde 1862, auf Beschluß des Großen Rates des Kantons Zürich, aufgehoben und in eine kantonale Heil- und Pflegeanstalt umgewandelt. Dieser Ratsbeschluß hatte großen Verlust an Kulturgut zur Folge. Immerhin blieb die 1704–1711 erbaute Klosterkirche verschont. Die von 1976 bis 1986 innen und außen für mehrere Millionen Franken restaurierte Kirche ist das bedeutendste Werk aus der Blütezeit des Klosters unter Abt Gerold II. Zurlauben (1697–1735). Unvergessen bleibt der Kampf der Schaffhauser gegen das einige hundert Meter unterhalb der Klosterinsel liegende Kraftwerk Rheinau. Das Fanal der Auseinandersetzung zwischen Naturschutz und Technik warf in Schaffhausen hohe Wellen. Die so entstandene «Rheinaubewegung» war die erste bedeutende grüne Bürgerinitiative der Schweiz. Der Kampf der Schaffhauser ging zwar mit der Ablehnung der Rheinau-Initiativen 1954 verloren, brachte aber eine erhebliche Verbesserung des Projekts.

1454 unterzeichnete Schaffhausen mit den sechs eidgenössischen Orten ein auf 25 Jahre befristetes Bündnis, das 1479 verlängert wurde. Im Schwabenkrieg 1499 kämpfte die Stadt auf der Seite der Eidgenossen gegen den deutschen Kaiser und wurde dafür im August 1501 als zwölfter Stand in den Bund der Eidgenossen aufgenommen.

Nach dem Bundeseintritt hatte der nur schwer zu verteidigende Vorposten am Rhein starken Schutz nötig. Als der Kaiser mehrfach mit der Rückeroberung des Brückenkopfs drohte, beschlossen die Kleinen und Großen Räte von Schaffhausen 1563, den über der Stadt aufsteigenden Emmersberg in das Verteidigungssystem einzubeziehen und seine Kuppe mit einem mächtigen Bollwerk zu krönen.

Die militärische Zitadelle wurde in 21jähriger Bauzeit 1564–1585 von den Schaffhauserinnen und Schaffhausern in hartem Frondienst erstellt. Erst 210 Jahre nach seiner Fertigstellung mußte sich Schaffhausens Wahrzeichen im Ernstfall bewähren. Der Kalkriese trotzte 1799 dem ersten und einzigen Angriff allerdings nicht. Die österreichischen Geschosse waren stärker als die Mauern, die französische Besatzung soll die Geschütze von der Zinne in den Graben gestürzt und sich selbst durch Flucht über die Brücke nach Feuerthalen gerettet haben.

Bis 1803 war dann das Schaffhauser Kantonsgebiet nur ein Verwaltungsbezirk des helvetischen Einheitsstaats. 1803 stellte die Mediationsakte Napoleons den Kanton wieder her, der nun noch bereichert wurde durch die Angliederung von Hemishofen, Ramsen und Stein am Rhein (zuvor freie Reichsstadt). 1814, nach dem Sturz Napoleons, kehrte Schaffhausen zu Zunftregierung und städtischer Vorherrschaft zurück. Erst die Regenerationsverfassung von 1831 brach die Vorrechte der städtischen Bürgerschaft.

Nachdem die Schranken und Monopole der Zunftwirtschaft gefallen waren, erwachte auch im wirtschaftlichen Bereich ein neuer

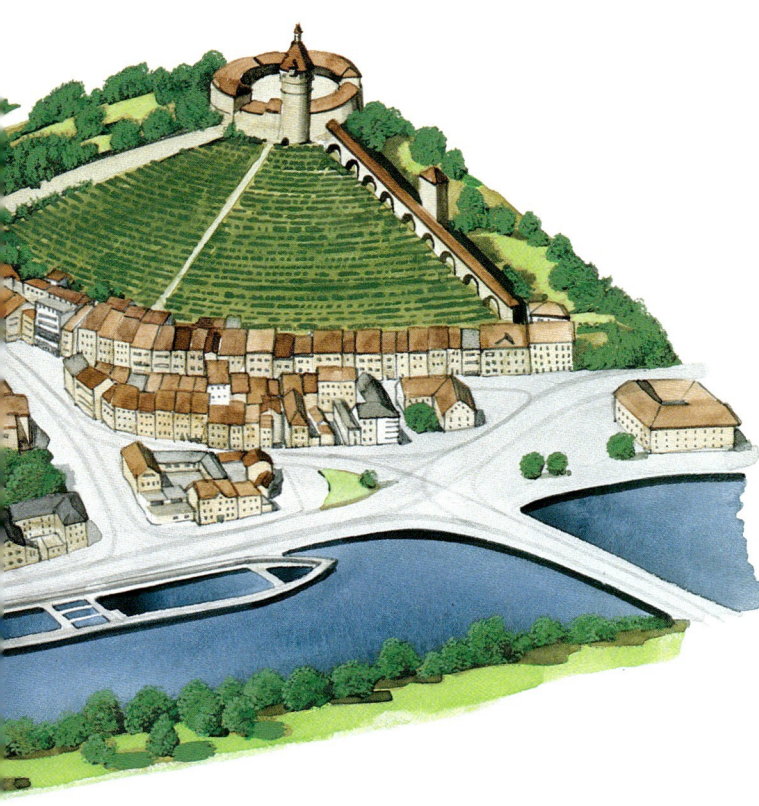

Der Rheinfall bekam aber noch eine neue Bedeutung. Im Zeitalter des aufblühenden Tourismus wurde er Schaffhausens Fremdenverkehrsattraktion Nummer eins. 1864 kam es zur Gründung der Schweizerischen Dampfbootgesellschaft Untersee und Rhein, die anstelle der Handelsgüter mehr und mehr Touristen beförderte. Aber auch die Schaffhauser selbst begannen den Erholungswert des Rheins zu entdecken und vor die wirtschaftliche Ausbeutung zu stellen.

Große soziale Not herrschte dann in Schaffhausen während der Grenzbesetzung im Ersten Weltkrieg 1914–1918. Zwischen 1930 und 1945 fanden in Schaffhausen besonders heftige politische Auseinandersetzungen statt. Zerstrittene Linksparteien standen in hartem Kampf den Frontisten (Rechtsextreme, z.T. Nazi-Sympathisanten) gegenüber. Der Ausbruch des Zweiten Weltkriegs und die Mobilmachung 1939 trafen Stadt und Kanton in seiner Grenzlage besonders. Am 1. April 1944 erlebte die Stadt den wohl schwärzesten Tag in ihrer jüngsten Geschichte: die irrtümliche Bombardierung der Stadt durch US-Flieger. An jenem sonnigen Samstagmorgen fielen annähernd 400 amerikanische Brand- und Sprengbomben auf die Stadt. 40 Tote, 428 Obdachlose, 50 total zerstörte oder schwerbeschädigte Gebäude und 40 Millionen Franken Sachschaden waren die Bilanz. Etwas mehr als ein Jahr später rechneten die Schaffhauser mit den Nazi-Anhängern ab. Am 8. Juni 1945 wurden bei Geschäften und Wohnhäusern ehemaliger Sympathisanten der 1943 vom Bundesrat verbotenen Nationalen Front die Scheiben eingeschlagen.

Die teilweise Zerstörung der Stadt Schaffhausen durch die Bombardierung, die vor allem das Fabrikquartier am Rhein traf, wurde in den Nachkriegsjahren als städtebauliche Chance genutzt. Nach der Katastrophe wurden Fabrikbauten umgesiedelt. Konsequent verfolgten die Behörden das Ziel, das Rheinufer wieder zugänglich zu machen. 1962 stimmte das Volk einem Projekt zu, das ihm wieder freien Zutritt zum Rhein verschaffte.

Geist. Lebte man in Schaffhausen bis dahin fast ausschließlich von Landwirtschaft und Kleingewerbe, so entstand nun allmählich eine Industrie. Der Umschwung erfolgte in den fünfziger Jahren des letzten Jahrhunderts. Den entscheidenden Beitrag zur wirtschaftlichen Belebung Schaffhausens leistete der schwerreiche Uhrenfabrikant Heinrich Moser. Als Rückwanderer investierte er einen Teil seines Vermögens, das er sich in Rußland als Uhrenhändler erworben hatte, in den Bau des damals größten schweizerischen Wasserkraftwerks – den Moserdamm. Dank dieser 1866 eingeweihten Dammanlage wurde der Rhein auf eine neue Weise zur Lebensader der Stadt Schaffhausen. Moser erwarb am Flußufer Grundstücke und stellte sie den Wasserkraftbezügern zur Ansiedlung von Industriebetrieben zur Verfügung. Durch Drahtseiltransmissionen wurde die Kraft der Turbinen auf die Maschinen der gewerblichen Betriebe übertragen. Durch das Entstehen des Fabrikquartiers wurde jedoch die Altstadt vom Rhein abgetrennt. Im Mühletal am Nordrand der Stadt entwickelte sich zudem seit 1860 aus der 1802 von Johann Conrad Fischer gegründeten Gießerei ein zweites Industriezentrum. Ein dritter Industriestandort entstand in Neuhausen am Rheinfall, dessen stiebende Wasser die Energie lieferten.

Das Gipsmuseum in Schleitheim

Das Gipsmuseum im Dorfteil Oberwiesen in Schleitheim gibt einen Überblick über das einst blühende Gewerbe im Randen-Gebiet. Die Sammlung am Eingang eines alten Stollens veranschaulicht, wie die Gipsbrecher lebten und für kargen Lohn im matten Schein von Rapsöl-Lämpchen in den Stollen arbeiteten. Gesprengt wurde mit Raketenbüchsen aus Stein. Mit Schwarzpulver gefüllte Strohhalme dienten als Zündschnüre. Im zweiten Ausstellungsraum des Museums wird gezeigt, wie der Gips in einer Mühle mit Stampfe und Mahlstuhl verarbeitet wurde. Vom Museum führt ein Stollen ins Berginnere, allerdings nur 10 m weit. Das nach dem Zweiten Weltkrieg stillgelegte 2 km lange Stollensystem ist heute nicht mehr begehbar, weil die Gänge teilweise zugeschüttet sind. Der Gipsabbau begann in Schleitheim Ende des 18. Jh., als Gips hauptsächlich als Düngemittel für die damals in der Schweiz noch fast unbekannte Kartoffel verwendet wurde. In der Hochblüte des Gipsergewerbes waren mehr als 400 Gipsbrecher und Fuhrwerksleute in den Stollen beschäftigt.

**Gipsmuseum Schleitheim, Oberwiesen
April bis Oktober jeden ersten So im Monat,
14–16 Uhr
053/95 18 05**

Hallen für neue Kunst

In den alten Fabrikhallen einer ehemaligen Kammgarnspinnerei an der Baumgartenstraße, in unmittelbarer Nachbarschaft des Museums zu Allerheiligen, ist seit 1984 eines der bedeutendsten Museen für zeitgenössische Kunst untergebracht – die Hallen für neue Kunst. Hier können Kenner und Liebhaber Kunst im Raum, aber auch Raum als Kunst erleben. Im Museum für internationale Gegenwartskunst sind Werke von Carl Andre, Joseph Beuys, Donald Judd, Sol LeWitt, Richard Long, Mario Merz, Bruce Naumann, Robert Ryman und Lawrence Weiner zu sehen. Die Exponate sind zum Teil Leihgaben der Künstler, zum großen Teil stammen sie aber aus der Schweizer Privatsammlung der 1974 gegründeten Crex Art AG. Getragen wird das jüngste Schaffhauser Museum von der Stiftung für neue Kunst, in der Stadt, Kanton, Museums- und Kunstverein Schaffhausen sowie die Crex Art vertreten sind. Das Areal gehört der Stadt Schaffhausen.

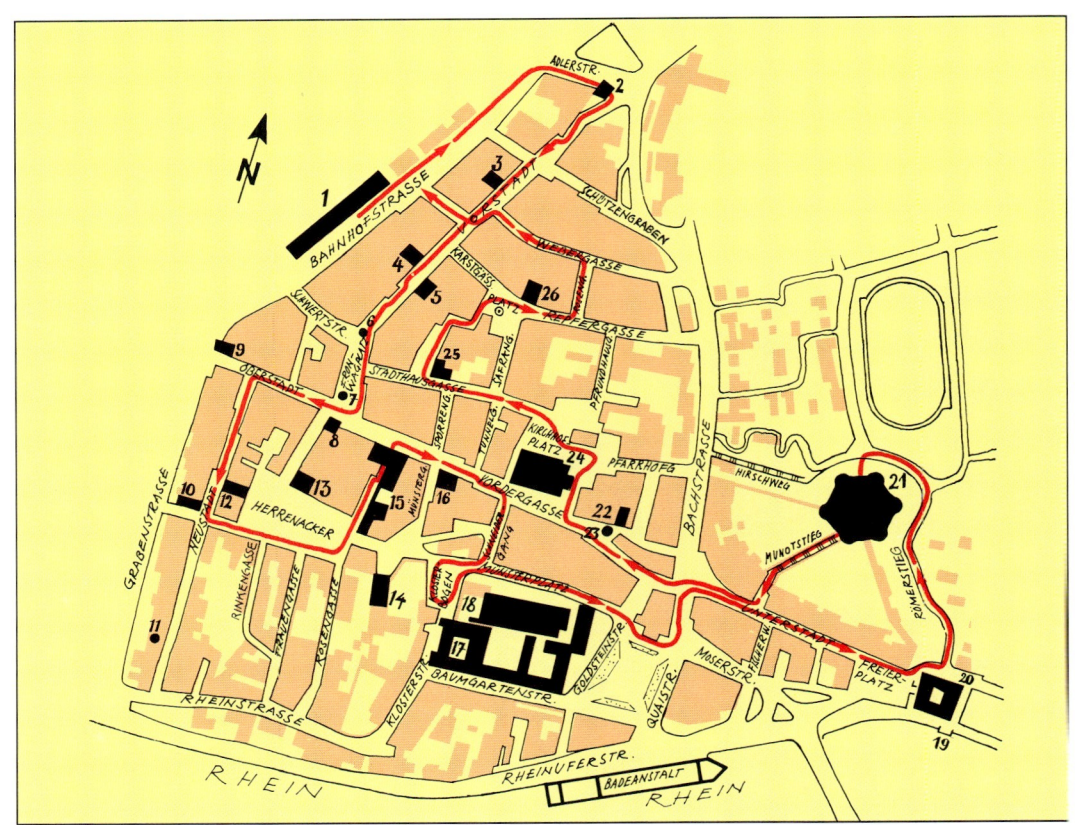

1 Bahnhof
2 Schwabentorturm
3 Großer Käfig
4 Haus zum Goldenen Ochsen
5 Amtshaus des Bistums Konstanz
6 Mohrenbrunnen
7 Metzgerbrunnen
8 Fronwagturm
9 Obertorturm
10 Haberhaus
11 Diebsturm
12 Ehem. städtisches Korn- oder Kaufhaus
13 Stadttheater
14 Regierungsgebäude, ehem. Zeughaus
15 Rathaus mit Rathauslaube und Staatsarchiv
16 Haus zum Ritter
17 Museum zu Allerheiligen
18 Münsterkirche mit Kreuzgang
19 Schifflände
20 Güterhof
21 Munot
22 Häuser Wasserquelle und Zieglerburg
23 Tellen- oder Schuhmacherbrunnen
24 Ref. Pfarrkirche St. Johann
25 Stadthaus
26 Haus Drei Könige

Stadtrundgang Schaffhausen

Vom 1868 eingeweihten Doppelbahnhof (1) der SBB und DB sind es nur wenige Schritte zum Schwabentorturm (2), der am nördlichen Eingang zur Vorstadt als Teil des im 14. Jh. erweiterten Mauerrings errichtet wurde. Der Spruch «Lappi tue d'Augen uf» am Schlußstein des äußeren Bogens des Schwabentors ist einerseits ein Fingerzeig für die Besucher, nicht achtlos an den verborgenen Schönheiten der Stadt vorbeizugehen. Andererseits soll er die Schaffhauser daran erinnern, in die Weite zu sehen.
Durch die rundbogige Durchfahrt des Schwabentorturms gelangt man in die Vorstadt, die erkerreiche Altstadtgasse mit freskengeschmückten Bürgerhäusern. Das Haus zum Großen Käfig (3) wurde 1586 neu errichtet. Auf dem 1609 gefertigten Erker des Hauses zum Goldenen Ochsen (4) sind in Gestalt von fünf Jungfrauen die fünf menschlichen Sinne dargestellt. Auf der gegenüberliegenden Straßenseite, in der Nr. 14, befindet sich der ehemalige Sitz des Konstanzisch-Bischöflichen Amtsmannes (5).
Die Vorstadtgasse hinunter gelangt man zum Fronwagplatz. Der im 12. Jh. angelegte Flanier- und Einkaufsplatz ist den Fußgängern vorbehalten. Schaffhausen rühmt sich, 1972 als erste Schweizer Stadt im Zentrum einen verkehrsfreien Fußgängerbereich angelegt zu haben. An der Nordseite des Platzes plätschert der Mohrenbrunnen (6). Der zehneckige Brunnen mit dem Standbild des Mohrenkönigs Kaspar, in Schaffhausen «Mohrejoggeli» genannt, stammt aus der ersten Hälfte des 16. Jh. und wurde 1838 von der Vordergasse hierher versetzt. Sein Pendant an der Südseite des Platzes ist der Metzgerbrunnen (7). Auf deren 1524 angefertigten Renaissancesäule steht die Figur eines Schaffhauser Landsknechts. Hinter dem Metzgerbrunnen reckt sich der Fronwagturm (8) empor. Benannt ist das im Mittelalter erstellte turmartige Haus nach der ehemaligen Marktwaage im Erdgeschoß.

Der Turm von Allerheiligen überragt die alte Rheinstadt

Mohrenbrunnen am Fronwagplatz

Durch die Oberstadt gelangt man hinauf zum Obertorturm (9). Von diesem mittelalterlichen Wohnturm führt die Neustadt hinunter zum Haberhaus (10). Der frühere Getreidespeicher wurde 1592/93 erbaut. Ganz in der Nähe, auf der gleichen Straßenseite, befindet sich der Diebsturm (11), Teil der alten Stadtbefestigung. Dem Haberhaus gegenüber steht das ehemalige städtische Korn- oder Kaufhaus (12). Das 1678/79 erbaute Magazingebäude beherrscht den Herrenacker. Auf diesem größten Altstadtplatz wurden im Mittelalter Turniere veranstaltet und religiöse Spiele aufgeführt. Heute werden am Herrenacker im 1954–1956 errichteten Stadttheater (13) aber auch moderne Klassiker gespielt.

Das 1617 an der Beckenstube errichtete alte Zeughaus, heute kantonales Regierungsgebäude (14), ist eines der imposantesten Denkmäler deutscher Renaissancearchitektur in der Schweiz.
Vorbei am 1408–1412 erbauten Rathaus (15) erreicht man durch den Rathausbogen die Vordergasse, die frühere Hauptstraße der Rheinstadt, mit ihren prachtvollen Zunfthäusern. Das Haus zum Ritter (16) weist die bedeutendsten Fassadenmalereien der deutschen Spätrenaissance auf. Durch den Schneidergang kommt man anschließend zur Benediktinerabtei Allerheiligen (17) mit der 1103 geweihten Münsterkirche (18), einer dreischiffigen romanischen Säulenbasilika. In den Gebäuden des 1529 aufgehobenen Konvents ist heute eines der größten kulturgeschichtlichen Museen der Schweiz untergebracht. Im Klosterhof ist ein Gewürz- und Heilkräutergarten angelegt. Hier befindet sich auch jene 1484 gegossene Glocke, deren Inschrift Friedrich Schiller zu seinem «Lied von der Glocke» inspiriert haben soll.
Über den Münsterplatz und durch die Unterstadt gelangt man zur Schiffländе (19) und dem 1787 erbauten Güterhof (20). Eine von drei steilen Treppen führt zum Festungsriesen Munot (21) empor. Eine Brücke über den Munotgraben mit den äsenden Hirschen führt in das Wahrzeichen der Stadt hinein. Eine Reitschnecke windet sich im Turm zur Zinne empor.
Auf der kreisrunden Plattform von über 50 m Durchmesser führt der 1839 gegründete Munot-Verein im Sommer die legendären Munotbälle durch. Der Abstieg in die Unterstadt erfolgt über den Munotstieg durch den städtischen Rebberg. Über die Vordergasse kommt man am Herrensitz Wasserquelle und Zieglerburg (22) und dem Tellen- oder Schuhmacherbrunnen (23) vorbei zur bis ins Jahr 1000 zurückreichenden Pfarrkirche St. Johann (24). Vom Kirchhofplatz führt die Stadthausgasse hinunter zum 1730 erstellten Stadthaus (25). Am Haus Drei Könige (26) vorbei erreicht man durch die Webergasse und das Löwengäßchen wieder den Bahnhof.

Ruth Blum (1913–1975)

Die 1913 in Wilchingen geborene Ruth Blum trat nach der Realschule ins Schaffhauser Lehrerseminar ein. Der Deutschlehrer weckte ihn ihr die Hoffnung, Dichterin zu werden. Innere und äußere Nöte zwangen sie jedoch, die Schule zu verlassen. Anschließend fristete Ruth Blum in Zürich unter anderem als Tellerabwäscherin ein karges Leben. Sie gab aber nicht auf, verschlang reihenweise Bücher und studierte in Nachtstunden unermüdlich Literaturgeschichte. Mit ihrer Mutter zog sie schließlich in ihr Heimatdorf in den Klettgau zurück. Dort vollendete sie ihr erstes Buch «Blauer Himmel – grüne Erde», das ein Großerfolg wurde. Mit 36 Jahren kehrte sie auf die Schulbank des Seminars zurück. Zwei Jahre später erhielt sie eine Anstellung als Lehrerin in der Stadt Schaffhausen. Nebenbei schrieb sie aber weiterhin Feuilletons und Radiosendungen. Nach ihrer vorzeitigen Pensionierung begann sie wieder vermehrt zu schreiben. In ihrem Hauptwerk, dem autobiographischen Roman «Die grauen Steine», entwarf Ruth Blum ein fesselndes Zeitbild der bewegten Jahre zwischen 1933 und 1950. Am 2. August 1975 starb die Dichterin.

Die Schaffhauser Lokalhymne

Seit Jahr und Tag läutet der Hochwächter jeden Abend punkt 9 Uhr von Hand während 5 Minuten das berühmte Munotglöcklein. Der Sage nach wurde das Betzeitglöcklein von einer alten Witwe gestiftet, deren Mann bei der Rückkehr als Pilger aus dem Heiligen Land von einem Gewitter überrascht wurde und im Rhein ertrank. Das dem Munotglöcklein gewidmete wehmütige Lied gilt weiterum als die Schaffhauser Lokalhymne. Das Lied umfaßt vier Strophen; der Text stammt von Ferdinand Buomberger (1874–1946).

Auf des Munots altem Turme
schau hinaus ich in die Nacht,
über Dächer, über Giebel,
einsam halte ich die Wacht.
Leise rauscht des Rheines Welle,
leiser rauscht des Kohlfirsts Wald,
doch im Herzen pocht und hämmert
meiner Liebe Allgewalt.

Klinge Munotglöckelein,
klinge bimbam, bimbam bum,
grüße mir die Liebste fein,
klinge bimbam bum.

Der nördlichste Kanton in Zahlen

Schaffhausen ist mit 298 km² flächenmäßig der zwanzigste Stand der Schweiz. Dieser nördlichste Kanton des Landes ist in sechs Bezirke aufgeteilt und besteht aus 34 Gemeinden. An Grenzsteinen mangelt es in dieser Gegend nicht. Die grüne Region am Rhein gliedert sich in drei Teile: das Hauptgebiet zwischen Randen und Rhein mit den Bezirken Klettgau und Reiat sowie die beiden Außenposten oder Exklaven Rüdlingen-Buchberg und Stein am Rhein samt Hinterland. Bis auf den knapp 1 km² großen Brückenkopf des Steiner Vororts Burg liegt das ganze Kantonsgebiet nördlich des Rheins. Umgeben von Rhein und Reiat liegt Büsingen als badisch-deutsche Enklave im Schweizer Gebiet. Die Stadt Schaffhausen ist der wirtschaftliche und kulturelle Mittelpunkt des Kantons. Insgesamt zählt der Kanton Schaffhausen 70 600 Einwohner. Von den 30 950 berufstätigen Schaffhausern finden fast 53% ihr Einkommen in Industrie und Gewerbe. 41% arbeiten im Dienstleistungssektor. Nur noch etwas mehr als 6,2% sind in der Land- und Forstwirtschaft tätig.

Ramsen

Im Hinterland von Stein am Rhein, in der Talsohle des Bibertals am Eingang zum Hegau, hart an der deutschen Grenze, liegt das Dorf Ramsen (1130 Einwohner) mit seinen rundum zerstreuten Weilern. 1770 verkaufte Kaiserin Maria Theresia aus ihrem österreichischen Erblanden das erstmals 846 erwähnte Dorf nach langem Feilschen für 150 000 Gulden der Stadt Zürich. Größere Wirbel verursachte Ramsen, als Ende des 18. Jh. Franzosen, Österreicher und Russen einander als Besatzer ablösten. Die kurios anmutenden Weilerbezeichnungen wie «Moskau» und «Petersburg» erinnern heute noch an die Zeit, als russische Truppen in der Gegend kampierten. In der Mediationszeit fiel die Gemeinde nacheinander an die Kantone Thurgau und Zürich, bis sie schließlich 1802 dem Kanton Schaffhausen angegliedert wurde. Ramsen ist bis heute die einzige konfessionell gemischte Gemeinde des Kantons; die Trennung in eine katholische und reformierte Pfarrei datiert aus der Zeit der Reformation. Sehenswert im Dorfkern sind das älteste Gasthaus, die 1637 erbaute «Krone», die 1796–1804 neuerbaute katholische Pfarrkirche St. Peter und Paul sowie der für den Schaffhauser Stadtrichter Hans Konrad Peyer (1594–1642) errichtete Junkernhof – auch «Schloß» genannt – im Weiler Wiesholz.

Thayngen

liegt im Schnittpunkt zwischen Rhein, Hegau und Randen, harmonisch eingebettet im Tal der Biber. Bereits in der älteren Steinzeit ließen sich Rentierjäger im Kesslerloch nieder. Funde wie Speerschleudern und Schäfte von Lochstäben mit Rentier- und Wildpferdgravierungen belegen dies. Weltberühmt ist unter anderem das in Rengeweih gravierte «Weidende Rentier». Erstmals urkundlich erwähnt wird Thayngen 995 in einer päpstlichen Bulle. 1501 kam Thayngen mit der Stadt Schaffhausen zur Eidgenossenschaft. Im 18. Jh. brachte besonders das Gerbereigewerbe Wohlstand ins Dorf. Mit der Eröffnung der badischen Bahn Schaffhausen–Singen 1863 fand auch die Industrie den Weg ins Bauerndorf, wo man aber auch heute noch Wein- und Ackerbau pflegt. Die einsetzende gewerbliche und industrielle Entwicklung führte zu einer Zunahme der Bevölkerung. Mit 3800 Einwohnern ist Thayngen heute die drittgrößte Gemeinde des Kantons Schaffhausen und zugleich Hauptort des Bezirks Reiat, des östlichen Kantonsteils. Bekannt wurde Thayngen aber durch die 1907 gegründete Knorr Nährmittel AG. Kunstgeschichtlich bedeutsam sind im Dorfkern die in den Jahren 1500–1504 erbaute reformierte Pfarrkirche mit dem spätgotischen Kreuzgewölbe, das Goethe-Zimmer mit reichbemaltem Rokoko-Täfer im ehemaligen Gasthaus «Adler» und zahlreiche Fachwerkbauten.

Neuhausen am Rheinfall

Das erstmals 1111 erwähnte Neuhausen wird von der Stadt Schaffhausen, dem Rhein und den beiden Höhenzügen Neuhauserwald und Engewald umschlossen. 1524 wurde Neuhausen durch die Stadt Schaffhausen in den städtischen Herrschaftsbereich eingegliedert. Im Verlauf der letzten Jahrzehnte hat sich das einst bescheidene Bauern- und Fischerdorf zu einem bedeutenden Industrieort mit 10 700 Einwohnern entwickelt. Dabei nimmt die metallverarbeitende Industrie eine dominierende Stellung ein. Aber auch in der Textil-, der chemischen und papierverarbeitenden Industrie finden viele ihren Verdienst. Berühmter noch als durch seine Industrieerzeugnisse ist Neuhausen jedoch dank dem Rheinfall, dem größten Wasserfall Europas. Zwei Millionen Besucher bewundern jedes Jahr das großartige Naturschauspiel. Auf einer Breite von 140 m und über eine Höhe von 21 m stürzen bei mittlerer Wasserführung des Rheins 700 m³ Wasser pro Sekunde über die Felsen in die Tiefe. Zu den weiteren Sehenswürdigkeiten Neuhausens zählen die 1720 erbaute barocke Saalkirche

Neunkirch, ein streng regelmäßig angelegtes Städtchen

Der Rheinfall mit Schloß Laufen

Wilchingen ist ein eng zusammengebautes, wohlhabendes Winzerdorf. Der Bann der drittgrößten Weinbaugemeinde der Ostschweiz zieht sich quer durch die breite Klettgau-Ebene bis zu den Rebbergen, welche die Wasserscheide zum Schwarzwald bilden, und südwärts bis ins Wangental, über dem in stiller Waldeinsamkeit die Ruinen der Burg Radegg aufragen. Als architektonische Eigenart im Wilchinger Ortsbild fallen die von der Hauptstraße in die Seitengassen führenden tonnengewölbten Durchfahrten auf. Über den Giebeln der zahlreichen Riegelbauten auf dem Rebhügel, wo einst die alte Othmarskapelle im ummauerten Friedhof eine starke Wehranlage bildete, entstand 1676 die erste nachreformatorische Predigerkirche der Schweiz. Die Bergkirche St. Othmar mit dem achteckigen Grundriß und dem trutzigen Turm ist ein bemerkenswertes Bauwerk und ein weithin sichtbares Wahrzeichen des unteren Klettgaus.

sowie das wahrscheinlich im 12. Jh. auf einer kleinen Felseninsel unterhalb des Rheinfalls erbaute Schlößchen Wörth.

Beringen

mit seinen 1450 Einwohnern ist das erste Dorf im Klettgau. Noch im letzten Jahrhundert war das erstmals 965 erwähnte Beringen ein Bauern- und Winzerdorf. Heute gibt es noch ein gutes Dutzend Bauernbetriebe. Die ehemaligen weiten Rebberge östlich des Dorfes sind verschwunden. Beringen entwickelte sich vom Bauerndorf zum Industrieort mit großen und mittleren Industrie- und Gewerbebetrieben südlich der Bahnlinie der Deutschen Bundesbahn. Sehenswert sind insbesondere die erstmals 1231 belegte reformierte Pfarrkirche, das sogenannte Schloß mit dem im 11.–12. Jh. errichteten Stammsitz der Hünen von Beringen, das neue Heimatmuseum sowie die stillgelegte Mühle im Lieblosental.

Neunkirch

Spätestens Ende des 13. Jh. ist das 850 erstmals in einer Urkunde erwähnte Neunkirch zur Stadt erhoben worden. Während der Reformation wurde das in seiner Struktur einzigartige Landstädtchen (1470 Einwohner) 1525 an die Stadt Schaffhausen verkauft. Der Bezirkshauptort des Oberklettgaus hat seinen mittelalterlichen Charakter bis heute bewahrt. Von der Stadtbefestigung stehen heute noch der 1419 erbaute Obertorturm und Teile der alten Stadtmauer. Der Stadtgraben wurde bis 1841 zugeschüttet. Vier Parallelgassen prägen das rechteckige Ortsbild. Neunkirch verfügt über viele sehenswerte Baudenkmäler. Erwähnenswert sind das 1762/63 errichtete Rietmannsche Doppelhaus, das in der 2. Hälfte des 16. Jh. erbaute spätgotische Gemeindehaus mit Treppengiebeln und die auf dem Hügel südlich des Städtchens gelegene gotische Bergkirche mit der ältesten Glocke des Kantons (1299). Im ehemaligen Landvogteischloß Oberhof ist heute ein Heimatmuseum untergebracht.

Hallau

ist das bedeutendste Weinbaudorf der Ostschweiz und gehört zum Klettgau, einer auch nach Deutschland hinübergreifenden Landschaft zwischen Südschwarzwald und Randen. Bekannt ist der Bezirkshauptort (1900 Einwohner) des Unterklettgaus insbesondere für seinen süffigen Landwein, den Hallauer. An den ersten beiden Oktobersonntagen werden jeweils große Winzerumzüge durchgeführt. Fahrten mit Pferdefuhrwerken in die Reben auf dem Hallauer Berg sowie ein Heimat- und Weinbaumuseum machen Hallau für Einheimische und Gäste attraktiv. Das weithin sichtbare Wahrzeichen des Weinbaudorfs ist die 1491 erbaute spätgotische Bergkirche St. Moritz.

Schleitheim

Das zwischen dem Höhenzug des Randens und dem Grenzfluß Wutach eingebettete Winzer- und Bauerndorf ist uralter Kulturboden. Bereits die Römer ließen sich in dieser Gegend am Nordfuß des Schleitheimer Randen nieder. Frühgeschichtliche Spuren sind im Thermenmuseum «Juliomagus» beim Weiler Salzbrunnen zu entdecken. In der Hochblüte des Gipsergewerbes zählte «Schlaate» 2465 Einwohner; das Gipsmuseum im Dorfteil Oberwiesen gibt einen Überblick über das einst blühende Gewerbe im Randengebiet. Heute leben 1650 Personen in der flächenmäßig zweitgrößten Schaffhauser Gemeinde. Zu den Sehenswürdigkeiten zählen der Dorfkern mit dem Dorfbach, die 1748 erbaute Brauerei an der Bachbrücke sowie gepflegte Bauernhäuser. In Oberwiesen steht zudem ein Gedenkstein: 5125 Flüchtlinge aus 27 Nationen hatten dort in den letzten Tagen des Zweiten Weltkriegs 1945 die Schweizer Grenze überschritten.

Bölle-Dünne (Zwiebelkuchen)

Zutaten:
4 Zwiebeln, 40 g Butter, 100 g Speckwürfeli, 1 EL Maizena, 3 dl Rahm, 2 Eier, 300 g geriebener Teig, Salz, Pfeffer

Den geriebenen Teig auswallen, in ein ausgebuttertes und gemehltes Blech legen und mit der Gabel mehrmals einstechen. Die geschälten Zwiebeln in feine Scheiben schneiden, in Fett glasig dünsten, aus der Pfanne nehmen und anschließend den Speck goldgelb anbraten. Die Zwiebeln wieder beigeben und mit dem Maismehl bestäuben. Rahm und Eier verrühren, mit Salz und Pfeffer würzen. Alles vermischen und anschließend auf den Teigboden geben. Im auf 180 °C vorgeheizten Ofen etwa 40 Minuten backen. Der Bölle-Dünne wird heiß oder lauwarm serviert.

Der kulturelle und wirtschaftliche Mittelpunkt der Ostschweiz ist nicht nur wegen der berühmten Stiftskirche, einem Höhepunkt der Barockarchitektur in der Schweiz, eine Reise wert. Im malerischen alten Kern der Stadt haben sich viele erkergeschmückte Häuser erhalten, das Zentrum der Schweizer Textil- und Stickereiindustrie bietet ein reiches kulturelles Angebot, und schließlich ist St. Gallen auch ein hervorragend gelegener Ausgangspunkt für Ausflüge ins nahe Appenzell und an den Bodensee.

Verkehrsbüro
Bahnhofplatz 1a
9001 St. Gallen
071/22 62 62

TCS-Geschäftsstelle
Poststraße 18
9000 St. Gallen
071/20 00 80

St. Gallen

Kanton:	SG
Meter über Meer:	671
Einwohner 1900:	33 116
Einwohner 1980:	75 847
Autobahn: N 1, St. Gallen	

Stadt und Abtei St. Gallen waren während mehr als 1000 Jahren untrennbar verbunden, wenn auch dieses Verhältnis sozusagen ständig spannungsgeladen war. Der Ursprung der etwas älteren Abtei reicht ins Jahr 612 zurück. Damals blieb Gallus, einer der zwölf Reisegefährten des irischen Missionars Kolumban, in Bregenz zurück, als dieser nach Italien weiterreiste. Gallus zog als Einsiedler ins Tal der Steinach, baute hier eine Zelle und ein kleines Bethaus und starb um 640. Anstelle der bescheidenen Einsiedelei errichtete im 8. Jh. der einheimische Priester Otmar ein Kloster, gab ihm 747 die Regel des hl. Benedikt und war bis 759 sein erster Abt. Mit reichen Schenkungen bedacht und vom Kaiser geschützt, erlebte St. Gallen eine frühe Blüte und wurde 837–867 stark erweitert; von den damaligen Bauten hat sich die Otmarkrypta erhalten. Im 9. und 10. Jh. war die Abtei ein abendländisches Zentrum wissenschaftlichen und kulturellen Lebens: Schule und Schreibstube genossen einen hervorragenden Ruf, und um das Jahr 850 zählte seine Bibliothek 400 Kodizes – eine für die damalige Zeit, als selbst Kaiser und Könige nicht lesen konnten und kaum Bücher existierten, unglaubliche Zahl. Wirtschaftliches Fundament des Klosters war sein Grundbesitz, der sich um den Bodensee, im Zürcher Oberland, im Toggenburg und im Fürstenland zwischen Wil und Rorschach konzentrierte, weit verstreut aber bis ins Bernbiet und an die Donau reichte.
Um das Kloster entwickelte sich schon früh eine Siedlung; 953 wurde sie unter Abt Anno mit einer großen Ringmauer gesichert:

Verwüstungen, wie sie 30 Jahre früher die Ungarn angerichtet hatten, sollten verhindert werden. Der Boden innerhalb der Siedlung – sie lag zwischen dem Kloster und dem Marktplatz und hatte wahrscheinlich schon damals den Umfang der heutigen Altstadt – gehörte nach wie vor der Abtei. Ihre Bewohner hatten die Güter nur zu Lehen und mußten dafür Zins bezahlen. 1170 wird St. Gallen erstmals als Stadt mit Marktrecht urkundlich erwähnt. Seine Bürger nutzten die Schwäche der Abtei vom 12. bis ins 14. Jh., um ihre Rechte weiter auszudehnen: 1312 ist erstmals ein Rat und 1354 das Amt des Bürgermeisters bezeugt, die Herrschaft der Abtei in der Stadt war gebrochen.

Die Stadt erstarkte vor allem dank der Leinwandherstellung, die sich in der zweiten Hälfte des 13. Jh. mit der Erschließung der ersten Exportgebiete in Norditalien zum beherrschenden Wirtschaftszweig entwickelte. Aus Flachs hergestellte Leinwand mit dem Gütesiegel von St. Gallen war bald in ganz Europa begehrt. Die Kaufleute ließen die 100 m langen und 1 m breiten Bahnen aus gewobener Rohleinwand auf den Feldern rings um die Stadt an der Sonne bleichen, färbten sie ein und brachten das in Ballen gepreßte Tuch schon um die Mitte des 14. Jh. bis nach Ungarn, Polen, Frankfurt, Avignon und Spanien. Ende des 15. Jh. hatte St. Gallen die Leinwandherstellung in Europa stark monopolisiert und gehörte zu den reichsten Städten am Oberrhein: Rund 1 Mio. Meter Leinwand wurden aus dem damaligen und heutigen Zentrum der Schweizer Textilindustrie exportiert.

Die Auseinandersetzungen zwischen dem durch Produktion und Handel selbstbewußt gewordenen Bürgertum und der von agrarischen Strukturen abhängigen Abtei setzten sich fort. Die Stadt wollte ein eigenes Herrschaftsgebiet schaffen und geriet deshalb mit der Fürstabtei in ständigen Konflikt: Sie war ringsum von äbtischem Land umgeben, der Abt jedoch konnte seine Besitzungen nur über Stadtboden erreichen. Nach der Niederlage des

Stiftsbibliothek
Klosterhof 6d
Dezember bis März Di–Sa 9–12 und 14–16 Uhr
April Mo–Sa 9–12 und 14–17 Uhr
Mai, September und Oktober Mo–Sa 9–12 und 14–17 Uhr, So 10.30–12 Uhr
Juni bis August Mo–Sa 9–12 und 14–17 Uhr, So 10.30–12 und 14–16 Uhr
November geschlossen
071/22 57 19

Historisches Museum
Museumsstraße 50
Di–Sa 10–12 und 14–17 Uhr, So 10–17 Uhr
071/24 78 32

Sammlung für Völkerkunde
Museumsstraße 50
wie Historisches Museum

Naturmuseum
Museumsstraße 32
Di–Sa 10–12 und 14–17 Uhr, So 10–17 Uhr
071/25 22 44

Kunstmuseum
Museumsstraße 32
Di–Sa 10–12 und 14–17 Uhr, So 10–17 Uhr
071/25 22 44

Museum im Kirchhoferhaus
Museumsstraße 27
Di–Sa 10–12 und 14–17 Uhr, So 10–17 Uhr
071/24 75 21

Botanischer Garten und Tierpark
Auskunft Verkehrsverein
071/22 62 62

Hallenbad Blumenwies
Martinsbruggstraße 25
071/35 12 60

Hallenbad Volksbad
Volksbadstraße 6
071/24 77 57

Freibäder auf Dreilinden
Dreiweiher St. Gallen-St. Georgen
071/22 78 80

Freibad Lerchenfeld
Zürcherstraße 152
071/27 16 36

Freibad Romonten
Waldgutstraße 9
071/24 24 84

Kunsteisbahn Lerchenfeld
Zürcherstraße 152
071/27 16 36

Freizeitzentrum Säntis Park, St. Gallen Abtwil
071/31 28 31

Open-Air an der Sitter im Frühjahr
Kinderfest alle drei Jahre Ende Juni
OLMA im Oktober

Stadtplan: Seite 484/485

Hauchfeine Wunderwerke

Hauchdünn handgearbeitete Spitzen für Handgelenk- oder Halsrüschen, Stickereien an Taschentüchern und Hauben, reich bestickte Herrenwesten – Hunderte von Spitzen und Stickereien vom 16. bis zum 20. Jh. sind im St. Galler Textilmuseum ausgestellt. In einem 1886 an der Vadianstraße errichteten Gebäude wird in geheimnisvollem Dämmerlicht – alte Spitzen sind sehr lichtempfindlich – in vier Sälen das kostbare Ausstellungsgut gezeigt. Zu bewundern sind Wunderwerke der Stickkunst in den verschiedensten Techniken und Motiven – nicht nur aus St. Gallen, sondern zum Beispiel auch aus der Seidenmanufaktur Lyon. Eine ganz von Hand gearbeitete rosafarbene Spitzenrobe der Frau Napoleons III., der Kaiserin Eugénie (1826–1920), fällt besonders auf. Vom hohen Stand der Ostschweizer Handstickerei zeugen aber auch eine prachtvolle Tischdecke mit dem Wappen des englischen Königshauses sowie die feinen Stickmustertücher aus der Zeit um 1900.

Textilmuseum
Vadianstraße 2
Oktober bis März, Mo–Fr 10–12 und 14–17 Uhr
April bis Oktober, Mo–Sa 10–12 und 14–17 Uhr
071/22 17 44

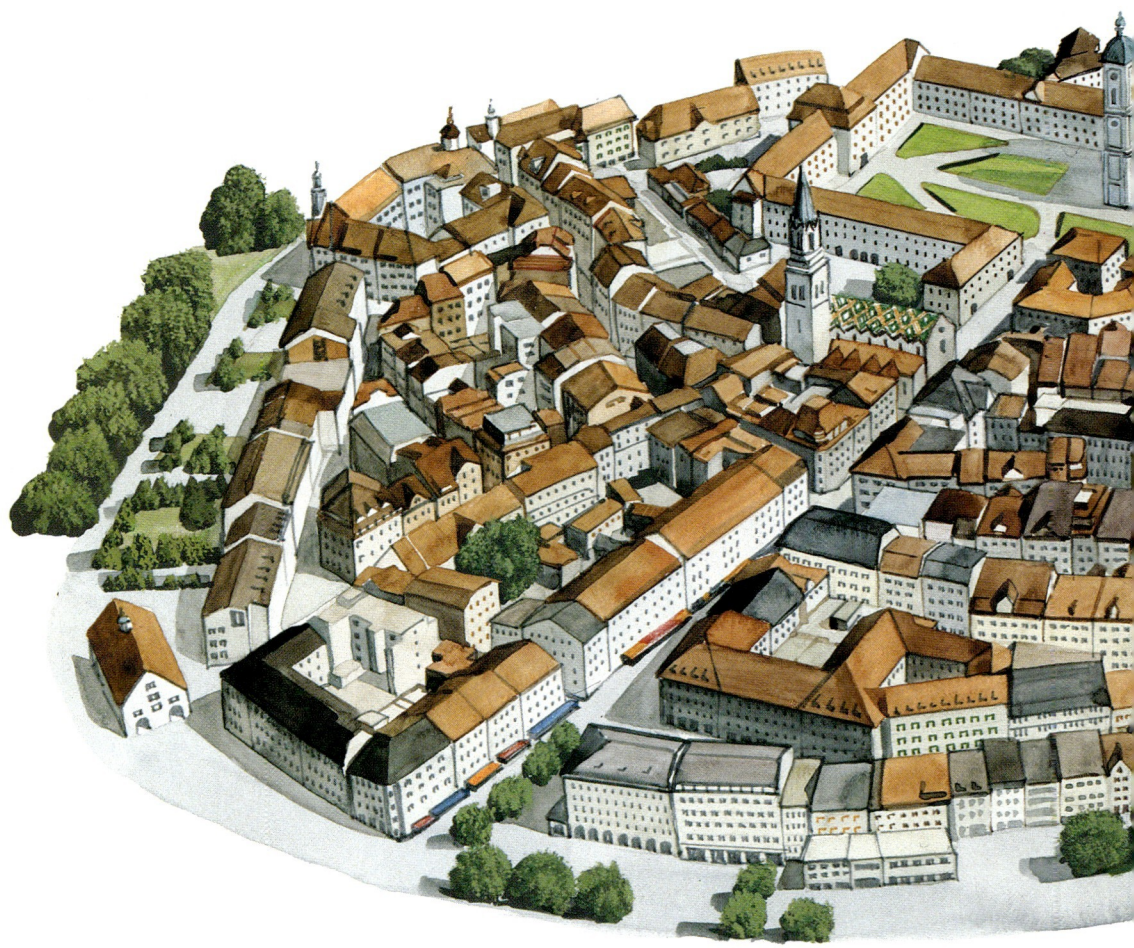

äbtischen Heeres 1403 bei Vögelinsegg gegen die aufrührerischen Appenzeller schlug sich die Stadt auf die Seite der Sieger, und nach dem Sieg der Appenzeller am Stoss 1405 gegen die mit dem Abt verbündeten Österreicher hoffte die Stadt erst recht auf territorialen Gewinn. Daraus wurde nichts: Der von Österreich kaum unterstützte Abt suchte neue Verbündete, schloß sich 1451 den Ständen Zürich, Luzern, Glarus und Schwyz als zugewandter Ort an und verfügte damit über mächtige Bundesgenossen. Die Stadt stand nicht zurück: Nur drei Jahre später wurde sie ebenfalls zugewandter Ort der mit dem Abt verbündeten Stände und außerdem Verbündete von Bern und Zug.

Im neuen Gleichgewicht konnte St. Gallen zwar 1455 der mit finanziellen Schwierigkeiten kämpfenden Abtei das Münz- und Zollrecht abkaufen, bekam es aber gleichzeitig mit einem mächtigen Gegenspieler zu tun: Fürstabt Ulrich VIII. Rösch (s. unter Wil, S. 359) legte als sogenannter «zweiter Gründer des Klosters» den verstreuten Besitz zusammen und schuf ein straff organisiertes geistliches Fürstentum, welches er 1468 durch den Erwerb des Toggenburgs abrundete. Die Hoffnungen der freien Reichsstadt auf die Ausdehnung ihres Herrschaftsbereichs zerschlugen sich so nach dem Klosterbruch von 1489 einmal mehr: Zusammen mit den Appenzellern hatte St. Gallen die Verlegung der Abtei nach Rorschach verhindern wollen und das dort entstehende neue Kloster in Brand gesteckt. Das rief die mit dem Abt verbündeten Eidgenossen auf den Plan; die Stadt mußte schwere Kriegsentschädigungen zahlen und wurde in ihrem Expansionsdrang zurückgebunden.

Während der Reformation schöpfte St. Gallen nochmals Hoffnung. Es hatte sich unter Vadian dem neuen Glauben zugewandt, den Abt vertrieben und schon das Kloster geplündert, als der Sieg der katholischen Orte im Zweiten Kappelerkrieg 1531 das Blatt wendete und der Abt zurückkehrte. 1566 versuchten die Eidgenossen zwischen den Streit-

Am höchsten, am ältesten und am schwersten

Die St. Galler sind ein rekordsüchtiges Völklein. In der höchstgelegenen Stadt Europas mit mehr als 50 000 Einwohnern steht mit der 1741 gegründeten Bank Wegelin nicht nur das älteste private Bankhaus der Schweiz. Hier wird auch in der ältesten noch in Betrieb stehenden schweizerischen Brauerei «Schützengarten» seit 1779 Bier gebraut. Noch etwas älter als der erste Fußballklub auf dem europäischen Festland aus dem Jahre 1879 ist das älteste Berufstheater der Schweiz von 1859 – eine Ehre, die es allerdings mit dem 1902 gegründeten Marionettentheater teilen muß. In St. Gallen standen zudem das erste Hallenschwimmbad der Schweiz (1913) und das erste Röntgeninstitut der Schweiz (1879). Schließlich hält St. Gallen auch noch einen Weltrekord: Wie könnte es auch anders sein. 1987 wurde hier die mit 1293 m längste und mit 998 kg schwerste Bratwurst der Welt gebraten.

hähnen zu schlichten: Der Abt erhielt ein eigenes Tor zum Klosterbezirk, den er dafür mit einer Mauer umziehen mußte. Bis zum Untergang der Alten Eidgenossenschaft überboten sich beide Seiten aber mit kleinlichen Schikanen; endgültig entschieden wurde der Machtkampf zwischen Stadt und Abtei erst mit dem Einmarsch der Franzosen 1798. Der letzte Abt Pankraz Voster flüchtete vor der Revolutionsarmee, und der Konvent löste sich auf. 1805 beschloß dann der Große Rat des neuen Kantons St. Gallen die endgültige Aufhebung der Abtei.

Bis zur Mitte des 18. Jh. hatte sich die Stadt – abgesehen von der Spiservorstadt, die schon 1480 erwähnt wird – kaum wesentlich ausgedehnt. Einer Erweiterung standen vor allem die «Bleichen» entgegen, die erst überflüssig wurden, als um die Mitte des 18. Jh. die Stickerei aufkam. Es entstanden die Quartiere der westlichen Neustadt und kurz nach 1800 das Frongartenquartier; 1808–1879 wurden die Stadtbefestigungen geschleift und 1840 im letzten offenen Teil der westlichen Talsohle das «Neue Quartier» gebaut. Kurze Zeit später entstand schließlich noch das Simons-Quartier, das nach dem bekannten Architekten Bernhard Simon benannt ist.

1856 fuhr der erste Eisenbahnzug über eine der Sitter-Brücken in St. Gallen ein. Es erlebte Boomjahre wie kaum ein andere Schweizer Stadt: Verantwortlich dafür war die Stickerei, die seit etwa 1750 die Leinwandherstellung und Baumwollverarbeitung als domierende Wirtschaftszweige abgelöst hatte. Schon 1790 arbeiteten 35 000 Frauen in der Stadt und ihrer Umgebung im neuen Erwerbszeig, und dank der Automatisierung erlebte die Stickerei im 19. Jh. eine noch größere Blüte. Den Aufschwung ermöglichte die um 1830 erfundene Handstickmaschine, die eine vierzigmal größere Produktion erlaubte und immer mehr auch von Männern betrieben wurde. Dank technischen Verbesserungen – zu Beginn des 20. Jh. setzte man bereits lochkartengesteuerte Automaten ein – wurde die Stickerei zum allesbeherrschenden Erwerbszweig: Um 1910 standen in den beiden Appenzell, St. Gallen und Thurgau 5700 Schiffchenstickmaschinen in Fabriken und über 15 000 Maschinen bei Heimarbeitern; die Stickerei beschäftigte gegen 60 000 Personen. Die Fabrikanten bauten sich am St. Galler Hausberg, dem 798 m hohen Rosenberg, prächtige Villen; seit 1963 steht hier auch die neue Hochschule für Wirtschafts- und Sozialwissenschaften, eine konsequent nach den Prinzipien moderner Architektur errichtete «Cité universitaire». Durch die Eingemeindung von Tablat (St. Fiden, Heiligkreuz) und Straubenzell (Bruggen, Winkeln) entstand schließlich 1918 Groß-St. Gallen.

Kurze Zeit später stoppte 1921/22 der Zusammenbruch der Textilindustrie das Wachstum der Stadt schlagartig: Die damalige Zahl von 77 000 Einwohner ging stark zurück – sie ist heute noch nicht wieder erreicht –, die bauliche Entwicklung kam zum Stillstand. Erst im Verlauf der fünfziger Jahre entstanden wieder größere Überbauungen im Westen und Osten der Stadt. Maschinen- und Apparatebau haben im wirtschaftlichen und kulturellen Zentrum der Ostschweiz die Stickerei als dominierenden Erwerbszweig abgelöst. Immer noch aber sorgen 2500 in der Stickerei Beschäftigte dafür, daß St. Galler Textilerzeugnisse in aller Welt einen hervorragenden Ruf genießen.

Die Kathedrale

Mittelpunkt der barocken Klosteranlage ist die ehemalige Stiftskirche, seit 1836 Sitz des Bischofs und im gleichen Jahr zur Kathedrale erhoben. Der Bau des St. Galler Wahrzeichens wurde 1755 unter Abt Coelestin II. in Angriff genommen: Nach Plänen von Peter Thumb entstanden in zwei Jahren Rotunde und Langhaus. 1761–1764 folgte unter der Leitung von Johann Michael Beer der Rohbau des Chores, zwei Jahre später war die Doppelturmfassade mit ihren 68 m hohen Türmen vollendet. Die Kathedrale ist einer der letzten monumentalen Sakralbauten des Spätbarocks; harmonisch gliedern sich der Rotunde nach Westen und Osten in symmetrischer Anlage Schiff und Chor an. Die malerische und plastische Ausgestaltung, zwischen Rokoko und Klassizimus stehend, ist das Werk führender Meister des süddeutschen Barocks, die Gemälde stammen von Joseph Wannenmacher. In der Rotunde ist die Ankunft Gottes in Gegenwart der Seligen sichtbar, während in den Schiffskuppeln die großen Gestalten der Klostergeschichte (Gallus, Otmar, Magnus, Wiboroda) dargestellt sind. Das Doppelchorgestühl ist ein Meisterwerk von Joseph Anton Feuchtmayer und stammt aus den Jahren 1763–1768.

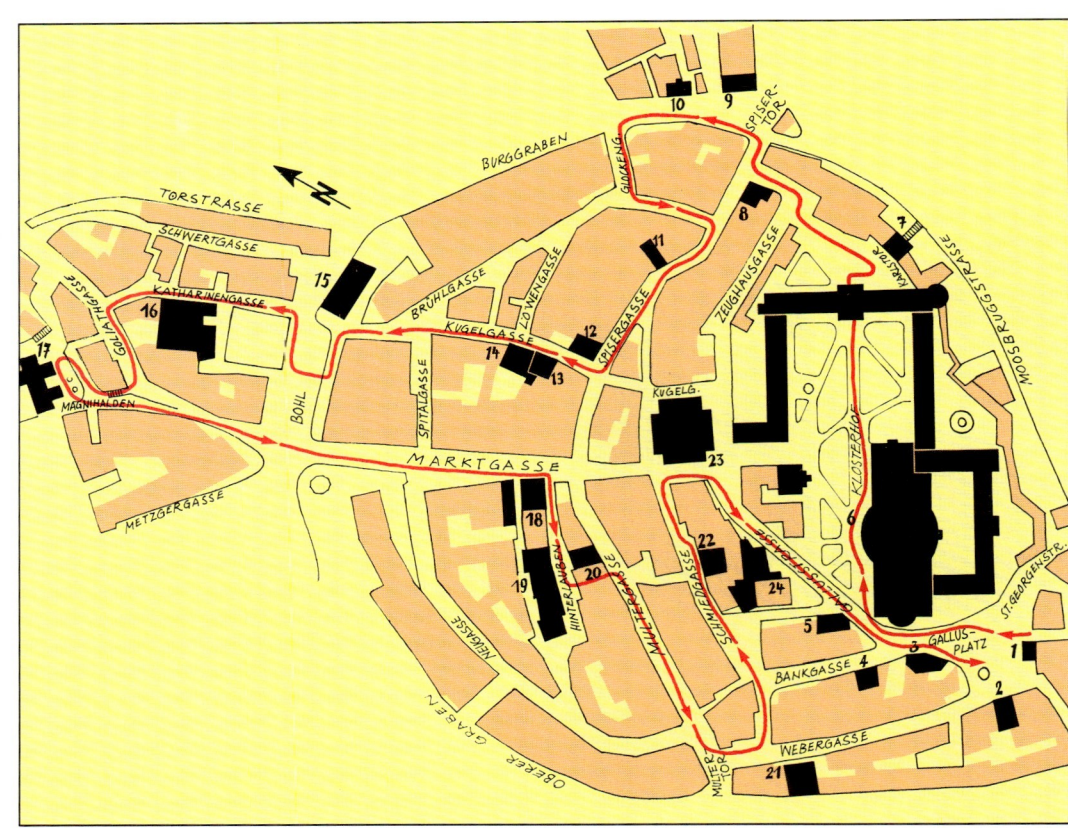

1 Haus zur Linde
2 Haus zur Wahrheit
3 Haus zum Grünen Hof
4 Haus zum Greif
5 Blaues Haus
6 Stiftsbezirk mit Kathedrale
7 Karlstor
8 Schlössli
9 Haus zur Quelle
10 Haus zur Hechel
11 Haus zum Vögeli
12 Haus zur Flasche
13 Haus zum Schwanen
14 Haus zur Kugel
15 Waaghaus am Bohl
16 ehemaliges Dominikanerinnenkloster
17 Pfarrkirche St. Mangen
18 Kleine und Große Engelburg
19 Häuser am Hinterlauben
20 Haus zum Rebstock
21 Haus zur Grünen Tür
22 Haus zum Pelikan
23 Kirche St. Laurenzen
24 Stadthaus

Stadtrundgang St. Gallen

Den Auftakt zum Stadtrundgang machen am Gallusplatz mehrere der hervorragend erhaltenen Bürgerhäuser, die den besonderen Schmuck der St. Galler Altstadt ausmachen. Das Haus zur Linde (1) ist einer der beiden letzten Ständerbauten der Stadt und wurde 1576 in Riegelbauweise aufgestockt. Auch das Haus zur Wahrheit (2) mit dem Erker aus der zweiten Hälfte des 17. Jh. besitzt noch spätmittelalterlichen Grundbestand. An der Gallusstraße stehen das 1606 erbaute Haus zum Grünen Hof (3) mit dem eindrücklichen Steinerker und das wohl berühmteste Haus St. Gallens, das spätmittelalterliche Haus zum Greif (4) mit dem halbrunden Stein- und dem besonders schön geschnitzten Barockerker von 1680. Gegenüber dem Fachwerkbau des Blauen Hauses (5) mit den zwei Erkertürmchen betritt man den weiten Stiftsbezirk (6), der im Süden von der Kathedrale mit der Stiftsbibliothek (s. Randspalte S. 349) abgeschlossen wird.
Der in der Verlängerung der Stiftskirche errichtete dreigeschossige Hofflügel, auch Alte Pfalz genannt, wurde 1674 erbaut, sein westlicher Teil dient heute als Wohnung des Bischofs. Nur 30 Jahre vor dem Untergang der Abtei entstand als Verwaltungszentrum des Klosters nach Plänen von Ferdinand Beer 1767–1769 die viergeschossige Neue Pfalz am Ende des weiten Platzes, der heutige Sitz der St. Galler Regierung. Die Gebäude am Nordrand des Platzes wurden 1833–1844 nach Plänen von Felix Wilhelm Kubly errichtet: Das langgestreckte, von Bauten der Münchner Ludwigsstraße beeinflußte Zeughaus im Stil florentinischer Frührenaissancepalazzi ist ein bemerkenswertes Zeugnis historisierender Architektur; die kleine Kinder- oder Schutzengelkapelle ist ein klassizistischer Zentralbau.
Im Südosten des Stiftsbezirks erhielten sich von der alten Stadtbefestigung ein Rundturm und das 1570 errichtete Karlstor (7); es

Noch heute beherrscht das Kloster die Stadt, zumindest optisch

Die Stadt der Erker

ermöglichte einst der Klostergemeinschaft die direkte Verbindung mit der Landschaft, ohne daß städtischer Boden betreten werden mußte. Kurz vor dem Spisertorplatz steht links das herrschaftliche Schlössli (8); der 1586–1590 errichtete Bau mit den halbrunden Ecktürmen sowie zwei Steinerkern ist heute ein Restaurant. Am Spisertor erhebt sich neben dem Jugendstilhaus zur Quelle (9) der dekorative Fachwerkbau des Hauses zur Hechel (10); hier beginnt hinter der 1851–1856 von Felix Wilhelm Kubly erbauten Kantonsschule der Stadtpark mit verschiedenen Museen und dem 1966/67 erbauten Stadttheater.

Zurück in der Spisergasse, erreicht man rechts das Haus zum Vögeli (11) mit einem schönen Steinerker. An der Einmündung der Kugelgasse steht das Haus zur Flasche (12) mit spätgotischer Gassenfront und Biedermeiererker. Schräg gegenüber erheben sich die Häuser zum Schwanen (13) und zur Kugel (14) mit ihren Prachterkern aus der Zeit von ungefähr 1590 und 1690. Den St. Galler Verkehrsknotenpunkt Bohl dominiert das 1584 erbaute Kauf- oder Waaghaus (15) mit den Treppengiebeln und der offenen Halle im Erdgeschoß; hier wurden früher die Kaufmannsgüter gewogen und Korn gelagert.

Auf der nördlichen Seite des Bohl steht das ehemalige Dominikanerinnenkloster St. Katharina (16) mit einem schönen gotischen Kreuzgang aus dem Beginn des 16. Jh. Die reformierte Pfarrkirche St. Mangen (17) geht auf die Zeit um 1100 zurück, ihr Turm stammt aus dem Jahre 1505.

Durch die Marktgasse gelangt man zum Rokokohaus der Kleinen Engelburg und zur Großen Engelburg (18), einem repräsentativen klassizistischen Bau. Am Hinterlauben (19), dem schönsten Gassenraum St. Gallens, stehen das Haus Nr. 6 von 1581 und das Haus zum Goldenen Apfel; hier befand sich einst das Geburtshaus des Stadtarztes, Bürgermeisters und St. Galler Reformators Joachim von Watt oder Vadian (1484–1551). Der heutige spätbarocke Bau mit dem prächtigen Portal stammt aus dem Jahre 1775. Gleich daneben erwarb Vadian um 1520 als Wohnsitz das Haus im Tiefen Keller mit dem mächtigen Erker. Von der benachbarten Hexenburg mit den Ecktürmen vorbei am Haus zum Rebstock (20) mit dem Holzerker erreicht man die Multergasse, eine der Haupteinkaufsgassen St. Gallens. Vor dem Oberen Graben steht links in der Webergasse das Haus zur Grünen Tür (21) von 1787 mit einer besonders dekorativen Fassade; zurück durch die Schmiedgasse und vorbei am Haus zum Pelikan (22) mit einem prachtvollen Erker erreicht man die reformierte Kirche St. Laurenzen (23), ein Konglomerat von spät- und neugotischen Stilelementen aus dem 15. und 19. Jh. An der Gallusstraße steht das Stadthaus (24); das 1589 als Handelshaus errichtete Gebäude wurde im 18. Jh. umgestaltet und mit einer fünfachsigen Renaissancefassade versehen.

Die hl. Wiborada (gest. 926)

Wiborada stammte aus einem reichen thurgauischen Adelsgeschlecht und folgte ihrem Bruder – er war als Mönch ins Kloster eingetreten – nach St. Gallen. Hier verschenkte sie Schmuck und prunkvolle Gewänder und wob fortan Hüllen für die in St. Gallen hergestellten Bücher. Nach einer Romreise beschloß Wiborada, Einsiedlerin zu werden, und zog zuerst in eine Klause bei Konstanz und schließlich 916 zur Kirche St. Mangen, wo sie vom Abt auf Lebenszeit in eine Zelle eingeschlossen wurde. Beim Ungarneinfall verließ Wiborada trotz aller Bitten der Mönche ihre Zelle nicht und wurde hier am 2. Mai 926 erschlagen. Die Gebeine der im 11. Jh. heiliggesprochenen Klausnerin wurden im 15. Jh. feierlich in der Wiborada-Kapelle neben der Kirche beigesetzt. Während der Reformation aber wurden die Reliquien entfernt, und 1780 brach man auch noch die Kapelle ab, so daß in St. Gallen heute kaum mehr etwas an die einzige kanonisierte Heilige der Schweiz erinnert.

Stiftsbibliothek

Die Stiftsbibliothek im Westtrakt des südlichen Klostergevierts entstand 1758/59 unter den Architekten Peter Thumb Vater und Sohn. Den rechteckigen Saal – einer der schönsten Barockräume der Schweiz – überspannen flache Stichbogengewölbe. Eine Holzgalerie läuft um die nach innen verlegten Strebepfeiler und teilt den Raum in zwei Geschosse; Bücherregale bedecken die Wände vom Boden bis zur Decke. Die Deckengemälde von Joseph Wannenmacher entstanden 1762/63 und stellen die wichtigsten Konzilien der frühen Kirchengeschichte dar.

Die Bibliothek besitzt mit ihren 2000 Handschriften eine der bedeutendsten Sammlungen der Welt. Unter ihnen befinden sich vor allem Raritäten aus karolingischer Zeit und besonders kostbare irische Manuskripte wie der Folchart-Psalter, der Goldene Psalter, das Evangelium Longum mit den Elfenbeindeckeln von Tuotilo und der karolingische Klosterplan von 830. Aus althochdeutscher Zeit ist eine Tatian-Handschrift zu erwähnen, aus mittelhochdeutscher Zeit die Nibelungen-Handschrift B* von ca. 1260. Dazu kommen rund 1700 frühe Drucke und weitere 130 000 Bände, die von der Gelehrsamkeit des Benediktinerordens zeugen.

Der Kanton des irischen Missionars

St. Gallen ist mit 2014 km² flächenmäßig der sechste Stand der Schweiz. Der Kanton mit dem Namen des irischen Missionars, auf dessen Einsiedelei das Kloster St. Gallen zurückgeht, hat erst 1803, fünf Jahre nach der Helvetik, das Licht der Welt erblickt. Durch Napoleons Mediationsakte wurden dabei Gebietsteile zusammengefaßt, die bis dahin in keiner oder nur loser Verbindung gestanden hatten. Das Fürstenland zwischen Rorschach und Wil unterstand – mit Ausnahme der freien Stadt St. Gallen – dem Fürstabt von St. Gallen, der 1468 auch die Grafschaft Toggenburg erworben hatte. Anderseits waren das Rheintal, die Grafschaft Werdenberg und Sargans, das Gaster und der Seebezirk von eidgenössischen Vögten verwaltet worden. Und der südlichste Zipfel des Kantons, das Taminatal, bildete die Fürstabtei Pfäfers. Heute ist der Kanton St. Gallen in 14 Verwaltungsbezirke aufgeteilt und gliedert sich in 90 Munizipal- und 128 Ortsgemeinden. Insgesamt leben heute 410 770 Menschen im Kanton St. Gallen. Von den 181 050 berufstätigen St. Gallern arbeiten mehr als 46% im Dienstleistungssektor. Genau gleich viele sind in Industrie und Gewerbe beschäftigt. Nicht einmal mehr 7% arbeiten in der Landwirtschaft.

Weesen

Das alte Städtchen beim Ausfluß des Linthkanals aus dem Walensee, am Aufgang der Straße nach Amden, war bereits in der Römerzeit besiedelt. Der erstmals 1232 erwähnte Ort entwickelte sich langsam um das 1260 gegründete und 1690 zusammen mit einer großen barocken Stiftskirche neu erbaute Dominikanerinnenkloster Maria Zuflucht. Der 1330 erstmals als habsburgische Stadt erwähnte Stapelplatz war auch eine wichtige Zollstätte. Bekannt ist unter anderem die Mordnacht von Weesen, als vom 22. auf den 23. Februar 1388 die eidgenössische Besatzung niedergemetzelt wurde. 1394 wurde das Städtchen niedergebrannt. Seither besitzt Weesen keine Stadtmauern mehr. 1438–1798 stand Weesen unter der Herrschaft von Schwyz und Glarus. Weesen (1185 Einwohner) hat ein mildes, nordwindgeschütztes Klima und verfügt über Quais, Parkanlagen, Hotels und Gaststätten, die seiner Tradition als Kurort entsprechen. Sehenswert ist unter anderem die im 13. Jh. erbaute und 1630–1640 umgebaute spätgotische Bühlkirche Hl. Kreuz. Über eine kurvenreiche Straße ist Weesen mit dem auf einer Sonnenterrasse hoch über dem Walensee zwischen Speer und Churfirsten gelegenen Sommer- und Winterferienort Amden verbunden. Die im 13./14.Jh. gegründete gotische katholische Pfarrkirche St. Gallus wurde 1794 erweitert.

Walenstadt

Der Name «Vualastadt» ist erstmals 831 in einem Güterverzeichnis der Frankenkönige bezeugt. Während einiger Jahrhunderte stand das reizvolle Städtchen am Ostende des 24 km² großen Walensees, wo die Waren vom Wasserweg Zürichsee–Walensee auf den Landweg Bad Ragaz–Chur umgeladen werden mußten, unter der Herrschaft der Grafen von Habsburg. Schon vor 1300 ließen die Habsburger den Hafen- und Marktort zu einem festen Städtchen mit Ringmauer und Graben ausbauen. Geringe Teile der Ringmauer des langgezogenen Städtchens sind noch erhalten. Mit der österreichischen Herrschaft Windegg kommt 1438 Walenstadt als Pfand an Glarus und Schwyz. Von 1462 bis 1792 stand das Städtchen ganz unter der Herrschaft der Eidgenossen. Auch während dieser Untertanenzeit ließen sich die Walenstädter ihre alterworbenen Vorrechte und Freiheiten nicht mehr wegnehmen. Seit 1803 gehört Walenstadt zum Kanton St. Gallen. Neben Industrie und Gewerbe besitzt das an der SBB-Linie Ziegelbrücke–Sargans gelegene Hafenstädtchen (3940 Einwohner) sehenswerte Bauten wie den romanischen Turm der 1881/82 weitgehend neuerbauten katholischen Pfarrkirche St. Lucius und Florinus oder das Rathaus mit dem Sandsteinportal aus dem 15. Jh. Auf einem Felssporn nördlich über dem Seetal beim kleinen Bauerndorf Berschis erhebt sich die romanische Kapelle St. Georg. Die mittelalterliche zweischiffige Anlage aus dem 11./12. Jh. enthält Fresken aus dem Ende des 16. Jh. Am Fuß der wallartig aufsteigenden Churfirsten liegt auf einer Sonnenterrasse der Ferienort Walenstadtberg.

Jona

Die politische Gemeinde Jona ist zwölfeinhalbmal so groß wie Rapperswil und umschließt die Rosenstadt auf deren Landseite vollständig. Jona (14 800 Einwohner) besteht aus den Dörfern und Weilern Kempraten, Gubel, Lenggis, Busskirch, Wurmsbach, Wagen, Bollingen und Jona. Im Gebiet von Kempraten wurden Reste einer keltischen Siedlung gefunden. In den Jahren 50 bis 250 war «Centumprata» eine Hafen- und Wegstation im römischen Verkehrsnetz. Römische Gutshöfe wurden auch in Busskirch und Wagen festgestellt. Nach der Gründung von Rapperswil um 1200 unterstanden die Höfe des heutigen Jona den dortigen Edlen und Grafen, dann den österreichischen Vögten. 1798 bis 1803 war Jona eine helvetische Gemeinde im Kanton Linth. Heute ist Jona eine beliebte Wohngegend an der sanktgallisch-zürcherischen Grenze. Zu Jonas Sehenswürdigkeiten zählen die bis ins 8.

Weesen am westlichen Ende des Walensees

Das Städtchen Rheineck

*Das auf einem Geländesporn des Gonzen inmitten von Rebbergen gelegene **Städtchen Sargans** ist ein wichtiger Verkehrsknotenpunkt. Wegen seiner strategischen Lage schon früh besiedelt, hat Sargans bis heute seinen Kleinstadtcharakter (4390 Einwohner) bewahren können. Die moderne Siedlung breitete sich in der Ebene aus. 765 erstmals erwähnt, war der Ort im 13. Jh. Sitz der Grafen von Werdenberg-Sargans und wurde bereits 1337 als Stadt erwähnt. Seit dem 13. Jh. thront über dem Landstädtchen die mächtige Höhenburg, einst Grafen- und später Vogteisitz. Ihr Rittersaal ist mit 140 Vögtewappen geschmückt; sie beherbergt ferner ein Heimatmuseum und ein Bergbaumuseum. Im Gonzen wurde noch während des Zweiten Weltkriegs Eisenerz gefördert.*

Jh. zurückreichende und 1852 in neugotischem Stil erneuerte katholische Pfarrkirche Mariä Himmelfahrt und St. Valentinus, die bereits 840 erwähnte katholische Kirche St. Martin in Busskirch, die 1519 dem hl. Pankraz geweihte Pfarrkirche Bollingen, die 1628 in Oberbollingen errichtete Kapelle St. Meinrad, die romanische Kapelle St. Dionys sowie das im Jahr 1259 gegründete Zisterzienserinnenkloster Wurmsbach.

Uzwil

Das an der SBB-Linie St. Gallen–Zürich gelegene Uzwil (10 300 Einwohner) ist seit der Mitte des 19. Jh. ein aufstrebender Industrieort, dessen Maschinenindustrie ihre Produkte in alle Welt liefert. Zusammen mit Ober- und Niederuzwil bildet Uzwil eine große städtische Agglomeration auf halbem Weg zwischen Gossau und Wil. Bei Oberuzwil liegt der malerische, unter Naturschutz stehende Bettenauer Weiher. Über dem im Osten von Uzwil gelegenen Tal der mäanderartig dahinfließenden Glatt liegt das zu Oberbüren gehörende Kloster Glattbrugg.

Gossau

Die in einer fruchtbaren Ebene zwischen Glatt und Sitter gelegene Gemeinde Gossau mit den beiden Ortschaften Gossau und Arnegg ist 824 erstmals urkundlich erwähnt. Die 15 500 Gossauerinnen und Gossauer nennen ihren Bezirkshauptort gerne Metropole des Fürstenlandes, denn er gehörte fast ein Jahrtausend zum Kernland der Fürstäbte des Klosters St. Gallen, vor dessen Toren es in nur 10 km Entfernung liegt. Aus dieser Zeit stammt der alte, baulich geschützte Dorfkern mit stattlichen Fachwerkhäusern, die vom Wohlstand des ehemaligen Stickerdorfs zeugen. Aus dieser Epoche ist wenig mehr zu sehen; eines der erhaltenen Baudenkmäler des 17. Jh. ist das Erkerhaus an der St. Galler Straße. Das Straßendorf Gossau hat sich in den letzten Jahrzehnten immer mehr zu einem wichtigen Industrieort und Landwirtschafts- und Versorgungszentrum der Ostschweiz entwickelt. Wahrzeichen früherer Herrschaft ist das etwas außerhalb an der Straße nach St. Gallen gelegene Schloß Oberberg. Die ursprünglich aus dem 13. Jh. stammende Burg wurde im Appenzellerkrieg zerstört, 1406 aber wiederaufgebaut. Während Jahrhunderten residierte hier der fürstäbtische Obervogt und tagte das Gericht. Heute ist das Schloß ein beliebtes Ausflugsziel mit einer bekannten Gaststätte. In seiner Nähe befindet sich ein Privatzoo.

Buchs

ist der Hauptort des Bezirks Werdenberg und der wichtigste Grenzbahnhof der Ostschweiz. In dem im Herzen des Rheintals gelegenen Ort wird der gesamte Eisenbahnverkehr zwischen der Schweiz und Österreich abgewickelt. Buchs ist stark industrialisiert und mit seinen 9650 Einwohnern wirtschaftliches Zentrum der Region. Das «Tor zum Fürstentum Liechtenstein» – der Rhein mit seinem typischen Umland bildet die natürliche Grenze zum «Ländle» – verfügt nicht nur über große Einkaufszentren sowie Brenn- und Treibstofflager, sondern ist mit dem Neu-Technikum auch das Bildungszentrum des Rheintals. Unmittelbar bei Buchs und noch innerhalb der politischen Gemeinde liegen Schloßhügel, Städtchen und See von Werdenberg.

St. Galler Bauernbratwurst

Zutaten:
4 Bauernbratwürste, 2 große Zwiebeln, 1 dl Rotwein, 2 dl braune Bratensauce, 1/2 dl Öl, Salz, Pfeffer

Die Bauernbratwürste werden in Salzwasser überbrüht und auf dem Rost oder in der Pfanne gebraten. Werden die Würste in der Pfanne zubereitet, nimmt man sie heraus, sobald sie goldgelb gebräunt sind, und stellt sie warm. Die in feine Ringe geschnittenen Zwiebeln zum Bratsatz geben und hellbraun braten. Mit dem Rotwein ablöschen und die Flüssigkeit stark reduzieren. Die Bratensauce dazugeben und weiter einkochen. Wenn nötig mit Salz und Pfeffer würzen. Die heiße Sauce über die Würste geben. Als Beilage wird goldbraun gebratene Rösti oder das köstliche St. Galler Bauernbrot serviert.

Stein am Rhein zwischen Schaffhausen und Kreuzlingen gehört zu den am meisten besuchten mittelalterlichen Städtchen der Schweiz. Die idyllische Lage am Ausfluß des Rheins aus dem Untersee, das hervorragend erhaltene Ortsbild, das berühmte Kloster St. Georgen und die traditionelle Gastlichkeit der Steiner machen den Besuch des malerischen Kleinods zum bleibenden Erlebnis.

Verkehrsbüro
Oberstadt
8260 Stein am Rhein
054/41 28 35

4. 10. 1989

Stein am Rhein

Nähert man sich Stein am Rhein von Süden her, versperrt der Stammer Berg fast bis zum Schluß den Blick aufs Städtchen. An den sonnigen Abhängen des nur 639 m hohen Hügelzugs und an den Ufern des Rheins wird schon seit fast zweitausend Jahren Wein angebaut, und nochmals ein paar tausend Jahre früher ließen sich in der fruchtbaren Landschaft am Untersee die ersten Bewohner nieder: Auf der Insel Werd, mitten im Rhein, wurden Siedlungsspuren aus der Jungstein- und Bronzezeit nachgewiesen. Kurz nach Christi Geburt legten die Römer auf dem Inselchen einen Stützpunkt an und überspannten mit einer nicht weniger als 440 m langen Brücke erstmals den Fluß. Zum Schutz der Brücke befestigten sie am linken Ufer den heutigen Stadtteil Vorderbrugg. Seine ältere Bezeichnung «Burg» erinnert daran, daß hier Kaiser Diokletian 296 n. Chr. das Kastell Tasgetium errichten ließ, um das eine helvetisch-römische Siedlung entstand. Nach dem Zusammenbruch der römischen Herrschaft im Jahre 406 zerfielen die Befestigungen. Die Entwicklung des heutigen Städtchens begann im frühen Mittelalter und ist eng mit dem Gütertransport verbunden – der Wasserweg war damals mit Abstand die einfachste und sicherste Transportmöglichkeit. Wie die Stadt Schaffhausen wegen des Rheinfalls zum bedeutenden Umschlagplatz wurde, so profitierte auch Stein von seiner geographischen Lage: Wo der Untersee in den Rhein übergeht, mußten die Waren von den Bodenseeschiffen

Kanton:	SH
Meter über Meer:	405
Einwohner 1900:	1777
Einwohner 1980:	2507
Autobahnausfahrt:	keine

auf flußtüchtige Lastkähne umgeladen werden. Zwischen 1003 und 1007 verlegte der deutsche König Heinrich II. das etwa vierzig Jahre vorher auf dem Hohentwiel bei Singen gegründete Benediktinerkloster St. Georgen direkt ans Rheinufer, um sich damit im aufstrebenden Umschlagplatz Einfluß zu sichern. Die kleine Siedlung neben der Abtei entwickelte sich rasch zum Marktort, der um 1094 von Herzog Berchtold II. von Zähringen befestigt wurde.

Lange stand das 1267 erstmals Stadt genannte Stein im Schatten der Burg Hohenklingen, welche die thurgauischen Freiherren von Klingen als Erben der Zähringer wahrscheinlich im 12. Jh. übernahmen. Vom steilen Hügel über dem Rhein aus schützten die Herren von Klingen das Kloster und dessen Markt und erstickten alle Regungen städtischen Selbstbewußtseins. Erst als das Geschlecht verarmte, konnten die Steiner Bürger 1457 die Burg und einen Teil der dazugehörenden Herrschaft erwerben, obwohl auch Österreich ein Auge darauf geworfen hatte. Sie schufen sich damit nicht nur einen mächtigen Feind, sondern hatten sich auch finanziell übernommen. So suchte die 1457 reichsfrei gewordene Stadt Hilfe beim mächtigen Zürich. Die Zürcher nützten die schwierige Lage Steins resolut aus: Sie versprachen Schutz vor Österreich und tilgten die Schulden des Städtchens. Dafür mußte Stein am Rhein 1484 die Oberhoheit Zürichs anerkennen.

Als blühender Marktplatz stand Stein mehr als dreihundert Jahre unter zürcherischer Herrschaft, bis es 1803 zum Kanton Schaffhausen kam. Auch nach der Erschließung durch die Eisenbahn im Jahre 1875 konnte Stein die Elemente eines mittelalterlichen Brücken- und Marktstädtchens fast vollständig bewahren: Zwar sind von der Stadtbefestigung – sie wurde nach der großen Feuersbrunst von 1347 vermutlich neu erbaut – heute nur noch der Hexen- und der Kretzenturm erhalten, und von den ursprünglich vier Toren stehen noch das Ober- und das Untertor. Kloster und Kirche sowie Burg und Rathaus aber präsentieren sich wie zu Zeiten der Spätgotik und des Frühbarock, und die stattlichen Kaufmannshäuser lassen noch heute etwas vom einst lebhaften Handel erahnen.

Statt von weitgereisten Kaufleuten wird Stein am Rhein heute von Touristen aus nah und fern bevölkert, und der Fremdenverkehr wurde zur wichtigsten Einnahmequelle der einheimischen Bevölkerung. Vorausschauend hat Stein zu seiner größten touristischen Attraktion – den stolzen Bürgerhäusern mit ihren reichverzierten Fassaden – Sorge getragen: Wo das Fachwerk dem früheren Zeitgeschmack entsprechend verdeckt war, wurde es bei Renovationen wieder sichtbar gemacht. Zur Bemalung des Gasthofs Adler zog man sogar den Bündner Maler Alois Carigiet bei, der mit seinem Fresko «Vom Schönen und Guten» den spätgotischen Bau wieder in das mittelalterliche Gesamtbild des Städtchens einzugliedern versuchte. Und auch das Untertor und die Stadtwallhäuser, welche am 22. Februar 1945 durch einen amerikanischen Bomberverband, der sich über deutschem Gebiet glaubte, irrtümlich zerstört wurden, sind heute wiederaufgebaut.

Johann Rudolf Schmid von Schwarzenhorn (1590–1667)

Am Haus zum «Schwarzen Horn» ist der triumphale Einzug des Freiherrn Johann Rudolf Schmid in seine Heimatstadt Stein am Rhein abgebildet. Der 1590 geborene Johannes verlor früh den Vater und verlebte mit dreizehn Geschwistern eine ärmliche Jugend. Ein mit der Familie befreundeter Adliger nahm sich des neunjährigen Jungen an und zog mit ihm nach Italien. Johannes sollte Stein am Rhein erst 65 Jahre später wiedersehen. Als er seinen Gönner auf einem Feldzug gegen die Türken begleitete, wurde der Vierzehnjährige gefangengenommen und als Sklave nach Konstantinopel verkauft. Erst 1624, nach zwanzigjähriger Gefangenschaft, konnte Schmid freigekauft werden. Dank seiner Kenntnisse der Türkei machte er anschließend eine steile diplomatische Karriere. 1629 wurde er österreichischer Resident am türkischen Hof, später Botschafter des Kaisers beim Sultan. Schmid wurde für seine Verdienste geadelt und nannte sich jetzt nach seinem Geburtshaus «von Schwarzenhorn». Siebenundsiebzigjährig starb er in Wien, wo er auch begraben ist.

Klostermuseum St. Georgen und Heimatmuseum
März bis Mai und September bis November: Di–So 10–12 und 13.30–17 Uhr
Juni bis August: täglich 10–12 und 13.30–17 Uhr
054/41 21 42

Rathaussammlung
Rathaus Stein am Rhein
Mo–Fr 8–11.30 und 14–17.30 Uhr
054/41 42 31

Puppenmuseum Stein am Rhein
Schwarzhorngass 136
Mitte März bis Ende Oktober
Di–So 10–17 Uhr
054/41 39 66

Strandbad
Niderfeld
054/41 27 82

Minigolf
Hauptstraße
8258 Wagenhausen
054/41 34 29

Schiffahrt Untersee und Rhein
Schaffhausen–Stein am Rhein–Kreuzlingen
April bis Oktober
8202 Schaffhausen
053/25 42 82

Camping
Grenzstein
054/41 23 79

Zauberhaftes Puppenmuseum

Zur herausgeputzten Schönheit des Städtchens Stein am Rhein paßt ein Puppenmuseum besonders gut. Über 500 Antik-, Automaten- und Künstlerpuppen sind in einem renovierten Altstadthaus unweit des Rathausplatzes ausgestellt. In der kunstvoll präsentierten Sammlung kommen nicht nur Kinder ins Träumen. Hier können auch die Eltern in nostalgischen Erinnerungen schwelgen, und Kenner entdecken Raritäten: etwa antike Porzellankopfpuppen aus Frankreich, die zumeist aus der zweiten Hälfte des 19. Jh. stammen, oder neuere Einzelstücke berühmter internationaler Künstler. Viele der kostbaren Puppen sind in Vitrinen liebevoll zu Gruppen arrangiert: Da sitzt eine Dame mit feinem Porzellangesicht und gediegenem Reisekostüm in einer Puppensänfte, dort machen sich Mädchen in bäuerlicher Tracht an einem Miniaturholzherd zu schaffen.

Puppenmuseum Stein am Rhein
Schwarzhorngass 136
Mitte März bis Ende Oktober, Di–So 10–17 Uhr
054/41 39 66

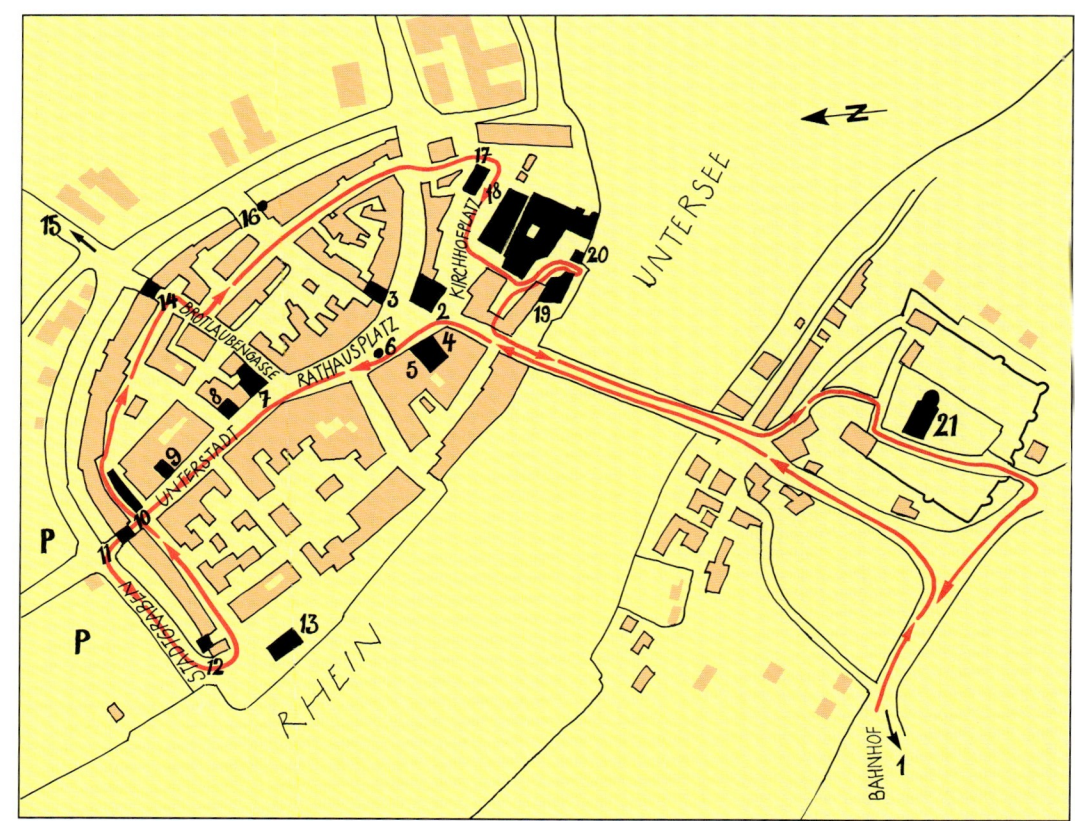

1 Bahnhof
2 Rathaus
3 Haus zum Weißen Adler
4 Haus zur Vorderen Krone
5 Gasthaus Roter Ochsen
6 Brunnen
7 Brotlaube
8 Eckhaus Hirzli
9 Haus zum Lindwurm
10 Haus zum Chupferberg
11 Untertor
12 Diebs- oder Hexenturm
13 Schifflände
14 Obertor
15 Richtung Burg Hohenklingen
16 Kretzenturm
17 Zeughaus
18 Stadtkirche, ehemalige Klosterkirche St. Georgen
19 Ehemaliges Kloster St. Georgen
20 Rheintörlein
21 Auf Burg, Kirche und römisches Kastell

Stadtrundgang Stein am Rhein

Zentrum von Stein am Rhein ist das 1539 bis 1542 errichtete und später mehrmals umgebaute Rathaus (2). Im Erdgeschoß waren einst die offene Kornhalle und im ersten Stock ein Tuchhaus untergebracht. Die Historienbilder an der Hauptfassade zeigen die Heimkehr der Steiner aus der Schlacht von Murten, die Steiner Mordnacht und den predigenden Zwingli. Balkendecke und Täfer der großen Ratsstube im zweiten Stock – heute ein Waffensaal – stammen noch aus dem Baujahr 1542. Das Rathaus beherbergt ein kleines heimatkundliches Museum.

Wo die Hauptgasse in östlicher Richtung abzweigt, steht das Haus zum Weißen Adler (3) mit den bedeutendsten Fassadenmalereien von Stein am Rhein. Die spätgotische Fassade wurde um 1520 mit Malereien im Stil der Frührenaissance verziert, die von der Liebe, den Tugenden und der richterlichen Weisheit erzählen.

Kaum weniger imposant wirkt in der geschlossenen Südfront des Rathausplatzes das ungewöhnlich malerische Haus zur Vorderen Krone (4), ein Giebelbau aus dem 16. Jh. mit behäbigem Erker. Gleich daneben steht das Gasthaus Roter Ochsen (5), das urkundlich schon 1446 genannt wird und mit naiven Malereien geschmückt ist. Vom Rathaus aus öffnet sich – am Brunnen (6) mit seinem zehneckigen Trog vorbei – ein bezaubernder Blick zur Unterstadt. An der Nordseite der nach Westen führenden Hauptstraße steht die Brotlaube (7), das ehemalige Haus zum Rüden. Das gotische Eckhaus war einst Trinkstube der Schuhmacher, Wohnung des Stadtarztes und schließlich Lateinschule. Richtung Untertor folgen auf der gleichen Straßenseite das Eckhaus Hirzli (8) mit formenreichem Riegelwerk und das Haus zum Lindwurm (9) mit seiner fünfachsigen Empirefront und dem Erker von 1819. Vor dem Untertor rechts steht das malerische Haus zum Chupferberg (10). Das Untertor (11) – auch Zeitturm genannt –

Der Rathausplatz von Stein am Rhein – ein Kleinod unter den Schweizer Plätzen

Das spätmittelalterliche Kloster St. Georgen

wurde nach der Bombardierung von 1945 rekonstruiert: Sein auf der Stadtseite in Fachwerk ausgeführter Giebel wird von einem Dachreiter mit einem Glöckchen aus dem 14. Jh. gekrönt. Vom Untertor aus führt der Weg Richtung Rhein zum Diebs- oder Hexenturm (12) an der Südwestecke des Städtchens und zur Schifflände (13).

In der entgegengesetzten Richtung erreicht man über die «Chli Schanz» das Obertor (14). Der dreigeschossige Torturm mit seitlichen Treppengiebeln wurde wahrscheinlich im 14. Jh. erbaut. Vor dem Obertor zweigt die Straße Richtung Burg Hohenklingen ab (15). Östlich springt der halbrunde Kretzenturm (16) aus der ehemaligen Stadtmauer vor. Vorbei am Zeughaus (17) – einem sehr nüchternen, spätgotischen Zweckbau – gelangt man zur reformierten Stadtkirche, zur ehemaligen Kirche des Klosters St. Georgen (18). Die romanische Säulenbasilika wurde vermutlich Anfang des 12. Jh. erbaut, der spätgotische Turm stammt aus dem 16. Jh. Das dreischiffige Innere mit dem flach abgeschlossenen Chor und der schlichten Kassettendecke von 1931 wirkt kahl und streng.

Gleich daneben steht direkt am Rheinufer das ehemalige Benediktinerkloster St. Georgen (19), eine der am besten erhaltenen Klosteranlagen des Spätmittelalters. Obwohl das Kloster während der Reformation 1525 aufgehoben wurde, hat die Anlage – hier lebten nie mehr als zwölf Mönche gemeinsam – ihre einstige Würde bewahrt. Durch den gedeckten Eingang an der Rheingasse gelangt man über einen Vorplatz in den äußeren Hof: An seiner Nordseite steht die Trotte und im Winkel dazu das Backhaus. Gegenüber, in der Südostecke, erhebt sich das alte Gästehaus, die heutige Stadtbibliothek, mit seinen Treppengiebeln und einem Erker auf der Rheinseite. Daneben öffnet sich in einem Teil der ehemaligen Stadtmauer das «Rheintörlein» (20) mit einem schönen Blick auf den Fluß. Im anschließenden inneren Hof steht links der älteste erhaltene Konventsbau, das Sommerrefektorium aus dem Jahre 1390 mit gotischen Fenstern. Daneben führt eine Treppe zum Museumseingang. Am Kreuzgang, der rund vierhundert Jahre nach der Klosterkirche im 16. Jh. anstelle einer romanischen Anlage in gotischem Stil neu erbaut wurde, liegen das Winterrefektorium und der Kapitelsaal.

Prunkstück des Klosters sind aber die direkt am Rhein stehenden Abtgebäude. Der Abt-Jodokus-Bau – ein malerisches Fachwerkhaus – springt leicht in den Fluß vor, und im Abt-David-Bau hat sich der letzte Abt des Klosters, David von Winkelstein, 1515/16 ein Denkmal gesetzt. Den Festsaal des Obergeschosses zieren Wandmalereien, die zu den schönsten Beispielen dieser Art aus der Frührenaissance gehören: Neben biblischen Szenen und Darstellungen aus der römischen Geschichte steht auch eine kulturhistorisch interessante Darstellung der Zurzacher Messe mit Pferdemarkt.

Von der Brücke zum linksufrigen Stadtteil Vorderbrugg aus weitet sich der Blick Richtung Untersee und Schwäbisches Meer. In Vorderbrugg, auch Auf Burg genannt (21), erinnern die im 20. Jh. rekonstruierten Umfassungsmauern mit Rundtürmchen an das ehemalige Römerkastell Tasgetium, das hier im Jahre 296 als Brückenkopf errichtet wurde. In der Befestigung steht die alte Pfarrkirche Burg. Die romanische Basilika stammt vermutlich aus dem Anfang des 12. Jh., der Glockenturm mit der Zwiebelhaube aus dem Jahr 1599.

Burg Hohenklingen

Ein 2,5 km langes, stark ansteigendes Sträßchen führt von Stein am Rhein durch Rebberge und Wald hinauf zu einem beliebten Ausflugsziel: zur fast 200 m oberhalb des Städtchens auf einem Höhenzug thronenden Burg Hohenklingen. Die ältesten Teile der rund 70 m langen Burg – hier residierten die Freiherren von Klingen, bevor die Bürger von Stein am Rhein 1457 die Feste für die damals gewaltige Summe von 24 500 Gulden kauften – dürften schon im 11. Jh. entstanden sein. An den Enden der sich von Westen nach Osten keilförmig verjüngenden Anlage stehen Ritterhaus oder Palas und Bergfried. Von dem aus mächtigen Felsbrocken gefügten Turm öffnet sich ein beeindruckendes Panorama über den Rhein bis hin zum Säntis. Im Burghof steht als Fachwerkbau das Burgvogteihaus, daneben die Burgkapelle.
In einer ehemaligen Wachstube ist heute eine Gastwirtschaft untergebracht. Der Zugang zur Burg führt durch ein Labyrinth von Toren und Gängen, in denen die Marschrichtung mehrmals gewechselt werden muß.

Werdenberg im St. Galler Rheintal ist ein beliebtes Kalenderbild. Wer den «Städtlizwerg» am romantischen Weiher mit seinen nur 34 Häusern und dem stolzen Schloß besucht, fühlt sich ins Mittelalter zurückversetzt.

15. 8. 1989

Werdenberg

Mitten in der heute stark zersiedelten Rheinebene mit ihren vielen Industriebauten ist das Miniaturstädtchen Werdenberg nicht mehr leicht zu entdecken. Um so überraschender ist das packende Bild, das sich plötzlich bietet, wenn man Buchs auf der St. Galler-Straße Richtung Grabs verläßt: Am Ufer eines Seeleins reihen sich malerische Häuser zur Zeile auf, und auf einem Hügel über der Siedlung thront ein besonders stolzes Schloß.

Seine früheren Besitzer spielten in der Geschichte der Ostschweiz eine wichtige Rolle. Auf dem Werd – das nur noch im Ortsnamen enthaltene Wort bedeutet Insel, erhöhtes Gelände zwischen Sümpfen – baute um 1230 Graf Rudolf von Montfort eine Burg. Zu ihren Füßen entstand die kleine Siedlung Werdenberg, die erstmals 1289 Stadt genannt wird. Die Grafen von Werdenberg – ein Zweig der Montforter Familie – besaßen um 1350 nicht nur den größten Teil des St. Galler Rheintals, sondern auch Besitzungen in Vorarlberg und Graubünden. Aufgerieben zwischen den Ansprüchen Habsburgs und den Interessen der Eidgenossen, ging es mit ihrer Herrschaft im 15. Jh. bergab, und von 1483 bis 1517 wechselte Werdenberg nicht weniger als fünfmal den Besitzer. Schließlich kaufte der Stand Glarus die Herrschaft für 21 500 Gulden. Seine im Schloß residierenden Landvögte waren alles andere als beliebt: Da sie ihr Amt an der Glarner Landsgemeinde teuer erkaufen mußten, trieben sie das ausgegebene Geld in Werdenberg mit Steuern und Bußen rücksichtslos wieder ein. Mehrmals kam es deshalb im Städtchen und seiner Umgebung zu kleineren Aufständen, die von Glarus meist – wie etwa 1722 beim sogenannten Werdenberger-Handel – mit harter Hand unterdrückt wurden. Beim Untergang der Alten Eidgenossenschaft im Jahre 1798 wurde der letzte Landvogt, der berüchtigte Johann Heinrich Freitag, mitten in der Nacht aus dem Schloß vertrieben. Die Bürger sollen ihm nachgerufen haben: «Freitägli, es ist Zeit, daß du fortkommst, wir wollen einmal Samstag haben.»

1803 kam Werdenberg zum Kanton St. Gallen, und seit 1831 gehört es zur Gemeinde Grabs. Zwar wurden im 19. Jh. das Vordere und Hintere Stadttor geschleift und in vielen Häusern größere Fenster herausgebrochen: Die damals auch in den Werdenberger Stuben blühende Heimstickerei verlangte mehr Licht. Sonst aber ging die Entwicklung am Städtchen beinahe spurlos vorüber. Da Werdenberg auch von den zahlreichen, föhnbedingten Feuersbrünsten im Rheintal verschont blieb, ist es das wohl

Kanton:	SG
Meter über Meer:	450
Einwohner 1900:	100
Einwohner 1980:	90
Autobahn:	N 13, Buchs

*Aus der Gründungszeit der **Burg Werdenberg** um 1230 stammt noch der zinnenbekrönte Bergfried, der mit dem rechteckigen Palas aus dem Anfang des 15. Jh. durch ein mächtiges Treppenhaus verbunden ist. Nach einem Brand bauten die Glarner 1695 die spätmittelalterliche Anlage aus. Eindrücklichster Raum des Schlosses – es wurde 1956 von der Familie Hilty dem Kanton St. Gallen geschenkt – ist der gotische Rittersaal im ersten Stock. Die große Waffensammlung bietet einen guten Einblick in die Bewaffung der eidgenössischen Truppen bis in die Zeit des Zweiten Weltkriegs. Im Rheinmuseum wird die Entwicklung des Rheintals von der Natur- zur Kulturlandschaft dokumentiert.*

schönste Beispiel einer mittelalterlichen Holzbausiedlung mit städtischem Charakter in der ganzen Schweiz geblieben. So herausgeputzt wie heute hat sich Werdenberg allerdings vor nur dreißig Jahren noch nicht präsentiert. Damals herrschten in den teilweise schiefstehenden Häusern katastrophale Zustände bezüglich Wohnqualität und Hygiene, und noch in den fünfziger Jahren galt als arm, wer in Werdenberg lebte. Das hat sich gründlich geändert. Die Stiftung «Pro Werdenberg» renovierte in den letzten Jahrzehnten sorgfältig Haus um Haus, und die einzigartige Wohnlage am Werdenberger Weiher ist heute sehr begehrt.

Wenn man das winkelförmig angelegte Miniaturstädtchen betritt, fühlt man sich in ein Freilichtmuseum versetzt. Hier haben sich fast alle Konstruktionsarten des früheren Profanbaus erhalten: Das «Doktorhaus» beim ehemaligen Untertor (Nr. 1) und das alte Rathaus, das oberste Haus im Städtchen (Nr. 31), sind Steinbauten. Das Rathaus mit den dreiteiligen Staffelfenstern dürfte gegen Ende des 15. Jh. entstanden sein und bildet den nördlichen Eckpunkt der Stadtmauer. An der verschließbaren, mitten durch das Haus verlaufenden Passage – dem Oberen Tor – konnte einst die Durchgangsstraße gesperrt werden. Die übrigen der nur gerade 34 Häuser sind verschieden konstruierte Holzbauten, die teilweise auf gemauerten Sockeln stehen. Ihr Gebälk wurde früher mit Ochsenblut gegen den Insektenbefall getränkt. Beispiele des altertümlichen Bohlenständerbaus sind das aus der Wende vom 15. zum 16. Jh. stammende Haus Nr. 2 mit seinen Holzpfeilern und das Haus Nr. 22/23: An diesem spätgotischen Bau mit den Resten einer barocken Beschriftung befindet sich eine kleine, mit einem schwertdurchbohrten Herz und Rosen bemalte Öffnung; es handelt sich um ein «Seelenfensterchen», das beim Tod eines Hausbewohners geöffnet wurde.

Etwas jünger als die Ständerbauten sind die in der Konstruktion verwandten Fachwerkbauten, deren Füllungen aus Mörtel bestehen; das sogenannte Montaschiner Haus (Nr. 24/25) – ein 1583 gebautes Doppelhaus auf einem Arkadenunterbau am Platz – trägt einen der typischen Werdenberger Sinnsprüche: «Dieß hus ist gebuwet vom Montaschiner dem edlen bluet der nit viel gwünt und vil vertuet.» Das schönste Beispiel der Strickbauten schließlich ist das sogenannte Drachenhaus (Nr. 14) im Westen des Städtchens: Seine schwungvollen barocken Rankenmalereien und die mächtigen Drachen, die sich an der Dachuntersicht schlängeln, sind in der ersten Hälfte des 18. Jh. entstanden.

Die Arkaden am winzigen Marktplatz und der Laubengang in der südlichen Häuserzeile deuten darauf hin, daß Werdenberg einst ein wichtiger Marktort war. Im Haus Nr. 7 kann man sich davon überzeugen, daß sich hinter dem malerischen Äußeren früher meist ein ärmliches Inneres verbarg: Die Stiftung «Pro Werdenberg» hat den Bau mit dem ehemaligen Sticklokal im Parterre mustergültig im Sinn des Spätmittelalters restauriert.

Carl Hilty (1833–1909)

Im markanten «Roten Huus» (Nr. 41) gleich beim Stadteingang von Werdenberg ist der bedeutende Schweizer Staatsrechtler und Religionsphilosoph Carl Hilty geboren. Nachdem er bis 1874 als Anwalt in Chur gelebt hatte, wurde er zum Professor für Staatsrecht und für Völkerrecht an die Universität Bern berufen. 1890 wurde Hilty in den Nationalrat gewählt. Er vertrat die Eidgenossenschaft 1899 an der ersten Haager Friedenskonferenz und wurde Mitglied des internationalen Schiedsgerichtshofs im Haag. Von der Beanspruchung durch Lehre und Politik konnte sich Hilty im neuen Stammsitz der Familie erholen: 1835 hatte sein Vater Schloß Werdenberg gekauft und mit wertvollem Mobiliar ausgestattet. Hilty verfaßte neben historischen Schriften wie «Die Bundesverfassungen der Schweizerischen Eidgenossenschaft» auch umfangreiche moralphilosophische Werke (z. B. über das Glück). Bemerkenswerterweise erleben derzeit diese Werke in Japan eine Renaissance!

Vaduz

Nur 5 km von Werdenberg entfernt steht jenseits des Rheins ein anderes stolzes Schloß: Vaduz. In der imposanten Anlage, die ins 12. Jh. zurückgeht, residiert mit Hans Adam von Liechtenstein noch heute ein echter Fürst. Seit 1719 herrscht seine Familie über den Miniaturstaat von gut 27 km Länge und 9 km Breite sowie knapp 30 000 Einwohnern. Im «Ländle» mit seinen elf Gemeinden ist von «Ausland» allerdings wenig zu spüren. Hier wird Ostschweizer Dialekt gesprochen und mit Schweizer Franken bezahlt, aber mit eigenen, weltweit begehrten Marken frankiert. Wie das benachbarte St. Galler Rheintal entwickelte sich Liechtenstein in den letzten Jahrzehnten zum wichtigen Industriestandort und Dienstleistungszentrum. Der Hauptort Vaduz zu Füßen des Schlosses ist Sitz des Parlaments, das in der heutigen konstitutionellen Monarchie zusammen mit Fürst Hans Adam die Regierungsgewalt ausübt. Neben dem alten Quartier im Mitteldorf ist die Liechtensteinische Staatliche Kunstsammlung einen Besuch wert: Dort sind Meisterwerke flämischer Landschaftsmalerei von Brueghel bis Rubens ausgestellt.

Heimatmuseum und Rheinmuseum Schloß Werdenberg April bis Oktober, Di–So 9.30–17 Uhr 085/7 29 50

Wil im Fürstenland gilt als «besterhaltene Kleinstadt der Ostschweiz». Die in den letzten Jahren stark gewachsene Stadt und ehemalige Sommerresidenz der Fürstäbte von St. Gallen bewahrt in ihrem Kern Zeugen einer stolzen Vergangenheit wie den Hof und das Baronenhaus. Dank der Lage am Eingang zum Toggenburg ist Wil idealer Ausgangspunkt für zahlreiche Ausflüge ins Tal der Thur.

Verkehrsbüro
Tonhallestraße 29
9500 Wil
073/22 58 02

15. 8. 1989

Wil

Wenn man sich Wil über die Ausfahrt der N 1 zwischen Winterthur und Gossau nähert oder im Bahnhof aus dem Intercity Zürich–St. Gallen aussteigt, läßt die zersiedelte Landschaft mit den Wohnblocks und der Silhouette eines Hotel-Hochhauses den Charme der alten Äbtestadt nicht erwarten. Schöner ist die Anfahrt von Norden her. Vom Hausberg der Wiler, dem 714 m hohen Hofberg, aus fällt der Blick wie eh und je auf die Schauseite von Wil – auf die Häuserfront der Altstadt, die sich im Stadtweiher spiegelt. Hier versteht man auch, weshalb «die besterhaltene Kleinstadt der Ostschweiz» 1984 mit dem Wakker-Preis des Schweizer Heimatschutzes ausgezeichnet wurde. Die Siedlung am Eingang zum Toggenburg blickt auf eine über tausendjährige Geschichte zurück. Eine «villa qui dicitur Wila» wird schon 754 erwähnt. Zur Gründung der Stadt kam es aber erst 400 Jahre später. In der zweiten Hälfte des 12. Jh. befestigten die Grafen von Toggenburg zur Stärkung ihres Herrschaftsgebiets den alten Weiler auf dem steil abfallenden Moränenhügel, der wie eine natürliche Festung die weite Talsohle der Thur beherrscht.

Eine blutige Familientragödie im Hause der Toggenburger bestimmte das Schicksal Wils in den folgenden Jahrhunderten. 1226 wurde Graf Friedrich, ein Sohn von Graf Diethelm II., durch Gefolgsleute seines Bruders getötet. Als Sühne soll der Vater den Marktflecken dem Kloster St. Gallen geschenkt haben. Dessen Äbte waren kurz vorher, 1201, zu Fürsten des Heiligen Römischen Reiches deutscher Nation ernannt worden; ihr Herr-

Kanton:	SG
Meter über Meer:	583
Einwohner 1900:	4982
Einwohner 1980:	16 245
Autobahn:	N 1, Wil

schaftsgebiet wurde seither Fürstenland genannt – eine Bezeichnung, die bis heute im Namen «Wil im Fürstenland» fortlebt.

Bis zum Untergang der Alten Eidgenossenschaft 1798 blieb Wil, abgesehen von zwei kurzen Unterbrüchen, im Besitz des Klosters St. Gallen. 1292 kam die Stadt durch einen Handstreich in den Besitz der Habsburger. Sie äscherten die Siedlung ein und zwangen die gesamte Bevölkerung, nach Schwarzenbach umzusiedeln. Das unfreiwillige Exil in dem von König Rudolf von Habsburg am östlichen Ufer der Thur gegründeten Konkurrenzstädtchen dauerte nur kurze Zeit: 1301 wurde Wil den Fürstäbten zurückgegeben und die Stadt wieder aufgebaut, Schwarzenbach hingegen geschleift. Von diesem Zeitpunkt an blieb Wil Eigentum des Klosters, mit Ausnahme jener zwei Jahre, als sich 1407–1409 die aufständischen Appenzeller der Stadt bemächtigten. Unter der langen Herrschaft des Klosters St. Gallen und besonders unter Ulrich Rösch (Fürstabt von 1463 bis 1491) entwickelte sich der Marktflecken zur kulturell regsamen Kleinstadt: Künstlerischer Höhepunkt des alten Wiler Handwerks war die Goldschmiedekunst, die besonders mit der über sechs Generationen lang tätigen Familie Wieland verbunden ist.

Als sich das Fürstenland 1798 unabhängig erklärte, wurde Wil unter der Helvetik im Kanton Säntis eine selbständige Gemeinde. 1802 kam es zum Kanton St. Gallen und wurde 1803 Bezirkshauptort. 1855 wurde die Provinzstadt durch den Anschluß an die Eisenbahn Winterthur–Wil und wenig später an die Toggenburgerbahn aus der ländlichen Abgeschiedenheit befreit. Die Stadt dehnte sich nach Süden und Westen aus; mit Ausnahme des Obertors wurden die acht alten Stadttore geschleift.

Seit dem Zweiten Weltkrieg erlebt Wil eine stürmische Bevölkerungsentwicklung. Es ist heute Mittelpunkt und Einkaufszentrum einer Region von 60 000 Einwohnern. Der Industriestandort mit den vielen kleineren und mittleren Betrieben – neben einer Fenster- und Metallwarenfabrik werden hier vor allem landwirtschaftliche Maschinen und Geräte hergestellt – geriet in den letzten Jahren in den Sog des Großraums Zürich: Heute pendeln viele Wiler in die Limmatstadt zur Arbeit. Die alte Stadtanlage Wils ist eine typische Gründung der Grafen von Toggenburg und genau geplant, wie die von ihnen fast gleichzeitig angelegten Städtchen Uznach und Lichtensteig. Innerhalb des wehrhaften, ovalen Häuserrings umschließen die Markt- und die Kirchgasse eine einzige innere Häuserzeile. Zu Füßen der Pfarrkirche entwickelten sich in der Längsachse die Obere und Untere Vorstadt, wo einst vor allem Häuser von Gewerbetreibenden und Lagerschuppen standen; sie sind noch heute leicht von den vornehmeren Häusern der Oberstadt zu unterscheiden. In den steilen Gassen der Altstadt bieten die ausgewogenen Bauten, die wuchtigen Arkaden und die vielen Häuserfronten aus der Spätbarockzeit zusammen mit den handgeschmiedeten Wirtshausschildern ein malerisches Bild.

Nicht nur das Stadtbild, auch einige Bräuche erinnern neben den Märkten an die Vergangenheit: An Silvester werden Laternen durch das Städtchen getragen, und am Endschießen der Stadtschützen Anfang Oktober findet der traditionelle Steckli-Umzug statt.

Abt Ulrich VIII. Rösch (1426–1491)

Als Küchenjunge ins Kloster St. Gallen eingetreten, machte Rösch rasch Karriere. Der in der Wahl seiner Mittel nie zimperliche Mönch wurde 1451 Klosterverwalter, und schließlich gelang es ihm – nach langem Intrigieren beim Papst in Rom –, seinen Vorgänger, Abt Kaspar, abzusetzen. 1463 hatte Rösch – der in den Auseinandersetzungen um die Macht in der Abtei sogar eingekerkert worden war – sein Ziel erreicht: Er war Fürstabt von St. Gallen. Durch sparsames Wirtschaften führte Rösch in kurzer Zeit das Kloster zu neuer Blüte. Der listige Ränkeschmied und tatkräftige Politiker kaufte 1468 die Grafschaft Toggenburg und schuf durch die Reorganisation der Verwaltung erst den abgeschlossenen Territorialstaat des Klosters – eine Leistung, für die Rösch auch als «zweiter Gründer von St. Gallen» gerühmt wird. Wie viele der mächtigen Kirchenfürsten seiner Zeit war Abt Ulrich ein unermüdlicher Bauherr. Stolzestes Zeugnis seiner Bautätigkeit in Wil, das er zu seiner zweiten Residenz ausbaute und wo er 1491 starb, ist der Hof.

Stadtmuseum im Hof
Hofplatz 88
073/22 38 55
Mo und Mi–Sa 14–17 Uhr,
So 10–12 und 14–17 Uhr

Zoologisches Präparatorium
Greb, mit über 3000 präparierten Tieren
9501 Busswil bei Wil
073/22 51 21
Mo–Fr 7.30–12 und 13.30–17.30 Uhr, 1. So im Monat 10–12 Uhr

Schwimmbad
Bergholz
Wilenstraße 45a
073/23 29 16

Schwimmbad
Weierwisen
073/22 02 10

Kunsteishalle
Oktober–März
Wilenstraße 45a
073/23 29 16

Minigolf
Motel Golf
073/23 66 33

Markt am Samstag

Silvesterumzug mit Laternen

Steckli-Umzug am Endschießen der Stadtschützen am 1. oder 2. So im Oktober

Um den Stadtweiher

Nur wenige Minuten trennen die betriebsame Wiler Altstadt von einem reizvollen Naherholungsgebiet: Durch das Schnetztor kommt man zum Gasthof Adler mit seinem besonders schönen Wirtshausschild. Hier zweigt links ein steiles Sträßchen ab, das längs der ehemaligen Wehrmauer zum Wiler Stadtweiher hinunterführt. Beim Spaziergang rund um den schilf- und baumbestandenen Weiher, in dessen Wasser sich das Städtchen spiegelt, zeigt sich Wil von seiner charakteristischsten Seite. Von links nach rechts dehnt sich eine geschlossene und von neuzeitlichen Einflüssen kaum gestörte Häuserzeile aus. Am höchsten Punkt des Städchens thront der Hof. Ihm folgen mit dem Auf und Ab ihrer Giebel die breiten, teilweise aber überschmalen Altstadthäuser; nur am rechten Ende des Altstadtrings schließen sich einige bereits neuzeitlich geprägte Gebäude an.

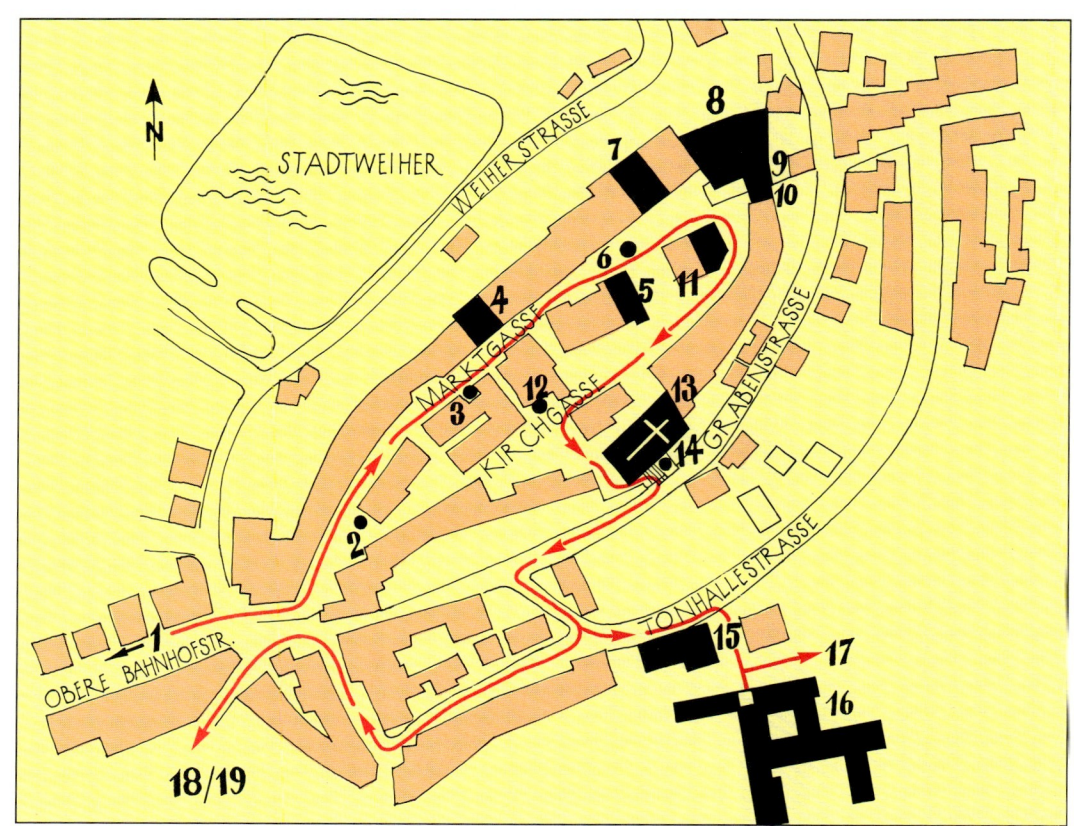

1 Bahnhof
2 Bärenbrunnen
3 Böckebrunnen
4 Rathaus
5 Trinkstube zum Hartz
6 Pankratiusbrunnen
7 Gerichtshaus
8 Der Hof mit Ortsmuseum
9 Haus zur Toggenburg
10 Schnetztor
11 Baronenhaus
12 St.-Nikolaus-Brunnen
13 Kirche St. Nikolaus
14 Glocke
15 Tonhalle
16 Dominikanerinnenkloster St. Katharina
17 Kapuzinerkloster
18 Kirche St. Peter mit Liebfrauenkapelle
19 Kreuzkirche

Stadtrundgang Wil

Vom Bahnhof (1) führt die Obere Bahnhofstraße – mit ihren vielen Geschäften das Einkaufszentrum der Region – zum südwestlichen Ende der Altstadt, wo sich Markt- und Kirchgasse gabeln. Am Anfang der Marktgasse steht der Bärenbrunnen (2) mit dem Wiler Wappentier. Entlang schmalbrüstiger Häuser und malerischer Laubengänge – die Fachwerkhäuser sind meist durch Pfosten gestützt, die Steinbauten ruhen auf Arkaden – führt die Marktgasse ansteigend zum Böckebrunnen (3) und zum heutigen Wiler Rathaus (4). Es wurde um 1785 vom wohlhabenden Tuchhändler Josef Morell anstelle dreier alter Häuser erbaut. 1882 kaufte es die Gemeinde, nachdem das alte Rathaus neben dem «Anker» abgebrochen worden war. Das breite, sechsachsige Barockgebäude steht auf Rundpfeilerarkaden. Bei der ehemaligen, bereits 1585 erwähnten «Trinkstube zum Hartz» (5) und beim Pankratiusbrunnen (6) – er erinnert an einen der Stadtheiligen – erreicht man das Herz von Wil, den «Goldenen Boden». Das 1607 erbaute Gerichtshaus (7) weist mit seinen symmetrischen Fenstern noch spätgotisches Gepräge auf.

Bekrönt wird Wil vom Hof (8), einem imponierenden Steinbau, der die zum Platz erweiterte Marktgasse beherrscht. Die wehrmauerartige Westfront verkörpert noch die Gründungszeit – hier bauten die Toggenburger Grafen in der zweiten Hälfte des 12. Jh. ihre Burg, während die feingliedrige Südfassade an die Spätgotik erinnert. Der heutige Bau, der sich von 1226 bis 1798 fast dauernd im Besitz der Äbte des Klosters St. Gallen befand, geht vor allem auf Abt Ulrich VIII. Rösch (1463–1491) zurück. Während die äußere Bausubstanz weitgehend erhalten blieb, wurde das kostbare Innere im 19. Jh. in alle Winde zerstreut. Die Gaststube im ersten Geschoß mit dem erneuerten Täfer war einst der Fürstensaal. An den aufwendigen Lebensstil der St. Galler Äbte erinnern auch der angrenzende Gartensaal mit einem spätgotischen Wandgemälde – es zeigt Abt Ul-

In der Stadt residierten auch die Fürstäbte von St. Gallen

Die guterhaltene Altstadt

rich – und die Äbtestube mit dem Renaissancetäfer. Ein Besuch des Wiler Stadtmuseums im dritten Stock lohnt sich nicht nur wegen seiner bedeutenden ortsgeschichtlichen Sammlung, sondern auch wegen der prächtigen Aussicht auf die Altstadt.

Im 1693 südlich an den Hof angebauten Haus zur Toggenburg (9), der ehemaligen Statthalterei, wohnten einst die amtlichen Vertreter des Abtes. Es wird mit dem östlichen Häuserring durch das Schnetztor (10), das einzige erhaltene Tor der alten Stadtbefestigung, verbunden. Der unverputzte Bruchsteinbau ist ebenfalls unter Abt Ulrich entstanden.

Als spätester Bau am Hofplatz entstand 1795 für Reichsvogt und Baron Josef Pankraz Grüebler das Baronenhaus (11). Die sechsachsige Platzfront des viergeschossigen, klassizistischen Baus mit dem Aussichtstürmchen und der reichen Trompe-l'œil-Malerei auf allen Fassaden ruht auf einer wuchtigen Pfeilerarkade. Der Ostfront ist eine Terrasse mit schmiedeisernem Geländer vorgelagert. Im Inneren des Hauses – es ist heute Sitz des Bezirksamts – sind vor allem die Zimmerflucht im zweiten Stock mit dem kostbaren Intarsientäfer und der reichdekorierte Festsaal im dritten Geschoß bemerkenswert.

Die breite Kirchgasse führt zurück zum St.-Nikolaus-Brunnen (12) und zur katholischen Pfarrkirche St. Nikolaus (13), einer dreischiffigen Basilika mit spätgotischem Chor, dessen Steildach von einem Zwiebeltürmchen gekrönt wird. Die 1333 erstmals erwähnte Kapelle wurde erst zu Beginn des 15. Jh. anstelle von St. Peter zur Pfarrkirche erhoben. Während der 1429 erbaute Chor weitgehend erhalten blieb, wurde das nach 1478 entstandene Langhaus 1933 verlängert und mit einem Querbau abgeschlossen. Gleichzeitig wurde der ehemalige Frontturm durch einen Eckturm ersetzt. Nach der neuesten Renovation von 1983 präsentiert sich der dreischiffige Innenraum wieder im Stil der Spätgotik.

Die älteste Wiler Glocke von 1589 (14) steht auf einem Podest bei der neuen Treppenanlage, die zur Grabenstraße und der oberen und unteren Vorstadt – getrennt vom weiten Platz des Viehmarkts – hinunterführt. Hinter der historisierenden Tonhalle (15) steht seit 1607 das heute noch blühende Dominikanerinnenkloster Sankt Katharina (16). Die langgestreckte Kirche mit dem malerischen Dachreiter birgt drei reiche Régence-Altäre. Das Kapuzinerkloster (17) östlich vor der Stadt wurde vom Reichsvogt und Goldschmied Georg Renner gestiftet, 1654–1656 erbaut und 1963–1965 umgestaltet. In der einfachen Kirche stehen drei Barockaltäre.

Im Südwesten der Stadt ragt aus den neuen Quartieren der Turm der Kirche St. Peter (18) empor. Die ehemalige Pfarrkirche von Wil wird erstmals 1206 erwähnt. Ihr Chor wurde Ende des 15. Jh. neuerbaut, das Schiff 1887 und 1960 nochmals umgestaltet. Die dreischiffige, neugotische Hallenkirche schließt an einen spätgotischen, polygonalen Chor an und birgt einen spätgotischen Schnitzaltar aus der Zeit um 1480. Die südliche Seitenkapelle der Peterskirche, die Liebfrauenkapelle mit fünfjochigem Netzgewölbe, wurde 1498 erbaut und zu Beginn des 16. Jh. ausgemalt. Die Westfront ziert ein um 1500 entstandenes Jüngstes Gericht. Ganz in der Nähe steht mit der reformierten Kreuzkirche (19) das neueste Wiler Gotteshaus, ein moderner Zentralbau mit Campanile, der 1962/63 von Walter Henne erbaut wurde.

Kloster Fischingen

Das Kloster Fischingen liegt 11 km südwestlich von Wil, und zwar bereits auf Thurgauer Boden. Nach der Überquerung der N 1 folgt die Straße ab Sirnach der Murg bis zum ehemaligen, 1333–1338 gegründeten Benediktinerstift Fischingen. Das Kloster erlebte im 17. und 18. Jh. eine zweite Blütezeit, von der die vollständig erhaltene barocke Klosteranlage zeugt. Die Kirche wurde 1685–1687 vermutlich nach Plänen von Caspar Mosbrugger erbaut; 1753 verlängerte Johann Michael Beer das fünfjochige, tonnengewölbte Schiff mit gleich breitem Chor um den oberen oder Psallierchor – der Name leitet sich vom Gesang der Mönche ab. 1795 wurden im unteren Chor die Arkaden mit den krönenden, lebensgroßen Stuckstatuen eingebaut. Die Ausmalung beider Chöre stammt aus der zweiten Hälfte des 18. Jh. An der Nordwestecke der Kirche wurde 1705–1708 die heutige Idda-Kapelle angebaut, die mit drei Arkaden gegen das Kirchenschiff geöffnet ist. Im formschönen, hochbarocken Zentralbau befinden sich ein spätgotischer Sarkophag mit einer Liegefigur der heiligen Idda und der Idda-Grabaltar von 1713. Die ehemaligen Mönchsbehausungen dienen heute als Bildungs- und Kongreßzentrum.

Region 5: Tessin, Uri, Schwyz, Obwalden, Nidwalden, Luzern, Zug

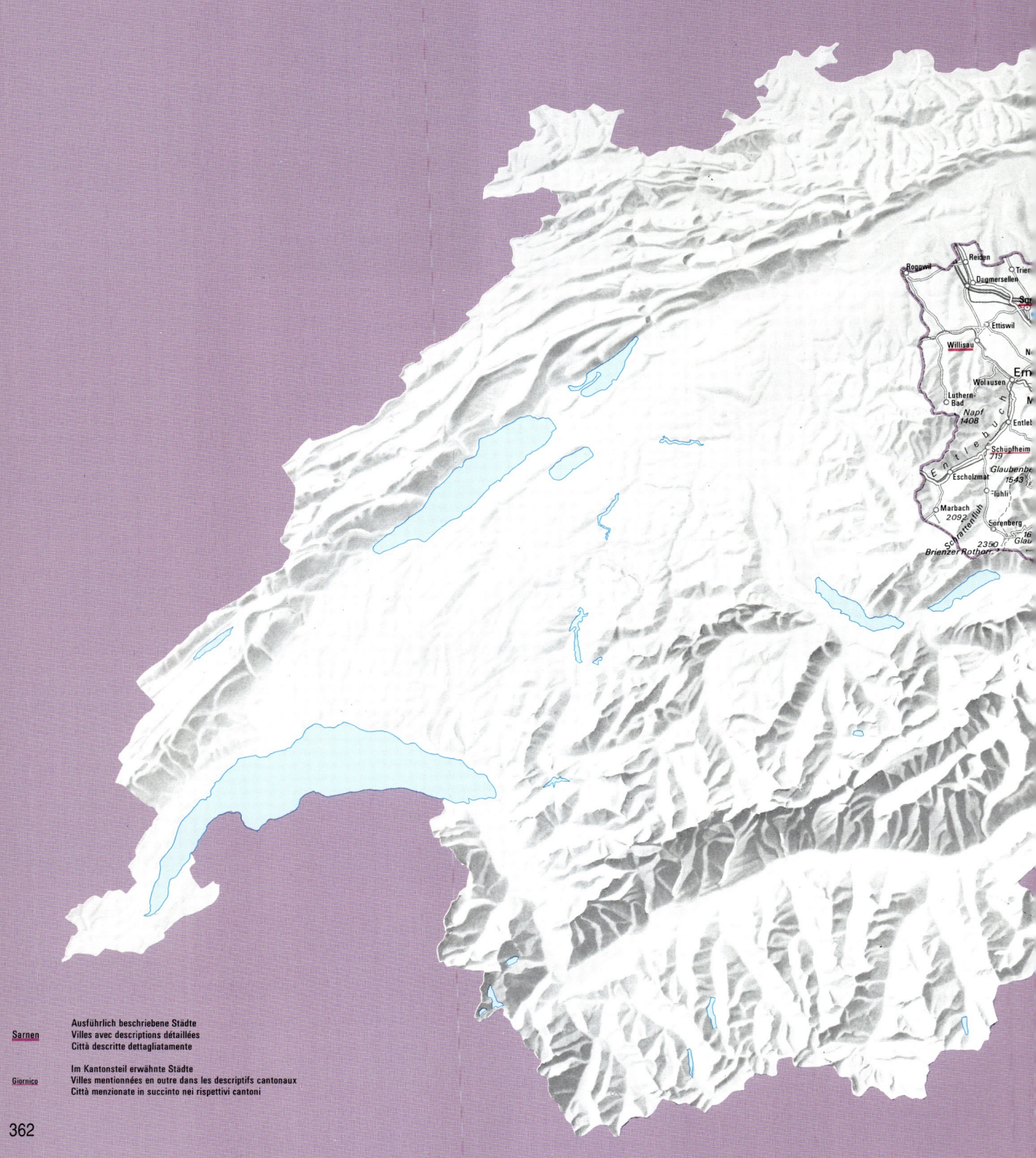

Sarnen — Ausführlich beschriebene Städte / Villes avec descriptions détaillées / Città descritte dettagliatamente

Giornico — Im Kantonsteil erwähnte Städte / Villes mentionnées en outre dans les descriptifs cantonaux / Città menzionate in succinto nei rispettivi cantoni

Wie zu Tells Zeiten sieht Altdorf nicht mehr aus, doch einen Hauch der von Goethe bewunderten «Italianità» hat der Urner Hauptort bis heute bewahren können. Es lohnt sich, die stillen Winkel und Schönheiten des alten Marktfleckens in der fruchtbaren Reussebene zu entdecken.

Verkehrsbüro
Tellspielhaus
Schützengasse 11
6460 Altdorf
044/2 28 88

TCS-Geschäftsstelle
Bahnhofstraße 1
6460 Altdorf
044/2 47 41
044/2 02 93

Altdorf

Das erstmals 1223 erwähnte Altdorf ist natürlich viel älter. Bei Ausgrabungen in der Pfarrkirche St. Martin wurden nicht nur Reste einer gotischen, einer romanischen und einer karolingischen Kirche, sondern auch die Grabstätte eines alemannischen Reiters gefunden. Damit dürfte bewiesen sein, daß Altdorf bereits im 7. Jh. bestanden hat und mit dem 732 in einer Chronik erwähnten «Uri» identisch gewesen sein muß.

Das Dorf entwickelte sich um die Mutterkirche aller urnerischen Seegemeinden und des unteren Reusstals sowie um den Marktplatz mit der berühmten Linde, unter der Gericht gehalten wurde. Nach der Wegbarmachung des Gotthards um 1230 entwickelte sich Altdorf zum vielbesuchten Marktflecken. Zum Angebot gehörten einheimisches Trockenfleisch und Alpkäse, Korn, Salz und italienischer Wein.

Der Einfluß des Südens zeigte sich auch in der Bauart. An der Hauptstraße bauten sich führende Geschlechter wie die Müller, Crivelli und Jauch stattliche Wohnsitze als sichtbares Zeichen dafür, daß – wie überall in der Urschweiz – einige wenige Familien dank der Reisläuferei zu Geld gekommen waren und in der Folge die politischen Ämter beinahe ausschließlich besetzten.

Mit seinen prächtigen Herrenhäusern gehörte der malerische Ort zu den schönsten der Innerschweiz. Sogar Johann Wolfgang Goethe, wohl Altdorfs berühmtester Gast im reisefreudigen 18. Jh., schwärmte von dessen «italienischem Wesen». Auch wenn ihm Altdorf überdies als ausgesprochen «stadtmäßig» erschien, blieb es wie die anderen Ur-

Kanton:	UR
Meter über Meer:	458
Einwohner 1900:	3117
Einwohner 1980:	8230
Autobahn:	N 2, Flüelen oder Erstfeld

schweizer Hauptorte ein Flecken. Am 5. April 1799 kam es zur Katastrophe. Der Urner Hauptort, der seit dem Frühjahr 1798 von den Franzosen besetzt war, wurde durch eine gewaltige Feuersbrunst bis auf sechs Gebäude völlig zerstört. Auch das Landesarchiv und das auf Initiative des Mailänder Kardinals Karl Borromäus 1581 gegründete erste Kapuzinerkloster nördlich der Alpen fielen dem Großbrand zum Opfer. Ob die Brandstiftung das Werk der französischen Besetzer oder der verzweifelten Altdorfer war, ist unklar geblieben.

Jene Bauten, die in der Föhnnacht von 1799 nicht von den Flammen zerstört worden sind, zählen heute zu Altdorfs Schmuckstücken. Dazu gehört auch das 1550 erbaute Jauchsche Herrschaftshaus. Seit der russische General Suworow am 26. September 1799 hier an der Hellgasse übernachtet hat, wird Altdorfs ältestes Haus auch Suworow-Haus genannt.

Viele Altdorfer Häuser wurden nach der verheerenden Feuersbrunst aufgrund alter Unterlagen wieder möglichst originaltreu aufgebaut. Mit dem Wiederaufbau Altdorfs nach dem dritten großen Dorfbrand – die drei roten Schrägbalken in der rechten Hälfte des Altdorfer Gemeindewappens erinnern heute noch an die großen Feuersbrünste von 1400, 1693 und 1799 – ging die vielgerühmte Italianità zwar nicht ganz verloren, doch wurde der ausgeprägt südliche Charakter des Ortsbildes immer mehr verwischt.

Den Mittelpunkt Altdorfs bildet der Hauptplatz mit dem mittelalterlichen Wohnturm (von den Einheimischen Türmli genannt), dem 1895 geschaffenen Telldenkmal von Richard Kissling und dem vom Luzerner Baumeister Niklaus Purtschert 1805–1808 errichteten klassizistischen Rathaus. Ebenfalls im Dorfkern befindet sich der geschichtsträchtige Lehnplatz mit dem 1804 erbauten und 1856 erweiterten heutigen Zeughaus Uri in der Mitte.

Neben dem ursprünglich gotischen Fremdenspital und den zahlreichen Palazzi am südlichen und nördlichen Dorfeingang verdienen auch die Kirchenbauten besondere Beachtung. Das über dem Dorf gelegene Kapuzinerkloster sticht schon wegen seiner Lage ins Auge. Aber auch das Kapuzinerinnenkloster St. Karl bei der Kapelle zum Oberen Heiligen Kreuz, die Wallfahrtskapelle beim Unteren Heiligen Kreuz sowie die nach dem Dorfbrand von 1799 in klassizistischem Stil wiederaufgebaute Pfarrkirche St. Martin sind einen Besuch wert.

Wie zu Goethes Zeiten sieht Altdorf nicht mehr aus, dennoch hat der Flecken Ecken intakter Gemütlichkeit bewahrt. Das Dorf trägt allerdings auch in seinem Kern einige architektonische Male der modernen Zeit. Das erste Hochhaus Altdorfs, als Betriebspersonalhaus Anfang der sechziger Jahre erstellt, ist aber das einzige geblieben.

Heute ist Altdorf das wirtschaftliche und politische Zentrum des Kantons Uri. Eine Kabel-, Gummi- und Kunststoffabrik und die Eidgenössische Munitionsfabrik, die beiden größten Arbeitgeber des Kantons, stehen auf Altdorfer Boden. Wie überall in der Innerschweiz schlägt auch in Altdorf die Fasnacht hohe Wellen. Einem Urschrei ähnlich wird jedes Jahr «Yyseri Müüsig! Chatzämüüsig!» in die Kälte der dunklen Nacht hinausgerufen, und fast jeden Abend dröhnt der immer gleiche Rhythmus des «Chatzämüüsig-Marsches» durch die Gassen und Straßen des Urner Hauptorts.

Karl Emanuel Müller (1804–1869)

Müller entstammte einer angesehenen Familie des Landes Uri. In Heidelberg und Wien studierte der Altdorfer Straßen- und Brückenbau. Als der frischgebackene Ingenieur nach Uri zurückkehrte, war der Bau der Fahrstraße über den Gotthard schon im Gange. Unter der Leitung des jungen Technikers entstand zwischen 1828 und 1830 das schwierigste Teilstück des Jahrhundertwerks – die Straße durch die Schöllenenschlucht mit der neuen Teufelsbrücke. Bis 1840 war der Urner dann Straßeninspektor des Kantons Glarus. Nachdem Müller den Bau der Nydeggbrücke (1840–1844) in Bern geleitet hatte, wurde er 1845 als Regierungsrat und Vorsteher des Baudepartements nach Luzern berufen. 1850 wurde Müller Urner Landesstatthalter. Zweimal war er Landammann, und vier Jahre lang, 1862–1864, vertrat er Uri im Ständerat. Den Bau der Gotthardbahn erlebte Karl Emanuel Müller nicht mehr. Bei der feierlichen Eröffnung der von ihm bereits 1835 entworfenen Axenstraße zwischen Flüelen und Brunnen im Juli 1865 war der Stifter des Urner Kantonsspitals aber noch dabei.

Historisches Museum Uri
Gotthardstraße 18
Juni bis Oktober
Di–So 9–11 und 13–17 Uhr
044/2 19 06

Luftseilbahn Altdorf–Eggberge
Flüelerstraße 132
044/2 15 49

Hallenbad
Moosbad
Flüelerstraße 104
044/2 58 25

Minigolf
Moosbad
Flüelerstraße 104
044/2 58 25

Camping
Remo-Camp
Moosbad
Flüelerstraße
Januar bis Dezember
044/2 85 41

Fasnacht
Karfreitagsprozession
Tellspiele alle drei Jahre
Waffenlauf im Oktober
Chilbi am Sonntag nach St. Martin (11. November)

Das Tellmuseum

Im Wattigwylerturm in Bürglen sind Hunderte von Werken aus allen möglichen Kunstbereichen ausgestellt, die ein einziges Thema haben: das Leben und das Nachleben des legendären Bürgler Schützen Tell. Entstanden ist das Tellmuseum auf Initiative des Anfang 1990 verstorbenen Pfarrhelfers und Schriftstellers Josef Konrad Scheuber. Am 3. Juli 1966 wurde das Museum im komplett restaurierten Wattigwylerturm eröffnet (das Archiv befindet sich Meierturm). Auf drei Stockwerken werden hier heute übersichtlich die verschiedensten «Telliana», wie Bilder, Stiche und andere Ausstellungsstücke, präsentiert. Es finden sich nicht nur das älteste erhaltene Bildnis Tells aus dem Jahr 1585 von Wilhelm Tuggener, der Kupferstich-Erstdruck der Partitur zur Oper «Wilhelm Tell» von Gioacchino Rossini und die Entwürfe für das Telldenkmal von Altdorf, sondern auch eine ganze Reihe von Kuriositäten, die den legendären Schützen aus Bürglen verherrlichen. Ab 1991 wird den Besuchern zusätzlich eine Tonbildschau vorgeführt. Das Museum ist vom Juni bis Mitte Oktober geöffnet: 10–11.30 und 14–17 Uhr, Juli und August 10–17 Uhr.

1 Rathausplatz mit Rathaus und Telldenkmal
2 Kapuzinerkloster
3 Pfarrkirche St. Martin
4 Fremdenspital
5 Vogelsang
6 Untere Heiligkreuz-Kapelle
7 Haus im Eselmätteli
8 Haus Winterberg
9 Gemeindehaus
10 Ankenwaage
11 von Rollsches Haus
12 Tellspielhaus
13 Jauchsches oder Suworow-Haus
14 Historisches Museum
15 Haus in der Stoffelmatte
16 Kapuzinerinnenkloster St. Karl
17 Lehnplatz mit Zeughaus

Stadtrundgang Altdorf

Unser Rundgang beginnt beim Rathausplatz (1) mit dem von den Einheimischen «Türmli» genannten mittelalterlichen Wohnturm, dem 1895 geschaffenen Telldenkmal von Richard Kissling und dem vom Luzerner Baumeister Niklaus Purtschert 1805–1808 errichteten Rathaus. In diesem kürzlich renovierten klassizistischen Gebäude tagen nicht nur Regierung und Kantonsparlament, sondern werden auch die kostbaren Urner Schlachtenbanner aufbewahrt.

Vom Rathausplatz aus führt ein steil ansteigender Weg hinauf zum Allerheiligenberg mit dem Kapuzinerkloster (2). Die 1585 geweihte Kirche wurde 1804–1807 nach dem dritten Altdorfer Dorfbrand von 1799 wiederaufgebaut. Vom Vorplatz mit der imposanten Linde hat man einen herrlichen Rundblick auf den Urner Hauptort und die Talebene mit den Nachbardörfern Attinghausen, Schattdorf und Bürglen.

Ebenso steil wie der Aufstieg ist der Abstieg hinunter zur katholischen Pfarrkirche St. Martin (3). Die 1800–1810 von Josef Rey aus Muri AG auf teilweise über 1000jährigen Fundamenten wiederaufgebaute einschiffige Anlage mit zwei querschiffartigen Seitenkapellen und eingezogenem rundgeschlossenem Chor besitzt eine klassizistische Ausstattung mit marmornem Hochaltar und Deckenmalereien von Giovanni Baltasaro Bagutti.

Vom Friedhof gelangt man über eine Stiege zum Fremdenspital (4). Das 1437 für die über den Gotthardpaß reisenden Fremden gestiftete Spital mit dem schmalen, von den beiden parallelen Bauflügeln mit Treppengiebeln begrenzten Innenhof wurde nach dem Brand 1803 wieder auf den alten Mauern aufgebaut.

Durch ein enges Sträßchen kommt man ins malerische Vogelsang-Quartier (5). Von dort führt ein Spazierweg zwischen hohen Mauern hindurch zum Schybenplätzli-Quartier. Am nördlichen Dorfeingang erreicht man die Untere Heiligkreuz-Ka-

Alte Herberge für Reisende über den Gotthardpaß: das Fremdenspital

Symbol der Freiheit: Wilhelm Tell

pelle (6). Die frühbarocke Votivkapelle mit dem Zwiebelturm und der in toskanischen Formen gehaltenen Eingangshalle wurde anläßlich der Großen Pest 1629 erbaut. Die 1989 renovierte Kapelle dient heute insbesondere den Urner Gastarbeitern als Gotteshaus.
Nun geht es in die Herrengasse, an der eine Reihe von besonders stattlichen Herrensitzen aus dem 17. und 18. Jh. stehen, darunter auf der östlichen Seite das Besslerhaus, das Vinzenz-Müller-Haus, das Crivelli-Haus und das Haus Müller-Theiler. Die teilweise nach dem letzten großen Dorfbrand wiederaufgebauten Häuser stehen unter Denkmalschutz.
Das Prunkstück der Herrengasse aber ist das um 1668 errichtete und nach 1764 im Rokokostil umgebaute Haus im Eselmätteli (7) mit Stuckdecken und Deckengemälden, bemaltem Wand- und Deckentäfer, Turmöfen und kostbarem Mobiliar. Wurden in der Franzosenzeit unter anderem Prinz Ferdinand von Österreich und Fürst Hohenlohe im feudalsten Urner Herrensitz einquartiert, so ist das Haus im Eselmätteli heute das Verwaltungsgebäude des Elektrizitätswerks Altdorf. Im gegenüberliegenden öffentlichen Park befindet sich das 1835 umgebaute Haus Winterberg (8), heute Sitz der Urner Steuerverwaltung. Von hier sind es nur wenige Schritte zum 1811 als Schulhaus erbauten Gemeindehaus (9). Der Hauptstraße entlang gelangt man bei der Einmündung der Bahnhofstraße zum Haus Ankenwaage (10); hier wurde früher mit einer öffentlichen Waage der Anken (Butter) gewogen. An den 1824 erbauten Biedermeierbau, in dem heute die Kantonspolizei Uri untergebracht ist, schließt an der Rückseite der mittelalterliche Hexenturm an, das alte Staatsgefängnis.
Nicht weit davon entfernt steht das 1562 für den Ritter Walter von Roll, einen der Führer der Gegenreformation in der Schweiz und Freund des Mailänder Kardinals Karl Borromäus, errichtete von Rollsche Haus (11). Auch dieses Haus brannte 1799 nieder und wurde 1823 im Stil eines florentinischen Palazzos wiederaufgebaut.
Durch die Schützengasse kommt man dann zum Tellspielhaus (12), in dem alle drei Jahre Schillers Freiheitsdrama vom Schweizer Nationalhelden Wilhelm Tell aufgeführt wird. 1865–1867 als Gemeindehaus in spätklassizistischen Formen errichtet, wurde es 1917 von der Tellspiel-Gesellschaft gekauft und 1925 umgebaut.
Von hier führt die Hellgasse hinauf zum Jauchschen oder Suworow-Haus (13). Der 1550 erbaute spätgotische Herrschaftssitz mit Treppengiebeln ist das älteste Haus des Urner Hauptorts. Die prächtige Prunkstube mit Kassettendecke und Buffet (Geschirrschrank mit Anrichtetisch) aus dem Jahr 1556 und das geschnitzte Renaissancetäfer haben die Dorfbrände von 1693 und 1799 überstanden.
Durch die Obere Fabrikstraße und am Verwaltungsgebäude der Kabel-, Gummi- und Kunststoffabrik vorbei gelangt man zum Historischen Museum Uri (14). Das 1906 eingeweihte neugotische Gebäude mit Treppengiebeln und Walmdach mit glasierten Ziegeln ist eher ein Raritätenkabinett. Unmittelbar daneben befindet sich das 1579 erbaute Haus in der Stoffelmatte (15). Nur wenige Meter entfernt steht das 1677 gegründete Kapuzinerinnenkloster St. Karl (16). An den herrschaftlichen Palazzi der Gotthardstraße vorbei gelangt man schließlich auf den historischen Lehnplatz (17) mit dem 1804 erbauten und 1856 erweiterten heutigen Zeughaus Uri in der Mitte. Am 1596 errichteten Uraniabrunnen vorbei durchs Lehngässli und über die Schmiedgasse kommt man wieder zum Rathausplatz.

Zur Wallfahrtskapelle im Riedertal

Bürglen oder der nach einer reizvollen, 1661 erbauten Barockkapelle benannte Weiler Loreto beim Hotel Kinzigpaß an der Klausenstraße bieten sich dem Wanderlustigen als Ausgangspunkt dieses Spaziergangs an. Vom Kirchplatz Bürglen wie von Loreto aus erreicht man die romantisch im Wald gelegene Wallfahrtskapelle im Riedertal auf dem Gosmerweg und der ausgebauten Zufahrtsstraße. Der Pilgerweg führt in rund dreiviertel Stunden an den 14 Passionsstationen vorbei zur Wallfahrtskapelle hinauf. Das erstmals 1535 urkundlich erwähnte Kirchlein ist gotischen Ursprungs. Im 16. und 17. Jh. wurde die Kapelle mehrmals erweitert. Den spätgotischen Chor jedoch ließ man unverändert. Schiff und Portal stammen aus der Renaissance. Im Innern finden sich erst 1909 entdeckte Wandmalereien des 16. und 17. Jh. Sehenswert sind auch die zahlreichen Votivtafeln an den Wänden. Hauptanziehungspunkt aber ist die gotische Pietà aus dem 14. Jh.

Das Land am Gotthard in Zahlen

Der Kanton Uri – das Land am Gotthard mit dem Reusstal und den Nebentälern Schächental, Erstfelder Tal, Maderanertal, Meiental, Fellital, Göschener Tal und Urserental – ist mit 1077 km² der elftgrößte Stand der Schweiz. Fast die Hälfte des Kantonsgebiets besteht aus Felsen, Geröll, Gletschern und Firneis. Rund ein Drittel wird als Alpweide genutzt. Nach Schätzungen gehören etwa 85% des Urner Bodens den beiden Korporationen Uri und Urseren. Auch wenn Uri sein ländlich-bäuerliches Gepräge noch nicht ganz verloren hat, die Zeiten des «Volks der Hirten und Sennen» sind vorbei. Der ehemalige Agrarkanton Uri mit 20 Gemeinden und 33 435 Einwohnern ist zu einem der am stärksten industrialisierten Kantone geworden. Waren 1888 noch fast 60% der Bevölkerung in der Landwirtschaft tätig, leben heute keine 1400 Urner mehr von der Land- und Forstwirtschaft. Das sind weniger als 10% der Erwerbstätigen. 47% der 14 800 berufstätigen Urner arbeiten in Industrie und Gewerbe.

Andermatt

Uris einziger Winter- und Sommersportplatz ist zugleich Verkehrsknotenpunkt an der Gotthardpaßroute und liegt auf 1444 m ü. M. im Urserental. Andermatt mit seinen 1300 Einwohnern ist die Metropole des imposanten, von 3000 m hohen Gebirgsketten umsäumten Hochtals mit den beiden weiteren Gemeinden Hospental und Realp. Das dank einer Umfahrungsstraße wieder ruhiger gewordene Bergdorf wurde Ende des 12. Jh. gegründet. Nach dem Bau der Teufelsbrücke in der Schöllenenschlucht Anfang des 13. Jh. wurde Andermatt zu einer wichtigen Etappe des Handels- und Personenverkehrs über den Gotthard, bis dann die Eröffnung des Gotthard-Eisenbahntunnels 1882 zum Zusammenbruch des florierenden Fuhrwesens führte und auch viele Bewohner zur Auswanderung zwang. Nach der Errichtung des Gebirgswaffenplatzes 1895 und dank dem um die Jahrhundertwende aufblühenden Sommertourismus schöpften die Andermatter wieder Hoffnung. Mit 16 Pisten, dem Skigebiet Nätschen–Gütsch und dem Gemsstock gilt das im Schutz des Gurschenwalds liegende Andermatt heute als eines der schneesichersten Wintersportgebiete der Schweiz. Sehenswert sind in Andermatt die links am Dorfeingang bei der Kaserne stehende Kirche St. Kolumban aus dem 13. Jh. mit ihrem romanischen Turm, die barocke Pfarrkirche St. Peter und Paul mit dem vom Oberwalliser Bildschnitzer Johannes Ritz gefertigten dreistufigen Hochaltar von 1716 sowie die auf einer kleinen Anhöhe liegende Wallfahrtskapelle Maria-Hilf (1739–1742). Aufmerksamkeit verdienen auch das aus dem Jahre 1583 stammende und 1767 nach dem Dorfbrand neu erstellte Rathaus sowie das Schönbächlerhaus. Im geschichtsträchtigen Holzbau mit den seltenen Rokokomalereien übernachtete 1799 der russische General Suworow. Heute ist hier das Talmuseum Urseren untergebracht.

Seedorf

Das kleine Kulturzentrum, heute

Ein barockes Schmuckstück: das Frauenkloster St. Lazarus in Seedorf

durch das Knie der Gotthardautobahn vom südwestlichen Ende des Urnersees abgeschnitten, hat seinen ländlichen Dorfcharakter bis heute bewahrt. Während früher im bereits um das 9. Jh. besiedelten linken Reussdelta Ackerbau, Viehzucht und Fischfang vorherrschten, hat die Gemeinde mit ihren gut 1500 Einwohnern heute mehr als 50 Klein- und Mittelbetriebe. Das 1254 erstmals schriftlich erwähnte, langgezogene Straßendorf zerfällt deutlich in zwei Teile: das Unterdorf mit Kirche, Schloß A Pro und Turm sowie das Oberdorf mit dem 1197 von Ritter Arnold von Brienz gestifteten Lazariterhaus an der Abzweigung der Straße nach Altdorf. An der Stelle des Lazariterhauses steht heute mit dem Benediktinerinnenkloster St. Lazarus das bedeutendste kunstgeschichtliche Bauwerk der Region. Die Klosteranlage stammt großenteils aus dem späten 17. Jh.; der Grundstein für die Klosterkirche wurde 1695 gelegt. Die Baupläne erstellte zum Teil der Bürgler Pfarrer Johann Jakob Scolar. Der zierliche Bau gehört zu den schönsten Barockkirchen der Innerschweiz. Sehenswert ist auch das 1556–1558 für den aus dem Livinental (Val Leventina) stammenden Ritter Jakob A Pro erbaute spätgotische Weiherhaus. Im ehemaligen Ökonomiegebäude des Schlößchens A Pro ist heute das Urner Mineralienmuseum untergebracht. Das faszinierende Mineralienmuseum wird

Das Rathaus der Talschaft Urseren in Andermatt

sogar im Katalog der originellsten Museen der Schweiz aufgeführt. Neben dem Schloß steht die um 1690 erbaute barocke Pfarrkirche St. Ulrich und Verena mit ihrem romanischen Turm. In der Nähe der Kirche befindet sich die Turmruine von Seedorf; der alte Rittersitz diente schon im 13. Jh. dem Schutz des hier vom See her leicht zugänglichen Gotthardsaumwegs.

Flüelen

Das 1266 als «Vluolen» erstmals erwähnte Urner Hafendorf mit seinen 1650 Einwohnern war und ist auch heute noch das «Tor zu Uri». Schon im 9. Jh. dürfte zwi-

Die Tellskapelle gehört neben dem Rütli, dem Schillerstein und dem Haus Treib zu den Stationen, die am Urnersee der Gründung der Eidgenossenschaft und ihrer dichterisch verklärten Begleitumstände gedenken. Die heutige Kapelle, die an den kühnen Sprung des Freiheitshelden aus dem Kahn des Landvogts Geßler auf die Tellsplatte erinnert, wurde 1879–1880 erbaut, und mit Glockengeläut wurde 1882 angekündigt, daß der Basler Maler Ernst Stückelberg (1831–1903) das letzte seiner vier großen Fresken zur Tellsgeschichte vollendet hatte. Wesentlich zur Popularität des Denkmals trug seine Erschließung durch die Axenstraße bei. Vor der feierlichen Eröffnung der einzigartigen Panoramastraße im Juli 1865 konnte die Tellskapelle nur über den See erreicht werden. Eine Zeitlang war bei der Tell-Gedenkstätte sogar eine Haltestelle der Gotthardbahn vorgesehen. Aus Kostengründen wurde dieser Plan jedoch fallengelassen.

schen Flüelen und Brunnen eine Ruderfähre verkehrt haben. Mit der Wegbarmachung des Gotthards um 1200 wurde Flüelen als amtliche Sust und Reichszollstätte einer der wichtigsten Knotenpunkte an der Gotthardroute. In der im 14. Jh. erbauten Burg Rudenz gegenüber dem SBB-Bahnhof wurde der Reichszoll erhoben. Mit dem Bau einer durchgehend befahrbaren Straße über den Gotthard und der Zunahme des Reise- und Warenverkehrs erlebte Flüelen nach 1830 eine neue Blüte: Internationale Speditionsfirmen ließen sich im Urner Hafendorf nieder. 1837 legte zum ersten Mal ein Dampfschiff an der Flüeler Schifflände an. Mit der Eröffnung der Axenstraße im Jahre 1865 entwickelte sich im reizvoll am Urnersee gelegenen Dorf auch der Fremdenverkehr. Sehenswert sind die 1664 eingeweihte alte Pfarrkirche St. Georg mit ihren Rokokostukkaturen sowie das Fresko «Föhn» des Urner Malers und Dichters Heinrich Danioth im Wartsaal des Bahnhofs.

Bürglen

Das schmucke Dörfchen am Ausgang des Schächentals ist eine der ältesten Siedlungen der ganzen Urschweiz und Heimatort des sagenhaften Schützen Tell. Mit Altdorf und Silenen gehörte das erstmals 857 urkundlich erwähnte Bürglen zu den drei alten Kirchspielen im Lande Uri. Die Pfarrei Bürglen umfaßte die Filialen Schattdorf, Spiringen und Unterschächen, die im 16. und 17. Jh. selbständig wurden. Zu den Sehenswürdigkeiten von Bürglen (3500 Einwohner) zählen die barocke Pfarrkirche St. Peter und Paul mit der romanischen Krypta, die 1582 erbaute Tellskapelle (hier soll nach der Überlieferung Tells Wohnhaus gestanden haben), das Holzhaus Spielmatt des Landammanns Peter Gisler aus dem Jahre 1609 und das im Wattigwzyerturm untergebrachte Tellmuseum. Der im 12. Jh. erbaute Meierturm hat ursprünglich den klösterlichen Verwaltern des Zürcher Fraumünsters als Wohnsitz und als Speicher für die verschiedenen Abgaben der Urner Landleute gedient.

Silenen

Die mit 143 km² größte Urner Gemeinde umfaßt die Pfarrgemeinden Silenen, Amsteg und Bristen. Das kulturelle und geistige Zentrum der insgesamt über 2000 Einwohner zählenden Gemeinde ist die vom Tiroler Architekten Jakob Singer 1754–1756 erbaute Barockkirche St. Albin mit dem Hochaltar des bekannten Oberwalliser Bildschnitzers Jodok Ritz. Der baulich bedeutendste Ortsteil Silenens, das wie Bürglen 857 erstmals urkundlich erwähnt wird, ist jedoch das «Dörfli» am alten Gotthardsaumweg mit dem mittelalterlichen Meierturm, der Sust mit Wirtshaus, zwei weiteren Gasthäusern, der Herberge, der Schmiede und der Kapelle der 14 Nothelfer. Lohnend ist aber auch ein Besuch der auf einem Hügel zwischen Silenen und Amsteg thronenden Burgruine Zwing-Uri.
Einen ganzen Tag sollte man sich für den Besuch des zuhinterst im wildromantischen Maderanertal auf einem Felsvorsprung gelegenen «Kurhaus auf Balmenegg» (Hotel Alpenklub) reservieren. Dieses einmalige Zeugnis des frühen alpinen Tourismus, das in der Schweiz seinesgleichen sucht, wurde 1864 auf Initiative einiger Basler Alpinisten von der Amsteger Hotelierfamilie Indergand erstellt.

Rys und Poor

Zutaten:
300 g Reis (Vialone oder Arborio), 400 g Lauch, 1 große gehackte Zwiebel, 1 l Bouillon, Salz, Pfeffer, 150 g geriebener Käse (Sbrinz), 50 g Butter

Für die Zwiebelschwitze: 120 g Butter, 200 g geschnetzelte Zwiebeln, 2 feingehackte Knoblauchzehen

Die gehackte Zwiebel und den in 2 cm lange Stücke geschnittenen Lauch in der Butter andünsten. Den Reis dazugeben und glasig rösten. Mit der Fleischbouillon ablöschen und auf schwachem Feuer 15 Minuten körnig kochen. Von Zeit zu Zeit muß der Reis gerührt werden, damit er schön geschmeidig wird wie ein Risotto. Falls nötig, Bouillon nachgießen. In der Zwischenzeit werden in der Bratpfanne die geschnetzelten Zwiebeln und der gehackte Knoblauch goldgelb gebraten. Den Reis in einer vorgewärmten Platte anrichten. Den geriebenen Käse darunterziehen und nach Belieben mit Salz und Pfeffer nachwürzen. Zuletzt mit der Zwiebelschwitze übergießen.

Rys und Poor ist eine typische Urner Spezialität. Der Poor (für Lauch), vom italienischen «il porro» abgeleitet, wurde im Garten gezogen, der Reis (Rys) kam aus der Poebene.

Bellinzona, die politische Hauptstadt des Kantons Tessin, liegt dort, wo die strenge Alpenwelt der Leventina und des Misox aufhört und sich die Landschaft dem milden Süden öffnet. Drei mächtige Burgen dominieren das Bild und künden von der Schlüsselposition, die diese Stadt vor den Zugängen zum Gotthard und zum San Bernardino in der Vergangenheit besaß.

Ente turistico di
Bellinzona e dintorni
Piazza Nosetto
Palazzo del Municipio
6500 Bellinzona
092/25 21 31

TCS
Viale Stazione 18c
6500 Bellinzona
092/26 11 55

30. 9. 1989

Bellinzona

Um den Namen Bellinzona wurde schon viel gestritten. Die einen möchten, daß er von bello (schön) abgeleitet wird und folglich «schöne Region» bedeutet, die andern glauben, daß er auf das lateinische bellum (Krieg) zurückgeht. Am wahrscheinlichsten ist jedoch die These, daß es sich um das galloromanische bellitio = Pappelgruppe handelt – dasselbe Wort, das auch dem Bälliz in Thun (siehe S. 209–211) zugrunde liegt. Für diese These spräche auch der älteste urkundliche Beleg «Belitionis castrum» (siehe unten).

Das Gebiet von Bellinzona war in der Vergangenheit immer wieder heiß umstritten. Der Ort war schon zur Römerzeit eine Art «Schlüssel» zum Süden bzw. zum Norden. Der Nord-Süd-Verkehr über den Gotthard-, Lukmanier- und San-Bernardino-Paß muß diese Enge passieren, bevor die Magadinoebene den Weg über Locarno oder Luino in die westliche Lombardei und ins Piemont oder über den Monte Ceneri nach Lugano, Como und Mailand freigibt. Zur Römerzeit war Bellinzona wie der Rest des heutigen Tessins Teil der römischen Provinz «Gallia cisalpina», und vermutlich wurde die erste Befestigung in Bellinzona zur Zeit des Niedergangs des Weströmischen Reichs gebaut, zum Schutz vor Germaneneinfällen aus dem Norden. Im Zusammenhang dann mit den Kämpfen der Franken gegen die Langobarden erwähnt Gregor von Tours um 590 ein «Belitionis castrum», von dem man annimmt, daß es dort stand, wo im 13. Jh. die Castel Grande, auch Castello Vecchio genannte Burg errichtet wurde. Sie befindet sich auf einem Hügel mitten in der

Meereshöhe:	227 m
Kanton:	TI
Einwohner 1900:	4 949
Einwohner 1980:	16 743
Autobahn N 2, Bellinzona Nord oder Süd	

Stadt. Auf einer zweiten Terrasse steht das Castello Montebello und in beherrschender Lage das Castello di Sasso Corbaro. Bekannt ist aus dem Frühmittelalter ferner, daß Luitprand, der König der Langobarden, dem Bischof von Como die Grafschaft Bellinzona anno 721 als Erbgut überließ.

Während des Mittelalters war Bellinzona ein Zankapfel zwischen den reichen und mächtigen lombardischen Stadtstaaten Como und Mailand. Schließlich siegten im 13. Jh. die Mailänder, und Bellinzona wurde zuerst unter den Visconti und dann unter den Sforza zu einer «uneinnehmbaren Festung» ausgebaut. Eine Festung, die vor allem gegen die landhungrigen Eidgenossen gerichtet war, welche nach Süden drängten und die für den Handel lebenswichtigen Paßstraßen unter Kontrolle bringen wollten. Die «ennetbirgischen Unternehmungen» der Urschweizer mündeten nach wechselndem Kriegsglück und viel Mord und Totschlag im Sieg der Eidgenossenschaft, die 1503 in den drei Burgen von Bellinzona ihren Vogteisitz einrichtete.

Über die folgenden 300 Jahre Fremdherrschaft schrieb Stefano Franscini, Historiker, Statistiker und erster Tessiner Bundesrat 1835: «Welch unermeßliche Wohlthat für uns, wenn sie uns die auf gute Ordnungen gegründete Freiheit geschenkt hätten! Aber sie wollten Landvogteien; schlecht regiert und armselig, behielten sie uns mit keinem anderen Nutzen für sie, als daß in ihrem Namen gefräßige Harpyien von den Alpen herabstiegen, zum größten Schaden des ausgesogenen Volks, zur ewigen Schande des beherrschenden Volks.»

Die Wende kam Ende des 18. Jh. und definitiv 1803, als das Tessin der Eidgenossenschaft als selbständiger Kanton beitrat. Bellinzona war neben Locarno und Lugano abwechselnd für jeweils sechs Jahre Hauptort des neuen Kantons. Dieser Zustand, der den Rivalitäten der drei Regionen Rechnung trug, dauerte bis 1878, als Bellinzona endlich zur alleinigen Hauptstadt des Kantons erklärt wurde. Ausschlaggebend

Museen und Archive:
Museo Civico
Castello Montebello
Salita ai Castelli 4
092/25 13 42
Oktober–Mai Di–So 10–12, 14–17 Uhr, Juni–September Di–So 9.30–12, 14–17.30 Uhr

Museo dell'arte e delle tradizioni popolari del Ticino
Castello di Sasso Corbaro
092/25 59 96
April–Oktober Di–So 9–12, 14–17 Uhr

Castel Grande
1990 in Restauration

Civica Galleria d'arte
Villa Cedri
Bellinzona-Ravecchia
092/26 28 27
Juni–September Di–So 9.30–12, 14–17.30 Uhr
Oktober–Mai Di–So 10–12, 14–17 Uhr

Tessiner Verkehrsverein
Ente Ticinese per il turismo
Villa Turrita
Via Lugano 12
092/25 70 56

Schwimmbad
Bagno pubblico comunale
Via Mirasole
092/25 73 34

Camping TCS
Bosco di Molinazzo
092/29 11 18

Sport
Alpinismus
Klettergarten S. Paolo
Molinazzo
092/29 28 62

Tennis, Kanu, Minigolf, Eislaufen usw. Auskünfte über das Angebot an Sportarten und die entsprechenden Clubs:
Ente turistico
p. Nosetto, pal. Municipio
6500 Bellinzona
092/25 21 31

Stadtplan: Seite 442/443

Moderne Architektur

Die «neue Tessiner Architektur» ist inzwischen weltweit zu einem Begriff geworden. Obwohl die Fachleute sich einig sind, daß man moderne Tessiner Architekten nicht mit einer «Schule» gleichsetzen kann, steht doch eine Reihe von ihnen für eine neue Art, Häuser und Überbauungen zu konzipieren und dem Bestehenden gegenüberzustellen.

«Häuser als Skulpturen» hat man sie auch schon genannt, und gerade Bellinzona besitzt davon zahlreiche Beispiele. Beim Fremdenverkehrsbüro von Bellinzona ist ein Plan für einen Rundgang erhältlich, der zu zwölf solchen modernen Bauten führt. Für die interessantesten Beispiele zeichnen die Architekten Aurelio Galfetti sowie Luigi Snozzi und Livio Vacchini. Von Galfetti stammen das bekannte Bagno Pubblico (1970, zusammen mit Flora Ruchat und Ivo Trümpy) an der Via Mirasole, die Casa Rotalinti (1961) an der Via Sasso Corbaro, die Restauration des Castel Grande (Ende 1990 abgeschlossen), das Centro Postale am Viale Stazione 18 (1985, zusammen mit Angelo Bianchi und Renzo Molina) sowie weitere Bauten. An der Via Vincenzo Vela 6 steht das PTT-Verwaltungsgebäude, der Palazzo Fabrizia (1966) von Luigi Snozzi und Livio Vacchini.

dafür war einmal mehr die geographische Lage und nicht etwa seine politische oder wirtschaftliche Bedeutung.

Die Tessiner Kapitale Bellinzona zeichnet sich wie die meisten Schweizer Städte, in denen das Beamtentum die «größte Industrie» darstellt, durch eine gewisse Betulichkeit aus. Im Gegensatz zu Locarno und Lugano hat Bellinzona nie eine eigentliche touristische Hochblüte erlebt. Seit zudem die Autobahn am rechten Ufer des Ticino an der Stadt vorbeiführt, hat der Durchgangsverkehr stark nachgelassen. Das hat dazu geführt, daß bei Reisenden, die Wert auf Ruhe legen, Bellinzona als Geheimtip gilt. Tatsächlich ist in keinem andern Ort des Tessins die Geschichte so präsent wie in Bellinzona. Deutsche Kaiser und lombardische Herrscher haben die Burgenstadt aufgesucht, und berühmte Maler wie J. M. William Turner, John Ruskin und Camille Corot haben sie aus den verschiedensten Blickwinkeln gemalt. Im Zentrum, rund um die Piazza Nosetto, hat sich zumindest teilweise der Charakter eines typischen italienischen Städtchens des Mittelalters erhalten. Allerdings nicht wegen des Palazzo Civico (auch Palazzo del Municipio genannt), der zwar einen prächtigen Loggienhof besitzt, im übrigen aber eine aus älteren und neuen Versatzstücken zusammengebaute pseudotoskanische Imitation eines alten Rathauses ist, das der Stadt einen «Hauch von Florenz» vermitteln soll. Der Bau stammt aus den Jahren 1924–1930 und pflegt auch heute noch die Geister zu scheiden: Den einen ist das Gebäude eine gelungene Rekonstruktion, die sich gut ins Stadtbild einfügt, den andern schlicht Kitsch. Eine glücklichere Hand hatten die Stadtväter von Bellinzona knapp 50 Jahre später, als sie einem Team unter dem Architekten Aurelio Galfetti den Auftrag für das Bagno Pubblico gaben, eine große Gartenbad- und Sportanlage, die sich als Fortsetzung der drei Burgen gegen den Ticino hinunterzieht. Galfetti war es auch, der 1961 an der Via Sasso Corbaro die moderne Casa Ro-

Bellinzona definitiv zur «Bahnhofstadt» und begründete mit dem Reiseverkehr und dem sich ansiedelnden Bahnpersonal einen größeren Entwicklungsschub. Inzwischen hat sich die Tessiner Kapitale in alle Himmelsrichtungen ausgedehnt, nach Norden gegen Daro und Arbedo, nach Süden gegen Ravecchia und Giubiasco, nach Westen zu den Ufern des Ticino hinunter und über den Fluß nach Carasso. In früheren Zeiten floß ein Arm des ungezähmten Ticino bis an die Stadtmauern des Castel Grande. Die Bändigung des Flusses durch einen Damm hat große Landreserven geschaffen, die heute der Entwicklung der Stadt zugute kommen. Sowohl der Fluß wie auch die Autobahn führen in beträchtlicher Entfernung an der Stadt vorbei.

Südlich der Altstadt stehen übrigens zwei Kirchen, die der Collegiata zumindest ebenbürtig sind: S. Maria delle Grazie mit dem Passionsfresko vom Ende des 15. Jh. und (in Ravecchia) S. Biagio mit Wandmalereien des 14./15. Jh. u. a. an der Fassade.

Politisches Herzstück der Hauptstadt ist die «Residenza Governativa», wie das Regierungsgebäude, der Palazzo del Governo, offiziell genannt wird. Die Kantonsregierung residiert im Hauptgebäude eines ehemaligen Ursulinerinnenklosters, das 1848 konfisziert wurde. Als 1878 Bellinzona definitiv zur Kantonshauptstadt wurde, wurde die Kirche abgebrochen und das Klostergebäude restauriert und erweitert. Neben zahlreichen Büros sind darin der Regierungsratssaal und die Aula des Großen Rats untergebracht. Obwohl seit mehr als 100 Jahren Regierungssitz, heißt das Gebäude im Volksmund immer noch «Palazzo delle Orsoline».

Vergleicht man Locarno, Lugano und Bellinzona, fällt in Bellinzona vor allem die gemächlichere Gangart auf. Da die Stadt weder ein hektisches Wirtschaftszentrum wie Lugano ist noch wie Locarno von Heerscharen von Touristen heimgesucht wird, hat sich die Bevölkerung eine lockere Umgangsart bewahrt. Fremde – so hat man den Eindruck – werden freundlicher aufgenommen, in den Cafés und Ristoranti hat sich eine behäbige Bürgerlichkeit gehalten, nicht zuletzt auch in den Kochtöpfen.

Einmal im Jahr aber gerät Bellinzona außer Rand und Band. Der «Rabadan» von Bellinzona ist die größte und wildeste Fasnachtsveranstaltung des ganzen Kantons. Mit aufwendigen Umzügen, gewaltigen Kakophonien der Guggenmusigen vor der Collegiata und einem bunten Maskentreiben bis in die frühen Morgenstunden zeigt die «Beamtenstadt» während drei Tagen, was alles an Witz, Phantasie und Lebenslust in den Beamtenseelen schlummern kann.

talinti baute und mit dieser kühnen Konstruktion den Ruhm der jungen Tessiner Architekten mitbegründete, die inzwischen mit ihrer «neuen Tessiner Architektur» weltberühmt geworden sind. Hauptstraße der Innenstadt ist der Viale Stazione, der sich von der Piazza Collegiata zum Bahnhof hinaufzieht. An dieser baumbestandenen, boulevardartigen Straße stehen die wichtigsten Hotels, Geschäfte und Banken und seit 1985 auch das vermutlich modernste Postgebäude der Schweiz. Der Bahnhof, 1876 gebaut, gehörte bis 1909 der Gotthardbahn, ehe er mit dieser in den Besitz der Schweizerischen Bundesbahnen überging. Die Eröffnung des Gotthardtunnels 1882 machte

Die Collegiata

Die katholische Kollegiatskirche SS. Pietro e Stefano steht an der Piazza Collegiata im Zentrum der Alstadt, ein bedeutendes Renaissancebauwerk mit üppigem Barockinterieur. Der anstelle einer alten Pfarrkirche entstandene Sakralbau wird erstmals 1424 erwähnt; im 16. und 17. Jh. wurde er neu aufgebaut und erweitert. Baumeister war vermutlich Tomaso Rodari aus Maroggia, der auch den Dom von Como erbaute. Die nach Osten gerichtete Kirche mit der eindrücklichen Barockfassade weist an den Seitenachsen noch Renaissanceportale auf. Die Nischenfigur des hl. Petrus am Hauptportal stammt von 1640. Das einschiffige Innere mit den vier Langhausjochen wird von einem Tonnengewölbe kühn überspannt. Die reichen Stukkaturen in den Arkadenzwickeln stammen vermutlich von Giovanni Battista Barberini (1661). Beachtenswert sind die zahlreichen Gemäldezyklen des 17. Jh. sowie eine Kreuzigung, wahrscheinlich von Simone Peterzano, die jedoch auch Tintoretto zugewiesen wurde. Das große Weihwasserbecken aus Marmor mit den Wappenemblemen der Sforza stand vermutlich einst in einem der lombardischen Schlösser der berühmten Familie.

Das Castello Grande

Das Castello Grande oder Castel Vecchio steht mitten in Bellinzona auf dem sogenannten Sasso, einem von eiszeitlichen Gletschern abgeschliffenen Felshügel, zu dessen Füßen sich die mittelalterliche Stadt entwickelte. Nach langjährigen Renovationsarbeiten unter Leitung des Architekten Aurelio Galfetti soll es Anfang 1991 in seiner neuen, aktualisierten Form wieder dem Publikum geöffnet werden. Von der Piazza del Sole aus führt ein Lift mitten durch den Fels zur Burganlage hinauf. Der größte Teil der Befestigungsanlage entstand im 13. Jh. Früher umschloß sie auch die Pfarrkirche S. Pietro und zwei weitere Kirchen, das bischöfliche Palais und die Kanonikerhäuser. Von 1503 bis 1798 war sie Sitz des Urner Landvogts, weshalb sie auch Schloß Uri genannt wird. 1881 wurde die Burganlage zum kantonalen Arsenal umgestaltet, eine Renovation, die jetzt wieder rückgängig gemacht wird. Da die Grundidee einer Wehranlage heute keinen Sinn mehr ergibt, wurde die Renovation auf die Schaffung einer großzügigen Parkanlage ausgerichtet. In den Gebäuden werden jetzt Restaurants, ein Grotto, Bankett- und Repräsentationssäle sowie Ausstellungsräume untergebracht.

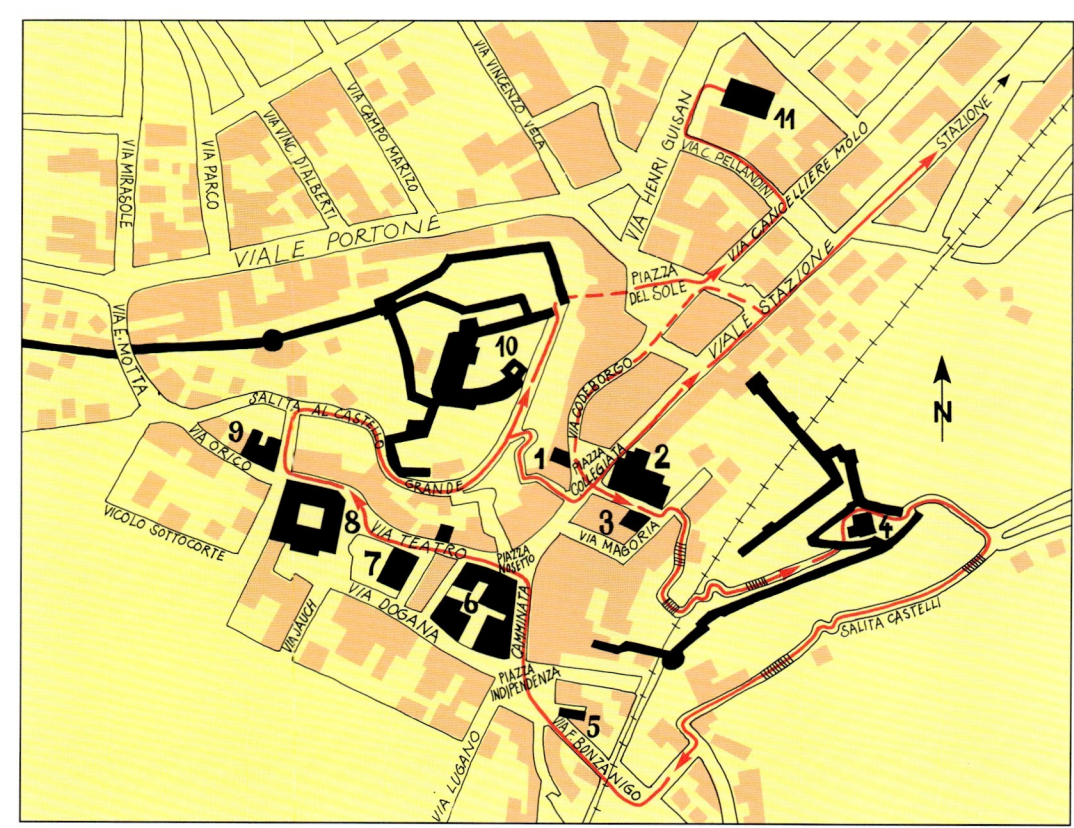

1. Casa Chicherio
2. Kollegiatskirche SS. Pietro e Stefano (Collegiata) mit Bruderschaftsoratorium S. Marta
3. Bruderschaftsoratorium Corpus Domini
4. Castello di Montebello (Schwyz)
5. Katholische Kirche S. Rocco
6. Palazzo del Municipio (Rathaus)
7. Altes Stadttheater
8. Palazzo del Governo (Kantonsregierung)
9. Palazzo Sacchi
10. Castello Grande (Uri)
11. Katholische Kirche SS. Giovanni Battista ed Evangelista

Stadtrundgang Bellinzona

Vom Bahnhof gelangt man nach wenigen hundert Metern in Richtung Altstadt auf die Piazza Collegiata, den Hauptplatz der Altstadt von Bellinzona, auf dem jeden Samstagmorgen ein Markt stattfindet. Gegenüber der Kollegiatskirche SS. Pietro e Stefano steht die mit einer prächtigen Fassade und stuckierten Fensterbekrönungen geschmückte Casa Chicherio (1) aus dem 18. Jh. Hier beginnt unser Rundgang, der uns zuerst zur Kollegiatskirche und zum Bruderschaftsoratorium S. Marta (2) führt (Beschreibung der Collegiata siehe vorhergehende Seite). Das Bruderschaftsoratorium S. Marta ist nördlich über der Martakapelle an die Collegiata angebaut. Es stammt aus dem 17. und 18. Jh. und wurde jüngst restauriert. Im Kranzgesimse befinden sich 13 Lünetten mit Szenen aus dem Leben der hl. Martha, während im kuppeligen Gewölbe illusionistische Architekturmalerei in Form einer geschwungenen Balustrade und in der Mitte das Bild des Triumphes der hl. Martha zu sehen sind. Südöstlich der Collegiata steht das Bruderschaftsoratorium Corpus Domini (3) mit einem fragmentarischen Fresko der Anbetung des Allerheiligsten über dem Portal.

In südöstlicher Richtung steigt die Salita Castello di Montebello zum Castello di Montebello (4) hinauf, auch Castello Schwyz genannt. Das Castello di Montebello ist die mittlere der drei Burgen von Bellinzona und liegt auf einer großen Geländeterrasse. Sie ist eine der beeindruckendsten Burganlagen der Schweiz, deren Kern vermutlich zu Beginn des 13. Jh. angelegt und später von den Rusconi aus Como ausgebaut wurde. Vom 16. bis 18.Jh. war sie Sitz der Schwyzer Landvögte. Die Baugruppe gliedert sich in drei Wehrbezirke. Im Süden steht eine mächtige Zitadelle mit einem zur Stadt gerichteten Wartturm. Seit 1903 gehört die Burg dem Kanton und wurde zwischen 1971 und 1974 von Grund auf renoviert. Heute ist darin das Museo

Das Castello Montebello, eine der beeindruckendsten Burgen im Land

Die Kirche SS. Pietro e Stefano

Civico, ein archäologisches und historisches Museum, untergebracht.
In östlicher Richtung führt die Via Castelli zur Via Dragonato hinunter, wo rechts die Via F. Bonzanigo abzweigt und an die Piazza Indipendenza führt. Hier steht die Kirche S. Rocco (5) aus dem 14. Jh., die 1478 stark umgebaut und 1926 renoviert wurde. Sie enthält zahlreiche beachtliche Gemälde und über der Sakristei eine Bruderschaftskapelle aus dem 16. Jh. mit einem prächtigen Chorgestühl (Bekrönungsschnitzereien aus dem 17. Jh.).
Von der Piazza Indipendenza führt di Via Camminata in nördlicher Richtung in die Altstadt hinein zur Piazza Nosetto, wo sich der Palazzo del Municipio (6), das Rathaus, befindet. Der stattliche Bau mit Loggienhof und einem hohen Turm entstand 1924 bis 1930 anstelle des alten Rathauses aus dem 15. Jh., wobei einige Elemente des alten Gebäudes Wiederverwendung fanden.
Die Via Teatro hinunter erblickt man zur Linken das alte Stadttheater (7), einen spätklassischen Bau von 1847. Wenige hundert Meter weiter gelangt man auf die Piazza Governo mit dem Regierungsgebäude (8), einem ehemaligen Ursulinerinnenkloster. Das in den fünfziger Jahren renovierte Gebäude ist ein großes Baugeviert mit elfachsiger Platzfassade und einem Innenhof.
Rechter Hand am Regierungsgebäude vorbei zweigt nach rechts der Vicolo Socino ab, ein Gäßchen, das zur Salita al Castel Grande führt. Geradeaus verläuft die Via Orico. An der Nr. 9 steht der Palazzo Sacchi (9), ein herrschaftlicher Dreiflügelbau aus dem 18. Jh. Im 2. Obergeschoß der Fassade befinden sich drei schmiedeeiserne Balkongitter. Der trapezförmige Hof öffnet sich mit einer Treppenanlage zum Schloßhügel hin. Vom Vicolo Socino gelangt man über die Salita al Castel Grande zum Castello Grande (10). Es wird auch Castello Vecchio, Uri oder San Michele genannt und ist sowohl die älteste als auch die größte der mittelalterlichen Zwingburgen der Tessiner Hauptstadt (Beschreibung siehe Randspalte S. 374).
Vom Schloß führt ein im Felsgestein geführter Lift zur Piazza del Sole hinunter. Auf der gegenüberliegenden Seite der Piazza zweigt die Via C. Molo und von dieser die Via C. Pellandini zum Viale Henri Guisan ab, wo die Kirche SS. Giovanni Battista ed Evangelista (11) steht. Dieser frühklassizistische Bau wurde in den Jahren 1760–1772 im Auftrag der Augustinerchorherren von Matteo Pisoni aus Ascona erbaut. Die reichlich profane Umgebung der Kirche (zum Beispiel ein Warenhaus) beeinträchtigt ihre architektonische Wirkung stark. Zum klar konzipierten Einheitsraum gehören drei Kapellnischen und ein halbrund geschlossener Chor, der 1921 letztmals renoviert wurde. Im Chorscheitel befindet sich ein Gemälde der Epiphanie, das Anfang des 17. Jh. mutmaßlich von Daniele Crespi gemalt wurde.

Rinaldo Simen (1849–1910)

Rinaldo Simen, dem in Bellinzona die Piazza Simen gewidmet ist, stammte aus einer Familie, die Mitte des 18. Jh. aus Andermatt nach Bellinzona gezogen war. Er war Journalist, Parteichef der Radikalen, Gründer und Direktor von Zeitungen und Anführer der sogenannten «Septemberrevolution» von 1890, als die Radikalen in einem Handstreich die konservative Tessiner Regierung stürzten. Sie wollten die Proporzwahl einführen, und das ist ihnen auch gelungen. Das Tessin erhielt darauf die damals modernste Verfassung der Schweiz. Die «Septemberrevolution» war aber von einem Mord überschattet. Im Tumult war nämlich der konservative Staatsrat Luigi Rossi erschossen worden. Die Wellen gingen im Tessin so hoch, daß man den Schwurgerichtsprozeß gegen die «Settembristi» – praktisch die gesamte radikale Politprominenz des Tessins – in Zürich abhalten mußte. Mit Ausnahme des geflüchteten Attentäters Castione wurden die insgesamt 21 Angeklagten – unter ihnen auch Rinaldo Simen – freigesprochen.

Ins Val Morobbia

Auch wenn Bellinzona selbst keine ausgesprochen touristische Stadt ist, fehlt es in der näheren und weiteren Umgebung nicht an Gelegenheiten, schöne Wanderungen zu unternehmen. Das Val Morobbia – obwohl ein abgeschiedenes Bergtal – liegt praktisch vor der «Haustür» der Tessiner Hauptstadt. Wer das ganze Tal genießen will, tut gut daran, nicht in Bellinzona zu starten, sondern mit dem Postauto nach Carena, ins hinterste Dörfchen, zu fahren und dann auf Schusters Rappen in die Hauptstadt zurückzuwandern. Eine schöne Route führt über Melera, Melirolo auf den Piano Dolce und zur Quelle von Arbinetto hinauf. Von diesem höchsten Punkt der Wanderung auf 1500 m ü.M. gelangt man, immer leicht absteigend, über Motto della Croce und Monti di Artore nach Artore und von dort schließlich an den oberen beiden Burgen, dem Castello di Sasso Corbaro und dem Castello Montebello, vorbei zum Bahnhof von Bellinzona.

Ticino in Zahlen

Der Tessin ist ein Fluss, das Tessin ein Kanton. Das Tessin hat eine Fläche von 2810,77 km² und 351 km Grenzen, davon 208 km mit Italien. Der höchste Punkt befindet sich im Adulamassiv auf 3402 m Höhe, der tiefste am Ufer des Lago Maggiore (193 m). Die höchstgelegene Gemeinde ist die Walsersiedlung Bosco/Gurin (1507 m), die tiefsten sind Ascona und Magadino (196 m). Der Hauptfluß Ticino zieht sich auf Tessiner Territorium über 91 km hin. Im Tessin hatten Ende 1987 278 647 Personen ständigen Wohnsitz, davon 66 000 Ausländer. 84% der Bevölkerung sind italienischer Muttersprache. Von den rund 113 000 Beschäftigten sind 72 500 im Dienstleistungssektor tätig, nur noch 3600 Personen in der Landwirtschaft. Im Kanton arbeiten 30 000 italienische Grenzgänger, 25 000 davon in den Regionen Lugano und Mendrisiotto. Der Tourismus ist nach wie vor eine der wichtigsten «Industrien» des Tessins. Im Kanton zählt man über 27 000 Hotels, Pensionen und Kurhäuser mit einem Angebot von 145 000 Betten, inklusive Parahotellerie.

Airolo

Airolo, am Südausgang des Gotthardtunnels gelegen, liegt auf 1146 m Höhe. Die Geschichte des Dorfes war immer schon sehr eng mit dem Gotthardverkehr verbunden. Vor dem Bau des Gotthard-Eisenbahntunnels lebte der Ort vom Säumer- und Kutschenverkehr. Das spiegelt sich auch in der Bevölkerungsstatistik. Von rund 1500 Einwohnern im Jahre 1850 schnellte die Bevölkerung während des Tunnelbaus auf fast 4000 Personen an, um dann ebenso schnell wieder auf knapp 2000 zurückzugehen. Seit der N 2-Straßentunnel fertiggebaut ist, werden es wieder weniger. Straßenbau, Straßenunterhalt, Eisenbahn und Militäranlagen sind die größten Einnahmequellen der Bevölkerung. In den letzten Jahren allerdings hat Airolo auch eine beträchtliche touristische Entwicklung erlebt. Im Sommer lockt der Wandertourismus (Strada Alta Leventina und Strada Alta Val Bedretto), im Winter das schneesichere Skigebiet des Sasso della Boggia auf über 2000 m ü. M. (Luftseilbahn ab Airolo) mit zwei Skiliften auf der Alpe Pesciüm. Von Airolo aus gelangt man über den Gotthard nach Hospental und Andermatt, durch das Val Bedretto und über den Nufenenpaß ins Goms, auf Gebirgstouren ins Val Lavizzara und ins italienische Formazzatal oder in das Hochtal von Piora (Naturschutzreservat) mit dem Ritom-Stausee. Airolo wurde in der Vergangenheit von mehreren Katastrophen heimgesucht. 1877 brannte praktisch das ganze Dorf ab, 1898 gab es einen gewaltigen Felssturz am Sasso Rosso, und 1951 verschüttete eine große Lawine einen Teil Airolos. Beim Bahnhof am Eisenbahntunnel-Eingang erinnert ein großes Bronzerelief des Bildhauers Vincenzo Vela an die zahlreichen «Opfer der Arbeit», die der Tunnelbau gefordert hatte.

Biasca

Biasca, im Mittelalter Abiasco genannt, ist der Bezirkshauptort der sogenannten «Riviera», einer Ebene, die sich von Biasca dem Ticino entlang bis nach Bellinzona hinunterzieht. Der Flecken liegt am linken Ufer des Brenno, der das Bleniotal entwässert und nördlich von Biasca in den Ticino mündet. Wasser hat in der Geschichte Biascas immer eine wichtige und oft unheilvolle Rolle gespielt. «Die Kropfichten und Blödsinnigen (Cretinen) sind daselbst zahlreich, und als Ursache wird das Wasser des Brenno und der Bergbäche angegeben, welche vielen fremdartigen Stoff absetzen» berichtet Stefano Franscini, der erste Tessiner Bundesrat, in seiner umfassenden Schilderung des Kantons Tessin. In Biasca ereignete sich im 16. Jh. eine verheerende Überschwemmungskatastrophe, die sogenannte «Buzza di Biasca». Ein gewaltiger Berghang löste sich am Monte Crenone, stürzte zu Tal, begrub Menschen und Häuser unter sich und staute den Brenno, so daß nördlich davon ein mehrere Kilometer langer See entstand. Anderthalb Jahre später, an Pfingsten 1514, brach dieser natürliche Damm, und der ganze See entwässerte sich auf einen Schlag. Die Straßen, Brücken, Häuser und Kulturen von Biasca bis zum Lago Maggiore wurden vernichtet. Die 5500 Einwohner zählende Gemeinde hat es auch heute nicht leicht. Versuche, die Gegend zu industrialisieren, scheiterten zumeist; die Schwerindustrie der Monteforno-Werke als ehemals größter Arbeitgeber des Tessins kommt inzwischen mit

Cevio: das Landvogteihaus mit den Wappen der Landvögte

San Pietro in Biasca ist eine typische romanische Kirche des Tessins

Die **Tessiner Grotti** *gehören im Sommer und Herbst in der Freizeit zu den beliebtesten Aufenthaltsorten sowohl der Einheimischen als auch der Touristen. In früheren Zeiten wurde im Tessin noch genau unterschieden zwischen drei verschiedenen Arten von Grotti: der Cantina, dem Grotto und dem Canvetto. Die Cantina und das Grotto haben dabei vieles gemeinsam. Beide hatten ursprünglich denselben Zweck, nämlich in kühlen, in den Fels gehauenen Kellern außerhalb des Dorfes Wein und Eßwaren aufzubewahren. Es waren sozusagen die Kühlschränke unserer Vorfahren. Das Canvetto hingegen nähert sich schon mehr der Osteria, der Dorfwirtschaft; sein Keller ist nicht in einen Felsen hineingebaut, und meistens verfügt es über eine Terrasse mit Pergola. Ob Cantina, Grotto oder Canvetto – allen gemeinsam ist in der Regel ein kühler Standplatz möglichst im Grünen, ein ebenso kühler Wein aus dem Keller und eine einfache, aber währschafte Küche sowie leckere Wurstwaren und Formaggini. Sehr oft ist auch eine Bocciabahn dabei. Obwohl sich viele Grotti inzwischen zu «Ristoranti» gemausert haben, gibt es immer noch zahlreiche echte, traditionelle Grotti in allen Regionen des Tessins.*

300 Leuten aus, während der Durchgangsverkehr, der früher etwas Verdienst brachte, auf der Autobahn vorbeibraust. Sehenswert ist die Propsteikirche S. Pietro, ein bedeutendes romanisches Bauwerk mit interessanten Wandmalereien aus dem 12. bis 17. Jh.

Ascona

Der ehemalige Sprengel Sconae hat sich seit der Jahrhundertwende vom kleinen Fischerdörfchen zu einem mondänen Ferienort mit viel Geldadel und Kulturprominenz entwickelt. Das historische Zentrum Asconas ist inzwischen praktisch vollständig von Boutiquen, Modegeschäften, Galerien, Restaurants und Cafés im Dienste des Tourismus besetzt. Im Mittelalter hatte das Städtchen bereits einmal eine Hochblüte im Zeichen des Verkehrs erlebt. Von drei Burgen bewehrt, war es zusammen mit Locarno ein wichtiger Marktflecken am Lago Maggiore. Nach der Eroberung durch die Eidgenossen teilte es das Schicksal Locarnos und verkümmerte zum «idyllischen» Fischerdorf, das um die Jahrhundertwende Naturschwärmer und Lebenskünstler in Scharen anlockte. Sie ließen sich oberhalb des Städtchens auf dem Monte Verità nieder und begründeten – wenn auch unbeabsichtigt – die deutsche «Kolonisierung» von Ascona. Eines der Wahrzeichen Asconas ist die Casa Serodine neben der Pfarrkirche an der Piazzetta S. Pietro. Die prunkvolle Fassade mit den reichen Stuckverzierungen zählt zu den schönsten der Schweiz. Geschaffen haben sie Cristoforo Serodine und dessen Sohn Giovanni Battista, der Bruder des berühmten Malers Giovanni, dessen Gemälde die Pfarrkirche zieren. Ebenfalls sehr sehenswert ist der spätgotische Freskenzyklus in der Kirche S. Maria della Misericordia, die zum Kollegium Papio gehört. In diesem als private Maturitätsschule fungierenden Collegio befindet sich einer der schönsten Renaissancehöfe der Schweiz.

Cevio

Das 438 Einwohner zählende Cevio, auf 418 m ü. M. gelegen, ist der Bezirkshauptort des Maggiatals, zu dem auch Seitentäler wie das Val Lavizzara, das Val Bavona und das Valle di Campo gehören, um nur die wichtigsten zu nennen. Zahlreiche ehrwürdige Bauten zeugen noch von der einstigen Bedeutung Cevios. Hier residierten im 15. Jh. die Podestà der Mailänder Visconti und vom 16. Jh. bis zur Kantonsgründung die eidgenössischen Landvögte, wobei der Sitz der Landvogtei im Zweijahresrhythmus zwischen Sornico und Cevio wechselte. Sehenswert sind das Landvogteihaus (Pretorio) aus dem 17. Jh., dessen Fassade mit den Wappen der Landvögte verziert ist, sowie der Palazzo Franzoni, in dem sich heute das Heimatmuseum des Maggiatals befindet. Es beherbergt eine Sammlung von Trachten sowie künstlerisch und kulturhistorisch interessanten Dokumenten und Werkzeugen. Etwas außerhalb des Dorfkerns, am Ein-

---

Hoch im Norden, tief im Süden

Das Tessin ist der Schweizer Kanton mit den größten landschaftlichen und klimatischen Gegensätzen auf kleinstem Raum. Vom arktisähnlichen Hochgebirge am Gotthardmassiv senkt sich die Landschaft stufenweise über wildromantische Alpentäler bis zu sanften subtropischen Seenlandschaften. Vom nördlichsten Punkt in den Alpen bis zum südlichsten in Chiasso sind es zwar nur 90 km, aber auf dieser kurzen Strecke begegnen wir einer großen Vielfalt an Landschaften, topographischen und klimatischen Unterschieden. Das Tessintal – bestehend aus Bedrettotal, Leventina, Riviera und Magadino-Ebene – erfaßt für sich allein die ganze Landschaftspalette von hochalpiner Gebirgswelt bis zu den warmen Ufern des Lago Maggiore. Die extreme Nähe von schneebedeckten Hochalpen und dem mild-feuchten Klima der Seenlandschaften sorgt dafür, daß die Tessiner Pflanzenwelt zu den reichhaltigsten und variantenreichsten ganz Europas zählt. Nicht nur die ganze Spanne von hochalpinen bis zu mediterranen Pflanzen ist zu finden, sondern es gedeihen auch rund 300 eigenständige Formen, die es sonst nirgends in Europa gibt.

Auf den Monte Generoso

Den südlichsten Gipfel der Voralpen auf Schweizer Territorium kann man auf zwei verschiedene Arten erklimmen. Ab Capolago fährt eine Zahnradbahn in zwei Etappen hinauf, und von Mendrisio aus führt eine enge, aber asphaltierte Straße über Salorino bis Bellavista, der Zwischenstation des Bähnchens. Von dort aus kann man auf einem Fußweg hinaufwandern oder die Zahnradbahn benützen. Auf dem Gipfel befindet sich das Albergo Vetta, das – ebenso wie die Bahn – der Migros gehört, die dort oben vom 15. März bis 15. November zwei Restaurants führt. Vom Monte Generoso aus genießt man eine prächtige Rundsicht in die lombardische Tiefebene und auf den südlichen Alpenkranz. Vom Gipfel aus kann man verschiedene schöne Talwanderungen unternehmen.

gang der Rovanaschlucht, steht die Wallfahrtskirche S. Maria del Ponte, gleich neben der schönen Steinbogenbrücke, die über die Rovana führt. Sie wurde 1615 von der im Tal während Jahrhunderten mächtigen Familie Franzoni erbaut und gehört zu den stuckreichsten Sakralgebäuden im Sopraceneri. Der weiße Stuck umrahmt verschiedene Bildfelder, die Szenen aus dem Leben Marias, des hl. Johannes und weiterer Heiliger zeigen.

Cevio ist wie zahlreiche andere Gemeinden des Maggiatals in der Vergangenheit immer wieder von schweren Überschwemmungen heimgesucht worden. Die ehemals wilde, heute durch Kraftwerknutzung zeitweise zum Rinnsal reduzierte Maggia und die Rovana haben letztmals bei den großen Überschwemmungen von 1978 Teile des Dorfes überflutet und größere Schäden angerichtet.

Giornico

Giornico liegt auf der untersten Talstufe der Leventina auf 391 m ü. M. Wer von Norden kommt, spürt hier förmlich den Übergang von der hochalpinen zur südlichen Vegetation. Nadelbäume werden seltener, Kastanienbäume und Rebberge mit Granitpergolen dominieren die Landschaft. Giornico war wie fast alle Ortschaften der Leventina während Jahrhunderten Etappenort am Handelsweg, bis der Bau der Gotthardbahn diese Lebensgrundlage zerstörte. Beidseits des Flusses von steilen Felswänden flankiert, besaß Giornico in der Vergangenheit auch strategische Bedeutung. Der sogenannte Turm des Bischofs Atto von Vercelli, ein mittelalterlicher quadratischer Hochbau, ist heute ein Wohnhaus. In der Casa Stanga ist das Museo di Leventina mit einer Sammlung von historischen, kultur- und kunstgeschichtlichen Gegenständen untergebracht. Martino Stanga war der Anführer der Leventiner Landwehr, die am 28. Dezember 1478 bei Giornico mit 600 Mann eine mailändische Übermacht von 16 000 Mann besiegte. Prunkstück von Giornico ist jedoch die Kirche S. Nicolao, die vermutlich in den ersten bei-

Romanisches Juwel in der Leventina: San Nicolao in Giornico

Beliebtes Ausflugsziel im Mendrisotto: der Monte Generoso

den Jahrzehnten des 12. Jh. entstand. Eine Steinplatte beim Hauptportal trägt die Jahreszahl 1168, möglicherweise das Datum der Kirchweihe. S. Nicolao gilt als das bedeutendste romanische Baudenkmal des Tessins. Die Tatsache, daß sie nie Pfarrkirche war, hat sie vor stilverändernden architektonischen Eingriffen bewahrt. In dem strengen einschiffigen Rechteckbau mit erhöhtem Chor und halbrunder Apsis sind romanische Malereien, ein romanisches Taufbecken, Wandmalereien von Nicolao da Seregno von 1478 sowie die Säulenkapitelle mit figürlichen und geometrischen Motiven erhalten.

Chiasso

«Sein Bann ist fruchtbar und zum Handel sehr gelegen. Es sind hier Tabaksfabriken und Seidespinnereyen; ferner eine Zoll- und Weggeld-Einnehmerey und ein Kaufhaus. Jenseits auf dem Lombardischen Boden ist ein Österreichisches Finanz- und Polizeybüreau.» Diese Beschreibung Chiassos um 1835 stammt von Stefano Franscini, dem ersten Tessiner Bundesrat. In Chiasso und Umgebung zählte man damals 850 Seelen, und das Grenzdorf war in Wirklichkeit noch bedeutungslos, pflegte doch der wichtige Nord-Süd-Verkehr noch per Schiff auf dem Lago Maggiore abgewickelt zu werden. Das änderte sich

Mendrisio: das wirtschaftliche Zentrum im südlichsten Zipfel des Kantons Tessin

schlagartig mit der Eröffnung der Gotthardbahn. Schöner ist zwar Chiasso, das heute 8600 Einwohner hat, dadurch nicht geworden, aber entschieden wichtiger. Der große Grenzbahnhof mit Zollfreilager, der N 2-Grenzübergang Brogeda, Banken, Transportfirmen, unzählige Tankstellen, Grenzläden und ein hektisches Treiben entlang der Hauptstraße Via San Gottardo haben das verschlafene Grenznest – mindestens tagsüber – in ein «Businesszentrum» verwandelt. Seine Position als «Flaschenhals» im Grenzverkehr bringt Chiasso zwar viel Arbeit und viel Verdienst, die Lebensqualität aber hat darunter gelitten. Viele derjenigen, die hier tagsüber ihr Brot verdienen, verlassen die Grenzstadt nach Feierabend so schnell wie möglich, wenn sie zu den Glücklichen gehören, die in den Hügeln des Mendrisiotto eine Wohnstatt gefunden haben.

Mendrisio

Mendrisio, der Hauptort des Mendrisiotto im südlichsten Zipfel der Schweiz, wird auch «Magnifico Borgo» genannt – die «prächtige Ortschaft». Wer lediglich durchfährt, sieht davon wenig bis nichts. Um den Charme des Städtchens zu erleben, muß man durch die Gassen schweifen und die Schönheiten suchen. Der Bezirkshauptort des Mendrisiotto hat viele gute und böse Zeiten hinter sich und war noch bis vor rund 30 Jahren eine der italienischsten Ortschaften im Tessin, nicht nur geographisch, sondern auch kulturell stark nach der Lombardei ausgerichtet. Die älteste bekannte Nennung stammt aus einem Dokument von 791, in dem von einem «Locus Mendrixi» die Rede ist. Im Jahre 1170 wurde der Ort dem Stadtstaat Como einverleibt und wie die andern größeren Ortschaften des heutigen Tessins zu einem Zankapfel zwischen Como und den Mailändern. Anfang des 15. Jh. geriet Mendrisio unter die Herrschaft der Mailänder. Ab 1512 besetzten es die Eidgenossen und errichteten eine Landvogtei. In der jüngeren Geschichte hat Mendrisio städtebaulich seine schlimmste Zeit vor rund drei Jahrzehnten erlebt. Im Zeichen der Hochkonjunktur der sechziger Jahre hat das ganze Mendrisiotto – und damit auch der Bezirkshauptort – eine tiefgreifende Wandlung durchgemacht. Mit dem Bau der Autobahn, einer hektischen Industrialisierung und einem immer intensiver werdenden Nord-Süd-Verkehr ist aus der ehemals lieblichen «Campagna Adorna», wie das Mendrisiotto auch genannt wurde, ein in der Talsohle stark zersiedeltes Konglomerat von Dörfern, Fabriken und Fabriklein, Mietkasernen und Einfamilienhäusern, Erdöltanks und lädierten Dorfkernen geworden. Der ursprünglich fast ausschließlich rurale Landstrich, der hauptsächlich vom Tabak- und Weinbau sowie der Seidenraupenzucht und Seidenverarbeitung lebte, ist heute die industrialisierteste Region des Tessins.

Der mittelalterliche Stadtkern liegt zur Rechten der Via San Damiano und der Via Stella. Drei Sträßchen führen hinauf in ein Netz von Gassen und Gäßchen mit Palazzi und Sakralbauten, Wohnhäusern mit bäuerlichen Innenhöfen und verträumten Winkeln. Hier, im mittelalterlichen Mendrisio, befinden sich auch die Kirche und das Kloster S. Giovanni, das später zum Gymnasium umgebaut wurde und heute das Kunstmuseum von Mendrisio beherbergt. Nicht weit davon entfernt finden wir die Kapellen S. Maria delle Grazie und S. Maria in Borgo. Weitere Sehenswürdigkeiten des Städtchens sind unter anderem der Palazzo Torriani an der Via Nobili Torriani, die Villa Argentina und, frei auf dem Felde stehend unweit der Autobahn, das schöne romanische Kirchlein S. Martino. Ein ganz anderes, volkstümliches Mendrisio finden wir am Viale delle Cantine, unterhalb der schroffen Felswände des Monte Generoso. Hier, an einer Kastanienallee, haben die Bürger von Mendrisio schon seit Generationen ihre Weinkeller stehen. Zahlreiche Grotti und Ristoranti locken auch heute noch die Besucher zu einem kühlen Schluck oder zu Tessiner Spezialitäten aus Küche und Keller.

Torta di pane

Zutaten:
300 g altbackenes Brot, 3 Eßlöffel Kakao oder Schokoladepulver, 1/2 l Milch, 1 Vanillestengel, 2 Eier, 100 g Zucker (wenn Schokoladepulver verwendet wird, nur 60 g), 1 Prise Salz, Saft einer Zitrone und die abgeriebene Schale, 3 Eßlöffel Sultaninen, 50 g grobgehackte Mandeln oder Pinienkerne.

Die Brottorte ist eine der schmackhaftesten Kreationen der Tessiner Küche und erlaubt erst noch, Brotreste aufzubrauchen. Das Brot wird in kleine Stücke geschnitten und in eine Schüssel gelegt. Dann mischt man die Milch mit dem Kakao oder Schokoladepulver und gießt sie über das Brot. Nach zirka einer Stunde, wenn sich das Brot vollgesaugt hat, wird es mit einer Gabel fein zerdrückt. Jetzt die beiden Eigelb, Zucker und Salz schaumig rühren, den Zitronensaft, die geriebene Schale, die Sultaninen und Mandeln beifügen und alles mit dem Brot vermischen. Nun schlägt man das Eiweiß zu Schnee und zieht es darunter. Die Masse in eine leicht gebutterte und mit Mehl bestäubte Springform gießen und den Kuchen bei mittlerer Hitze eine Stunde backen.

Locarno, an einer Bucht gelegen, die das Delta der einst wilden Maggia geschaffen hat, ist die Tessiner Fremdenstadt par excellence. Mit ihrer malerischen Altstadt, der Piazza Grande, dem See, dem Lido und der üppigen Vegetation hat sie alle Voraussetzungen, um die «Sehnsucht nach dem Süden» zu stillen.

Ente turistico
di Locarno e Valli
Largo Zorzi
6601 Locarno
093/31 03 33

TCS
Via della Posta 1
093/31 75 72

30. 9. 1989

Locarno

Meereshöhe:	200 m
Kanton:	TI
Einwohner 1900:	3 603
Einwohner 1980:	14 103
Autobahn:	N 2
	Bellinzona Süd

Wie zahlreiche andere Schweizer Städte war Locarno nachweisbar schon zur Keltenzeit besiedelt. Die einst wilde und heute durch Kraftwerknutzung und Eindämmung gezügelte Maggia wurde von den Kelten «Leukaria» – die «Weiße» – genannt, und man nimmt deshalb an, daß der Name der Stadt auf diese Bezeichnung zurückzuführen ist. Das große Delta, das dieser Fluß im Verlauf der Jahrtausende aufgeschwemmt hat, ließ zwei prächtige Buchten entstehen – jene von Locarno zur Linken und jene von Ascona zur Rechten des Deltas.

Im Mittelalter war Locarno wie Bellinzona ein Streitobjekt zwischen den rivalisierenden Städten Como und Mailand. Schließlich siegten die Mailänder Visconti, und für Locarno begann eine eigentliche Blütezeit, die bis ins 16. Jh. dauerte. Die Überreste aus dieser Epoche sehen wir noch heute im Castello Visconti westlich der Piazza Grande.

Vom früheren Glanz des Kastells, das in den dreißiger Jahren restauriert wurde, sind unter anderem ein schöner Renaissance-Innenhof mit Portico und Loggia sowie reichverzierte Holzdecken und ein Madonnenfresko übriggeblieben. Im Castello Visconti ist heute das Museo Civico der Stadt untergebracht, das eine umfangreiche archäologische Sammlung zur Frühgeschichte der Region beherbergt.

Ende des 15. Jh. zählte Locarno 5000 bis 6000 Einwohner und war die größte Stadt am Lago Maggiore. Der zivile Hafen reichte damals bis an die Piazza Grande heran, jenen prächtigen, über 400 m langen Platz mit seinen Arkaden, der auch heute noch das Bild Locarnos prägt; da der

Museen:
Museo Archeologico
Castello Visconti
Piazza Castello
Geöffnet Ostern bis Ende
Oktober, Di–So 10–12 und
14–17 Uhr
093/32 94 61

Pinacoteca Comunale
Casa Rusca
Piazza S. Antonio
093/32 94 58 (moderne
Kunst, Schenkung Hans Arp,
Dadaismus)

Camping
Delta
Via Respini 7
093/31 60 81 (zahlreiche
weitere Campings in Tenero
und eines in Cugnasco)

Schwimmbad
Lido di Locarno
093/31 44 08

Sport:
Tennis, Squash, Golf, Reiten, Segeln, Rudern, Wasserski, Tauchen, Windsurfen, Fallschirmspringen, Delta- und Gleitschirmfliegen, Motor- und Kunstfliegen und weitere Sportarten. Informationen bei:
Ente turistico
di Locarno e Valli
Largo Zorzi
6601 Locarno
093/31 03 33

Veranstaltungen:
November bis März: Winterkonzerte
Februar: Fasnacht
März: Fischerfest
April: Kamelienausstellung
Juli: Konzerte von Locarno

Feste: Musik, Theater, Kreuzfahrten, Feuerwerk
August: Internationales Filmfestival
September: Winzerfest
Oktober: Kastanienfest

Märkte:
jeden zweiten Donnerstag morgens auf der Piazza Grande
März bis Oktober jeden zweiten Samstag Flohmarkt in der Altstadt
März: Ostermarkt
Mai: Pfingstmarkt und Fronleichnamsmarkt
Dezember: Weihnachtsmarkt

Stadtplan: Seiten 468/469

Schwemmfächer der Maggia noch nicht entstanden war, konnte man hier noch am Seeufer promenieren – wie heute auf der Piazza G. Motta im benachbarten Ascona. Die Piazza Grande ist eine der großzügigsten Platzanlagen der Schweiz und zweifellos der schönste Platz des Tessins. Die Hangseite gegen die Altstadt – die andere Seite wurde früher vom Seeufer gebildet – ist durchgehend von Arkaden gesäumt, unter denen sich immer viel Volk tummelt. Dieser Laubengang ist die bedeutendste Geschäftsstraße der Stadt, die sich vom westlichen Ende der Piazza bis zum Bahnhof hinaufzieht, ein Einkaufszentrum mit Geschäften, Boutiquen und Galerien sowie Restaurants und Cafés, die fast alle auch unter den Arkaden und bis auf die Piazza hinaus bestuhlt sind. Zwischen den Häusern führen teilweise steile Gassen hinauf in die Altstadt.

Die Blütezeit Locarnos unter dem mailändischen Regime ging 1513 mit der Einnahme durch die Eidgenossen zu Ende. Der blühende Marktort verkam zur Bedeutungslosigkeit. 1584 hausten hier noch ganze 700 Einwohner. Erst in den Jahrzehnten nach der Kantonsgründung von 1803 begann sich Locarno zu erholen. Den ersten echten Aufschwung brachte schließlich um die Jahrhundertwende der Fremdenverkehr mit dem Bau der prächtigen Belle-Epoque-Hotels.

Locarno – 14 103 Einwohner. Eine Kleinstadt also. Doch dann nimmt man erstaunt zur Kenntnis, daß während des Filmfestivals Abend für Abend rund 5000 Zuschauer auf der Piazza Grande sitzen, mehr als ein Drittel der Stadtbevölkerung. Aber Zahlen sind auch hier mit Vorsicht zu genießen. Wer durch Locarno spaziert, riskiert nämlich praktisch bei jeder zweiten Ecke, die Stadt zu verlassen. Wer auf den Bahnhof geht, ist bereits nicht mehr in Locarno, denn er gehört – wie die Seepromenade – zur Gemeinde Muralto, und hinter dem Bahnhof gegen Madonna del Sasso hinauf liegt Orselina, ebenfalls eine eigene Gemeinde. Die Altstadt, die sich von der Piazza Grande hang-

Das Internationale Filmfestival

Das Internationale Filmfestival von Locarno, das 1990 seine 43. Auflage erlebt, ist die zweitälteste derartige Veranstaltung Europas, nach Venedig, vor Cannes und Berlin entstanden. Ursprünglich war es als eher touristische und mondäne Veranstaltung gedacht, als Attraktion für die Hautevolee, die sich in den Erstklaßhotels tummelte, und die ersten Vorführungen fanden denn auch noch im Park des Grand-Hotels statt. Im Verlauf der Jahre aber hat das Filmfestival einen eigenen Charakter entwickelt: In Locarno werden – im Wettbewerb – vorwiegend Erstlingswerke junger Filmautoren gezeigt. Einige der Filmemacher, die hier debütierten, sind weltberühmt geworden, wie der Brasilianer Glauber Rocha, die Italiener Germi und Rossellini und zahlreiche andere. Neben diesen Wettbewerbsfilmen widmet sich das Festival der vielfach unbekannten Filmkultur Osteuropas und der Dritten Welt, «neuen» Filmnationen auch, die im herrschenden Kommerz keine Chance hätten, ihre Werke zu zeigen. Während der zehn Tage im August werden tagsüber Dutzende von Filmen im Filmzentrum der Morettina und in den städtischen Kinos gezeigt, während sich die Piazza Grande Abend für Abend ab 21.30 Uhr ins «schönste Kino der Welt» verwandelt.

wärts entwickelt hat, ist relativ klein, und der Rest der eigentlichen Stadt zieht sich ins Delta hinaus. Trotzdem herrscht während der Saison – immerhin vom Vorfrühling bis in den Spätherbst – meist ein emsiges Treiben im Städtchen und ein Verkehr, der in den Stoßzeiten an großstädtische Verhältnisse erinnert.

Ursache ist der Tourismus, die größte «Industrie» der Region. In Locarno und der nächsten Umgebung (Muralto, Minusio, Solduno, Orselina) zählt man über 100 Hotels, Garnis und Pensionen mit einem Angebot von rund 4500 Betten, und weitere 5000 Betten werden in der Parahotellerie (Ferienhäuser usw.) angeboten, nicht mitgezählt die Zeltplätze, auf denen auch Bungalows und Wohnwagen vermietet werden.

Der Streit über die Vor- und Nachteile eines intensiven Fremdenverkehrs ist fast so alt wie der Tourismus selbst. In Locarno aber ist es eine historische Tatsache, daß der Fremdenverkehr das Städtchen nach einer Jahrhunderte dauernden Lethargie aufgeweckt und zu neuer wirtschaftlicher Blüte gebracht hat. Die Hotels der Jahrhundertwende bilden den Auftakt dieses Aufschwungs, der bis zum Ausbruch des Ersten Weltkriegs anhält und nach dem Krieg erneut einsetzt.

Aber nicht nur reiche Hotelgäste entdecken diesen von der Natur so großzügig ausgestatteten Flekken Erde. Bereits um die Jahrhundertwende hatten sich auf dem Monte Verità oberhalb von Ascona eine ganz besondere Art von Zivilisationsflüchtlingen niedergelassen, «Kommunarden», die ein zukunftsweisendes gesellschaftliches Modell verwirklichen wollten, Vorläufer und Propheten einer «Zurück-zur-Natur-Philosophie», die auch heute wieder die Aussteiger in die Hügel und Berge treibt. Ihnen folgten in Schüben Weltverbesserer, Nacktbader und Sonnenanbeter und – vor allem während des Zweiten Weltkriegs – die politischen Flüchtlinge. In ihrer Mitte und um sie kreisend berühmte Zeitgenossen, von denen einige Wurzeln schlugen und andere nur vorübergehend zu Besuch weil-

ten: Hermann Hesse, Emil Ludwig, Bernard Shaw, Leo Trotzki, Bert Brecht, Paul Klee, Stefan George, Billy Wilder und viele andere mehr.

Beim Aufstieg Locarnos zum weltberühmten Fremdenverkehrsort spielte auch ein wichtiges welthistorisches Ereignis eine entscheidende Rolle: 1925 trafen sich in Locarno die Außenminister von Belgien, Frankreich, Deutschland, Großbritannien und Italien und schlossen den sogenannten «Locarno-Pakt», ein Abkommen, das in Westeuropa ein Sicherheitssystem garantieren sollte. Dieser Pakt, in jenen Jahren das politische Weltereignis Nummer 1, ging als «Frieden von Locarno» in die Geschichte ein, machte das Städtchen weltbekannt und handelte Locarno den Namen «Friedensstadt» ein. Daß es mit diesem Frieden wenige Jahre später auf schrecklichste Art vorbei war, änderte nichts daran, daß Locarno seither als Fremdenverkehrsort weltweit bekannt ist.

Es dauerte denn auch nach dem Zweiten Weltkrieg nicht lange, bis die Hotels wieder voll waren und der rasante Aufschwung seine Fortsetzung fand. Nun waren es aber nicht mehr Zivilisationsflüchtlinge und Kulturträger, sondern vor allem die Deutschschweizer, die ihre «Sonnenstube» am Südhang der Alpen entdeckten. Viele von ihnen hatten das Tessin und Locarno während der Grenzbesetzung im Zweiten Weltkrieg kennengelernt. Einige verliebten sich derart ins südliche Klima und die entsprechende Lebensart, daß sie sich permanent niederließen. Es war denn auch bald einmal von einer «Kolonisierung» durch die Deutschschweizer die Rede, und auch heute noch flackern immer wieder Diskussionen über die gefährdete «Identität» und «Italianità» des Tessins auf. In zahlreichen Geschäften und Restaurants von Locarno ist es tatsächlich oft einfacher, in deutscher statt in italienischer Sprache zu bestellen. Der Kunde ist «König» und diktiert auch die sprachlichen Gepflogenheiten. In Locarno erscheint die «Tessiner Zeitung», die einzige deutschsprachige Publikation des Kantons.

Die Tatsache, daß so viele Deutschschweizer Rentner im Tessin ihren Lebensabend verbringen, hat Locarno in den vergangenen Jahren den etwas zweifelhaften Ruf eingehandelt, das «größte Altersheim der Schweiz» zu sein. Das stimmt allerdings mindestens einmal im Jahr nicht. Anfang August nämlich, wenn das Internationale Filmfestival für zehn Tage Gastrecht hat, verwandelt sich die Stadt von einem Tag auf den andern in eine lebendige Kulturhochburg, in der vorwiegend junge Leute die Szene dominieren und ein mondäner Hauch das Städtchen berührt.

Eines der beliebtesten Abendvergnügen der Einheimischen wie der Gäste ist ein ausgedehnter Spaziergang auf der reich bepflanzten Uferpromenade, auf der man bis zu den Zeltplätzen von Tenero wandern kann. Zu den schönsten Tagesausflügen zählt zweifellos eine Schiffahrt zu den Brissago-Inseln in den Botanischen Garten des Kantons Tessin, wo dank der klimatischen Sonderstellung subtropische und sogar tropische Pflanzen in seltener Pracht gedeihen.

Die Brissago-Inseln

Die Isola Grande und das Isolino von Brissago bilden die einzige Inselgruppe des Lago Maggiore auf Schweizer Territorium. Die «große» Insel umfasst 255 a, das «Inselchen» 81 a. Sie liegen auf 193 m ü. M. und bilden damit den tiefsten Punkt der Schweiz. Der Botanische Garten des Kantons Tessin, dem inzwischen die Inseln gehören, verdankt seine Entstehung der früheren Besitzerin, der exzentrischen Baronin Antonietta Saint-Léger. Sie war es, die um die Jahrhundertwende eine große Zahl subtropischer Pflanzen gesammelt und angepflanzt hatte. Die geschützte, nebelfreie Lage erlaubt es, kälteempfindliche Pflanzen ohne besonderen Schutz zu überwintern, darunter zahlreiche Arten, die sonst in Mittel- und Nordeuropa nur in Gewächshäusern überleben: Sumpfzypressen, Eukalyptusbäume, Bambus, Himalaya-Zedern, japanische Schirmtannen, Papyrusstauden u. a. m. – Pflanzen aus allen Ecken und Enden der Welt. Am schönsten ist der Park von Mitte April bis Ende Mai, wenn die Bäume, Sträucher, Stauden und Blumen ihre größte Farbenpracht entfalten.

Madonna del Sasso

Hoch über Locarno, auf Gemeindegebiet von Orselina, steht auf einem Felssporn die Wallfahrtskirche Madonna del Sasso. An dieser Stelle soll am 15. August 1480 dem Franziskanerbruder Bartolomeo d'Ivrea die Muttergottes erschienen sein, worauf ein «Sacro Monte», ein heiliger Berg, angelegt wurde, den die Pilger von Locarno aus auf einem Stationenweg erreichen können. Neben der Kirche aus dem 16./17. Jh. entstand ein Kloster, das heute von Kapuzinern bewohnt wird. Im Lauf der Jahrhunderte wurde die einfache Renaissancekirche immer mehr ausgeschmückt. In der sogenannten Casa del Padre wurde ein kleines Museum eingerichtet mit einem Planmodell des Sacro Monte, Exvotos, Monstranzen, Bibeln und weiteren sakralen Gegenständen. Seit 1905 führt eine Standseilbahn nach Madonna del Sasso hinauf. Seither ist der Wallfahrtsort nicht nur ein beliebtes Ziel für Pilger, sondern auch für Touristen und Ausflügler, welche die einmalige Aussicht über Locarno und den See genießen wollen.

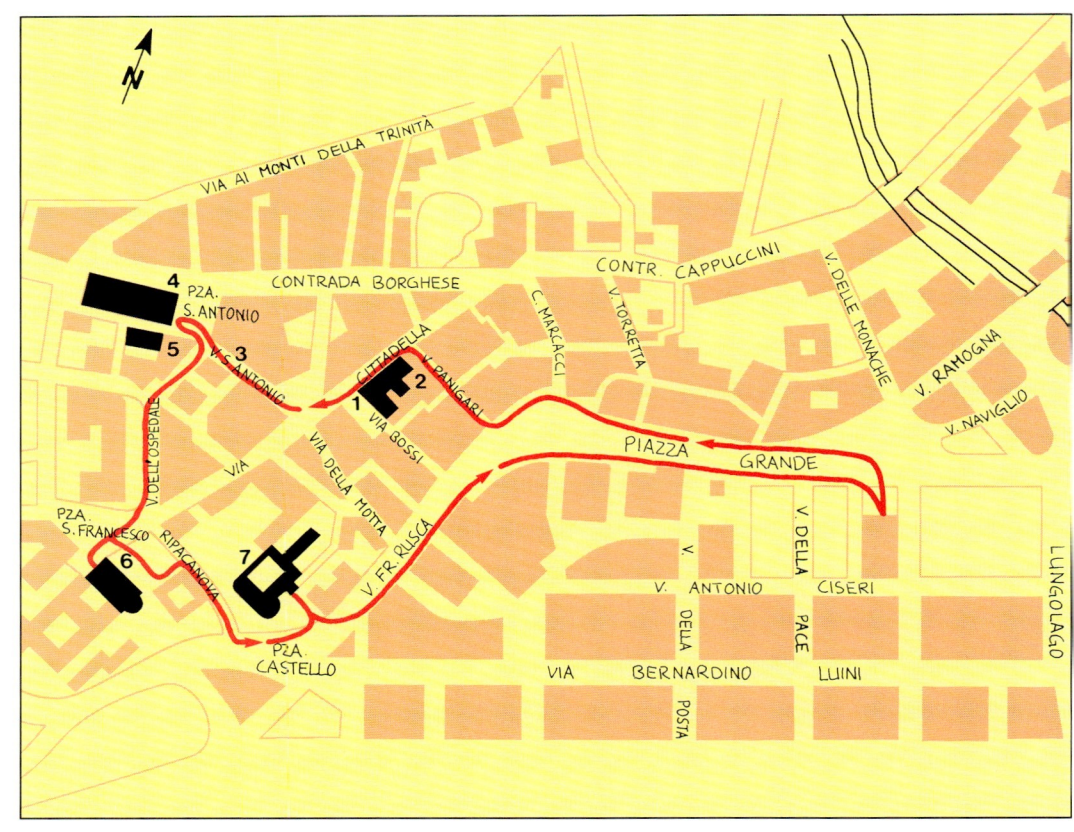

1 Chiesa Nuova
2 Casa dei Canonici
3 Via S. Antonio
4 Piazza und Kirche S. Antonio
5 Casa Rusca
6 Kirche S. Francesco
7 Castello Visconti

Stadtrundgang Locarno

Dieser Stadtrundgang ist auch als geführte Besichtigung möglich. Sie wird vom Verkehrsbüro Locarno organisiert, wobei die Teilnehmerzahl auf 35 Personen beschränkt ist. Start ist beim Kursaal vor dem Verkehrsbüro Locarno. Der Weg führt zuerst vom Kursaal auf die andere Seite der Piazza Grande. Unter den Arkaden hindurch geht es in westlicher Richtung weiter bis zur Via Panigari, die in die Altstadt hinaufsteigt. An der Via Cittadella, der Hauptstraße der Altstadt, treffen wir auf die Kirche S. Maria Assunta, allgemein als Chiesa Nuova (1) bezeichnet. Sie birgt eine der reichsten Stuckdekorationen des Frühbarocks im Tessin, wurde 1630 von Cristoforo Orelli gestiftet und 1969/70 renoviert. Die Kirche gliedert sich in die Gassenflucht ein und besitzt ein schwach eingezogenes Presbyterium, an dessen Seite ein Turm mit Pyramidenbekrönung steht, sowie eine dreiseitig geschlossene Apsis. Nordöstlich an die Kirche angebaut steht die Casa dei Canonici (2), die der Kirchenstifter Orelli bauen ließ und den beiden in der Kirche tätigen Geistlichen als Pfrundhaus zur Verfügung stellte. Der vierachsige Bau hat drei Geschosse. Ein kreuzgewölbter Korridor führt in den Hof mit Säulenportikus und Loggien; im Innern sehenswerte herrschaftliche Salons mit stuckgerahmten Spiegelgewölben und prächtigen Kaminen.

Von der Via Cittadella zweigt die Via S. Antonio (3) ab, eine typische Locarneser Altstadtgasse mit Antiquitätengeschäften, Handwerkerläden, zahlreichen gut erhaltenen Tessiner Bürgerhäusern mit Bogenhallen und versteckten Gärten.

Die Via S. Antonio führt zur gleichnamigen Piazza und zur Kirche S. Antonio (4). Diese Mitte des 14. Jh. geweihte Kirche stand einst auf der heutigen Piazza S. Antonio und wurde um 1664 durch die gegenwärtige Anlage ersetzt. 1863 stürzten Chor und Gewölbe teilweise ein und wurden zum Großteil neu erstellt.

Die Piazza Grande erinnert bereits an Italien

Die bekannte Wallfahrtskirche Madonna del Sasso thront hoch über der Stadt

Im nördlichen Raum der reich ausgestatteten Kirche ist eine grandiose Illusionsmalerei (1742) von Giuseppe Antonio Felice Orelli zu sehen. Sie zeigt die Kreuzabnahme Christi in einem durch Säulengruppen gesteigerten Szenarium.

Nicht weit davon entfernt, an der Südflanke der Piazza, steht die Casa Rusca (5) aus der ersten Hälfte des 18. Jh. Das Haus besitzt einen großen Innenhof mit drei übereinanderliegenden Säulengalerien und gilt als eines der schönsten Häuser dieser Art in Locarno. Hier ist die Pinakothek der Stadt Locarno untergebracht. Sie enthält unter anderem eine größere Sammlung von Werken des Dadaismus-Mitbegründers Hans Arp, seiner Gattin Sophie Taeuber und weiterer Dadaisten. Durch die Via dell'Ospedale gelangen wir zur Chiesa di S. Francesco mit dem danebenstehenden ehemaligen Franziskanerkloster (6). Die Klosterkirche gilt als eindrucksvolles Zeugnis nachmittelalterlicher Bettelordensarchitektur. Man nimmt an, daß das Kloster anno 1229 vom hl. Antonius von Padua gegründet wurde. Die Kirche wurde Mitte des 16. Jh. neugebaut und im 17. und 18. Jh. umgestaltet. 1848 wurde das Kloster aufgehoben und die Kirche als Magazin benutzt. Heute ist sie für den deutschsprachigen katholischen Gottesdienst bestimmt, während im ehemaligen Kloster das kantonale Lehrerseminar untergebracht ist.

Nur wenige hundert Meter trennen uns hier vom Castello Visconti (7), der einstmals bedeutendsten Burganlage im Tessin. Bevor die Urner im Jahre 1532 das Kastell schleiften, war es eine der größten Festungsanlagen im ganzen Herzogtum Mailand. Zu seinen Füßen floß ein Seitenarm der Maggia vorbei, und hier – auf dem Gelände eines heutigen Schulhofs – hielten sich die Mailänder einen Kriegshafen, von dem aus sie den Lago Maggiore kontrollierten. Heute kann man in den Überresten des Kastells eine archäologische Sammlung zur Frühgeschichte des Locarnese sehen. Nach wie vor prächtig sind der Renaissance-Innenhof mit Portico und Loggetta und die reich verzierten Holzdecken. Einer der Säle ist der Erinnerung an den «Frieden von Locarno» (1925) gewidmet, den die Außenminister von Belgien, Deutschland, Frankreich, Großbritannien und Italien hier beschlossen.

Die 173 Protestanten

Bis ins 18. Jh. wurden am 3. März jeden Jahres in Locarno sämtliche Kirchenglocken geläutet. Man feierte den 3. März 1555, den Tag, an dem 55 Locarneser Familien, insgesamt 173 Personen, die Stadt verlassen mußten. Sie schifften sich ein, fuhren nach Magadino und zogen von dort zuerst ins Misox, dann weiter nach Zürich, einige auch nach Basel und Bern. Unter ihnen Familiennamen wie Muralti, Orelli, Albertini, Duni, Viscardi und weitere mehr. Ihre einzige Schuld: Sie waren sogenannte «Neugläubige», Protestanten. Inzwischen wird das Datum schon lange nicht mehr gefeiert. Heute wissen auch die Tessiner, daß dieser Exodus ein böser Aderlaß war. Mit ihnen nämlich zogen nicht nur Protestanten, sondern auch gewiefte Seidenweber und Händler aus der Stadt. Während Locarno immer mehr herunterkam, brachten es einige von ihnen (die von Orelli und von Muralt beispielsweise) als Industriepioniere und Handelsherren in der deutschen Schweiz zu Ansehen und Macht.

Locarnos Hausberg

Cardada, der «Hausberg» von Locarno auf 1329 m ü.M., ist sowohl auf Schusters Rappen als auch mit Bergbahnen erreichbar. Zu Fuß dauert der Aufstieg über Orselina und San Bernardo zirka 3–4 Std., und wer bis zur Cimetta auf 1671 m hinauf will, muß noch 1 Std. dazurechnen. Das Ganze kann man aber viel bequemer haben, indem man gegenüber dem Bahnhof SBB die Drahtseilbahn nach Orselina benützt. Dort steigt man auf die Luftseilbahn um und läßt sich in 10 Min. nach Cardada hinauftragen. Wer immer noch nicht zu Fuß gehen will, besteigt die Sesselbahn und fährt zur Station Cimetta hinauf. Die Cimetta ist sozusagen ein Vorposten der Bergkette zwischen Valle Maggia und Val Verzasca und bietet ein prächtiges Panorama nach Süden und Westen. Im Vorfrühling, während die ersten Gäste in Locarno bereits die Sonne und die Blumenpracht an der Uferpromenade genießen, wird hier oben noch fleißig Ski gefahren. Das Skigebiet von Cardada-Cimetta ist von drei Skiliften erschlossen, und in Bergrestaurants wird für das leibliche Wohl der Sportler gesorgt.

Lugano liegt in einer malerischen Bucht am Luganersee, der auch Ceresio genannt wird. Flankiert von den Hausbergen Monte Brè und Monte San Salvatore, zieht sich die Stadt dem Seeufer entlang von Paradiso bis nach Castagnola hin. Eigentliches Schmuckstück ist die Altstadt nördlich der großzügigen Piazza Riforma.

Ente turistico Lugano e dintorni
Riva Albertolli 5
6901 Lugano
091/21 46 64

TCS
Via Balestra 3
6900 Lugano
091/22 84 25

Lugano

Lugano gilt als die «heimliche Hauptstadt» des Tessins, und die Rivalität mit der wirklichen Hauptstadt Bellinzona geht auch heute noch vielfach quer durch die politischen Parteien hindurch. Dies hat historische, aber auch aktuelle Gründe. Lugano ist mit seinen fast 30 000 Einwohnern und einer Agglomeration von weiteren 80 000 Einwohnern die am dichtesten besiedelte und wirtschaftlich mächtigste Region des Tessins. Als drittgrößter Finanzplatz der Schweiz hat die Stadt zudem ihre schon um die Jahrhundertwende geschaffene kosmopolitische Stellung in den letzten zwei Jahrzehnten noch verstärken können. Und ungeachtet der relativ bescheidenen Bevölkerungszahl strahlt Lugano – nicht zuletzt dank seiner Zentrumsfunktion – eine dichte städtische Atmosphäre, ja einen Hauch eleganter Weltstadt aus.
Eine Großstadt ist Lugano trotzdem nicht. Nostalgiker trauern auch heute noch dem malerischen Marktflecken nach, der sich wie «das niedlichste Kleinbild von Neapel» (Heinrich Zschokke) in die schöne Bucht am Ceresio kuschelt. Und in der Tat: Die Entwicklung zur Finanzmetropole hat vor allem städtebaulich einen hohen Tribut gefordert. Malerisch sind allenfalls noch die geographische Lage in der Seebucht und die Quaianlagen, an denen sich spazieren läßt, als sei's die Côte d'Azur. Tagsüber ist Lugano ein «Busineßzentrum» und abends eine ziemlich trockene Angelegenheit. Wer Vergnügen und Unterhaltung sucht, der findet sie eher auswärts, in Campione d'Italia beispielsweise, oder in den Dörfern der näheren und weiteren Umgebung.

Kanton	TI
Meereshöhe:	273 m
Einwohner 1910:	9 394
Einwohner 1980:	27 815
Autobahn:	N 2, Lugano Nord/Süd

Erstmals urkundlich erwähnt wird Lugano anno 724. Das damalige Fischerdörfchen hieß Leguano, später Luano und Luvano; im 13. Jh. setzte sich dann die heutige Schreibweise durch. In der Vergangenheit gehörte die Stadt mal zu Como, mal zu Mailand, den beiden lombardischen Stadtstaaten, die sich die Vorherrschaft in der Region streitig machten. Lugano konnte sich dabei einige Privilegien sichern und verfügte bereits im 12. Jh. über eine eigene Gerichtsbarkeit und einheimische Konsuln. Im 15. Jh. sicherte sich der Herzog von Mailand die Herrschaft über das Städtchen, 1499 der König von Frankreich. Lugano hatte bereits damals eine überregionale Bedeutung als Marktort. Die große Wende kam 1512, als Maximilian Sforza die Stadt den Eidgenossen der zwölf Alten Orte abtrat, welche eine Vogtei errichteten, die bis 1798 bestand. In der Helvetik nahm die Mehrheit der Einwohner eine proschweizerische Haltung ein, während eine Minderheit für Napoleons Cisalpinische Republik optierte. Die Cisalpiner unterlagen, es wurde zuerst ein Kanton Lugano geschaffen, und 1803 kam es zur Gründung des souveränen Kantons Tessin. Lugano war – alternierend mit Bellinzona und Locarno – einer der drei Hauptorte des Kantons, bis 1878 Bellinzona zur alleinigen Hauptstadt erklärt wurde.

Den Sprung in die Neuzeit machte die Stadt 1882 mit der Eröffnung der Gotthardbahn. Lugano hatte sich schon zuvor mit dem Bau mehrerer großer Hotels als Wegbereiter des Tessiner Fremdenverkehrs hervorgetan. Der rasch wachsende Gotthardverkehr beschleunigte dann die Entwicklung beträchtlich. Zwischen 1882 und 1918 wurden die Quais und der Parco Civico angelegt. Es folgten Bergbahnen auf den San Salvatore, auf den Monte Brè und den Monte Generoso, kurz darauf wurde das Tram eingeführt, und am Vorabend des Ersten Weltkriegs war Lugano eine blühende und mondäne Fremdenverkehrsstadt. Dieser Erneuerung war allerdings auch ein guter Teil des mittelalterlichen Borgo geopfert worden.

Während der Grenzbesetzung im Ersten und im Zweiten Weltkrieg lernten viele Deutschschweizer erstmals das Tessin kennen. Sie waren es denn auch, die in der Zwischenkriegszeit und vor allem nach dem Zweiten Weltkrieg den Touristenboom und letztlich die «friedliche Kolonisierung» der Sonnenstube durch Deutschschweizer auslösten. Die Hochkonjunktur der sechziger Jahre bescherte der Stadt einen Aufschwung ohnegleichen; die maßlose Bautätigkeit schlug aber auch schwere Breschen in das alte Ortsbild. Die Idylle wich nun definitiv einem geschäftigen Geschäftszentrum mit Banken, Finanzgesellschaften, Anwaltsbüros, Warenhäusern und anderen Zweigen des Dienstleistungsbereichs. Dabei entstand abseits der Altstadt eine City mit zahlreichen Werken moderner Architektur, die in der «neuen Stadt» Akzente setzen. Mit dem Bau des Palazzo dei Congressi neben der Villa Ciani kann sich Lugano inzwischen auch als Kongreßstadt empfehlen. Ein wichtige Rolle im Fremdenverkehr spielt heute die Schiffahrt. Immer mehr wird Lugano von einem eigenständigen Fremdenverkehrsort zu einem Ausgangspunkt für Ausflugstourismus in die nähere und weitere Umgebung. Die Stadt bietet mit ihren Hotels die Infrastruktur, die Umgebung die Erholung.

Giacomo und Filippo Ciani

Die Brüder Ciani, deren Villa im Stadtpark am See heute das Museo Civico di belle arti beherbergt, stammten aus Leontica im Bleniotal, waren aber in Mailand als Söhne eines reichen Bankiers zur Welt gekommen. Beide waren erfüllt von den Ideen der Aufklärung und kämpften für die Befreiung Italiens von der österreichischen Fremdherrschaft. 1839 kauften sie ausgerechnet einem Konservativen die Villa ab und verwandelten sie in ein eigentliches «Nest» von Aufständischen. Männer wie Mazzini und Garibaldi sowie unzählige politische Flüchtlinge gingen bei ihnen ein und aus und fanden moralische wie finanzielle Unterstützung. Bei einem kurzen konservativen Interregnum wurde den beiden Brüdern die Schweizer Staatsbürgerschaft aberkannt, aber wenige Wochen darauf gelangten wieder die Liberalen an die Macht, und die Brüder Ciani konnten weiterkämpfen. Filippo (1778–1867) war vorübergehend Regierungsrat und Giacomo (1776–1868) im Nationalrat. Nach dem Tod eines Adoptivsohns von Giacomo konnte die Stadt 1912 die Villa kaufen.

Museo cantonale d'Arte
Piazza Manzoni 7
091/22 93 56
Mi–Sa 10–12, 14–18 Uhr,
Di und So 14–18 Uhr

Galleria civica
Villa Malpensata
Riva Caccia 5
091/54 43 70
Di–So 10–12, 14–18 Uhr

Museo cantonale di
storia naturale
Viale Cattaneo 4
091/23 78 27
Di–Sa 9–12, 14–17 Uhr

Museo civico di belle arti
Villa Ciani
Parco Civico
091/23 61 62
Geschl. bis Frühling 1991,
Di–So 10–12, 14–18 Uhr

Museo delle culture
extraeuropee
Villa Heleneum
Via Cortivo 24
6976 Castagnola
Di–Do und Sa–So 10–12,
14–18, Fr 14–21 Uhr

Pinacoteca Thyssen-
Bornemisza
Villa Favorita
6976 Castagnola
091/51 61 73
April–Okt., Di–So 10–17 Uhr

Biblioteca Salita dei Frati
Salita dei Frati 4
091/23 91 88
Mi, Do, Fr 14–18,
Sa 9–12 Uhr

Öffentliche Schwimmbäder:
Bagno pubblico, Riva Caccia
Tel.091/54 20 35

Lido S. Domenico,
Castagnola
091/51 65 66

Hallenbad:
Viale Castagnola
091/52 74 51

Piscina comunale Paradiso
Riva Paradiso
091/54 75 62

Camping
San Salvatore
6915 Pambio-Noranco
091/54 19 46

Verkehrsverein:
Ente turistico Lugano
e dintorni
Riva Albertolli 5
6901 Lugano
091/21 46 64

Veranstaltungen:
Primavera concertistica
(Frühling)
«New Orleans» und «Estival
Jazz» (Sommer)
Winzerfest (Herbst)

Stadtplan: Seiten 470/471

Auf den Spuren der Schmuggler

Nur mit dem Schiff (Stationen Paradiso, Centrale oder Giardino) erreichbar ist von Lugano aus das Schweizerische Zollmuseum in Cantine di Gandria. Hier leben jene romantischen Zeiten fort, in denen listige Schieber und Schmuggler die Zöllner an der italienisch-schweizerischen Grenze mit allen möglichen Tricks an der Nase herumführten. Wenige Meter neben der Grenze zeigt das einzige Schmugglermuseum der Welt in originalgetreuen Räumen aus dem Jahre 1904 alte Zolldokumente und ausgeklügelte Schmuggler-Utensilien wie hohle Schuhabsätze oder Feldflaschen mit doppelter Wand. Prunkstück der Sammlung ist aber ein Tret-Unterseeboot: Mit einer Tonne Salami beladen und so unter Wasser gedrückt, glitt das Boot lautlos durch den See. Ein waghalsiger Schmuggler, der seinen Kopf knapp über dem Wasser hielt, steuerte das Boot so lange über die Seegrenze, bis er endlich im Gefängnis und das Boot im Museum landete.

Museo doganale svizzero
Cantine di Gandria
091/23 98 43
Geöffnet April bis Oktober jeden Nachmittag von 14.30–17.30 Uhr

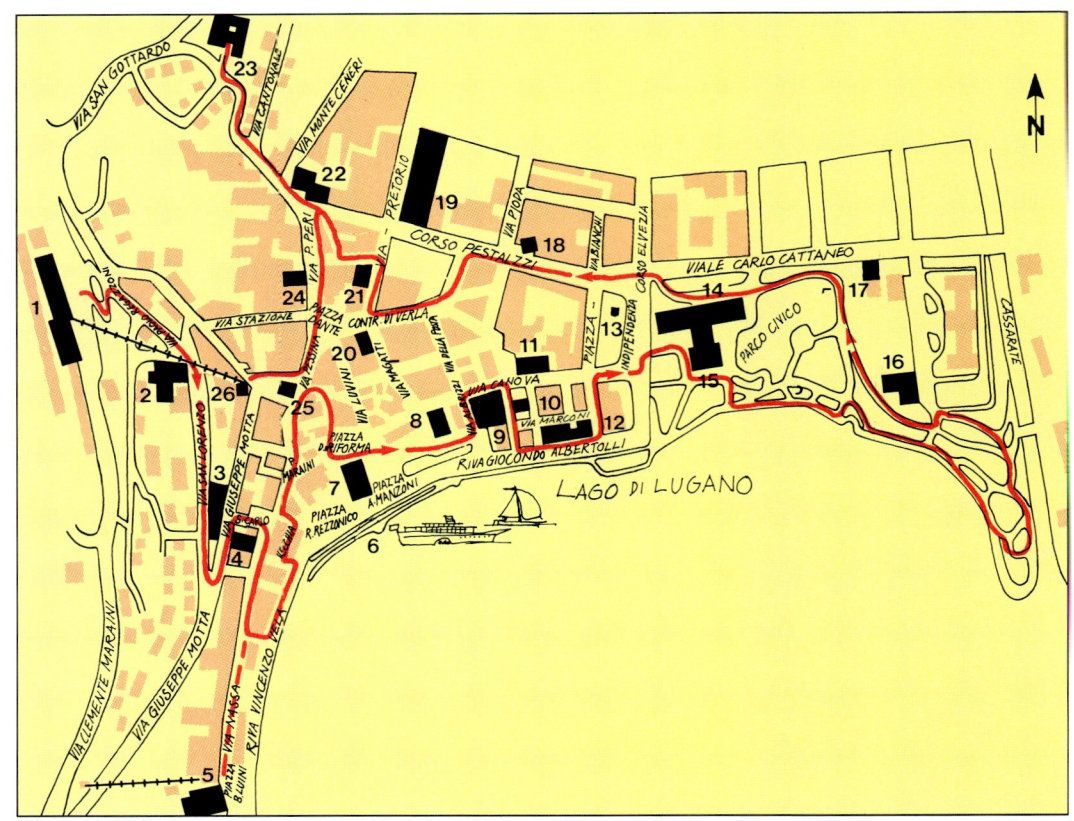

1. Bahnhof SBB
2. Kathedrale San Lorenzo
3. Autosilo
4. Kirche San Carlo Borromeo
5. Kirche Santa Maria degli Angioli
6. Schifflände Centrale
7. Municipio (Rathaus)
8. Palazzo Riva, heute Bank
9. Museo cantonale d'Arte
10. Casa Albertolli, heute Bank
11. Kirche San Rocco
12. Palazzi Gargantini
13. Obelisk zur Erinnerung an den Eintritt des Tessins in die Eidgenossenschaft
14. Kongreßgebäude
15. Villa Ciani mit Museo civico di belle arte
16. Kantonsbibliothek
17. Reformierte Kirche
18. La Piccionaia
19. Justizgebäude
20. Kirche San Antonio Abate
21. Palazzo Riva
22. Kapuzinerinnenkloster mit Kirche San Giuseppe
23. Kapuzinerkloster Santa Trinità
24. Kirche S. Maria Immacolata
25. Palazzo Riva, später Primavesi und Ghioldi-Wicki

Stadtrundgang Lugano

Auf einer Terrasse am Berghang unterhalb des Bahnhofs SBB (1) steht die Hauptkirche Luganos, die Kathedrale San Lorenzo (2). Die im frühen Mittelalter gegründete und 818 erstmals als Pfarrkirche erwähnte Kathedrale ist heute Sitz des Bischofs von Lugano. Das Mauerwerk der dreischiffigen Basilika stammt aus romanischer und gotischer Zeit, die Ausstattung mit dem reichen Freskenschmuck größtenteils aus dem Barock. Prunkstück der Kirche ist aber ihre berühmte Fassade, ein Meisterwerk lombardischer Renaissance aus dem 16. Jahrhundert. Vor ihr öffnet sich der Blick auf die bezaubernde Landschaft des Sees und das Dächergewirr der Stadt. Richtung Süden führt die Via Lorenzo zur Kirche San Carlo Borromeo (4) aus dem 17. Jh. Von hier aus lohnt sich ein kleiner Abstecher zur ehemaligen Klosterkirche Santa Maria degli Angioli (5) mit dem berühmtesten Renaissance-Wandbild der Schweiz: Am Lettner gegenüber dem Eingang hat Bernardino Luini, ein Schüler von Leonardo da Vinci, 1529 ein an vielen Details reiches Fresko der Passion Christi gemalt. Kürzer ist der Weg von San Carlo Borromeo zum See. Die Promenade mit den beiden Abschnitten Riva Vincenzo Vela und Riva G. Albertolli verläuft vor den großen Hotelpalästen und reicht von Paradiso bis zum Flüßchen Cassarate. Sie zeigt schon ganz südländischen Charakter.

Unter den schattenspendenden Bäumen und entlang den vielen Blumenrabatten läßt es sich besonders am Abend angenehm flanieren. Ruhiger geht es in der Fußgängerzone um die Via Nassa zu. Der «Salon», wie die Einheimischen die Via Nassa nennen, ist die eleganteste und natürlich auch teuerste Einkaufsstraße der Stadt. Ein Bummel entlang den Geschäften mit Lederwaren, Juwelen, Schuhmoden und exklusiven Antiquitäten kann nicht nur viel Zeit, sondern auch viel Geld kosten. Mehr vom früheren Charme hat die anschließende Via

Belebtes Zentrum von Lugano ist die Piazza Riforma

Die Fassade der Kathedrale San Lorenzo: ein Meisterwerk der Renaissance

Pessina mit ihren malerischen Lauben und dem typischen Straßenpflaster mit den plattenbelegten Fahrspuren bewahrt: In der schmalen Gasse werden heute Tessiner Spezialitäten wie Salami, Käse und natürlich auch Merlot in Überfülle angeboten.

Nach einigen Schritten erreicht man das Herz Luganos, die Piazza della Riforma. Hier sind die Tischreihen der Cafés bis weit in den Platz mit seinen repräsentativen Bauten aus dem 19. Jh. – darunter das eindrucksvolle Rathaus (7) – hinausgewachsen. Richtung See, an der mit Fontänen und Blumenrabatten geschmückten Piazza Alessandro Manzoni, steht in strenger Schönheit der Palazzo Riva (8) mit seiner spätbarocken Fassade, heute der Sitz der Banca della Svizzera Italiana. Am östlichen Abschluß des Platzes befindet sich das Museo cantonale d'Arte (9) mit einer Sammlung von Gemälden und Skulpturen. Dahinter, im ehemaligen Patrizierhaus der Casa Albertolli (10), hat eine weitere Bank ihren Sitz: die Nationalbank. Schräg gegenüber liegt die Kirche San Rocco (11) aus dem frühen 16. Jh. mit ihrer schwungvollen, neobarocken Fassade. Ein kleiner Abstecher zum Seeufer führt zu einem bemerkenswerten Zeugnis der mondänen Tourismusarchitektur aus dem Anfang dieses Jahrhunderts: den Palazzi Gargantini (12). Gleich daneben steht der Kursaaal. Auf der Piazza Indipendenza, dem Unabhängigkeitsplatz, erinnert ein Obelisk (13) an die Angliederung des Tessins als freier Kanton an die Schweiz im Jahre 1803. Im benachbarten Parco Civico (Stadtpark) gibt es nicht nur Natur, sondern auch Kultur zu bewundern: In der reizvollen Villa Ciani (15) ist das Museo civico di belle arti mit seiner Sammlung von Tessiner Kunst vom Barock bis in die Neuzeit untergebracht.

Ein Spaziergang durch den Park mit dem gepflegten, teilweise exotischen Baumbestand führt zur Piazza Indipendenza zurück und entlang dem Corso Pestalozzi zum ältesten Haus Luganos: La Piccionaia (18). Das schöne Renaissancegebäude – auf deutsch heißt Piccionaia Taubenschlag – wird heute leider von den benachbarten Häusern beinahe erdrückt. Am Corso Pestalozzi verlief einst die Grenze der Luganeser Altstadt. Nördlich davon liegen die Häuserschluchten des Quartiers Molino, wo die vielen Banken – darunter die neue Banca del Gottardo des heute wohl bekanntesten Schweizer Architekten Mario Botta – von der Bedeutung Luganos als internationalem Finanzplatz zeugen. Südlich des Corso Pestalozzi, an der mächtigen Post vorbei, führt der Weg wieder in die Fußgängerzone, zur Piazza Dante mit der Barockkirche San Antonio Abate (20). Nur wenige Schritte sind es durch den untern Teil der Via Pretoria und am Palazzo Riva (21), einem hufeisenförmigen, spätbarocken Bau, vorbei zum Kapuzinerinnenkloster (22).

Etwas weiter ist der Weg durch die Via Cantonale und über die Salita dei Frati zum Kapuzinerkloster S. Trinità (23) mit seiner Kirche aus dem 17. Jh. Zurück gelangt man vorbei an der Kirche Santa Maria Immacolata (24), einem spätklassizistischen Bau aus dem letzten Jahrhundert, über die Piazza Dante zur schiefen Piazza Cioccaro. Hier steht der letzte der drei Luganeser Riva-Paläste, der Palazzo Riva oder Primavesi (25) aus dem 18. Jh.: Die beeindruckende Schaufassade des auf zwei Seiten von Arkaden gesäumten Baus richtet sich auf den Platz. Eine kleine Standseilbahn (26) fährt zum Bahnhof hinauf. Der kurze Aufstieg über die Treppe der Via alla Cattedrale mit ihren vielen Souvenirgeschäften bringt uns zum Ausgangspunkt des Stadtrundgangs vor die Kathedrale San Lorenzo zurück.

Auf den San Salvatore

Der nur 912 m hohe San Salvatore ragt fast senkrecht aus dem Luganersee empor. Der «Zuckerhut» von Lugano besteht aus Dolomit, einem aus Korallenkalk verdichteten Gestein, das zur Zeit der Trias vor gut 200 Milionen Jahren entstanden ist. Auf diesem Untergrund wachsen im südlichen Klima Feigen, Goldregen, Stechpalmen und die bekannteste Pflanze des Berges, der Flaumige Seidelbast. Auf den im Westen dicht bewaldeten und im Osten steil zum See abfallenden Felskegel fährt seit 1890 von Lugano-Paradiso aus eine Standseilbahn (Mitte März bis Mitte November). Auf dem Gipfel lebte in einer kleinen Klause von 1681 bis 1847 jeweils ein Einsiedler. Heute ist hier mehr Betrieb: Von der Terrasse des Bergrestaurants und besonders nach dem kurzen Aufstieg zur Terrasse der kleinen Kirche San Salvatore genießt man eine herrliche Sicht zum zweiten Hausberg Luganos, dem Monte Brè, zum Monte Rosa und zum Matterhorn und bis hin zu den Berner und Savoyer Alpen. Der San Salvatore ist auch Ausgangspunkt lohnender kurzer und längerer Wanderungen nach Carona oder Morcote hinunter.

Dank des prächtigen mittelalterlichen Stadtbildes und der unbestritten einzigartigen Lage am Ende des Vierwaldstättersees ist Luzern seit mehr als hundert Jahren ein Magnet für den internationalen Tourismus, ein Muß jeder Europatournee – eine Bilderbuch-Fremdenstadt mit internationalem Touch. Luzern ist aber auch das wirtschaftliche, politische und kulturelle Zentrum des Kantons.

Verkehrsbüro
Frankenstraße 1
6003 Luzern
041/51 71 71

TCS-Geschäftsstelle
Burgerstraße 22
6002 Luzern
041/23 78 33

Luzern

Kanton:	LU
Meter über Meer:	439
Einwohner 1910:	29 255
Einwohner 1980:	63 278
Autobahn:	N 2, Luzern

Die Anfänge der Stadt Luzern liegen weitgehend im dunkeln. Mögliche Siedlungskerne aus prähistorischer Zeit am See- und Flußufer sind nicht bekannt. Der Name der Stadt ist sehr wahrscheinlich romanischen Ursprungs (luciaria = brennendes Licht) und taucht 840 in lateinischer Form erstmals urkundlich auf. Luzern war damals ein bescheidenes Fischer- und Bauerndorf und gehörte dem Mitte des 8. Jh. gegründeten Benediktinerkloster St. Leodegar im Hof. Wie das etwas außerhalb der Siedlung am rechten Seeufer liegende Kloster unterstand Luzern dem Abt der Benediktinerabtei Murbach im Oberelsaß.

1178 gewann der Ort mit der Errichtung einer eigenen Leutpriesterei durch Konrad von Eschenbach, Abt von Murbach, und seinen Bruder Ulrich, der in Luzern als Probst amtete, eine gewisse Selbständigkeit. Dieses Datum gilt denn auch als Gründungsjahr Luzerns. Stadt im eigentlichen Sinn wurde Luzern jedoch erst zwischen 1200 und 1210. Am See-Ende gelegen, entwickelte sich Luzern von Anfang an auf beiden Seiten des Reussausflusses. In vorstädtischer Zeit konzentrierten sich die älteren Ortskerne jedoch um den Klosterbezirk im Hof. Davor dürfte das Siedlungszentrum um die Reussbrücke mit ihren seit dem 12. Jh. befestigten Brückenköpfen gelegen haben. Bereits um 1291 wurde der rechtsufrige Stadtteil «Großstadt», die Siedlung am linken Ufer «Kleinstadt» genannt. Über die Hofbrücke war die Stadt mit dem Stift St. Leodegar verbunden. Dieser 385 Meter lange, gedeckte hölzerne Fußgängersteg wurde aber 1834–1854 anläßlich

der Uferaufschüttung für den Schweizerhofquai abgebrochen. Als der Gotthardpaß um 1230 durchgehend passierbar wurde, entwickelte sich Luzern zu einem wichtigen Umschlagplatz. Der Gotthardverkehr, der durch die Pfistergasse und die Schmiedgasse zur Schifflände führte, brachte der noch jungen Stadt einen raschen wirtschaftlichen Aufschwung. 1291 verkaufte die Benediktinerabtei Murbach den wichtigen Handelsplatz für lediglich 2000 Mark Silber und fünf oberelsässische Dörfer an Rudolf I. von Habsburg. Schon zuvor, 1252, wird in Luzern das Bestehen einer Ringmauer ausdrücklich erwähnt. Mit dem Bau der Kapellbrücke und des achteckigen Wasserturms um 1300 wurde die Stadt im Bereich der Reuss entscheidend verstärkt. Der blühende Handel machte Luzern im 13. und 14. Jh. zur Drehscheibe im Gotthardtransit. Fremde Kaufleute ließen sich in Luzern nieder und verbreiteten einen Hauch italienischer Lebensart. Die engen wirtschaftlichen Beziehungen zu Oberitalien sind denn auch der Grund, daß Luzern wie kaum eine andere Deutschschweizer Stadt in vielen seiner Bauwerke so stark italienisch geprägt ist.

1332 schloß sich Luzern dem Bund der Waldstätte an. Damit kam eine Allianz von Bauern und Bürgern gegen die Habsburger zustande, die 1386 zum entscheidenden Sieg bei Sempach und zur Unabhängigkeit Luzerns von Österreich führte. In den Jahren danach erwarb und eroberte der Stadtstaat den größten Teil seines heutigen Kantonsgebiets. Um 1400 wurde auf der Anhöhe der Musegg mit dem Bau eines zweiten geschlossenen Mauerrings um die «Großstadt» begonnen. 1487 waren die Arbeiten an diesem imposanten, 870 m langen Mauerzug mit seinen neun Türmen abgeschlossen. 1417 erhielt Luzern von König Sigismund die Reichsfreiheit. Im 16. Jh. bildete sich ein regierendes Patriziat heraus, das die Macht erst nach der Eroberung der Eidgenossenschaft durch die Franzosen, 1798, abgab. Mit der Errichtung einer päpstlichen Nuntiatur (1579) und

Kunstmuseum
Bahnhofplatz
041/23 10 24
Di, Do, Fr und Sa 10–12 und 14–17 Uhr, Mi 10–21 Uhr, So 10–17 Uhr, Mo geschlossen außer Mitte Juli bis Mitte September

Historisches Museum
Pfistergasse 24
041/24 54 24
Di–Fr 10–12 und 14–17 Uhr, Sa und So 10–17 Uhr

Natur-Museum
Kasernenplatz 6
041/24 54 11
Di–Sa 10–12 und 14–17 Uhr, So 10–17 Uhr

Richard-Wagner-Museum
Landhaus Tribschen
Richard-Wagner-Weg 27
041/44 23 70
Mitte April bis Mitte Oktober täglich 9–12 Uhr und 14–18 Uhr; Mitte Oktober bis Mitte April Di, Do und Sa 9–12 und 14–18 Uhr, So 10.30–12 Uhr und 14–17 Uhr

Am Rhyn-Haus
Furrengasse 21
041/51 35 33
April bis Oktober täglich 10–18 Uhr; November bis März Fr, Sa und So 11–12 Uhr und 14–17 Uhr

Trachten- und Heimatmuseum Utenberg
beim Dietschiberg
041/36 80 58
Mitte April bis Oktober täglich 9–17.30 Uhr

Gletschergarten
beim Löwendenkmal
Denkmalstraße 4
041/51 43 40
Mai bis Mitte Oktober täglich 8–18 Uhr; März und April, Mitte Oktober bis Mitte November täglich 9–17 Uhr; Mitte November bis Februar Di–Sa 10.30–16.30 Uhr, So 10–17 Uhr

Bourbaki-Panorama
am Löwenplatz
041/50 22 50
Mai bis September täglich 9–18 Uhr; Oktober, März und April täglich 9–17 Uhr

Verkehrshaus
Lidostraße 5
041/31 44 44
März bis Oktober täglich 9–18 Uhr; November bis Februar Mo–Sa 10–16 Uhr, So 10–17 Uhr

Strandbad Lido
Lidostraße
041/31 38 06

Seebad Tribschen
Warteggstraße
041/44 45 67

TCS-Camping
Seefeld
6048 Horw
041/47 35 58

Stadtplan: Seite 472/473

Die steilste Zahnradbahn der Welt

Die Reiseführer empfehlen ihn als Ausflugsziel, und für Touristengruppen in Luzern ist er Pflicht: der Pilatus. Der Baedeker gibt dem 2120 m hohen Gipfel zwar nur einen von zwei möglichen Sternen. Dafür verleiht ihm der Michelin höchste Tourismus-Weihen: drei Sterne, «eine Reise wert». Auf den Pilatus führen viele Wege. Am schönsten ist die Pilatus-Rundfahrt. Mit dem Schiff geht die Fahrt nach Alpnachstad zur Talstation der Pilatusbahn. Mühelos überwindet die steilste Zahnradbahn der Welt – um ein Ausrasten aus der Zahnschiene zu verhindern, greifen die Zahnräder horizontal – in 30 Min. 48prozentige Steigungen. Die Zugskomposition erreicht auf der 4 km langen Strecke hinauf auf Pilatus-Kulm maximal 12 km/h. Zu Fuß ist der Pilatus schon lange vor dem Bahnbau oft und gern besucht worden. Zu den berühmtesten Pilatusbesteigern zählen Richard Wagner und die Königin Viktoria von England. 1868 genoß die Monarchin mehrere Tage die Aussicht vom Hausberg der Luzerner auf den Vierwaldstättersee und die Alpenkette. Auf der Nordseite des Pilatus geht es mit der großen Gondel hinunter nach Fräkmüntegg, dann mit kleinen Kabinen nach Kriens und schließlich mit dem Bus zurück in die Stadt.

der Ankunft der Jesuiten (1574), der Kapuziner (1583) und der Ursulinen (1659) wurde Luzern, das während der Reformation katholisch geblieben war, zum Vorort der katholischen Orte der Eidgenossenschaft. Diese Zeit der Gegenreformation brachte der Stadt eine beachtliche kulturelle Blüte. Erst mit der Niederlage im Zweiten Villmerger Krieg, 1712, büßte Luzern seine katholische Vorortstellung vorerst ein. Von Oktober 1798 bis Juni 1799 war Luzern für knapp neun Monate Regierungssitz der Helvetik.

Trotz der starken Akzente, welche Renaissance und Barock im Stadtbild gesetzt haben, ist Luzern im Grunde eine mittelalterliche, alemannisch geprägte Kleinstadt geblieben. Wehrmauer, Türme und Tore verliehen der Stadt während Jahrhunderten ihre unverkennbare bauliche Gestalt. Dies änderte sich erst, als nach 1856, abgesehen von einigen wenigen Ausnahmen wie dem Wasserturm, der gesamte innere Befestigungsgürtel und der äußere Mauerring der «Kleinstadt» geschleift wurden. Nur die Museggmauer blieb vollständig erhalten.

Trotzdem mauserte sich gerade in dieser Zeit «das kleine schlechtgebaute menschenleere Städtchen» – wie der Philosoph Arthur Schopenhauer Luzern in einer Tagebucheintragung von 1804 charakterisiert hatte – zu einem Zentrum des internationalen Fremdenverkehrs. Dank des prächtigen mittelalterlichen Stadtbildes und der einzigartigen Lage ist Luzern auch heute noch ein Muß jeder Europatournee – eine Bilderbuch-Fremdenstadt mit internationalem Touch.

Luzerns Fremdenverkehr mußte jedoch Mitte der achtziger Jahre massive Einbußen in Kauf nehmen. Der Niederschlagsreichtum am Fuß des Pilatusmassivs, ein gerne verschwiegener Nachteil, war daran nicht allein schuld. Die Tourismus-Verantwortlichen der Leuchtenstadt hatten allzu stark auf die Gäste aus Übersee gesetzt. Diese Abhängigkeit von den USA erwies sich 1986 als verhängnisvoll: Nach jahrelanger Zunahme blieben die Amerikaner

Nichts zu sagen haben Stardirigenten an den drei Tagen und Nächten im Jahr, an denen die Luzerner am liebsten unter sich sind: an der «rüüdig schöönen Lozärner Fasnacht». Am Schmutzigen Donnerstag, Güdismontag und Güdisdienstag legen die Einheimischen in Sachen Kleidung, Musik, Phantasie, Konversation und Lautstärke alle Hemmungen ab und treiben die Zentralschweizer Metropole in einen wahren Anarchismus. Mit einem Urknall vor dem Rathaus am Kornmarkt und einem Konfettiregen wird die Luzerner Fasnacht am Schmutzigen Donnerstag Schlag fünf Uhr morgens eröffnet. In diesen dunklen, nebligen und kalten Morgenstunden ist die Altstadt überfüllt mit Maskierten und Unmaskierten, die den Zunftmeister der Fritschizunft aus seinem Schlaf reißen.

Am Nachmittag des Schmutzigen Donnerstags verfolgen jeweils über 50 000 Zuschauer in den Altstadt- und Neustadtquartieren den Luzerner Fasnachtsumzug. Der Umzug wird am Güdismontag von der Weyzunft in leicht geänderter Form wiederholt. Das Finale der Luzerner Fasnacht ist das traditionelle Monsterkonzert am Güdisdienstagabend. Der phonstarke Spuk dauert jeweils bis in die frühen Morgenstunden. In der Nacht vom Dienstag zum Mittwoch gilt für die Luzerner Fasnacht nämlich noch «open end». Am Aschermittwoch sind die närrischen Tage dann endgültig zu Ende – und die leidenschaftlichsten Luzerner Fasnächtler begeben sich auf Tournee nach Zürich und Basel.

aus. Reagans Appell, nicht ins terrorverseuchte Europa zu reisen, und die schwindende Kaufkraft des Dollars trugen zu diesem Besucherrückgang bei.

Doch in der Zwischenzeit hat sich Luzerns Fremdenverkehr etwas erholt. Heute übernachten jährlich wieder mehr als 800 000 Touristen in Luzern. Und die größte Innerschweizer Stadt ist darauf angewiesen. Der Tourismus erbringt ein Sechstel des Stadtluzerner Volkseinkommens. Mit anderen Worten: Umsätze von mehr als 800 Millionen Franken, Einkommen von über 350 Millionen Franken sowie Arbeit für fast 7000 Beschäftigte. Die Gäste geben über eine halbe Milliarde Franken in Luzern aus, pro Tag und Tourist 300 Franken. Luzern ist sowohl Etappenort – die Besucher bleiben im Durchschnitt knapp zwei Tage – als auch beliebte Shopping-Stadt. Luzerns Nobelkundschaft, die vorwiegend aus Amerika, der Bundesrepublik, aus Italien und Großbritannien anreist, bleibt bisweilen gar ein bis zwei Wochen, erholt sich in einer der vier Luzerner Luxusherbergen, genießt die unvergleichliche Atmosphäre und die Überschaubarkeit der Stadt, unternimmt Ausflüge oder besucht im Sommer Konzerte der Internationalen Musikfestwochen (IMF). Das größte klassische Konzertfestival der Schweiz feierte 1988 bereits das 50-Jahr-Jubiläum.

Das meistbesuchte Museum der Schweiz

Der Schweiz bestbesuchtes Museum steht in Luzern. Bis zu 700 000 Besucher drängen jährlich ins Verkehrshaus der Schweiz, und mehr als 15 Millionen haben das Museum seit seiner Eröffnung am 1. Juli 1959 besucht. Die Idee einer «Ausstellungsstätte für Verkehrsmittel» war schon vor bald hundert Jahren aufgetaucht, doch erst 1942 wurde in Zürich der «Verein Verkehrshaus der Schweiz» gegründet. Da das Museum in der Limmatstadt nicht verwirklicht werden konnte, wurde der Sitz 1950 nach Luzern verlegt. Hier ging's dann rasch vorwärts. 1954 stellte die Einwohnergemeinde Luzern das Land zur Verfügung, fünf Jahre später eröffnete Bundesrat Giuseppe Lepori das Museum. Heute umfaßt das Verkehrshausareal 40 000 m². Es ist das vielseitigste Verkehrsmuseum Europas und zeigt die Entwicklung und Bedeutung des Verkehrs und der Kommunikation zu Wasser, zu Land und in der Luft. Zum Verkehrshaus gehören außerdem das einzige Großplanetarium der Schweiz sowie das Hans-Erni-Haus mit über 300 Werken des international bekannten Luzerner Künstlers.

Luzerns Picasso-Sammlung

Seit 1978 ist die Stadt Luzern im Besitz der zweitgrößten öffentlichen Sammlung von Picasso-Werken in der Schweiz. Zum 800-Jahr-Jubiläum der Stadt schenkten der 1985 verstorbene Kunsthändler und Picasso-Freund Siegfried Rosengart und seine Tochter Angela Rosengart der Stadt Luzern sieben Ölbilder und eine Plastik von Pablo Picasso. Dafür wurde im Am Rhyn-Haus ein eigenes Kabinett eingerichtet. 1979 kamen über ein Dutzend Gouachen, Zeichnungen und eine Original-Keramik, 1980 die Tuschzeichnung «Minotaure et nu», 1981 zwölf Originalradierungen und ein Originalkupferstich sowie 1984 zwei keramische Platten und ein Keramikkrug dazu. 1988, anläßlich der Feier zum zehnjährigen Bestehen der Donation Rosengart, schenkte Angela Rosengart der Stadt Luzern mehr als 40 Graphikblätter aus der letzten Schaffensperiode des genialen Meisters. Doch nicht nur Picasso-Bilder sind im 1616–1618 erbauten Renaissancepalazzo sehenswert. Im nördlichen Teil des Am Rhyn-Hauses befindet sich ein Festsaal mit einer wertvollen Kassettendecke. Der durch eine viergeschossige Loggienbrücke verbundene südliche Teil wurde 1785/86 von Joseph Singer im Stil Ludwigs XVI. umgeformt.

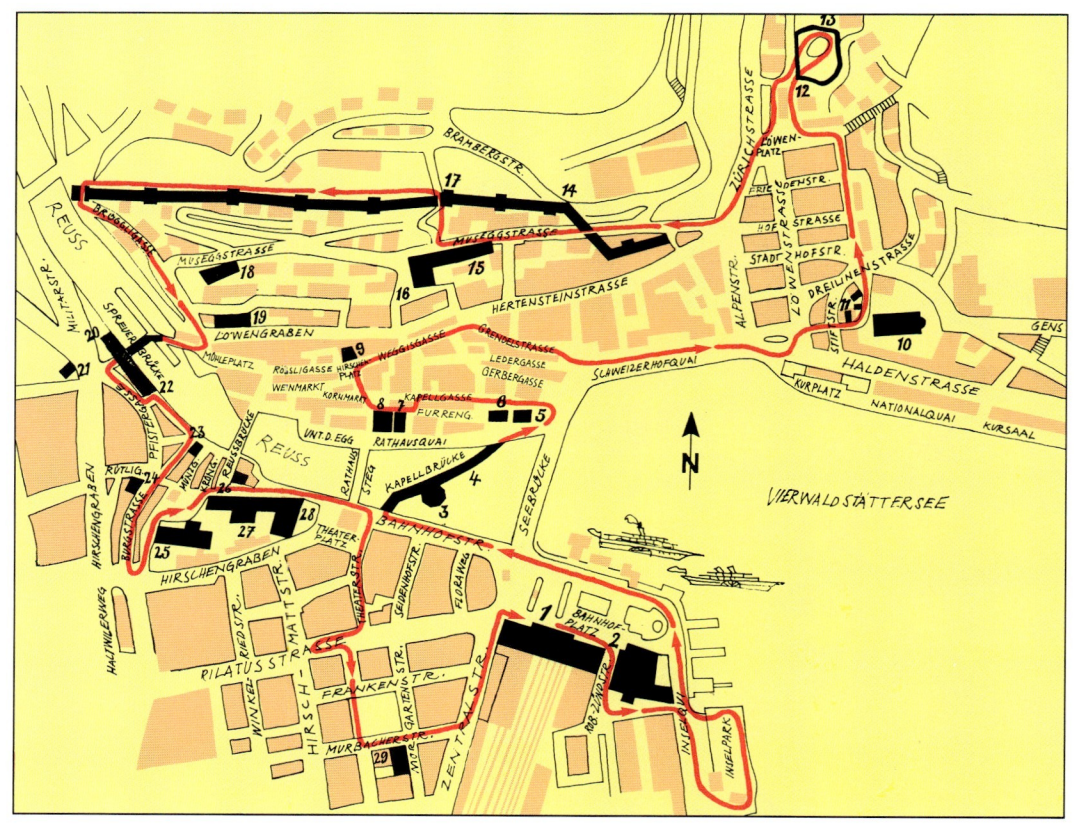

1 Bahnhof
2 Kunst- und Kongreßhaus
3 Wasserturm
4 Kapellbrücke
5 Haus zur Gilgen
6 Peterskapelle
7 Am Rhyn-Haus
8 Rathaus/Kornschütte
9 Göldlin-Haus
10 Hofkirche St. Leodegar und Mauritius
11 Rothenburgerhaus
12 Löwendenkmal
13 Gletschergarten
14 Museggmauer
15 Mariahilfkirche
16 Ehemaliges Ursulinenkloster Maria Hilf
17 Schirmertor
18 Ehemaliges Korn- und Salzmagazin
19 Casino der «Herren zu Schützen»
20 Naturmuseum
21 Anderallmend-Haus
22 Altes Zeughaus mit Historischem Museum
23 Korporationsgebäude
24 Fideikommißhaus Segesser v. Brunegg
25 Franziskanerkirche St. Maria in der Au
26 Staatsarchiv
27 Rittersches Palast, kantonales Regierungsgebäude
28 Jesuitenkirche St. Franz Xaver
29 Lukaskirche

Stadtrundgang Luzern

Vom neuen Bahnhof (1) sind es am Kunst- und Kongreßhaus (2) vorbei nur wenige Schritte zu den Landungsbrücken westlich des Inseliquais. Von hier hat man einen phantastischen Ausblick auf die am anderen Seeufer gelegene Altstadt, welche von hier über die Kapellbrücke (4) mit dem Wasserturm (3) oder die Seebrücke erreicht werden kann.
Den markanten Eckpfeiler der Altstadt bildet das 1507 bis 1510 erbaute Haus zur Gilgen (5), das größte gotische Wohnhaus der Stadt. Die Peterskapelle (6) ist die älteste Kirche innerhalb der Stadtmauern und geht auf die Zeit vor der Stadtgründung von 1178 zurück. Durch die Kapellgasse und Furrengasse gelangt man zum Am Rhyn-Haus (7). Unmittelbar anstoßend befindet sich das Rathaus (8) am Kornmarkt. Es wurde unter Beibehaltung des mittelalterlichen Turms 1602 bis 1606 erbaut. Der Bau im Stil der oberitalienische Renaissance ist eines der bedeutendsten Rathäuser der Schweiz. Rats- und Gerichtssaal sind prunkvolle Renaissancetäferzimmer. Die neue Kanzlei wurde 1698 in der Art einer Klosterbibliothek eingerichtet. Im benachbarten Turmzimmer befindet sich die «alte Kanzlei» (16. Jh.) mit gotischem Sterngewölbe. Die unterhalb des Rathauses gelegenen Markthallen «Unter der Egg» entstanden um 1600. Auch heute noch herrscht am Dienstag- und Samstagmarkt unter den Arkaden an der Reuss emsiges Treiben. Durch die Kornmarktgasse kommt man zum Hirschenplatz mit dem 1524/25 erbauten Fideikommißhaus der Familie Göldlin von Tiefenau (9). Die Weggisgasse hinunter und über den Grendel – zwei der bekanntesten Hauptgeschäftsstraßen Luzerns – gelangt man zum Schwanenplatz.
Von hier führt der 1850 angelegte Schweizerhofquai zur Hofkirche St. Leodegar und Mauritius (10), einer der größten und am reichsten ausgestatteten Kirchen der deutschen Spätrenaissance. Sie wurde 1633–1639 teilweise auf

Der faszinierenden Lage am See verdankt die «Leuchtenstadt» ihren touristischen Weltruhm

den alten Grundmauern der 1633 niedergebrannten romanischen Pfeilerbasilika und unter Wiederverwendung der vom Feuer verschonten spätgotischen Türme erbaut. Am Fuß des Kirchhügels steht das Rothenburgerhaus (11). In diesem um 1500 errichteten gotischen Blockbau wohnte der Luzerner Chronist Diebold Schilling. Nicht weit davon entfernt befindet sich das Löwendenkmal (12). Der sterbende «Löwe von Luzern» wurde 1820/21 nach einem Entwurf des dänischen Bildhauers Bertel Thorvaldsen in Stein gehauen und erinnert an jene Schweizergardisten, die beim Sturm auf die Tuilerien 1792 ihr Leben für den französischen König opferten. Die Gletschertöpfe des anstoßenden Gletschergartens (13) mit dem 1896 für die Landesausstellung in Genf in «maurischem Stil» erbauten Spiegellabyrinth wurden 1872 entdeckt und in der Folge zur Touristenattraktion hergerichtet.

Über den Löwenplatz und die Zürichstraße gelangt man die steile Museggstraße hinauf zur Museggmauer (14). Im Schatten der neun Museggtürme – nur der Schirmerturm (17) ist öffentlich zugänglich – stehen das ehemalige Ursulinenkloster Maria Hilf (16) und die Ursulinenkirche Maria Hilf (15). Das 1676–1681 am Südabhang der Musegg erbaute Kloster wurde 1847 aufgehoben und ist seither ein städtisches Schulhaus.

Die Museggstraße hinunter am 1685 erbauten ehemaligen Korn- und Salzmagazin (18) (heute Zeughaus) und am 1719 errichteten Casino der «Herren zu Schützen» (19) vorbei kommt man wieder an die Reuss. Die 1408 erneuerte Spreuerbrücke führt uns ans andere Reussufer. Hier am Kasernenplatz steht das 1808 bis 1811 erbaute ehemalige Waisenhaus, in dem sich heute das Natur-Museum (20) befindet. Gegenüber liegt der 1679 erbaute stattliche Riegelbau des Anderallmend-Hauses (21), Sitz der Von Moos'schen Eisenwerke. Im 1567 errichteten alten Zeughaus (22) ist das Historische Museum untergebracht. Bei der Einmündung des alten Stadtgrabens in die Reuss befindet sich das Korporationsgebäude (23). Das 1751/52 erbaute Fideikommißhaus Segesser v. Brunegg (24) an der Ecke Rütligasse/Burgerstraße gehört zu den eindrücklichsten Rokokobauwerken Luzerns.

Durch die Burgergasse gelangt man zur 1270–1280 erbauten ehemaligen Franziskanerkirche St. Maria in der Au (25). Ganz in der Nähe ist in einem blockhaften Barockbau mit Arkadengängen und Mansartdach das Staatsarchiv (26) untergebracht. Gegenüber befindet sich das Regierungsgebäude (27). Sein Mittelteil, im Volksmund noch heute «Ritterscher Palast» genannt, wurde 1557–1564 im Stil der florentinischen Frührenaissance erbaut. Unmittelbar an das palastartige Patrizierhaus mit dem toskanischen Säulenhof stößt die Jesuitenkirche St. Franz Xaver (28). Dieser erste große barocke Kirchenbau in der Schweiz wurde 1666–1669 erbaut. An der 1933 errichteten Lukaskirche (29) vorbei gelangt man wieder zum Bahnhof.

Clara Wendel (1804–1884)

Mit der Mutter und den Geschwistern zog die 1804 in Luzern geborene Clara Wendel übers Land und lebte von Gaunereien und Almosen. Zwischen 1816 und 1824, so ging das Gerücht, sei Clara eine grandiose Gaunerkönigin geworden. Mit Pistole, Stilett und in Männerhosen habe sie als Bandenchefin die Schweiz unsicher gemacht. 1824 wurde Clara Wendel verhaftet. Sie gestand 19 Mordtaten, 14 Brandschatzungen und 1588 Diebstähle. Zudem gab sie zu Protokoll, mit ihrer Schwester Wache gestanden zu haben, als ihr Bruder mit drei Kumpanen Luzerns Schultheiß Franz Xaver Keller in die Reuss stießen. Claras Aussage wurde von Kellers Nachfolger, Schultheiß Josef Karl Am Rhyn, mißbraucht, um politische Gegner zu diskreditieren. Nach dem Widerruf ihres Geständnisses wurde Clara 1826 von der Anklage der Ermordung Kellers, aber auch von den angegebenen Mordtaten und Brandstiftungen freigesprochen. 126 Diebstähle brachten sie jedoch für 12 Jahre ins Zuchthaus. Trotz eisernem Halsring überlebte sie die lange Strafe. 1884 starb die «Gaunerkönigin mit dem Flammenzauberblick» in der Irrenanstalt von St. Urban.

Europas älteste Holzbrücke

Die um 1300 gebaute Kapellbrücke ist die älteste, wenn auch wiederholt erneuerte Holzbrücke Europas. Genannt wird sie nach der Peterskapelle, von der aus die Brücke mehrfach abgewinkelt die Reuss in schrägem Lauf überquert. Im 19. Jh. wurde die Brücke anläßlich der Anlage des Quais beidseits verkürzt; seither ist sie noch 200 m lang. Der Bilderzyklus im offenen Dachstuhl der Brücke geht auf einen Ratsbeschluß von 1599 zurück. 1614 begann der Künstler Heinrich Wägmann aus Zürich im manieristischen Stil der Spätrenaissance Begebenheiten aus der luzernischen und schweizerischen Geschichte sowie Szenen aus dem Leben der Stadtpatrone Leodegar und Mauritius auf die dreieckigen Tafeln zu malen. Die erklärenden Verse wurden vom Stadtschreiber Renward Cysat verfaßt. Von den ursprünglich 158 Tafeln – nach einem Hochwasser mußten sie sogar aus der Reuss gefischt werden – sind noch 147 erhalten. Der ursprünglich freistehende, heute aber von der Kapellbrücke aus zugängliche achteckige Wasserturm mit hölzernem Obergeschoß und Pyramidendach wurde um 1350 erbaut und diente zeitweise als Gefängnis, Folterkammer, Archiv und Hort des Staatsschatzes.

Das Land der Mitte in Zahlen

Luzern ist mit 1492 km² der neuntgrößte Stand der Schweiz. Der Kanton – wegen seiner zentralen Lage in der Schweiz oft auch Land der Mitte genannt – ist in fünf Ämter aufgeteilt und gliedert sich in 107 Gemeinden. Er klammert sich an den Rand der Alpen, dringt aber auch tief ins Mittelland vor. In beinahe unvermitteltem Übergang vereinigt der Kanton ländliche Abgeschiedenheit mit städtischer Geschäftigkeit. Die Landschaft hat zwar Eigenständigkeit und Brauchtum noch nicht völlig aufgegeben, richtet sich jedoch zusehends stärker auf die Stadt aus. Der Fremdenverkehrsort von internationalem Rang ist zusammen mit seinen Vororten wirtschaftlicher und kultureller Mittelpunkt der Zentralschweiz. Über die Hälfte der Kantonsbevölkerung von 315 220 Einwohnern lebt in der Agglomeration Luzern, die neben der Stadt zehn Gemeinden umfaßt und insgesamt rund 162 000 Personen zählt. Von den 131 180 berufstätigen Luzernern arbeiten mehr als 51% im Dienstleistungssektor und 38% in Industrie und Gewerbe. Die Zahl der in der Landwirtschaft Beschäftigten liegt mit annähernd 11% aber immer noch fast doppelt so hoch wie im eidgenössischen Durchschnitt.

Vitznau

Das in einer malerischen Bucht am Vierwaldstättersee gelegene Vitznau (950 Einwohner) und der benachbarte Uferferienort Weggis (2750 Einwohner) sind Exklaven des Kantons Luzern, die auf dem Festland vollständig von Schwyzer Kantonsgebiet umschlossen sind; im See grenzt Weggis jedoch auch an die Luzerner Gemeinden Meggen und Luzern. Das südliche Klima in der windgeschützten Seebucht bringt in Vitznau Feigen zum Reifen. Bis 1798 gehörte Vitznau zu Weggis, und bis ins 19. Jh. konnte der Ort am Fuß der Rigi nur mit dem Schiff oder über einen steinigen Saumpfad von Weggis her erreicht werden. 1866 wurde Vitznau durch eine Straße erschlossen, die 20 Jahre später dem Seeufer entlang nach Gersau verlängert wurde. Der im 19. Jh. einsetzende Tourismus berührte das Bauern- und Fischerdorf vorerst nur am Rand, doch die Eröffnung der vom Basler Ingenieur Niklaus Riggenbach erbauten ersten Zahnradbahn Europas auf die «Königin der Berge», 1871, brachte der Sommerfrische an der Innerschweizer Riviera einen gewaltigen touristischen Aufschwung.

Horw

Der Wohn- und Industrieort südwestlich von Luzern zählt zusammen mit den auf der Halbinsel Horw gelegenen Dörfern Kastanienbaum und St. Niklausen 11 400 Einwohner. Seit dem 9. Jh. war das in einer Bucht des Vierwaldstättersees gelegene, erstmals 1231 urkundlich erwähnte Dorf einer der 16 Dinghöfe, die zur Grundherrschaft des Hofklosters in Luzern gehörten. 1291 erwarben die Habsburger Horw und teilten es dem Amt Rothenburg zu, das nach der Niederlage der Österreicher in der Schlacht bei Sempach 1386 an Luzern fiel. Damit wurde Horw zusammen mit Kriens eine luzernische Landvogtei. Seit der Eröffnung des Gotthardwegs bis zur Inbetriebnahme der Brünigbahn 1889 bestand ein Fährbetrieb zwischen der Zoll- und Verladestation im Winkel und Stansstad sowie Alpnachstad. 1955 wurde mit dem Abschnitt Luzern–Ennethorw das erste Teilstück des schweizerischen Autobahnnetzes dem Verkehr übergeben. Seit 1977 befindet sich das Zentralschweizerische Technikum Luzern auf Horwer Boden. In Kastanienbaum steht das Seenforschungslaboratorium der ETH Zürich, und in der Villa Krämerstein befindet sich ein Medien-Ausbildungszentrum.

Kriens

Die Luzerner Vorortsgemeinde liegt im Tal des Krienbachs am Nordfuß des Pilatus. Zusammen mit dem benachbarten Horw wurde Kriens nach der Schlacht bei Sempach eine luzernische Landvogtei. In der Mitte des 19. Jh. setzte in Kriens die industrielle Entwicklung ein. 1855 entstanden mechanische Werkstätten zur Herstellung von Flechtmaschinen und Webstühlen. Dank der verkehrstechnischen Erschließung der Luzerner Hausberge erlebte auch Kriens einen gewissen touristischen Aufschwung. 1902 wurde die Sonnenbergbahn eröffnet, 1954 folgte die Gondelbahn Krienseregg–Fräkmüntegg, 1956 schloß dann die Luftseilbahn Fräkmüntegg–Pilatus-Kulm den Circuit mit der Zahnradbahn hinunter nach Alpnach. In den letzten Jahrzehnten verzeichnete

Von Vitznau fährt die Rigibahn auf die «Königin der Berge»

Die Luzerner Vorortsgemeinden sind hochindustrialisiert: die Viscosuisse in Emmen

Beromünster *ist ein historischer Marktflecken im Norden des Kantons Luzern zwischen Baldegger- und Sempachersee. Das Ortsbild mit der weiten Marktstraße hat nationale Bedeutung. Das Chorherrenstift Beromünster, das zusammen mit der kürzlich restaurierten Stiftskirche eine der schönsten Gebäudeensembles der Zentralschweiz darstellt, reicht mindestens ins 10. Jh. zurück. Das Stift umfaßt 32 Chorherrenhäuser und 10 Ökonomiegebäude. Jahrhundertelang war es eine berühmte Stätte der Liturgie, Wissenschaft und Kunst. Seit 1806 dient es betagten Geistlichen als Wohnstätte. Die Chorherren wohnen in den Chorhöfen, welche Patrizierfamilien im 16. und 17. Jh. für ihre Priestersöhne rund um die Kirche erbauten. Mit den alten Mauern, sonnigen Gärten, wappengeschmückten Brunnen und Toren vermittelt die Anlage den Eindruck eines mittelalterlichen Städtchens.*

Kriens eine gewaltige Entwicklung. Lebten um 1950 noch knapp 10 000 Personen in Kriens, so wohnen heute fast 22 000 Menschen in der Pilatusgemeinde. Sehenswert sind das auf einer Anhöhe über dem Dorf gelegene Schlößchen Schauensee sowie Kriens' bedeutendster Sakralbau, die frühbarocke Wallfahrtskirche Maria Loreto (1651–1662) in Hergiswald am Pilatus.

Littau

Die Luzerner Agglomerationsgemeinde setzt sich aus Littau-Dorf, dem Littauer Berg, dem Emmener Boden, der Dorfschaft Reussbühl und dem bereits mit der Stadt Luzern zusammengewachsenen Quartier Fluhmühle zusammen. Das 1178 erstmals schriftlich erwähnte Littau war einer der 16 Dinghöfe, die zur Grundherrschaft des Benediktinerklosters Im Hof in Luzern gehörten. 1291 erwarben die Habsburger den Dinghof Littau. Im Namen des äbtischen Grundherrn und später der Herzöge von Österreich leiteten die Herren von Littau vom 12. bis 14. Jh. die bäuerliche Hofgenossenschaft Littau. 1481 erwarb Luzern Littau als letzte der umliegenden Vogteien und vereinigte sie mit Malters zu einer Landvogtei. Seit 1930 hat sich die Einwohnerzahl der ehemaligen Bauerngemeinde verdreifacht. Heute leben mehr als 15 000 Menschen in der zum Amt Luzern gehörenden Gemeinde.

Ebikon

Das erstmals 893 in einer Urkunde der Fraumünsterabtei Zürich erwähnte Ebikon geht bereits auf die alemannische Landnahme zurück. 1415 erwarb Luzern von den Habsburgern die Landeshoheit über dieses Gebiet im Rontal. Die älteste Kirche Ebikons soll über der ersten Burg der Edlen von Ebikon errichtet worden sein. Die heutige Pfarrkirche St. Maria ist 1790 von Joseph Singer erbaut worden. Südlich des Rotsees, über der Luzerner Straße, befindet sich der 1759 errichtete Landsitz Hünenberg. Noch vor einem halben Jahrhundert war die zum Amt Luzern gehörende Gemeinde vorwiegend landwirtschaftlich orientiert. Dank seiner verkehrstechnisch günstigen Lage vor den Toren der Stadt Luzern ist Ebikon mit seinen 10 500 Einwohnern heute zu einem wichtigen Industrieort geworden. Der weltweit tätige Aufzugskonzern Schindler ist Ebikons größter Arbeitgeber. Fast zu drei Vierteln auf Ebikoner Gemeindegebiet liegt der Rotsee – seit 1933 idealer Austragungsort für Ruderregatten.

Emmen

Mit 24 900 Personen nach der Stadt Luzern einwohnermäßig die zweitgrößte der 107 Gemeinden des Kantons Luzern, wurde Emmen in den letzten Jahrzehnten zu einem Luzerner Vorort. Administrativ gehört die Doppelgemeinde mit dem ehemaligen Bauerndorf Emmen und dem stark industriell geprägten Emmenbrücke zum Amt Hochdorf, wirtschaftlich, geographisch und verkehrstechnisch jedoch zur Agglomeration Luzern. In geschichtlichen Quellen taucht Emmen erstmals 840 auf. Nach der Schlacht bei Sempach 1386 kam Emmen unter Luzerner Hoheit und wurde dem Amt Rothenburg zugeteilt. Große Unternehmen und Einkaufszentren prägen das heutige Bild Emmenbrückes. 1850 eröffneten die Brüder Von Moos in der Emmenweid ein Hammer- und Walzwerk, aus welchem sich schließlich die Von Moos Stahl AG entwickelte. 1906 wurde im heute größten Emmer Industriebetrieb, der Viscosuisse AG, die erste Viscosefaser (Vorläufer der modernen synthetischen Chemiefaser) der Schweiz produziert. Seit 1943 haben auch die Eidgenössischen Flugzeugwerke in Emmen ihre Werkstätten.

Schüpfheim

liegt im Tal der Waldemme an der Bahnlinie Luzern–Bern. Das erstmals 1150 urkundlich erwähnte Dorf mit seinen 3550 Einwohnern wird von der vom Luzerner Baumeister Niklaus Purtschert 1804–1808 erbauten Pfarrkirche St. Johann und Paul überragt. 1829 fielen fast alle Häuser Schüpfheims einem Dorfbrand zum Opfer. Begünstigt durch seine zentrale Lage, hat Schüpfheim schon in früheren Zeiten in der Talschaft Entlebuch eine führende Rolle gespielt. Auch heute ist Schüpfheim das kulturelle und verwaltungstechnische Zentrum des Amtes Entlebuch. In der Landwirtschaftlichen Schule ist das Entlebucher Heimatmuseum zu finden.

Luzerner Lebertorte

Zutaten:
200 g Kochspeck, 400 g Kalbsleber, 3 Eier, 1 dl Rahm, 2 Schalotten, 20 g Butter, 300 g geriebener Teig, Salz, Pfeffer

Die Leber und den Speck fein hacken. Die Schalotten ebenfalls hacken und kurz in der Butter andünsten. Alles zusammen in eine Schüssel geben und die Eier und den Rahm darunterziehen. Gut vermischen und mit Salz und Pfeffer würzen. Den geriebenen Teig auswallen, in ein ausgebuttertes und gemehltes Blech legen und mit der Gabel mehrmals einstechen. Dann die Lebermasse darin verteilen. Im auf 180 Grad vorgeheizten Ofen etwa 30 Minuten backen. Zu diesem Originalrezept aus dem «Luzernischen Koch-Buch» von 1809 schmecken gebackene Zwiebelringe ausgezeichnet.

Sarnen, der Kantonshauptort von Obwalden, liegt am still verträumten Sarnersee, eingebettet in Wälder, Wiesen und Auen, umkränzt von der strahlenden Bergwelt. Der alte Flecken, in dessen guterhaltenem Kern die Gründungsgeschichte der Eidgenossenschaft auf Schritt und Tritt spürbar ist, ist auch ein idealer Ausgangspunkt zu vielen schönen Ausflügen in einer idyllischen Innerschweizer Voralpenlandschaft.

Verkehrsbüro Sarnen/Wilen/Stalden
Hofstraße 2
6060 Sarnen
041/66 40 55

Sarnen

Ob man für Sarnen die alte Bezeichnung «Flecken» braucht oder wie die Einheimischen vom «Dorf» spricht, beides trifft zu: Sarnen hat kleinstädtische Züge und ist doch nur ein großes Dorf, das sich von Kägiswil über den Ramersberg zur Schwendi und bis zum See nach Wilen hinzieht. Auch die Lage des Obwaldner Hauptortes ist von Gegensätzen geprägt: Schroff erheben sich die Melchtaler Berge über der sanften Hügellandschaft am lieblichen Voralpensee. Kein Wunder, weiß man nicht, ob sich der Ortsname auf Naturgewalt oder Idylle bezieht: Man streitet sich noch heute darüber, ob Sarnen «Flußgeschiebe» oder «Hain von Pappeln» (Sarbäume) bedeutet – wobei interessanterweise in der ersten Silbe von Sarbaum ebenfalls «Flußgeschiebe» enthalten ist. Auch die erste Erwähnung des Ortes ist umstritten. Immerhin steht fest, daß um 900 der reiche Grundherr Recho seinen Besitz in «Sarnono» dem Kloster Murbach-Luzern übergab – der erste von vielen Wechseln in der Grundherrschaft. Um das Jahr 1000 fiel Sarnen an die Lenzburger, und 1036 nahm das Stift Beromünster die Gemeinde in Besitz. Schon damals stand in Sarnen die Mutterkirche des ganzen Tales ob dem Kernwald, St. Peter. Anders als in den übrigen Urschweizer Hauptorten wurde die Kirche aber nicht zum Zentrum des Dorfes und steht auch heute noch etwas außerhalb des historischen Kerns.

Sein unübliches Ortsbild verdankt Sarnen den Habsburgern. Sie bauten um 1210 auf dem Landenberg eine große Burg und verlegten gleichzeitig den Schwerpunkt der Siedlung vom über-

Kanton:	OW
Meter über Meer:	475
Einwohner 1900:	3949
Einwohner 1980:	7372
Autobahn:	N 8, Sarnen

schwemmungsgefährdeten Seeufer an den Fuß des Burghügels. Rasch entwickelte sich hier das neue Dorf, das mit der Verleihung des Marktrechts zum wirtschaftlichen Mittelpunkt des Tales wurde. Nach der Vertreibung der Habsburger und der Gründung der Eidgenossenschaft stieg Sarnen auch politisch zum Hauptort Obwaldens auf. 1367 tagte hier erstmals die Landsgemeinde, und 1551 wurde direkt neben der Aa «der Landlüten Hus», das Rathaus, gebaut. Im 16. Jh. führten die Einnahmen aus den fremden Solddiensten zu steigender privater Bautätigkeit: So machte zum Beispiel Landammann Balthasar Heintzli dem Rathaus mit seinem großspurigen Haus am Dorfplatz Konkurrenz. Trotzdem bewahrte Sarnen unter den Urschweizer Hauptorten seinen demokratischen Charakter am besten. Zwar bestimmten auch hier wenige Magistratenfamilien wie die Wirz oder Imfeld das politische Leben – sie blieben aber meist dem angestammten Holzbau treu und machten, wie etwa Landammann Marquard Imfeld in seinem Haus «am Grund», höchstens durch die Ausmaße und den prunkvollen Innenausbau auf ihren Reichtum aufmerksam.

Im 18. Jh. kamen die öffentlichen Baubedürfnisse zum Zug: 1732 wurde dem Erdgeschoß des Rathauses ein repräsentativer barocker Aufbau aufgesetzt. Kaum war er vollendet, entschloß sich die Gemeinde zum Bau einer neuen Kirche. Nachdem das benachbarte Sachseln dem Landesheiligen Bruder Klaus ein prunkvolles Gotteshaus errichtet hatte, wollte der Hauptort nicht zurückstehen. 1739 bis 1742 wurde die Barockkirche emporgezogen, deren Doppelturmfassade noch immer das ganze Tal beherrscht. Auch der Landenberg – heute das Wahrzeichen von Sarnen – erhielt ein neues Gesicht: Um 1710 entstand das obrigkeitliche Zeughaus, 1752 der reizvolle Rokokobau des Schützenhauses mit seinen Kuppeltürmchen.

1850 wurde die alte Kirchgemeinde, die seit Jahrhunderten Trägerin der politischen Rechte gewesen war, samt den vier Dorfkorporationen oder «fryen Teilen» Dorfschaft, Schwendi, Kägiswil und Ramersberg aufgehoben. An ihre Stelle trat die Einwohnergemeinde Sarnen mit vier entsprechenden Bezirksgemeinden, die noch heute selbständig einen Teil der öffentlichen Aufgaben wie etwa das Bau- und Straßenwesen regeln. Zu dieser Zeit entwickelte sich auch eine bescheidene Heimindustrie, die neben der Seidenweberei vor allem die Herstellung von Strohhüten umfaßte. Seit 1910 wurde die «Hütlerei» in einer Fabrik betrieben, die zeitweise bis zu fünfhundert Personen beschäftigte. Die dominierende Rolle der Strohhutfabrik, die erst 1974 endgültig stillgelegt wurde, ist heute an ein Kunststoff-Unternehmen übergegangen: Im größten Obwaldner Industriebetrieb werden neben Hoch- und Tiefbauabdichtungen auch jene Traglufthallen hergestellt, die an vielen Orten der Schweiz Sportanlagen überwölben. Ein weiterer bekannter Industriebetrieb ist die einzige Kristallglashütte der Schweiz. Vor allem aber ist Sarnen heute das Verwaltungszentrum Obwaldens – eine Entwicklung, die leider im Dorfbild unübersehbare Spuren hinterlassen hat. Im trotzdem immer noch ländlich geprägten Sarnen wird auch heute Tradition großgeschrieben: Im Herbst findet die Älplerchilbi statt, an der «Wildmaa» und «Wildwyb» mit träfen Sprüchen das Jahresgeschehen kommentieren. Der Winter wird mit dem St.-Niklaus-Trinkeln eingeläutet, und natürlich wird auch in Sarnen wie in der übrigen Innerschweiz ausgiebig Fasnacht gefeiert.

Hans Schriber (1436–1474)

Hans Schriber ist kaum bekannt, die von ihm erstmals niedergeschriebene Legende dafür um so mehr. Um 1470 verfaßte der Landschreiber von Obwalden – er war während seiner vierzigjährigen Amtszeit auch Delegierter an Tagsatzungen – das «Weiße Buch von Sarnen». In der Chronik, die ihren Namen dem hellen Ledereinband verdankt, sind auf 333 Seiten Rechtsurkunden aus Obwalden abgeschrieben. Viel wichtiger aber ist der kurze Anhang, in dem Schriber die Grundlage für die traditionelle Darstellung der Schweizer Befreiungsgeschichte legt. Vermutlich aufgrund heute verschollener, älterer Berichte schildert er erstmal zusammenhängend die Entstehung der Eidgenossenschaft, wie sie heute noch geläufig ist. Hier erscheinen erstmals die bekannten Gestalten und Orte wie die Blendung des Bauern im Melchi, Geßler vor dem Haus Stauffachers in Steinen, der Bund auf dem Rütli, der Hut auf der Stange, der Apfelschuß, Tells Sprung auf die Platte, die Rache in der Hohlen Gasse und der Burgenbruch.

Heimatmuseum
Brünigstraße 127
April bis Oktober: Di–So,
10–11 Uhr und 14–17 Uhr
041/66 65 22

Strandbad Lido mit geheiztem Schwimmbecken
041/66 18 66

Strandbad Wilen
041/66 53 70

Hallenbad Boll
Kerns
041/66 42 40

Surfen
Camping Lido
041/66 30 66

Schiff
Kurs- und Rundfahrten auf dem Sarnersee
Ostern bis Oktober
041/66 63 68

Minigolf
Seefeld
041/66 73 86

Hotel Wilerbad
Wilen
041/66 12 92

Camping
Lido
041/66 18 66

Langlauf
Langlauf im Langis mit 40 km Loipen
6063 Glaubenberg
ob Stalden
041/68 10 68

Fasnacht
Älplerchilbi im Oktober
St.-Niklaus-Trinkeln (Anfang Dezember)

Vom Obwaldner Brauchtum

Fensterläden in den rot-weißen Landesfarben erinnern daran, daß das Obwaldner Heimatmuseum in der 1599 errichteten alten Kaserne (die gleichzeitig als Zeughaus diente) untergebracht ist. Die ur- und frühgeschichtliche Abteilung im Erdgeschoß zeigt Funde aus der gallo-römischen Siedlung bei Alpnach am Vierwaldstättersee. Die große Halle im Parterre besitzt noch den Charakter eines eidgenössischen Zeughauses, und deshalb sind hier Waffen, Geschütze und Uniformen sowie Dokumente zum Obwaldner Wehrwesen aus dem 16. bis ins 20. Jh. ausgestellt. Eine Reihe alter Wirtshausschilder ziert das Treppenhaus zum ersten Stock, wo ländliche Gebrauchsgegenstände, kunstvolles Mobiliar und Trachten an die alte Obwaldner Bauern- und Bürgerkultur erinnern. Im zweiten Stock schließlich zeugen kirchliche Kunstgegenstände – darunter die berühmte Madonna von Kägiswil aus der Zeit um 1340 –, Votivtafeln und Dokumente zur lokalen Wallfahrtsgeschichte von der entscheidenden Rolle, welche die katholische Kirche einst im täglichen Leben der Obwaldner Bevölkerung spielte.

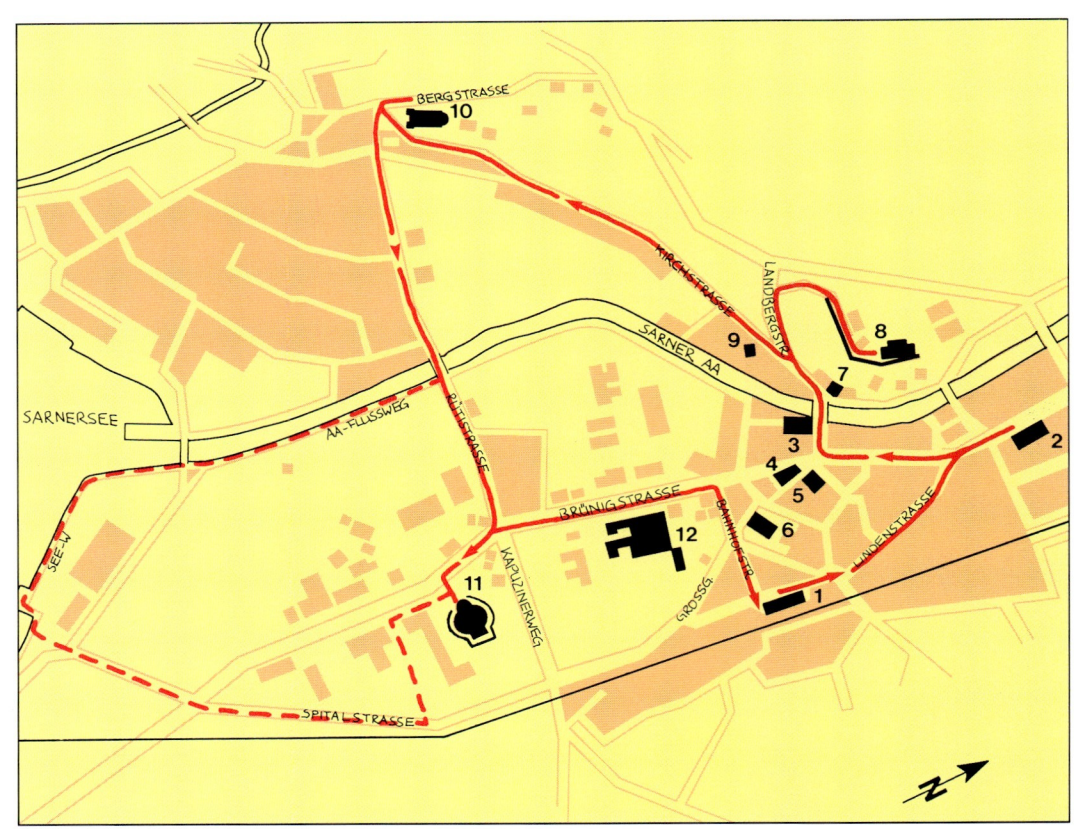

1 Bahnhof
2 Heimatmuseum
3 Rathaus
4 Kapelle Maria Lauretana
5 Steinhaus
6 Haus am Grund
7 Gasthof Landenberg
8 Landenberg
9 Hexenturm
10 Pfarrkirche St. Peter
11 Kollegium
12 Frauenkloster

Rundgang Sarnen

Vom Bahnhof Sarnen der Brünigbahn (1) führt die Lindenstraße zur Brünigstraße, an der etwas weiter nördlich in der alten Kaserne das Obwaldner Heimatmuseum mit seiner originellen Sammlung untergebracht ist (2, Beschreibung nebenstehend). Auf dem Rückweg über die Brünigstraße erreicht man in südlicher Richtung den gepflasterten Dorfplatz von Sarnen, der heute abseits des großen Verkehrs liegt. Hier – und nicht wie bei den andern Innerschweizer Flecken in der Umgebung der Pfarrkirche – fand der Markt statt. Zur Gründungszeit von Sarnen standen beinahe alle Häuser des Ortes um den Platz, und bereits 1551 bauten die Landleute am westlichen Platzende bei der Brücke über die Aa das erste Rathaus (3). Auf seinem Erdgeschoß mit der Freitreppe wurde 1729–1732 ein barocker Aufbau errichtet. Die schöne barocke Schauseite mit dem Säulenportikus wird von einem Uhrtürmchen gekrönt. Der Pranger in der Hausecke erinnert daran, daß der Platz früher auch Gerichtsstätte war.

Am südlichen Ende des Platzes wurde 1658–1662 die Dorfkapelle Maria Lauretana (4) unter Wiederverwendung des alten Turms von 1556 neu erbaut. Das stattliche, auch Standeskapelle genannte Gotteshaus schmückt eine italienisch beeinflußte Neurenaissancefassade von 1865/66. Rings um den Platz mit dem prachtvollen Dorfbrunnen von 1608 – er trägt ein Standbild von Bruder Klaus – stehen Holz- und Steinhäuser aus verschiedenen Epochen. Unter ihnen fällt besonders das sogenannte Steinhaus (5) auf. Das 1548 für Landammann Heintzli errichtete und mehrmals umgebaute Gebäude besitzt noch ein schönes Kielbogenportal aus der Entstehungszeit. Vom einstigen Reichtum der führenden Obwaldner Geschlechter zeugt an der Großgasse hinter der Standeskapelle auch das Haus am Grund (6). Landammann Marquard Imfeld baute 1588/89 das Holzhaus mit der schönen Giebelfront und unter dem gleichen Dach auf der Rückseite ein Steinhaus, in das

Das Wahrzeichen des Fleckens: der Landenberg mit dem Schützenhaus

Das Obwaldner Rathaus

die Reste eines mittelalterlichen Wohnturms integriert sind.

Am westlichen Ufer des Aabaches, direkt hinter der Aabrücke, steht der alte Gasthof Landenberg (7). Die einst berühmteste Herberge des Obwaldner Hauptortes stammt aus der Mitte des 16. Jh., und die Wirtsstube hinter dem schönen spätgotischen Portal trägt noch eine Balkendecke aus der Bauzeit.

Links gelangt man in kurzem, steilem Anstieg hinauf zum Landenberg (8), wo sich ein schöner Blick auf den Flecken, den Sarnersee und das ganze Tal bietet. Hier standen noch bis ins 17. Jh. größere Überreste der einstigen Zwingburg Landenberg. Die Feste, einst eine der mächtigsten Burgen der Innerschweiz, wurde am Anfang des 13. Jh. von Rudolf von Habsburg dem Alten gegründet und 1291 in den Unterwaldner Befreiungskriegen zerstört. 1646 wurde die Landsgemeinde vom Dorfplatz auf den Hügel verlegt. Alljährlich am letzten Aprilsonntag kommt das Landvolk – Männer und Frauen aus allen sieben Obwaldner Gemeinden – auf dem großen Platz zwischen Zeug- und Schützenhaus zusammen. Beherrschender Bau innerhalb der heute spärlichen Burgruinen ist das Schützenhaus, ein reizvoller Rokokobau von 1752. Seinen Mittelteil mit dem geschweiften Dach flankieren zwei niedrige Seitenflügel mit aufgesetzten Kuppeltürmchen.

Am Fuß des Hügels führt die Kirchstraße Richtung See zum Hexenturm (9), der vermutlich im 13. Jh. als Teil der Feste Landenberg entstand und später zum Wohnturm umgebaut worden ist, und weiter zur Pfarrkirche St. Peter (10). Im alten Ortsteil Kirchhofen westlich des Aa-Ausflusses über dem See gelegen, beherrscht die barocke Kirche mit ihrer Doppelturmfassade das ganze Tal. Das erstmals 1036 als Mutterkirche Obwaldens erwähnte Gotteshaus wurde unter Verwendung romanischer Bauteile 1739–1742 von den Vorarlberger Baumeistern Franz und Johann Anton Singer neu erbaut. Eine breite Freitreppe führt zur einfach gegliederten Kirchenfront, die von den beiden übereck gestellten Türmen flankiert wird. Durch die Portalvorhalle betritt man das weiträumige Innere, eine dreischiffige Halle mit vorzüglichem Régencestuck und prachtvoller Ausstattung: neben anderem Altäre und Kanzel aus Schliffmarmor, geschnitztes Chor- und Ratsherrengestühl von 1770. Das benachbarte Beinhaus, ein schlichter Bau aus der Zeit um 1500, birgt eine schöne spätgotische Holzdecke.

Auf dem Rückweg über die Rütistraße – hinter dem Aabach zweigt ein Fußweg zum idyllischen Seeufer ab – und Brünigstraße erreicht man rechts das Benediktinerkollegium (11). Neben dem Altbau aus der Mitte des 18. Jh., einem dreigeschossigen Kubus unter einem Mansartdach, steht der große Gymnasialbau von 1890. Die dem hl. Martin geweihte und 1964–1966 neuerbaute Kirche ist ein aus einzelnen, gerundeten Elementen komponierter Baukörper mit stark gegliedertem Innenraum, in dem zwischen Mönchschor und Gemeinderaum der Hochaltar steht.

1615 zogen Benediktinerinnen, die seit dem 12. Jh. in Engelberg niedergelassen waren, nach Sarnen ins Frauenkloster St. Andreas (12) an der Brünigstraße. Sie brachten ein «holdseelig-anmüthiges hölzenes Jesus-Kindlein» mit. Das Christkind – wahrscheinlich eine Krippenfigur aus dem 14. Jh. – machte als «Sarner Chindli» die Klosterkirche bald zum bekannten Wallfahrtsort. Seine Statue steht heute in einer Nische neben einem Seitenaltar in der 1966/67 neuerbauten Kirche.

Natur am Wichelsee

Eine zweistündige Wanderung führt durch den Obwaldner Talboden von Sarnen zum Naturschutzgebiet am Wichelsee und weiter nach Alpnachstad am Vierwaldstättersee. Vom Sarner Dorfplatz über die Brücke und gleich rechts wandert man dem Fluß entlang zur Ei und weiter zur Aabrücke. Hier überquert man die Brünigstraße und erreicht der Sarner Aa entlang die Station Kägiswil. Nach der Unterführung der Nationalstraße biegt man links ab zum Wichelsee, einer Staustufe der Sarner Aa. Der Felsabsturz der Kernwald-Westflanke bildet sein imposantes Ostufer, das als Kulisse des Wilhelm-Tell-Films diente. Vom gutausgebauten Westuferweg aus sind viele Vögel zu beobachten: neben Wildenten auch seltenere Schwimmvögel als Durchzügler sowie als Standvögel Milane und Reiher. Durch Unterholz wandert man auf dem alten Damm zum Geschiebesammler der Großen Schlieren und weiter zum Langenbüelried. Durch die Unterführung der Nationalstraße und nach dem Überqueren der Bahngeleise erreicht man nach einer Wanderzeit von 1 Std. 40 Min. die Station Alpnach Dorf. Von hier fährt die Brünigbahn nach Sarnen zurück oder führt ein Spaziergang von 20 Min. weiter nach Alpnachstad am Vierwaldstättersee (Station Brünigbahn).

Der «Voralpenidyll»-Kanton in Zahlen

Obwalden – von Heinrich Federer «Voralpenidyll» genannt – ist mit 491 km² der achtzehnte Stand der Schweiz. Die sechs Gemeinden im Tal der Sarner Aa bilden zusammen mit der Exklave und Gemeinde Engelberg den Halbkanton Obwalden. Im gesamtschweizerischen Vergleich zeichnen überdurchschnittlich große Flächen und eine relativ geringe Bevölkerungsdichte die sieben Obwaldner Gemeinden mit ihren insgesamt 27 900 Einwohnern aus. Die effektiven Siedlungs- und Nutzungsflächen sind jedoch beschränkt. Klar strukturierte Dörfer und Weiler teilen den Talboden zwischen Alpnachersee und Brünig mit gewerblichen, industriellen und landwirtschaftlichen Betrieben und den Ansprüchen des öffentlichen Verkehrs. «Verträumte Seen, romantische Flußläufe und erhabene Gebirgslandschaften» lassen sich in Obwalden trotzdem noch so finden, wie sie im Prospekt des Verkehrsvereins angepriesen werden, denn die Talschaft hat viel von ihrer Ursprünglichkeit bewahrt. Immerhin arbeiten mehr als 14% der 11 555 berufstätigen Obwaldner in der Land- und Forstwirtschaft: Nur gerade in den Kantonen Appenzell Innerrhoden und Freiburg gibt es prozentmäßig mehr Bauern.

Engelberg

Das Kloster- und Feriendorf entwickelte sich um die 1120 von Ritter Konrad von Seldenbüren gegründete Benediktinerabtei als Zentrum eines geistlichen Miniaturstaats, der das obere Engelberger Tal umfaßte. Die Geschicke der Talbauern lagen in den Händen der Äbte. Im 12.–15. Jh. erlebte das Kloster eine erste Blütezeit. Davon zeugen das kostbare spätromanische Reliquienkreuz im Kirchenschatz und die prachtvollen Manuskripte aus der berühmten Schreib- und Malschule des Abtes Frowin (1147–1178) in der Klosterbibliothek. Um 1425 setzte ein Niedergang ein. Die Pest war dafür verantwortlich, daß die Klosterfamilie zweimal bis auf einen einzigen Mönch ausstarb. Eine zweite Blütezeit endete mit dem großen – bereits dem dritten – Klosterbrand von 1729. Die heutige Barockkirche und die Konventgebäude wurden 1730–1737 nach den Plänen des Vorarlberger Architekten Johannes Rueff neu erbaut. Die Französische Revolution läutete das Ende des Klosterstaats ein. 1798 mußte der Abt auf die weltliche Herrschaft über das Tal verzichten. 1815 schloß sich Engelberg Obwalden an und wurde damit eine Exklave dieses Halbkantons. Um die Mitte des 19. Jh. begann sich das stille Dorf am Fuß des 3238 m hohen Titlis zu einem Kurort zu entwickeln. 1883 wurde der Kurverein Engelberg gegründet. Am 5. Oktober 1898 nahm die damalige Stansstad–Engelberg-Bahn den Betrieb zwischen der Dampfschiffstation Stansstad am Vierwaldstättersee und dem Klosterdorf auf. Der Skisport feierte hier im Winter 1903/04 Premiere, und im Dezember 1927 nahm mit der Luftseilbahn Gerschnialp–Trübsee die erste konzessionierte Personenluftseilbahn der Schweiz ihren Betrieb auf. Die stürmischste Entwicklung aber durchlief Engelberg nach dem Zweiten Weltkrieg: Neue Hotels und Bahnen, bessere Verkehrsverbindungen und die Parahotellerie lieferten die Grundlagen dieses Aufschwungs. Mit den zahlreichen Skiliften und Pisten, der 1967 eröffneten Schwebebahn auf den Kleintitlis (3020 m) und weiteren Luftseilbahnen zählt Engelberg (3400 Einwohner) heute zu den bekanntesten Sportzentren der Schweiz. Sehenswert sind neben der Benediktinerabtei die 1635 ausgebaute Kapelle Maria im Horbis – diese älteste Engelberger Talkapelle befindet sich am sogenannten «Ende der Welt» – sowie das im Wappenhaus (1786/87) untergebrachte Talmuseum Engelberg.

Ein Dorf und sein Kloster: die Obwaldner Exklave Engelberg

Kerns

Die mit 92,7 km² größte Obwaldner Gemeinde reicht vom Kernwald bei Ennetmoos bis zum Bergmassiv des Gloggheis und Hochstollen ob Melchsee-Frutt an der Grenze zum Berner Oberland. Die Gemeinde mit dem Dorf Kerns und neun Weilern war früher ein bedeutendes Kornanbaugebiet. Drei Garben zieren deshalb auch heute noch das Gemeindewappen. 1417 wurde Niklaus von Flüe – der erste Schweizer, der von der katholischen Kirche heiliggesprochen wurde – nach Kerns zur Taufe gebracht. Kerns (4580 Einwohner) besitzt eine sehenswerte Barockkirche. Das im 16. Jh. erbaute sogenannte Steinhaus mit seinen gotischen Fenstern gilt als eines der ältesten Wohngebäude aus Stein in Obwalden. Im rund 3 km von Kerns entfernten Weiler St. Niklausen steht die 1357 erstmals erwähnte Kapelle St. Nikolaus mit dem «Heidenturm». Im

Auf den Spuren von Bruder Klaus: die Obere Ranftkapelle

Innern der Kapelle sind die Holzdecke mit bäuerlicher Barockmalerei und die gotischen Fresken bemerkenswert.

Sachseln

Das am Sarnersee gelegene Bauerndorf verdankt seine Berühmtheit insbesondere dem Mystiker und Friedensstifter Niklaus von Flüe (1417–1487). Das Zentrum Sachselns bildet die 1672–1684 erbaute Pfarr- und Wallfahrtskirche St. Theodul. Der marmorähnliche, feinporige Alpenkalkstein für die 22 schwarzen Säulen in der frühbarocken Kirche stammt aus dem Melchtal. Seit 1679 werden in der Wallfahrtskirche die

*Der **Mittelpunkt der Schweiz** befindet sich auf der Alp Älggi über dem Kleinen Melchtal. Der «Nabel» der Schweiz wurde aus Anlaß des 150jährigen Bestehens des Bundesamtes für Landestopographie ermittelt. Zwar gibt es je nach Berechnungsart verschiedene Mittelpunkte der Schweiz. Bei der Landestopographie entschied man sich für den Flächenschwerpunkt: Würde man eine Schweizer Karte aufziehen und der Grenze nach aussägen, so wäre sie – etwa auf eine Bleistiftspitze aufgelegt – bei diesem Punkt im Gleichgewicht. Allerdings: So ganz genau in der Mitte ist der im Juli 1988 eingeweihte Mittelpunkt auf der Älggialp (1645 m ü. M.) auch wieder nicht. Weil die effektive Mitte – die Koordinaten 660 158/183 641 auf der Landeskarte – in einer Felswand westlich der Alp liegt, wurde die Anlage um 500 m nach Südosten verschoben. Auf einer kleinen Erhebung befindet sich seither ein Rastplatz, der von einer Steinmauer in der Form der Schweiz umgeben ist. In die Mitte hat die Landestopographie – als Symbol für die Landesvermessung – eine Pyramide gestellt.*

Gebeine von Bruder Klaus aufbewahrt: zuerst im Beinhaus und seit 1934 in einem Altar in der Mitte der Chorstufen. Die großangelegte Pilgerstraße zur Kirche säumen stilvolle Bürgerhäuser. In Sachseln sind aber auch immer noch einige herkömmliche Bauernhäuser zu finden. In einem dieser Häuser wuchs der Priester und Dichter Heinrich Federer (1866–1928) auf. Zur Gemeinde Sachseln (3600 Einwohner) gehören die Außenbezirke Edisried, Ewil und Flüeli-Ranft. In Flüeli stehen das Geburts- und Wohnhaus von Niklaus von Flüe. Als fünfzigjähriger Mann und Vater von zehn Kindern zog sich der ehemalige Richter, Ratsherr und Tagsatzungsgesandte 1467 von seinen weltlichen Geschäften zurück und lebte bis zu seinem Tod am 21. März 1487 als Einsiedler im Ranft, in einer Klause unweit seines früheren Wohnorts Flüeli. 1947 wurde Bruder Klaus von Papst Pius XII. heiliggesprochen. Auch heute noch gehört die Ranftschlucht zu den beliebtesten Wallfahrtsorten der Schweiz.

Alpnach

Zur Gemeinde Alpnach (4120 Einwohner) gehören die beiden Ortschaften Alpnachdorf und Alpnachstad. Alpnach war bereits von den Römern besiedelt; erstmals urkundlich erwähnt wird es dann 881 als Schenkung eines alemannischen Gutsbesitzers an das Kloster Murbach im Elsaß. Alpnachs Wahrzeichen ist der 100 m hohe spitze Turm der 1812–1820 erbauten klassizistischen Pfarrkirche St. Maria Magdalena. Alpnachstad am südwestlichen Becken des Vierwaldstättersees war der alte Seehafen Obwaldens. Alle Güter, die vom Seeweg auf den Landweg übergingen, wurden in der Sust am Alpnachersee umgeschlagen. Vor der Eröffnung der Brünigbahn bis Giswil im Juni 1888 war Alpnachstad auch Ausgangspunkt für die Säumerei und den Kutschenverkehr über den Brünig nach Meiringen und Interlaken. 1889 erfuhr der Ort mit der Eröffnung der Pilatus-Zahnradbahn einen neuen Aufschwung.

Lungern

Das Bauerndorf Lungern mit 1900 Einwohnern auf der dritten Talstufe des Obwaldnerlandes hat den Charakter der typischen Dorfsiedlung trotz des wachsenden Tourismus bewahren können. Von der alten, 1887 vom Eibach weggeschwemmten Kirche am nördlichen Dorfeingang ist nur noch der spätromanische Turm erhalten. Die 1891–1893 auf einem Felsvorsprung neuerbaute katholische Pfarrkirche Herz Jesu ist eine Nachbildung der Basilika von Lourdes. Der schönste Schmuck des Dorfes ist aber der Lungernsee. Der 2 km^2 große Naturstausee wird im Norden durch den Kaiserstuhl abgeriegelt.

Giswil

Das Dorf mit den Ortsteilen Rudenz, Kleinteil und Grossteil liegt am Rand einer Steilrampe zwischen Sarner- und dem Lungernsee. 840 ist das Dorf im Schatten des Giswilerstocks erstmals urkundlich erwähnt. Im Mittelalter wurde der strategisch wichtige Ort am Zugang zum Brünigpaß von drei Burgfesten geschützt. Erhalten sind Reste des Turms Rudenz und der Burg Rosenberg. Nichts mehr zu sehen ist jedoch von der Burg Zwingel. Die Steine dieser Ruine wurden 1630–1635 für den Bau der katholischen Pfarrkirche St. Laurentius verwendet. Dank seiner zentralen Lage und der vielen Wanderwege ist Giswil (2990 Einwohner) heute ein beliebter Familienferienort.

Hindersi-Magrone

Zutaten:
350 g Makkaroni oder große Hörnli, 4 große oder 8 kleine Kartoffeln (mehlige Sorte), 4 dl Rahm, 150 g geriebener Käse (Sbrinz), 100 g Butter, 3 Zwiebeln, Salz.

Die Kartoffeln schälen und in kleine Würfel schneiden. Kartoffeln und Teigwaren in Salzwasser separat kochen. In einer anderen Pfanne 4 dl Rahm aufkochen, mit wenig Salz würzen. Die abgeschütteten Makkaroni oder Hörnli und die mehligen Salzkartoffeln dazugeben und vermengen. Wenn die Flüssigkeit fast ganz aufgesogen ist, richtet man die Hindersi-Magrone in einer vorgewärmten Schüssel an. Lagenweise wird zudem der geriebene Sbrinz dazugeben. Die in Ringe geschnittenen Zwiebeln in der Butter goldgelb rösten und über die Magronen verteilen. Zusammen mit gekochten Apfelschnitzen servieren.

In Schwyz am Fuß der beiden Mythen verbinden sich demokratisches Erbe und aristokratisches Gepräge. Im Talkessel östlich des Vierwaldstättersees begegnet man nicht nur auf Schritt und Tritt den Spuren der eidgenössischen Gründungsgeschichte. Ein großartiger Dorfplatz und viele Patrizierhäuser zeugen von der stolzen Vergangenheit des alten Fleckens, der mitten in einer eindrücklichen Urschweizer Landschaft mit vielen bequem erreichbaren Ausflugszielen liegt.

Verkehrsbüro Schwyz
Postplatz 9
6430 Schwyz
043/21 34 46

TCS-Geschäftsstelle
Bahnhofstraße 3
6430 Schwyz
043/21 34 44

1. 10. 1989

Schwyz

Schwyz, das ist vor allem der Platz in der Mitte des Fleckens, im Zentrum von einst und jetzt. Die mächtige, leicht ansteigende Anlage zwischen Rathaus und Pfarrkirche – sicher einer der schönsten Barockplätze der Schweiz – mutet mit ihrem aristokratischen Charakter städtisch an. Für die Einheimischen ist Schwyz trotzdem ein Dorf geblieben. Der Begriff «Stadt» wird hier nicht gebraucht: Auch wenn Schwyz heute mehr als 12 000 Einwohner hat, sagt man immer noch: «Ich gah is Dorf», wenn man sich nach Schwyz begibt.

Schwyz war auch historisch nie eine Stadt, besaß nie Stadtrecht und war nie von Mauern umschlossen. Trotzdem blickt die Siedlung am Fuß der beiden Mythen auf eine mehr als tausendjährige Geschichte zurück. Zwar wird der Ort urkundlich erst 972 erwähnt. Bereits aus dem 8. Jh. aber ist eine merowingische Kirche nachweisbar, und Alemannengräber im Zentrum des Fleckens zeugen von noch früherer Besiedlung.

Was der Name Schwyz bedeutet, ist heute einigermaßen klar. Er geht nicht, wie früher angenommen, auf jenen sagenhaften Einwanderer Swito zurück, der sich hier – aus dem hohen Norden kommend – als Oberhaupt einer alemannischen Sippe niedergelassen haben soll. Schwyz leitet sich wesentlich prosaischer vom indogermanischen Wort *sueit* ab, was etwa «sengen» oder «brennen» bedeutet. Eine Lichtung oder Rodung gab der Schweiz so ihren heutigen Namen.

Die alte Streusiedlung von Schwyz entwickelte sich im 12. Jh. zum Dorf und erhielt wahrscheinlich 1313 von den Habs-

	Kanton:	SZ
	Meter über Meer:	517
	Einwohner 1900:	7398
	Einwohner 1980:	12 100
	Autobahn:	N 4, Schwyz

burgern das Marktrecht. Ein Jahr später wird bereits das Rathaus erwähnt. Hier dürften sich jene Männer versammelt haben, die bei der Entstehung der Eidgenossenschaft die wichtigste Rolle spielten. Schwyzer gaben den entscheidenden Anstoß zur Gründung des Bundes von 1291, und Schwyz hatte in der Alten Eidgenossenschaft noch bis ins 18. Jh. die politische Führungsrolle unter den katholischen Landkantonen inne.

Das große Geld verdienten die führenden Familien mit den Solddiensten: Im 15. Jh. entwickelte sich ein eigentliches Militärunternehmertum, und im 17. und 18. Jh. standen oft Tausende junger Schwyzer gleichzeitig in Regimentern halb Europas im Dienst. Schwyz schloß Soldverträge nicht nur mit der Krone von Frankreich und Spanien, sondern auch mit Wien, Mailand, Venedig und noch im Jahr 1813 mit den Niederlanden und Neapel ab. Sichtbarer Ausdruck des Reislaufens sind heute rund dreißig Herrenhäuser – der bedeutendste Kunstschatz von Schwyz –, die in einigem Abstand den alten Dorfkern als Kranz umgeben. Patrizier wie die von Weber, Ab Yberg oder Ceberg lebten im Ausland und in der Heimat als «Grandseigneurs» und verbanden in ihren ausnehmend stattlichen Gebäuden die einheimische bäuerliche Lebensweise mit dem Prunk europäischer Fürstenhöfe.

Vor allem eine Familie, die von Reding, bestimmte während dreier Jahrhunderte das politische und wirtschaftliche Leben von Schwyz. Sie brachte mehr als 200 Offiziere – darunter rund ein Dutzend Marschälle und Generäle – hervor und stellte auch ein lange Reihe von Landammännern. Gegen sie und gegen ihren unwahrscheinlichen Reichtum richtete sich ein Aufstand, der von 1763 bis 1767 zu den turbulentesten Zeiten der Schwyzer Politik führte: Im sogenannten «Harten- und Linden-Handel» opponierte die Popularenpartei unter der Führung des «Drei-Könige»-Wirts Pfyl an mehreren stürmischen Landsgemeinden gegen die Herrenpartei der Reding.

Eindrücklichstes Denkmal barocker Baukunst aber ist in Schwyz trotz allem kein profanes Gebäude, sondern die 1769–1774 errichtete Pfarrkirche St. Martin. Der gewaltige Bau zählt zu den schönsten Pfarrkirchen der Schweiz und bildet dank seines leicht erhöhten Standorts den imposanten nördlichen Abschluß des Platzes. Dieser hatte sein heutiges Gesicht rund ein Jahrhundert früher erhalten: An Ostern 1642 war in nur vier Stunden ungefähr ein Drittel aller Häuser des alten Fleckens – darunter Kirche und Rathaus – durch einen Großbrand zerstört worden. Der Wiederaufbau wurde energisch an die Hand genommen; die Bauten am Platz samt dem stolzen Rathaus wurden aufgrund eines einheitlichen Plans errichtet.

Heute ist Schwyz nicht nur kantonales Verwaltungszentrum, sondern auch Mittelpunkt einer wirtschaftlich rasch wachsenden Region: Der alte Flecken ist in den letzten Jahren mit den Gemeinden Ibach und Seewen zusammengewachsen und entwickelte sich zum Industriestandort – hier werden unter anderem die weltweit bekannten Schweizer Offiziersmesser hergestellt. Vor allem zur Fasnachtszeit, die in Schwyz schon am Dreikönigstag, am 6. Januar, beginnt, herrscht aber noch ein Treiben wie in früheren Zeiten: Dann ziehen hier die «Nüßler» mit ihren dominogemusterten Kleidern durch die Gassen, und die «Blätz» stampfen zum Trommelklang komplizierte Figuren.

Meinrad Inglin (1893–1971)

Als Meinrad Inglin 1922 seinen ersten Roman «Die Welt in Ingoldau» veröffentlichte, kam es in Schwyz zum Skandal. Von der Kanzel wurde gegen die Schilderung der sexuellen Nöte aus der Pubertätszeit gewettert, und verschiedene Schwyzer glaubten sich übel karikiert. Von dieser Ablehnung war später nichts mehr zu spüren: Nach dem Erfolg des 1938 erschienenen Romans «Schweizerspiegel» – er zeigt einen Querschnitt durch die Gesellschaft der Schweiz zur Zeit des Ersten Weltkriegs – wurde Inglin auch in seiner Heimat als wichtiger Schriftsteller gefeiert. Inglin, der in klassischer Erzähltradition schlicht und anschaulich schrieb, setzte sich in seinen vielen Romanen und Novellen mit regionalen Themen und im Roman «Erlenbüel» mit dem Umbruch der modernen Zeit auseinander. Daneben schilderte er oft Ereignisse der Schweizer Geschichte – die Gründungszeit der Eidgenossenschaft etwa in «Jugend eines Volkes» und ihr Ende 1798 in «Ehrenhafter Untergang».

Turm-Museum Schwyz
Archivgasse
Mai bis Oktober: Mi, Fr, Sa,
So 10–12 und 14–17 Uhr
043/21 17 24

Ital-Reding-Haus mit
Wohnmuseum
Reichsstraße
Di–Fr: 14–17 Uhr, Sa und
So: 10–12 Uhr
043/21 45 05

Bundesbriefarchiv
Bahnhofstraße 20
9.30–11.30 und 14–17 Uhr
043/24 11 24

Seebad
Seewen am Lauerzersee
043/21 13 30

Seebad
Brunnen (Föhnhafen) am
Vierwaldstättersee
043/31 18 87

Hallenbad
Brunnen (Föhnhafen)
043/31 18 87

Schlittschuhlaufen
Kunsteisbahn Seewen
Oktober bis März: 13.15–17
Uhr, So 9.30–15.30 Uhr
043/21 37 07

Skifahren
Ski-Region Mythen
3 Luftseilbahnen, 11 Skilifte,
50 km Pisten
043/21 34 46

Stoos
6 Anlagen
043/21 15 50

Langlauf
Loipe Lotenbach (Windstock)
Loipe Tschümperlin Sport
(Grund)

Camping
Hopfreben
Mai bis September
6440 Brunnen
043/31 18 73

Urmiberg
April bis Oktober
6440 Brunnen
043/31 33 27

«Prys-Chlöpfen» mit Geißeln
am 6. Januar

Fasnacht

«Chlefelen» im März

Das Bundesbriefarchiv

Schon im 19. Jh. wollte man in Schwyz ein Nationaldenkmal errichten. Die ursprünglich geplante 17 m hohe Figur eines alteidgenössischen Helden war in der Öffentlichkeit aber heftig umstritten, und vor dem Ersten Weltkrieg wurde das Projekt überarbeitet: Jetzt sollte in Schwyz eine gigantische Anlage mit Hallen, Plätzen und Alleen vom Ruhm der Eidgenossen künden. Aus Geldmangel beschränkte man sich 1934–1936 schließlich darauf, an der Schwyzer Bahnhofstraße das Bundesbriefarchiv als Ausstellungsstätte für die Dokumente aus der Gründungszeit der Eidgenossenschaft zu schaffen. Der schlichte Bau trägt an der Südfront das monumentale Wandbild «Fundamentum» des Urner Malers Heinrich Danioth. Eine Freitreppe führt durch drei Bögen in die weite Eingangshalle, die vom Wandbild «Bruder Klaus» des Genfer Malers Maurice Barraud von 1941 beherrscht wird. Über eine Treppe erreicht man den großen Saal: Hier ist der lateinisch abgefaßte Bundesbrief von 1291 ausgestellt, der seit jeher in Schwyz aufbewahrt wurde. Daneben werden auch der Morgartenbund von 1315 und die Bundesbriefe der Alten Orte, das Stanser Verkommnis und Landes- und Kriegsfahnen gezeigt.

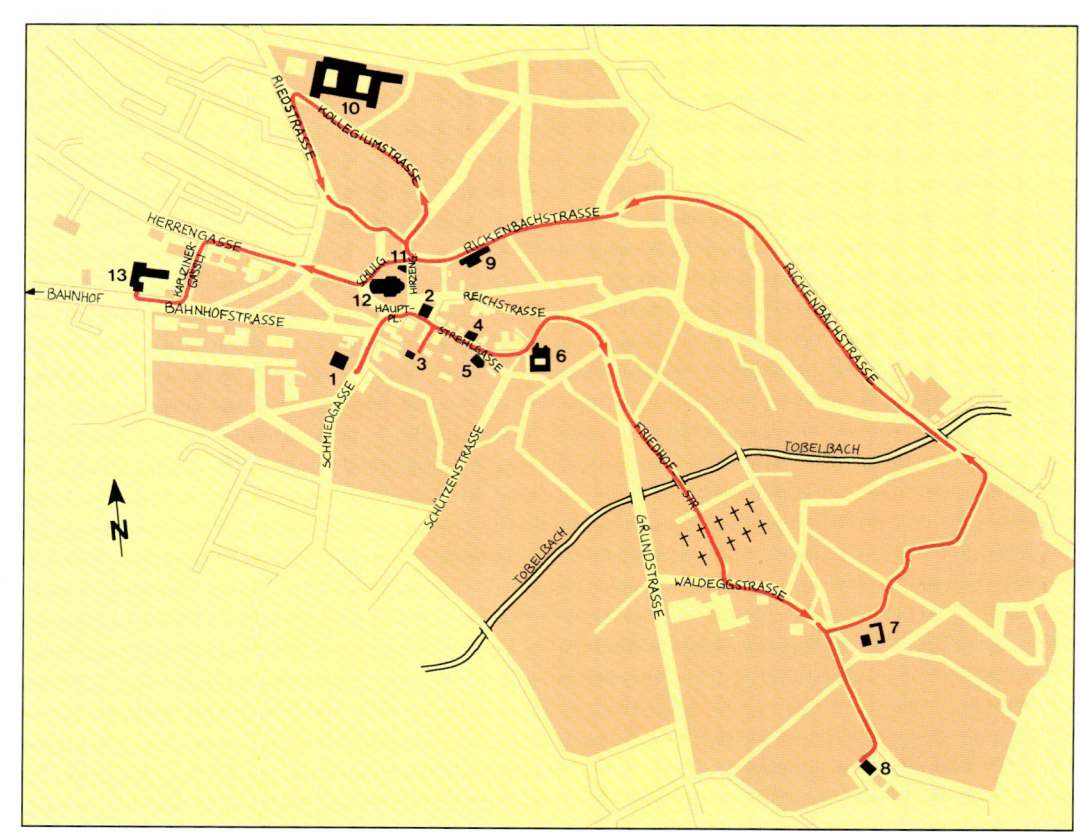

1 Redinghaus an der Schmiedgasse
2 Rathaus
3 Museumsturm
4 Sogenanntes Hotel Hediger
5 Großhus
6 Dominikanerinnenkloster St. Peter am Bach
7 Waldegg
8 Im Immenfeld
9 Ital-Reding-Hofstatt
10 Kollegium
11 Kerchel mit Michaelskapelle
12 Pfarrkirche St. Martin
13 Bundesbriefarchiv

Stadtrundgang Schwyz

Es gibt kaum eine alte Ansicht von Schwyz, die neben den Mythen und der Pfarrkirche nicht auch das Redinghaus (1) an der Schmiedgasse festhält. Der mächtige Rechteckbau mit den sieben Dachgiebelaufbauten und dem Innenhof wurde im Auftrag von Hauptmann Rudolf Reding 1614–1617 erbaut. Das 1798 von den französischen Besatzungstruppen teilweise zerstörte Gebäude wurde im 19. Jh. in klassizistischem Stil wiederhergestellt. Die Schmiedgasse mündet auf einen der schönsten Plätze der Schweiz, auf den großzügigen Schwyzer Dorfplatz zu Füßen der Pfarrkirche. Die leicht ansteigende Anlage, auf der seit 1649 der Pannerherr-Brunnen steht, ist zusammen mit den meisten umliegenden Gebäuden nach dem Dorfbrand von 1642 entstanden. Beherrscht wird der Platz vom freistehenden Rathaus (2), das beim Brand bis auf die Grundmauern niederbrannte und 1642–1645 zusammen mit dem Abortürmchen auf der Rückseite wiederaufgebaut wurde. An der Nordseite führt eine Freitreppe zum schönen Hauptportal im Renaissancestil. Im Untergeschoß befand sich ursprünglich die öffentliche Waage, und im einzigen Raum im Erdgeschoß kam die Bevölkerung zum Tanz zusammen. Prunkraum des Hauses ist der kleine Ratssaal – er dient heute als Gerichtssaal –, der eine reichgegliederte Kassettendecke aus der Mitte des 17. Jh. trägt. Die Fresken an den Fassaden mit den Themen aus der Gründungsgeschichte der Eidgenossenschaft malte 1891 der Münchner Maler Ferdinand Wagner zum 600-Jahr-Jubiläum der Bundesgründung. Südöstlich des Platzes am Anfang der Strehlgasse oder Oberen Schützenstraße steht der Museums- oder Archivturm (3), einer der ältesten Steinbauten des Ortes aus dem 12. oder 13. Jh. Im ehemaligen Meierturm mit dem hohen Zeltdach wurden während Jahrhunderten die Alten Bundesbriefe aufbewahrt. Heute ist hier das Historische Museum mit ei-

Das freistehende Rathaus beherrscht den Schwyzer Dorfplatz

Vom Glanz der Schwyzer Patrizier zeugt das Ital-Reding-Haus

ner lokalhistorischen Sammlung untergebracht. Die Obere Schützenstraße führt zum Régence-Palais des sogenannten Hotel Hediger (4). Der um die Mitte des 18. Jh. von der Familie Reding errichtete Bau war lange Zeit ein Hotel und ist heute Sitz des Elektrizitätswerks. Fast gegenüber steht das Großhus (5). Das wehrhafte spätgotische Giebelhaus zählt zu den schönsten Herrenhäusern von Schwyz und befand sich früher ebenfalls im Besitz der Familie Reding.

Das Dominikanerinnenkloster St. Peter am Bach (6) wurde wohl schon 1264 gegründet und im 17. Jh. samt der Kirche neu erbaut. Vor der rechteckigen Anlage mit dem Kreuzgang und der schlichten Kirche zweigt links die Grundstraße ab ins Hinterdorf und weiter ins Muotatal. Links über den Friedhof führt ein Weg in die Waldeggstraße, an der das um 1600 von Landessäckelmeister Sebastian ab Yberg erbaute Haus Waldegg (7) steht. Der Bau mit seinen Wirtschaftsgebäuden, dem alten Baumbestand und den zwei Pavillons im Garten kam später in den Besitz der Reding. Er zeigt wie das etwas weiter südlich liegende Haus Im Immenfeld (8), daß die Schwyzer Patrizier ihre Häuser außerhalb des Fleckens ins «Eigen» stellten.

Von der Waldegg kommt man zur Rickenbachstraße, die zurück an den östlichen Dorfrand und zum berühmtesten Schwyzer Patrizierhaus führt, der Ital-Reding-Hofstatt (9). Ital Reding, Offizier in französischen Diensten, später Landvogt im Thurgau und Schwyzer Landammann, ließ den Herrensitz 1609 in erhöhter, ummauerter Lage errichten. Das Haus verbindet Renaissanceformen mit Elementen der Spätgotik und dem traditionellen Baustil der Innerschweizer Bauernhäuser. Den barocken Charakter erhielt es 1663 durch den Ausbau des Daches mit zwei Kreuzgiebeln und den Kuppeltürmchen. Im ersten Stock befinden sich vier mit Intarsien gezierte Prunkstuben, in denen selbst die Fußböden mit Einlegearbeiten geschmückt sind.

Richtung Pfarrkirche gelangt man zur Häusergruppe Kerchel, von der aus rechts ein Gäßchen zum Kollegium Maria Hilf (10) führt. Seit 1857 eine höhere Lehranstalt, brannte das Gebäude 1910 völlig nieder. Nach dem Brand entstand die Anlage mit der pompösen Neobarockarchitektur und der großen Kuppel, die heutige Kantonsschule Schwyz.

Durch die Riedstraße abwärts gehend gelangt man wieder zum Kerchel mit der Michaelskapelle (11). Die gotische Doppelkapelle von 1512–1518 zählt zu den originellsten Beinhäusern der Schweiz. Der kryptartige untere Teil ist durch zwei spätgotische Säulen unterteilt, der Kapellenraum darüber durch reiche Rankenmalerei geschmückt.

Unterhalb des Kerchels steht der stolzeste Bau von Schwyz, die spätbarocke Pfarrkirche St. Martin (12). 1769–1774 ließen die Gnädigen Herren durch die Baumeister Jakob und Anton Singer das sechste an dieser Stelle stehende Gotteshaus errichten – die Spuren der Vorgängerbauten reichen bis ins 7. Jh. zurück. Die dreiachsige Westfassade ist nach der Herrengasse orientiert, die Seitenfronten werden durch vorgewölbte Risalite akzentuiert. Im Innern der dreischiffigen Pfeilerhalle beeindruckt die prunkvolle Ausstattung aus der Bauzeit mit dem Hochaltar des Wessobrunner Meisters Lorenz Schmid, den warmgetönten Deckenmalereien und dem geschnitzten Chorgestühl.

Seit der zweiten Hälfte des 19. Jh. ist die Kirche mit dem Platz durch eine Terrasse und einen Treppenaufgang verbunden. Die gedeckten Arkaden unter der Kirchhofmauer, wie andernorts im Kanton Schwyz «Bogen» genannt, dienten als Treffpunkt und als Ort der öffentlichen politischen Diskussion. Ein Abstecher durch die Herrengasse und links hinunter durch das Kapuzinergäßli an die Bahnhofstraße führt zum Bundesbriefarchiv (13, Beschreibung s. Randspalte S. 406).

Auf den Stoos

Die Straße von Schwyz ins Muotatal führt zur Talstation Schlattli der Stoosbahn (auch mit dem Postauto ab Bahnhof Schwyz erreichbar). Hier fährt an der linken Talseite eine Standseilbahn in gemächlichem Tempo hinauf zum Sonnenplateau Stoos auf 1100 m über dem Vierwaldstättersee. Der Stoos ist ein beliebtes Wintersportzentrum und bietet im Sommer zu Füßen von Fronalp-, Huser- und Chlingenstock eine große Auswahl an leichten bis mittelschweren Wanderungen. Sie führen den sanften Abhängen entlang, hinunter ins Muotatal oder um den Fronalpstock herum zum Kurort Morschach ob Brunnen. Wer lieber ohne große Anstrengung ein herrliches Panorama mit den Zentralschweizer Alpen, dem Talkessel von Schwyz oder dem vielarmigen Vierwaldstättersee genießt, läßt sich dagegen vom Stoos auf den Fronalpstock tragen. Die Bergstation befindet sich knapp unter dem 1922 m hohen Gipfelpunkt.

Der Voralpenkanton Schwyz in Zahlen

Der Kanton Schwyz – das Land zwischen Rigi und Mythen, Zürich- und Vierwaldstättersee – ist mit 908 km² flächenmäßig der dreizehnte Stand der Schweiz. Geographisch setzt er sich aus zwei klar abgegrenzten Teilen zusammen: Von den insgesamt sechs Bezirken gehören drei zum innern Kanton (Schwyz, Gersau, Küssnacht), drei zum äußeren Kantonsteil (March, Einsiedeln, Höfe). Zwischen dem «alten Land Schwyz» und Außerschwyz besteht nur eine wichtige Verkehrsverbindung: der 932 m hohe Übergang über den Sattel. Während die nördlichen Bezirke March, Einsiedeln und Höfe, die im Einzugsgebiet von Sihl und Zürichsee liegen, wirtschaftlich und kulturell nach Zürich orientiert sind, richten sich die südlichen Reussbezirke Schwyz, Gersau und Küssnacht eher nach Luzern und Zug aus. In Konkurrenz zu den hochindustrialisierten Nachbarkantonen bietet der Voralpenkanton Schwyz seinen 107 000 Einwohnern in den insgesamt 30 Gemeinden ein breitgefächertes Arbeitsplatzangebot. Nur noch knapp 10% der 39 500 berufstätigen Schwyzer sind in der Land- und Forstwirtschaft tätig. Je 45% finden ihr Einkommen in Industrie und Gewerbe oder im Dienstleistungsbereich.

Einsiedeln

Das Dorf mit seinem berühmten Benediktinerkloster ist das Zentrum des 10 100 Einwohner zählenden Bezirks Einsiedeln, der aus dem Dorf Einsiedeln und den sechs «Vierteln» Willerzell, Euthal, Egg, Gross, Trachslau und Bennau besteht. Die Abtei geht auf die Eremitenklause des heiligen Meinrad zurück. An der Stelle, an der 861 Meinrad von zwei Räubern erschlagen wurde, gründeten Mönche 934 das Benediktinerkloster. Nach dem 12. Jh. geriet die Abtei in das politische Spannungsfeld zwischen Habsburg und Schwyz. Brände, Pest und fehlender Nachwuchs führten zum Niedergang. Dennoch wurde das größte Marienheiligtum der Schweiz im 15. Jh. zu einer der bedeutendsten Wallfahrtsstätten nördlich der Alpen. Mit dem Neubau der heutigen Klosteranlage – einem der Hauptwerke der abendländischen Barockarchitektur – wurde 1704 nach den Plänen des Laienbruders Caspar Mosbrugger begonnen. 1735 wurde die kostbar ausgestattete Wallfahrtskirche eingeweiht, und 1770 war das Kloster mit den Wirtschaftsgebäuden fertig. 1798 plünderten französische Truppen das Stift: Die Gnadenkapelle «Unserer Lieben Frau von Einsiedeln» wurde zerstört, während die «Schwarze Madonna» aus dem 15. Jh. gerade noch rechtzeitig auf abenteuerlichen Wegen ins Ausland gebracht werden konnte; das Kloster wurde aufgehoben. Doch nach dreijährigem Exil konnten Abt und Konvent zurückkehren, und das Kloster erstarkte wieder.

Nicht nur die prachtvolle Barockkirche, sondern auch die Klosterbibliothek mit 1200 Handschriften, 1100 Inkunabeln und über 160 000 weiteren Büchern, die Stiftsschule sowie die nach den Plänen eines Mailänder Architekten gebaute Platzanlage, auf der alle fünf Jahre Calderóns «Großes Welttheater» mit Laienschauspielern aufgeführt wird, zeugen heute noch von der einstigen Bedeutung des Klosters. Das Gestüt des Stifts mit den hochbeinigen «Cavalli della Madonna» geht aufs 10. Jh. zurück. Sehenswert sind in Einsiedeln aber auch die

Einsiedeln: Wallfahrtsort und schönstes Barockkloster der Schweiz

vielen schmiedeeisernen Wirtshausschilder aus den Jahrzehnten um 1800, das «Kernenhaus» an der Straße ins Alptal, das «Panorama» mit seiner monumentalen Darstellung der Kreuzigung Christi (1893), das «Diorama» mit der Schilderung der Geburt Christi (1954) sowie das Denkmal für den Einsiedler Arzt und Naturforscher Theophrastus Paracelsus.

Gersau

Der Hauptort und das einzige Dorf des gleichnamigen Bezirks, am Rigisüdhang gelegen, war über 400 Jahre eine selbständige Republik. Gersau ist eine alemannische Siedlung, die erstmals 1064 als Besitz des Klosters Muri erwähnt wurde. Bevor die Edlen von Moos aus Luzern es gegen Ende des 13. Jh. erwarben, war das Dorf habsburgischer Besitz. 1390 kauften sich die Gersauer los. Das Gemeinwesen wurde eine freie Republik, deren Statut 1433 durch einen Freibrief Kaiser Sigismunds bestätigt wurde. Bis 1798 blieb Gersau Freistaat. 1817 wurde die Mini-Republik gegen den Willen der Bürger durch Beschluß des Wiener Kongresses als sechster und zugleich kleinster Bezirk dem Kanton Schwyz einverleibt. Auch heute noch träumen einige Gersauer von der alten, mit Steuerfreiheit verbundenen Unabhängigkeit. So wurde 1983 in der «Alt Fry Republik Gersau» ein Komitee gegründet, das die Lostrennung vom Kanton

Gersau am Vierwaldstättersee war einst eine Republik

Schwyz zum Ziel hatte. Das 1745 erbaute Rathaus, das Haus zur Gerbi und eine Glocke von 1384 im Turm der Pfarrkirche erinnern heute noch an den alten Freistaat. Heute ist Gersau mit seinen 1800 Einwohnern und dem milden Klima – davon zeugen Feigenbäume und Kastanien – ein bekannter Ferien- und Kurort an der Riviera des Vierwaldstättersees.

Freienbach

Mit 10 900 Einwohner ist die Gemeinde Freienbach mit den fünf Ortschaften Bäch, Pfäffikon, Hurden, Wilen und Freienbach neben Schwyz einwohnermäßig die zweitgrößte politische Einheit des

Das berühmte Hölloch im schwyzerischen Muotatal mit dem Dolomitensaal, dem Rittersaal, der Alligatorenschlucht, der Kapelle und dem Riesensaal ist die größte Karsthöhle Europas. Nach dem Flint Mammoth Cave System in den USA ist das Hölloch, das über 150 km Länge kartiert ist, das zweitgrößte vermessene Höhlensystem der Welt und steht unter Naturschutz. Anfang dieses Jahrhunderts hatte eine belgische Gesellschaft im Hölloch – sein Eingang ist in einer Schlucht versteckt – ein Geschäft gewittert und die Höhle auf einer Strecke von rund 1 km für das Publikum erschlossen (1990 mußte die Höhle wegen Personalmangel kurzfristig geschlossen werden, Auskunft erteilt Höllochführer Bruno Suter 043/47 12 08). Heute sind rund 8 km für Touristen unter kundiger Führung zugänglich. Klugerweise wählt man jedoch trockenes Wetter für eine Exkursion in diese phantastische Welt unter Tag: Nach Regenfällen können nämlich die Höhlenbäche in kürzester Zeit ansteigen und den Besuchern den Rückweg abschneiden.

Voralpenkantons. Dies ist vor allem auf die stürmische Entwicklung zurückzuführen, die in den sechziger Jahren mit der Eröffnung der Autobahn N 3 eingeleitet und in den letzten Jahren durch einen unglaublichen Bauboom fortgesetzt wurde. Die günstige Siedlungslage am hügeligen Südufer des Zürichsees lockte viele Menschen aus der Agglomeration Zürich an. Historischer Kern der Gemeinde Freienbach ist die schon zur Bronzezeit bewohnte Insel Ufenau. Heute zeugen das Grab des hier 1523 im Exil verstorbenen Ritters und Humanisten Ulrich von Hutten und zwei hochmittelalterliche Kirchen von der bewegten Vergangenheit der Insel. Aus dem Besitz des Klosters Säckingen ging die Ufenau 965 durch eine Schenkung Kaiser Ottos I. an das Kloster Einsiedeln über. Die Insel gehört auch heute noch dem Benediktinerstift. Der am Seeufer gelegene mittelalterliche Schloßturm, die Stiftsstatthalterei in Pfäffikon sowie das inmitten von Rebbergen gelegene barocke Weinbauernhaus Leutschen (1762–1764) in Freienbach erinnern an die Zeit der Einsiedler Mönche in der «Höfe» genannten Gegend.

Küssnacht

Wie Einsiedeln und Gersau bilden Gemeinde und Bezirk Küssnacht (9100 Einwohner) eine politische Einheit. Dazu gehören die Orte Küssnacht, Immensee, Merlischachen sowie der Weiler Haltikon. Um 870 kam die Gegend um Küssnacht ans Benediktinerkloster Luzern. 1424 wurde der Anschluß von Küssnacht an Schwyz verbrieft. 1831 organisierte sich Küssnacht gemeinsam mit der March, Einsiedeln (ohne Kloster) und Pfäffikon provisorisch als Halbkanton Außerschwyz, um gegen die starke Benachteiligung durch Innerschwyz zu protestieren. Zwei Jahre später wurde Küssnacht durch den Einsatz von Tagsatzungstruppen politisch zur Rückkehr gezwungen. Bis zur Eröffnung der Gotthardbahn 1882 war Küssnacht ein wichtiger Umschlagplatz an der ehemaligen Land-Wasser-Route Zürich–Zug–Küssnacht–Flüelen–Gotthard. Zu seinen Sehenswürdigkeiten zählen die Geßlerburg – die mächtige Burganlage war bis ins 16. Jh. der Sitz der Edlen von Silenen aus Uri und erhielt erst im Verlauf des 19. Jh. den durch nichts begründeten Namen –, die Hohle Gasse mit der Tellskapelle, die Astridkapelle (zur Erinnerung an den tödlichen Autounfall der belgischen Königin 1935 an der Uferstraße nach Luzern errichtet) sowie das historische Gasthaus Engel mit der Goethestube und dem getäferten Tagsatzungssaal.

Lachen

ist mit 519 ha die kleinste Schwyzer Gemeinde und zählt heute 5800 Einwohner. Das auf dem Delta der Wägitaler Aa gelegene Seedorf ist der Hauptort des Bezirks March mit seinen neun Gemeinden und zugleich der wirtschaftliche Mittelpunkt der Region. Das 1100 erstmals erwähnte Lachen erhielt 1412 von König Sigismund das Marktrecht verliehen. Kirchlich gehörte es lange Zeit zu Altendorf, das als «Alt-Rapperswil» größere Bedeutung hatte. Während der vorübergehenden Teilung des Kantons (1831–1833) war Lachen abwechselnd mit Einsiedeln Hauptort des Halbkantons Außerschwyz. Mit einer eidgenössischen Intervention kam damals eine Wiedervereinigung unter einer neuen Verfassung zustande. Das Dorf am See hat einen sehenswerten Dorfkern mit der spätbarocken Pfarrkirche zum Heiligen Kreuz (1707–1710) und prachtvollen Bürgerhäusern am Kirchplatz.

Schwyzer Hafenchabis

Zutaten:
500 g Schweinefleisch, 500 g Schaffleisch, 1 große Zwiebel, 1 großer Kabiskopf (ca. 2 kg), Salz, 3 EL Schweinefett

Das Schweinefleisch und Schaffleisch in grobe Würfel schneiden und im Schweinefett kräftig anbraten und würzen. Die Zwiebel hacken und anziehen lassen. Wenn das Fleisch richtig braun und knusprig ist, langsam den in nicht zu feine Streifen geschnittenen Kabis lagenweise zum Fleisch geben. Umrühren, damit auch das Gemüse Farbe annimmt. Falls nötig, noch etwas Fett oder Öl zugeben, damit der Kabis nicht zu trocken wird. Mit Salz abschmecken. Das Ganze etwa 1,5 bis 2 Stunden köcheln lassen. Den Eintopf von Zeit zu Zeit umrühren, damit nichts anbrennt.

Aufgewärmt schmeckt diese Schwyzer Chilbispezialität noch besser.

Gleich zweifach ist der Name Sempachs den meisten Schweizern bekannt: Als Stätte einer blutigen Schlacht, bei der die Eidgenossen die österreichischen Ritter 1386 vernichtend schlugen. Und als Sitz der Schweizerischen Vogelwarte, die sich für den Schutz unserer gefiederten Freunde einsetzt. Das Luzerner Landstädtchen ist aber auch dank seines reizvollen Kerns und der schönen Lage am Sempachersee inmitten der sanften Luzerner Hügellandschaft eine Reise wert.

Verkehrsverein
Stadtstrasse 2
6204 Sempach-Stadt
041/99 28 48

1. 10. 1989

Sempach

Hätte nicht im Meierholz oberhalb von Sempach am 9. Juli 1386 jene Schlacht stattgefunden, die der Schweizer Geschichte eine wichtige Wende gab, der Name des Städtchens wäre kaum jedem Schulkind bekannt. Wie Aarberg, Zofingen oder Sursee würde auch Sempach nur daran erinnern, daß im Mittelalter die adligen Herren den Handelsweg über den Gotthard alle paar Kilometer mit der Gründung einer Stadt unter ihre Kontrolle bringen wollten. In Sempach waren es die Habsburger, die um das Jahr 1220 am südöstlichen Ende des gleichnamigen Sees eine systematisch geplante, befestigte Kleinstadt bauten und ihr das Marktrecht verliehen. Schon vorher dürfte hier eine Fischersiedlung existiert haben, zeugen doch bronzezeitliche Pfahlbauten, römische Mauerreste und alemannische Gräber davon, daß diese Gegend seit prähistorischer Zeit bewohnt war.

Im 14. Jh. wurde das Landstädtchen in die Auseinandersetzungen zwischen Habsburg und den Eidgenossen verwickelt. Nachdem die Luzerner Wolhusen erobert und auch Sempach in ihr Burgrecht aufgenommen hatten, kam es zum alles entscheidenden Waffengang. Herzog Leopold III. von Österreich zog am 9. Juli 1386 mit seinen Rittern gegen die Stadt, wo er vernichtend geschlagen wurde. Sempach blieb unter der Herrschaft Luzerns und büßte seine Bedeutung als Handelsplatz erst im 18. Jh. ein, als die Durchgangsstraße ans andere Seeufer verlegt wurde. Noch mehr ins Abseits geriet das Städtchen, als es auch von der 1856 eröffneten Eisenbahnlinie von Olten nach Emmenbrücke umfahren wurde – seine Bahnstation liegt heute noch auf dem Boden der benachbarten Gemeinde Neuenkirch. Erst seit dem Bau der Nationalstraße 1981 ist das Städtchen wieder an eine Transitader angeschlossen. Seither verzeichnet Sempach einen ständigen Bevölkerungszuwachs, und die neuen Quartiere rings um den historischen Kern zeugen davon, daß sich hier viele Pendler niedergelassen haben, die im nur 15 km entfernten Luzern arbeiten.

Einst stand ein Teil der Sempacher Stadtmauer direkt am See. Die zwei Schmalseiten des Städtchens waren mit Gräben und Bächen und die vierte Seite schließlich durch den Stadtweiher gesichert. Die Mauer war wahrscheinlich mit neun Türmen verstärkt. Zwischen den beiden einzigen Zugängen – dem Luzerner und dem Surseer Tor – blieb allerdings nur wenig Platz: In leichter Krümmung ziehen sich die Haupt- und die obere Parallelgasse von Tor zu Tor. Da die meisten Einwohner Bauern blieben, bestanden ursprünglich fast alle Häuser aus Holz – nur die Sitze der ritterlichen Beamten waren in

Kanton:	LU
Meter über Meer:	520
Einwohner 1900:	1028
Einwohner 1980:	2237
Autobahn:	N 2, Sempach

Älter als die Stadt ist die **Siedlung Kirchbühl** *mit dem Kirchlein St. Martin, der ursprünglichen Pfarrkirche von Sempach. Vom nördlichen Stadteingang führt die Straße Richtung Vogelsang zu einer Terrasse hoch über dem See. Hier, wo einst ein römischer Gutshof stand, schufen Natur und Menschenhand einen Ort voller Ruhe. Die um 1200 erbaute Kirche mit dem schlichten romanischen Schiff – es wurde 1583 um einen gotischen Chor verlängert – birgt verblichene Wandmalereien. Ein paar vergessene, von Gras überwachsene schmiedeeiserne Grabkreuze im Schatten der Bäume und ein an die Umfassungsmauer gelehntes Beinhaus erinnern daran, daß bis 1832 die Toten des Städtchens hier oben bestattet wurden.*

Stein aufgeführt. Noch heute ist der bäuerliche Einschlag in der Obergasse deutlich spürbar.

Nicht mehr viel zu spüren ist dagegen von der ursprünglichen Lage Sempachs direkt am See. 1806 wurde der Spiegel des fast 8 km langen und 2,5 km breiten Sempacher Sees durch die Tieferlegung des Abflusses gesenkt und seine Fläche stark verkleinert. Die einst direkt zum Wasser führenden Tore verloren ihre Funktion, und der nördliche Zugang – das Ochsen- oder Surseertor – wurde 1865 abgerissen.

Seit 1985 ist die Lücke wieder geschlossen. Aufgrund alter Ansichten wurde das Ochsentor neu aufgebaut. Tritt man durch seinen Bogen, so fällt der Blick zuerst auf das 1888 errichtete Löwendenkmal: Das Wappentier von Sempach – Sinnbild für Stärke und Kühnheit – erinnert auch an die legendäre Tat Winkelrieds. Dahinter öffnet sich die breite Hauptgasse, die selbst für Schweizer Verhältnisse besonders herausgeputzt ist. Hier machten einst die Kaufmannszüge Rast, und hier fanden früher die Sempacher Märkte statt.

Links und rechts der Gasse reiht sich beinahe lückenlos Haus an Haus. Neben den vielen behäbigen Gasthöfen fällt besonders das malerische Rathaus beim einzigen Brunnen der Hauptgasse auf. Der um 1630 errichtete Bau imponiert weniger durch seine Größe als durch sein kunstvolles Fachwerk. In der ehemaligen Tuchlaube im ersten Stock ist heute das kleine Sempacher Heimatmuseum untergebracht. Den südlichen Abschluß der Hauptgasse bildet das schlanke Luzerner Tor mit dem monumentalen Fresko eines Bannerträgers. Noch bis 1913 wohnte in seinem Obergeschoß der Sempacher Nachtwächter, der nachts seine Runden durch das Städtchen machte.

Außerhalb des Luzerner Tors steht die schlichte Kreuzkapelle, die 1629 von den dankbaren Bürgern nach dem Abflauen der Großen Pest – sie forderte in Sempach über hundert Tote – gestiftet wurde. Nur kurz ist der Weg zum 17 m hohen Hexenturm in der südöstlichen Ecke des Städtchens. Der im 13. Jh. erbaute Turm mit seinem Zinnenkranz ist das sichtbarste Zeichen der alten Stadtmauer, die sonst größtenteils in die Wohnhäuser eingebaut ist. Durch die Obergasse führt der kurze Rundgang an der mittelalterlichen Zehntenscheune vorbei zurück zur Pfarrkirche, die erstmals 1275 erwähnt wird. Der heutige, klassizistische Bau wurde 1831 eingeweiht.

Den Reiz Sempachs offenbart auch ein Spaziergang vom Ochsentor an der Seeseite entlang zur postmodernen Mehrzweckhalle, zur ehemaligen Leutpriesterei südwestlich des Luzernertors und weiter zur Vogelwarte. Lohnend ist ein Abstecher zum Schlachtfeld, wo eine Kapelle an den Sieg der Eidgenossen erinnert und im Juli die traditionelle Schlachtjahrzeit stattfindet. Weniger kriegerisch geht es beim zweiten Sempacher Brauch zu: Seit 1519 findet am Auffahrtstag ein Ritt um die Grenzen der Pfarrei statt, an dem Gottes Segen für eine gute Ernte erbeten wird.

Alfred Schifferli (1879–1934)

1924 wurde in Sempach die Schweizerische Vogelwarte gegründet. Zehn Jahre leitete der begeisterte Ornithologe Alfred Schifferli neben seiner Tätigkeit als Kaufmann ehrenamtlich und in seinem eigenen Haus das einzige private Forschungsinstitut für Vogelkunde und Vogelschutz der Schweiz. Aus den bescheidenen Anfängen entwickelte sich jenes Institut zur Erforschung der Vogelwelt, das heute weit über die Grenzen der Schweiz hinaus bekannt ist. Ringlein mit der Prägung «Sempach, Helvetia» werden von unseren gefiederten Freunden bis ans nördliche Eismeer und in die Länder südlich des Äquators getragen. Von der 1955 am See neu erbauten Vogelwarte aus wird aber nicht nur die Beringung von jährlich rund 50 000 Vögeln in der Schweiz koordiniert. Ihre wissenschaftlichen Mitarbeiter erforschen auch das Leben der Vögel im Alpenraum und versuchen damit, zum Schutz der heute stark gefährdeten einheimischen Vogelarten beizutragen.

An einem heißen Julitag

Einen viel schöneren Ort hätten sich die Eidgenossen schwerlich aussuchen können, um am heißen 9. Juli 1386 Herzog Leopold von Österreich und seinen Rittern eine blutige und entscheidende Niederlage zu bereiten. An der Straße nach Hildisrieden erinnert ein Denkmal an den legendären Winkelried, der hier den Seinen eine Gasse gebahnt haben soll. Wo Leopold III. den Tod fand, wurde schon ein Jahr später die erste Schlachtkapelle St. Jakob geweiht. Im Lauf der Zeit wurde die Kapelle mehrmals vergrößert – der heutige, 1747 zum letzten Mal erweiterte Bau wurde kürzlich gründlich renoviert. Sein Innenraum ist mit den Namen und Wappen der gefallenen Ritter sowie mit einem monumentalen Fresko ausgemalt, das Legenden aus der Zeit der Schlacht erzählt.

Heimatmuseum im Rathaus
Ende April bis Ende Oktober:
Sa und So 14–17 Uhr,
Juli und August: zusätzlich
Mi 14–17 Uhr

Schweizerische Vogelwarte
Mo-Fr 8–12 und 14–17 Uhr
Ostern bis Ende September:
zusätzlich Sa 14–17 Uhr und
So 10–12 und 14–17 Uhr
041/99 00 22

Strandbad
041/99 13 80

Minigolf
zwischen Städtchen und See
041/99 34 32

Camping
Seebach
April bis Oktober
041/99 14 66

Umritt an Auffahrt

Sempacher Schlachtjahrzeit
am Montag nach dem 4. Juli

Der alte Flecken Stans in der fruchtbaren Ebene zu Füßen des Stanserhorns besitzt einen der schönsten Dorfplätze der Schweiz und hat um die barocke Pfarrkirche sein Dorfbild aus dem 18. Jh. bis heute erhalten können. Vom Nidwaldner Kantonshauptort aus sind die bekannten Aussichtspunkte am Vierwaldstättersee und auch das Tal der Engelberger Aa bequem zu erreichen.

Verkehrsbüro
Stansstader Straße 54
6370 Stans
041/61 32 17

Stans

Das erstmals 1124 erwähnte Stans entwickelte sich um die Mutterkirche des Aatals, St. Peter und Paul, und um einen Meierturm des Benediktinerstifts Murbach-Luzern – die heutige Rosenburg; von hier aus verwaltete das Stift seine Besitzungen zu Füßen des Stanserhorns. Die älteste Siedlung entstand beim heutigen Rathaus, auf einer vor den Überschwemmungen der Aa geschützten Terrasse. Stans scheint schon früh das Marktrecht erhalten zu haben, und bereits im 13. Jh. muß der Flecken – abgesehen von den fehlenden Mauern – einen ziemlich städtischen Eindruck gemacht haben. Die unter der habsburgischen Herrschaft eingeleitete Stadtentwicklung wurde durch die Freiheitsbewegung und Bundesgründung von 1291 gestoppt: Stans, das nach der Teilung Unterwaldens in Ob- und Nidwalden Anfang des 14. Jh. Hauptort des Tales «nid dem Kernwald» wurde, blieb wie die anderen Urschweizer Hauptorte ein Flecken.

Kanton:	NW
Meter über Meer:	452
Einwohner 1900:	2798
Einwohner 1980:	5671
Autobahn:	N 2, Stans

Im 1415 erstmals erwähnten Rathaus tagte am 22. Dezember 1481 eine berühmte Tagsatzung: Der Einsiedler Bruder Klaus vermittelte im letzten Augenblick zwischen den über die Verteilung der Burgunderbeute und die Aufnahme von Freiburg und Solothurn in den Bund heillos zerstrittenen Eidgenossen. Der damals abgeschlossene Kompromiß – das Stanser Verkommnis – ist die erste Verfassungsurkunde der Alten Eidgenossenschaft und blieb bis zu ihrem Untergang 1798 die wichtigste Grundlage gemeinsamen Handelns.

Im mittelalterlichen Dorfbild von Stans entstanden im 16. und 17. Jh. neue öffentliche Bauten wie das Zeughaus und kirchliche An-

lagen wie das Kapuziner- und das Frauenkloster. Zudem bauten führende Geschlechter wie die Lussy, Keyser und Zelger stattliche Wohnsitze – sichtbares Zeichen dafür, daß einige wenige Familien dank der Reisläuferei (Söldnertum) zu Geld gekommen waren und beinahe ausschließlich die politischen Ämter besetzten, eine in der Urschweiz allgemeine Erscheinung. 1641–1647 entstand schließlich die monumentale Barockkirche, die wie ihre Vorgängerin den Mittelpunkt des Dorfes prägte.

Am 17. März 1713, nach zwei Uhr morgens, kam es ins Stans zur Katastrophe: Der ganze Kern des Dorfes mit Rathaus, 63 Wohnhäusern sowie 16 Speichern und Ställen brannte ab; nur die Kirche blieb verschont. Zur Verhinderung weiterer Großbrände plante die Regierung die Erweiterung des alten Dorfplatzes und erließ rigorose Bauvorschriften; unter anderem durfte nur noch in Stein gebaut werden.

Diese Vorschriften gingen weit über die Kompetenzen der Regierung hinaus. Die Gnädigen Herren benutzten die Feuersbrunst als günstige Gelegenheit, die Rechte des Volkes an der Landsgemeinde noch mehr einzuschränken. Den eigentlichen Grund für das «Strafgericht Gottes» sahen sie «im leydigen Müssbrauch der edlen Freyheitt» durch das Landvolk, das seit Jahrzehnten gegen die aristokratische Regierungsform aufgemuckt hatte. Zwar hob das Landvolk schon ein Jahr später nach zwei tumultuösen Landsgemeinden die diktatorischen Vorschriften auf und stellte die alten Rechte wieder her. In der Zwischenzeit aber hatte die Regierung die schönste Platzanlage der Urschweiz mit drakonischer Strenge durchgesetzt.

Den großzügigen barocken Platz planten die beiden Luzerner Baumeister Josef Aebi und Ludwig Gassmann, die bereits das 1704 völlig abgebrannte Willisau wiederaufgebaut hatten. Die einheitliche Bebauung – besonders charakteristisch ist das obere Ende mit den drei großen Bürgerhäusern – wird im Osten, wo auch das 1714/15 neu erbaute Rathaus steht, durch drei parallele Gassen erschlossen. Hier standen die meisten Stanser Gasthöfe wie etwa das bekannte Hotel Krone, bei dem sich bis zum Bau der Stansstad-Engelberg-Bahn im Jahre 1898 die Postkutschenstation befand.

Stans hat vor allem im historischen Kern rund um den Platz seine Schönheit weitgehend erhalten, auch wenn es im September 1798 im Flecken zu einer weiteren Katastrophe kam: Die französischen Revolutionstruppen besetzten den Ort und unterdrückten den Widerstand der Bevölkerung blutig. In der Folge nahm sich Heinrich Pestalozzi im Frauenkloster der Nidwaldner Waisen an und entwickelte außerdem seine im «Stanser Brief» niedergelegten Unterrichtsmethoden. Heute ist Stans das Verwaltungszentrum des Halbkantons Nidwalden mit einigen kleinen und mittleren Industriebetrieben und einer großen Fabrik: In den Flugzeugwerken stellen rund 900 Mitarbeiter unter anderem die berühmten Pilatus Porter her. Wie überall in der Innerschweiz schlägt auch in Stans die Fasnacht hohe Wellen. Von den drei Fasnachtsgesellschaften läßt sich der «Unüberwindliche Große Rat» bis ins 16. Jh. zurückverfolgen: Er ruft jeweils zur Fasnachtszeit eine eigene Republik aus, in der die Macht in närrischer Form ausgekostet wird.

Melchior Lussy (1529–1606)

Lussy stammte aus einem alten Landleutegeschlecht, das im 16. Jh. das Landammannamt in Nidwalden praktisch in Erbpacht verwaltete. Er selbst wurde 1551 Landschreiber und zog anschließend in fremde Dienste, wo er 1556 als Oberst der päpstlichen Schweizertruppen zum Ritter geschlagen wurde. Ab 1560 stand er in venezianischem Sold, war später Gesandter der katholischen Orte beim Konzil von Trient und beim Papst, verhandelte an den Höfen von Paris und Madrid, wurde Landvogt in Lugano und reiste als Pilger nach Jerusalem. Trotz häufiger Abwesenheit war Lussy von 1561 bis 1595 nicht weniger als zehnmal Landammann und nahm so in Nidwalden während eines halben Jahrhunderts eine praktisch diktatorische Stellung ein. Der zu großem Reichtum gekommene Ritter – er lebte im alten Winkelriedhaus und stiftete das Kapuzinerkloster von Stans – war zu seiner Zeit neben dem «Schweizerkönig» Ludwig Pfyffer aus Luzern der einflußreichste Staatsmann der Eidgenossenschaft und spielte eine führende Rolle in der Gegenreformation.

Historisches Museum
Stansstader Straße
Mo und Mi–So 9–11
und 14–17 Uhr
041/61 17 81

Stanserhornbahn
Mitte April bis Mitte November
041/61 14 41

Luzern-Stans-Engelberg-Bahn
041/61 11 59

Strandbad
6374 Buochs
041/64 17 10

Strandbad
6362 Stansstad
041/61 16 79

Camping Sportzentrum
6374 Buochs/Ennetbürgen
März bis Oktober
041/64 34 74

Fasnacht

Landsgemeinde am letzten Sonntag im April

Allweg-Schwinget am ersten Sonntag im September

Orgelwoche im Oktober

Älplerchilbi am dritten Sonntag im Oktober

Der Millionenberg

Einst lag er unter dem Reussgletscher, später war er eine Insel, und heute ist der Bürgenstock eine Halbinsel, die majestätisch vor dem «Chrüztrichter» des Vierwaldstättersees aufragt. Den «Berg der Millionäre» besuchten neben Königen und Adligen, Filmstars und Politikern auch schon Hunderttausende von Ausflüglern, die einen Blick vom mondänen Hotelleben erhaschen oder die prächtige Umgebung erwandern wollten. Die Bürgenstockhotels wurden von Franz Josef Bucher im 19. Jh. gegründet. Der Obwaldner Bauernsohn war einer der faszinierendsten Unternehmer aus der Frühzeit des Schweizer Tourismus. Er baute neben Bergbahnen und Hotels zum Beispiel auch die Straßenbahn von Genua, die er der Stadt schließlich für 1 Mio. Franken verkaufte. Den 440 m hohen Bürgenstock erschloß er 1888 mit einer Standseilbahn von Kehrsiten aus; außerdem baute er den 152 m hohen Hammetschwandlift, bei seiner Bauzeit der schnellste Aufzug der Welt. Die Großhotels gehören mit den rund 600 000 m² Privatterrain und dem Golfplatz zum Luxuriösesten, was die Schweizer Hotellerie zu bieten hat. Man erreicht den Bürgenstock über Kehrsiten mit Schiff und Standseilbahn oder über die Straße von Stansstad aus.

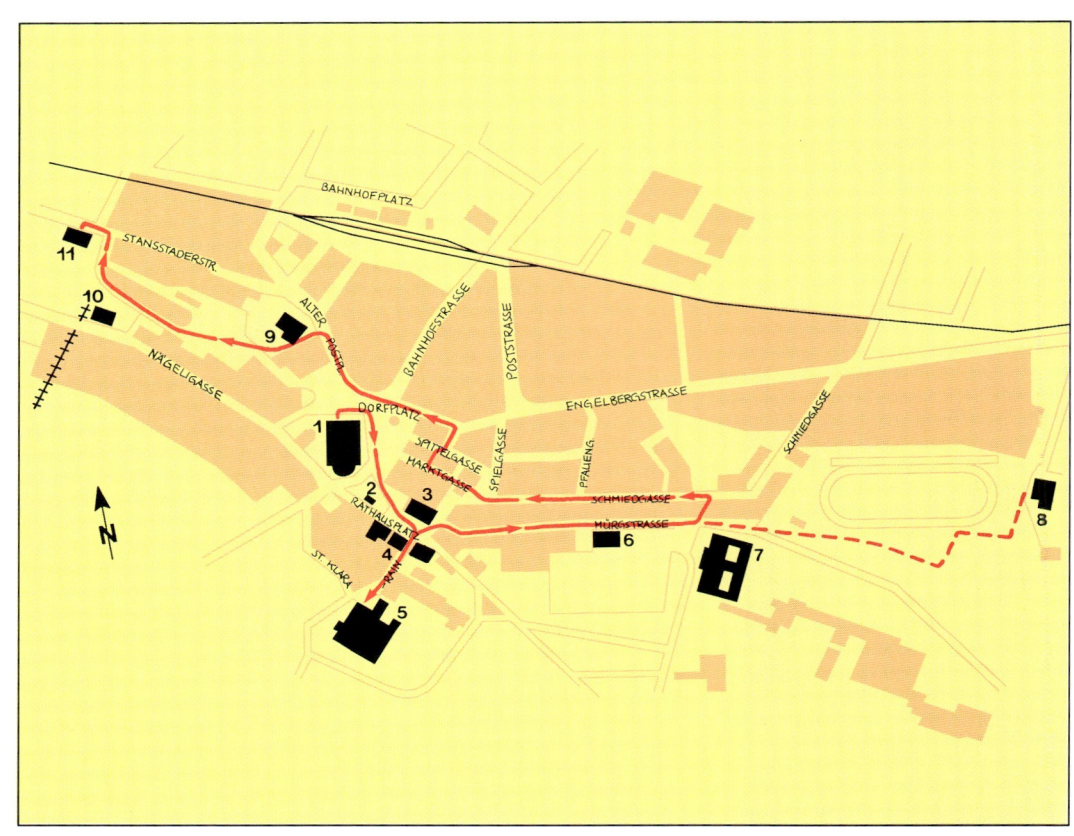

1 Pfarrkirche St. Peter und Paul
2 Winkelrieddenkmal
3 Rathaus
4 Bürgerhäuser am Dorfplatz
5 Frauenkloster St. Klara
6 Altes Zeughaus, Staatsarchiv
7 Kapuzinerkloster
8 Winkelried- oder Lussyhaus
9 Rosenburg
10 Stanserhornbahn
11 Historisches Museum

Stadtrundgang Stans

Mittelpunkt des Fleckens Stans ist die Pfarrkirche St. Peter und Paul (1), die in leicht erhöhter Lage auch den Dorfplatz beherrscht. Die Mutterkirche Nidwaldens wurde vermutlich im ausgehenden 10. Jh. gegründet. Vom romanischen Vorgängerbau des heutigen Gotteshauses erhielt sich der gegen Ende des 12. Jh. erbaute Turm an der Westseite des Chors. Der mächtige Glokkenturm mit seinen neun Geschossen – die beiden Glokkengeschosse sind von Arkaden durchbrochen – wird von einem Spitzhelm von 1571 gekrönt. Die Kirche, ein hervorragendes Denkmal des Frühbarock, wurde 1641–1647 von Baumeister Jakob Berger erbaut und hat als einziges Gebäude im Ortskern den verheerenden Dorfbrand von 1713 überdauert.

Eine Freitreppe führt vom Platz zu einer Terrasse, und durch die Vorhalle betritt man das weite Innere: Der dreischiffige, festliche Raum beeindruckt vor allem durch den Kontrast, den die weiß stuckierten Wände mit dem schwarzen Kalkstein der Säulen, des Chorbodens, der Altäre und der Kanzel bilden. Im Chor – der Hauptaltar im Stil der Spätrenaissance stammt wie die anderen Altäre aus der Bauzeit – hängt ein prächtiger gotischer Leuchter von etwa 1430. Unter dem östlichen Seitenschiff liegt die Kapelle «Maria unterm Herd», die ebenfalls 1647 erbaut wurde und die hinter dem schönen Chorgitter noch Reste einer romanischen Anlage zeigt. Die zweigeschossige Beinhauskapelle westlich der Kirche mit dem Türmchen entstand 1559/60. Hinter dem Kirchenchor steht eine Ölbergkapelle aus der Zeit um 1500, die vor einer gemalten Landschaft eine große Ölberggruppe birgt.

Den oberen Teil der barocken Platzanlage mit den nach dem Dorfbrand einheitlich geplanten Häuserfronten dominiert heute das Winkelrieddenkmal (2) von Ferdinand Schlöth. Seine Errichtung führte 1865 zu einem gesamtschweizerischen Kunststreit,

Die Pfarrkirche St. Peter und Paul beherrscht einen der großartigsten Plätze der Schweiz

Die schloßartige Rosenburg ist heute ein Restaurant

und nur dank heftigem Widerstand der Gemeinde Stans wurde das Denkmal nicht wie geplant außerhalb des Fleckens, sondern zwischen Kirche und Rathaus gebaut. Die Dreiergruppe im neugotischen Nischenhäuschen erinnert an den legendären Opfertod Arnold von Winkelrieds in der Schlacht bei Sempach 1386.

Etwas zurückgesetzt an der östlichen Platzseite steht das Stanser Rathaus (3). Der einfache Giebelbau wurde nach dem Brand 1714/15 auf den Ruinen des alten Rathauses von 1485 neu errichtet, von dem sich an der Nordseite des heutigen Baus noch der runde Schelmenturm erhalten hat. Im ersten Obergeschoß werden unter Glas die Landesbanner aufbewahrt. Oben wird der Platz von drei Bürgerhäusern abgeschlossen (4). In der Mitte steht das 1714/15 erbaute Zelgerhaus mit einem schönen Barockportal in der reichdekorierten Giebelfront. Es wird von zwei traufständigen Häusern – im «Oberen Haus» links lebte der Maler Paul Deschwanden (1811–1881) – aus der gleichen Zeit flankiert. Sie sind noch mit der einfachen, gemalten Architekturgliederung geschmückt, die vermutlich einst auch die Fassaden aller übrigen Häuser am Platz zierte.

Oberhalb des Platzes steht das Frauenkloster St. Klara (5). Das 1621–1625 erbaute Kloster mit der schlichten Kirche – sie birgt einen prächtigen Barockaltar von Johannes Ritz – diente 1798 nach dem Franzoseneinfall in Unterwalden unter der Leitung von Heinrich Pestalozzi als Waisenanstalt. Der große Pädagoge entwickelte hier seine damals revolutionären Unterrichtsmethoden, die er im «Brief an einen Freund über meinen Aufenthal in Stans» niederlegte.

Durch die Mürgstraße gelangt man vorbei am alten Zeughaus (6) – der monumentale Frühbarockbau von 1666 dient heute als Staatsarchiv – zum Kapuzinerkloster (7). Hier erinnert ein Denkmal an Ritter Melchior Lussy (1529–1606), den Heerführer und einflußreichen Staatsmann, der 1583 das schlichte Kloster stiftete. Lussys Wohnsitz, das Winkelried- oder Lussyhaus (8), steht östlich des Dorfkerns im Oberdorf. Vom mittelalterlichen Herrensitz, der sich bis 1524 im Besitz der Familie Winkelried befand, erhielt sich ein Turm; ihn baute Melchior Lussy in sein Haus ein, als er sich 1560 hier niederließ. Von der einst reichen Ausstattung des unter Lussy stark erweiterten Baus hat sich leider kaum etwas erhalten.

Die alte Handwerkergasse, die Schmiedgasse, führt auf den Dorfplatz zurück. Am Brunnen mit der Figur des Helden Winkelried auf der unteren Platzhälfte vorbei gelangt man am westlichen Platzausgang zur Rosenburg (9). Das heutige Restaurant Höfli wurde als schloßartiger, wohl von einem Wassergraben umgebener Bau Anfang des 13. Jh. als Meieramt des Klosters Murbach-Luzern errichtet. Vom ursprünglichen Bau erhielt sich ein Teil des Bergfrieds; der Rest der malerischen Anlage mit Herrenhaus, Turm, Ökonomiegebäuden und einer Mauer stammt aus dem 17. und 18. Jh. Über den Parkplatz hinter der Rosenburg erreicht man die Talstation der Stanserhornbahn (10). Ganz in ihrer Nähe an der Stansstaderstraße ist heute in dem um 1700 erbauten ehemaligen Salz- und Kornmagazin das Historische Museum (11) untergebracht. Seine Sammlung bietet einen Überblick über die Kulturgeschichte Nidwaldens.

Auf das Stanserhorn

Hinter dem großen Parkplatz bei der Rosenburg steht die Talstation der romantischen Oldtimer-Standseilbahn auf das Stanserhorn. Das 1893 errichtete Bähnchen klettert in langsamer Fahrt durch üppige Wiesen zur Zwischenstation Kälti. Von hier führt eine Luftseilbahn auf fast 1900 m ü. M. auf das Stanserhorn. Eine eindrückliche Rundsicht öffnet sich aufs Mittelland und den Jura bis zu den Vogesen und auf die Schneeriesen der Schweizer Alpen. Nicht weniger als zehn Schweizer Seen und über 100 km Alpenkette sind von hier aus zu bewundern. Rings um die Bergstation lädt ein gutausgebauter Felsen- und Gipfelweg zu erholsamen Spaziergängen ein. Der Aufstieg zum eigentlichen Gipfel auf 1898 m dauert eine knappe Viertelstunde und führt durch ein Gebiet mit herrlicher Alpenflora.

Das Land «zwische See und hechä Bärge» in Zahlen

Nidwalden – vom Stanser Musiker und Komponisten Heinrich Josef Leuthold in einem seiner Volkslieder treffend als Land «zwische See und hechä Bärge» betitelt – ist mit 276 km² der zweiundzwanzigste Stand der Schweiz. Nidwalden wird im Norden und Nordosten durch den Vierwaldstättersee, in allen anderen Richtungen durch markante Höhenzüge und Berge begrenzt. In den elf Gemeinden des Halbkantons Nidwalden leben 31 600 Einwohner. Die Berge, sonnige Täler, Bäche und Seen laden zum Verweilen ein. Die natürliche Abgeschlossenheit des Halbkantons ist heute gebrochen durch die Luzern-Stans-Engelberg-Bahn und durch die Gotthardautobahn N 2. Dank dieser guten Erschließung sind in Nidwalden neben einigen Großunternehmen viele industrielle und gewerbliche Kleinbetriebe angesiedelt. Von den 12 250 berufstätigen Nidwaldnern arbeiten mehr als 52% im Dienstleistungssektor und 37,6% in Industrie und Gewerbe; ein beträchtlicher Anteil pendelt allerdings nach Luzern. Nur noch 10% sind in der Land- und Forstwirtschaft tätig. Wie in Uri sind also auch in Nidwalden die Zeiten des «Volks der Hirten und Sennen» vorbei.

Stansstad

Als wichtiger Hafenort und Einfallstor in die Täler Unterwaldens besaß das an der Enge des Vierwaldstättersees und seines Alpnacher Arms gelegene Stansstad (3780 Einwohner) bereits im 13. Jh. ausgedehnte Befestigungen. Unter anderem riegelten hier aus 8000 Baumstämmen gefertigte Palisaden den See ab. Der zinnenbewehrte Schnitzturm im Hafen ist der letzte sichtbare Zeuge der großen Wehranlage. Er wird erstmals 1428 urkundlich erwähnt und diente nicht ausschließlich der Verteidigung; zumindest um 1300 dürfte er bewohnt gewesen sein. Das beweist ein Ofenkachelfragment, das im Frühjahr 1989 bei einer Grabung zum Vorschein gekommen war. Außer dem Kachelstück entdeckten die Archäologen auch Knochen sowie eine Pfeilspitze. Auch Reste eines nach 1300 entstandenen Gebäudes, eine alte Hafenmauer und das Ende eines kleinen Bootshafens konnten ausgemacht werden. Der anläßlich der Schlacht am Morgarten 1315 verstärkte Turm wurde 1798, im Anschluß an die erfolgreiche Abwehr der Franzosen, von plündernden Soldaten niedergebrannt. Auch die 1752 gebaute Sust, das Lagerhaus aus der Zeit des großen Warenverkehrs am See, fiel damals den Flammen zum Opfer. 1799 bis 1801 wurde die Sust nach den Plänen des Luzerner Baumeisters Niklaus Purtschert (1750–1815) wiederaufgebaut.

Buochs

Der Ausflugs- und Ferienort mit seinen 4200 Einwohnern liegt an einer Bucht des Vierwaldstättersees am Fuß des steilen Buochserhorns. Wie ein Wächter steht die 1157 erstmals erwähnte, 1802–1808 nach einem Brand vom Luzerner Baumeister Niklaus Purtschert wiederaufgebaute katholische Pfarrkirche St. Martin mit den spätbarocken und klassizistischen Altären auf einem Moränenhügel über den Häusern von Buochs. Sehenswert ist in Buochs aber auch die barocke Obgasskapelle (1662) mit dem weit vorspringenden Dach und den zahlreichen Votivtafeln sowie das sogenannte «Blauhaus» – ausgezeichnetes Beispiel eines reichen Unterwaldner Hauses in halb ländlicher, halb bürgerlicher, von Luzern beeinflußter Bauart. Auf dem Ennetberg steht die Loretokapelle, die 1713 von Landammann Johann Jakob Achermann aus Dankbarkeit für seinen bei Sins 1712 über bernische Truppen erfochtenen Sieg gestiftet wurde. Hinter der Kapelle erhebt sich das zu Beginn des 19. Jh. von Niklaus Purtschert erbaute Wohnhaus der Familie Achermann.

Beckenried

Das langgestreckte Dorf (2400 Einwohner) liegt am Nordfuß der Klewenalp auf dem Delta des Lielibachs am Vierwaldstättersee. Beckenrieds Wahrzeichen ist die klassizistische katholische Pfarrkirche St. Heinrich. Die Kirche mit dem charakteristischen Kuppelturm wurde von Niklaus Purtschert 1790–1807 errichtet. Vom Wohnsitz der Beckenrieder Dichterin Isabella Kaiser (1866–1925), der Ermitage, können der Park und das Wohnzimmer besichtigt werden. Auf einer kleinen Anhöhe über dem See an der alten Landstraße nach Buochs befindet sich die Kapelle Maria im Ridli. Der schöne Barockbau mit dem Dachreiter wurde unter der Verwendung älterer Bauteile 1700/01 als Richtzeichen und Wallfahrtsort für die Schiffer erbaut. Die Autofähre nach Gersau

Der Schnitzturm im Hafen sicherte Stansstad gegen den See

Im Wolfenschiessener «Hechhuis» lebte Ritter Melchior Lussy

am Ostufer des Vierwaldstättersees und die Luftseilbahn ins Wander- und Skigebiet Klewenalp bereichern Beckenrieds Ausflugsmöglichkeiten.

Wolfenschiessen

Mit einer Fläche von 92,7 km² ist Wolfenschiessen die größte Nidwaldner Gemeinde. Neben dem Straßendorf Wolfenschiessen mit dem Weiler «Dörfli» gehören auch das am Fuß der Bannalp und der Walenstöcke gelegene Bergdörflein Oberrickenbach sowie der Weiler Altzellen hoch über dem Engelberger Tal zur Gemeinde. Das charakteristische Nidwaldner Taldorf (1750 Ein-

*Der **Kernwald** bildet die natürliche Grenze zwischen den beiden Halbkantonen: Was unter dem Kernwald liegt, gehört zu Nidwalden, was oberhalb liegt, zu Obwalden. Der Wald hat also dem Kanton Unterwalden den Namen gegeben. Die Namen Ob- und Nidwalden sind offiziell erst seit der Mitte des 19. Jh. in Gebrauch: Vorher hießen die Halbkantone immer Unterwalden ob und nid dem (Kern)Wald. Das 4 km² große Waldgebiet stockt auf den Trümmern eines vorgeschichtlichen Bergsturzes. Im ganzen Wald verstreute riesige Felsbrocken zeugen heute noch davon. 1984 wurde der Kernwald als Schutzobjekt ins Bundesinventar der Landschaften von nationaler Bedeutung (BLN) aufgenommen.*

wohner) besitzt eine schöne spätbarocke Kirche. Sie wurde 1775–1777 vom Tiroler Architekten Johann Anton Singer errichtet. Unter dem Chorbogen der Kirche St. Maria befindet sich das Grab des 1559 verstorbenen Landammanns und Eremiten Conrad Scheuber. Die ursprünglich auf der Bettelrüti am Wellenberg gelegene Klause dieses Enkels von Bruder Klaus steht heute neben der Pfarrkirche. Außerhalb des Ortes, am linken Ufer der Engelberger Aa, erhebt sich mitten in den Wiesen das «Hechhuis». Der 1586 für die vierte Gattin des Staatsmanns und Ritters Melchior Lussy erbaute herrschaftliche Landsitz zählt zu den schönsten Holzhäusern der Innerschweiz. Es ist das erste Beispiel eines Hochgiebelhauses mit einem zum Festsaal gestalteten Firstraum. Im rund 2 km von Wolfenschiessen entfernten Weiler «Dörfli», an der Straße nach Engelberg, stehen die 1620 nach einer Pestepidemie erbaute Kapelle St. Sebastian und Rochus sowie der im 13. Jh. für die Herren von Wolfenschiessen errichtete Wohnturm. In Altzellen ist die 1482 geweihte spätgotische St.-Joder-Kapelle zu finden, in Oberrickenbach die 1786 von Johann Anton Singer neu erbaute Kapelle St. Peter und Paul.

Hergiswil

Das Uferdorf am Ostfuß des Pilatus an der Gotthardautobahn N 2 grenzt nicht nur an Luzern, sondern richtet sich auch wirtschaftlich und kulturell nach der Leuchtenstadt aus. Dank der vielen Domizil- und Holdinggesellschaften, die sich hier niedergelassen haben, bezahlen die 4750 Einwohner die niedrigsten Steuern Nidwaldens. Hergiswil erbringt trotzdem nicht weniger als ein Drittel des kantonalen Steuerertrages. Vom übrigen Kantonsteil ist die Gemeinde durch den Lopper abgetrennt, lediglich die drei Achereggbrücken gewährleisten eine direkte Bahn- und Straßenverbindung zwischen Hergiswil und Stansstad. Die 1817 gegründete Glashütte war mit 175 Arbeitsplätzen lange Zeit der wichtigste Arbeitgeber im Dorf. Wegen wirtschaftlicher Schwierigkeiten kündete im Herbst 1975 die Besitzerin die Schließung der Glasfabrik an. Dank dem Einsatz der Mitarbeiterinnen und Mitarbeiter sowie der Gemeinde Hergiswil blieb das Unternehmen mit noch 70 Beschäftigten erhalten. Nach intensiven Verhandlungen kaufte die Gemeinde Hergiswil das Land und die Liegenschaften. Schließlich kam es zur Gründung einer Nachfolgefirma. Und das Beharren auf der handwerklichen Glasmacherkunst hat sich für die Hergiswiler Glas AG gelohnt. Die «Glasi» blickt trotz harter Konkurrenz optimistisch in die Zukunft. Neben Gebrauchsgut ist die Herstellung von Weihnachtsschmuck eine bedeutende Tätigkeit der hiesigen Glasmacher.

Emmetten

Das Bergdorf Emmetten am Fuß des Niederbauens und des Schwalmis liegt in einer flachen Mulde auf einer Terrasse über dem Vierwaldstättersee. Der Kurort mit seinen 950 Einwohnern ist ein ausgesprochenes Erholungs- und Wandergebiet. Eine Luftseilbahn führt vom Dorf auf den Niederbauen. Die Sonnenterrasse Rinderbühl-Stockhütte, ein aufstrebendes Skigebiet, kann von Emmetten aus mit der Gondelbahn erreicht werden. Sehenswert ist im erstmals 1150 erwähnten Emmetten die 1791 erbaute Heilig-Kreuz-Kapelle im Sagendorf. Die eigentliche Kostbarkeit dieses Gotteshauses ist der um 1700 entstandene Totentanz. Dieses Tafelwerk mit 23 Einzelfeldern stammt aus dem 1710 errichteten und 1932 abgerissenen Beinhaus der alten Kirche.

Nidwaldner Ofetori

Zutaten:
750 g Kartoffeln, 250 g Speck, 2 Eier, 2 dl Rahm, 1 dl Milch, 100 g Butter, Salz, Muskat

Die geschälten Kartoffeln in große Würfel schneiden, in leicht gesalzenem Wasser weichkochen und anschließend durchs Passevite treiben. Den Kartoffelstock mit etwa 70 g Butter, den Eiern, Milch und Rahm gut verrühren. Mit Salz und Muskat würzen. Den Speck in Stäbchen schneiden, in der Bratpfanne glasig anrösten und ebenfalls unter die pürierte Kartoffelmasse mischen. Eine feuerfeste Gratinform ausbuttern, den Stock einfüllen, einige Speckstäbchen in die Oberfläche stecken, die restliche Butter darüber verteilen und im Ofen bei mittlerer Hitze goldgelb backen.

Die guterhaltene Kleinstadt am Sempachersee mit ihren malerischen Gassen, dem stattlichen Rathaus und den besonders schönen Wirtshausschildern war einst ein bedeutendes Zentrum der Schweizer Goldschmiedekunst. Der alte Etappenort an der Gotthardroute hat seinen mittelalterlichen Charakter im Kern weitgehend bewahrt und ist nicht zuletzt auch wegen der sanften Hügellandschaft des Luzerner Mittellandes eine Reise wert.

Verkehrsbüro
Oberstadt 7
6210 Sursee
045/21 19 77

1. 10. 1989

Sursee

Noch immer thront am Surseer Rathaus der österreichische Doppeladler über dem Luzerner Wappen. Vom Städtchen an der Suhre zog im Juli 1386 Herzog Leopold mit seinem Heer in die Schlacht bei Sempach, die ihn und viele seiner Ritter das Leben kostete. Fast dreißig Jahre später, 1415, wurde Sursee selbst zum Schauplatz kriegerischer Ereignisse – der habsburgische Vorposten gegen die Eidgenossen mußte vor den Luzernern kapitulieren, sie nahmen Sursee in Besitz.

Damit gingen 400 Jahre adliger Herrschaft zu Ende. Sursee wird 1036 zum erstenmal erwähnt, als der Lenzburger Graf Ulrich I. eine Kirche samt Hof bei «Surse» dem Chorherrenstift Beromünster vergabte. Besiedelt war die Gegend am nordwestlichen Ende des Sempachersees allerdings schon seit prähistorischer Zeit. Davon zeugen bronzezeitliche Pfahlbauten, Gräber aus der Eisen- und Funde aus der Römerzeit. Durch Erbgang gelangte die Siedlung von den Lenzburgern an die Kyburger. Die als Städtegründer bekannten Grafen erhoben in der ersten Hälfte des 13. Jh. das Dorf zur Stadt und erteilten ihm das Marktrecht. Das urkundlich erstmals 1256 als Stadt bezeichnete Sursee sollte als wehrhafter Ort den Verkehrsweg zum Gotthardpaß sichern helfen. Im späten 13. Jh. kam Sursee an die Habsburger und von ihnen schließlich an Luzern. Als luzernische Untertanenstadt erlebte Sursee bis 1798 als Etappenort am Gotthardweg eine lange Zeit wirtschaftlicher Blüte, die sich auch in seinen Bauten widerspiegelt.

Das heutige Städtchen ist allerdings zum größten Teil erst nach 1734 entstanden. Nicht weniger als sechsmal – in den Jahren 1363, 1461, 1580, 1650, 1686 und 1734 – wurde Sursee von schweren Bränden heimgesucht. Nach der letzten Feuersbrunst – damals brannten 116 Häuser nieder – beauftragte die Stadt Luzern die Baumeister Hans Georg Urban und Lorenz Rey mit dem Wiederaufbau. Sie errichteten Sursee auf dem Grundriß der mittelalterlichen Anlage – einem Rechteck von 270 m Länge und 160 m Breite – und planten auch die platzähnliche Hauptstraße in der Oberstadt, die noch heute Sursees Zentrum bildet. Zusätzlich zogen sie einen Arm der Suhre in den Mauerring: Die geplagten Bürger sollten das Löschwasser nicht mehr von weit her holen müssen. Noch heute sorgt der offene Bachlauf vom Diebturm bis zum Judenplatz im ehemaligen Kleingewerbequartier an der Suhrengasse für ein idyllisches Bild. Die Gassen der Oberstadt werden durch zahlreiche Gasthäuser aus dem 18. Jh. geprägt, deren Schilder den bekanntesten Schmuck des Städtchens bilden. Besonders schöne Zeugnisse der Surseer Kunstschlosse-

Kanton:	LU
Meter über Meer:	502
Einwohner 1900:	2592
Einwohner 1980:	7645
Autobahn:	N 2, Sursee

*Wahrzeichen Sursees ist **das spätgotische Rathaus** aus den Jahren 1539–1545, ein für die damals wohl kaum tausend Einwohner des Städtchens gewaltiges Gebäude. In dem von Jakob Zum Steg erbauten Haus mit den zwei Treppengiebeln und dem 1634 erhöhten Treppenturm befindet sich im zweiten Stock der große Ratssaal mit einer schönen Kassettendecke. Wie damals üblich, war auch in Sursee in den großen Hallen im Erdgeschoß und im ersten Stock das städtische Kaufhaus eingerichtet. An der südöstlichen Ecke steht der einzige noch erhaltene Pranger der Schweiz: Am «Schandpfahl» in einer erhöhten, halbrunden Nische wurden früher Missetäter mit einem Ring um den Hals angekettet und dem Gespött der Gaffer preisgegeben.*

rei finden sich am «Adler», am «Schwanen», an der «Krone», an der «Sonne», am «Hirschen» und am «Kreuz». Von der Stadtbefestigung mit dem Mauerring, den drei Toren und drei Wehrtürmen hat sich nur ein Teil erhalten. Das Ober- und das Geuensee-Tor wurden bei der ersten Stadterweiterung im letzten Jahrhundert abgebrochen. Auch der Posterli- und der Gütterli-Turm verschwanden. Damals begann mit dem Anschluß an das Eisenbahnnetz – 1856 wurde die Centralbahn von Olten nach Emmenbrücke eröffnet – die Ansiedlung der Industrie, und 1871 wurde als erster größerer Betrieb eine Ofenfabrik gegründet. Seit dem Zweiten Weltkrieg entwickelte sich Sursee – es ist Hauptort des Amts Sursee und Sitz des Amtsgerichts – zum regionalen Zentrum.

Hans Salat (1498–1561)

Der als Sohn einer wohlhabenden Familie 1498 in Sursee geborene Hans Salat lernte wie sein Vater das Seilerhandwerk. Nachdem seine ganze Familie an der Pest gestorben war, zog Salat 1519 nach Luzern, wo er eine reiche Witwe heiratete und sofort ihr Erbe verpraßte. Der berüchtigte Rauf- und Trunkenbold landete wiederholt im Gefängnis und verpflichtete sich schließlich für sechs Jahre als Söldner nach Italien. Zurück in Luzern, machte der Abenteurer und hochgebildete Mann rasch eine steile Karriere. Er wurde Staatsschreiber, agitierte in heftigen Pamphleten gegen die Reformation, verfaßte mehrere Bühnenstücke, leitete als Regisseur das Luzerner Osterspiel und schrieb auch noch eine vierhundertseitige Chronik über die Reformation. Als maßloser Trinker immer wieder in Schlägereien verwickelt, wurde Salat wegen «liederlichen Lebenswandels» schließlich lebenslang aus Luzern verbannt. Verbittert lebte er als Quacksalber, Geisterbeschwörer und Alchimist bis zu seinem Tod in Freiburg – eine ebenso widersprüchliche Gestalt wie das Jahrhundert, in dem sie gelebt hat.

Auf der Grenze zwischen den modernen Industrie- und Wohnquartieren und dem historischen Stadtkern steht heute das Untertor an der ehemaligen Ausfallstraße Richtung Basel (heute Bahnhofstraße). 1674 wurde an das Tor quer über den Stadtgraben das alte Schützenhaus angebaut. Auf eine traurige Vergangenheit blickt der fensterlose Dieb- oder Hexenturm in der Südostecke des Städtchens zurück: Er erinnert an den Hexenwahn des 16. und 17. Jh., als selbst in einem so kleinen Städtchen wie Sursee nicht weniger als vierunddreißig Frauen gefoltert und verbrannt wurden.

Neben dem Rathaus wichtigstes Baudenkmal Sursees ist die Pfarrkirche St. Georg auf dem Bühl. Der 1638–1641 errichtete Spätrenaissancebau mit seinem hellen Innenraum und den später hinzugefügten Rokokodekorationen beherbergt im Kirchenschatz eine reiche Sammlung früheren Surseer Kunsthandwerks: Das Landstädtchen war im 17. und im 18. Jh. unter Meister Hans Georg Staffelbach ein Zentrum der Schweizer Goldschmiedekunst.

Gegenüber dem Rathaus steht das Haus Beck, ein 1631 im Stil der deutschen Renaissance für Schultheiß Ludwig Schnyder von Wartensee errichteter Bau mit schöner Fassade. Nördlich der Kirche liegt das ehemalige Absteigequartier des Abts von Muri, der mittelalterliche Murihof. Er wurde 1707–1710 als turmförmiger Bau neu errichtet und mit einem Rokokofestsaal ausgestattet. Gegenüber steht ein zweiter klösterlicher Verwaltungsbau, der St.-Urban-Hof. In ihm ist heute das Ortsmuseum mit prähistorischen Funden, vielen Waffen und Holzskulpturen untergebracht.

In seiner Nachbarschaft steht das 1926 eingeweihte Stadttheater. Hier führen die Laienschauspieler der 1800 gegründeten, über die Kantonsgrenzen hinaus bekannt gewordenen Musik- und Theatergesellschaft im Januar und Februar Operetten auf. Am Martinstag, 11. November, findet die «Gansabhauet» statt. Junge Männer versuchen dabei – mit verbundenen Augen und mit Sonnenmaske und rotem Mantel bekleidet – eine aufgehängte tote Gans mit einem Säbelhieb herunterzuhauen.

Wallfahrtskirche Mariazell

Ein kurzer Spaziergang führt von Sursee die Münsterstraße entlang zur Wallfahrtskirche Mariazell. Die frühbarocke, 1657 erbaute Kapelle steht in schönster Lage auf einem Moränenhügel, der das Städtchen vom «Triechter», dem Nordende des Sempachersees, trennt. Hier genießt man eine herrliche Aussicht. Im schmuckvollen Inneren überraschen statt Altargemälden bühnenartige Stuben, in denen plastische Figuren Marias Geburt und Tod sowie die Verkündigung darstellen. Auf einer Landzunge unterhalb des Hügels von Mariazell sind noch die Ruinen der einstigen Mutterkirche der Gegend sichtbar, die 1036 abgetragen wurde, da damals der Seespiegel stark anstieg.

Ortsmuseum
St.-Urban-Hof
Besuch nach Vereinbarung
045/23 25 25

Kirchenschatz
Tresor-Sakristei in der
Pfarrkirche St. Georg
Besuch nach Vereinbarung
045/21 20 92

Museum der Schweizer
Kapuzinerprovinz
Ausstellung über den Kapuzinerorden in der Schweiz
Kapuzinerkloster, Klosterstraße 2, Mai bis November
Besuch nach Vereinbarung
045/21 21 30

Strandbad
Sempachersee
045/21 26 33

Camping Waldheim
6216 Mauensee
045/21 11 61

Operetten-Aufführungen im
Januar und Februar

«Sorser Änderig»:
Stadtchilbi Anfang
September

«Gansabhauet»
am 11. November

Wer kennt nicht die Willisauer Ringli, die fast nicht zu brechen sind, dann aber auf der Zunge honigsüß vergehen? Weit weniger bekannt ist ihr Herkunftsort, das mittelalterliche Landstädtchen Willisau. Das Zentrum des Luzerner Hinterlandes hat nicht nur seinen malerischen Charakter bewahrt – es ist auch Ausgangspunkt zahlreicher Ausflüge und Wanderungen in die noch weitgehend intakte Natur des Napfgebiets.

Regionales
Verkehrsbüro
Bahnhofplatz 1
6130 Willisau
045/81 26 66

4. 10. 1989

Willisau

Am Napf im Luzerner Hinterland stehen einsame Bauernhöfe auf steilen «Eggen», und wilde Bäche haben tiefe «Gräben» in die dunklen Wälder geschnitten. Wo das zerklüftete Voralpenmassiv in sanftes Hügelland ausläuft, liegt am Flüßchen Wigger das Landstädtchen Willisau, der Hauptort des gleichnamigen Luzerner Amts. Der noch heute stark bäuerlich geprägte Marktflecken, um den sich erst in den letzten Jahrzehnten einige kleinere Industriebetriebe ansiedelten, wird schon 1101 als «Willineshowo» urkundlich genannt. Dem alten Dorf verliehen spätestens 1302 die Herren von Hasenburg Stadt- und Marktrecht und erhoben es damit zum Mittelpunkt ihrer Grafschaft. Gegen Ende des 14. Jh. kam Maha, Gräfin von Neuenburg, durch Erbschaft in den Besitz der Stadt. Sie machte ihr jahrzehntelang nur Ärger: 1375 bedrohte der englische Haudegen Ingelram von Coucy an der Spitze der Gugler auf seinem Zug durch die Nordwestschweiz auch Willisau. Um die Einquartierung des Heerhaufens zu verhindern, wurde das Städtchen auf Befehl Herzog Leopolds III. von Österreich zerstört. Nur ein Jahrzehnt später brannte Leopold selbst kurz vor der Schlacht bei Sempach das inzwischen wiederaufgebaute Willisau nochmals vollständig nieder. Vergeblich präsentierte die Gräfin den Österreichern eine Rechnung für die zweimalige Zerstörung ihrer Stadt. Sie waren zu keinen Schadenersatzzahlungen bereit. Da verkaufte Maha im Jahre 1406 Willisau kurzentschlossen der Stadt Luzern, die ihr für Stadt und Grafschaft wenigstens 8000 Gulden offeriert hatte.

Auch unter der Luzerner Herrschaft behielt Willisau wie von alters her Schultheiß und Rat. Als Vertreter der Obrigkeit saß im Schloß jetzt aber ein Landvogt aus dem Luzerner Patriziat. Doch auch die Gnädigen Herren hatten an dem Städtchen wenig Freude. Zweimal rebellierten die Willisauer zusammen mit der Luzerner Landschaft gegen das städtische Regiment: Im sogenannten «Zwiebelkrieg» zog das Landvolk vor die Stadt und zwang die «Kronenfresser», die sich am Reislaufen schamlos bereicherten, zur Reorganisation des Söldnerwesens. Im Schweizer Bauernkrieg von 1653 gehörten Bürger und Bauern aus Willisau sogar zu den treibenden Kräften des gewaltigen Aufstandes, in dem sich die Untertanen vor allem in Bern und Luzern gegen das städtische Patriziat erhoben: Erst nach langen Kämpfen konnten die miserabel bewaffneten Bauernheere bezwungen und die Anführer in unerbittlichen Strafgerichten abgeurteilt werden. Die blutige Unterdrückung sorgte im Stand Luzern bis zum Ende des Ancien Régime 1798 für ei-

	Kanton:	LU
	Meter über Meer:	557
	Einwohner 1900:	1594
	Einwohner 1980:	2639
	Autobahn:	N 2, Sursee oder Dagmersellen

*Acht farbenfrohe Bilder in der Heiligblutkapelle vor dem **Willisauer Obertor** schildern die schauerliche Gründungsgeschichte des bekannten Wallfahrtsorts: Hier würfelten einst drei leidenschaftliche Spieler. Einer von ihnen verlor sein ganzes Geld und warf endlich unter gräßlichen Flüchen seinen Dolch gegen den Himmel, um im Zorn den Leib Christi zu durchbohren. Sofort fielen Blutstropfen vom Himmel, und der Gotteslästerer wurde unter schrecklichem Getöse vom Teufel geholt. Die beiden andern Spieler versuchten vergeblich, den Tisch reinzuwaschen: Die Tropfen blieben rot auf der Platte liegen. Zur Sühne für die Freveltat, die sich 1392 zugetragen haben soll, wurde im Mittelalter eine Kapelle gestiftet, die man 1675 durch den heutigen Bau ersetzte.*

nen tiefen Graben zwischen Stadt und Landschaft – ein Graben, der auch im 19. Jh. und teilweise bis heute im Gegensatz zwischen der parteipolitisch eher konservativen Landschaft und der eher liberalen Hauptstadt fortlebt. Seine heutige politische Gestalt erhielt Willisau übrigens erst im Jahre 1803. Damals wurde das alte Gemeindegebiet neu eingeteilt: in die Gemeinde Willisau-Stadt und in die zehnmal größere Gemeinde Willisau-Land, die bis an den Stadtkern heranreicht und vom imposanten Gemeindehaus vor dem Obertor aus verwaltet wird.

Noch zweimal – 1471 und 1704 – war das Städtchen durch Großbrände vollständig vernichtet worden. Der 1705 auf dem Grundriß der mittelalterlichen Anlage neu erbaute Stadtkern bildet ein 250 m langes, im Süden vom Schloßhügel und im Norden vom Flüßchen Enziwigger flankiertes Rechteck. Zwischen den gesichtslosen Überbauungen aus dem 20. Jh. bilden zwei Tore noch heute den einzigen Zugang zum historischen Kern: Der Obertorturm aus dem Jahre 1547 und das Untertor, das 1854 abgebrochen und erst 1980 rekonstruiert wurde. Hinter ihnen bietet sich ein prächtiges Bild: Zwar stehen an der breiten, platzähnlichen Hauptgasse keine besonders stolzen Bürgerhäuser. Die in der Höhe harmonisch abgestuften Bauten bilden aber eine großzügige Anlage, die in ihrer Wirkung noch durch drei Brunnen verstärkt wird.

Einheimische können die vielen Gasthäuser mit den schönen Schildern noch heute in «rote» und «schwarze» Beizen unterscheiden: eine Erinnerung an die erbitterten Auseinandersetzungen zwischen Liberalen und Konservativen im Luzernbiet im 19. Jh. Dominiert wird die südliche Zeile der Hauptgasse von der 1704 erbauten Schaal (Metzg) mit der Tuchlaube. Wo bis vor dreißig Jahren Vieh geschlachtet wurde, ist heute die Gemeindeverwaltung eingezogen, und im zweiten Obergeschoß befindet sich ein um 1800 eingerichtetes Theater. In der Hauptgasse finden die traditionellen, stets gut besuchten Märkte statt.

Beim Anblick der bedächtig die Auslagen prüfenden Bauern vermutet man kaum, daß an ihrer Stelle jeweils im August ganz anderes Volk das Bild des Städtchens dominiert: Dann findet das international bekannte Willisauer Jazzfestival statt.

Auf einer Terrasse am Fuß des Schloßhügels steht seit 1245 die Stadtkirche St. Peter und Paul. Der heutige Bau mit der klassizistischen Pfeilerhalle wurde 1810 nach Plänen des Architekten Josef Purtschert vollendet. Der spätromanische Glockenturm stammt aus dem Anfang des 13. Jh. und ist wohl das älteste noch erhaltene Bauwerk Willisaus. Ein kurzer Aufstieg führt zum Landvogteischloß. Sein mächtiger Turm dürfte kurz nach dem Sempacherkrieg entstanden sein. Der rechteckige Hauptbau aus dem Jahre 1695 verbirgt hinter dem schlichten Äußeren eine reiche barocke Ausstattung.

Hans Ulrich Amstein

Am «Sternen» in Willisau erinnern zwei Porträts an die Anführer im Schweizer Bauernkrieg, die Entlebucher Christian Schybi und Hans Emmenegger. Auch einer der früheren Wirte des «Sternen», Hans Ulrich Amstein, gehörte zu jenem revolutionären Komitee, das im Mai 1653 in Willisau und kurze Zeit später in Huttwil den Plan des «Großen Neuen Bauernbundes» aushechte, mit dem die aufständischen Bauern die Herrschaft der städtischen Obrigkeit stürzen wollten. Das Landvolk aus dem Entlebuch und dem Luzerner Hinterland kämpfte mit Bauern aus Bern, Solothurn, Aargau und Basel in blutigen Gefechten verzweifelt gegen wirtschaftliche Not und für verlorene Freiheiten, bis die «Revoluzzer» schließlich von den regierenden Herren besiegt und ihre Anführer gefoltert und hingerichtet wurden. Amstein – von seinem persönlichen Leben ist nicht viel bekannt – war ein ausgezeichneter Volksredner und mußte als «Aufwiegler» zehn Jahre auf die venezianischen Galeeren, wo er um 1660 an Entkräftung starb.

Zu Besuch beim Schweizerkönig

Ausgerechnet in der Heimat der rebellischen Bauern – mitten im Luzerner Hinterland – ließ sich im 16. Jh. einer der größten Gnädigen Herren der Eidgenossenschaft nieder. Der Luzerner Schultheiß Ludwig Pfyffer (1524–1594) hatte es als Oberst in französischen Diensten zu Ruhm und Geld gebracht und beeinflußte die Schweizer Politik so stark, daß er im Volksmund nur noch «Schweizerkönig» genannt wurde. Gleich zwei Alterssitze legte er sich in der Umgebung von Willisau zu: 1577 erbaute er in seinem Geburtsort Schloß Altishofen (Straße Richtung Dagmersellen, Abzweigung in Nebikon), dessen hohes, spätgotisches Steinhaus mit den prächtigen Renaissanceräumen das Bauerndorf überragt. 1588 kaufte Pfyffer das ehemalige Wasserschloß Wyher bei Ettiswil (Straße Richtung Sursee). Obwohl der Wassergraben heute trockengelegt ist, besitzt das Schlößchen mit seinen quadratischen Umfassungsmauern und den vier Ecktürmen immer noch einen besonders malerischen Reiz.

Hallenbad, Schloßfeld
045/81 29 98

Schwimmbad, Hasenburg
045/81 15 82

Hirschpark
im ehemaligen Steinbruch

Camping Waldheim
6216 Mauensee
045/21 11 61

Internationales Jazz-Festival
im August

Monatlicher Markt an jedem letzten Do im Monat

Zug ist nicht nur Finanzplatz und rasch wachsendes Dienstleistungszentrum, sondern auch eine viel zuwenig bekannte Kyburgergründung mit einer malerischen Altstadt, mit spätgotischen Gebäuden, einem reichen kulturellen Angebot und einer weiten Seepromenade. Zug liegt mitten im Zugerländchen mit dem Zugersee und Ägerisee und einer weitgehend intakten voralpinen Hügellandschaft.

Verkehrsbüro
Bahnhofstraße 23
6300 Zug
042/21 00 78

TCS-Geschäftsstelle
Im Erlenhof
Baarerstraße 21
042/21 23 30

1. 10. 1989

Zug

An der schnurgeraden Baarerstraße in Zug türmt sich ein neues Kastell: der Superblock der «Metalli». Die gewaltige Überbauung mit ihren Läden, Büros und Wohnungen hinter den Natursteinfassaden steht auf dem Areal einer ehemaligen Metallwarenfabrik und braucht der Größe nach keinen Vergleich zu scheuen: Das neue Dienstleistungszentrum ist fast so groß wie der ganze historische Kern von Zug. Neubau und Altstadt zeugen vom Selbstbewußtsein und Geld einer Stadt, die eine neue Blütezeit erlebt.

Eine Schweizer Bank faßt die Gründe für den wirtschaftlichen Aufschwung so zusammen: «Dank des hohen Steuerertrags der juristischen Personen konnten in den letzten Jahren auch die Steuersätze für natürliche Personen in praktisch allen Zuger Gemeinden nochmals reduziert werden, was zu einem vermehrten Zuzug von Personen mit hohen Einkommen und damit zu einem höheren Steuersubstrat führte. Dies erlaubte eine erneute Senkung der Steuersätze. Zug kann davon profitieren, daß es als erster Kanton diese positive Steuerspirale in Gang gesetzt hat.»

In Kraft trat das Gesetz, welches einen fast unerschöpflichen Geldhahn öffnete, zwar schon 1947. Erst seit dem Beginn der sechziger Jahre aber entdeckten immer mehr auch ausländische Firmen die zugerischen Steuervorteile und verlegten ihren Firmensitz hierher. Dank ihren Milliardenumsätzen erlebt Zug heute einen Boom ohnegleichen: Bei gut 22 000 Einwohnern zählt die Stadt 20 000 Arbeitsplätze. Der alte Industriestandort mit seinen weltbekannten Firmen der Metallverarbeitung und des Appara-

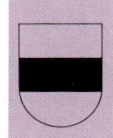

Kanton:	ZG
Meter über Meer:	425
Einwohner 1910:	8096
Einwohner 1980:	21 609
Autobahn:	N 4a, Zug-West, Zug-Zentrum

422

tebaus ist zum ständig expandierenden Dienstleistungszentrum geworden.

Es ist nicht die erste Blütezeit Zugs. Gegen Ende des 12. oder Anfang des 13. Jh. gründeten die Grafen von Kyburg hier eine Stadt, um vom Italienhandel der Stadt Zürich über den neu erschlossenen Gotthardweg zu profitieren. Am nördlichen Ende des Zugersees, wo die Waren auf Schiffe umgeladen wurden, lag das Städtchen in handelspolitisch und strategisch günstiger Lage und versprach dank Zoll und Sust Ertrag und Gewinn. Die Besiedlung der Gegend reicht allerdings in viel frühere Zeiten zurück. Neben Spuren einer jungsteinzeitlichen Siedlung wurde nahe dem Seeufer zwischen Zug und Cham auch ein Uferdorf aus der Bronzezeit gefunden, und ein römisches Gräberfeld in Loreto weist ebenso wie alemannische Grabfunde aus dem 7. Jh. auf eine kontinuierliche Besiedlung hin. Im kantonalen Museum für Urgeschichte an der Ägeristraße rufen viele Fundstücke diese Zeiten in Erinnerung.

Wohl gegen Ende des 11. Jh. entstand die Zuger Burg, in der zuerst lenzburgische und zur Zeit der Stadtgründung kyburgische Vögte wohnten, bis schließlich die Habsburger 1273 das Erbe der Kyburger antraten. «Hof ze Zuge» hieß die Burg, und der Name der Stadt selbst dürfte im mittelalterlichen Wort «Zuge» wurzeln, das einen Ort mit einer Fischpacht – einem «Fischzug» – bezeichnet. Zusammen mit der Kirche St. Michael stand die Burg noch außerhalb der kyburgischen Stadt, deren Mauerring von der Liebfrauenkirche über die Grabenstraße zum Zytturm und zurück zum Seeufer verlief. Von den ehemals drei Gassenzügen sind aber nur noch deren zwei – die Ober- und die Untergasse – zu entdecken: 1435 versank ein Drittel der Stadt – die unterste Gasse mit 26 Häusern und vorgelagerten Wehrbauten – im See; sechzig Menschen ertranken in den Fluten. Durch die Katastrophe wurde die Entwicklung Zugs nur kurz gebremst. Es erlebte um die Wende vom 15. zum 16. Jh.

Kantonales Museum für Urgeschichte
Ägeristraße 56
Mo–Fr 8–12 und 14–18 Uhr
042/25 33 74

Kunsthaus
Untergasse 14
Di, Mi, Fr und Sa 14–17 Uhr, Do 14–21 Uhr, So 10–12 und 14–17 Uhr
042/21 11 50

Burg mit Historischem Museum
Kirchenstraße 11
Di, Mi, Fr 14–17 Uhr, Do 14–17 und 19–21 Uhr, Sa und So 10–12 und 14–17 Uhr
042/25 32 97

Zugerland Verkehrsbetriebe
042/21 02 95

Zuger Bergbahnen und Bus
042/21 02 95

Schiffahrtsgesellschaft für den Zugersee
Alpenstraße 15
042/21 37 97

Strandbad
Chamerfußweg
042/21 09 82

Schwimmbad Seeliken
Artherstraße
042/21 14 56

Schwimmbad Siehbach
Chamerstraße
042/21 35 24

Hallenbad
Herti
042/41 81 77

Hallenbad
Loreto
Löbernstraße
042/21 24 70

Eislauf
Kunsteisbahn Herti
042/21 63 63

TCS-Campingplatz
Innere Lorzenallmend
April bis Oktober
042/41 84 22

«Greth Schell»
am Fasnachtsmontag

Gemüsemarkt
jeden Di und Sa 7–11 Uhr

Handwerkermarkt
Mai bis Dezember jeden
1. Do im Monat 14–21 Uhr

Zuger Herbstmesse
2. Oktoberhälfte

Stierenmarkt
1. Septemberwoche
Mi und Do

Seefest
zweitletztes Wochenende im Juni

Mitenand-Fäscht
letztes Wochenende im August

Stadtplan: Seite 500

Die Glasgemälde von Kappel

Ein 8 km langer Ausflug führt Richtung Baar und hier links über Blickensdorf in eine geschichtsträchtige Gegend, ins zürcherische Dorf Kappel am Abhang des Albis. Hier steht eine der schönsten gotischen Kirchen der Schweiz. Von der 1185 gestifteten und 1527 aufgehobenen Zisterzienserabtei blieb die zwischen 1259 und 1310 errichtete Kirche St. Maria erhalten – eine kreuzförmige Anlage. Das lichte und feierliche Innere wird von eleganten Kreuzgewölben getragen. In der nördlichen Mittelschiffwand haben sich von einem ursprünglich größeren Zyklus fünf hervorragende Glasgemälde aus der Zeit von 1310–1320 erhalten. In die Chorwand sind Pontifikalsitze eingelassen, ein Meisterwerk gotischer Steinmetzkunst des 13. Jh. Auf dem Ausflug kann man am Waldrand Richtung Ebertswil rasten, wo schon 1529 im Ersten Kappeler Krieg zwischen katholischen und reformierten Truppen ein historisches Picknick – die Kappeler Milchsuppe – stattfand. Ein Gedenkstein an der Straße von Kappel nach Hausen erinnert daran, daß es zwei Jahre später, am 11. Oktober 1531, blutiger zuging. Damals fand hier Huldrych Zwingli in der Schlacht zwischen den Fünf Orten und Zürich den Tod.

dank Gotthardverkehr, Reisläuferei und der reichen Beute aus den Burgunderkriegen eine neue Blütezeit. Rathaus, Kornhaus und Spital entstanden, und Zug dehnte sich nach Norden und Osten aus; die immer noch kleine Stadt wurde durch einen größeren, polygonalen Mauerring befestigt, der jetzt auch die Burg mit einbezog. Ein Teil der Stadtmauer und vier ihrer Rundtürme – Kapuziner-, Knopfli-, Huwiler- und Pulverturm – haben sich erhalten; zwei weitere Türme und vier Stadttore wurden im 19. Jh. abgebrochen.

Der Rat und die Mehrheit des Volkes hielten in der Reformationszeit am alten Glauben fest, und nach der Schlacht bei Kappel 1531 begann Zug seine Politik immer mehr nach der Innerschweiz auszurichten. Es mußte die Aufgabe seiner Mittelstellung zwischen den Waldstätten und Zürich im Zweiten Villmerger Krieg büßen: 1712 wurde Zug von Zürich, das mit seinen Truppen bis nach Cham vorgerückt war und das Herrschaftsgebiet der Stadt verwüstet hatte, unter demütigenden Bedingungen zum Waffenstillstand gezwungen.

Auch im Innern erlebte Zug zu Beginn des 18. Jh. eine turbulente Zeit. Immer mehr bestimmten einige wenige Patrizierfamilien wie die Zurlauben, Kolin und Letter, die vor allem dank der Reisläuferei zu großem Reichtum gekommen waren, das politische, wirtschaftliche und kulturelle Leben der Stadt. 1728–1736 kam es deswegen im «Harten- und Linden-Handel» zu heftigen Auseinandersetzungen um die Verteilung der französischen Pensionen sowie um die mit großem Gewinn verbundene Kontrolle des Handels mit Salz aus dem Burgund. Die «harte» Partei von Josef Anton Schumacher brachte das dominierende politische Regiment der «linden» Zurlauben nur vorübergehend ins Wanken: Nach drei Jahren waren sie wieder an der Macht. Auch im zweiten Zuger «Harten- und Linden-Handel» 1764–1768 mußte der umstrittene Landammann Johann Kaspar Luthiger nur kurz in die Verbannung; dank der Unterstüt-

zung des französischen Gesandten war das Regiment der Gnädigen Herren schon bald wiederhergestellt.

Ihre Herrschaft ging erst 1798 mit dem Untergang der Alten Eidgenossenschaft zu Ende. In der Helvetik war Zug von 1799 bis 1803 Hauptort des Kantons Waldstätten. 1814 wurde die Stadt offiziell Hauptort des Kantons Zug, und nach heftigen Auseinandersetzungen zwischen Konservativen und Liberalen stellte es sich im Kampf um die Gestaltung des Bundesstaates auf die Seite des Sonderbunds. Schon am 22. November 1847 aber kapitulierte die Stadt kampflos vor den Truppen General Dufours und wurde besetzt. Nur zwei Wochen später, am 5. Dezember, fand auf dem alten Landsgemeindeplatz direkt vor der Altstadt die letzte Zuger Landsgemeinde statt: Sie entwarf die Grundzüge einer neuen Verfassung, die 1848 in Kraft trat.

Schon vier Jahre später, 1852, nahm das erste Dampfschiff auf dem Zugersee den Betrieb auf, und die 1864 eröffnete Strecke der Nordostbahn von Zürich über Affoltern nach Zug schloß die Stadt an das rasch wachsende Schweizer Eisenbahnnetz an. Jetzt erlebte Zug seine dritte Blütezeit. In wenigen Jahrzehnten wandelte sich die alte Handelsstadt zum Industriestandort. Im neuen Industriegebiet westlich des Bahnhofs – 1897 wurde Zug mit der Eröffnung der Linien Thalwil–Zug und Zug–Arth-Goldau auch zur Bahnstation an der Gotthardstrecke – werden noch heute elektrische Zähler und Apparate hergestellt; in Zug steht auch die größte Verzinkerei der Schweiz.

Platz für Industrie, Repräsentationsgebäude und Wohnquartiere gab es nur nördlich des historischen Kerns in der Lorzeebene Richtung Baar und entlang der Seebucht Richtung Cham. Beim alten Landsgemeindeplatz steht am See das 1869–1874 erbaute Zuger Regierungsgebäude, ein stolzes Zeugnis bürgerlichen Selbstbewußtseins. Ihm gegenüber am Postplatz, dem heutigen Zentrum von Zug, erhebt sich als architektonisches Gegenstück die 1900 vollendete Post.

Bei der Schiffsstation erinnert eine Gedenktafel daran, daß hier am 5. Juni 1887 der See ein zweites Mal einen Teil der Stadt – die Vorstadt – verschlang: Elf Personen und dreißig Häuser versanken damals in den Fluten. Heute kann man sich beim Spaziergang entlang dem zur Promenade ausgebauten Seeufer mit dem Hirsch- und Rehpark kaum mehr vorstellen, wie wild der Föhn hier einst toben konnte. Der prächtige Blick über den See nach Risch und Buonas bis zu den Berner Alpen zwischen Rigi, Pilatus und Stanserhorn zog vor allem um die Jahrhundertwende viele Reisende an. Zug erlebte damals eine Blütezeit als Fremdenverkehrs- und Touristenstadt, von der noch das Casino mit dem Theater an der Arther Straße Richtung Oberwil zeugt.

An das alte Handwerkerstädtchen dagegen erinnern nur noch die fünf Zuger Zünfte, die zwar nie politische Macht besaßen, aber dafür seit jeher das Brauchtum pflegen. Die Zunft der Schreiner, Drechsler und Küfer hütet zum Beispiel den bekanntesten Zuger Brauch, «Greth Schell». Diese zieht jeden Fastnachtsmontag mit ihren sieben Lööli durch die Gassen der Altstadt. Im Tragkorb führt sie ihren angeheiterten Mann mit, während seine sieben Trinkkumpane um sie herumtanzen und allzu dreiste Kinder mit «Süü-Blootere» (Schweinsblasen) von Greth Schell fernhalten.

Der Zugerberg

Der 988 m hohe Zugerberg, der Hausberg der Stadt, ist mit dem Auto oder öffentlichen Verkehrsmitteln erreichbar. Die Straße über Ägeri nach Schwyz führt zuerst durch eine bevorzugte Wohngegend – wer es sich leisten kann, wohnt heute inklusive Seesicht am Zugerberg –, bis nach 1 km rechts das steile und schmale Sträßchen auf den Zugerberg abzweigt. Wenn man den Wagen bei der Kreuzung vor dem Weiler Schönfels stehenläßt, ist der Gipfel nach einem kurzen Spaziergang erreicht. Mitten in das beliebte Naherholungsgebiet mit den vielen Wander- und Spazierwegen führt von Schönegg aus auch eine 1907 eröffnete Standseilbahn (vom Bahnhof Zug ist die Talstation Schönegg mit dem Bus Nr. 11 erreichbar).

Auf dem Gipfel des Zugerbergs bietet sich im Nordwesten eine Rundsicht auf die Stadt und ihren See, im Südwesten auf den Pilatus, im Süden auf die Urner Alpen und im Osten auf das Ägerital mit dem verträumten See. Im Norden laufen die Hügel des Zugerländchens in sanften Wellen Richtung Zürich aus.

Zauberreich der Höllgrotten

Ein faszinierendes geologisches Naturdenkmal sind die Höllgrotten im wildromantischen Tal der Lorze, unterhalb der Lorzentobelbrücke in der Gemeinde Baar. Die Tropfsteinhöhlen liegen etwas abseits der Kantonsstraße – sie sind mit dem Auto oder von der ehemaligen Spinnerei an der Lorze aus auch zu Fuß erreichbar – und übertreffen an Mannigfaltigkeit alle anderen Schweizer Tropfsteinhöhlen. Entdeckt wurden sie 1863, als man beim Abbau von Tuffsteinen auf die erste größere Tropfsteinhöhle stieß; 1892 wurde die obere Höhlengruppe entdeckt. Heute sind die einzelnen Höhlen durch künstliche Durchbrüche miteinander verbunden und beleuchtet. Im Tuffstein schuf das ständig tropfende Kalkwasser von der Decke hängende Stalaktiten und vom Boden aufwachsende Stalagmiten. Zusammen mit der Ablagerung des Kalks an den Wänden bilden sie märchenhafte Gebilde, die auf einem gut halbstündigen Rundgang – es empfiehlt sich, gutes Schuhwerk zu tragen – zu bewundern sind: Ihre Formen erinnern an Krokodile, Bären und Schildkröten und gaben auch den einzelnen Höhlen den Namen.

Höllgrotten, 6340 Baar
April bis Oktober, Mo–Sa 9–12 und 13–17.30 Uhr, So 9–17.30 Uhr
042/31 83 70

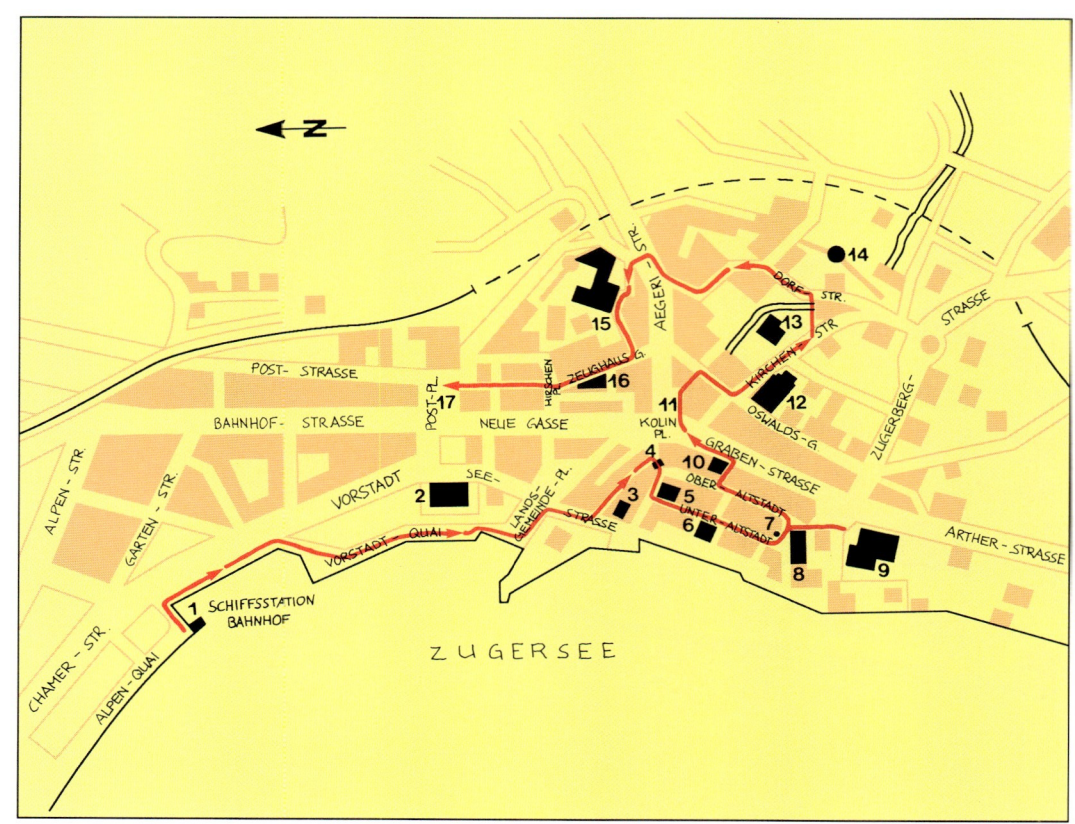

1 Schiffsstation
2 Regierungsgebäude
3 Chaibenturm
4 Zytturm
5 Rathaus und Rathauskeller
6 Kunsthaus
7 Greth-Schell-Brunnen
8 Liebfrauenkapelle
9 Theater und Casino
10 Schatzturm
11 Kolinplatz
12 Kirche St. Oswald
13 Burg mit Historischem Museum
14 Huwilerturm
15 Kapuzinerkloster
16 Münz
17 Postplatz

Stadtrundgang Zug

Von der Schiffsstation Bahnhof (1) führt der Vorstadtquai vorbei am imposanten, 1869–1874 erbauten Zuger Regierungsgebäude (2) zum ehemaligen Landsgemeindeplatz. Die großzügige Anlage mit der Volière im seeseitigen Teil ist dank der vielen Straßencafés ein beliebter Treffpunkt der Zuger. Links biegt man an dem in Häusern versteckten Chaibenturm (3) aus dem 14. Jh. – die hier früher eingesperrten Delinquenten wurden «Chaiben» genannt – in die Goldgasse ein, deren linke Häuserzeile mit dem Verlauf der inneren Stadtmauer identisch ist. Sie führt zum Zytturm (4) am nordöstlichen Eingang zur Altstadt. Das Wahrzeichen von Zug wurde im 15. Jh. gänzlich erneuert, die astronomische Uhr 1574 angebracht. Unter dem mit Ziegeln in den Zuger Farben gedeckten Steildach liegt das alte Föhnwächterstübli; von hier aus wurde bei heftigem Südwestwind die Stadt nach möglichen Brandherden abgesucht und bei Feuer Alarm geschlagen.

Hinter dem Zytturm öffnet sich der Fischmarkt. Im 1505 errichteten Zuger Rathaus (5) mit dem spätgotischen Treppengiebel an der Hauptfront und dem schönen Spätrenaissance-Hauptportal von 1617 befand sich früher im Erdgeschoß die Markthalle. Der mit Wand- und Deckentäfer prächtig ausgestattete Bürgersaal im dritten Stock gehört zu den schönsten gotischen Ratssälen der Schweiz. Gleich neben dem Rathaus steht der mit Fassadenmalereien geschmückte Rathauskeller (5); das ehemalige Amtshaus des Klosters Kappel am Albis war später Amtssitz des Großweibels und ist heute eine Gaststätte.

Die beiden malerischen Hauptgassen des alten Zug, die Unter- und Ober-Altstadt, haben ihren spätgotischen Charakter bewahrt. Ein besonders schönes Beispiel eines alten Zuger Hauses aus dem 15. Jh. ist das ehemalige Kaufhaus an der Unter-Altstadt, in dem heute das Kunsthaus (6) untergebracht ist. In der Unter-Altstadt steht auch der Greth-Schell-Brunnen (7), der an den alten Zuger Fasnachtsbrauch erinnert. Die

Zug entstand als Verkehrsknotenpunkt am Nordende des Sees

Die ruhige Obergasse

Liebfrauenkapelle (8) am südlichen Ende der Altstadt entstand vermutlich kurz nach der ersten Stadtmauer, und ein alter Wehrturm wurde als Chorturm in die Kirche einbezogen. Das schlichte, spätgotische Langhaus der Kapelle wurde im 18. Jh. innen barockisiert. Hinter der Kapelle erhebt sich der große Gebäudekomplex von Theater und Casino (9), der sich aus einem Altbau von 1907 und einem Neubau von 1981 zusammensetzt.

Die reizvolle Ober-Altstadt mit den teilweise im ersten Stock vorspringenden Häusern führt zurück zum Schatzturm (10); der ehemalige Wehrturm der Stadtbefestigung wurde als Schatzkammer und Archiv genutzt. Durch das erst 1854 durchgebrochene Ankengässli verläßt man die Altstadt und kommt auf der Grabenstraße links zum Kolinplatz (11).

Der kleine Platz ist das Herzstück Zugs: Den Kolinbrunnen, auf dessen Renaissancesäule ein Fahnenträger steht, umgeben auf drei Seiten Patrizierhäuser. Beherrschender Bau ist das 1544 für Pannerherr und Wirt Wolfgang Kolin errichtete Wohn- und Gasthaus zum Ochsen mit dem Treppengiebel und den kleinen Erkern an den Ecken. An der Südseite des Platzes steht neben dem barocken Eckbau des Kolinhauses das 1543 erbaute Stadthaus, dessen Fassade eine Darstellung der Kappeler Milchsuppe ziert.

Vor dem Hotel Ochsen wendet man sich nach rechts und gelangt zur katholischen Kirche St. Oswald (12), die zu den bedeutendsten spätgotischen Bauten der Schweiz gehört. Begonnen 1478 unter Baumeister Hans Felder, wurde das Gotteshaus in mehreren Etappen erweitert und sein Bau mit der Errichtung des Turms 1557 abgeschlossen. Die prächtige, zweiteilige «Königspforte» an der Hauptfront wird von reichem Figurenschmuck geziert. Das dreischiffige Langhaus wird von Netzgewölben überspannt und birgt ein reichgeschnitztes spätgotisches Chorgestühl von 1484.

Die benachbarte Burg (13) ist der älteste Profanbau der Stadt. Im quadratischen Turm (um 1200) und in den angebauten Wohntrakten, welche von einem doppelten Mauerring mit Graben umgeben sind, ist das Historische Museum von Zug untergebracht. Die Dorfstraße oberhalb der Burg verläuft zu Füßen der alten Stadtmauer mit dem Huwilerturm (14) nach links zur Ägeristraße, hinter der das 1675 neuerbaute Kapuzinerkloster (15) steht. Von hier führt eine holzgedeckte Treppe hinunter zum ehemaligen Zeughaus, der heutigen Stadtbibliothek, und rechts durch die Zeughausstraße zur Münz (16). Der originelle Gebäudekomplex aus der Spätrenaissance setzt sich aus der 1580 erbauten «Oberen Münz» und der 1604 errichteten «Unteren Münz» zusammen. Daneben steht das «Gloriettli», ein zierlicher Rokokopavillon. Der Stadtrundgang endet im Zuger Verkehrszentrum auf dem Postplatz (17), wo als architektonisches Gegenstück zum Regierungsgebäude die Ende des 19. Jh. im Stil der Neurenaissance errichtete Post steht.

Peter Kolin (gest. 1422)

Ein Kolin ist es sicher, dessen Statue als Pannerherr den 1541 errichteten Kolinbrunnen auf dem Kolinplatz ziert. Welcher, ist nicht einfach zu beantworten, wenn man die lange Liste von Politikern und Militärs betrachtet, die das Geschlecht hervorgebracht hat. Dabei waren die Kolins Zuzüger, die vermutlich aus Straßburg stammten: Bei der Belagerung von Zug durch die Eidgenossen 1352 wurde die Stadt auch von österreichischen Hilfstruppen verteidigt, die zum Teil aus dem Elsaß gekommen waren. Ein Straßburger Fähnrich namens Kolin soll gleich in Zug geblieben sein. Schon bald wurde die Übernahme der Pannerherrenwürde bei den Kolins Tradition. Der berühmteste Sohn des Patriziergeschlechts ist Pannerherr Peter Kolin, der 1422 in der Schlacht bei Arbedo gegen die mailändische Übermacht den Tod fand. Ihn oder Wolfgang Kolin, der 1544 das heutige Gasthaus zum Ochsen baute, stellt die Statue auf dem Brunnen dar.

Wie Zug im See versank

Wenn der Zugersee still liegt – sagt die Legende –, läßt sich noch heute die frohe Musik aus den Häusern vernehmen, die 1435 in der Tiefe versanken. Der König der Wasserreiches hatte eine Tochter, die sich in den Sohn des Zuger Stadtschreibers unsterblich verliebte. Getrennt von ihrem Freund siechte sie mit kummervoller Miene dahin, bis der König der geliebten Tochter vorschlug, sie solle ihren Liebsten zu sich herunterholen. Dank einem Zaubertrank würde er in der Tiefe leben können. Die Wasserjungfer stieg zum Ufer empor, willig genoß ihr Freund den Trank und folgte ihr in das nasse Reich hinab. Das Glück des Paares währte nicht lange. Der Zuger Bub hatte Heimweh nach seinen Eltern und nach dem Städtchen: Leidend und blaß schwamm er herum. Noch einmal wußte der König Rat: Wenn die Nixe das Trinkwasser in der Straße mit dem Haus des Stadtschreibers verzaubere, werde in der folgenden Nacht die ganze Straße in der Flut ertrinken. So geschah es. Der Zuger Sohn war mit Vater und Mutter sowie mit seinen Freunden vereint und lebte fortan glücklich im Nixenreich.

Der kleinste Kanton in Zahlen

Der Kanton Zug – das nordöstliche Eingangstor zur Zentralschweiz – ist nur gerade 238,5 km² groß und damit der kleinste Vollkanton der Schweiz. Das Zugerland – mit der Stadt Zug als Hauptort und weiteren zehn Gemeinden – liegt an der Route von Zürich zum Gotthard und auf halbem Weg nach Luzern. Der zugerische Raum gliedert sich in die weite Ebene am Zugersee, das Ägerital mit dem von Berghängen umschlossenen Ägerisee und das Hügelland von Menzingen und Neuheim. War der ehemaligen Bauern- und Fischerkanton bis Mitte dieses Jahrhunderts noch eine relativ arme Gegend, so ist der Finanz- und Handelsplatz Zug mit seinen 83 700 Einwohnern heute der wohlhabendste Kanton der Schweiz. Seit Jahren hält Zug die Spitzenposition beim Volkseinkommen je Einwohner, das mit 56 550 Franken (1987) mehr als das Anderthalbfache des schweizerischen Durchschnitts beträgt. Natürlich werden im Kanton Zug dank den Tausenden von Domizil- und Holdinggesellschaften auch die niedrigsten Steuern bezahlt. 53% der 39 761 voll berufstätigen Zuger arbeiten bei Banken, im Handel oder Verkauf. Nur noch gerade 4,4 % sind in der Land- und Forstwirtschaft tätig.

Baar

Mit 15 900 Personen ist Baar einwohnermäßig nach der Stadt Zug die zweitgrößte Gemeinde des Kantons Zug. Sie wurde in den letzten Jahrzehnten zu einem Zuger Vorort mit ausgeprägtem industriellem Charakter. Zur Einwohnergemeinde Baar gehören heute Baar-Dorf, Blickensdorf, Deinikon, Inwil, Allenwinden und Zimbel. Zeuge der sehr alten Siedlung ist die im 14. Jh. neuerbaute katholische Pfarrkirche St. Martin mit ihrem romanischen Glockenturm. Während der 1960 vorgenommenen Restaurierung wurden unter der St.-Martins-Kirche merowingische, karolingische und gallo-römische Reste ausgegraben. Urkundlich wird Baar erstmals 1045 erwähnt, als der deutsche König Heinrich III. dem sanktgallischen Damenstift Schänis die Güter zu Baar bestätigte. Dann folgten die Grafen von Habsburg und das Kloster Kappel am Albis als Besitzer. Bis 1512 gebot dieses Zürcher Kloster über Kirche und Pfarrleute von Baar. Sehenswert ist neben einzelnen schönen alten Bauernhäusern in Baar aber auch das 1676 am Hauptplatz erbaute Fachwerk-Rathaus.

Oberägeri

Früher im Gegensatz zu Wilen (Unterägeri) Dorf Ägeri genannt, war Oberägeri der Hauptort des voralpinen Hochtals mit seinem außerordentlich milden Klima. Grund und Boden der auf dem Delta des Dorfbachs gelegenen Gemeinde, zu der auch die beiden Weiler Morgarten und Alosen gehören, war einst im Besitz des Fraumünsterstifts Zürich und der Benediktinerabtei Einsiedeln. Noch bis 1837 lieferten die Ägerer der Zürcher Frauenabtei eine bestimmte Zahl Rötel als Zins ab; inzwischen ist diese Saiblingrasse auch im Ägerisee rar geworden. Wie Unterägeri hat auch Oberägeri mit seinen 3800 Einwohnern vom Fremdenverkehr profitiert. Neben Gasthäusern, Kinderheimen, Sanatorien und Pensionen liegt mit dem «Ländli» des Diakonieverbandes auch das größte Kurhaus Zugs in der mit 35,6 km² flächenmäßig größten Gemeinde des Kantons. Ausflugsziele wie der Raten, der Gubel oder der Gottschalkenberg sind von Oberägeri aus leicht erreichbar. Zu den Sehenswürdigkeiten von Oberägeri zählen das 1574 von Hauptmann Jakob Nußbaumer erbaute Zurlaubenhaus mit der spätgotischen Kielbogentür, die teilweise auf einem romanischen Unterbau erstellte Pfarrkirche St. Peter und Paul sowie das im Jahre 1496 geweihte Beinhaus St. Michael mit einem romanischen Sandsteinrelief.

Unterägeri

Das große und verzweigte Seedorf Unterägeri mit seinen 5800 Einwohnern liegt am untern Ende des 7,2 km² großen und 5,5 km langen Ägerisees. Das einstige Dörfchen Wilen – heute der Ortsteil Oberdorf – bildete mit seiner schon im 14. Jh. selbständigen Allmend den untern Teil der Talgemeinde Ägeri. 1714 erfolgte die Abtrennung von Oberägeri als Tochterpfarrei. Genau 100 Jahre später war auch die politische Gemeindetrennung abgeschlossen. Sehenswert sind im bekannten Kur- und Ferienort der Innerschweiz unter anderem die 1719 vollendete, spätbarocke alte Pfarrkirche Mariä Himmelfahrt, die neugotische Pfarrkirche von 1860 und im Weiler Mittenägeri die 1705 erbaute Kapelle der Heiligen Dreifaltigkeit mit interessanten Gemälden über die Schlacht am Gubel von 1845.

Walchwil am Zugersee

Das Rathaus von Baar

Cham

Ende August 1987 feierte das am Nordwestende des Zugersees gelegene Cham den zehntausendsten Einwohner, und damit ist das Industriedorf mit seinen heute 10 400 Einwohnern auch im statistischen Sinn zur Stadt geworden: Cham hatte nämlich bereits 1360 von Kaiser Karl IV. das Stadtprivileg erhalten. Die Bezeichnung «Städtli» für das Gebiet rund um das Schloß St. Andreas erinnert noch heute daran. Die Siedlungsgeschichte Chams reicht jedoch bis in die jüngere Steinzeit zurück. Damals waren die Lorzemündung und die Halbinsel von St. Andreas von sogenannten

Die Wildenburg, eine romantisch auf einem steilen Felssporn über dem Lorzentobel gelegene Ruine, geht auf das Jahr 1200 zurück und gilt als Sitz eines Zweigs der Herren von Hünenberg. Schriftlich erwähnt wurde sie erstmals 1309. Nach andauernden Fehden mit der Stadt Zug wurde die Burg vermutlich im Verlaufe des 14. Jh. zerstört. 1416 verkaufte Junker Rudolf VI. die zur Burg gehörenden Matten. 1938 sind bei Ausgrabungen, die im Rahmen eines Programms zur Beschäftigung von Arbeitslosen durchgeführt wurden, beachtliche Überreste zum Vorschein gekommen. Verschiedene Fundgegenstände – Kachelfragmente, Schlüssel, Bolzeneisen einer Armbrust, Teile eines Eisenhandschuhs und eine Basler Münze – werden im Rathaus Baar aufbewahrt. Heute vermittelt die Wildenburg – seit 1978 im Besitze des Kantons – ein gutes Bild einer mittelalterlichen Wehranlage.

Pfahlbaubewohnern besiedelt. Kelten waren es, welche der Siedlung am Ausfluß der Lorze aus dem Zugersee den Namen Cham gaben. Eine Urkunde berichtet, daß es schon zur Zeit der Karolinger hier Wälder, Wiesen, Fischplätze und einen fränkischen Hof gab. 858 schenkte Ludwig der Deutsche diesen Hof der Fraumünsterabtei Zürich. Im 14. Jh. geriet Cham in Abhängigkeit der Stadt Zug. Die zugerischen Vögte residierten im 1282 erstmals erwähnten Königshof St. Andreas auf einer Landzunge im Zugersee. 1798 erlangte Cham die politische Selbständigkeit. Bekannt wurde Cham durch die 1866 von den beiden Amerikanern Charles und Georges Page gegründete Anglo-Swiss Condensed Milk Company, die Milch von Schweizer Kühen zu Kondensmilch verarbeitete und in ganz Europa verkaufte. 1905 fusionierte die Firma mit ihrem größten Konkurrenten, dem ehemaligen Kindermehlproduzenten Henri Nestlé in Vevey. 1932 wurde die Chamer Fabrik geschlossen; trotzdem ist Cham noch heute einer der beiden Geschäftssitze des größten Schweizer Unternehmens. Auf dem Gebiet der stark industrialisierten Gemeinde gibt es aber auch noch zwei klösterliche Gemeinschaften: In dem in einer Schleife der Lorze gebauten Kloster Frauenthal widmen sich seit 1231 Zisterzienserinnen dem Gottesdienst und der Landwirtschaft, und in Lindencham steht seit 1862 das Kloster Heiligkreuz. Kunstgeschichtlich bedeutsam sind auch die von den Gebrüder Jakob und Johann Singer in den Jahren 1783 bis 1794 erbaute spätbarocke Pfarrkirche St. Jakob und die neben dem Schloß stehende Kapelle St. Andreas aus dem 15. Jh.

Menzingen

Idyllisch in einer der schönsten Moränenlandschaften unseres Landes gelegen, ist das höchstgelegene Dorf des Kantons Zugs und 1060 erstmals urkundlich erwähnt. Bevor Menzingen mit seinen Siedlungen Edlibach und Finstersee 1480 eine eigene Pfarrei wurde, gehörte es zum Kirchensprengel Baar. Das Dorf blieb eine reine Bergbauernsiedlung bis 1844, als der Sozialreformer und Kapuzinerpater Theodosius Florentini die Kongregation der Schwestern vom Heiligen Kreuz gründete und im Unterdorf das «Mutterhaus» der Lehrschwestern entstand. Zur Gemeinde Menzingen mit ihren 3800 Einwohnern gehören aber auch das Kapuzinerinnenkloster Gubel mit der Wallfahrtskapelle, die an den Sieg der Katholiken im ersten Kappeler Krieg von 1531 erinnert, sowie die spätgotische Bergkapelle St. Bartholomäus in Schönbrunn.

Walchwil

mit seinen 2600 Einwohnern liegt in windgeschützter Lage an der «zugerischen Riviera» am Fuß des Rossbergs. Das südliche Klima bringt in Walchwil Reben, Feigen und Aprikosen zum Reifen. Im 13. Jh. bestand die Sommerfrische aus wenigen Höfen. 1397 errichtete die Stadt Zug in Walchwil eine Vogtei, die bis zur Französischen Revolution von Zuger Vögten verwaltet wurde. Davon zeugt auch heute noch das mehr als 400 Jahre alte Untervogthaus, der sogenannte «Eichhof» bei der Kirche. Die Johannes dem Täufer geweihte Pfarrkirche wurde 1838 fertiggestellt. Erst seit 1798 ist das «zugerische Nizza» eine selbständige Gemeinde. Gastronomie wird heute im Ferienkurort am Zugersee großgeschrieben. Zum guten Ruf Walchwils hat insbesondere der Zuger Rötel beigetragen, eine besonders wohlschmeckende Saiblingrasse.

Zuger Rötel

Zutaten:
8 Rötelfilets, 30 g Butter, 1 dl Weißwein, 2 dl Rahm, Salz, Pfeffer, 1 Zitrone, Petersilie, 1 TL Schalotten gehackt, Kerbel, Thymian, Schnittlauch, Estragon, Majoran

Die Schalotten und Kräuter fein hacken. In flacher Pfanne Butter schmelzen und die Kräuter und Schalotten andämpfen. Die Rötelfilets dazulegen, mit dem Weißwein ablöschen und auf schwachem Feuer 2–3 Minuten pochieren. Den Fisch aus der Flüssigkeit nehmen und warmstellen. Den Fond einkochen lassen, den Rahm beigeben und zur gewünschten Dicke reduzieren. Mit Salz, Pfeffer und Zitronensaft würzen. Die Sauce über die angerichteten Fische geben und die Rötel mit frisch gehackter Petersilie bestreuen.

Stadtpläne und Straßenregister

	Seite Page Pagina
Aarau	434
Ascona	469
Baden	440
Basel I	436
Basel II	438
Bellinzona	442
Bern I	444
Bern II	446
Bern III	448
Biel/Bienne	450
Burgdorf	441
Chaux-de-Fonds, La	454
Chur	452
Frauenfeld	455
Fribourg/Freiburg	456
Genève I	458
Genève II	460
Grenchen	462
Herisau	463
Kreuzlingen	464
Lausanne	466
Liestal	465
Locarno	468
Lugano	470
Luzern	472
Mendrisio	471
Montreux	476
Neuchâtel	474
Olten	477
Rorschach	478
Schaffhausen	480
Sion	479
Solothurn	482
St. Gallen	484
Thun	486
Vevey	488
Winterthur	490
Zug	500
Zürich I	492
Zürich II	494
Zürich III	496
Zürich IV	498

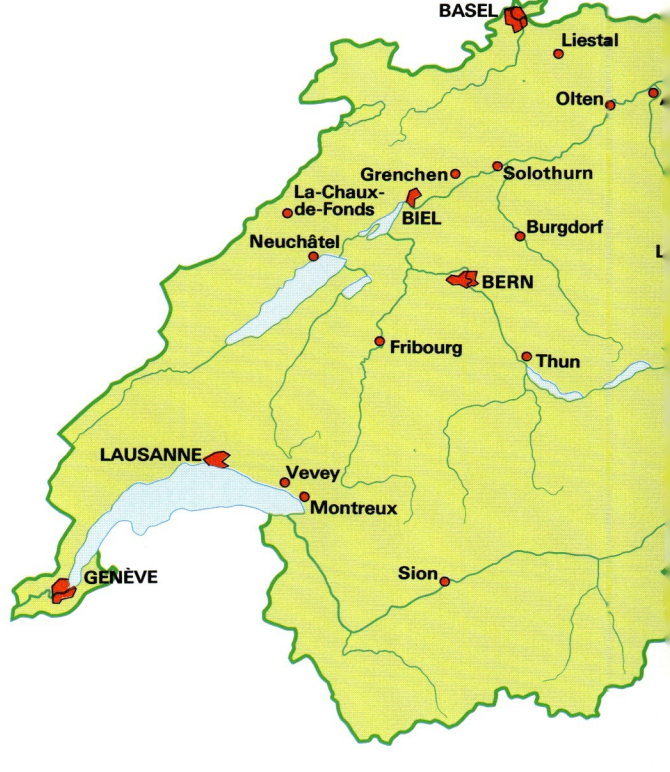

Übersicht der Stadtpläne
Répartition des plans de villes
Ripartizione delle piante della città

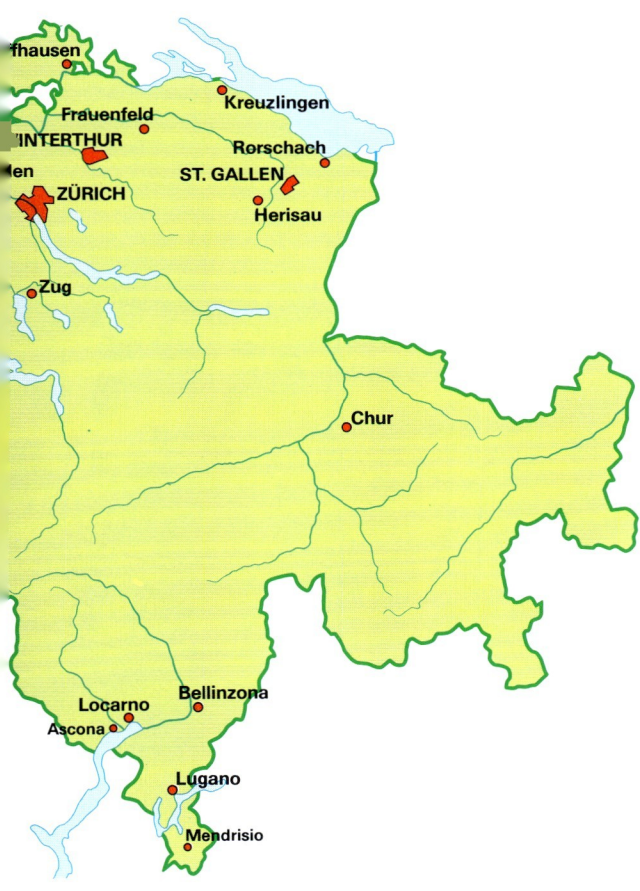

Zeichenerklärung
Légende
Legenda

Autobahn
Autoroute
Autostrada

Durchfahrtsstrasse
Route de transit
Strada di attraversamento

Übrige Strassen
Autres routes
Altre strade

Tram, Trolleybus
Tramway, trolleybus
Tramvia, filovia

Autobus
Autobus
Autobus

Öffentliches Gebäude
Edifice public
Edificio pubblico

Parkhaus
Maison de parking
Autosilo

Parkplatz
Place de parking
Parcheggio

Blaue Zone
Zone bleue
Zona blu

Fussgängerzone
Zone pour piétons
Zona pedonale

© Kümmerly+Frey, Bern
Reproduziert mit Bewilligung der Eidg. Vermessungsdirektion vom 19.02.1990

Aarau

Die wichtigsten Sehenswürdigkeiten:

Rathaus mit Turm Rore (**B2**)

Schlößli mit Stadtmuseum «Alt-Aarau» (**B2**)

Amtshaus, ehemaliges Spital (**BC3**)

Ehemaliges Kloster, heute Altersheim (**B3**)

Gerechtigkeitsbrunnen (**B3**)

Haus zum Erker (**B3**)

Kunsthaus und Kantonsbibliothek (**B3**)

Oberer Turm (**B3**)

Pulver- oder Storchenturm (**B3**)

Regierungsgebäude (**B3**)

Reformierte Stadtkirche (**B3**)

Saxerhaus (**B3**)

Rathausgarten (**B4**)

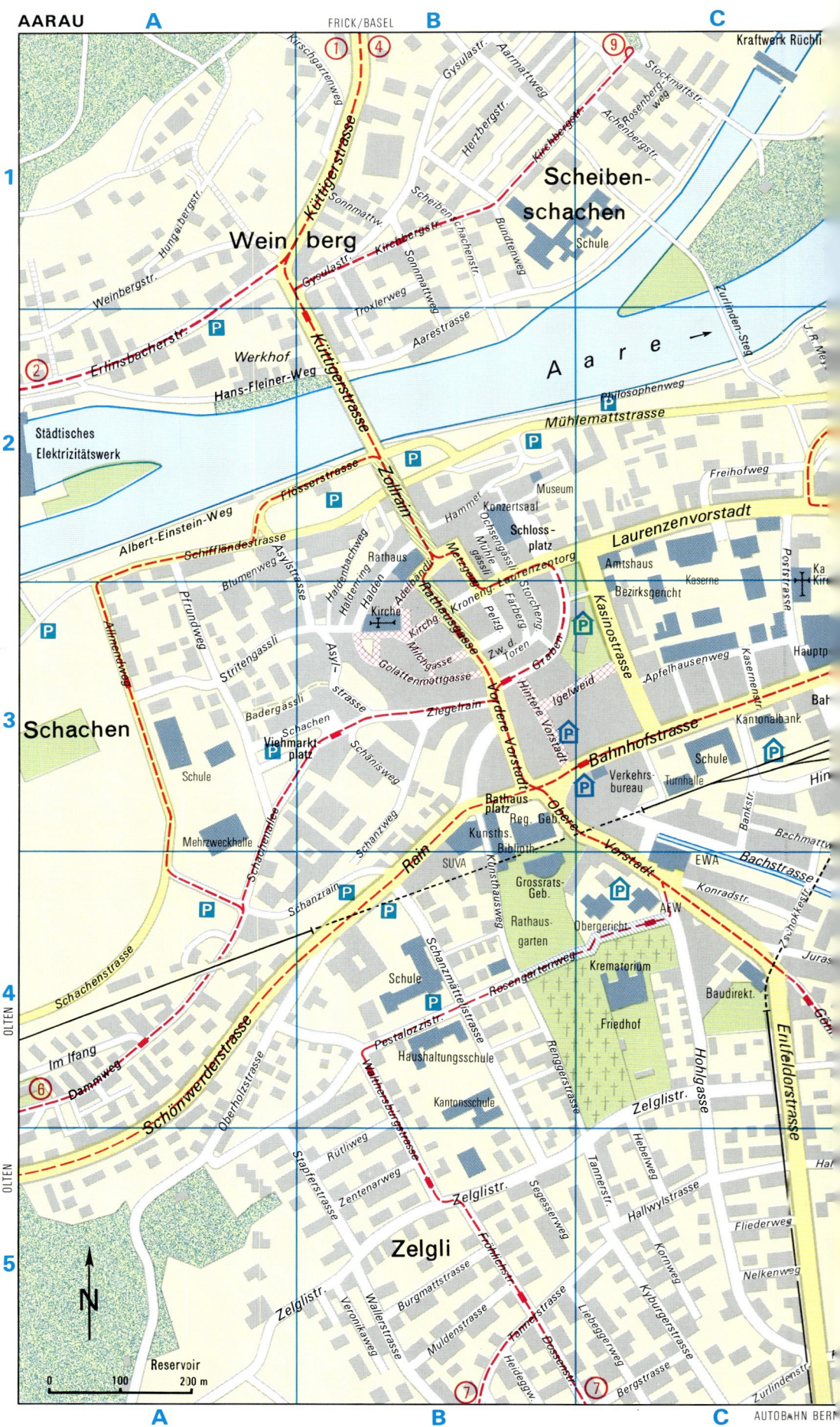

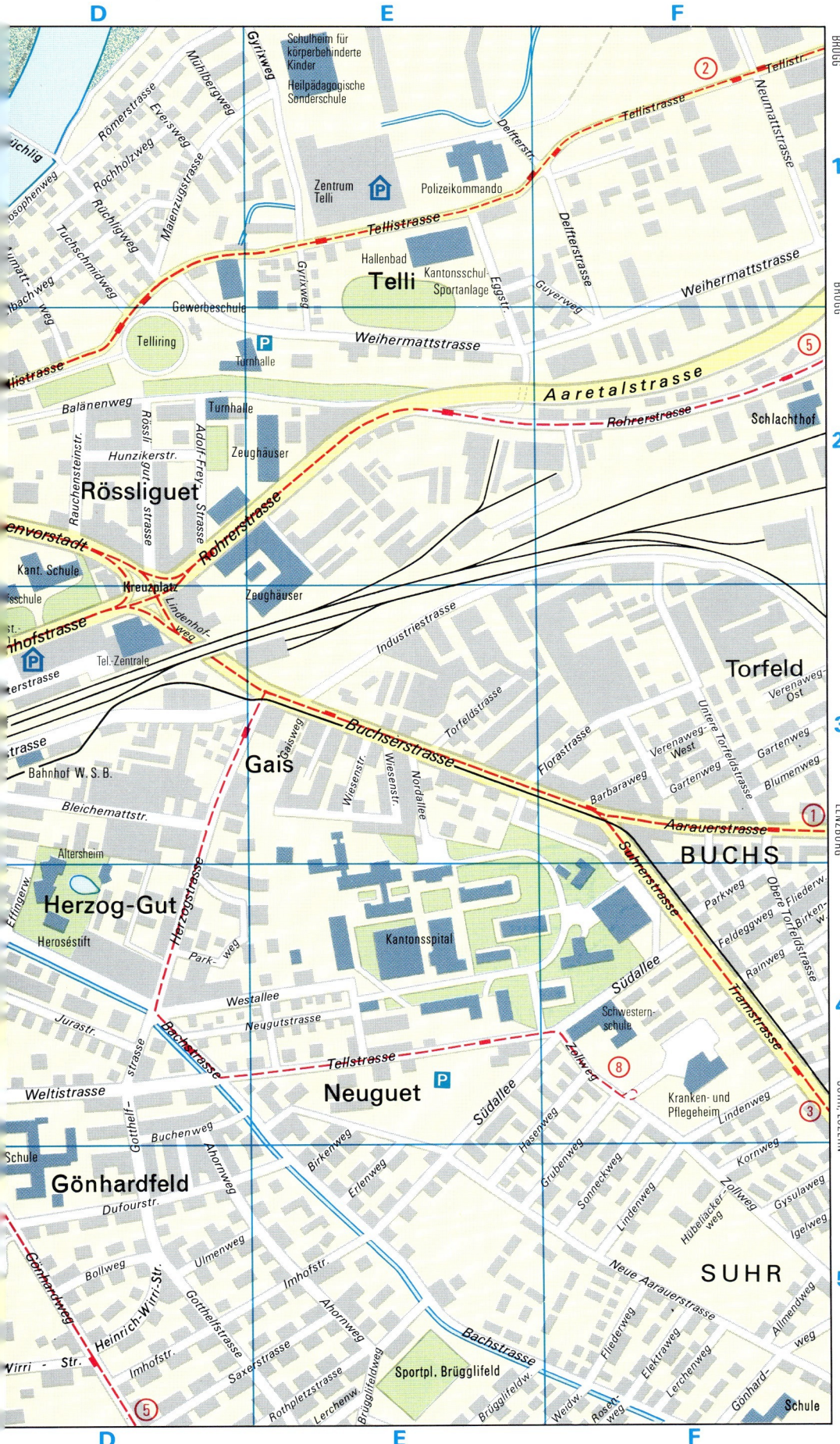

Aarau

Großratsgebäude (**B4**)
Laurenzenvorstadt (**C2**)
Bahnhof (**C3**)
Obere Mühle (**C3**)
Naturmuseum (**D3**)

Beschreibung und
Stadtrundgang:
Seiten 218–221

Basel

Die wichtigsten Sehenswürdigkeiten:

Zoologischer Garten (**BC5**)

Rheinhafen (**C1**)

Klingenthal mit Stadt- und Münstermuseum (**C3**)

Predigerkirche (**C3**)

Markgräflerhof (**C3–4**)

Botanisches Institut mit Botanischem Garten (**C4**)

Geltenzunft (**C4**)

Leonhardskirche (**C4**)

Marktplatz (**C4**)

Martinskirche (**C4**)

Mittlere Rheinbrücke (**C4**)

Peterskirche (**C4**)

Rathaus (**C4**)

Roßhof (**C4**)

Schönes Haus (**C4**)

Spalenhof (**C4**)

Spalentor (**C4**)

Spießhof (**C4**)

Stadthaus (**C4**)

Universität (**C4**)

Weißes und Blaues Haus (**C4**)

Zerkindenhof (**C4**)

436

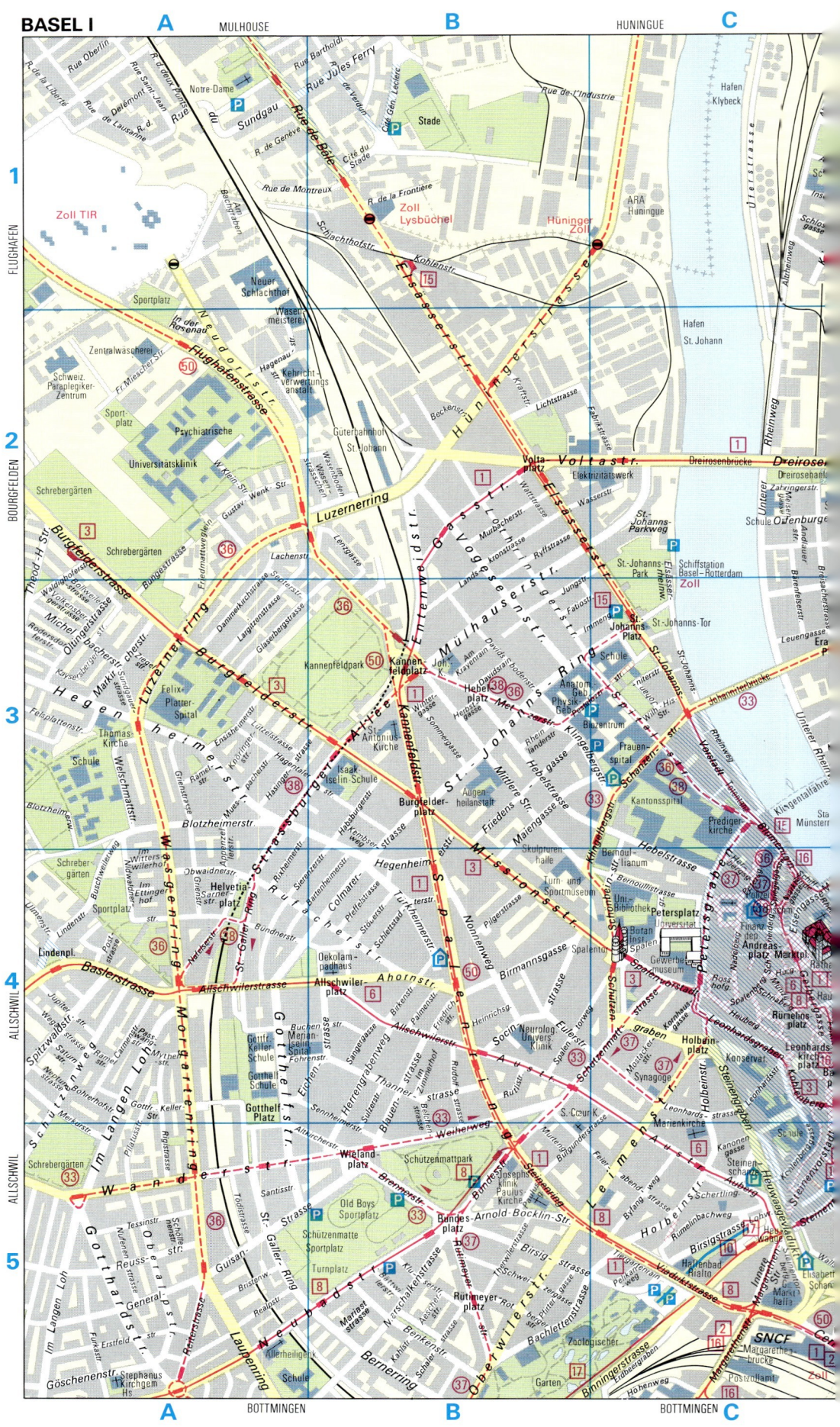

Basel

Kleinbasel (**CD3–4**)

Altstadt (**CD4**)

Ehemalige Barfüßerkirche mit Historischem Museum (**CD4**)

Naturhistorisches Museum (**CD4**)

Bahnhof SBB (**CD5**)

Stadttheater (**CD5**)

Kunsthalle (**D4**)

Münster (**D4**)

Waisenhaus (**D4**)

Kunstmuseum (**D4–5**)

Kirschgartenmuseum mit Basler Wohnkultur (**D5**)

Mustermesse (**DE3**)

Tierpark Lange Erlen (**E2**)

Beschreibung und Stadtrundgang: Seiten 230–235

Basel

Bahnhof SBB (**CD2**)
Barfüßerkirche (**CD1**)
Bruderholz (**BC5**)
Hauptpost (**C1**)
Leonhardskirche (**C1**)

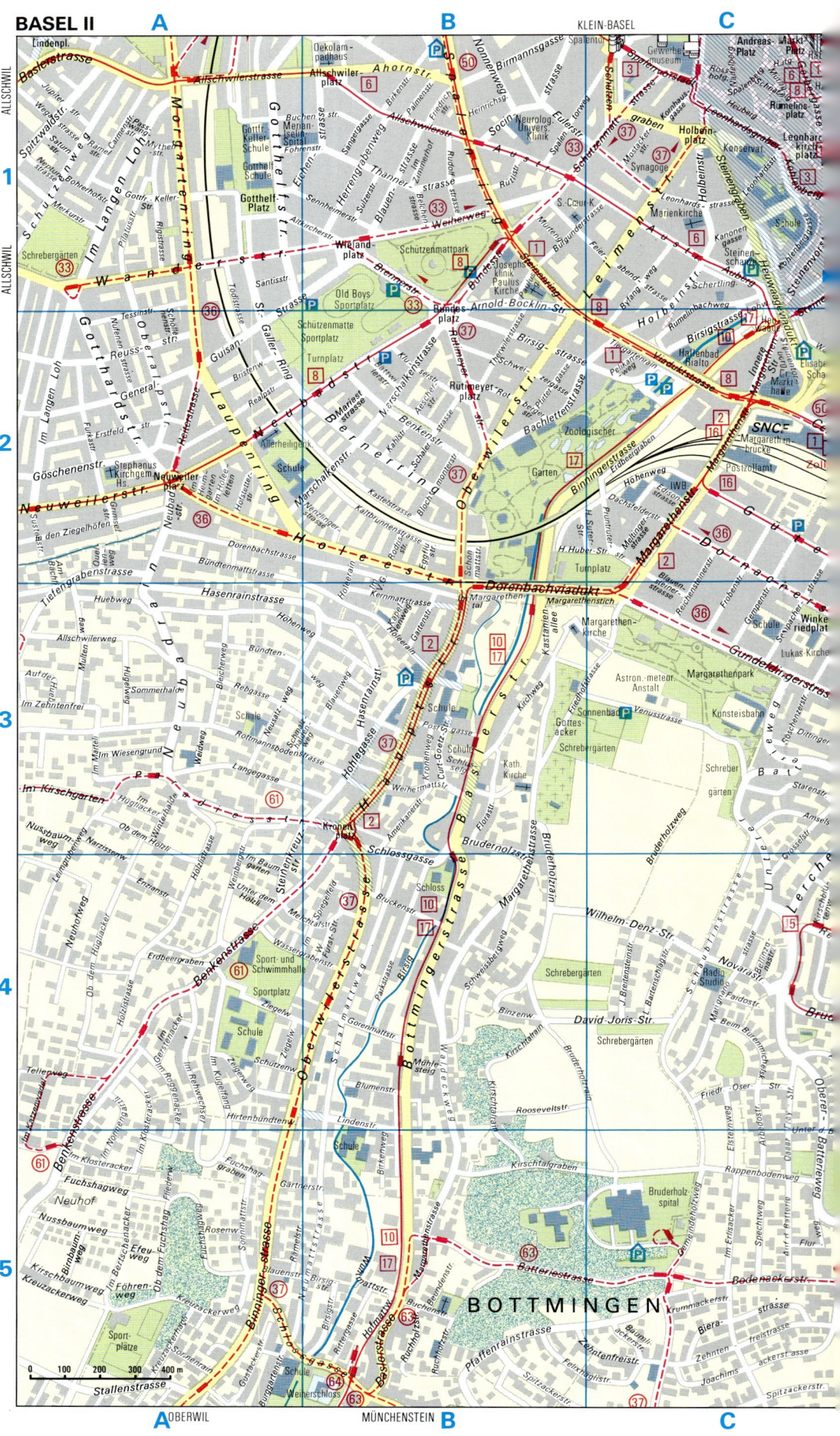

Basel

Kunstmuseum (**D1**)

Naturhistorisches Museum (**CD1**)

Münster (**D1**)

Museum für Gegenwartskunst (**E1**)

Stadion St. Jakob und Sporthalle St. Jakob (**F3–4**)

Stadttheater (**CD1**)

Weierschloß Bottmingen (**B5**)

Zoologischer Garten (**BC1**)

Beschreibung und Stadtrundgang: Seiten 230–235

Baden

Die wichtigsten Sehenswürdigkeiten:

Theater (**B1**)

Bahnhof (**B2**)

Reformierte Kirche (**B2**)

Kursaal und Stadtcasino (**B2**)

Badstraße (**B2–3**)

Ehemaliges Kornhaus (**B3**)

Ehemalige Propstei (**B3**)

Holzbrücke (**B3**)

Ruine Stein (**B3**)

Sebastianskapelle (**B3**)

Stadthaus (**B3**)

Stadtkirche (**B3**)

Stadtturm (**B3**)

Landvogteischloß und Historisches Museum (**BC3**)

Bäderbezirk (**C1**)

Bade- und Kurhotel Blume (**C1**)

Ehemalige Trinklaube (**C1**)

Kurplatz (**C1**)

Schiefe Brücke (**C1**)

Torbogen-Durchgang (**C1**)

Beschreibung und Stadtrundgang: Seiten 226–229

440

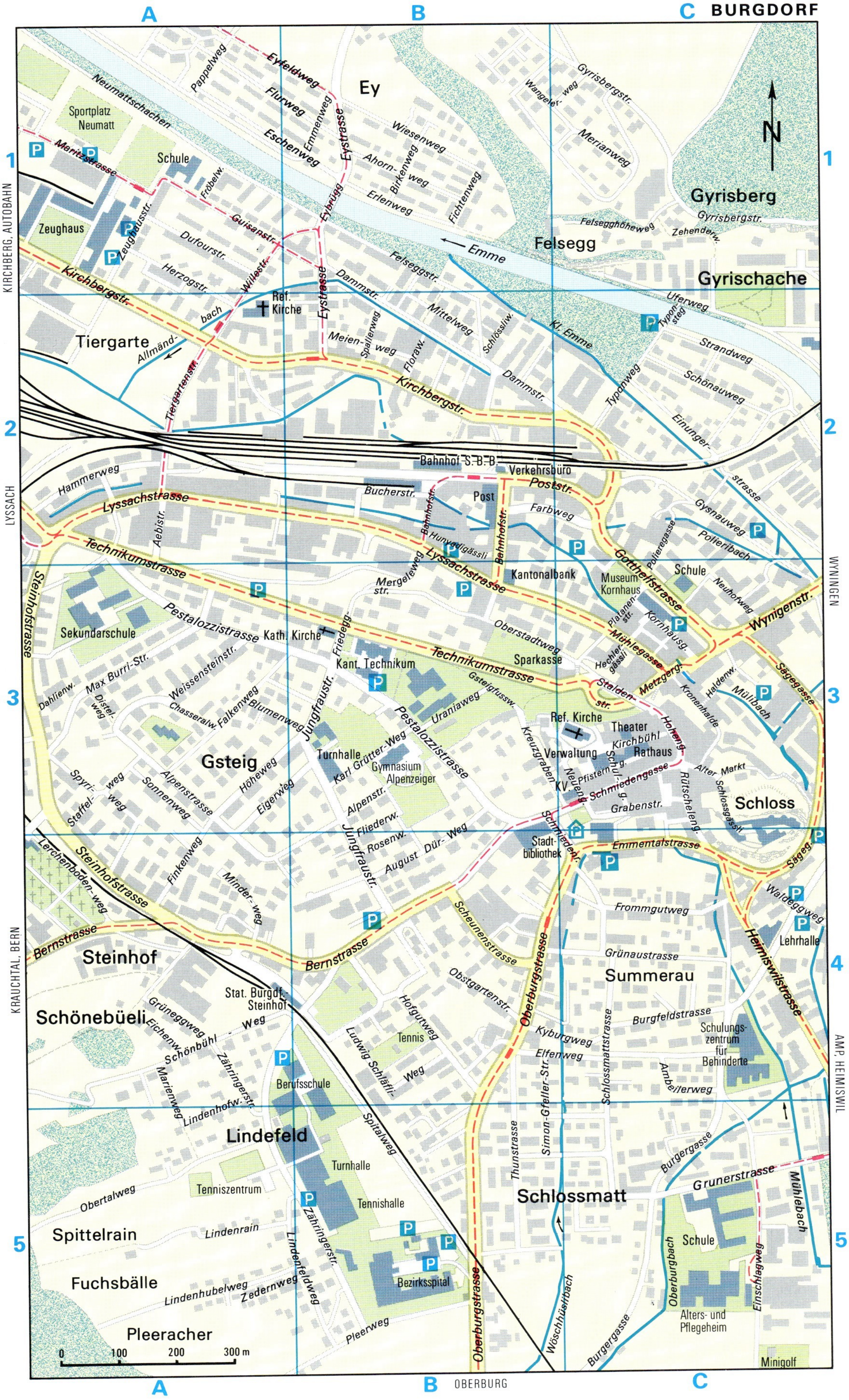

Burgdorf

Die wichtigsten Sehenswürdigkeiten:

Kantonale Ingenieurschule (**B2**)

Alpenzeiger (**B3**)

Gymnasium und Sternwarte (**B3**)

Pfarrhaus, ehemals Standort des Johanniterhauses (**B3**)

Stadtpark (**B3**)

Stadtbibliothek, sogenanntes Waisenhaus (**B3–4**)

Alter Ochsen (**C3**)

Casino (**C3**)

Ehemaliges Waisenhaus, heute Regionale Musikschule (**C3**)

Ehemaliges Zunfthaus zur Pfistern (**C3**)

Gerechtigkeitsbrunnen (**C3**)

Kornhaus (**C3**)

Krone mit Teil des alten Hofes (**C3**)

Marktlauben, Völkerkundemuseum (**C3**)

Niederes Spital, später Schlachthaus (**C3**)

Rathaus (**C3**)

Stadtkirche (**C3**)

Zunfthaus zur Metzgern und Schuhmachern (**C3**)

Schloß mit Museum (**C3–4**)

Beschreibung und Stadtrundgang: Seiten 156–159

Bellinzona

Die wichtigsten Sehenswürdigkeiten:

Casa Chicherio (**C3**)

Castello Grande (Uri) (**C3**)

Palazzo Sacchi (**C3**)

Bruderschaftsoratorium Corpus Domini (**CD3–4**)

Bruderschaftsoratorium S. Marta (**CD3–4**)

Kollegiatskirche SS. Pietro e Stefano (Collegiata) (**CD3–4**)

Palazzo del Governo (Kantonsregierung) (**C3–4**)

Katholische Kirche S. Rocco (**C4**)

Palazzo del Municipio (Rathaus) (**C4**)

Piazza Nosetto (**C4**)

Piazza Indipendenza (**C4**)

442

Bellinzona

Stadttheater (**C4**)

Kirche S. Maria delle Grazie (**C5**)

Pfarrkirche S. Biagio (**C5**)

Kirche SS. Giovanni Battista ed Evangelista (**D2**)

Castello di Montebello (Schwyz) (**D3–4**)

Castello di Sasso Corbaro (Unterwalden) (**E4**)

Beschreibung und Stadtrundgang: Seiten 370–375

Bern

Die wichtigsten Sehenswürdigkeiten:

Bahnhof (**B4–5**)

Burgerspital (**B5**)

Heiliggeistkirche (**B5**)

Altes Waisenhaus, heute Stadtpolizei (**C4**)

Kunstmuseum (**C4**)

Stadttheater (**C4–5**)

Bernisches Historisches Museum (**C5**)

Bundeshäuser mit Bundesterrasse (**C5**)

Bundesplatz (**C5**)

Casino (**C5**)

Ehemalige Polizeihauptwache (**C5**)

Ehemaliges Rathaus des Äußeren Standes (**C5**)

Französische Kirche (**C5**)

Hôtel de Musique, heute Restaurant Du Théâtre (**C5**)

Käfigturm (**C5**)

Kindlifresserbrunnen (**C5**)

444

Bern

Kornhaus mit Gewerbemuseum sowie Kornhauskeller (**C5**)

Kunsthalle (**C5**)

Schweizerisches Alpines Museum und PTT-Museum (**C5**)

Stadt- und Universitätsbibliothek (**C5**)

Stiftsgebäude (**C5**)

Zähringerbrunnen (**C5**)

Zeitglockenturm (**C5**)

Münster (**CD5**)

Rosengarten, Aussichtspunkt (**CE4**)

Antonierhaus, ehemalige Antonierkirche (**D5**)

Bärengraben (**D5**)

Béatrice-von-Wattenwyl-Haus (**D5**)

Christkatholische Pfarrkirche St.-Peter und Paul (**D5**)

Erlacherhof (**D5**)

Felsenburg (**D4–5**)

Ländtetor (**D5**)

Nydeggkirche (am Standort der Reichsburg Nydegg) (**D5**)

Rathaus (**D5**)

Beschreibung und Stadtrundgang: Seiten 142–147

445

Bern

Alpines Museum (C2)
Bernisches Historisches Museum (C2)
Tierpark Dählhölzli (C3)
Gurten (BC5)
Kunsthalle (C1–2)
Landesbibliothek (C2)

Bern

Marzili-Bad (C2)
Münster (CD1)
Morillon-Villa (B3)
Naturhistorisches Museum (C2)
Postmuseum (C2)
Schützenmuseum (C2)

Beschreibung und
Stadtrundgang:
Seiten 142–147

447

Bern

Stadtteil Bethlehem (**BC1–2**)
Bremgartenwald (**AE1**)
Inselspital (**F2**)

Bern

Könizbergwald (**D4**)
Köniz (**E5**)
Schloß Holligen (**EF2**)

Beschreibung und Stadtrundgang: Seiten 142–147

449

Biel

Die wichtigsten Sehenswürdigkeiten:

Pavillon Felseck (**A3**)

Museum Schwab (**B2**)

Volkshaus (**B3**)

Kantonales Technikum (**BC1–2**)

Rosiustürme (**BC2**)

Fürstenspeicher (**C1**)

Muttiturm (**C1**)

Schutzengelbrunnen (**C1**)

Talstation der Drahtseilbahn nach Leubringen/Evilard (**C1**)

Altes Hotel Krone (**C2**)

Besentürli (**C2**)

Ehemaliges Zunfthaus zu Waldleuten (**C2**)

Gerechtigkeitsbrunnen (**C2**)

Haus der Äbte von Bellelay (**C2**)

Kunsthauskeller (**C2**)

Rathaus (**C2**)

Stadtkirche St. Benedikt (**C2**)

Biel

Stadttheater, ehemaliges Zeughaus (**C2**)

Stadtturm (**C2**)

Vennerbrunnen (**C2**)

Zeitglockenturm (**C2**)

Zunfthaus Pfistern (**C2**)

Zunfthaus zum Pfauen (**C2**)

Kongreßhaus (**C3**)

Stadtpark (**D2**)

Beschreibung und Stadtrundgang: Seiten 150–155

451

Chur

Die wichtigsten Sehenswürdigkeiten:

Bahnhof (**D3–4**)

Haus zum Brunnengarten (**D5**)

Malteser- oder Pulverturm (**D5**)

Obertor (**D5**)

Bündner Natur-Museum (**E3**)

Altes Gebäu, heute Gerichtsgebäude (**E4**)

Bündner Kunstmuseum (**E4**)

Fontana-Denkmal (**E4**)

Geburtshaus der Malerin Angelika Kauffmann (**E4**)

Graues Haus oder Neues Gebäu, Sitz der Regierung (**E4**)

Haus Planaterra (**E4**)

Kirche St. Regula (**E4**)

Vazerol-Denkmal (**E4**)

Chur

Ehemaliges Predigerkloster St. Nicolai (**E4–5**)

Antistitium (Nr. 12) (**E5**)

Bischöfliches Schloß (**E5**)

Häuser Kirchgasse 2–12 mit «Bärenloch» (**E5**)

Haus Pestalozza (**E5**)

Kirche St. Martin (**E5**)

Marsölturm (**E5**)

Oberer Spaniöl (**E5**)

Rätisches Museum (**E5**)

Rathaus (**E5**)

Torturm zum Hof (**E5**)

Kathedrale Maria Himmelfahrt (**EF5**)

Aussichtspunkt Haldenpavillon (**F4**)

Ausgrabung ehemalige Kirche St. Stephan (**F5**)

Kantonsschule (**F5**)

Kirche St. Luzi, Theologische Hochschule (**F5**)

Beschreibung und Stadtrundgang: Seiten 302–307

453

La Chaux-de-Fonds

Die wichtigsten Sehenswürdigkeiten:

Villa Turque oder Villa Schwob (**AB1**)

Chemin de Pouillerel mit Häusern von Le Corbusier (**B1**)

Bahnhof (**B3**)

Hôtel des Postes und Musée d'histoire naturelle (**B3**)

Avenue Léopold-Robert (**BC2**)

Bois du Petit Château mit Tierpark (**C1**)

Bibliothèque de la Ville (**C2**)

Fontaine monumentale (**C2**)

Musée des beaux-arts (**C2–3**)

Le Manège (**C3**)

Musée d'histoire et médaillier (**C3**)

Musée international d'horlogerie (**C3**)

Place de l'Hôtel-de-Ville (**CD2**)

Place du Marché (**CD2**)

Café de Paris (**D2**)

Collège des Arts et métiers (**D2**)

Fontaine des Six-Pompes (**D2**)

Grand Temple (**D2**)

Place du Stand (**D2**)

Temple Allemand (**D1**)

Beschreibung und Stadtrundgang: Seiten 94–97

454

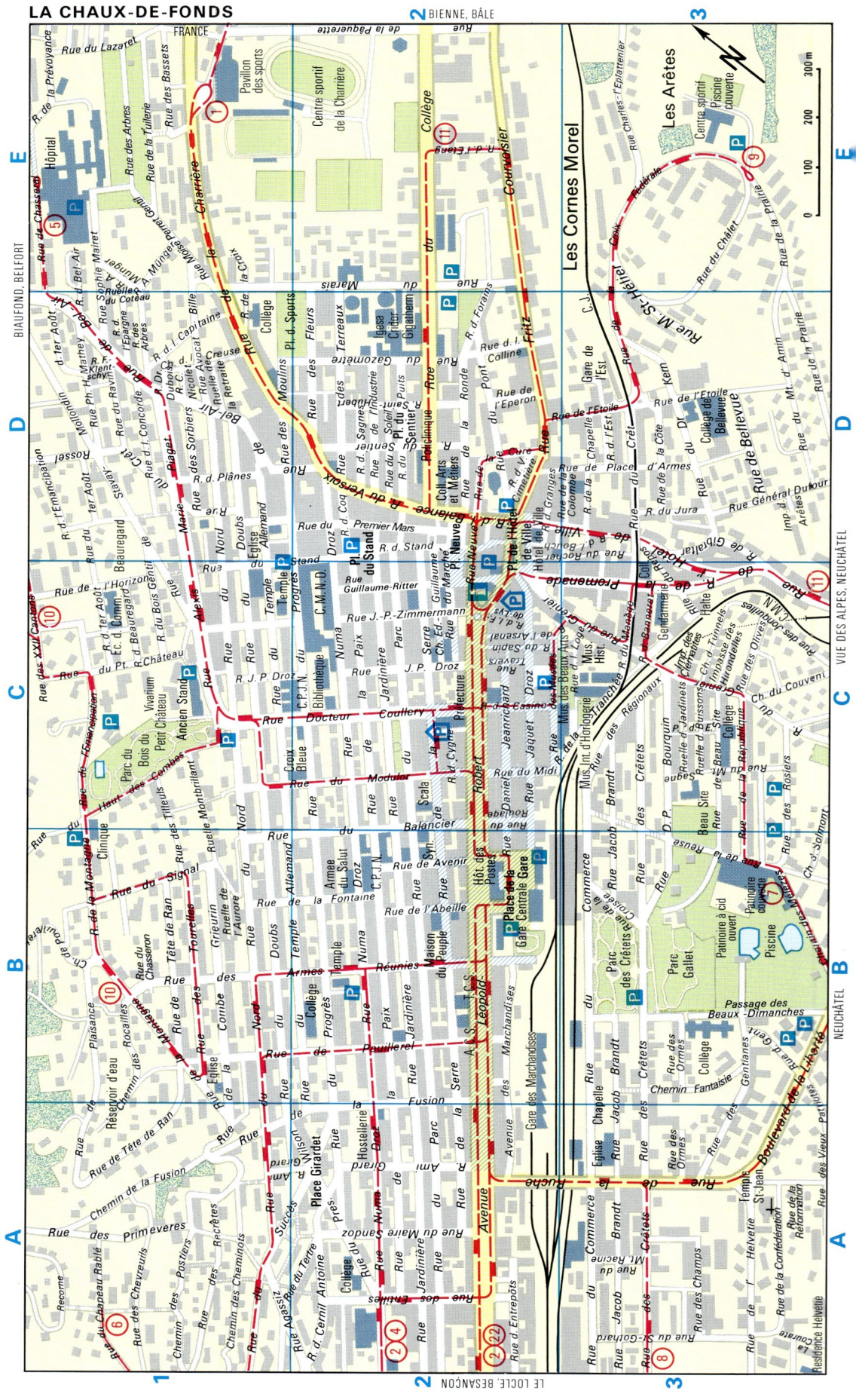

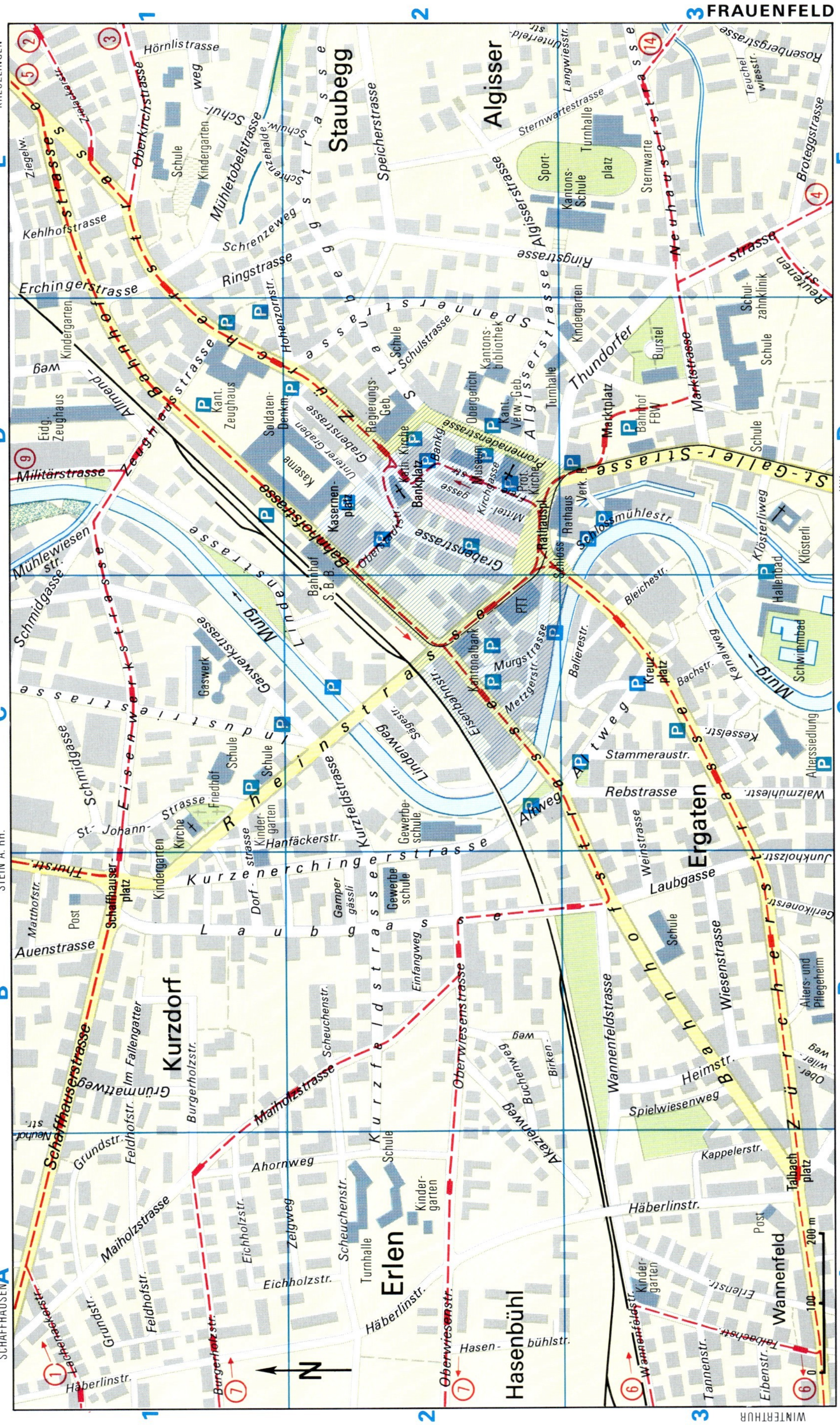

Frauenfeld

Die wichtigsten Sehenswürdigkeiten:

Bahnhof (**CD2**)

Alte Landeskanzlei (**D2**)

Bernerhaus (**D2**)

Haus Zum Hirschen (**D2**)

Haus Zur Krone (**D2**)

Haus Zum Licht (**D2**)

Haus Zum Schwert (**D2**)

Kirche St. Nikolaus (**D2**)

Luzernerhaus/Naturmuseum (**D2**)

Obergericht und Kantonsbibliothek (**D2**)

Reformierte Kirche (**D2**)

Regierungsgebäude (**D2**)

Walzmühlekontor (**D2**)

Zürcherhaus (**D2**)

Rathaus (**D2–3**)

Schloß/Historisches Museum (**D2–3**)

Ehemaliges Kapuzinerkloster (**D3**)

Beschreibung und Stadtrundgang: Seiten 306–309

Freiburg

Die wichtigsten Sehenswürdigkeiten:

Universität Miséricorde (**C2**)

Bahnhof (**C3**)

Franziskanerkirche (Eglise des Cordeliers) (**D2**)

Kollegium und Kirche St. Michael (**D2**)

Murtenlinde (Tilleul) (**D2**)

Museum für Kunst und Geschichte im Hôtel Ratzé (**D2**)

Rathaus (Hôtel de Ville) mit Georgsbrunnen (**D2**)

Ursulinerinnenkloster mit Klosterkirche (**D2**)

Alte Post (**D3**)

Brunnen der Stärke (**D3**)

Kloster der Magerau (Couvent de la Maigrauge) (**D4**)

456

Freiburg

Liebfrauenkirche (Basilique de Notre-Dame) (DE2)

Kapuzinerinnenkloster von Bisemberg (Couvent de Montorge) (DE3)

Kathedrale St-Nicolas (E2)

Les Tornalettes, heute Restaurant Schweizerhalle (E2)

Präfektur (E2)

Augustinerkirche mit ehemaligem Augustinerkloster (E2–3)

Bourguillon-Tor (E3)

Brunnen der Samariterin (E3)

Ehemalige Johanniterkomturei (E3)

Kaserne, ehemals Speicher (E3)

Loretokapelle, Aussichtspunkt (E3)

St.-Johann-Kirche (E3)

Zu den Gerbern (Aux Tanneurs) (E3)

Berntor (F2)

Katzenturm (F2)

Roter Turm (F2)

Dürrenbühl-Turm (F3)

Haus Dick (F3)

Haus Haimoz (F3)

Haus der Moïse (F3)

Beschreibung und Stadtrundgang: Seiten 174–179

Genf

Die wichtigsten Sehenswürdigkeiten:

Jet d'eau (Springbrunnen) (**B1**)

Denkmal Jean-Jacques Rousseau und Gartenpavillon (**B2**)

Tour de l'Ile (**B2**)

Tour du Molard (**B2**)

Temple de la Fusterie (**B2–3**)

Grand-Théâtre (**B3**)

Hôtel du Résident de France (**B3**)

Konservatorium (**B3**)

Maison Necker (**B3**)

Maison de Saussure (**B3**)

Maison Tavel (**B3**)

Musée Rath (**B3**)

Musée d'Ethnographie (**B4**)

Ancien arsenal (Ehemaliges Zeughaus) (**BC3**)

Hôtel de Ville (Rathaus) (**BC3**)

Reformationsdenkmal (**BC3**)

Tour Baudet (**BC3**)

458

Genf

Universität (**BC3**)

Collège Calvin (**C2**)

Russisch-orthodoxe Kirche (**C2**)

Temple de la Madeleine (**C2**)

Musée d'Art et d'Histoire (**C2–3**)

Palais de Justice (**C2–3**)

Temple luthérien (**C2–3**)

Chapelle de l'Oratoire (**C3**)

Kathedrale St-Pierre (**C3**)

Maison Mallet (**C3**)

Palais de l'Athénée (**C3**)

Palais Eynard (**C3**)

Temple de l'Auditoire (**C3**)

Beschreibung und Stadtrundgang: Seiten 282–287

459

Genf

Palais des Nations (**D1**)
GATT (**E1**)
Jet d'eau (Springbrunnen) (**F1**)
Parc Mon-Repos (**F1**)
Villa Bartholoni (**F1**)
Musée Ariana (**D1**)

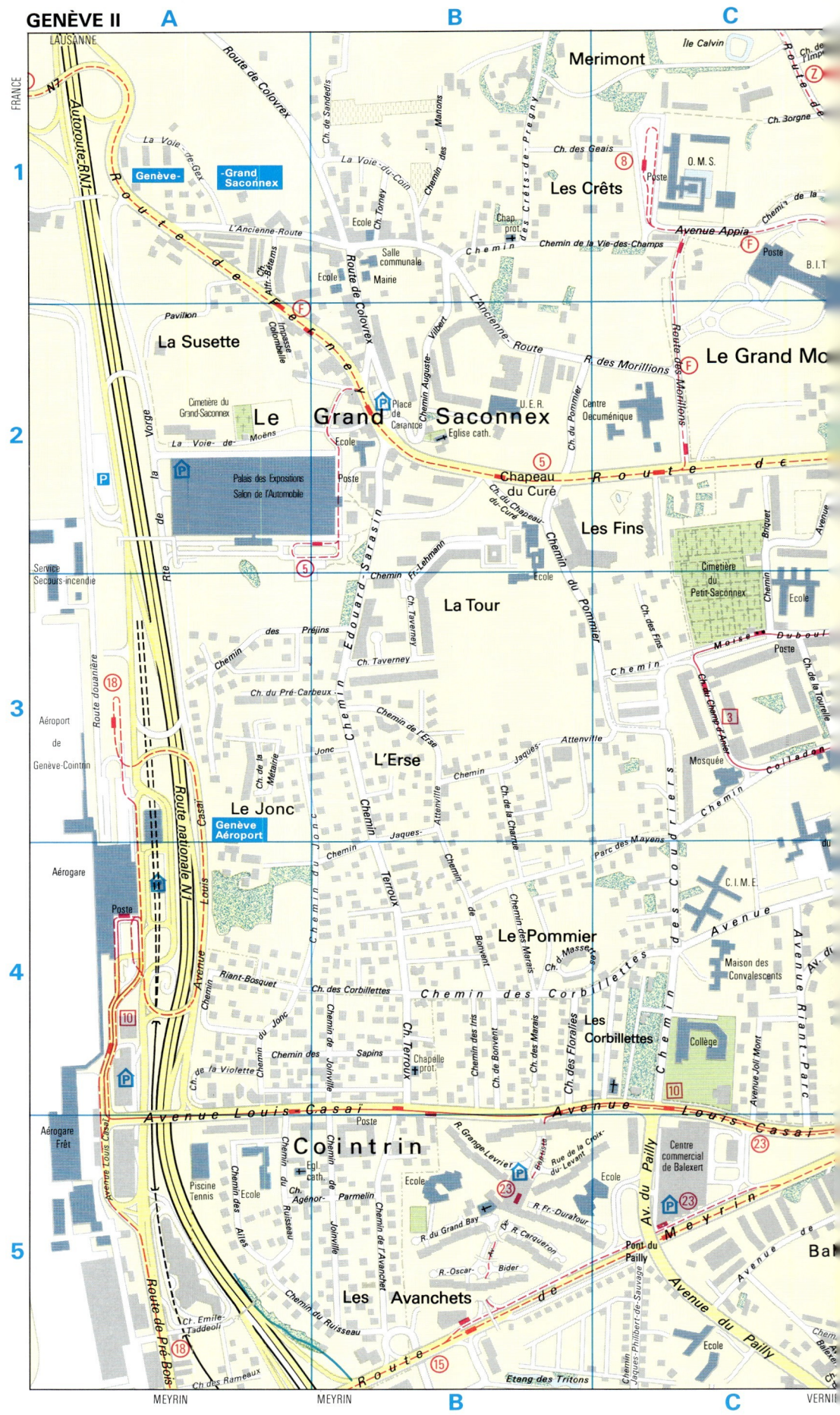

Genf

Les Délices (**F4**)

Eglise de St-Antoine (**E4**)

Palais des Expositions (**A2**)

Beschreibung und Stadtrundgang: Seiten 282–287

Grenchen

Die wichtigsten Sehenswürdigkeiten:

Kath. Pfarrkirche St. Eusebius (**C2**)

Marktplatz (**C2**)

Parktheater (**B2**)

Beschreibung: Seite 198

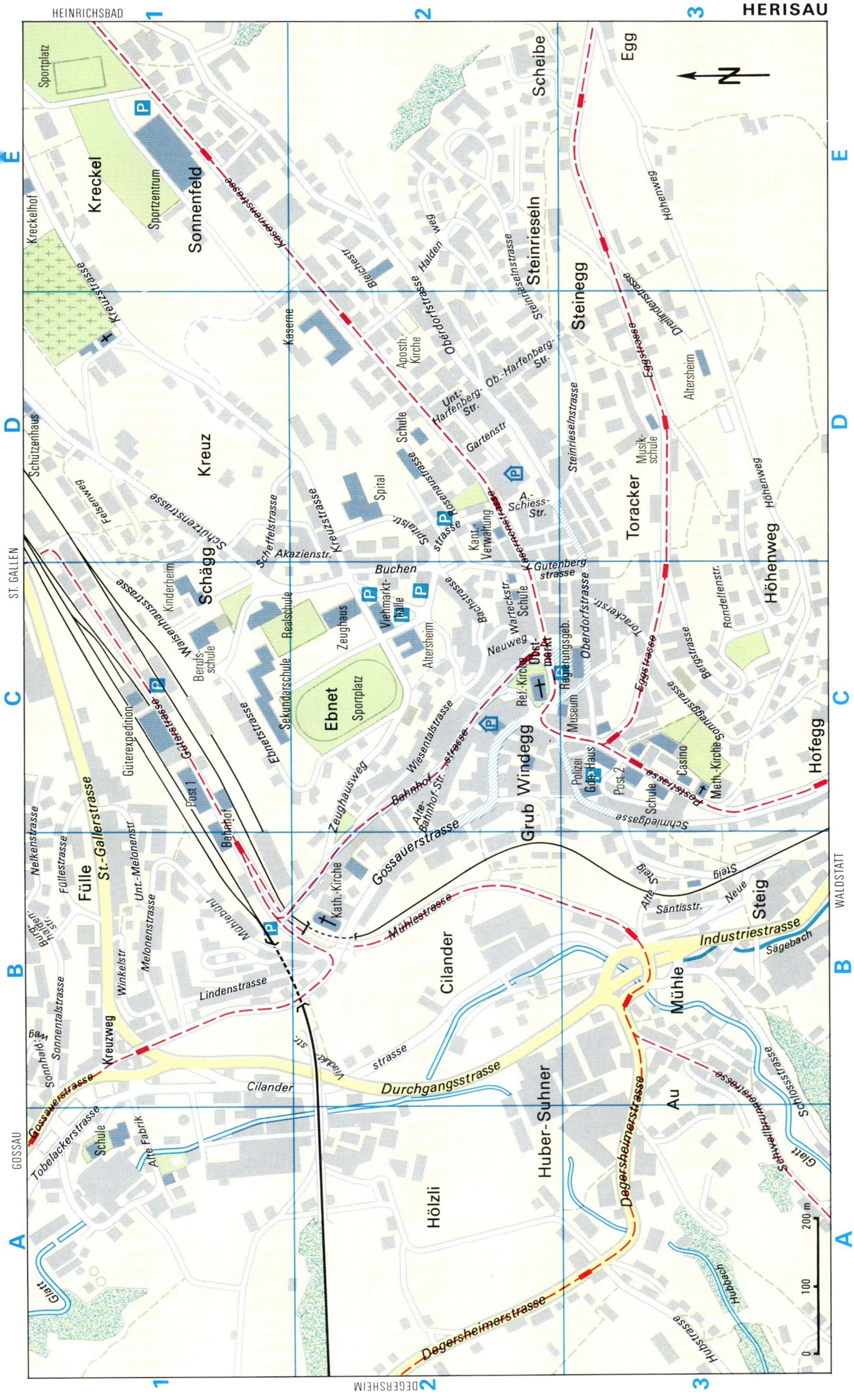

Herisau

Die wichtigsten Sehenswürdigkeiten:

Kath. Kirche St. Peter und Paul (**B2**)

Bahnhof (**BC1**)

Häuserzeile im Spittel (**BC2**)

Doppelhaus Walser (**C2**)

Häuser an der Bachstraße (**C2**)

Haus zur Rose (**C2**)

Haus Wetter (**C2**)

Obstmarkt (**C2**)

Platz (**C2**)

Ref. Kirche St. Laurentius (**C2**)

Altes Pfarrhaus (**C2–3**)

Altes Rathaus und Museum (**C2–3**)

Kantonalbank (**C2–3**)

Altes Realschulhaus (**C3**)

Altes Zeughaus (**C3**)

Gemeindehaus (**C3**)

Haus zum Baumgarten (**C3**)

Regierungsgebäude (**C3**)

Schmiedgasse (**C3**)

Beschreibung und Stadtrundgang: Seiten 318–321

Kreuzlingen

Die wichtigsten Sehenswürdigkeiten:

Bellevue-Villen (**C1**)

Hauptzoll (**C1**)

Haus Sallmann (**C2**)

Heimatmuseum im Haus Rosegg (**C3**)

Hafen (**D1**)

Ehemaliges Augustinerstift St. Ulrich (**D2**)

Seeburg-Park (**DE1–2**)

Schloß Seeburg (**E2**)

Beschreibung:
Seiten 326–327

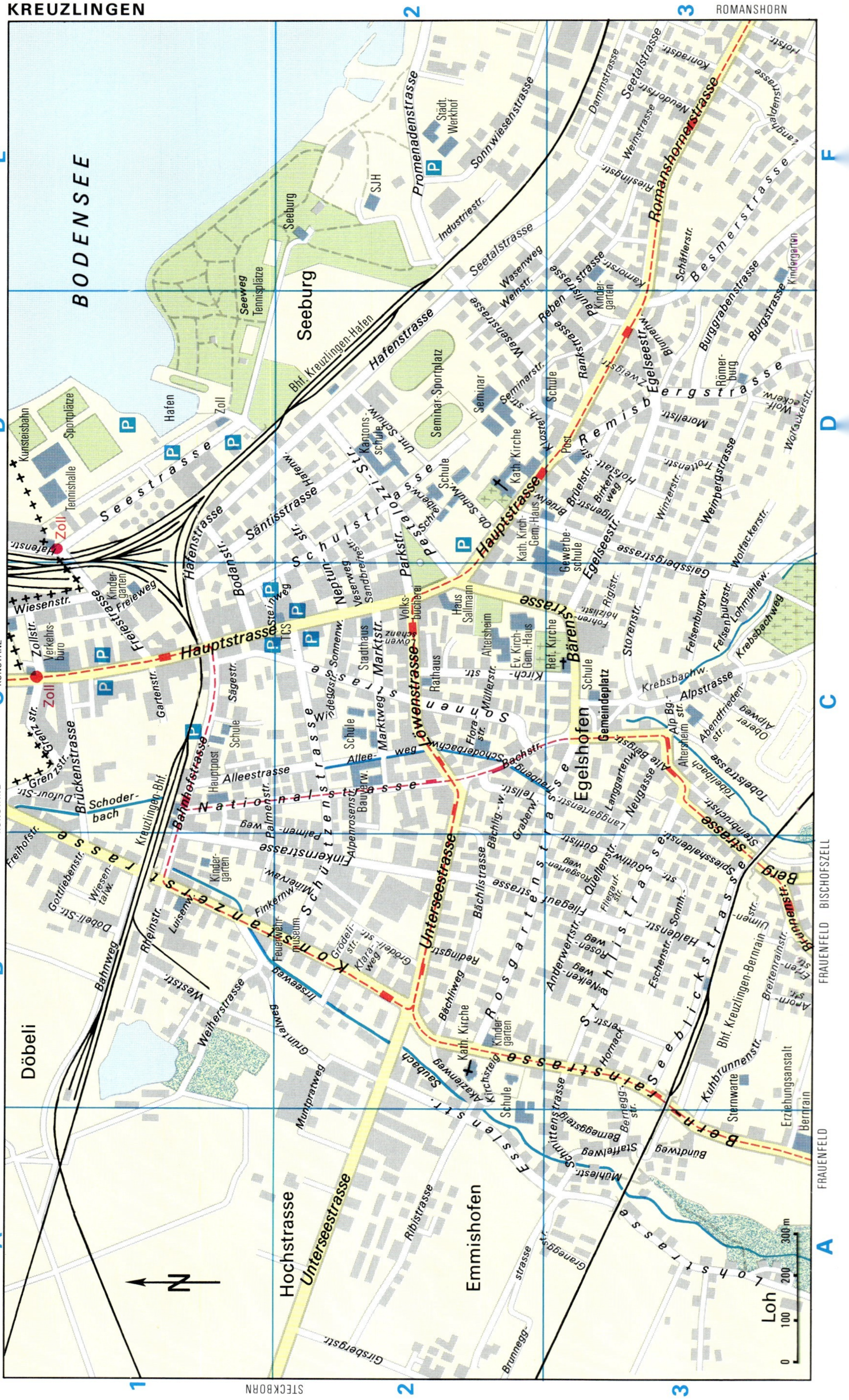

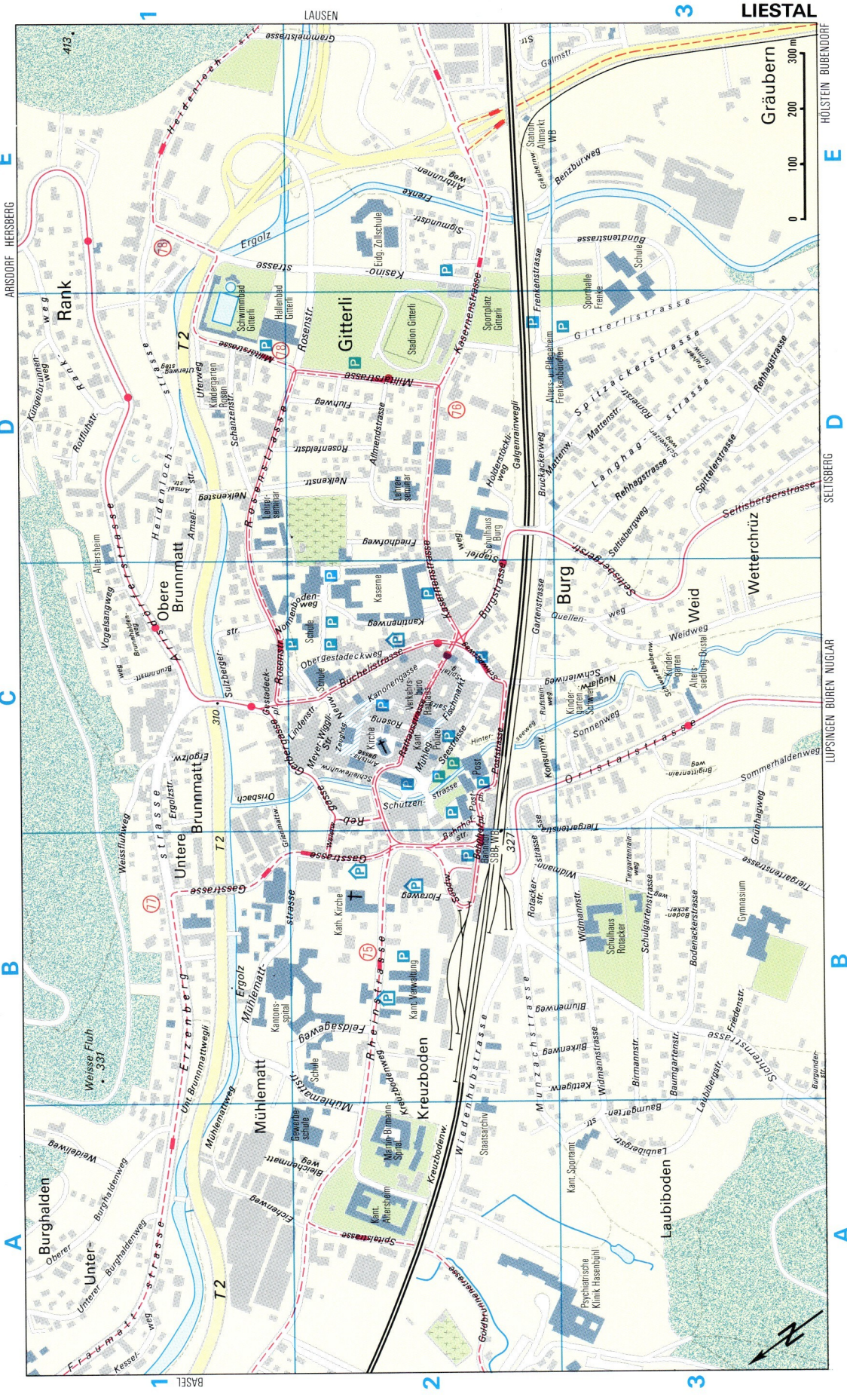

Liestal

Die wichtigsten Sehenswürdigkeiten:

Bahnhof (**B2**)

Amtshaus (**C2**)

Ehemaliges Zeughaus mit Kantonsmuseum (**C2**)

Fischmarkt (**C2**)

Oberes Tor (**C2**)

Olsbergerhof (**C2**)

Pfarrhaus (**C2**)

Rathaus mit Dichtermuseum (**C2**)

Reformierte Stadtkirche (**C2**)

Regierungsgebäude (**C2**)

Reste der Stadtmauer (**C2**)

Stadtmühle (**C2**)

Thomasturm (**C2**)

Beschreibung und Stadtrundgang: Seiten 248–251

Lausanne

Die wichtigsten Sehenswürdigkeiten:

Palais de Beaulieu (**C2**)

Ehemaliges Musée Arlaud (**D2**)

Palais de Rumine (**D2**)

Ehemalige Maison de Seigneux (**D3**)

Grand-Pont (**D3**)

Hôtel de Ville (**Rathaus**) (**D3**)

Kirche St-Laurent (**D3**)

Métro-Station (**D3**)

Monument au Morts (Denkmal der Gefallenen) 1914–1918 (**D3**)

Palais de Justice (**D3**)

Tellendenkmal (**D3**)

Tour Bel-Air (**D3**)

Bahnhof (**D3–4**)

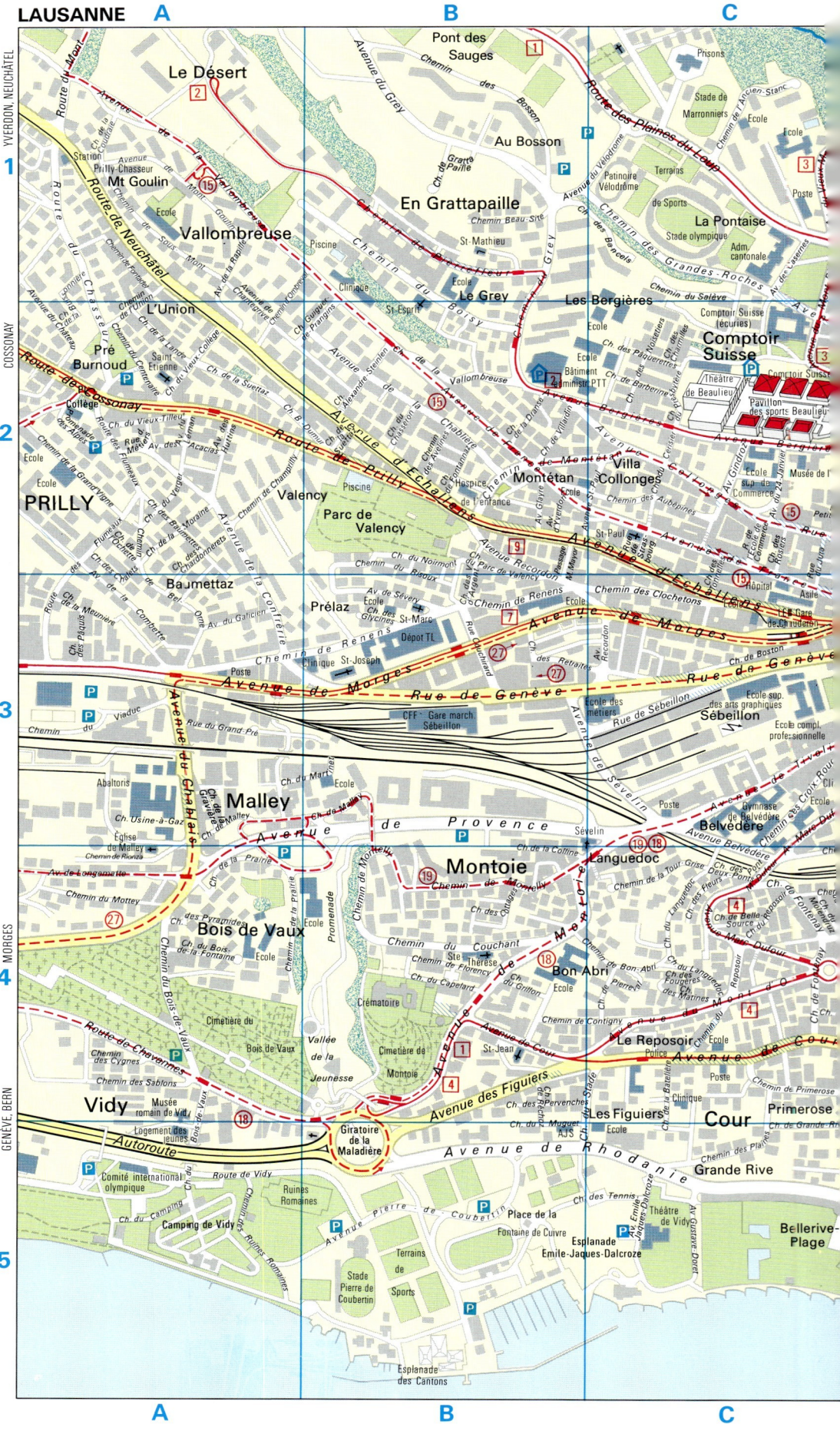

Lausanne

Botanischer Garten (**D4**)

Escaliers du Marché (**DE2**)

Alte Akademie (**E2**)

Ancien Evêché und Musée historique (**E2**)

Bâtiment du Grand Conseil (Großratsgebäude) (**E2**)

Ehemaliges Maison Gaudard, heute Präfektur (**E2**)

Kathedrale (**E2**)

Maison Carbon (**E2**)

Salle capitulaire (Kapitelsaal) (**E2**)

Schloß St-Maire (**E2**)

Tour des Séminaires (**E2**)

Altes Spital (**E2–3**)

Kirche St-François (**E3**)

Ehemaliges Maison Vullyamoz, genannt de Constant (**E3**)

Musée des arts décoratifs (**E3**)

Stadttheater (**E3**)

Park Mon Repos und Bundesgericht (**EF2–3**)

Beschreibung und Stadtrundgang: Seiten 98–103

467

Locarno

Die wichtigsten Sehenswürdigkeiten:

Piazza und Kirche S. Antonio (**B3**)

Via S. Antonio (**B3**)

Casa Rusca (**B4**)

Castello Visconti (**B4**)

Kirche S. Francesco (**B4**)

Madonna del Sasso (**C2**)

Casa dei Canonici (**C3**)

Chiesa Nuova (**C3**)

Piazza Grande (**C3**)

Bahnhof (**D3**)

Stiftskirche S. Vittore (**E3**)

Beschreibung und Stadtrundgang: Seiten 380–385

Ascona

Die wichtigsten Sehenswürdigkeiten:

Casa Serodine (**E5**)

Pfarrkirche S. Pietro e Paolo (**E5**)

Collegio Papio (**F5**)

S. Maria della Misericordia (**F5**)

Beschreibung: Seite 379

Lugano

Die wichtigsten Sehenswürdigkeiten:

Bahnhof SBB (**B3**)

Kathedrale San Lorenzo (**B3**)

Kapuzinerkloster Santa Trinità (**B3**)

Kapuzinerinnenkloster (**B3**)

Kirche San Antonio Abate (**B3**)

Kirche San Carlo Borromeo (**B3**)

Kirche S. Maria Immacolata (**B3**)

Municipio (Rathaus) (**B3**)

Palazzo Riva, später Primavesi und Ghioldi (**B3**)

Debarcadero Centrale (Landebrücke) (**B3**)

Standseilbahn zum Bahnhof (**B3**)

Kirche Santa Maria degli Angioli (**B4**)

Justizgebäude (**BC3**)

Beschreibung und Stadtrundgang: Seiten 386–389

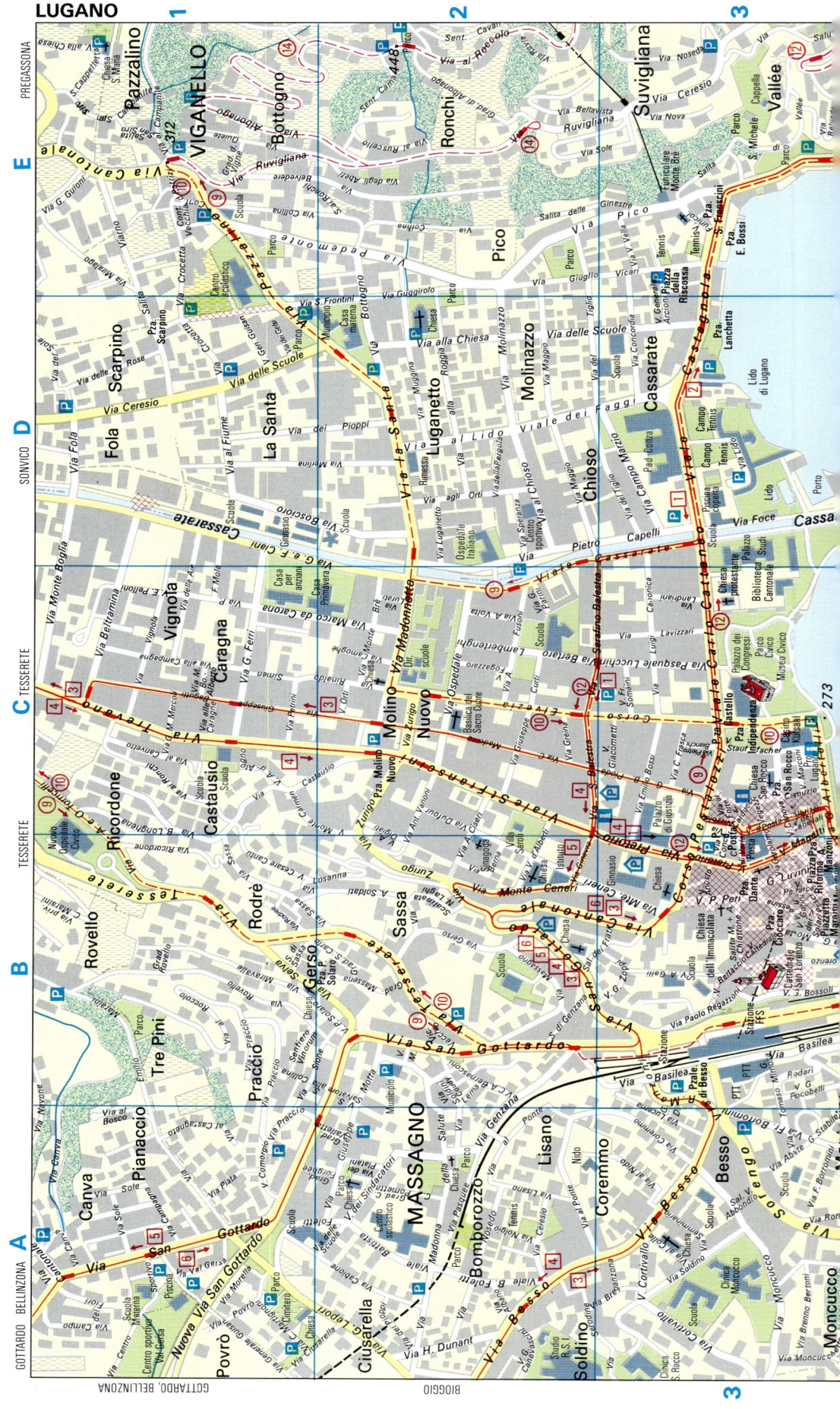

Lugano

Casa Albertolli, heute Bank (**C3**)

Kantonsbibliothek (**C3**)

Kirche San Rocco (**C3**)

Kongreßgebäude (**C3**)

La Piccionaia (**C3**)

Obelisk zur Erinnerung an den Eintritt des Tessins in die Eidgenossenschaft (**C3**)

Palazzi Gargantini (**C3**)

Reformierte Kirche (**C3**)

Villa Ciani mit Museo civico di belle arte (**C3**)

Mendrisio

Die wichtigsten Sehenswürdigkeiten:

Kirche S. Martino (**D5**)

Ehemaliges Servitenkloster (**E6**)

Palazzo Pollini (**E6**)

Propsteikirche SS. Cosma e Damiano (**E6**)

Beschreibung: Seite 379

471

Luzern

Die wichtigsten Sehenswürdigkeiten:

Anderallmend-Haus (**B2**)

Casino der «Herren zu Schützen» (**B2**)

Ehemaliges Korn- und Salzmagazin (**B2**)

Göldlin-Haus (**B2**)

Naturmuseum (**B2**)

Altes Zeughaus mit Historischem Museum (**B2–3**)

Fideikommißhaus Segesser v. Brunegg (**B3**)

Franziskanerkirche St. Maria in der Au (**B3**)

Jesuitenkirche St. Franz Xaver (**B3**)

Korporationsgebäude (**B3**)

Ritterscher Palast, kantonales Regierungsgebäude (**B3**)

Spreuerbrücke (**B2**)

Staatsarchiv (**B3**)

Museggmauer (**BC2**)

Ehemaliges Ursulinenkloster Maria Hilf (**C2**)

Mariahilfkirche (**C2**)

Schirmertor (**C2**)

Bahnhof (**C3**)

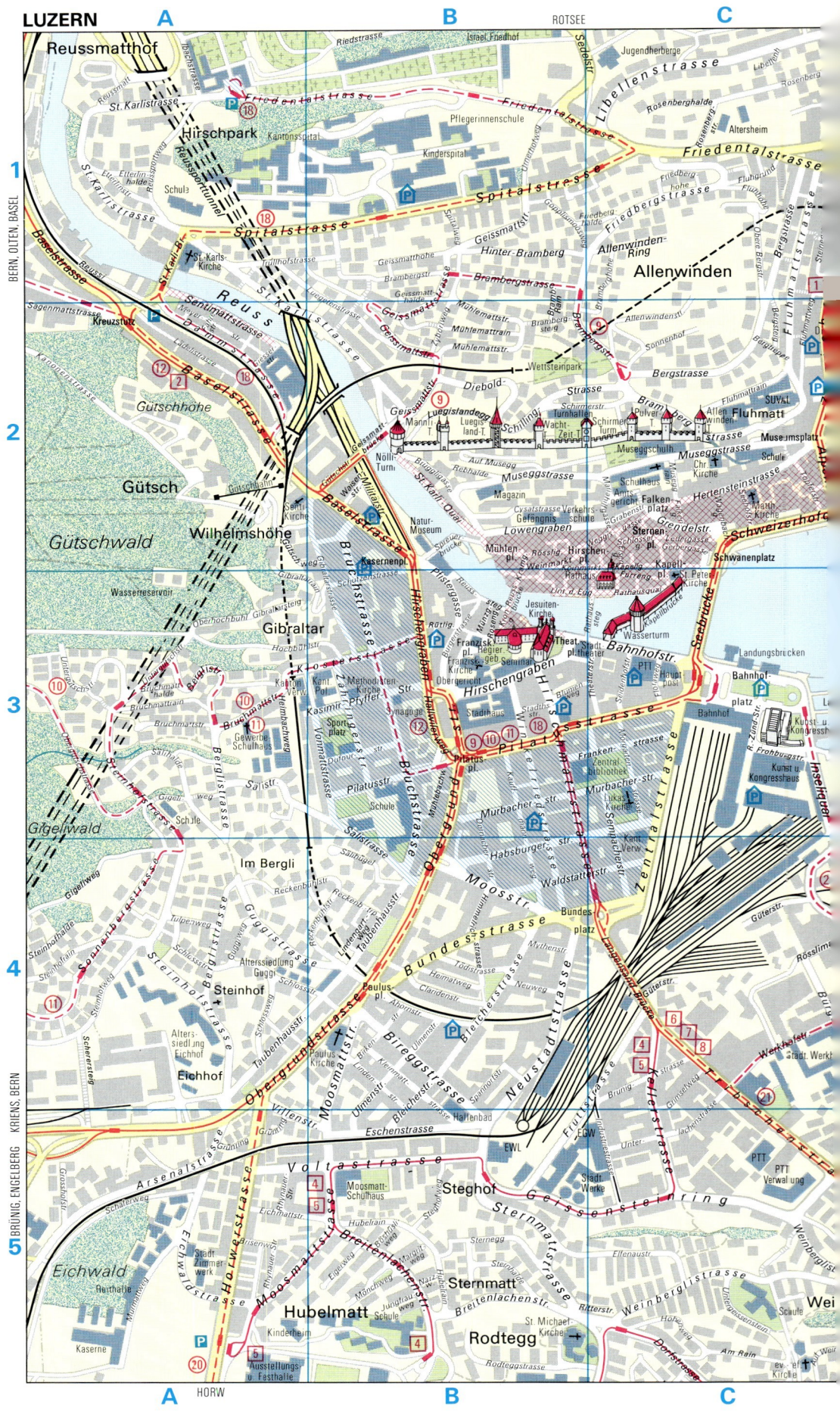

Luzern

Haus am Rhyn mit Picasso-Sammlung (**C3**)

Haus zur Gilgen (**C3**)

Kunst- und Kongreßhaus (**C3**)

Kapellbrücke (**C3**)

Lukaskirche (**C3**)

Peterskapelle (**C3**)

Rathaus/Kornschütte (**C3**)

Wasserturm (**C3**)

Bourbaki-Panorama (**CD2**)

Gletschergarten (**CD2**)

Gletschergarten-Museum (**CD2**)

Löwendenkmal (**CD2**)

Hofkirche St. Leodegar und Mauritius (**D2**)

Löwenplatz (**D2**)

Rothenburgerhaus (**D2**)

Richard-Wagner-Museum (**E5**)

Verkehrshaus (**F3–4**)

Beschreibung und Stadtrundgang: Seiten 390–395

473

Neuenburg

Die wichtigsten Sehenswürdigkeiten:

Musée d'ethnographie (**A3**)

Château (**B4**)

Collégiale (**B4**)

Maison des Halles (**B4**)

Place des Halles (**B4**)

Place Pury (**B4**)

Tour des Prisons (**B4**)

Collège latin (**C4**)

Croix-du-Marché (**C4**)

Hôtel de Ville (**C4**)

Rue de l'Hôpital (**C4**)

474

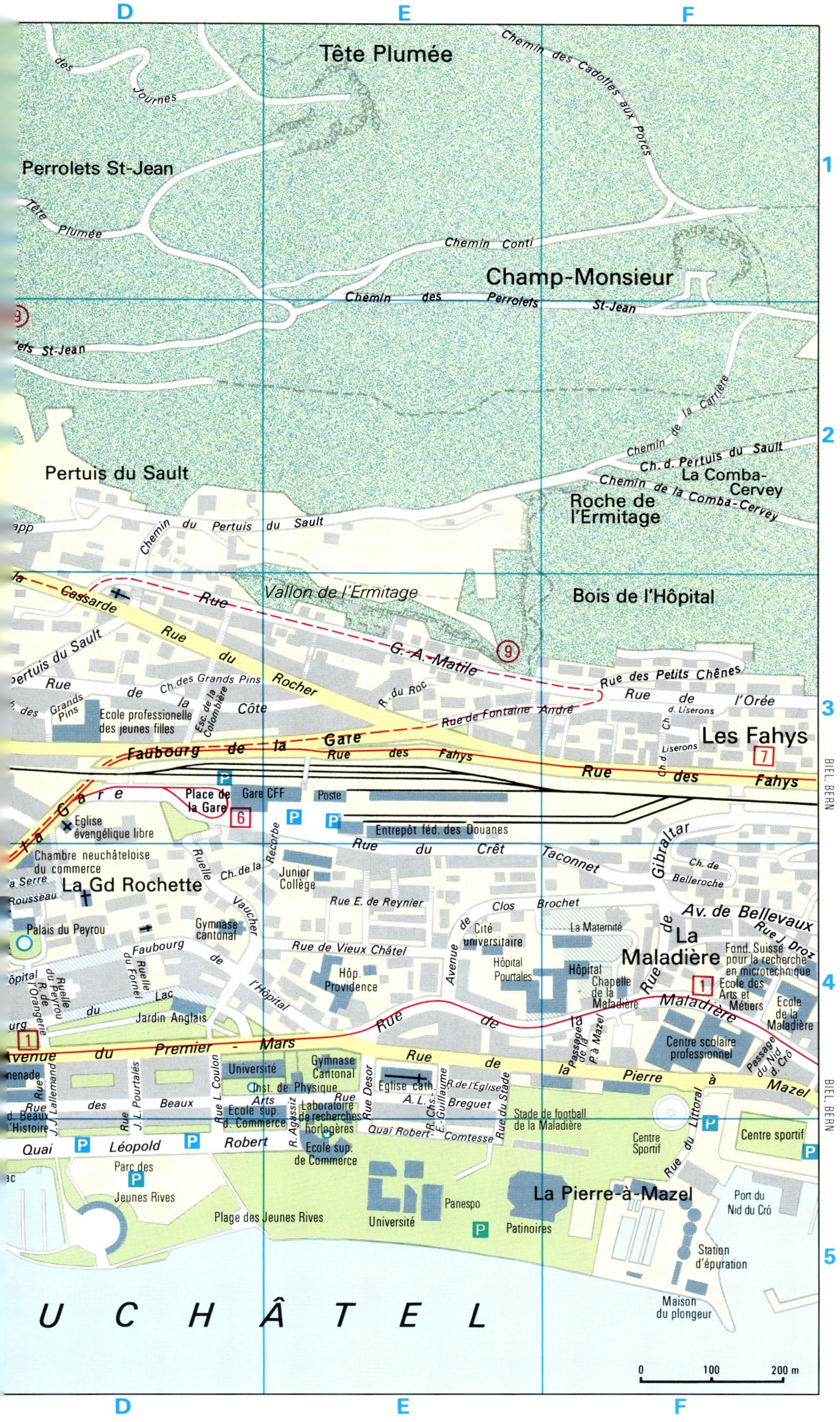

Neuenburg

Hafen (**C4–5**)

Faubourg de l'Hôpital (**CD4**)

Hôtel Du Peyrou (**D4**)

Musée cantonal d'archéologie (**D4**)

Musée des beaux-arts et d'histoire (**D4–5**)

Universität (**E5**)

Beschreibung und Stadtrundgang: Seiten 118–123

Montreux

Die wichtigsten Sehenswürdigkeiten:

Seepromenade (**AE2–3**)

Bahnhof Montreux-Oberland-Bahn (**B2**)

Musée du Vieux-Montreux (**C2**)

Ref. Kirche St-Vincent (**C2**)

Casino (**C3**)

Hotel Montreux-Palace (**C3**)

Schloß Chillon (**außerhalb des Plans**)

Beschreibung: Seiten 108–109

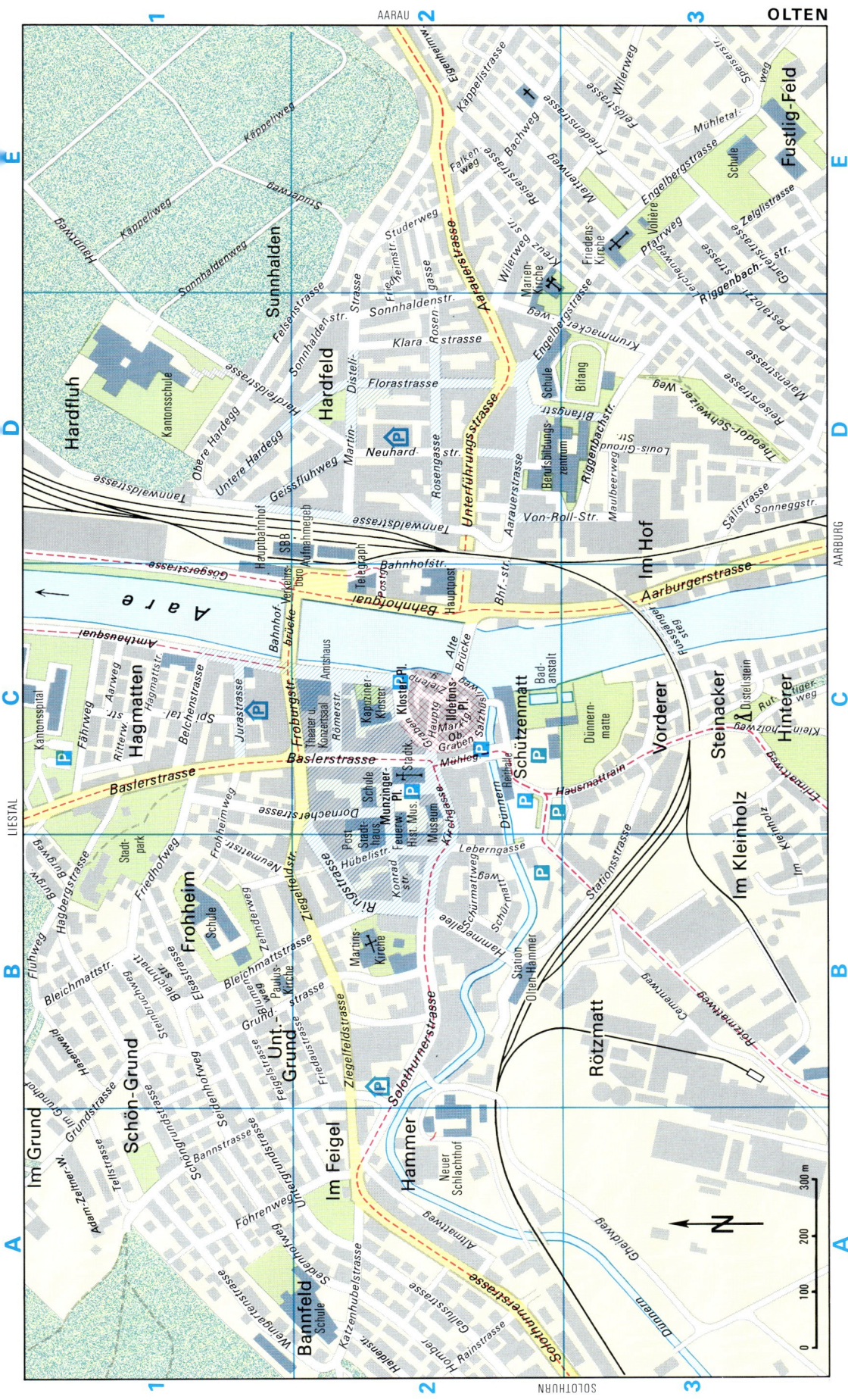

Olten

Die wichtigsten Sehenswürdigkeiten:

Historisches Museum (**BC2**)

Alte Brücke (**C2**)

Burg Zielemp (**C2**)

Chorherrenhäuser (**C2**)

Glockenturm (**C2**)

Hauptgasse (**C2**)

Hexenturm (**C2**)

Kapuzinerkloster (**C2**)

Kunstmuseum (**C2**)

Marktgasse (**C2**)

Stadtkirche (**C2**)

Zielempgasse (**C2**)

Bahnhof (**D1–2**)

Beschreibung: Seiten 182–183

477

Rorschach

Die wichtigsten Sehenswürdigkeiten:

Engelapotheke (**C1**)

Haus Brugger (**C1**)

Kornhaus (**C1**)

Rathaus (**C1**)

Pfarrkirche St. Kolumban und Konstantius (**C2**)

Ehemaliges Benediktinerkloster Mariaberg (**C3**)

Beschreibung: Seiten 334–335

478

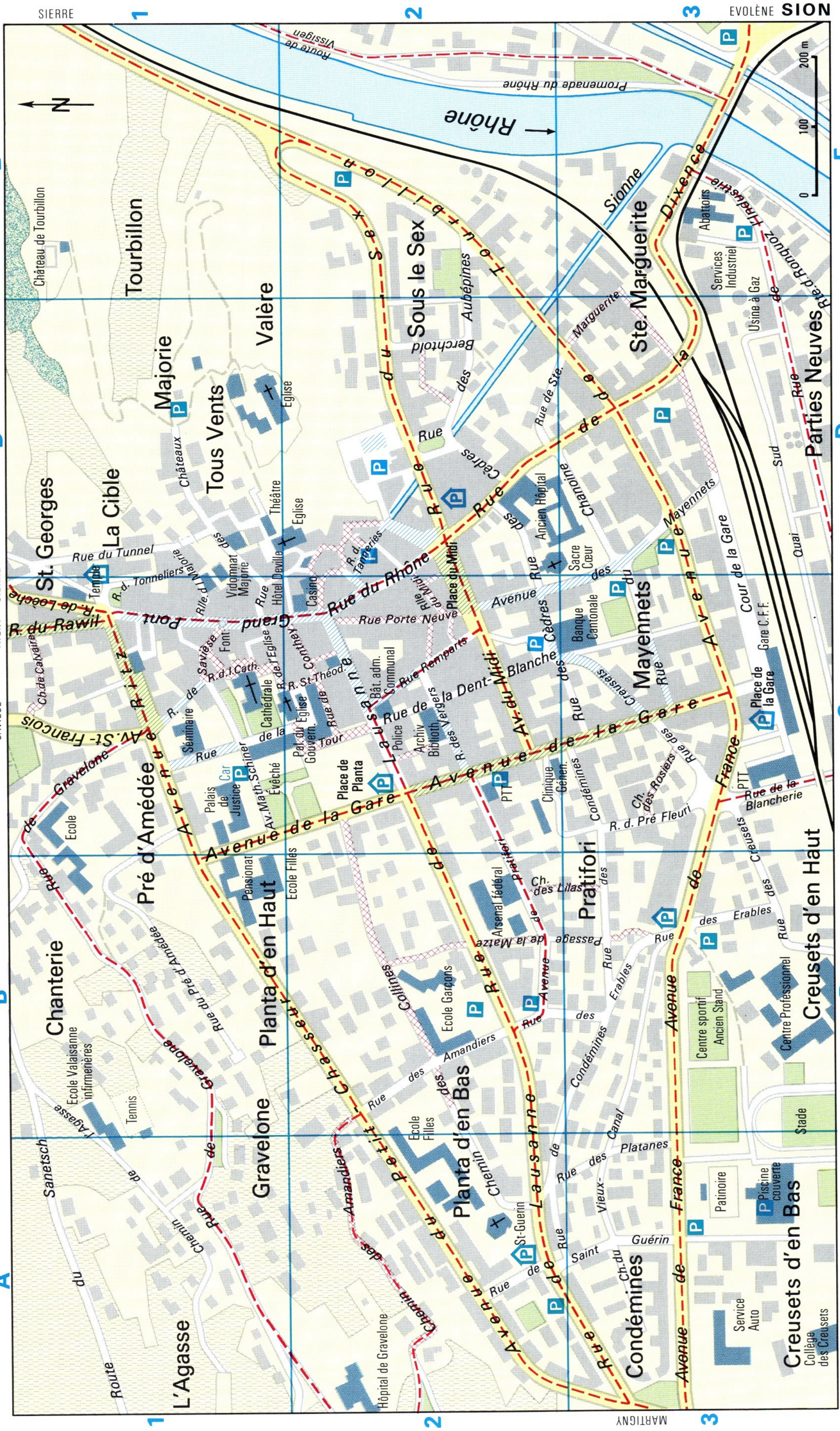

Sitten

Die wichtigsten Sehenswürdigkeiten:

Hôtel de Ville (**C1**)

Kathedrale Notre-Dame-du-Glarier (**C1**)

Maison Ambüel (**C1**)

Maison de Courten (**C1**)

Maison du Chapitre (**C1**)

Tour des Sorciers C1)

Kirche St. Theodul (**C1–2**)

Bischöfliches Palais (**C2**)

Haus Supersaxo (**C2**)

Allerheiligenkapelle (**D1**)

Kantonsmuseum auf Valeria (**D1**)

Maison de la Diète (**D1**)

Majorie/Kunstmuseum (**D1**)

Viztumsschloß (**D1**)

Kirche Notre-Dame auf Valeria (**D1–2**)

Kollegien- oder Jesuitenkirche (**D1–2**)

Maison de Platea (**D2**)

Tourbillon (**E1**)

Beschreibung und Stadtrundgang:
Seiten 190–195

479

Schaffhausen

Die wichtigsten Sehenswürdigkeiten:

Amtshaus des Bistums Konstanz (**C3**)

Bahnhof (**C3**)

Großer Käfig (**C3**)

Haus zum Goldenen Ochsen (**C3**)

Metzgerbrunnen (**C3**)

Mohrenbrunnen (**C3**)

Obertorturm (**C3**)

Stadthaus (**C3**)

Fronwagturm (**C3–4**)

Diebsturm (**C4**)

Ehemaliges städtisches Korn- oder Kaufhaus (**C4**)

Haberhaus (**C4**)

Herrenacker (**C4**)

Rathaus mit Rathauslaube und Staatsarchiv (**C4**)

Regierungsgebäude, ehemaliges Zeughaus (**C4**)

Stadttheater (**C4**)

Haus Drei Könige (**CD3**)

Schwabentorturm (**CD3**)

480

Schaff-hausen

Haus zum Ritter (**CD4**)

Naturhistorisches Museum Stemmler (**CD4**)

Häuser «Wasserquelle und Zieglerburg» (**D3**)

Tellen- oder Schuhmacherbrunnen (**D3**)

Munot (**D3–4**)

Ref. Pfarrkirche St. Johann (**D3–4**)

Güterhof (**D4**)

Hallen für neue Kunst (**D4**)

Münsterkirche mit Kreuzgang (**D4**)

Museum zu Allerheiligen (**D4**)

Schifflände (**D4**)

Beschreibung und Stadtrundgang: Seiten 336–341

481

Solothurn

Die wichtigsten Sehenswürdigkeiten:

Stadtbefestigung (**DE3–4**)

Buristurm (**D3–4**)

Bieltor (**D4**)

Krummer Turm (**D4–5**)

Historisches Museum im Schloß Blumenstein (**E2**)

Altes Zeughaus und Museum (**E3**)

Ambassadorenhof (**E3**)

Baseltor (**E3**)

Ehemalige Franziskanerkirche (**E3**)

Kunstmuseum (**E3**)

St.-Ursen-Bastion mit Riedholzturm (**E3**)

Bürgergemeindehaus (**E4**)

Gemeindehaus (**E4**)

Solothurn

Haus Doktor Reinert (**E4**)

Heiliggeist- oder Spitalkirche (**E4**)

Hotel Krone (**E4**)

Jesuitenkirche (**E4**)

Kosciuszko-Museum (**E4**)

Landhaus (**E4**)

Marktplatz (**E4**)

Naturmuseum (**E4**)

Palais Besenval (**E4**)

Prison (**E4**)

Rathaus (**E4**)

St.- Peters-Kapelle (**E4**)

St.- Ursen-Kathedrale (**E4**)

Zeitglockenturm (**E4**)

Bahnhof (**F4–5**)

Beschreibung und Stadtrundgang: Seiten 198–203

483

St. Gallen

Die wichtigsten Sehenswürdigkeiten:

Blaues Haus (**C3**)

Haus zur Flasche (**C3**)

Haus zum Greif (**C3**)

Haus zum Grünen Hof (**C3**)

Haus zur Grünen Tür (**C3**)

Haus zur Kugel (**C3**)

Haus zur Linde (**C3**)

Haus zum Pelikan (**C3**)

Haus zum Rebstock (**C3**)

Haus zum Schwanen (**C3**)

Haus zum Vögeli (**C3**)

Haus zur Wahrheit (**C3**)

Häuser am Hinterlauben (**C3**)

Kirche St. Laurenzen (**C3**)

Kleine und Große Engelburg ((**C3**)

Schlößli (**C3**)

Stadthaus (**C3**)

Textilmuseum (**C3**)

484

St. Gallen

Waaghaus am Bohl (**C3**)

Stiftsbezirk mit Kathedrale (**C3–4**)

Karlstor (**C4**)

ehemaliges Dominikanerinnenkloster (**CD3**)

Haus zur Hechel (**CD3**)

Haus zur Quelle (**CD3**)

Pfarrkirche St. Mangen (**CD3**)

Historisches Museum (**D3**)

Kunstmuseum (**D3**)

Stadttheater (**D3**)

Beschreibung und Stadtrundgang: Seiten 344–349

485

Thun

Die wichtigsten Sehenswürdigkeiten:

Altes Waisenhaus (**C3**)
Berntorscheune (**C2**)
Burgerhaus (**C2**)
Burgitor (**C2**)
Chutzenturm (**C2**)
Gedeckte Kirchentreppe (**C2**)
Knabenschützenhaus (**C2**)
Oberes Pfarrhaus (**C2**)
Rathaus (**C2**)
Reformierte Stadtkirche (**C2**)
Schloß mit historischem Museum (**C2**)
Statthalteramt (**C2**)
Unteres Pfarrhaus (**C2**)
Velschenhaus (**C2**)
Venner-Zyro-Turm (**C2**)
Zunfthaus zu Metzgern (Hotel) (**C2**)
Zunfthaus zu Pfistern, Hotel Krone (**C2**)
Freienhof, heute Hotel (**D2**)
Haus zum Rosengarten (**D2**)

Thun

Obere Schleuse (**D2**)

Thunerhof mit Kunstmuseum (**D2**)

Bahnhof (**D3**)

Schiffstation (**D3**)

Kleist-Insel oder Oberes Inseli (**E2**)

Kursaal (**E2**)

Unteres Inseli (**E2**)

Kirche Scherzlingen (**F3**)

Schadaupark (**F3**)

Schloß Schadau (**F3**)

Wocher-Panorama (**F3**)

Beschreibung und Stadtrundgang: Seiten 208–211

487

Vevey

Die wichtigsten Sehenswürdigkeiten:

Friedhof Corsier (**A4**)

Villa Le Lac von Le Corbusier (**A5**)

Seepromenade (**B–F5**)

Bahnhof (**C4**)

Eglise russe (**C4**)

Musée Jenisch (**C4**)

Casino (**C5**)

Grande Place (**C5**)

La Grenette (**C5**)

Musée suisse d'appareils photographiques (**C5**)

Théâtre municipal (**C5**)

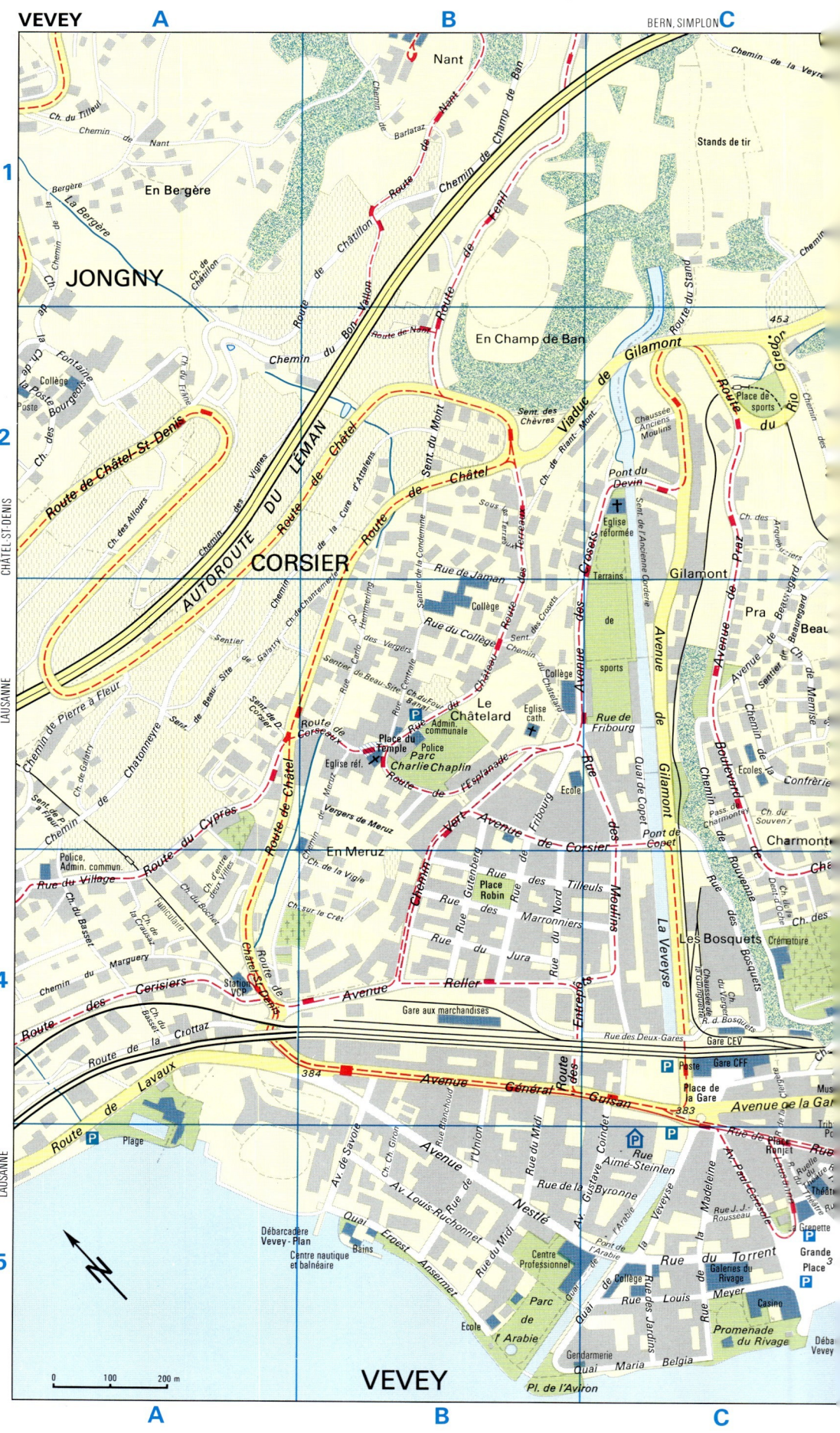

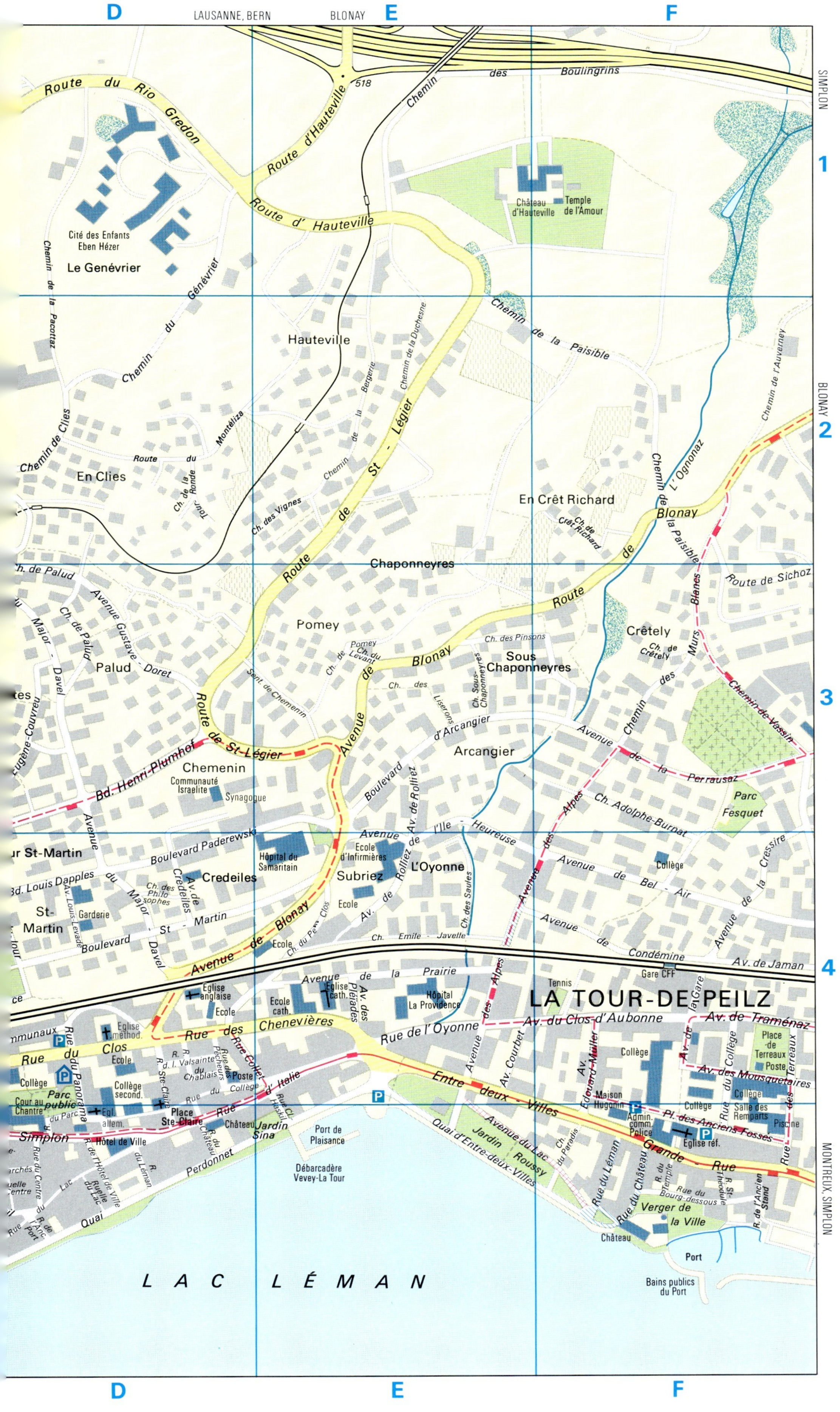

Vevey

Château (**D4**)

Kirche St-Martin (**D4**)

Musée de la Confrérie des Vignerons (Winzermuseum) (**D4**)

Musée du Vieux-Vevey (**D4**)

Cour au Chantre, Präfektur (**D4–5**)

Alimentarium, Ernährungsmuseum der Firma Nestlé (**D5**)

Hôtel de Ville (**D5**)

Tour St-Jean (**D5**)

La Tour-de-Peilz (**F4–5**)

Beschreibung: Seiten 134–135

Winterthur

Die wichtigsten Sehenswürdigkeiten:

Altes Stadthaus und Oberes Spital (**C3**)

Bahnhof (**C3**)

Stadtgarten mit Gartenhäuschen Zum Balustergarten (**C3**)

Unteres Spital (**C3**)

Sammlung Oskar Reinhart «Am Römerholz» (**D1**)

Haus Zum Adler (**D3**)

Haus Zum Warteck (**D3**)

Haus Zur Geduld (**D3**)

Gewerbemuseum (**D3**)

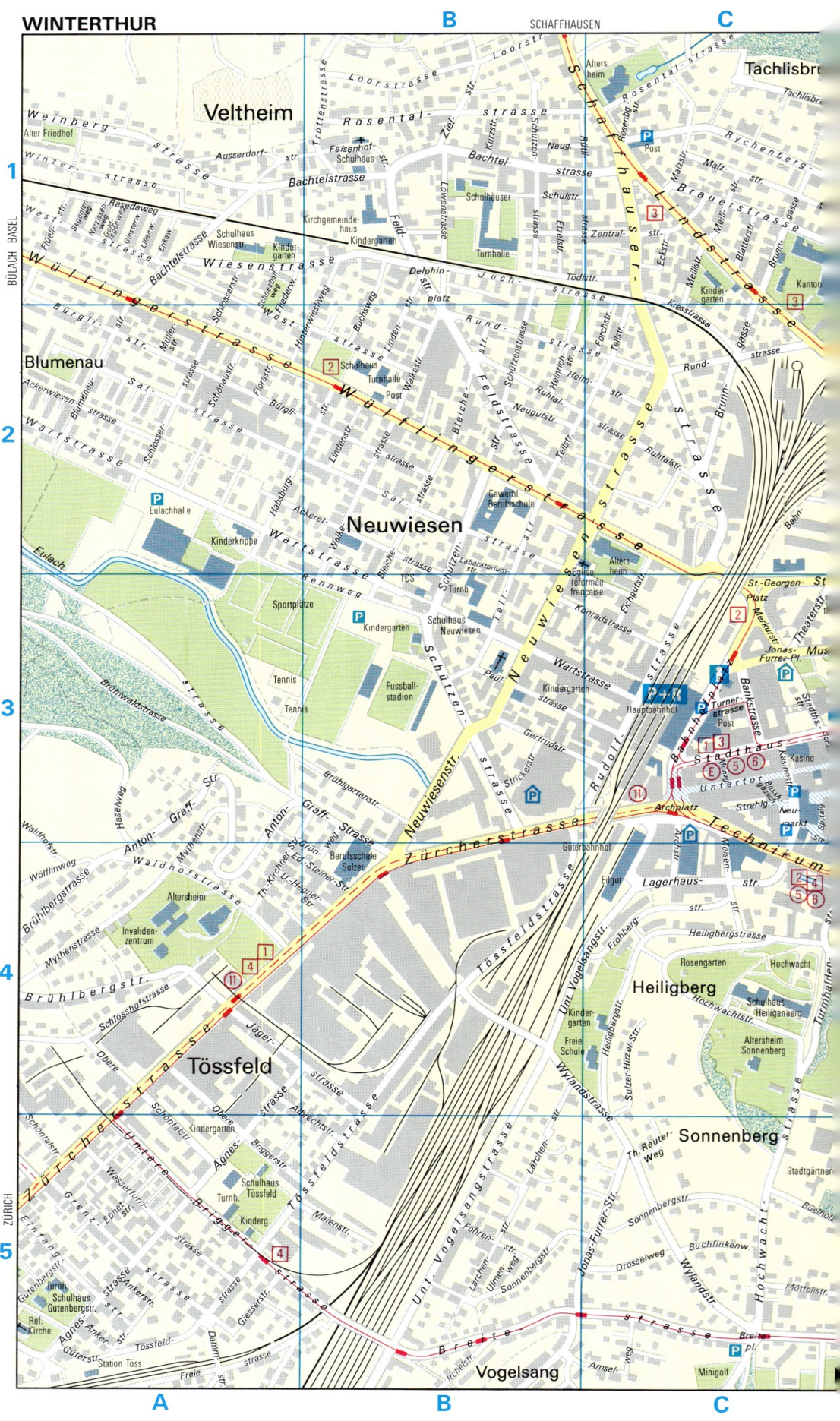

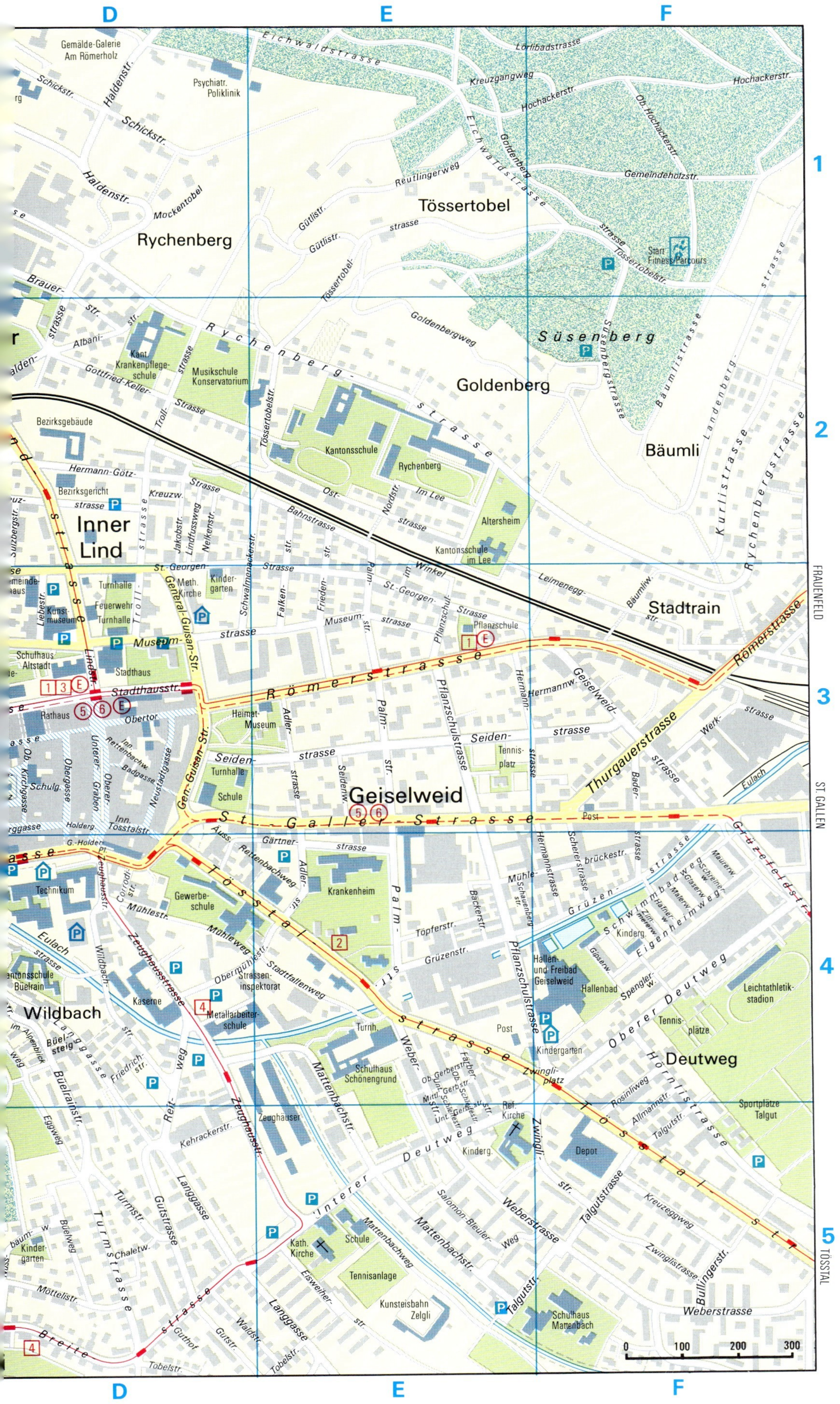

Winterthur

Kunstmuseum und Stadtbibliothek (**D3**)

Rathaus (**D3**)

Stadthaus (**D3**)

Stadtkirche (**D3**)

Stiftung Oskar Reinhart (Gemäldegalerie) (**D3**)

Waaghaus (**D3**)

Alte Kaserne (**D4**)

Haus zum Hinteren Waldhorn (**D4**)

Technikum (**D4**)

Lindengut mit Heimatmuseum (**E3**)

Beschreibung und Stadtrundgang: Seiten 262–267

491

Zürich

Die wichtigsten Sehenswürdigkeiten:

Museum Rietberg (**A4**)

Kunstgewerbemuseum (**B1**)

Hauptbahnhof (**B1–2**)

Schweizerisches Landesmuseum (**B1–2**)

Lindenhof (**B2**)

Schipfe (**B2**)

Augustinerkirche (**B2–3**)

Bahnhofstraße (**B2–3**)

Fraumünster (**B3**)

Kirche St. Peter (**B3**)

Paradeplatz (**B3**)

Zunfthaus zur Meisen (**B3**)

Zunfthaus zur Waag (**B3**)

Eidgenössische Technische Hochschule (**C2**)

Haus zum Rechberg (**C2**)

Hauptwache (**C2**)

Königstuhl, Zunfthaus zur Schneidern (**C2**)

Predigerkirche (**C2**)

492

Zürich

Städtisches Pfrundhaus (**C2**)

Standseilbahn (Polybähnli) (**C2**)

Stockargut (**C2**)

Universität (**C2**)

Zentralbibliothek (**C2**)

Zum Kronentor (**C2**)

Zunfthaus zur Schmiden (**C2**)

Zunfthaus zur Schuhmachern (**C2**)

Großmünster (**C3**)

Haus zum Kiel (**C3**)

Haus zum Napf (**C3**)

Kunsthaus (**C3**)

Rathaus (**C3**)

Schauspielhaus C3)

Wasserkirche und Helmhaus (**C3**)

Zunfthaus zum Rüden (**C3**)

Zunfthaus zur Saffran (**C3**)

Zunfthaus zur Zimmerleuten (**C3**)

Botanischer Garten (**D4**)

Zoologischer Garten (**EF5**)

Beschreibung und Stadtrundgang: Seiten 272–277

493

Zürich

Sportplatz Letzigrund (**C2**)
Albisrieden (**A3**)
Triemli (**C4**)
Helvetiaplatz (**F3**)
Volkshaus (**F3**)
Langstraße (**EF2–3**)

Zürich

Friedhof Sihlfeld (**D3**)

Lochergut (**E3**)

Badeanstalt Letten (**F1**)

Beschreibung und
Stadtrundgang:
Seiten 272–277

Zürich

Zoologischer Garten (**DE5**)
Rennbahn Oerlikon (**B2**)
Hallenstadion (**B2**)
Ausstellungshallen der Züspa (**B2**)

Zürich

Seebach (**AB1**)

Freizeitanlage Bucheggplatz (**A3**)

Beschreibung und Stadtrundgang: Seiten 272–277

Zürich

ETH (Eidg. Technische Hochschule) (**D2**)
Käferberg (**EF2–3**)
Waid (**E3**)
Sportplatz Hardturm (**CD4**)

Zürich

Bernoullihäuser (**D4**)

Flußbad am Gießen (**B3–4**)

Kirche Altstetten (**B5**)

Beschreibung und Stadtrundgang: Seiten 272–277

Zug

Die wichtigsten Sehenswürdigkeiten:

Postplatz (**B3**)

Regierungsgebäude (**B3**)

Schiffstation (**B3**)

Kapuzinerkloster (**B3–4**)

Burg mit historischem Museum (**B4**)

Chaibenturm (**B4**)

Greth-Schell-Brunnen (**B4**)

Huwylerturm (**B4**)

Kirche St. Oswald (**B4**)

Kolinplatz (**B4**)

Kunsthaus (**B4**)

Liebfrauenkapelle (**B4**)

Münz (**B4**)

Rathaus und Rathauskeller (**B4**)

Schatzturm (**B4**)

Theater und Casino (**B4**)

Zytturm (**B4**)

Beschreibung und Stadtrundgang:
Seiten 422–427

Straßenverzeichnis

Alphabetische Reihenfolge von Straßennamen. Nach dem Namen folgt die Seitenzahl mit Buchstabe und Ziffer des blauen Netzquadrates, in welchem sich der gesuchte Name befindet.
Beispiel (Bern):
Marktgasse **446** C1 =
Seite 446, Quadrat C1.

Index alphabétique des rues

Chaque nom est suivi du numéro de la page, puis de la lettre désignant la case – ou les cases – où se situe la rue.
Exemple (Neuchâtel):
Quai Louis-Perrier **474** A/B 4 =
page 474, carré A/B 4

Indice alfabetico dei nomi delle strade

Ogni nome è seguito dal numero della pagina con la lettera e il numero del riquadro azzurro in cui si trova la strada.
Esempio (Bellinzona):
Piazza Nosetto **442** C4 =
pagina 442, riquadro C4.

Aarau

Aarauer Strasse **434** F3
Aaretalstrasse **434** E/F1/2
Aarestrasse **434** B/C1/2
Aarmattweg **434** B1
Achenbergstrasse **434** C1
Adelbändli **434** B2/3
Adolf-Frey-Strasse **434** D2
Ahornweg **434** D/E4/5
Albert-Einstein-Weg
 434 A/B2
Allmendweg **434** F5
Allmendweg **434** A3/4
Apfelhausenweg **434** C3
Asylstrasse **434** A/B2/3
August-Keller-Strasse
 434 D4
Aumattweg **434** D1/2
Bachstrasse **434** C–F3–5
Bachmattweg **434** C/D3/4
Badergässli **434** A/B3
Bahnhofplatz **434** C/D3
Bahnhofstrasse **434** C/D3
Balänenweg **434** C–E2
Bankstrasse **434** C3
Barbaraweg **434** F3
Bergstrasse **434** C5
Birkenweg **434** E4/5
Birkenweg **434** F4
Bleichemattstrasse **434** D3
Blumenweg **434** A2/3
Blumenweg **434** F3
Bollweg **434** D5
Brügglifeldweg **434** E5
Buchenweg **434** D4
Buchser Strasse **434** D–F3
Bündtenweg **434** B1
Burgmattstrasse **434** B5
Dammweg **434** A4
Delfterstrasse **434** E/F1
Dossenstrasse **434** B/C5
Dufourstrasse **434** D/E5
Effingerweg **434** D3/4
Eggstrasse **434** E1/2
Elektraweg **434** F5
Entfelder Strasse **434** C4/5
Erlenweg **434** E5
Erlinsbacher Strasse
 434 A1/2
Eversweg **434** D1
Färbergasse **434** B3
Feerstrasse **434** C2/3
Feldeggweg **434** F4

Fliederweg **434** C5
Fliederweg **434** F4
Fliederweg **434** F5
Florastrasse **434** F3
Flösserstrasse **434** A/B2
Freihofweg **434** C2
Frey-Herose-Strasse
 434 D3/4
Fröhlichstrasse **434** B5
Gaisweg **434** E3
Gartenweg **434** F3
Golattenmattgasse **434** B3
Gönhardweg **434** C/D4/5
Gönhardweg **434** F5
Gotthelfstrasse **434** D/E4/5
Graben **434** B2/3
Grubenweg **434** E/F4/5
Güterstrasse **434** D3
Gyerweg **434** E/F1/2
Gyrixweg **434** E1/2
Gysulastrasse **434** B1
Gysulaweg **434** F5
Halden **434** B2/3
Haldenbachweg **434** B2/3
Haldenring **434** B2/3
Hallwylstrasse **434** C/D5
Hammer **434** B2
Hans-Fleiner-Weg
 434 A/B2
Hasenweg **434** E/F4/5
Hebelweg **434** C4/5
Heideggweg **434** B5
Heinrich-Wirri-Strasse
 434 C/D5
Herzbergstrasse **434** B1
Herzogstrasse **434** D/E3/4
Hintere Bahnhofstrasse
 434 C/D3
Hintere Vorstadt **434** B3
Hohlgasse **434** C4/5
Hübeliackerweg **434** F5
Hungerbergstrasse **434** A1
Hunzikerstrasse **434** D2
Igelweg **434** F5
Igelweid **434** B/C3
Im Ifang **434** A4
Imhofstrasse **434** D/E5
Industriestrasse
 434 E/F2/3
Johann-Rudolf-Meyer-Weg
 434 C2
Jurastrasse **434** C/D4
Kasernenstrasse **434** C3
Kasinostrasse **434** C2/3
Kirchbergstrasse **434** B/C1
Kirchgasse **434** B3
Kirschgartenweg **434** A/B1
Konradstrasse **434** C4

Kornweg **434** C5
Kornweg **434** F4/5
Kreuzplatz **434** D2/3
Kronengasse **434** B3
Kunsthausweg **434** B3/4
Küttigerstrasse **434** B1/2
Kyburger Strasse **434** C5
Laurenzentorgasse
 434 B2/3
Laurenzenvorstadt
 434 C/D2
Lerchenweg **434** E5
Lerchenweg **434** F5
Liebeggerweg **434** B/C5
Lindenhofweg **434** D3
Lindenweg **434** F4/5
Maienzugstrasse **434** D/E1
Metzgergasse **434** B2/3
Milchgasse **434** B3
Mühlbergweg **434** D1
Mühlegässli **434** B2
Mühlemattstrasse **434** B/C2
Muldenstrasse **434** B5
Nelkenweg **434** C5
Neue Aarauer Strasse
 434 E/F5
Neugutstrasse **434** D/E4
Neumattstrasse **434** F1
Nordallee **434** E3
Obere Torfeldstrasse
 434 F3/4
Obere Vorstadt **434** B/C3/4
Oberholzstrasse **434** A4/5
Ochsengässli **434** B2
Parkweg **434** D4
Parkweg **434** F4
Pelzgasse **434** B3
Pestalozzistrasse **434** A/B4
Pfrundweg **434** A2/3
Philosophenweg
 434 B–D1/2
Poststrasse **434** C2/3
Rain **434** B3/4
Rainweg **434** F4
Rathausgasse **434** B3
Rathausplatz **434** B3
Rauchensteinstrasse
 434 D2
Renggerstrasse **434** B/C4
Rochholzweg **434** D1
Rohrerstrasse **434** D–F2
Römerstrasse **434** D1
Rosenbergweg **434** C1
Rosengartenweg **434** B/C4
Rosenweg **434** F5
Rösslistrasse **434** D2
Rothplatzstrasse **434** E5
Rüchlig **434** B1
Rüchligweg **434** D1
Rütliweg **434** B4/5
Saxerstrasse **434** D/E5
Schachen **434** A/B3
Schachenallee **434** A/B3/4
Schachenstrasse **434** A3/4
Schänisweg **434** B3
Schanzmättelistrasse
 434 B4/5
Schanzrain **434** A/B4
Schanzweg **434** B3/4
Scheibenschachenstrasse
 434 B1
Schiffländestrasse
 434 A/B2
Schlossplatz **434** B2
Schönwerder Strasse
 434 A4/5
Segesserweg **434** B5
Sengelbachweg **434** C/D1/2
Sonneckweg **434** F4/5
Sonnmattweg **434** B5
Stapferstrasse **434** A/B5
Stockmattstrasse **434** C1
Storchengasse **434** B3
Stritengässli **434** A/B3
Südallee **434** E/F4/5
Suhrer Strasse **434** F3/4
Tannerstrasse **434** B/C5
Telliring **434** D2
Tellistrasse **434** D–F1/2
Tellstrasse **434** D–F4
Torfeldstrasse **434** E3
Tramstrasse **434** B5
Troxlerweg **434** B1/2
Tuchschmidweg **434** D1
Ulmenweg **434** D5
Untere Torfeldstrasse
 434 F3
Verenaweg Ost **434** F3
Verenaweg West **434** F3
Veronikaweg **434** B5
Viehmarktplatz **434** A/B3
Vordere Vorstadt **434** B3

Wallerstrasse **434** B5
Waltherburgstrasse
 434 A/B4/5
Weidweg **434** F5
Weihermattstrasse
 434 D–F1/2
Weinbergstrasse **434** A1/2
Weltistrasse **434** D4
Westalleeweg **434** D/E4
Wiesenstrasse **434** E3
Zelglistrasse **434** A–C4/5
Zentenarweg **434** B5
Ziegelrain **434** B3
Zollrain **434** B2
Zollweg **434** F4/5
Zurlindensteg **434** C1/2
Zurlindenstrasse **434** C5
Zschokkestrasse **434** C4
Zwischen den Toren **434** B3

Ascona

Albarelle, Via **469** F5
Baraggie, Via **469** F4
Borgo, Via **469** E/F4/5
Buona Mano, Strada della
 469 F4
Cappelle, Via delle **469** F5
Carrà, Contrada della
 469 E/F4/5
Circonvallazione, Via **469** F5
Collegio, Via **469** F4/5
Collina, Strada della
 469 F5
Collinetta, Via **469** E4
Ghiriglioni, Vicolo dei
 469 F5
Lido, Via **469** F5
Locarno, Via **469** F4
Maggiore, Contrada
 469 E/F5
Monescia, Via **469** E4
Monte Verità, Via **469** E4
Moscia, Via **469** F5
Motta, Piazza Giuseppe
 469 E/F5
Orelli, Via **469** F5
Papio, Via Bartolomeo
 469 F4
Pasini, Vicolo **469** F5
Roccolo, Sentiero del
 469 F4
Rondonico, Strada del
 469 E/F4/5
Rotundo, Via **469** F5
San Sebastiano, Via
 469 F5
Sasso Boretto, Via
 469 F5
Scuole, Via alle **469** F4/5
Segne, Via **469** F4
Signore in Croce, Via
 469 F4

Baden

Allmendstrasse **440** A3
Alpenstrasse **440** C4
Alte Landstrasse **440** B1
Altenburgstrasse
 440 C4/5
Am Gottesgraben **440** B/C5
Am Kreuzliberg **440** A4
Austrasse (Obersiggenthal)
 440 A1
Austrasse (Wettingen)
 440 C4
Auweg **440** B/C2
Bachstrasse **440** C5
Bachtalstrasse **440** C2
Bäderstrasse **440** B/C1/2
Badstrasse **440** B2/3
Badstrasse **440** B3
Bahnhofplatz **440** B2
Bahnhofstrasse **440** B2/3
Barbarastrasse **440** A2
BBC-Strasse **440** A1
Berner Strasse **440** A4

Berninastrasse **440** C5
Blumenstrasse **440** C1
Brenntweg **440** B2
Brückenstrasse **440** C5
Brugger Strasse
 440 A/B1–3
Brunnmattstrasse **440** B5
Burghaldenstrasse
 440 A3/4
Cordulaplatz **440** B3
Damianstrasse **440** C4/5
Dammstrasse **440** B3
Dynamostrasse **440** A/B2
Ehrendinger Strasse
 440 C2/3
Eisenbahnweg **440** B2
Feldstrasse **440** C4/5
Feldweg **440** B2
Felsenstrasse **440** A4
Felsenweg **440** A4
Fluhweg **440** C2/3
Friedenstrasse **440** C5
Friedhofweg **440** A2
Gartenstrasse **440** C3
Glärnischstrasse **440** C4
Goldwandstrasse **440** C1
Gottesgrabenweg **440** B/C5
Grabenstrasse **440** B3
Grendelstrasse **440** C2
Grubenstrasse **440** C5
Gstühlstrasse **440** A/B2
Güterstrasse **440** B2
Hägeler Strasse **440** A3
Hahnrainweg **440** B3
Haselstrasse **440** A/B2
Heimstrasse **440** A2
Hertensteinstrasse **440** C1
Hintere Metzgergasse
 440 B3
Hinterhof **440** B2/3
Hirschlistrasse **440** C4
Hochbrücke **440** B/C3
Höhtalstrasse **440** C2
Holzbrücke **440** B/C3
Im Graben **440** B3
Im Roggebode **440** A1
Imfeldstrasse **440** C5
Jakobstrasse **440** C4
Kanalstrasse **440** B/C3/4
Kennelgasse **440** A3
Kirchplatz **440** B3
Kirchweg **440** B3
Kreuzliberstrasse **440** A4
Kronengasse **440** B3
Kurplatz **440** C1
Ländliweg **440** B3/4
Landstrasse **440** A/B1
Landstrasse (Wettingen)
 440 C4
Limmatpromenade
 440 B/C1–3
Lindenplatz **440** B3
Löwenplatz **440** B3
Mäderstrasse **440** A2
Mannsbergweg **440** A3
Martinsbergstrasse
 440 A2/3
Mätteliweg **440** A–C1
Mellinger Strasse
 440 B3/4
Mittelstrasse **440** C5
Mittlere Gasse **440** B3
Moserweg **440** B3
Mühlbergweg **440** C3
Muristrasse **440** C5
Nägelistrasse **440** C4
Nägeliweg **440** C4/5
Neuenhofer Strasse
 440 B3–5
Neustrasse **440** C4/5
Oberdorfstrasse **440** C2
Obere Gasse **440** B3
Obere Halde **440** B3
Oberstadtstrasse **440** A/B4
Oelrainstrasse **440** B2/3
Parkstrasse **440** B/C1/2
Pfisterstrasse **440** B/C4/5
Postweg **440** C1/2
Rathausgasse **440** B3
Rebbergstrasse **440** C1
Römerstrasse **440** A–C1
Ruhfelsweg **440** B5
Rütistrasse **440** A/B3
Sankt-Christ-Strasse
 440 A2
Sankt-Ursus-Strasse
 440 A2/3
Sankt-Verena-Strasse
 440 B1
Schadenmühleplatz **440** A4
Schartenfelsstrasse
 440 C3

BADEN BASEL / BASEL

Schartenstrasse **440** C3
Schiefe Brücke **440** C1/2
Schiibe **440** C1
Schlossbergplatz **440** B3
Schlossbergweg **440** A/B3
Schlösslistrasse **440** B/C2/3
Schönaustrasse **440** C3–5
Schulhausplatz **440** B3
Schwertstrasse **440** B2
Schwimmbadstrasse **440** B/C5
Seminarstrasse **440** C3–5
Siedlungsweg **440** C5
Sonnenbergstrasse **440** B/C2/3
Stadtplatz **440** B3
Stadtturmstrasse **440** A/B2/3
Tannwaldstrasse **440** A4
Theaterplatz **440** B3
Untere Halde **440** B3
Utostrasse **440** C4
Von-Rechenberg-Weg **440** B3/4
Vordere Metzgergasse **440** B3
Weinbergweg **440** C1
Weite Gasse **440** B3
Wettinger Strasse **440** C3/4
Wiesenstrasse **440** A2
Winkelriedstrasse **440** C5
Zentralstrasse **440** C4
Zürcher Strasse **440** B3–5
Zwingelhofgasse **440** B3

Basel

Achilles-Bischoff-Strasse **438** D3
Ackerstrasse **436** C/D1
Adlerstrasse **438** E2
Aeneas-Silvius-Strasse **438** D4
Aeschengraben **436** D5
Aeschenplatz **436** D5
Aeschenvorstadt **436** D5
Aescherstrasse **438** B2
Ahornstrasse **436** B4
Airolostrasse **436** C/D4
Akazienweg **436** E/F1
Albert-Schweitzer-Strasse **438** D4
Alemannengasse **436** D/E4
Allmendstrasse **438** F2/3
Allschwiler Platz **436** B4
Allschwiler Strasse **436** A/B4
Allschwiler Strasse **438** E5
Allschwiler Weg **438** A3
Alte Rheinacherstrasse **438** E5
Altkircher Strasse **436** A/B5
Altrheinweg **436** C1/2
Am Bachgraben **436** A1
Am Bächli **438** A2/3
Am Bahndamm **436** E2
Am Krayenrain **436** B3
Amerbachstrasse **436** C/D2
Amerikanerstrasse **438** B3
Amselstrasse **438** C3
Amselstrasse **438** E/F5
An der Hohlen Gasse **436** E2
Andlauer Strasse **436** C2
Andreas-Heusler-Strasse **438** E2
Andreasplatz **436** C4
Angensteiner Strasse **438** E2
Anwiler Strasse **438** D5
Appenzeller Strasse **436** A3/4
Arabienstrasse **438** C4/5
Arbedostrasse **438** C4/5
Arlesheimer Strasse **438** D/E3
Arnold-Böcklin-Strasse **436** B5
Asconastrasse **438** C/D5
Astershagstrasse **438** C5
Auberg **436** C5

Auf dem Hummel **438** D4/5
Auf dem Wolf **438** F3
Auf der Alp **438** D5
Auf der Batterie **438** C5
Auf der Hueb **438** A3
Augustinergasse **436** C/D4
Äussere lange Heid **438** E5
Austrasse **436** B/C4/5
Bachlettenstrasse **438** B/C2
Bachofenstrasse **438** C/D3
Bacenstrasse **436** D1
Badenweilerstrasse **436** C/D2
Bâle, avenue de **436** C1
Bâle, rue de **436** A/B1
Bärenfelser Strasse **436** C2/3
Bärengasse **438** F1
Bärenheimer Strasse **436** A/B4
Bartholdi, rue **436** A/B1
Basalstrasse **438** F5
Basler Strasse **436** A4
Basler Strasse **436** E4
Basler Strasse **438** B3
Basler Strasse **438** B5
Batteriestrasse **438** B/C5
Bättwiler Strasse **438** B2
Baumgartenweg **438** D3
Bäumleingasse **436** D4
Bäumliackerstrasse **438** C5
Bäumlihofstrasse **438** F3
Bechburger Strasse **438** F1
Beckenstrasse **436** B2
Bedrettostrasse **438** D5
Beim Burenmichelskopf **438** C4
Beim Letziturm **438** E4
Beim Wasserturm **438** D5
Beinwiler Strasse **438** C/D3
Belchenstrasse **436** B4/5
Bellinzonastrasse **438** C4
Benkenstrasse **438** B2
Benkenstrasse **438** A/B3–5
Bergalinger Strasse **436** E3/4
Berner Ring **438** B2
Bernoullistrasse **436** C5
Beugenstrasse **436** E3
Beundenstrasse **438** B5
Biascastrasse **438** D5
Bierestrasse **438** C5
Binninger Strasse **438** A5
Binninger Strasse **438** B/C2
Binninger Strasse **438** E/F5
Binzenstrasse **438** F2/3
Binzenweg **438** B4
Birkenstrasse **438** B4
Birkenweg **438** B5
Birmannsgasse **438** B4
Birseckstrasse **438** E4/5
Birseckstrasse **438** F5
Birsfelder Strasse **436** F4
Birsigstrasse **436** B/C5
Birsigstrasse **438** B5
Birsquai **436** F4
Birsstrasse **438** F1/2
Bläsiring **436** C/D2
Blauensteiner Strasse **438** C2/3
Blauenstrasse **436** B4/5
Blauenstrasse **438** A/B5
Blauenweg **438** B3
Bleicherweg **438** A3
Bleichestrasse **436** D/E3
Blochmonter Strasse **438** B2
Blotzheimer Strasse **436** A3/4
Blotzheimer Weg **436** A3
Blumenrain **436** C3/4
Blumenstrasse **438** B4
Bodenackerstrasse **438** C5
Bohrerhofstrasse **436** A4
Bollwailer Strasse **436** A2/3
Bonfolstrasse **436** A3
Bottringer Strasse **438** E5
Bottringer Strasse **438** B4/5
Brantgasse **436** D3
Breisacher Strasse **436** C2/3
Brennerstrasse **436** B5
Bristenweg **438** A2
Brombacher Strasse **436** D2
Brückenstrasse **438** B4

Bruderholzallee **438** C–E4
Bruderholzrain **438** B/C3–5
Bruderholzrain **438** D3/4
Bruderholzstrasse **438** D2/3
Bruderholzstrasse **438** D/E5
Bruderholzweg **438** D3
Brüglinger Strasse **438** E/F3/4
Brunngässlein **436** D5
Brunnmattstrasse **438** B5
Buchenstrasse **436** A/B4
Buchenstrasse **438** B5
Bundesplatz **438** B5
Bundesstrasse **438** B4/5
Bündner Strasse **438** A4/5
Bündtenmattstrasse **438** A/B2/3
Bündtenstrasse **438** A/B3
Bungestrasse **436** A2/3
Bürenfluhstrasse **438** D5
Burgfelder Platz **436** B3
Burgfelder Strasse **436** A/B2/3
Burggartenstrasse **438** A5
Burgunder Strasse **436** B/C4/5
Burgweg **436** D/E4
Bürklinstrasse **436** F4
Buschweilerweg **436** A3/4
Byfangweg **436** C5
Conrad-Ferdinand-Meyer-Strasse **438** D4/5
Carmenstrasse **436** A4
Cedernweg **436** E3
Centralbahnplatz **438** C/D2
Centralbahnstrasse **438** C/D2
Chrischonastrasse **6** E4
Christoph-Merian-Platz **438** F2
Claragraben **436** D3/4
Clarahofweg **436** D3
Claramattweg **436** D3
Claraplatz **436** D3
Clarastrasse **436** D3
Colmarer Strasse **436** A/B3/4
Couronne, rue de la **436** A1
Curt-Goetz-Strasse **438** B3
Dachsfelder Strasse **438** C2
Dammerkirchstrasse **436** A2/3
Dammstrasse **438** F5
David-Joris-Strasse **438** B/C4
Davidsbodenstrasse **436** B3
Davidsrain **438** B3
De-Wette-Strasse **436** D5
Delémont, rue de **436** A1
Delsberger Allee **438** E1
Deux-Ponts, rue des **436** A1
Die grosse Allee **438** F3
Dittinger Strasse **438** C3
Docteur-Marcel-Hurst, rue du **436** A1
Dolderweg **436** D3/4
Dorenbachpromenade **438** A2
Dorenbachstrasse **438** A/B2
Dorenbachviadukt **438** B/C3
Dornacher Strasse **438** C–E2/3
Drahtzugstrasse **436** D3
Dreirosenbrücke **436** C2
Dreirosenstrasse **436** C2
Drosselstrasse **438** C3/4
Drosselstrasse **438** E5
Dufourstrasse **436** D4/5
Duggingerhof **438** E/F3/4
Edisonstrasse **438** C2
Efeuweg **438** A5
Efringerstrasse **438** D2/3
Eggfluhstrasse **438** B2
Eglisestrasse **436** E/F2
Egliseweglein **436** F2
Eichenstrasse **436** A/B4
Eichhornstrasse **438** D/E4
Eidgenossenweg **438** F3
Eimeldinger Weg **436** D2
Eisenbahnweg **436** F4
Eisengasse **436** C4
Elisabethenstrasse **436** C/D5
Elsässer Rheinweg **436** C2/3
Elsässer Strasse **436** B/C1–3
Elsternweg **438** C4/5

Emanuel-Büchel-Strasse **438** F2
Emil-Angst-Strasse **438** E4/5
Emil-Frey-Strasse **438** E/F4/5
Engelgasse **438** D/E1/2
Ensisheimer Strasse **438** A3
Entenweidstrasse **438** F5
Entenweidstrasse **438** B2/3
Enzianstrasse **438** A4
Eptinger Strasse **438** E4
Erasmusplatz **436** C3
Erdbeergraben **438** C2
Erdbeergraben **438** A4
Erikastrasse **438** D2
Erlenparkweg **436** E/F1/2
Erlenstrasse **436** D/E2
Erstfeldstrasse **438** A2
Ettinger Strasse **438** E5
Eugen-Wullschleger-Strasse **436** F3
Eulerstrasse **438** B/C4
Fabrikstrasse **436** B/C2
Faidostrasse **438** C3/4
Falkensteiner Strasse **438** D/E3
Falknerstrasse **436** C4
Färberstrasse **438** D1
Farnsburger Strasse **438** F4
Fasanenstrasse **436** D–F2
Fäschengasse **438** D5
Fatiostrasse **438** B3
Feierabendstrasse **436** B/C4/5
Feldbergstrasse **436** C/D3
Felixhäglistrasse **438** B/C5
Felsplattenstrasse **436** A3
Ferry, rue Jules- **436** A/B1
Fichtenwaldstrasse **438** F5
Fiechthagstrasse **438** C5
Finkenweg **436** F1/2
Fischerweg **436** E4
Flachsländer Strasse **436** C2
Fliederweg **438** A5
Florastrasse **436** C/D3
Florastrasse **438** B3
Flughafenstrasse **436** A/B1–3
Flurweg **438** C5
Föhrenstrasse **436** A/B4
Föhrenweg **438** A5
Forellenweg **438** F2
Freiburger Strasse **436** D/E1
Freie Strasse **436** C/D4
Friedensgasse **438** B/C3
Friedhofstrasse **438** B/C3
Friedmattweglein **436** A2/3
Friedrich-Miescher-Strasse **436** A2
Friedrich-Oser-Strasse **438** C4
Friedrichstrasse **436** B4
Fringelistrasse **438** D4
Fritz-Hauser-Strasse **438** D4
Frobenstrasse **438** C2/3
Frohburgstrasse **438** F4
Frontière, rue de la **436** B1
Fuchshaggraben **438** A5
Fuchsweg **438** A5
Furkastrasse **438** A2
Fürstensteiner Strasse **438** D/E3/4
Gasstrasse **436** B2
Gartenstrasse **438** B3
Gartenstrasse **438** D1/2
Gartenstrasse **438** F4
Gärtnerstrasse **438** A/B5
Gärtnerstrasse **436** C/D1/2
Gellertpark **438** E1
Gellertstrasse **438** E/F1–3
Gemeindeholzweg **438** C5
Gempenstrasse **438** C2/3
General-Guisan-Strasse **438** A/B1/2
Général-Leclerc, cité **436** B1
Genève, rue de **436** A1
Gerbergasse **436** C4
Giessliweg **436** C/D1
Gilgenberger Strasse **438** A5
Giornicostrasse **438** C–E5
Glaserstrasse **436** A/B2/3
Gorenmattstrasse **438** B4
Göschenenstrasse **438** A4
Gottesackerstrasse **436** D2

Gottfried-Keller-Strasse **436** A4
Gotthardstrasse **438** A1/2
Gotthelfplatz **436** A4
Gotthelfstrasse **436** A4/5
Greifengasse **436** D3
Grellinger Strasse **438** E1/2
Grenzacher Strasse **436** D–F3/4
Grienstrasse **436** A3/4
Grimselstrasse **438** A2
Grosspeterstrasse **438** D/E2
Gundeldinger Rain **438** C/D3/4
Gundeldinger Strasse **438** C–E3/4
Gustackerstrasse **438** A5
Gustav-Wenk-Strasse **436** A2
Güterstrasse **438** C–E2/3
Habsburgerstrasse **436** B3
Hagenaustrasse **438** A2
Hagenbachstrasse **438** D/E2
Hagentaler Strasse **436** A/B3
Haltinger Strasse **436** D3
Hammerstrasse **436** D2–4
Hans-Albrecht-Strasse **436** F2
Hans-Huber-Strasse **438** B/C2
Hardrain **438** F2
Hardstrasse **438** E1/2
Hardstrasse **438** F5
Hasenmattstrasse **438** D4
Hasenrainstrasse **438** A/B3
Häsinger Strasse **436** A/B3
Hauensteinstrasse **438** D4
Hauptstrasse **436** F4/5
Hauptstrasse **438** B2/3
Hebelplatz **436** B3
Hebelstrasse **436** B/C3/4
Hechtliacker **438** E4
Hechtweg **438** F1
Hegenheimer Strasse **436** A/B3
Heinrichsgasse **436** B4
Helfenbergstrasse **438** C4
Henric-Petri-Strasse **436** D5
Helvetiaplatz **436** A4
Herbergsgasse **436** C4
Herbstgasse **438** B3
Hermann-Suter-Strasse **438** B/C2
Herrengrabenweg **436** B4/5
Hersberger Weg **436** F3
Heuberg **436** C4
Heumattstrasse **438** D2
Heuwaageviadukt **436** C5
Hirschgässlein **436** D5
Hirtenbündtenweg **438** A4
Hirzbacher Park **438** E1
Hirzbodenweg **438** E1/2
Hirzbrunnenallee **436** F3
Hirzbrunnenpromenade **436** F3
Hirzbrunnenschanze **436** F3
Hirzbrunnenstrasse **436** F2/3
Hochberger Platz **436** D1
Hochberger Strasse **436** D1
Hochstrasse **438** D2/3
Hochwaldstrasse **438** E4/5
Hofmattweg **438** B5
Hofstetterstrasse **438** A2
Hohe Windestrasse **438** C/D4
Höhenweg **438** A/B3
Höhenweg **438** B/C2
Hohle Gasse **438** B3
Holbeinplatz **436** C4
Holbeinstrasse **436** C4/5
Holderstrasse **436** C/D1
Holeerain **438** B2/3
Holeestrasse **438** A/B2/3
Hölzlistrasse **438** A3/4
Homburger Strasse **436** F4
Horburgstrasse **436** C/D2
Huebweg **438** A3
Hügelweg **438** A3
Hüninger Strasse **436** B/C1/2
Hutgasse **436** C4
Im Baumgarten **438** A4
Im Bertschenacker **438** A5
Im Erlisacker **438** C5
Im Ettinger Hof **436** A4
Im Gerstenacker **438** A4
Im Heimatland **436** F3
Im Heimgarten **438** A2

BASEL

Im Holeeletten **438** A2
Im Hügliacker **438** A3
Im Katzenwadel **438** A4/5
Im Kirschgarten **438** A3
Im Klosteracker **438** A4/5
Im Kugelfang **438** A4
Im Margarethental **438** B3
Im Martell **438** A3
Im Nonnengärtli **438** A4/5
Im Rankhof **436** F3/4
Im Rehwechsel **438** A4/5
Im Roggenacker **438** A4/5
Im Sesselacker **438** D/E4
Im Spiegelfeld **438** A/B4
Im Steinenmüller **438** E5
Im Surinam **436** E2/3
Im Wasenboden **436** B2
Im Wiesengrund **438** A3
Im Witterswiler Hof **436** A4
Im Zehntenfrei **438** A3
Im Zimmerhof **436** B4
Im langen Loh **436** A4/5
Im tiefen Boden
 438 C/D4/5
Immengasse **436** B/C3
In den Klostermatten
 438 F1/2
In den Klosterreben
 436 E4/5
In den Schorenmatten
 436 E2
In den Ziegelhöfen **438** A2
Industrie, rue de l' **436** B/C1
Ingelsteinweg **438** D3
Innere Margarethenstrasse
 436 C5
Innerer Egliseeweg **436** F2
Inselstrasse **436** C/D1
Isteiner Strasse **436** D3
Itelpfad **436** E3
Jacob-Breitenstein-Strasse
 438 C4
Jacob-Burckhardt-Strasse
 438 D/E2
Jägerstrasse **436** E2/3
Jakobsbergerholzweg
 438 E4
Jakobsbergerstrasse
 438 D/E4
Jakobsbergerweglein
 438 D4/5
Joachimsackerstrasse
 438 C5
Johanniterbrücke **436** C3
Johanniterstrasse **436** C3
Johann-Jakob-Balmer-
 Strasse **438** D3
Jungstrasse **436** B/C2/3
Jupiterstrasse **436** A4
Jurastrasse **438** D3
Käferholzstrasse **436** F2/3
Kahlstrasse **438** B2
Kaltbrunnenstrasse **438** B2
Kanderer Strasse **436** C/D3
Kannenfeldplatz **436** B3
Kannenfeldstrasse **436** B3
Kanonengasse **436** C5
Kapellenstrasse **438** E2
Kapellenweg **438** B3
Karl-Barth-Platz **438** E2
Karl-Jaspers-Allee **438** E/F2
Karpfenweg **438** F1/2
Kartausgasse **438** D4/5
Kasernenstrasse **436** D3
Kastanienallee **438** B3
Kastanienweg **438** F2
Kastanienweg **438** F5
Kastelstrasse **438** B2
Kayserberger Strasse
 436 A3
Kembserweg **436** B3
Kernmattstrasse **438** B3
Kienbergstrasse **436** E3
Kirchgasse **436** D4
Kirchstrasse **436** F4
Kirchweg **438** B3
Kirschbaumweg **438** A5
Kirschblütenweg **438** C4
Kirschgartenstrasse
 436 D5
Kirschtalgraben **438** B/C5
Kirschtalrain **438** B4/5
Kleinhüningerstrasse
 436 C/D1
Kleinriehenpromenade
 436 F2
Kleinriehenstrasse
 436 F2/3
Klingelbergstrasse
 436 B/C3/4
Klingentalgraben
 436 C/D3

Klingentalstrasse **436** D3
Klingnaustrasse **436** D3/4
Klosterberg **436** C/D5
Kluserstrasse **436** B2
Klybeckstrasse
 436 C/D1–3
Knöringer Strasse **436** A3
Kohlenberg **436** C4
Kohlenberggasse
 436 C4/5
Kohlenstrasse **436** B1
Kornhausgasse **436** C4
Krachenrain **438** D4
Kraftstrasse **436** B2
Kreuzackerhagli **438** A5
Kreuzackerweg **438** A5
Kronengasse **438** B2
Kronenweg **438** B3
Krummackerstrasse **438** C5
Küchengasse **438** C2
Leonard-Bartenschlag-
 Strasse **438** C4
Lachenstrasse **436** A/B2
Landskronstrasse
 436 B2/3
Lange Gasse **438** A/B3
Lange Gasse **438** D/E1/2
Lärchenstrasse **438** F5
Largitzenstrasse **436** A2/3
Laufenburger Strasse
 436 E/F2
Laufenstrasse **438** D3
Laupenring **438** A2
Lausanne, rue de **436** A1
Lautengartenstrasse **436** D5
Lehenmattstrasse
 436 E/F1/2
Leimenstrasse **436** B/C4/5
Leimgrubenweg **438** A3/4
Leimgrubenweg **438** E4
Lenzgasse **436** B2/3
Leonhardsgraben **436** C4
Leonhardskirchplatz **436** C4
Leonhardsstrasse **436** C4
Lerchenstrasse **438** C3/4
Leuengasse **436** C3
Liberté, rue de la **436** A1
Lichtstrasse **436** B2
Liesberger Strasse **438** D3
Liestaler Strasse **438** F1
Lindenhofstrasse **438** D2
Lindenplatz **436** A4
Lindenstrasse **436** A4
Lindenstrasse **438** A/B4/5
Lindenweg **438** E1/2
Lohweg **436** A1
Lothringer Strasse
 436 B2/3
Löwenbergstrasse **438** D4
Luftgässlein **436** D4
Luftmattstrasse **438** E2
Lukas-Legrand-Strasse
 436 F2
Lützelstrasse **436** A3
Luzerner Ring **436** A/B2/3
Magdenstrasse **436** F3
Magnolienpark **438** E1
Maiengasse **436** B/C3/4
Maispracherweg **436** F3
Malzgasse **438** D4/5
Margarethenbrücke **438** C2
Margarethenstich **438** B/C3
Margarethenstrasse
 438 B3/4
Margarethenstrasse **438** B5
Margarethenstrasse
 438 C2/3
Mariasteinstrasse **438** B2
Marignanostrasse **438** C4
Markgräflerstrasse
 436 C/D2
Markircher Strasse **436** A3
Marktgasse **436** C4
Marktplatz **436** C4
Marschalkenstrasse
 438 A/B1/2
Martinsgasse **436** C4
Mathilde-Paravicini-Strasse
 438 E2
Mattenstrasse
 436 D/E2/3
Matthäusstrasse **436** D3
Mauerstrasse **436** D2
Maulbeerstrasse
 436 D/E2/3
Meisengasse **436** C2
Melchtalstrasse **438** A/B4
Meltinger Strasse **438** C2
Merianplatz **438** F2
Merkurstrasse **436** A4/5
Messeplatz **436** D3
Metzerstrasse **436** B3

Michelbacher Strasse
 436 A3
Missionsstrasse
 436 B/C3/4
Mittlere Rheinbrücke
 436 C/D3/4
Mittlere Strasse **436** B3/4
Mönchsberger Strasse
 438 D3
Montreux, rue de **436** A/B1
Morgartenring **436** A4/5
Mörsberger Strasse **436** D3
Mostackerstrasse **436** C4
Muespacher Strasse
 436 A3
Mühlegraben **436** E4/5
Mühlenberg **438** D4
Mühlsteig **438** B4
Mülhauser Strasse
 436 C/2/3
Müllheimer Strasse
 436 D/2/3
Multenweg **438** A3
Münchensteiner Brücke
 438 D3
Münchensteiner Strasse
 438 D/E1/2
Münsterplatz **436** D4
Münzgasse **436** C4
Murbacher Strasse **436** B2
Murtengasse **436** B5
Muttenzer Strasse **438** F5
Mythenstrasse **436** A4
Nadelberg **436** C4
Näfelser Strasse **436** A4
Narzissenweg **438** A3/4
Nasenweg **438** F1
Nauenstrasse **438** D2
Nenzlinger Strasse **438** B2
Neptunstrasse **436** A4
Neubadrain **436** A2/3
Neubadstrasse **436** A/B2
Neudorfstrasse **436** A1/2
Neuenstener Strasse
 438 D/E3
Neuhofweg **438** A4
Neumattstrasse **438** A/B5
Neusatzsteg **438** F2
Neusatzstrasse **438** A/B3
Neuweilerplatz **438** A2
Neuweilerstrasse **438** A2
Nidwaldner Strasse
 438 D4
Niklaus-von-Flüe-Strasse
 438 D4
Nonnenholzstrasse **436** E1
Nonnenweg **436** B4
Novarastrasse **436** C4
Nufenenstrasse **438** A2
Nussbaumweg **438** A5
Ob dem Fuchshag **438** A5
Ob dem Hölzli **438** A3/4
Ob dem Hügliacker
 438 A1/2
Oberalpstrasse **438** A1/2
Oberer Batterieweg
 438 C4/5
Oberer Rheinweg **436** D4
Oberlin, rue **436** A1
Oberwiler Strasse
 438 A/B3–5
Oberwiler Strasse **438** B2
Oberwiler Strasse **438** E5
Obwaldner Strasse **436** A4
Ochsengasse **436** D3
Oetlinger Strasse
 436 C/D2/3
Offenburger Strasse **436** C2
Oltinger Strasse **436** A3
Oscar-Frey-Strasse
 438 C4/5
Palmenstrasse **436** B4
Pappelweg **438** F5
Paracelsusstrasse **436** F3
Paradieshofstrasse
 438 A2
Paradiesstrasse **438** A/B3
Parkstrasse **438** B4
Parkweg **438** D2
Passwangstrasse **436** A4
Passwangstrasse
 438 D3/4
Pasteur, rue **436** A1
Paulusgasse **438** B5
Pelikanweg **436** C2
Pestalozzistrasse
 438 D2
Peter-Ochs-Strasse
 438 D4/5
Peter-Rot-Strasse **436** E3/4

Petersgasse **436** C3/4
Petersgraben **436** C3/4
Petersplatz **436** C4
Pfaffenrainstrasse **438** B/C5
Pfeffelstrasse **438** B4
Pfeffinger Strasse **438** C/D3
Pfirtergasse **438** B2
Pfluggässlein **436** C4
Picassoplatz **436** D5
Pilatusstrasse **436** A4/5
Pilgerstrasse **438** B4
Platanenweg **438** F5
Postgasse **438** B3
Poststrasse **436** A4
Pratteler Strasse **438** F2
Predigerhofstrasse **438** C5
Pruntruter Strasse **436** C2
Quellenweg **438** A2
Rainstrasse **438** F4/5
Rämelstrasse **438** A3
Rämelstrasse **438** A4
Rämelstrasse **438** A/B5
Ramsteiner Strasse
 436 E4
Rankstrasse **436** F3
Rappenbodenweg **438** C5
Rappoltshof **438** D3
Rastatter Strasse **436** C1
Realpstrasse **438** A2
Rebgasse **436** D3/4
Rebgasse **438** A/B3
Redingstrasse **438** F2
Rehhagstrasse **438** C/D4
Reichensteiner Strasse
 438 C2/3
Reinacher Strasse
 438 E3/4
Reiterstrasse **438** A2
Rennweg **438** E2
Reservoirstrasse
 438 C/D4/5
Reussstrasse **438** A2
Rheinfelder Strasse
 436 D3/4
Rheingasse **436** D3/4
Rheinländer Strasse **436** B3
Rheinsprung **436** C4
Rheinstrasse **436** F4
Riburgstrasse **436** F3
Riedberger Strasse **438** D4
Riehenring **436** D/E1–3
Riehenstrasse
 436 D–F2–4
Riehenteichstrasse **436** E3
Riehentorstrasse **436** D4
Rigistrasse **436** A4/5
Rigiweg **438** F5
Rittergasse **436** D4
Rittergasse **438** B5
Rixheimer Strasse **436** A3/4
Rodersdorfer Strasse
 436 A3
Rodrisstrasse **438** B2
Römergasse **436** D4
Rooseveltstrasse **438** B/C4
Röschenzer Strasse **438** C3
Rosengartenweg **436** E4
Rosentalstrasse **436** D/E3
Rosenweg **438** A5
Rosshofgasse **436** C4
Rotberger Strasse **438** B2
Rotteler Strasse **436** F2
Rottmannsbodenstrasse
 438 A/B3
Ruchfeldstrasse **436** B/C4
Rucholzstrasse **438** B5
Rudolfstrasse **436** B4/5
Rufacherstrasse **436** A/B4
Rührberger Strasse
 436 E3/4
Rümelinbachweg **436** C5
Rümelinsplatz **436** C4
Rümminger Strasse **436** F3
Rütihardstrasse **438** F5
Rütimeyerplatz **438** B2
Rütimeyerstrasse **438** B2
Rütistrasse **438** B5
Rütlistrasse **436** B4
Ryffstrasse **436** B2/3
Säckinger Strasse **436** F2
Saint-Jean, rue **436** A1
Salinenstrasse **438** E2
Salmenweg **436** D1
Sandgrubenstrasse **436** E3
Sandgrabenweg **436** D3
Sängergasse **436** B4
Sankt-Alban-Anlage
 436 D/E5
Sankt-Alban-Graben
 436 D4
Sankt-Alban-Rheinweg
 436 D–F4

Sankt-Alban-Ring **438** E1/2
Sankt-Alban-Tal **436** E4/5
Sankt-Alban-Vorstadt
 436 D/E4/5
Sankt Galler Ring **436** A4
Sankt Galler Ring **436** A5
Sankt-Jakobs-Strasse
 438 D–F2/3
Sankt-Johanns-Platz
 436 C3
Sankt-Johanns-Parkweg
 436 C2
Sankt-Johanns-Rheinweg
 436 C2/3
Sankt-Johanns-Ring
 436 B/C3
Sankt-Johanns-Vorstadt
 436 C3
Säntisstrasse **438** A1
Sarner Strasse **436** A4
Saturnstrasse **436** A4
Schaffhauser Rheinweg
 436 D/E4
Schafgässlein **436** D3/4
Schafmattweg **438** B4/5
Schalerstrasse **438** B2
Schanzenstrasse **436** C3
Schäublinstrasse
 438 C3/4
Schauenburger Strasse
 436 E4
Scheltenstrasse **438** D4
Scherkesselweg **438** F2
Schifflände **436** C4
Schertlingasse **436** C5
Schillerstrasse **436** F4
Schillerstrasse **438** D3
Schlachthofstrasse **436** B1
Schleifenbergstrasse
 436 E3
Schlettstadter Strasse
 436 B4
Schliengerweg **436** D2
Schlossgasse **438** B3/4
Schlossgasse **438** A/B5
Schlossgasse **436** C1
Schlüsselgasse **438** B3
Schmalzhaldenweg
 438 A/B3
Schnabelgasse **436** C4
Schneidergasse **436** C4
Schöllenenstrasse **438** A2
Schönaustrasse
 436 D/E2/3
Schönbeinstrasse **436** C3/4
Schönenbergstrasse
 438 D4
Schönmattstrasse **438** B2
Schopfheimer Strasse
 436 E/F2
Schorenweg **436** E/F2
Schützengraben **436** C4
Schützenmattstrasse
 436 B/C4
Schützenweg **438** A4/5
Schützenweg **438** A4
Schwarzwaldallee
 436 E2/3
Schwarzwaldallee
 436 E/F3/4
Schwarzwaldbrücke **436** F4
Schwarzwaldstrasse **436** E3
Schweissbergweg **438** B4
Schweizergasse **438** B2
Schwertrainstrasse
 438 F4/5
Schwörstadter Strasse
 438 E3
Seltisberger Strasse
 438 D/E5
Sempacher Strasse
 438 C2/3
Sennheimer Strasse
 436 A/B4/5
Septerstrasse **436** A2/3
Sevogelplatz **438** E2
Sevogelstrasse **438** E2
Sierenzerstrasse
 436 A/B3/4
Singerstrasse **438** E2
Sissacher Strasse **438** E2
Socinstrasse **436** B4
Solitudepromenade **436** E4
Solothurner Strasse
 438 C/D2/3
Sommergasse **436** B3
Sommerhalde **438** A3
Sonnenbergstrasse
 438 D4
Sonnenrain **438** A5
Sonnenweg **438** E2
Sonnmattstrasse **438** A5

503

BASEL BELLINZONA

Spalenberg 436 C4
Spalengraben 436 C4
Spalenring 436 B3-5
Spalentorweg 436 B/C4
Spalenvorstadt 436 C4
Spechtweg 438 C5
Speiserstrasse 438 F2
Sperrstrasse 436 D3
Spiegelbergstrasse 438 D4
Spiegelgasse 436 C4
Spitalstrasse 436 B/C3
Spitzackerstrasse 438 C/D5
Spitzwaldstrasse 436 A4
Stachelrain 438 E4
Stade, cité du 436 B1
Stadionstrasse 438 F2
Stallenstrasse 438 A5
Starenstrasse 438 C3
Steinenberg 436 C/D4/5
Steinengraben 436 C4/5
Steinenkreuzstrasse 438 A/B3/4
Steinenring 436 B5
Steinentorberg 436 C5
Steinentorstrasse 436 C5
Steinenvorstadt 436 C4/5
Stelzenackerweg 438 A4
Sternenbergstrasse 438 D3
Sternengasse 436 D5
Stöberstrasse 436 B4
Strassburger Allee 436 A/B3/4
Streitgasse 436 C/D4
Sulzerstrasse 436 B4/5
Sundgau, rue du 436 A1
Sundgauer Strasse 436 A3
Sustenstrasse 438 A2
Tannenfluhweg 438 D3
Teichweg 438 F5
Tellerweg 438 A4
Tellplatz 438 D3
Tellstrasse 438 D3
Tessinstrasse 438 A1/2
Thannerstrasse 436 B4
Theaterstrasse 436 C4/5
Theodor-Herzl-Strasse 436 A2/3
Theodorsgraben 436 D4
Theodorskirchplatz 436 D4
Therwiler Strasse 438 B2
Therwiler Strasse 438 E5
Thiersteiner Allee 438 D3
Thiersteiner Rain 438 D3/4
Thumringer Strasse 436 F2/3
Tiefengrabenstrasse 438 A2/3
Tiergartenrain 438 C2
Tödistrasse 438 A1/2
Tunnelweg 438 F5
Türkheimer Strasse 436 B4
Tüllinger Strasse 436 F2
Turnerstrasse 436 D3/4
Uferstrasse 436 C1/2
Uhlandstrasse 438 D3
Ulmenstrasse 436 A4
Ulmenweglein 438 F2
Unter dem Hölzli 438 A1
Unter der Batterie 438 C4/5
Untere Rebgasse 436 D3
Unterer Batterieweg 438 C3/4
Unterer Rheinweg 436 C2-3
Urs-Graf-Strasse 438 E/F2
Utengasse 436 D3/4
Venusstrasse 438 B/C3
Verdun, rue de 436 B1
Viaduktstrasse 436 B/C5
Vogelsangstrasse 438 E3
Vogelsangweg 436 E3
Vogesenstrasse 436 B2/3
Volkensberger Strasse 436 A3
Voltaplatz 436 B2
Voltastrasse 436 B/C2
Vordere Birsstrasse 438 F1
Wahlenweg 438 D/E5
Waldeckstrasse 438 D/E3/4
Waldeckweg 438 B4/5
Waldenburger Strasse 436 E4
Waldighofer Strasse 436 A2/3
Waldshutstrasse 436 F2
Walkeweg 438 E/F3/4
Wallstrasse 436 C5
Walter-Fürst-Strasse 438 B4
Wanderstrasse 436 A/B5

Wartenbergstrasse 438 E2
Wartenberstrasse 438 F5
Wasenstrasschen 436 A/B2
Wasgenring 436 A3/4
Wassergrabenstrasse 438 A/B4
Wasserhausweg 438 F5
Wasserstrasse 436 B/C2
Wattstrasse 436 B2
Webergasse 436 D3
Wegastrasse 436 A4
Weidengasse 436 E4/5
Weidweg 438 A3
Weihermattstrasse 438 B3
Weiherweg 438 B4/5
Weinbergstrasse 438 A3/4
Weissensteinstrasse 438 D4
Welschmattstrasse 436 A3
Wettsteinallee 438 D/E3/4
Wettsteinbrücke 436 D4
Wettsteinplatz 436 D4
Wettsteinstrasse 436 D4
Wielandplatz 436 B5
Wiesendamm 436 C/D1
Wiesenplatz 436 D1
Wiesenschanzweg 436 D2
Wiesenstrasse 436 D1
Wildensteiner Strasse 438 F1
Wilhelm-Denz-Strasse 438 B/C4
Wilhelm-His-Strasse 436 C3
Wilhelm-Klein-Strasse 436 A2
Winkeriedplatz 438 C3
Wintergasse 436 B3
Winterhalde 438 A3
Wintersingerweg 436 F3
Wittlinger Strasse 436 F3
Wollbacher Strasse 436 F3
Wuhrmattstrasse 438 B5
Zähringerstrasse 436 C2
Zeglinger Weg 436 F3
Zehntenfreiestrasse 438 B/C5
Zeigerweg 438 A4
Zeughausstrasse 438 E2/3
Ziegelstrasse 438 A3
Ziegelweg 438 A/B4
Zum Bischofstein 436 E3/4
Zum Hilsenstein 438 D3
Zur Gempenfluh 438 D/E4/5
Zürcher Strasse 436 E/F4/5
Zwinger-Strasse 438 D2/3
Zwinglistrasse 436 F4

Bellinzona

Alberti, Via Vincenzo d' 442 C2/3
Arcioni, Via generale Antonio 442 E1
Artore, Via 442 D/E3/4
Bellavista, Via 442 D/E3
Belsoggiorno, Via 442 C/D5
Bertoni, Via Brenno 442 B/C4/5
Birreria, Via 442 A1/2
Bolla, Via Arnoldo 442 B5
Bonzanigo, Via Fulgenzio 442 C/D4
Borromini, Via Francesco 442 A4/5
Bramanto, Via del 442 B3
Brunari, Via 442 B1
Calanca, Via 442 D1/2
Camminata, Via 442 C4
Campo Marzio, Via 442 C2/3
Camposanto, Via 442 B/C5
Cancelliere Molo, Via 442 D2/3
Carale Bacilieri 442 D5
Castelli, Salita ai 442 C4
Castello Grande, Salita al 442 C3
Cattori, Via Guiseppe 442 B3
Cavargna, Via 442 E3/4

Centrale, Via 442 E3
Cesero, Via 442 D1
Chiesa, Salita 442 E2
Chiesa, Via Francesco 442 B2
Chicherio, Via 442 A3-5
Cima del Uomo, Via 442 D1
Cimitero, Via 442 E2
Codeborgo, Via 442 C4
Collegiata, Piazza 442 C3
Colombi, Via Luigi 442 C5
Convento, Via 442 B/C5
Cracco, Vicolo 442 D4/5
Cusa, Vicolo 442 C/D4
Daro, Via 442 D/E3
Dogana, Via 442 D5
Dragonato, Via 442 C/D4
Elvezia, Largo 442 C/D3
Ferrini, Via Benedetto 442 E4
Fiume, Via al 442 A3
Fleming, Via 442 B/C4/5
Fontana, Via Domenico 442 B4/5
Franscini, Viale Stefano 442 A-C3/4
Gaggini, Via dei 442 A3/4
Gaggiole, Via alle 442 C1
Geretta, Via 442 E1
Ghiringhelli, Via Canonico 442 B/C4/5
Gorla, Via dei 442 C2
Governo, Piazza 442 C3/4
Guisan, Via Henri 442 C/D2/3
Indipendenza, Piazza 442 C4
Jauch, Via 442 C4
Lavizzari, Via Luigi 442 C1/2
Lepori, Via Giuseppe 442 B/C1
Lobbia, Via 442 E4
Lodovico il Moro, Via 442 C1/2
Lucomagno, Via 442 C1/2
Lugano, Via 442 C4/5
Luini, Via Bernardino 442 A/B3/4
Maderno, Via Carlo 442 A/B5
Magorio, Via 442 C4
Malmera, Via 442 E2/3
Marliano, Via Pietro da 442 C2/3
Mentlen, Vicolo von 442 C4
Mesolcina, Piazza 442 D2
Mesolcina, Piazzale 442 D/E4/5
Mesolcina, Via 442 D1/2
Mirasole, Via 442 B/C1-3
Moderna, Via alla 442 D1
Monte Crenone, Via 442 C1
Monte Gaggio, Via 442 C/D1
Motta, Salita 442 C/D3/4
Motta, Via Emilio 442 B3/4
Motta, Via Giuseppe 442 C/D1/2
Motto, Via Arbino d' 442 C1
Mulini, Via ai 442 C1
Murata, Via 442 D3
Nadi, Vicolo 442 D3
Nizzola, Via 442 B/C4
Nocca, Via 442 C4
Nosetto, Piazza 442 C4
Officina, Via 442 D/E1/2
Orba, Carrale 442 A1
Orico, Via 442 B/C3
Ospedale, Via 442 C/D4/5
Paradiso, Via 442 E1
Parco, Via 442 B/C2/3
Passerella, Via 442 C5
Pedemonte, Via 442 D/E1-3
Pedotti, Via Federico 442 C5
Pellandini, Via Claudio 442 D3
Pian Lorenzo, Via 442 E3
Pizzo di Claro 442 C1
Pometta, Via Giuseppe 442 B3
Portaccia, Via 442 E2
Portone, Via 442 B/C3
Posta vecchia, Via 442 C5
Prato, Via al 442 E1
Pratocarasso, Via 442 D1
Predella, Via alla 442 E4/5

Raggi, Via Antonio 442 A5
Ravecchia, Via 442 C/D4/5
Retica, Via 442 D2
Riale Righetti, Via 442 A/B1/2
Rodari, Via Tomaso 442 A/B5
Roggia dei Mulini, Via 442 D1/2
Ronchi, Via ai 442 E3
Rusconi, Via 442 C5
Sacco, Via Alberto di 442 D2
Salvioni, Via Carlo 442 B3
San Bernardino, Via 442 D1/2
San Biagio, Via 442 C5
San Giovanni, Via 442 D2/3
San Gottardo, Via 442 D/E1/2
San Michele, Salita 442 C3
Santa Marta, Via 442 D2
Sasso, Vicolo al 442 C3/4
Sasso Corbaro, Via 442 D/E4/5
Schnoz, Via 442 A1
Simen, Piazza 442 C3
Sole, Piazza del 442 C/D3
Sottocorte, Vicolo 442 B/C3/4
Stazione, Viale 442 C/D2/3
Tatti, Via Pierino 442 A/B4
Teatro, Via 442 C3/4
Torre, Via 442 C/D3
Trezzini, Via 442 A5
Varesca, Via 442 E3
Varrone, Via 442 D/E1
Vela, Via Vincenzo 442 C/D3
Vigne, via delle 442 E3/4
Villette, Via 442 A1
Visconti, Via 442 D2
Zorzi, Via Franco 442 A/B4/5

Bern

Aarbergergasse 444 B/C4
Aarbühlweg 448 C3/4
Aargauerstalden 444 D/E4/5
Aarhaldenstrasse 446 C3/4
Aarstrasse 446 C/D5
Abendstrasse 448 B2
Aebistrasse 444 A4
Aegertenstrasse 446 C2/3
Aehrenweg 448 C1
Ahornweg 444 B4
Ahornweg 446 A5
Ahornweg 446 F4
Albitweg 444 A4
Alemannenstrasse 448 C2/3
Alexandraweg 446 F3
Alleeweg 446 F2
Allmendstrasse 444 C/D3
Alpeneggstrasse 444 B3/4
Alpenstrasse 446 D2
Alpenstrasse 446 D/E4/5
Altenbergrain 444 C4
Altenbergsteg 444 C4
Altenbergstrasse 444 C/D4
Alter Aargauerstalden 444 E4/5
Alter Stationsweg 444 F3
Amietstrasse 446 F2
Amselweg 444 A4
Amtshausgasse 444 C5
Anemonenweg 448 B1
Ankerstrasse 446 C2
Anshelmstrasse 446 C2
Archivstrasse 446 C2/3
Armandweg 446 A2/3
Arvenweg 446 A/B5
Asterweg 448 C1
Asylweg 448 A/B2
Attinghausenstrasse 444 D3
Austrasse 446 D4
Bächtelenweg 446 D4/5
Bäckereiweg 444 A3
Badgasse 444 C/D5

Bahnhofplatz 444 B5
Bahnhofstrasse 446 C4
Bahnhöheweg 448 D/E3
Bahnstrasse 448 D-F1/2
Balderstrasse 448 F2/3
Balmerstrasse 444 F5
Balmweg 446 A2/3
Balsigerrain 446 A/B4/5
Balthasarstrasse 448 C1
Baltzerstrasse 444 A4
Bankgässchen 444 B5
Bantigerrain 446 E4
Bantigerstrasse 444 E5
Bantigerweg 444 E5
Bärengraben 444 D5
Bärenplatz 444 C5
Baumgartenstrasse 448 C3
Beatusstrasse 446 E2
Beaulieurain 444 A/B3
Beaulieustrasse 444 A/B3
Beaumontweg 446 A2
Bellevuesteig 446 A4
Bellevuestrasse 446 A-C4
Belpstrasse 446 A/B1/2
Bentelweg 448 C/D3
Berchtoldstrasse 444 B3
Bergstrasse 446 B4
Bernastrasse 446 C2/3
Bernstrasse 448 B-D3
Bethlehemstrasse 448 C/D1-3
Beundenfeldstrasse 444 C/D3/4
Bienenstrasse 448 D2
Bierhübeli 444 B3
Bierhübeliweg 444 B3/4
Birkenweg 444 C/D3
Birkenweg 446 B4/5
Bitziusstrasse 444 E4/5
Blauackerstrasse 448 E5
Blinzernstrasse 446 A5
Blockweg 446 A2
Blumenbergstrasse 444 D3/4
Blumensteinstrasse 444 A3/4
Blumenweg 444 C3
Blumenweg 444 F1
Blumenweg 446 B4
Blümlisalpstrasse 446 F4
Böcklinstrasse 446 E2
Bolligenstrasse 444 E/F2-4
Bollwerk 444 B4
Bondelistrasse 446 B/C3/4
Bonstettenstrasse 444 B3
Bornweg 446 B4
Bottigenstrasse 448 A/B3
Bovetstrasse 446 B2
Breitenrainplatz 444 D3
Breitenrainstrasse 444 C/D3
Breitfeldstrasse 444 D/E3
Bremgartenstrasse 444 A2/3
Bridelstrasse 448 F3
Brückenstrasse 446 B/C1/2
Brückfeldstrasse 444 B3/4
Brüggbühlstrasse 448 A/B5
Brügglerweg 444 E5
Brünigweg 448 F3
Brunnackerstrasse 448 B3
Brunnadernrain 446 E3
Brunnadernstrasse 446 E2/3
Brünnenstrasse 448 A-C2/3
Brunngasse 444 C5
Brunngasshalde 444 C/D4/5
Brunnhofweg 446 A2
Brunnmattstrasse 448 F2/3
Bubenbergplatz 444 B5
Bubenbergrain 444 D5
Buchdruckerweg 448 B/C2/3
Buchenweg 444 A3/4
Buchenweg 444 F1
Buchenweg 446 F3/4
Buchenweg 448 E4/5
Buchseeweg 448 D/E5
Buchserstrasse 446 F2
Buechliweg 448 D/E1
Bühlplatz 444 A4
Bühlstrasse 444 A4/5
Bümplizstrasse 448 B/C1-3
Bundesbahnweg 448 F3
Bundesgasse 444 B/C5
Bundesplatz 444 C5
Bundesrain 444 B/C5
Bundesterrasse 444 C5
Burckhardtstrasse 448 E2/3
Burdiweg 446 B4
Bürenstrasse 446 B2/3

Burgdorfholzstrasse 444 F3
Burgernzielrain 446 E/F2
Burgernzielweg 446 E/F2
Burgfeldweg 444 F3
Bürglenstrasse 446 E/F1
Burgunderstrasse 448 C3
Buristrasse 446 F1/2
Bürkiweg 446 A2
Buschweg 448 F4/5
Cäcilienrain 446 A2
Cäcilienstrasse 446 A2
Casinoplatz 444 C5
Cedernstrasse 448 B3
Cedernweg 446 C4
Centralweg 444 C3
Chaletweg 448 C1/2
Chasseralstrasse 446 A/B4
Chaumontweg 446 B4/5
Choisystrasse 444 A5
Christoffelgasse 444 B5
Chutzenstrasse 446 A/B3
Cyrostrasse 446 F3
Dählenweg 446 B5
Dählhölzliweg 446 D2
Dahliaweg 444 C1
Dahlienweg 448 D4/5
Dalmazibrücke 444 C5
Dalmaziquai 446 C1–3
Dalmazirain 446 C2
Dammweg 444 C3/4
Dändlikerrain 444 C2
Dändlikerweg 444 C2
Dappelsweg 446 A/B3
Daxelhoferstrasse 444 B3
Dentenbergstrasse 446 D/E5
Denzlerstrasse 446 C2
Depotstrasse 444 A4
Dianaweg 448 E5
Diesbachstrasse 444 B3
Dietlerstrasse 448 F3
Distelweg 444 A4
Dittlingerweg 446 C2
Donnerbühlweg 444 A/B4
Dorfstrasse 446 C4
Dorngasse 446 B3
Drosselweg 444 A4
Dübystrasse 448 F3/4
Dufourstrasse 446 D2
Dunantstrasse 446 F3
Effingerstrasse 444 A/B5
Egelbergstrasse 444 E5
Egelgasse 444 E/F5
Egghölzlistrasse 446 E/F3
Eggimannstrasse 448 D/E2
Eichenweg 446 A5
Eichholzstrasse 446 D3/4
Eichholzstrasse 448 B1
Eichmattweg 446 A2
Eigenheimstrasse 446 D3/4
Eigerplatz 446 A2
Eigerstrasse 446 A/B2
Einsteinstrasse 446 C3
Elfenaustrasse 446 F4
Elfenauweg 446 E/F2/3
Elfenstrasse 446 D/E2
Elisabethenstrasse 444 C/D2/3
Engehaldenstrasse 444 B/C1–4
Engerain 444 C1
Engeriedweg 444 B3
Engestrasse 444 B2/3
Ensigerstrasse 446 D/E2
Erikaweg 444 E5
Erikaweg 448 F5
Erlachstrasse 444 A/B4
Erlenweg 446 B/C2
Erlenweg 446 B5
Eschenweg 444 A4
Eymattstrasse 448 C1
Fabrikstrasse 448 F1
Falkenhöheweg 444 B4
Falkenplatz 444 B4
Falkenstrasse 448 F4
Falkenweg 444 B4
Falkenweg 446 F3
Federweg 448 E/F2
Feldeggstrasse 448 E/F5
Feldrainstrasse 448 F5
Fellenbergstrasse 444 A4
Fellerstrasse 448 B/C2
Felsenaustrasse 444 B/C1
Fichtenweg 444 A4
Fichtenweg 448 E3/4
Finkenhubelweg 444 A4/5
Finkenrain 444 A4
Fischermättelistrasse 448 E3
Fischerweg 444 B3/4

Fliederweg 444 A5
Fliederweg 448 F5
Florastrasse 446 D2
Floraweg 448 F4
Fluhweg 444 B1
Flurstrasse 444 C/D2/3
Föhrenweg 446 A/B5
Forrerstrasse 446 E3
Forsthausweg 448 E3
Forstweg 444 A3/4
Frankenstrasse 448 C3
Freiburgstrasse 448 A–F2–5
Freieckweg 448 B3
Freiestrasse 444 A4
Freiestrasse 448 F4/5
Freudenbergerplatz 444 F5
Freudenreichstrasse 444 B1
Fricktreppe 444 C5
Frickweg 444 C5
Friedbühlstrasse 448 F1/2
Friedeckweg 446 B2
Friedensstrasse 448 F3
Friedheimweg 446 B3
Friedhofweg 444 F4
Friedlistrasse 444 E4/5
Frikartweg 446 E/F3
Frischingweg 446 B3/4
Frohbergweg 444 B4
Fröschmattstrasse 448 B3
Fuchsweg 448 F4
Funkerstrasse 446 D4
Funkstrasse 446 B/C4
Gäbelbachstrasse 448 A1/2
Gäbelbachweg 448 A1
Galgenfeldweg 444 F4
Gantrischstrasse 446 E/F1/2
Garbenweg 448 C1
Gartenstadtstrasse 448 D/E5
Gartenstrasse 448 A5
Gartenweg 448 F4
Gasstrasse 444 C5
Gebhardstrasse 446 A3/4
Genfer Gasse 444 B/C4/5
Genossenweg 444 A4
Gerberngasse 444 D5
Gerechtigkeitsgasse 444 D5
Gertrud-Woker-Strasse 444 A4
Gesellschaftsstrasse 444 A/B4
Gewerbestrasse 444 A4
Giacomettistrasse 446 F1/2
Giessenweg 446 D4
Giessereiweg 446 B2
Ginsterweg 446 F2
Glockenstrasse 448 B/C3
Gossetstrasse 446 C/D4
Gotenstrasse 448 C2
Gotthardweg 448 F3/4
Gotthelfstrasse 444 D3/4
Goumoënsstrasse 446 A3
Grabenpromenade 444 C5
Graffenriedweg 446 A2/3
Granatweg 444 C1
Granitstrasse 446 A4/5
Grauholzweg 446 E4
Grenzweg 444 F4
Greyerzstrasse 444 C3/4
Grimselstrasse 444 C2
Grossackerstrasse 448 A/B3
Grosser Muristalden 444 D5
Gruberstrasse 446 F2
Grünaustrasse 446 D4
Grüneckweg 448 D5
Grünenbodenweg 446 B5
Grünerweg 444 C3
Gryphenhübeliweg 446 D1/2
Guisanplatz 444 E3
Gurnigelweg 446 F1
Gurtenblickstrasse 446 D4
Gurtengartenstrasse 446 B/C4
Gurtengasse 448 B5
Gurtenweg 446 B4
Gurtenweg 446 F4
Gutenbergstrasse 446 B1/2
Güterstrasse 448 E/F2
Habsburgstrasse 446 D2
Hagrösliweg 448 B1
Haldenstrasse 446 C1–3
Haldenstrasse 446 B4
Hallerstrasse 444 B4
Hallmattstrasse 448 A/B4/5
Hallwylstrasse 446 C/D2

Hangweg 446 A4
Hangweg 448 F5
Haselweg 446 B4/5
Hasenbrunnenweg 446 B/C4/5
Haslerstrasse 444 A5
Haspelgasse 444 E5
Haspelweg 448 F5
Hauensteinweg 448 F3
Heckenweg 446 B3
Heckenweg 448 E4
Heimstrasse 448 B2/3
Heimweg 448 F5
Helvetiaplatz 444 C5
Helvetiastrasse 446 C2
Herrengasse 444 C5
Herzogstrasse 444 D3
Herzwilstrasse 448 A5
Hessstrasse 448 F4
Hildanusstrasse 444 D4
Hildegardstrasse 446 A3/4
Hiltystrasse 446 F3
Hintere Engehaldenstrasse 444 C1
Hirschengraben 444 B5
Hochbühlweg 446 A4
Hochfeldstrasse 444 A/B3
Hochschulstrasse 444 B4
Hochstrasse 448 B4
Hodlerstrasse 444 B/C4
Hofmeisterstrasse 446 E/F3
Hofweg 444 C3
Höheweg 444 E5
Höheweg 448 D/E4/5
Hohgantweg 444 A5
Hohle Gasse 446 A4
Hohliebestrasse 446 A/B4
Holderweg 446 A/B5
Holenackerstrasse 448 A1/2
Holligenstrasse 446 E/F2/3
Holzikofenweg 446 A/B3
Hölzliackerweg 446 A4
Hopfenrain 446 A2
Hopfenweg 446 A2
Hotelgasse 444 C5
Hubacherweg 448 E4/5
Hubelmattstrasse 448 F2/3
Hubelweg 448 F5
Huberstrasse 448 E2/3
Humboldtstrasse 444 C/D4
Indermühleweg 448 C2
Industrieweg 448 F3
Jägerweg 444 C/D3
Jägerweg 448 F4
Jaunweg 444 C1/2
Jennerweg 444 C5
Jöggiackerstrasse 448 B4
Jolimontstrasse 446 F2
Jolimontweg 446 A/B4
Jubiläumsplatz 446 D2
Jubiläumsstrasse 446 C/D2/3
Juchstrasse 448 A5
Jungfraustrasse 446 D2
Junkerngasse 444 D5
Jurablickstrasse 446 B4/5
Jurastrasse 444 C2/3
Justingerweg 446 D2
Josef-Victor-Widmann-Strasse 446 F4/5
Käfiggasse 444 C5
Kalcheggweg 446 E2
Kapellenstrasse 444 B5
Kasernenstrasse 444 D3/4
Kasparstrasse 448 B/C1
Kastanienweg 446 A5
Kastellweg 444 C1
Kasthoferstrasse 446 E/F2
Kehrgasse 448 D2
Keltenstrasse 448 C/D2/3
Keplerstrasse 446 C4
Kieferweg 446 A/B5
Kirchackerweg 448 C/D3
Kirchberger Strasse 448 E/F3
Kirchbühlweg 448 F2/3
Kirchenfeldbrücke 444 C5
Kirchenfeldstrasse 446 C/D2
Kirchstrasse 446 A–C4
Kistlerweg 446 E3
Klaraweg 444 E5
Kleefeldstrasse 448 B3
Kleeplatz 446 B/C4
Kleiner Muristalden 444 D/E5
Klösterlistutz 444 D4/5
Knospenweg 448 B1
Knüslihubelweg 446 A3/4

Kochergasse 444 C5
Kohlenweg 448 F4
Kollerweg 446 D5
Könizbergstrasse 448 D/E5
Könizstrasse 448 E/F2–5
Konradweg 448 F2
Konsumstrasse 444 A5
Kornhausbrücke 444 C4
Kornhausplatz 444 C5
Kornhausstrasse 444 C4/5
Kornweg 446 D4
Kornweg 448 B/C1
Kramburgstrasse 446 D/E2
Kramgasse 444 C/D5
Krippenstrasse 448 E2
Kuhnweg 444 E4
Kursaalstrasse 444 C4
Kyburgstrasse 444 C3
Ladenwandweg 448 D2
Lagerhausweg 448 B/C3/4
Lagerweg 444 C3
Landhausweg 446 A/B3
Ländlistrasse 444 A/B1
Landoltstrasse 446 B/C3
Landorfstrasse 448 B5
Ländteweg 446 C2
Landweg 446 B4
Länggassstrasse 444 A/B3/4
Langmauerweg 444 C/D4
Langobardenstrasse 448 C2
Laubeggstrasse 444 D–F4/5
Läuferplatz 444 D/5
Laupenstrasse 444 A/B5
Lederstutz 444 C1
Lentulusrain 446 A2
Lentulusstrasse 446 A2
Lenzweg 448 F3
Lebermattstrasse 446 B4
Lerberstrasse 446 D4
Lerchenweg 444 A4
Libellenweg 448 E/F4
Liebefeldstrasse 448 E/F4
Liebeggweg 446 D/E5
Lilienweg 446 A5
Lindenauweg 446 C4
Lindenrain 444 A5
Lindenweg 446 D/E4/5
Lochgutweg 446 B4
Löchligutweg 446 E/F1
Löchliweg 446 E1
Lombachweg 446 E2/3
Looserstrasse 446 D4
Looslistrasse 448 C/D2
Lorbeerstrasse 448 B2/3
Lorrainebrücke 444 C4
Lorrainestrasse 444 C3/4
Loryplatz 446 A2
Lorystrasse 448 E/F2
Lötschbergweg 448 F3/4
Luisenstrasse 446 D2
Luternauweg 446 E3
Mädergutstrasse 448 B3/4
Magazinweg 444 B4
Maienweg 448 E4
Maiglöggliweg 448 B1
Malerweg 444 B4
Mannenriedstrasse 446 F4
Manuelstrasse 446 E/F3
Marienstrasse 444 C/D5
Marktgasse 444 C5
Martiweg 448 F3
Marzilistrasse 446 B/C1/2
Mattenhofstrasse 446 A2
Mattenweg 446 D4/5
Matterstrasse 446 F3
Mauerrain 446 B4/5
Maulbeerstrasse 444 B5
Maygutstrasse 446 D/E4/5
Mayweg 446 A/B2
Meisenweg 444 C3
Melchiorstrasse 448 B/C1
Melchtalstrasse 444 D2/3
Messerliweg 448 C1
Mettlenhölzliweg 446 F4
Melchenbühlweg 444 F4/5
Mezenerweg 444 D3
Militärstrasse 444 D/E3
Mindstrasse 446 E/F2
Mingerstrasse 444 E3
Mittelholzer Strasse 444 F3
Mittelstrasse 444 A/B3/4
Mittelweg 444 F1
Mohnstrasse 446 D3/4
Monbijoubrücke 446 C2
Monbijoustrasse 446 B1–3
Monreposweg 448 F3

Morellweg 446 A/B3
Morgartenstrasse 444 D/E2
Morgenstrasse 446 B/C3/4
Morillonstrasse 446 A/B3/4
Moritzweg 446 F2
Moserstrasse 444 D3/4
Mottastrasse 446 D2
Muesmattstrasse 444 A4
Mühledorfstrasse 448 B/C2
Mühlemattstrasse 446 A/B2
Mühlenplatz 444 D5
Mülinenstrasse 446 F2/3
Müllerstrasse 448 E2/3
Müngerstrasse 446 F1
Münstergasse 444 C5
Münsterplatz 444 C5
Münzgraben 444 C5
Munzingerstrasse 448 F3
Münzrain 444 C5
Murifeldweg 446 F2
Muristrasse 446 D–F1–3
Murtenstrasse 448 A–F1/2
Museumstrasse 446 C/D2
Müslinweg 446 E3
Mutachstrasse 448 E2
Myrtenweg 448 B2/3
Nägeligasse 444 C4/5
Nelkenweg 444 F1
Nelkenweg 446 F2
Nelkenweg 448 D/E5
Nesslerenholzweg 446 E4
Nesslerenstrasse 446 E/F5
Nesslerenweg 446 D/E5
Neue Murtenstrasse 448 B–D1
Neubrückfussweg 444 A1/2
Neubrückstrasse 444 A/B1–4
Neuengasse 444 B/C5
Neufeldstrasse 444 A/B3/4
Neuhausweg 448 C1
Neuhausweg 448 D/E5
Neumattweg 448 E4
Niesenweg 444 A4/5
Niggelerstrasse 446 A2
Nischenweg 444 C4
Nordring 444 C3/4
Nordweg 444 C3
Normannenstrasse 448 C2
Nünenenweg 446 F1/2
Nussbaumweg 446 A5
Nydeggbrücke 444 D5
Nydegggasse 444 D5
Nydeggstalden 444 D4/5
Obere Bernblickstrasse 446 B4
Oberer Aareggweg 444 C/D1
Obereyfeldweg 444 F1
Obermattstrasse 448 B3
Oberweg 444 C4
Obstbergweg 444 E5
Ochsenbeinstrasse 448 E2/3
Olivenweg 448 B3
Opalweg 446 A4/5
Optingenstrasse 444 C3/4
Oranienburgstrasse 444 D4
Osterundigenstrasse 444 E/F4
Ostring 446 E/F2
Papiermühlestrasse 444 D–F1–4
Pappelweg 444 C3
Pappelweg 446 D4
Parkstrasse 444 D3
Parkstrasse 446 C/D4
Parkterrasse 444 B4
Pavillonweg 444 B4/5
Pestalozzistrasse 448 F3
Peterweg 448 B/C3
Pfaffensteig 446 A/B2
Philosophenweg 446 A2
Pilgerweg 448 F2/3
Pillonweg 448 C2
Platanenweg 444 C3
Plattackerstrasse 446 F4
Polygonstrasse 444 C2/3
Postgasse 444 D5
Postgasshalde 444 D4/5
Pourtalèsstrasse 446 F4
Predigergasse 444 C4/5
Primelweg 444 C1
Primelweg 448 F5
Pulverweg 444 E/F3/4
Quartiergasse 444 C3
Quartierhof 444 C3
Quellenweg 446 D4
Rabbentalstrasse 444 C4
Radarstrasse 444 D4
Raineggweg 448 F3

BERN

Rainmattstrasse **444** B5
Ralligweg **444** A3
Randweg **444** C3
Rathausgasse **444** C/D5
Reckweg **444** B1
Reckweg **444** E1
Rehhagstrasse **448** A/B3/4
Rehweg **448** F4
Reichenbachstrasse
 444 B/C1/2
Reiterstrasse **444** D/E4
Reservoirweg **448** D/E3/4
Rickenweg **448** F3
Riedbachstrasse
 448 A/B2
Riedstrasse **448** A/B5
Riedweg **444** B3
Riedweg **446** F4
Ringoltingenstrasse
 446 E3
Rodtmattstrasse **444** D/E3
Rohrweg **448** F3
Römerweg **444** C3
Roschistrasse **446** B3
Roseggweg **448** E4/5
Rosenbergstrasse
 444 E4/5
Rosenweg **446** B3
Rosenweg **448** D/E4/5
Rossfeldstrasse **444** C1
Rütlistrasse **444** D2/3
Rüttiweg **444** B1
Ryffligässchen **444** B/C4/5
Sägehofweg **448** C1/2
Sägemattstrasse **448** E5
Sagerstrasse **446** F3
Sägestrasse **448** E5
Sahlistrasse **444** A4
Sandbühl **446** F5
Sandrainstrasse
 446 B/C2–4
Schalenholzweg **448** B5
Schanzeneckstrasse
 444 A/B4
Schanzenstrasse
 444 B4/5
Schänzlihalde **444** C4
Schänzlistrasse **444** C/D4
Schärerstrasse **444** D/E3
Scharnachtalstrasse
 446 F3
Schauplatzgasse **444** B/C5
Schützenmatte **444** B4
Scheibenrain **444** C1/2
Scheibenstrasse
 444 C/D2/3
Schenkstrasse **448** E2
Schermanwaldstrasse
 444 F1
Schermenweg **444** E/F2
Scheurerstrasse **448** E2/3
Scheuermattweg **446** B2/3
Scheuerrain **446** B2
Scheunerweg **444** F1
Schiferliweg **446** F2
Schifflaube **444** D5
Schildknechtstrasse
 446 E/F2/3
Schillingstrasse **446** C2/3
Schläflirain **444** C3
Schläflistrasse **444** C/D3
Schlösslistrasse **444** A5
Schlössliweg **446** F3
Schlossmattstrasse
 448 E2
Schlossstrasse **448** E/F2
Schlossstrasse **448** E/F5
Schmiedweg **444** C3
Schneiderstrasse
 446 D/E3/4
Schneiderstrasse **446** E4
Schönaustieg **446** C3
Schönauweg **446** C3
Schönbergrain **444** E4
Schönbergweg **444** E4
Schönburgstrasse **444** D3/4
Schöneggweg **446** B/C3
Schosshaldenstrasse
 444 E/F4/5
Schreinerweg **444** A4
Schulweg **444** C3
Schüttestrasse **444** C4
Schützengässchen **444** C5
Schützenmattstrasse
 444 B4
Schützenstrasse **448** F4/5
Schützenweg **444** C/D3
Schwabstrasse **448** C2
Schwalbenweg **444** A3
Schwanengasse **444** B5
Schwarzenburgstrasse
 448 E/F3–5

Schwarztorstrasse
 446 A/B1/2
Schweizerhausweg
 446 B/C4/5
Schwellenmattstrasse
 444 C5
Schwendistutz **448** A5
Schwyzerstärnweg
 444 B3/4
Seelandstrasse **446** A/B4
Seftausteg **444** B1
Seftaustrasse **444** B1
Seftauweg **444** B1/2
Seftigenstrasse
 446 A–E2–5
Segantinistrasse **446** E2
Seidenweg **444** A/B3/4
Seilerstrasse **444** B5
Selhofenstrasse
 446 D/E4/5
Selibühlweg **446** E/F1/2
Seminarstrasse **446** D/E1/2
Sempachstrasse
 444 D/E2/3
Sennweg **444** B4
Sickingerstrasse **444** C/D3
Sidlerstrasse **444** B4
Siedlungsweg **448** F3
Simonstrasse **448** A/B3
Simplonweg **448** F3/4
Sinnerstrasse **448** E/F3
Sodweg **444** B4
Sonneggsteig **448** F3
Sonneggrain **446** B4
Sonneggring **448** F3
Sonneggweg **448** F3
Sonnenbergrain **444** C/D3
Sonnenbergstrasse
 444 C/D4
Sonnenhofweg **446** F2
Sonnenweg **448** E5
Sonnmattstrasse **446** D4
Speichergasse **444** B/C4
Spelterinistrasse **444** F3
Spiegelstrasse
 446 A/B4/5
Spinnereiweg **444** B/C1
Spitalackerstrasse
 444 C/D3/4
Spitalgasse **444** B/C5
Spittelerstrasse **444** E/F4/5
Sportweg **448** E4
Sprengerweg **446** C4
Sprünglistrasse **446** F3
Stadtbachstrasse
 444 A/B5
Staldenstrasse **448** A5
Stämpflistrasse **448** E2/3
Standstrasse **444** C/D2/3
Stapfeneckerstrasse
 448 B2/3
Stapfenstrasse **448** B2
Stationsstrasse **448** E/F4/5
Statthalterstrasse **448** B/C3
Stauffacherstrasse
 444 D/E1–3
Staufferstrasse **446** E2
Stauwehrrain **444** C2
Steckweg **444** C3
Steigerhubelstrasse
 448 D/E1/2
Steigerweg **444** E5
Steinauweg **446** A2/3
Steinerstrasse **446** D/E2
Steingrubenweg
 446 A/B4/5
Steingrübliweg **446** A4
Steinhölzliweg **446** A3/4
Steinweg **446** B4
Stettlerstrasse **446** F3
Stöckackerstrasse
 448 C/D1–3
Stockerenweg **444** C/D3
Stossstrasse **448** E2/3
Strandweg **446** D3/4
Studerstrasse **444** A/B2
Stürlerstrasse **446** F3
Südbahnhofstrasse **446** A3
Sulgenbachstrasse
 446 A/B2
Sulgeneckstrasse **446** B1/2
Sulgenheimweg **446** B2
Sulgenrain **446** B2
Sunnhaldeweg **448** E4
Sussenweg **444** C2
Talbrünnliweg **448** F5
Talweg **444** C3
Taubenstrasse **448** B5
Taubentränkeweg
 448 C/D3–5
Tavelweg **444** E5

Tellplatz **444** D2
Tellstrasse **444** D/E2/3
Terrassenweg **444** B4
Theaterplatz **444** C5
Thomasweg **448** B4
Thormannmätteliweg
 444 D/E1
Thormannstrasse
 448 C2/3
Thunplatz **446** D2
Thunstrasse **446** C–E2
Thüringstrasse **448** C2
Tiefenaustrasse
 444 B–D1–4
Tillierstrasse **446** C2/3
Trachselweg **448** F3
Trechselstrasse **446** C2
Tscharnerstrasse **446** A2
Tulpenweg **444** C1
Tulpenweg **448** E5
Tunnelweg **444** B1
Turnierstrasse
 448 D/E3/4
Turnweg **444** C3
Uferweg **444** B/C2–4
Ulmenweg **444** C3
Untere Bernblickstrasse
 446 B4
Unterer Aareggweg
 444 C/D1
Unterer Eyfeldweg **444** F1
Untermattweg **448** C/D1/2
Untertorbrücke **444** D4
Veilchenweg **446** B2/3
Vennerweg **444** E5
Vereinsweg **444** B4
Viererfeldweg **444** B2/3
Viktoriaplatz **444** C4
Viktoriarain **444** C4
Viktoriastrasse **444** C/D4
Viktoriastrasse **446** C4
Viktoriastrasse **446** E4
Villettemattstrasse **444** A5
Villettengässli **446** F3
Waaghausgasse **444** C5
Wabernstrasse **446** B2/3
Wabersackerstrasse
 448 E/F5
Wachtelweg **444** A4
Waffenweg **444** D2/3
Wagnerstrasse **448** F2
Waisenhausplatz **444** C4
Waldblickstrasse **446** C4
Waldgutstrasse **448** E/F4
Waldheimstrasse **444** A4
Waldhöheweg **444** D3
Waldmannstrasse
 448 B/C1/2
Waldmeisterstrasse
 448 A/B3
Waldrainstrasse **448** D5
Waldstätterstrasse
 444 D/E2
Waldweg **448** E4/5
Wallgasse **448** B4/5
Wangenstrasse
 448 B/C3/4
Wangentalstrasse
 448 B5
Wankdorffeldstrasse
 444 D/E2
Wankdorfplatz **444** E2
Wankdorfstrasse **444** E3
Warmbächliweg **448** E2
Wasserwerkgasse **444** D5
Wattenwylweg **444** E5
Weberstrasse **446** A2
Wehrweg **444** C2
Weidaustrasse **446** C4
Weidenrain **446** E4/5
Weidgasse **448** B4
Weidmattweg **448** C3/4
Weiermattstrasse
 448 A1/2
Weihergasse **444** C5
Weingartstrasse **444** D2
Weissenbühlweg
 446 A/B2/3
Weissensteinstrasse
 448 D–F3
Weltistrasse **446** F1
Weltpoststrasse **446** F2/3
Wendschatzstrasse
 446 E/F3
Werdtweg **446** A2
Werkgasse **448** C/D2
Werkstrasse **448** B–F4/1
Wernerstrasse **446** E2
Weststrasse **446** C2
Weyermannsstrasse
 448 E/F1/2
Weyerstrasse **446** D4

Wiesenstrasse **444** D3
Wiesenstrasse **448** E5
Wildermettweg **446** F3
Wildhainweg **444** A4/5
Wildparkstrasse **448** A/B3
Wildstrasse **446** C3
Wildstrasse **448** F4
Willadingweg **446** E2/3
Winkelriedstrasse
 444 D/E2
Winterfeldweg **448** A/B2/3
Winterholzstrasse
 448 A/B2
Wintermattweg **448** A/B2
Wittigkofenweg **448** F2
Worblaufenstrasse
 444 E/F2
Wyderrain **444** A3
Wylerfeldstrasse
 444 C/D2/3
Wyleringstrasse
 444 C/D2/3
Wylerstrasse **444** C3
Wyssweg **444** E4
Wyttenbachstrasse
 444 C3/4
Zähringerstrasse
 444 A/B3/4
Zaunweg **444** C3
Zaunweg **446** B4
Zeerlederstrasse **446** F3
Zeigerweg **444** D3
Zelgstrasse **448** C2
Zelgweg **444** B1
Zeltweg **444** A3
Zentweg **444** F3/4
Zeughausgasse **444** C5
Ziebelegässli **444** C5
Ziegelackerstrasse
 448 D1/2
Zieglerstrasse **448** A1/2
Zielweg **444** D3
Zikadenweg **444** F3/4
Zinggstrasse **448** A5
Zumbachstrasse **446** A/B4
Zwinglistrasse **446** B3
Zwyssstrasse **448** F2/3
Zypressenstrasse
 448 A/B3

BIEL/BIENNE

Biel/Bienne

Aalmattenweg **450** B/C5
Aarbergstrasse **450** B3/4
Adam-Friedrich-Molz-Gasse
 450 C2
Aegertenstrasse **450** C/D5
Ahornweg **450** D5
Albert-Anker-Weg
 450 B2/3
Albrecht-Haller-Strasse
 450 B3
Alexander-Moser-Strasse
 450 C/D4/5
Alexander-Schöni-Strasse
 450 C2/3
Alfred-Aebi-Strasse
 450 C3/4
Alfred-Göuffi-Strasse
 450 C1
Alleestrasse **450** D3
Alpenstrasse **450** A/B2/3
Am Wald **450** E/F2
Auweg **450** E1
Badhausstrasse
 450 A/B3/4
Bahnhofplatz **450** B3
Bahnhofstrasse **450** B/C3
Bahnweg **450** D3
Balainenweg **450** B5
Bankgässlein **450** C2
Barbenweg **450** B5
Bärenmatt **450** C4
Barkenweg **450** B4
Bärletweg **450** E3/4
Beaumontweg **450** B1
Bellevue **450** C1
Bermenstrasse **450** D3/4
Berne, route de **450** B–F4/5
Bernstrasse **450** B–F4/1
Beundenweg **450** D/E4
Bielacker **450** D3
Bielstrasse **450** C4/5
Bielstrasse **450** E/F5
Birkenweg **450** F1

Blauer Weg **450** D4
Blumenrain **450** D/E3
Blumenstrasse **450** D1
Böschenweg **450** A5
Bözingenstrasse **450** D1
Brugg, route de
 450 C–E3–5
Brüggmattenweg **450** D/E4
Brüggstrasse **450** C–E3–5
Brühlplatz **450** D3
Brühlstrasse **450** D2/3
Brunngasse **450** C1/2
Bubenbergstrasse
 450 C/D1/2
Burgerallee **450** A/B5
Burgersriedstrasse **450** E/F5
Burggasse **450** C2
Calvinweg **450** F1/2
Chaletweg **450** F5
Collègegasse **450** C2
Compois, chemin du
 450 A1
Cornouillerstrasse **450** D1
Dählenweg **450** E2/3
Dahlienweg **450** D/E4
Dammweg **450** B3
Débarcadère, rue du
 450 A/B3/4
Diamantstrasse **450** C2
Doktor-Schneider-Strasse
 450 A/B4/5
Dreiangelweg **450** B1
Dufourstrasse **450** C–E1/2
Eduard-Will-Strasse **450** A5
Egliweg **450** A5
Eigenheimstrasse
 450 D/E2/3
Eisengasse **450** B/C2
Elfenaustrasse **450** B2/3
Emile-Ganguillet-Weg
 450 C/D5
Erlacher Weg **450** D4/5
Erlenstrasse **450** A4
Erlenweg **450** A5
Erlenweg **450** C/D5
Ernst-Schüler-Strasse
 450 C2
Eschenweg **450** E4/5
Europaquai **450** A3
Fabrikgässli **450** B2
Falkenstrasse **450** D1
Faubourg-du-Lac
 450 A/B2/3
Feldeckstrasse **450** D1
Finkenweg **450** E3
Fischerweg **450** B4
Fliederweg **450** D4
Florastrasse **450** C2
Flurweg **450** C5
Forellenweg **450** E/F1
Frédéric-Ingold-Weg
 450 D1
Freiburgstrasse **450** C3
Freie Strasse **450** C1/2
Friedweg **450** D3/4
Fröschenweg **450** C5
Gartenstrasse **450** C2
Gartenweg **450** B1
Gätterliweg **450** B1
General-Guisan-Platz
 450 B/C3
Genossenschaftsstrasse
 450 B4/5
Georg-Friedrich-Heilmann-
 Strasse **450** C/D1
Georg-Ischer-Weg **450** F1
Gerbergasse **450** C1/2
Gerberweg **450** B/C5
Gesellschaftsweg **450** B2
Gewerbehofstrasse **450** C3
Giessereigasse **450** C3
Gotthelfstrasse **450** B/C5
Gottstattstrasse **450** E/F1
Grausteinweg **450** B1
Grenzstrasse **450** C4/5
Grünweg **450** E1
Guglerstrasse **450** C4/5
Guido-Müller-Platz
 450 B4
Gurnigelstrasse **450** B/C4
Gurzelenstrasse **450** D1
Gustave-Bridel-Weg **450** C4
Güterstrasse **450** C3
Gwerdtstrasse **450** B4
Haldenstrasse **450** E/F5
Hans-Hugi-Strasse
 450 C4
Hauptstrasse **450** B4/5
Hechtenweg **450** C5
Heideweg **450** D4/5
Helmstrasse **450** D5
Herrenmoosweg **450** A5

BIEL/BIENNE

Hirtenweg **450** F1
Hochrain **450** A/B2
Hofmattenstrasse **450** B4/5
Höheweg **450** A–C1/2
Hohlenweg **450** D/E3/4
Holunderweg **450** D2
Hubelweg **450** D3
Im Eichhölzli **450** C1
Industriegasse **450** B/C2
Industriestrasse **450** F5
Isabellenweg **450** B4
Jakob-Finsler-Weg
  450 F1
Jakob-Rosius-Strasse
  450 B/C2
Jakob-Stämpfli-Strasse
  450 D/E1
Jean-Sessler-Strasse
  450 C2
Johann-Aberli-Strasse
  450 B4
Johann-Galeer-Weg
  450 D3
Johann-Heinrich-Laubscher-
  Weg **450** C4
Johann-Veresius-Strasse
  450 B/C3
Juraplatz **450** C1
Jurastrasse **450** C/D1/2
Juravorstadt **450** C1
Kanalgasse **450** C2
Karl-Mathy-Weg **450** C4
Karl-Neuhaus-Strasse
  450 B/C2/3
Karl-Stauffer-Strasse
  450 D1
Keltenstrasse
  450 B/C4/5
Kirchgasse **450** C2
Kloosweg **450** B/C1
Knettnauweg **450** B5
Konkordiaweg **450** D3
Kontrollstrasse
  450 C2/3
Kornblumenweg **450** E1
Korngasse **450** D1
Krähenbergstrasse
  450 D2/3
Krebsweg **450** C5
Kreuzgasse **450** C2
Kreuzplatz **450** C3
Künzimatt **450** D4
Ländtestrasse
  450 A/B3/4
Längackerweg **450** C5
Lerchenweg **450** E1
Leubringenweg **450** B/C1
Libellenweg **450** B3
Lindenegg **450** B2
Lindenweg **450** D/E2/3
Lischenweg **450** D4/5
Logengasse **450** C/D2
Louis-Breguet-Weg **450** D1
Lueg **450** B1
Lyssstrasse **450** B/C4/5
Mâche, route de
  450 E/F1/2
Madretsch, route de
  450 C/D2/3
Madretschstrasse
  450 C/D2/3
Maison-Blanche, chemin de
  la **450** A1
Marcelin-Chipot-Strasse
  450 B4
Marie-Louise-Bloesch-Weg
  450 E2
Marktgasse **450** C2
Martiweg **450** B/C5
Mattenstrasse
  450 C/D2/3
Mattenstrasse **450** F5
Maurerweg **450** D3
Meisenweg **450** D/E3
Mettstrasse **450** E/F1/2
Midi, rue du **450** F1/2
Milanweg **450** C5
Mittelstrasse **450** C1/2
Mittelstrasse **450** B5
Molassestrasse **450** F2
Mon-Désir-Weg **450** E3
Möösliweg **450** E4
Moosstrasse **450** D4
Moosweg **450** E5
Mövenweg **450** B5
Mühlebrücke **450** B/C2
Mühlefeldallee **450** C4
Mühlefeldweg **450** C/D4
Mühlerunsweg **450** A4
Mühlestrasse **450** F1
Murtenstrasse **450** C3
Museumsstrasse **450** B2/3

Narzissenweg **450** F1
Nelkenstrasse **450** D1
Neuenburgstrasse
  450 A3
Neuengasse **450** B/C2
Neumarktplatz **450** C2
Neumarktstrasse **450** C2
Nidaugasse **450** C2
Oberer Kanalweg **450** A5
Oberer Quai **450** C/D2
Obergasse **450** C1/2
Obergässli **450** C2
Ohmweg **450** B4
Ohmweg **450** E1
Orpundplatz **450** F1
Orpundstrasse **450** F1
Paganweg **450** B5
Pappelweg **450** A5
Parkweg **450** C2
Passerellenweg **450** D3
Paulusweg **450** D3/4
Pavillonweg **450** A2/3
Pestalozziallee **450** D/E4
Pianoplatz **450** D3
Pianostrasse **450** D3
Plankestrasse
  450 B/C2/3
Plattenweg **450** B2
Port, route de
  450 D/E4/5
Portmoosstrasse **450** C5
Portstrasse **450** D/E4/5
Poststrasse **450** F1
Principale, rue **450** B4/5
Quellgasse **450** B/C1/2
Querstrasse **450** D5
Radiusweg **450** D2/3
Rainpark **450** F4/5
Rainstrasse **450** B4/5
Rainstrasse **450** F5
Rathausplatz **450** C2
Rebenweg **450** D/E3/4
Rechbergerstrasse
  450 B3
Reckweg **450** B/C4/5
Reitschulstrasse **450** C2
Rennweg **450** E/F1
Reuchenettestrasse
  450 C/D1
Richard-La-Nicca-Weg
  450 C4
Riedweg **450** E3
Ring **450** C2
Ringstrasse **450** C/D5
Ritterweg **450** C/D2
Roc, chemin du **450** A1
Römergasse **450** C2
Römerstrasse **450** C5
Römerstrasse **450** D/E5
Rondelle, chemin
  450 A1
Ronnerweg **450** B5
Rosenheimweg **450** C1
Rosenweg **450** B4
Rousseauplatz **450** B4
Rüschlistrasse **450** B/C2
Salomegasse **450** C2
Salzhausstrasse
  450 B/C4
Sandrainstrasse **450** C4
Scheibenweg **450** E2/3
Schilfweg **450** A/B4
Schleusenweg **450** D1/2
Schlossergasse **450** C3
Schlossstrasse **450** B4
Schmiedengasse **450** C2
Schmiedweg **450** C/D4
Schneidergasse **450** C3
Schollstrasse **450** F2
Schöneggstrasse
  450 C3/4
Schulgasse **450** B5
Schulstrasse **450** F5
Schüsspromenade
  450 C2
Schützengasse **450** C1
Schützenmattweg
  450 B/C4
Schwanengasse **450** D2
Schweizerbodenweg
  450 B1/2
Seefelsweg **450** A/B3
Seehofweg **450** B3/4
Seelandweg **450** C4
Seevorstadt **450** A/B2/3
Seilerweg **450** E2
Seldwilaweg **450** C4
Silbergasse **450** C3
Sonnhalde **450** F4/5
Spitalstrasse **450** F5
Stadtgraben **450** B5
Stöckliweg **450** B2/3

Strandweg **450** A/B5
Südstrasse **450** F1/2
Sydebusweg **450** B1
Tanzmatten **450** D2
Thellungsstrasse
  450 C2/3
Theodor-Kocher-Strasse
  450 B3
Theodor-Wyttenbach-
  Strasse **450** B/C3
Tiefenmattweg
  450 C/D4
Tschärisplatz **450** B2
Tullaweg **450** C4
Tulpenweg **450** D3
Tulpenweg **450** F5
Turmweg **450** B5
Typographengässli
  450 B2
Uferweg **450** B4
Ulrich-Ochsenbein-Weg
  450 C4
Unionsgasse **450** B/C2
Unterer Kanalweg
  450 B/C5
Untergässli **450** C2
Untergasse **450** C1/2
Viaduktstrasse **450** B3
Vogelsang **450** B1/2
Waffenstrasse **450** B/C3
Waldeckstrasse
  450 E4/5
Waldeggweg **450** E3
Waldrainstrasse
  450 D/E2/3
Wasenstrasse **450** D1
Wasserstrasse **450** D1
Weidstrasse **450** C/D4
Weissenrain **450** B1
Weissensteinstrasse
  450 D/E1
Werkhofstrasse **450** C/D3
Weyermattstrasse
  450 A/B5
Weyernweg **450** A/B5
Wilhelm-Kutter-Weg
  450 D4/5
Winkelstrasse **450** C3
Wolfweg **450** B4
Wydenauweg **450** B3
Wyssgasse **450** B3
Zaunweg **450** E1
Zentralplatz **450** C2/3
Zentralstrasse
  450 B/C2/3
Ziegeleiweg **450** B3/4
Zihlstrasse **450** D4
Zihlstrasse **450** B4/5
Zionsweg **450** C/D3/4
Zukunftsstrasse **450** C3

Burgdorf

Aebistrasse **441** A2
Ahornweg **441** B1
Alpenstrasse **441** A/B3/4
Alter Markt **441** C3
Ambeilerweg **441** C4
August-Dür-Weg
  441 B3/4
Bahnhofstrasse **441** B2/3
Bernstrasse **441** A/B4
Birkenweg **441** B1
Blumenweg **441** A/B3
Bucherstrasse **441** B2
Burgergasse **441** C5
Burgfeldstrasse **441** C4
Chasseralstrasse **441** A3
Dahlienweg **441** A3
Dammstrasse **441** B1/2
Distelweg **441** A3
Dufourstrasse **441** A1
Eichenweg **441** A4
Eigerweg **441** A/B3
Einschlagweg **441** C5
Einungerstrasse **441** C2
Elfenweg **441** A3
Emmentalstrasse **441** C4
Emmenweg **441** B1
Erlenweg **441** B1
Eschenweg **441** C4
Eybrügg **441** B1
Eyfeldweg **441** A/B1
Eystrasse **441** B1/2

Falkenweg **441** A3
Farbweg **441** B/C2
Felseggholzweg **441** C1
Felseggstrasse **441** B1/2
Fichtenweg **441** B1
Finkenweg **441** A3/4
Fliederweg **441** B3/4
Floraweg **441** B2
Flurweg **441** A/B1
Friedeggstrasse **441** B/C4
Fröbelweg **441** A1
Frommgutweg **441** A4
Gotthelfstrasse **441** C2/3
Grabenstrasse **441** C3
Grünaustrasse **441** B/C4
Grüneggweg **441** A4
Grunerstrasse **441** C5
Gsteigfussweg **441** B3
Guisanstrasse **441** A/B1
Gyrisbergstrasse **441** B/C1
Gysnauweg **441** C2/3
Haldenweg **441** A2
Hammerweg **441** A2
Hechlergässli **441** C3
Heimiswilstrasse **441** C4
Herzogstrasse **441** A1/2
Hofgutweg **441** A3
Hohengasse **441** C3
Höheweg **441** B/C3
Hunyadigässli **441** B2
Jungfraustrasse
  441 B3/4
Karl-Grütter-Weg **441** B3
Kirchbergstrasse
  441 A/B1/2
Kirchbühl **441** C3
Kornhausgasse **441** C3
Kronenhalde **441** C3
Kyburgweg **441** B/C4
Lerchenbodenweg
  441 A4
Lindenfeldweg **441** A/B5
Lindenhofweg **441** A4/5
Lindenhubelweg **441** A/B5
Lindenrain **441** A5
Ludwig-Schläfli-Weg
  441 B4
Lyssachstrasse
  441 A–C2/3
Marienweg **441** A4/5
Maritzstrasse **441** A1
Max-Buri-Strasse **441** A3
Meienweg **441** B2
Mergelweg **441** B2/3
Merianweg **441** C1
Metzgergasse **441** C3
Minderweg **441** A4
Mittelweg **441** B2
Mühlegasse **441** C3
Neuengasse **441** C3
Neuhofweg **441** C3
Neumattschachen
  441 A4/5
Oberburgstrasse
  441 B/C3
Oberstadtweg **441** B/C3
Obertalweg **441** A5
Obstgartenstrasse **441** B4
Pappelweg **441** A1
Pestalozzistrasse
  441 A/B3
Pfisterngasse **441** C3
Platanenstrasse **441** C3
Pleerweg **441** B5
Polieregasse **441** C2/3
Poststrasse **441** B/C2
Rosenweg **441** B3/4
Rütschelengasse **441** C3/4
Sägegasse **441** C3/4
Scheunenstrasse **441** B4
Schlossgässli **441** C3/4
Schlössliweg **441** C3
Schlossmattstrasse
  441 C4/5
Schmiedengasse **441** C3
Schmiedenrain
  441 B/C3/4
Schönauweg **441** C2
Schönbühlweg **441** A4
Simon-Gfeller-Strasse
  441 B4/5
Sonnenweg **441** A3
Spalierweg **441** B2
Spitalweg **441** A3/4
Spyriweg **441** A3/4
Staffelweg **441** A3
Staldenstrasse **441** C2
Steinhofstrasse **441** A2–4
Strandweg **441** C2
Technikumstrasse
  441 A–C2/3
Thunstrasse **441** B4/5

Tiergartenstrasse **441** A2
Typonsteg **441** C2
Typonweg **441** C2
Uferweg **441** C1/2
Uraniaweg **441** B3
Waldeggweg **441** C4
Wangelerweg **441** B/C1
Weissensteinstrasse
  441 A3
Wiesenweg **441** B1
Willestrasse **441** A/B1
Wynigenstrasse **441** C3
Zähringerstrasse
  441 A/B4/5
Zedernweg **441** A/B5
Zehenderweg **441** C1
Zeughausstrasse **441** A1

La Chaux-de-Fonds

Abeille, rue de l' **454** B2
Agassiz, rue **454** A1/2
Arbres, rue des **454** D/E1
Arêtes, impasse des **454** D3
Armes-Réunies, rue des
  454 B1/2
Arsenal, rue de l'
  454 C2/3
Aurore, ruelle de l' **454** B1
Avenir, rue de l' **454** B2
Avocat-Bille, rue **454** D/E1
Balance, rue de la **454** D2
Balancier, rue du
  454 B/C1/2
Banneret, rue du **454** C3
Bassets, rue des **454** E1
Beau-Site, rue de
  454 B/C3
Beaux-Dimanches, passage
  des **454** B3
Beauregard, rue de **454** C1
Bel-Air, rue de **454** D/E1/2
Bellevue, rue de **454** D3
Bois-Gentil, rue du
  454 C/D1
Boucherie, rue de la
  454 D2/3
Bourquin, rue David-Pierre-
  454 B/C3
Brandt, rue Jacob-
  454 A–C3
Buissons, ruelle des **454** C3
Capitaine, rue de la **454** D1
Casino, rue du **454** C2
Cernil-Antoine, rue du
  454 A2
Châlet, rue du **454** D/E3
Champs, rue des **454** A3
Chapeau-Rablé, rue du
  454 A1
Chapelle, rue de la **454** D3
Charrière, rue de la
  454 D/E1/2
Chasseral, rue de **454** E1
Chasseron, rue du **454** B1
Cheminots, chemin des
  454 A1
Chevreuils, rue des **454** A1
Clématites, impasse des
  454 C3
Collège, rue du **454** D/E2
Colline, rue de la **454** D2
Colombe, rue de la **454** B4
Combe-Grieurin, rue de la
  454 A/B1
Commerce, rue du
  454 A/C3
Concorde, rue de la **454** D1
Confédération, rue de la
  454 A3
Coq, rue du **454** D2
Côte, rue de la **454** D3
Coteau, ruelle du **454** D/E1
Coullery, rue du Docteur-
  454 C1/2
Couvent, chemin du **454** C3
Courvoisier, rue Fritz-
  454 D/E2
Crêt-Rossel, rue du
  454 D2
Crêt, rue du **454** D3
Crêtets, rue des **454** A/C3
Creuse, chemin de la
  454 D1
Croisée, rue de la **454** B3

LA CHAUX-DE-FONDS

Croix, rue de la **454** D/E1
Croix-Fédérale, rue de la **454** D/E3
Cure, rue de la **454** D2
Cygne, rue du **454** C2
Docteur-Coullery, rue du **454** C1/2
Docteur-Dubois, rue du **454** D1
Docteur-Kern, rue du **454** D3
Doubs, rue du **454** A/D1
Droz, rue Jean-Pierre- **454** C1/2
Dubois, rue du Docteur- **454** D1
Dufour, rue Général- **454** D3
Emancipation, rue de l' **454** C/D1
Entilles, rue des **454** A2
Entrepôts, rue des **454** A2
Epargne, rue de l' **454** D1
Eperon, rue de l' **454** D2
Est, rue de l' **454** D3
Etang, rue de la **454** E2
Etoile, rue de l' **454** D2/3
Fantaisie, chemin **454** B3
Fleur-de-Lys, ruelle de la **454** C2
Fleurs, rue des **454** D2
Fontaine, rue de la **454** B1/2
Forains, rue des **454** D/E2
Fusion, chemin de la **454** A1
Fusion, rue de la **454** A/B1/2
Gare, place de la **454** B2
Gazomètre, rue du **454** D2
Général-Dufour, rue **454** D3
Gentianes, rue des **454** A/B3
Gibraltar, rue de **454** D3
Girard, rue Ami- **454** A1/2
Girardet, place **454** A2
Granges, rue des **454** D2
Grenier, rue du **454** C2/3
Guillaume, rue Charles-Edouard- **454** C/D2
Haut-des-Combes, rue du **454** B/C1
Helvétie, rue de l' **454** A3
Hirondelles, impasse des **454** C3
Horizon, rue de l' **454** C1
Hôtel-de-Ville, place de l' **454** D2
Hôtel-de-Ville, rue de l' **454** C/D2/3
Industrie, rue de l' **454** D2
Jaquet-Droz, rue **454** B/C2
Jardinets, ruelle des **454** C3
Jardinière, rue **454** A/D2
Jeanrichard, rue Daniel- **454** B/C2
Jonquilles, rue des **454** C3
Jura, rue du **454** D3
Kern, rue du Docteur- **454** D3
Klentschy, rue F.- **454** D1
Lazaret, rue du **454** E1
Le-Eplattenier, rue Charles- **454** E3
Liberté, boulevard de la **454** A/B3
Loge, rue de la **454** C3
Mairet, rue Sophie- **454** D/E1
Marie-Sandoz, rue du **454** A2
Manège, rue du **454** C3
Marais, rue de **454** E1/2
Marchandises, avenue des **454** A/B2
Marché, rue du **454** C/D2
Mathey, rue Philippe-Henri- **454** D1
Mélèzes, chemin des **454** B3
Midi, rue du **454** C2/3
Modulor, rue du **454** C2
Mont-Racine, rue du **454** A3
Mont-Sagne, rue du **454** C3
Mont-d'Amin, rue du **454** D3
Montagne, rue de la **454** A/C1
Montbrillant, ruelle **454** B/C1

Moulins, rue des **454** D1
Münger, rue Arthur- **454** E1
Musées, rue des **454** C2
Neuve, place **454** C/D2
Neuve, rue **454** C/D2
Nicolet, rue Célestin- **454** D1
Nord, rue du **454** A/D1
Numa-Droz, rue **454** A–D2
Olives, rue des **454** C3
Ormes, rue des **454** A/B3
Paix, rue de la **454** A/D2
Pâquerette, rue de la **454** E2
Parc, rue du **454** A/D2
Perret-Gentil, rue Moïse- **454** E1
Petit-Château, rue du **454** C1
Piaget, rue Alexis-Marie- **454** C/D1
Place-d'Armes, rue de la **454** D2/3
Plaisance, rue de **454** A/B1
Plânes, rue des **454** D1
Pont, rue du **454** C1
Postiers, chemin des **454** A1
Pouillerel, chemin de **454** B1
Pouillerel, rue de **454** B1/2
Prairie, rue de la **454** D/E3
Pré, rue du **454** C2
Premier-Août, rue du **454** C/D1
Premier-Mars, rue du **454** D2
Président-Wilson, rue du **454** A1/2
Prévoyance, rue de la **454** E1
Primevères, rue des **454** A1
Progrès, rue du **454** A/D2
Promenade, rue de la **454** C2/3
Puits, rue du **454** D2
Ravin, rue du **454** D1
Recorne **454** A1
Recrêtes, rue des **454** A1
Réformation, rue de la **454** A3
Régionaux, rue des **454** C3
Repos, ruelle du **454** C/D3
République, rue de la **454** B/C3
Retraite, ruelle de la **454** D1
Reuse, rue de la **454** B3
Ritter, rue Guillome- **454** C2
Robert, avenue Léopold- **454** A–C2
Rocailles, chemin des **454** A/B1
Rocher, rue du **454** D2/3
Ronde, rue de la **454** E3
Rosiers, rue des **454** B/C3
Roulage, rue du **454** C2
Ruche, rue de la **454** A3
Sagnes, rue des **454** D2
Saint-Gothard, rue du **454** A3
Saint-Hélier, rue Monique- **454** D/E3
Saint-Hubert, rue **454** D2
Sapin, rue du **454** C2
Sentier, place du **454** D2
Sentier, rue du **454** D2
Serre, rue de la **454** A/D2
Signal, rue du **454** B1
Soleil, rue du **454** D2
Solmont, chemin de **454** B/C3
Sorbiers, rue des **454** D1
Stand, place du **454** D2
Stand, rue du **454** C/D1/2
Stavay-Mollondin, rue de **454** C/D1
Succès, rue du **454** A1/2
Temple-Allemand, rue du **454** B–D1/2
Terreaux, rue des **454** D2
Tertre, rue du **454** A1/2
Tête-de-Ran, rue de **454** A/B1
Tilleuls, rue des **454** B/C1
Tourelles, rue des **454** B1
Tranchée, rue de la **454** C3

Traversière, rue **454** C2
Tuilerie, rue de la **454** E1
Tunnels, chemins des **454** C3
Versoix, rue du **454** D1
Vieux-Cimetière, rue du **454** D2
Vieux-Patriotes, rue des **454** A/B3
Vingt-deux-Cantons, rue des **454** C1
Wilson, rue du Président- **454** A1/2
Zimmermann, rue Jean-Paul- **454** C2

CHUR

Ackerbühlstrasse **452** A/B4
Adlerweg **452** C1
Ährenweg **452** C/D2
Albulastrasse **452** B/C1/2
Alexanderstrasse **452** E2–4
Allemannweg **452** B3
Alpsteinweg **452** C2
Alte Schanfigger Strasse **452** F5
Amselweg **452** D/E2
Anemonenweg **452** A/B2
Aquasanastrasse **452** D4/5
Arcas **452** E5
Arellastrasse **452** B1
Arlibonstrasse **452** F1
Arnikaweg **452** C1
Arosastrasse **452** F4/5
Arvenweg **452** C1/2
Aspermontstrasse **452** D1
Austrasse **452** A/B1
Badusstrasse **452** C3
Bahnhofplatz **452** D3/4
Bahnhofstrasse **452** D/E3/4
Bankstrasse **452** E4
Barblanstrasse **452** A1/2
Belmontstrasse **452** D1
Berggasse **452** F3
Berninaweg **452** F2
Bienenstrasse **452** C/D5
Birkenweg **452** C2
Blumenweg **452** C2
Bodmerstrasse **452** E5
Bolettastrasse **452** C5
Brandisstrasse **452** E3
Buchenweg **452** E1
Bündtestrasse **452** B4
Bungertweg **452** F1
Calandastrasse **452** D2/3
Calunastrasse **452** F1/2
Calvenweg **452** E2
Casinoplatz **452** E5
Dahliastrasse **452** D2
Daleusstrasse **452** C/D3
Distelweg **452** B/C3
Dreibundstrasse **452** C1/2
Dreibündenstrasse **452** C1
Eggerstrasse **452** E2
Eichenweg **452** C1
Emmaweg **452** D5
Engadinstrasse **452** D4/5
Enzianweg **452** F2
Erikaweg **452** C3
Erlenweg **452** C/D2
Falkenweg **452** D2
Falknisstrasse **452** F2/3
Felsenaustrasse **452** A/B2/3
Fliederweg **452** B/C3
Florastrasse **452** F2
Florentinistrasse **452** C3
Flüelastrasse **452** D/E5
Föhrenweg **452** A2
Fontanaplatz **452** D/E4
Fontanastrasse **452** D4
Foppaweg **452** D2
Foralweg **452** B5
Fortunastrasse **452** A/B2
Freifeldstrasse **452** A/B5
Gansplatz **452** E5
Gartenstrasse **452** C/D3/4
Gäuggelistrasse **452** C–E4

Giacomettistrasse **452** A/B1/2
Giacomettistrasse **452** C/D1
Goldgasse **452** D/E5
Grabenstrasse **452** D/E4/5
Grischunaweg **452** A3/4
Grossbruggerweg **452** A2
Grünbergstrasse **452** C5
Gürtelstrasse **452** D/E2–4
Guschaweg **452** C1
Güterstrasse **452** B3/4
Halde **452** E/F4
Haldenweg **452** E4
Hartbertstrasse **452** E3/4
Hegisplatz **452** E4
Heidiweg **452** C1
Heimstrasse **452** E2
Heroldstrasse **452** B/C3
Herrengasse **452** E5
Hinterm Bach **452** E5
Hof **452** E5
Hofgraben **452** E4
Hofsteig **452** E5
Hofstrasse **452** E5
Hohenbühlweg **452** D/E5
Holunderweg **452** C2
Huberstrasse **452** B1/2
Im Baumgarten **452** B4
Irmaweg **452** E/F4
Jochstrasse **452** E5
Juchserweg **452** B4
Julierweg **452** C2/3
Kalchenbühlstrasse **452** A5
Kaltbrunnstrasse **452** C/D2
Karlihofplatz **452** E4
Kasernenstrasse **452** A–D5
Kettweg **452** C4
Kirchgasse **452** E5
Klostergasse **452** E4
Kornplatz **452** E5
Kornquaderweg **452** C5
Krähenweg **452** C1
Kreuzgasse **452** E/F1/2
Küblereiweg **452** A/B4
Kupfergasse **452** D/E5
Kurfirstenstrasse **452** B/C2
Lachenweg **452** E2
Lagerstrasse **452** C3/4
Langenjohnstrasse **452** F2/3
Langer Gang **452** E5
Laubenstrasse **452** D4
Lerchenweg **452** C2
Lindenquai **452** D/E5
Lochertstrasse **452** F1/2
Loëstrasse **452** F1–3
Lürlibadstrasse **452** F1–3
Lürlibachweg **452** F3/4
Lukmaniergasse **452** E4
Madrisaweg **452** F2
Maienweg **452** D4
Majoranstrasse **452** D5
Malixerstrasse **452** D5
Masanser Strasse **452** E1–4
Mattenweg **452** C2
Meierweg **452** F2/3
Mittelweg **452** B2
Mittenbergweg **452** F3/4
Montalinstrasse **452** E2
Mühleplatz **452** E4
Münzweg **452** F5
Museumsplatz **452** E5
Myrthenweg **452** A1/2
Nassplattenweg **452** F4
Nelkenweg **452** C3
Neubruchstrasse **452** E/F3
Nikolaigasse **452** E4/5
Nordstrasse **452** C/D2/3
Oberalpstrasse **452** B–D3
Obere Plessurstrasse **452** D/E5
Obere Plessurstrasse **452** C/D4/5
Obertor **452** D5
Ottoplatz **452** E3
Ottostrasse **452** D/E3
Palmenweg **452** A2
Paradiesgasse **452** E5
Paradiesplatz **452** E5
Pfisterplatz **452** E5
Pizokelweg **452** A4
Planaterrastrasse **452** E/F4/5

Plessurquai **452** D/E5
Postplatz **452** E4
Poststrasse **452** E4
Primelweg **452** A2
Pulvermühlestrasse **452** A/B3/4
Quaderplatz **452** E/F3
Quaderstrasse **452** E/F3/4
Rabengasse **452** E5
Raschärenstrasse **452** A5
Rathausgasse **452** E5
Rätusstrasse **452** C4/5
Rebhaldenweg **452** F2
Regierungsplatz **452** E4
Reichsgasse **452** E4/5
Rheinfelsstrasse **452** A4
Rheinfelsweg **452** A4/5
Rheinstrasse **452** A–D1–4
Rigastrasse **452** E3
Ringstrasse **452** A–E1–5
Rohanstrasse **452** E/F3
Rosenweg **452** E3
Rotbuchenweg **452** A2
Roterturmstrasse **452** E1/2
Sägenstrasse **452** B–D4/5
Salisstrasse **452** E3
Saluferstrasse **452** E1
Salvatorenstrasse **452** A–C4/5
Sankt-Luzi-Strasse **452** F5
Sankt-Luzi-Weg **452** F4/5
Sankt-Margrethen-Strasse **452** D5
Sankt-Martins-Platz **452** E5
Sardonastrasse **452** B1
Scalettastrasse **452** B–D1–3
Scesaplanastrasse **452** D4/5
Scharfrichtergasse **452** E4
Schönbergstrasse **452** E2
Schönbühlstrasse **452** A5
Schönmattweg **452** C2
Segantinistrasse **452** C3/4
Segneswag **452** C3
Seilerbahnweg **452** C/D5
Sennensteinstrasse **452** C2/3
Sennhofstrasse **452** E4/5
Signinastrasse **452** A/B2
Silser Weg **452** F2
Silvrettastrasse **452** E2
Solariaweg **452** B/C2
Sonnenbergstrasse **452** E/F2
Sonnenhaldenstrasse **452** E/F2
Sonnenweg **452** C2
Spechtweg **452** B/C3
Splügenstrasse **452** E/F2
Sportplatzweg **452** B3
Spyriweg **452** C/D1/2
Stadtgartenweg **452** D4
Stampastrasse **452** E1/2
Steinbockstrasse **452** D/E4
Steinbruchstrasse **452** E/F3/4
Storchengasse **452** E4
Strelaweg **452** E1
Süsswinkelgasse **452** E4/5
Theaterweg **452** E4
Tittwiesenstrasse **452** C/D1–3
Tivolistrasse **452** D4
Tödistrasse **452** C3
Tschingelweg **452** D2
Tulpenweg **452** C/D2
Turnerweg **452** E4
Untere Gasse **452** D/E5
Untere Plessurstrasse **452** A–C1–4
Untertor **452** E4
Vazerolgasse **452** E4
Vereinaweg **452** F1
Vilanstrasse **452** F1
Vogelsangweg **452** B4
Wachtelweg **452** C1
Wagnergasse **452** D5
Walserweg **452** D2
Weinbergstrasse **452** E/F1
Weisshornweg **452** C4
Welschdörflistrasse **452** D5

Werkstrasse 452 D 2/3
Weststrasse 452 C 5
Wiesentalstrasse 452 D/E 1/2
Wingertweg 452 F 2
Winterbergweg 452 C 5
Zedernweg 452 E 3
Zeughausstrasse 452 E 4

Frauenfeld

Algisserstrasse 455 D/E 2
Ahornweg 455 A 1/2
Akazienweg 455 A/B 2/3
Allmendweg 455 D 1
Altweg 455 C 2/3
Auenstrasse 455 B 1
Bachstrasse 455 C 3
Bahnhofstrasse 455 A–E 1–3
Balierestrasse 455 C 3
Bankgasse 455 D 2
Bankplatz 455 D 2
Birkenweg 455 B 2
Bleichestrasse 455 C/D 3
Broteggstrasse 455 E 3
Buchenweg 455 B 2
Burgerholzstrasse 455 A/B 1
Dorfstrasse 455 B/C 1
Eibenstrasse 455 A 3
Eichholzstrasse 455 A 1/2
Einfangweg 455 B 2
Eisenbahnstrasse 455 C 2
Eisenwerkstrasse 455 B–D 1
Erchinger Strasse 455 E 1
Erlenstrasse 455 A 3
Feldhofstrasse 455 A/B 1
Freie Strasse 455 D 2
Gampergässli 455 B 2
Gaswerkstrasse 455 C 1/2
Gerlikoner Strasse 455 B/C 3
Grabenstrasse 455 D 2
Grundstrasse 455 A 1
Grünmattweg 455 B 1
Häberlinstrasse 455 A 1–3
Hanfäckerstrasse 455 C 1/2
Hasenbühlstrasse 455 A 2
Heimstrasse 455 B 3
Hohenzornstrasse 455 D/E 1/2
Hörnlistrasse 455 E 1
Im Fallengatter 455 B 1
Industriestrasse 455 C 1/2
Junkholzstrasse 455 B 3
Kanalweg 455 C 3
Kappelerstrasse 455 A 3
Kasernenplatz 455 D 2
Kehlhofstrasse 455 E 1
Kesselstrasse 455 C 3
Kirchgasse 455 D 2
Klösterliweg 455 D 3
Kreuzplatz 455 C 3
Kurzenerchinger Strasse 455 B/C 1/2
Kurzfeldstrasse 455 A–C 2
Lachenackerstrasse 455 A 1
Langwiesstrasse 455 E 3
Laubgasse 455 B 1–3
Lindenstrasse 455 C/D 1/2
Lindenweg 455 C 2
Maiholzstrasse 455 A/B 1/2
Marktplatz 455 D 3
Marktstrasse 455 D 3
Matthofstrasse 455 E 3
Metzgerstrasse 455 C 2
Militärstrasse 455 D 1
Mittelgasse 455 D 2
Mühletobelstrasse 455 E 1
Mühlewiesenstrasse 455 C/D 1
Murgstrasse 455 C 2
Neuhauser Strasse 455 E 3
Neuhofstrasse 455 A/B 1
Oberkirchstrasse 455 E 1
Oberstadtstrasse 455 D 2
Oberwiesenstrasse 455 A/B 2
Oberwiler Weg 455 B 3
Promenadenstrasse 455 D 2
Rathausplatz 455 D 2
Rebstrasse 455 C 3
Reutenenstrasse 455 E 3
Rheinstrasse 455 B/C 1/2
Ringstrasse 455 E 1–3
Rosenbergstrasse 455 E 3
Schaffhauser Platz 455 B 1
Schaffhauser Strasse 455 A/B 1
Sägestrasse 455 C 2
Sankt Galler Strasse 455 D 3
Sankt-Johann-Strasse 455 B/C 1
Scheuchenstrasse 455 A/B 2
Schlossmühlestrasse 455 D 3
Schmidgasse 455 C/D 1
Schrenzehalde 455 E 1/2
Schrenzeweg 455 E 1/2
Schulstrasse 455 D 2
Schulweg 455 E 1/2
Spannerstrasse 455 B 1
Speicherstrasse 455 E 2
Spielwiesenweg 455 B 3
Stammeraustrasse 455 C 3
Staubeggstrasse 455 D/E 2
Sternwartestrasse 455 E 2/3
Talbachplatz 455 A 3
Talbachstrasse 455 A 3
Tannenstrasse 455 A 3
Teuchelwiesstrasse 455 E 3
Thundorfer Strasse 455 D/E 2/3
Thurstrasse 455 B 1
Unterer Graben 455 D 2
Unterfeldstrasse 455 E 2
Walzmühlestrasse 455 C 3
Wannenfeldstrasse 455 A/B 3
Weinstrasse 455 B/C 3
Wiesenstrasse 455 B 3
Zelgweg 455 A/B 1/2
Zeughausstrasse 455 D 1
Ziegelweg 455 E 1
Zielackerstrasse 455 E 1
Zürcher Strasse 455 A–E 1–3

Fribourg/Freiburg

Abbaye, chemin de l' 456 D/E 4
Abbé-Bovet, rue de l' 456 C/D 2/3
Acacias, route des 456 F 2
Aeby, rue Pierre- 456 D 2
Affry, rue d' 456 C 3
Alpes, routes des 456 D 2/3
Alpes, rue des 456 D 2/3
Alt, rue d' 456 C 3
Archives, chemin des 456 E 2
Arsenaux, route des 456 C 3–5
Arsent, route d' 456 F 2
Augustins, place des 456 E/F 2/3
Augustins, rue des 456 F 3/4
Aurore, route de l' 456 C 1
Bains, chemins des 456 D 3
Barrage, promenade du 456 E 4
Beauregard, avenue de 456 B 3
Beau-Chemin 456 F 3
Beaumont, route de 456 A/B 5
Berne, rue de 456 F 2/3
Berne, route de 456 E/F 1/2
Bertigny, route de 456 A/B 3/4
Bethléem, chemin de 456 B 3/4
Bœuf, rue du 456 D 2
Bonlieu, chemin de 456 B 1
Bonnesfontaines, route des 456 B 1
Botzet, rue du 456 C/D 4
Bouchers, rue des 456 E 2
Bourguillon, route de 456 F 2–5
Braille, route Louis- 456 A 1
Breitfeld, chemin du 456 F 3–5
Brodeuses, chemin des 456 B 3
Broye, route de la 456 A/B 1/2
Butte, impasse de la 456 C 5
Calvaire, chemin du 456 C 1/2
Cardinal-Journet, chemin du 456 A 2/3
Cardinal-Mermillod, rue du 456 C 2
Cardinal, passage du 456 B/C 4
Carrière, rue de la 456 B 3
Chaillet, rue 456 C 4
Chaley, route Joseph- 456 F 2
Chamblioux, rue de 456 A 1
Champ-Fleuri, route du 456 A 1
Champriond, route de 456 A/B 5
Champ-des-Fontaines, route du 456 A/B 1/2
Chanoines, rue des 456 D 2
Chantemerle, rue de 456 A 1
Charmetttes, rue des 456 D 5
Châtelet, route du 456 B 4
Chenaux, route Nicolas- 456 A/B 3/4
Chollet, rue Louis- 456 C/D 3
Cibles, chemin des 456 C 4
Cigales, sentier des 456 B 1/2
Cité-Bellevue, route de la 456 F 1
Cité-des-Jardins, route de la 456 F 1
Cliniques, route des 456 C 5
Collège, escaliers du 456 D 2
Collège, place du 456 D 2
Comptoir, route du 456 C 4
Court-Chemin, escaliers du 456 D 2/3
Cousimbert, route du 456 B 5
Criblet, rue du 456 C 2
Daillettes, chemin des 456 B 5
Daler, sentier 456 A 3
De-Flüe, route de Saint-Nicolas- 456 B/C 5
Dentelières, impasse des 456 B 3
Derrière-les-Jardins 456 F 3
Derrière-les-Remparts 456 D 1
Drapiers, rue des 456 E/F 3
Dürrenbühl, sentier du 456 F 3
Ecoles, rue des 456 B/C 2/3
Eglantines, impasse des 456 F 2
Epouses, rue des 456 E 2
Etangs, chemin des 456 F 3/4
Falaises, chemin des 456 D 4/5
Faucigny, rue 456 D 4/5
Fonderie, route de la 456 B–D 5
Forgerons, rue des 456 F 2/3
Forêt, impasse de la 456 F 1
Fort-St-Jacques, route du 456 A 4
Fougères, route des 456 D 4/5
Fries, rue des 456 C 3/4
Funiculaire, escaliers du 456 D 2
Gachoud, rue Joseph- 456 C/D 5
Gambach, avenue de 456 B/C 2/3
Gare, avenue de la 456 C 3
Gare, place de la 456 C 3
Geiler, rue 456 C 4
Général-Guisan, avenue du 456 B–D 1
Gibloux, sentier du 456 A 4
Glâne, route de la 456 A/B 5
Gockel, rue Albert- 456 C 5
Gottéron, chemin du 456 F 3
Grabensaal, chemin de 456 D 2
Grand-Fontaine, rue de la 456 D 2
Grand-Places 456 C 3
Grand-Places, allée des 456 C/D 3
Grand-Places, escaliers des 456 D 2/3
Grand-Pré, route du 456 A 4
Grand-Rue 456 E 2
Grandes-Rames, 456 D/E 2/3
Granges-Paccot, avenue de 456 C 1
Gravière, chemin de la 456 C 3
Grenadiers, chemin des 456 C 1/2
Grimoux, rue 456 C/D 1/2
Grottes, chemin des 456 C 1
Gruyère, route de la 456 A/B 4/5
Guillimann, rue 456 C 4
Guintzet, avenue du 456 A/B 2/3
Guintzet, escaliers du 456 B/C 2
Guintzet, promenade du 456 A/B 2
Guisan, avenue du Général- 456 A–D 1
Heitera, route de la 456 F 1
Hôpital, rue de l' 456 C/D 2
Hôtel-de-Ville, place de l' 456 D 2
Industrie, rue de l' 456 C 4/5
Jean-Paul II, avenue 456 A 2/3
Jolimont, chemin de 456 B/C 2/3
Jordil, rue Georges- 456 C 3/4
Journet, chemin du Cardinal- 456 A 2/3
Jura, route du 456 A–C 1/2
Kaiser, route Wilhelm- 456 C/D 5
Karrweg 456 E 3
Kybourg, chemin des 456 E/F 1/2
Lausanne, rue de 456 D 2
Lenda, rue de 456 E 2/3
Levant, route du 456 A 4
Liguoriens, ruelle des 456 D/E 3
Lilas, chemin des 456 C 1
Locarno, rue de 456 C 4
Lorette, chemin de 456 D/E 3
Lorette, impasse de 456 E 3/4
Lycée, rue du 456 D 2
Maçons, rue des 456 D 2
Maigrauge, passerelle de la 456 E 4
Maigrauge, promenade de la 456 D/E 4
Marcello, rue 456 C/D 2
Marché-aux-Poissons, place du 456 D 2
Marly, route de 456 D 5
Mazots, chemin des 456 B 4
Mermillod, rue du Cardinal- 456 C 2
Mésanges, chemin des 456 A/B 1
Meuwly, chemin Charles- 456 A/B 3
Midi, avenue du 456 B/C 3–5
Moléson, avenue du 456 C 3/4
Mon-Chez-Nous, impasse de 456 A 1
Mon-Foyer, route de 456 A 1
Mon-Repos, route de 456 F 1/2
Monséjour, chemin de 456 B 3
Mont-Blanc, route du 456 B 2
Montenach, avenue 456 C 2
Montgoût, chemin de 456 D/E 3
Montrevers, chemin de 456 D 1
Monts, chemin des 456 B 3
Morat, rue de 456 D 1/2
Moser, rue Aloys- 456 C/D 1/2
Motta, chemin de la 456 D 3
Motta, pont de la 456 D 3
Musée, chemin du 456 D 5
Neigles, chemin des 456 E 1/2
Neigles, route des 456 E/F 1/2
Neuve, route 456 C/D 3
Neuveville, route de la 456 D 3
Noisetiers, route des 456 A/B 2
Nord, rue du 456 C 1/2
Nord, sentier du 456 C 1
Notre-Dame, place de 456 D/E 2
Notre-Dame, rue de 456 D 2
Observatoire, chemin de l' 456 B 2
Or, rue d' 456 F 3
Ormeaux, place des 456 D 2
Palatinat, chemin du 456 D 1
Palme, rue de la 456 F 3
Pensionnats, chemin des 456 A 3
Père-Girard, rue du 456 D 1/2
Pérolles, boulevard de 456 C/D 3–5
Pertuis, place du 456 D 3
Pervenches, route des 456 A 2
Petit-Chêne, rue du 456 B 3
Petit-Montreux, chemin du 456 F 2
Petit-Paradis, place du 456 D 2
Petit-St-Jean, place du 456 E/F 3
Petites-Rames 456 D 3
Peupliers, impasse des 456 E 1
Pilettes, rue des 456 C 3
Plaetzli 456 E 3
Planche-Inférieure 456 E 3
Planche-Supérieure 456 E 3
Platanes, chemin des 456 B 1
Pommiers, chemin des 456 C 2
Pont-Suspendu, rue du 456 E 2
Poste, rue de la 456 E 2
Poudrière, route de la 456 A 4
Prairie, route de la 456 B 5
Praz-des-Riaux, route du 456 A 4
Pré-Vert, impasse du 456 B 2
Primevères, chemin des 456 A 2/3
Progrès, rue du 456 B 3
Python, place Georges- 456 C/D 2
Reichler, rue Joseph- 456 C 4
Reyff, place Jean-François- 456 F 3
Riant-Coteau, impasse du 456 F 1
Richemond, chemin de 456 B 3
Riedlé, route du 456 F 1/2
Ritter, chemin Guillaume- 456 D 5
Ritter, sentier Guillaume- 456 D/E 4/5
Roches, chemin des 456 B/C 1
Rome, avenue de 456 C/D 2
Romont, rue de 456 C/D 2/3
Rosière, rue de la 456 B 3
Rosiers, chemin des 456 B 3
Saint-Barthélemy, route de 456 F 1/2
Saint-Jean, pont de 456 E 3
Saint-Jost, chemin de 456 E 3
Saint-Michel, rue de 456 D 2
Saint-Nicolas, rue de 456 E 2
Saint-Nicolas-de-Flüe, route de 456 B/C 5

FRIBOURG/FREIBURG GENÈVE

Saint-Paul, rue de 456 C4
Saint-Pierre, rue de 456 C/D3
Saint-Pierre-Canisius, escaliers de 456 D2
Saint-Vincent, rue de 456 B3
Sainte-Agnès, route de 456 C1
Sainte-Thérèse, route de 456 B1
Samaritaine, rue de la 456 E3
Sarine, rue de la 456 B3
Schoch, sentier 456 D5
Schoenberg, chemin du 456 F2
Schoenberg, escaliers du 456 F2
Simplon, rue du 456 C4
Sonnenberg, chemin du 456 D3
Sources, chemin des 456 A1
Stadtberg, route du 456 E1/2
Stalden 456 E2/3
Stand, sentier du 456 D/E1
Techtermann, rue Guillaume- 456 C3/4
Temple, rue du 456 C2/3
Tête-Noire, rue de la 456 D2
Tilleul, place du 456 D2
Tisserands, rue des 456 F3
Tivoli, avenue de 456 C3
Tour-Henri, chemin de la 456 C2
Tour-Rouge, chemin de la 456 F2
Tour-des-Chats, chemin de la 456 F2
Vanils, avenue des 456 B2/3
Varis 456 D2
Verger, chemin du 456 F2
Veveyse, route de la 456 A4/5
Vignettaz, route de la 456 A/B4
Vignettaz, sentier de la 456 B4
Villars, route de 456 A/B3/4
Violettes, chemin des 456 F4
Vogt, rue 456 C4
Weck-Reynold, avenue Louis- 456 B/C1/2
Wilhelm-Kaiser, route 456 C/D5
Zaehringen, pont de 456 E/F2
Zaehringen, rue de 456 E2
Zig-Zag, chemin des 456 E2

Genève

Abauzit, rue Firmin- 458 B3
Acacias, pont des 458 C4/5
Acacias, route des 458 C5
Achard, chemin Jean- 458 F2
Ador, quai Gustave- 458 C1/2
Agasse, rue 458 D/E1
Ailes, chemin des 460 A5
Aïre, avenue d' 460 E5
Allières, avenue des 458 D1
Allobroges, rue des 458 C/D5
Alpes, place des 458 A/B2
Alpes, rue des 458 A/B2
Amandolier, avenue de l' 458 D/E1
Amat, rue Jean-Charles- 458 A1
Amiel, rue Henri-Frédéric- 460 F4
Amis, rue des 458 A2
Ancien-Port, rue de l' 458 A1
Ancienne-Route, L' 460 A/B1/2

Anémones, chemin des 460 C/D5
Ansermet, quai Ernest- 458 A5–C4
Aoste, rue d' 458 C2
Appia, avenue 460 C/D1/2
Arénières, quai des 458 A5
Argand, rue François-Pierre-Ami- 458 A2
Ariana, avenue de l' 460 D2
Armes, place d' 458 D5
Arquebuse, rue de l' 458 B3
Arve, quai de l' 458 D5
Asters, rue des 460 E3/4
Athénée, rue de l' 458 C/D3
Attenville, chemin Jacques- 460 3/C3/4
Aubépine, rue de l' 458 D4
Aubert, avenue Louis- 458 E2/3
Augustins, place des 458 C4
Avanchet, chemin de l' 460 B5
Avenir, rue de l' 458 C1
Baillive, rue de la 458 B4
Bains, rue des 458 B4
Bâle, rue de 458 A1
Balexert, chemin de 460 C5
Balmat, rue Jacques- 458 B3
Baptista, avenue De- 460 B5
Barblan, rue Otto- 458 B/C3
Barques, rue des 458 C2
Barraud, rue Maurice- 458 C3
Barrières rue des 458 B/C2/3
Barthélemy-Menn, rue 458 D4
Bartholoni, rue J.-François- 458 B3
Barton, rue Daniel-Fitzgerald- 458 A/B1
Bastions, cours des 458 C3
Battoirs, rue des 458 C4
Baudit, rue Amédée- 458 A2
Baulacre, rue Léonard- 460 F3
Bautte, rue Jean-François- 458 A3
Beau-Séjour, avenue de 458 D3/4
Beau-Site, rue du 460 F5
Beau-Soleil, chemin de 458 E2/3
Beaulieu, rue de 460 F3
Beaumont, rue De- 458 D2
Beauregard, rue 458 C3
Bel-Air, place de 458 B3
Bellamy, chemin 460 D2/3
Bellot, rue François- 458 C3
Belvédère, rue du 460 F5
Bémont, rue 458 B3
Bergalonne, rue 458 B4
Bergues, place des 458 B2
Bergues, pont des 458 B2
Bergues, quai des 458 B2
Berne, rue de 458 A1/2
Bertrand, avenue Alfred- 458 D2/3
Bétems, chemin Alfred- 460 A1
Beulet, rue du 460 F5
Bezanson-Hugues, quai 458 B2/3
Bèze, rue Théodore-de- 458 C2
Bider, rue Oscar- 460 B5
Bizot, chemin 458 E2
Blanc, avenue 460 E/F1/2
Blanche, rue 458 D4/5
Blanvalet, rue Henri- 458 C1/2
Bloch, rue Ernest- 458 D1
Bois-Gentil, chemin du 460 E4
Bois-de-la-Bâtie, passerelle du 458 A5
Boisserette, chemin de la 458 E1
Boissonnas, rue 458 B5
Bonivard, rue François- 458 A/B2
Bonnet, rue Charles- 458 C/D3

Bonvent, chemin de 460 B3/4
Borgne, chemin 460 C1
Bouchet, avenue du 460 D4
Bouchet, carrefour du 460 D5
Bouchet, rue Paul- 458 A2
Bougeries, chemin des 458 F1
Bougeries, rondeau des 458 F1
Bourg-de-Four, place du 458 C3
Bourgogne, rue de 460 E5
Bourse, rue de la 458 B3
Bout-du-Monde, route de 458 E/F4
Bovy-Lysberg, rue Charles- 458 B3
Briquet, chemin 460 C2/3
Budé, avenue De- 460 C/D2
Buis, rue des 458 A1
Buisson, chemin 460 D4
Butini, rue Adolphe- 458 A2
Calame, rue Alexandre- 458 B3
Calas, avenue 458 D/E3/4
Calvin, rue Jean- 458 B3
Canal, cours Jean- 458 C3
Candolle, rue De- 458 B/C3
Canonnière, rue de la 460 E3
Capo-d'Istria, quai 458 D4/5
Carantec, place de 460 B2
Cardinal-Mermillod, avenue du 458 D5
Caroline, rue de la 458 C5
Carouge, pont de 458 D5
Carouge, rue de 458 C/D4
Carqueron, rue 460 B5
Carteret, rue Antoine- 460 E2/3
Casaï, avenue Louis- 460 A–C3–5
Castoldi, chemin 458 E1
Cavour, rue Camille- 460 F4
Céard, rue Adrien-Robert- 458 B2
Cèdres, rue des 460 F5
Cendrier, rue du 458 A2
Centurion, chemin du 458 E5
Cercle, rue du 458 A2
Chaix, avenue Paul- 458 F2
Chamonix, avenue de 458 D1
Champ-d'Anier, chemin du 460 C3
Champel, avenue de 458 D/E4
Champendal, chemin Doctoresse- 458 E2
Chancy, route de 458 A/B5
Chandieu, rue 460 E3
Chantepoulet, rue de 458 A/B2
Chapeau-du-Curé, chemin du 460 B2
Chapeaurouge, chemin 458 F2
Chapelle, rue de la 458 C2
Chaponnière, rue 458 A2
Charmettes, place des 458 D5
Charmilles, place des 460 E/F5
Charmilles, rue des 460 F5
Charrue, rue de la 458 B3/4
Château, rue du 460 F5
Châteaubriand, place 458 A1
Châteaubriand, rue 458 A1
Châtelain, rue 460 E4
Châtelaine, avenue de 460 D/E5
Châtelet, chemin du 458 D4
Chaudronniers, rue des 458 C3
Chausse-Coq, rue 458 C3
Chauvet, rue Michel- 458 D/E2
Chêne, route de 458 D/E1
Cherbuliez, rue Victor 458 C1
Chesnaie, chemin de la 460 D5
Cheval-Blanc, quai du 458 C/D4/5
Chevelu, place de 458 B2

Chevillarde, chemin de la 458 E1
Chouet, rue Jean-Robert- 460 F3/4
Christiné, rue Henri- 458 C4
Cingria, rue 458 C4
Cirque, place du 458 B3
Cité, rue de la 458 B3
Cité-de-la-Corderie, rue 458 A2
Clairière, chemin de la 458 D1
Claparède, place Edouard- 458 C3
Cloche, rue de la 458 A/B1
Clochettes, chemin des 458 F2
Clos, rue du 458 C1
Clos-Belmont 458 D1
Clos-de-la-Fonderie, rue 458 D5
Clos-du-Velours, chemin du 458 C/D3/4
Cluse, boulevard de la 458 C/D3/4
Coin-de-Terre, chemin du 460 D5
Colladon, chemin 460 C3
Colladon, rue Jean-Daniel- 458 C3
Colline, rue de la 458 D4/5
Colombelle, impasse 460 A2
Colombettes, chemin des 460 D2/3
Colombier, rue du 460 E/F4
Colonel-Coutau, rue du 458 B4
Colovrex, route de 460 A/B1/2
Commerce, rue du 458 B2/3
Confédération, rue de la 458 B3
Confessions, rue des 460 F5
Conseil-Général, rue du 458 C3
Constant, rue Samuel- 458 A3
Constantin, rue Abraham- 458 C/D3
Contamines, rue de 458 D2/3
Contrat-Social, rue du 460 E/F5
Corbillettes, chemin des 460 C3
Cordiers, rue des 458 D1
Cornavin, place de 458 A2
Cornavin, rue de 458 A2
Corps-Saints, rue des 458 A2/3
Corraterie, rue de la 458 B3
Corbusier, rue Le- 458 E2
Couchant, ruelle du 458 C/D2
Coudriers, chemin des 460 C3/4
Coulouvrenière, pont de la 458 A3
Coulouvrenière, rue de la 458 A3
Couronne, rue Alexandre- 458 C2
Coutance, rue de 458 A2/3
Coutau, rue du Colonel- 458 B4
Cramer, rue 460 E3
Crespin, rue 458 D2
Crêts, chemin des 460 E/F5
Crêts, promenade des 460 D3/4
Crêts-de-Champel, chemin des 458 E4
Crêts-de-Pregny, chemin des 460 B1
Croisette, avenue de la 458 D5
Croix-Rouge, rue de la 458 B/C3
Croix-d'Or, rue de la 458 B/C3
Croix-du-Levant, rue de la 460 B/C5
Crosnier, avenue Jules- 458 D3
Crozet, avenue de 460 C/D5
Curval, rue Louis- 458 D3
Cusin, rue Charles- 458 A2
Dalphin, rue Jacques- 458 C/D5
Dancet, rue 458 C4

Dassier, rue Jean- 458 A3
Daubin, rue 460 F4/5
Dauphiné, rue du 460 E5
De-Baptista, avenue 460 B5
De-Baumont, rue 458 D2
De-Bèze, rue Théodore- 458 C2
De-Budé, avenue 460 C/D2
De-Candolle, rue 458 B/C3
De-Grenus, place François-Théodore-Louis- 458 A2
De-Grenus, rue François-Théodore-Louis- 458 A2
D'Ivernois, rue François- 458 C3
De-Luserna, avenue 460 D/E4
De-Maisonneuve, chemin 460 C/D5
De-Marcossay, rue Guillaume- 458 C4
De-Montfalcon, rue Louis- 458 C/D5
De-Normandie, chemin 458 B3
De-Saussure, rue Horace-Bénédict- 458 B3
De-Sauvage, chemin Jacques-Philibert- 460 C/D5
De-Sellon, rue Jean-Jacques- 460 F3
De-Senger, rue Hugo- 458 C4
De-Staël, rue Madame- 458 A3
De-Traz, rue Robert- 458 E2
De-Vincy, chemin 460 E2/3
De-Warens, avenue 460 F5
D'Yvoy, boulevard 458 B4
Débridée, rue de la 458 D5
Dejean, rue 460 F1/2
Délices, rue des 458 A3
Dentand, rue 460 F2
Deux-Ponts, rue des 458 A4/5
Diday, rue François- 458 B3
Diorama, rue du 458 B3
Dizerens, rue 458 C4
Doctoresse-Champendal, chemin 458 E2
Dôle, rue de la 460 F4/5
Dorcière, place 458 A/B2
Dorcière, rue Louis- 458 A2
Du-Bois-Melly, rue 458 B4
Du-Roveray, rue 458 C1
Duboule, chemin Moïse- 460 C3
Duchosal, rue Louis- 458 C2
Dufour, rue David- 458 A4
Dufour, rue du Général- 458 B3
Dumas, avenue 458 D/E3
Dumont, rue Etienne- 458 C3
Dunant, avenue Henri- 458 B/C4
Dunant, chemin Louis- 460 F2
Dupont, rue Eugène- 458 C1
Durafour, rue François- 460 B5
Durand, rue Simon- 458 C5
Dussaud, rue François- 458 B/C5
Duval, chemin Etienne- 460 D3
Eaux-Vives, place des 458 C2
Eaux-Vives, rue des 458 C1
Ecole-de-Médecine, rue de l' 458 B4
Ecureuils, chemin des 458 F1
Empeyta, avenue Eugène- 460 F3/4
Encyclopédie, rue de l' 458 A3
Epinettes, rue des 458 C5
Erse, chemin de l' 460 B3
Escalade, chemin de l' 458 D4
Est, rue de l' 458 C2
Estienne, rue Robert- 458 C2

GENÈVE

Etuves, rue des **458** A/B2
Evêché, rue de l' **458** C2/3
Eynard, rue Jean-Gabriel- **458** C3
Fabri, rue Adhémar- **458** B2
Falaises, sentier des **458** A4
Faller, rue **460** E4
Fatio, rue Pierre- **458** C2
Faucille, rue de la **460** F3
Favon, boulevard Georges- **458** A/B3
Favre, avenue William- **458** C/D1
Favre, rue Louis- **460** F3
Fazy, boulevard James- **458** A2/3
Fazy, rue Henri- **458** B3
Fendt, rue Frédéric-Christian- **460** F3
Ferme, rue de la **458** D4/5
Ferney, route de **460** A–D1/2
Ferrier, rue **460** F2
Filature, rue de la **458** D5
Fillion, chemin **458** E5
Fins, chemin des **460** C3
Flèche, rue de la **458** C2
Fleurettes, chemin des **460** D2
Floralies, chemin des **460** B4
Florence, chemin de la **458** E/F1/2
Florissant, route de **458** D–F2/3
Flournoy, avenue Théodore- **458** C/D1
Fonderie, clos-de-la- **458** D5
Fontaines-Saintes, rue des **460** D4
Fontenette, pont de la **458** D4/5
Fontenette, rue de la **458** D/E5
Forces-Motrices, quai des **458** A3
Forêt, avenue de la **460** D/E4
Fossard, chemin de **458** F1/2
France, avenue de **460** E/F1/2
Franchises, route des **460** D/E5
Franklin, rue Benjamin- **458** A3
Fribourg, rue de **458** A2
Frontenex, avenue de **458** C2
Frontenex, route de **458** D1
Furet, chemin François- **460** E5
Fusterie, place de la **458** B2/3
Gabelle, rue de la **458** C5
Galiffe, chemin **458** A3
Galland, rue Charles- **458** C2/3
Gallantin, avenue de **460** E/F5
Galloix, rue Jean-Imbert- **458** C3
Gambini, rue Giovanni- **458** E2
Garages, rue des **460** F2
Garance, chemin de la **458** F1
Gare-des-Eaux-Vives, avenue de la **458** D1
Gaud, avenue Léon- **458** D3
Gautier, rue Jean-Alexandre- **458** A1
Gavril, rue Daniel- **458** E5
Geais, chemin des **460** B/C1
Général-Dufour, rue du **458** B3
Général-Guisan, quai du **458** B/C2
Genêts, chemin des **460** D/E3
Georg, chemin Charles- **460** C4
Gevray, rue Abraham- **458** A1
Giron, rue Charles- **460** F5
Glacis-de-Rive, rue des **458** C2
Glycines, chemin des **458** F2
Godefroy, avenue **458** D1
Goetz-Monin, rue **458** C4

Gos, rue Albert- **458** E3/4
Gourd, rue Emilie- **458** C3
Gourgas, rue **458** B4
Grand-Bay, rue du **460** B5
Grand-Bureau, rue du **458** C5
Grand-Mézel, place du **458** B3
Grand-Pré, rue du **460** E/F3
Grand-Rue **458** B3
Grande-Vue, chemin de **458** E3
Granges, rue des **458** B3
Grasset, rue John- **458** D4
Grast, rue François- **458** D2
Gravière, chemin de la **458** B5
Grenade, avenue de la **458** C1
Grenus, place François-Théodore-Louis-de- **458** A2
Grenus, rue François-Théodore-Louis-de- **458** A2
Grottes, avenue des **460** F3
Grottes, place des **458** A2
Grottes, rue des **460** F3
Guisan, quai du Général- **458** B/C2
Gutenberg, rue Jean- **458** A3
Guye, rue **460** E5
Guyénot, place Emile- **458** D2
Helvétique, boulevard **458** C2/3
Hentsch, avenue Ernest- **458** D1
Hesse, rue de **458** B3
Hodler, rue Ferdinand- **458** C2
Hoffmann, rue **460** E3/4
Hollande, place de **458** B3
Hollande, rue de **458** B3
Hornung, rue Joseph- **458** B3
Hôtel-de-Ville, rue de l' **458** B/C3
Hugon, rue Jean-Louis- **458** A4
Hugues, quai Bezanson- **458** B2/3
Humbert, rue Charles- **458** B4
Ile, passerelle de l' **458** B3
Ile, place de l' **458** A/B3
Ile, pont de l' **458** B3
Ile, quai de l' **458** B2/3
Impératrice, chemin de l' **460** C1
Industrie, rue de l' **460** F3
Industrielle, avenue **458** C5
Iris, chemin des **460** B4
Italie, rue d' **458** C2
Ivernois, rue François-d' **458** C3
Jacques-Dalcroze, boulevard Emile- **458** C2/2
Jaquet, rue Jean- **458** A1
Jardins, rue des **458** A4
Jargonnant, place de **458** D1/2
Jargonnant, rue de **458** D2
Jean-Jacques, rond-point **460** F5
Jentzer, rue Alcide- **458** D4
Jeu-de-l'Arc, rue du **458** C1/2
Jeunes, route des **458** A/B5
Joinville, chemin de **460** B4/5
Joli-Mont, avenue **460** C4
Jonc, chemin du **460** A/B3/4
Jonction, avenue de la **458** A4/5
Jonction, rond-point de la **458** A4
Jura, rue du **460** F4
Kermely, chemin **458** E3
Kléberg, place **458** B2
Kléberg, rue **458** B2
Krieg, avenue **458** E2
Lac, place du **458** B2
Lac, promenade du **458** B/C2
Lac, rue du **458** C1
Lachenal, rue Adrien- **458** C/D2
Lamartine, rue **460** E/F4
Lancy, rue de **458** C5

Lausanne, rue de **460** E/F1/2
Le-Corbusier, rue **458** E2
Le-Royer, rue **458** B/C5
Lefort, rue François- **458** C2/3
Lehmann, chemin François- **460** B2/3
Léman, rue du **458** A/B1
Leschot, rue Georges- **458** C3/4
Levant, rue du **458** A1
Levant, ruelle du **458** C/D2
Lévrier, rue Ami- **458** A2
Lévrier, rue Grange- **460** B5
Lièvre, rue du **458** C5
Lilas, rue des **460** E4
Liotard, rue Jean-Etienne- **460** D/F4
Lissignol, rue Théodore- **458** A2
Liszt, place Franz- **458** C3
Lombard, rue Alexandre- **458** C/D3
Longemalle, place de **458** B2
Lugardon, rue Léonard- **458** A2
Lullin, rue Ami- **458** C2
Luserna, avenue De- **460** D/E4
Lyon, rue de **460** E5–F4
Machine, pont de la **458** B2
Madeleine, rue de la **458** B2
Mail, avenue du **458** B/C4
Mairie, rue de la **458** C1/2
Maison-Rouge, rue de la **458** C2
Maisonneuve, chemin De- **460** C/D5
Maladière, rue de la **458** D4/5
Malagnou, route de **458** D–F1/2
Malatrex, rue de **458** A3
Malbuisson, galerie Jean- **458** B2
Malombré, chemin **458** D3
Mandement, rue du **458** A3
Manons, chemin des **460** B1
Maraîchers, rue des **458** B5
Marais, chemin des **460** B4
Marbriers, rue des **458** B3
Marché, place du **458** D5
Marché, rue du **458** B2/3
Marché, ruelle du **458** B3
Marcossay, rue Guillaume-de- **458** C4
Marignac, rue **458** D3
Marronniers, rue des **458** C/D2
Martin, promenade Charles- **458** E1
Martin, rue Frank- **458** B3
Marziano, rue Eugène- **458** B/C5
Masbou, rue Louis- **458** C4
Massettes, chemin des **460** B4
Massot, rue Firmin- **458** C3
Maunoir, rue **458** C/D1
Maurice, rue Frédéric-Guillaume- **458** C3
Menn, rue Barthélemy- **458** D4
Mercier, rue Pasteur Isaac- **458** A3
Merle-d'Aubigné, rue **458** C1
Mermillod, avenue du Cardinal- **458** D5
Mervelet, avenue du **460** C/D4
Mestrezat, chemin **460** D4
Métairie, chemin de la **460** A3
Meunier, rue François- **458** C5
Meylan, rue Pedro- **458** E2
Meyrin, route de **460** B–E4/5
Micheli-du-Crest, rue **458** C4
Midi, rue du **460** F3
Midi, ruelle du **458** C/D2
Miléant, rue de **460** F5
Mines, chemin des **460** E1
Minoteries, rue des **458** C4
Miremont, avenue de **458** D/E3

Moillebeau, rue de **460** D3/4
Molard, passage du **458** B2
Molard, place du **458** B2
Môle, rue du **458** A1
Moléson, rue du **460** F4
Mon-Soleil, chemin **458** B3
Monnaie, rue de la **458** B3
Monnetier, rue de **458** C3
Monnier, rue Marc- **458** C3
Monnier, avenue Philippe- **458** B2
Mont-Blanc, pont du **458** B2
Mont-Blanc, quai du **458** B1/2
Mont-Blanc, rue du **458** A/B2
Mont-Blanc, square du **458** B2
Mont-de-Sion, rue du **458** C/D2/3
Montbrillant, place de **458** A2
Montbrillant, rue de **460** E/F2/3
Montchoisy, rue de **458** C1
Montfalcon, rue Louis-de- **458** C/D5
Monthoux, rue de **458** A1/2
Moraines, chemin des **458** E5
Moraines, rue des **458** D/E5
Morillons, route des **460** C2
Motta, avenue Guiseppe- **460** E2/3
Mouettes, rue des **458** C5
Moulin-Rouge, rue **458** C2
Moulins, place des **458** B2/3
Moulins, rue des **458** B3
Moulins-Raichlen, rue des **458** C4
Moynier, rue Gustave- **460** F1
Muller-Brun, rue Gustave- **458** D1
Munier-Romilly, rue Amélie- **458** C3
Muse, rue de la **458** B4
Mussard, rue Henri- **458** D2
Muzy, rue Gérard- **458** C2
Nant, rue du **458** C/D1
Nations, place des **460** E2
Navigation, place de la **458** A1
Navigation, rue de la **458** A1
Necker, rue Jacques- **458** A2/3
Neuchâtel, rue de **458** A1/2
Neuf, chemin **458** C1
Neuve, place de **458** B3
Neuve-du-Molard, rue **458** B2
Nicolet, rue Emile- **458** A4
Noirettes, rond-point des **458** C5
Noirettes, rue des **458** C5
Normandie, chemin De- **458** E3
Octroi, place de l' **458** D5
Odier, avenue Pierre- **458** E/F1
Orangerie, rue de l' **458** E3/4
Ormeaux, rue des **458** A3
Orpailleurs, promenade des **458** D5
Page, quai Charles- **458** C/D5
Pailly, avenue du **460** C5
Pailly, viaduc du **460** C5
Paix, avenue de la **460** D/E1/2
Pâquis, route des **458** A1/2
Parc, rue du **458** C2
Parc-des-Mayens **460** C3/4
Parmelin, chemin Agénor- **460** A/B5
Pasquier, rue Joseph- **460** E5
Passage, rue du **458** B2
Pasteur, chemin Docteur-Adolphe- **460** C/D3
Patru, rue **458** C4
Paumière, chemin de la **458** F1
Pavillon, chemin du **460** D4
Pavillons, rue des **458** B/C4
Pêcheries, rue des **458** A4
Pécolat, rue Jean- **458** A2

Pélisserie, rue de la **458** B3
Pénates, rue des **460** F5
Péniches, route des **458** A5
Pépinière, rue de la **458** A2
Pervenches, rue des **458** C/D5
Peschier, avenue **458** D/E2
Pestalozzi, rue **460** D/E3/4
Petit-Bouchet, chemin du **460** D4
Petit-Perron, rue du **458** B2/3
Petit-Saconnex, chemin du **460** D2/3
Petit-Saconnex, place du **460** C/D3
Petit-Senn, rue Jean-Antoine- **458** C2
Petit-Boissière, chemin de la **458** D/E1
Petite-Fusterie, place de la **458** B2
Petitot, rue Jean- **458** B3
Peupliers, rue des **458** D4/5
Philosophes, boulevard des **458** C3
Philosophes, place des **458** C3
Photographes, rue des **458** C1
Piachaud, rue René-Louis- **458** C3
Pictet, avenue Ernest- **460** D/E4
Pictet-de-Bock, rue **458** C4
Pictet-de-Rochemont, avenue **458** C/D1/2
Pierres-du-Niton, rue des **458** C1
Pin, promenade du **458** C3
Pinchat, chemin de **458** F5
Pins, chemin des **458** E2
Pisciculture, rue de la **458** A3
Pittard, avenue Eugène- **458** E/F2/3
Plainpalais, rond-point de **458** B/C3/4
Plantamour, rue Philippe- **458** A/B1/2
Plantaporrêts, rue des **458** A4
Pléiades, chemin des **458** E3
Point-du-Jour, chemin du **460** D/E3
Pommier, chemin du **460** B/C2/3
Pont-Neuf, rue du **458** D5
Pont-d'Arve, boulevard du **458** C4
Port, place du **458** B2
Port, rue du **458** C2
Poste, place de la **458** B3
Poste, quai de la **458** A/B3
Poterie, rue de la **460** F4
Pradier, rue Jean-Jacques- **458** A2
Pradier, square Jean-Jacques- **458** A2
Praille, avenue de la **458** C/D5
Prairie, rue de la **460** F4
Pré-Bois, route de **460** A5
Pré-Carbeux, chemin du **460** A/B3
Pré-Cartelier, chemin du **460** D/E3
Pré-Jérôme, rue du **458** C/D4
Pré-de-la-Bichette, rue du **460** D/E2
Pré-de-l'Ours, chemin du **458** E/F2
Pregny, route de **460** C/D1
Préiades, chemin des **458** E3
Préjins, chemin des **460** A/B3
Premier-Juin, rue du **458** C1
Prévost, chemin Docteur-Jean-Louis- **460** D4
Prévost-Martin, rue **458** C/D4
Prieuré, rue du **458** A1
Prince, rue du **458** C2
Puiserande, rue de la **458** A4
Puits-St-Pierre, rue du **458** B3
Purgatoire, rue du **458** B/C2

GENÈVE

Quai, ruelle du **458** B2
Quartier-Neuf, rue du **458** A4
Quatre-Saisons, rue des **458** A2
Racine, rue Edouard- **460** E4
Radio, passage de la **458** B4
Rameaux, chemin des **460** A5
Ravin, sentier du **458** A4
Rehfous, rue John- **458** D2
Reverdin, place **458** D4
Revilliod, rue Gustave- **458** C5
Rhône, place du **458** B2
Rhône, quai du **458** A4
Rhône, rue du **458** B/C2
Riant-Bosquet, chemin **460** A4
Riant-Parc, avenue **460** C4/5
Richard, rue Albert- **458** A3
Richemont, rue de **458** A1
Rieu, chemin **458** E2
Rigot, chemin Eugène **460** E1/2
Rive, carrefour de **458** C2
Rive, rond-point de **458** C2
Rive, rue de **458** C2
Roch, chemin Maurice- **458** D4
Rochat, clos **458** A3
Rochat, rue Louis-Lucien- **458** B3
Roches, chemin des **458** D2
Rochette, chemin de la **460** D2
Rod, rue Edouard- **460** D4/5
Rodo, rue **458** C4
Rois, rue des **458** A/B3
Ronzades, rue des **458** C5
Roseraie, avenue de la **458** D4
Roseraie, sentier de la **458** D4
Roses, chemin des **460** E3/4
Roset, rue Michel- **458** A2
Rosselet, rue Charles- **460** E/F3
Rossi, rue Pellegrino-Louis- **458** A2
Rothschild, rue **460** F2
Rôtisserie, rue de la **458** B2/3
Rousseau, rue Jean-Jacques- **458** A/B2
Route douanière **460** A2/3
Route nationale N 1 **460** A1–5
Roveray, rue Du- **458** C1
Royaume, rue **458** A1
Royer, rue Le- **458** B/C5
Ruchon, rue François- **460** F5
Rues Basses, Les **458** B2
Ruisseau, chemin du **460** A/B5
Sablons, rue des **458** B4
Saint-François, passage de **458** C4
Saint-François, place **458** C4
Saint-Georges, boulevard de **458** A/B3/4
Saint-Georges, pont de **458** A5
Saint-Georges, route de **458** A5
Saint-Gervais, place de **458** A/B3
Saint-Jean, rue de **458** A3/4
Saint-Jean, rue de **460** F5
Saint-Joseph, rue **458** D5
Saint-Laurent, rue **458** C2
Saint-Léger, rue de **458** C3
Saint-Nicolas-le-Vieux, rue **458** E5
Saint-Ours, rue Jean-Pierre- **458** C3
Saint-Victor, rue de **458** C/D3
Saint-Victor, rue **458** D5
Sainte-Clotilde, avenue de **458** A/B4
Sandedis, chemin de **460** B1
Sapins, chemin des **460** A/B4
Sarasin, chemin Edouard- **460** B2/3
Saules, sentier des **458** A4/5
Saussure, rue Horace-Bénédict-de- **458** B3
Sautter, rue **458** D3
Sauvage, chemin Jacques-Philibert-de- **460** C5
Savoie, rue de **458** D1
Savoises, rue des **458** B3/4
Schaub, rue Jean-Jacques- **460** E/F3/4
Scie, rue de la **458** C2
Sécheron, avenue de **460** E/F1
Seippel, chemin Paul- **458** F1/2
Sellon, rue Jean-Jacques-de- **460** F3
Senebier, rue Jean- **458** C3
Senger, rue Hugo-de- **458** C4
Servet, rue Michel- **458** D3
Servette, rue de la **460** E/F4
Seujet, quai du **458** A3/4
Sibérie, rue de la **460** F3
Sigismond, place **458** E5
Simplon, rue du **458** C1
Sismondi, rue Jean-Charles-Léonard- **458** A2
Soret, avenue Frédéric- **460** D/E4/5
Soubeyran, rue **460** E5
Soullier, rue Benjamin- **460** E4
Sources, rue des **458** C3/4
Sous-Terre, pont de **458** A4
Sous-Terre, rue de **458** A3/4
Sous-Terre, sentier de **460** F5
Spiess, rue Henry- **458** D2
Spon, rue Jacob- **460** F3
Staël, rue Madame-de- **458** A3
Stand, rue du **458** A/B3/4
Stand, square du **458** A/B3
Sturm, place Charles- **458** C/D2
Sturm, rue Charles- **458** C/D2
Surinam, chemin **460** E4/5
Synagogue, place de la **458** B3
Synagogue, rue de la **458** A/B3
Tabazan, rue **458** C3
Taddéoli, chemin Emile- **460** A5
Tannerie, rue de la **458** E5
Tavan, chemin Edouard- **458** E/F3/4
Tavernay, chemin **460** B3/4
Tell, rue Guillaume- **458** B2
Temple, place du **458** D5
Temple, rue du **458** A3
Ternier, chemin de **458** C5
Terrassière, rue de la **458** C/D2
Terreaux-du-Temple, rue des **458** A2/3
Terroux, chemin **460** B3/4
Tertasse, rue de la **458** B3
Thalberg, rue Sigismond- **458** A2
Théâtre, boulevard du **458** B3
Thomas, place Albert- **460** E1
Thury, chemin **458** D3/4
Tilleuls, avenue des **460** F5
Tir, rue du **458** A3
Tireurs-de-Sable, passage des **458** E4/5
Toepffer, rue Rodolphe- **458** C/D2
Tolstoï, rue Léon- **460** F5
Torney, chemin **460** B1
Tour, boulevard de la **458** C3
Tour, passage de la **458** C3/4
Tour, rue de la **458** C3/4
Tour-Maîtresse, rue de la **458** C2
Tour-de-Champel, chemin de la **458** E4
Tour-de-l'Île, rue de la **458** B3
Tourelle, chemin de la **460** C3
Trait-d'Union, chemin du **460** A4
Tranchées, boulevard des **458** C/D2/3
Traz, rue Robert-de- **458** E2
Treille, promenade de la **458** B3
Treille, rampe de la **458** B3
Trembley, avenue Jean- **460** C/D4
Trente-et-Un-Décembre, rue du **458** C/D1/2
Trois-Perdrix, place des **458** B3
Tronchin, rue **460** F4
Truite, rue de la **458** A5
Tschumi, rue Adolphe- **460** F4
Turrettini, quai Théodore- **458** A3
Université, rue de l' **458** C3
Usines, rue des **458** C5
Val-d'Arve, pont du **458** C/D2
Val-d'Arve, route du **458** E5
Valais, rue du **460** F2
Vallée, rue de la **458** C2
Vallette, avenue Gaspard- **458** D3
Vallin, rue Adrien- **458** A3
Varembré, rue de **460** E2
Vaucher, avenue Edmond- **460** D5
Vautier, rue **458** D5
Vélodrome, rue du **458** A4
Velours, chemin du **458** F1/2
Venel, chemin **458** D4
Verdaine, rue **458** C2
Vergers, chemin des **458** D2
Vermont, rue de **460** E2/3
Vernets, quai des **458** B/C4/5
Versonnex, rue François- **458** C2
Vert, chemin **458** F5
Verte, rue **458** D4
Vessy, pont de **458** F4
Vessy, route de **458** F3/4
Veyrassat, rue Henri- **460** E4
Veyrier, route de **458** E/F4/5
Veyrier, rue de **458** D/E5
Vidollet, rue du **460** D–F2/3
Vie-des-Champs, chemin de la **460** B–D1
Vieux-Billard, rue du **458** B4
Vieux-Collège, rue du **458** C2
Vieux-Grenadiers, rue des **458** B4
Vieux-Marché, rue du **458** C/D2
Vignes, chemin des **460** D3
Vignier, rue **458** C4
Viguet, rue **458** B5
Vilbert, chemin Auguste- **460** B1/2
Village-Suisse, rue du **458** B4
Villars, chemin de **460** D/E4
Villereuse, rue de **458** D2
Vincent, rue Docteur-Alfred- **458** A/B1/2
Vincy, chemin De- **460** E2/3
Vingt-Deux-Cantons, place des **458** A2
Violette, chemin de la **460** A4
Violette, rue Jean- **458** C4
Viollier, rue **458** D1
Vogt, boulevard Carl- **458** B/C4
Voie-Creuse, La **460** E/F2
Voie-de-Gex, La **460** A1
Voie-de-Moëns, La **460** A/B2
Voie-du-Coin, La **460** B1
Voisins, rue des **458** C4
Vollandes, rue des **458** C/D1
Volontaires, place des **458** A3
Voltaire, rue **458** A3
Vorge, route de la **460** A1–3
Vuache, rue du **458** A3
Warens, avenue De- **460** F5
Weber, avenue Théodore- **458** D1/2
Wendt, avenue **460** E4/5
Wilsdorf, rue Hans- **458** B5
Wilson, quai **458** A/B1
Winkelried, rue Arnold- **458** B2
Yung, rue Emile- **458** C3
Yvoy, boulevard D' **458** B4
Zurich, rue de **458** A1/2
Zurlinden, rue **458** C1

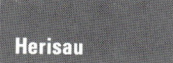

Grenchen

Allerheiligenstrasse **462** A/B1
Bachtelenstrasse **462** A2
Bahnhofstrasse **462** C/D2/3
Baumgartenstrasse **462** D1/2
Bergstrasse **462** A1
Bernerwegli **462** B/C2
Bettlachstrasse **462** C–E1/2
Bielstrasse **462** A–C2/3
Blumenrainstrasse **462** B2
Bodenrain **462** A/B3
Breitengasse **462** B/C2
Brühlstrasse **462** D3
Bucheggstrasse **462** C3
Bündengasse **462** B1
Calvinstrasse **462** C/D1/2
Centralstrasse **462** B/C1/2
Däderizstrasse **462** A/B1/2
Dählenstrasse **462** A/B1/2
Dahlienweg **462** A1
Dammstrasse **462** B1/2
Doktor-Joseph-Girard-Strasse **462** C/D2
Eigerweg **462** D2
Fliederweg **462** A/B1
Florastrasse **462** C3
Flugplatzstrasse **462** D/E2/3
Flurstrasse **462** E1
Freie Strasse **462** C/D2/3
Friedensweg **462** C/D1/2
Friedhofstrasse **462** A2/3
Gartenstrasse **462** A/B1
Geranienweg **462** B1
Gespermoosstrasse **462** A1
Giebelfeldstrasse **462** B/C2
Giebelstrasse **462** B/C2/3
Glockenweg **462** C1
Güterstrasse **462** D2/3
Haldenstrasse **462** A1
Heuweg **462** A1
Hubelweg **462** A3
Hundsacker **462** E1
Ilgenstrasse **462** A1
Jungfrauweg **462** D2
Jurastrasse **462** C/D1
Kapellstrasse **462** C1/2
Karl-Mathy-Strasse **462** A3
Kastelstrasse **462** C1
Kiebitzweg **462** E1
Kirchstrasse **462** B/C1/2
Lebernstrasse **462** D/E1/2
Leimenstrasse **462** A2
Lerchenweg **462** C3
Leuzigerstrasse **462** E1–3
Lindenstrasse **462** B/C2/3
Lingerizstrasse **462** A3
Maienstrasse **462** D/E2
Marktplatz **462** C2
Marktstrasse **462** C2
Mattenstrasse **462** D/E2
Mazzinistrasse **462** C2/3
Meisenstrasse **462** D1
Molerweg **462** A1
Moosrain **462** B3
Moosstrasse **462** A–C3
Mühlestrasse **462** B1
Narzissenweg **462** B1
Nelkenstrasse **462** A1
Neumattstrasse **462** E3
Niklaus-Wengi-Strasse **462** D/E2/3
Nordbahnhofstrasse **462** B2
Oelirain **462** B/C1
Promenadenweg **462** A/B1
Quartierstrasse **462** B/C1
Robert-Luterbacher-Strasse **462** C2
Rainstrasse **462** C2
Riedernstrasse **462** C–E2/3
Ringstrasse **462** E1
Rosenstrasse **462** A1
Rötistrasse **462** E1
Schild-Hugi-Strasse **462** B/C1
Schild-Rust-Strasse **462** C1/2
Schlachthausstrasse **462** A–C3
Schlettstadtstrasse **462** E2
Schmelzistrasse **462** B1
Schulstrasse **462** A/B2
Schützengasse **462** A/B2
Simplonstrasse **462** A/B2/3
Solothurnstrasse **462** C–E1/2
Sonnenrainstrasse **462** D1
Sportstrasse **462** D/E3
Staadstrasse **462** C/D3
Steinachstrasse **462** B3
Steinackerweg **462** C1
Sternenweg **462** C2
Storchengasse **462** C2
Tannhofstrasse **462** A2/3
Traubenweg **462** B1
Tulpenstrasse **462** A/B1
Tunnelstrasse **462** C1
Unterführungstrasse **462** C3
Veilchenstrasse **462** A1/2
Viaduktstrasse **462** B/C1
Wandfluhstrasse **462** E1
Weidstrasse **462** B1
Weinbergstrasse **462** A/B1/2
Wiesenstrasse **462** C1
Werner-Strub-Strasse **462** D1
Wissbächlistrasse **462** D/E1
Ziegelmattstrasse **462** D/E1
Zwinglistrasse **462** C1

Herisau

Akazienstrasse **463** D1/2
Alte Bahnhofstrasse **463** B/C2
Alte Fabrik **463** A/B1
Alte Steig **463** B3
Arthur-Schiess-Strasse **463** D2
Bachstrasse **463** C2
Bahnhofstrasse **463** B/C1/2
Bergstrasse **463** C3
Bleichestrasse **463** D/E2
Buchenstrasse **463** C/D2
Burghaldenstrasse **463** B1
Cilanderstrasse **463** B1–3
Degersheimer Strasse **463** A/B2/3
Dreilindenstrasse **463** D/E3
Durchgangsstrasse **463** B1–3
Ebnetstrasse **463** C1/2
Eggstrasse **463** C–E3
Felsenweg **463** D1
Füllestrasse **463** B/C1

Herisau

Gartenstrasse 463 D 2
Gossauer Strasse 463 A–C 1/2
Gutenbergstrasse 463 C/D 2/3
Güterstrasse 463 C/D 1
Haldenweg 463 E 2
Höhenweg 463 C–E 3
Hubstrasse 463 A 3
Industriestrasse 463 B 3
Kasernenstrasse 463 C–E 1/2
Kreuzstrasse 463 C–E 1/2
Kreuzweg 463 B 1
Lindenstrasse 463 B 1/2
Melonenstrasse 463 B 1/2
Mühlebühl 463 B 1/2
Mühlestrasse 463 B 2/3
Nelkenstrasse 463 B/C 1
Neue Steig 463 B/C 3
Neuweg 463 C 2
Oberdorfstrasse 463 C–E 2/3
Obere Harfenbergstrasse 463 D 2
Obstmarkt 463 C 2
Poststrasse 463 C 3
Rondellenstrasse 463 C 3
Rosenaustrasse 463 D 2
Sankt Galler Strasse 463 B/C 1
Säntisstrasse 463 B 3
Scheffelstrasse 463 C/D 1
Schlossstrasse 463 A/B 3
Schmiedgasse 463 C 2/3
Schützenstrasse 463 C/D 1
Schwellbrunner Strasse 463 A/B 3
Sonneggstrasse 463 C 3
Sonnentalstrasse 463 B 1
Sonnhaldenweg 463 B 1
Spitalstrasse 463 D 2
Steinrieselnstrasse 463 D/E 2/3
Tobelackerstrasse 463 A/B 1
Torackerstrasse 463 C 3
Untere Harfenbergstrasse 463 D 2
Untere Melonenstrasse 463 B/C 1
Viaduktstrasse 463 B 2
Waisenhausstrasse 463 C/D 1
Warteckstrasse 463 C 2
Wiesentalstrasse 463 C 2
Winkelstrasse 463 B 1
Zeughausweg 463 B/C 2

Kreuzlingen

Abendfriedenstrasse 464 C 3
Ahornstrasse 464 B 3
Akazienweg 464 B 2
Alleestrasse 464 C 1/2
Alleeweg 464 C 2
Alpbergstrasse 464 C 3
Alpenrosenstrasse 464 B/C 2
Alpstrasse 464 C 3
Alte Bergstrasse 464 C 3
Anderwertstrasse 464 B 3
Bächligassenweg 464 C 2
Bächlistrasse 464 B/C 2
Bächliweg 464 B 2
Bachstrasse 464 C 2/3
Bahnhofstrasse 464 B/C 1
Bahnweg 464 A/B 1
Bärenstrasse 464 C 2/3
Bergstrasse 464 B/C 3
Berneggsteig 464 A 3
Berneggstrasse 464 A/B 3
Bernrainstrasse 464 A/B 2/3
Besmer Strasse 464 D/E 3
Birkenweg 464 D 3
Blumenweg 464 D 3
Bodanstrasse 464 C/D 1
Breitenrainstrasse 464 B 3
Brückenstrasse 464 B/C 1
Brüelstrasse 464 D 3
Brüelweg 464 D 2/3
Brunneggstrasse 464 A 2
Brunnenstrasse 464 B 3
Bündtweg 464 A 3
Burggrabenstrasse 464 D/E 3
Burgstrasse 464 D/E 3
Dammstrasse 464 E 3
Döbelistrasse 464 B 1
Dufourstrasse 464 C 1
Ebenalpstrasse 464 C 3
Egelseestrasse 464 C/D 3
Erlenstrasse 464 B 3
Eschenstrasse 464 B 3
Esslenstrasse 464 A/B 2/3
Felsenburgstrasse 464 C 3
Felsenburgweg 464 C 3
Finkernstrasse 464 B 1/2
Finkernweg 464 B 1/2
Fliegaufstrasse 464 B 2/3
Florastrasse 464 C 2
Fohrenhölzlistrasse 464 C 3
Freiestrasse 464 C/D 1
Freiweg 464 C 1
Freihofstrasse 464 B/C 1
Gaissbergstrasse 464 C/D 2/3
Gartenstrasse 464 C 1
Gemeindeplatz 464 C 3
Girsbergstrasse 464 A 2
Gottliebenstrasse 464 B 1
Graberweg 464 C 2
Graneggstrasse 464 A 3
Grenzstrasse 464 C 1
Grödelistrasse 464 B 2
Grüntalweg 464 B 1/2
Gütlistrasse 464 B/C 3
Gütliweg 464 B 3
Hafenstrasse 464 C–E 1/2
Hafenstrasse 464 D 1
Hafenweg 464 D 2
Haldenstrasse 464 B 3
Hauptstrasse 464 C/D 1–3
Hofstattstrasse 464 D 3
Hofstrasse 464 E 3
Hornackerstrasse 464 B 3
Ilgenstrasse 464 E 2
Irrseeweg 464 B 1/2
Industriestrasse 464 C 3
Kamorstrasse 464 E 3
Kirchsteig 464 B 2
Kirchstrasse 464 C 2/3
Klaraweg 464 B 2
Klosterhofstrasse 464 D 2/3
Konradstrasse 464 E 3
Konstanzer Strasse 464 B/C 1/2
Krebsbachweg 464 C 3
Kuhbrunnenstrasse 464 A/B 3
Langgartenstrasse 464 C 3
Langgartenweg 464 C 3
Langhaldenstrasse 464 E 3
Lohmühleweg 464 C/D 3
Lohstrasse 464 A 3
Löwenschanz 464 C 2
Löwenstrasse 464 C 2
Luisenweg 464 B 1
Marktstrasse 464 C 2
Marktweg 464 C 2
Minervaweg 464 B 1/2
Mittelalpstrasse 464 C 3
Morellstrasse 464 D 3
Mühlestrasse 464 A 3
Müllerstrasse 464 C 2
Muntpratweg 464 A/B 2
Nationalstrasse 464 C 1/2
Nelkenweg 464 B 3
Neptunstrasse 464 C/D 2
Neudorfstrasse 464 E 3
Neugasse 464 C 2
Oberalpstrasse 464 C 3
Oberer Alpweg 464 C 3
Oberer Schulweg 464 D 2
Palmenstrasse 464 B/C 1
Palmenweg 464 B/C 1/2
Parkstrasse 464 C/D 2
Paulistrasse 464 D/E 3
Pestalozzistrasse 464 C/D 2
Promenadenstrasse 464 E 2
Quellenstrasse 464 B/C 3
Rankstrasse 464 D 3
Rebenstrasse 464 D/E 2/3
Redingstrasse 464 B 2
Remisbergstrasse 464 D 3
Rheinstrasse 464 B 1
Ribistrasse 464 A 2
Rieslingstrasse 464 E 3
Rigistrasse 464 C 3
Romanshorner Strasse 464 D/E 3
Rosenweg 464 B 3
Rosgartenstrasse 464 B/C 2/3
Rosgartenweg 464 B 3
Sägestrasse 464 C 1
Sandbreitestrasse 464 C/D 2
Säntisstrasse 464 C/D 1/2
Schäflerstrasse 464 E 3
Schmittenstrasse 464 A/B 3
Schoderbachweg 464 C 2
Schreiberweg 464 D 2
Schulstrasse 464 C/D 1/2
Schützenstrasse 464 B/C 2
Seeblickstrasse 464 B 3
Seestrasse 464 D 1
Seetalstrasse 464 E 2/3
Seminarstrasse 464 D 2
Sonnenstrasse 464 C 1/2
Sonnenweg 464 C 2
Sonnwiesenstrasse 464 E 2/3
Sonnhaldenstrasse 464 B 3
Spiesshaldenstrasse 464 B 3
Staffelweg 464 A 3
Stählistrasse 464 B/C 3
Steinbruchstrasse 464 B/C 3
Steinweg 464 C 1/2
Storenstrasse 464 C 3
Tellstrasse 464 C 2/3
Tobelstrasse 464 C 3
Traubengasse 464 C 2/3
Trottenstrasse 464 D 3
Ulmenstrasse 464 C 3
Unterer Schulweg 464 D 2
Unterseestrasse 464 A–C 2
Veserweg 464 C/D 2
Wasenstrasse 464 D/E 2/3
Wasenweg 464 E 2
Weiherstrasse 464 B 1
Weinbergstrasse 464 D 3
Weinstrasse 464 D/E 2/3
Weststrasse 464 B 1/2
Wiesenstrasse 464 C 1
Wiesentalweg 464 B 1
Windeggstrasse 464 C 2
Winzerstrasse 464 D 3
Wolfackerstrasse 464 C/D 3
Wolfackerweg 464 D 3
Zollstrasse 464 C 1
Zweigstrasse 464 D 3

Lausanne

Acacias, avenue des 466 A 2
Acacias, avenue des 466 E 4
Agassiz, avenue 466 D/E 3
Ale, rue de l' 466 D 2/3
Allières, chemin des 466 F 2
Allinges, chemin des 466 F 4
Alpes, avenue des 466 E/F 3
Alpes, promenade des 466 A 2
Amis, rue des 466 D 1
Ancien-Stand, chemin de l' 466 C 1
Ancienne-Douane, rue de l' 466 E 2
Arole, passage de l' 466 F 3
Aubépines, chemin des 466 B/C 2
Aurore, rue de l' 466 F 3
Avant-Poste, avenue de l' 466 F 3
Avelines, chemin des 466 B 2
Bains, avenue des 466 C 4/5
Bancels, chemin des 466 A/C 1
Barberine, chemin de 466 C 2
Batelière, chemin de la 466 C 4/5
Baumettes, chemin des 466 A 2
Beau-Rivage, chemin de 466 E 4/5
Beau-Séjour, rue 466 E 3
Beau-Site, chemin 466 B 1
Beau-Val, chemin de 466 F 1
Beaulieu, avenue de 466 C/D 2/3
Beaumont, avenue de 466 E/F 1/2
Beauregard, avenue 466 D 4
Bégonias, chemins des 466 D 1
Bel-Air, place 466 D 3
Bel-Orne, chemin de 466 A 2/3
Belgique, quai de 466 E 5
Belle-Fontaine, rue 466 E 3
Belle-Rose, passage de 466 E 3
Belle-Source, chemin de 466 C 4
Belles-Roches, avenue des 466 D 2
Bellerive, chemin de 466 D 4/5
Bellevue, chemin de 466 E 2/3
Belvédère, avenue de 466 C 3/4
Bergières, avenue des 466 B/C 2
Bessières, pont 466 E 2/3
Béthusy, avenue de 466 E/F 1/2
Bocharadon, chemin de 466 F 1
Bocion, passage François- 466 E 5
Bois-de-Vaux, chemin du 466 A 4/5
Bois-de-la-Fontaine, chemin du 466 A 4
Boisy, chemin du 466 B 1/2
Bon-Abri, chemin de 466 B/C 4
Bons, rue Jean-Louis-de- 466 D 4
Borde, rue de la 466 C/D 1/2
Bossons, chemin des 466 B 1
Boston, chemin de 466 C 3
Bourg, rue de 466 E 3
Brillancourt, chemin de 466 E 4
Bruyères, chemin des 466 E 4
Bugnon, rue du 466 E 1/2
Buissonnière, chemin de la 466 A 1/2
Calvaire, chemin du 466 E 1/2
Camping, chemin du 466 A 5
Capelard, chemin du 466 B 4
Caroline, rue de la 466 E 2/3
Cart, rue Jean-Jacques- 466 D 4
Casernes, avenue des 466 D 4
Cathédrale, place de la 466 E 2
Cécil, avenue 466 C 3
Cèdres, chemin des 466 D 2
Centenaire, chemin du 466 A 2
Centrale, rue 466 D/E 3
Cerisier, chemin du 466 C 2
Chablais, avenue du 466 B 2
Chablière, avenue de la 466 B 2
Chailly, avenue de 466 F 1
Chalands, quai des 466 D 5
Chalets, chemin des 466 A 2/3
Champittet, chemin de 466 F 4
Champrilly, chemin de 466 B/C 2
Chandieu, chemin de 466 E/F 3/4
Chandolin, chemin de 466 F 2/3
Chantegrive, avenue de 466 A 1/2
Chardonnerets, chemin des 466 C 2
Charmettes, chemin des 466 D 3
Charmilles, chemin des 466 C 2
Chasseron, chemin du 466 B 2
Chasseur, route du 466 A 1/2
Château, avenue du 466 A 1/2
Château, place du 466 E 2
Chaucrau, rue 466 D 2/3
Chauderon-Montbenon, pont 466 C/D 3
Chauderon, place 466 D 3
Chavannes, route de 466 A 4
Cheneau-de-Bourg, rue 466 E 3
Cité-Derrière, rue 466 E 2
Cité-Devant, rue 466 E 2
Clamadour, chemin de 466 F 1
Clochetons, chemin des 466 C 3
Clos-de-Bulle, rue du 466 D 2
Closelet, chemin du 466 E 4
Collège, place du 466 A 2
Colline, chemin de la 466 B 3/4
Collonges, avenue de 466 B/C 2
Combette, avenue de la 466 A 2/3
Confrérie, avenue de la 466 A 2/3
Constant, avenue Benjamin- 466 E 3
Constant, place Benjamin- 466 E 3
Contigny, chemin de 466 B/C 3
Cordier, rue Mathurin- 466 E 2
Cossonay, route de 466 A 2
Coteau, escaliers du 466 D 1/2
Côtes-de-Montbenon, rue des 466 D 3
Cottages, chemin des 466 B 4
Coubertin, avenue Pierre-de- 466 B 5
Couchant, chemin du 466 B 4
Couchirard, rue 466 B 3
Coudraie, chemin de la 466 A 1
Cour, avenue de 466 B–E 4
Couvaloup, chemin de 466 C 2
Crêt, rue du 466 D 4
Crêtes, rue des 466 D 1/2
Croix-Rouges, chemin des 466 C 3
Curtat, rue Louis- 466 E 2
Cygnes, chemin des 466 A 4
Dapples, avenue Edouard- 466 D 4/5
Davel, avenue 466 D 2
De-Bons, rue Jean-Louis- 466 D 4
De-Coubertin, avenue Pierre- 466 B 5
De-la-Harpe, avenue Frédéric-César- 466 D/E 4/5
Decker, avenue Docteur-Pierre- 466 E 1
Denantou, avenue du 466 F 4
Dent-d'Oche, avenue de la 466 C/D 4
Deux-Ponts, chemin des 466 C 4
Devin, chemin du 466 F 1
Diablerets, chemin des 466 F 1
Dickens, avenue 466 E 3
Docteur-Tissot, avenue 466 E 3
Dôle, avenue de la 466 F 2
Doret, avenue Gustave- 466 C 5
Dranse, chemin de la 466 B 2
Druey, avenue 466 C/D 2
Dufour, avenue Marc- 466 C 3/4
Dufour, pont Marc- 466 C 4
Dumur, chemin Benjamin- 466 A/B 2
Echallens, avenue d' 466 B/C 2/3
Echelettes, rues des 466 C 2/3
Ecole-Supérieure, rue de l' 466 E 3
Ecole-de-Commerce, rue de l' 466 E 2
Eglantine, avenue 466 F 3
Eglise-Anglaise, avenue de l' 128 E 4

LAUSANNE

Egralets, chemin des 466 D2
Elysée, avenue de l' 466 E/F4
Enning, rue 466 E3
Entrepôt-Fédéral, passage de l' 466 D3
Entrepôts, rue des 466 D3
Epinettes, chemin des 466 D4
Etraz, rue d' 466 E3
Evian, avenue d' 466 E3/4
Falaises, chemin des 466 E1
Fauconnières, chemin des 466 F1
Faverges, chemin des 466 F3
Figuires, avenue des 466 B4/5
Fleurettes, chemin des 466 C/D4
Fleurs, chemin des 466 C4
Floréal, avenue 466 D4
Florency, chemin de 466 B4
Florimont, avenue de 466 E/F3
Flumeaux, route des 466 A2/3
Fontadel, chemin de 466 A1
Fontaine-de-Cuivre, place de la 466 B5
Fontannaz, chemin de 466 B2
Fontenailles, rue des 466 D/E5
Fontenay, chemin de 466 C4
Fougères, chemin des 466 C4
Fraisse, avenue William- 466 D3/4
France, avenue de 466 B/C2/3
Frêne, chemin du 466 D2
Galicien, avenue du 466 A3
Galliard, rue Jean-Louis- 466 D2
Gare, avenue de la 466 E3
Gare, place de la 466 D3
Gare-du-Flon, place de la 466 D3
Général-Guiguer-de-Prangins, chemin 466 A/B2
Général-Guisan, place du 466 E5
Genève, rue de 466 B–D3
Georgette, avenue 466 E3
Gibbon, rue Edward- 466 E3
Gide, chemin Charles- 466 F4
Gindroz, avenue 466 C2
Glaciers, rue des 466 D2
Glayre, avenue 466 B2
Glycines, chemin des 466 B3
Gonin, avenue Jules- 466 D3
Gottettaz, chemin de la 466 F2
Grammont, avenue du 466 D/E4/5
Grancy, boulevard de 466 D/E4
Grand-Champ, chemin de 466 D1
Grand-Chêne, rue du 466 D3
Grand-Pont, le 466 D3
Grand-Pré, rue du 466 A3
Grand-St-Jean, rue 466 D3
Grand-St-Jean, ruelle 466 D3
Grand-Vigne, chemin de la 466 A2
Grande-Rive, chemin de 466 C4/5
Grandes-Roches, chemin des 466 C1
Grasset, chemin Eugène- 466 E4
Gratta-Paille, chemin de 466 B1
Graviere, chemin de la 466 A3
Grey, avenue du 466 B1
Grey, chemin du 466 B1/2

Grillon, chemin du 466 B4
Grotte, rue de la 466 E3
Guiguer-de-Prangins, chemin Général- 466 A/B2
Guisan, place du Général- 466 E5
Haldimand, rue 466 D2/3
Harpe, avenue Frédéric-César-de-la- 466 D/E4/5
Huttins, avenue des 466 A2
Industria, rue de l' 466 E2
Jacques-Dalcroze, avenue Emile- 466 C5
Jacques-Dalcroze, esplanade Emile- 466 E/C5
Jaman, avenue de 466 F2
Jardins, rue des 466 D1/2
Joliette, chemin de la 466 E4
Jolimont, avenue 466 E2
Jomini, avenue 466 C1/2
Jordils, avenue des 466 E5
Jumelles, passage des 466 D3
Jura, rue du 466 C2/3
Jurigoz, avenue de 466 E/F4
Lac, rue du 466 E5
Lande, chemin de la 466 A2
Langallerie, rue de 466 E3
Languedoc, chemin du 466 C4
Léman, avenue du 466 A2
Léman, avenue du 466 F3
Levant, chemin du 466 F2
Lilas, chemin des 466 D2
Lion-d'Or, rue du 466 D3
Liseron, rue du 466 E5
Lisière, chemin de la 466 D1
Longemalle, avenue de 466 A4
Longeraie, chemin de 466 E3
Louve, place de la 466 D/E3
Louve, rue de la 466 D3
Lucinge, chemin de 466 E/F3
Lys, chemin des 466 E/F1
Madelaine, place 466 D/E2
Madelaine, rue 466 D/E2
Magnolias, chemin des 466 E3
Maladière, giratoire de la 466 B4/5
Malley, chemin de 466 A/B3
Maria-Belgia, avenue 466 E4
Marterey, rue 466 E2/3
Martinet, chemin du 466 A/B3
Matines, chemin des 466 C4
Mauborget, rue 466 D2/3
Maupas, rue du 466 C/D2
Mayor, passage Mathias- 466 B2/3
Meillerie, chemin de 466 F3/4
Mémise, chemin des 466 D2
Menthon, avenue 466 E2
Mercerie, rue 466 E2/3
Mercier, avenue Jean-Jacques- 466 D3
Messidor, chemin 466 F3
Métairie, chemin de la 466 F4
Métiers, rue de 466 A2
Meunière, chemin de la 466 A3
Midi, rue du 466 E3
Milan, avenue de 466 D4
Milan, place de 466 D4
Molendruz, chemin du 466 C4
Moléson, chemin du 466 F2
Mon-Loisir, avenue de 466 E4
Mon-Repos, avenue 466 E/F3
Monnard, rue Charles- 466 D2/3
Monribeau, chemin de 466 F3
Mont, route du 466 A1
Mont-Blanc, avenue du 466 C1/2

Mont-Goulin, avenue de 466 A1
Mont-Tendre, chemin du 466 C/D4
Mont-d'Or, avenue du 466 C/D4
Montagibert, avenue de 466 E/F2
Montbenon, avenue de 466 D3
Montchoisi, avenue de 466 E/F4
Montelly, chemin de 466 B4
Montétan, chemin de 466 B/C2
Montmeillan, chemin de 466 E1/2
Montoie, avenue de 466 B4
Montolivet, chemin de 466 F3/4
Montriond, passage de 466 D4
Moraine, chemin de la 466 A2
Morges, avenue de 466 A–C3
Mornex, chemin de 466 D3
Motte, chemin de la 466 D1
Mottey, chemin du 466 A4
Mouettes, chemin des 466 D5
Mousquines, avenue des 466 F3
Muguet, chemin du 466 B4/5
Muveran, chemin du 466 F2
Navigation, place de la 466 E5
Neuchâtel, route de 466 A1/2
Neuve, rue 466 D2
Noirmont, chemin du 466 B2
Noisetiers, chemin des 466 C2
Nord, place du 466 E2
Nord, rue du 466 E2
Ochette, chemin de l' 466 C4
Oiseaux, avenue des 466 E3/4
Olivier, avenue Juste- 466 D3
Ombreval, chemin d' 466 A1/2
Orient-Ville, rue 466 F3
Ouchy, avenue d' 466 E3–5
Ouchy, quai d' 466 F5
Ours, place de l' 466 E2
Paix, rue de la 466 E3
Paleyres, chemin des 466 F4
Palud, place de la 466 D/E2/3
Pâquerettes, chemin des 466 C2
Pâquis, chemin des 466 A3
Parc-de-Valency, chemin 466 B2/3
Parc-de-la-Rouveraie, avenue du 466 D1
Passerose, chemin de 466 E4
Pavement, route du 466 D1
Payot, rue Edouard- 466 F2
Pécheurs, chemin des 466 D5
Pécos, passage du 466 F2
Pépinet, place 466 D/E3
Pépinet, rue 466 D/E3
Pervenches, chemin des 466 B4
Petit-Beaulieu, rue du 466 C2
Petit-Château, chemin du 466 E3
Petit-Chêne, rue du 466 D/E3
Petit-Rocher, rue du 466 D2/3
Petit-Valentin, rue du 466 D2
Pichard, rue 466 D3
Pidou, chemin Auguste- 466 D5
Pierraz-Portay, chemin de 466 F4
Pierre-de-Plan, chemin de 466 E1

Pierrefleur, chemin de 466 B1
Pierreval, chemin de 466 C4
Plaines, chemin des 466 C5
Plaines-du-Loup, route des 466 B/C1
Pont, rue du 466 E3
Pont-du-Diable, chemin du 466 F4
Pontaise, rue de la 466 C/D1/2
Porchat, chemin 466 D2
Port, place du 466 E5
Port-Franc, rue du 466 D3
Prairie, chemin de la 466 A4
Pré-Fleuri, chemin de 466 E4
Pré-du-Marché, rue du 466 D2
Presbytère, chemin du 466 C2
Préville, chemin de 466 D3
Prilly, route de 466 A/B2
Primerose, chemin 466 E4
Promenade 466 B4
Provence, avenue de 466 A/B3/4
Pyramides, chemin des 466 A4
Rambert, avenue Eugène- 466 F3
Ramuz, avenue Charles-Ferdinand- 466 E4
Rapille, avenue de la 466 A1/2
Rasude, avenue de la 466 E3
Réchoz, chemin de 466 B4/5
Recordon, avenue 466 B/C2/3
Renens, chemin de 466 A/B3
Reposoir, chemin du 466 C4
Retraites, chemin des 466 B/C3
Rhodanie, avenue de 466 B–E5
Riant-Mont, avenue de 466 D2
Rionza, chemin de 466 A4
Riponne, place de la 466 D2
Risoux, chemin du 466 B2/3
Rod, avenue Edouard- 466 D4/5
Rond-Point, avenue du 466 D4
Rosemont, avenue de 466 E3
Roseneck, chemin de 466 E5
Rosiers, chemin des 466 C2
Rossel, avenue Virgile- 466 F1
Roux, rue Docteur-César- 466 E2
Ruchonnet, avenue Louis- 466 D3
Ruffy, avenue Victor- 466 F1/2
Ruines-Romaines, chemin des 466 A5
Rumine, avenue de 466 E/F3
Sablons, chemin des 466 A4
Saint-François, passage 466 E3
Saint-François, place 466 D/E3
Saint-François, rue 466 D/E3
Saint-Laurent, rue 466 D2/3
Saint-Martin, rue 466 E2
Saint-Paul, avenue 466 B/C2
Saint-Roch, rue 466 D2
Sainte-Beuve, rue 466 E1
Sainte-Luce, avenue 466 E1
Salève, chemin du 466 C1
Sallaz, avenue de la 466 E1

Sandoz, chemin Edouard- 466 F4/5
Savoie, avenue de 466 D3
Schnetzler, avenue André- 466 C/D3
Sébeillon, rue de 466 C3
Secrétan, avenue Charles- 466 F2
Servan, avenue du 466 E4
Sévelin, avenue de 466 B/C3
Sévery, avenue de 466 B3
Signal, route du 466 D/E1
Signal, sentier du 466 D1
Simplemont, chemin 466 F2
Simplon, rue du 466 D/E4
Solange, avenue de 466 E/F3/4
Sous-Mont, chemin de 466 A1
Stade, chemin du 466 B/C4/5
Steinlen, chemin Aimé- 466 B2
Strasbourg, rue de 466 C/D3
Suchet, chemin du 466 C4
Suettaz, chemin de la 466 B/C5
Tennis, chemin des 466 B/C5
Terreaux, rue des 466 D3
Théâtre, avenue du 466 E3
Tilleuls, avenue des 466 E4
Tissot, avenue Docteur- 466 E3
Tivoli, avenue de 466 C3
Toises, avenue des 466 E/F3
Tonnelles, chemin des 466 C2/3
Tour, rue de la 466 D2
Tour-Grise, chemin de la 466 D2
Tour-Haldimand, avenue de la 466 F4/5
Trabandan, chemin du 466 F3
Traversière, rue 466 D1/2
Treyblanc, chemin du 466 E4
Tribunal-Fédéral, avenue du 466 E/F2/3
Trois-Rois, chemin des 466 E3
Tunnel, place du 466 D2
Tunnel, rue du 466 D2
Union, chemin de l' 466 A1/2
Université, avenue de l' 466 D/E2
Usine-à-Gaz, chemin de l' 466 A3
Valentin, rue du 466 D2
Vallombreuse, chemin de la 466 A/B1/2
Vallon, place du 466 E1/2
Vallon, rue du 466 E2
Vallonnette, avenue de la 466 F1
Vanil, chemin du 466 F3
Vélodrome, avenue du 466 B/C1
Vent-Blanc, quai du 466 C5
Verdeil, avenue 466 F2/3
Verdonnet, chemin de 466 F1
Verger, chemin du 466 A2
Vermont, chemin du 466 F4
Viaduc, chemin du 466 A3
Vidy, route de 466 A5
Vieux-Collège, chemin du 466 E1
Vieux-Moulin, avenue du 466 C1
Vieux-Tilleul, chemin du 466 F4
Vignes-d'Argent, chemin des 466 B2/3
Villamont, avenue 466 E3
Villard, chemin de 466 C/D3/4

LAUSANNE LIESTAL LOCARNO

Villardin, chemin de **466** B2
Vinet, avenue **466** D2
Vingt-quatre-Janvier, avenue du **466** C2
Viret, rue Pierre- **466** D/E2
Virgile-Rossel, avenue **466** F1
Voltaire, rue **466** D4
Vulliemin, avenue Louis- **466** D1/2
Warnéry, avenue **466** D5
Yverdon, avenue d' **466** B2

Liestal

Allmendstrasse **465** D2
Altbrunnenweg **465** E2
Amselstrasse **465** C/D1
Amtshausgasse **465** C2
Arisdörfer Strasse **465** C–E1
Bahnhofplatz **465** B/C2
Bahnhofstrasse **465** B/C2
Baumgartenstrasse **465** A/B3
Benzburweg **465** E2/3
Birkenweg **465** B2/3
Birmannstrasse **465** A/B3
Bleichenmattweg **465** A1/2
Blumenweg **465** B2/3
Bodenackerstrasse **465** B3
Bodenackerweg **465** B3
Brigittenrainweg **465** C3
Bruckackerweg **465** D2
Brunnhaldenweg **465** C3
Brunnmattweg **465** C1
Büchelistrasse **465** C1/2
Bündtenstrasse **465** E2/3
Burgstrasse **465** C/D2
Burgunder Weg **465** B3
Eichenweg **465** A1/2
Ergolzstrasse **465** C1
Ergolzweg **465** C1
Erzenbergstrasse **465** A–C1
Feldsägeweg **465** B2
Fischmarkt **465** C2
Floraweg **465** B2
Fluhweg **465** D2
Fraumattstrasse **465** A1
Frenkenstrasse **465** D/E2/3
Friedenstrasse **465** B3
Friedhofweg **465** D2
Galgenrainweg **465** D2
Galmstrasse **465** E2/3
Gartenstrasse **465** C/D2
Gasstrasse **465** B1/2
Gerbergasse **465** C1/2
Gestadeckplatz **465** C1
Gitterlistrasse **465** D2/3
Goldbrunnenstrasse **465** A2
Grammelstrasse **465** E1/2
Gräubernweg **465** E2
Grienmattweg **465** B/C1
Grünhagweg **465** B/C3
Heidenlochstrasse **465** C–E1
Hinterseeweg **465** C2
Holderstöckliweg **465** D2
Kanonengasse **465** C2
Kantinenweg **465** C2
Kasernenstrasse **465** C–E2
Kasinostrasse **465** E1/2
Kesselweg **465** A1
Kettigerweg **465** B2/3
Konsumweg **465** C2
Küngelbrunnenweg **465** D1
Kreuzbodenweg **465** A/B2
Langhagstrasse **465** D/E2/3
Laubibergstrasse **465** A/B3
Lindenstrasse **465** C2
Mattenstrasse **465** D3
Mattenweg **465** D2/3
Meyer-Wiggli-Strasse **465** C2
Militärstrasse **465** D1/2
Mühlegasse **465** C2
Mühlemattstrasse **465** A/B1/2
Mühlemattweg **465** A/B1
Munzacherstrasse **465** A/B2
Nelkensteg **465** D1
Nelkenstrasse **465** D1/2
Neuweg **465** C2
Nonnenbodenweg **465** C1/2
Nuglarweg **465** C3
Oberer Burghaldenweg **465** A1
Obergestadeckweg **465** C2
Oristalstrasse **465** B/C2/3
Oskar-Bider-Strasse **465** E2/3
Plattenweg **465** D3
Postplatz **465** C2
Poststrasse **465** C2
Pulverturmweg **465** D3
Quellenweg **465** C2/3
Rankweg **465** D/E1
Rathausstrasse **465** C2
Rebgasse **465** C2
Rehhagstrasse **465** D3
Rheinstrasse **465** A/B2
Römerstrasse **465** D3
Rosenfeldstrasse **465** D1/2
Rosengasse **465** C2
Rosenstrasse **465** C/D1
Rotackerstrasse **465** B2/3
Rotfluhstrasse **465** D1
Rufsteinweg **465** C2
Salzgasse **465** C2
Schanzenstrasse **465** D1
Schleifewuhrweg **465** C2
Schulgartenstrasse **465** D3
Schützenstrasse **465** C2
Schwarzbubenweg **465** C3
Schweizerweg **465** D3
Schwieristrasse **465** C2
Schwieriweg **465** C2/3
Seestrasse **465** C2
Seltisberger Strasse **465** C/D2/3
Seltisbergweg **465** C/D3
Sichternstrasse **465** A/B2/3
Sigmundstrasse **465** E2
Sommerhaldenweg **465** C3
Sonnenweg **465** C3
Soodweg **465** B2
Spitalgasse **465** C2
Spitalstrasse **465** A2
Spittelerstrasse **465** D3
Spitzackerstrasse **465** D2/3
Stapfelweg **465** B2
Sulzberger Strasse **465** C1
Tiergartenrainweg **465** B3
Tiergartenstrasse **465** B/C2/3
Uferweg **465** D1
Uferwegsteg **465** D1
Unterer Burghaldenweg **465** A1
Unteres Brunnmattwegli **465** A/B1
Vogelsangweg **465** C1
Weidweg **465** C3
Weideliweg **465** A1
Weierweg **465** B/C2
Weissfluhweg **465** B/C1
Widmannstrasse **465** A/B2/3
Wiedenhubstrasse **465** A/B2
Zeughausgasse **465** C2

Locarno

Alberti, Via d' **468** E2
Alberti, Via Vincenzo d' **468** A4
Appiani, Via **468** B3/4
Asilo, Via **468** E3
Bacilieri, Via Capitano **468** E/F2
Ballerini, Via Francesco **468** C/D4/5
Ballerini, Via Francesco **468** E2/3
Balestra, Via Serafino **468** C4/5
Balli, Via Attilio **468** E2
Baroffio, Via Angelo **468** C5
Basilica, Via alla **468** B2
Bianchetti, Via **468** A3
Borenco, Via **468** F2/3
Borgaccio, Vicolo del **468** F2
Borghese, Contrada **468** B/C3
Bossi, Via **468** C3/4
Bramantino, Via **468** B–D4
Brione, Via (Minusio) **468** F1/2
Brione, Via (Orselina) **468** D/E1
Buetti, Via Arnoldo **468** D/E2
Burbaglio, Piazza **468** E3
Bustelli, Via **468** A/B4
Camelia, Via **468** E3
Canovacce, Via delle **468** E1/2
Cappelletta, Vicolo **468** F2
Cappuccini, Contrada **468** C3
Carmelo, Sentiero del **468** C/D3-5
Caselle, Via **468** C–E1/2
Castagneti, Sentiero dei **468** A2
Castello, Piazza **468** B/C4
Castelrotto, Via **468** B3/4
Cattori, Via Giuseppe **468** C3/4
Cedro, Salita **468** D2
Centrale, Sentiero **468** A2
Chiesa, Via Francesco **468** A/B5
Chiossina, Via **468** C3
Cimitero, Piazza **468** E3
Cimitero, Via **468** F2
Ciossi, Via dei **468** F2
Ciseri, Via Antonio **468** C/D4
Cittadella, Via **468** B3/4
Collegiata, Via della **468** D/E3
Colli, Vicolo dei **468** E2
Conturbio, Via **468** C4
Corporazioni, Via delle **468** B3
Corridore, Via al **468** D/E1
Costa Dritta, Vicolo **468** A/B3
Duni, Via **468** C4
Eco, Via **468** C/D1
Fiori, Via dei **468** C/D2/3
Fiorina, Via **468** B3
Fiorina, Vicolo **468** B3
Francesca, Via **468** D3
Francesca, Via **468** E2/3
Franscini, Via **468** A/B3/4
Franscini, Via Stefano **468** C/D4
Franzoni, Via avvocato Alberto **468** A/B3/4
Fregera, Via **468** B2
Frizzi, Via architetto **468** F2
Frizzi, Vicolo **468** F2
Galli, Via Domenico **468** A/B3
Gallinazza, Via **468** C3
Grazie, Via delle **468** E2
Isolino, Via dell' **468** C/D5
Lavizzari, Via Luigi **468** C5
Lido, Viale al **468** D5
Luini, Via Bernardino **468** C/D4
Lupo, Vicolo del **468** D2
Madonna delle Grazie, Via **468** E/F2
Magnolie, Salita **468** D2/3
Magoria, Via **468** C3
Marcacci, Contrada **468** C3
Mariani, Via prof. Giuseppe **468** D2/3
Masino, Via **468** C3
Mezzano, Via Consiglio **468** C–E1/2
Mezzo, Via di **468** F2
Monache, Via delle **468** C3
Monte Brè, Via **468** A2
Monte Secco, Via **468** B2
Monteguzzo, Via **468** C3
Monti della Trinità, Via ai **468** A/C2/3
Morley, Via Sarah **468** E3
Motta, Via Giuseppe **468** F2
Motta, Via della **468** B/C4
Mulino, Vicolo del **468** F2
Muncipio, Via del **468** E3
Muraccio, Piazza **468** C4
Muralti, Via dei **468** D3
Naviglio Vecchio, Via **468** D3
Nessi, Via Angelo **468** B4/5
Nessi, Via Gian Gaspare **468** A4
Nessi, Via Gian Gaspare (Muralto) **468** E/F3
Orelli, Via Giovanni Antonio **468** C/D4
Orselina, Via **468** A/B2
Orselina, Via **468** E2
Orselina, Via (Brione) **468** E/F1
Ospedale, Via dell' **468** B3/4
Pace, Via della **468** C/D3–5
Panelle, Via delle **468** C3
Panigari, Via **468** C3
Panoramica, Via **468** E/F1
Parco, Via al **468** C/D1
Patocchi, Via **468** A–D1/2
Pedramonte, Via **468** B3
Pescatori, Via **468** E3
Piazza Grande **468** C3/4
Pioda, Via Alfredo **468** A4
Pioda, Via Giovan Battista **468** D3
Pizza-Polla, Sentiero della **468** B/C2/3
Posta, Via della **468** C/D4
Prato Pernice **468** B/C1
Rabissale, Via **468** E3
Ramogna, Via **468** D3
Ripacanova, Via **468** E/F3
Riva, Via alla **468** E/F3
Rivapiana, Via **468** E/F3
Robinie, Via delle **468** B2
Roccolo, Sentiero del **468** A1/2
Romerio, Via Pietro **468** A/B4
Roncaccio, Sentiero del **468** A/B2
Rovedo, Via **468** A/B4
Rusca, Via Bartolomeo **468** B/C4
Rusca, Via Franchino **468** C4
Saleggi, Via ai **468** B/C4/5
Sant'Antonio, Piazza **468** B3
Sant'Antonio, Via **468** B3
San Bernardo, Salita **468** D2/3
San Biagio, Vicolo **468** C2
San Carlo, Via **468** E2
San Francesco, Piazza **468** B4
San Gottardo, Via **468** D–F2/3
San Jorio, Via **468** A/B4
San Quirico, Via **468** A/B4/2/3
San Stefano, Via **468** E3
San Vittore, Piazza **468** E3
San Vittore, Via **468** D/E3
Santuario, Via al **468** B/C2
Sasso, Via al **468** C3
Scazziga, Via Pietro **468** B3
Scazziga, Via Vittore **468** D3
Sciaroni, Via Antonio **468** E2
Selva, Via in **468** A3/4
Sempione, Via **468** C/D3
Simen, Via Rinaldo **468** B3/4
Simen, Via Rinaldo **468** F3
Simone da Locarno, Via **468** D4
Sociale, Via **468** F2/3
Solaria, Via **468** E/F2
Sole, Via del **468** D/E2/3
Stazione, Piazza **468** D3
Stazione, Via della **468** D3
Streccione, Via **468** C4
Tazzino, Sentiero del **468** B2/3
Tazzino, Via **468** C3
Ticino, Via **468** D2
Tiglio, Via del **468** A/B2
Torcetto, Vicolo del **468** F2
Torretta, Via **468** C3
Tre Tretti, Via **468** A2
Trevani, Via **468** C4
Trinità, Piazzale della **468** B2
Tuna, Sentiero del **468** A2
Usignuolo, Vicolo dell' **468** D/E2
Vallemaggia, Via **468** A/B3
Valmarella, Via **468** B3
Varenna, Via Bartolomeo **468** A/B4
Varesi, Via Dr. Giovanni **468** C4/5
Vela, Via Vincenzo **468** C4
Verbano, Viale **468** D/E3
Vigne, Sentiero delle **468** B2/3
Vigne, Via delle **468** E/F1/2

LUGANO

Lugano

Abbondio, Salita Valerio **470** A3
Abeti, Via degli **470** E2
Adamini, Via Antonio **470** A/B4/5
Aie, Via delle **470** C/D1
Albano, Via **470** A2
Alberti, Via M. Bo. **470** A3/4
Alberti, Via Vincenzo d' **470** B/C2
Albertolli, Riva Giocondo **470** C/B3
Albonago, Gradinata di **470** E2
Albonago, Via **470** E1/2
Albrizzi, Via degli **470** C3
Antonietti, Via Alessandro **470** A/B6
Aprica, Via **470** A3/4
Arcioni, Via Generale **470** D3
Ariosto, Via Ludovico **470** B3
Arogno, Via Adamo d' **470** C1
Bagutti, Via Giuseppe **470** C1/2
Balestra, Via Serafino **470** C/D2/3
Barzaghi, Via Antonio **470** B6
Basilea, Via **470** B3
Battaglini, Piazza Carlo **470** B4
Bellavista, Via **470** E2/3
Belloni, Scalinata J. **470** E2
Beltramina, Via **470** C/D1
Belvedere, Via **470** E1/2
Belvedere, Via (Viganello) **470** E3
Berna, Via **470** B2
Bernasconi, Via Carlantonio **470** B2
Bertaccio, Via **470** B3
Bertoni, Via Brenno **470** A3
Besso, Piazzale di **470** B3
Besso, Via **470** A2/3
Bianchi, Via Pietro **470** C3
Boggia, Via **470** B/C6
Borromini, Via Francesco **470** A3
Boscioro, Via **470** D1/2
Bosco, Via **470** A1
Bosia, Via Ernesto **470** B6
Bossi, Piazza Emilio **470** E3
Bossi, Via Emilio **470** C3
Bossoli, Via **470** B3
Bottogno, Via **470** D/E2
Breganzona, Via **470** A2/3
Brentino, Via **470** A6
Cabione, Via **470** A1/2
Caccia, Riva Antonio **470** B4/5

515

LUGANO

Calgari, Via Guido **470** A6
Calloni, Via Silvio **470** A5/6
Calprino, Via **470** A6
Camà, Sentiero **470** E2
Camoghè, Via **470** C2
Campagna, Via **470** A1
Campagna, Via alla **470** E2
Campanile, Via al **470** E1
Campo dei Fiori, Via **470** A1
Camuzio, Via **470** C3
Canevali, Via dei **470** C3
Canevascini, Via Guglielmo **470** A2
Canonica, Via Luigi **470** C3
Canova, Via **470** C3
Cantonale, Via **470** B2/3
Cantonale, Via (Pregassona) **470** E1
Cantonale, Via (Savosa) **470** A1
Cantù, Via Cesare **470** B1
Canva, Via **470** A1
Canvetto, Via del **470** C1
Capelli, Via Pietro **470** D2/3
Cappelleta, Salita della **470** E1
Caragne, Via alle **470** C1
Carducci, Via Giosuè **470** E2/3
Carona, Via **470** A/B6
Carona, Via Marco da **470** C1/2
Carzo, Via **470** A6
Cassarate, Viale **470** C/D2/3
Casserinetta, Via **470** A5/6
Castagna, Via di **470** B4
Castagnetto, Via al **470** A1
Castagni, Sentiero dei **470** E1
Castagnola, Viale **470** D/E3
Castausio, Via **470** C1/2
Castelletto, Via **470** A4
Castello, Piazza **470** C3
Cattaneo, Viale Carlo **470** C/D3
Cattedrale, Via **470** B3
Cattori, Via Giuseppe **470** A/B5/6
Centro sportivo **470** A1
Ceresio, Via **470** E3
Ceresio, Via (Massagno) **470** A2
Ceresio, Via (Pregassona) **470** D1
Chiattone, Salita Mario e Antonio **470** B3
Chiesa, Via alla (Pregassona) **470** E1
Chiesa, Via alla (Viganello) **470** D2
Chioso, Via al **470** D2
Ciani, Via Giacomo e Filippo **470** C/D1/2
Cioccaro, Piazza **470** B3
Ciseri, Via Antonio **470** B/C2
Ciusarella, Via **470** A1/2
Colle, Via al **470** A3
Colle, Via al (Sorengo) **470** A4
Collina, Salita alla **470** B1/2
Collina, Via **470** E1/2
Collina Azzura, Via **470** B6
Collina d'Oro, Via **470** A5
Comorgio, Via **470** A1
Concordia, Via **470** D/E3
Concordia, Vicolo **470** B/C3
Coremmo, Via **470** A3
Cortivallo, Via **470** A3
Crivelli-Torricelli, Via Marietta **470** A3/4
Crocetta, Via **470** D/E1
Curti, Via Giuseppe **470** C2
Dante, Piazza **470** B3
Dufour, Via **470** B/C2
Dunant, Via Henri **470** A2
Elvezia, Corso **470** C2/3
Faggi, Viale dei **470** D2/3
Ferri, Via Giovanni **470** C1
Fiori, Via Campo dei **470** A1
Fiume, Via al **470** D1
Foce, Via **470** D3
Fogazzaro, Via **470** C2
Fola, Via **470** D1
Foletti, Viale Giovanni Battista **470** A2
Fontana, Via Domenico **470** A/B5
Forghee, Gradinata **470** A1/2
Forte, Via al **470** C3
Foscolo, Via **470** B4

Franscini, Piazza Stefano **470** E3
Franscini, Viale Stefano **470** C2
Frasca, Via Carlo **470** C3
Frati, Salita dei **470** B2/3
Frontini, Via Sara **470** D1/2
Funicolare, Via **470** E3
Fusoni, Via Antonio **470** C2
Gaggini da Bissone, Via **470** A/B5
Galli, Via Antonio **470** B3
Gelsi, Via dei **470** D1
Generale Guisan, Via (Massagno) **470** A1
Generale Guisan, Via (Paradiso) **470** B6
Generale Guisan, Via (Viganello) **470** D1
Generoso, Via **470** A5
Genzana, Salita di **470** B2
Genzana, Via **470** A/B2
Geretta, Via **470** A/B6
Geretta, Vicolo **470** A/B6
Gersa, Via al **470** A1
Gerso, Via **470** B2
Giacometti, Via **470** C3
Ginestre, Salita delle **470** E2/3
Ginevra, Via **470** B2
Giroggio, Via **470** A5
Gorini, Via dei **470** B3
Grano, Vicolo del **470** B3
Greina, V a **470** C2
Grotti, Via ai **470** B6
Guggirolo, Via **470** D/E2
Guidino Superiore, Via **470** B6
Guioni, Via Giuseppe **470** E1
Independenza, Piazza **470** C3
Lagni, Scalinata Nicolò **470** B2
Lamberteghi, Via Bertaro **470** C2
Lanchetta, Piazza **470** D3
Landriani, Via **470** C3
Lavizzari, Via Luigi **470** C3
Lema, Via **470** A/B2
Lepori, Via Giuseppe **470** A2
Lido, Via **470** D3
Lido, Via al **470** D2
Lido, Via dal **470** D2
Lisaro, Via **470** A2
Longhena, Via Baldassare **470** B/C1
Loreto, Piazza **470** B4
Loreto, Via **470** A/B4/5
Losanna, V a **470** B1/2
Lucchini, V a Pasquale **470** C3
Lucerna, Via **470** A/B3
Luganetto, Via **470** D2
Luini, Piazza Bernardino **470** B4
Lurati, Via **470** C2
Luvini, Via Giuseppe **470** B3
Madeno, Via a Carlo **470** C2
Madonna della Salute, Via **470** A/B2
Madonnetta, Via **470** C/D2
Magatti, Via Massimiliano **470** B/C3
Maggio, Via **470** D2
Manzoni, Piazza Alessandro **470** B3
Manzoni, Via Romeo **470** A/B3
Maraini, Piazzetta Emilio **470** B3
Maraini, Via privata Carolina **470** B1
Maraini, Via Clemente **470** A/B4/5
Maraini, Via Emilio **470** A/B1
Marconi, Via Guglielmo **470** C3
Martignoni, Via Carlo **470** A1
Marzio, Via Campo **470** B3
Massagno, Via **470** B2
Massena, Gradinata **470** B2
Mazzini, Via Giuseppe **470** A/B4/5
Merlina, Via **470** D1/2
Mercoli, Via Giacomo **470** C1
Mimosa, Gradinata **470** B3

Miralago, Via C. **470** E1
Miravalle, Via **470** B1
Mola, Via Pier Francesco **470** C/D1
Molino Nuovo, Piazza **470** C2
Molinazzo, Via **470** D2
Moncucchetto, Via **470** A3/4
Moncucco, Via **470** A3
Montalbano, Via **470** A5
Montarina, Via **470** A/B3/4
Monte Boglia, Via **470** C/D1
Monte Brè, Via **470** C2
Monte Carmen, Via **470** C1/2
Monte Ceneri, Via **470** B2/3
Morella, Via **470** A1
Motta, Via Giuseppe **470** B3/4
Motta, Via Giuseppe (Massagno) **470** A/B2
Muggina, Via **470** D2
Nassa, Via **470** B4
Navone, Via **470** A/B1
Nido, Via al **470** A3
Nizzola, Via Giovanni **470** C3
Noale, Via **470** A4
Nolgio, Via **470** A2
Noseda, Via **470** E3
Nosedo, Via **470** A3
Nova, Via **470** E3
Olgiati, Via Antonio **470** B/C2
Orti, Via **470** C2
Orti, Via agli **470** D2
Ospedale, Via **470** C2
Panera, Via **470** A4
Paradiso, Riva **470** B/C6
Paradiso, Via in **470** A6
Parini, Via Giuseppe **470** C2
Pasquee, Via al **470** A4
Patrizi, Contrada dei **470** E1
Pazzalino, Via **470** D/E1
Pedemonte, Via **470** E1/2
Pelloni, Via Ernesto **470** C1
Pergola, Via della **470** D2
Peri, Via Pietro **470** B3
Pesci, Via dei **470** B3
Pessina, Via **470** B3
Pestalozzi, Corso **470** B/C3
Petrarca, Via Francesco **470** B3
Petrini, Via Giuseppe **470** C1
Piata, Via **470** A1
Pico, Via **470** E2/3
Pioda, Via Giovan Battista **470** C3
Pioppi, Via dei (Massagno) **470** A2
Pioppi, Via dei (Viganello) **470** D1/2
Platani, Via **470** C1
Pocobelli, Via Giulio **470** B3
Pometta, Gradinata Canonico **470** A2
Ponte Tresa, Via **470** A4
Posta, Piazzetta della **470** C1
Posta, Via della **470** C3
Povrò, Via **470** A1
Praccio, Via **470** A/B1
Pretorio, Via **470** B3
Quiete, Via **470** A/B4
Quiete, Via (Viganello) **470** E1
Regazzoni, Via Paolo **470** B3
Regina, Via **470** A/B5
Rezzonico, Piazza Riziero **470** B3
Ricordone, Via **470** B1
Riforma, Piazza della **470** B3
Riscossa, Piazza della **470** E3
Riva, Via Antonio **470** A5
Riviera, Via **470** E3/4
Roccolo, Via al (Massagno) **470** B1
Roccolo, Via al (Viganello) **470** E2
Rodari, Via Tomaso **470** A/B3
Rodree, Via **470** B1
Roggia, Via alla **470** D2
Roncaccio, Via **470** A3
Ronchi, Salita ai **470** E1/2
Ronchi, Via dei **470** C1

Rose, Via delle **470** D1
Rovello, Gradinata **470** B1
Rovello, Via **470** B1
Ruscetto, Via al **470** E2
Ruvia, Via **470** E2
Ruvigliana, Via **470** E1–3
Salute, Via Madonna della **470** A/B2
San Carlo, Gradinata **470** B1/2
San Carlo, Piazzetta **470** B3
San Gottardo, Nuova via **470** A1
San Gottardo, Via **470** A/B1–3
San Lorenzo, Via **470** B3
San Pietro Pambio, Via **470** A6
San Rocco, Piazza **470** C3
San Salvatore, Via (Massagno) **470** A/B1/2
San Salvatore, Via (Paradiso) **470** B5/6
San Siro, Salita **470** E1
Sant'Anna, Via **470** A4
Santa, Via la **470** C3
Sassa, Salita di **470** B1
Sassa, Via **470** B1/2
Scarpino, Piazza **470** D1
Scuole, Via delle **470** D2/3
Scuole, Via delle (Massagno) **470** A2
Scuole, Via delle (Paradiso) **470** A/B6
Scuole, Via delle (Viganello) **470** D1
Selva, Via **470** B1/2
Seminario, Via **470** A4
Serenella, Via **470** E3/4
Serodine, Via **470** A2/3
Simen, Via Rinaldo **470** C1/2
Sindacatori, Via dei **470** A2
Sione, Via **470** B1/2
Solari, Via dei **470** B3
Solaro, Piazza Pietro **470** B2
Solaro, Via Pietro **470** B2
Soldati, Via Augostino **470** B2
Soldini, Via **470** B2
Soldino, Via **470** A3
Sole, Via **470** E2/3
Sole, Via (Savosa) **470** A1
Sole, Via del **470** D1
Somaini, Via Francesco **470** C3
Sorengo, Via **470** A3
Speranza, Via **470** D2
Sportivo, Via centro **470** A1
Stabile, Via Abate Giuseppe **470** A/B3
Stauffacher, Via **470** C3
Tassino, Via **470** A/B3
Tassino, Via (Sorengo) **470** B4
Tesserete, Via **470** B1/2
Tiglio, Via del **470** D2/3
Torricelli, Via Adolfo e Oscar **470** C1
Vallée, Salita di **470** E3
Valletta, Gradinata **470** A2
Vanoni, Via Antonio **470** B/C2
Vecchia, Contrada **470** E1
Vecchia, Via Dogana **470** B3
Vecchio, Vicolo **470** B2
Vegezzi, Via Gerolamo **470** B/C3
Vela, Riva Vincenzo **470** B4
Vella, Via Vittorino **470** E3
Verla, Contrada di **470** B3
Viarno, Salita **470** D/E1
Vicari, Via Giuglio **470** E2/3
Vigne, Gradinata delle **470** E1
Vignola, Via **470** C1
Vinorum, Vicolo **470** B1
Volta, Via Alessandro **470** C2
Zoppi, Via Giuseppe **470** B3
Zorzi, Via Franco **470** A/B6
Zuccoli, Via Luciano **134** A6
Zurigo, Via **134** B/C2

LUZERN

Luzern

Abendrain **472** D2
Abendweg **472** D1/2
Adligenswiler Strasse **472** D–F1/2
Ahornstrasse **472** B4
Allenwindenring **472** C1
Allenwindenstrasse **472** C2
Alpenquai **472** D4/5
Alpenstrasse **472** C2
Am Rain **472** C5
Arsenalstrasse **472** A5
Auf Musegg **472** B2
Auf Weinbergli **472** C/D5
Bahnhofplatz **472** C3
Bahnhofstrasse **472** B/C3
Baselstrasse **472** A/B1/2
Bellerivematte **472** F3
Bellerivestrasse **472** E/F3
Bellerivehöhe **472** F2/3
Berglistrasse **472** A3/4
Bergsteig **472** C2
Bergstrasse **472** C1/2
Bergtreppe **472** C2
Bernstrasse **472** A1/2
Bireggstrasse **472** B4/5
Birkenstrasse **472** B4
Bleicherstrasse **472** B4/5
Blumenrain **472** D1
Blumenweg **472** B3
Bodenhofstrasse **472** C/D5
Böshüsliweg **472** B5
Bramberghöhe **472** C1/2
Bramberain **472** B1/2
Brambergstrasse **472** B/C1/2
Brambergsteig **472** B2
Breitenlachenstrasse **472** B5
Brisenweg **472** A5
Bruchmatthalde **472** A3
Bruchmattrain **472** A3
Bruchmattstrasse **472** A3
Bruchstrasse **472** B2–4
Brüggligasse **472** B2
Brünigstrasse **472** C4
Brunnhalde **472** E2
Bundesplatz **472** B/C4
Bundesstrasse **472** B4
Bürgenstrasse **472** C/D4/5
Burgerstrasse **472** B3
Carl-Spitteler-Quai **472** D/E3
Claridenstrasse **472** B4
Cysatstrasse **472** B2
Dammstrasse **472** A2
Denkmalstrasse **472** C1/2
Diebold-Schilling-Strasse **472** B/C2
Dorfstrasse **472** C5
Dornacher Strasse **472** B3/4
Dreilindenhöhe **472** E1/2
Dreilindenstrasse **472** D/E2
Dufourstrasse **472** C4
Eichmattstrasse **472** A/B5
Eichwaldstrasse **472** A5
Eigerweg **472** B5
Eisengasse **472** C2
Eisfeldstrasse **472** D5
Elfenaustrasse **472** B/C5
Englischgrussstrasse **472** D2
Eschenstrasse **472** B5
Etterlinhalde **472** A1
Etterlinstrasse **472** A1
Fährestrasse **472** C2
Falkengasse **472** C2
Falkenplatz **472** C2
Felsbergstrasse **472** D2
Felsental **472** E/F2/3
Floraweg **472** C3
Fluhgrund **472** C1
Fluhhöhe **472** C1
Fluhmattrain **472** C2
Fluhmattstrasse **472** C1/2
Fluhmattweg **472** C1/2
Frankenstrasse **472** B/C3
Franziskanerplatz **472** B3
Friedberghalde **472** B/C1
Friedberghöhe **472** C1
Friedbergstrasse **472** C1
Friedenstrasse **472** C/D2
Friedentalstrasse **472** A/C1
Frohburgstrasse **472** C1
Fruttstrasse **472** B/C4/5
Furrengasse **472** C3

516

LUZERN

Gartenheimstrasse **472** E1
Gärtnerstrasse **472** D2
Gebeneggweg **472** C/D5
Geissensteinring **472** B/C5
Geissmattbrücke **472** B2
Geissmatthalde **472** B1/2
Geissmatthöhe **472** B1
Geissmattstrasse **472** B1/2
General-Guisan-Quai **472** F3/4
Gerbergasse **472** C2
Gerlisbergstrasse **472** F2/3
Gesegnetmattstrasse **472** E2
Gibraltarrain **472** A/B3
Gibraltarsteig **472** A3
Gibraltarstrasse **472** B2/3
Gigeliweg **472** A3
Giesserstrasse **472** A2
Gopplismoosweg **472** B/C1
Gotthardstrasse **472** C/D2
Grabenstrasse **472** C2
Grendelstrasse **472** C2
Grimselweg **472** C4
Grosshofstrasse **472** A5
Grünring **472** A5
Guggistrasse **472** A/B4
Guggiweg **472** A4
Gundoldingenstrasse **472** E2
Güterstrasse **472** C4
Gütschstrasse **472** B2
Gütschweg **472** A/B2
Habsburger Strasse **472** B/C3/4
Haldenrain **472** E2/3
Haldenstrasse **472** D–F2/3
Hallwilerweg **472** B3
Heimatweg **472** B4
Heimbachweg **472** A3
Hertensteinstrasse **472** C2
Hexenstiege **472** D2
Himmelrichstrasse **472** B4
Hinter Bramberg **472** B1
Hirschenplatz **472** B/C2
Hirschengraben **472** B3
Hirschmattstrasse **472** B3/4
Hitzlisbergstrasse **472** D/E2
Hochbühlstrasse **472** A/B3
Hofstrasse **472** C/D2
Höhenweg **472** C5
Horwer Strasse **472** A5
Hubelrain **472** B5
Hügelweg **472** C5
Hünenbergstrasse **472** D/E1
Hünenbergring **472** D/E1
Ibachstrasse **472** A1
Industriestrasse **472** C4/5
Inseliquai **472** C3
Jungfrauweg **472** B5
Kanonenstrasse **472** A2
Kapellbrücke **472** C3
Kapellgasse **472** C2/3
Kapellplatz **472** C2
Kapuzinerweg **472** D1/2
Kasernenplatz **472** B2/3
Kasimir-Pfyffer-Strasse **472** B3
Kaufmannweg **472** B3/4
Kellerstrasse **472** C4/5
Kleinmattstrasse **472** B4/5
Klosterstrasse **472** A/B3
Kornmarkt **472** B/C2/3
Kramgasse **472** B2/3
Kreuzbuchstrasse **472** E/F3
Kreuzmattweg **472** D2
Kreuzstutz **472** A2
Krongasse **472** B3
Lädelistrasse **472** A2
Landenbergstrasse **472** D5
Landschaustrasse **472** D/E1
Landschauterrasse **472** E1
Landschauweg **472** E1/2
Langensandbrücke **472** C4
Ledergasse **472** C2
Leodegarstrasse **472** C2
Leumattstrasse **472** F3
Libellenhöhe **472** C1
Libellenstrasse **472** C1
Lidostrasse **472** F3/4
Liebenauweg **472** D2
Lindenfeldsteig **472** E2
Lindenfeldstrasse **472** E2
Lindengartenweg **472** B4
Lindenstrasse **472** B4
Löwenplatz **472** C/D2
Löwengartenstrasse **472** C3
Löwengraben **472** B/C2
Löwenstrasse **472** C/D2
Luegetenstrasse **472** A/B1/2
Luegislandegg **472** B2
Lützelmattstrasse **472** F2
Lützelmattweg **472** F2
Luzerner Quai **472** E3
Maihofstrasse **472** C/D1
Margritweg **472** B5
Mariahilfgasse **472** C2
Mettenwylstrasse **472** D/E1
Meyerstrasse **472** A2
Militärstrasse **472** B2
Mönchweg **472** B5
Moosmattstrasse **472** B4/5
Moosstrasse **472** B4
Morgartenstrasse **472** C3
Morgenweg **472** D1
Mühlebachweg **472** B3/4
Mühlemattrain **472** B2
Mühlemattstrasse **472** B3
Mühlenplatz **472** B2
Münzgasse **472** B3
Murbacher Strasse **472** B/C3
Murmattweg **472** A5
Museggrain **472** C2
Museggstrasse **472** B/C2
Museumsplatz **472** C2
Mythenstrasse **472** B4
Narzissenweg **472** B5
Nationalquai **472** D2
Neustadtstrasse **472** B4/5
Neuweg **472** B4
Obere Bergstrasse **472** C1
Obergrundstrasse **472** A/B3–5
Obergütschstrasse **472** A3
Oberhochbühl **472** A3
Paulusplatz **472** B4
Pfistergasse **472** B2/3
Pilatusplatz **472** B3
Pilatusstrasse **472** B/C3
Rank **472** D1
Rankhofstrasse **472** D1
Rathausquai **472** C3
Rathaussteg **472** C3
Rebhalde **472** B2
Reckenbühltreppe **472** B4
Reckenbühlstrasse **472** A/B4
Reussbrücke **472** B3
Reussinsel **472** A1
Reussmatt **472** A1
Reussporttunnel **472** A1/2
Reussportweg **472** A1
Reusssteg **472** B3
Rhynauer Strasse **472** A5
Richard-Wagner-Weg **472** D/E5
Riedstrasse **472** B1
Rigistrasse **472** E/F2
Ritterstrasse **472** B/C5
Robert-Zünd-Strasse **472** C3
Rodteggstrasse **472** B5
Rosenberghalde **472** C1
Rosenberghöhe **472** C1
Rosenbergstrasse **472** C1
Rosengasse **472** B3
Rössligasse **472** B2
Rösslimattstrasse **472** C4
Ruflisbergrain **472** E1
Ruflisbergstrasse **472** D/E1
Rütligasse **472** B3
Sagenmattstrasse **472** A2
Sälihalde **472** A3
Sälihügel **472** B4
Sälistrasse **472** A/B3/4
Sankt-Anna-Strasse **472** E/F2
Sankt-Anna-Treppe **472** F2
Sankt-Karli-Brücke **472** A1
Sankt-Karli-Quai **472** B2
Sankt-Karli-Strasse **472** A/B1/2
Schäferweg **472** A5
Scherersteig **472** A4/5
Schibiweg **472** E1
Schirmerstrasse **472** B/C2
Schlossergasse **472** C2
Schlossstrasse **472** A4
Schlossweg **472** A4
Schützenstrasse **472** B3
Schwanenplatz **472** C2/3
Schweizerhausstrasse **472** D/E2
Schweizerhofquai **472** C2
Schwesternweg **472** E1/2
Sedelstrasse **472** B/C1
Seebrücke **472** C3
Seehofstrasse **472** C2
Seidenhofstrasse **472** C3
Sempacher Strasse **472** C3/4
Sentimattstrasse **472** A1/2
Sonnbühlstrasse **472** D/E3
Sonnenbergstrasse **472** A4
Sonnenbergtunnel **472** A2–4
Sonnenrain **472** D2
Spannortstrasse **472** B4
Spitalstrasse **472** A–C1
Spitalweg **472** B1
Spreuerbrücke **472** B2
Stadthausstrasse **472** B3
Stadthofstrasse **472** C/D2
Stauffacherweg **472** D2
Steghofweg **472** B5
Steigerweg **472** D/E2
Steinenstrasse **472** A4
Steinhofhalde **472** A4
Steinhofrain **472** A4
Steinhofstrasse **472** A3/4
Steinhofweg **472** A4
Sternegg **472** B5
Sternhalde **472** B5
Sternenplatz **472** C2
Sternmattstrasse **472** B/C5
Stiftsstrasse **472** D2
Taubenhausstrasse **472** A/B4
Terrassenstieg **472** E2
Theaterplatz **472** B3
Theaterstrasse **472** C3
Titlisstrasse **472** E2
Tivolistrasse **472** E/F2
Tödistrasse **472** B4
Töpferstrasse **472** C3
Trüllhofstrasse **472** A/B1
Tribschenstrasse **472** C/D4/5
Trottli-Quai **472** F3
Tulpenweg **472** A4
Ulmenstrasse **472** B4/5
Unter der Egg **472** B/C3
Untergeissenstein **472** C5
Untergütschstrasse **472** A3
Unterlachenstrasse **472** C5
Urnerhofweg **472** B1
Utenbergstrasse **472** E/F2
Villenstrasse **472** A/B5
Voltastrasse **472** A/B5
Vonmattstrasse **472** B3
Wagenbachgasse **472** C2
Waisenstrasse **472** B2
Waldstätter Strasse **472** B/C4
Warteggstrasse **472** D5
Weggisgasse **472** C2
Weggismattstrasse **472** D1
Weinberglistrasse **472** C5
Weinmarkt **472** B2/3
Werftestrasse **472** C/D4
Werftsteg **472** C/D4
Werkhofstrasse **472** C/D4
Wesemlinhöheweg **472** D1/2
Wesemlinrain **472** C/D1
Wesemlinring **472** D1
Wesemlinstrasse **472** C–E1
Wesemlinterrasse **472** D/E1
Weystrasse **472** D2
Winkelriedstrasse **472** B3/4
Zähringerstrasse **472** B3
Zentralstrasse **472** C3/4
Zinggentorstrasse **472** D2
Zürichstrasse **472** C1/2
Zwyssigstrasse **472** E1
Zybüriweg **472** B1/2

MENDRISIO

Andreoni, Via Giuseppe **471** E6
Baroffio, Via **471** D6
Berna, Vicolo **471** E6
Beroldingen, Via **471** D6
Bolzani, Via **471** D6
Bosia, Via **471** E6
Brenni, Via Antonio **471** D6
Cantine, Viale delle **471** E4/5
Castellaccio, Via **471** D5/6
Catenazzi, Via Francesco **471** D5/6
Corso Bello, Via **471** E6
Croci, Via Carlo **471** E6
Dunant, Via Enrico **471** D/E5
Franscini, Via Stefano **471** D6
Generosa, Via **471** E5/6
Ginnasio, Via del **471** E5/6
Gismonda, Via **471** D/E6
Guisan, Via Enrico **471** E5
Industria, Via **471** E6
Lanz, Via Giuseppe **471** D5/6
Lavizzari, Via Luigi **471** D/E6
Maggi, Via Famiglia **471** E5
Maderno, Via Carlo **471** D/E4/5
Maspoli, Via Angelo **471** D5/6
Motta, Via Giuseppe **471** D6
Municipio, Via **471** E5
Pasta, Via Carlo **471** E5
Penate, Via **471** D4/5
Pollini, Via **471** E6
Ponte, Piazza del **471** E6
Pozzi, Via **471** E5
Pretorio, Via Vecchio **471** E6
Rusca, Via Nobili **471** E5/6
San Damiano, Via **471** E6
San Giovanni, Piazza **471** E5
San Martino, Via **471** D/E5
Santa Maria, Via **471** E5/6
Selva, Via della **471** E6
Soldati, Via Enrico **471** E6
Stazione, Piazzale della **471** D6
Stella, Via **471** E5/6
Torre, Via alla **471** E6
Torriani, Via Paolo **471** E6
Vela, Via Vincenzo **471** E5/6
Vignalunga, Via **471** D4–6
Virunio, Via Pontico **471** E6
Zorzi, Via Franco **471** D5/6

Montreux

Alpes, avenue des **476** A–C2/3
Amandiers, avenue des **476** C/D2
Ancien-Moulin, rue de l' **476** C2
Ancien-Stand, rue de l' **476** A–C1/2
Ansermet, quai Ernest- **476** C/D3
Arzilliere, route de l' **476** A/B1
Ballallaz, chemin de **476** C2
Baye, ruelle de la **476** C/D3
Belmont, avenue de **476** A/B1/2
Belmont, coteau de **476** A1
Boller, rue Carlo- **476** C/D2
Bon-Port, rue de **476** D/E2/3
Boriodaz, chemin de la **476** B/C1
Boriodaz, sentier de la **476** C1
Bugnon, route du **476** D/E1
Casino, avenue du **476** D/E2
Caudraz, chemin de la **476** A/B1
Caux, route de **476** D/E1
Centre, rue du **476** B2
Chameroz, chemin de **476** B/C1
Champ-Fleuri, route de **476** D1
Chantemerle, avenue de **476** D/E2
Chaumény, chemin de la **476** D/E1
Chemins-de-Fer, route des **476** D/E1
Chernex, route de **476** B/C1/2
Chillon, avenue de **476** E2/3
Collonge, avenue de **476** E2
Colondalles, route des **476** A/B1
Cornière, sentier de la **476** A1
Corsaz, rue de la **476** C2
Crausaz, châble de la **476** A1/2
Crétaz, chemin de la **476** A1
Culet, chemin du **476** C1
Cygne, rue du **476** B2
Deux-Fontaines, rue des **476** A1
Douane, rue de la **476** C3
Doyen-Bridel, avenue du **476** C/D2
Eglise-Catholique, rue de l' **476** C3
Emery, rue Alexandre- **476** A2
Etraz, rue d' **476** C2/3
Fins-de-Pallens, chemin de la **476** B/C1
Fleurs, quai des **476** D/E2/3
Florimont, avenue de **476** D2
Fontaine, ruelle de la **476** A1
Fontanivent, route de **476** A1
Gare, rue de la **476** B/C2
Genevrausaz, route de la **476** C2
Genevret, chemin de **476** E1
Glion, route de **476** D/E1/2
Glion-Naye, ruelle du **476** E1
Grand-Chêne, rue du **476** C2
Grand-Rue **476** A–C2/3
Grotte, rue de la **476** D2
Industrielle, rue **476** C2
Jaccoud, quai Edouard- **476** A/B2
Lac, rue du **476** A2
Marché, place du **476** C3
Marché, rue du **476** C2/3
Midi, avenue du **476** C–E2
Mûrier, rue du **476** B2
National, chemin du **476** D3
Nestlé, avenue **476** C/D3
Paix, place de la **476** C3
Paix, rue de la **476** C3
Pallens, côte de **476** C2
Petit-Chêne, rue du **476** C2
Petit-Clos, chemin de **476** A/B2
Planches, avenue des **476** C/D2/3
Planches, place des **476** C2
Pont, rue du **476** C2
Pouponnière, chemin de la **476** A2
Quai, rue du **476** C3
Ramoneurs, sentier des **476** C1/2
Rechon, chemin du **476** B1
Riviera, avenue de la **476** D/E2
Rodioz, chemin de **476** C1/2
Rosemont, sentier de **476** E3
Roses, sentier des **476** E2
Rossillon, chemin de **476** A/B1
Rouvenaz, quai de la **476** B/C3
Rouvenettaz, rue de la **476** C2
Scex-de-Sonzier, chemin du **476** C1
Scex-de-Chernex, route du **476** A1
Sottex, route de **476** B/C1
Stravinsky, rue Igor- **476** C3
Taux, chemin de **476** B1
Telegraphe, sentier de **476** D1/2
Temple, rue du **476** C–E2

MONTREUX   NEUCHÂTEL   OLTEN   RORSCHACH

Théâtre, rue du **476** C/D3
Tornafou, chemin de **476** E1
Tovaux, chemin de **476** E1
Trait, rue du **476** C3
Tréchillonnel, route de **476** A1
Valmont, route de **476** E1
Vauteyre, chemin de la **476** A/B2
Vernex, place **476** B2
Vernex, quai de **476** A2
Villaz, chemin sous **476** A/B1
Vuagnard, ruelle du **476** C3
Vuarennes, chemin des **476** B/1
Vuarennes, route des **476** B1/2

Neuchâtel

Acacias, rue des **474** B/C1
Agassiz, rue **474** E4/5
Alpes, avenue des **474** A/B2
Bachelin, rue **474** A/B2/3
Balance, rue de la **474** B4
Bassin, rue du **474** C4
Beaux-Arts, rue des **474** D/E4
Belleroche, chemin de **474** F4
Bellevaux, avenue de **474** F4
Bercles, escaliers des **474** C3
Bercles, rue des **474** C3/4
Berthoud, rue Léon- **474** B1
Boine, chaussée de la **474** C3/4
Boine, chemin de la **474** C3
Brequet, rue Abram-Louis- **474** E4
Breton, rue **474** C4
Cadolles-aux-Porcs, chemin des **474** E/F 1
Cadolles, avenue des **474** C1/2
Carrière-de-Tête-Plumée, chemin de la **474** C/D 1
Cassarde, rue de la **474** C/D2/3
Château, rue du **474** B/C4
Chaudronniers, ruelle des **474** B/C4
Chavannes, rue des **474** C4
Chèvres, chemin des **474** B/C3
Clos-Brochet, avenue de **474** E/F4
Clos-des-Auges, chemin du **474** B/C2/3
Clos-des-Orphelins, rue du **474** B1
Collégiale, rue de la **474** B4
Colombière, escalier de la **474** D3
Comba-Borel, rue de **474** B3
Comba-Cervey, chemin de la **474** F2
Comtesse, quai Robert- **474** E/F4/5
Cont, chemin **474** E/F1
Coq-d'Inde, rue du **474** B4
Côte, rue de la **474** A-E3
Coulon, rue Louis- **474** D4/5
Crêt-Taconnet, rue du **474** E/F3/4
Crêt-du-Parc, chemin du **474** A/B2
De-Hochberg, rue Jehanne- **474** A/B3/4
D'Orléans, rue Louis- **474** A2/3
De-Reynier, rue Edmond- **474** E4
De-Vattel, rue Emer- **474** A2

Desor, rue **474** E4/5
Donjon, sentier du **474** B3/4
Droz, rue Jean- **474** F4
Druides, chemin des **474** A/B1/2
Dublé, ruelle **474** C4
Ecluse, rue de l' **474** A–C3
Eglise, rue de l' **474** E4
Epancheurs, rue des **474** C4
Evole, rue de l' **474** A/B4
Fahys, rue des **474** E/F3
Faubourg-de-l'Hôpital **474** C–E4
Faubourg-de-la-Gare **474** D/E3
Faubourg-du-Lac **474** C/D4
Fausses-Brayes, rue des **474** C4
Favre, rue Louis- **474** C/D3
Fleury, rue **474** B4
Fontaine-André, rue de la **474** E/F3
Fornel, ruelle du **474** D4
Gare, avenue de la **474** C/D3/4
Gare, place de la **474** D3
Gibraltar, rue de **474** F3/4
Godet, quai Philippe- **474** B4
Grand-Rue **474** C4
Grands-Pins, chemin des **474** D3
Gratte-Semelles, chemin de **474** E2/3
Grillons, chemin des **474** A/B2
Guillaume, rue Charles-Edouard- **474** E4/5
Guyot, rue Arnold- **474** B3
Halles, place des **474** B4
Hochberg, rue Jehanne-de- **474** A/B3/4
Hôpital, rue de l' **474** C4
Hôtel-de-Ville, rue de l' **474** C4
Immobilière, escalade de l' **474** B3
Joran, chemin du **474** B/C1
Journes, chemin des **474** C/D1
Knapp, rue Charles- **474** C/D2
Lallemand, rue Jean-Jacques- **474** D4/5
Liserons, chemin des **474** F3
Littoral, rue du **474** F4/5
Main, rue de la **474** A3/4
Maladière, rue de la **474** E4
Matile, rue Georges-Auguste- **474** D–F3
Maujobia, chemin de **474** A/B2
Meuron, passage Max- **474** C4
Môle, rue du **474** B4/5
Moulins, rue des **474** C3/4
Musée, rue du **474** B/C5
Neubourg, rue du **474** C4
Nid-du-Crô, passage du **474** F4
Numa-Droz, place **474** C4
Orangerie, rue de l' **474** D4
Orée, rue de l' **474** F3
Oriette, rue de l' **474** B4
Orléans, rue Louis-d' **474** A2/3
Osterwald, quai **474** B/C4/5
Ouest, cité de l' **474** B3
Parcs, rue des **474** A–C3
Pavés, chemin des **474** C2/3
Perrier, quai Louis- **474** A/B4
Perrotets-Saint-Jean, chemin des **474** C–F1/2
Pertuis-du-Sault, chemin du **474** C–F2/3
Petit-Catéchisme, chemin du **474** C2
Petit-Pontarlier, chemin du **474** A/B3
Petits-Chênes, rue des **474** F3
Peyrou, ruelle du **474** D4

Piaget, place Alexis-Marie- **474** C4
Pierre-à-Bot, route de **474** A/B1
Pierre-à-Mazel, passage de la **474** F4
Pierre-à-Mazel, rue de la **474** E/F4
Pierre-qui-Roule, passage de **474** C2/3
Place-d'Armes, rue de la **474** C4
Plan, rue du **474** C2
Pommier, rue du **474** B4
Port, place du **474** C/D4
Port, quai du **474** C4
Port, rue du **474** C4
Porteaux, rue des **474** C4
Pourtalès, rue Jean-Louis- **474** D4/5
Prébarreau, rue du **474** B3
Premier-Mars, avenue du **474** C–E4
Promenade-Noir, rue de la **474** B4
Puits-Godet, rue du **474** A/B1
Pury, place **474** B4
Pury, rue **474** B4/5
Quatre-Ministraux, chemin des **474** B/C2
Rateau, rue du **474** C4
Recorbe, chemin de la **474** D/E3/4
Régional, rue du **474** A4
Reynier, rue Edmond-de- **474** E4
Ribaudes, chemin des **474** A/B2
Ritter, rue Guillaume- **474** A2/3
Robert, quai Léopold- **474** D/E5
Roc, rue du **474** E3
Rocher, rue du **474** D/E3
Rosière, rue de la **474** A3
Rousseau, avenue Jean-Jacques- **474** D4
Sablons, rue des **474** C/D3
Saint-Honoré, rue **474** C4
Saint-Jean, passage **474** C4
Saint-Maurice, rue **474** C4
Saint-Nicolas, rue de **474** A3
Serre, rue de la **474** C/D4
Seyon, rue du **474** B/C3/4
Stade, rue du **474** E4/5
Temple-Neuf, rue du **474** C4
Terreaux, rue des **474** C4
Tertre, rue du **474** C/D3
Treille, rue de la **474** C4
Trésor, rue du **474** B/C4
Trois-Portes, chemin des **474** A3
Vattel, rue Emer-de- **474** A2
Vaucher, ruelle **474** D3/4
Verger-Rond, rue du **474** B4
Vieux-Châtel, rue du **474** E4
Zigzags, chemin des **474** A3/4

Olten

Aarauer Strasse **477** D/E2
Aarburger Strasse **477** C/D2/3
Aarweg **477** C1
Adam-Zeltner-Weg **477** A1
Alte Brücke **477** C2
Altmattweg **477** A2
Amthausquai **477** C1/2
Bachweg **477** E2
Bahnhofbrücke **477** C1/2
Bahnhofquai **477** C2
Bahnhofstrasse **477** C/D2
Bannstrasse **477** A/B1/2
Basler Strasse **477** C1/2
Belchenstrasse **477** C1

Bifangstrasse **477** D2/3
Bleichmattstrasse **477** B1/2
Blumenweg **477** B1
Burgweg **477** B1
Cementweg **477** A/B3
Dornacher Strasse **477** C1/2
Eigenheimweg **477** E2
Elsastrasse **477** B1
Engelbergstrasse **477** D/E2/3
Erlimattweg **477** C3
Fahrweg **477** C1
Falkenweg **477** E2
Feigelstrasse **477** B1
Feldstrasse **477** E2/3
Felsenstrasse **477** D/E1/2
Florastrasse **477** D2
Fluhweg **477** B1
Föhrenweg **477** A1/2
Friedaustrasse **477** B1/2
Friedensstrasse **477** E2/3
Friedheimstrasse **477** D/E2
Friedhofweg **477** B/C1
Froburgstrasse **477** C1/2
Frohheimweg **477** B/C1
Fussgängersteg **477** C3
Gallusstrasse **477** A2
Gartenstrasse **477** D/E3
Geissfluhweg **477** D1/2
Gheidweg **477** A/B2/3
Gösger Strasse **477** C/D1
Graben **477** C2
Grundstrasse **477** A/B1/2
Hagbergstrasse **477** B/C1
Hagmattstrasse **477** C1
Haldenstrasse **477** A2
Hammerallee **477** B2
Hardfeldstrasse **477** D1/2
Hasenweid **477** B1
Hauptgasse **477** C2
Hauptweg **477** D/E1
Hausmattrain **477** C2/3
Hombergstrasse **477** A2
Hübelistrasse **477** B2
Im Grundhof **477** A/B1
Im Kleinholz **477** B/C3
Ildefondsplatz **477** C2
Jurastrasse **477** C1
Käppelistrasse **477** B2
Käppeliweg **477** E1/2
Katzenhubelstrasse **477** D1/2
Kirchgasse **477** B/C2
Klarastrasse **477** D2
Kleinholzweg **477** C3
Klosterplatz **477** C2
Konradstrasse **477** B2
Kreuzstrasse **477** E2/3
Krummerweg **477** D2/3
Lebergasse **477** B2
Lerchenweg **477** D/E3
Louis-Giroud-Strasse **477** D3
Maienstrasse **477** D3
Marktgasse **477** C2
Martin-Disteli-Strasse **477** C2
Mattenweg **477** E2/3
Maulbeerweg **477** D3
Mühlegasse **477** C2
Mühletalweg **477** E3
Munzingerplatz **477** C2
Neuhardstrasse **477** D2
Neumattstrasse **477** B1
Obere Hardegg **477** D1
Oberer Graben **477** C2
Pestalozzistrasse **477** D/E3
Pfarrweg **477** E3
Postgasse **477** C2
Quaistrasse **477** C1
Rainstrasse **477** A2
Reiserstrasse **477** D/E2/3
Riggenbachweg **477** D/E3
Ringstrasse **477** B/C2
Ritterweg **477** C1
Römerstrasse **477** C2
Rosengasse **477** D/E2
Rötzmattweg **477** B2/3
Ruttiger Weg **477** C3
Sälistrasse **477** D3
Salzhüsliweg **477** C2
Schöngrundstrasse **477** A/B1
Schürmattweg **477** B2
Seidenhofweg **477** A/B1/2

Solothurner Strasse **477** A/B2/3
Sonneggstrasse **477** D3
Sonnhaldenweg **477** D/E1/2
Sonnhaldenstrasse **477** D1/2
Speiserstrasse **477** E3
Spitalstrasse **477** C1
Stationsstrasse **477** B/C3
Steinbruchweg **477** B1
Studerweg **477** E1/2
Tannwaldstrasse **477** D1/2
Tellstrasse **477** A1
Theodor-Schweizer-Weg **477** D3
Untere Hardegg **477** D1/2
Unterführungsstrasse **477** C/D2
Untergrundstrasse **477** A/B1/2
Von-Roll-Strasse **477** D2/3
Wartburgstrasse **477** D2/3
Weingartenstrasse **477** A1/2
Wilerweg **477** D/E2/3
Zehnderweg **477** B1
Zelglistrasse **477** E3
Ziegelfeldstrasse **477** A/B1/2
Zielempgasse **477** C2

Rorschach

Ahornstrasse **478** A3
Alvierstrasse **478** A1/2
Ankerstrasse **478** C1
Appenzellstrasse **478** A3
Bachstrasse **478** C2
Badstrasse **478** B1
Bäumlistorkelstrasse **478** B/C2
Bellevuestrasse **478** D1/2
Bienenstrasse **478** C2
Blumenfeldstrasse **478** A3
Blumenstrasse **478** C/D2
Bogenstrasse **478** B1/2
Brauerstrasse **478** D2
Buchelistrasse **478** D3
Buchstrasse **478** D1/2
Burghaldenstrasse **478** C2
Burgstrasse **478** C2
Churer Strasse **478** D/E1
Columbusstrasse **478** B3
Dufourstrasse **478** B2
Eichenstrasse **478** A3
Eisenbahnstrasse **478** B–D2
Ekkehardstrasse **478** A1
Engelgasse **478** C1/2
Falknisstrasse **478** A2
Feldmühlestrasse **478** B/C1–3
Felsenbergstrasse **478** E2
Feuerwehrstrasse **478** B1/2
Florastrasse **478** C2
Franklinstrasse **478** B/C3
Friedensstrasse **478** C2
Gallusstrasse **478** C3
Gartenstrasse **478** A/B1
Gärtnerweg **478** A3
Gerenstrasse **478** B1/2
Goldacher Strasse **478** D/E3
Greinastrasse **478** A2
Grünhofweg **478** B2
Hadwigstrasse **478** A1
Haldenstrasse **478** C3
Hauptstrasse **478** B–D1
Heidener Strasse **478** D/E2/3
Hohbühlstrasse **478** D2
Hubstrasse **478** D2
Im Moos **478** A3
Industriestrasse **478** A1–3
Jakobstrasse **478** B1
Kamorstrasse **478** A2
Kaplaneiweg **478** C2
Kettenhausgasse **478** C1/2
Kirchstrasse **478** A–C1/2

518

RORSCHACH   ST. GALLEN

Klosterstrasse **478** A3
Klosterweg **478** E2
Kornstrasse **478** B1
Kronenstrasse **478** B1/2
Langmoosstrasse **478** D/E3
Lincolnstrasse **478** B3
Löwengartenstrasse **478** A1/2
Löwenstrasse **478** A/B1/2
Mariabergstrasse **478** C1–3
Marmorstrasse **478** B1
Mühletobelstrasse **478** D/E2/3
Müller-Friedberg-Strasse **478** E2
Neugasse **478** B/C1
Neustadtstrasse **478** A/B2
Nonnenhügelweg **478** E2/3
Oelmühleweg **478** E2
Paradiesstrasse **478** C3
Paul-Brandt-Strasse **478** E2
Pestalozzistrasse **478** A–C3
Promenadenstrasse **478** C–E2/3
Reitbahnstrasse **478** B1–3
Resedastrasse **478** A/B3
Rosengartenstrasse **478** B3
Rosenstrasse **478** A/B2
Sankt Galler Strasse **478** A/B1
Säntisstrasse **478** A2
Schäflestrasse **478** B1/2
Scheffelstrasse **478** A1
Scholastikastrasse **478** D/E2
Schönbrunnstrasse **478** E2
Schöneggstrasse **478** C3
Schulstrasse **478** B2/3
Schurtannenstrasse **478** E3
Schurtannenweg **478** E3
Schwärziweg **478** D3
Seeheimstrasse **478** A1
Seestrasse **478** C1
Seminarstrasse **478** C/D3
Signalstrasse **478** C1–3
Simonstrasse **478** D2
Sonnenweg **478** A3
Sonnenweg **478** B2
Speerstrasse **478** A2
Splügenstrasse **478** A3
Sulzbachstrasse **478** A3
Tellstrasse **478** D2
Thaler Strasse **478** E3
Thurgauer Strasse **478** A/B1
Trischlistrasse **478** B1/2
Unterer Gartenweg **478** E2
Unterer Klosterweg **478** D2
Wachsbleichestrasse **478** D/E2
Waisenhausstrasse **478** D3
Waisenhausweg **478** C/D2/3
Waltharistrasse **478** A1
Wartburgstrasse **478** B/C2
Washingtonstrasse **478** B/C3
Weberstrasse **478** B3
Weinhaldenstrasse **478** B/C3
Widenstrasse **478** E3
Wiesentalweg **478** A3
Wiesenstrasse **478** A/B3
Wiesentalstrasse **478** A3

St. Gallen

Ackerstrasse **484** E4
Adlerbergstrasse **484** D2/3
Adlergasse **484** C3
Aeplistrasse **484** E/F2/3
Altmannstrasse **484** A4
Altmannweg **484** A4
Am Stutz **484** C4
Amselweg **484** A3/4
Andreasstrasse **484** A2
Antoniusstrasse **484** E3/4
Apfelbergweg **484** D2
Asternweg **484** E1
Augustinergasse **484** C3
Äussere Schellenstrasse **484** E3
Äusserer Sonnenweg **484** D3
Axensteinstrasse **484** D4
Bachstrasse **484** E/F3
Bäckerstrasse **484** B/C3
Bahnhofplatz **484** B3
Bahnhofstrasse **484** C3
Bankgasse **484** C3
Baumgartenstrasse **484** D1
Bauhofstrasse **484** A3
Beatusstrasse **484** F2
Beckenhaldenstrasse **484** B/C5
Bedastrasse **484** E4
Berghaldenplatz **484** E1
Berghaldenstrasse **484** E1
Bergstrasse **484** C2
Berneggstrasse **484** B/C4
Birnbäumenstrasse **484** E/F4
Birnbäumentreppe **484** E4
Birtweg **484** D4
Biserhofstrasse **484** C5
Bitzistrasse **484** C–E4/5
Blarerstrasse **484** D/E3
Bleichestrasse **484** B/C3
Blumenaustrasse **484** D3
Blumenbergplatz **484** C3
Böcklinstrasse **484** D2/3
Bogenstrasse **484** A/B3
Brandstrasse **484** C5
Brauerstieg **484** D/E4
Brückengasse **484** E3
Bruggwiesenweg **484** F4
Brühlgasse **484** C3
Brühltor **484** D3
Brunneggstrasse **484** C3
Brunnenbergsteig **484** D4
Bubenbergweg **484** C4
Bucheggstrasse **484** F3
Büchelstrasse **484** A3
Buchentalstrasse **484** F3/4
Buchsteig **484** C4
Buchstrasse **484** C4
Buchwaldstrasse **484** F3
Burggraben **484** C/D3
Bürglistrasse **484** D/E3
Burgstrasse **484** A/B3
Burkhardtstrasse **484** D3
Cladiusstrasse **484** F4
Curtistrasse **484** D2
Dahlienstrasse **484** E1
Davidshalde **484** B3
Davidstrasse **484** B3
Demutstrasse **484** A–C4/5
Demutweg **484** C4/5
Dianastrasse **484** D/E2
Dianaweg **484** E2
Dierauer Strasse **484** C/D2
Dietlistrasse **484** A–C2
Dietliweg **484** B2
Dohlengässlein **484** C2
Dreilindengässlein **484** D4
Dreilindenhang **484** D4
Dreilindenstrasse **484** D/E4/5
Dreilindenweg **484** D4
Drosselweg **484** A3
Dufourstrasse **484** A–E2
Eichenstrasse **484** D2
Eisengasse **484** D4
Ekkehardstrasse **484** D3
Engelaustrasse **484** E1
Engelgasse **484** C3
Eschenstrasse **484** C/D2
Etzelbündstrasse **484** C5
Falkeburgstrasse **484** B/C4
Falkenburgweg **484** B4
Falkensteinstrasse **484** E/F4
Färberstrasse **484** F3
Farbgutstrasse **484** E2
Federerstrasse **484** F2
Feldbachstrasse **484** A2
Feldlistrasse **484** A2
Fellenbergstrasse **484** A4
Felsenstrasse **484** B/C4
Feuergasse **484** C3
Fichtenstrasse **484** A/B2
Fidesstrasse **484** F3
Finkenweg **484** A3/4
Flaschnerweg **484** F2
Fliederstrasse **484** E1
Florastrasse **484** D3
Flushstrasse **484** C4
Flurhofstrasse **484** D–F4

Folchartstrasse **484** B/C4
Freibergstrasse **484** D2
Freibergweg **484** D2
Freudenbergstrasse **484** D5
Freudenbergweg **484** D/E5
Friedaustrasse **484** E3/4
Friedeggstrasse **484** F3
Frohbergstrasse **484** E3
Frohsinnstrasse **484** F3
Frongartenstrasse **484** B/C3
Gäbrisstrasse **484** B3
Gallusplatz **484** C3
Gallusstrasse **484** C3
Gallusweg **484** B3/4
Gartenstrasse **484** B/C3
Gatterstrasse **484** D1/2
Gellertstrasse **484** C4/5
Geltenwilenstrasse **484** B3
Gerbestrasse **484** A2
Gerhaldenstrasse **484** E/F2
Gesshalden **484** D4
Gessnerstrasse **484** C4/5
Gessnerweg **484** C5
Gesstreppe **484** D4
Girtannerstrasse **484** D2
Girtannerweg **484** D2
Glärnischstrasse **484** D1
Glockengasse **484** C3
Goethestrasse **484** D–F1/2
Goldbrunnenstrasse **484** F4
Goldbrunnenweg **484** F4
Goliathgasse **484** C/D3
Gottfried-Keller-Strasse **484** B/C3
Gotthelfstrasse **484** C4/5
Greifenstrasse **484** B2/3
Greithstrasse **484** E/F3
Grenzstrasse **484** A3
Grossackerstrasse **484** E3/4
Grubenweg **484** E4
Grünbergstrasse **484** B3
Grünbergtreppe **484** B3
Guisanstrasse **484** D/E1/2
Gutenbergstrasse **484** B3
Hafnerstrasse **484** C/D4
Hagenbuchstrasse **484** F4/5
Haldenstrasse **484** B4
Hardungstrasse **484** F5
Harfenbergstrasse **484** F3
Harlachenstrasse **484** F3
Hätterenstrasse **484** A/B1/2
Hätterenweg **484** B/C1/2
Hebelstrasse **484** C4/5
Heimatstrasse **484** F2/3
Heinestrasse **484** E2
Helvetiastrasse **484** F3/4
Herderstrasse **484** E2
Heusserstrasse **484** E1
Hintere Bahnhofstrasse **484** C3
Hintere Poststrasse **484** C3
Hintere Schützengasse **484** C3
Hinterlauben **484** C3
Hirtenstrasse **484** F1/2
Hirtenweg **484** E/F1
Höflistrasse **484** E1
Höhenweg **484** B–D2
Hölderlinstrasse **484** E2
Holzstrasse **484** E1
Hompelistrasse **484** F2
Hörnlistrasse **484** B3
Huebstrasse **484** F5
Hügelstrasse **484** D4
Hügelweg **484** F5
Iddastrasse **484** E/F2
Ilgenstrasse **484** A3
Im Hölzli **484** B2
Innerer Sonnenweg **484** D3
Jahnstrasse **484** C1
Joosrütiweg **484** D/E1
Jüchstrasse **484** B3
Kachelweg **484** B4
Kammelenbergstrasse **484** C/D5
Kapellenstrasse **484** C3/4
Kapfweg **484** E5
Karlstor **484** C4
Katharinengasse **484** C3
Kesslerstrasse **484** B3
Kinderfestplatz **484** C2
Kirchgasse **484** C3
Kirchlistrasse **484** E/F1
Kleinbergstrasse **484** E4
Klosterweidlistrasse **484** D1/2

Klubhausstrasse **484** B3
Klusstrasse **484** C4
Knottergasse **484** C2/3
Kolosseumstrasse **484** F2/3
Kolumbanstrasse **484** F2/3
Konkordiastrasse **484** D4
Kornhausstrasse **484** B/C3
Kreuzbleichestrasse **484** A2
Kreuzbleicheweg **484** A2
Kronbergsteig **484** C4
Kronbergstrasse **484** C4
Krontalstrasse **484** F4
Kruggasse **484** B3
Kugelgasse **484** C3
Lagerstrasse **484** B3
Lämmlisbrunnenstrasse **484** D3/4
Langackerstrasse **484** E1
Langbruggweg **484** F1
Langgasse **484** F2
Lavaterstrasse **484** B3
Leimatstrasse **484** D/E2/3
Lenaustrasse **484** B2
Lessingstrasse **484** E/F2
Lilienstrasse **484** A2
Lienertweg **484** E/F1
Lindenstrasse **484** E/F3
Lindentalstrasse **484** F3
Linsebühlstrasse **484** D4
Löwengasse **484** C3
Ludwigstrasse **484** E/F1
Lustgartenstrasse **484** A/B3
Magniberg **484** D2/3
Magnihalden **484** C3
Marktgasse **484** C3
Marktplatz **484** C3
Melchtalstrasse **484** B2
Melonenstrasse **484** A3/4
Merkurstrasse **484** C3
Metallstrasse **484** A2
Metzgergasse **484** C3
Militärstrasse **484** A3
Molkenstrasse **484** D/E4
Molkenweg **484** E4
Moosbruggstrasse **484** C3/4
Möslenstrasse **484** C4
Mühlstrasse **484** C4
Mühlweg **484** C3
Müller-Friedberg-Strasse **484** C/D2
Müllertor **484** C4
Multergasse **484** C3
Multertor **484** C4
Museumsstrasse **484** D3
Myrtenstrasse **484** E1
Näfenackerstrasse **484** E4
Nelkenstrasse **484** B3
Nellusweg **484** D4/5
Neststrasse **484** A4
Nestweiherstrasse **484** A4
Neugasse **484** C3
Notkerstrasse **484** D3
Nussbaumstrasse **484** B2
Obere Berneggstrasse **484** A/B4
Obere Felsenstrasse **484** B4
Obere Wildeggstrasse **484** D4
Oberer Graben **484** C3
Oberer Hampeliweg **484** F1/2
Oberer Leimatweg **484** E2
Oberstrasse **484** A/B3
Oststrasse **484** E/F3/4
Paradiesstrasse **484** A3
Parkstrasse **484** D3
Paul-Brandt-Strasse **484** A/B2
Paul-Brandt-Weg **484** B1/2
Pelikanstrasse **484** F2/3
Pestalstrasse **484** B3
Pestalweg **484** B3
Peter-und-Paul-Strasse **484** E1/2
Pfauengässlein **484** D3
Plattenweg **484** A4
Platztor **484** D3
Poststrasse **484** C3
Primelweg **484** D1
Rabenstrasse **484** F2
Rappensteinstrasse **484** F4
Redingstrasse **484** C2
Rehburgstrasse **484** F4

Rehweidstrasse **484** E1
Resedastrasse **484** E1/2
Riethüslistrasse **484** A4/5
Rilkestrasse **484** E2
Ringelbergstrasse **484** C5
Rorschacher Strasse **484** D–F3/4
Röschstrasse **484** F4
Rosenbergstrasse **484** A–C2/3
Rosenbergtunnel **484** C–E1–3
Rosenfeldstrasse **484** A2
Rosenheimstrasse **484** E2
Rosensteig **484** A2
Rössliweg **484** E2
Rotachstrasse **484** D4
Röteliweg **484** A2
Rotmontenstrasse **484** E1/2
Rotmontenweg **484** E2
Ruckhaldenweg **484** A3/4
Ruhbergstrasse **484** A3/4
Sandrainstrasse **484** F1
Sankt-Georgen-Strasse **484** C4/5
Sankt-Jacob-Strasse **484** D/E2/3
Sankt-Leonhard-Strasse **484** B/C3
Säntisstrasse **484** B/C3
Schäflerstrasse **484** B1/2
Schäflisbergstrasse **484** C4
Scheffelsteinweg **484** A4
Scheffelstrasse **484** D3
Scheibenackerstrasse **484** E3/4
Scheitlinsbüchelweg **484** E5
Scheitlinstrasse **484** E2
Schellenweg **484** E2/3
Schibener Tor **484** C3
Schlatterstrasse **484** E1
Schlosserstrasse **484** A3
Schlosserweg **484** A3
Schlösslistrasse **484** E/F3
Schlösslitreppe **484** B2/3
Schmiedgasse **484** C3
Schneebergstrasse **484** A–C4
Schochengasse **484** B3
Schoeckstrasse **484** F1/2
Schokoladenweg **484** C5
Schorenstrasse **484** A/B2
Schorentunnel **484** A/B2/3
Schreinerstrasse **484** C3
Schubertstrasse **484** E/F2
Schützengasse **484** C3
Schwalbenstrasse **484** D3/4
Schwanenstrasse **484** E1
Schwertgasse **484** C/D3
Seeblickstrasse **484** E1
Seelenhofweg **484** C/D5
Segantinistrasse **484** F2
Seidenhofstrasse **484** C3
Seitzstrasse **484** A3
Singenbergstrasse **484** D3/4
Sonderstrasse **484** D5
Sonderweg **484** C5
Sonneggstrasse **484** F4
Sonnenbergstrasse **484** B2
Sonnenhaldenstrasse **484** E/F1/2
Sonnenstrasse **484** D/E3
Speerstrasse **484** B3
Speicherstrasse **484** D–F4/5
Speicherweg **484** D4
Speltiriniplatz **484** D3
Spiltrucklistrasse **484** C5
Spinnereiweg **484** F3
Spisergasse **484** C3
Spisertor **484** C3
Spitalgasse **484** C3
Splügenstrasse **484** E/F2/3
Spyristrasse **484** E1
Stahlstrasse **484** A2
Starweg **484** A3/4
Stauffacherstrasse **484** B2
Steigerstrasse **484** A3
Steinachstrasse **484** D/E3
Steinbockstrasse **484** E1
Steingrüebelistrasse **484** D/E4
Sternackerstrasse **484** D3/4
Storchenstrasse **484** F2
Strebelstrasse **484** E/F1
Studengüggiweg **484** D5
Talhofstrasse **484** D3
Talstrasse **484** F3
Talweg **484** F3
Tambourenstrasse **484** A2
Tambourenweg **484** A/B1/2

ST. GALLEN   SCHAFFHAUSEN

Tanneichenstrasse 484 F1
Tanneichenweg 484 F1/2
Tannenstrasse 484 D/E1/2
Taubenstrasse 484 F2
Tellstrasse 484 B/C2/3
Telltreppe 484 C2/3
Tempelackerstrasse 484 E4
Teufener Strasse 484 A/B3–5
Tigerbergstrasse 484 C2
Tivoliweg 484 F4/5
Torstrasse 484 D3
Treuackerstrasse 484 A3/4
Tschudistrasse 484 A/B3
Tulpenstrasse 484 B3
Turmgasse 484 C3
Tutilostrasse 484 C/D5
Untere Büschenstrasse 484 D3
Unterer Fidesweg 484 F3
Unterer Graben 484 C/D3
Unterer Leimatweg 484 E2
Unterstrasse 484 B3
Vadianplatz 484 B3
Vadianstrasse 484 B/C3
Volksbadstrasse 484 D/E3
Vonwilstrasse 484 A2/3
Waldgutstrasse 484 D1/2
Waldrainstrasse 484 E1
Wallstrasse 484 C4
Waltramweg 484 F1
Wartensteinstrasse 484 D/E2
Wartmannstrasse 484 D2
Wassergasse 484 B/C3
Wattstrasse 484 A4/5
Webergasse 484 C3
Wehrstrasse 484 B3
Weiherweidstrasse 484 C4
Weiherweidweg 484 C4
Werkstrasse 484 F3
Wiesenstrasse 484 C4/5
Wiesentalstrasse 484 F3/4
Wiesenweg 484 C4
Wiesenweidstrasse 484 E/F5
Wildeggstrasse 484 C/D4
Winkelriedstrasse 484 B/C2/3
Zeughausgasse 484 C3
Zwinglistrasse 484 B/C2/3
Zylisstrasse 484 A3
Zypressenstrasse 484 A2

Schaffhausen

Abendstrasse 480 A2
Ackergasse 480 C4
Ackerstrasse 480 E5
Ackerstrasse 480 F3
Adlergasse 480 D4
Adlerstrasse 480 C/D3
Ahornstieg 480 E1
Ahornstrasse 480 E1
Akazienstrasse 480 F1/2
Albisstrasse 480 A1
Albulastrasse 480 F3
Alleeweg 480 F1/2
Allenwindenstrasse 480 C/D5
Alpenstrasse 480 D–F3
Alte Strasse 480 B/C5
Am Platz 480 C3
Ampelngasse 480 D3/4
Amsler-Laffon-Strasse 480 D/E1
Arvenweg 480 E1/2
Bachstieg 480 D3
Bachstrasse 480 D3/4
Bachtelstrasse 480 A1
Bahnhofstrasse 480 C/D2/3
Bahnhofstrasse 480 E/F5
Bahntal 480 A/B4
Baumgartenstrasse 480 D4
Bäumlistrasse 480 E3
Baumschulstrasse 480 E/F1
Beckengässchen 480 C3
Beckengässli 480 D/E4
Beckenstube 480 C4
Bel-Air-Strasse 480 A2
Bergstrasse 480 C2
Birkenstrasse 480 E/F1/2
Blautraubenstrasse 480 D2
Blumenaustrasse 480 A1/2
Bogenstrasse 480 C3
Breiteraustrasse 480 A/B1/2
Breitestieg 480 B1
Brudernöflistrasse 480 F4
Brünigstrasse 480 E3
Brunnengasse 480 D4
Eucherstieg 480 E1
Eucherstrasse 480 A4
Buchenstrasse 480 E1
Buchthaler Strasse 480 E/F3/4
Bühlstrasse 480 A/B3
Bürgerstrasse 480 D/E3
Charlottenweg 480 A5
Churfirstenweg 480 E3
Dahlienstrasse 480 B1
Dahlienstrasse 480 E5
Diessenhofer Strasse 480 E/F4/5
Durachweg 480 C3
Dürstlingweg 480 F3
Ebnatstieg 480 E1
Ebnatstrasse 480 D–F1
Ebnatweg 480 D1
Eigenweg 480 E1
Eichenstrasse 480 F1
Eigerstrasse 480 D2
Einfangstrasse 480 F3
Emmersbergstrasse 480 D2/3
Erlenstrasse 480 E3
Erlenstrasse 480 E/F5
Eschenweg 480 E/F1
Fäsenstaubstrasse 480 B4
Feldstrasse 480 E2/3
Feldstrasse 480 E5
Felsenstieg 480 B/C1
Felsgasse 480 F5
Felsgutstieg 480 D1
Fernsichtstrasse 480 B1
Fichtenstrasse 480 E2
Finsterwaldstrasse 480 C/D1
Fischergässchen 480 D4
Fischerhäuserstrasse 480 D/E4
Flurlinger Weg 480 D5
Föhrenstrasse 480 E2
Forstweg 480 C1
Frauengasse 480 C4
Freier Platz 480 D4
Freistrasse 480 B2/3
Friedbergstrasse 480 A/B3/4
Frohbergstieg 480 D2
Frohbergstrasse 480 D2/3
Fronwagplatz 480 C3/4
Fulachgässchen 480 D2
Fulachstrasse 480 D1/2
Furkastieg 480 F3/4
Furkastrasse 480 F4
Gartenstrasse 480 B1
Geissbergstrasse 480 C/D1
Geisshaldenweg 480 D1
Geisshofstieg 480 C1
Geissmattstieg 480 D1
Glockenstieg 480 B4
Goldbergstrasse 480 A5
Goldsteinstrasse 480 D4
Grabenstrasse 480 C4
Grenzstrasse 480 E3
Grimselweg 480 F3
Grubenstrasse 480 D/E2
Grubenstrasse 480 D–F2
Grubenstrasse 480 E5
Gründenstrasse 480 B4/5
Güterstrasse 480 E5
Haberhausstieg 480 C4
Haldenstieg 480 E5
Haldenstrasse 480 B1
Haldenstrasse 480 B5
Haldenstrasse 480 E5
Haldenweg 480 E5
Haselweg 480 A2
Hegaustrasse 480 A5
Hegaustrasse 480 E2/3
Hermann-Rorschach-Strasse 480 A3
Herrenacker 480 C4
Hintersteig 480 B/C3
Hirschweg 480 D3
Hochstrasse 480 C/D1/2
Hohenkrähenstrasse 480 E3
Hohenstoffelstrasse 480 D/E2
Hohentwielstrasse 480 E2/3
Höhenweg 480 E2/3
Hohfluhstrasse 480 A5
Hohlenbaumstieg 480 A1
Hohlenbaumstrasse 480 A/B1
Holzbrunnenstrasse 480 A2
Holzwiesenweg 480 A/B1
Hornbergstieg 480 C/D1
Hornbergstrasse 480 C1/2
Im Eschengut 480 E/F1
Im Laternenacker 480 E2
Im Radacker 480 A4
Im Storchen 480 A4
Irchelstrasse 480 A1
Itasruhweg 480 F5
Johann-Conrad-Fischer-Strasse 480 C2
Juliererstrasse 480 E3
Kamorstrasse 480 E3
Karstgässchen 480 C3
Kasinogässchen 480 C3/4
Kegelgässchen 480 E3/4
Kesselgutstieg 480 F2
Kesselgutstrasse 480 F2
Kesselstrasse 480 F2/3
Kesslergasse 480 E4/5
Kiefernweg 480 E2
Kirchhofplatz 480 D3
Kirchstrasse 480 D5
Kirchweg 480 D–F5
Kirschenweg 480 F2
Klausweg 480 D/E1/2
Klingenstrasse 480 C1
Klosterstrasse 480 C4
Klusweg 480 D4
Kohlfirststrasse 480 F4
Kometstrasse 480 B4
Konstanzer Strasse 480 E/F4/5
Korallenstrasse 480 E3
Korallenstrasse 480 E3
Krebsbachstieg 480 D1
Krebsbachstrasse 480 D1/2
Kreuzgasse 480 B4
Kronengasse 480 D3/4
Kronenhalde 480 D/E1
Krummgasse 480 C3
Küngoldstrasse 480 E5
Kurzweg 480 B1
Lägernstrasse 480 A1
Lärchenstrasse 480 F2
Läufergässchen 480 D4
Lindenstrasse 480 E4/5
Lindenweg 480 E1
Lindliweg 480 F4/5
Lochstrasse 480 B1
Lohnstrasse 480 F3
Löwengässchen 480 C3
Lunastrasse 480 A1
Mattenweg 480 C1
Morgenstrasse 480 E3
Moserstrasse 480 D4
Mühlenstrasse 480 B/C4
Mühlentalsträsschen 480 C2/3
Mühlentalstrasse 480 C1–3
Munothaldenweg 480 D3
Munotstieg 480 D3/4
Munotstrasse 480 D3
Münstergasse 480 C4
Münsterplatz 480 D4
Myrthenstrasse 480 E5
Nelkenstrasse 480 A5
Nelkenstrasse 480 E3
Nelkenstrasse 480 E5
Neustadt 480 C4
Neustrasse 480 B2
Neustrasse 480 C5
Niklausenstieg 480 E2
Nordstrasse 480 B1–3
Oberstadt 480 C3/4
Oelbergstrasse 480 A3
Örlifall 480 A3
Parkstrasse 480 B/C4
Pestalozzistieg 480 D3
Pestalozzistrasse 480 D3
Pfarrhofgasse 480 D3
Pfarrweg 480 D3
Pfrundhausgasse 480 D3
Pilgerweg 480 D1
Posthof 480 C3
Promenadenstieg 480 B4
Promenadenstrasse 480 B/C4
Quaistrasse 480 D4
Quellenstrasse 480 A2/3
Querstrasse 480 B1
Rammersbühlstrasse 480 A/B3
Randenstrasse 480 A/B1–3
Rathausbogen 480 C4
Rebleutgang 480 C4
Rehgütlistieg 480 A3/4
Rehgütliweg 480 A/B3
Reiathstrasse 480 E3
Reithallenweg 480 C1
Repfergasse 480 C/D3
Rheinstrasse 480 E/F3/4
Rheinaustrasse 480 E4
Rheinhaldenstrasse 480 E/F4/5
Rheinhardtstrasse 480 F1
Rheinquai 480 D/E4
Rheinstrasse 480 C4
Rheinuferstrasse 480 C/D4
Rheinweg 480 A/B4/5
Rietstrasse 480 A/B2/3
Rigistrasse 480 F3
Ringstrasse 480 E3
Rinkengässchen 480 C4
Rittergutstrasse 480 C2
Römerstieg 480 D3/4
Rosenstrasse 480 A4/5
Rosengasse 480 E/F3
Rosengasse 480 C4
Rosenstrasse 480 E5
Rosentalgässchen 480 F4
Rothüsliweg 480 D1
Rütenenweg 480 E5
Rütiweg 480 F3
Safrangasse 480 C3
Sandweg 480 E2/3
Säntisstrasse 480 E3
Schaffhauser Strasse 480 A/B5
Scheibenackerstrasse 480 F5
Schildgutstrasse 480 A3
Schildstrasse 480 E3
Schlagmattstrasse 480 C/D3
Schleipfgässchen 480 A/B4
Schlösslistieg 480 E2
Schlössliweg 480 E2
Schneidergang 480 D4
Schönau 480 B4
Schönbühlstrasse 480 D1/2
Schönmaiengasse 480 C/D4
Schulstieg 480 D3
Schulstrasse 480 D4/5
Schützengasse 480 C/D3
Schützenstrasse 480 E/F4/5
Schwanenfelsstrasse 480 A5
Schwarzadlerstrasse 480 B1
Schwertstrasse 480 C3
Schwesterngasse 480 D3
Seilerweg 480 D/E1
Sonnenburggutstrasse 480 A2/3
Sonnenstrasse 480 A1/2
Sonnhaldenweg 480 E3
Sonnmattstrasse 480 E/F3
Speerstrasse 480 E3
Spendtrottengut 480 F3
Spielweg 480 A/B2
Spitalstrasse 480 C3
Splügenstrasse 480 F3
Sporrengasse 480 C3/4
Sportweg 480 D3
Stadthausgasse 480 C/D3
Stadtweg 480 E5
Stahlwerkstrasse 480 B1
Staufacherstrasse 480 E/F3
Steighalde 480 C3
Steigstrasse 480 B/C3/4
Steigstrasse 480 D4/5
Steinbruchgasse 480 B4
Steinhölzlistrasse 480 B5
Stimmerstrasse 480 E/F1/2
Stokarbergstrasse 480 A/B3/4
Stokarstieg 480 B4
Stokarweg 480 B4
Sustenweg 480 E/F3
Talstrasse 480 E/F2
Tanne 480 C4
Tannegg 480 F2
Tannenstrasse 480 F2
Tannerberg 480 C2
Tellstieg 480 E2
Tellstrasse 480 D/E2/3
Tobelweg 480 D/E2
Tödistrasse 480 E3
Traubengütlistrasse 480 A4
Trottenweg 480 D1
Trüllergässli 480 E4
Tulpenstrasse 480 E3
Tunnelgasse 480 C3/4
Uhwieser Strasse 480 C/D5
Ulmenstrasse 480 E1
Ungarbühlstieg 480 D2
Ungarbühlstrasse 480 D/E2
Untere Rheingasse 480 D4
Unterer Schulweg 480 F3
Untergries 480 D4
Unterstadt 480 D4
Urwerf 480 A/B4
Urwerfhalde 480 A/B4
Villenstrasse 480 B3
Vorderenge 480 A4
Vordergasse 480 C/D4
Vordersteig 480 B/C3
Vorstadt 480 C3
Wagenstrasse 480 D/E2
Waldstrasse 480 C/D1
Webergasse 480 C/D3
Weinbergstrasse 480 C2
Weinsteig 480 C1–3
Wiesenweg 480 C1
Wieslistrasse 480 A2
Windeggstieg 480 F4
Winkelriedstrasse 480 F2/3
Winterthurer Strasse 480 B/C5
Wölflinshalde 480 E2
Zedernweg 480 E1
Zimmerweg 480 B/C4
Zündelgutstrasse 480 F3
Zündelweg 480 F3
Zürcher Strasse 480 C–E4/5
Zweigstrasse 480 E2

Sion

Agasse, chemin de l' 479 A/B1
Amandiers, chemin des 479 A/B2
Aubépines, rue des 479 D/E2
Blancherie, rue de la 479 C3
Calvaire, chemin du 479 C1
Cathédrale, rue de la 479 C1
Cèdres, rue des 479 C/D2/3
Chanoine-Berchtold, rue du 479 C/D2/3
Chanoine-Berchtold, rue du 479 D2
Châteaux, rue des 479 C/D1
Collines, chemin des 479 A–C2
Condémines, rue de 479 A–C2/3
Conthey, rue de 479 C2
Creusets, rue des 479 B/C3
Dent-Blanche, rue de la 479 C2
Dixence, rue de la 479 D/E2/3
Eglise, rue de l' 479 C1/2
Erables, rue des 479 B2/3
France, avenue de 479 A–C3
Gare, avenue de la 479 B/C1–3
Gare, cour de la 479 C/D3
Gare, place de la 479 C3
Grand-Pont, le 479 C1/2
Gravelone, rue de 479 A–C1/2
Industrie, rue de l' 479 D/E3

SION

Lausanne, rue de 479 A–C2/3
Lilas, chemin des 479 B2/3
Loèche, rue du 479 C1
Majorie, ruelle de la 479 C/D1
Matze, passage de la 479 B2/3
Mayennets, avenue des 479 C/D2/3
Midi, avenue du 479 C2
Midi, place du 479 C/D2
Midi, ruelle du 479 C/D2
Petit-Chasseur, avenue du 479 A/B1–3
Planta, place de 479 C2
Platanes, rue des 479 A2/3
Porte-Neuve, rue 479 C2
Pratifori, avenue de 479 B/C2
Pré-Fleuri, rue du 479 C3
Pré-d'Amédée, rue du 479 B/C1
Quai-Sud 479 C/D3
Rawyl, rue du 479 C1
Remparts, rues des 479 C2
Rhône, promenade du 479 E1–3
Rhône, rue du 479 C/D2
Ritz, avenue de 479 C1
Ronquoz, route des 479 D/E3
Rosiers, chemin des 479 C3
Saint-François, avenue 479 C1
Saint-Guérin, rue de 479 A2/3
Saint-Théodule, rue 479 C2
Sainte-Marguerite, rue de 479 D/E2/3
Sanetsch, route du 479 A1/2
Savièse, rue de 479 C1
Schiner, avenue Mathieu- 479 C1
Sex, rue du 479 D/E1/2
Tanneries, rue des 479 D2
Tonneliers, rue des 479 C/D1
Tour, rue de la 479 C1/2
Tourbillon, avenue de 479 C–E2/3
Tunnel, rue du 479 D1
Vergers, rue des 479 C2
Vieux-Canal, chemin du 479 A/B3
Vieux-Collège, rue du 479 C/D1/2
Vissigen, route de 479 E1/2

Solothurn

Adlergasse 482 E4
Ahornweg 482 A4
Allmendstrasse 482 A–C3
Alte Bernstrasse 482 E5
Am Brühlgraben 482 C5
Am Brunngraben 482 B5
Amanz-Gressly-Strasse 482 C/D2
Amselweg 482 F2
Amthausplatz 482 D4
Areggerstrasse 482 B3
Autophonstrasse 482 C2
Bahnhofstrasse 482 A1
Barfüssergasse 482 E3/4
Baselstrasse 482 F2/3
Bechburgstrasse 482 F4
Bellacher Strasse 482 A2
Benedikt-Hugi-Strasse 482 A/B3
Bergstrasse 482 D1/2
Berntorstrasse 482 E4
Berthastrasse 482 E4
Besenvalstrasse 482 F2
Biberiststrasse 482 E/F5
Bielstrasse 482 A–D3/4
Birkenweg 482 B4
Blumenrain 482 D2
Blumensteinweg 482 D/E2
Bourbakistrasse 482 B3
Brüggmoosstrasse 482 C/D2
Brühlgrabenstrasse 482 B/C4/5
Brühlstrasse 482 A–C4
Brunngrabenstrasse 482 B3–5
Bucheggweg 482 D/E5
Buchenstrasse 482 A/B4
Bürenstrasse 482 D/E5
Bürenweg 482 E5
Burgunder Strasse 482 E5
Brunnmattstrasse 482 B/C4
Burrisgraben 482 D/E3
Casimir-Meister-Strasse 482 D5
Cuno-Amiet-Strasse 482 E/F2
Dachsweg 482 C2
Dählenweg 482 A/B4
Dammstrasse 482 D4
Dilitzschstrasse 482 B2
Dorfplatz 482 A1
Dornacher Platz 482 E4/5
Dornacher Strasse 482 E/F4/5
Dreibeinskreuzstrasse 482 D5
Drosselweg 482 F2
Dürrbachstrasse 482 B1
Dürrbachstrasse 482 C1/2
Edmund-Wyss-Strasse 482 D5
Eibenweg 482 B4
Eichenweg 482 B4
Eisbahnweg 482 A1
Elchweg 482 C2
Engestrasse 482 F5
Erlenweg 482 B3/4
Eschenweg 482 B4
Fabrikstrasse 482 A1
Fabrikstrasse 482 C3
Fegetzallee 482 E2/3
Felsenweg 482 E1
Fialastrasse 482 F3
Fichtenweg 482 A/B4
Finkenweg 482 F2
Fischergasse 482 E4
Florastrasse 482 C/D3
Flurweg 482 F3
Föhrenweg 482 A4
Forststrasse 482 F3
Frank-Buchser-Strasse 482 E/F2
Franziskanerstrasse 482 A2/3
Franziskanerplatz 482 E3/4
Friedhofplatz 482 D/E4
Frölicherweg 482 F3
Fuchsweg 482 C2
Gärtnerstrasse 482 D/E3
Geissfluhstrasse 482 A/B2
Gemsweg 482 C1/2
Gibelinstrasse 482 C3/4
Glacisstrasse 482 D/E5
Glutz-Blotzheim-Strasse 482 C/D4/5
Goldgasse 482 E4
Gotthelfweg 482 B3
Grabackerstrasse 482 C5
Grafenfelsweg 482 D/E1/2
Grederweg 482 B2
Grenchenstrasse 482 C/D2/3
Grimmengasse 482 F2
Grüneggweg 482 E1
Güggelweg 482 F5
Guggershofstrasse 482 B/C5
Gurzelngasse 482 D/E4
Haffnerstrasse 482 D2
Haldenweg 482 C1/2
Hans-Huber-Strasse 482 C/D5
Hans-Roth-Strasse 482 E4
Hartmannweg 482 A/B3
Hasenmattstrasse 482 B2
Hasenweg 482 C2
Hauptbahnhofstrasse 482 E4
Hauptgasse 482 E4
Heidenhubelstrasse 482 B/C2/3
Heidiweg 482 D3
Heilbronner Strasse 482 C/D4
Heimlisbergstrasse 482 A1
Hermesbühlstrasse 482 C/D3
Hermesbühlplatz 482 D3
Herrenweg 482 D–F1/2
Hilariweg 482 D5
Hirschweg 482 C1
Hofmattstrasse 482 C2
Höhenweg 482 F5
Höhenstrasse 482 A/B1
Holbeinweg 482 D1/2
Holunderweg 482 F5
Hubelmattstrasse 482 F2
Hübeliweg 482 D2
Hügenweg 482 A1/2
Hüslerhofstrasse 482 A2
Industriestrasse 482 A2
Industriestrasse 482 E/F1–3
Joachimweg 482 A/B3
Josef-Reinhart-Weg 482 E5
Judengasse 482 E4
Jurastrasse 482 B2/3
Känzeliweg 482 D/E1
Käppelihofstrasse 482 B2/3
Kapuzinerstrasse 482 D3
Kirchweg 482 F1
Klosterplatz 482 E4
Königsweg 482 B1
Königshofweg 482 C/D1/2
Konzerthallenstrasse 482 A1
Kreuzackerbrücke 482 E4
Kreuzackergasse 482 E4
Kreuzackerquai 482 E4
Kreuzackerstrasse 482 E4
Kreuzenstrasse 482 D/E1/2
Kronengasse 482 E4
Kronenplatz 482 E4
Kronmattstrasse 482 A2
Krummturmstrasse 482 E5
Krutterstrasse 482 A3
Krüzlimattweg 482 D1
Küngoltstrasse 482 C3
Lagerhausstrasse 482 D4
Lagerweg 482 D5
Landhausquai 482 E4
Längackerstrasse 482 A/B1
Langendorfstrasse 482 A/B1–3
Leopoldstrasse 482 D4
Lerchenweg 482 F2
Lindenweg 482 E3
Lorenzenstrasse 482 D3
Loretostrasse 482 C/D3
Löwengasse 482 E4
Lunaweg 482 F5
Luzernstrasse 482 F3/4
Marktplatz 482 E4
Marsstrasse 482 F5
Maulbeerweg 482 B2
Meisenweg 482 F2
Midartweg 482 B2
Mittlere Greibengasse 482 D3
Mühleweg 482 A1
Mühlweg 482 D2
Muttenstrasse 482 D4/5
Muttenstrasse 482 B/C5
Nelkenweg 482 D/E2
Niklaus-Konrad-Strasse 482 E/F4
Nordringstrasse 482 D/E3/4
Obachstrasse 482 D4
Obere Greibengasse 482 D3
Obere Steingrubenstrasse 482 D/E1/2
Obere Sternengasse 482 F2/3
Oberer Winkel 482 E4
Pappelweg 482 B4
Patriotenweg 482 E4
Pirschweg 482 C1/2
Postheiriweg 482 D5
Postplatz 482 D4
Poststrasse 482 D4
Prisongasse 482 E4
Quellenweg 482 D2
Rathausgasse 482 E4
Rehweg 482 C2
Richoweg 482 C3
Riedmattstrasse 482 B/C4/5
Ritterquai 482 E/F4
Roamerstrasse 482 B2
Römerstrasse 482 A3
Römerstrasse 482 D4/5
Rosenweg 482 F3/4
Rossmarktplatz 482 E4
Rötibrücke 482 F4
Rötiquai 482 F4
Rötistrasse 482 E/F3/4
Sälirain 482 E1/2
Sandmattstrasse 482 E5
Sankt-Josefs-Gasse 482 F3/4
Sankt-Margrithen-Strasse 482 E5
Sankt-Niklaus-Strasse 482 E/F1–3
Sankt-Urban-Gasse 482 D/E3/4
Schaalgasse 482 E4
Schanzenstrasse 482 D4
Schänzlistrasse 482 E/F4
Schererstrasse 482 E/F1/2
Schlossweg 482 E4
Schlössliweg 482 F5
Schmiedengasse 482 D4
Schöngrünstrasse 482 E4/5
Schulhausstrasse 482 D3
Schulhausstrasse 482 D3
Schürmattstrasse 482 F1
Schützenmattstrasse 482 F3/4
Schwallerweg 482 D2/3
Schwanengasse 482 E4
Segetzstrasse 482 C/D4
Staalenhofweg 482 A1
Stäffiserweg 482 B2
Stalden 482 D/E4
Stauffacherweg 482 F5
Stephan-Jaeggi-Strasse 482 D5
Stöcklimattstrasse 482 A/B1
Storchenplatz 482 D/E4
Sunnerain 482 E1
Surbeckstrasse 482 B3
Tannenweg 482 A4
Tellstrasse 482 F5
Theatergasse 482 E4
Tscharanditstrasse 482 B3
Tugginerweg 482 C4
Tulpenweg 482 F3
Türmlihausstrasse 482 C2
Ulmenweg 482 B4
Untere Greibengasse 482 D3
Untere Steingrubenstrasse 482 E/F2/3
Untere Sternengasse 482 F2/3
Unterer Winkel 482 E4
Venusweg 482 F5
Verenaweg 482 E1/2
Vogelherdstrasse 482 B2
Von-Staal-Weg 482 B2
Von-Sury-Weg 482 F3/4
Von-Vigier-Weg 482 D3
Waffenplatzstrasse 482 F4
Waisenhausstrasse 482 D1
Wallierweg 482 A3
Wallstrasse 482 D/E5
Walter-Hammer-Strasse 482 C2
Wassergasse 482 F5
Wedelswilstrasse 482 D/E3/4
Weiherweg 482 E1
Weissensteinstrasse 482 A–D1–3
Wengibrücke 482 E4
Wengisteinstrasse 482 E1
Wengisteinweg 482 E1
Wengistrasse 482 D4
Werkhofstrasse 482 D/E3
Werkstrasse 482 E4
Westbahnhofstrasse 482 D4
Westringstrasse 482 D4
Wildbachstrasse 482 B3
Wildbachweg 482 A1
Zelgliweg 482 F2
Zeltnerweg 482 D1
Zeughausplatz 482 E3/4
Ziegelmattstrasse 482 C/D2
Zieglerweg 482 B3
Zuchwiler Strasse 482 E/F5
Zurmattenstrasse 482 B3

Thun

Aarefeldstrasse 486 D2/3
Aarequai 486 D2
Aarestrasse 486 C/D3
Alleestrasse 486 B3
Allmendbrücke 486 C3
Allmendstrasse 486 A–C3–5
Alpenstrasse 486 B/C4
Alpenstrasse 486 F2
Alte Goldiwilstrasse 486 F1
Äussere Ringstrasse 486 E3/4
Bächimattpromenade 486 F2/3
Bahnhofbrücke 486 D2/3
Bahnhofplatz 486 D3
Bahnhofstrasse 486 D3
Bälliz 486 C3
Bälliz, Oberes 486 C/D2/3
Bälliz, Unteres 486 C3
Bärenweg 486 F5
Baumgartenrain 486 D1/2
Beatriceweg 486 E/F2
Beatusstrasse 486 E4/5
Bel-Air-Weg 486 C1
Bellevuestrasse 486 D/E2
Berntorgasse 486 C2
Birkenweg 486 F5
Bleichestrasse 486 C/D3
Blumenstrasse 486 B1
Blumenweg 486 F5
Blümlimattweg 486 C/D1/2
Blümlisalpstrasse 486 D/E3/4
Brahmsquai 486 E2
Brahmsweg 486 D4
Brauereiweg 486 A1
Brunnweg 486 D5
Burgfeldweg 486 B1/2
Bürglenstrasse 486 C5
Burgstrasse 486 C2
Cäcilienstrasse 486 F3/4
Chaletweg 486 F4
Dammweg 486 F4/5
Dorfhaldenweg 486 B1
Dufourstrasse 486 D4
Eggenweg 486 F5
Eichmattweg 486 D3
Eigerplatz 486 D3
Eigerweg 486 C3/4
Emma-Horber-Weg 486 E5
Eschenweg 486 A3
Falkenstrasse 486 E5
Feldeckstrasse 486 D5
Feldheimstrasse 486 C/D5
Feldstrasse 486 E/F5
Ferdinand-Hodler-Weg 486 D4
Finkenweg 486 C3
Fischerweg 486 D5
Fliederweg 486 D4
Florastrasse 486 B/C4
Fluhweg 486 B1
Flurweg 486 D4
Fohlenweg 486 A3
Freie Strasse 486 E/F5
Freienhofgasse 486 D2
Friedheimstrasse 486 C4
Friedhofweg 486 D4/5

THUN VEVEY

Frohsinnweg 486 C4
Frutigenstrasse 486 D–F3–5
Gantrischstrasse 486 C4/5
Gartenstrasse 486 B1
Gartenstrasse 486 C4
General-Wille-Strasse 486 A/B5
Gerberngasse 486 C2
Gewerbestrasse 486 C3
Goldiwilstrasse 486 B–E1/2
Gottfried-Keller-Strasse 486 E3
Gotthelfweg 486 E4
Göttibachsteg 486 D2
Göttibachweg 486 D1/2
Graben 486 B/C2
Grabenstrasse 486 B2/3
Grünauweg 486 D5
Grünmattweg 486 A/B2/3
Guisanplatz 486 C3
Günzenenstrasse 486 B2
Gurnigelstrasse 486 C4
Hedwigstrasse 486 A/B2
Henri-Dunant-Strasse 486 D3/4
Hinter der Burg 486 C2
Hirschweg 486 E4/5
Höheweg 486 C/D1
Hofstettenstrasse 486 D–F2
Holi Mäz 486 C2
Hohmadstrasse 486 E4/5
Hombergstrasse 486 B1
Hopfenweg 486 C/D3
Hübelistrasse 486 B1
Im Baumgarten 486 C/D2
Industriestrasse 486 B4/5
Innere Ringstrasse 486 D/E3
Jägerweg 486 D5
Josef-Victor-Widmann-Strasse 486 D/E4
Jungfraustrasse 486 D4
Jurastrasse 486 B2
Kapellenweg 486 D2
Karl-Koch-Strasse 486 F3
Kasernenstrasse 486 B/C4
Kirchfeldstrasse 486 A2/3
Kirchtreppe 486 C2
Klösestrasse 486 D3
Kornfeldweg 486 E5
Krankenhausstrasse 486 C2
Kuhbrücke 486 C2/3
Kyburgstrasse 486 B2
Länggasse 486 D3–5
Laubeckstrasse 486 D5
Lauberhornstrasse 486 C5
Lauenenweg 486 C1/2
Lenzweg 486 A2/3
Lilienweg 486 A1
Lindenhofstrasse 486 E4
Luisenweg 486 D4
Magnoliastrasse 486 C2
Maienstrasse 486 A/B3
Malerweg 486 C/D3
Marienstrasse 486 F4
Marktgasse 486 C2
Mattenstrasse 486 C/D5
Maulbeerplatz 486 D3
Meisenweg 486 A1
Merkurstrasse 486 A/B3
Migrosbrücke 486 C2/3
Militärstrasse 486 B/C4/5
Mittelstrasse 486 A/B3
Mittlere Ringstrasse 486 D/E3
Mittlere Strasse 486 B/C3–5
Molkereiweg 486 D3
Mönchplatz 486 D3
Mönchstrasse 486 D–F3/4
Mühlebrücke 486 C2
Mühlegassli 486 C2/3
Mühleplatz 486 C2
Nelkenweg 486 F3
Neue Gasse 486 C3
Neumattstrasse 486 E4

Niederhornstrasse 486 D/E4
Niesenstrasse 486 D/E3/4
Nünenenstrasse 486 C4/5
Nussbühlweg 486 F2
Oberes Bälliz 486 C/D2/3
Obere Bernstrasse 486 A/B2
Obere Hauptgasse 486 C2
Obere Schleuse 486 D2
Othmar-Schoeck-Weg 486 D/E2
Panoramastrasse 486 D2
Pappelweg 486 C1
Parkstrasse 486 F2
Pestalozzistrasse 486 C/D3–5
Polygonstrasse 486 A/B4/5
Postbrücke 486 C3
Postgässli 486 E/F4/5
Radweg 486 A3
Rampenstrasse 486 D3
Rathausplatz 486 C2
Rebgässli 486 C1
Regiebrücke 486 B3
Regiestrasse 486 B3/4
Reitweg 486 C4
Riedeggweg 486 F1/2
Riedstrasse 486 F1/2
Riedhofweg 486 F1
Risgässli 486 C/D2
Rosenweg 486 C1
Rosenweg (Steffisburg) 486 A1
Rufelistrasse 486 F1/2
Rufeliweg 486 F1
Rütlistrasse 486 B4/5
Schäbismattweg 486 A3
Schadaustrasse 486 E/F3/4
Scheffelweg 486 D4
Scheiberstrasse 486 B/C3
Scherzligweg 486 D2
Schlehdornweg 486 A2
Schlossberg 486 C2
Schlossmattstrasse 486 C/D3
Schlossstrasse 486 A/B2
Schnitterweg 486 E5
Schilthornstrasse 486 D5
Schönaustrasse 486 C4/5
Schönmattweg 486 E4
Schubertstrasse 486 E/F3
Schulhausstrasse 486 D2/3
Schulstrasse 486 A1
Schützenweg 486 D5
Schwäbispromenade 486 B2/3
Schwäbisgasse 486 E1/2
Schwäbisstrasse 486 A/B2/3
Schwalmernstrasse 486 D/E5
Schweizerweg 486 B2
Seefeldstrasse 486 D3
Seestrasse 486 E/F3/4
Silberhornstrasse 486 C5
Sinnebrücke 486 C/D2
Sonneckweg 486 F2
Sonnenhofweg 486 E/F2
Sonnenweg 486 D4/5
Spedtionsweg 486 C3
Spittelweg 486 C1
Steffisburgstrasse 486 A–C1/2
Sternenplatz 486 C2
Stockhornstrasse 486 A1/2
Stockhornstrasse 486 B/C3/4
Suleggstrasse 486 D5
Talackerstrasse 486 E4/5
Tannenhofstrasse 486 E/F4/5
Tellstrasse 486 E5
Thunstrasse 486 B1/2
Tivoliweg 486 C3

Traubenweg 486 B/C1
Trüelweg 486 C1
Tulpenweg 486 C1
Turmstrasse 486 A3
Unteres Bälliz 486 C3
Untere Hauptgasse 486 C2
Untere Schleuse 486 C/D2
Uttigenstrasse 486 A/B4
Vogelsangweg 486 D1
Waisenhausstrasse 486 C/D3/4
Waldheimstrasse 486 D/E4
Wartbodenstrasse 486 E/F1
Weieneggstrasse 486 B1
Weinbergstrasse 486 B1
Wiesenstrasse 486 D4
Winkelriedstrasse 486 E5

Vevey

Allours, route des 488 A2
Alpes, avenue des 488 E/F3/4
Ancien-Port, rue de l' 488 D5
Ancienne-Corderie, sentier de l' 488 C2/3
Ancienne-Monneresse, rue de l' 488 C/D5
Anciens-Fossés, place des 488 F5
Anciens-Fossés, ruelle des 488 C/D5
Anciens-Moulins, chaussée 488 C2
Ansermet, quai Ernest- 488 B5
Arabie, pont de l' 488 C5
Arabie, quai de l' 488 B/C5
Arcangier, boulevard d' 488 E3
Arquebusiers, chemin des 488 C2
Auverney, chemin de l' 488 E1/2
Barlataz, chemin de 488 B1
Basset, chemin de 488 A4
Beau-Site, sentier de 488 B3
Beauregard, avenue de 488 C2/3
Beauregard, sentier de 488 C3
Bel-Air, avenue de 488 F4
Bergère, chemin de la 488 A1
Bergerie, chemin de la 488 E1/2
Bieler, avenue Ernest- 488 C/D3
Blanchoud, rue 488 B4/5
Blonay, avenue de 488 D/E3/4
Blonay, route de 488 F2/3
Bochet, chemin du 488 A4
Bosquets, rue des 488 C3/4
Bourg-dessous, rue du 488 F5
Bourgeois, chemin des 488 A2
Burnat, chemin Adolphe- 488 F3/4
Byronne, rue de la 488 B/C5
Centrale, rue 488 B3
Centre, rue du 488 D5
Centre, ruelle du 488 D5
Cérésole, avenue Paul- 488 C5
Cerisiers, route des 488 A4
Chablais, rue du 488 D4
Chantemerle, chemin de 488 A/B3
Charmontey, boulevard de 488 C/D3/4
Charmontey, passage de 488 C3
Château, rue du 488 B3
Château, rue du 488 D5
Château, rue du 488 F5

Châtel, route de 488 A/B2–4
Châtel-St-Denis, route de 488 A4
Châtelard, chemin du 488 B3
Châtillon, route de 488 A/B1/2
Chatonneyre, chemin de 488 A3/4
Chemenin, sentier de 488 D/E3
Chenevières, rue des 488 D/E4
Cherpenau, chemin de 488 B4
Clergère, rue de la 488 C4/5
Clies, chemin de 488 D2
Clos, rue du 488 D4
Clos-d'Aubonne, avenue du 488 E/F4
Coindet, avenue Gustave- 488 B/C4/5
Collège, rue du 488 B3
Collège, rue du 488 D/E4
Collège, rue du 488 F4/5
Collet, avenue du 488 D/E4
Communaux, rue des 488 E/F4
Condémine, avenue de 488 E/F4
Condémine, sentier de la 488 B2/3
Confrérie, chemin de la 488 C3
Conseil, rue du 488 C/D5
Copet, chemin du 488 C3
Copet, quai du 488 C3
Corseaux, route de 488 B3
Corsier, avenue de 488 B/C3
Courbet, avenue 488 E4
Couvreu, chemin Eugène- 488 D3
Crausaz, chemin de la 488 A4
Crédeilles, avenue des 488 D4
Cressire, avenue de la 488 F3/4
Crosets, avenue des 488 B/C2/3
Crosets, sentier des 488 B3
Crottaz, route de la 488 A4
Cyprès, chemin des 488 C/D4
Cyprès, route du 488 A3/4
Dapples, boulevard Louis- 488 D4
Davel, avenue du Major- 488 C/D2–4
Dent-d'Oche, chemin de la 488 C4
Deux-Gares, rue des 488 B/C4
Deux-Marchés, rue des 488 C/D3
Devin, pont du 488 C2
Doret, avenue Gustave- 488 D3
Duchesne, chemin de la 488 E1/2
Entre-deux-Villes 488 E/F4/5
Entre-deux-Villes, chemin d' 488 A3/4
Entre-deux-Villes, quai d' 488 E/F4/5
Entrepôts, route des 488 B/C4
Espérance, chemin de l' 488 F3/4
Esplanade, route de l' 488 B3
Fenil, route de 488 B1/2
Fontaine, chemin de la 488 A1/2
Four-Banal, chemin du 488 B3
Fräne, chemin du 488 A2
Fribourg, route de 488 B/C3/4
Galatry, chemin de 488 B3
Galatry, sentier de 488 A/B3
Gare, avenue de la 488 C/D4
Gare, avenue de la 488 F4
Gare, place de la 488 C4

Général-Guisan, avenue 488 B/C4
Genévrier, chemin du 488 D1/2
Gilamont, avenue de 488 C2–4
Giron, chemin Charles- 488 B5
Grande-Place 488 C5
Grande-Rue 488 C5
Guinguette, chaussée de la 488 C4
Guisan, avenue Général- 488 B/C4
Gutenberg, rue 488 B3/4
Haskil, rue Clara- 488 E4/5
Hauteville, route d' 488 D/E1
Hemmerling, rue Carlo- 488 B2/3
Hôtel-de-Ville, rue de l' 488 D5
Ile-Heureuse, avenue de l' 488 E3/4
Italie, rue d' 488 D/E4/5
Jaman, avenue de 488 F4
Jaman, rue de 488 B2/3
Jardins, rue des 488 C5
Javelle, chemin Emile- 488 E4
Jura, rue du 488 B4
Lac, avenue du 488 E/F5
Lac, rue du 488 D5
Lac, ruelle du 488 D5
Lausanne, rue de 488 C5
Lavaux, route de 488 A4/5
Léman, rue de 488 B/C5
Léman, rue du 488 F5
Levade, avenue Louis- 488 D4
Levant, chemin de 488 E3
Liserons, chemin des 488 E3
Maconnex, chemin du 488 A1
Madeleine, rue de la 488 C5
Major-Davel, avenue du 488 C/D2–4
Marguery, chemin du 488 A4
Maria-Belgia, quai 488 B/C5
Marronniers, rue des 488 B/C4
Memise, chemin de 488 C3
Meriau, chemin du 488 A/B3/4
Meruz, chemin de 488 A/B3/4
Meruz, vergers de 488 B3
Meyer, rue Louis- 488 C5
Midi, rue du 488 B4/5
Moconnex, chemin du 488 A1
Mont, sentier du 488 B2
Montéliza, route du 488 D/E1/2
Moulins, rue des 488 C3/4
Mousquetaires, avenue des 488 F4
Müller, avenue Edouard- 488 F4/5
Murs-Blancs, chemin des 488 F2/3
Musée, rue du 488 C/D4/5
Nant, chemin de 488 A1
Nant, route de 488 B1/2
Nestlé, avenue 488 B4/5
Nord, rue du 488 B4
Oyonne, rue de l' 488 E4
Pacottaz, chemin de la 488 D1/2
Paderewski, boulevard 488 D/E3/4
Paisible, chemin de la 488 E/F2
Palud, chemin de 488 D3
Panorama, rue du 488 D4/5
Paradis, chemin du 488 F5
Parc, rue du 488 D5
Pêcheurs, rue des 488 D4
Perdonnet, quai 488 C–E4/5
Perrausaz, avenue de la 488 F3
Petit-Clos, chemin du 488 E4
Philosophes, chemin des 488 D4
Pierre-à-Fleur, chemin de 488 A3
Pinsons, chemin des 488 E/F3

VEVEY WINTERTHUR   ZUG

Pleiades, avenue des **488** E 4
Plumhof, boulevard Henri- **488** D 3
Point-du-Jour, chemin du **488** D 4
Pomey, chemin de **488** E 3
Poste, chemin de la **488** A 2
Prairie, avenue de la **488** D/E 4
Praz, avenue de **488** C 2/3
Reller, avenue **488** A/B 4
Riant-Mont, chemin de **488** B 2
Rio-Gredon, route du **488** B–D 1/2
Robin, place **488** B 4
Rolliez, avenue de **488** E 3/4
Ronjat, place **488** C 5
Rousseau, rue Jean-Jacques- **488** C 5
Rouvenne, chemin de **488** C 3/4
Ruchonnet, avenue Louis- **488** B 5
Ruerettes, sentier des **488** E 4
Saint-Légier, route de **488** D/E 2/3
Saint-Martin, boulevard **488** D/E 4
Saint-Théodule, rue **488** F 5
Sainte-Claire, place **488** D 5
Sainte-Claire, rue **488** D 4/5
Saules, chemin des **488** E 4
Savoye, avenue de **488** B 4/5
Sichoz, route de **488** F 3
Simplon, rue du **488** C/D 5
Sous-Chaponneires, chemin **488** E 3
Sous-les-Terreaux **488** B 2
Souvenir, chemin du **488** C 3
Stand, route du **488** C 1/2
Stand, rue du **488** F 5
Steinlen, rue Aimé- **488** C 5
Sur-le-Crêt, chemin **488** A/B 4
Temple, place du **488** B 3
Temple, rue du **488** F 5
Terreaux, place de **488** F 4
Terreaux, rue des **488** F 4/5
Terreaux, route des **488** B 2/3
Théâtre, rue du **488** C 5
Théâtre, ruelle du **488** C 5
Tilleuls, rue des **488** B/C 4
Torrent, rue du **488** C 5
Tramenaz, avenue de **488** F 4
Union, rue de l' **488** B 4/5
Valsainte, rue de la **488** D 4
Vassin, chemin de **488** F 3
Verger, chemin du **488** C 4
Vergers, chemin des **488** B 3
Vert, chemin **488** B 3/4
Veveyse, quai de la **488** B/C 5
Vigie, chemin de la **488** B 4
Vignerons, chemin des **488** C 2
Village, rue du **488** A 4

Winterthur

Ackeretstrasse **490** A/B 1/2
Ackerwiesenstrasse **490** A 2
Adlerstrasse **490** D 3/4
Agnesstrasse **490** A 4/5
Albanistrasse **490** D 2
Albrechtstrasse **490** A/B 4/5
Allmannstrasse **490** F 4/5
Amselweg **490** B/C 5
Ankerstrasse **490** A 5
Anton-Graff-Strasse **490** A/B 3/4
Archplatz **490** C 3
Archstrasse **490** C 3/4
Ausserdorfstrasse **490** A/B 1
Äusserer Rettenbachweg **490** D/E 3/4
Bachtelstrasse **490** A–C 1
Bäckerstrasse **490** E 4
Baderstrasse **490** F 3/4
Badgasse **490** D 3
Bahnhofplatz **490** C 3
Bahnstrasse **490** E 2/3
Bahnfussweg **490** C/D 2/3
Bankstrasse **490** C 3
Bäumlistrasse **490** F 1/2
Bäumliweg **490** F 2
Begonienweg **490** A 1
Blatter Strasse **490** C 1
Bleichestrasse **490** B/C 2
Bosshardengässchen **490** C 3
Blumenaustrasse **490** A 1/2
Brauerstrasse **490** C/D 1/2
Breiteplatz **490** C 5
Breite Strasse **490** B–D 5
Brühlbergstrasse **490** A 4
Brühlgartenstrasse **490** A/B 3
Brühlwaldstrasse **490** A 3
Brunngasse **490** C 1/2
Buchfinkenweg **490** C 5
Buchsweg **490** B 1/2
Büelholz **490** C/D 5
Büelrainstrasse **490** C/D 4/5
Büelsteig **490** D 4
Büelweg **490** D 5
Bullingerstrasse **490** F 5
Bürglistrasse **490** A/B 1/2
Chaletweg **490** D 5
Churfirstenweg **490** B 1
Corrodistrasse **490** D 4
Dammstrasse **490** A 5
Delphinplatz **490** B 1
Drosselweg **490** C 5
Ebnetstrasse **490** A 5
Eckstrasse **490** C 1
Eduard-Steiner-Strasse **490** A/B 4
Eggweg **490** D 4/5
Eichgutstrasse **490** C 2/3
Eichliackerstrasse **490** A 5
Eichwaldstrasse **490** D–F 1
Eigenheimweg **490** F 4
Einfangstrasse **490** A 5
Eisweiherstrasse **490** E 5
Erikaweg **490** A 1
Etzelstrasse **490** B 1
Falkenstrasse **490** E 2/3
Färberstrasse **490** E 4/5
Feldstrasse **490** B 1/2
Felsenhofstrasse **490** B 1
Fliederweg **490** A 1/2
Florastrasse **490** A 2
Flüelistrasse **490** A 1
Föhrenstrasse **490** B 5
Forchstrasse **490** C 1/2
Freie Strasse **490** A/B 5
Friedenstrasse **490** E 2/3
Friedrichstrasse **490** D 4
Frohbergstrasse **490** C 4
Garnmarkt **490** C/D 3
Gärtnerstrasse **490** D/E 4
Geiselweidstrasse **490** F 3
Gemeindeholzstrasse **490** E/F 1
General-Guisan-Strasse **490** D 3
Gertrudstrasse **490** B/C 3
Giessenstrasse **490** A 5
Ginsterweg **490** C 3
Gipserweg **490** E 4
Glaserweg **490** F 4
Goldenbergstrasse **490** D–F 1
Goldenbergweg **490** E/F 1/2
Goldregenweg **490** A 1
Gottfried-Keller-Strasse **490** D/E 2
Grenzstrasse **490** A 5
Grünweg **490** A/B 3/4
Grüzefeldstrasse **490** F 3/4
Grüzenstrasse **490** E/F 3/4
Gutenbergstrasse **490** A 5
Güterstrasse **490** A 5
Gütlistrasse **490** E 1
Guthof **490** D 5
Gutstrasse **490** D/E 5
Habsburgstrasse **490** A/B 2
Hafnerweg **490** E 4
Haldenstrasse **490** D 1/2
Haselweg **490** A 3
Heiligbergstrasse **490** C 4
Heimstrasse **490** B/C 2
Heinrichstrasse **490** B 2
Hermann-Götz-Strasse **490** D/E 2
Hermannstrasse **490** E/F 3/4
Hermannweg **490** E/F 3
Hessengütlistrasse **490** A 2/3
Hinterwiesliweg **490** A/B 1/2
Hochackerstrasse **490** E/F 1
Hochwachtstrasse **490** C 4/5
Holdergasse **490** D 3
Holderplatz **490** D 4
Hopfenstrasse **490** C/D 1
Hörnlistrasse **490** F 4/5
Im Lee **490** E 2
Im Winkel **490** E 3
Innere Tösstalstrasse **490** D 3/4
Innerer Rettenbachweg **490** D 3/4
Irchelstrasse **490** B 5
Jägerstrasse **490** A/B 4
Jakobstrasse **490** D 2
Jonas-Furrer-Platz **490** C 3
Jonas-Furrer-Strasse **490** B/C 5
Juchstrasse **490** B/C 1
Kasinostrasse **490** C 3
Kehrackerstrasse **490** D 5
Kiesstrasse **490** C 1/2
Kirchplatz **490** D 3
Konradstrasse **490** B/C 3
Kreuzeggweg **490** F 5
Kreuzgangweg **490** F 1
Kreuzstrasse **490** D 2
Kreuzweg **490** D 2
Kurlistrasse **490** F 2
Kurzstrasse **490** B 1
Laboratoriumstrasse **490** B 2
Lagerhausstrasse **490** C 4
Landenbergstrasse **490** F 1/2
Langgasse **490** D/E 4/5
Lärchenstrasse **490** B 4/5
Leimeneggstrasse **490** E/F 3
Liebestrasse **490** D 3
Lilienweg **490** A 1
Lindenstrasse **490** B 1/2
Lindfussweg **490** D 2
Lindstrasse **490** C/D 1–3
Loorstrasse **490** B 1
Löwenstrasse **490** B 1
Lörlibadstrasse **490** E/F 1
Maienstrasse **490** A/B 5
Malerweg **490** F 4
Malzstrasse **490** C/D 1
Marktgasse **490** C/D 3
Mattenbachstrasse **490** D/E 4/5
Mattenbachweg **490** E/F 5
Maurerweg **490** F 4
Meilistrasse **490** C 1
Meisenstrasse **490** C 3/4
Merkurstrasse **490** C 3
Metzggasse **490** C 3
Mittlere Gerberstrasse **490** E 4
Mockentobel **490** D 1
Möttelistrasse **490** C/D 5
Mühlebrückestrasse **490** E/F 4
Mühlestrasse **490** D 4
Müllerstrasse **490** A 2
Münzgasse **490** C 3
Museumstrasse **490** C–E 3
Mythenstrasse **490** A 3/4
Narzisstrasse **490** A 1
Nelkenstrasse **490** D 2
Neugasse **490** B 1
Neugutstrasse **490** B 2
Neumarkt **490** C 3
Neustadtgasse **490** D 3
Neuwiesenstrasse **490** B/C 2–4
Nordstrasse **490** E 2
Nussbaumweg **490** D 5
Obere Briggerstrasse **490** A/B 4/5
Obere Gerberstrasse **490** E 4
Obere Hochackerstrasse **490** F 1
Obere Kirchgasse **490** D 3
Obere Schleifestrasse **490** E 4/5
Obere Schöntalstrasse **490** A 4/5
Oberer Deutweg **490** F 4
Oberer Graben **490** D 3
Oberer Reutlinger Weg **490** E 1
Obergasse **490** D 3/4
Obermühlestrasse **490** D/E 4
Obertor **490** D 3
Oststrasse **490** E 2
Palmstrasse **490** E 3/4
Paulstrasse **490** B/C 3
Pfarrgasse **490** D 3
Pflanzschulstrasse **490** E/F 2–4
Reitweg **490** D 4/5
Rennweg **490** A/B 2/3
Resedaweg **490** A 1
Reservoirstrasse **490** A 3
Römerstrasse **490** D–F 3
Rosenbergstrasse **490** C 1
Rosenstrasse **490** C/D 4
Rosentalstrasse **490** B/C 1
Rosinliweg **490** F 4/5
Rudolfstrasse **490** B/C 3
Ruhtalstrasse **490** B/C 2
Rundstrasse **490** B/C 2
Rütlistrasse **490** B/C 1
Rychenbergstrasse **490** C–F 1–3
Salomon-Bleuter-Weg **490** E/F 5
Salstrasse **490** A/B 2
Sankt Galler Strasse **490** D–F 3
Sankt-Georgen-Platz **490** C 3
Sankt-Georgen-Strasse **490** C–F 2/3
Schaffhauser Strasse **490** B/C 1/2
Schauenbergstrasse **490** E/F 4
Schererstrasse **490** E 3/4
Schickstrasse **490** D 1
Schlosserstrasse **490** A 1/2
Schlosshofstrasse **490** A 4
Schmidgasse **490** C 3
Schneeballweg **490** A 1/2
Schönaustrasse **490** A 2
Schreinerweg **490** F 4
Schulgasse **490** D 3
Schulstrasse **490** B 1
Schützenstrasse **490** B 1–3
Schwalmenackerstrasse **490** D/E 2/3
Schwimmbadweg **490** F 4
Seidenstrasse **490** D–F 3
Seidenweg **490** E 3
Sonnenbergstrasse **490** B/C 5
Spenglerweg **490** F 4
Spitalgasse **490** C 3
Stadtfallenweg **490** E 4
Stadthausstrasse **490** C/D 3
Steiggasse **490** C 4
Steinberggasse **490** C/D 3/4
Sträulistrasse **490** C/D 3
Strehlgasse **490** C 3
Strickergasse **490** B 3
Sulzbergstrasse **490** D 2
Sulzer-Hirzel-Strasse **490** C 4
Süsenbergstrasse **490** F 1/2
Tachlisbrunnenstrasse **490** C/D 1
Talgutstrasse **490** E/F 5
Technikumstrasse **490** C/D 3/4
Tellstrasse **490** B/C 2/3
Theaterstrasse **490** C/D 2/3
Theodor-Kirchner-Strasse **490** A/B 3/4
Theodor-Reuter-Weg **490** C 5
Thurgauer Strasse **490** F 3
Tobelstrasse **490** D/E 5
Tödistrasse **490** B/C 1
Töpferstrasse **490** E 4
Tössertobelstrasse **490** E/F 1/2
Tössfeldstrasse **490** A/B 3–5
Tösstalstrasse **490** D–F 4/5
Trollstrasse **490** D 2/3
Trottenstrasse **490** B 1
Turmhaldenstrasse **490** C 4
Turmstrasse **490** D 5
Ulmenweg **490** B 5
Ulrich-Hegner-Strasse **490** A/B 4
Untere Briggerstrasse **490** A/B 5
Untere Gerberstrasse **490** E 5
Untere Kirchgasse **490** D 3
Untere Schleifestrasse **490** E 4/5
Untere Schöntalstrasse **490** B/C 4/5
Untere Vogelsangstrasse **490** D–F 4/5
Unterer Deutweg **490** D–F 4/5
Unterer Graben **490** D 3
Untertor **490** C 3
Waldhofstrasse **490** A 3/4
Waldstrasse **490** D/E 5
Walkestrasse **490** B 2/3
Wartstrasse **490** A–C 2/3
Wasserfurristrasse **490** A 5
Weberstrasse **490** E/F 4/5
Weinbergstrasse **490** A 1
Werkstrasse **490** F 3
Weststrasse **490** A/B 1/2
Wiesenstrasse **490** A/B 1
Wildbachstrasse **490** D 4
Winzerstrasse **490** A 1
Wölflinweg **490** A 4
Wülfinger Strasse **490** A–C 1–3
Wylandstrasse **490** B/C 5
Zentralstrasse **490** B/C 1
Zeughausstrasse **490** D 4/5
Zielstrasse **490** B 1
Zimmererweg **490** F 4
Zürcher Strasse **490** A–C 3–5
Zwingliplatz **490** E 4
Zwinglistrasse **490** F 5

Zug

Aabachstrasse **500** B 1/2
Ackerstrasse **500** C 1/2
Aegerisaumweg **500** C 4
Aegeristrasse **500** B/C 3/4
Albisstrasse **500** B 2
Allmendstrasse **500** A 1/2
Alpenquai **500** B 3
Alpenstrasse **500** B 2/3
Alte Baarer Strasse **500** C 2/3
An der Aa **500** A/B 2
Arther Strasse **500** B 4/5
Äussere Güterstrasse **500** B 1/2
Baarer Fussweg **500** B 1
Baarermattstrasse **500** C 1
Baarer Strasse **500** B/C 1–3
Bachstrasse **500** C 1/2
Bahnhofstrasse **500** B 3
Bergliweg **500** C 2/3
Bernoldweg **500** B/C 5
Bleichimattweg **500** C 2
Bleichistrasse **500** B/C 5
Blumenhofweg **500** B/C 5
Blumenweg **500** C 5
Bohlgutsch **500** C 4
Bohlstrasse **500** B/C 4
Brüschenrain **500** C 5
Bundesplatz **500** B 3
Bundesstrasse **500** B 3
Bützenweg **500** C 5
Chamer Strasse **500** A/B 2/3

ZUG

Dammstrasse **500** B2
Dorfstrasse **500** B4
Dreiangel **500** B3
Eichwaldstrasse **500** A1
Eichweg **500** C1
Erlenstrasse **500** B3
Fadenstrasse **500** C3/4
Falkengasse **500** B3
Feldstrasse **500** B1
Fischmarkt **500** B4
Fliederweg **500** B1
Florastrasse **500** C1
Flurweg **500** C2
Franz-Rittmeyer-Weg **500** C1
Fridbachweg **500** B5
Gartenstadt **500** B1/2
Gartenstrasse **500** B3
Gärtliweg **500** B1
General-Guisan-Strasse **500** A/B2
Göblistrasse **500** C1
Goldgasse **500** B4
Gotthardstrasse **500** B2/3
Graben **500** B4
Grabenstrasse **500** B4
Grienbachstrasse **500** C1
Grundweg **500** C2
Grünring **500** C3
Gubelstrasse **500** B/C2
Guggiweg **500** B/C3
Guthirtstrasse **500** B/C2
Hafenweg **500** A 2/3
Haldenstrasse **500** C3
Hänggeli **500** C3
Hänggelisteig **500** C3
Hänibühl **500** B/C5
Hertistrasse **500** A/B1/2
Hirschenplatz **500** B3
Hofstrasse **500** B4/5
Höhenweg **500** C3/4
Ibelweg **500** C1
Im Rötel **500** C4
Industriestrasse **500** B/C1–3
Innere Güterstrasse **500** B2
Institutstrasse **500** C4/5
Kapuzinergässli **500** B4
Kirchenstrasse **500** B4
Kirchmattstrasse **500** B/C4
Klosterstrasse **500** C4
Klosterweidweg **500** C4
Knopfliweg **500** B/C4
Kolinplatz **500** B4
Krottengässli **500** B/C4
Landhausweg **500** C2
Landsgemeindeplatz **500** B3/4
Lauriedhofweg **500** C2
Lauriedstrasse **500** B2
Lindenweg **500** C3
Löberensteig **500** B3
Löberenstrasse **500** C3
Loretohöhe **500** C2
Loretostrasse **500** C3
Löwenplatz **500** B3
Lüssiweg **500** C2
Mänibachstrasse **500** B4/5
Mattenstrasse **500** C2
Metallstrasse **500** B/C2
Moosbachweg **500** C3
Münzgässli **500** B4
Nelkenweg **500** B1
Neufrauenstein **500** B5
Neugasse **500** B3/4
Neuweg **500** B1
Ober Altstadt **500** B4
Oberallmendstrasse **500** C1
Oberallmendweg **500** C1/2
Obere Roostmatt **500** B5
Oberleh **500** C4
Oberwiler Kirchweg **500** B5
Obmoos **500** C3
Pilatusstrasse **500** B2/3
Postplatz **500** B3
Poststrasse **500** B3
Raingässli **500** B3
Regetenweg **500** C4
Reiffergässli **500** B3
Rigistrasse **500** B3
Ringstrasse **500** B3
Rosenbergstrasse **500** C3/4
Rosenbergweg **500** C3/4
Rothusweg **500** B/C3

Sankt-Antons-Gasse **500** B3
Sankt-Johannes-Strasse **500** A1
Sankt-Oswalds-Gasse **500** B4
Schanz **500** B3
Schlachthausstrasse **500** C1
Schmidgasse **500** B3
Schönbühl **500** C4
Schwertstrasse **500** C4/5
Seelikon **500** B4
Seestrasse **500** B3/4
Sonnenstrasse **500** C2
Steingässli **500** C5
Terrassenweg **500** B/C3
Tirolerweg **500** B2
Tschuepisweg **500** C5
Unter Altstadt **500** B4
Unterleh **500** C3/4
Untermühleweg **500** B1
Vorstadt **500** B3
Vorstadtquai **500** B3
Waldheimstrasse **500** C4/5
Weidstrasse **500** C3/4
Weinbergstrasse **500** C3/4
Weingasse **500** B3
Weststrasse **500** A/B2
Wiesenweg **500** C1/2
Zeughausgasse **500** B3/4
Zugerbergstrasse **500** B/C4/5

Zürich

Aargauer Strasse **498** B/C4
Abeggweg **496** A4
Ackermannstrasse **492** E2
Ackersteinstrasse **498** C/D3/4
Ackerstrasse **492** A/B1
Adlerstrasse **492** C/D5
Adlisbergstrasse **492** F2
Adolf-Jöhr-Weg **492** E/F1
Aegertenstrasse **494** E4
Aehrenweg **496** A2
Aemmerlistrasse **496** D1
Aemtlerstrasse **494** D/E3/4
Affolternstrasse **496** A/B2
Affolternstrasse **498** F2
Agleistrasse **498** E1
Agnesstrasse **494** D/E2/3
Ahornstrasse **496** D3
Akazienstrasse **492** C4
Albert-Näf-Platz **496** B2
Albert-Schneider-Weg **494** B/C3/4
Albertstrasse **494** E/F1
Albisrieder Platz **494** D2/3
Albisrieder Strasse **494** A–D2/3
Albulastrasse **494** B1
Alemannensteig **494** D4
Alfred-Escher-Strasse **492** B3–5
Alfred-Strebel-Weg **494** B/C3/4
Algierstrasse **494** A2
Allenmoosstrasse **496** A/B3
Allmannstrasse **496** B1
Allmendstrasse **492** A5
Alpenstrasse **496** F1
Alte Feldeggstrasse **492** C4
Alte Winterthurer Strasse **496** E/F1/2
Alter Kirchenweg **496** F1
Althoossteig **498** E2
Althoosstrasse **498** E2
Altstetter Platz **494** B1
Altstetter Strasse **494** A/B1–3
Altweg **494** B3
Altwiesenstrasse **496** E/F3/4

Am Giessen **498** B/C3
Am Glattbogen **496** C/D2
Am Holbrig **498** C3
Am Hönggerberg **498** D3
Am Luchsgraben **496** E/F3
Am Schanzengraben **492** B3
Am Wasser **498** C/D3/4
Am Wettinger Tobel **498** B/C3
Amazonastrasse **496** E2
Amazonenweg **496** E2
Ampèrestrasse **498** E4
Andreasstrasse **496** B/C1
Anemonenstrasse **494** C2
Angelikaweg **496** A2
Angererstrasse **492** B3
Ankerstrasse **492** A2
Anna-Heer-Strasse **496** A3
Anton-Higi-Strasse **498** E/F2
Anwandstrasse **494** E3
Apfelbaumstrasse **496** C2/3
Apollostrasse **492** D3/4
Appenzeller Strasse **498** D3
Aprikosenstrasse **496** D2/3
Arbentalstrasse **494** D5
Arbenzstrasse **492** D4
Archengässli **496** F1
Arminstrasse **496** C2
Arnikaweg **498** F1
Arnoldgasse **494** E3
Arosaweg **492** D5
Arosastrasse **492** D5
Arterstrasse **492** D3
Arthur-Rohn-Strasse **494** A4/5
Arvenweg **494** A2
Aspweg **492** A5
Asternweg **496** B3
Asylstrasse **492** D/E3
Attenhofer Strasse **492** D2
Attenhofstrasse **492** D5
Aubrigstrasse **492** A3
Aubrugg **496** D2
Aubruggstrasse **496** D1/2
Auf der Mauer **492** C2
August-Forel-Strasse **492** E5
Augustinergasse **492** B2/3
Auhofstrasse **496** D2
Aurorastrasse **492** E2/3
Ausstellungsstrasse **492** B1
Austrasse **494** E4/5
Auwiesenstrasse **496** D1
Auzelg **496** D1
Azurstrasse **496** A2
Bächlerstrasse **498** C1
Bachmattstrasse **494** A/B1
Bachmattweg **494** B1
Bachofnerstrasse **496** A5
Bachtelweg **496** B1
Bachtobelstrasse **494** D/E5
Bächtoldstrasse **492** D2
Bachwiesenstrasse **494** B2/3
Bachwiesenweg **494** B3
Bäckerstrasse **492** A2
Badener Strasse **492** A2
Badener Strasse **494** A–F1–3
Badener Strasse **498** A–C4/5
Bahnhaldenstrasse **496** B1
Bahnhofbrücke **492** B/C2
Bahnhofplatz **492** B2
Bahnhofquai **492** B2
Bahnhofstrasse **492** B2/3
Bahnhofstrasse **496** F1/2
Balgriststrasse **492** F5
Balgristweg **492** F5
Bändlistrasse **498** A/B3/4
Bändliweg **498** A/B4
Bannholzstrasse **496** C4
Banzwiesenstrasse **494** B/C4/5
Bärengasse **492** B3
Basler Strasse **494** B–D1/2
Basteiplatz **492** B3

Batteriestrasse **492** E1
Batteriestrasse **496** B–D5
Baurstrasse **492** D5
Bauhallengasse **494** E3
Bauherrenstrasse **498** C3
Baumackerstrasse **496** A/B2
Baumgartnerstrasse **494** E3
Baumgarten **492** B1
Baumhaldenstrasse **494** C5
Baschligplatz **492** D3
Beatenplatz **492** B2
Beckenhofstrasse **492** B1
Beckmannstrasse **496** A5
Bederstrasse **492** A3/4
Beethovenstrasse **492** B3
Begonienstrasse **496** B3
Bellariastrasse **492** A/B5
Bellariastrasse **496** F1/2
Bellerivestrasse **492** C/D4/5
Bellevueplatz **492** C3
Bellikersteig **498** D4
Belsitostrasse **492** D/E2
Benedikt-Fontana-Weg **498** C2
Bergacker **498** D1
Bergeller Steig **498** B2/3
Bergeller Strasse **498** B/C2/3
Bergheimstrasse **492** E/F4
Bergholzweg **498** B1/2
Bergstrasse **492** D/E2/3
Bergwiesen **494** B4
Berneggweg **494** E4
Berner Strasse **498** A–C4
Bernhard-Jaeggi-Weg **494** C/D4
Berninastrasse **496** B3
Berninastrasse **496** A/B2/3
Bertastrasse **494** D/E3
Beustweg **492** D3
Biberlinstrasse **492** E/F3/4
Bienenstrasse **494** D2
Billeterstrasse **492** E1/2
Billoweg **492** A/B5
Billrothweg **492** D4
Binderweg **498** F1
Binzmühlestrasse **496** A/B1/2
Binzmühlestrasse **498** E/F1/2
Binzstrasse **494** D/E5
Binzwiesenstrasse **496** B/C3
Bionstrasse **492** C/D1
Birchdörfli **498** F2
Bircher-Benner-Platz **492** E2
Birchsteg **496** A2
Birchstrasse **496** A1–3
Birgistrasse **496** E1
Birkenweg **496** F2
Birmensdorfer Strasse **494** A–F3/4
Birnbaumstrasse **496** B2
Bläsistrasse **498** C/D3
Blauäcker **496** D2/3
Blaumeisliweg **492** F5
Bleicherweg **492** B3
Bleulerstrasse **492** E5
Blumenweg **492** C/D4
Blümlisalpstrasse **496** B4/5
Bluntschisteig **492** A4
Blütenstrasse **496** B3
Bockhornstrasse **494** A3
Bocklerstrasse **496** D3
Böcklinstrasse **492** D3/4
Bodenackerstrasse **496** E/F1
Bodmerstrasse **492** B3
Bölistrasse **494** D5
Bolleystrasse **492** C1/2
Bombachsteig **498** B3
Bombachstrasse **498** B3
Borrweg **494** C/D5
Börsenstrasse **492** B3
Böszelgstrasse **496** F4
Brahmsstrasse **494** C/D2/3
Brandschenkesteig **492** A3
Brandschenkestrasse **492** A/B3
Brauerstrasse **492** A1/2

ZÜRICH

Breitenlooweg **494** A/B2
Breitensteinstrasse **498** D/E4
Breitingerstrasse **492** A/B4
Breitweg **492** F2/3
Bremgartner Strasse **494** E3/4
Brinerstrasse **494** E4
Bristenstrasse **494** B1
Brombachhalde **498** A3
Brotgasse **492** C3
Brüderhofweg **496** A3/4
Bruggerweg **498** E4
Brüggliacker **496** C2
Brühlweg **498** C3
Brunnaustrasse **496** A5
Brünneliacker **494** A/B3
Brunnenhofstrasse **496** A3
Brunnenhofweg **496** A3
Brunnenstrasse **496** F1
Brunnwiesenstrasse **498** C/D3/4
Bubenbergstrasse **494** E5
Bucheggplatz **498** F4
Bucheggstrasse **498** F4
Buchensteig **492** E5
Buchenweg **492** E5
Buchfinkenstrasse **496** B1
Buchlernstrasse **494** A2
Buchmattweg **496** A4
Büchnerstrasse **494** C1
Buckhauserstrasse **494** B1/2
Bühleggweg **496** B1
Bühlstrasse **494** D/E4
Bühlwiesenstrasse **496** B1
Bülachstrasse **496** B3
Bullingerplatz **494** E2
Bullingerstrasse **494** D/E2
Bungertweg **492** D2/3
Burenweg **492** F4/5
Bürglistrasse **492** A4
Burgsteig **498** F5
Burgstrasse **498** F5
Burgweg **492** D4
Bürkliplatz **492** B/C3
Burriweg **496** C2
Burstwiesenstrasse **494** C/D4
Cäcilienstrasse **492** C/D3
Calandastrasse **494** B1
Campanellaweg **494** C2
Carl-Schröter-Strasse **492** E3
Carl-Wehrli-Weg **492** E/F2
Carmenstrasse **492** D/E3
Central **492** C2
Ceresstrasse **492** D5
Chaletweg **498** F1/2
Chillesteig **498** C3
Chriesiweg **494** A1
Claridenstrasse **492** B3
Clausiussteig **492** C1
Clausiusstrasse **492** C1/2
Conrad-Ferdinand-Meyer-Strasse **492** B4
Corrodisteig **498** E4
Corrodistrasse **498** E4
Cramerstrasse **492** A2
Culmannstrasse **492** C1
Cyklamenweg **494** C2
Dachslernstrasse **494** A1
Dachslernweg **494** A/B1
Dachsschleife **498** E/F3
Dahliastrasse **492** D5
Dammweg **494** F1
Degenriedstrasse **492** F2/3
Delphinstrasse **492** C/D4
Dennlerstrasse **494** C2
Denzlerstrasse **494** D2/3
Depotweg **494** B2
Dianastrasse **492** B3
Dienerstrasse **494** A1/2
Dietzingerstrasse **494** E4
Diggelmannstrasse **494** A2/3
Distelweg **494** A2
Dohlenweg **496** B1
Dolderstrasse **492** D/E2/3
Doldertal **492** E2
Döltschihalde **494** C4/5
Döltschiweg **494** C/D4/5

ZÜRICH

Dorflindenstrasse 496 B2
Dörflistrasse 496 B2/3
Dorfstrasse 498 E4
Drahtschmidlisteg 492 B1
Drahtzugstrasse 492 D/E4
Drehergasse 492 D4
Dreikönigstrasse 492 B3
Dreiwiesenstrasse 492 E/F1/2
Druisbergstrasse 492 F4/5
Dübendorfstrasse 496 D-F3/4
Dubsstrasse 494 E4
Dufourstrasse 492 C/D4/5
Dunantstrasse 492 D/E2
Duttweilerbrücke 494 D1
Duttweilerstrasse 498 D5
Dynamoweg 496 A1
Ebelstrasse 492 E2
Edelweisstrasse 494 C2
Edenstrasse 494 E5
Edisonstrasse 496 B2
Eggbühlstrasse 496 A/B1
Eggenschwilerweg 496 A4
Eglistrasse 494 D2
Eibenstrasse 494 E5
Eichacker 496 E/F3
Eichbühlstrasse 494 D2
Eichhalde 492 F4
Eichhaldenweg 492 F4
Eichholzweg 498 D/E3
Eichhörnliweg 498 F3
Eichstrasse 494 E5
Eidmattstrasse 492 D3/4
Eierbrechtstrasse 492 F4/5
Eigenheimstrasse 494 A1
Eigenheimstrasse 496 F1
Eigenstrasse 492 D5
Einfangstrasse 498 D/E1
Einsteinbrücke 498 C2
Einsteinstrasse 498 C/D2
Eisenbahnerstrasse 494 B1
Eisengasse 492 C4
Eisfeldstrasse 496 B1
Eisgasse 492 A/B2
Ekkehardsteig 496 B5
Ekkehardstrasse 496 B5
Elenorenstrasse 492 D2
Elisabethenstrasse 494 E3
Elsastrasse 494 D3
Else-Züblin-Strasse 494 B3
Emil-Klöti-Strasse 498 C-E2/3
Engadiner Weg 498 B/C2
Engelbertstrasse 496 F3/4
Engelstrasse 494 E3
Engimattstrasse 492 A4
Englischviertelstrasse 492 D3
Engweg 492 B1
Enzianweg 494 C2
Erchenbühlstrasse 498 D/E1/2
Erikastrasse 494 E3
Erikastrasse 496 F1
Erismannstrasse 494 E2/3
Erlachstrasse 494 E4
Erlenstrasse 494 A2
Ernastrasse 494 E2
Ernst-Zöbeli-Weg 494 A1
Eschenhaustrasse 492 F3
Eschenweg 496 A/B3
Escher-Wyss-Platz 498 E5
Eschergutweg 498 D4
Eschwiesenstrasse 494 E3
Espenhofweg 494 C3/4
Eugen-Huber-Strasse 494 A/B1/2
Eulenweg 494 A2
Europabrücke 498 B/C3-5
Eyhof 494 B3
Fabrikstrasse 494 F1
Falkenstrasse 494 C3/4
Färberstrasse 492 C4
Farbhofstrasse 494 A1
Farbhofweg 494 A1
Federnstrasse 496 B1
Fehrenstrasse 492 D3

Feldblumenstrasse 494 A1/2
Feldblumenweg 494 A/B2
Feldeggstrasse 492 C/D4
Feldgütliweg 494 E3
Feldstrasse 492 A1/2
Feldstrasse 494 E2/3
Fellenbergstrasse 494 B/C3
Fellenbergweg 494 B3
Felsenkellerweg 492 A4
Felsenrainstrasse 496 A/B1
Felsenrainweg 496 B1
Felsenstrasse 492 D4
Fennergasse 492 D4
Ferdinand-Hodler-Strasse 498 C3
Fernsehstrasse 496 C1
Feuerweg 498 D1
Fichtenstrasse 492 E3
Fierzgasse 492 A/B1
Finkenrain 498 E2
Finsterstrasse 492 D1/2
Fischerweg 498 A-D3/4
Fliederstrasse 492 C1
Flobotstrasse 492 E1
Florastrasse 492 C/D4
Florhofgasse 492 C2
Flössergasse 492 A/B3
Flüelastrasse 494 B/C2
Flurstrasse 494 B/C1/2
Föhrenstrasse 496 A2
Forchstrasse 492 D-F4/5
Forrenweidstrasse 492 F1
Förrlibuckstrasse 498 D/E4/5
Forstersteig 492 E1
Forsterstrasse 492 D/E1
Fortunagasse 492 B2
Frankentaler Strasse 498 A1-3
Franklinplatz 496 B2
Franklinstrasse 496 A/B2
Frauenbrünnelistrasse 496 C-E4/5
Frauenklinikstrasse 492 C1/2
Fraumünsterstrasse 492 B3
Freieckstrasse 492 C3
Freiensteinstrasse 492 D3
Freie Strasse 492 C-E2-4
Freigutstrasse 492 A/B3
Freihofstrasse 494 C1/2
Freilagerstrasse 494 B2/3
Freilagerweg 494 B2
Freischützgasse 492 B2
Freudenbergstrasse 492 D1
Freudwilerweg 492 D1
Freyastrasse 494 E3
Friedackerstrasse 496 B2/3
Friedaustrasse 494 D3
Friedenstrasse 496 F1
Friedheimstrasse 496 B/C3
Friedhofstrasse 494 A2
Friedrichstrasse 496 D3
Friesenberghalde 494 C5
Friesenbergstrasse 494 C/D4/5
Friesstrasse 496 B1
Fritschistrasse 494 D3
Fritz-Fleiner-Weg 492 D1
Fröbelstrasse 492 E4
Frohburgstrasse 496 B/C3-5
Froheimstrasse 496 F1
Fröhlichstrasse 496 D/E5
Frohnwaldstrasse 498 D/E1
Froschaugasse 492 C2
Fuchsiastrasse 494 C2
Fuchspass 498 E3
Funkackerstrasse 496 C2/3
Funkwiesenstrasse 496 C2
Furkastrasse 494 B1
Fürstweg 496 A4
Füsslistrasse 492 B2
Gablerstrasse 494 E4
Gagliardiweg 496 B2
Gallusstrasse 492 B1
Gamperstrasse 492 A1
Gartenhofstrasse 494 E/F3
Gartenstrasse 492 B3
Gartenstrasse 496 F1

Gasometerstrasse 494 F1/2
Gässli 498 C3
Gattikerstrasse 492 E4
Gaugerstrasse 496 A5
Geerenweg 498 B4/5
Geeringsteig 498 A1
Geeringstrasse 498 A1
Gehrenholzstrasse 494 D5
Geibelstrasse 498 F4
Geissenstrasse 496 B5
Gellertstrasse 492 D2
Gemeindestrasse 492 C/D3
Gemsenstrasse 496 A5
General-Guisan-Quai 492 B3/4
General-Wille-Strasse 492 A/B4
Genfer Strasse 492 B3/4
Georg-Baumberger-Weg 494 C5
Georgengasse 492 B1
Geranienstrasse 492 D5
Gerechtigkeitsgasse 492 A/B3
Gerhardstrasse 494 E4
Germaniastrasse 496 B5
Geroldstrasse 494 E1
Gerstenstrasse 494 E1
Gertrudstrasse 494 D/E3/4
Gessneralee 492 B2
Gessnerbrücke 492 B2
Gewerbehallenstrasse 496 E1
Gfellstrasse 492 A5
Giblenstrasse 496 A/B2
Giesshübelstrasse 494 E5
Ginsterstrasse 494 B/C3
Girhaldenstrasse 494 A1/2
Girhaldenweg 494 A2
Gladbachstrasse 492 C/D2
Gladiolenweg 494 C2
Glärnischstrasse 492 B3
Glasmalergasse 492 A2
Glättlistrasse 494 A1
Glattsteigweg 492 D/E2
Glattwiesenstrasse 496 E3
Glaubtensteig 498 E1/2
Glaubtenstrasse 498 D/E1/2
Gletscherstrasse 492 D5
Gloriasteig 492 C3
Gloriastrasse 492 C/D2
Gmeineriweg 494 B/C2
Goethestrasse 492 C3
Goldackerweg 494 B3/4
Goldauer Strasse 496 B5
Goldbrunnenplatz 494 D4
Goldbrunnenstrasse 494 D/E3/4
Goldregenweg 498 F2
Gorwiden 496 B/C3
Gottfried-Keller-Strasse 492 C3
Gotthardstrasse 492 B3/4
Gotthelfstrasse 494 E4
Götzstrasse 496 B5
Grabenwies 496 A3
Granitweg 496 A5
Grebelackerstrasse 496 A3/4
Greblerweg 494 A3
Greifenseestrasse 496 C2
Griesernweg 498 E4
Grimselstrasse 494 B1/2
Grindelstrasse 496 F2
Grossmannstrasse 498 D4
Grosswiesenstrasse 496 E/F3
Grubenackerstrasse 496 B/C1
Grubenstrasse 494 D/E5
Grünhaldenstrasse 496 B1
Grünauring 498 B4
Grünaustrasse 498 B4
Grundstrasse 494 C1/2
Grüngasse 494 E/F3
Grünmattstrasse 494 C5
Grünwaldstrasse 498 A/B1/2
Grütholzstrasse 492 F2
Grütlistrasse 492 A/B4
Grütstrasse 494 B3

Gsteigstrasse 498 C3
Gubelhangstrasse 496 A/B2
Gubelstrasse 496 A/B2
Guggachstrasse 496 A4
Guggerweg 496 A4
Gugolzstrasse 494 D2
Gujerstrasse 496 B1
Guldinerweg 496 B3
Gutenbergstrasse 492 A3
Güterstrasse 496 F1/2
Guthirtstrasse 498 F4
Gutstrasse 494 C/D3/4
Gwandensteig 498 D3
Habsburgstrasse 498 E/F4/5
Häderlihof 496 A4
Hadlaubsteig 496 B5
Hadlaubstrasse 492 C/D1
Hadlaubstrasse 496 B4/5
Hafnerstrasse 492 B1
Hagelerweg 494 C4
Hagenbuchrain 494 A/B3/4
Hagenholzstrasse 496 B-D1
Hagwiesenweg 494 C5
Hainerweg 492 D4
Häldeliweg 492 D2
Haldenbachstrasse 492 C1
Haldenegsteig 492 C1
Haldenstrasse 494 D/E4/5
Hallenstrasse 492 C4
Hallerweg 494 A3
Hallwylplatz 492 A3
Hallwylstrasse 492 A3
Hambergersteig 492 D/E5
Hammerstrasse 492 D/E4
Hanfrose 494 D4
Hangelstrasse 496 C4
Hans-Huber-Strasse 492 A5
Hanslinweg 496 C/D5
Hans-Roelli-Weg 492 F2
Hardaustrasse 494 D3
Hardbrücke 494 D/E1/2
Hardeggsteg 498 C4
Hardeggstrasse 498 C4
Hardgutstrasse 494 C1/2
Hardhof 498 B/C4
Hardplatz 494 D/E2
Hardstrasse 494 D/E1/2
Hardturmsteg 498 D4
Hardturmstrasse 498 C-E4/5
Hardturmweg 498 D4
Haselweg 492 D2
Hasenrain 498 D/E3
Haslerstrasse 494 E3
Hausacker 494 A1
Hauserstrasse 492 E2/3
Hauswiesenstrasse 498 A1
Hedwigsteig 492 E4
Hedwigstrasse 492 D/E4
Heerenschürlistrasse 496 F3
Heerenwiesen 496 D/E2/3
Hegarstrasse 492 D3/4
Hegibachplatz 492 D4
Hegibachstrasse 492 D/E3/4
Heideggerweg 496 C/D2
Heidegraben 496 A2/3
Heidwiesen 496 E2
Heimatstrasse 492 D5
Heimplatz 492 C3
Heinrich-Bosshardt-Strasse 496 D3
Heinrichstrasse 492 A/B1
Heinrichstrasse 492 E/F1
Heinrichstrasse 496 F1
Heizenholz 498 A/B1/2
Helenastrasse 492 D5
Heliosstrasse 492 D4
Hellmutstrasse 496 B1
Helvetiaplatz 492 A2
Herbartstrasse 492 A2
Herbstweg 496 C/D2/3
Herderstrasse 494 C/D2
Herman-Greulich-Strasse 494 E2/3
Hermetschloostrasse 498 A4
Herostrasse 498 B4
Herrenbergstrasse 492 C1

Heerenschürlistrasse 496 F3
Herrligstrasse 494 B1
Herrligweg 494 B1
Hertistrasse 496 E/F1
Hertiweg 496 E1
Herzogenmühlestrasse 496 D2/3
Herzogenmühlestrasse 496 E2
Herzogstrasse 492 D1
Heubeeriweg 492 E1
Heuelsteig 492 E3
Heuelstrasse 492 E3
Hildastrasse 494 D/E3
Himmelsleiterli 492 D2
Himmeristrasse 496 A1
Himmeriweg 496 A1
Hinterbergstrasse 492 D1/2
Hirschengraben 492 C2/3
Hirschgärtnerweg 496 B3
Hirschwiesenstrasse 496 A/B3
Hirschwiesenweg 496 B3/4
Hirslander Bergstrasse 492 F2/3
Hirslander Steig 492 E/F4
Hirslander Strasse 492 E4
Hirtenweg 492 F4/5
Hirzelstrasse 492 D2
Hirzenbachweg 496 F3
Hitzigweg 492 E3/4
Hochstrasse 492 C/D1/2
Hofackerstrasse 492 D/E4
Hoffeld 496 A2/3
Hofhölziweg 498 F2
Höfliweg 494 D4
Hofstrasse 492 D/E2/3
Hofwiesenstrasse 496 A/B2-5
Hohe Promenade 492 C3
Hohenbühlstrasse 492 C3
Hohenklingenallee 498 B3
Hohenklingensteig 498 B3
Hohenklingenstrasse 498 B/C3
Höhenring 496 A/B1
Höhensteig 492 E4
Hohensteinstrasse 494 A/B4/5
Hohensteinweg 494 B5
Höhenweg 492 E4
Hohlstrasse 492 A1/2
Hohlstrasse 494 A-F1-3
Hohmoos 496 F4
Holbeinstrasse 492 C4
Holbrigstrasse 496 C2/3
Holderbachweg 498 B/C1/2
Hölderlinsteig 492 E3
Hölderlinstrasse 492 E3
Holunderweg 496 A2
Holzmatt 498 F1
Holzwiesweg 494 C3
Höngger Rampe 498 B/C4
Höngger Strasse 498 E/F4/5
Hopfenstrasse 494 E4
Horneggstrasse 492 D5
Horgenweg 498 D/E2
Hornbachstrasse 492 D5
Hörnlistrasse 496 B3
Hortensstrasse 496 B3
Höschgasse 492 C/D4/5
Hottinger Bergstrasse 492 E/F2
Hottinger Platz 492 D3
Hottinger Strasse 492 C/D3
Hotzesteg 496 A4
Hotzestrasse 496 A5
Hubeggstrasse 496 B/C3/4
Hubenstrasse 496 C/D3
Huberwiesenstrasse 498 A/B1/2
Hufgasse 492 C3
Hügelstrasse 492 A5
Hugostrasse 496 B2
Hungerbergstrasse 498 B/C1/2

ZÜRICH

Hurdäckerstrasse **498** A1
Hürstholzstrasse **498** E/F1
Hürstringstrasse **498** F1
Hürststrasse **498** F1/2
Hüttenkopfstrasse **496** D/E3–5
Huttensteig **492** C1
Huttenstrasse **492** C1
Hüttisstrasse **496** B1
Idaplatz **494** D3
Idastrasse **494** D/E3
Ilanzhofweg **496** A4
Ilgenstrasse **492** D3
Im Börtli **498** D3
Im Brächli **492** F4
Im Grossried **498** A1
Im Hagacker **494** C/D5
Im Hagenbrünneli **498** D1
Im Heimgärtli **494** B3/4
Im Heuried **494** D4
Im Hofgarten **496** A4
Im Kratz **494** A3
Im Maas **498** C/D3
Im Rehsprung **498** E/F3
Im Rossweidli **494** C/D5
Im Schaber **494** A3
Im Schellenberg **498** D4
Im Schilf **492** D1
Im Stelzenacker **498** A1
Im Sträler **494** C3/4
Im Struppen **494** A1
Im Stuckler **494** A1
Im Sydefädeli **498** D/E4
Im Tannegg **494** C/D5
Im Waidegg **498** F4
Im Wingert **498** D3
Im Wyl **494** D4
Im eisernen Zeit **496** A/B4/5
Im oberen Boden **498** A1
Imbisbühlstrasse **498** A–C2/3
Imbisbühlweg **498** B3
Imfeldsteg **494** F1
Imfeldstrasse **494** F1
Immenweg **498** F2
In Böden **498** D1
In Gassen **492** B3
In der Ey **494** B3/4
In der Hub **496** B/C4
In der Schupf **498** B3
In der Sommerau **492** F4
In der Wässeri **494** B3
Industriestrasse **496** E/F2
Inselhofstrasse **492** D4/5
Irchelstrasse **496** A/B4
Irringersteig **492** C1
Irisstrasse **492** D2/3
Jacob-Burckhardt-Strasse **498** D3
Jägergasse **492** B2
Jakob-Fügli-Strasse **494** A/B1
Jakob-Peter-Weg **494** C/D4/5
Jakobstrasse **492** A2
Jasminweg **496** A2
Jenatschstrasse **492** B4
Joachim-Hefti-Weg **492** A4
Johannesgasse **492** A/B1
Johannes-Ott-Weg **498** F4
Jonas-Furrer-Strasse **498** D1
Josefstrasse **492** A/B1
Josefstrasse **494** E/F1/2
Juchstrasse **498** A4
Juchweg **498** A4
Juliastrasse **492** D3/4
Jungholzstrasse **496** B1/2
Jungholzweg **496** B1/2
Jungstrasse **496** A/B1
Jupitersteig **492** E3
Jupiterstrasse **492** D/E3/4
Käferholzstrasse **498** E/F2/3
Kalkbreitestrasse **494** D/E3/4
Kanalstrasse **492** A5
Kanonengasse **492** A2
Kantonsschulstrasse **492** C2/3
Kantstrasse **492** D2
Kanzleistrasse **492** A2
Kanzleistrasse **494** E/F3
Kapfsteig **492** E/F3/2
Kapfstrasse **492** E4

Kappelergasse **492** B3
Kappeliholzstrasse **498** C2
Kappelistrasse **492** A/B5
Kappenbühlstrasse **498** B/C2/3
Karl-Bürkli-Strasse **494** E3
Karl-Stauffer-Strasse **492** E/F5
Karlstrasse **492** D5
Karsternstrasse **494** A1
Kartausstrasse **492** D/E5
Kasernenstrasse **492** A/B2
Kasinostrasse **492** D3
Katharinenweg **492** A4
Kehlhofstrasse **494** E4
Kelchweg **494** A1
Kellerweg **494** B4
Keltenstrasse **492** D/E2
Kempfhofsteig **498** D4
Kempfhofweg **498** D4
Kempter Strasse **492** E3
Kenngottweg **492** C2
Kernstrasse **492** A2
Kettberg **498** D4
Kiefernweg **498** F2
Kiesackerstrasse **496** F1
Kieselgasse **492** D5
Kinkelstrasse **496** A/B5
Kirchbühlweg **494** E4
Kirchenackerweg **496** B/C2
Kirchenweg **492** D4
Kirchgasse **492** C3
Kirchstrasse **496** F1
Kirchweg **498** A3
Klarastrasse **492** C4
Klausstrasse **492** C/D4
Kleinbühlstrasse **496** B1
Kleinertstrasse **498** E4
Keinjoggsteig **492** D1
Keinstrasse **492** D4
Kingenstrasse **492** B1
Klopstockstrasse **492** A4
Klosbachstrasse **492** D/E3
Klosterweg **492** F1
Kluseggstrasse **492** E4
Klusplatz **492** E3/4
Klusstrasse **492** E3/4
Klusweg **492** E/F4
Knüslistrasse **494** D2
Köchlistrasse **494** E3
Kochstrasse **494** D/E2/3
Kohlengasse **494** E5
Kolibriweg **494** A2
Kölliker Strasse **492** E2
Komelstrasse **492** D5
Konkordiastrasse **492** D3
Konrad-Ilg-Strasse **498** A2/3
Konradstrasse **492** B1
Körnerstrasse **494** E3
Kornhausbrücke **494** F1/2
Kornhausstrasse **496** A5
Kosakenweg **496** B1
Kraftstrasse **492** D1/2
Krähbühlsteig **492** E2
Krähbühlstrasse **492** D/E1/2
Krähbühlweg **492** E/F1/2
Kranzweg **498** C3
Krattenturmstrasse **496** B4/5
Kreuzbühlstrasse **492** C/D3
Kreuzplatz **492** D3/4
Kreuzstrasse **492** C/D3/4
Kreuzwiesen **496** D/E2
Krockusweg **496** B3
Kronenstrasse **496** A5
Krönleinstrasse **492** D1
Kronwiesenstrasse **496** E3
Kronwiesenweg **496** E3
Kügeliloostrasse **498** F1/2
Kühriedweg **496** C2
Küngenmatt **494** C/D4
Kürstlergasse **492** C2
Kürbergsteig **498** D3/4
Kürbergstrasse **498** D3/4
Kürbergweg **498** D3
Kurfürstenstrasse **492** A5
Kurhausstrasse **492** E/F2
Kurvenstrasse **492** B/C1
Kyburgstrasse **498** F4
Lachenacker **498** B2/3
Lachenzelgstrasse **498** B3
Lägernstrasse **496** E/F1
Lägernstrasse **498** F4

Lagerstrasse **492** A/B1/2
Landenbergstrasse **498** F4/5
Landisstrasse **496** A/B1/2
Landoltstrasse **492** C/D1
Langackerstrasse **496** A3/4
Langensteinstrasse **496** B4
Langfachweg **498** A3
Langfurren **496** A/B3
Langgrütweg **494** B3
Langgrütstrasse **494** B/C3
Langhagweg **494** C3
Langmauerstrasse **496** A/B4/5
Langstrasse **492** A1/2
Langwiesstrasse **496** A2
Laubiweg **496** A4
Läufebachweg **494** B4
Läufeweg **494** A/B4
Laufferweg **496** A/B4
Laurenzgasse **492** B1
Lavaterstrasse **492** B4
Lavendelweg **496** B2
Lebristrasse **498** C3
Lebristweg **498** D3
Leebernweg **496** C3
Lehensteig **498** E4
Lehenstrasse **498** E/F4
Lenggfussweg **492** F5
Lenggstrasse **492** E/F5
Leonhard-Regaz-Weg **494** D3/4
Leonhardstrasse **492** C1/2
Lerchenberg **498** D2
Lerchenhalde **498** D1/2
Lerchenrain **498** D2
Lerchenstrasse **494** E5
Lessingstrasse **492** A4/5
Lettenfussweg **498** F5
Lettensteg **494** F1
Lettenstrasse **498** F5
Letzigraben **494** B/C2–4
Letzistrasse **496** B4/5
Letziweg **496** B–D4/5
Leutholdstrasse **498** E/F4/5
Leutschenbachstrasse **496** B/C1
Libellenweg **494** A1
Lichtstrasse **494** E1
Liebensteinstrasse **494** B3
Liebisgweg **494** A5
Liguststrasse **496** B2/3
Lilienstrasse **492** B2
Limmatplatz **492** A/B1
Limmatquai **492** C2/3
Limmatstrasse **492** A/B1
Limmatstrasse **494** F1/2
Limmattalstrasse **498** A–E3/4
Lindenbachstrasse **496** A5
Lindenplatz **494** B1
Lindenstrasse **492** C/D4/5
Linth-Escher-Gasse **492** B3
Lommisweg **494** B1
Loogartenstrasse **494** A1
Löwenplatz **492** B2
Löwenstrasse **492** B2
Luchsweg **496** E2/3
Luchswiesenstrasse **496** E/F2/3
Luchswiesenweg **496** E/F3
Luegete **492** E/F2
Luegislandstrasse **496** C–E2/3
Luggweg **498** B1/2
Luisenstrasse **492** A1
Lunastrasse **492** D4
Lureiweg **492** D/E5
Lutherstrasse **492** A2
Lyrenweg **494** A3
Magdalenenstrasse **496** B/C2
Magnusstrasse **492** A1
Maienburgweg **492** D/E1
Maienstrasse **498** F2
Maienweg **498** F2
Mainaustrasse **492** C/D4
Malojaweg **494** A1
Malvenstrasse **496** A/B3
Malzstrasse **494** E4
Manesseplatz **494** E4
Manessestrasse **492** A3/4

Mantelgasse **492** D5
Margaretenweg **494** C–E4/5
Marktgasse **492** C2/3
Marktplatz **496** B2
Markusstrasse **496** A5
Marmorgasse **492** A2
Marsstrasse **492** B4
Marstallweg **492** B1
Marthastrasse **494** D/E3
Martinstrasse **496** C2
Maschinenstrasse **494** D/E1
Massenastrasse **496** C5
Massholderweg **496** B/C4
Mathysweg **494** A/B2
Mattengasse **492** A/B1
Mattengasse **496** F1
Mattenhof **496** F3/4
Mattensteg **492** B1
Max-Högger-Strasse **498** B4
Meientalstrasse **494** A1
Meierhofplatz **496** C3
Meierweg **496** A5
Meierwiesenstrasse **498** B4
Meiliweg **494** E4
Meinrad-Lienert-Strasse **494** E3
Meinstrasse **496** A5
Merkurstrasse **492** C/D3
Michelstrasse **498** B/C2/3
Milchbuckstrasse **496** A/B4
Militärbrücke **492** B2
Militärstrasse **492** A/B1/2
Mimosenstrasse **496** B3
Minervastrasse **492** C/D3/4
Mirabellenweg **494** A1
Mittagweg **492** E4
Mittelbergsteig **492** D1
Mittelstrasse **492** C/D4/5
Möhrlistrasse **496** B4/5
Molkenstrasse **496** A2
Mommsenstrasse **492** D2
Monikastrasse **494** B2
Moosacker **496** F3
Moosberger Weg **498** F5
Moosholzstrasse **496** C4/5
Morgartenstrasse **492** A3
Morgenweg **492** F3
Motorenstrasse **494** F1/2
Moussonstrasse **492** D2
Mozartstrasse **492** C3/4
Mühlebachstrasse **492** C/D3–5
Mühlegasse **492** C2
Mühlehalde **492** E4
Mühlehaldensteig **492** E4
Mühlesteg **492** B/C2
Mühleweg **498** D4/5
Mühlezelgstrasse **494** B/C3
Müllerstrasse **492** A2
Münchhaldenstrasse **492** D5
Münchsteig **492** D5
Münsterbrücke **492** B/C3
Münstergasse **492** C3
Münsterhof **492** B3
Murhaldenweg **496** B/C3
Mürtschenstrasse **494** B/C1
Murwiesenstrasse **496** B/C3
Müseliweg **498** D3
Museumstrasse **492** B1/2
Mutschellenstrasse **492** A5
Mythenquai **492** B4/5
Näfgasse **492** D4
Nägelistrasse **492** D2
Naglerwiesenstrasse **498** A2
Nansenstrasse **496** B2
Narzissenstrasse **496** C1
Nationalstrasse 1 **496** E/F2
Nationalstrasse 1 **498** A–C3/4
Nationalstrasse 3 **492** A4/5
Nationalstrasse 3 **494** E5
Nebelbachstrasse **492** D5
Nelkenstrasse **492** C1
Neptunstrasse **492** D3/4

Neubrunnenstrasse **496** A/B1
Neubrunnenstrasse **498** F1
Neudorfstrasse **496** B2
Neue Hard **494** E1
Neue Winterthurer Strasse **496** F2
Neufrankengasse **492** A1
Neugasse **492** A/B1
Neugasse **494** E/F2
Neugutstrasse **492** A4
Neuhausstrasse **492** D/E2
Neumarkt **492** C2
Neumühlequai **492** B/C1/2
Neumünsterallee **492** D4
Neumünsterstrasse **492** D4
Neuwiesenstrasse **498** D1
Niederdorfstrasse **492** C2
Nietengasse **492** A1/2
Niklausstrasse **496** A5
Norastrasse **494** D2
Nordbrücke **498** F4
Nordheimstrasse **498** F3
Nordstrasse **496** A5
Nordstrasse **498** E/F4/5
Nürenbergstrasse **498** F4/5
Notzenschürlistrasse **498** B2
Nötzlistrasse **498** C3
Nüschelerstrasse **492** B2/3
Nussbaumstrasse **494** D3/4
Nussgasse **492** D5
Oberdorfstrasse **492** C3
Obere Kirchstrasse **496** F1
Obere Waidstrasse **498** E/F3/4
Obere Weiherstrasse **498** F4
Obere Zäune **492** C3
Oberer Heuelsteig **492** E3
Oberholzstrasse **496** D5
Oberwiesenstrasse **496** F1/2
Oberwiesenstrasse **498** F1/2
Obstgartenstrasse **492** C1
Obsthaldenstrasse **498** D/E1
Oerlikoner Strasse **496** A/B2/3
Oetenbachgasse **492** B2
Ohmstrasse **496** B2
Okenstrasse **496** A5
Oleanderstrasse **496** A2
Olgastrasse **492** C3
Opfikoner Strasse **496** E/F1
Opfikonstrasse **496** D1/2
Orellistrasse **492** E1
Orelliweg **496** C5
Oskar-Bider-Strasse **496** A4
Othmarstrasse **492** C3/4
Ottenbergstrasse **498** D/E4
Ottenbühlweg **498** D2/3
Ottenweg **492** D4
Ottikerstrasse **496** A/B5
Ottikerweg **496** B5
Otto-Lang-Weg **492** D1
Ottostrasse **494** E/F1/2
Panoramaweg **496** B/C4/5
Pappelstrasse **494** C/D4/5
Paradeplatz **492** B3
Parkring **492** A/B3
Parkstrasse **496** F1
Paul-Clairmont-Strasse **494** C4
Paulstrasse **492** D5
Pelikanplatz **492** B3
Pelikanstrasse **492** B2/3
Pestalozzistrasse **492** D2/3
Peterstobelweg **496** B5
Pfadhagstrasse **496** F1
Pfarrhausstrasse **494** B1
Pfingstweidstrasse **498** C–E4/5
Pfirsichstrasse **496** A5
Pflanzschulstrasse **494** E2/3
Pflugstrasse **496** A5
Physikstrasse **492** C/D2
Pilatusstrasse **492** E2
Pilgerweg **492** E1
Plattenstrasse **492** C/D2/3

526

ZÜRICH

Polenweg 494 A5
Postbrücke 492 B2
Primelstrasse 498 D/E1
Probsteistrasse 496 E/F3/4
Probusweg 496 B3
Promenadengasse 492 C3
Püntengasse 496 F1
Püntstrasse 494 A/B3
Quaibrücke 492 C3
Quellenstrasse 494 F1/2
Querstrasse 496 B2
Querstrasse 496 F1
Radgasse 492 B1
Räffelstrasse 494 D5
Raintobelweg 492 F4
Rämisstrasse 492 C2/3
Rankstrasse 492 E4
Rässlerweg 496 B3
Rathausbrücke 492 B/C2/3
Rautihalde 494 A1
Rautistrasse 494 A–C1/2
Rebbergsteig 498 D4
Rebbergstrasse 498 D/E4
Rebgasse 492 A2
Rebhaldenstrasse 492 A4
Rebhügelstrasse 494 E4
Rebhüsliweg 498 E2
Rebstockweg 498 C3
Regensbergstrasse 496 A–C2/3
Regensbergstrasse 498 E/F2
Regensdorfer Strasse 498 A–C1–3
Regulastrasse 498 D1
Rehalpstrasse 492 F5
Reinacher Strasse 492 D3
Reinhardstrasse 492 C4
Reinhold-Frei-Strasse 498 B2
Reishauerstrasse 492 B1
Reitergasse 492 B2
Remisenstrasse 494 E2
Rennweg 492 B2
Rennweg 496 F1
Reservoirstrasse 496 F1
Restelbergstrasse 492 D1
Richard-Kissling-Weg 492 E2
Richard-Wagner-Strasse 492 B4
Richtistrasse 496 F2
Rickenstrasse 496 A1
Riedackerstrasse 496 F3
Riedenhaldensteig 498 D1
Riedenhaldenstrasse 498 D/E1
Riedgrabenweg 496 C2
Riedhoferrain 498 A2
Riedhofstrasse 498 A–C2/3
Riedhofweg 498 A/B2
Riedmattstrasse 494 D4
Riedtlistrasse 496 A/B5
Riesbachstrasse 492 D4
Rieterplatz 492 A5
Rieterstrasse 492 A4/5
Rigiplatz 492 C1
Rigistrasse 496 B5
Rindermarkt 492 C2
Ringstrasse 496 F1
Rislingstrasse 492 D1/2
Ritterstrasse 492 D3
Robert-Seidel-Hof 494 A1
Roggenstrasse 494 E1
Rolandstrasse 492 A1/2
Römerhofplatz 492 D3
Röntgenstrasse 494 F1/2
Röschibachsteig 498 F4
Röschibachstrasse 498 E/F4
Rosenbergstrasse 496 F1
Rosenbühlstrasse 492 E1/2
Rosengartenbrücke 498 E/F4
Rosengartenstrasse 498 E/F4
Röslibrunnenweg 496 B5
Röslistrasse 496 A/B5
Rosmarinweg 496 B3
Rossackerstrasse 494 B3/4
Rossbergstrasse 492 A5
Rosshalde 494 B4
Roswiesenstrasse 496 E2/3

Rotachstrasse 494 D/E3/4
Rotackerstrasse 496 F1
Rotbuchstrasse 496 A4/5
Rötelsteig 498 F4
Rötelstrasse 494 A4/5
Rötelstrasse 498 F4/5
Rothstrasse 496 A4
Rotwandstrasse 492 A2
Rousseaustrasse 498 F4/5
Rübenweg 492 F4
Ruchackerstrasse 498 F1/2
Rudolf-Brun-Brücke 492 B/C2
Rückgasse 492 D4
Rudenzweg 494 C2
Rüdigerstrasse 494 E5
Rudolfstrasse 492 D5
Ruggerweg 498 B2
Ruhestrasse 494 E5
Russenweg 492 E/F5
Rütenen 494 B4
Rütihofstrasse 498 A1/2
Rütistrasse 498 D/E2/3
Rütiwieseweg 494 B3
Rütschistrasse 498 F4
Saatlenstrasse 496 C/D2/3
Saatlenzelg 496 C2
Sackzelg 494 C3
Sadlenweg 494 B4
Sädleneggweg 494 A/B4/5
Sagentobelweg 496 E5
Salerstrasse 496 E1
Sallenbachstrasse 494 C4
Salvatorstrasse 496 B2/3
Samariterstrasse 492 D/E3
Sandstrasse 494 E4
Sankt-Anna-Gasse 492 B2
Sankt-Moritz-Strasse 496 A5
Sankt-Peter-Strasse 492 B3
Sankt-Urban-Gasse 492 C3
Säntisstrasse 492 D5
Saumackerstrasse 494 B1/2
Saumstrasse 494 D3/4
Schächenstrasse 494 A1
Schaffhauser Platz 496 A4/5
Schaffhauser Strasse 496 A/B1–5
Schafmattstrasse 498 C/D2
Schafmattweg 498 D/E2
Schanzackerstrasse 496 B4/5
Schanzengasse 492 C3
Schäppistrasse 496 B5
Schäppiweg 496 B5
Schärenmoosstrasse 496 C1
Schauenbergstrasse 498 D1/2
Schaufelbergerstrasse 494 C3/4
Scheideggstrasse 492 A4/5
Scherrstrasse 492 C1
Scheuchzerstrasse 492 C1
Scheuchzerstrasse 496 A/B4/5
Schillerstrasse 492 C3
Schimmelstrasse 492 A3
Schindlerstrasse 496 A5
Schipfe 492 B2
Schlehdornweg 498 F2
Schlierenberg 494 A1
Schlittelweg 494 A/B4/5
Schlossgasse 494 E4
Schlösslistrasse 492 D1
Schlössliweg 492 D1
Schmelzbergstrasse 492 C/D1/2
Schmittenackerstrasse 496 F1
Schneckenmannstrasse 492 C/D3
Schneebelistrasse 494 A/B2
Schneebeliweg 494 A2
Schneeglöggliweg 494 C2
Schoeckstrasse 492 C3
Schönbühlstrasse 492 D3
Schönbergasse 492 C2
Schöneggstrasse 492 A1
Schöneichstrasse 496 C3

Schönleinstrasse 492 C/D2
Schöntalstrasse 494 A3
Schönlistrasse 496 C2
Schörliweg 496 C2
Schreberweg 492 E2
Schreinerstrasse 494 E3
Schrennengasse 494 D/E4
Schubertstrasse 496 A5
Schulhausstrasse 492 A4
Schulstrasse 496 B2
Schumacherweg 498 D1/2
Schuppisstrasse 496 B3
Schürbungert 496 A3
Schürgistrasse 496 E2/3
Schürliweg 498 C1
Schützengasse 492 B2
Schützenmatt 498 E2
Schützenrain 494 A3/4
Schützenstrasse 496 F1
Schwamendingenstrasse 496 B/C2/3
Schwamendinger Platz 496 D3
Schwarzackerstrasse 496 F1
Schwarzenbachweg 498 A2/3
Schweighofstrasse 494 C/D4/5
Schweigmatt 494 C4
Schweizergasse 492 B2
Schwendenholzweg 494 A/B5
Schwingerstrasse 496 A5
Sechseläutenplatz 492 C3
Seebacher Strasse 498 E/F1
Seebahnstrasse 494 E2/3
Seefeldquai 492 C4/5
Seefeldstrasse 492 C/D3–5
Seegartenstrasse 492 C4
Seehofstrasse 492 C4
Seerosenstrasse 492 C4
Seestrasse 492 A/B4/5
Segantinisteig 498 B2
Segantinistrasse 498 B/C2/3
Segnesstrasse 494 B1
Seilergraben 492 C2/3
Selnaustrasse 492 A/B2/3
Seminarstrasse 496 A4/5
Sempacher Strasse 492 E4
Sennhauserweg 492 D3
Siegfriedstrasse 492 E4
Siewerdtstrasse 496 B/C2
Signaustrasse 492 D4
Sihlberg 492 A4
Sihlbrücke 492 B2
Sihlfeldstrasse 494 D/E2/3
Sihlhallenstrasse 492 A1
Sihlhölzlistrasse 492 A3
Sihlamtsstrasse 492 A/B3
Sihlporte 492 B2
Sihlpromenade 492 A3
Sihlquai 492 B1
Sihlquai 494 E/F1/2
Sihlstrasse 492 B2
Sillerweg 492 F4
Sillerwies 492 F4
Silvrettaweg 494 A2
Singlistrasse 498 B/C3
Siriusstrasse 492 C/D1
Soldanellastrasse 494 C2
Sonderistrasse 498 B/C1/2
Sonneggsteig 492 C1
Sonneggstrasse 492 C1/2
Sonnenbergstrasse 492 E2/3
Sonnhaldenstrasse 492 D/E3
Sonntagsteig 492 C1
Sophienstrasse 492 D3
Spatenstrasse 496 B/C2
Spechtweg 492 E4
Spelteriniweg 496 A4
Spiegelgasse 492 C2/3
Spiegelhofstrasse 492 D2
Spielweg 492 F1
Spielwiesenstrasse 496 A2
Spillmannweg 492 D1
Spirgartenstrasse 494 A/B1
Spiserstrasse 494 B2
Spitzackerstrasse 496 A4
Splügenstrasse 492 B4
Sportweg 498 C/D4/5

Sprecherstrasse 492 C3
Sprensenbühlstrasse 492 E3
Spyriplatz 492 C1
Spyristeig 496 C5
Stadelhofer Platz 492 C3
Stadelhofer Strasse 492 C3
Stadthausquai 492 B3
Stadtweg 496 E/F4/5
Staffelstrasse 494 E5
Stampfenbachplatz 492 C1
Stampfenbachstrasse 492 B/C1/2
Stampfenbrunnenstrasse 494 A1/2
Standardstrasse 498 B4
Stapferstrasse 492 C1
Starengasse 496 B1
Stationsstrasse 494 E3/4
Stauffacherbrücke 492 A3
Stauffacherplatz 492 A3
Stauffacherquai 492 A2/3
Stauffacherstrasse 492 A2
Stauffacherstrasse 494 E/F2/3
Steffenstrasse 496 B1
Steigholzweg 498 E/F3
Steinackerweg 494 B3
Steinackerweg 494 E1
Steinentischstrasse 492 A4
Steinhaldenstrasse 492 A4/5
Steinhofweg 492 C1
Steinkluppenweg 496 A3
Steinstrasse 492 E4
Steinwiesplatz 492 C3
Steinwiesstrasse 492 C/D3
Sternenstrasse 492 B4
Sternwartstrasse 492 C1/2
Stettbacher Rain 496 F4
Stettbachstrasse 496 D–F3/4
Stettbachweg 496 D3
Stöckentobelstrasse 492 F3/4
Stöckentobelweg 492 F4
Stockerstrasse 492 B3/4
Stoffelstrasse 496 B1
Stolzestrasse 496 B5
Strandbadweg 492 B5
Strangenstrasse 496 F1
Strassburgstrasse 492 A2
Strehlgasse 492 B2/3
Streitholzstrasse 496 B–E3/4
Streulistrasse 492 D/E3/4
Strickhofstrasse 496 B–D4
Studentenweg 494 B5
Stüdliweg 494 E2
Stüssistrasse 496 A4/5
Südstrasse 492 D/E5
Sumatrastrasse 496 C1
Susenbergstrasse 492 D/E1/2
Susenbergstrasse 496 C5
Süsslerenstrasse 494 B3
Sustenstrasse 494 A1
Sustenweg 494 A1
Talacker 492 B3
Talchernsteig 498 B3
Talchernstrasse 498 B3
Talstrasse 492 B2/3
Talwiesenstrasse 494 D/E4/5
Tannenstrasse 492 C2
Tellstrasse 492 A1/2
Tessiner Platz 492 A/B3/4
Theaterstrasse 492 C3
Thomasweg 494 D3
Thurgauer Strasse 496 D/E1/2
Thurwiesenstrasse 498 F4
Tièchestrasse 498 E/F3/4
Titlisstrasse 492 E3
Tobeleggstrasse 498 C3
Tobeleggweg 498 C3/4
Tobelhofstrasse 492 E/F1/2
Tobelsteig 498 C/D1

Toblerplatz 492 D1
Toblerstrasse 492 D1/2
Tödistrasse 492 B3/4
Töpferstrasse 494 D/E5
Tramstrasse 496 B/C2
Traugstrasse 494 E1
Treichlerstrasse 492 D3
Triemlihalde 494 B4
Triemlistrasse 494 A/B3/4
Trittligasse 492 C3
Trottenstrasse 498 E4
Trottweg 498 D1
Tüffenwies 498 B4
Tugenerweg 492 D4/5
Tulpenstrasse 496 C/D3
Tulpenweg 496 C/D3
Tunnelstrasse 494 A/B3
Turbinenstrasse 494 D/E1
Turnersteig 492 C1
Turnerstrasse 496 A/B5
Turnhallenstrasse 496 F1
Ueberlandstrasse 496 C–F2/3
Uetlibergstrasse 494 A5
Uetlibergstrasse 494 D/E4/5
Uhlandstrasse 498 F4
Ulmbergstrasse 492 A3
Ulmenweg 496 A3
Ulrichstrasse 492 E4
Unionstrasse 492 D3
Universitätstrasse 492 C1/2
Unterfeldstrasse 496 C2
Untergraben 494 D5
Unterholzstrasse 496 C3
Untermoosstrasse 494 A2
Uraniastrasse 492 B2
Urselweg 494 E3
Utobrücke 492 A4
Utoquai 492 C3/4
Veilchenstrasse 492 E3
Venusstrasse 496 A/B2/3
Verena-Conzett-Strasse 492 A3
Vetterliweg 494 A2
Viaduktstrasse 494 E1
Viktoriaweg 496 B3
Vogelsangstrasse 492 C1
Vogtsrain 498 C3
Volkmarstrasse 492 C1
Voltastrasse 492 D1/2
Vorderberg 492 D2
Vorhaldenstrasse 498 B3
Vulkanstrasse 498 A–C4/5
Wachterweg 496 A4
Waffenplatzstrasse 492 A4/5
Wagnergasse 492 C/D4
Waidbadstrasse 498 E3
Waidbergweg 498 D/E3
Waidfussweg 498 E4
Waidstrasse 498 E4
Walchebrücke 492 B/C2
Walchestrasse 492 B/C1/2
Waldgartenstrasse 496 C/D3/4
Waldgartenweg 496 C3
Waldhausstrasse 492 E2
Waldhüslistrasse 496 C/D4/5
Waldlistrasse 498 D3
Waldmeisterweg 498 F2
Waldschulweg 492 E/F4
Waldstrasse 498 E2
Wallisellenstrasse 496 B–D2
Waltersbachstrasse 492 B1
Waltersteig 492 B1
Wannenholzstrasse 498 E2
Wannenweg 498 D–F2/3
Wannerstrasse 494 E5
Wartauweg 498 B3
Wartstrasse 492 D/E3
Wasersteig 492 F1
Waserstrasse 492 E/F4
Wässerlingweg 498 D2/3
Wasserschöpfi 494 D4
Wasserwerkstrasse 494 F1
Wattstrasse 496 B1/2
Weberstrasse 492 A3
Wechselwiesenstrasse 496 E2
Wehntaler Strasse 496 A3/4
Wehntaler Strasse 498 C–F1–3
Wehrenbachhalde 492 F4/5
Wehrlisteig 498 D3
Weihersteig 498 F4

527

ZÜRICH

Weinbergfussweg **492** C1
Weinbergstrasse **496** A5
Weineggstrasse **492** D/E4/5
Weineggweg **492** E4/5
Weingassweg **498** C3
Weisshaus **496** A1
Weizenstrasse **496** A5
Welchogasse **496** B2
Weltistrasse **492** A4
Wengistrasse **494** E3
Werdgasse **492** A2/3
Werdhölzlistrasse **494** A1
Werdmühlestrasse **492** B2
Werdplatz **492** A2
Werdstrasse **492** A2/3
Werkgasse **492** C4
Weststrasse **494** E3/4
Weststrasse **496** E1
Wetlistrasse **492** E4
Wibichstrasse **498** E/F4
Wickenweg **494** A2

Wiedingstrasse **494** E4/5
Wiesendanger Strasse **494** D3
Wiesenstrasse **492** C/D4
Wiesgasse **496** E/F1
Wieslergasse **498** C3
Wildbachstrasse **492** D4/5
Wildenstrasse **498** B2
Wildenweg **498** A/B2/3
Wildunweg **498** B/C3
Wilfriedstrasse **492** D3
Wilhelmstrasse **494** E1
Winkelriedstrasse **492** C1
Winkelstrasse **498** E2
Winterthurer Strasse **496** B–F2–5
Winterthurer Strasse, neue **496** F2
Winzerhalde **498** A/B3
Winzerstrasse **498** B/C3
Wipkinger Brücke **498** E4/5
Wipkinger Platz **498** E4
Wipkinger Weg **498** E4

Wissmannstrasse **496** A4
Witellikerstrasse **492** F5
Witikoner Strasse **492** E/F4
Wirzenweid **492** F5
Wolfbachstrasse **492** C3
Wolfgrimweg **498** E3
Wolfsbachtobelweg **492** E2
Wotanstrasse **492** D/E4
Wuhrstrasse **494** E4
Wunderlistrasse **498** E4
Würzgrabenstrasse **498** B/C4
Würzwies **498** B4
Wydäckerring **494** B/C3/4
Wydenstrasse **494** E2
Wydlerweg **494** B3
Wyssenbühlsteig **492** A5
Wyssgasse **494** E3
Zähringerstrasse **492** C2
Zanggerweg **496** B4/5
Zederstrasse **492** D2

Zehntenhausplatz **498** D1
Zelghalde **498** F1/2
Zelglistrasse **498** E/F1/2
Zelgstrasse **494** E4
Zelgwiesen **498** F1/2
Zeltweg **492** C/D3
Zentralstrasse **494** D/E3/4
Zentralstrasse **496** F1
Zeppelinstrasse **496** A4
Zeughausstrasse **492** A/B2
Zeunerstrasse **498** F4
Ziegeleiweg **494** D4
Zielackerstrasse **494** B2
Zielweg **494** C5
Zimmergasse **492** C4
Zimmerlistrasse **494** D2
Zinistrasse **492** A1
Zollbrücke **492** B1
Zolliker Strasse **492** D/E4/5
Zöllistrasse **494** E1

Zollstrasse **492** A/B1
Zooweg **496** E4/5
Zschokkestrasse **498** E/F4
Zum Silberblick **492** F4
Zur frohen Aussicht **496** B5
Zürcher Strasse **498** A3
Zürichbergstrasse **492** C–F1/2
Zürichbergstrasse **496** E5
Zürichholzstrasse **496** A/B3
Zurlindenstrasse **494** D/E3/4
Zweierplatz **492** A2
Zweierstrasse **492** A2/3
Zweierstrasse **494** E/F3/4
Zwielplatz **498** C3
Zwinglistrasse **492** A2
Zwischenbachen **494** A2
Zwyssigstrasse **494** B2
Zypressenstrasse **494** D/E2/3